交通版

高等学校土木工程专业规划教材

JIAOTONGBAN GAODENG XUEXIAO TUMU GONGCHENG ZHUANYE GUIHUA JIAOCAI

第2版

路基路面工程

Luji Lumian Gongcheng

宋金华 董 鹏 马立杰 主 编

郑南翔 主 审

下载网址

配课件

www.ccpress.com.cn

人民交通出版社股份有限公司

China Communications Press Co.,Ltd.

内 容 提 要

本教材根据我国最新颁布的有关路基路面工程的技术标准、规范、规程及实施细则等,并吸收近年来取得的最新科技成果编写而成。全书共分十五章,主要介绍路基路面工程的概况;影响路基路面结构及其使用性能的行车荷载,环境因素,路基土及路面材料力学特性;路基设计,路基挡土墙和道路排水设计;沥青路面和水泥混凝土路面结构设计;路基工程施工,路面基层、沥青与水泥混凝土面层等各类结构层的材料组成与施工技术;路基路面工程管理等内容。

本书可作为高等院校道路桥梁与渡河工程、土木工程类(交通土建工程方向)、道路与交通工程、公路与城市道路工程、市政工程、桥梁与隧道工程、机场工程、港口航道工程等专业的主干课教材,也可作为成人教育相关专业教材,还可供道路交通行业有关工程技术人员学习参考。

图书在版编目(CIP)数据

路基路面工程 / 宋金华,董鹏,马立杰主编. —2
版. — 北京 : 人民交通出版社股份有限公司, 2019.1
交通版高等学校土木工程专业规划教材
ISBN 978-7-114-15192-7

Ⅰ. ①路…　Ⅱ. ①宋…②董…③马…　Ⅲ. ①路基工
程—高等学校—教材②路面—道路工程—高等学校—教材
Ⅳ. ①U416

中国版本图书馆 CIP 数据核字(2018)第 275312 号

交通版高等学校土木工程专业规划教材
Luji Lumian Gongcheng

书　　　名	路基路面工程(第 2 版)
著 作 者	宋金华　董　鹏　马立杰
责任编辑	张征宇　赵瑞琴
责任校对	刘　芹
责任印制	张　凯
出版发行	人民交通出版社股份有限公司
地　　　址	(100011)北京市朝阳区安定门外外馆斜街 3 号
网　　　址	http://www.ccpress.com.cn
销售电话	(010)59757973
总 经 销	人民交通出版社股份有限公司发行部
经　　　销	各地新华书店
印　　　刷	北京市密东印刷有限公司
开　　　本	787×1092　1/16
印　　　张	38.75
字　　　数	971 千
版　　　次	2006 年 6 月　第 1 版 2019 年 1 月　第 2 版
印　　　次	2019 年 1 月　第 2 版　第 1 次印刷　总第 4 次印刷
书　　　号	ISBN 978-7-114-15192-7
定　　　价	79.00 元

(有印刷、装订质量问题的图书由本公司负责调换)

交通版
高等学校土木工程专业规划教材

编 委 会

（第二版）

主 任 委 员：戎　贤
副主任委员：张向东　李帼昌　张新天　黄　新
　　　　　　宗　兰　马芹永　党星海　段敬民
　　　　　　黄炳生
委　　　员：彭大文　张俊平　刘春原　张世海
　　　　　　郭仁东　王　京　符　怡
秘 书 长：张征宇

（第一版）

主 任 委 员：阎兴华
副主任委员：张向东　李帼昌　魏连雨　赵　尘
　　　　　　宗　兰　马芹永　段敬民　黄炳生
委　　　员：彭大文　林继德　张俊平　刘春原
　　　　　　党星海　刘正保　刘华新　丁海平
秘 书 长：张征宇

序

随着科学技术的迅猛发展、全球经济一体化的进一步加强以及国力竞争的日趋激烈，作为实施"科教兴国"战略重要战线的高等学校，面临着新的机遇与挑战。高等教育战线按照"巩固、深化、提高、发展"的方针，着力提高教学水平和质量，取得了举世瞩目的成就，实现了改革和发展的历史性跨越。

在这个前所未有的发展时期，高等学校的土木类教材建设也取得了很大成绩，出版了许多优秀教材，但在满足不同层次的院校和不同层次的学生需求方面，还存在较大的差距，部分教材尚未能反映最新颁布的规范内容。为了配合高等学校的教学改革和教材建设，体现高等学校在教材建设上的特色和优势，满足高校及社会对土木类专业教材的多层次要求，适应我国国民经济建设的最新形势，人民交通出版社股份有限公司组织了全国二十余所高等学校编写《交通版高等学校土木工程专业规划教材》，并于 2004 年 9 月在重庆召开了第一次编写工作会议，确定了教材编写的总体思路。于 2004 年 11 月在北京召开了第二次编写工作会议，全面审定了各门教材的编写大纲。在编者和出版社的共同努力下，这套规划教材已陆续出版。

在教材的使用过程中，我们也发现有些教材存在诸如知识体系不够完善，适用性、准确性存在问题，相关教材在内容衔接上不够合理以及随着规范的修订及本学科领域技术的发展而出现的教材内容陈旧、亟待修订的问题。为此，新改组的编委会决定于 2010 年年底启动该套教材的修订工作。

这套教材包括《土木工程概论》《建筑工程施工》等 31 种，涵盖了土木工程专业的专业基础课和专业课的主要系列课程。这套教材的编写原则是"厚基础、重能力、求创新，以培养应用型人才为主"，强调结合新规范、增大例题、图解等内容的比例并适当反映本学科领域的新发展，力求通俗易懂、图文并茂；其中对专业基础课要求理论体系完整、严密、适度，兼顾各专业方向，应达到教育部和专业教学指导委员会的规定要求；对专业课要体现出"重应用"及"加强创新能力和工程素质培养"的特色，保证知识体系的完整性、准确性、正确性和适应性，专业课教材原则上按课群组划分不同专业方向分别考虑，不在一本教材中体现多专业内容。

反映土木工程领域的最新技术发展、符合我国国情、与现有教材相比具有

1

明显特色是这套教材所力求达到的目标,在各相关院校及所有编审人员的共同努力下,《交通版高等学校土木工程专业规划教材》必将对我国高等学校土木工程专业建设起到重要的促进作用。

《交通版高等学校土木工程专业规划教材》编审委员会
人民交通出版社股份有限公司

前言（第二版）

QIANYAN

  "路基路面工程"是高等学校道路桥梁与渡河工程专业，及土木工程领域中公路与桥梁、城市道路及交通、市政工程等专业的重要必修课。路基和路面工程是道路工程最主要的结构物，它对车辆的行驶质量、行车安全性以及道路建设和运营的经济性都有至关重要的影响。近年来，随着我国公路交通及城市基础设施建设的发展，极大地促进了路基路面工程技术的发展，特别是在路基路面工程结构的设计理论和方法、筑路材料和施工工艺、养护及管理技术等方面都开展了大量的研究工作，取得了许多新的科技成果，积累了丰富的工程实践经验。

  本教材第二版力求反映最新的科学技术成果，吸收先进的理论与方法，结合工程实践中的成功经验，以我国最新出版的有关公路工程技术标准、规范、规程及实施细则为依据，进行了较大幅度的内容补充、调整和详细修订。具体修订和补充内容如下：

  （1）根据《公路沥青路面设计规范》（JTG D50—2017）、《公路路基设计规范》（JTG D30—2015）和《公路水泥混凝土路面设计规范》（JTG D40—2011），强化了路基路面协调设计。修订了交通荷载参数分析内容，规范了轴载谱及交通参数的调查分析方法。根据交通荷载等级，调整路床范围，补充了路基设计指标、路床回弹模量的控制标准与指标预估方法。结合环境因素与气候参数分析，调整了路基干湿类型及划分原则，补充了路基平衡湿度预估方法，引入了温、湿度调整系数和等效温度，改变了路面材料设计参数及相应的测试和取值方法。突出了路面结构组合设计要求，增加了沥青混合料层永久变形量、路基顶面竖向压应变和路面低温开裂指数等设计指标，改进了沥青混合料层和无机结合料稳定层疲劳开裂预估模型，取消了路表弯沉设计指标。增加了水泥混凝土路面板极限断裂的验算标准和贫混凝土及碾压混凝土基层的疲劳断裂设计标准，分别采用弹性地基单层板、双层板和复合板力学模型进行混凝土板应力分析及厚度计算。补充了填方路基高度的设计原则与方法，修订了路基边坡与地基稳定性分析方法，补充了高路堤和陡坡路堤在三种工况下的稳定安全系数。补充了路基拓宽改建、轻质材料与工业废渣路堤等设计内容。补充完善了路基防护与挡土墙的设计内容，修订并补充了加筋土挡土墙、锚杆、抗滑桩等轻型结构设计与计算要求。补充了路基路面排水设施设计和计算内容。

  （2）根据《公路路面基层施工技术细则》（JTG/T F20—2015）、《公路水泥混凝土路面施工技术细则》(JTG F30—2014)、《公路沥青路面再生技术规范》(JTG F41—2008)和《公路工程质量检验评定标准 第一册 土建工程》(JTG F80/1—2017)等,以提高工程施工质量为核心,以修建耐久性、可靠性路基路面结构为目标,吸收了近年来在工程实践中逐渐形成的、成熟的新技术、新材料和新工艺,进行路基路面施工内容修订。补充了特殊路基设计原则、病害防治措施与技术要求。提高了路面基层、面层用集料的技术要求和压实标准。增加了路面基层混合料生产时材料分档数量和规格要求,提出采用间断—密实型级配原理,改进无机结合料稳定类材料组成设计方法,调整了强度标准,增加了目标配合比和生产配合比设计内容和要求,提高了无机结合料稳定材料拌和设备和工艺要求。补充了再生材料在路面基层或面层中使用的基本要求。强化了路基路面施工质量的控制措施和指标要求,采用合格率法进行质量评定,提高了关键项目合格率标准,增加了一般项目的最低合格率要求,保持与公路工程相关标准的协调一致。

本课程是一门理论与实践并重、工程性较强的课程,讲述路基路面工程中的基本概念、基本理论和方法,希望通过课程学习和工程实践,使读者掌握路基和路面工程的特点和技术要领,了解其发展趋势,并且尽可能地融入这一领域内的新技术、新理论和新进展,以达到理论联系实际的目的。教材的内容着眼于使学生能逐步应用所学知识,参考及运用有关规范,顺利地从事路基和路面工程方面的技术工作,分析和解决路基路面工程中的问题。为读者今后在本专业领域里有所作为打下良好的基础。讲授本课程除了系统的课堂教学之外,还应配合组织实地参观、试验操作、课程设计、施工实习等教学环节,以提高学生的感性认识和系统的接受能力。

本教材是根据"交通版高等学校土木工程专业规划教材"编写工作会议审议通过的《路基路面工程》教材编写大纲编写的。全书共十五章,第一、九、十、十二章由河北工业大学宋金华编写,第二、三、四、五章由河北工业大学陈睿编写,第六章由河北建筑工程学院樊旭英编写,第七、八章由河北水利电力学院宋杨编写,第十一章由河北建筑工程学院赵文娟编写,第十三章由华北理工大学马立杰编写,第十四章由天津城建大学董鹏编写,第十五章由河北工业大学边超编写。

全书由河北工业大学宋金华教授担任统稿工作,由长安大学郑南翔教授主审。限于编者水平,本书如有错误和不足之处,敬请有关院校师生及读者指正并提出宝贵意见,以便及时修改完善。

本书采用国家法定计量单位,即国际单位制(SI)。

河北工业大学

宋金华

2018 年 8 月

目录
MULU

第一章　总论 ··· 1

第一节　路基路面的功能和使用要求 ······························ 1

第二节　路基路面结构与构造 ·· 6

第三节　路基路面工程的特点与内容 ······························ 9

本章小结 ··· 13

复习思考题 ·· 14

第二章　行车荷载分析 ·· 15

第一节　车辆的类型和轴型 ··· 15

第二节　车辆的静力荷载作用 ······································· 17

第三节　行车荷载的动态影响 ······································· 18

第四节　交通荷载参数分析 ··· 20

本章小结 ··· 26

复习思考题 ·· 26

第三章　环境因素分析 ·· 28

第一节　公路自然区划与气候分区 ································· 28

第二节　路基湿度状况分析 ··· 34

第三节　路面温度状况分析 ··· 39

本章小结 ··· 42

复习思考题 ·· 42

第四章　路基力学特性与设计参数 ································· 43

第一节　路基土的分类与工程性质 ································· 43

第二节　路基土的力学特性 ··· 47

第三节　路基承载力指标与设计参数 ······························ 53

本章小结 ··· 60

复习思考题 ·· 60

第五章　路面材料的力学特性分析 ································· 61

第一节　强度特性 ··· 61

第二节　疲劳特性 ……………………………………………………………… 63

第三节　变形特性 ……………………………………………………………… 66

本章小结 ……………………………………………………………………… 70

复习思考题 …………………………………………………………………… 70

第六章　路基设计 …………………………………………………………… 72

第一节　路基常见病害及路基设计要求 …………………………………… 72

第二节　路基填料选择与压实标准 ………………………………………… 76

第三节　路基标准横断面设计 ……………………………………………… 80

第四节　路基边坡稳定性分析与防护工程设计 …………………………… 89

第五节　地基稳定性分析与加固工程设计 ………………………………… 103

第六节　路基拓宽改建设计 ………………………………………………… 113

第七节　轻质材料与工业废渣路堤 ………………………………………… 118

本章小结 ……………………………………………………………………… 124

复习思考题 …………………………………………………………………… 124

第七章　路基挡土墙设计 …………………………………………………… 126

第一节　挡土墙的类型、构造和布置 ……………………………………… 126

第二节　路基挡土墙土压力计算 …………………………………………… 133

第三节　路基挡土墙结构设计与验算 ……………………………………… 140

第四节　加筋土挡土墙 ……………………………………………………… 149

第五节　其他轻型挡土墙结构 ……………………………………………… 154

本章小结 ……………………………………………………………………… 168

复习思考题 …………………………………………………………………… 169

第八章　道路排水工程设计 ………………………………………………… 170

第一节　概述 ………………………………………………………………… 170

第二节　路基排水设施设计 ………………………………………………… 172

第三节　路基排水设施水文与水力计算 …………………………………… 185

第四节　路面结构排水设计 ………………………………………………… 190

本章小结 ……………………………………………………………………… 198

复习思考题 …………………………………………………………………… 199

第九章　沥青路面结构设计 ………………………………………………… 200

第一节　概述 ………………………………………………………………… 200

第二节　沥青路面结构设计理论与方法 …………………………………… 207

第三节　沥青路面损坏类型与设计标准 …………………………………… 209

第四节　沥青路面结构组合设计 …………………………………………… 213

第五节　沥青路面结构设计与验算 ………………………………………… 220

第六节　沥青路面结构改建设计 ……………………………………… 238

本章小结 ………………………………………………………………… 242

复习思考题 ……………………………………………………………… 242

第十章　水泥混凝土路面设计 ………………………………………… 244

第一节　概述 …………………………………………………………… 244

第二节　损坏模式和设计标准 ………………………………………… 246

第三节　水泥混凝土路面结构组合设计 ……………………………… 247

第四节　水泥混凝土路面接缝设计 …………………………………… 252

第五节　弹性地基板理论的应力分析 ………………………………… 258

第六节　水泥混凝土路面应力分析及板厚设计 ……………………… 265

第七节　水泥混凝土路面加铺层及改建设计 ………………………… 275

本章小结 ………………………………………………………………… 283

复习思考题 ……………………………………………………………… 283

第十一章　路基工程施工 ……………………………………………… 284

第一节　概述 …………………………………………………………… 284

第二节　路堤施工 ……………………………………………………… 289

第三节　路堑施工 ……………………………………………………… 296

第四节　路基施工质量检查与评定 …………………………………… 306

第五节　特殊路基 ……………………………………………………… 311

本章小结 ………………………………………………………………… 357

复习思考题 ……………………………………………………………… 357

第十二章　路面基层施工 ……………………………………………… 359

第一节　概述 …………………………………………………………… 359

第二节　基层材料与混合料组成设计 ………………………………… 364

第三节　无机结合料稳定类基层施工 ………………………………… 381

第四节　其他类型基层施工 …………………………………………… 403

本章小结 ………………………………………………………………… 419

复习思考题 ……………………………………………………………… 419

第十三章　沥青路面施工 ……………………………………………… 420

第一节　沥青路面材料 ………………………………………………… 420

第二节　沥青混合料配合比设计 ……………………………………… 440

第三节　沥青混凝土面层施工 ………………………………………… 456

第四节　其他沥青面层施工 …………………………………………… 464

第五节　施工质量管理与检查验收 …………………………………… 481

本章小结 ………………………………………………………………… 491

复习思考题 ··· 491
第十四章　水泥混凝土路面施工 ························· 492
第一节　水泥混凝土路面材料 ······························· 492
第二节　水泥混凝土配合比设计 ····························· 503
第三节　水泥混凝土面层施工 ······························· 519
第四节　块料及其他水泥混凝土路面 ····················· 546
第五节　施工质量标准与控制 ······························· 555
本章小结 ··· 563
思考题与习题 ··· 563
第十五章　路基路面工程管理 ····························· 564
第一节　路基路面工程施工质量管理 ····················· 564
第二节　路基路面使用性能检测与评定 ·················· 568
第三节　路面养护管理系统简介 ····························· 580
第四节　路基路面工程养护与管理 ························· 584
本章小结 ··· 603
思考题与习题 ··· 604
参考文献 ··· 605

第一章 总论

第一节 路基路面的功能和使用要求

一、路基路面的功能及其作用

路基路面工程是组成道路的线形工程构造物。它主要承受汽车荷载的重复作用并经受各种自然因素的长期影响。

路基是按照路线的平面位置、纵断面高程和横断面的技术要求填筑或开挖而成的岩土结构物。路基工程由路基本体和路基设施构成。路基本体是指路基断面中的填挖部分;路基设施是指为确保路基本体的稳定性而采用的工程措施,它包括排水、防护、支挡和加固设施等。路基是道路线形的主体,贯穿于道路全线,与沿线的桥梁、涵洞和隧道等相连接。

路面是在路基顶面的行车部分,是由各种混合料铺筑而成的层状复合式结构物。路面结构按使用要求、受力状况、土基支承条件和自然因素影响程度的不同,采用不同规格和要求的材料分别铺设面层、基层和底基层等结构层。路基和路面结构是构成道路线形主体结构的主要组成部分,其中路面是直接供车辆在其表面行驶之用,它的好坏直接影响行车质量、速度、安全和运输成本。

路基是路面的基础,路面靠路基来支承。坚强而又稳定的路基为路面结构长期承受汽车荷载与环境因素的影响提供了重要保证。没有稳固的路基就没有稳固的路面。路面结构的铺筑则一方面隔离并保护了路基,使之避免了直接承受车辆和环境因素的破坏作用,确保路基长期处于稳定状态;另一方面,铺筑路面后,提高了平整度,改善了路况条件,从而保证汽车能以一定的速度,安全、舒适而经济地在道路上通行。因此,路基和路面相辅相成,实际上是不可分离的整体,应综合考虑它们的工程特点,综合解决两者的强度、稳定性等工程技术问题。

二、对路基的基本要求

在行车荷载和自然因素的作用下,路基会产生各种损坏和变形,而影响道路的使用品质。因此,除要求路基应具有正确合理的断面尺寸以外,还应满足以下几方面的基本要求。

1. 路基整体应具有足够的稳定性

在天然地表面建筑的道路结构物改变了原地面的自然平衡状态,路基在行车荷载及各种自然因素(如地质、水文、气候等)作用下,可能发生过大的变形(高程和几何形状)和破坏。如在软土地基上修筑高路堤时,可能由于软土层承载力不足而出现路堤沉陷和滑动;或者在岩质及土质山坡上开挖深路堑时,可能由于失去支承而使路堑上方的坡体出现坍塌破坏;沿河路基受到水毁等。因此,在施工中应密切注意此类问题,并针对当地具体情况,正确选定路基的断面形状和尺寸并采取必要的排水、防护和加固措施来保证路基结构的整体稳定性。

2. 路基上层应具有足够的强度和刚度

路基强度是指路基的承载能力,其刚度是指路基抵抗变形的能力。路基的上层是指在行车荷载作用影响深度范围内的路基,称为路基工作区;而直接位于路面结构层下 80cm 或 120cm 范围内的路基部分,则称路床。路床是路面的直接基础。土质路床,又称土基。土基要与路面共同作用来承受由行车荷载和路基路面自重产生的应力,并应抵抗由该力产生的变形。路基强度、刚度不足,使路基路面结构出现沉陷,甚至会使路面结构出现断裂,使路况恶化,服务水平下降。因此要求路基应具有足够的强度和刚度,以满足对路面结构的支承要求。路基具有足够的强度和刚度,还可以减轻路面的负担,从而减小路面的厚度,改善道路的投资状况。为了保证路面的使用性能、降低工程的造价,土基应具有足够的承载能力。因此,路基上层部分最好选用良好的土填筑,要注意充分压实,必要时,设置隔离层或采取其他处治措施。

3. 路基应具有足够的水温稳定性

水温稳定性是指强度和刚度在自然因素(主要是水、温度状况)影响下的变化幅。路基在地面水和地下水的作用下,其强度和刚度将出现显著降低的现象。如在季节性冰冻地区,由于周期性的冻融作用,冬季在水和负温度共同作用下,土体会发生冻胀,造成路面隆起、开裂;春融期局部土层过湿软化,路基强度急剧下降。在交通繁重的路段,有时引发翻浆,路基路面发生严重的破坏。因此要求路基应具有足够的水温稳定性,以保证在最不利的水温条件下,路基不致冻胀以及在春融期强度不致发生显著降低。

三、对路面的基本要求

为了保证道路的通行能力,提高行车速度,增强安全性和舒适性,降低运输成本和延长道路使用年限,路面结构应满足以下几方面基本要求。

1. 具有足够的强度和刚度

汽车在路面上行驶时,车辆通过车轮把垂直力和水平力传递给路面,路面还受到车辆振动力和冲击力作用。在这些外力的作用下,路面结构内就会产生应力、应变及位移。当路面结构整体或某一组成部分的强度或抗变形能力不足以抵抗这些应力、应变及位移时,路面就会出现断裂、沉陷、车辙等破坏,使路况恶化,服务水平下降。为避免行车荷载产生的这些破坏,路面结构整体及其各组成部分都应具有足够的强度和刚度。

路面的强度和刚度是两个既相互联系又相互区别的力学特性。路面结构应具有足够的强度,以抵抗车轮荷载引起的各个部位的各种应力,如压应力、弯拉应力和剪应力等,以保证路面结构不发生压碎、断裂、剪切等各种破坏。路面结构应具有足够的刚度,使得在车轮荷载作用下不发生过大的变形和位移,保证路面不发生沉陷、车辙或波浪等病害。

2. 具有足够的稳定性

路面不仅承受车轮荷载的作用,而且由于路面建筑于路基顶面,袒露于大气之中,因此还经常受到湿度、温度等自然环境因素的影响,从而影响着路面及其材料的强度和刚度。

大气温度周期性的变化对路面稳定性有重要影响,如沥青路面在高温季节软化,在车轮荷载作用下产生车辙、拥包等永久变形;低温时沥青面层出现收缩、脆硬而开裂;半刚性基层低温(或干燥)收缩产生裂缝,而水泥混凝土路面高温时发生拱胀开裂,低温时出现收缩裂缝以及在温度梯度作用下产生翘曲而破坏等。在低温冰冻季节,温度和湿度的共同作用会引起路基路面结构的冻胀,春融季节在重要交通路段产生翻浆。

大气降水使路面结构内部的湿度状态发生变化从而影响路面结构稳定性。水泥混凝土路面因排水不畅发生唧泥、冲刷基层导致结构破坏;沥青混凝土路面由于水分的侵蚀,引起沥青面层剥落、松散等水损害;砂石路面在雨季因雨水冲刷和渗入路面结构而导致强度下降,产生沉陷、松散等病害。

为了设计出适合当地气候条件、稳定性良好的路面结构,应充分调查和分析当地温度、湿度状况,在此基础上选择具有足够稳定性的路面材料及路面结构。

3. 具有足够的耐久性

路面在车辆荷载的反复作用下,路面使用性能将逐年下降,强度和刚度逐年衰减,如路面出现疲劳破坏和塑性变形累积。此外,路面在大气温度、湿度等自然环境因素的反复长期作用下,路面材料性能会由于老化衰变而导致路面结构的损坏。

为了保证和延长路面使用寿命,除了精心选择具有足够疲劳强度、抗老化和抗变形能力的材料和精心设计、精心施工外,还要重视路面的长年养护、维修及路用性能的恢复工作。

4. 具有足够的表面平整度

路面表面平整度是影响行车安全、行车舒适性及运输效益的重要指标。不平整的路表面会使行驶的车辆产生附加的振动,这种振动会造成行车颠簸,影响行驶的安全性和舒适性。同时,振动作用对路面施加冲击力,从而加速路面损坏和车辆轮胎的磨损,增加耗油量,提高车辆的运行费用。不同等级的道路,对行驶速度和舒适性的要求不同,从而对路面平整度的要求也不同。高速公路和城市快速路对路面平整度的要求更高。

优良平整的路面,要依靠优良的施工设备、精细的施工工艺、严格的施工质量控制,同时还应采取必要的养护措施。此外,随着行车荷载的反复作用,路面结构逐渐出现破坏和变形(断裂、沉陷、车辙、推移和松散等),从而使路面表面平整度变差。因此,采用强度和稳定性好的路面结构和组成材料,对于长期保证路面优良的平整度、减小其衰变速度是非常重要的。

5. 具有足够的表面抗滑性

路面表面要求平整度好,但不宜光滑。光滑的表面,行驶的车轮与路面之间的附着力和摩擦力较小,当雨天高速行驶需紧急制动或上下坡、转弯时,由于车轮与路面间附着力不足,容易造成车轮打滑或空转,从而引发严重的交通事故。路面的抗滑性能通常采用摩擦系数表征。

高速公路和城市快速路由于行驶速度高,因此要求具有较高的抗滑性能。

为了保证路面具有足够的抗滑性能,对于沥青路面,应采用坚硬、耐磨、表面粗糙的材料以及具有良好黏结力的沥青或改性沥青,并通过合理的组成设计来实现;对于水泥混凝土路面,可采取拉毛、刻槽等工艺措施提供保证。此外,对于影响路面抗滑性能的积雪、浮水和污泥等,应及时予以清除。

6. 具有足够的抗渗透性

透水的路面,水分容易渗入路面结构和土基,这些滞留于路面表层和路面结构内部的水分,在大量高速行车荷载反复作用下,自由水产生很大的动水压力,不断冲刷路面,路面会产生剥落、坑槽、唧浆和网裂等水损坏现象。在降水量大的潮湿多雨地区,交通量大、载重车辆多的高等级道路沥青路面,水损坏现象更为严重。

为避免路面水损坏,应尽量采用水稳定性好的路面结构层并设置路面结构内部排水系统或密实有效的防水层。

7. 具有低噪声、低扬尘性并减少对环境的负面影响

噪声与扬尘会对环境造成污染,影响正常的行车秩序,对行车密度大的高等级道路,这是必须予以足够重视的问题。行车噪声一方面因路面平整度差而引起,以及路面面层材料的刚度大而产生;另一方面与不良的线形设计导致车辆频繁的加速、减速、转向有关。

车辆驶经路面表面时,轮胎胎面花纹与不规则路面表面间的相互撞击,会产生轮胎与路表面滚动接触噪声。这种噪声是交通噪声的一部分,构成了环境噪声污染的一个来源。随着交通量的增长,降低交通噪声对周围居民工作、生活和心理健康的不利影响,已成为各方面日益关注的问题。在路面的表面方面,影响轮胎与路表面滚动噪声产生的主要因素为表面构造及其声阻抗(或声吸收),因而,可通过改善路面的表面构造以及采用多空隙路表面(以提高其声吸收性能)等措施来降低滚动噪声的级位。

扬尘主要发生于砂石路面,因轮胎后面产生真空吸力将面层细集料吸出而引起。但高等级道路,如不及时清扫路面浮土和灰尘,也会同样导致严重的扬尘。因此,对于行车噪声和扬尘,应从道路工程的设计、施工、养护和管理等方面统筹考虑,才能保证路面具有尽可能低的扬尘性和尽可能小的噪声。

修建路面需耗费大量的建筑材料(石料、水泥、沥青等),而养护和修复路面往往还需废弃大量的旧路面材料(沥青混合料、水泥混凝土等)。这一方面消耗大量能源,另一方面又会对自然环境产生破坏和污染,因此,合理选择、开采和使用路面材料,开发再生技术以充分利用废旧路面材料,是路基路面工程应予关注和考虑的重要问题。

四、路面的使用性能

路面结构在行车荷载和自然因素的反复作用下,其使用性能会不断发生变化,并逐渐出现各种病害及破坏现象,最终导致不能满足使用性能的要求。路面的使用性能可分为功能性能、结构性能、结构承载力、安全性和外观等几个方面。

1. 功能性能

路面的基本功能是为车辆提供快速、安全、舒适和经济的行驶表面。路面的功能性能是指路面满足这一基本功能的能力,它反映了路面的行驶质量或服务水平。

路面的行驶质量同路表面的平整度特性、车辆悬架系统的振动特性、人对振动的反应或接受能力三方面因素有关。从路面的角度来看,影响路面行驶质量的主要因素是路面的平整度。路面平整度,随着行车荷载的反复作用,环境因素(温度和湿度)的周期性变化影响和路面龄期的增加而逐渐下降。当平整度下降到某一限值时,路面的行驶质量不能满足行车对路面的基本功能要求,便需要采取改建或重建措施改善平整度,以恢复路面的基本功能。

2. 结构性能

路面的结构性能,是指路面结构保持完好的程度。路面在使用过程中会随着行车荷载及环境因素的反复作用而出现各种损坏。路面损坏可分为裂缝类、变形类、松散类、接缝损坏类及其他损坏类五大类:裂缝——路面结构的整体性受到破坏;变形——路面结构虽能保持整体性但其形状有较大变化;松散——路面结构中部分材料的散失或磨损;接缝损坏——水泥混凝土路面接缝附近局部宽度和深度范围内的混凝土碎裂;其他损坏——因设计、施工及养护管理不当造成的损坏。

路面结构出现破坏,会在不同程度上影响路面的平整度,因而,可以通过平整度在一定程度上反映路面的损坏状况。然而,平整度主要反映的是道路使用者可能有的反应,而路面损坏状况则主要表征路面结构的完好程度,它反映了为防止损坏加速发展而需采取的养护措施和为改善路况而需采取的改建措施,是道路管理部门所关注的路面性能。

新建和改建路面都需采取日常养护措施进行保养,以延缓路面损坏的出现;而在路面结构出现损坏后,应及时采取相应的维修措施以减缓损坏的发展速度;当路面损坏状况恶化到一定程度后,便需采取改建或重建措施以恢复或提高其结构的完好程度。因而,路面结构损坏的发生和发展同路面养护和改建措施密切相关。

路面结构损坏状况,须从三方面进行描述:损坏类型、损坏严重程度、出现损坏的范围或密度,并采用损坏类型综合指标对路面结构的损坏状况作出全面的评价。

3. 结构承载力

路面结构的承载力,是指路面在达到预定的损坏状况之前还能承受的行车荷载作用次数,或者还能使用的年数。

路面结构的承载力同损坏状况有着内在的联系。在使用过程中,路面的承载力逐渐下降,与此同时损坏逐步发展,承载力低的路面结构,其损坏发展的速度越迅速;承载力接近于极限(或临界)状态时,路面的损坏状况达严重程度,此时必须采取改建措施(加铺层)以恢复或提高其承载力。

路面结构承载力的确定,可采用破损类或无破损类两种检测方法,前者从路面结构中钻取试样,试验确定其各项计算参数,通过同设计标准相比较,估算其结构承载力。无破损类检测则通过路面的弯沉测定,估算路面结构的承载力。

4. 安全性

安全性主要指路面表面的抗滑能力。此外,在车辙深度超过 10~15mm 情况下,高速行驶的车辆会因车辙内积水而出现飘滑,导致交通事故。

路面表面的抗滑能力可采用摩擦系数、构造深度等抗滑指标表征。随着车轮的不断磨损,路面表面的抗滑能力因集料被磨光而逐渐下降；当路面表面的抗滑能力下降到不安全或不可接受的水平时，便需要采取措施(如加铺抗滑磨耗层或刻槽等)以恢复其抗滑能力。

5. 外观及低噪声

外观指路面给道路使用者的视觉印象。它包括反光和炫目、夜晚能见度、表面结构和颜色的均匀性等方面。

车辆在路面上行驶时，除发动机等噪声外，路面不平整引起车身振动、车辆轮胎与路面的接触摩擦等也会产生噪声。为降低噪声，应提高路面施工的工艺水平，并做好路面材料组成设计。

第二节 路基路面结构与构造

路基路面的构造，通常用横断面图来表示。路基除本体(基身)外，还应包括保证其正常工作所需的排水、防护、支挡与加固设施，以及路侧的取土坑和弃土堆等。在各种车道(包括行车道、变速车道和爬坡车道等)、路缘带和硬路肩等处均应铺筑路面。路面设置在路基顶部的路槽内，可由一层或数层(面层、基层和底基层等)组成，并要考虑排水等措施。

一、路基结构组成

路基是在原地面上按道路的设计线形(平面位置)和设计横断面(路基的宽度、高度及边坡度等几何尺寸)的技术要求开挖或填筑并压实而成的岩土结构物。路基典型断面形式，一般分为填方路基、挖方路基和半填半挖路基等。路基结构组成及各部名称如图1-1所示。

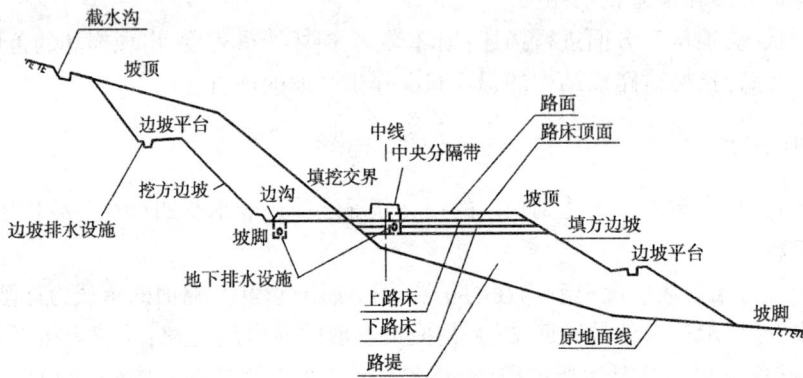

图 1-1 路基结构横断面组成及各部分名称

二、路面结构组成与类型

路面是用各种混合料分层修筑在路基顶面，供车辆行驶的层状结构物，其直接经受车辆荷载与自然因素综合作用，路面的性能应能满足车辆安全、迅速、舒适的行驶要求。路面通常由路面体、路肩、路缘石、中央分隔带及路面排水设施等组成。路面体在横向又分为行车道、人行道及路缘带。路面按结构层次可分为面层、基层和底基层等主要层次，由图1-2所示的各个部分组成。

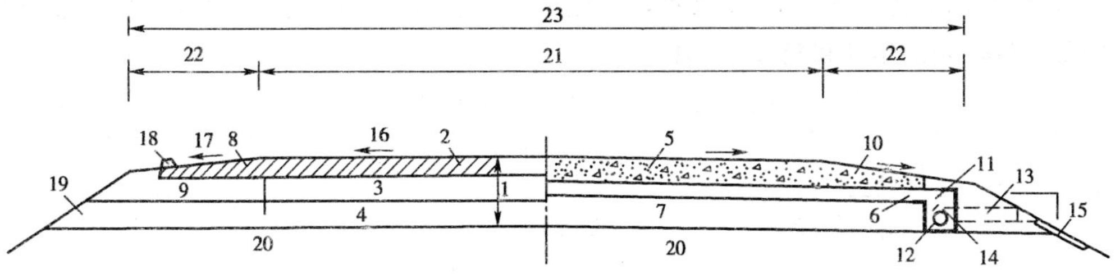

图 1-2　路面结构组成横断面图

1-路面结构;2-沥青面层;3-基层;4-底基层;5-水泥混凝土面层;6-排水基层;7-不透水层;8-路肩沥青面层;9-路肩基层;
10-路肩水泥混凝土面层;11-纵向集水沟;12-纵向集水管;13-横向排水管;14-反滤织物;15-坡面冲刷防护;16-路面横坡;
17-路肩横坡;18-拦水带;19-路基边坡;20-路床;21-行车道宽度;22-路肩宽度;23-路基宽度

(一)路面结构层及其功能

1. 面层

面层是直接承受行车荷载作用及自然环境条件下的湿度和温度影响的结构层次,并为车辆提供行驶表面,直接影响行车的舒适性、安全性和经济性。路面的使用品质及车辆的行驶质量主要取决于面层。因此,面层应具有足够的结构强度、刚度和稳定性以及良好的表面特性。面层可由一层或多层组成,其表面层应为抗滑磨耗层,其下层可为承重层、联结层或整平层。

2. 基层和底基层

基层起支承面层的作用,主要承受由面层传下来的行车荷载垂直力的作用,并把它扩散到底基层和路基,路面基层应具有足够的强度和刚度。基层也要受到地下水和路表水的影响,应具有足够的水稳性。基层顶面也应平整,具有与面层相同的横坡,以保证面层厚度均匀。基层厚度大时,可分设两层,分别为上基层和底基层,并选用不同强度或质量要求的材料。

3. 功能层

在路基土质较差、水温状况不良时,或者在路面结构厚度小于最小防冻厚度要求时,应在路基与基层(或底基层)之间加设功能层,起排水、隔水、防冻胀和扩散应力等作用。这类功能层可采用颗粒材料(如砂砾、碎石等)或无机结合料稳定粗粒土等铺筑,其铺筑宽度应比基层(或底基层)每侧至少宽出 25cm,或与路基同宽。

另一类功能层是用于加强路面各结构层之间的联结及防水、抗裂等作用的黏层、透层及封层和应力吸收层等。

4. 路基及路床

路基是路面结构的支承结构物,其本身应具有足够的整体稳定性,不出现过量的沉降变形和不均匀沉降变形。路床处于行车荷载的影响深度范围内,其强度和水稳定性可直接影响对路面结构的支承条件。在路床土的强度和水稳定性不足时,应采取措施改善路床土(如无机结合料稳定土)、设置排水系统、进行充分压实等。

(二)路面结构层类型

组成路面面层的材料,可分为沥青混合料、水泥混凝土和块料等类型。而按面层所用材料的不同,可将路面分为沥青路面、水泥混凝土路面、块料路面和复合式路面等类型。各类路面各结构层次可选用的组成材料如表1-1所示。

各类路面各结构层次可选用的组成材料 表1-1

结 构 层 次	路 面 类 型			
	沥青路面	水泥混凝土路面	复合式路面	块料路面
面层	沥青混凝土 沥青碎石 沥青贯入式 沥青表面处治及封层	普通混凝土 钢筋混凝土 连续配筋混凝土 钢纤维混凝土 预应力混凝土 碾压混凝土	水泥混凝土+ 沥青混凝土 或碾压混凝土+ 沥青混凝土	嵌锁式混凝土块料 整齐或半整齐料石、块石 泥灰结碎石
基层	水泥、石灰、粉煤灰等无机结合料稳定类材料;碾压混凝土;贫混凝土 沥青稳定碎石;沥青贯入碎石			
底基层	水泥、石灰、粉煤灰等无机结合料稳定类材料;级配碎石、砂砾			

1. 沥青面层

沥青面层可分为由沥青和集料经拌和、摊铺、碾压而成的沥青混合料类,沥青和集料分层撒铺、碾压而成的沥青表面处治及封层类,沥青贯入碎石集料层的沥青贯入碎石等几种类型。沥青混合料具有较好的使用品质,可用作各类道路的面层。其通常分为上、下两层。上面层(或表面层)起磨耗的作用,它应具有良好的表面特性(抗滑、平整、低噪声),通常采用较细的集料、较多的沥青用量,混合料密实不透水,或者也可做成多空隙排水性表面层。下面层称作联结层,起承重作用,可采用较粗的集料。沥青表面处治主要起封层和磨耗层的作用。

2. 水泥混凝土面层

水泥混凝土面层可分为普通水泥混凝土、钢筋混凝土、连续配筋混凝土、钢纤维混凝土、预应力混凝土和碾压混凝土等几种类型。这类面层具有强度高、刚度大、使用寿命长的特点,能承受较繁重的车辆荷载的作用。

3. 块料面层

块料面层可由整齐或半整齐的料石、块石、嵌锁式水泥混凝土预制块料或其他块状材料铺砌而成。面层下需铺设薄砂垫层,以调节砌块高度,形成块料间的嵌挤作用。这类面层可按不同图案和色彩铺筑,能承受较重的荷载,但表面平整度较差。

4. 复合式面层

复合式面层系由水泥混凝土(碾压混凝土、钢筋混凝土等)做下面层,沥青混合料做上面层组成。这类面层综合了水泥混凝土强度高、寿命长和沥青混合料舒适性好、便于修补的长处,是一种经久耐用的优质面层。

三、路肩、路拱与排水

(一)路肩

道路行车道两侧的路肩,用于承受车辆的偶然停留,并对路面结构起侧向支承作用。路肩结构应具有一定的承载能力,并应同行车道路面作为一个整体进行结构设计与施工,协调结构层次的安排和组成材料的选用,统一考虑行车道结构和路肩结构的内部排水,提供两部分结构交接面处的良好衔接。平整、坚实和不透水的路肩表面,既可增加行车道的有效宽度,又可改善路面结构边缘部分的工作条件,延长道路的使用寿命。

(二)路拱

为了保证路面上雨水及时排出,减少雨水对路面的侵蚀和渗透,路面表面应形成路拱(横坡度)。表1-2为各种不同类型路面路拱的平均横坡度值。

各类路面的路拱平均横坡度 表1-2

路 面 类 型	路拱平均横坡度(%)
沥青混凝土、水泥混凝土	1~2
沥青贯入式、沥青碎石、沥青表面处治、整齐块料	1.5~2.5
半整齐、不整齐块料	2~3

路拱横坡度选择,应考虑有利于行车平稳和利于路面排水的要求。在干旱和有积雪、浮冰地区,应采用低值;多雨地区采用高值;道路纵坡较大或路面较宽,或行车速度较高,或交通量和车辆载重较大,或经常有拖挂车行驶时用低值;反之,取用高值。路肩的横坡应略大于路面的横坡0.5%~1.0%,以利于迅速排除表面水。

(三)排水

路基路面必须具备良好的排水系统,保证迅速排泄道路范围内的地面水,并对影响道路稳定的地下水进行截流、降低水位或予以排除,从而保证路基路面结构具有足够的强度及稳定性。设置排水设施的目的,是迅速地将路界范围内的水排出路界,以保证行车安全。

道路排水设施是为了排除地面水及地下水而设置的排水构造物。除桥涵外,还有边沟、截水沟、排水沟、急流槽、盲沟、渗井和渡槽等路基排水构造物和路面排水构造物组成的道路排水系统。一般公路的路面排水设施通常由路拱横坡度、路肩横坡度和边坡组成。高速公路和一级公路的路面排水一般由路面(路肩)排水和中央分隔带排水组成,必要时可采用路面结构内部排水措施。

第三节 路基路面工程的特点与内容

一、特 点

(一)工程特点

路基路面工程是设置在地表面,暴露于大自然,由各种道路建筑材料构成的线形工程结构,一般都要延续数百公里,甚至上千公里。由于道路沿线地形起伏,地质、地貌、气象特征多变,再加上沿线城镇经济发达程度与交通繁忙程度不同,因此决定了路基路面工程复杂多变的特点。与其他工程结构物相比,路基和路面结构具有许多不同的显著特点。

1. 变异性大和不确定性因素多

道路沿线的地形、地质和水文等自然条件往往变化很大,即便在较短的路段内,路基的填挖情况、岩石性质和土质以及水文条件仍会有较大的差别,从而使路基的物理和力学性质有很大的变异。组成路面各结构层的是由不同来源和不同性质的材料,按不同方式和配合比拌和而成的混合料。这些混合料的力学性质,受不同料源和施工状况的影响而变异性很大。同时,路面结构所处的环境(包括气候、水文和路基支承条件)复杂多变,而路面结构层和混合料的物理力学性质对于环境条件的变异又十分敏感,这也就更加剧了材料和结构性状的变异性。此外,作用在路面上的行车荷载,无论是质量、频率和数量,又都是因时因地而变的随机变量。因而,路基路面是一种本身性质变异很大而又在复杂环境和条件下工作的结构物,在设计、施工和养护工作中很难准确把握,而在相当大的程度上必须依赖于经验。

2. 设计—施工—养护管理系统

路基路面工程的设计、施工及养护管理是一个相互关联和相互依存的系统。路面的使用性能在使用过程中逐渐变坏,如图1-3所示。在一定的交通和气候条件下,路面使用性能的衰变速率同路面结构的承载能力、施工质量和养护水平等许多因素有关。结构能力越弱,施工质量越差,养护水平越低,则使用性能变衰的速率越快。当使用性能恶化到某一预定的最低水平时,便需采取改建或重建措施,以恢复和提高其使用性能。在预定的设计期内,路面结构可能要进行若干次改建或重建。

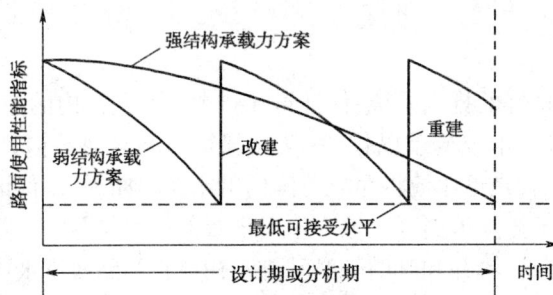

图1-3 路面使用性能的衰变示意图

路基路面结构性能及材料性质,受现场施工技术和质量控制水平的影响很大。设计时,必须充分考虑和反映现有的施工和养护条件所能达到的水平。否则,实际使用性能将达不到设计所预期的目标,从而增加养护和改建工作的难度和投资。施工和养护时,也必须充分考虑并实现设计时所提出的施工和养护水平,按设计所规定的变异水平范围进行控制。

由于不同的养护维修及管理水平,可以延缓或加快道路使用性能的衰变速率,因而,道路的设计、施工和养护可以协调考虑,在设计期内可以提出多种对策方案供选择,采用承载能力较强的结构和保证优良的施工质量,以花费较高的初期修建费而获取较长的使用寿命、较少的改建费用、较好的使用性能和较省的使用者费用;或者采用较弱的结构、维持不高的施工质量,以节省初期修建费,但使用寿命短,因而需要较多的养护和改建费用,并且使用性能较差,使用者费用较高,因而,需要统筹考虑设计、施工和养护,并进行经济分析和比较。

3. 路基路面是一种复合结构

路基路面结构是多层次的复合结构,各结构层可采用不同性质的混合料。路面结构所采用的材料是由集料和结合料(沥青、水泥、石灰等)组成的混合料,其性质随配合比例和组成方式的不同而在较大范围内变动,并且随所处的温度和湿度环境及所受到的应力状况的不同而发生很大的变化。

结构物在荷载和自然因素作用下的应力—应变性状及其使用性能同结构层的组成情况有关,同时也同结构层组成材料的性质有关。路基和路面材料的性状往往是非线性的,是应力(应变)水平及温度和湿度的函数。因此,考察和研究路基路面结构的性能时,要兼顾材料和结构两个方面,并考虑结构组合的影响及其在结构中所处的层位等情况。因而,路基路面结构的分析和设计很复杂,而有时仍不得不依赖于经验的补充。

二、研 究 内 容

路基路面工程是一门研究路基路面的合理结构、设计原理和方法、材料性能要求以及施工、养护、管理和维修技术的专业课程。本课程与各基础技术课程及其他专业课程有着密切的联系。

路基路面的结构设计,是道路路线设计中横断面设计的延续与补充;路基稳定性和石方爆破效果的分析,需要工程地质的基本知识;土质路基的稳定性验算、软土路堤的地基沉降计算、挡土墙的土压力计算和路基土的压实等,需引用土质学与土力学的有关知识;道路排水设计,需要水力学和水文学的基本知识;路面材料的力学性能和组成与道路建筑材料的知识紧密相关;路基路面设计方案的经济分析、施工组织设计与工程质量管理等,需要道路工程经济与管理的基本知识。

随着道路交通运输事业的发展、科学技术的进步,新材料、新结构、新设备和新工艺的采用,还有弹黏塑性理论、断裂力学、数值分析、可靠度、系统工程和岩土工程等学科内容的相互渗透,使路基路面工程的理论和技术水平不断获得提高,相应的结构设计及施工技术规范常常需要加以修改、增补和更新。

在学习本课程时,要注意路基路面工程的特点,结合有关课程的内容并联系工程实践来研读本教材及有关参考资料,通过分析、对比、归纳等方法,掌握基本概念和原理,做到举一反三、融会贯通,提高分析和解决实际问题的能力,以便为今后工作打下扎实的基础。

路基路面工程项目建设的基本任务,是探讨如何经济有效地提供和维护能满足汽车使用要求的路基路面结构物。为实现这一目标,路基路面工程涉及规划、设计、施工、养护、监测和管理等方面的内容。

(一)路基路面工程设计的内容

路基路面设计应根据道路使用要求和当地自然条件,参照有关规范和经验,考虑技术和经济水平,选定合理的结构方案,绘出设计图,作为施工的依据。其具体步骤和内容如下:

1. 勘察调查

收集沿线的地质、水文、气象以及材料和交通等方面的资料,了解现有道路的使用状况,进行必要的检测与试验工作。

2. 路基设计

路基设计的主要内容：

(1)根据路线设计确定的路基填挖高度和宽度,结合沿线的地形和岩土情况,确定路基基身的横断面形状、填料与压实和边坡坡率等。

(2)根据沿线地表径流和地下水埋藏情况,进行道路排水系统的布置以及地表、地下和路面排水结构物的设计。

(3)根据当地水文、地质、地形及筑路材料等情况,采取边坡坡面防护、堤岸冲刷防护、路基支挡及软弱地基加固等措施,并进行相应的设计(例如,路基挡土墙设计等)。

3. 路面设计

路面设计的主要内容：

(1)根据道路等级、行车荷载使用要求、当地自然环境、路基支承条件和材料供应等情况,选择面层类型,并提出结构组合方案。

(2)根据对所选材料的性状要求和当地自然条件,进行各结构层材料的组成设计。

(3)根据路面结构的破坏形式与设计标准、力学模型和相应的计算理论,或按经验方法,确定满足交通和环境条件及使用年限要求的各结构层尺寸。对于水泥混凝土路面还要进行接缝和配筋等方面的设计。

4. 设计方案比选

对可能提供的若干设计方案,应综合考虑投资、施工、养护和使用性能等几方面因素,进行技术经济分析和比较,最后确定采用的方案。

(二)路基和路面施工的内容

路基路面施工是把设计方案(施工图)实物化。其主要工作大致分为以下了几个阶段。

1. 准备工作

落实和培训施工队伍,现场核对设计文件和图纸,必要时对原设计作出某些修改;确定施工方案和施工组织计划;恢复并固定路线,施工放样;清理场地,修建临时设施(如便道、料场等);配备机具,采购材料,落实水电供应等。

2. 路基施工

路基施工的基本工作内容：

(1)路基土方作业:包括开挖路堑或取土坑、运土填筑路堤或弃土、压实和整修路基表面及边坡等。

(2)路基石方爆破:包括凿眼、装药、引爆、清渣和整修等。

(3)排水、防护、支挡与加固工程施工:开挖截水沟或其他排水沟渠、建造跌水或急流槽、砌筑护坡、护墙和挡土墙、进行地基加固等。

3. 路面施工

路面结构层的铺筑,根据材料性质、施工条件和设计规定,可分别采用层铺(灌浇)、拌和、摊铺或砌筑等方式。各种类型结构层的施工工序,主要有清底、拌和、摊铺、整形、压实、养护等。

4. 质量控制和检验

在路基路面施工过程中及完工后,应对工程质量(包括路基路面结构的内在质量:压实度、强度与刚度、结构层厚度等;使用功能:平整度、抗滑性等;外形尺寸:宽度、高程、中线偏位、横坡度、边坡度等)进行控制、检查及验收。

(三)路基路面工程的规划、监测及养护维修内容

1. 规划方面

规划的任务包括财政和项目两方面,其内容为:

(1)依据公路网内路基和路面结构的现状,分析为达到规划期预定目标所需的资源(资金、材料、机具、劳力等)及其在时间(一年或多年)和空间(不同路线或路段)上的分配。

(2)计划在给定的投资估算水平条件下,使公路网内路基和路面结构的服务水平达到最佳所需安排的新建和改建项目及其对策方案。

2. 监测方面

已建成的路基路面结构物在使用过程中受荷载和自然因素的不断作用而逐渐出现损坏。监测是对结构物的使用状况及其对使用性能要求的满足程度进行定期的观测和评定,为制订规划和维修计划提供依据。监测的项目包括路基路面的各项使用性能(如结构承载能力、损坏状况、平整度和抗滑等)和交通状况(交通量和轴载组成)监测。依据监测所采集到的路况和交通数据,可以对道路使用性能满足使用要求的程度做出评价。

3. 养护维修方面

养护维修是对可能或已经出现损坏或不满足使用要求的路基和路面结构提出养护维修方案和制订计划,并按养护规范进行日常养护、修复或重建,以延缓路基和路面结构损坏的速率,恢复或提高其使用性能。

本章小结

路基路面是道路的基本组成部分,其共同承受行车荷载和环境因素的作用。路基是道路路线的主体,又是路面结构的基础,只有稳定的路基,才能维持道路的线形,保证路面的使用性能。路基路面结构的稳定、耐久,路面表面的平整、抗滑,直接关系到道路的正常使用与行驶质量。路基路面的构造,除路基基身和路面结构层次外,还应包括排水、防护、支挡与加固等工程结构。路基路面在使用过程中经受的行车荷载、自然因素和材料性质复杂多变,各种病害或变

形错综复杂,这就形成了路基路面工程的特点。为保证路基路面具有足够的强度和稳定性,应查明道路沿线的自然条件和交通状况,综合运用本课程及相关课程所学知识,注重掌握基本原理和方法,密切联系工程实践,提高解决工程实际问题的能力。

复习思考题

1. 路基和路面在道路上起什么作用?有哪些基本要求?
2. 路基由哪几部分构成?路基稳定性受哪些因素影响?
3. 路面结构为何要分层?它主要分为哪些层次?各层的作用及其对材料的要求如何?
4. 路基路面工程设计与施工的基本任务是什么?

第二章 行车荷载分析

第一节 车辆的类型和轴型

一、车辆的类型

道路上通行的汽车主要分为乘用车和商用车两大类。乘用车是指不超过9座的小型车辆。商用车可分为客车、货车和半挂牵引车三类。

乘用车及小型客车自身质量与满载总质量都比较轻,但车速高,一般可达120km/h;中客车一般包括6~20个座位的中型客车;大客车一般是指20个座位以上的大型客车(包括铰接车和双层客车),主要用于长途客运与城市公共交通。

货车又分为整车、牵引式挂车和牵引式半挂车。整车的货厢与汽车发动机为一整体;牵引式挂车的牵引车与挂车是分离的,牵引车提供动力,牵引后挂的挂车,有时可以拖挂两辆以上的挂车;牵引式半挂车的牵引车与挂车也是分离的,但是通过铰接相互连接,牵引车的后轴也担负部分货车的质量,货车厢的后部有轮轴系统,而前部通过铰接悬挂在牵引车上。货车总的发展趋向是向大吨位发展,特别是集装箱运输水陆联运业务开展之后,货车最大吨位已超过40~50t。

汽车的总质量通过车轴与车轮传递给路面,所以路面结构的设计主要以轴重作为荷载标准。在道路上行驶的多种车辆的组合中,重型货车与大客车起决定作用,轻型货车与中、小客车影响很小,有时可以不计。但是在考虑路面表面特性要求时,如平整性、抗滑性等,则以小型客车为主要对象,因为小型客车的行驶速度高,所以要求在高速行车条件下具有良好的平稳性与安全性。

二、车辆的轴型

各类车辆车身的全部重力都通过车轴上的轮胎传递给路面,因此,对于路面结构设计,需要考虑的行车荷载主要是轴型与轴重。由于轴重的大小直接关系到路面结构的设计承载能力与结构强度,为了统一设计标准和便于交通管理,各个国家对于轴重的最大限值均有明确的规定。我国公路与城市道路路面设计规范中均以100kN作为设计标准轴重。通常认为,我国的道路车辆轴限为100kN。

　　一般整车形式的客、货车车轴分为前轴和后轴。绝大部分车辆的前轴为两个单轮组成的单轴,轴载约为汽车总重力的三分之一。汽车的后轴有单轴、双联轴和三联轴等几种形式。大部分汽车后轴由双轮组组成。目前,在我国公路上行驶的货车的后轴轴载,一般在60~130kN范围内。

　　由于汽车货运向大型重载方向发展,货车的总质量有增加的趋势,为了满足对汽车轴限的规定,趋向于增加轴数以提高汽车总质量,因此出现了各种多轴型的货车。有些运输专用设备的平板挂车,采用多轴多轮型,以便减轻对路面的压力。

　　路面结构设计对车辆的交通荷载调查与设计参数分析,根据不同车辆轴型上的轴组和轮组类型可分为7类,如表2-1所示。

轴 型 分 类

表2-1

轴 型 编 号	轴 型 说 明	轴 型 编 号	轴 型 说 明
1	单轴(每侧单轮胎)	5	双联轴(每侧双轮胎)
2	单轴(每侧双轮胎)	6	三联轴(每侧单轮胎)
3	双联轴(每侧单轮胎)	7	三联轴(每侧双轮胎)
4	双联轴(每侧各一单轮胎、双轮胎)	—	—

　　根据各类车辆的构造、轴载组成及其对路面的破坏作用,将交通荷载组成分为11种车辆类型及相应的轴型组合,如表2-2所示。

车辆类型分类

表2-2

编　号	说　明	典型车型及图示		其他主要车型
1类	2轴4轮车辆	11型车		
2类	2轴6轮及以上客车	12型客车	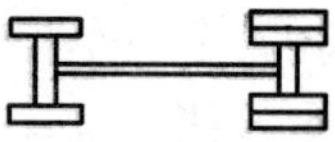	15型客车
3类	2轴6轮整体式货车	12型货车	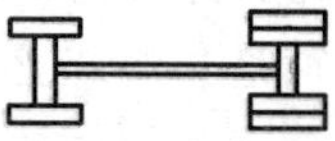	
4类	3轴整体式货车(非双前轴)	15型	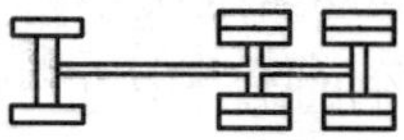	
5类	4轴及以上整体式货车(非双前轴)	17型	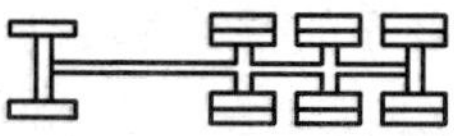	
6类	双前轴整体式货车	112型 115型	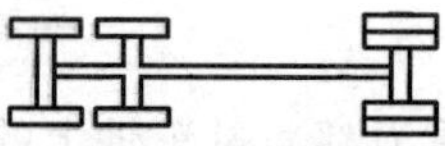	117型
7类	4轴及以下半挂货车(非双前轴)	125型	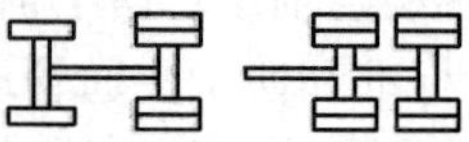	122型

编　号	说　明	典型车型及图示		其他主要车型
8 类	5 轴半挂货车 （非双前轴）	127 型 155 型		
9 类	6 轴及以上半挂货车 （非双前轴）	157 型		
10 类	双前轴半挂式货车	1127 型		1122 型 1125 型 1155 型 1157 型
11 类	全挂货车	1522 型 1222 型		

表中,1 类车型属小型客、货车辆,对路面的破坏影响较小,路面设计时可不予考虑。2～11 类车型为大客车和各类货车,均会对路面产生显著的破坏作用。因此,在路面设计时,将除 1 类车以外的 2～11 类车统称为大型客车和货车,作为交通荷载参数的考虑对象。

第二节　车辆的静力荷载作用

汽车对道路的作用可分为停驻状态和行驶状态。当汽车处于停驻状态下,对路面的作用力为静态压为,主要是由轮胎传给路面的垂直压力 p,它的大小受下述因素的影响:

(1)汽车轮胎的内压力 p_i。

(2)轮胎的刚度和轮胎与路面接触的形状。

(3)轮载的大小。

大型客货车轮胎的标准静内压力 p_i 一般为 $0.4～0.7MPa$。通常,轮胎与路面接触面上的压力 p 略小于内压力 p_i,为 $0.8p_i～0.9p_i$。车轮在行驶过程中,内压力会因轮胎充气温度升高而增加,因此,滚动的车轮接触压力也有所增加,达到 $0.9p_i～1.1p_i$。

轮胎的刚度随轮胎的新旧程度而有不同,接触面的形状和轮胎的花纹也会影响接触压力的分布。一般情况下,接触面上的压力分布是不均匀的。不过在路面设计中,通常忽略上述因素的影响,而直接取内压力作为接触压力,并假定在接触面上压力是均匀分布的。

轮胎与路面的实际接触面是与轮胎花纹形状有关的不规则形状,如图 2-1 所示。其不规则形状的外轮廓线,一般呈近似圆形或长短轴长度比较接近的椭圆形状。在路面设计中,采用圆形接触面积来表示,即将车轮荷载简化成当量的圆形均布荷载,并采用轮胎内压力作为轮胎接触压力 p。当量圆的半径 δ 可以按式(2-1)确定。

$$\delta = \sqrt{\frac{P}{\pi p}} \tag{2-1}$$

式中:P——作用在车轮上的荷载(kN);

　　　p——轮胎接触压力(MPa);

δ——接触面当量圆半径(cm)。

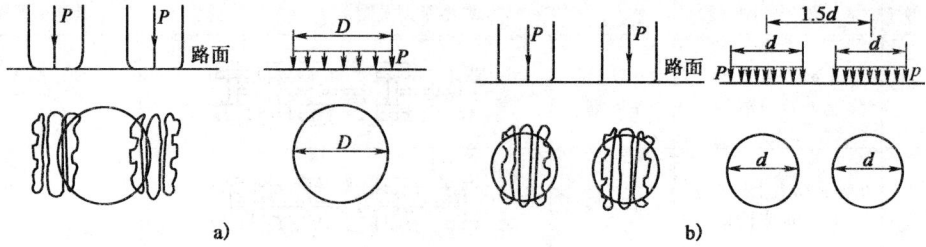

图 2-1 车轮荷载计算图式

a)单圆图式;b)双圆图式

对于双轮组车轴,若每一侧的双轮用一个圆表示,称为单圆荷载图式;如用两个圆表示,则称为双圆荷载图式(图2-1)。双圆荷载的当量圆直径 d 和单圆荷载的当量圆直径 D,分别按式(2-2)、式(2-3)计算。

$$d = \sqrt{\frac{4P}{\pi p}} \qquad (2\text{-}2)$$

$$D = \sqrt{\frac{8P}{\pi p}} \qquad (2\text{-}3)$$

根据道路运输实际车辆的现状及发展趋势,我国现行路面设计规范采用轴重为 100kN 的单轴—双轮组作为设计荷载标准。路面结构设计轴载计算参数按表2-3确定。

设计轴载的计算参数   表2-3

设计轴载(kN)	轮胎接地压强(MPa)	单轮接地当量圆直径(mm)	两轮中心距(mm)
100	0.70	213	319.5

对于专用公路和以特重或特种车辆为主的公路,可根据实际情况经论证后采用适宜的设计轴载和参数。

第三节 行车荷载的动态影响

行驶状态的汽车除了施加给路面垂直静压力之外,还给路面施加水平力、振动力。此外,由于汽车以较快的速度通过,这些动力影响还有瞬时性的特征。

汽车在道路上等速行驶,车轮受到路面给它的滚动摩阻力,路面也相应受到车轮施加于它一个向后的水平力;汽车在上坡行驶,或者在加速行驶过程中,为了克服重力与惯性力,需要给路面施加向后的水平力,相应在下坡行驶或者在减速行驶过程中,为了克服重力与惯性力的作用,需要给路面施加向前的水平力。汽车在弯道上行驶,为了克服离心力,保持车身稳定不产生侧滑,需要给路面施加侧向水平力。特别是在汽车启动和制动过程中,施加于路面的水平力相当大。

处于行驶状态的动轮载对路面的影响有三个方面:

(一)水平力

在行驶过程中,车轮受到路面给它的滚动摩阻力,路面也相应地受到一向后的水平力 Q,此水平力 Q 与垂直力 P,以及路面与轮胎之间的摩阻系数有关,可按下式确定:

$$Q = \mu P \qquad (2-4)$$

式中：μ——摩阻系数，与轮胎类型、路面状况及车辆行驶状态有关。

一般情况下，水泥混凝土路面和沥青混凝土路面的 μ 值为 0.01～0.02；碎石和砾石路面的 μ 值为 0.025～0.050。可见，由滚动摩阻力所产生的水平力很小，约为垂直力的 5% 以下。

但是，车辆制动或驱动过程中，作用于路面上的水平力要大得多。其值可由下式确定：

$$Q_b = f_b P \qquad (2-5)$$

式中：f_b——车轮与路面间的附着系数，其值与车辆的制动或驱动行驶状态有关，但最大值不超过路面的附着系数 f_0（最大附着率），最小值不会低于车轮完全在路面上滑移时的滑动系数 f_g。

表 2-4 所列的 f_b 值为实地测量的资料。由表列 f_b 值可以看出，f_b 的最大值一般不超过 0.7～0.8，并与路面类型、湿度，以及行车速度有关，相同的路面结构类型，干燥状态的 f_b 值比潮湿状态高；路面结构类型、干燥状态相同的情况下，车速越高，f_b 值越小。

纵向滑移路面附着系数 f_b　　　　　　　表 2-4

路面状况	路面类型	车速（km/h）		
		12	23	64
干燥	粒料	—	0.60	—
	沥青混凝土	0.70～1.00	—	0.50～0.65
	水泥混凝土	0.70～0.80	—	0.60～0.80
潮湿	粒料	—	0.40	—
	沥青混凝土	0.45～0.65	—	0.10～0.50
	水泥混凝土	0.60～0.70	—	0.35～0.55

路面表面必须保持足够的附着系数，这是保证车辆正常行驶的重要条件。但是从路面结构本身来看，附着系数的大小直接关系结构层承受的水平力荷载。在水平荷载的作用下，结构层产生复杂的应力状态，特别是面层结构，直接承受水平荷载作用，若是抗剪强度不足，将会导致推挤、拥包、波浪、车辙等破坏现象。

（二）轮载的动态变动

行驶在路面上的车辆，由于自身的振动和振幅在路面上跳动，作用在路面上的轮载时而大于静轮载，时而小于静轮载。图 2-2 所示即为轴载变动的一个实测例子，轮载的这种动态变动，可近似地看作为呈正态分布，其变异系数（标准偏差同静轮载的比值）主要随三方面因素变化：

（1）行车速度：车速越高，变异系数越大。

（2）路面的平整度：平整度越差，变异系数越大。

（3）车辆振动的特性：轮胎的刚度越低，减振装置的效果越好，变异系数越小。

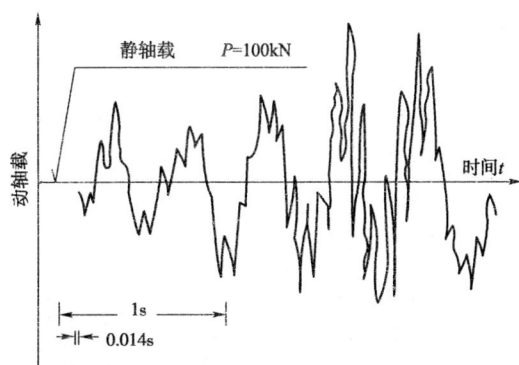

图 2-2　轴载的动态波动

（车速为 60km/h，轮胎着地长 23cm，通过时间 0.014s，路面中等平整度）

正常情况下,变异系数一般均小于0.3。

动轮载和静轮载的比值,称作冲击系数。在较平整的路面上,车速低于50km/h时的冲击系数约在1.30以内。在车速高而平整度差的路上,冲击系数还要增大。路面设计时,有时以静轮载乘以冲击系数作为设计荷载。

(三)轮载作用的瞬时性

车辆在路面上行驶时,路面任一点所经受到的轮载作用时间实际上很短,只有0.01~0.1s。路面下不同深度处应力作用的持续时间略大些,但仍很短。由于路面结构中应力传递是通过相邻的颗粒来实现的,这样短暂的荷载(或应力)作用时间,来不及传递分布,使路面结构的变形不像静载作用时那样充分。美国AASHO(美国各州公路工作者协会)曾对不同车速下沥青路面和水泥混凝土路面的变形量进行过实测。图2-3分别绘出了其试验结果。可以看出,在该试验条件下(单轴轴载80kN),柔性路面的总弯沉量在车速由3.2km/h增大到56km/h时减少了36%~38%,而刚性路面的板角挠度和板边应变量在车速由3.2km/h增大到96.7km/h时降低了29%左右。

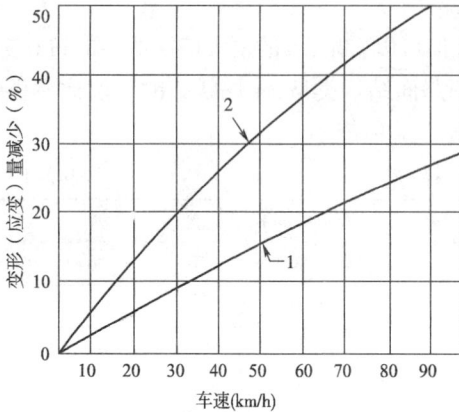

图2-3 车速同路面变形的关系
1-刚性路面,角隅弯沉量或边缘应变量随车速的变化;
2-柔性路面,表面总弯沉量随车速的变化

动荷载作用下路面变形量的减小,可以理解为路面结构刚度及承载能力的相对提高。

第四节 交通荷载参数分析

道路上行驶着不同类型和不同质量的车辆。路面结构设计时要考虑它们在设计年限内对路面的累计损坏作用,因而要了解或估计现有的交通量和轴载组成,预估它们在设计年限内的增长和变化,并把它们都换算成当量标准轴载的累计作用次数。

一、交通量数据调查

交通量是指一定时间间隔内各类车辆通过某道路横断面的数量。为路面结构设计进行的交通数据调查应包括:交通量及增长率、车辆类型组成及分布系数、车辆轴载组成和轴重、车辆行驶方向系数、车道系数等。

公路建设初期,交通量和其他参数可参照工程可行性研究报告等有关交通预测资料,并结合当地交通观测站的观测和统计资料,或通过实地设立交通观测站点进行观测和统计。

方向系数为一个行车方向的交通量占行车道交通量的比例。一般情况下,方向系数都取用0.50。但有些道路有可能出现一个方向的车辆明显多于另一个方向的情况。这时,可通过不同方向上实测交通量数据确定,或是在0.5~0.6内选取。

车道系数为设计车道上大型客车和货车数量占该方向上大型客车和货车交通量的比例。设计断面交通量乘以方向系数和车道系数即为设计车道的交通量。

车辆类型分布系数为某一类车型占 2～11 类车辆总数的百分比,是反映交通组成的重要参数。货车类型分布系数 TTC 为反映车辆组成中整体货车和半挂货车所占比例的参数。根据对我国交通数据的分析,将 TTC 分类简化为 5 类,见表 2-5,并给出了每种分类的车辆类型分布系数。

公路 TTC 分类标准(%) 表 2-5

TTC 分类	整体式货车比例(%)	半挂式货车比例(%)	TTC 分类	整体式货车比例(%)	半挂式货车比例(%)
TTC1	<40	>50	TTC3	40～70`	>20
TTC2	<40	<50	TTC4	40～70	<20
TTC5	>70	—			

注:表中整体式货车为表 3～6 类车,半挂式货车为 7～10 类车。

车道系数与车辆类型分布系数应按三个水平确定:改建路面结构设计时采用水平一;新建路面结构设计时采用水平二或水平三。

对车道系数:水平一时应根据现场交通观测资料统计设计方向不同车道上车辆的数量来确定;水平二时可采用当地的经验值;水平三时可采用表 2-6 的推荐值。

车 道 系 数 表 2-6

单向车道数	1	2	3	≥4
高速公路	—	0.7～0.85	0.45～0.6	0.4～0.5
其他等级公路	1.00	0.5～0.75	0.5～0.75	—

注:交通受非机动车和行人影响严重时取低限,反之取高值。

对车辆类型分布系数,水平一时应根据交通观测资料分析 2～11 类(大型客车和货车类)车型所占的百分比,得到车辆类型分布系数。

水平二时可根据交通历史数据或经验数据按表 2-5 确定公路 TTC 分类,采用该 TTC 分类车辆类型分布系数的当地经验值。

水平三时根据交通历史数据或经验数据按表 2-5 确定公路 TTC 分类,采用表 2-7 规定的车辆类型分布系数。

不同 TTC 分类车辆类型分布系数 表 2-7

车辆类型	2 类	3 类	4 类	5 类	6 类	7 类	8 类	9 类	10 类	11 类
TTC1	6.4	15.3	1.4	0.0	11.9	3.1	16.3	20.4	25.2	0.0
TTC2	22.0	23.3	2.7	0.0	8.3	7.5	17.1	8.5	10.6	0.0
TTC3	17.8	33.1	3.4	0.0	12.5	4.4	9.1	10.6	8.5	0.7
TTC4	28.9	43.9	5.5	0.0	9.4	2.0	4.6	3.4	2.3	0.1
TTC5	9.9	42.3	14.8	0.0	22.7	2.0	2.3	3.2	2.5	0.2

道路承受的年平均日交通量是逐年增长的。要确定路面设计年限内的总交通量,还需要预估该年限内交通的发展和变化规律。交通量的年平均增长率可根据公路等级和功能以及地区经济和交通发展情况等,通过调查确定。通常,可根据多年连续观测到的交通量资料,通过回归分析整理出交通量年平均增长率的变化规律,再利用数据外延分析得到所需年份的平均日交通量。表 2-8 所列为依据 25 条国道上的交通量观测资料整理出的不同年限内的交通量年平均增长率的变化范围,可供参考。选用时,还需考虑附近地区人口、经济和交通等的发展趋势,予以调整。

公　路　等　级	设计年限(年)				
	10	15	20	30	40
高速公路	5~9	4~7	4~7	3~6	2~4
一级公路	6~11	4~9	3~9	2~6	2~4
二级公路	5~12	3~8	2~6	2~4	1~3
三、四级公路	3~24	2~18	2~13	1~8	1~6

注:初始交通量大的取下限;反之,取上限。

二、车辆当量设计轴载换算

不同重力的轴载给路面结构带来不同程度的损坏作用。因而,对路面设计来说,关注的不单是设计年限内的总车辆数,更重要的是轴载大小和各级轴载所占的比例。对于后者,称为轴载组成或轴载谱。

行驶在每条道路上的车辆,具有不同的车型和轴载组成。各级轴载的作用次数,可按当量(等效)原则换算成标准轴载(我国选用 100kN 作为标准轴载)的作用次数。这样,根据标准轴载的作用次数就可判断出各条道路上交通的繁重程度。

各种轴载当量换算应依据以下两项原则:其一,同一种路面结构在不同轴载作用下达到相同的疲劳损坏程度时,相应的作用次数是等效的;其二,对同一种交通组成,无论以哪种轴载标准进行换算,由换算轴载作用次数所设计计算的路面结构及厚度是相同的。

我国现行沥青路面设计规范,采用沥青混合料层层底拉应变和永久变形量、无机结合料稳定层层底拉应力、路基顶面竖向压应变等设计控制指标。轴载换算时,则分别考虑了与这些指标对应的当量轴载换算方法。水泥混凝土路面设计规范,采用水泥混凝土面层板底面的弯拉应力为指标的当量轴载换算方法。

(一)沥青路面当量设计轴载换算方法

沥青路面结构设计,以单轴双轮组轴重 100kN 为标准轴载,用 BBZ-100 表示,其他不同类型的车辆按照以下方法换算成当量设计轴载。

各类车辆当量设计轴载换算系数,可按下列三个水平确定:高速公路和一级公路的改建设计应采用水平一,其他情况可采用水平二或水平三。

(1)水平一,应采用称重设备连续采集设计车道上车辆类型、轴型组成和轴重数据,按下列步骤分析各类车辆当量换算系数:

①分别统计 2~11 类(大型客车和货车类)车辆单轴单胎、单轴双胎、双联轴和三联轴的数量,除以各类车辆总数,按式(2-6)计算各类车辆中不同轴型平均轴数。

$$NAPT_{mi} = \frac{NA_{mi}}{NT_m} \qquad (2-6)$$

式中:$NAPT_{mi}$——m 类车辆中 i 种轴型的平均轴数;

NA_{mi}——m 类车辆中 i 种轴型总数;

NT_m——m 类车辆总数;

i——单轴单胎、单轴双胎、双联轴和三联轴;

m——表 2-2 中 2~11 类车。

②按式(2-7)计算 2~11 类(大型客车和货车类)车辆不同轴型在不同轴重区间所占的百分比,得到不同轴型的轴重分布系数,即轴载谱。确定轴载谱时,单轴单胎、单轴双胎、双联轴和三联轴应分别间隔 2.5kN、4.5kN、9.0kN 和 13.5kN 划分轴重区间。

$$\text{ALDF}_{mij} = \frac{\text{ND}_{mij}}{\text{NA}_{mi}} \tag{2-7}$$

式中:ALDF_{mij}——m 类车辆中 i 种轴型在 j 级轴重区间的轴重分布系数;

ND_{mij}——m 类车辆中 i 种轴型在 j 级轴重区间的数量;

NA_{mi}——m 类车辆中 i 种轴型的数量;

式中其他符号意义同前。

③按式(2-8)计算 2~11 类(大型客车和货车类)车辆各种轴型在不同轴重区间的当量设计轴载换算系数,计算时取各轴重区间中点值作为该轴重区间代表轴重。按式(2-9)计算各类车辆当量设计轴载换算系数。

$$\text{EALF}_{mij} = c_1 c_2 \left(\frac{P_{mij}}{P_s} \right)^b \tag{2-8}$$

式中:P_s——设计轴载(kN);

P_{mij}——m 类车辆中 i 种轴型在 j 级轴重区间的单轴轴载(kN),对于双联轴和三联轴,为平均分配到每根单轴的轴载;

b——换算指数,分析沥青混合料层疲劳和沥青混合料层永久变形时,$b=4$,分析路基永久变形时,$b=5$,分析无机结合料层疲劳时,$b=13$;

c_1——轴组系数,前后轴间距大于 3m 时,分别按单个轴计算,轴间距小于 3m 时,按表 2-9 取值;

c_2——被换算轴 – 轮型的轮组系数,双轮组为 1.0,单轮时取 4.5。

轴组系数取值 表 2-9

设 计 指 标	轮—轴型	c_1 取 值
沥青混合料层层底拉应变 沥青混合料层永久变形量	双联轴	2.1
	三联轴	3.2
路基顶面竖向压应变	双联轴	4.2
	三联轴	8.7
无机结合料 稳定层层底拉应力	双联轴	2.6
	三联轴	3.8

$$\text{EALF}_m = \sum_i \left[\text{NAPT}_{mi} \sum_j \left(\text{EALF}_{mij} \times \text{ALDF}_{mij} \right) \right] \tag{2-9}$$

式中:EALF_m——m 类车辆的当量设计轴载换算系数;

NAPT_{mi}——m 类车辆中 i 种轴型的平均轴数,按式(2-6)计算确定;

ALDF_{mij}——m 类车辆中 i 种轴型在 j 级轴重区间的轴重分布系数,按式(2-7)计算确定;

EALF_{mij}——m 类车辆中 i 种轴型在 j 级轴重区间当量轴载换算系数,根据式(2-8)计算确定。

(2)水平二和水平三,可按式(2-10)确定各类车辆的当量设计轴载换算系数。式(2-10)中非满载车和满载车的比例和当量设计轴载换算系数,水平二时,取当地的经验值;水平三时,可采用表 2-10 和表 2-11 所列全国经验值。

$$EALF_m = EALF_{ml} \times PER_{ml} + EALF_{mh} \times PER_{mh} \qquad (2\text{-}10)$$

式中：$EALF_{ml}$——m 类车辆中非满载车的当量设计轴载换算系数；

$EALF_{mh}$——m 类车辆中满载车的当量设计轴载换算系数；

PER_{ml}——m 类车辆中非满载车所占的百分比；

PER_{mh}——m 类车辆中满载车所占的百分比。

2～11 类(大型客车和货车类)车辆非满载车和满载车比例　　　　表 2-10

车　　型	非满载比例	满载比例
2 类	0.80～0.90	0.10～0.20
3 类	0.85～0.95	0.05～0.15
4 类	0.60～0.70	0.30～0.40
5 类	0.70～0.80	0.20～0.30
6 类	0.50～0.60	0.40～0.50
7 类	0.65～0.75	0.25～0.35
8 类	0.40～0.50	0.50～0.60
9 类	0.55～0.65	0.35～0.45
10 类	0.50～0.60	0.40～0.50
11 类	0.60～0.70	0.30～0.40

2～11 类(大型客车和货车类)车辆当量设计轴载换算系数　　　　表 2-11

车　　型	沥青混合料层层底拉应变、沥青混合料层永久变形量		无机结合料稳定层层底拉应力		路基顶面竖向压应变	
	非满载车	满载车	非满载车	满载车	非满载车	满载车
2 类	0.8	2.8	0.5	35.5	0.6	2.9
3 类	0.4	4.1	1.3	314.2	0.4	5.6
4 类	0.7	4.2	0.3	137.6	0.9	8.8
5 类	0.6	6.3	0.6	72.9	0.7	12.4
6 类	1.3	7.9	10.2	1505.7	1.6	17.1
7 类	1.4	6.0	7.8	553.0	1.9	11.7
8 类	1.4	6.7	16.4	713.5	1.8	12.5
9 类	1.5	5.1	0.7	204.3	2.8	12.5
10 类	2.4	7.0	37.8	426.8	3.7	13.3
11 类	1.5	12.1	2.5	985.4	1.6	20.8

根据上述计算确定的车辆当量设计轴载换算系数,按式(2-11)确定初始年设计车道日平均当量轴次 N_1。

$$N_1 = AADTT \times DDF \times LDF \times \sum_{m=2}^{11} (VCDF_m \times EALF_m) \qquad (2\text{-}11)$$

式中：AADTT——2 轴 6 轮及以上车辆的双向年平均日交通量(辆/d)；

DDF——方向系数；

LDF——车道系数；

m——车辆类型编号；

$VCDF_m$——m 类车辆类型分布系数；

$EALF_m$——m 类车辆的当量轴载换算系数。

(二)水泥路面当量设计轴载换算方法

水泥混凝土路面结构设计，以轴重为 100kN 的单轴双轮组荷载作为标准轴载。对于各种不同轴载的作用次数，按弯拉应力等效疲劳断裂原则换算成标准轴载的作用次数，并根据标准轴的作用次数判断道路的交通繁重程度。

各级轴载作用次数 N_i，可按式(2-12)换算为当量设计轴载作用次数 N_s。

$$N_s = \sum_{i=1}^{n} N_i \left(\frac{P_i}{P_s} \right)^{16} \qquad (2-12)$$

式中：N_s——当量设计轴载的作用次数(次/d)；

N_i——i 级轴载的作用次数(次/d)；

n——各种轴型的轴载级位数；

P_i——第 i 级轴载重(kN)，联轴按每一根轴载单独计；

P_s——设计轴载重(kN)。

对极重交通等级的水泥混凝土路面，应选用货车中占主要份额特重车型的轴载作为设计轴载。为此，可通过实地设立站点进行各类车辆的轴型调查和轴重测定，或者利用该地区或相似类型公路已有称重站的车型、轴型和轴重测定统计资料，获取设计公路的车辆类型、轴型和轴重组成数据，以及最重轴载和货车中占主要份额特重车型轴载。

1. 各类车辆按轴型称重进行统计换算

各类车辆按轴型称重和统计时，可采用以轴型为基础的轴载当量换算系数法计算分析设计车道使用初期的设计轴载日作用次数。随机统计 3000 辆 2 轴 6 轮及以上车辆中单轴、双联轴和三联轴等不同轴型出现的单轴次数，分别称取其单轴轴重。可按单轴轴重级位统计整理后得到轴载谱，并按式(2-13)计算确定不同轴重级位的设计轴载当量换算系数。

$$k_{p,i} = \left(\frac{P_i}{P_s} \right)^{16} \qquad (2-13)$$

式中：$k_{p,i}$——不同轴重级位的设计轴载当量换算系数；

P_i——单轴级位 i 的轴重(kN)；

P_s——设计轴载的轴重(kN)。

依据单轴轴载谱和相应的设计轴载当量换算系数，可按式(2-14)计算得到设计车道使用初期的设计轴载日作用次数。

$$N_s = \mathrm{ADTT} \frac{n}{3000} \sum_i (k_{p,i} \times p_i) \qquad (2-14)$$

式中：N_s——设计车道使用初期的设计轴载日作用次数[轴次/(车道·d)]；

ADTT——设计车道的年平均日货车交通量[轴次/(车道·d)]；

n——随机统计 3000 辆 2 轴 6 轮及以上车辆中出现的单轴总轴数；

p_i——单轴轴重级位 i 的频率(以分数计)。

2. 以车辆类型为基础进行统计换算

以车辆类型为基础进行各种轴型的轴载称重和统计时，可采用车辆当量轴载系数法计算分析设计车道使用初期的设计轴载日作用次数。可将 2 轴 6 轮及以上车辆分为整车、半挂和多挂三类,每类车再按轴数细分,分别按车型称重后得到单轴轴载谱。可由式(2-13)和式(2-15)计算得到各类车辆的设计轴载当量换算系数。

$$k_{p,k} = \sum_i k_{p,i} p_i \tag{2-15}$$

式中:$k_{p,k}$——k 类车辆的设计轴载当量换算系数;

p_i——k 类车辆单轴轴重级位 i 的频率(以分数计)。

依据调查所得的车辆类型组成数据,可按式(2-16)计算确定设计车道使用初期的设计轴载日作用次数。

$$N_s = \text{ADTT} \times \sum_k (k_{p,k} \times p_k) \tag{2-16}$$

式中:p_k——k 类车辆的组成比例(以分数计)。

三、当量设计轴载累计作用次数

各类车辆可按沥青路面或水泥路面相应的公式,分别计算各自车辆组成的当量设计轴载等效换算系数,将各类车辆的日交通量乘以相应的当量换算系数,并累加后即可得到路面建成通车后初始年日平均当量设计轴载作用次数。则路面设计使用年限内当量设计轴载的累计作用次数,可按式(2-17)确定。

$$N_e = \frac{\left[(1+\gamma)^t - 1 \right] \times 365}{\gamma} N_1 \tag{2-17}$$

式中:N_e——设计使用年限内设计车道上的累计轴载作用次数(次);

N_1——初始年设计车道日平均当量次数(次/d);

t——设计使用年限(年);

γ——设计使用年限内交通量年平均增长率(以小数表示)。

本章小结

汽车是道路的服务对象,也是造成路基路面结构失稳、损坏的主要因素。汽车对路面的作用有垂直力和水平力,行车荷载的动态、瞬时性、重复性会对路面结构的工作状态、使用性能、设计原理和方法带来影响。为使路面适应行车荷载的作用特点,在路面结构设计时要考虑的荷载因素主要有:车辆类型和车型的分类、轴载大小与轴载谱;轮胎与路面接触面的面积和形状、接触压力和水平力;轴载的方向、车道及横向分布系数;使用年限内轴载的累计作用次数等。由于行车荷载作用的随机性和不确定性,目前在设计理论和方法中要根据公路等级和工程项目建设情况采用三个水平来考虑这些因素。

复习思考题

1. 路基和路面设计中要考虑哪些行车荷载因素?
2. 如何对汽车的类型与轴型进行分类?

3.为什么要进行轴载换算？沥青路面和水泥混凝土路面轴载换算有何不同？

4.如何确定路面当量设计累计作用次数？在路面设计中如何应用？

5.静荷载、动态荷载及重复荷载对路面的作用和影响有何不同？

6.路面结构设计和道路线形设计采用的交通量有何区别？

7.结合工程实际进行交通量调查，统计分析轴载类型数据，计算确定轴载作用次数。

第三章 环境因素分析

路基路面结构直接暴露在自然环境中,经受着温度和湿度等自然因素对结构体系的重要影响。路基路面结构的温度和湿度状况随所处环境的变化而变化,路基路面结构体系的性质与状态也随之发生变化。

路基土和路面材料的强度与刚度随路面结构内部温度和湿度的变化有时会有大幅度的增减。如沥青路面材料的弹性模量会随温度升高而降低,路基土回弹模量则会随湿度增长而急剧下降。

路基土和路面材料的体积随路基路面结构内温度和湿度的升降而引起膨胀或收缩。由于温度和湿度是随环境而变化的,而且沿着结构的深度呈不均匀分布,因此在不同时期和不同深度处,胀缩的变化也是不相同的。如果这种不均匀的胀缩因某种原因受到约束而不能实现时,路基和路面结构内便会产生附加(胀缩)应力。

路基土和路面材料的几何性质和物理性质随温度与湿度产生的变化,将使路基路面结构设计复杂化。如不能充分估计这种因自然环境因素变化产生的后果,则路基路面结构在行车荷载和自然因素共同作用之下,将将早出现损坏,缩短路面的使用年限。因此,在设计路基路面结构时,除了要充分考虑行车荷载可能引起的各种损伤之外,还应考虑自然因素的影响。

第一节 公路自然区划与气候分区

一、公路自然区划

我国地域辽阔,且地形、地质、地理及自然条件复杂多变,从北向南分处于寒带、温带和热带。从青藏高原到东部沿海高程相差 4000m 以上,因此各种影响因素的变化极为复杂。不同地区自然条件的差异同道路建设有密切关系。为了区分各地自然区域的筑路特性,经过长期调查研究,制定了公路自然区划标准。

(一)区划原则

1.道路工程特征相似的原则

即在同一区划内,在同样的自然因素下筑路具有相似性,例如,北方不利季节主要是春融时期,有翻浆病害,南方不利季节在雨季,有冲刷、水毁等病害。

2. 地表气候区划差异性的原则

地表气候是地带性差异与非地带性差异的综合结果。通常,地表气候随着当地纬度而变,如北半球,北方寒冷、南方温暖,这称为地带性差异。除此之外,还与高程的变化有关,即沿垂直方向的变化,如青藏高原,由于海拔高,与纬度相同的其他地区相比,气候更加寒冷。即称为非地带性差异。

3. 自然气候因素既有综合又有主导作用的原则

自然气候的变化是各种因素综合作用的结果,但其中又有某种因素起着主导作用,例如道路冻害是水和低温综合作用的结果。但是在南方,只有水而没有寒冷气候的影响,不会有冻害,说明温度起主导作用;西北干旱区与东北潮湿区,同样都有零下气温(0℃以下),但前者冻害轻于后者,说明水起主导作用。

(二)区划分级

我国的公路自然区划,分为三级。

1. 一级区划

以两条均温等值线和两条海拔等高线作为一级区划的标志,再考虑黄土地区筑路的特殊性并将其单列,把全国划分为 7 个一级大区,见表 3-1。

(1)全年均温 –2℃ 等值线,是多年冻土区和季节性冻土区的界限。

(2)一月均温 0℃ 等值线,是季节性冻土区和全年不冻区的界限。

(3)两条海拔等高线,1000m 和 3000m 将我国由东向西的地形划分为三级阶梯。

一级区划名称和特征 表 3-1

代号	一级区名	平均温度 (℃)	平均最大冻深 (cm)	潮湿系数 K	地形阶梯	土 质 带
I	北部多年冻土区	全年 < –2	>200	0.5 · 1.00	东部 1000m 等高线两侧	棕黏性土
II	东部湿润季冻区	1 月 <0	10 ~ 200	0.5 ~ 1.00	东部 1000m 等高线以东	棕黏性土,黑黏性土,冲积土,软土
III	黄土高原干湿过渡区	1 月 <0	20 ~ 140	0.25 ~ 1.00	东部 1000m 等高线以西,西南 3000m 等高线以东	黄土
IV	东南湿热区	1 月 >0 全年 14 ~ 26	<10	1.00 ~ 2.25	东部 1000m 等高线以东	黄棕黏土,红黏性土,软土
V	西南潮湿区	1 月 >0 全年 14 ~ 22	>20	1.00 ~ 2.00	东部 1000m 等高线以西,西南 3000m 等高线以东	紫黏土,红色石灰土,砖红黏性土

代号	一级区名	平均温度 （℃）	平均最大冻深 （cm）	潮湿系数 K	地 形 阶 梯	土 质 带
Ⅵ	西北干旱区	1月<0 山区垂直分布	东部 100～250,西部 40～100	东部 0.25～0.5,西部<005	东部 1000m 等高线以西,西南 3000m 等高线以北	栗黏性土,砂砾土,碎石土
Ⅶ	青藏高寒区	1月<0	除南端外40～250	0.25～1.50	西南 3000m 等高线以北	砂砾土,软土

2. 二级区划

二级区划以潮湿系数为主要区分标志,按公路工程的相似性及地表气候的差异,在 7 个一级区划内进一步分为 33 个二级区和 19 个副区(亚区)。

潮湿系数 K 为年降水量(mm)与年蒸发量(mm)的比值,按区内的 K 值大小分为 6 个等级,见表 3-2。

潮湿系数 K 值分级　　表 3-2

名称	过湿区	中湿区	润湿区	润干区	中干区	过区
等级	1	2	3	4	5	6
K	>2.00	2.00～1.50	1.50～1.00	1.00～0.50	0.50～0.25	<0.25

3. 三级区划

三级区划是二级区划的进一步细化。各省、自治区、直辖市可在二级区划的基础上,根据各地的地貌、水文、土质类型和干湿类型,结合实际建设项目的具体情况进行划分。

(三)各自然区划的筑路特点

我国七个一级自然区的道路结构设计及施工注重的特点各有不同,根据各地区经验,可大致归纳如下。

1. Ⅰ区——北部多年冻土区

该区北部为连续分布多年冻土,南部为岛状分布多年冻土。对于泥沼地多年冻土层,最重要的道路设计原则是保温,不可轻易挖去覆盖层,使路堤下保持冻结状态,若受大气热量影响融化,则后患无穷。对于非多年冻土层的处理方法则不同,需将泥炭层全部或局部挖去,排干水分,然后填筑路堤。该区主要是林区道路,路面结构因表土湿度大,地面径流大,最易翻浆,应采取换土、稳定土、砂垫层等处理方法。

2. Ⅱ区——东部湿润季冻区

该区路面结构突出的问题是防止冻胀和翻浆。翻浆的轻重程度取决于路基的潮湿状态,可根据不同的路基潮湿状态采取措施。该区缺乏砂石材料,采用稳定土类垫层已取得一定的使用经验。

3. Ⅲ区——黄土高原干湿过渡区

该区特点是黄土对水分的敏感及湿陷性,干燥路基强度高、稳定性好。在河谷盆地的潮湿路段以及灌区耕地,路基稳定性差,强度低,必须认真处理。

4. Ⅳ区——东南湿热区

该区雨量充沛集中,雨型季节性强,台风暴雨多,水毁、冲刷、滑坡是道路的主要病害,路面结构应结合排水系统进行设计。该区水稻田多,土基湿软,强度低,必须认真处理。由于气温高、热季长,要注意沥青面层材料的高温稳定性和防透水性。

5. Ⅴ区——西南潮湿区

该区山多,筑路材料丰富,应充分利用当地材料筑路,对于水文不良路段,必须采取措施,稳定路基。

6. Ⅵ区——西北干旱区

该区大部分地下水位很低,虽然冻深多在 100~150cm 以上,但一般道路冻害较轻。个别地区,如河套灌区,内蒙古草原洼地,地下水位高,翻浆严重。丘陵区 1.5m 以上的深路堑冬季积雪厚,雪水侵入路面造成危害,所以沥青面层材料应具有良好的防透水性,路肩也应做防水处理。由于气候干燥,砂石路面经常出现松散、搓板和波浪现象。

7. Ⅶ区——青藏高寒区

该区局部路段有多年冻土,须按保温原则设计。由于地处高原,气候寒冷,昼夜气温相差很大,日照时间长,沥青老化很快,又因为年平均气温相对偏低,路面易遭受冬季雪水渗入而破坏。

二、沥青路面的气候分区

沥青路面的物理力学性质与使用环境如气候、温度和湿度关系密切,因此,在选择沥青材料、进行沥青混合料配合比设计、检验沥青混合料的使用性能时,应考虑沥青路面工程所处的环境因素,尤其是温度和湿度因素。所以,应按照不同气候分区特点对沥青及沥青混合料的技术性能提出相应要求。

我国幅员辽阔,各地区气候相差很大,因此对沥青与沥青混合料的使用性能要求也各不相同,各地区应根据当地的气候特点对沥青混合料的技术指标进行分区,并以此作为沥青混合料组成设计的控制指标。在大量的气候要素中选择能够较好地表征我国气候特点对沥青路面使用性能影响的指标:高温、低温和雨量。在此基础上,提出我国沥青路面使用性能气候分区指标。

(一)气候分区指标

(1)设计高温分区指标:采用工程所在地最近 30 年内年最热月平均最高气温的平均值,作为反映沥青路面在高温和重载条件下出现车辙等流动变形的气候因子,并作为气候分区的一级指标。全年高于 30℃ 的积温及连续高温的持续时间可作为辅助参考值。

按照设计高温指标,一级区划分为 3 个区,按如下步骤确定:①选择当地一年中最热的月作为年最热月(通常是七月或八月),通过当地气象台站获得该月记录的每一天的最高气温的温度和时间(通常为下午 2 时);②求每年最热月的日最高气温的平均值作为一年最热月的月平均最高气温;③求取 30 年的最热月平均最高气温的平均值为最热月平均最高气温 T_{max},作为设计高温分区指标。

(2)设计低温分区指标:采用工程所在地最近 30 年内的极端最低气温,作为反映沥青路面由于温度收缩产生裂缝的气候因子,并作为气候分区的二级指标。降温速率、冰冻指数可作为辅助参考值。

按照设计低温指标,二级区划分为 4 个区,按如下步骤确定:①选择当地一年中最冷的月作为年最冷月(通常是一月),通过当地气象台站获得该月记录的极端最低气温;②求取 30 年内的极端最低气温的最小值 T_{min},作为设计低温分区指标。

(3)设计雨量分区指标:采用工程所在地最近 30 年内的年降雨量的平均值,作为反映沥青路面受水影响的气候因子,并作为气候分区的三级指标。雨日数可作为辅助参考值。

按照设计雨量指标,三级区划分为 4 个区,按如下步骤确定:①通过当地气象台站获得当地的年降雨量;②求取 30 年内的年降雨量的平均值 W_{cp},作为设计低温分区指标。

此外,确定气候分区指标时还应参考各个指标的辅助指标值,作为计算得到的分区指标的必要修正:①当全年高于 30℃的积温较大或当地连续高温的持续时间长,以及预计重载车特别多、长大纵坡严重影响车速路段,可将高温气候区提高一级或两级看待;②对经常发生寒潮、寒流、降温迅速的地区可将低温气候区提高一级;③对年雨日数特别长(如梅雨季节)的地区可将雨量气候区提高一级。

(二)气候分区的确定

气候分区的确定,应该向当地气象台站了解有关数据,并采用 30 年的气象记录进行统计计算。对高速公路、一级公路和城市快速路、主干路应取 95% ~ 98% 的概率,一般道路可取 90% 的概率。沥青路面使用性能气候分区由一、二、三级区划组合而成,以综合反映本地区的气候特征,见表 3-3。

沥青路面使用性能的气候分区   表 3-3

气候分区指标		气候分区			
高温指标	高温气候区	1	2	3	
	气候区名称	夏炎热区	夏热区	夏凉区	
	最热月平均最高气温 T_{max}(℃)	>30	30 ~ 20	<20	
低温指标	低温气候区	1	2	3	4
	气候区名称	冬严寒区	冬寒区	冬冷区	冬温区
	极端最低气温 T_{min}(℃)	< -37.0	-37 ~ -21.5	-21.5 ~ -9.0	> -9
雨量指标	雨量气候区	1	2	3	4
	气候区名称	潮湿区	湿润区	半干区	干旱区
	年降雨量 W_{cp}(mm)	>1000	1000 ~ 500	500 ~ 250	<250

(1)沥青材料的气候分区:沥青材料的气候分区,按最热月平均最高气温及年极端最低气温把全国分为 3 个大区,共 9 种气候类型。每个气候类型用 2 个数字表示:第一个数字代表最热月平均最高气温的分布;第二个数字代表年极端最低气温的分布,见表 3-4。

气候区名(气候类型)		温度(℃)	
		最热月平均最高气温	年极端最低气温
1-1	夏炎热,冬严寒	>30	< -37
1-2	夏炎热,冬寒	>30	-37 ~ -21.5
1-3	夏炎热,冬冷	>30	-21.5 ~ -9
1-4	夏炎热,冬温	>30	> -9
2-1	夏热,冬严寒	20 ~ 30	< -37
2-2	夏热,冬寒	20 ~ 30	-37 ~ -21.5
2-3	夏热,冬冷	20 ~ 30	-21.5 ~ -9
2-4	夏热,冬温	20 ~ 30	> -9
3-2	夏凉,冬寒	<20	-37 ~ -21.5

(2)沥青混合料的气候分区:沥青混合料的气候分区用 3 个数字表示。第一个数字代表高温分区,第二个数字代表低温分区,第三个数字代表雨量分区,每个数字越小,表示气候因素对沥青路面的影响越严重。沥青混合料的气候分区全国共有 26 种气候类型,见表 3-5。

气候区名(气候类型)		温度(℃)		年降雨量(mm)
		最热月平均最高气温	年极端最低气温	
1-1-4	夏炎热,冬严寒,干旱	>30	< -37	<250
1-2-2	夏炎热,冬寒,湿润	>30	-37 ~ -21.5	500 ~ 1000
1-2-3	夏炎热,冬寒,半干	>30	-37 ~ -21.5	250 ~ 500
1-2-4	夏炎热,冬寒,干旱	>30	-37 ~ -21.5	<250
1-3-1	夏炎热,冬冷,潮湿	>30	-21.5 ~ -9	>1000
1-3-2	夏炎热,冬冷,湿润	>30	-21.5 ~ -9	500 ~ 1000
1-3-3	夏炎热,冬冷,半干	>30	-21.5 ~ -9	250 ~ 500
1-3-4	夏炎热,冬冷,干旱	>30	-21.5 ~ -9	<250
1-4-1	夏炎热,冬温,潮湿	>30	> -9	>1000
1-4-2	夏炎热,冬温,湿润	>30	> -9	500 ~ 1000
2-1-2	夏热,冬严寒,湿润	20 ~ 30	< -37	500 ~ 1000
2-1-3	夏热,冬严寒,半干	20 ~ 30	< -37	250 ~ 500
2-1-4	夏热,冬严寒,干旱	20 ~ 30	< -37	<250
2-2-1	夏热,冬寒,潮湿	20 ~ 30	-37 ~ -21.5	>1000
2-2-2	夏热,冬寒,湿润	20 ~ 30	-37 ~ -21.5	500 ~ 1000
2-2-3	夏热,冬寒,半干	20 ~ 30	-37 ~ -21.5	250 ~ 500
2-2-4	夏热,冬寒,干旱	20 ~ 30	-37 ~ -21.5	<250
2-3-1	夏热,冬冷,潮湿	20 ~ 30	-21.5 ~ -9	>1000
2-3-2	夏热,冬冷,湿润	20 ~ 30	-21.5 ~ -9	500 ~ 1000
2-3-3	夏热,冬冷,半干	20 ~ 30	-21.5 ~ -9	250 ~ 500

气候区名(气候类型)		温度(℃)		年降雨量(mm)
		最热月平均最高气温	年极端最低气温	
2-3-4	夏热,冬冷,干旱	20~30	-21.5~-9	<250
2-4-1	夏热,冬温,潮湿	20~30	>-9	>1000
2-4-2	夏热,冬温,湿润	20~30	>-9	500~1000
2-4-3	夏热,冬温,半干	20~30	>-9	250~500
3-2-1	夏凉,冬寒,潮湿	<20	-37~-21.5	>1000
3-2-2	夏凉,冬寒,湿润	<20	-37~-21.5	500~1000

第二节 路基湿度状况分析

一、路基湿度的来源

路基土的潮湿状态是由土体的含水率高低决定的,而含水率的高低取决于各种湿源的作用和延续时间。引起路基湿度变化的湿源有以下几种:

(1)大气降水——大气降水通过路面、路肩边坡和边沟渗入路基。

(2)地表水——边沟的流水、地表径流水因排水不良,形成积水,渗入路基。

(3)地下水——路基下面一定范围内的地下水侵入路基。

(4)毛细水——路基下的地下水,通过毛细作用,上升到路基。

(5)水蒸气凝结水——在土的空隙中流动的水蒸气遇冷凝结的水。

(6)薄膜移动水——土中的薄膜水从含水率较高处移向含水率较低处,或从温度较高处移向温度较低处。

引起路基湿度的各种湿源如图 3-1 所示。其对路基湿度的影响程度随自然地理分区、当地的自然条件以及采取的具体工程措施而不同。对具体路段来说,总有一些主要的湿源引起路基湿度的变化。因此,对不同的具体情况,路基设计应采取有针对性的措施。如在地下水位较浅处的路段,应适当提高路基的设计高度,保证路基具有足够的填土高度,避免毛细水上升的影响。

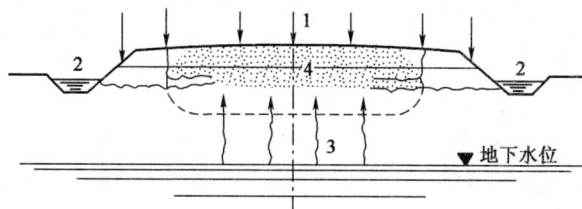

图 3-1 路基湿度来源示意图
1-大气降水;2-地表水;3-由地下水上升的毛细水;4-水蒸气凝结水

二、路基干湿类型

路基的强度及稳定性与路基的干湿状态及其平衡湿度有密切的关系,并在很大程度上影响路面结构设计。路基平衡湿度是指公路建成通车后,路基在地下水、降雨、蒸发、冻结和融化等因素作用下,湿度达到相对稳定的平衡状态,此时湿度称为平衡湿度。大量的观测资料表明,在路面完工后 2~3 年内,路基的湿度变化逐渐趋于某种平衡湿度状态。路基平衡湿度状况可依据路基的湿度来源分为干燥、中湿和潮湿状态三类。新建公路路床应处于干燥或中湿状态。

(1)干燥状态:干燥类路基的湿度由气候因素控制,即地下水位很低,路基工作区处于地下水毛细润湿面之上,路基平衡湿度完全由气候因素所控制。

(2)中湿状态:中湿类路基的湿度兼受地下水和气候因素影响,即地下水位较高,路基工作区被地下水毛细润湿面分为上、下两部分,下部受地下水毛细润湿的影响,上部则受气候因素影响。

(3)潮湿状态:潮湿类路基的湿度由地下水控制,即地下水或地表长期积水的水位高,路基工作区均处于地下水毛细润湿影响范围内,路基平衡湿度由地下水或地表长期积水的水位升降所控制。

路基设计时依据路基工作区深度(Z_a)、路床顶面至地下水位的相对高度(h)、地下水位高度(h_w)、毛细水上升高度(h_0)及路基填土高度(h_t)的关系确定湿度状况类型,如图 3-2 所示。

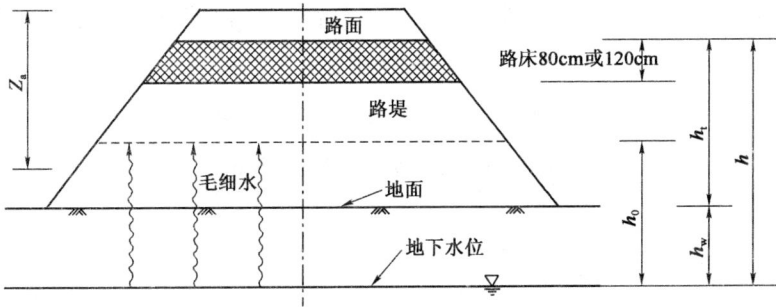

图 3-2 路基湿度划分示意图

Z_a-路基工作区深度;h-路床顶面至地下水位的相对高度;h_w-地下水位高度;h_0-毛细水上升高度;h_t-路基填土高度

路基湿度受地下水或地表长期积水影响的毛细水上升高度,可根据土质类型,并结合当地经验确定。缺乏实际资料时,黏土可取为 6m,砂质黏土和粉土可取为 3m,砂可取为 0.9m。

路面完工通车后,路基常处于非饱和状态,其湿度状况除了受环境因素和路面结构的影响外,还主要取决于路基土本身的持水能力,也称路基土的基质吸力,即路基土基质的土颗粒分子引力作用和孔隙毛细管引力作用。路基土通常为非饱和土,其湿度(饱和度)与土的基质力密切相关。

土—水特性曲线如图 3-3 所示,是表示路基土的基质吸力 h_m(孔隙气压力与孔隙水压力的差值)与饱和度(含水率)之间关系的曲线,该曲线反映了在非饱和状态下,土中水的形态与土中水的数量之间的关系。

路基土的基质吸力主要受地下水、土质类型、气候等因素影响。只要知道路基土的基质吸力,就可以由该图所示曲线预估路基湿度状态(饱和度)。

路基土基质吸力预估模型如式(3-1)所示。

$$\begin{cases} h_m = y \cdot \gamma_w & \text{地下水位控制的基质吸力预估模型} \\ h_m = \alpha \{ e^{[\beta/(\text{TMI}+\gamma)]} + \delta \} & \text{气候因素控制的基质吸力预估模型} \end{cases} \tag{3-1}$$

式中： y——计算点与地下水位之间的距离（cm）；

   γ_w——水的重度（kN/m^3）；

   TMI——湿度指数；

α、β、γ、δ——与土的颗粒组成（$P_{0.075}$，0.075mm筛孔的通过率）、塑性指数（PI）有关的回归参数，如表3-6所示。

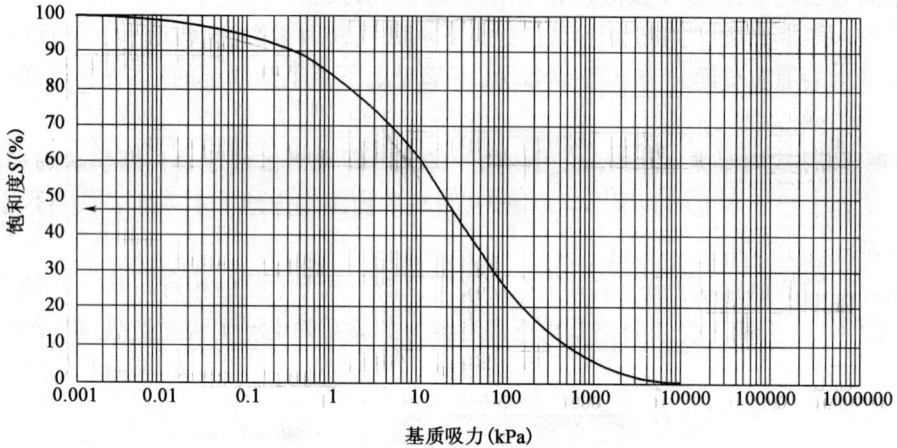

图3-3   土—水特性曲线预估含水率方法图

路基土的基质吸力预估模型回归参数   表3-6

$P_{0.075} \times PI$	α	β	γ	δ
0	0.300	419.07	133.45	15.0
0.5	0.300	521.50	137.30	16.0
5	0.300	663.50	142.50	17.5
10	0.300	801.00	147.60	25.0
20	0.300	975.00	152.50	32.0
50	0.300	1171.20	157.50	27.8

利用预估路基土基质吸力结合土—水特性曲线，就可以预估路基土的饱和度。路基土基质吸力的测定可采用张力法或滤纸法。

不同干湿类型路基平衡湿度的确定流程：选定路基湿度类型→确定基质吸力与地下水位或气候因素的关系→利用土—水特性曲线→确定各类路基的平衡湿度。

1. 潮湿类型路基

潮湿类型路基的平衡湿度：由地下水位高度→土的基质吸力→土—水特性曲线→饱和度和体积含水率。

潮湿类型各类土在距地下水位不同距离处的平衡湿度，可根据路基土组类别及水位高度，按表3-7确定距地下水位不同高度处的饱和度。

土　　组	计算点距地下水位或地表长期积水水位的距离(m)						
	0.3	1.0	1.5	2.0	2.5	3.0	4.0
粉土质砾(GM)	84~69	69~55	65~50	62~49	59~45	57~43	—
黏土质砾(GC)	96~79	83~64	79~60	75~56	73~54	71~52	—
砂(S)	80~95	50~70	—	—	—	—	—
粉土质砂(SM)	93~79	77~64	72~60	68~56	66~54	64~52	—
黏土质砂(SC)	99~90	87~77	83~72	80~68	78~66	76~64	—
低液限粉土(ML)	100~94	90~80	86~76	83~73	81~71	80~69	—
低液限黏土(CL)	100~93	93~80	90~76	88~73	86~70	85~68	83~66
高液限粉土(MH)	100	95~90	92~86	90~83	89~81	87~80	—
高液限黏土(CH)	100	97~93	93~90	91~88	90~86	89~85	87~83

注:①对于砂(SW、SP),D_{60}大时,平衡湿度取低值,D_{60}小时,平衡湿度取高值。

②对于其他含细粒的土组,通过 0.075mm 筛的颗粒含量大和塑性指数高时,取低值,反之,取高值。

土的饱和度既反映了含水率,也包含了密实度的影响。饱和度可按下式确定:

$$S_r = \frac{w_v}{1 - \frac{\gamma_s}{G_s \gamma_w}} \text{ 或 } S_r = \frac{w}{\frac{\gamma_w}{\gamma_s} - \frac{1}{G_s}} \tag{3-2}$$

$$w_v = w \frac{\gamma_s}{\gamma_w} \tag{3-3}$$

式中:S_r——饱和度(%);

w_v——体积含水率(%);

w——质量含水率(%);

γ_s、γ_w——土的干密度和水的密度(kg/m³);

G_s——土的相对密度。

2. 干燥类型路基

干燥类型路基的平衡湿度,应根据路基所在自然区划的湿度指数 TMI 和土组类别确定。某年度(y 年)湿度指数 TMI_y,宜根据气象观测统计资料按式(3-4)计算。

$$TMI_y = \frac{100R_y - 60DF_y}{PE_y} \tag{3-4}$$

式中:R_y——y 年的水径流量(cm);

DF_y——y 年的缺水量(cm);

PE_y——y 年的潜在蒸发量(cm)。

当缺乏相关气象统计资料时,不同自然区划的湿度指数 TMI 值可参照表 3-8 查取。

区　划	亚　区		TMI 值范围	区　划	亚　区	TMI 值范围
I	I₁		−5.0 ~ −8.1	IV	IV₆	27.0 ~ 64.7
	I₂		0.5 ~ −9.7		IV₆ₐ	41.2 ~ 97.4
II	II₁	黑龙江	−0.1 ~ −8.1		IV₇	16.0 ~ 69.3
		辽宁、吉林	8.7 ~ 35.1		IV₇ₐ	−5.4 ~ −23.0
	II₁ₐ		−3.6 ~ −10.8	V	V₁	−25.1 ~ 6.9
	II₂		−7.2 ~ −12.1		V₂	0.9 ~ 30.1
	II₂ₐ		−1.2 ~ −10.6		V₂ₐ	39.6 ~ 43.7
	II₃		−9.3 ~ −26.9		V₃	12.0 ~ 88.3
	II₄		−10.7 ~ −22.6		V₃ₐ	−7.6 ~ 47.2
	II₄ₐ		−15.5 ~ 17.3		V₄	−2.6 ~ 50.9
	II₄ᵦ		−7.9 ~ 9.9		V₅	39.8 ~ 100.6
	II₅		−1.7 ~ −15.6		V₅ₐ	24.4 ~ 39.2
	II₅ₐ		−1.0 ~ −15.6	VI	VI₁	−15.3 ~ −46.3
III	III₁		−21.2 ~ −25.7		VI₁ₐ	−40.5 ~ −47.2
	III₁ₐ		−12.6 ~ −29.1		VI₂	−39.5 ~ −59.2
	III₂		−9.7 ~ −17.5		VI₃	−41.6
	III₂ₐ		−19.6		VI₄	−19.3 ~ −57.2
	III₃		−19.1 ~ −26.1		VI₄ₐ	−34.5 ~ −37.1
	III₄		−10.8 ~ −24.1		VI₄ᵦ	−2.6 ~ −37.2
IV	IV₁		21.8 ~ 25.1	VII	VII₁	−3.1 ~ −56.3
	IV₁ₐ		23.2		VII₂	−49.4 ~ −58.1
	IV₂		−6.0 ~ 34.8		VII₃	−22.5 ~ −82.8
	IV₃		34.3 ~ 40.4		VII₄	−5.1 ~ −5.7
	IV₄		32.0 ~ 67.9		VII₅	−20.3 ~ 91.4
	IV₅		45.2 ~ 89.3		VII₅ₐ	−10.6 ~ −25.8

受气候因素控制的干燥路基的平衡湿度:根据不同自然区划由表 3-8 查取相应的 TMI,再按路基所在地区的 TMI 和路基土组类别,根据表 3-9 插值查取该地区相应的路基饱和度。

各路基土组在不同 TMI 值时的饱和度(%)　　表 3-9

土　组	TMI					
	−50	−30	−10	10	30	50
砂(S)	20 ~ 50	25 ~ 55	27 ~ 60	30 ~ 65	32 ~ 67	35 ~ 70
粉土质砂(SM)	45 ~ 48	62 ~ 68	73 ~ 80	80 ~ 86	84 ~ 89	87 ~ 90
黏土质砂(SC)						
低液限粉土(ML)	41 ~ 46	59 ~ 64	75 ~ 77	84 ~ 86	91 ~ 92	92 ~ 93

土　　组	TMI					
	−50	−30	−10	10	30	50
低液限黏土(CL)	39 ~ 41	57 ~ 64	75 ~ 76	86	91	92 ~ 94
高液限粉土(MH)	41 ~ 42	61 ~ 62	79 ~ 76	88 ~ 85	92 ~ 90	95 ~ 92
高液限黏土(CH)	51 ~ 39	69 ~ 58	85 ~ 74	92 ~ 86	95 ~ 91	97 ~ 94

注:1. 砂的饱和度取值与 D_{60} 相关,D_{60} 大时(接近2mm)取低值,D_{60} 小时(接近0.25mm)取高值。

　　2. 粉土质砂、黏土质砂或细粒土的饱和度取值与细粒土的含量和塑性指数相关,细粒土含量高、塑性指数大时,取低值,反之取高值。

3. 中湿类型路基

中湿类路基的平衡湿度可参照图3-4,先分路基工作区上部和下部分别确定其平衡湿度,再以厚度加权平均计算路基的平衡湿度。地下水毛细润湿面以上的路基工作区上部,按路基土组类别和TMI值确定其平衡湿度;地下水毛细润湿面以下的路基工作区下部,则按路基土组类别和距地下水位的距离确定其平衡湿度。

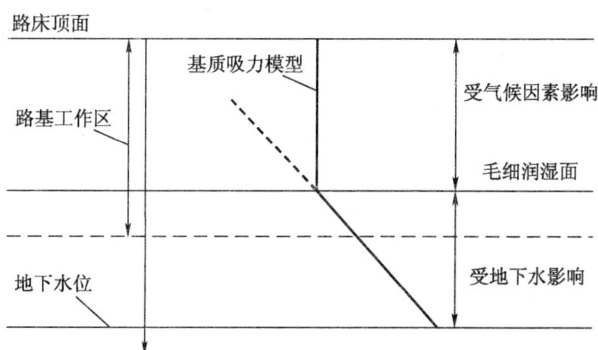

图3-4　中湿类路基的湿度状况

第三节　路面温度状况分析

一、温度变化

大气的温度在一年和一日内发生着周期性的变化。与大气直接接触的路面温度也相应地在一年和一日内发生着周期性变化。图3-5和图3-6分别显示了夏季晴天的情况下沥青类面层和水泥混凝土面层温度的日变化观测结果。路表温度的周期性起伏,同气温的变化几乎完全同步。由于部分太阳辐射热被路面所吸收,路面的温度比气温要高,在图3-5和图3-6所示的实例中,沥青面层的最高温度要高出气温23℃,水泥混凝土面层则高出14℃左右。面层结构内不同深度处的温度同样随气温的变化而呈现周期性变化,但起伏的幅度则随深度的增加而减小,其峰值也随深度的增加而越来越滞后出现。

路面结构内温度状况随深度而变化的情况,可以更明显地从一天内不同时刻的路面温度随深度分布的曲线图中看出,图3-7即为水泥混凝土面层的一个实例。温度沿深度一般呈曲线分布。顶面和底面之间的温度坡差(或梯度),在一天内经历了由负(顶面温度低于底面温度)到正(顶面温度高于底面温度)再到负的循环变化,具有同气温变化近乎同步的周期性特点,如图3-8所示。通常在早晨某一时刻(例如8:00)梯度接近于零,午后某时刻(例如13:00—14:00)正温差达到最大值,而在凌晨某时刻(例如3:00—5:00)负温差达到最大值。

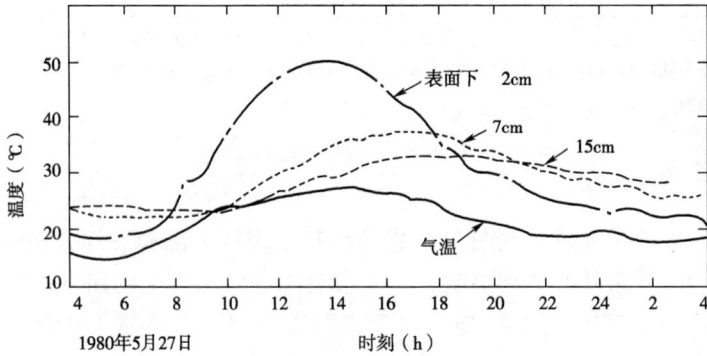

图 3-5　沥青面层温度日变化曲线

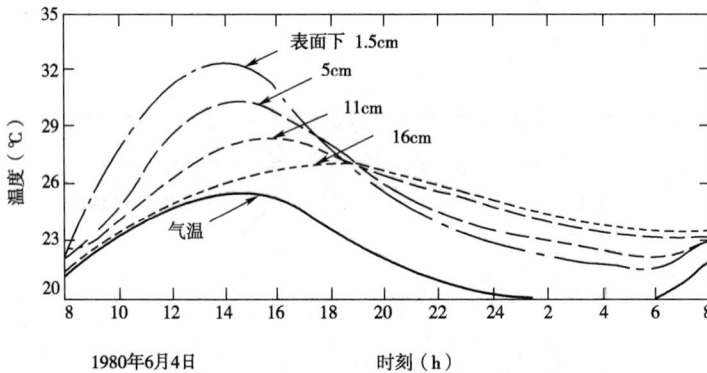

图 3-6　水泥混凝土面层温度日变化曲线

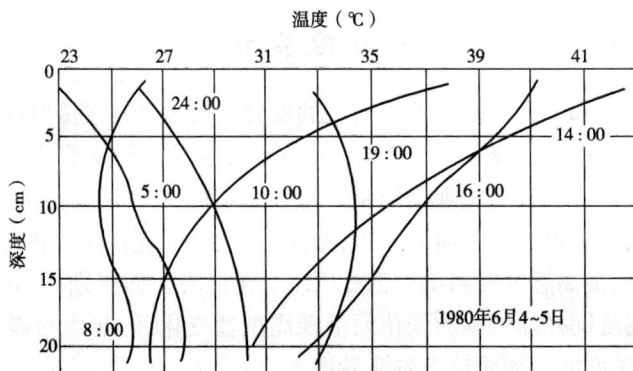

图 3-7　一天内不同时刻沿水泥混凝土面层深度的温度变化曲线

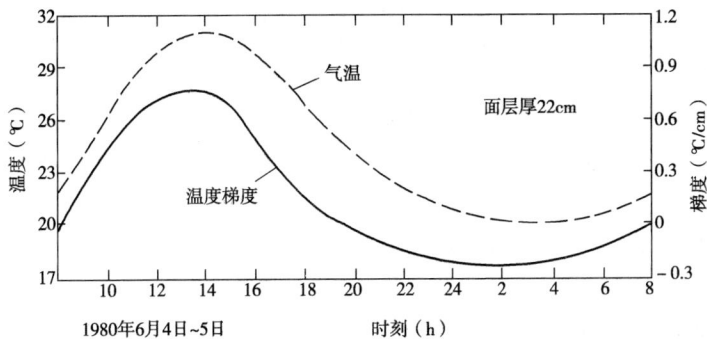

图 3-8　水泥混凝土面层温度梯度日变化曲线

云和雨对面层温度状况有很大的影响,特别在接近表面处。云层遮住太阳时路面受到的辐射热降低,因而多云天气的面层温度日变化曲线出现局部波动,有许多小峰值。雨天时,日气温变动很小,面层内各深度处的温度日变化曲线波动也很小,并且气温始终低于面层内温度,如图 3-9 所示。

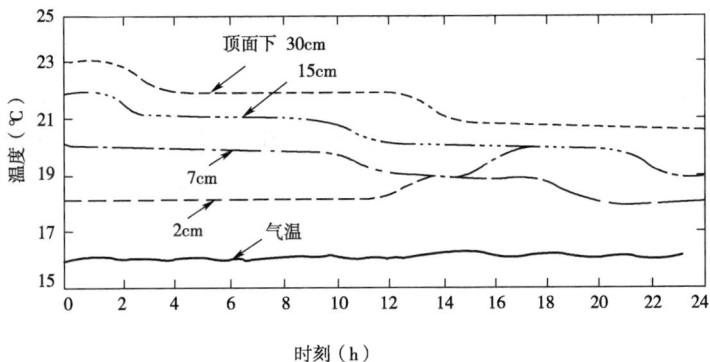

图 3-9　雨天时沥青路面温度变化曲线

除了日变化之外,面层不同深度处的温度还随气温而经历着年变化,图 3-10 所示为沥青面层不同深度处的月平均气温变化的情况。可以看出,平均气温为最高和最低的 7 月和 1 月,面层的平均温度也相应为最高和最低值。

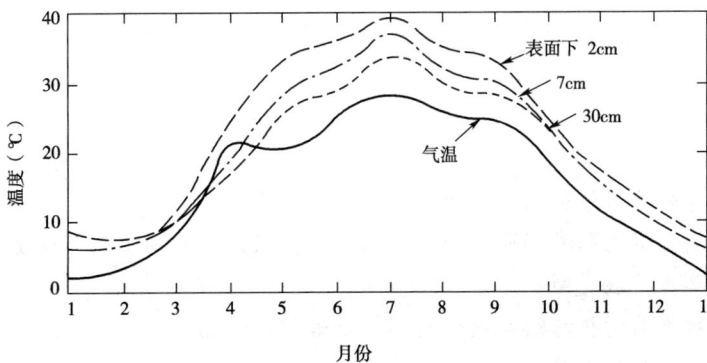

图 3-10　沥青面层月平均温度的年变化曲线

二、路面的温度状况

影响路面结构温度状况的有外部和内在两种因素。

外部因素是气候条件,例如气温、太阳辐射、风力、降水量、蒸发量和冷凝作用等。显然,地理位置对一个地区的气候也有极大的影响。在外部诸因素中,气温和太阳辐射是决定路面结构内温度的关键。太阳辐射一部分被路面反射掉,一部分被再辐射,余下的部分被路面吸收而提高其温度。风力加强了空气的对流,使路面丧失部分热量。降水和蒸发也降低了由日照所提高的路面温度。

内在因素一般是指从地球长波辐射热的散发和热的特性,它包括路面材料和地基的热传导率、热容量、对辐射热的吸收能力等。路面材料和地区的地质特征对内在因素的作用有重大影响。热传导率是在单位温度梯度条件下,在单位时间内垂直通过一个单位面积表面的热量。材料的热传导性越高,温度梯度越小,因而在材料中产生的温度应力越小。热传导率的大小同路面的结构、孔隙度和温度有关。热容量是指单位物质质量中引起单位温度变化所必需的热能量。

路面结构内的温度状况,可通过在外部和内在的影响因素之间建立联系的方法来推算。最常用的方法是统计分析方法。

在路面结构层内埋设测温元件,实测年、日周期循环内路面结构不同深度在不同时刻的温度变化,将取得的数据与当地的气象资料,包括气温、辐射热等进行相关分析,分别建立路面不同深度处温度的回归方程。利用这些统计关系就可以根据以往的气象资料推算路面结构层内的温度状况。

本章小结

路基路面工程的水温状况及材料的物理力学性质,随道路沿线自然环境因素的变化而改变,与此同时,结构体系内部还会产生除荷载之外的附加(温度和湿度)应力。由于各地区的自然条件差别很大,对路基路面结构产生的影响和造成的危害也各不相同。因此,在路基路面设计时,必须考虑环境因素的影响,了解在环境因素的影响下路基路面结构内部的温度和湿度状况及其变化规律,掌握预估路面温度的基本方法和路基湿度来源及平衡湿度状态下干湿类型的判断。

复习思考题

1. 为何要进行公路自然区划?区划的原则与方法是什么?
2. 路基的湿度受哪些因素影响?什么是路基平衡湿度?它与路基干湿类型有何关系?
3. 如何确定路基干湿类型?
3. 环境因素对路面材料与结构设计的影响是如何考虑的?
4. 公路自然区划与沥青路面气候分区有何区别?

第四章 路基力学特性与设计参数

路基是路面结构的支承体,车轮荷载通过路面结构传至路基,所以路基土的应力—应变特性对路基路面结构的整体强度和刚度有很大影响。路面结构的损坏,除了它本身的原因之外,路基的变形过大是重要原因之一。路基土的变形包括弹性变形和塑性变形两部分。过大的塑性变形将导致各种沥青路面产生车辙和纵向不平整,对于水泥混凝土路面,路基土的塑性变形将引起板块断裂。弹性变形过大将使得沥青面层和水泥混凝土面板产生疲劳开裂。在路面结构总变形中,土基的变形占很大部分,为70%~95%,所以提高路基土的抗变形能力是提高路基路面结构整体强度和刚度的重要方面。

为控制路基的变形,应对路基土质类型及其变形特性有正确的了解,对路基土的抗变形能力指标及设计参数有恰当的估计与反映,并选取相应的措施保证路面的使用性能。

第一节 路基土的分类与工程性质

一、路基土的分类

路基用土的成分、结构、组成以及物理力学性质差别很大,土的生成作用及所经历的年代有长有短,因而土的种类繁多。为正确评价土的工程性质,以便采取合理的结构设计与施工方案,必须对路基用土进行工程分类。

(一)路基土分类依据

我国公路路基用土依据土的颗粒组成特征、土的塑性指标和土中有机质存在的情况,分为巨粒土、粗粒土、细粒土和特殊土4大类,并进一步细分为12种土。土的颗粒组成特征用不同粒径粒组在土中的百分含量表示。表4-1所列为不同粒组的划分界限及范围。路基用土分类总体系见表4-2。

土颗粒组成特征可根据级配曲线反映的土粒分布范围与形状,分别采用不均匀系数(C_u)和曲率系数(C_c)表示。不均匀系数C_u反映粒径分布曲线上的土粒分布范围,按式(4-1)计算。

粒径(mm)	200		60		20	5	2	0.5	0.25	0.075	0.002
	巨粒组		粗粒组							细粒组	
	漂石(块石)	卵石(小块石)	砾(角砾)			砂				粉粒	黏粒
			粗	中	细	粗	中	细			

路基土分类总体系 表4-2

路基土											
巨粒土		粗粒土		细粒土			特殊土				
漂石土	卵石土	砾类土	砂类土	粉质土	黏质土	有机质土	黄土	膨胀土	红黏土	盐渍土	冻土

$$C_u = \frac{d_{60}}{d_{10}} \tag{4-1}$$

曲率系数 C_c 反映粒径分布曲线上的土粒分布形状,按式(4-2)计算。

$$C_c = \frac{d_{30}^2}{d_{10} \times d_{60}} \tag{4-2}$$

式中:d_{10}、d_{30}、d_{60}——相当于累计百分含量为 10%、30% 和 60% 的粒径、d_{10} 称为有效粒径、d_{60} 称为限制粒径。

当 $C_u \geq 5$、$C_c = 1 \sim 3$ 时,属良好级配;如不同时满足此条件,则属不良级配。

公路用土分类的基本代号如表4-3所示。

土的基本代号表 表4-3

土 类	巨 粒 土	粗 粒 土	细 粒 土	有 机 土
成分代号	漂石 B 块石 B_a 卵石 Cb 小块石 Cb_a	砾 G 角砾 G_a 砂 S	粉土 M 黏土 C 细粒土(C 和 M 合称)F 粗细粒土全称 SI	有机质土 O
级配和液限高低代号	级配良好 W	级配不良 P	高液限 H	低液限 L

注:1. 土类名称可用一个基本代号表示。当由两个基本代号构成时,第一个代号表示土的主成分,第二个代号表示副成分(级配或液限)。当由三个基本代号构成时,第一个代号表示土的主成分,第二个代号表示液限(或级配),第三个代号表示土中所含次要成分。

2. 液限的高低以 50 划分。

3. 级配以不均匀系数(C_u)和曲率系数(C_c)反映。

(二)路基土质类型

1. 巨粒土

巨粒组(大于 60mm)的颗粒质量多于总质量 50% 的土称为巨粒土。巨粒土分为漂石土和卵石土两类,如表4-4所示。

土　　组		土 组 代 号	漂石粒（>200mm 颗粒）含量（%）
漂（卵）石 （大于 60mm 颗粒含量 >75%）	漂石	B	>50
	卵石	Cb	≤50
漂（卵）石夹土 （大于 60mm 颗粒占 75% ~ 50%）	漂石夹土	BSl	>50
	卵石夹土	CbSl	≤50
漂（卵）石质土 （大于 60mm 颗粒占 50% ~15%）	漂石质土	SlB	漂石粒含量 > 卵石粒含量
	卵石质土	SlCb	漂石粒含量 ≤ 卵石粒含量

2. 粗粒土

粗粒组（60 ~ 0.075mm）的颗粒质量多于总质量的 50% 的土称为粗粒土。粗粒土分砾类土和砂类土两类，砾粒组（2 ~ 60mm 的颗粒）质量多于总质量 50% 的土称为砾类土，如表 4-5 所示。砾粒组质量小于或等于 50% 的土称为砂类土，如表 4-6 所示。

砾类土分类表　　　　　　　　表 4-5

土　　组		土 组 代 号	细粒组（< 0.075mm 颗粒）含量（%）	级 配 状 况
砾	级配良好砾	GW	≤5	$C_u \geq 5$、$C_c = 1 ~ 3$
	级配不良砾	GP		不能同时满足上述要求
	含细粒土砾	GF	5 ~ 15	—
细粒土 质砾	粉土质砾	GM	15 ~ 50	$C_u \geq 5$、$C_c = 1 ~ 3$
	黏土质砾	GC		不能同时满足上述要求

砂类土分类表　　　　　　　　表 4-6

土　　组		土 组 代 号	细粒组（< 0.075mm 颗粒）含量（%）	级 配 状 况
砂	级配良好砂	SW	≤5	$C_u \geq 5$、$C_c = 1 ~ 3$
	级配不良砂	SP		不能同时满足上述要求
	含细粒土砂	SF	5 ~ 15	—
细粒土 质砂	粉土质砂	SM	15 ~ 50	$C_u \geq 5$、$C_c = 1 · 3$
	黏土质砂	SC		不能同时满足上述要求

3. 细粒土

细粒组（小于 0.075mm）的颗粒质量多于总质量 50% 的土总称为细粒土。细粒土中粗粒组（2 ~ 60mm 颗粒）质量小于总质量 25% 的土称为粉质土或黏质土。粗粒组质量为总质量 25% ~ 50% 的土称为含粗粒的粉质土或含粗粒的黏质土，含有机质 5% ~ 10% 的细粒土称为有机质土，含有机质大于 10% 的细粒土称为有机土。

细粒土的分类及性质很大程度与土的塑性指标相关联。图 4-1 为细粒土的塑性图，塑性图的基本原理是在颗粒级配和可塑性的基础上，以液限（w_L）为横坐标，以塑性指数（I_p）为纵坐标的直角坐标图。图中以 A 线[$I_p = 0.73(w_L - 20)$]和 B 线[$w_L = 50\%$]将坐标空间划分为四个区，不同区域代表着不同性质的土类。A 线以上为黏土（C）以下为粉土（M），B 线左侧为低液限（L）右侧为高液限（H）。例如，A 线以上 B 线左侧为低液限黏土、B 线右侧为高液限黏土,A 线以下 B 线左侧为低液限粉土、B 线右侧为高液限粉土。塑性图表明了细粒土的塑性指数(I_P)与液限(w_L)的相关关系,可以区分细粒土的塑性性质。

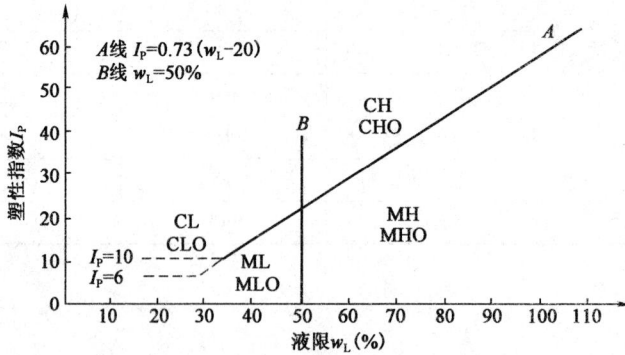

图 4-1　塑性图

4.特殊土

特殊土主要包括黄土、膨胀土、红黏土、盐渍土和冻土等,由于成因、矿物成分和结构与一般土不同而具有特殊性。黄土(Y)粉粒含量较高,属低液限黏土(CLY),分布范围大部分在 A 线以上的低液限区,$w_L < 40\%$;膨胀土(E)是高分散性的黏土,属高液限黏土(CHE),分布范围大部分在 A 线以上,$w_L > 50\%$;红黏土(R)的黏粒含量一般为 $50\% \sim 70\%$,属于高液限粉土(MHR),分布位置大部分在 A 线以下,$w_L > 55\%$。盐渍土(St)按照土层中所含盐的种类和质量百分率分为弱盐渍土、中盐渍土、强盐渍土和过盐渍土。冻土按冻结状态持续时间分为多年冻土、隔年冻土和季节性冻土等类型。

二、路基土的工程性质

各类公路路基用土具有不同的工程性质,在选择路基填筑材料及修筑稳定土类路面结构层时,应根据不同的土类分别采取不同的工程技术措施。

巨粒土有很高的强度和稳定性,在控制最大粒径的前提下,用于填筑路基是很好的材料。亦可用于砌筑边坡,但应选择正确的边坡坡度。

级配良好的砾类土,密实程度好,强度和稳定性均能满足路基填料要求。除了填筑路基之外,还可在适当处理后用于铺筑路面的基层或底基层。

砂类土无塑性,透水性强,毛细水上升高度小,具有较大的内摩擦系数,强度和水稳定性均好。但砂土黏结性差,易于松散,压实困难,但是经充分压实的砂类土路基,压缩变形小,稳定性好。可采用振动法压实,或掺加少量黏土,改善其路用性能。

砂性土含有一定数量的粗颗粒,使路基具有足够的强度和水稳定性,又含有一定数量的细颗粒,使其具有一定的黏性,不致过分分散,是良好的筑路材料。细粒土质砂土,其粒径组成接近最佳级配,遇水不黏着、不膨胀,雨天不泥泞,晴天不扬尘,便于压实。

粉性土含有较多的粉土颗粒,干时虽稍有黏性,但易被压碎,扬尘大,浸水时容易成为流动状态。粉性土毛细作用强烈,毛细水上升高度大(可达 1.5m),在季节性冻土地区容易造成冻胀、翻浆等病害,故又称为翻浆土。粉性土是不良的筑路材料。如必须用粉性土作为筑路材料,则应采取措施,改善其工程性质,特别是在遇水文地质条件不良时,应加强排水,并采取隔水措施。

黏性土中细颗粒含量多,土的内摩擦角小而黏聚力大,具有较大的可塑性,因而干时坚硬,施工时不易粉碎;透水性小,吸水能力强,毛细现象显著,浸水后能长时间保持水分,难使之干燥,且强度大大降低。在季节性冻土地区,当水文条件不良时,黏性土路基也容易产生冻胀和翻浆。对于黏性土如在适当含水率时加以充分压实和采取良好排水措施,筑成的路基也能获得稳定。

重黏土工程性质与黏土相似,但受其所含黏土矿物成分的影响较大。黏土矿物主要包括蒙脱石、伊里石和高岭石。蒙脱土主要分布在东北地区,其塑性大,吸水时膨胀强烈,干燥时收缩大,透水性极低,压缩性大,抗剪强度低。高岭土分布在南方地区,其塑性较低,有较高的抗剪强度和透水性,吸水和膨胀量都较小。伊里土分布在华中和华北地区,其性质介于两者之间。重黏土不透水,黏聚力特强,塑性很大,干燥时很坚硬,施工时难于挖掘也难于破碎。

综上所述,各类路基用土中砂性土是修筑路基的最好材料,黏性土次之,粉性土是不良材料,最容易引起路基病害。重黏土(特别是含有蒙脱石的重黏土)也是不良的路基土。此外,还有一些特殊的土类,如具有特殊结构的土(大孔隙土或黄土)、含有机质的土(泥炭、硅藻土等)以及含易容盐的土(盐渍土、石膏土等),用于填筑路基时必须采取相应技术措施。

第二节　路基土的力学特性

一、路基受力状况与路基工作区

(一)路基受力状况

路基承受两种荷载,一种是路面路基自重产生的荷载,另一种是车辆轴重产生的荷载。在两种荷载的共同作用下,路基土在一定范围内,处于受力状态。正确的设计应使路基土在轮载作用下只产生弹性变形,当车辆驶过后,路基可以恢复原状,这样可以保证路基的相对稳定,而不致引起路面的破坏。

现假定车轮荷载为一圆形均布垂直荷载,路基为一弹性均质半空间体,如图4-2所示。则路基土在车轮荷载作用下所引起的垂直应力 σ_z 可以用近似公式(4-3)计算。

$$\sigma_z = K \frac{P}{Z^2} \tag{4-3}$$

式中:P——汽车一侧轮轴荷载(kN);

K——系数,$K = 3/2\pi \approx 0.5$;

Z——圆形均布荷载中心下应力作用点的深度(m)。

路基土本身自重在路基内深度为 Z 处所引起的垂直压应力 σ_B,可按式(4-4)计算。

$$\sigma_B = \gamma \cdot Z \tag{4-4}$$

式中:γ——土的重度(kN/m^3);

Z——应力作用点深度(m)。

实际上路面结构层的刚度及材料的单位重均比路基土大,其受力特性也不同。但计算中近似地将其视为路基土材料,由此计算而引起的误差在工程上是允许的。路基内任一点处的

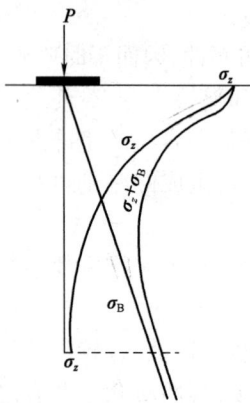

图 4-2　土基中应力分布

垂直应力,应是由车辆荷载引起的垂直应力 σ_z 和由土基自重引起的垂直应力 σ_B 两者的叠加,如图 4-2 所示。

(二)路基工作区

车辆荷载引起的应力 σ_z 随着深度的增加而减小;土基自重引起的应力 σ_B 随着深度的增加而增加。在路基的某一深度处,汽车荷载通过路面传递到路基的应力与路基土自重应力之比小于 0.1 的应力分布深度范围,将此深度 Z_a 范围内的路基称为路基工作区。在工作区范围内的路基,对于支承路面结构和车轮荷载影响较大,在设计中应加以注意。

路基工作区的深度 Z_a 可以用近似公式(4-5)计算。

$$Z_a = \sqrt[3]{\dfrac{KnP}{\gamma}} \qquad (4-5)$$

式中:Z_a——路基工作区深度(m);

　　　P——车轮荷载(kN);

　　　K——系数,取 $K = 0.5$;

　　　γ——土的重度(kN/m³);

　　　n——系数,$n = 5 \sim 10$。

由于路基路面结构不是均质体,路面的刚度和密度比路基土大,路基工作区的实际深度随路面结构厚度和刚度的增大而减小。为此,可采用弹性层状体系理论,按照弯沉等效的原理,将多层路面结构转换成当量均质路基厚度后,再计算路基工作区。沥青路面的当量路基厚度 h_e 用式(4-6)计算。

$$h_e = \sum h_i \sqrt[2.5]{\dfrac{E_i}{E_0}} \qquad (4-6)$$

式中:h_i——沥青路面结构的厚度(cm);

　　　E_i——沥青路面结构层模量值(MPa);

　　　E_0——路基顶面的综合模量值(MPa)。

路基工作区的深度 Z_a 随车轮荷载的增大而加深。路基工作区内,土基的强度和稳定性对保证路面结构的强度和稳定性尤为重要。工作区深度内土质的选择及路基的压实度应满足设计要求。当路基工作区深度大于路基填土高度 H 时(图 4-3b),行车荷载的作用不仅施加于路堤,而且施加于地基的上部土层,因此,天然地基上部土层和路堤应同时满足工作区的要求,均应充分压实。

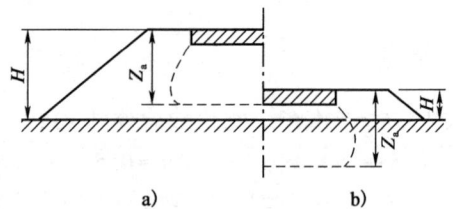

图 4-3　工作区深度与路基高度
a)路基高度大于 Z_a;b)路基高度小于 Z_a

(三)路床与路基结构

路基结构通常是指路面结构层以下的路基工作区深度范围,在此范围内行车荷载的附加应力相对显著,且与路面结构响应密切相关。近年来,随着我国公路轴载谱的不断变化及其对路基路面整体性能的显著影响,路基工作区深度明显加大。例如,AASHO(1993)明确车辆荷载对路基的影响深度为1.5m。通过对我国典型沥青路面结构,路基工作区深度的实测和数值分析,结果如表4-7所示。

路基工作区深度分析结果   表4-7

轴型及单轴轴载	不同确定标准对应的路基工作区深度(m)		
	$\sigma_z\sigma_c \le 0.1$	$\sigma_z\sigma_c \le 0.2$	$\sigma_z\sigma_{s0} \le 0.25$
单轴双轮 100kN	1.3	0.9	1.9
三轴双轮 130kN	2.4	1.6	3.0

注:1. σ_z为车辆荷载通过路面结构传递到路基中的竖向应力。

2. σ_c为上覆结构自重引起的竖向应力。

3. σ_{s0}为车辆荷载通过路面结构传递到路基顶面的竖向应力。

路床是指路面结构层以下0.8m或1.20m范围内的路基部分,分为上路床及下路床两层。上路床厚度0.3m;下路床厚度在轻、中等及重交通公路为0.5m,特重、极重交通公路为0.9m。

路基结构与路床的范围基本一致,均是以路基工作区深度为确定依据。上路床和下路床可近似界定为路基结构。路基设计中应明确其技术要求、设计控制指标及相关技术措施等。

二、路基土的变形特性

路基是路面的支承结构物。沥青路面在使用过程中所出现的沉陷、车辙和裂缝等损坏,虽然一部分是由于路面各结构层本身的变形所引起,但相当大部分是路基过量的塑性变形所造成的。水泥混凝土路面板常见的断裂等损坏也往往是由于路基塑性变形量过大,而使板底出现脱空现象所造成的。因而,路面对路基支承的要求首先表现在路基的抗变形能力上,并把控制路基的变形量作为一项重要的力学特性与设计指标来考虑。

路基土的变形可分为三种类型:行车荷载反复作用下产生的塑性累积变形,填土自重荷载作用在短期内产生的压密沉降(粗粒土和饱和度低于90%的细粒土)以及填土自重荷载作用下随时间而增长的固结沉降(饱和或接近饱和的细粒土)。为了控制路基的变形,应着重对路基土的变形特性有正确的了解,对路基土的抗变形(承载)能力有恰当的估计,以便选取相应的措施保证路面的使用性能。

理想的线性弹性体在一定的应力范围内,应力与应变的关系呈线性特征。而且当应力消失时,应变随之消失,恢复到初始状态。路基土的内部结构十分复杂,由固相、液相和气相三部分所组成。固相部分又由不同成分、不同粒径的颗粒所组成。所以路基土在应力作用下呈现的变形特性同理想的线性弹性体有很大区别。

压入承载板试验是研究土基应力—应变特性最常用的一种方法。这种方法是以一定尺寸的刚性承载板置于土基顶面,逐级加荷卸荷,记录施加于承载板上的荷载及由该荷载所引起的沉降变形,根据试验结果,可绘出土基顶面压应力与回弹变形的关系曲线,如图4-4所示。

根据弹性力学理论,通过试验测得的回弹变形可以用式(4-7)计算土基的回弹模量。

$$E = \frac{pD(1-\mu^2)}{l} \tag{4-7}$$

式中:l——承载板的回弹变形(m);

D——承载板的直径(m);

E——土体的回弹模量(kPa);

μ——土体的泊松比,为 $0.3 \sim 0.5$,随土质而异;

p——承载板压强(kPa)。

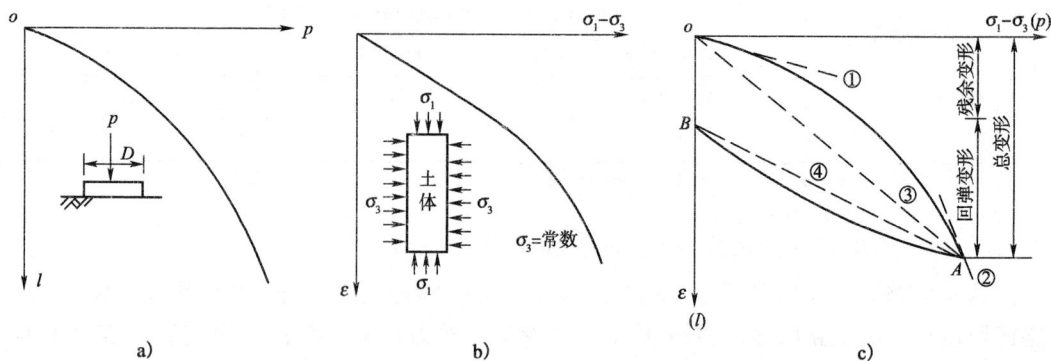

图4-4 土的应力—应变关系曲线

假如土体为理想的线性弹性体,则 E 应为一常量,施加的荷载 p 与回弹变形 l 之间应呈直线关系。但是实际上图4-4a)所示的 p 与 l 之间的曲线关系是普遍的,因此,土基的回弹模量 E 并不是常数。

土基应力—应变的非线性特征由三轴压缩试验的结果也可以证明。图4-4b)为三轴压缩试验应力—应变关系曲线。土的竖向压应变 ε_1 可以按照式(4-8)计算。

$$\varepsilon_1 = \frac{\sigma_1}{E} - 2\mu \frac{\sigma_3}{E} \tag{4-8}$$

式中:ε_1——竖向应变;

σ_1——竖向应力(kPa);

σ_3——侧向应力(kPa);

E——土的弹性模量(kPa);

μ——土的泊松比。

当侧向应力 σ_3 保持一个常数不变,若 E 值为常数时,竖向应力 σ_1 与竖向应变 ε_1 之间应保持直线关系。但是实际试验结果表明,σ_1 与 ε_1 之间普遍存在着非线性关系,所以 E 值不能视为不变的常量。

路基土体在内部应力作用下表现出的变形,从微观的角度看,是土的颗粒之间的相对移动。当移动的距离超出一定限度时,即使将应力解除,土体的颗粒已不再能恢复原位,从宏观角度看,土基将产生不可恢复的残余变形。因此,土基的应力—应变关系除了出现非线性特性之外,还表现出弹塑性性质。由图4-4c)可以看出,当荷载卸除,应力恢复到零时,曲线由 A 点回到 B 点,OB 即为塑性或残余变形。

尽管土基的应力—应变关系如此复杂,但是在评定土基应力—应变状态以及设计路面时通常仍然用模量值 E 来表征。简便的方法是对曲线局部进行线性化处理,即在曲线的某一个微小线段内,近似地将它视为直线,以它的斜率作为模量值。按照应力—应变曲线上应力取值方法的不同,模量有以下几种:

(1)初始切线模量。应力值为零时的应力—应变曲线的斜率,如图4-4c)中的①所示。

(2)切线模量。某一应力级位处应力—应变曲线的斜率,如图4-4c)中的②所示,反映该应力级位处应力—应变变化的精确关系。

（3）割线模量。以某一应力值对应的曲线上的点同起始点相连的割线的斜率,如图4-4c)中③所示,反映土基在工作应力范围内的应力—应变的近似平均状态。

（4）回弹模量。应力卸除阶段,应力—应变曲线的割线模量,如图4-4c)中④所示。

前三种模量中的应变值包含残余应变和回弹应变,而回弹模量则仅包含回弹应变,它部分地反映了土基的弹性性质。

土基应力—应变的非线性特性还有另一种表示方法,即将回弹模量值以应力或应变的函数形式来表示。如根据试验结果,砂性土路基的回弹模量可以按式(4-9)计算确定。

$$E_R = K_1 \theta^{K_2} \tag{4-9}$$

式中:E_R——土基回弹模量(kPa);

θ——全应力(kPa),即三向主应力之和,$\theta = \sigma_1 + \sigma_2 + \sigma_3$;

K_1、K_2——回归常数,见图4-5a)。

对于黏性土,其模量值随应力的变化又有另外的形式,如图4-5b)所示。在一定的应力范围内,随着应力的增加,模量逐渐降低,超过一定范围后,模量又缓慢增大。式(4-10)为典型的黏性土的回弹模量与应力的函数关系。

$$E_R = K_2 + K|K_1 - (\sigma_1 - \sigma_3)| \tag{4-10}$$

式中:σ_1、σ_3——最大、最小主应力(kPa);

K_1、K_2——回归常数(kPa);

K——系数,当 $\sigma_1 - \sigma_3 < K_1$,则 $K = K_3$,当 $\sigma_1 - \sigma_3 \geqslant K_1$,则 $K = K_4$;

K_3、K_4——回归常数。

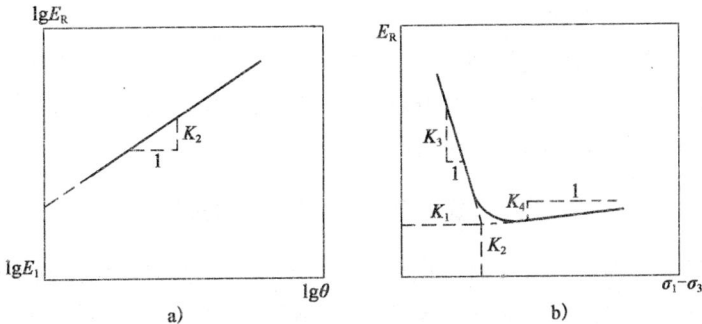

图4-5　回弹模量与应力的关系曲线
a)砂性土;b)黏性土

路基土在车轮荷载作用下产生的应变,不仅与荷载应力的大小有关,而且与荷载作用的持续时间有关,这是由于土颗粒之间力的传递以及土粒与土粒之间的相对移动都需要一定的时间。通常在施加荷载的初期,变形量随荷载持续时间的延长而增大,以后逐渐趋向稳定。这又称为土的流变特性。试验表明,回弹应变与荷载的持续时间关系不大,土的流变特性主要与塑性应变有关。

汽车在道路上行驶,车轮对土基作用的时间很短,在这一瞬间,产生的塑性应变比之于静荷载长期作用下的塑性应变小得多,因此,一般情况下,土基的流变影响可以不予考虑。

三、重复荷载对路基土的影响

土基承受着行车荷载的多次重复作用。每一次荷载作用之后,回弹变形即时恢复,而塑性变形则不能恢复,残留在路基之中。随着作用次数的增加,产生塑性变形的积累,总变形量逐渐增大。最终会导致两种不同的情况:一是土体逐渐压密,土体颗粒之间进一步靠拢,每一次加载产生的塑性变形量愈来愈小,直至稳定,这种情况不致形成土基的整体性剪切破坏;二是荷载的重复作用造成了土体的破坏,每一次加载作用在土体中产生了逐步发展的剪切变形,形成能引起土体整体破坏的剪切破裂面,最后达到破坏阶段。

土基在重复荷载作用下产生的塑性变形积累,最终将导致何种状况,主要取决于:

(1)土的性质(类型)和状态(含水率、密实度、结构状态)。

(2)重复荷载的大小,以重复荷载与一次静载下达到的极限强度之比(相对荷载)来表示。

(3)荷载作用的性质,即重复荷载的施加速度、每次作用的持续时间以及重复作用的频率。

例如,对于相对含水率(天然含水率与液限之比)小于0.7的干土,取相对荷载小于0.45～0.55时,荷载重复作用的结果产生第一种情况,土体逐渐固结硬化;而取相对荷载大于此值,经过多次重复加载后,便出现第二种情况,土体产生破坏。当土的相对含水率大于0.7～0.8处于较湿的状态下,若要保证在荷载重复作用下不发生破坏的变形,则安全的相对荷载值很小,对黏土小于0.09;砂性土小于0.15～0.12;粉性土不超过0.10。此相对荷载称为重复应力的临界值。在重复应力低于临界值的范围内,总应变的累积规律在半对数(或对数)坐标上一般呈线性关系,可表示为:

$$\varepsilon_1 = a + b\lg N \tag{4-11}$$

式中:a——应力一次作用下的初始应变;

b——应变增长回归系数;

N——应力重复作用次数。

路基承受着行车荷载的重复作用,为适应这一特点,可采用重复加载的三轴压缩试验来确定土的回弹模量值。应力施加频率为每分钟20～30次,每次作用的持续时间为0.1～0.2s,按重复应力作用600～1000次后的回弹应变确定回弹模量E_R值。

四、湿度和密度对路基土的影响

土的回弹模量除了随受力状况而变化外,还是土质类型和湿度、密度状况的函数。

一般说来,土的颗粒越细,相应的回弹模量值越低。对于黏土,模量值为20～30MPa;而对于砂土,模量值可达150～200MPa。

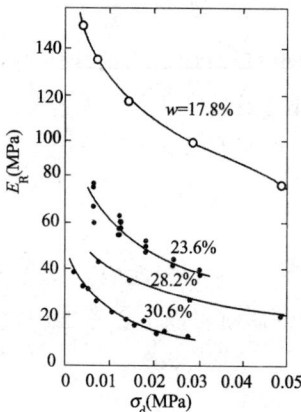

回弹模量值通常随密实度增加而增大,而随含水率增加而减小。其中,含水率对细粒土模量值的影响特别大。例如图4-6所示的试验结果,含水率由17.8%增大到30.6%时,回弹模量值可下降近10倍。鉴于含水率的这种影响,路基的回弹模量值在使用过程中将受到降水、地下水位和冻胀等影响而出现较大的波动。路面结构分析时,应采用按照路基土实际湿度、密度状态制备的试件测定其回弹模量值。

图4-6 路基土回弹模量E_R随含水率w的变化

综合上述分析可以看出,路基土属非线性弹—塑性体,表征其应力—应变关系的参数回弹模量,是一项随应力取值方法和范围而变的条件性指标。从应变的瞬时性和可恢复性的意义上,可以把回弹模量看作是反映路基土在行车动荷载作用下弹性性质的一项指标,但它仍然是一个与重复应力大小有关的变量。进行结构分析时,应按路基土实际受到的应力级位来选取回弹模量值。同时,试验条件还应符合路基的实际湿度、密度状态。

第三节　路基承载力指标与设计参数

在车轮荷载作用下,路基路面结构的强度与刚度除了与路面材料的品质有关之外,路基的支承起着决定性的作用。路基作为路面结构的基础,其抵抗行车荷载能力的大小,主要决定于路基顶面在一定应力级位下的抗变形能力。所以路基的承载能力可以采用一定应力级位下的抗变形能力指标来表征。尽管路面设计以不同的理论体系为基础,不同的设计方法有不同的假定前提,但是用于表征路基承载力的各种指标基本上是相同的,也就是土基在一定应力级位下的抗变形能力。用于表征土基承载力的参数指标有回弹模量、地基反应模量和加州承载比(CBR)等。

一、路基承载力指标

(一)回弹模量 E_0

回弹模量反映了路基所具有的部分弹性性质,以回弹模量表征路基的承载能力,可以反映路基在瞬时荷载作用下的可恢复变形性质,因而可以应用弹性理论及公式描述荷载与变形之间的关系。以回弹模量作为表征土基承载能力的参数,可以在以弹性理论为基本体系的路面设计方法中得到应用。为了模拟车轮印迹的作用,通常都以圆形承载板压入土基的方法测定回弹模量。有两种承载板可以用于测定路基回弹模量,即柔性承载板与刚性承载板。

用柔性承载板测定回弹模量,路基与压板之间的接触压力为常量,如图4-7a)所示。在实际测定中,刚性承载板用得较多,因为它的挠度易于测量、压力容易控制。

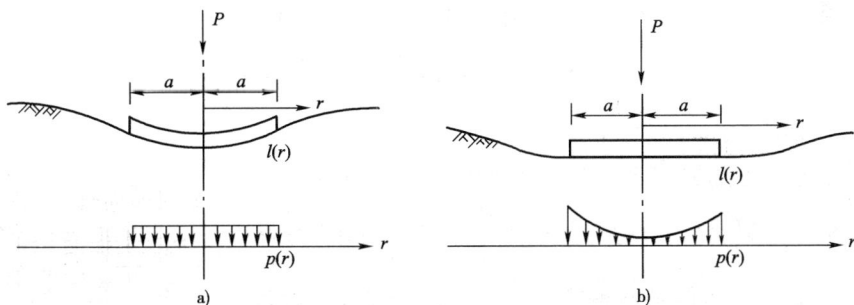

图4-7　路基在圆形承载板下的压力与挠度分布曲线

a)柔性承载板;b)刚性承载板

用刚性承载板测定土基回弹模量,压板下土基顶面的挠度为等值,不随坐标 r 而变化。但是板底接触压力则随 r 值的变化呈鞍形分布,如图4-7b)所示。其挠度 l 值与接触压力 p 值可分别按式(4-12)或式(4-13)计算。

$$l = \frac{2pa(1-\mu^2)}{E} \frac{\pi}{4} \tag{4-12}$$

$$p(r) = \frac{1}{2} \frac{pa}{\sqrt{a^2 - r^2}} \qquad (4-13)$$

测得刚性板挠度之后,即可按式(4-11)反算,得到回弹模量 E_0 值。

试验时宜采用逐级加载卸载法,每级增加 0.05MPa,待卸载稳定 1min 后读取回弹弯沉值,再加下一级荷载。回弹变形值超过 1mm 时,则停止加载。如此,即可点绘出荷载—回弹弯沉曲线,如图 4-8 所示。

在多数情况下,试验曲线呈非线性。在确定模量值时,可以根据实际可能出现的最大压应力级位,或可能出现的最大弯沉范围,在曲线上选取合适的量值按式(4-14)进行计算。

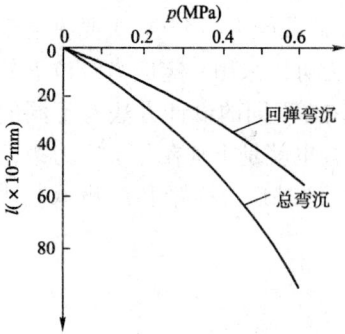

$$E_0 = \frac{\pi a}{2} \cdot \frac{\sum p_i}{\sum l_i}(1 - \mu_0^2) \qquad (4-14)$$

式中:E_0——路基回弹模量(MPa);

a——承载板半径(m);

μ_0——泊松比;

$p_i \setminus l_i$——各级荷载的单位压力(MPa)及相对应的回弹弯沉值(m)。

图 4-8 荷载—回弹弯沉曲线

承载板直径的大小对测定结果也有影响,通常用车轮的轮迹当量圆直径作为承载板的直径。但是对于刚性路面下的路基,有时采用较大直径承载板进行测定,因为荷载通过刚性路面板施加于路基表面的压力范围较之其他路面要大。

(二)地基反应模量 K

用温克勒(E. Winkler)地基模型描述路基工作状态时,用地基反应模量 K 表征土基的承载力指标。根据温克勒地基假定,土基顶面任一点的弯沉 l,仅与作用于该点的垂直压力 p 成正比,而与其相邻点处的压力无关。符合这一假定的地基如同由许多各不相连的弹簧所组成,如图 4-9 所示。压力 p 与弯沉 l 之比称为地基反应模量 K。即:

$$K = \frac{p}{l} \qquad (4-15)$$

式中:K——地基反应模量($\mathrm{kN/m^3}$)。

温克勒地基又称为稠密液体地基。地基反应模量 K 值相当于该液体的相对密度,路面板受到的地基反力相当于液体产生的浮力。

地基反应模量 K 值用承载板试验确定。承载板的直径规定为 76cm。测定方法与回弹模量测定方法相类似,但是采取

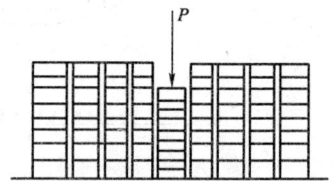

图 4-9 温克勒地基模型

一次加载到位的方法,施加荷载的量值根据不同的工程对象,有两种方法供选用。当地基较为软弱时,用 0.127cm 的弯沉量控制承载板的荷载。因为,通常情况下水泥混凝土路面板的弯沉不会超出这一范围。假如地基较为坚实,弯沉值难以达到 0.127cm 时,则采用另一种控制方法,以单位压力 $p = 70\mathrm{kPa}$ 控制承载板的荷载。这也是考虑到水泥混凝土路面下路基承受的压力通常不会超过这一范围。

承载板直径的大小对 K 值有一定影响,直径越小,K 值越大。但是由试验得知,当承载

直径大于 76cm 时，K 值的变化很小。因此规定以直径为 76cm 的承载板为标准。当采用直径为 30cm 的承载板测定时，可按式(4-16)进行修正。

$$K_{76} = 0.4K_{30} \qquad (4-16)$$

按上述方法确定的 K 值是一定荷载或沉降条件下的荷载应力与总弯沉之比，其中包含回弹弯沉和残余弯沉。如果只考虑回弹弯沉，则可以得到地基回弹反应模量 K_R。通常 K_R 与总弯沉对应的地基反应模量 K 之间有如下关系：

$$K_R = 1.77K \qquad (4-17)$$

(三)加州承载比(CBR)

加州承载比是早年由美国加利福尼亚州(California)提出的一种评定路基及路面材料承载能力的指标。承载能力以材料抵抗局部荷载压入变形的能力表征，并采用高质量标准碎石为标准，以它们的相对比值表示 CBR 值。

试验时，用一个端部面积为 19.35cm^2 的标准压头，以 0.127cm/min 的速度压入土中，记录每贯入 0.254cm 时的单位压力，直至压入深度达到 1.27cm 时为止。标准压力值是用高质量标准碎石由试验求得，其值如表 4-8 所示。

标准碎石的承载力值 p_s 表 4-8

贯入度(cm)	0.254	0.508	0.762	1.016	1.270
标准压力(kPa)	7030	10550	13360	16170	18230

CBR 值按下式计算：

$$CRB = \frac{p}{p_s} \times 100\% \qquad (4-18)$$

式中：p——对应于某一贯入度的路基单位压力(kPa)；

p_s——相应贯入度的标准压力(表 4-8)(kPa)。

计算 CBR 值时，取贯入度为 0.254cm。但是当贯入度为 0.254cm 时的 CBR 值小于贯入度为 0.508cm 时的 CBR 值时，应采用后者为准。

CBR 试验设备有室内试验与室外试验两种。室内用 CBR 试验装置如图 4-10 所示。试件按路基施工时的含水率及压实度要求在试筒内制备，并在加载前浸泡在水中饱水 4d。为了模拟路面结构对路基的附加压力，在浸水过程中及压入试验时，在试件顶面施加环形砝码，其质量应根据预计的路面结构质量来确定。

CBR 值野外试验方法基本上与室内试验相同，但其压入试验直接在路基顶面进行。有时，野外试验结果与室内试验结果不完全相同，这主要是由于路基土的含水率不同，室内试验时，试件处于饱水状态；野外试验时，土基处于施工时的湿度状态。所以对野外试验结果必须加以修正，换算成饱水状态的 CBR 值。表 4-9 所列为常用路基土的 CBR 值。

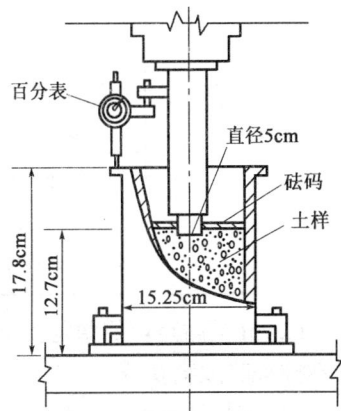

图 4-10　CBR 试验装置

常用路基土的 CBR 值 表 4-9

土 类	CBR(%)
级配良好的砾石,砾石—砂混合料	60 ~ 80
级配差的砾石,砾石—砂混合料	35 ~ 60
均匀颗粒的砾石或砂质砾石,粉质砾石,砾石—砂—粉土混合料	40 ~ 80
黏土质砾石,砾石—砂—黏土混合料;级配良好的砂,砾石质砂;粉质砂,砂—粉土混合料	20 ~ 40
级配差的砂或砾石质砂	15 ~ 25
黏土质砂,石砂—黏土混合料	10 ~ 20
粉土,砂质粉土,砾石质粉土;贫黏土,砂质黏土,砾石质黏土,粉质黏土	5 ~ 15
无机质粉土,贫有机质黏土,云母质黏土或硅藻土	4 ~ 8
有机质黏土,肥黏土,有机质粉土	3 ~ 5

二、路基材料参数

(一)路基设计时材料参数

为确保路基整体稳定,在进行高路堤与陡坡路堤、深路堑和不良地质地段挖方边坡稳定性分析时,应根据现场实际情况,选择有代表性的土样进行室内试验确定相应强度参数。

(1)路堤填土的强度参数 c、φ 值,采用直剪快剪或三轴不排水剪试验获得。试样的制备要求及稳定分析各阶段采用的试验方法详见表 4-10。当路堤填料为粗粒土或填石料时,应采用大型三轴试验仪进行试验。

路堤填土采用的强度指标 表 4-10

控制稳定的时期	强度计算方法	土 类	试验方法	采用的强度指标	试样起始状态	备 注
施工期	总应力法	渗透系数小于 10^{-7}cm/s	直剪快剪	c_u、φ_u	填筑含水率和填筑密度。当难以获得填筑含水率和填筑密度时,或进行初步稳定分析时,密度采用要求达到的密度,含水率按击实曲线上要求密度对应的较大含水率	
		任何渗透系数	三轴不排水剪			
运营期	总应力法	渗透系数小于 10^{-7}cm/s	直剪固结快剪	c_{cu}、φ_{cu}	同上	用于新建路堤的稳定性分析
		任何渗透系数	三轴固结不排水剪			
		渗透系数小于 10^{-7}cm/s	直剪快剪	c_u、φ_u	同上,但要预先饱和	用于新建路堤边坡的浅层稳定性分析
		任何渗透系数	三轴不排水剪			
		渗透系数小于 10^{-7}cm/s	直剪快剪	c_u、φ_u	取路堤原状土	用于已建路堤的稳定性分析
		任何渗透系数	三轴不排水剪			

(2)分析高路堤的稳定性时,地基的强度参数 c、φ 值,宜采用直剪固结快剪或三轴剪的固结不排水剪试验获得。

(3)分析陡坡路堤沿斜坡地基或软弱层带滑动的稳定性时,应结合场地条件,选择控制性层面的土层试验获得强度参数 c、φ 值。可采用直剪快剪或三轴剪的不固结不排水剪试验。当可能存在地下水时,应采用饱水试件进行试验。

(4)对于深挖方路堑边坡以及不良地质、特殊岩土地段的边坡岩、土体力学参数,岩体抗剪强度指标宜根据现场原位试验确定。试验应符合现行国家标准《工程岩体试验方法标准》(GB/T 50266)的规定。当无条件进行试验时,可采用《工程岩体分级标准》(GB 50218)及表4-11和反算分析等方法综合确定。

结构面抗剪强度指标标准值 表4-11

结构面类型		结构面结合程度	内摩擦角 $\varphi(°)$	黏聚力 $c(MPa)$
硬性结构面	1	结合好	>35	>0.13
	2	结合一般	35~27	0.13~0.09
	3	结合差	27~18	0.09~0.05
软弱结构面	4	结合很差	18~12	0.05~0.02
	5	结合极差(泥化层)	根据地区经验确定	

注:表中数值已考虑结构面的时间效应。极软岩、软岩取表中低值;岩体结构面连通性差取表中的高值;岩体结构面浸水时取表中的低值。

边坡岩体性能指标标准值可按地区经验确定。对于重要边坡应通过试验确定。岩体内摩擦角可由岩块内摩擦角标准值按岩体裂隙发育程度乘以表4-12所列的折减系数确定。

边坡岩体内摩擦角折减系数 表4-12

边坡岩体特性	折减系数	边坡岩体特性	折减系数
裂隙不发育	0.90~0.95	裂隙发育	0.80~0.85
裂隙较发育	0.85~0.90	碎裂结构	0.75~0.80

土体力学参数宜采用原位剪切试验、原状土样室内剪切试验及反算分析等方法综合确定。土质边坡按水土合算原则计算时,地下水位以下的土宜采用三轴试验土的自重固结不排水抗剪强度指标;按水土分算原则计算时,地下水位以下的土宜采用土的有效抗剪强度指标。

(二)路面结构设计时路基参数

我国公路沥青路面和水泥混凝土路面设计方法中,均是以路床顶面回弹模量(E_0)作为路基的设计参数,在沥青路面设计时又以路床顶面竖向压应变为验算指标。

路基设计状态要考虑路基湿度季节变化对回弹模量的影响,也要考虑路基施工时的湿度与最不利时期的路基湿度和回弹模量之间的关系,同时也要充分考虑路基回弹模量设计值是否能适应交通荷载的要求。大量的路基野外调查和室内试验结果表明,公路通车运营后,在自然环境条件(降雨、蒸发、冻结、融化等)和地下水影响下,路基内会产生新的水分迁移和湿度的重分布,路基土含水率比施工时的含水率增大2%~10%。随着湿度增大,路基强度和回弹模量将减小;与此同时,路基在干湿循环、冻融循环的过程中,也会对路基土结构产生损伤,使得路基土强度和回弹模量产生衰减。研究表明,路基施工时的湿度、强度、回弹模量与路面完工后(2~3年)处于平衡状态下的路基土湿度、强度、回弹模量有明显的变化。新建公路路床应处于干燥或中湿状态。

因此,在实际工程应用中可以按最佳含水率和最大干密度时的路基湿度作为标准状态,并以此时的路基回弹模量作为设计值。与此同时,要充分考虑湿度变化、干湿循环或冻融循环对路基回弹模量的影响,使处于平衡湿度状态下路床顶面回弹模量不低于路面设计规范的规定要求。即新建公路均质土路基回弹模量设计值 E_0 应按(4-19)计算确定,并应满足式(4-20)的要求。

$$E_0 = K_s K_\eta M_R \tag{4-19}$$

$$E_0 \geq [E_0] \tag{4-20}$$

式中：E_0——平衡湿度状态下路基回弹模量设计值(MPa)；

    $[E_0]$——路面结构设计的路基回弹模量要求值(MPa)，应符合《公路水泥混凝土路面设计规范》(JTG D40)和《公路沥青路面设计规范》(JTG D50)的规定；

    M_R——标准状态下路基动态回弹模量值(MPa)；

    K_s——路基回弹模量湿度调整系数，为平衡湿度(含水率)状态下的回弹模量与标准状态下的回弹模量之比；

    K_η——干湿循环或冻融循环条件下路基土模量折减系数，通过试验确定。初步设计时，非冰冻地区可根据土质类型、失水率确定，季节冻土区可根据冻结温度、含水率确定，折减系数可取 0.7 ~ 0.95。非冰冻区粉质土、黏质土，失水率大于 30%，取小值，反之，取较大值，粗粒土取大值。季节性冻土地区粉质土、黏质土冻结温度低于 - 15℃，冻前含水率高，取小值，反之，取较大值，粗粒土取大值。

对于多层不同类型土质路基，可采用弹性层状体系理论，按照弯沉等效的原则，将多层结构转换成当量单层结构体系后，再计算路床顶面当量回弹模量值。

1. 标准状态下路基动态回弹模量

标准状态下路基动态回弹模量值 M_R，采用动三轴试验仪在规定的加载条件下测定路基土或粒料类材料的动态回弹模量。在实际工程中可以按最佳含水率和最大干密度时的路基湿度作为标准状态，室内成型试件含水率应符合目标含水率值 ±0.5%，压实度应符合目标压实度值 ±1.0%。对较硬的黏性试件(不排水抗剪强度大于 36kPa，模量一般大于 70MPa)，可采用石膏浆调和端部的表面缺陷，处理厚度不应超过 3mm。一组试验不应少于 3 个平行试件。

对最大粒径大于 19mm 的路基土或粒料，应筛除大于 26.5mm 的颗粒采用振动或冲击压实成型；最大粒径不超过 9.5mm，且 0.075mm 筛通过百分率小于 10% 的路基土，应采用振动压实成型；最大粒径不超过 9.5mm，且 0.075mm 筛通过百分率不小于 10% 的路基土，应采用冲击或静压压实成型。

圆柱体试件的长度应不小于试件直径的 2 倍。最大粒径大于 19mm 的路基土或粒料，试件尺寸应符合直径 150mm ±2mm、高 300mm ±2mm 的要求；最大粒径不超过 19mm 的路基土或粒料，试件尺寸应符合直径 100mm ±2mm、高 200mm ±2mm 的要求。

试验加载装置应采用能够产生重复循环半正矢脉冲荷载的顶部加载式、闭路电液压或电气压试验机。施加荷载的频率为 0.1 ~ 25Hz，且施加的最大轴向动应力水平应不小于 150kPa。数据测量及采集应采用计算机控制，能测量并记录试件在每个加载循环中所承受的荷载和产生的轴向变形。试验成果计算应符合下列规定：

应力幅值应按式(4-21)计算确定。

$$\sigma_0 = \frac{P_i}{A} \tag{4-21}$$

式中：σ_0——轴向应力幅值(MPa)；

    P_i——最后 5 次加载循环中轴向试验荷载平均幅值(N)；

    A——试件径向横截面面积，可取试件上下端面面积平均值(mm²)。

应变幅值应按式(4-22)计算确定。

$$\varepsilon_0 = \frac{\Delta_i}{l_0} \qquad (4\text{-}22)$$

式中：ε_0——可恢复轴向应变幅值(mm/mm)。

Δ_i——最后5次加载循环中可恢复轴向变形平均幅值(mm)；

l_0——位移传感器的量测间距(mm)。

路基土或粒料动态回弹模量M_R(MPa)可按式(4-23)计算。

$$M_R = \frac{\sigma_0}{\varepsilon_0} \qquad (4\text{-}23)$$

在受条件限制或不具备土动三轴仪的情况下，设计时还可采用查表法或CBR换算法来确定路基土回弹模量值作为参考值。

2. 路基回弹模量湿度调整系数

路基回弹模量湿度调整系数K_s，为平衡湿度(含水率)状态下的回弹模量与标准状态下的回弹模量之比。可以根据路基相对高度、路基土组类别及其毛细水上升高度，确定路基干湿类型，预估路基结构的平衡湿度。不同干湿类型路基的回弹模量湿度调整系数如下：

(1)潮湿类型路基的湿度受地下水控制。由于地下水或地表长期积水的水位高，路基工作区均处于地下水毛细润湿影响范围内，路基平衡湿度由地下水或地表长期积水的水位升降所控制。潮湿类型路基的回弹模量湿度调整系数可按表4-13查取。

潮湿类型路基的回弹模量湿度调整系数 表4-13

土 质 类 型	砂	细粒土质砂	粉 质 土	黏 质 土
路基工作区顶面	0.8~0.9	0.5~0.6	0.5~0.7	0.6~1.0
路基工作区底面	0.5~0.6	0.4~0.5	0.4~0.6	0.5~0.9

注：1. 砂的回弹模量调整系数，D_{60}大时取高值，D_{60}小时取低值。

2. 细粒土质砂的回弹模量调整系数，细粒含量大、塑性指数高时取低值，反之取高值。

3. 粉质土和黏质土的回弹模量调整系数，路基高度低时取低值，反之取高值。

(2)干燥类型路基的湿度由气候因素控制。由于地下水位很低，路基工作区处于地下水毛细润湿面之上，路基平衡湿度完全由气候因素所控制。干燥类型路基的回弹模量湿度调整系数可按表4-14查取。

干燥类型路基的回弹模量湿度调整系数 表4-14

土 组	TMI					
	−50	−30	−10	10	30	50
砂(S)	1.30~1.84	1.14~1.80	1.02~1.77	0.93~1.73	0.86~1.69	0.8~1.64
粉土质砂(SM)	1.59~1.65	1.10~1.26	0.83~0.97	0.73~0.83	0.70~0.76	0.70~0.76
黏土质砂(SC)						
低液限粉土(ML)	1.35~1.55	1.01~1.23	0.76~0.96	0.58~0.77	0.51~0.65	0.42~0.62
低液限黏土(CL)	1.22~1.71	0.73~1.50	0.57~1.24	0.51~1.02	0.49~0.88	0.48~0.81

注：1. 砂的回弹模量调整系数，D_{60}大时(接近2mm)取低值，D_{60}小时(接近0.25mm)取高值。

2. 粉土质砂、黏土质砂或细粒土的饱和度取值与细粒土含量和塑性指数有关，细粒土含量高、塑性指数大时取低值，反之取高值。

(3)中湿类型路基的湿度兼受地下水和气候因素影响。由于地下水位较高,路基工作区被地下水毛细润湿面分为上、下两部分,下部受地下水毛细润湿的影响,上部则受气候因素影响。中湿类型路基的回弹模量湿度调整系数,可按路基工作区内两类湿度来源的上部和下部分别确定其湿度调整系数,并以路基工作区上、下部厚度加权计算路基总的回弹模量湿度调整系数。

当路基湿度状态、路基填料 CBR、路床回弹模量和竖向压应变等不能满足要求时,应根据气候、土质、地下水赋存和料源等条件,经技术经济必选后采取可行的处理措施,提高路床顶面回弹模量。可供选择的处理措施包括:

(1)采用粗粒土或低剂量无机结合料稳定土等进行换填,并合理确定换填深度。

(2)对细粒土可采用砂、砾石、碎石等进行掺和处治,或采用无机结合料稳定处治。细粒土处治设计应通过物理力学试验,确定处治材料及其剂量、处治后的路基性能指标等。

(3)水文地质条件不良的土质挖方路基或潮湿状态填方路基,应采取设置排水垫层、毛细水隔离层、地下排水渗沟等措施。

(4)季节冻土地区各级公路的中湿、潮湿路段,应结合路面结构进行路基结构的防冻验算。必要时,应设置防冻垫层或保温层。

本章小结

路基工程的核心问题是基身的整体稳定性和直接位于路面下的那部分路基(工作区或路床)的抗变形能力。前者是保证行车的首要条件,而后者则关系到路面的使用性能和使用寿命。为此,应确定路基填料土质类型及其工程特性,掌握路基力学特性及路基承载能力参数指标。路基属非线性的弹—塑性体,表征其力学特性的模量值是一个条件性指标,与路基土质类型、湿度、密度及受力状态有关。在弹性理论方法进行路面结构力学分析时,采用回弹模量反映了路基的弹性性质。用于表征路基承载力及路面结构设计的参数指标有回弹模量(E_0)、加州承载比(CBR)及地基反应模量(K)等。

复习思考题

1.公路路基用土如何进行分类?不同类型路基填料的工程特性如何?

2.何为路基工作区? 它与路基受力状况有什么关系?

3.为什么说路基土的模量值是一个条件性指标?影响模量值大小的因素有哪些?

4.何为路基回弹模量? 如何确定路基动态回弹模量?

5.何为路基回弹模量湿度调整系数?应如何确定?

6.何为路基顶面综合回弹模量、地基反应模量和加州承载比?其各自含义和用途有何不同?

第五章 路面材料的力学特性分析

路面所用的材料,大致可以分为颗粒类材料及块料、水硬性材料和沥青类材料。这些材料按不同方式(密实型、嵌挤型或嵌锁型和稳定型)组成各种路面结构层。随着材料性质和组成方式的不同,各种路面结构层在力学性能上表现出很大的差异。

路面材料在车轮荷载和环境因素的作用下所表现出的力学性质,对路面的使用性能和使用寿命起决定性作用。对路面材料力学性质的分析和认识有助于设计出符合使用要求的路面结构。同时,用解析法分析路面结构内应力、应变和位移的结果是否符合实际,在很大程度上也取决于对路面结构层材料力学性质的正确了解和反映材料力学性质的各项参数的合理选用。

第一节 强 度 特 性

强度(或称极限强度)是指材料在静载一次作用下达到极限状态或出现破坏时所能承受的最大应力。组成各路面结构层的混合料,往往具有较高的抗压强度,而抗拉、弯拉或抗剪强度较弱,特别是缺乏结合料或结合料黏结力较低时。因而,路面材料可能出现的强度破坏通常为:①因剪应力过大而在材料层内部出现沿某一滑动面的滑移或相对变位;②因拉应力或弯拉应力过大而引起的断裂。

一、抗 剪 强 度

路面结构层厚度较薄而刚度较小时,行车荷载传递到土基的应力较大,有可能出现因土基承载力不足而引起的剪切破坏。对于等级较高的路面,这种情况一般不会出现。路面面层较厚但刚度较小(如高温下的沥青类面层)时,如果受到较大的水平力(如紧急制动),就有可能因沥青混合料的抗剪强度不足而出现推移等破坏。

抗剪强度为材料受剪切时的极限或最大应力。按摩尔—库仑(Mohr-Coulumb)强度理论,材料的抗剪强度由两部分组成,其一是摩阻力部分,与作用在剪切面上的法向应力 σ 成正比;另一是与法向应力无关的黏聚力部分,即:

$$\tau = c + \sigma\tan\varphi \tag{5-1}$$

式中:c——材料的黏聚力(kPa);

　　　φ——材料的内摩擦角(°)。

c 和 φ 是表征材料抗剪强度的两项参数,可通过直剪试验,绘出 τ-σ 曲线后,按式(5-1)确定。也可由三轴压缩试验,绘出摩尔圆和相应的包络线(图5-1)后,按式(5-1)的直线关系近似确定。由于三轴试验较接近实际受力状况,目前大多采用这种方法确定材料的 c 值和 φ 值。三轴试验试件的直径应大于集料中最大粒径的 4 倍,试件高度和直径之比为 2 ~ 2.5。

粒料类材料的抗剪强度是由集料颗粒之间的摩擦、嵌挤以及毛细和吸附作用形成的,其抗

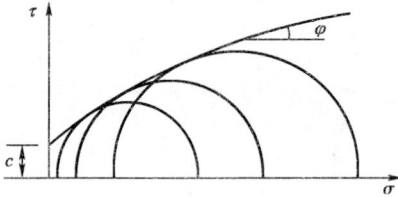

图 5-1　三轴试验确定 c 和 φ 值

剪强度参数 c、φ 值与颗粒的大小和形状、矿物成分和级配、密实度和含水率、受力条件等因素有关。饱和软黏土在快速加载时的内摩擦角几乎为零;干砂没有黏聚力,而内摩擦角为 28°~35°;碎、砾石材料的内摩擦角可达 40°~60°,石料等级高、形状接近于立方体、有棱角、尺寸均匀、表面粗糙、压实紧密的内摩擦角就大。

沥青混合料经受剪切时,既存在矿质颗粒间的相互位移和错位阻力,又有涂敷在颗粒表面上的沥青膜之间的黏滞阻力。因而,沥青混合料的抗剪强度不仅同集料的级配组成、形状和表面特性有关,也与沥青的黏度和用量有关。沥青与集料的黏附性好及在混合料中含有适量的矿粉,都有助于提高沥青混合料的黏聚力。沥青的黏度受温度和应力作用时间的影响很大,沥青混合料的黏聚力随着温度的升高和剪切速率的下降而减小。沥青混合料中集料颗粒的内摩擦角因沥青的润滑作用会有所下降。沥青用量过多时,不仅内摩擦角显著降低,而且黏聚力也会减小。

二、抗 拉 强 度

路面材料的抗拉强度主要由混合料中结合料的黏(胶)结力所提供。当材料的抗拉强度不足以抵抗拉应力应力时,出现断裂。

抗拉强度可采用直接拉伸试验或间接拉伸试验测定。间接拉伸试验即劈裂试验,将材料做成圆柱体试件(直径 D,长度 h),测试时沿着试件的直径方向,经由试件两侧的压条按一定速率施加压力,如图5-2所示,直到试件劈裂破坏。劈裂(间接抗拉)强度可由下式确定:

$$\sigma_t = \frac{2P_{max}}{\pi hD}\tag{5-2}$$

劈裂试验传递荷载的两端垫条,对试件中的应力分布和极限强度 P_{max} 有显著影响。通常取垫条宽为 1.27cm,由硬质橡皮或金属做成,其一面的弧度与试件相同。

在常温下,沥青混合料的劈裂强度,在一定范围内随沥青含量和施荷速率的增加而增加,随沥青针入度和温度的增加而下降。此外,增加混合料拌和及压实温度、增加矿粉含量,都有助于提高其抗拉强度。而在低温(负温)下,其强度随各影响因素变化的规律略有不同。

劈裂试验也用于测定水泥混凝土和无机结合料稳定类材料的劈裂(间接抗拉)强度。

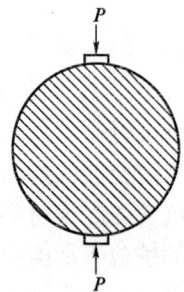

图 5-2　劈裂强度试验示意

三、抗弯拉强度

整体性材料(如水泥混凝土、无机结合料稳定类材料)及常温下和低温下的沥青混合料等,具有一定的抗弯刚度,在超过允许荷载的作用下,有可能在结构层底面产生较大的弯拉应力,而在材料的抗弯拉强度不足时出现断裂破坏。

路面材料的抗弯拉强度,通过简支小梁试验评定。小梁截面边的尺寸应不小于混合料中集料最大粒径的4倍。根据材料组成情况,可采用下列三种试件尺寸:5cm × 5cm × 24cm;10cm × 10cm × 40cm;15cm × 15cm × 55cm。试件的跨径(支座间距)l 为高的3倍。通常采用三分点加荷,如图5-3所示,直到试件破坏,取最大破坏荷载 P。路面材料的抗弯拉强度 σ_f 按下式计算:

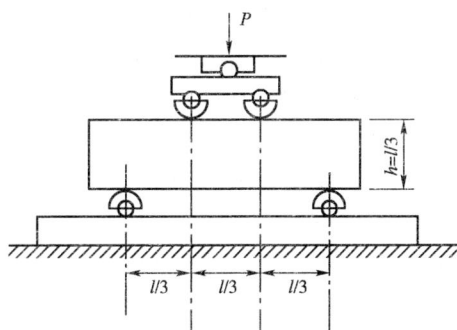

图5-3 抗弯拉强度试验示意

$$\sigma_f = \frac{Pl}{bh^2} \tag{5-3}$$

式中:P——破坏时荷载(kN);

　　l——支点间距(m);

　　b、h——试件宽度和高度(m)。

试验时,可根据需要,同时测取材料的极限弯拉应变,抗弯拉回弹模量和形变模量等。

影响路面材料抗弯拉强度的因素,与抗拉强度相似。对于水泥(石灰)稳定和工业废渣类材料来说,影响弯拉强度的因素,除了集料(或土)组成、结合料含量和活性以及拌制均匀性和压实程度等以外,还有龄期。

第二节　疲　劳　特　性

路面材料承受重复应力作用时,可能会在低于静载一次作用下的极限应力值时出现破坏,这种材料强度降低的现象称为疲劳。疲劳的出现,是由于材料微观结构的局部不均匀或存在局部缺陷,在荷载作用下诱发应力集中而出现微损伤,在应力重复作用之下微量损伤逐步累积扩大,终于导致结构破坏,称为疲劳破坏。

出现疲劳破坏的重复应力值(即疲劳强度),随重复作用次数的增加而降低。有些材料在应力重复作用一定次数(例如 $10^6 \sim 10^7$ 次)后,疲劳强度不再下降,趋于稳定值,此稳定值称为疲劳极限。当重复应力低于此值时,材料可经受无限多次的作用而不出现破坏。研究疲劳特性的主要目的是探索提高疲劳强度,延长路面使用年限,为路面设计提供参数。

一、沥青混合料的疲劳特性

沥青混合料疲劳特性的室内研究,是在简支小梁或梯形悬臂式试件(弯曲疲劳)或者圆柱体试件(间接拉伸疲劳)上施加正弦或脉冲式变化的反复应力进行的。由于沥青混合料的劲度(反映沥青或沥青混合料在一定温度和加荷时间条件下的应力—应变关系的参数)模量较低,应力反复施加过程中,试件的实际应力状态和应变量不断发生变化。为此,常采用控制应力或控制应变两种试验方法。

控制应力试验,是在试验过程中保持荷载或应力值始终不变。这时,由于试件内的微裂隙逐步扩展,材料的劲度不断下降,因而荷载或应力量虽然未变,而应变量的增长速率却不断增大,最终导致试件破坏,而以此作为疲劳破坏标准。

控制应变是在试验过程中不断调节所施加的荷载或应力,使应变量始终保持不变。在试验中材料的劲度仍不断下降,维持相同应变量所需要的应力值也不断减小。

控制应力试验中材料的疲劳破坏往往以试件出现断裂为标志,而控制应变试验并不出现明显的疲劳破坏现象,只能主观地以劲度下降到初始劲度的某一百分率(例如50%或40%)作为疲劳破坏的统一标准。同时,在采用同一初始应力和应变条件下,控制应变法所得到的材料疲劳寿命要比控制应力法的大得多,如图5-4所示。两者的差别大小与温度有关:低温时差别较小;高温时则差别较大。混合料的疲劳寿命,还受到材料组成、荷载和环境条件等因素的影响。

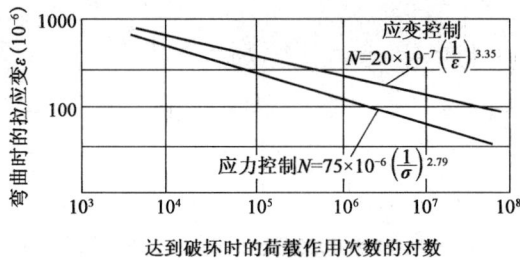

图5-4 不同加荷方式疲劳试验结果比较图

影响沥青混合料疲劳寿命的因素,如表5-1所示。混合料的劲度对疲劳性能具有关键性作用。由于应力集中点产生微裂隙后,在应力控制试验中,随材料劲度的降低,裂隙迅速扩展,疲劳寿命就短;而在应变控制试验中,应力逐渐减小,裂隙的扩展便延续较长时间,如果材料的劲度越低,延续时间就越长,疲劳寿命反而增加。提高沥青混合料的密实度,降低空隙率,适当增加沥青的用量,可减轻应力集中现象,使疲劳寿命延长。

影响沥青混合料疲劳寿命的因素   表5-1

因　　素		因素变化	劲　　度	疲 劳 寿 命	
				应力控制	应变控制
荷载	加荷速率	增	增	增	减
	加荷时间	增	减	减	增
材料组成	沥青含量	增	有最佳值	有最佳值	增
	沥青针入度	增	减	减	增
	集料类型	增加粗糙和棱角	增	增	减
	集料级配	由开式到密式	增	增	影响可忽略
	空隙率	增	减	减	减
环境	温度	增	减	减	增

采用控制应力试验方法得到的一组应力 σ_r (或者按初始劲度值 S_m 转变成应变 ε_r)和疲劳破坏时作用次数 N_f 的数据,并回归成疲劳方程,见式(5-4)。采用控制应变试验方法,也可以

得到相似的疲劳方程,见式(5-5)。可以用疲劳方程来估计材料的疲劳寿命。

$$N_f = A \left(\frac{1}{\sigma_r} \right)^b \tag{5-4}$$

或

$$N_f = C \left(\frac{1}{\varepsilon_r} \right)^d \tag{5-5}$$

式中:A、b、C、d——由试验得到的回归常数,取决于混合料的性质、温度和其他试验条件。

两种试验方法得到不同的疲劳性状的原因可以用破坏机理的差异来说明。应力集中点产生微裂隙后,在应力控制试验中,随材料劲度的降低,裂隙迅速扩展,而在应变控制试验过程中,应力不断减小,裂隙的扩展便延续很长时间,材料的劲度越低,延续的时间越长,于是劲度低的材料,其疲劳寿命长。

作用在路面上的车辆,施加的是轴载和接触压力,而不是变形。从这个意义上说,整个路面结构是受到应力控制的加荷体系。因而,对于较厚的面层(厚度大于 15cm),其结构强度在整个路面体系中起主要作用,应采用控制应力的试验方法;而对于较薄面层(厚度小于 5cm),本身结构强度不大,基本上是跟着下面各结构层一起位移的,宜采用控制应变的试验方法。处于两者之间的厚度,可取用两种试验方法之间的某一加荷形式。

室内疲劳试验的条件同路面在野外的工作状况有很大差别,因而所得的疲劳寿命比实际的要小很多。通常采用将室内试验结果与试验路路面实际使用性能相对比的方法,提出比较符合实际的疲劳方程。

二、水泥混凝土路面材料的疲劳特性

水泥混凝土路面材料的疲劳特性研究,可通过对小梁试件施加重复应力来进行。将重复弯拉应力 σ_r 与一次加载得出的极限弯拉应力(抗折强度)σ_f 值之比称为应力比。绘制应力比 $\frac{\sigma_r}{\sigma_f}$ 与重复作用次数 N_f 的半对数坐标关系曲线,称为疲劳曲线,如图5-5 所示。

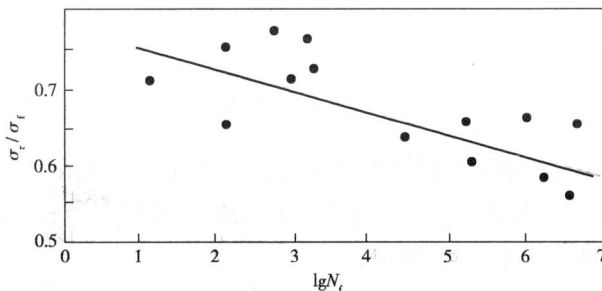

图5-5 水泥混凝土疲劳试验曲线

由图 5-5 所示的疲劳曲线可发现如下规律:

(1)随着应力比的增大,出现疲劳破坏的重复作用次数 N_f 降低。

(2)相同重复应力级位时,出现疲劳破坏的作用次数 N_f 变动幅度较大,也即试验结果的离散性较大,但其概率分布近似服从对数正态分布。这说明要得到可靠的代表值必须进行大量的试验。

(3)当作用次数达到 $N_f = 10^7$ 次时,应力比 $\sigma_r/\sigma_f = 0.55$,此时,尚未发现有疲劳极限,当应力比 $\sigma_r/\sigma_f < 0.75$ 时,反复应力施加的频率对试验结果(所得到的疲劳方程)的影响很微小。

通过回归分析,可得到描述应力比和作用次数关系的疲劳方程。它在半对数坐标上 $N_f = 10^2 \sim 10^7$ 次之间一般呈线性关系,也即可用下式表征:

$$\frac{\sigma_r}{\sigma_f} = \alpha - \beta \lg N_f \tag{5-6}$$

式中:α、β——由试验确定的系数,由混凝土的性质(类型和不均匀性等)和试验条件而定。

无机结合料稳定类材料的疲劳特性,具有和水泥混凝土相似的表现,其疲劳强度试验,有劈裂疲劳试验和弯拉疲劳试验。

无机结合料稳定类材料的疲劳寿命,主要取决于重复应力与极限应力之比 σ_r/σ_f,一般来说,当应力比 σ_r/σ_f 小于 50% 时,无机结合料稳定类材料可经受无限次的重复加载次数而无疲劳破坏,但由于施工的不均匀性和材料的变异性,在实际工程应用中这类路面材料的疲劳寿命要小得多。在一定的应力、应变条件下,无机结合料稳定类材料的疲劳寿命取决于材料的强度与刚度。强度大且刚度较低则疲劳寿命越长。

室内试验条件同水泥混凝土路面的野外实际工作状况有较大出入。虽然车辆荷载不像室内反复应力那样不停顿地连续施加,因而对混凝土的疲劳寿命有利,但野外自然环境对混凝土的不利影响,往往使室内试验得出的疲劳方程偏于不安全。因而,此室内试验得到的疲劳方程还应通过路面实际使用情况的检验予以修正。

疲劳破坏是路面结构损伤的主要现象,路面材料的抗疲劳性能直接关系到路面的使用寿命。提高路面的抗疲劳性能应该注意从两方面加强配合,一是合理的材料组成设计,使混合料达到最佳配合比和最大密度,使混合料具有较高的强度;另一方面是合理的结构设计,使得各结构层的层位与厚度达到理想的程度,在行车荷载作用之下,确保结构层的最大应力和应力比在控制范围内。

第三节　变形特性

一、变形特性

路面结构层材料在行车荷载与环境因素作用下的应力、应变和位移大小,不仅同荷载及路面所处的环境状态有关,还取决于路面材料的应力—应变、荷载—变形特性。路面材料受力后的变形可包括弹性、弹塑性、黏弹性、弹黏塑性等。

(一)粒料类材料的变形特性

用于基层或垫层的粒料类(级配碎、砾石)材料,通过三轴压缩试验所得到的应力—应变关系曲线具有与路基土相似的非线性特性,受力后的变形包括弹塑性。因而,表征其应力—应变关系的回弹模量值,也随着偏应力 $\sigma_d(\sigma_1 - \sigma_3)$ 的增大而减小,侧限应力 σ_3 的增大而增大,但侧限应力的影响要比路基土的情况大得多。

除了受应力状况的影响外,颗粒类材料的模量值与材料的级配、颗粒形状、密实度等因素有关,在 100~700MPa 范围内变动。通常,密实度越高,模量值越大;颗粒棱角多者较高的模量;当细料含率较少时,含水率的影响很小。

设计路面结构时,粒料类材料模量值的取用较为复杂。面层结构较厚时,传给粒料层的应力级位较小,碎(砾)石材料的应力—应变关系可近似看成为线性。但当面层结构薄时,必须考虑粒料层的上述非线性特性。碎(砾)石基(垫)层所能达到的密实度,依赖于其下面的支承结构的刚度,同时,由于其非线性特性和缺乏抗拉强度,粒料层底部的模量值,随路面结构层组合及毗邻结构层的刚度而异。不宜在应力和应变计算中简单直接地应用单独试验时得到的模量值。可以按粒料层所受到的应力状况采用迭代的方法来确定相应的模量值,通常可取为路基模量值的一定倍数,此倍数同粒料层的厚度和路基模量有关。

(二)水泥混凝土与无机结合料稳定类材料的变形特性

水泥混凝土及无机结合料稳定类材料,成型并养护一定的龄期后具有一定的强度,这类材料的变形特性试验研究,常用的试验方法有圆柱体压缩试验、三轴压缩试验以及小梁弯曲试验等。

水泥混凝土的变形特性,可以采用的圆柱体压缩试验,或采用小梁弯曲试验,前者所得为抗压弹性模量,后者为弯拉弹性模量。弯拉弹性模量一般接近或略低于抗压弹性模量。水泥混凝土的应力—应变关系曲线,在应力级位为极限应力的 30% 以内时,呈线性性状,或者在应力级位为极限应力的 50% 以内时,可近似按线弹性性状考虑,用弹性模量表征。

无机结合料稳定类材料早期强度低,后期强度较高。在早期,测定其应力—应变特性关系,不宜采用无侧限单轴压缩试验方法。最理想并能符合路面结构实际工作状态的试验方法为三轴压缩试验。在不具备三轴压缩试验条件时,可以采用室内承载板法测定无机结合料混合料早期抗压回弹模量。

通过试验发现,这一类材料的应力—应变关系曲线呈现出非线性性状,与路基土或粒料类材料接近,其弹性模量是三向主应力的函数。然而,当达到规定龄期以后,随着其强度的增长,在应力级位较低时(低于极限应力 30%~50%),应力—应变曲线可近似看作是线性的。按回弹应变量确定的回弹模量值,可以近似看作为常数。

(三)沥青混合料的变形特性

沥青混合料变形特性的试验测试方法,在低温下可以用单轴压缩试验或小梁弯曲试验;在高温条件下,由于沥青材料的温度敏感性强,用三轴压缩试验更能符合实际受力状态。

沥青混合料的应力—应变特性与其他路面材料有很明显的不同。由于混合料中的沥青材料具有依赖于温度和加荷时间的黏弹性性状,因此,沥青混合料在荷载作用之下的应力—应变同样具有随温度和荷载作用时间而变化的特性。

对沥青混合料进行三轴压缩试验,在不变应力的作用下,可以得出应变与应力作用时的关系曲线,如图 5-6 所示。其中图 5-6a)为施加应力比较小的情况,一部分应变(ε_0)在施荷的同时立即产生,而卸荷后这部分应变又立即消失,这是沥青混合料的弹性应变,应力同应变成正比关系。另一部分应变(ε_v)随加荷时间延长而增加,卸荷后随时间而逐渐消失,这是沥青混合料的黏弹性应变。这种现象说明,当沥青混合料受力较小,且力的作用时间十分短暂时基本上处于弹性状态并兼有弹黏性性质。图 5-6b)为施加应力较大的情况,这时,除了瞬时应变及滞后弹性应变之外,还存在着随时间而发展变化的黏性和塑性流动,卸荷后这部分应变不再能恢复而成为塑性应变。这说明,当沥青混合料受力较大,且力的作用时较长时,应力—应变关系呈现出弹性,弹—黏性和弹—黏—塑性等不同性状。

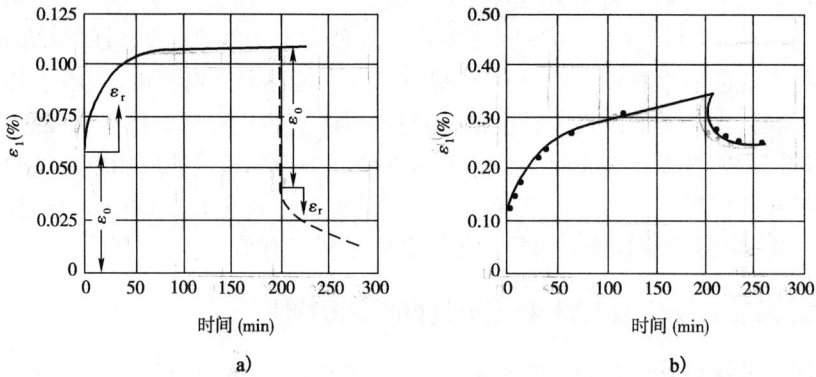

图5-6 沥青混合料三轴压缩蠕变试验

(温度60℃;侧限应力 $\sigma_3 = 0$)

a) $\sigma_1 = 30\text{kPa}$;b) $\sigma_1 = 480\text{kPa}$

由于沥青混合料的力学特性受温度与加荷时间的影响较大,因此不能像其他材料那样用一个常量弹性模量来表征沥青混合料的应力—应变特性关系。考虑到温度与加荷时间对沥青混合料力学特性的影响,用劲度模量 $S_{t,T}$ 表征其应力—应变关系,如式(5-7)所示。

$$S_{t,T} = \left(\frac{\sigma}{\varepsilon}\right)_{t,T} \tag{5-7}$$

式中:$S_{t,T}$——劲度模量(kPa);

σ——施加的应力(kPa);

ε——总应变;

t——荷载作用时间(s);

T——混合料试验温度(℃)。

沥青混合料的劲度模量实质上就是在特定温度与特定加荷时间条件下的常量参数。可以根据当地的自然和交通条件,选择恰当的试验温度和加荷时间,用单轴压缩、三轴压缩或小梁弯曲试验方法进行测定。试验时除了记录施加的各级荷载和相对应的变形之外,同时记录各级荷载的加荷时间和试验温度。

图5-7为沥青劲度随时间和温度变化的曲线,可以看出,当加荷时间短或温度较低时,曲线接近水平,表明材料处于弹性状态;而加荷时间很长或温度较高时,则表现为黏滞性状态;中间过渡段兼有弹黏性状态。各种温度条件下的曲线形状有相似性,只是在水平方向有一个时间间隔。这表明温度对劲度的影响与加荷时间对劲度的影响具有等效互换性。利用这一个重要性质可以广泛研究它的各项性能以及相互之间的关系。

二、累 积 变 形

沥青路面在行车荷载反复作用下会因塑性变形累积而产生沉陷或车辙,这是沥青路面的一种主要病害。路面的这种永久变形,是路基和路面各结构层材料变形的综合。它不仅同荷载大小、作用次数和路基土的性状有关,也受路面各结构层材料的变形特性的影响。

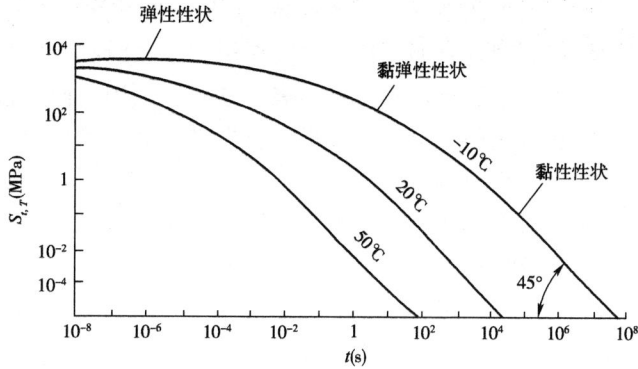

图 5-7 沥青劲度随时间和温度的变化曲线

(一)粒料类材料

粒料类材料在重复应力作用下的塑性变形累积规律与路基土相似。图 5-8 给出了一种级配良好的颗粒材料的重复加载试验结果,当偏应力 σ_d 低于某一数值时,随应力重复作用次数的增加而增加的塑性变形量逐渐趋于稳定,重复次数大于 10^4 次后,达到一平衡应变量,此平衡应变量的大小与 σ_d/σ_3 的比值大小有关。但偏应力较大时,则塑性变形量随作用次数的增加不断增长,直到破坏。

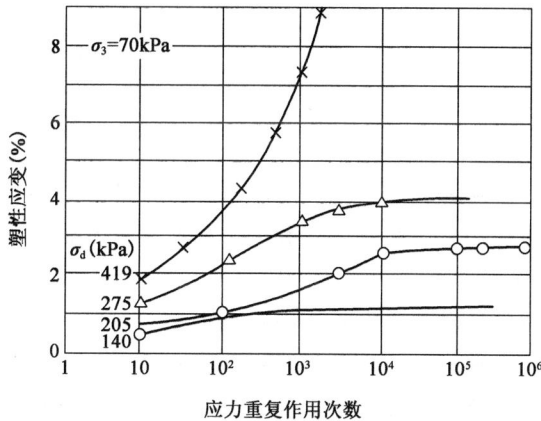

图 5-8 级配良好的颗粒材料的永久应变累积规律

级配差不良、颗粒尺寸单一的粒料,即便在应力重复作用很多次以后,塑性变形仍继续发展。因此,这种材料不适宜用于修建路面。含有细料的颗粒材料,如果细料含量过多,影响到混合料的密实度,将使变形累积增大。

(二)沥青混合料

当沥青稠度较低、加荷时间长或温度较高时沥青混合料表现为弹—黏—塑性,应力重复作用下将会出现较大数量的累积变形。沥青混合料永久变形特性,可利用静态蠕变(单轴压缩)试验或重复三轴压缩试验进行。前一种试验较简单,而后一种同路面受力状况较符合,但两者所得到的累积应变—时间关系的规律基本一致,因为重复应力下塑性应变的逐步累积实质上也是一种蠕变现象。

图 5-9 为一密实型沥青碎石混合料经受重复三轴压缩试验的结果。可以看出,塑性应变

量随重复作用次数的增加而增加的情况。温度越高,塑性应变累积量越大。在同一温度条件下,控制累积应变量的是总加荷时间,而不仅是重复作用次数;加荷频率以及应力循环间的停歇时间对累积应变—时间关系的影响都不大。影响变形累积的因素除了温度、应力大小和加荷时间外,还与集料有关,有棱角的集料比圆形集料能提供较高的劲度,即塑性变形累积量较低;密级配沥青稳定碎石,由于集料具有良好的级配特性,其变形累积量低于含沥青较多的沥青混凝土。压实的方法和程度会影响混合料的空隙率和结构,因而也会影响变形累积规律。此外,侧限应力的大小也有影响。

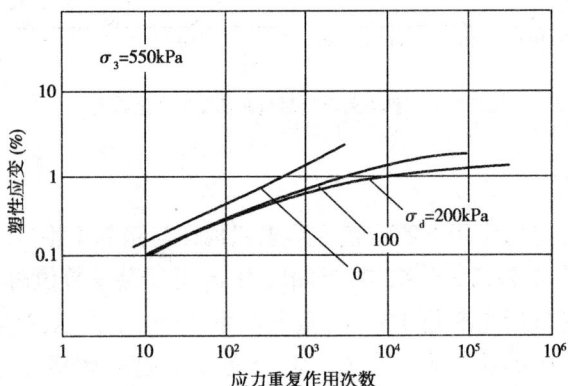

图 5-9 密实型沥青碎石混合料的塑性应变累积

本章小结

路面材料的力学性质与材料的类型、组成、状态及荷载等条件有关,都不同程度地呈现出非线性的弹—黏—塑性性质。颗粒类材料主要依靠粗颗粒之间的摩擦和嵌挤作用及细颗粒的黏聚作用形成强度,其力学性质与应力状态有明显的关系。沥青混合料的力学性质受温度、荷载大小及持续作用时间的影响很大。无机结合料稳定类材料的力学性质与龄期有很大关系,凝结硬化后具有较高的强度和抗变形能力。在重复荷载作用下,路面结构产生疲劳开裂和变形累积等损坏。路面结构层的疲劳破坏是在低于材料极限强度的应力反复作用下,材料内部的微观裂隙或缺陷不断扩展,其强度储备逐渐耗损而引起的。材料的疲劳寿命主要取决于反复应力(或应变)的最大值及其变化幅度。路面的累积变形是路基和路面各结构层材料压密和剪切流变的综合结果。沥青混合料的疲劳寿命和累积变形量与其劲度(模量)的大小密切有关。路面结构设计时,应根据实际工作情况来正确选择试验测定的方法和条件,合理选用材料的力学参数。

复习思考题

1. 路面材料的应力—应变关系及其模量受哪些因素的影响?
2. 在重复荷载作用下,路面材料的破坏形式及变形有何规律?
3. 试分析颗粒类、沥青混合料和无机结合料稳定类材料的强度构成及其影响因素。

4. 分析并比较沥青混合料和水泥混凝土的强度与疲劳特性的异同。

5. 路面材料的强度有哪些测试方法？其强度大小取决于哪些因素？

6. 何为劲度模量？沥青混合料的劲度与哪些因素有关？

7. 在选用沥青混合料时，应如何提高疲劳寿命并减小累积变形量？

第六章 路基设计

第一节 路基常见病害及路基设计要求

一、路基常见病害类型

路基使用过程中,在自然因素和荷载的作用下,会产生各种类型的病害或变形,当这种病害或变形发展到比较严重的程度,会使路基路面整体遭受破坏并丧失使用功能。

(一)路基边坡病害

路基边坡常见的病害有剥落和溜方、崩塌和坍塌、滑坡和滑移等,如图 6-1 所示。

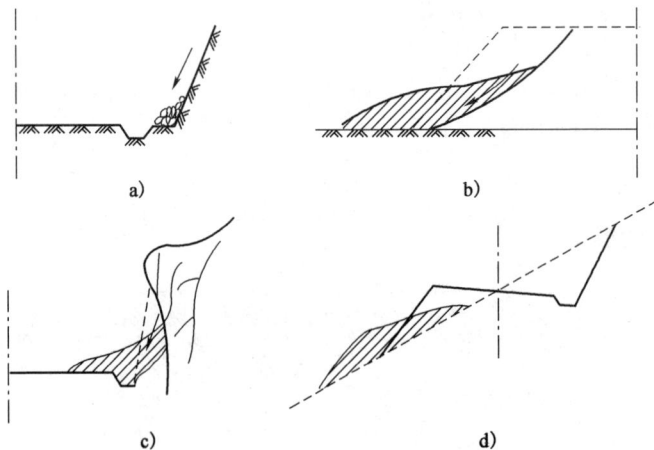

图6-1 路基边坡坍方示意图
a)剥(碎)落;b)滑坍;c)崩塌;d)滑移

路基边坡的坡面暴露在大气中,经常受到气候因素引起的干湿,冷热,冻融,冲刷和吹蚀等作用,会出现多种病害。例如,易风化的软质岩石(如泥灰岩、泥质页岩、片岩等)边坡或含盐的土质(如黄土等)边坡.其表面薄层岩土因物理风化易松碎而同母体分离,在重力等作用下呈片状碎屑逐渐脱落下来,称为剥落。严重风化破碎的岩石路堑边坡较陡时,会产生块状岩屑的剥落现象,又称碎落;土质或严重风化的软质岩石边坡较高时,坡面易被地表径流冲蚀成"鸡爪"沟,黏土质边坡的表层土被水饱和或迅速融化而沿坡面下溜,称为溜方。

坡面的剥落、碎落、冲蚀或溜方等病害,起初可能对路基的损坏很轻微,并不妨碍交通。但它们会堵塞边沟,若不及时清理,则影响排水畅通,从而降低路基的稳固性,导致更严重的病害。

岩土块在重力等作用下突然脱离母体从高陡的山坡或边坡上崩落和倒塌下来的现象,称为崩塌。崩塌发生的速度极快,岩土块在运动中有翻滚和跳跃现象,运动结束后崩塌体基本稳定。崩塌属于坡体破坏,其规模与危害程度均较剥落或碎落更为严重。崩塌大多出现在路堑边坡高度大于 20 ~ 30m、坡度陡于 50° ~ 60°、岩土体节理(裂隙)发育,并有倾向路线的软弱面或软硬互层的地段。渗入裂隙中水分的破坏作用(如浸蚀和冻胀等),坡脚被挖动或淘空,地震和爆破施工的震动等,都会促使发生崩塌现象。

坍塌是指路基边坡的土体(包括土石混杂的堆积层和松软破碎的岩层)发生推移和坍落的现象,也有称为堆塌或者坍方。坍塌时,土体的运动速度较快但比崩塌慢,很少有翻滚现象,运动结束后坍塌体基本稳定;无固定滑动面,也无明显的软弱面。边坡坡度太陡,路基排水不良(坡体被水浸湿),坡脚受水流冲淘等,都能使坡体在重力(还有水压力和地震力)作用下失去平衡而坍塌。坍塌与崩塌不同,在于后者主要是受不利的地质构造(存在软弱面)和风化作用的影响而产生。

山坡坡体因长期受水浸湿或下部支撑力量受到削弱,致使一部分岩土在重力等作用下,沿着一定的滑动面或软弱面呈整体状向下缓慢而长期滑动现象,称为滑坡。滑坡体并不完全稳定,在突变阶段会出现急剧的滑动。有些滑坡滑动时速度很快,部分岩土体也有翻滚现象,这种滑坡称作崩塌性滑坡。滑坡一般都发生在山谷间缓坡地带,其形成大多与地下水或地面水的活动、地层的构造和不恰当的填挖路基有关。建造在陡山坡上的路堤或半路堤,如果基底(地基表面)未经处理而为水所浸湿,下侧边坡坡脚又未加以支挡,则堤身就可能在自重等作用下沿原山坡向下滑移。

崩塌、坍塌,滑坡和滑移,是山区公路常见的路基病害。这些病害,由于规模较大,破坏性较强,严重地威胁着行车的安全,往往造成交通受阻或中断,需要投入较大的力量来抢险和修复。

(二)路基沉陷变形

路基沉陷是指路基在垂直方向产生较大的沉落或沉降变形。路基沉陷变形可分两种情况:一是路基本身的压缩沉降;二是路基下部天然地基承载力不足引起的沉陷。

路基土质不良、压实不足,在水分、自重和行车作用下,基身会逐渐压密,使路基表面发生沉陷,如图 6-2 所示。其沉陷量同压实程度及填土高度有关。用透水性不同的土杂乱填筑的路堤,或者用冻土块或过湿土填筑的路堤,都会出现较大的沉陷,有时还会出现不均匀沉陷。在山坡上填筑的半路堤,由于一侧路为挖方和堤身填土高度不一致,产生的沉陷常不均匀,致使路表面会出现平行路线方向的裂缝。

在软土地基上填筑较高的路堤时,由于地基土的压缩性大和抗剪强度不足,地基和路堤堤身内会出现滑动,使路堤向下沉落而两侧地基出现隆起现象。

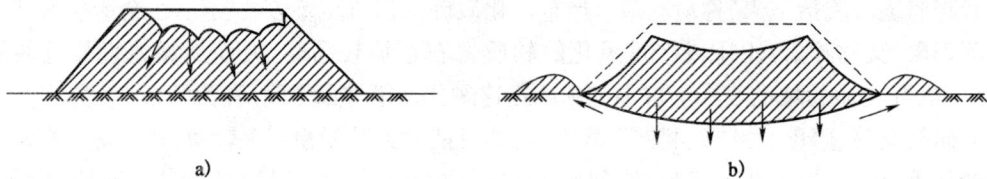

图 6-2 路堤沉陷示意图
a)堤身下陷;b)地基下陷

(三)路基冻胀与翻浆

在季节性冻土地区,路基土在冻结的过程中会在负温度坡降的影响下,出现湿度积聚现象。气温下降到零摄氏度以下,路面和路基结构内的温度也随之由上而下地逐渐降到零下。在负温度区内,自由水、毛细水和弱结合水随温度降低而相继冻结,于是土粒周围的水膜变薄,剩余了许多自由表面能,增加了土的吸湿能力,促使水分由高温处向上移动,以补充低温处失去的部分。由试验得知,在温度下降到 -3℃以下时,土中未冻结的水分在负温差的影响下实际上已不可能向温度更低处移动,因此,负温度区的水分移动一般发生在 0~3℃等温线之间。在正温度区内,因零摄氏度等温线附近土中自由水和毛细水的冻结,形成了与深层次土层之间的温度坡差,从而促使下面的水分向零摄氏度等温线附近移动。而这部分上移的水分便又成了负温度区水分移动的补给来源,这就造成了上层路基湿度的大量积聚。

积聚的水结冰后体积增大,造成路基土的冻胀,使路基隆起而造成路面开裂。春暖化冻时,路面和路基结构层由上向下逐渐解冻,而积聚在路基上层的水分先解冻,由于水分难以迅速排除,造成路基上层土的湿度增大,路基的强度或承载能力大大降低。若是在交通量繁重的路段,经重车的反复作用,路基土会以泥浆的形式从冻胀的路面缝隙中冒出,形成翻浆。冻胀与翻浆现象大多出现在水文条件不良,土质较差、气候条件不利和交通繁重的路段上。

由此可见,路基的病害与变形对道路的危害性是很大的。为确保道路的畅通和安全,提高路面的使用性能和寿命,应该尽量避免路基产生各种病害和变形。

二、路基病害原因的一般分析

导致路基产生病害的原因是多方面的,路基的岩土性质和地质构造是产生各种病害与变形的内部原因和根本因素。黄土不仅具有湿陷性,更具有竖直或倾斜的构造节理,因而黄土边坡会产生崩塌现象。滑坡大多发生在遇水易软化的黏性土层和软质岩层中,而很少出现在硬质岩层或砂性土层中。岩层倾向临空面,则容易产生顺层滑坡或崩塌(当岩体破碎时);反之,则较稳定。因此,选定路线时,应尽量绕避一些难以处理的地质不良地段;填筑路基时,也宜选用工程性质良好的土。

路基经常受到各种来源的地面水和地下水的侵蚀,这往往成为路基产生病害的直接原因。降落和汇集在坡面上的水,会浸湿土坡坡体,使其强度降低和自重增加,以致剪切应力超过抗剪强度而坍塌。水分渗入岩层节理裂隙,会带走或软化其中填充的次生矿物,削弱岩块之间的联结,使不稳定的岩块脱离母体产生崩塌现象。水流冲淘坡脚,使坡体失去支承,而引起崩塌、坍塌或滑坡等病害。地下水的活动,如水位上升、水量增大和流速加快,都会降低土体的稳定性,从而产生各种滑坡。坡面的剥落和冲蚀,路堤的滑移和下沉以及路基的冻胀与翻浆,均与水分的参与有关。许多路基病害常常出现在暴雨、洪水或多雨季节就是这个道理。因此,要防治路基的病害和变形,必须对地面水和地下水采取调治措施。

除了水的侵蚀作用外,影响路基稳固性的外部因素还有气温、地形、地震和荷载等。气温的变化,使表层岩石受到冷热和冻融的反复影响,往往是边坡坡面出现剥落的一个原因。在陡山坡上填筑路堤,因堤身自重引起的下滑力较大,容易产生滑移。微凹的坡顶地形,为地面水汇集并浸湿坡体提供了便利的条件,从而不利于路基的稳定。地震引起的岩体结构松散破碎、土层触变或液化以及地震惯性力作用,会激发和加剧路基的损坏现象。

实际上,路基的各种病害和变形,通常都是在上述各种因素的综合作用下产生的。例如,冻胀与翻浆就是土质、气温、水文和行车荷载等因素综合作用的结果。因此,造成路基产生病害的原因是错综复杂的。在考察路基稳固性问题时,必须充分收集沿线资料,进行全面分析,区别主次,掌握规律,从而拟订出经济有效的防治措施。只有这样,才能在设计、建造和养护路基时不出现因处理不当(如边坡过陡、压实欠佳、排水不畅、防护与加固不妥等)而造成的种种损坏。

三、路基设计要求

路基属于带状结构,随着天然地面的不同高程而高低起伏。路基设计需根据路线平、纵、横设计,精心布置,确定高程,为路面结构提供具有足够宽度的平顺基面。路基是路面的基础,它承受着本身土体的自重和路面结构的重量,同时还承受由路面传递下来的行车荷载,所以路基是公路的承重主体。

对路基结构的强度和稳定性要求,可根据路基路面综合设计的原则确定。坚固的路基结构,不仅能保证路面的强度和稳定,而且能延长路面的使用寿命,因此,路基路面的综合设计至关重要。

为了确保路基的强度和稳定性,使路基在外界因素的作用下不致产生超过允许值的变形,在路基的整体结构中还必须包括各项附属设施,其中有路基排水、路基防护与加固,以及与路基工程直接相关的其他设施,如弃土堆、取土坑、护坡道、碎落台、堆料坪及错车道等。由于路基高程与原地面高程有差异,且各路段岩土性质的变化,各处附属设施的布置不尽相同,因此各路段的路基横断面形状差别很大。路基横断面形式的选定和各项附属设施的设计,同为路基设计的基本内容。

一般路基通常指在良好的地质与水文等条件下,填方高度和挖方深度不大的路基。通常一般路基标准设计包括以下内容:

(1)选择路基断面形式,确定路基宽度与路基高度。

(2)选择路堤填料与压实标准。

(3)确定边坡形状与坡度。

(4)路基排水系统布置和排水结构设计。

(5)边坡防护与支挡结构设计。

(6)地基加固工程设计。

(7)附属设施设计。

对于填土边坡高度超过20m的高路堤和地面斜坡陡于1:2.5的陡坡路堤;挖方边坡高度大于20m的土质深路堑或大于30m的岩石深路堑,为确保路基具有足够的强度与稳定性,需要进行稳定性分析计算,并作为独立工点进行勘察设计。

路基通过特殊土(软土、红黏土、高液限土、膨胀土、盐渍土、冻土、湿陷性黄土等)、不良地质(滑坡、崩塌、岩溶、泥石流等)以及特殊气候和不良水文条件路段时,应采取综合地质勘察,查明特殊地质体的性质、成因类型、规模、稳定状况、发展趋势及对公路危害程度,为特殊路基设计提供可靠的地质依据。

第二节　路基填料选择与压实标准

一、填 料 选 择

填筑路基的材料(简称填料),应采用强度高、水稳性好、压缩性小、施工方便以及运距短的岩土材料。在选择填料时,要考虑料源和经济性,更要顾及填料的工程性质。为节省投资和少占耕地或良田,一般应利用附近路堑或附属工程(如排水沟渠等)的挖方土石作为填料;若要外借,应将取土坑设在沿线的荒山、高地或劣田上。从山坡上取土时,应考虑取土处坡体的稳定性,不得因取土而造成水土流失,危及路基和附近建筑物的安全。

路堤宜选用级配较好的砾类土、砂类土等粗粒土作为填料,其最大粒径应小于150mm。泥炭、淤泥、冻土、强膨胀土、有机土及易溶盐超过允许含量的土等,不得直接用于填筑路堤。季节性冻土地区路床及浸水部分的路堤不应直接采用粉质土填筑。液限大于50%、塑性指数大于26的细粒土,不得直接作为路堤填料。浸水路堤、桥涵台背和挡土墙墙背宜采用渗水性良好的填料。在渗水性材料缺乏的地区,采用细粒土填筑时,可采用无机结合料进行稳定处治。

路堤填料的最小承载比CBR(强度)和粒径应符合表6-1的规定。

路基填料的技术要求

表6-1

路 基 部 位			路面底以下深度(cm)	填料最小承载比CBR(%)			填料最大粒径(cm)
				高速公路、一级公路	二级公路	三、四级公路	
填方路基		上路床	0~30	8	6	5	10
	下路床	轻、中等及重交通	30~80	5	4	3	10
		特重、极重交通	30~120	5	4	—	
	上路堤	轻、中等及重交通	80~150	4	3	3	15
		特重、极重交通	120~190	4	3	—	
	下路堤	轻、中等及重交通	150以下	3	2	2	15
		特重、极重交通	190以下	3	2	—	
零填及挖方路基		上路床	0~30	8	6	5	10
	下路床	轻、中等及重交通	30~80	5	4	3	10
		特重、极重交通	30~120	5	4	—	

注:1.表中CBR试验条件应符合现行《公路土工试验规程》(JTG E40)的规定。
　　2.对年降雨量小于400mm地区,排水条件良好的非浸水路基,通过试验论证可采用平衡湿度状态的含水率作为试验条件,并结合当地气候条件和行车荷载等级,确定路基填料CBR控制标准。
　　3.当路基填料CBR达不到表列要求时,可掺石灰或其他稳定材料处理。
　　4.当三、四级公路铺筑沥青混凝土或水泥混凝土路面时,应采用二级公路的规定。

1. 不易风化的石块

有高的强度和稳定性,透水性极好,较大的石块还可用来砌筑边坡等,使用场合和施工季节均不受限制。但填筑路堤时,石块之间要嵌锁密实,以免日后石块松动位移使路面产生不均匀沉陷而破坏。填石路堤的石料强度不应小于15MPa(用于护坡的不应小于20MPa),最大粒径不宜超过层厚的2/3,可使压实均匀。在路床顶面以下一定深度范围内,应采用符合路床要求的土填筑并压实,石块最大粒径不得大于10(15)cm,以提高路床顶面平整度,使其均匀受力并有利与路面结构层的连接。

2. 土石混合料

巨粒土就是一种土石混合料,其力学性质与石块的含量、密实度和土的性质有关。石块和砂砾的含量高时,其透水性强、压缩性低、内摩擦角大、强度和水稳性好。若含粉土、黏土较多,比较松散,遇水就易造成边坡的坍塌。土石路堤填筑时,应注意石块(特别是尺寸大的硬质石块)不得过分集中,对粒径超过压实层厚的软质岩(强度小于15MPa)石块要打碎,还应分层压实。土石混合填料中,当石块含量超过70%时,宜按填石处理;当石块含量低于50%时,可按填土处理。

3. 砂砾类材料

砂砾类材料指细粒含量很少的粗粒土,其可塑性小、透水性和水稳性均好,毛细上升高度很小,具有较大的摩擦系数。级配良好的砾类土,密实程度好,强度和稳定性均能满足要求,是一种优质填料。但砂土,特别是细砂,容易松散,对流水冲刷和风蚀的抵抗能力很差。为克服这一缺点,可适当掺加一些黏性大的土,或对边坡表面予以防护,以提高路基稳固性。

4. 砂性土

砂性土包括砂类土中细粒土(主要是粉土)质砂(简称土质砂),其颗粒组成级配较好,易于压实,具有足够的内摩擦力,又有一定的黏结性,遇水干得快而不膨胀,干时扬尘少,为填筑路基的良好材料。

5. 粉性土

粉性土包括粉质土(各种粉土)和低液限($w_1 < 50\%$)黏土,因含有较多的粉粒,毛细现象严重,干时易被风蚀,浸水后很快被湿透,在季节性冰冻地区常引起冻胀和翻浆,水饱和时有振动液化问题。粉性土,特别是粉土,是稳定性差的填料,在水温条件差而不得已使用时,应掺配其他材料,并加强排水与采取隔离等措施。

6. 黏性土

黏性土包括黏质土(低液限黏土除外)和黏土质砂,它具有较大的可塑性和黏结性,毛细现象也很显著,但透水性很差,干湿循环因胀缩引起的体积变化也大,干燥时,坚硬而不易挖掘,浸水后,能够较长时间保持水分而强度下降较多,过干或过湿时都不便施工。如在适当含水率时加以充分压实,并有良好排水的条件下,筑成的路基也较稳定。

但液限大于50(称高液限)、塑性指数大于26的黏土,特别是塑性指数大于50的高液限黏土,则几乎不透水,黏结力特强,膨胀性和塑性都很大,其工程性质受黏土矿物成分影响较大(高岭石最好,伊利石次之,蒙脱石最差),浸水后承载力很小,故不宜作为路基填料。如需使用时,可采取在适当含水率时掺外掺剂如石灰等,加以拌和压实来提高其强度,以满足设计要求。

7. 特殊土

具有特殊结构的土(膨胀土或黄土)、含有机质的土(泥炭、腐殖土等)以及含易溶盐的土(盐渍土、石膏土等),均应分情况加以限制使用,并在设计与施工上采取适当措施。

8. 易风化的软质岩石

如黏土岩、泥质砂(页)岩、云母片岩等,浸水后易崩解,强度显著降低,变形量大,一般不宜用作路堤(特别是浸水部分)填料。如用强风化石料或软质岩石填筑路堤时,其 CBR 值要符合表 6-1 的规定,并加以充分压碎填实,还需采取封闭等措施,当作土质路堤来处理。

9. 工业废渣

粉煤灰、煤渣、矿渣等工业废渣,也可用作路堤填料,但应避免有害物质含量超标而污染环境。由于粉煤灰与砂土的工程性质相似,其黏结力较小,易于流失,为了保护边坡,以利植物生长,路堤两侧各 1~2m 应用黏质土填筑(称为包边或护坡),路床顶面可用厚 0.3~0.5m 粗粒土封闭,也可与路面结构层相结合,采用石灰土、二灰土等路面底基层材料作封顶层。

零填及挖方地段的路床为岩石时,其强度一般能符合要求,但常需设置一定厚度的整平层。若路床的原状土为 CBR 不符合要求的土或不宜作路床的土,均应清除换填或采取其他处理措施。

二、压 实 标 准

压实的目的是为了提高路基土体密实度,使三相土体中土的颗粒重新排列,互相靠近、挤紧,使小颗粒土填充于大颗粒土的空隙中,使空气逸出,从而使土的空隙减小、单位体积的质量提高,形成密实整体。使路基土体内摩擦力和黏聚力增加,进而具有足够的强度和稳定性,降低土体的压缩性、透水性和膨胀性,控制路基土体中水分的积聚和毛细水作用,改善路基隔温性能,提高路基结构的抗变形能力。因此,对路基应提出一定的密实度要求。

密实度是路基结构设计与施工压实的重要控制指标。所谓密实度是指单位土体积内固体颗粒排列紧密的程度,即单位体积土的质量,常用不包括土体中水分质量的单位体积质量,即干密度作为密实度的指标。用以下公式计算路基土的干密度 γ:

$$\gamma = \frac{\gamma_w}{1 + \dfrac{w}{100}} \tag{6-1}$$

式中:γ_w——土的湿密度(g/cm^3);

w——土的含水量(%)。

在路基施工过程中,采用压实度 k 作为路基的压实质量检查与控制指标。所谓压实度是指路基土压实后的干密度 γ_s 与该种土的标准最大干密度 γ_{max} 之比,以百分率表示。

$$k = \frac{\gamma_s}{\gamma_{max}} \times 100\% \tag{6-2}$$

路基土的标准最大干密度是按规定的方法,在试验室对路基填料土进行标准击实或表面振动压实仪法试验而确定。

(一)土质路基压实度标准

土质路基压实度标准要求见表 6-2。

路基压实度要求

表 6-2

路基部位			路面底以下深度(cm)	压实度 k(%)		
				高速公路、一级公路	二级公路	三、四级公路
填方路基	上路床		0~30	≥96	≥95	≥94
	下路床	轻、中等及重交通	30~80	≥96	≥95	≥94
		特重、极重交通	30~120	≥96	≥95	—
	上路堤	轻、中等及重交通	80~150	≥94	≥94	≥93
		特重、极重交通	120~190	≥94	≥94	—
	下路堤	轻、中等及重交通	150以下	≥93	≥92	≥90
		特重、极重交通	190以下			
零填及挖方路基	上路床		0~30	≥96	≥95	≥94
	下路床	轻、中等及重交通	30~80	≥96	≥95	≥94
		特重、极重交通	30~120	≥96	≥95	—

注:1.表列压实度系按现行《公路土工试验规程》(JTG E40)重型击实试验所得最大干密度求得压实度。

   2.当三、四级公路铺筑沥青混凝土或水泥混凝土路面时,其压实度应采用二级公路的压实标准。

(二)填石路基压实标准

填石路基包括分层填筑爆破块石的路堤,设计时应做好断面、结构和排水设计,保证填石路堤具有足够的强度和稳定性。硬质岩石、中硬岩石可用作路床、路堤填料;软质岩石可用作路堤填料,不得用于路床填料;膨胀性岩石、易溶性岩石和盐化岩石等不得用于路堤填料。填石料可根据石料饱和抗压强度指标按表 6-3 进行分类。

岩石分类表

表 6-3

岩石类型	单轴饱和抗压强度(MPa)	代表性岩石
硬质石料	≥60	①花岗岩、闪长岩、玄武岩等岩浆岩; ②硅质、铁质胶结的砾岩及砂岩、石灰岩、白云岩等沉积岩;
中硬石料	30~60	③片麻岩、石英岩、大理岩、板岩、片岩等变质岩
软质石料	5~30	①凝灰岩等喷出岩类; ②泥砾岩、泥质砂岩、泥质页岩、泥岩等沉积岩; ③云母片岩或千枚岩等变质岩

填石路基不能用土质路基的压实度来评定路基的密实程度及施工质量,施工前应通过试验路段,确定填石路堤合适的填筑层厚度、压实工艺以及质量控制标准。不同强度的石料,应分别采用不同的填筑层厚度和压实控制标准。填石路堤压实质量标准可采用压实后的石料孔隙率作为控制标准,并与压实沉降差或施工参数联合控制施工质量。不同岩石类型填石路堤压实质量控制标准,应符合表 6-4 的要求。

岩 石 类 型	路 基 部 位	路面底面以下深度(m)	摊铺厚度(mm)	最大粒径(mm)	孔隙率(%)
硬质石料	上路堤	0.80～1.50(1.20～1.90)	≤400	小于层厚度2/3	≤23
	下路堤	>1.50(>1.90)	≤600	小于层厚度2/3	≤25
中硬石料	上路堤	0.80～1.50(1.20～1.90)	≤400	小于层厚度2/3	≤22
	下路堤	>1.50(>1.90)	≤500	小于层厚度2/3	≤24
软质石料	上路堤	0.80～1.50(1.20～1.90)	≤300	小于层厚度2/3	≤20
	下路堤	>1.50(>1.90)	≤400	小于层厚度2/3	≤22

注:1."路面底面以下深度"栏,括号中数值分别为特重、极重交通的上路堤、下路堤的深度范围。
　　2.压实干密度可由试验确定。

第三节　路基标准横断面设计

一、路基横断面形式

路基的构造通常用横断面图来表示。路基本体由宽度、高度和边坡坡度三者所构成。由于路线平面位置和纵断面高程的要求以及自然地形条件的不同,路基横断面有多种形式。按照路基基身的填挖情况可归纳为填方路堤、挖方路堑和半填半挖等3种典型类型。在良好的地质与水文条件下,填方高度和挖方深度不大的一般路基设计,可以结合当地的地形、地质情况,直接选用典型断面图或标准设计规定,不必进行个别设计论证和验算。

(一)路堤

路堤是指路基顶面高于原地面的填方路基,有矮路堤、一般路堤、浸水路堤、陡坡路堤和挖沟填筑路堤等基本形式,如图6-3所示。

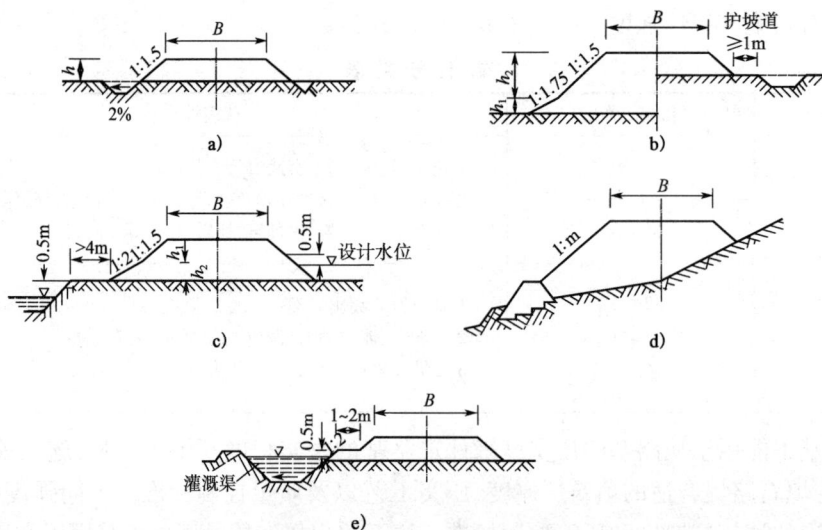

图6-3　路堤的几种常用横断面形式
a)矮路堤;b)一般路堤;c)浸水路堤;d)陡坡路堤;e)挖沟填筑路堤

矮路堤常在平坦地区取土困难时选用。平坦地区地势低,水文条件较差,易受地面水和地下水的影响,设计时要特别注意满足最小填土高度的要求,使路基处于干燥或中湿状态,路基两侧均应设边沟,如图6-3a)所示。矮路堤的高度通常接近或小于路基工作区的深度,除填方路堤本身要满足规定的设计要求外,天然地基也应按规定进行压实,达到与路堤填土相同的压实度。必要时应进行换土或加固处理,以保证路基路面的强度和稳定性。

填土高度不大($h = 2 \sim 3m$)时,填方数量较少,全部或部分填方的土方出自于路基两侧设置的取土坑。为保证边坡的稳定,在取土坑与坡脚间应设置宽度大于或等于1m的护坡道,如图6-3b)所示。路边有排水沟渠时,坡脚与沟渠之间要预留宽度大于4m的护坡道,如图6-3c)所示。地面横坡较陡时,为防止填方路堤沿山坡向下滑动,应将天然地面挖成台阶或设置石砌护脚,如图6-3d)所示。当利用挖灌溉沟渠的土填筑路堤时,如图6-3e)所示。路堤填土高度应满足高出地下水位的最小高度要求。

高路堤的填方数量大、占地多,为使路基稳定和横断面经济合理,需进行个别设计,高路堤和浸水路堤的边坡可采用上陡下缓的折线形式或台阶形式,如在边坡中部设置护坡道。为防水流侵蚀和冲刷坡面,高路堤和浸水路堤的边坡,须采取适当的坡面防护和加固措施,如铺草皮、砌石等。

(二)路堑

路堑是指全部在天然地面开挖而成的挖方路基,有全挖式路堑、半路堑(又称台口式路基)及半山洞路基等,如图6-4所示。

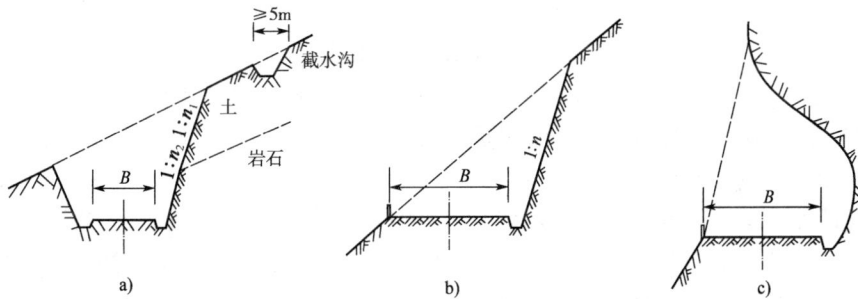

图6-4 路堑横断面的基本形式

a)全挖式路基;b)台口式路基;c)半山洞路基

全挖式路基为典型路堑,路基两侧均需设置边沟。为防止山坡水流向路堑,在路堑边坡的上方应设置截水沟截水沟,的位置距坡顶大于5m,如图6-4a)所示。

陡峻山坡上的路堑,路中线宜向内侧移动,尽量采用台口式路基,避免路基外侧的少量填方,如图6-4b)所示。遇有整体性的坚硬岩层,为节省石方工程,可采用半山洞路基,如图6-4c)所示。

路堑开挖后破坏了原地层的天然平衡状态,其稳定性主要取决于地质与水文条件,以及边坡深度和边坡坡度。因此,对开挖较深的深路堑,应根据地质及水文条件,选用合适的边坡坡度。水文状况对路堑的影响较大,地质条件愈差,水的破坏作用愈明显。因此,路堑的排水极为重要。如挖方路基位于土层,为保证路基的强度和稳定性,需对路堑以下的天然土基压实至规定的压实度。

(三)半填半挖路基

在路基横断面上既有填方又有挖方的路基,称为半填半挖路基,常用于地面横坡较陡,路基较宽,道路中线的设计高程与地面高程相差不大的路段,其断面的形式与地面横坡及地形条件关系密切,如图6-5所示。半填半挖路基有利于减少土石方量,避免高填深挖和保持土石方数量的平衡,若处理得当,可保证路基稳定可靠,是比较经济的路基横断面形式。

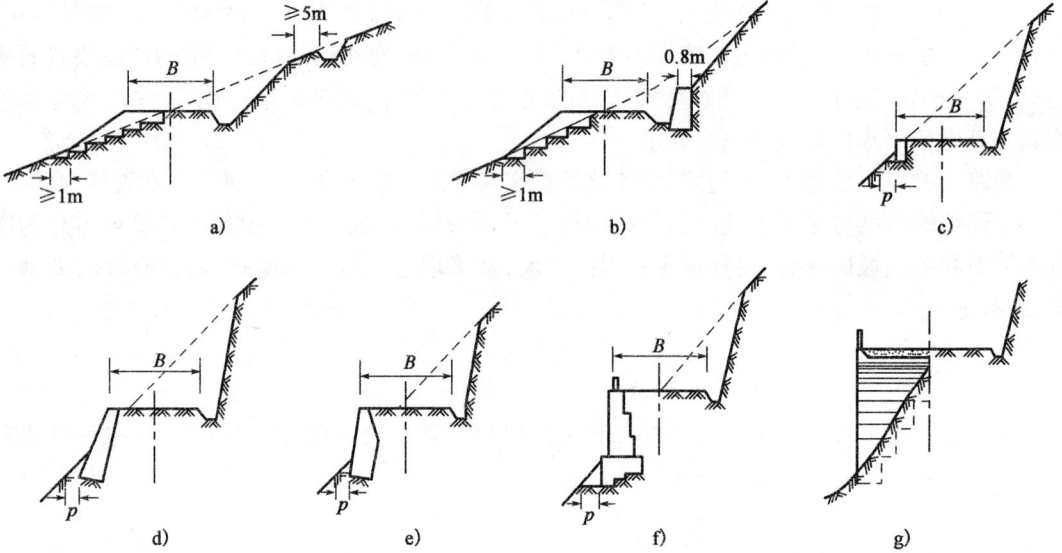

图6-5 半填半挖路基横断面形式

a)一般填挖路基;b)矮挡土墙路基;c)护肩路基;d)砌石护坡路基;e)砌石护墙路基;f)挡土墙支撑路基;g)半山桥路基

半填半挖路基兼有路堤和路堑两者的特点,应参照上述对路堤、路堑的设计要点进行设计。挖方部分应设边沟或同时设置截水沟,如图6-5a)所示。挖方边坡如果较陡,坡面岩土性质较差或有其他不良地质现象,可以设置路堑挡土墙,以支撑边坡不致滑动,减缓边坡坡度,如图6-5b)所示。填方部分的局部路段,如遇原地面的短缺口,可采用砌石护肩,如图6-5c)所示。如果填方量较大,且地面横坡较陡,填方不易稳定或无法填筑,可就近利用废石方,选择较大石块采用砌石护坡或护墙,如图6-5d)、图6-5e)所示。石砌护坡和护墙相当于简易挡土墙,承受一定的侧向压力,要求坚固稳定,并埋置一定深度,基底具有足够的稳定性。有时填方部分需设置路肩(或路堤)挡土墙,以支挡填方路基,确保路基稳定,进一步压缩用地宽度。如果填方局部悬空,而纵向又有适当的基岩时,则可沿路基纵向建成半山桥路基,如图6-5g)所示。

上述三类典型路基横断面形式各具特点,路基设计应根据当地自然条件和工程地质条件,选择适当的路基横断面形式。公路建设中,路基土石方数量很大,取土、弃土占用的土地较多。为节约投资,少占农田,设计中应充分利用路基挖方材料,进行土石方的合理调配。由于地形、地质、水文等自然条件差异性很大,且路基平面位置、纵断高程及横断面尺寸等亦应服从于路线、路面及沿线结构物的要求,所以路基横断面类型的选择,必须因地制宜,综合设计。

二、路基宽度设计

路基宽度为行车道路面及其两侧路肩宽度之和,取决于公路技术等级。技术等级高的公路,设有中间带、路缘石、变速车道、爬坡车道、紧急停车带等,均应包括在路基宽度范围内。路面宽度根据设计通行能力及交通量大小而定,一般每个车道宽度为 3.50 ~ 3.75m,技术等级高的公路及城镇近郊的一般公路,路肩宽度尽可能增大,一般取 1.0 ~ 3.0m,并铺筑硬质路肩,以保证路面行车不受干扰。各级公路路基宽度按《公路工程技术标准》(JTG B01)的规定进行设计,如图 6-6 和表 6-5 所示。

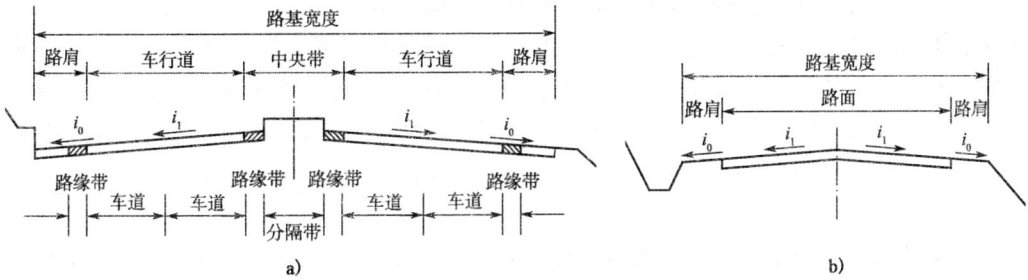

图 6-6 公路路基标准横断面宽度图
a)高速公路和一级公路;b)二、三、四级公路

公路路基宽度 表 6-5

公路等级	高速公路、一级公路								
设计车速(km/h)	120			100			80		60
车道数	8	6	4	8	6	4	6	4	4
路基宽度 (m) 一般值	45.00	34.50	28.00	44.00	33.50	26.00	32.00	24.50	23.00
最小值	42.00	—	26.00	41.00	—	24.50	—	21.50	20.00

公路等级	二级公路、三级公路、四级公路					
设计车速(km/h)	80	60	40	30	20	
车道数	2	2	2	2	2 或 1	
路基宽度 (m) 一般值	12.00	10.00	8.50	7.50	6.50(双车道)	4.50(单车道)
最小值	10.00	8.50	—	—	—	—

注:1."一般值"为正常情况下的采用值;"最小值"为条件受限制时可采用的值。
2. 八车道高速公路路基宽度"一般值"为设置左侧硬路肩、内侧车道采用 3.50m 时的宽度;八车道高速公路路基宽度"最小值"为不设置左侧硬路肩、内侧车道采用 3.75m 时的宽度。

路基越宽,对行车条件和公路造型越有利,但工程数量和造价亦随之提高。另外,路基占用土地是公路通过农田或用地受限制地区时的突出问题,建路占地必须综合规划,统筹兼顾。因而公路建设既要讲究经济效益,又要考虑农业与交通相互促进,尽可能利用非农业用地,少占农田。

三、路基高度设计

路基高度是指路堤的填筑高度或路堑的开挖深度,是路基设计高程与原地面高程的差值(包括路中心线的挖填深度、路基两侧的边坡高度)与路线纵坡设计及地形条件关系密切。由于原地面沿横断面方向往往是倾斜的,因此,在路基宽度范围内,相对高差有所不同。通常,路基高度是指路基中心线处设计高程与原地面高程之差,而路基两侧的边坡高度是指填方坡脚或挖方坡顶与路基边缘的相对高差。因此,路基高度有中心高度与边坡高度之分。

路基的填挖高度,是在路线纵断面设计时,综合考虑路线纵坡要求、路基稳定性要求和工程经济要求等因素确定的。从路基承载能力和稳定性要求出发,路基上部土层应避免受毛细水影响,在路基由基质吸力影响的平衡湿度条件下,处于相对干燥的或中湿状态。路基填料的土质不同,毛细水上升高度也不同,路基设计时应根据填料性质、沿线具体条件和排水及防护措施综合确定路基的最小填土高度。同时,还要与路线纵坡设计相协调,保证填方路段的路基高度总体上大于最小填土高度。

路基高度的设计,应使路基边缘高出路基两侧地面积水高度,同时要考虑地下水、毛细水和冰冻的作用,不致影响路基的强度和稳定性。如果路基高度低于按地下水位或地面积水位及毛细水上升高度计算的最小填土高度,该路堤可视为矮路堤,矮路堤通常处于行车荷载应力作用范围,并且会受到地面水和地下水不利水温因素的作用,对路基的强度和稳定性影响很大,应采取加强路面结构或增设地下排水设施等,以减少或消除地面积水和地下水对路基的危害。

沿河及受水浸淹的路基包括长期浸水路基和雨季洪水期临时浸水路基。长期浸水路基是指路基单侧或两侧长期受水浸淹邻近水塘、河流、水库等的路基。雨季洪水期临时浸水路基是指路基单侧或两侧受洪水影响的路基,包括洪水泛滥地带、滞洪区、分洪区、蓄洪区等的路基。

为保证路基安全稳定,满足洪水期救灾通道的使用功能要求,沿河及受水浸淹的路基边缘高程,应按高出表6-6的规定设计洪水频率计算水位加壅水高度、波浪侵袭高度及0.5m的安全高度之和。沿河路基不宜侵占河道,应根据冲刷情况,设置必要的防护支挡工程,并妥善处理路基废方,避免河床堵塞、河流改道或冲毁沿线构造物、农田、房屋等。

路基设计洪水频率 表6-6

公路等级	高速公路	一级公路	二级公路	三级公路	四级公路
路基设计洪水频率	1/100	1/100	1/50	1/25	按具体情况而定

注:区域内唯一通道的公路路基设计洪水频率可采用高一个等级公路的标准。

填方路堤高度设计,要综合考虑设计洪水位、中湿状态路基临界高度、路基工作区深度、路基冻结深度等因素。满足公路等级所对应的路基设计洪水频率及其设计洪水位;路堤高度不宜小于中湿状态路基临界高度;季节冻土地区,路堤高度不宜小于当地路基冻深。

路堤合理高度,可按下式计算确定:

$$H_{op} = \text{MAX}\{(h_{sw} - h_0) + h_w + h_{bw} + \Delta h, h_1 + h_p, h_{wd} + h_p, h_f + h_p\} \qquad (6\text{-}3)$$

式中:H_{op}——路堤合理高度(m);满足各级公路所规定的路基设计洪水频率及其设计洪水位要求,对应的路堤高度:

h_{sw}——设计洪水位(m);

h_0——地面高程(m);

h_w——波浪侵袭高度(m);

h_{bw}——壅水高度(m);

Δh——安全高度(m);路堤高度不宜小于中湿状态路基临界高度要求,对应的路堤高度:

h_1——中湿状态路基临界高度(m);

h_p——路面厚度(m);季节冻土地区,路堤高度不宜小于当地路基冻深,对应的路堤高度:

h_{wd}——路基工作区深度(m);

h_f——季节冻土地区路基冻深(m)。

山区公路地形地质条件复杂,受公路路线平面和纵断面技术指标标准限制,高填深挖路基较多。由此形成的高边坡普遍存在不稳定或稳定性差的问题。路基设计需要对高路堤和深路堑的高度进行适当限制。初步设计阶段针对高路堤和深路堑的沉降与稳定问题,应加大路线方案的比选力度,既要考虑建设期间的技术复杂程度、工程造价、施工方法等,又要考虑公路运营期间因环境影响而可能产生的病害和养护维修费用,以及社会经济环境效益。

因此,山区公路路基设计宜避免高填深挖。不能避免时,当路基中心填方高度超过20m或中心挖方深度超过30m时,应结合路线方案与桥梁、隧道等构造物或分离式路基进行方案比选。在工程投资相差不多的情况下,优先选用桥隧工程方案。

四、路基边坡设计

路基的边坡坡度,可用边坡高度 H 与边坡宽度 b 之比值表示,并取 $H=1$, $H:b=1:0.5$ (路堑边坡)或 $1:1.5$ (路堤边坡),如图 6-7 所示;通常用 $1:n$ (路堑)或 $1:m$ (路堤)表示其坡率,称为边坡坡率。

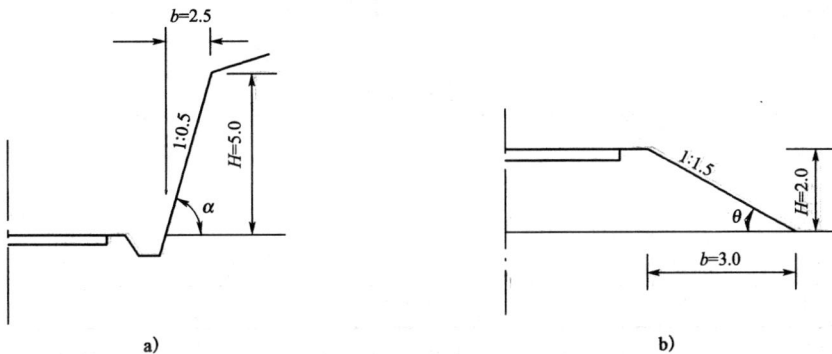

图 6-7 路基边坡坡度示意图(尺寸单位:m)
a)路堑;b)路堤

路基边坡坡度与高度对路基的稳定十分重要,合理选择路基边坡的形状与坡度是路基设计的重要内容。路基边坡坡度大小,取决于边坡的土质、地质构造、岩石的性质及水文地质条件等自然因素和边坡的高度。在斜坡地形或填挖较大的路段,路基边坡高度和边坡坡度的取值不仅影响到土石方工程量和施工的难易,而且是路基整体稳定性的关键。因此,路基边坡和高度的确定对于路基的整体稳定和横断面的合理性至关重要,设计时必须全面考虑,力求经济合理。一般路基的边坡坡度,可根据当地多年工程实际经验和设计规范推荐的数值采用。

(一)边坡形状

路基边坡的形状有直线形、折线形和台阶式三种。

(1)直线形:路基边坡采用单一坡度,是最常用的一种。其施工简便,但当边坡高度大时,由于不太符合坡体受力状况(一般应上陡下缓),则显得不够经济。

(2)折线形:边坡按岩土性质和使用条件采用不同的坡度值。变坡点应设在上部边坡坡度用足的高处,或设在岩土层分界处和外界条件变化处。变坡点不宜多,以利于施工并减少破面冲蚀。

(3)台阶式:边坡是在边坡上每隔一定高度(6～10m)或在变坡点处设置一个平台,可以提高边坡的稳定性并起到护坡道的作用;还可以减轻坡面水的冲刷,拦挡边坡上剥(碎)落得碎屑起到碎落台的作用。还便于施工和养护。边坡平台一般宽度为 1～3m,常用浆砌片石或水泥混凝土预制块并配合边坡防护砌筑,并做成 2% ~ 3% 向外倾斜的横坡,以利排水。必要时,边坡平台上还可以设排水沟,用以拦截和排除边坡上方来水。

填方路堤边坡,一般采用直线形,当边坡较高或浸水时,常采用上陡下缓的折线形或台阶式。

挖方路堑边坡,对于单一岩土层而密实(风化)程度比较均匀的边坡,可以采用直线形;若在较高边坡范围内风化或密实程度差别显著,则应采用适应各自稳定性的折线形;当边坡较高易受水冲蚀时,应采用台阶式。对于较硬岩石互层的情况,若交互层次多且薄,或软层厚而硬层薄,可按软层岩石的性质设计成直线形;若软层薄而硬层厚,则可按硬层设计成直线形,而对层坡面采用防护措施;若软硬各层均较厚,则应采用台阶式。

(二)路堤边坡

路堤边坡设计,要根据地形地质条件、边坡高度、填料的物理力学性质、防护形式和土地类型等设计路堤边坡坡率。当地质条件良好,边坡高度不大于 20m 时,其边坡坡率不宜陡于表 6-7 规定值。

路堤边坡坡率   表 6-7

填 料 种 类	边 坡 坡 率	
	上部高度($H \leqslant 8m$)	下部高度($H \leqslant 12m$)
细粒土	1:1.5	1:1.75
粗粒土	1:1.5	1:1.75
巨粒土	1:1.3	1:1.5

对边坡高度超过 20m 的高路堤,边坡形式宜用阶梯形,边坡坡率应高路堤的设计规定由稳定性分析计算确定,并应进行独立的工点设计。

沿河浸水路堤的边坡坡度,在设计洪水位以下视填料情况可采用 1:1.75 ~ 2.0,在常水位以下部分可采用 1:2.0 ~ 1:3.0。低路堤宜采用流线形的缓边坡。

山区公路沿线有大量天然石料或路堑开挖的废石方时,可用以填筑路堤。陡坡上的半填半挖路基,可根据地形、地质条件,采用护肩、砌石或挡土墙。当山坡高陡或稳定性差、不宜多挖时,可采用桥梁、悬出路台等构造物。三、四级公路悬崖峭壁地段,当山体岩石整体性好时,可采用半山洞。

护肩路基的护肩高度不宜超过 2m,顶面宽度不应侵占硬路肩或行车道及路缘带的路面范围。砌石路基仅适用于三、四级公路,所用砌石材料应选用当地不易风化的片、块石砌筑,内侧填石;岩石风化严重或软质岩石路段不宜采用砌石路基。砌石顶宽不小于 0.8m,基底面向内倾斜,砌石高度不宜超过 15m。砌石内、外坡率不宜陡于表 6-8 的规定值。

砌石边坡坡率   表 6-8

序 号	高度(m)	内 坡 坡 率	外 坡 坡 率
1	$\leqslant 5$	1:0.3	1:0.5
2	$\leqslant 10$	1:0.5	1:0.67
3	$\leqslant 15$	1:0.6	1:0.75

当填方路基受地形地物限制或路基稳定性不足时,可采用护脚路基。护脚高度不宜超过 5m,受水浸淹的路堤护脚,应予防护或加固。

在地震地区,应参照《公路工程抗震设计规范》(JTG B02)的有关规定。公路的路堤或路堑的边坡高度大于表6-9的规定时,应放缓边坡坡度或采取加固措施。

路堤边坡高度限值(m)   表6-9

填料 \ 类别	设计基本地震动峰值加速度				
	高速公路、一级公路		二级公路	三、四级公路	
	0.20g(0.30g)	0.40g	0.40g	0.30g	0.40g
岩块和细粒土(粉性土和有机质土除外)	15	10	15	—	
粗粒土(细砂、极细砂除外)	6	3	6		
黏性土路堑	15	15	10	15	20

(三)路堑边坡

路堑是从天然地面以下开挖出来的路基结构物,设计路堑边坡时,首先应从地貌和地质构造上判断其整体稳定性。在遇到工程地质或水文地质条件不良的地层时,应尽量使路线避绕,而对于稳定的地层,则应考虑开挖后,是否会由于减少支承或因失去平衡、坡面风化加剧而引起失稳。

影响路堑边坡稳定的因素较为复杂,除了路堑深度和坡体土石的性质之外,地质构造特征、岩石的风化和破碎程度、土层的成因类型、地表水和地下水的影响、坡面的朝向以及当地的气候条件等都会影响路堑边坡的稳定性,在边坡设计时必须综合考虑。

土质路堑边坡形式及坡率应根据工程地质、水文地质条件、边坡高度、路基排水和防护措施、施工方法,并结合自然稳定山坡和人工边坡的调查及力学分析综合确定。边坡高度不大于20m时,边坡坡率不宜陡于表6-10规定值。有条件时可以适当放缓边坡坡率。

土质路堑边坡坡率   表6-10

土 的 类 别		边 坡 坡 率
黏土、粉质黏土、塑性指数大于3的粉土		1:1
中密以上的中砂、粗砂、砾砂		1:1.5
卵石土、碎石土、圆砾土、角砾土	胶结和密实	1:0.75
	中密	1:1

土的密实程度的划分见表6-11。

土的密实程度划分表   表6-11

分 级	试坑开挖情况
较松	铁锹很容易铲入土中,试坑坑壁容易坍塌
中密	天然坡面不易陡立,试坑坑壁有掉块现象,部分需用镐开挖
密实	试坑坑壁稳定,开挖困难,土块用手使力才能破碎,从坑壁取出大颗粒处能保持凹面形状
胶结	细粒土密实度很高,粗颗粒之间呈弱胶结,试坑用镐开挖很困难,天然坡面可以陡立

路堑边坡高度大于20m的深路堑边坡;黄土、红黏土、高液限土、膨胀土等特殊路基地段挖方边坡,应按独立工点进行勘察设计。

岩质路堑边坡的稳定性分析和设计问题比较复杂,除受其岩性、边坡高度及施工方法等因素影响外,还很大程度上取决于岩体结构、结构面产状及风化程度。岩质路堑边坡形式及坡度设计,应根据工程地质与水文地质条件、边坡高度、施工方法,结合自然稳定边坡和人工边坡的调查综合确定。必要时可采用稳定分析方法予以验算。边坡高度不大于30m时,无外倾软弱结构面的边坡,在确定边坡岩体类型和完整程度的基础上,边坡坡率可按表6-12确定。

岩质路堑边坡坡率 表6-12

岩石边坡种类	风化程度	边坡坡度	
		$H < 15m$	$15 \leqslant H \leqslant 30m$
I 类	未风化、微风化	1:0.1~1:0.3	1:0.1~1:0.3
	弱风化	1:0.1~1:0.3	1:0.3~1:0.5
II 类	未风化、微风化	1:0.1~1:0.3	1:0.3~1:0.5
	弱风化	1:0.3~1:0.5	1:0.5~1:0.75
III 类	未风化、微风化	1:0.3~1:0.5	—
	弱风化	1:0.5~1:0.75	—
IV 类	弱风化	1:0.5~1:1	—
	强风化	1:0.75~1:1	—

注:1. 有可靠的资料和经验时,可不受本表限制。

2. IV类强风化包括各类风化程度的极软岩。

岩质边坡可根据岩体完整程度、结构面结合程度、结构面产状及直立边坡自稳能力等条件分为 I~IV 种岩体类型,见表6-13。边坡岩体完整程度可根据结构面发育程度、岩体结构类型和完整性系数划分为完整、较完整和不完整三种类型,见表6-14。

岩质边坡的岩体分类 表6-13

边坡岩体类型 \ 判定条件	岩体完整程度	结构面结合程度	结构面产状	直立边坡自稳能力
I	完整	结构面结合良好或一般	外倾结构面或外倾不同结构面的组合线倾角 >75°或 <35°	30m 高边坡长期稳定,偶有掉块
II	完整	结构面结合良好或一般	外倾结构面或外倾不同结构面的组合线倾角 35°~75°	15m 高的边坡稳定,15~30m 高的边坡欠稳定
	完整	结构面结合差	外倾结构面或外倾不同结构面的组合线倾角 >75°或 <35°	
	较完整	结构面结合良好或一般或差	外倾结构面或外倾不同结构面的组合线倾角 < 35°,有内倾结构面	边坡出现局部塌落
III	完整	结构面结合差	外倾结构面或外倾不同结构面的组合线倾角 35°~75°	8m 高的边坡稳定,15m 高的边坡欠稳定
	较完整	结构面结合良好或一般	外倾结构面或外倾不同结构面的组合线倾角 35°~75°	
	较完整	结构面结合差	外倾结构面或外倾不同结构面的组合线倾角 >75°或 <35°	
	较完整(碎裂镶嵌)	结构面结合良好或一般	结构面无明显规律	

判定条件 边坡岩体类型	岩体完整程度	结构面结合程度	结构面产状	直立边坡自稳能力
Ⅳ	较完整	结构面结合差或很差	外倾结构面以层面为主,倾角多为35°~75°	8m 高的边坡不稳定
	不完整(散体、碎裂)	碎块间结合很差		

注:1. 边坡岩体分类中未含由软弱结构面控制的边坡和倾倒崩塌型破坏的边坡。

2. Ⅰ类岩体为软岩、较软岩时,应降为Ⅱ岩体。

3. 当地下水发育时,Ⅱ、Ⅲ类岩体可视具体情况降低一档。

4. 强风化岩和极软岩可划为Ⅳ类岩体。

5. 表中外倾结构面系指倾向与坡向的夹角小于30°的结构面。

6. 岩体完整程度按表6-14确定。

岩体完整程度划分 表6-14

岩体完整程度	结构面发育程度	结构类型	完整性系数 K_v
完整	结构面1~2组,以构造节理或层面为主,密闭型	巨块状整体结构	>0.75
较完整	结构面2~3组,以构造节理或层面为主,裂隙多呈密闭型,部分为微张型,少有充填物	块状结构、层状结构、镶嵌碎裂结构	0.35~0.75
不完整	结构面大于3组,在断层附近受构造作用影响较大,裂隙以张开型为主,多有充填物,厚度较大	碎裂状结构、散体结构	<0.35

注:1. 完整性系数 $K_n = \left(\dfrac{V_R}{V_P}\right)^2$,式中:$V_R$ 为弹性纵波在岩体中的传播速度;V_P 为弹性纵波在岩块中的传播速度。

2. 镶嵌碎裂结构为碎裂结构中碎块较大且相互咬合、稳定性相对较好的一种结构。

由于自然岩层和环境条件以及路基结构要求变化很大,岩石路堑适宜的边坡坡率难以确定,表6-12所列数据为一般条件下的经验数值,选择采用时应结合当地的工程地质和水文条件,参考现有处于自然稳定状态的山坡和类似工程的边坡,进行对比分析后选用。必要时应按独立工点进行勘察设计和稳定性分析,还必须采取排水和防护与加固等工程技术措施。

第四节 路基边坡稳定性分析与防护工程设计

一、边坡稳定性分析

路基边坡稳定性涉及岩土内在结构与性质,路基所处环境的水文、气候、地震、荷载等条件,路基设计断面的边坡高度、形状与坡率,以及工程质量与经济等多方面因素。在工程地质和水文地质条件良好的地段修筑的边坡高度不大的路基,可按一般路基设计,采用规范或设计手册规定的坡度值,不做稳定性分析计算。对工程地质与水文地质条件复杂及特殊土地区路基、高填深挖或有特殊技术要求的路基,应进行边坡稳定性分析计算,以此选定合理的路基边坡形状与坡率,并采取相应的工程技术措施。

当路线跨越深沟或穿过地面障碍物,以及修筑桥头引道时,局部路段要采用高填方路堤方案。一般情况下当路堤填土边坡高度超过20m时,可视为高路堤。高路堤的填筑工程数量大、占地多,对地基承载力要求高,堤身应具有足够的整体强度和边坡稳定性,路基的排水、防护措施必须完善,还要特别注意线形与环境的协调一致。因此,对于高路堤设计需从工程难易、造价合理和安全可靠等方面与采用高架桥方案进行综合比较,权衡利弊,择优而定。

地面斜坡坡率陡于1:2.5的填方路堤,可视为陡坡路堤。对陡坡路堤,除应保证路堤边坡的稳定外,还要预防路堤沿原地面陡(斜)坡下滑。下滑的情况一般有两种:一是路堤沿基底接触面滑动;二是路堤连同基底下的山坡覆盖层沿基岩面下滑。出现下滑的原因,除原地面横坡较陡和基底条件不良外,主要与地面水和地下水的不利影响密切相关,应针对可能出现的下滑情况和不利条件,做稳定性验算。在稳定性不足时,需因地制宜地采取适当的加固措施。

(一)高路堤与陡坡路堤边坡稳定性分析

对高路堤与陡坡路堤,以及不良地质、特殊地段的路堤设计应贯彻综合设计和动态设计的原则,并应作为独立工点进行特别勘察设计,对重要的路堤还应进行稳定性监控。应在充分掌握场地水文地质条件、填料来源及其性质的基础上,综合进行路堤断面结构形式、排水设施、边坡防护、地基处理及堤身处治等的综合设计。施工过程中应根据实际情况的变化,及时调整设计,保证路堤稳定。

高路堤与陡坡路堤的地基勘察应查明地基土的土质类别、层位、厚度、分布特征和物理力学性质,确定地下水埋深和分布特征,确定地基土的承载能力,获取设计所需的物理力学参数。其工程地质勘察应满足《公路工程地质勘察规范》的要求。

高路堤与陡坡路堤采用的路基填料应满足表6-1所规定的最小承载比(CBR)的技术要求,路堤压实度应满足表6-2及表6-4所规定的压实度要求。必要时,可采用冲击碾压或强夯等进行增强补压,以消减高路堤的差异变形。

高路堤与陡坡路堤边坡形式和坡度应根据填料的物理力学性质、边坡高度、车辆荷载、地形与工程地质条件等,结合经济和环保因素,经稳定分析计算确定。断面形式宜采用台阶式,降水量较大的地区,平台上应加设截水沟,并应根据地下水出露情况和岩石性质,设置完善的地表和地下排水系统,及时做好坡面防护。

对高路堤与陡坡路堤进行稳定性计算分析时,应考虑以下三种情况:

(1)正常工况:路基投入运营后经常发生持续时间长的工况。

(2)非正常工况Ⅰ:路基处于暴雨或连续降雨状态下的工况。

(3)非正常工况Ⅱ:路基遭遇地震等荷载作用的工况。

高路堤与陡坡路堤稳定性分析的强度参数应根据填料来源、场地情况及分析工况的需要,选择有代表性的土样进行室内试验,并结合现场情况确定。试验方法应符合下列要求:

(1)路堤填料的强度参数c、φ值,可采用直剪快剪或三轴不排水剪试验获得。不同工况下试样的制备要求见表6-15。当路堤填料为粗粒土或填石料时,应采用大型三轴试验仪或大型直剪试验仪进行试验。

(2)分析高路堤的地基稳定性时,地基土的强度参数c、φ值,宜采用直剪的固结快剪或三轴剪的固结不排水剪试验获得。

(3)分析高路堤沿斜坡地基或软弱层带滑动的稳定性时,应结合场地条件,选择控制性层面的土层试验获得强度参数c、φ值。可采用直剪快剪或三轴剪的不固结不排水剪试验。当可能存在地下水时,应采用饱水试件进行试验。

分析工况	试样要求	适用范围
正常工况	采用填筑含水率和填筑密度;当难以获得填筑含水率和填筑密度时,或进行初步稳定性分析时,密度采用要求达到的密度,含水率采用击实曲线上要求密度对应的较大含水率	用于新建路堤
	取路基原状土	用于已建路堤
非正常工况 I	同正常工况试样要求,但要预先饱和	用于降雨渗入影响范围内的填土
非正常工况 II	同正常工况试样要求	—

路堤稳定性分析包括路堤堤身的稳定性、路堤和地基的整体稳定性、路堤沿斜坡地基或软弱层带滑动的稳定性等内容。

高路堤的堤身稳定性、路堤和地基的整体稳定性,可采用简化毕肖普(Bishop)法进行分析计算,稳定系数 F_s 按式(6-2)计算。计算图示见图 6-8。当地基为软弱或软土地基时,稳定系数计算方法及稳定性应满足软土地区路基设计要求。

$$F_s = \frac{\sum [c_i b_i + (W_i + Q_i) \tan \varphi_i] / m_{\alpha i}}{\sum (W_i + Q_i) \sin \alpha_i} \tag{6-4}$$

式中: W_i ——第 i 个土条重力(kN);

α_i ——第 i 个土条底滑面的倾角(°);

Q_i ——第 i 个土条垂直方向外力(kN);

b_i ——第 i 个土条宽度(m);

c_i、φ_i ——第 i 个土条滑弧所在土层的黏聚力和内摩擦角,依滑弧所在位置,对应土层的黏聚力(kPa)和内摩擦角(°);

$m_{\alpha i}$ ——系数,按式(6-5)计算;

$$m_{\alpha i} = \cos \alpha_i + \frac{\sin \alpha_i \tan \varphi_i}{F_s} \tag{6-5}$$

式中其余符号意义同前。

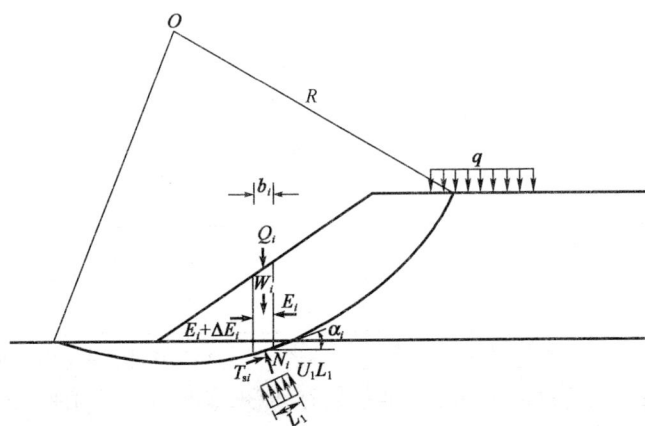

图 6-8 路堤堤身稳定性、路堤和地基的整体稳定性(简化 Bishop 法)计算图示

陡坡路堤沿斜坡地基或软弱层带滑动的稳定性可采用不平衡推力法进行分析计算,稳定

系数 F_s,可按式(6-6)、式(6-7)计算,计算图示见图6-9。

$$E_i = W_{Qi}\sin\alpha_i - \frac{1}{F_s}\left[c_i l_i + W_{Qi}\cos\alpha_i\tan\varphi_i\right] + E_{i-1}\psi_{i-1} \tag{6-6}$$

$$\psi_{i-1} = \cos(\alpha_{i-1} - \alpha_i) - \frac{\tan\varphi_i}{F_s}\sin(\alpha_{i-1} - \alpha_i) \tag{6-7}$$

式中:W_{Qi}——第 i 个土条的重力与外加竖向荷载之和(kN);

$\quad\alpha_i$——第 i 个土条底滑面的倾角(°);

$\quad c_i$、φ_i——第 i 个土条底的黏聚力(kPa)和内摩擦角(°);

$\quad l_i$——第 i 个土条底滑面的长度(m);

$\quad\alpha_{i-1}$——第 $i-1$ 个土条底滑面的倾角(°);

$\quad E_{i-1}$——第 $i-1$ 个土条传递给第 i 个土条的下滑力(kN)。

用式(6-6)和式(6-7)逐条计算,直到第 n 条的剩余推力为零,由此确定稳定系数 F_s。

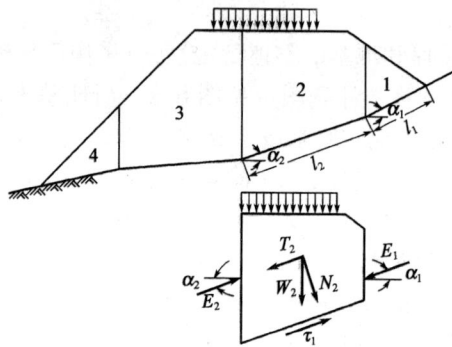

图6-9 路堤沿斜坡地基或软弱层带滑动稳定性(不平衡推力法)计算图示

各级公路高路堤与陡坡路堤稳定性计算分析得到的稳定系数不得小于表6-16所列稳定安全系数。对非正常工况Ⅱ,路基稳定性分析方法及稳定安全系数应符合现行《公路工程抗震规范》(JTG B02)的规定。

高路堤和陡坡路堤稳定安全系数 F_s 表6-16

分析内容	地基强度指标	分析工况	稳定安全系数 F_s	
			二级及二级以上公路	三、四级公路
路堤的堤身稳定性、路堤和地基的整体稳定性	采用直剪的固结快剪或三轴固结不排水剪指标	正常工况	1.45	1.35
		非正常工况 Ⅰ	1.35	1.25
	采用快剪指标	正常工况	1.35	1.30
		非正常工况 Ⅰ	1.25	1.15
路堤沿斜坡面地基或软弱层滑动的稳定性	—	正常工况	1.30	1.25
		非正常工况 Ⅰ	1.20	1.15

注:区域内唯一通道的三、四级公路重要路段,高路堤与陡坡路堤稳定安全系数可采用二级公路标准。

当路基稳定系数小于表6-16稳定安全系数时,应采取改善基底条件、设置支挡结构物、加筋等加固措施,保证路基稳定。

路堤基底是指地基与堤身的接触部分,应视不同情况分别予以处理。位于稳定斜坡上地基表层的处理,应符合下列要求,以保证堤身的稳固。

（1）地面横坡缓于1:5时，清除地表草皮、腐殖土后，可直接在天然地面上填筑路堤。

（2）地面横坡为1:5～1:2.5时，原地面应挖台阶，台阶宽度不应小于2m。当基岩面上的覆盖层较薄时，宜先清除覆盖层再挖台阶；当覆盖层较厚且稳定时，可予保留。

（3）地面横坡陡于1:2.5地段的陡坡路堤，必须检算路堤整体沿基底及基底下软弱层滑动的稳定性，抗滑稳定系数不得小于表6-16规定。否则，应采取改善基底条件或设置支挡结构物等防滑措施。

（4）当地下水影响路堤稳定时，应采取拦截引排地下水或在路堤底部填筑渗水性好的材料等措施。在稻田、湖塘等地段，应视具体情况采取排水、清淤、晾晒、换填、加筋、外掺无机结合料等处理措施。

（5）路基填筑之前，应将地基表层碾压密实。在一般土质地段，高速公路、一级公路和二级公路基底的压实度（重型）不应小于90%；三、四级公路不应小于85%。低矮路堤应对地基表层土进行超挖、分层回填压实，其处理深度不应小于路床深度。

在满足路基稳定性要求的前提下，还应加强高路堤与陡坡路堤的沉降控制。必要时，可采用冲击碾压或强夯增强补压、铺设土工合成材料等措施，并应预留一个雨季的沉降期，减少工后沉降，消减路基不协调变形及其引起的病害。施工应注意观测路堤填筑过程中或以后的地基变形动态，对路堤施工实行动态监控，观测的项目与内容可按表6-17选定。设计应明确观测的路堤段落、观测项目、观测点的数量及位置等，确定稳定性观测控制标准，说明施工中应注意的事项。监测周期应为公路建成通车运营后不少于1年。

高路堤稳定和沉降监测 表6-17

观测项目	仪具名称	观测目的
地表水平位移量及隆起量	地表水平位移桩（边桩）	用于稳定监控，确保路堤施工安全和稳定
地下土体分层水平位移量	地下水平位移计（测斜管）	用于稳定监控与研究，掌握分层位移量，推定土体剪切破坏位置。必要时采用
路堤顶沉降量	地表型沉降计（沉降板或桩）	用于工后沉降监控，预测工后沉降趋势，确定路面施工时间

（二）深路堑边坡稳定性分析

当土质路基挖方边坡高度超过20m，岩石路基挖方边坡高度超过30m，以及不良地质、水文条件下或特殊岩土地段的挖方边坡，应按独立工点进行勘察设计及边坡稳定性验算。

深路堑要大量开挖山体，容易引起崩（坍）塌、滑坡等病害，造成严重的后患，应慎重对待。设计时首先应判别山体本身是否稳定，有无滑坡、倾向路基的软弱面、地下水等不良地质现象。对于不稳定的山体，或开挖后会引起山体失稳时，应考虑路线绕行或避让。路线必须通过时，应按特殊路基设计，并采取相应的防护与加固措施予以处理。

深路堑边坡工程勘探可采用钻探、坑（井、槽）探与物探等相结合的综合方法，必要时可辅以硐探。边坡工程地质勘察应满足现行《公路工程地质勘察规范》（JTG C20）的要求，并应查明下列内容：

（1）地形地貌特征。

(2)岩土体类型、成因、性状、风化程度、完整程度、分层厚度。

(3)岩土体天然和饱水状态下物理力学性能(如重度 γ,强度参数 c、φ 等)。

(4)主要结构面(特别是软弱结构面)特征、组合关系、力学属性、与临空面关系。

(5)气象、水文和水文地质条件。

(6)不良地质现象的范围、性质和分布规律。

(7)坡顶邻近建筑物的荷载、结构、基础形式、埋深及稳定状态。

(8)地表径流形态及其对边坡的影响。

边坡工程地质勘察需在地质调查并充分了解坡体地质结构后进行针对性的勘探。勘察中只用单一的钻探往往难以达到预期效果,采用斜孔、井槽、探槽、物探等多种手段的综合勘察,对于查明岩体结构构造是非常有效的。边坡勘察线一般是沿垂直边坡的方向布置,重点是查明路基边坡横向地质分布情况,勘察范围要包括可能影响边坡稳定的区域。

边坡岩土体力学参数,可按下列方法确定:

(1)岩体性质和结构面抗剪强度指标应根据现场原位试验确定。试验应符合现行国家标准《工程岩体试验方法标准》(GB/T 50266)的规定。由于岩体结构面的现场剪切试验比较困难、试验时间长、费用较高等原因,准确获得边坡岩体力学参数比较困难,通过现场测试确定岩体性质及结构面的抗剪强度指标,并非所有工程都能做到。当无条件进行试验时,可采用《工程岩体分级标准》(GB 50218)及表6-18 和反算分析等方法综合确定。

结构面抗剪强度指标标准值 表6-18

结构面类型		结构面结合程度	内摩擦角 φ(°)	黏聚力 c(MPa)
硬性结构面	1	结合好	>35	>0.13
	2	结合一般	35～27	0.13～0.09
	3	结合差	27～18	0.09～0.05
软弱结构面	4	结合很差	18～12	0.05～0.02
	5	结合极差(泥化层)	根据地区经验确定	

注:1.表中数值已考虑结构面的时间效应。

2.极软岩、软岩取表中低值。

3.岩体结构面连通性差取表中的高值。

4.岩体结构面浸水时取表中的低值。

(2)岩体结构面的结合程度,可按表6-19确定。

结构面的结合程度 表6-19

结 合 程 度	结构面特征
结合好	张开度小于1mm,胶结良好,无充填;张开度 1～3mm,硅质或铁质胶结
结合一般	张开度 1～3mm,钙质胶结;张开度大于 3mm,表面粗糙,钙质胶结
结合差	张开度 1～3mm,表面平直,无胶结;张开度大于 3mm,岩屑充填或岩屑夹泥质充填
结合很差、结合极差(泥化层)结合极差(泥化层)	表面平直光滑,无胶结;泥质充填或泥夹岩屑充填,充填物厚度大于起伏差;分布连续的泥化夹层;未胶结的或强风化的小型断层破碎带

(3)边坡岩体性能指标标准值可按地区经验确定。对于重要边坡应通过试验确定。

(4)岩体内摩擦角可由岩块内摩擦角标准值按岩体裂隙发育程度与表6-20 所列的折减系数的乘积确定。

边坡岩体内摩擦角折减系数　　　　　　　　　　　　　　　　表 6-20

边坡岩体特性	内摩擦角的折减系数	边坡岩体特性	内摩擦角的折减系数
裂隙不发育	0.90~0.95	裂隙发育	0.80~0.85
裂隙较发育	0.85~0.90	碎裂结构	0.75~0.80

(5)土质边坡土体力学参数,通过试验获得比较方便,结果可用性较好。应采用原位剪切试验、原状土样室内剪切试验及反算分析等方法综合确定。

(6)水对土质边坡稳定性的影响主要有两方面:降低边坡土体强度参数;产生不利边坡稳定的水压力。基于这两种影响,在土质路堑边坡稳定性分析中对水的处理有:水土合算与水土分算两种考虑方法。对不同考虑方法的力学强度指标取值也要区别对待。按水土合算原则计算时,地下水位以下的土应采用三轴试验土的自重固结不排水抗剪强度指标;按水土分算原则计算时,地下水位以下的土应采用土的有效抗剪强度指标。

挖方路基边坡稳定性评价内容包括:边坡稳定状态的定性判断、稳定性计算、稳定性综合评价,以及边坡稳定性发展趋势分析。其中,边坡稳定状态的定性判断是边坡设计的前提和关键,应在基于对边坡环境工程地质条件充分认识和分析的基础上进行,在此过程中涉及边坡岩体分级和边坡分类。

边坡稳定性评价应遵循"以定性分析为基础、定量计算为手段"的原则。进行边坡稳定性计算时,应根据边坡工程地质条件、可能的破坏模式以及已经出现的变形破坏迹象,定性判断边坡可能的破坏形式和边坡稳定性状态。

边坡稳定性定量计算方法很多,边坡破坏形态是选取计算方法首先要考虑的一个重要因素。同一形式的边坡破坏形态,可供选择的计算方法也很多。在实际工程中应根据边坡类型和可能的破坏形式,可按下列原则确定:

(1)规模较大的碎裂结构岩质边坡和土质边坡,可采用简化毕肖普(Bishop)法计算。

(2)对可能产生直线形破坏的边坡,可采用平面滑动面解析法进行计算。

(3)对可能产生折线形破坏的边坡,可采用不平衡推力法计算。

(4)对结构复杂的岩质边坡,可配合采用赤平投影法和实体比例投影法分析及锲形滑动面法进行计算。

(5)当边坡破坏机制复杂时,可结合数值分析法进行分析。

数值分析法是一种较好的边坡稳定性分析方法,可以解决极限平衡法难以解决的复杂的边坡稳定性分析问题。但由于数值分析方法要求的计算参数难以准确获得,目前对于复杂的边坡稳定性数值分析,需专题研究,其计算结果大多用做定性分析评价。

边坡稳定性定量计算结果与计算中考虑的因素、附加荷载、特殊荷载等相应的计算工况密切相关。边坡稳定性计算应考虑以下三种工况。对季节冻土边坡,还应考虑冻融的影响。

(1)正常工况:边坡处于天然状态下的工况。

(2)非正常工况Ⅰ:边坡处于暴雨或连续降雨状态下的工况。

(3)非正常工况Ⅱ:边坡处于地震等荷载作用状态下的工况。

各级公路路堑边坡稳定性验算时,其稳定系数不得小于表 6-21 所列稳定安全系数值,对非正常工况Ⅱ,路堑边坡稳定性分析方法及稳定安全系数应符合现行《公路工程抗震规范》(JTG B02)的规定。

路堑边坡安全系数   表 6-21

分 析 工 况	路堑边坡稳定安全系数	
	高速公路、一级公路	二级及二级以下公路
正常工况	1.20~1.30	1.15~1.25
非正常工况 I	1.10~1.20	1.05~1.15

注:1. 路堑边坡地质条件复杂或破坏后危害严重时,稳定安全系数取大值;地质条件简单或破坏后危害较轻时,稳定安全系数可取小值。

　　2. 路堑边坡破坏后的影响区域内有重要建筑物(桥梁、隧道、高压输电塔、油气管道等)、村庄和学校时,稳定安全系数取大值。

　　3. 施工边坡临时稳定安全系数不应小于 1.05。

深路堑边坡形状,要根据不同的岩土性质和边坡稳定性评价结果确定,可采用折线形或台阶式边坡。台阶式边坡中部应设置边坡平台,边坡平台的宽度不宜小于 2m。采用台阶式边坡有利于边坡稳定,具体应用时要结合地形地质条件,因地制宜合理选择。坚硬岩石地段边坡可不设平台,其边坡坡率可调查附近已建工程的人工边坡及自然山坡情况,根据边坡稳定性分析综合确定。

边坡防护工程设计,应根据边坡地质和环境条件、边坡高度及公路等级,采取工程防护与植物防护相结合的综合措施,稳定性差的边坡应设置综合支挡工程,并采用分层开挖、分层稳定和坡脚预加固技术。水是影响挖方路堑高边坡稳定性的重要因素。设计时要重视排水设计,设置完善的边坡地表和地下综合排水系统,及时引排地面水和地下水。季节冻土边坡地下水丰富时,应对地下水排水口采取保温措施。

高速公路、一级公路深路堑及不良地质、特殊岩土地段的挖方边坡设计应进行施工监测,及时跟踪并掌握施工开挖过程中的真实地质特征、边坡变形量、应力测定值等信息资料,采取信息化动态设计方法。对原设计做校核和补充、完善设计,保证工程安全和设计的合理性。

地质资料是设计的基础,但山区地质情况复杂多变,受多种因素制约,地质勘察资料准确性的保证率较低,勘察主要结论失误造成边坡工程失败的现象不乏其例。因此,很有必要对地质情况复杂的高边坡进行补充勘察,收集地质资料,查对核实地质勘察结论,避免因勘察结论失误而造成工程事故。

现场监测对工程设计的正确实施有着重要作用,也是保证施工安全或排危应急抢险的重要依据,是一项专业性强技术含量高的工作。因此,在设计文件中需对整个检测系统、程序、内容、技术要求等做明确规定。

监测设计应明确监测路段、监测项目、监测点的数量及位置、监测要求等。监测项目和内容,可按表 6-22、表 6-23 选定。监测周期应为公路建成营运后不少于 1 年。

路堑边坡或滑坡监测   表 6-22

监 测 内 容		监 测 方 法	监 测 目 的
地表监测	水平位移监测	全站仪、光电测距仪	观测地表位移、变形发展情况
	垂直变形监测	水准仪	
	裂缝监测	标桩、直尺或裂缝计	观测裂缝发展情况
地下位移监测		测斜仪	探测相对于稳定地层的地下岩体位移,证实和确定正在发生位移的构造特征,确定潜在滑动面深度,判断主滑方向,定量分析评价边(滑)坡的稳定状况,评判边(滑)坡加固工程效果

监 测 内 容	监 测 方 法	监 测 目 的
地下水位监测	人工测量、	观测地下水位变化与降雨关系,评判边坡排水措施的有效性
支挡结构变形、应力	测斜仪、分层沉降仪,压力盒、钢筋应力计、	支挡构造物岩土体的变形观测,支挡构造物与岩土体间接触压力观测

预应力锚固工程原位监测内容和项目   表6-23

预应力锚杆监测阶段	监 测 目 的	监 测 项 目	监测方法及要求
施工期	施工安全、施工质量	预应力	应做项目,包括锚杆张拉力和预应力损失。宜用反拉法,可用预埋仪器法
		锚头位移	应做项目,宜用位移监测常规方法
		岩土体深部位移	应做项目,可用测斜仪法
		锚杆长度	可做项目,宜用无损检测法
		灌浆饱满度	可做项目,宜用无损检测法。
运营期	工作状态	预应力	应做项目,宜用反拉法,可用预埋仪器法
		锚头位移	宜做项目,宜用位移监测常规方法
		岩土体深部位移	可做项目,可用预埋仪器法

二、路基防护工程设计

(一)概述

路基防护是防治路基病害、保证路基稳固、完善道路景观、保护生态的重要工程技术措施,是路基设计的主要项目之一。由岩土所构成的路基,长期受降水、风蚀、阳光、干湿及冻融循环等自然因素的作用影响,岩土在不利水温条件作用下,物理、力学性质发生衰变,导致路基产生病害。路基浸水后湿度增大,土体的强度降低;岩性差的岩体,在水温变化条件下,加剧风化;路基表面在温差作用下形成胀缩循环,在湿差作用下形成干湿循环,可导致强度衰减和剥蚀;地表水流冲刷,地下水源浸入,使岩土表层失稳,易造成和加剧路基的水毁病害;沿河路堤在水流冲击、淘刷和浸湿作用下,易遭破坏;湿软地基承载力不足,易导致路基沉陷。所有这些均取决于岩土的物理力学性质及自然因素,且与路基承受行车荷载的情况密切相关,为保证路基具有足够的强度和稳定性,合理的路基设计,应在路基位置、横断面尺寸、岩土组成等方面综合考虑。为确保路基的强度与稳定性,路基的防护、支挡与加固,也是不可缺少的工程技术措施。

路基防护工程,是以路基基本稳定为前提,各种防护措施是针对可能出现的隐患而采取的辅助性工程。由于路基破坏现象和原因是多方面的,应遵循"因地制宜,就地取材,以防为主,防治结合"的方针。各级公路应根据当地气候、水文、地形、地质条件及筑路材料分布情况,采取工程防护和植物防护相结合的综合措施,防治路基病害,保证路基稳定。路基防护还关系到路基的外观,直接影响到路线景观,各种防护工程要与周围环境景观相协调。

路基防护的方法,一般可分为坡面防护和冲刷(沿河路基)防护两类。

路基坡面防护工程应在稳定的边坡上设置,防护类型的选择应综合考虑工程地质、水文地质、边坡高度、环境条件、施工条件和工期等因素的影响,对于路基稳定性不足和存在不良地质因素的路段,应注意路基边坡防护与支挡加固的综合设计。

冲刷防护可分为直接和间接防护两种,直接防护是指在坡面加铺护面墙、混凝土板或采用砌石护坡以及土工织物护面等,也包括对沿河浸水边坡或坡角进行抛石,或以石笼、浸水挡土墙防护;间接防护是指沿河堤修筑调治构筑物和对河道进行整治,将危害路基的较大水流引向指定位置,以减小对路基的直接冲刷。

(二)坡面防护

坡面防护,主要是保护路基边坡表面免受雨水冲刷,减缓温差及湿度变化的影响,防止和延缓软弱岩土表面的风化、碎裂、剥蚀演变进程,从而保护路基边坡的整体稳定性,在一定程度上还可兼顾路基美化和协调自然环境。

常用的坡面防护设施有植物防护和工程(圬工)防护。前者可视为有"生命"(成活)防护,后者属无机防护。有"生命"防护以土质边坡为主,无机物防护以石质路堑边坡为主。在一定程度上,有"生命"防护在边坡稳定和改善路容景观方面,优于无机物防护。

路基边坡坡面防护工程设计,应根据气候条件、岩土性质、边坡高度、边坡坡率、水文地质条件、施工条件、环境保护、水土保持等因素,按表6-24经技术经济比较后选择适宜的防护措施。

边坡防护工程类型及适用条件 表6-24

防护类型	亚类	适用条件
植物防护	植草或喷播植草	可用于坡率不陡于1:1的土质边坡防护。当边坡较高时,植草可与土工网、土工网垫结合适用
	铺草皮	可用于坡率不陡于1:1的土质边坡防护或全风化、强风化的岩石边坡防护
	种植灌木	可用于坡率不陡于1:0.75的土质、软质岩石和全风化岩石边坡防护
	喷混植生	可用于坡率不陡于1:0.75的砂性土、碎石土、粗粒土、巨粒土及风化岩石边坡防护,边坡高度不宜大于10m
骨架植物防护	—	可用于坡率不陡于1:0.75的土质和全风化、强风化的岩石边坡防护
工程防护(圬工防护)	喷护	可用于坡率不陡于1:0.5的易风化但未遭强风化的岩石边坡防护,高速公路、一级公路和环境景观要求高的公路不宜采用
	挂网喷护	可用于坡率不陡于1:0.5的易风化、破碎的岩石边坡防护,高速公路、一级公路和环境景观要求高的公路不宜采用
	干砌片石护坡	可用于坡率不陡于1:1.25的土质边坡或岩石边坡防护
	浆砌片石护坡	可用于坡率不陡于1:1的易风化岩石和土质边坡防护
	护面墙	可用于坡率不陡于1:0.5的土质和易风化剥落的岩石边坡防护

1. 植物防护

植物防护,可美化路容、协调环境、调节边坡土的湿度和温度,起到固结和稳定的作用。它对于坡高不大、边坡比较平缓的土质坡面是一种简易有效的防护设施,应采用草灌乔结合,并选用当地优势群落。植草的最小土层厚度不应小于0.15m,灌木最小土层厚度不应小于0.30m。喷混植生的厚度不宜小于0.1m,种植土、草纤维、缓释营养液、黏合剂、保水剂等混合材料配合比应通过试验确定。

骨架植物防护时,可采用拱形、人字形或方格形浆砌片石或水泥混凝土骨架,也可采用多边形水泥混凝土空心块,骨架内植草或喷播植草。多雨地区的骨架宜增设拦水带和排水槽。风化破碎的岩石挖方边坡,可在骨架中增设锚杆,如图6-10所示。

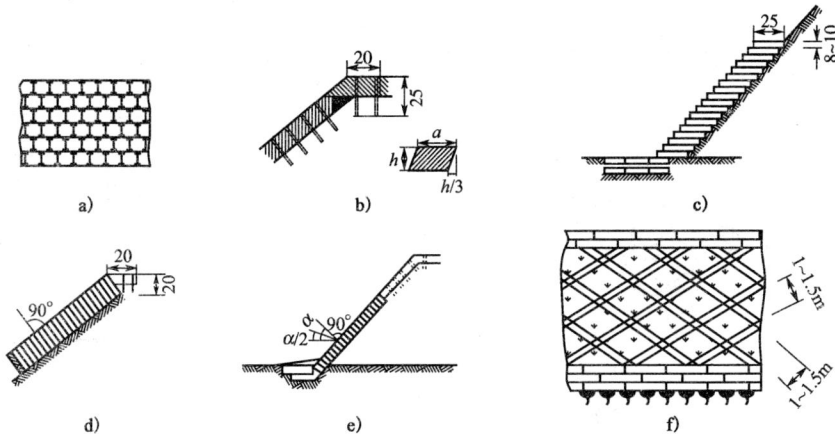

图6-10 植物防护示意图(除已注明尺寸外,其余尺寸单位为cm)

a)平铺平面;b)平铺剖面;c)水平叠铺;d)垂直叠铺;e)斜交叠铺;f)骨架植物防护

(图中 h 为草皮厚度,5~8cm, a 为草皮边长,20~25cm)

2.工程防护

工程防护(又称圬工防护),当不宜使用植物防护或可以就地取材时,采用砂石、水泥、石灰等矿质材料进行坡面防护是常用的防护形式。主要有喷护、挂网喷护、浆砌或干砌片石护坡或护面墙等。

喷护适用于坡度缓于1:0.5、易风化但未遭强风化的岩石边坡。喷浆材料可采用砂浆或水泥混凝土,喷砂浆防护层厚度不宜小于50mm,采用的砂浆强度不应低于M10。喷射混凝土防护层厚度不宜小于80mm,混凝土强度不应低于C15。

锚杆挂网喷浆(或混凝土),适用于坡面为碎裂结构的硬岩或层状结构的不连续地层以及坡面岩石与基岩分开并有可能下滑的挖方边坡。锚杆应嵌入稳固基岩内,锚固深度应根据岩体性质确定。锚杆挂网喷浆(或混凝土)喷护厚度不应小于100mm,亦不应大于250mm。钢筋保护层厚度不应小于20mm。喷护坡面应设置泄水孔和伸缩缝。同时,可结合碎落台和边坡平台种植攀缘植物。

干砌片石护坡适用于坡度缓于1:1.25的土(石)质路堑边坡。干砌片石护坡厚度不宜小于250mm。浆砌片(卵)石护坡适用于坡度缓于1:1的易风化的岩石和土质路堑边坡。浆砌片(卵)石护坡的厚度不宜小于250mm,砂浆强度不应低于M5,护坡应设置伸缩缝和泄水孔。水泥混凝土预制块护坡适用于石料缺乏地区的路基边坡防护。预制块的混凝土强度不应低于C15,在严寒地区不应低于C20。铺砌层下应设置碎石或砂砾垫层,厚度不宜小于100mm。如图6-11所示,为浸水路堤单层或双层砌石护坡示意图。

护面墙适用于防护易风化或风化严重的软质岩石或较破碎岩石的挖方边坡以及坡面易受侵蚀的土质边坡,边坡不宜陡于1:0.5。护面墙类型应根据边坡地质条件确定,窗孔式护面墙防护的边坡不应陡于1:0.75;拱式护面墙适用于边坡下部岩层较完整而上部需防护路段,边坡应缓于1:0.5。单级护面墙的高度不宜超过10m,并应设置伸缩缝和泄水孔。护面墙基础应设置在稳定的地基上,埋置深度应根据地质条件确定,冰冻地区,应埋置在冰冻深度以下不小于250mm。护面墙前趾应低于边沟铺砌的底面。护面墙除自重外,不承受其他荷载及墙背土压力,其构造与布置如图6-12所示。护面墙墙高与厚度及路堑边坡的关系,参见表6-25。

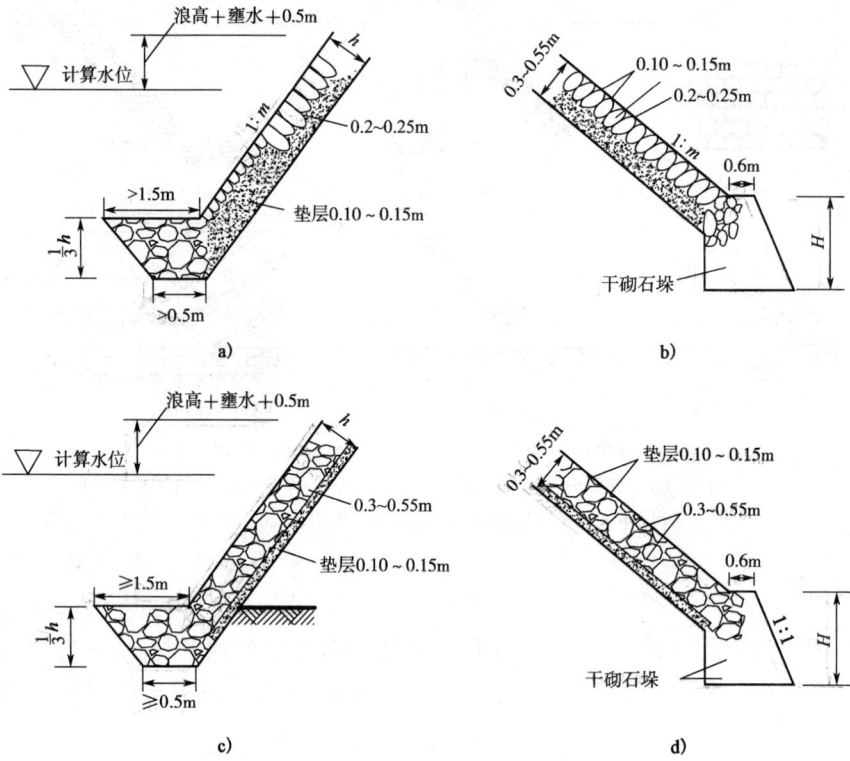

图 6-11 浆砌(干砌)片石护坡示意图

a)、b)单层;c)、d)双层

(图中 H 为干砌石垛高度,20~30cm,h 为砌石护坡厚度,大于20cm)

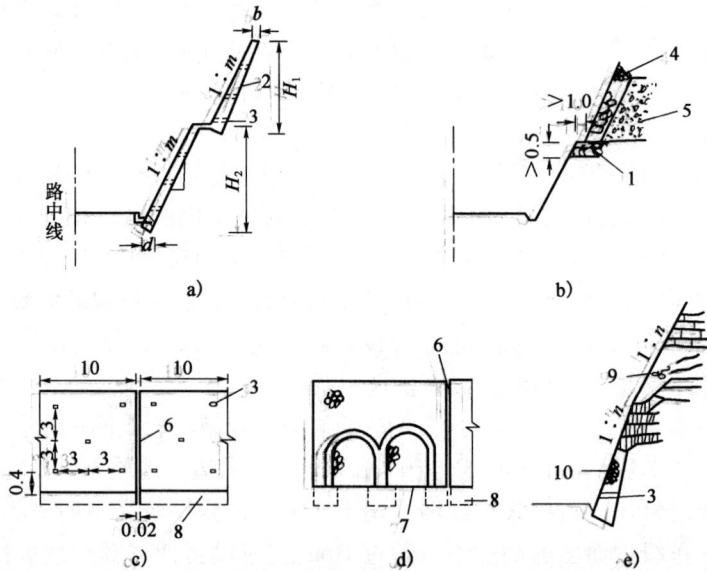

图 6-12 护面墙示意图(尺寸单位:m)

a)双层式;b)单层式;c)墙面;d)拱式;e)混合式

1-平台;2-耳墙;3-泄水孔;4-封顶;5-松散夹层;6-伸缩缝;7-软地基;8-基础;9-支补墙;10-护面墙

护面墙高度 H(m)	路堑边坡	护面墙厚度(m)	
		顶宽 b	底宽 d
2	1:0.5	0.40	0.40
6	陡于 1:0.5	0.40	0.40+0.10H
6 < H ≤ 10	1:0.5 ~ 1:0.75	0.40	0.40+0.05H
10 < H < 15	1:0.75 ~ 1:1	0.60	0.60+0.05H

护面墙的厚度 表 6-25

比较坚硬的岩石坡面,为防水渗入缝隙成害,视缝隙深浅与大小,分别予以灌浆、勾缝或嵌补等。工程(圬工)防护方法,可以局部处治,综合使用,并与放缓边坡等方法加以比较,力求实用和经济。如果在坡面防护时着色或修饰,还有助于改善路容。

(三)沿河路基(冲刷)防护

沿河路基冲刷防护,主要对沿河滨海路堤、河滩路堤及水泽区路堤,亦包括桥头引道,以及路基旁边的防护堤岸等。此类堤岸常年或季节性浸水,受流水冲刷、拍击和淘洗,造成路基浸湿、坡脚淘空,或水位骤降时路基内细粒填料流失,致使路基失稳,边坡崩坍。所以堤岸防护与加固,主要针对水流的破坏作用而设,起防水治害和加固堤岸双重功效。

沿河路基冲刷防护与加固设施,有直接和间接两类。直接防护与加固设施中包括植物防护和石砌防护与加固两种。间接防护主要指设置导治结构物,必要时进行疏浚河床、改变河道,目的是改变流水方向,避免或缓和水流对路基的直接冲刷破坏作用。

沿河路基受水流冲刷时,应根据河流特性、水流性质、河道地貌、地质等因素,结合路基位置,按表6-26经技术经济比较后,选用适宜的冲刷防护工程类型或采取导流或改移河道等措施。

冲刷防护工程类型及适用条件 表 6-26

防护类型		适用条件
植物防护		可用于允许流速小于 1.2 ~ 1.8m/s,水流方向与公路路线近似平行、不受洪水主流冲刷的季节性水流冲刷地段防护。经常性浸水或长期浸水的路堤边坡,不宜采用
砌石或混凝土护坡		可用于允许流速小于 2 ~ 3m/s 的路堤边坡防护
土工模袋、土工织物软体沉排		可用于允许流速小于 2 ~ 3m/s 的沿河路基冲刷防护
石笼防护		可用于允许流速小于 4 ~ 5m/s 的沿河路堤坡脚或河岸防护
浸水挡墙		可用于允许流速小于 5 ~ 8m/s 的峡谷急流和水流冲刷严重的河段
护坦防护		可用于沿河路基挡土墙或护坡的局部冲刷深度过大、深基础施工不便的路段
抛石防护		可用于经常浸水且水深较大的路基边坡或坡脚以及挡土墙、护坡的基础防护
排桩防护		可用于局部冲刷深度过大的河湾或宽浅性河流的防护
导流	丁坝	可用于宽浅性河段,保护河岸或路基不受水流直接冲蚀而产生破坏
	顺坝	可用于河床断面较窄、基础地质条件较差的河岸或沿河路基防护,以调整流水曲度和改善流态

冲刷防护工程顶面高程,应为设计水位加上波浪侵袭、壅水高度及安全高度。基底埋设在冲刷深度以下不小于1m或嵌入基岩内。寒冷地区应在冻结深度以下不小于1m。当冲刷深

度较深、水下施工困难时,可采用桩基、沉井基础或适宜的平面防护。

设置导流建筑物时,应根据河道地貌、地质、水流特性、河道演变规律和防护要求等设计导治线,并应避免农田、村庄、公路和下游路基的冲刷加剧。在山区河谷地段,不宜设置挑水导流建筑物。

植物防护适用于允许流速小于 1.2~1.8m/s 的季节性水流冲刷,经常浸水或长期浸水的路堤边坡,不宜采用种草防护。在沿河路基外的河滩上植造防护林带,树种应具有喜水性。

砌石或混凝土防护适用于允许流速 2~8m/s 的路堤边坡。砌石或混凝土护坡厚度应按流速及波浪的大小等因素确定,干砌片石护坡厚度并不应小于 250mm。浆砌片石护坡厚度并不应小于 350mm。水泥混凝土护坡厚度不应小于 100mm,护坡底面应设厚度不小于 100mm的反滤层。护坦防护适用于沿河路基挡土墙或护坡的局部冲刷深度过大,深基础施工不便的路段。

抛石适用于经常浸水且水深较大的路基边坡或坡脚以及挡土墙、护坡的基础防护。抛石防护一般多用于抢修工程。抛石边坡坡度和选用石料块径应根据水深、流速和波浪情况确定,石料块径应大于 300mm,坡度不应陡于所抛石料浸水后的天然休止角,厚度不应小于所用最小石料块径的 2 倍。抛石防护,类似在坡脚处设置护脚,亦称抛石堆,如图 6-13 所示。

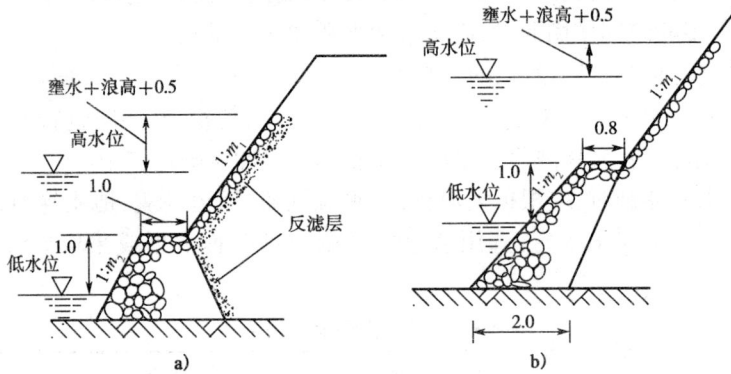

图 6-13　抛石防护示意图(尺寸单位:m)
a)新堤石堆;b)旧堤石堆

石笼防护适用于受水流冲刷和风浪侵袭,且防护工程基础不易处理或沿河挡土墙、护坡基础局部冲刷深度过大的沿河路堤坡脚或河岸。石笼内所填石料,应采用重度大、浸水不崩解、坚硬且未风化石块,块径应大于石笼的网孔,如图 6-14 所示。

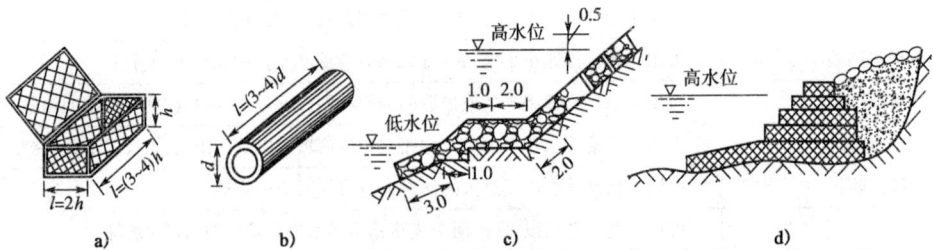

图 6-14　石笼防护示意图(尺寸单位:m)
a)箱形笼;b)圆柱形笼;c)防止淘底;d)防护岸坡

土工织物软体沉排、土工模袋适用于流速为 2~3m/s 的沿河路基冲刷防护。土工模袋可用于替代干砌块石、砂浆块石等修建堤坡堤脚,构筑丁坝、堤坝主体,还可以用于堤坝崩塌、江河崩岸险情的抢护。其主要应用场合及铺设形式见图6-15。

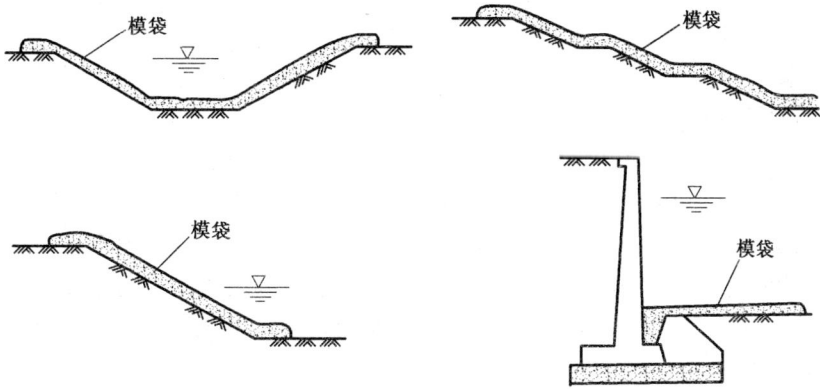

图6-15　土工模袋的应用及铺设

丁坝适用于宽浅变迁性河段,用以挑流或降低流速,减轻水流对河岸或路基的冲刷。丁坝长度应根据防护长度、丁坝与水流方向的交角、河段地形、水文条件及河床地质情况等确定,垂直于水流方向上的投影长度不宜超过稳定河床宽度的1/4。用于路基防护的丁坝宜采用漫水坝或潜坝,丁坝与水流方向的交角以小于或等于90°为宜。当设置群坝时,坝间距离不应大于前坝的防护长度。丁坝间的河岸或路基边坡所能承受的容许流速小于水流靠岸回流流速时,应缩短坝距,或对河岸及路基边坡采取防护措施。丁坝的横断面形式和尺寸应根据材料种类、河流的水文特性等确定,坝顶宽度根据稳定计算确定。

顺坝适用于河床断面较窄、基础地质条件较差的河岸或沿河路基防护,调整流水曲度和改善流态。顺坝与上、下游河岸的衔接,应使水流顺畅,起点应选择在水流匀顺的过渡段,坝根位置宜设在主流转向点的上方。坝顶宽度应根据稳定计算确定,坝根应嵌入稳定河岸内不小于3m。漫溢式顺坝,应在坝后设置格坝。

沿河路基受水流冲刷严重,或防护工程艰巨,以及路线在短距离内多次跨越弯曲河道时可改移河道。主河槽改动频繁的变迁性河流或支流较多的河段不宜改河。改河起点和终点的位置应与原河床顺接。为防止水流重归故道,宜在改河入口处加陡纵坡并设置拦河坝或顺坝。新河槽断面应按设计洪水频率的流量设计。

第五节　地基稳定性分析与加固工程设计

一、地基稳定性分析

在沿海、滨湖和江河三角洲地带修建道路,常遇到近代沉积的高含水率和大孔隙的黏性土、粉性土、有机质土或泥炭等软土层。软土是指水下沉积的饱水的软弱黏性土或淤泥为主的地层,有时也夹有少量的腐泥或泥炭层。在这些天然含水率大、孔隙比大、高压缩性且强度低的软土地基上修建路基,容易产生路堤失稳或沉降过大的问题。

软土地区路基设计时,需考虑三方面问题:

(1)地基的承载力是否足以保证路堤的稳定性。

(2)由于压缩性土的固结变形而引起的路堤沉降,包括沉降量和沉降速率,是否影响路基和路面结构的正常使用及其使用寿命。

（3）为提高路堤稳定性或减少沉降量或加速固结，需采取的地基加固处理措施。

进行路堤地基稳定性和沉降分析以及选择地基处理措施时，必须进行土质调查和试验以及其他资料收集工作，首先确定下述设计条件：

（1）地基条件——软土地层的生成类别、成层状态、排水条件、各土层的土性指标（物理特性、固结特性和强度特性）。

（2）施工条件——路堤形状、工程进度要求、填料性质、沿线环境和用地限制等。

（3）道路条件——道路性质、容许剩余沉降量和要求的安全系数等。

软土地区路基设计，首先应认真收集沿线的地形、地貌、工程地质、水文地质、气象、地震等资料，按照《公路工程地质勘察规范》（JTG C20）有关规定，采用适宜的勘探方法进行综合勘探试验和现场原位测试，并进行统计与分析，为设计提供可靠的软土物理力学性质指标。软土的鉴别依据见表6-27。

软土鉴别指标 　　　　　　　　　　　　　　　　　　　　　　　表6-27

土　类	天然含水率（％）		天然孔隙比	直剪内摩擦角（°）	十字板剪切强度（kPa）	压缩系数 $a_{0.1\sim0.2}$（MPa^{-1}）
黏质土、有机质土	≥35	或≥液限	≥1.0	宜小于5	<35	宜大于0.5
粉质土	≥30		≥0.90	宜小于8		宜大于0.3

软土地基上公路路基的设计包括路堤填土极限高度、地基沉降计算、稳定验算及其相应的处治方法的设计；施工中的沉降与侧向位移（稳定）观测的技术要求也应作为设计内容。

（一）路堤极限高度

路堤应坐落在具有足够承载能力和低压缩性的地基上。在天然的软土地基上，用快速施工方法（无预压期或不控制填筑速率），填筑一定断面的路堤所能达到的最大高度，称为极限高度。路基的设计高度超过极限高度时，表示地基承载力不足，必须采取地基加固或处理措施，以保证路基的安全填筑与正常使用。

路基的极限高度，取决于地基的软土特性和成层情况以及填料的性质等，可由稳定性分析确定，重要工程或有条件时应在工程现场进行填筑试验予以确定。对于均质软土地基，通常近似假设内摩擦角 $\varphi=0$，可借用均质土坡稳定分析中稳定因数的表达式(6-8)，来估算路基的极限填土高度 H_c。

$$H_c = N_s \frac{c_u}{\gamma} \tag{6-8}$$

式中：H_c——极限填土高度(m)；

γ——填土的重度(kN/m^3)；

c_u——软土的不排水剪黏结力(kPa)；

N_s——稳定因数，与路堤边坡角 α 和深度系数 $\lambda\left(\lambda=\dfrac{d+H}{H}\right)$有关，可由图6-31确定，其中，$H$ 为路堤填土高度(m)，d 为软土层厚度(m)。

由于图中 λ 与 H 有关，所以需要用试算法确定 H_c。但当软土层很厚时（即 λ 很大，在常用的路堤边坡坡度范围内，由图6-16可知，只要 $\lambda\geq4.0$），$N_s=5.52$ 为一常数，例如 γ 一般为 17.5～19.5kN/m^3，代入式(6-8)，可近似取 $H_c=0.3c_u$。

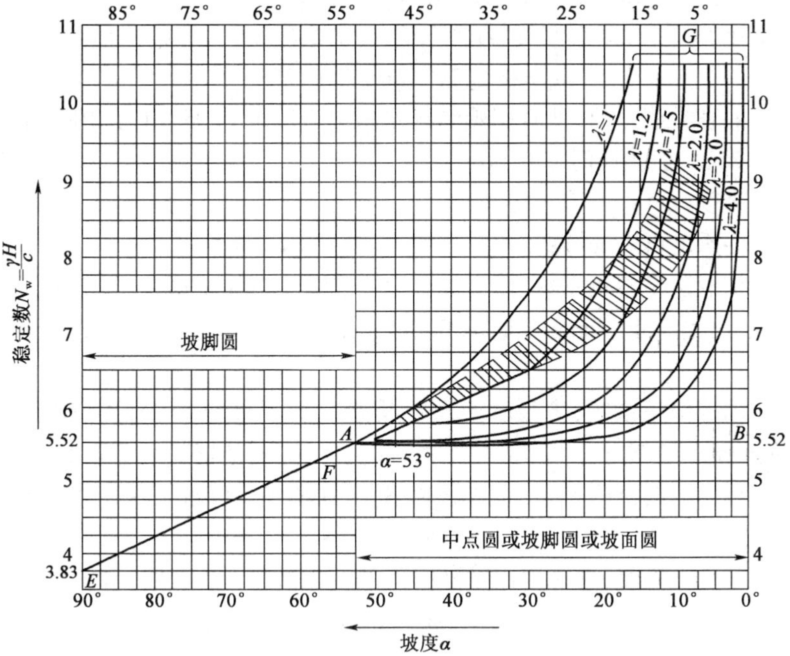

图 6-16 软土地基路堤极限高度计算用图

如果软土层底部的硬层顶部具有较大的横向坡度,则路堤的极限高度将比式(6-8)计算的结果要小一些。有硬壳层(覆盖在软土层上强度稍高的表土层)的软土地基,当硬壳层厚度 D 大于 1.5m 时,可考虑其应力扩散、提高承载力、减少地基沉降的效应。此时,路堤极限高度可比式(6-8)估算的增加 $0.5D$。

对于非均质软土地基,土层比较复杂,各土层性质差异较大,涉及因素较大,实际计算时可根据稳定性分析结果而定。

上述路堤极限填土高度的计算,未考虑施工期或预压过程中地基固结的作用。因此,不能简单地用估算极限高度,来代替路基在施工期和运营期的稳定性分析计算。

(二)地基沉降计算

软土地基上的路堤在填料重力作用下,会逐渐产生较大的沉降,随着施工时填方量的增加,以及道路使用过程中会引起道路几何尺寸的改变和路面结构的破坏。由于达到压实要求的路堤堤身压缩(压密下沉)量常可忽略不计,路堤沉降计算实际上就是地基沉降问题。软土地基在路堤填土荷载作用下的沉降,可分为施工期间沉降和道路运营中的沉降两部分。分析这两部分沉降量时,通常先将软土地基划分为若干个土层,分别为各个土层确定其性质指标代表值和所承受的应力值。计算各土层的沉降量总和后,即可得到总沉降量。

通常,先利用地基各层土的压缩试验资料(e-p 曲线和 e-$\lg p$ 曲线),取压缩层底面在路堤荷载附加应力与地基有效自重应力之比不大于 0.15 处,按分层总合法计算地基的主固结沉降 S_c,再乘以考虑地基剪切变形及其他因素的沉降修正系数 m_s,即可得总沉降量 S。其中,行车荷载对沉降的影响,对于高路堤(路堤高度大于 2.5m 时)可忽略不计。

总沉降 S,可采用沉降系数 m_s 与主固结沉降按式(6-9)计算:

$$S = m_s S_c \tag{6-9}$$

式中的沉降系数 m_s 为经验系数,与地基条件、荷载强度、加荷速率等因素有关,其范围值为 $1.1 \sim 1.7$,应根据现场沉降观测资料确定,也可采用下面的经验公式估算:

$$m_s = 0.123\gamma^{0.7}(\theta H^{0.2} + VH) + Y \tag{6-10}$$

式中:θ——地基处理类型系数,地基用塑料排水板处理时取 $0.95 \sim 1.1$,用粉体搅拌桩处理时取 0.85,一般预压时取 0.90;

H——路基高度(m);

γ——填料的重度(kN/m^3);

V——填土加载速率修正系数,填土加载速率在 $20 \sim 70mm/d$ 时,取 0.025;采用分期填土加载,速率小于 $20mm/d$ 时取 0.005;采用快速填土加载,速率大于 $70mm/d$ 时取 0.05;

Y——地质因素修正系数,满足软土层不排水抗剪强度小于 $25kPa$、软土层的厚度大于 $5m$、硬壳层厚度小于 $2.5m$ 三个条件时,$Y = 0$,其他情况下可取 $Y = -0.1$。

总沉降还可以由瞬时沉降 S_d、主固结沉降 S_c 及次固结沉降 S_s 之和计算,即:

$$S = S_d + S_c + S_s \tag{6-11}$$

任意时刻地基的沉降量,考虑主固结随时间的变化过程,按下式计算:

$$S_t = (m_s - 1 + U_t)S_c \tag{6-12}$$

或

$$S_t = S_d + S_c U_t + S_s \tag{6-13}$$

上式中地基平均固结度 U_t 采用太沙基一维固结理论解计算,对于砂井、塑料排水板等竖向排水体处理的地基,固结度按巴隆给出的太沙基—伦杜立克固结理论轴对称条件固结方程在等应变条件下的解答来计算。

(三)地基稳定性验算

软土地基路堤的稳定验算可采用瑞典圆弧滑动法中的固结有效应力法、改进总强度法,有条件时也可采用简化毕肖普(Bishop)法、简布(Janbu)法、普通条分法等。验算时按施工期和营运期的荷载分别计算稳定安全系数。施工期的荷载只考虑路堤自重,营运期的荷载包括路堤自重、路面的增重及行车荷载。

(四)地基稳定性与工后沉降控制标准

软土地基处治设计包括稳定处治设计和沉降处治设计,当计算的稳定安全系数小于表 6-28 规定时,应针对稳定性进行地基处理设计;当路面设计使用年限(沥青路面 15 年、水泥混凝土路面 30 年)内的路基残余沉降(简称工后沉降),不满足表 6-29 的要求时,应针对沉降进行处治设计。

稳定安全系数   表 6-28

指 标	固结应力法		改进总强度法		简化 Bishop 法、Janbu 法
	不考虑固结	考虑固结	不考虑固结	考虑固结	
直接快剪指标	1.1	1.2	—	—	—
静力触探、十字板剪指标	—	—	1.2	1.3	—
三轴有效剪切指标	—	—	—	—	1.4

注:当需要考虑地震力时,稳定安全系数减少 0.1。

容许工后沉降（m） 表6-29

公路等级	工程位置		
	桥台与路堤相邻处	涵洞、箱涵、通道处	一般路段
高速公路、一级公路	≤0.10	≤0.20	≤0.30
作为干线公路的二级公路	≤0.20	≤0.30	≤0.50

二、地基加固工程设计

在软弱地基上填筑路基，为保证路堤稳定并控制工后沉降，应根据软土层厚度和性质、路堤高度、路基稳定与工后沉降控制标准、施工机具、材料、环境等条件及工期要求，进行技术经济比较，依据先简后繁、就地取材的原则，综合分析并确定软土地基加固处理方案。对软土性质差，地基条件复杂或工期紧、填料缺乏或有特殊技术要求的软土地基，应采取综合处理措施。

软土地基的加固处理方法很多，各种方法具有不同的特点，可得到不同的效果，因而适用于不同的目的。软土地基处理按其作用机理可分为两类：①沉降处理，包括加速固结沉降和减小总沉降量两方面。前者可采用加载预压、竖向排水（砂井或芯板排水）和挤实砂桩等方法。后者则可采用挤实砂桩、石灰（或水泥）桩、换填好土等方法。②稳定处理。可以采用换填材料、反压护道、挤实砂桩、石灰（或水泥）桩等措施增加抗滑阻力。各种加速固结沉降措施都有助于促进软土层强度的增长。慢速或分期填筑路堤也可以达到阻止地基强度降低的目的。

(一)地基浅层处理

对浅层厚度小的软土地基，可采用砂、砂砾、碎石等颗粒类材料进行换填处理。软土地基上修筑的路堤底部均宜设置透水性粒料排水垫层，厚度以0.50m为宜，铺设宽度应为路堤底宽且两侧各加宽0.5~1.0m。当垫层兼有排淤作用时，其厚度还应适当加大。对于缺少砂砾的地区，可以将土工合成材料和砂砾垫层配合使用，以减小砂砾垫层的厚度。

轻质路堤可采用符合相关技术要求的粉煤灰、土工泡沫塑料、泡沫轻质土等轻质材料填筑。路堤加筋应采用强度高、变形小、耐老化的土工合成材料做路堤的加筋材料。

当路堤的填筑高度超过地基不做处理时所能容许的安全高度（称作极限高度或临界高度）时，路堤和软土层达不到要求的稳定安全系数。可在路堤两侧填筑一定高度和宽度的反压护道，利用反压护道的填土重增加稳定力矩，以平衡主路堤的滑动力矩。反压护道可在路堤的一侧或两侧设置，其高度不宜超过路堤高度的1/2，其宽度应通过稳定计算确定。这种方法需要有大量的用地和丰富的填料来源，在用地和填料困难的情况下往往显得很不经济。

(二)排水固结法

软弱地基饱和软土通过加载预压作用排水固结，提高土体强度与承载能力，减少工后沉降，达到加固的目的。排水固结法是软土地基处理中常用的措施，一般可利用填料自重（必要时可超载）进行预压。路堤的预压高度（预压荷载）超过路基极限高度时，应分级加载填筑，各预压荷载填筑时间应由地基固结后的稳定性决定。为加速排水固结，需设置透水性砂（砂砾）垫层和竖向排水体（砂井、袋装砂井、塑料排水板等）。

排水固结法地基加固工程设计,应根据软土厚度与性质、路堤高度、路基稳定与工后沉降控制标准、施工工期等,综合分析选定软土地基采用砂垫层预压、袋装砂井或塑料排水板预、真空预压或真空联合堆载预压的处理方案。并与轻质路堤、加筋路堤、反压护道等配合使用。

根据软土性质、筑路材料及施工工艺等选定袋装砂井、塑料排水板或其他材料作为竖向排水体。竖向排水体可按等边三角形布置,其长度由地层情况;路堤稳定性和沉降要求来确定,对于较薄的软土层,宜贯穿软土层;对于较厚的软土层,排水体应打到设计计算的深度。预压期不宜小于 6 个月。根据预压期和营运期作用在地基上荷载的大小,预压分为欠载预压、等载预压和超载预压。预压高度应根据软土性质、路堤设计高度、填料情况及施工工期等确定,并应考虑路面结构层材料重度与填料重度不同的因素。超载预压高度应能满足施工期路堤稳定性的要求。

预压期和预压高度应根据要求的工后沉降量或地基固结度确定。在预压期内地基应完成的沉降量,不能小于路面设计使用年限末的沉降量与容许工后沉降之差,必要时,预压期末地基的固结度还应满足路堤稳定性的要求。

真空联合堆载预压适用于高填方路段和桥头路段的软土地基处理,采用真空联合堆载预压法应在地基中设置砂井或塑料排水板等竖向排水体,并设置砂砾垫层和垫层中的排水管。真空预压的密封膜下的真空度不宜小于 70kPa。当表层存在良好的透气层以及在处理范围内存在水源补给充足的透水层等情况时,应采取切断透气层和透水层的措施。

(三)粒料桩

用粒料(碎石)桩加固软土地基可以起到,置换、排水固结和应力集中等作用。粒料桩长度范围以内的地基属于复合地基,设计计算中最基本的假定为桩与土的协调变形,一般不考虑桩的负摩阻力及群桩效应问题。

粒料桩的承载能力不仅与桩身材料的性质、桩身密度有关,而且与桩周围土体的侧限能力有关,当被加固的软土强度很低时,粒料桩很难成桩。对于振冲置换粒料桩,采用大粒径碎石可用于十字板抗剪强度大于 15kPa 的地基土。沉管粒料桩施工时由于对土体扰动很大,又无法护壁,在强度低的软土地基中很难使用,根据工程经验,沉管粒料桩可用于十字板抗剪强度大于 20kPa 的地基土。粒料桩施工过程会对土体产生扰动,一般认为采用振冲置换法施工时土体强度可能降低 $10\% \sim 40\%$,但 $20 \sim 30d$ 强度可以恢复;采用沉管法施工时淤泥质土的强度在 30d 以上才能恢复,在地基强度检验时要注意这种因素的影响。

粒料桩的直径、桩长及桩间距应经稳定验算和沉降验算确定,相邻桩净距不应大于 4 倍桩径。计算设有粒料桩的复合地基的路堤整体抗剪稳定安全系数时,复合地基内滑动面上的抗剪强度采用复合地基抗剪强度 τ_{ps},该强度按式(6-14)计算。

$$\tau_{ps} = \eta\tau_p + (1 - \eta)\tau_s \tag{6-14}$$

$$\tau_p = \sigma\cos\alpha\tan\varphi_c \tag{6-15}$$

$$\eta = 0.907\left(\frac{D}{B}\right)^2 \tag{6-16}$$

$$\eta = 0.785\left(\frac{D}{B}\right)^2 \tag{6-17}$$

式中:σ——滑动面处桩体的竖向应力(kPa);

φ_c——粒料桩的内摩擦角,桩料为碎石时可取 $38°$,桩料为砂砾时可取 $35°$;

η——桩对土的面积置换率,桩在平面上按等边三角形布置时,按式(6-16)计算确定;桩在平面上按正方形布置时,按式(6-17)计算确定;

τ_p——粒料桩抗剪强度(kPa);

τ_s——地基土抗剪强度(kPa);

D、B——桩的直径和桩间距(m)。

粒料桩桩长深度内地基的沉降 S_z,可按式(6-18)计算折减:

$$S_z = \mu_s S \tag{6-18}$$

$$\mu_s = \frac{1}{1 + (n - 1)} \tag{6-19}$$

式中:μ_s——桩间土应力折减系数;

n——桩土应力比;宜经试验工程确定。无资料时,n 可取 2～5,当桩底土质好、桩间土质差时取高值,否则取低值;

S——粒料桩桩长深度内原地基的沉降。

(四)加固土桩

加固土桩是将水泥或其他对软土具有固化作用的胶凝材料,通过专用的机械在地基深层将软土和固化剂强制拌和形成的具有较高强度的竖向加固土体,从工艺上分为干法(粉喷法)搅拌桩和湿法(浆喷法)搅拌桩。利用桩体横向挤(密)紧作用,使地基土粒彼此靠紧,孔隙减少,而且孔被填满和压紧形成桩体,桩体具有较高的承载能力,并以桩和桩间原状土组成复合地基,达到加固的目的。

加固土桩处理地基设计适用的地基条件:采用深层拌和法加固软土地基的十字板抗剪强度不小于 10kPa。采用粉喷桩法加固软土地基时,深度不应超过 12m;采用浆喷桩法加固软土地基时,深度不应超过 20m。

加固土桩的直径、桩长及间距应经稳定验算确定并应满足工后沉降的要求。相邻桩的净距不应大于 4 倍桩径。加固土桩复合地基的路堤整体抗剪稳定安全系数计算时,复合地基内滑动面上的抗剪强度采用复合地基抗剪强度 τ_{ps},该强度可按式(6-14)计算。

加固土桩的抗剪强度 τ_p 以 90d 龄期的强度为标准强度,可按钻取试验路段的原状试件测无侧限抗压强度 q_u 的一半计算;也可按设计配合比由室内制备的加固土试件测得的 90d 无侧限抗压强度 q_u 乘以 0.3 的折减系数求得,即 $\tau_p = 0.3 q_u$。

加固土桩复合地基的沉降量按复合地基加固区的沉降量 s_1 和加固区下卧层的沉降量 s_2 两部分来计算。加固区的沉降量 s_1 采用复合压缩模量法计算;下卧层的沉降量 S_2,可按现行《建筑地基基础设计规范》(GB 5007)的有关规定,采用压缩模量法计算。

复合压缩模量 E_{ps},按式(6-20)计算。

$$E_{ps} = \eta E_p + (1 - \eta) E_s \tag{6-20}$$

式中:E_p——桩体压缩模量(MPa);

E_s——土体压缩模量(MPa)。

水泥粉煤灰碎石桩(CFG 桩),可用于加固十字板抗剪强度不小于 20kPa 的软土地基。CFG 桩的粗集料可采用碎石或砾石,泵送混合料时砾石最大粒径不宜大于 25mm,碎石最大粒径不宜大于 20mm;振动沉管灌注混合料时粗集料最大粒径不宜大于 50mm。可掺入砂、石屑等细集料改善级配。水泥宜用 32.5 级普通硅酸盐水泥。粉煤灰宜采用 Ⅱ 级或 Ⅲ 级粉煤灰。

CFG 桩的配合比应根据施工要求的坍落度和桩体的设计强度确定。桩体的设计强度应取 28d 无侧限抗压强度。CFG 桩桩体强度宜为 5~20MPa,设计强度应满足路堤沉降与稳定的要求。用于结构物下的 CFG 桩,设计强度应满足承载力的要求。

水泥粉煤灰碎石桩(CFG 桩)的配合比设计步骤如下:

(1)确定用水量 W

用水量由坍落度具体值试配确定,一般从经验用水量开始:令单方用水量为 W。

(2)确定水泥用量 C

根据采用的水泥强度等级 R_c^b,混合料 28d 强度 f_{cu},按下式计算水泥单方用量:

$$f_{cu} = 0.366 R_c^b \left(\frac{C}{W} - 0.071 \right) \tag{6-21}$$

式中:f_{cu}——混合料 28d 强度(MPa),由边长 150mm 的立方体试件测得;

R_c^b——水泥强度等级(MPa);

C——单方水泥用量(kg);

W——单方用水量(kg)。

(3)确定粉煤灰用量 F

单方粉煤灰用量按下式计算:

$$\frac{W}{C} = 0.187 + 0.791 \frac{F}{C} \tag{6-22}$$

(4)石屑用量 G_1 和碎石用量 G_2

计算单方石屑用量 G_1 和单方碎石用量 G_2,需要用到石屑率 λ:

$$\lambda = \frac{G_1}{G_1 + G_2} \tag{6-23}$$

根据试验研究结果,λ 值取 0.25~0.33 为合理的石屑率。

已知混合料的密度(一般为 2.2~2.3t/m³),由已经求得的 W、C、F 可以得到 $G_1 + G_2$,再由式(6-23)分别得到 G_1 和 G_2。

按上述步骤试配,并根据坍落度调整用水量,直到满足要求。

CFG 桩的直径、桩长及间距应根据设计对承载力和变形的要求、土质条件、设备能力等确定;桩端应设置在强度较高的土层上,最大桩长不宜大于 30m,桩间距宜取 4~5 倍桩径。CFG 桩垫层厚度宜取 0.3~0.5m;当桩径大或桩距大时,垫层厚度宜取高值。垫层材料宜用中砂、粗砂、级配砂砾或碎石等,最大粒径不宜大于 30mm。

加固土桩及 CFG 桩复合地基的沉降计算和路堤稳定验算,应符合式(6-14)及式(6-18)计算的规定要求。

(五)强夯与高速液压夯实机加固法

强夯法亦称动力固结法,是以 5~40t 的重锤、10~40m 落距,对地基进行强力夯击,利用冲击波和动应力,对地基土施加很大的冲击能,达到地基加固的目的。强夯法具有效果显著、设备简单、施工方便、适用各类土层、适用范围广、经济易行和节省材料等优点。

强夯与强夯置换处理地基适用于:饱和粉土、夹有粉砂的饱和软黏土地基或在夯坑中回填块石、碎砾石、卵石等粒料进行置换处理。强夯置换处理深度应由土质条件决定,除厚层饱和粉土外,宜穿透软土层,达到较硬土层上。置换深度不宜超过 7m。强夯或强夯置换处理地基施工前,必须在施工现场选择有代表性的路段进行试夯,验证其适用性和处理效果。强夯法的有效加固深度 d,应根据现场试夯或当地经验确定,也可按式(6-24)估算。

$$d = \alpha \sqrt{mh} \qquad\qquad (6\text{-}24)$$

式中:m——夯锤质量(t);

h——夯锤落距(m);

α——修正系数,与土质条件、地下水位、夯击能大小、夯锤底面积等因素有关,其范围值为 0.34 ~ 0.80,应根据现场试夯结果确定。

强夯点的夯击次数(最佳夯击能),应按现场试夯得到的夯击次数和夯沉量的关系曲线确定,最后两击的平均夯沉量应满足表 6-30 的要求,且以夯坑的压缩量大,夯坑周围地面不应发生过大的隆起,也不应因夯坑过深而发生提锤困难为原则。

强夯法最后两击的平均夯沉量 表 6-30

单击夯击能 $E(kN \cdot m)$	最后两击的平均夯沉量(mm)	单击夯击能 $E(kN \cdot m)$	最后两击的平均夯沉量(mm)
$E < 2000$	$\leqslant 50$	$E > 4000$	$\leqslant 200$
$2000 < E \leqslant 4000$	$\leqslant 100$		

强夯置换夯点的夯击次数应通过现场试夯确定。置换桩底应穿透软土层,且达到设计置换深度;每次夯沉量不应因夯坑过深而发生提锤困难,累计夯沉量宜为设计桩长的 1.5 ~ 2.0 倍;最后两击的平均夯沉量应满足表 6-30 的规定。

夯点可采用正方形或等边三角形布置,间距宜为 5 ~ 7m。置换桩间距应根据荷载大小和原状土的承载能力选定,当满堂布置时可取夯锤直径的 2 ~ 3 倍,对独立基础或条形基础可取夯锤直径的 1.5 ~ 2 倍,桩的计算直径可取夯锤直径的 1.1 ~ 1.2 倍。置换桩顶应铺设垫层,厚度不应小于 0.5m。垫层材料可与桩体材料相同。粒径不应大于 100mm。

强夯置换法复合地基的沉降与稳定计算,应符合式(6-14)及式(6-18)计算的规定要求。计算时,桩土应力比取值:黏性土地基可取 2 ~ 4,粉性土和砂性土地基可取 1.5 ~ 3。

高速液压夯实机是近年来出现的一种新型高效液压夯实机械,利用液压提升系统将重 3t 左右的夯锤提升至一定高度后释放,在重力及加速度的作用下对土体进行夯实,并在液压缸的作用下实现快速的上下往复动作,在装载机装置的牵引下,机动灵活地对不同的位置进行准确、快速的压实,从而满足对冲压作业面积进行单点或连续的压实要求,与传统的碾压技术(压路机等)相比,其贯穿能力强而均匀,在基础处理中不易形成表层硬结,可在较大的深度范围内获得较均匀的密实度,能够解决狭小区域及路桥结合部位"死角"路基的压实问题。

(六)刚性桩复合地基

公路软土地基处理采用的刚性桩包括:预应力混凝土薄壁管桩(PTC)、预应力高强混凝土管桩(PHC)、预制混凝土方桩、钻孔灌注桩、现浇薄壁筒桩等。目前,应用最多的是预应力混凝土薄壁管桩。管桩为工厂预制桩,桩外径一般采用 300 ~ 500mm,壁厚 60 ~ 100mm,桩长标准化定制,现场施工时可以通过焊接接长。现浇薄壁筒桩是将双层套管打入软土地基,在双层套管间浇注混凝土,形成大直径的筒状桩体。其直径一般为 0.8 ~ 1.5m、壁厚 120 ~ 200mm。刚性桩可用于深厚软土地基上荷载较大、变形要求较严格的高路堤段、桥头或通道与路堤衔接段,以及拓宽路堤段。

刚性桩的平面布置可采用正方形或等边三角形排列。刚性桩的直径、桩长、间距应根据地基稳定性与沉降验算后确定,桩间距不宜大于 5 倍桩径。刚性桩桩帽可采用圆柱体、台体或倒锥台体,桩帽平面尺寸宜为 $1.0 \sim 1.5$ m、厚度宜为 $0.3 \sim 0.4$ m。刚性桩处理地基的最终沉降量计算,可不考虑桩间土压缩变形对沉降的影响,应采用单向压缩分层总和法按式(6-25)计算。

$$S = \psi_{\mathrm{p}} \sum_{j=1}^{m} \sum_{i=1}^{n_j} \frac{\sigma_{j,i} \Delta h_{j,i}}{E_{sj,i}} \tag{6-25}$$

式中:S——桩基最终沉降(m);

m——桩端平面以下压缩层内土层的数目;

$E_{sj,i}$——桩端平面下第 j 层土第 i 个分层在自重应力至自重应力加附加应力作用段的压缩模量(MPa);

n_j——桩端平面下第 j 层土的计算分层数;

$\Delta h_{j,i}$——桩端平面下第 j 层土第 i 个分层的厚度(m);

$\sigma_{j,i}$——桩端平面下第 j 层土第 i 个分层的竖向附加应力(kPa);

ψ_{p}——桩基沉降计算经验系数,应根据当地的工程实测资料统计对比确定。

刚性桩的垫层是由土工合成材料和砂石料等以不同的铺装形式构成,主要类型有:土工格栅加筋土垫层、土工格室垫层、高强度经编复合土工布加筋土垫层、高强度土工布长管袋加筋垫层等。应根据设计工程的荷载大小和要求以及具体地基土层的条件选用。

刚性桩处理地基的稳定性可采用圆弧滑动面法验算,滑动面上的抗剪强度采用桩土复合抗剪强度,可按式(6-14)计算。其中,桩体抗剪强度可取 28d 无侧限抗压强度的 $1/2$。

(七)软土地基路堤横断面设计

软土地基上路堤横断面设计,应考虑地基沉降、路堤顶面凹陷、顶宽和底宽收缩以及边坡变缓等因素。软土地基上填筑路堤的底面宜予加宽,其一侧的加宽量 Δd 为:

$$\Delta d = m S_{\mathrm{f}} \tag{6-26}$$

式中:m——软基路堤的设计边坡值(坡率的倒数);

S_{f}——路堤坡脚处预压期末的沉降量。

预压路堤的边坡 n 按下式计算:

$$n = \left(1 - \frac{S_{\mathrm{j}}}{H + S_{\mathrm{f}}}\right) m \tag{6-27}$$

式中:S_{j}——路肩处预压期末的沉降量;

H——路基填土高度(m)。

三、沉降与稳定监测设计

由于地基软土层的不均质性,设计参数室内试验结果的代表性以及设计理论和方法的近似性等,必须在施工时对地基沉降、路基稳定性和处理措施的效果进行现场沉降监测,以及时检验和修正设计中的问题,防止施工不完善而引起意外事故。

现场监测包括试验路堤和标准路堤两种。前者为路堤设计和处理方面提供参数和依据;后者则主要用于施工控制。此外,在施工结束后还可继续进行监测,以系统积累资料,更好地了解软土的性状,改进设计方法。监测所采用的仪器有三类:①沉降仪——观测地基顶面、软土层内不同深度处的沉降;②孔隙水压力仪——量测软土层内不同深度处的孔隙水压力;③侧向位移桩和测斜仪——量测路堤坡脚外或坡脚下的水平位移。

软土地基上的高填方路堤和桥头路堤应进行沉降与稳定监测设计，其设计内容应包括：沉降监测路段与代表性监测断面、沉降与侧向位移监测点位置、监测仪选型与布设、监测方法、监测频率等。必要时，应进行软土地基深部位移监测。

路堤填土速率应满足下列要求：①填筑时间不小于地基抗剪强度增长需要的固结时间。②路堤中心沉降每昼夜不得大于 10 ~ 15mm，边桩位移每昼夜不得大于 5mm。

软土地基上路堤宜结合工程实际，选择代表性地段提前填筑试验路堤。根据现场沉降监测曲线可以确定任意时刻的沉降速率和工后沉降。将沉降速率作为沉降稳定控制标准，是目前多数软土地区高速公路的普遍做法。超载预压作为一种加载方式，也得到了广泛的应用。由于软土的超固结特性，超载预压地基沉降速率在卸载前后将有很大不同（一般为 3 ~ 5 倍，超载比越大则相差越大），超载卸除后沉降速率会减小。

路面铺筑必须待沉降稳定后进行，采用双标准控制：即在等载条件下推算的工后沉降量小于设计容许值，同时要满足连续 2 个月监测的沉降量，每月不超过 5mm 的沉降速率控制标准，方可卸载开挖路槽并开始路面铺筑。

第六节　路基拓宽改建设计

一、概　　述

公路路基拓宽改建设计，应根据原有公路沿线的地形、地貌、地质构造、水文地质、地基土的性质、不良地质的发育情况和特点，充分考虑既有路基现状及拓宽后的交通组成，综合比较确定既有路基的利用与拓宽拼接方案，采取合理的工程措施，保证拓宽改建公路路基的强度和稳定性。

公路路基拓宽改建设计前，应搜集原有公路的地基及路基勘察设计、竣工图和养护等方面的资料，调查拟拓宽改建公路目前路基的稳定情况，并对既有路基和拓宽场地进行工程地质和水文地质调查、勘探和测试，查明既有路基的填料性质、含水率、密度、压实度、强度和稠度状态，查明既有路基边坡地质情况、现有防护排水措施及边坡稳定状态，查明拟拓宽场地的水文地质、工程地质条件，分析评价新拼接路基或增建路基对原有路基沉降变形和边坡稳定的影响程度。路基拓宽改建，应合理利用既有路基强度，并根据既有路基的回弹模量、含水率和密实状态，综合确定既有路基的处理措施。

确定既有路基的利用和拓宽改建方案是路基拓宽改建设计的重要内容。既有路基的利用包含三种方案：

(1)直接利用既有路基，适用于既有路基强度满足改建的需要且无病害的路段。

(2)既有路基经处理后利用，适用于路基强度不足、无病害或病害轻微，经处治后路基能满足改建需要的路段。

(3)对既有路基挖除重建，适用于病害严重、补强处理方案不可行的路段。

设计时，需根据既有路基性状和改建设计的目标，通过技术经济综合比较后确定。

根据拓宽路基与既有路基的空间相对位置不同，拓宽拼接方案可区分为三大类：拼接式、分离式和混合式，并可细分为六小类。各种拓宽方式各有优缺点，有不同的适用条件，如

表6-31和图6-17所示。

拓宽形式分类表 表6-31

拓宽形式			优　点	缺　点
拼接拓宽	单侧拓宽	图6-17a)	只需小幅调整平纵,拓宽侧容易实施	既有公路双向横坡需要调整为单向横坡,构造物处难以处理;互通立交、服务设施改建难度大;新旧路基、构造物间存在不均匀沉降,拼接比较困难;横向下穿道路或通航河流可能存在通行(通航)净空不满足的情况
	双侧拓宽	图6-17b)	只需小幅调平纵,交通组织无须改变	新旧路基、构造物间存在不均匀沉降,拼接比较困难;横向下穿道路或通航河流可能存在通行(通航)净空不满足的情况
	中央拓宽	图6-17c)	平纵几乎不用调整,最易实施,交通组织无须改变	中央分隔带必须事先预留足够的宽度,否则无法实施
分离拓宽	单侧拓宽	图6-17d)	只需小幅调整平纵,拓宽侧容易实施	既有公路双向横坡需要调整为单向横坡构造物处难以处理;分离拓宽侧的立交进出的交通组织很难处理;占地大
	双侧拓宽	图6-17e)	既有公路平纵几乎不需调整,比较容易实施	单向形成两条路,交通组织需要改变;立交进出的交通组织很难处理;占地大
混合拓宽	双侧拼接或分离	图6-17b)、e)	兼顾图6-17b)和图6-17e)的优点	路线形成分合流段落,交通组织复杂,安全性降低;拼接部分路基、构造物拼接比较困难;分离部分形成两条路,交通功能不好

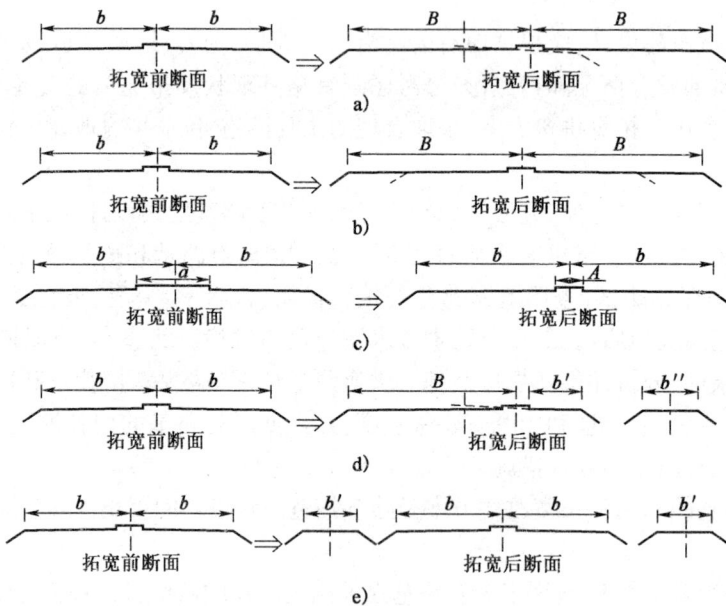

图6-17　路基拓宽形式
a)单侧拓宽;b)双侧拓宽;c)中央分隔带拓宽;d)单侧分离拓宽;e)双侧分离拓宽

目前,国内高速公路拓宽的形式以双侧拼宽为主,少数路段(主要是大跨径桥梁结构部分)采用双侧分离式拓宽。如果既有高速公路中央分隔带有预留拓宽车道,则可采用中央分隔带拓宽方式。如果既有高速公路沿线较长路段(一般大于5km)没有立交,并且因受用地、工期以及交通组织等条件限制,则可采用分离式拓宽形式。

路基拓宽工程面临的最为突出的技术难题是新老路基的差异变形,主要包括拓宽荷载产生的地基二次沉降、拓宽路基的压密变形,以及新老路基结合不良导致的蠕滑或滑移。公路路基拓宽改建设计,应注意路基路面综合设计。路基拓宽后,新老路基之间将形成沉降差。为避免差异沉降引起路基纵向裂缝,需保证拓宽路基与既有公路路基之间的良好衔接,并对新拼宽道路的地基进行处治,减小地基沉降,同时要注意路堤本身的压实,以减小路堤自身压缩沉降和新老路基之间的差异沉降,防止产生纵向裂缝。

二、既有路基状况调查评价

(一)既有路基状况调查

既有公路路基调查应采取资料收集、现场调查和勘探试验相结合的综合方法。在搜集既有公路的地基及路基勘察设计、竣工图和养护等资料基础上,进行既有路基现场调查测量。软土地区还应收集既有公路的沉降监测资料。

既有路基状况调查可以按照以下三个步骤,循序渐进地开展工作。第一,收集既有路基路面勘察设计、施工资料(勘察设计文件、试验报告、竣工设计图等),以及运营期间养护资料、检测监测资料;第二,对既有路基进行现场调查,并与原有相关资料进行对照,了解既有路基状况,划分路段;第三,根据不同路段情况,制订相应的勘察试验、检测工作方案,查明既有路基路面性状、病害情况。

勘察工作包括三部分:既有路基路表状况调查、路表强度测试和路基土勘探试验,既有路基下地基勘探试验、路基拓宽区地基勘探试验。既有路基调查勘察的主要目的在于确定路基平衡湿度和回弹模量,判断路基性能能否充分利用、是否存在异常。

现场调查可综合采用路况调查、无损检测和勘探试验等技术手段,判定既有路基及排水设施、防护与支挡结构的使用性能。现场调查应符合下列要求:

根据既有公路的资料和路况调查结果,对既有路基进行分段测试与评价。选择代表性路段,进行几何尺寸、动态弯沉、承载板等测试,确定路基回弹模量。各项测试应符合《公路路基路面现场测试规程》(JTG E60)的有关规定。选择代表性断面及病害路段,对路面各结构层、路基及地基土进行勘探试验,按照新建路基的设计要求,进行拓宽改建路基范围的地基勘察。既有路基勘探孔与拓宽改建路基勘探,钻孔深度和取样试验应符合《公路工程地质勘察规范》(JTG C20)的有关规定。一般情况下,需在同一横断面上布置勘探孔,通过对比勘察试验,分析确定既有路基压实度、强度与水文状态、地基的固结度、边坡稳定状态等,确定既有路基的利用程度与拓宽改建方案,为路基拓宽设计提供可靠依据。特殊路基的拓宽工程,尚需对可能影响拓宽路基整体稳定和变形的项目进行勘察。调查既有路基支挡工程基础形式、地基地质条件和使用状况,必要时,应对支挡工程地基进行勘探试验。

(二)既有路基的分析评价

既有路基应进行下列物理力学性质试验:①物理性质试验:天然含水率、天然密度、土粒相对密度、粒径组成、液限、塑限等;②力学性质试验:重型击实、CBR、固结试验、直接快剪等。

既有路基应在上述试验基础上,计算出下列指标:干密度、最佳含水率、最大干密度、压实度、平均稠度、压缩系数、压缩模量等。

既有路基的分析评价应包括下列内容：

(1)根据调查、测量、试验和水文分析资料，确定既有路基高程能否满足路基设计洪水频率的规定。

(2)确定既有路基填料能否满足路基压实度和路基填料最小强度(CBR 值)的要求。

(3)根据路基所处的水文状态，确定路基的平衡湿度，分析评价路基最小高度能否满足路床处于干燥、中湿状态的临界高度。

(4)分析评价路基边坡的稳定状态、各种防护排水设施的有效性及改进措施。

(5)分析评价既有路基病害的类型、分布范围、规模、成因，以及既有路基病害整治工程设施的效果，并提出路基病害整治措施。

(三)软土地区既有路基的分析评价

分析评价既有路基下各种地基处理路段的软土地基固结度、固结系数、压缩变形发展规律和抗剪强度增长规律，确定既有路基下各种地基处理路段的软土地基固结度和剩余沉降值(包括主固结和次固结)。分析评价既有软土地基处理方法的效果及其改进措施。分析评价拓宽改建路基与既有路基之间的稳定性和差异沉降、对既有路基沉降和稳定影响程度，确定新拼接或增建路基软土地基处理措施。

三、二级及二级以下公路路基拓宽改建

二级及二级以下公路路基的拓宽改建应根据公路等级、技术标准，结合当地地形、地质、水文、填挖情况选择适宜的路基横断面形式。拓宽改建公路路基高程应满足表 6-6 所列路基设计洪水频率的要求，路基最小填土高度应满足式(6-3)要求。当路基填筑高度受路基湿度或冻深控制时，则可采用改善路基湿度的技术措施，避免为调整高程而进行改建。

拓宽路基的地基处理、路基基底处理、路基填料的最小强度和压实度等应满足改建后相应等级公路的技术要求。二级公路改建时，可根据需要采用冲击碾压或强夯等进行增强补压，以减小新老路基拼接拓宽的差异变形。

(一)路堤拓宽改建

路堤拓宽改建应符合下列要求：拓宽改建路堤的填料，宜选用与原有路堤相同且符合要求的填料或较原有路堤渗水性强的填料。当采用细粒土填筑时，应注意新老路基之间排水设计，必要时，可设置横向排水盲沟，以排除路基内部积水。拓宽既有路堤时，应在既有路基坡面开挖台阶，台阶宽度不应小于 1.0m，当加宽拼接宽度小于 0.75m 时，不能直接进行"贴坡"式的加宽，通常采用超宽填筑或翻挖既有路基等措施，以保证拓宽路基的压实度。拓宽路堤边坡形式和坡度应按填方路基设计规定选用。

路堤拓宽改建过程中，新老路基结合部常产生差异沉降变形破坏等路基病害。其主要原因是新老路基填料性质和密实状态的差异、下渗水及新老路基衔接处理不当等。要减少拓宽改建路基差异沉降、防治路基病害，需加强拓宽路基填料、新老路基结合部衔接处理、防排水等设计。拓宽路基填料需尽量与既有路基填料性质相匹配，有条件时，优先采用渗水性好的粗粒土填筑；若采用细粒土作为填料时，需满足路基土强度、回弹模量的要求，并加强路基内部(特别是新老路基结合部)排水设计，设置必要的纵、横向水渗沟，排除路基内部积水。为保证新老路基拼接的整体性，其结合部通常采用台阶式衔接方式，即清除坡面松土，沿老路坡面开挖

台阶,自下而上逐层填筑路基。当路堤较高时,在路堤底部、中部、路床加铺土工格栅等,可以提高新老路基的整体性,减小其差异沉降变形。

(二)路堑拓宽改建

路堑拓宽时,挖方边坡形式与坡度可按挖方路堑设计的相关规定或参照原有挖方路基稳定边坡确定。既有挖方边坡病害经多年整治已趋稳定的路段,改建时应减少拆除工程,不宜触动原边坡。病害路基改建应根据病害类型、特征、成因及危害程度,结合当地气象、水文地质、工程地质等因素,采取相应的整治措施。

因抬高或降低路基、改移中线而引起既有构造物改动地段,当既有支挡建筑物使用良好时,宜保留。经查明既有建筑物无明显损害且强度及稳定性满足改建要求时,应全部利用;若部分损坏或不满足改建要求时,应加固利用、改建或拆除重建。加固利用的既有建筑物,新旧混凝土或砌体应紧密连接,形成整体。

四、高速公路、一级公路路基拓宽改建

高速公路、一级公路路基的拓宽改建应根据公路等级、技术标准,结合当地地形、地质、水文、填挖情况选择适宜的路基横断面形式。拓宽改建公路路基高程应满足表6-6所列路基设计洪水频率的要求,路基最小填土高度应满足式(6-1)要求。路基拓宽改建设计应注意地基处理、路基填料、边坡稳定、防护排水设施的综合设计,并与交通工程、路面排水系统设计相协调。

软土地段高速公路经多年通车运营,既有地基已基本固结,处于沉降稳定状态,而拓宽路基两侧地基基本为原状地基,在新的路基荷载作用下,地基将产生新的附加沉降,并对既有路基路面产生一定影响。因此,软土地基地段路基拓宽改建设计的关键是新老路基差异沉降的协调控制。

拓宽路基压实度应符合表6-2及表6-4的规定,必要时,可采用冲击碾压或强夯等进行增强补压,以消除新老路基拼接拓宽的差异变形。新老路基的拼接处理设计,除符合二级及二级以下公路路基的拓宽改建设计规定外,当路堤高度超过3m时,可在新老路基间横向铺设土工格栅,以提高路基的整体性,减小不均匀沉降。

软土地基上高速公路、一级公路路基拓宽设计应符合软土地区路基设计有关规定,并满足下列要求:

(1)路基拼接时,应控制新老路基之间的差异沉降,既有路基与拓宽路基的路拱横坡度的工后增大值不应大于0.5%。

(2)浅层软土地基,可采用垫层和浅层处理措施减小拓宽路基的沉降。

(3)深层软土地基,可采用复合地基或轻质路堤等处理措施,不宜采用对既有路基产生严重影响的排水固结法或强夯法,拓宽路基不得随意降低既有路基下的地下水位。对于鱼(水)塘、河流、水库等路段,需要排水清淤时,必须采取防渗和隔水措施后方可降水。

(4)新老路基分离设置,且距离小于20m时,可采用设置隔离措施或对新建路基地基予以处理,减小因新建路基对既有路基的沉降影响。

(5)水文不良地段的既有路基,应结合路基路面拓宽改建设计,增设排水垫层或地下排水渗沟等。

利用二级及二级以下公路拓宽改建为高速公路、一级公路时,若既有路基土的强度和压实度不能满足要求,且论证路面补强方案总体不可行的情况下,应对既有路基进行土质改良或者

挖除既有路基路面后重新填筑。从已建公路路基土的含水率调查来看,经过干湿循环、冻融循环后,路基土的含水率比竣工时含水率普遍偏高,回弹模量和压实度显著降低,若沿用新建路基的回弹模量标准,需要进行大规模翻挖和处治。因此,遵循资源节约、充分利用既有结构的原则,可根据工程实际特点,与路面利用和加铺设计相结合,并根据路基病害的产生原因和对拓宽结构的影响程度,采取针对性的处治措施。

既有路基的利用应与路面利用和加铺设计相结合,并根据路基病害的产生原因和对拓宽结构的影响程度,采取下列针对性处治措施:

(1)当既有路基回弹模量不满足新建路基的要求,但既有路面未出现破损,且拓宽后通过加铺设计可满足路面设计要求时,宜充分利用既有路基。

(2)当既有路基回弹模量不满足新建路基的要求,且路面出现严重破损时,可根据含水率、压实度和填料类型的分析评价,分别采取改善排水、充分碾压、换填处治等措施。

(3)当条件受限不能翻挖既有路基时,可采用水泥碎石桩,水泥粉煤灰碎石桩、注浆等处理措施。

高速公路、一级公路路基拓宽设计应做好施工期交通组织设计,充分考虑维持临时行车的过渡措施,若高速公路拓宽施工期不能封闭交通时,设计应考虑行车与施工安全性。岩石挖方路段,应采取光面爆破或预裂爆破方法以及相关防护措施。

第七节 轻质材料与工业废渣路堤

一、轻质材料路堤

轻质材料路堤是指采用重度小于细粒土的材料填筑的路堤。用于公路路堤填料的轻质材料主要有:泡沫轻质土;土工泡沫塑料;粉煤灰等。轻质材料可用作需减少路堤重度或土压力的路堤填料,其应用范围包括软土地基上路堤、桥涵与挡土墙构造物台(墙)背路堤、拓宽路堤、修复失稳路堤等,但不宜用于洪水淹没地段。

(一)轻质材料要求

1. 泡沫轻质土

泡沫轻质土,亦称气泡混合轻质土,是公路建设领域的一种新型轻质填筑材料,具有轻质性、重度和强度可调节性、自流性、直立性、易开挖及施工便捷性等特性。其填筑工程以降低荷重或土压力为目的,已经大量用于软基路堤、软基桥台台背、道路加宽路堤、陡峭路堤、地下结构顶减荷回填、软土地基与基础处理、塌方快速抢险修复、寒区路堤填筑工程。

泡沫轻质土是一种在水泥基浆料中加入泡沫后凝固而成的轻质类混凝土,在实际工程中,除有特殊性能要求外,其原材料主要由水泥、水和泡沫组成。掺配料可根据性能要求和经济性进行选用。例如,在粉煤灰丰富且价格便宜地区,可掺入粉煤灰;在需要强度较高时,可掺入细砂和其他掺和料等;在风积砂丰富地区,可掺入风积砂;在地下水位以下填筑有防水要求时,可掺入防水剂等材料。

泡沫轻质土路堤最关键的指标为施工湿重度和抗压强度。泡沫轻质土的施工最小湿重度不应小于 5.0kN/m^3,施工最大湿重度不宜大于 11.0kN/m^3,流值宜为 $170 \sim 190 \text{mm}$,且 28d 无侧限抗压强度应符合表 6-32 的规定。因工程需要或环境条件制约,需明确泡沫轻质土的抗冻性指标时,可通过试验确定。

用于路基的泡沫轻质土 28d 无侧限抗压强度指标 表 6-32

路 基 部 位		28d 无侧限抗压强度(MPa)	
		高速公路、一级公路	二级及二级以下公路
路床	轻、中等及重交通	≥0.8	≥0.6
	特重、极重交通	≥1.0	
上路堤、下路堤		≥0.6	≥0.5
地基土置换		>0.4	

泡沫轻质土路堤整体强度与稳定性较好,但收缩裂缝较多,为了提高高速公路泡沫轻质土路堤耐久性,减少收缩裂缝,对特重交通、极重交通高速公路的泡沫轻质土,应采用掺砂配合比。极重交通和特重交通高速公路及一级公路路床部位的泡沫轻质土配合比宜采用掺砂配合比,流值宜为 150～170mm,且砂与水泥的质量比宜控制在 0.5～2.0。工程要求需明确泡沫轻质土抗冻性指标时,通过试验确定其重度和强度变化情况再进行相关指标设计。也可按重度损失率不大于 5%、抗压强度损失率不大于 10% 的要求进行设计。

2. 土工泡沫塑料

土工泡沫塑料在成形过程中因颗粒膨胀形成了许多均匀的封闭空腔,这种结构决定了其具有轻质、耐压、耐水等诸多优良工程特性,对于消除在软弱地基上修筑一般路堤和桥头路堤时产生的路基沉降或差异沉降等有显著效果。同时,土工泡沫塑料块体具有自立性,侧向变形很小,可以大大减轻或消除对桥台或挡土墙结构的侧向压力。此外,土工泡沫塑料导热系数较低,具有显著的隔热性能,可用于降低路基的冻结深度和减缓多年冻土地基的融化。

土工泡沫塑料(EPS 块)材料密度不宜小于 $20kg/m^3$,10% 应变的抗压强度不宜小于 110kPa,抗弯强度不宜小于 150kPa,压缩模量不宜小于 3.5MPa,7d 体积吸水率不宜大于 1.5%。桥头搭板下方等特殊部位土工泡沫塑料块体抗压强度不应小于 250kPa。在有防火要求的建筑物附近,应采用阻燃型的土工泡沫塑料块体。

3. 粉煤灰

公路粉煤灰路堤所用的粉煤灰主要是湿排灰(池灰),属硅铝型的低钙粉煤灰。用于高速公路、一级公路路堤的粉煤灰烧失量宜小于 20%。烧失量超过标准的粉煤灰应做对比试验,分析论证后采用。

(二)轻质材料路堤设计要求

轻质材料路堤设计,应根据使用目的、荷载等级、地形地质条件、环境条件及路基几何参数特点,通过技术经济综合论证,合理选择轻质材料类型、路基结构与断面形式,确定材料设计参数。轻质材料路堤主要是以减轻路堤自重、减小地基应力及沉降为主要目的,其填筑厚度根据工后沉降计算确定,计算时需遵循"地基应力等效"原则或"路堤沉降控制"原则。

泡沫轻质土、土工泡沫塑料等轻质材料直接裸露时,在环境因素的作用下轻质材料易产生老化和其他损害。裸露的泡沫轻质土易发生碳化变质,并导致强度大幅度降低和风化剥落;土工泡沫塑料在日光紫外线直接照射下易产生老化,啮齿动物、有害物质、明火等也会对土工泡沫塑料块体产生损害;粉煤灰裸露时,在蒸发作用下,失水干燥的粉煤灰无黏聚力,其边坡自稳性差,降雨又将使粉煤灰边坡产生较为严重的冲刷。因此,轻质材料路堤设计应采取有效的防护措施,轻质材料不得直接裸露。轻质材料路堤设计时,应采取有效的防护措施防止轻质材料直接裸露。路基横断面可采用设置支挡结构的直立式路堤或包边护坡的斜坡式路堤,轻质材料填筑厚度应根据工后沉降计算确定斜坡式路堤采用土质包边护坡,直立式路堤则是设置混凝土面板或挡土墙。泡沫轻质土路堤多采用直立式,设置混混凝土护壁保护层,填筑高度小于3m时多采用预制混凝土面板护壁;高度大于3m时,通常采用现浇钢筋混凝土挡土墙。

轻质材料路堤与一般填土路堤之间应设置过渡段。过渡段应采用台阶式衔接,台阶高度宜为 0.5 ~ 1.0m,坡比宜为 1:1 ~ 1:2。

软土地区轻质材料路堤设计应进行路堤稳定性与地基沉降计算。新建路基工后沉降量应符合软土地区路基设计的有关规定,改扩建路基应符合路基拓宽改建设计的有关规定;路堤稳定性应符合高路堤与陡坡路堤设计及软土地区路基设计的有关规定。

轻质材料填筑区位于地下水位以下,或受到洪水淹没时,应按式(6-28)进行抗浮稳定性验算。当抗浮稳定系数小于抗浮安全系数时,应采取调整轻质材料填筑区厚度、增加填土荷重或降低地下水位等措施。土工泡沫塑料路堤抗浮安全系数宜为1.1 ~ 1.5,泡沫轻质土路堤抗浮安全系数宜为1.05 ~ 1.15,最高地下水位或洪水位达到轻质材料填筑区的发生概率较低时,取小值。

$$F_{\mathrm{f}} = \frac{\sum \gamma_i h_i}{\gamma_{\mathrm{w}} h_{\mathrm{jw}}} \qquad (6\text{-}28)$$

式中:F_{f}——抗浮稳定系数;

γ_i——各层材料的重度($\mathrm{kN/m^3}$);

h_i——各层材料的厚度(m);

γ_{w}——水的重度($\mathrm{kN/m^3}$);

h_{jw}——路堤浸水的深度(m)。

1. 泡沫轻质土路堤

泡沫轻质土路堤直立填筑高度不宜大于15m,最小填筑高度不宜小于1.0m。当地面横坡较大或用于路堤加宽时,填筑体底面宽度不宜小于2.0m。泡沫轻质土在环境影响下,其内部因湿度和温度变化将产生收缩裂缝。为防止路面渗水进入泡沫轻质土内部、减少收缩裂缝,并防止裂缝反射到路面上,应在路堤顶部设置镀锌铁丝网、聚乙烯土工膜,并应延伸至一般路堤侧不小于2.0m。泡沫轻质土高度大于10m时,宜在距其顶面0.55m处增设一层镀锌铁丝网。直立式路堤高度小于3m时,坡面可采用水泥混凝土预制块防护;当高度大于3m时,应采用钢筋混凝土挡墙。

软土地段泡沫轻质土路堤,应沿路堤纵向设置变形缝,其间距宜为 10 ~ 20m,缝宽宜为10 ~ 20mm,并填塞泡沫塑料板。地下水位以下的泡沫轻质土仅用于控制沉降时,可不采取隔断地下水的防水措施;用于地下结构或地下管线减载时,宜采取隔断、疏通地下水的防、排水措施。

泡沫轻质土路堤设计计算时,不同的环境条件和工程条件下泡沫轻质土的相关性能指标取值应符合表 6-33 的要求。

设计计算时性能指标取值   表 6-33

验 算 内 容	验 算 指 标	验算指标取值	
		地下水条件	指标取值
沉降验算时自重应力计算	轻质土重度 R（kN/m^3）	地下水位以上	施工湿重度 R_{fw}
		地下水位以下	$R = (1.1 \sim 1.3) R_{fw}$
结构上覆荷载验算时自重应力计算	轻质土重度 R（kN/m^3）	地下水位以上	施工湿重度 R_{fw}
		地下水位以下	$R = (1.1 \sim 1.3) R_{fw}$
抗浮验算时自重应力计算	轻质土重度 R（kN/m^3）	地下水位以上或以下	施工湿重度 R_{fw}
路堤整体稳定性验算	轻质土黏聚力 c、内摩擦角 φ	地下水位以上	试验确定,无试验资料时,$c = 120kPa$,$\varphi = 6°$
		地下水位以下	试验确定,无试验资料时,$c = 100kPa$,$\varphi = 4°$
抗滑动、抗倾覆稳定性验算	与碎石土、砂类土或基岩接触面摩擦系数	地下水位以上	0.6
		地下水位以下	0.5
	与黏性土、强风化层接触面摩擦系数	地下水位以上	0.5
		地下水位以下	0.4

地基沉降计算时,总沉降修正系数宜取 1.0 ~ 1.1。当地基土承载力大于 2 倍的路堤荷载时,取小值。泡沫轻质土路堤除应进行路堤整体稳定性计算之外,当路堤底面存在斜面或泡沫轻质土填筑区高宽比大于 1 且高度大于 3m 时,尚应按挡土墙设计采用的极限状态法进行承载能力极限状态计算和正常使用极限状态验算,以及抗滑动、抗倾覆稳定性验算。

用于地下结构或管线顶部减载换填时,泡沫轻质土自重和其他荷载的总和应小于地下结构或管线所能承受最大荷载的 0.9 倍。

2. 土工泡沫塑料路堤

根据汽车荷载和上覆路基路面荷载等作用影响,在土工泡沫塑料块体与路面之间、多层土工泡沫塑料块体之间每隔 2 ~ 3m 或 4 ~ 6 层,应设置浇筑钢筋混凝土板和防渗土工布,以增加土工泡沫塑料块体整体性,更好地分散车辆荷载和上覆荷载,避免施工荷载对土工泡沫塑料块体的损伤,并防止有害物质浸入土工泡沫塑料块体。钢筋混凝土板保护层内一般采用直径 $\phi 6mm$、$15cm \times 15cm$ 的钢筋网,钢筋混凝土板厚度宜为 $0.10 \sim 0.15m$。

土工泡沫塑料块体底部应设置砂砾垫层,厚度宜为 $0.2 \sim 0.3m$。必要时可在砂砾垫层上下界面铺设透水土工布。土工泡沫塑料路堤设计应进行材料抗压强度验算。验算时,路面及钢筋混凝土板保护层产生的自重和活载作用于土泡沫塑料层面的应力可按式(6-29)计算,并满足式(6-30)的要求:

$$\sigma_z = \frac{p(1+\delta)}{(B+2h\tan\theta)(L+2h\tan\theta)} + \gamma h \qquad (6\text{-}29)$$

式中:σ_z——土工泡沫塑料块体上的应力值(kPa);

      p——汽车轮载(汽车后轴重)(kN);

      δ——冲击系数,一般为0.3;

      h——路面及钢筋混凝土板的厚度(m);

    B、L——汽车后轮着地宽度和长度(m);

      θ——荷载分布角(°),混凝土路面取 $\theta=45°$、沥青混凝土路面取 $\theta=40°$;

      γ——路面结构层及钢筋混凝土板的平均重度(kN/m³)。

$$\sigma_z \leqslant [\sigma_z] \qquad (6\text{-}30)$$

式中:$[\sigma_z]$——土工泡沫塑料块体容许抗压强度(kPa),由室内无侧限压缩试验确定。

    土工泡沫塑料路堤设计除应进行路堤整体稳定性计算之外,尚应按式(6-31)计算土工泡沫塑料块体之间的滑动稳定性和土工泡沫塑料路堤底板位置的滑动稳定性,滑动稳定安全系数不应小于1.5。

$$F_h = \frac{(W+P_V)\mu + cB}{P_H} \qquad (6\text{-}31)$$

式中:F_h——土工泡沫块体之间的滑动稳定系数;

      W——土工泡沫块体的自重(kN);

      P_V——土压合力的垂直分量(kN);

      P_H——土压合力的水平分量以及水平地震力(kN);

      μ——底板与基础间的摩擦系数;

      c——底板与基础间的黏聚力(kPa);

      B——底板宽度(m)。

3. 粉煤灰路堤

    粉煤灰路堤可全部采用粉煤灰或灰土分层间隔填筑,边坡和路肩应设置土质护坡;上路床范围应采用土质填筑,也可与路面结构层相结合,采用石灰土、二灰土等路面底基层材料作封顶层。

    粉煤灰的饱水强度很低,当地表积水和地下水渗透到粉煤灰路堤内部时,将造成粉煤灰路堤的强度和稳定性不足。因此,粉煤灰路堤设计时要考虑隔断毛细水的作用影响,在路堤底部设置排水垫层、隔离层等,防止长期积水浸泡路堤基底。粉煤灰路堤两侧包边护坡中需设置排水渗沟,并用无纺土工织物作反滤层,以防止排水渗沟的淤塞。土质护坡时,应根据施工季节和降雨量,设置必要的排水渗沟,渗沟外围应设置反滤层。

    粉煤灰路堤底部应离开地下水位或地表长期积水位0.5m以上,否则应设置隔离层。隔离层厚度不宜小于0.3m,隔离层横坡不宜小于3%。粉煤灰路堤压实度标准应在表6-2基础上通过试验确定。高度大于5.0m的粉煤灰路堤,应验算路堤自身的稳定性,其抗滑安全系数应符合表6-16的规定。

二、工业废渣路堤

工业废渣用于路堤填筑时,必须符合国家现行环境保护的有关规定,严禁采用含有有害物质的工业废渣作为路堤填料。利用工业废渣填筑路堤,对节约土地、保护环境具有重要意义。但是,有些弃渣由于在形成过程中富集某些微量元素,具有一定的毒性、腐蚀性或放射性,对环境和人身健康具有潜在不利影响,设计时要充分重视这些元素的含量,特别是工业废渣浸出液内微量元素的含量。当工业废渣内含有有害物质时,不能用作路堤填料。

一些工业废渣(煤石和煤渣等)中含有一定数量的硫酸离子或浸出液呈酸性,对构筑物具有一定的侵蚀性,所以,对于距离混凝土构筑物和金属构件组装的永久性结构以及路面结构层0.5m 范围内路堤填料中的易溶盐含量和酸碱度指标,要满足混凝土结构、金属构件以及路面结构结耐久性设计要求。例如,在混凝土、水泥胶结材料和稳定土材料 0.5m 范围之内,路基填料中水溶性硫酸盐含量不宜超过 1500mg/L;在金属构件组装的永久性结构 0.5m 范围之内,路基填料中水溶性硫酸盐含量不宜超过 300mg/L。

高炉矿渣、钢渣具有承载能力高、坚固性好、强度高等优点,但也有粉化、膨胀等特性。影响高炉矿渣、钢渣的稳定性及安定性的主要因素是游离氧化钙($f-CaO$)和 MgO 的含量,以及粒径和存放期等。采用室外存放一定时间使其膨胀破碎的自然老化消解法是解决其安定性的有效措施。试验表明,存放期小于 1 年的新渣,膨胀率较大;存放期超过 1 年的存渣,膨胀率较小。因此,应采用堆存 1 年以上的陈渣,并遵照浸水膨胀率、压蒸粉化率、游离氧化钙含量等控制标准。

煤矸石的吸水、崩解、膨胀、自燃等性质对路基稳定性影响很大。煤矸石可根据塑性指数和 CBR 值进行分级。研究结果表明,塑性指数大于 10 的煤矸石通常含有较多的蒙脱石、伊利石等水不稳定成分,而且膨胀率都比较大,不能直接用作路堤填料。已燃煤矸石与未燃煤矸石相比,往往具有较好的稳定性(如膨胀率小);而未充分氧化的煤矸石中的煤和空气发生化学反应,生成大量气体并放出热量,导致体积膨胀,引起路基变形和路面开裂等病害。因此,未经充分氧化与陈化的煤矸石、塑性指数大于 10 的煤矸石不宜直接用于填筑高速公路和一级公路路堤。性质较差的煤矸石是指碳质含量高、烧失量大于 20%、塑性指数大于 10、自由膨胀率大于 40%,以及 CBR 强度不满足规定要求的煤矸石。

高炉矿渣、钢渣、煤矸石等可用于路堤填筑的工业废渣,应符合下列要求:

(1)高炉矿渣、钢渣应分解稳定,粒径符合规定要求,具有足够的强度。浸水膨胀率不应大于 2.0%,压蒸粉化率不应大于 5.0%,钢渣中金属铁含量不应大于 2.09%,游离氧化钙含量应小于 3.0%。应采用堆存一年以上的陈渣。

(2)未经充分氧化与陈化、塑性指数大于 10 的煤矸石不宜直接用于填筑高速公路和一级公路路堤。性能较差的煤矸石应通过改良,并经试验论证后方可采用。

(3)煤矸石中主要成分 SiO_2、Al_2O_3 和 Fe_2O_3 的总含量之和不应低于 70%,烧失量不应大于 20%。煤矸石中不宜含有杂质。

使用其他工业废渣填筑路堤时,应通过试验论证并经相关主管部门批准,方可使用。

由于工业固体废物浸出物质可能对环境造成不利影响,而粗粒弃渣的崩解性、细粒弃渣颗粒迁移和管涌问题均会对路基稳定性和长期性能造成不利影响,因此要求工业废渣不应用于浸水地段,以及洪水浸淹部位。

工业废渣路堤由路堤主体部分(工业废渣)、护坡和封顶层(黏性土或其他材料)以及隔离层、排水系统等部分组成。工业废渣路堤设计应根据路基所处的环境条件、工业废渣性质及填筑部位等,做好工业废渣路堤横断面形式、路堤结构、防排水系统和防护工程的综合设计,保证工业废渣路堤具有足够的强度和稳定性,防止工业废渣对地表水、地下水、土壤等造成污染。

工业废渣路堤设计时,应开展下列试验评价工作:

(1)进行化学成分和矿物成分分析试验,确定其化学成分,矿物成分、浸出液内有害物质含量、pH 值、烧失量等,评价其对水体、土壤等的影响程度。其试验方法应符合现行国家标准《固体废物浸出毒性测定方法》(GB/T 15555)的有关规定。

(2)进行钢渣压蒸粉化率和浸水膨胀率测定试验,评价钢渣安定性,其试验方法应符合现行国家标准《钢渣稳定性试验方法》(GB/T 24175)的有关规定。

(3)进行击实试验,确定最大干密度和最佳含水率。

(4)应通过试验,确定内摩擦角 φ、黏聚力 c、压缩系数、膨胀系数、回弹模量和 CBR 值。

工业废渣路堤的结构设计应符合下列要求:

(1)为防止工业废渣对环境产生不利影响,工业废渣路堤应采用封闭式路堤结构,对边坡和路肩采取土质护坡保护措施,在土质护坡中设置排水渗沟,渗沟外围应设置反滤层。

(2)工业废渣路堤上路床范围应采用土质填筑,也可与路面结构层相结合,采用无机结合料稳定土路面底基层材料作封顶层。

(3)工业废渣路堤底部应高于地下水位或地表长期积水位 0.5m 以上,并设置隔离层。隔离层厚度不宜小于 0.5m。隔离层填料可选用塑性指数不小于 6,且满足强度要求。

(4)当工业废渣路堤高度超过 4m 时,可在路堤中部设置土质夹层。

(5)工业废渣路堤高度超过 5m 时,应进行路基稳定性检算。路基稳定性计算方法及其抗滑稳定系数应符合高路堤与陡坡路堤设计的有关规定。

(6)工业废渣路堤压实度应在表 6-2 基础上通过试验确定。

本章小结

路基在自然因素和行车荷载的反复作用下会产生病害。为保证路基具有足够的强度、稳定性和耐久性,应从路基横断面的形式和尺寸、基底处理、填料选择和压实标准等几方面进行综合考虑和设计。填方路堤应具有稳固的地基、合格的填料、充分的压实,并具有适宜的边坡形式与坡率。挖方路堑边坡变化范围较大,应根据当地具体情况合理选择边坡形式与坡率。当路基边坡高度较大或存在软弱岩层,可能存在稳定性问题时,需要根据不同工况,采用适宜的方法分析其稳定性、计算稳定系数。在软土地基上修筑的路基变形量较大时,需进行沉降变形分析和监测。路基防护和加固是防治路基病害和确保路基稳定的必要措施。各种路基边坡防护和地基加固方法应根据实际条件,合理选用。

复习思考题

1.路基常见的病害有哪些? 这些病害产生的原因是什么? 在设计中应如何考虑?

2.路基设计包括的内容有哪些?

3. 什么是高路堤与陡坡路堤、深路堑及特殊路基？其在设计上与一般路基有什么不同？
4. 确定路基高度和边坡坡率时需考虑哪些问题？
5. 对路基填料有什么要求？如何选择路基填挖方案？
6. 简述路基压实的目的与意义,如何确定压实标准？
7. 为什么要对路基进行防护？有哪些防护措施？如何选用？
8. 边坡坡面植物防护与工程防护的主要形式有哪些？
9. 地基加固方法有哪些？各种方法适用于什么场合？
10. 简述路基拓宽改建与轻质路堤设计的要点。

第七章 路基挡土墙设计

第一节 挡土墙的类型、构造和布置

挡土墙是用来支承路基填土或山坡土体,防止填土或土体变形失稳的墙式构造物。在路基工程中,它广泛用于支承路堤或路堑边坡防止坡体变形失稳,克服地形限制或地物干扰,收缩坡脚,减少拆迁占地及土石方量,避免填方侵占河道和水流冲淘岸坡,整治滑坡等病害。

一、类型及适用条件

挡土墙的类型很多,按照挡土墙的设置位置,挡土墙可分为路肩墙、路堤墙、路堑墙和山坡墙等类型,如图7-1所示。

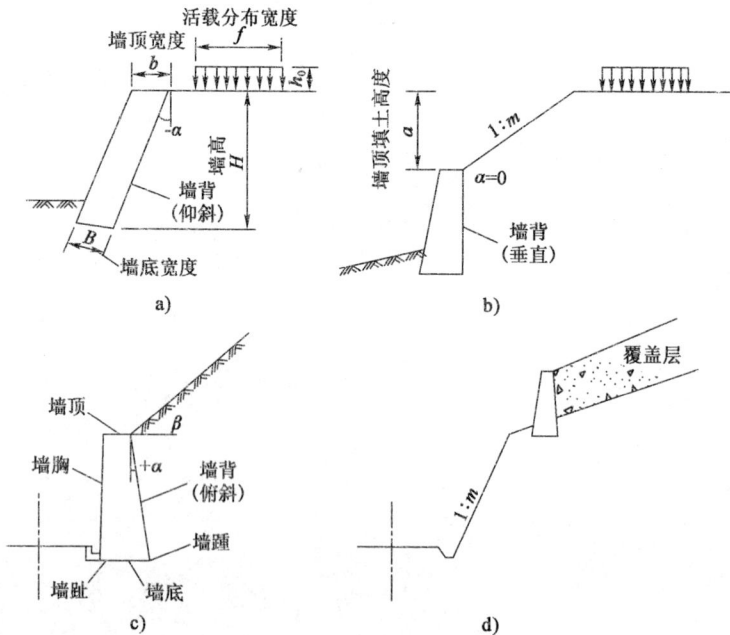

图7-1 挡土墙的类型

a)路肩挡土墙;b)路堤挡土墙;c)路堑挡土墙;d)山坡挡土墙

按照挡土墙的结构形式与受力特点不同划分为重力式、薄壁式、锚固式、垛式、桩板式、土钉式和加筋土挡土墙等。

(一)重力式挡土墙

重力式挡土墙依靠墙身自重支撑土压力来维持其稳定。一般多用片(块)石砌筑,在缺乏石料的地区有时也用混凝土修建。重力式挡土墙圬工体积大,但其形式简单,施工方便,可就地取材,适应性较强,故被广泛应用。

为适应不同地形、地质条件及经济要求,重力式挡土墙具有多种墙背形式。其中,墙背为直线形的是普通重力式挡土墙,如图 7-2a)、b)、c)所示。

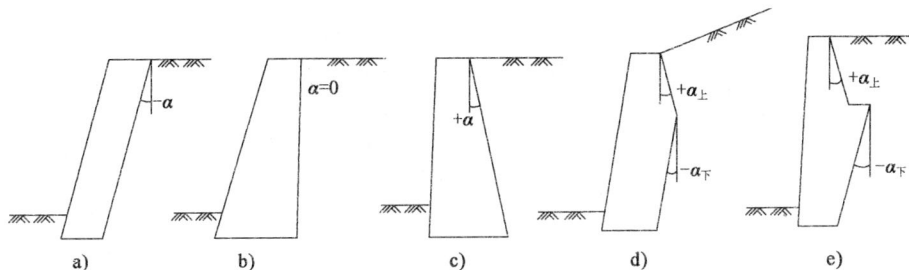

图 7-2　重力式挡土墙的断面形式
a)仰斜式;b)垂直;c)俯斜式;d)凸形折线;e)衡重式

其中:图 7-2a)所示为仰斜式,仰斜墙背所受的土压力小,故墙身断面较经济。但当墙趾处地面横坡较陡时,会使墙身增高,断面加大。故仰斜墙背适用于路堑墙及墙趾处地面平坦的路肩墙或路堑墙。仰斜墙背的坡度不宜缓于 1:0.3,以免施工困难。

图 7-2c)所示为俯斜式,俯斜墙背所受的土压力较大。一般在地面横坡陡峻时采用,借以采用陡直的墙面,减小墙高。俯斜墙背也可做成台阶,以增加墙背与填料间的摩擦力。

图 7-2b)所示为垂直墙背,其特点介于仰斜和俯斜墙背之间。

带衡重台的挡土墙,称为衡重式挡土墙,如图 7-2e)所示,其主要稳定条件仍凭借于墙身自重,但由于衡重台上填土的重量使全墙重心后移,增加了墙身的稳定,且因其墙面胸坡很陡,下墙墙背仰斜,所以可以减小墙的高度,减少开挖工作量,避免过分牵动山体的稳定,有时还可以利用台后净空拦截落石。衡重式挡土墙适用于山区公路,但由于其基底面积较小,对地基承载力要求较高,因此应设置在坚实的地基上。不带衡重台的折线形墙背挡土墙,则介于上述两者之间,如图 7-2d)所示。

凸形折线墙背,上部俯斜,下部仰斜,以减少上部的断面尺寸(包括墙高),多用于路堑墙,也可用于路肩墙。

衡重式墙背在上下墙之间设衡重台,并采用陡直墙面,适用于地形陡峻处的路肩墙和路堤墙,也可用于路堑墙,上下墙的墙高比一般采用 2:3,上墙俯斜墙背的坡度为 1:0.25 ~ 1:0.45,下墙仰斜墙背在 1:0.25 左右。

混凝土半重力式挡土墙,是指在墙背设少量钢筋,并将墙趾展宽,以保证基底必要的宽度,减薄墙身,节省圬工。

(二)薄壁式挡土墙

薄壁式挡土墙是钢筋混凝土结构,包括悬臂式和扶壁式两种主要形式。

悬臂式挡土墙如图7-3所示,它是由立壁和底板组成,具有三个悬臂,即立壁、趾板和踵板。当墙身较高时,沿墙长每隔一定距离加筑肋板(扶壁)联结墙面板及踵板,称为扶壁式挡土墙,如图7-4所示。它们的共同特点是:墙身断面小,结构的稳定性不是依靠本身的重量,而主要依靠踵板上的填土重量来保证。它们自重轻,圬工省,适用于墙高较大的情况,但需要使用一定数量的钢材,经济效果较好。

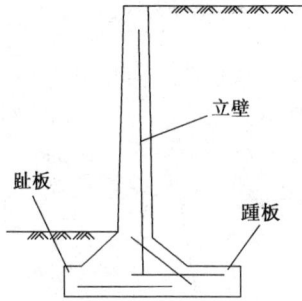

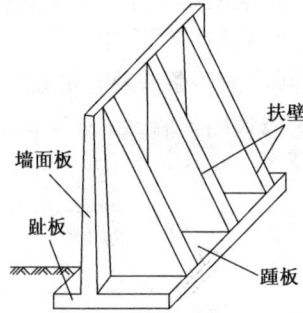

图7-3　悬壁式挡土墙　　　　　　　图7-4　扶壁式挡土墙

(三)锚固式挡土墙

锚固式挡土墙通常包括锚杆式和锚定板式两种。

锚杆式挡土墙是一种轻型挡土墙,如图7-5所示,主要由预制的钢筋混凝土立柱、挡土板构成墙面,与水平或倾斜的钢锚杆联合组成。锚杆的一端与立柱连接,另一端被锚固在山坡深处的稳定岩层或土层中。墙后侧压力由挡土板传给立柱,由锚杆与岩体之间的锚固力,即锚杆的抗拔力,使墙获得稳定。它适用于墙高较大、石料缺乏或挖基困难地区,具有锚固条件的路基挡土墙,一般多用于路堑挡土墙。

锚定板式挡土墙的结构形式与锚杆式基本相同,只是锚杆的锚固端改用锚定板,埋入墙后填料内部的稳定层中,依靠锚定板产生的抗拔力抵抗侧压力,保持墙的稳定,如图7-6所示。锚定式挡土墙的特点在于构件断面小、工程量省,不受地基承载力的限制,构件可预制,有利于实现结构轻型化和施工机械化。它主要适用于缺乏石料的地区,一般多用于路堤墙或路肩墙。

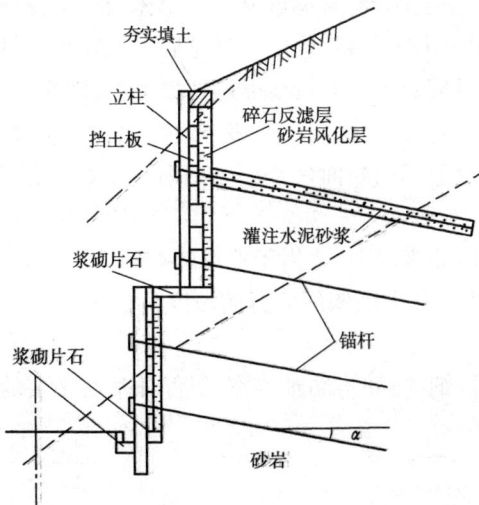

图7-5　锚杆式挡土墙　　　　　　　图7-6　锚定板式挡土墙

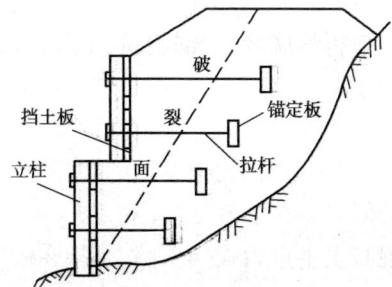

(四)垛式挡土墙

垛式挡土墙,如图7-7所示,通常采用钢筋混凝土预制杆件纵横交错拼装成框架,内填土石,借其自重抵抗墙后土体的推力。这种挡土墙,允许地基产生一定的变形,施工迅速,修复较易,常用作高路堤墙和高路肩墙以及抗滑墙。

(五)加筋土挡土墙

加筋土挡土墙是由填土、填土中布置的拉筋条以及墙面板三部分组成,如图7-8所示。在垂直于墙面的方向,按一定间隔和高度水平地放置拉筋材料,然后填土压实,通过填土与拉筋间的摩擦作用,把土的侧压力传给拉筋,从而稳定土体。拉筋材料通常为镀锌薄钢带、铝合金、高强塑料及合成纤维等。墙面板一般用混凝土预制,也可采用半圆形铝板。加筋土挡土墙属柔性结构,对地基变形适应性大,建筑高度大,适用于填土路基。它结构简单,圬工数量少,与其他类型的挡土墙相比,可节约投资30%～70%,经济效益大。

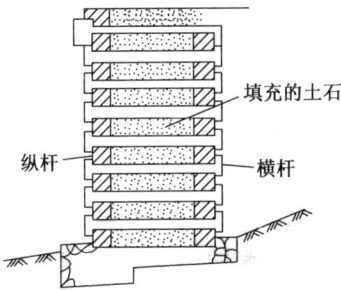

图7-7 垛式挡土墙

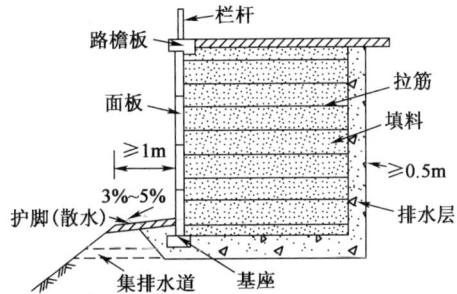

图7-8 加筋土挡土墙

(六)桩板式挡土墙

桩板式挡土墙由钢筋混凝土桩柱和挡板组成,如图7-9所示。利用深埋的桩柱及其桩柱前的被动土压力来平衡墙后主动土压力。该结构构件轻便,可预制拼装,快速施工。适用于土压力大、要求基础埋深大的地段,可用于支挡土质高路堑边坡或处治边坡坍滑,也可用于路肩墙或路堤墙。

(七)土钉式挡土墙

土钉式挡土墙由土体、土钉和护面板三部分组成,如图7-10所示。利用土钉对天然土体就地实施加固,并与喷射混凝土护面板相结合,形成类似于重力式挡土墙的加强支护体,从而使开挖坡面稳定。土钉式支护对土体适应性强、工艺简单、材料用量与工程量较少,可随挖方施工逐步推进,自上而下分级施工。常用于支护挖方路堑边坡,也可作为挖方工程的临时支护。

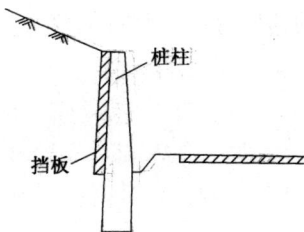

图7-9 桩板式挡土墙

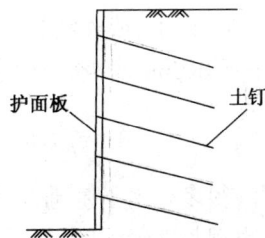

图7-10 土钉式挡土墙

路基挡土墙设计,应根据路基横断面设计要求,并综合考虑工程地质、水文地质、地基承载能力、地形条件、冲刷深度、荷载作用情况、环境条件、施工条件、工程造价等因素,合理确定挡土墙的位置、起讫点、长度和高度,按表7-1进行技术经济比较后,选择适宜的挡土墙类型。

各类挡土墙适用条件   表7-1

挡墙类型	适用条件
重力式挡土墙	适用于一般地区、浸水地区和地震地区的路肩、路堤和路堑等支挡工程。墙高不宜超过12m,干砌挡土墙的高度不宜超过6m。高速公路、一级公路不应采用干砌挡土墙
半重力式挡土墙	适用于不宜采用重力式挡土墙的地下水位较高或较软弱的地基上。墙高不宜超过8m
悬臂式挡土墙	宜在石料缺乏、地基承载力较低的填方路段采用。墙高不宜超过5m
扶壁式挡土墙	宜在石料缺乏、地基承载力较低的填方路段采用。墙高不宜超过15m
锚杆挡土墙	宜用于墙高较大的岩质路堑地段。可用作抗滑挡土墙。可采用肋柱式或板壁式单级墙或多级墙。每级墙高不宜大于8m,多级墙的上、下级墙体之间应设置宽度不小于2m的平台
锚定板挡土墙	宜使用在缺少石料地区的路肩墙或路堤式挡土墙,但不应建筑于滑坡、坍塌、软土及膨胀土地区。可采用肋柱式或板壁式,墙高不宜超过10m。肋柱式锚定板挡土墙可采用单级墙或双级墙,每级墙高不宜大于6m,上、下级墙体之间应设置宽度不小于2m的平台。上下两级墙的肋柱宜交错布置
加筋土挡土墙	用于一般地区的路肩式挡土墙、路堤式挡土墙。但不应修建在滑坡、水流冲刷、崩塌等不良地质地段。高速公路、一级公路墙高不宜大于12m,二级及二级以下公路不宜大于20m。当采用多级墙时,每级墙高不宜大于10m,上、下级墙体之间应设置宽度不小于2m的平台
桩板式挡土墙	用于表土及强风化层较薄的均质岩石地基,挡土墙高度可较大,也可用于地震区的路堑或路堤支挡或滑坡等特殊地段的治理

二、构　　造

常用的重力式挡土墙一般由墙身、基础、排水设施和伸缩缝等几部分组成。

(一)墙身构造

重力式挡土墙的墙背,可做成仰斜、垂直、俯斜、凸形折线和衡重式等形式(图7-2)。

墙面一般为平面,其坡度应与墙背坡度相协调。地面横坡较陡时,墙面可采用1:0.05～1:0.20,矮墙也可采用直立;地面横坡平缓时,墙面可缓些,一般采用1:0.20～1:0.35,以免过多增加墙高。

墙顶的最小宽度,浆砌时应不小于50cm;干砌时应不小于60cm。干砌时其高度一般不宜大于6m。浆砌时墙顶应用强度等级5MPa的砂浆抹平,厚2cm,或用较大石块砌筑并勾缝;干砌时顶部50cm厚度内宜用强度等级5MPa的砂浆砌筑,以求稳定。

墙顶高出地面6m以上,或连续长度大于20m的路肩墙,墙顶应设置护栏。护栏内侧边缘距路面边缘不应小于0.5m(四级公路)或0.75m(二级、三级公路)。

(二)基础

挡土墙的破坏,很多是由于基础处理不当而引起的。因此,设计时应对基底条件做充分的调查,再确定基础类型和埋置深度。

绝大多数挡土墙,都直接修筑在天然地基上。当地基承载力不足,地形平坦而墙身较高时，为减小基底压应力和增加抗倾覆稳定性，可在墙趾处伸出一台阶，以拓宽基底。台阶的宽度一般不小于20cm，台阶的高宽比可采用3：2或2：1。若基底压应力超出地基容许承载力过多而需加宽很大时，为避免台阶过大，可采用钢筋混凝土底板，其厚度由剪力和主应力控制。

地基为软弱土层（如淤泥、软黏土等）时，可采用砂砾、碎石、矿渣或灰土等材料换填，以扩散基底压应力。

对于土质地基，基础埋置深度应符合下列要求：①无冲刷时，地表下应不小于1m；②有冲刷时，冲刷线以下至少1m；③受冰冻影响时，冻结线以下不少于0.25m。当冻深超过1m时，仍采用1.25m，但基底应夯填一定厚度的砂砾或碎石垫层。

碎石、砾石、砂类地基，可不考虑冻胀影响，基础埋深不小于1m。岩石地基在清除风化层后，基础还应嵌入基岩不小于0.15～0.60m。

（三）排水

挡土墙应设置排水设施，以疏干墙后填土中的水，防止墙后积水所产生的静水压力、冻胀力（寒冷地区）或膨胀地区（填料中含有膨胀性土）。排水措施包括：设置地面排水沟；夯实回填土顶面和地面松土（必要时可加铺砌）；对路堑墙的墙趾前边沟予以加固；设置墙身泄水孔等。

浆砌挡土墙应在墙前地面以上设一排泄水孔如图7-11所示。墙高时，可在墙上部加设一排泄水孔。泄水孔间距一般为2～3m，上下交错设置。最下排泄水孔的底部应高出地面0.3m；当为路堑墙时，出水口应高于边沟水位0.3m；若为浸水挡土墙，则应设于常水位以上0.3m。为防止水分反渗入墙后，在泄水孔进口处应设置粗粒料反滤层，底部设30cm厚的不透水黏土隔水层。当墙后排水不良或填料有冻胀可能时，应在墙后最低一排泄水孔至距墙顶0.5m之间填筑不小于0.3m厚的砂、卵石等渗水材料。

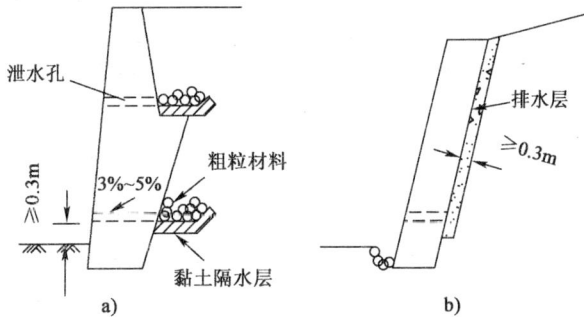

图7-11　泄水孔及排水层

（四）沉降与伸缩缝

为避免地基不均匀沉陷而引起墙身开裂以及墙体伸缩而产生裂缝，挡土墙需根据地形及地质等情况每隔10～15m设置一道沉降伸缩缝。缝内可用胶泥填塞，但在渗水量大、冻害严重的地区，宜用沥青麻筋或沥青木板等材料，沿墙内、外、顶三边填塞，深度不宜小于15cm。当墙背为填石且冻害不严重时，可仅留空隙，不嵌填料。

三、挡土墙的布置

挡土墙的布置，通常在路基横断面图和墙址纵断面图上进行。布置前，应现场核对路基横断面图，不足时应补测，并测绘墙址处的纵断面图，收集墙址处的地质和水文等资料。

在勘测设计阶段,应对挡土墙地基基础进行综合地质勘察,查明地基地质条件和地基承载能力。设计中应分析预测挡土墙建设对环境产生的影响,确定必要的环境保护方案和植物措施;在施工阶段应采用合理施工方法,尽量减少对环境和相邻路基段的不利影响。

挡土墙可采用锥坡与路堤连接,墙端应伸入路堤内不应小于 0.75m,锥坡坡率宜与路堤边坡一致,并宜采用植草防护措施。挡土墙端部嵌入路堑原地层的深度,土质地层不应小于 1.5m;风化软质岩层不应小于 1.0m;微风化岩层不应小于 0.5m。

(一)挡土墙位置的选定

路堑挡土墙大多数设在边沟旁。山坡挡土墙应考虑设在基础可靠处,墙的高度应保证墙后墙顶以上边坡的稳定。

当路肩墙和路堤墙的墙高或截面圬工数量相近、基础情况相似时,应优先选用路肩墙,按路基宽布置挡土墙位置,因为路肩挡土墙可充分收缩坡角,大量减少填方和占地。若路堤墙的高度或圬工数量比路肩墙显著降低,而且基础可靠时,宜选用路堤墙,并做经济比较后确定墙的位置。

沿河路堤设置挡土墙时,应结合河流情况来布置,注意设墙后仍应保持水流顺畅,不致挤压河道而引起局部冲刷。

(二)纵向布置

挡土墙纵向布置在墙址纵断面图上进行,布置后绘成挡土墙正面图,如图 7-12 所示。

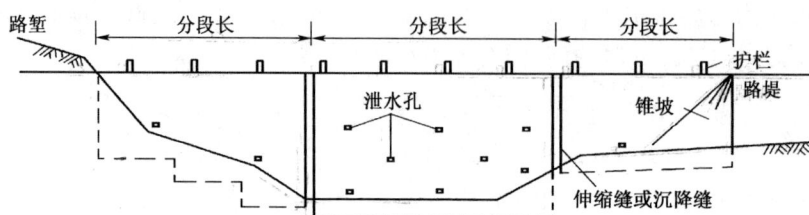

图 7-12　挡土墙正面图

布置的内容有:

(1)确定挡土墙的起讫点和墙长,选择挡土墙与路基或其他结构物的衔接方式。

挡土墙可采用锥坡与路堤连接,墙端应伸入路堤内不应小于 0.75m,锥坡坡率宜与路堤边坡一致,并宜采用植草防护措施。挡土墙端部嵌入路堑原地层的深度,土质地层不应小于 1.5m;风化软质岩层不应小于 1.0m;微风化岩层不应小于 0.5m。

路肩挡土墙端部可嵌入石质路堑中,或采用锥坡与路堤衔接;与桥台连接时,为了防止墙后回填土从桥台尾端与挡土墙连接处的空隙中溜出,需在台尾与挡土墙之间设置隔墙及接头墙。

路堑挡土墙在隧道洞口应结合隧道洞门、翼墙的设置情况平顺衔接;与路堑边坡衔接时,一般将墙高逐渐降低至 2m 以下,使边坡坡脚不致伸入边沟内,有时也可与横向端墙连接。

(2)具有整体式墙面的挡土墙应设置伸缩缝和沉降缝。按地基及地形情况进行分段,确定伸缩缝与沉降缝的位置。

(3)布置各段挡土墙的基础。墙址地面有纵坡时,挡土墙的基底应做成不大于 5% 的纵坡。但地基为岩石时,为减少开挖,可沿纵向作成台阶。台阶尺寸应随纵坡大小而定,但其高宽比不宜大于 1:2。

(4)应根据挡土墙墙背渗水量合理布置排水构造。布置泄水孔的位置,包括数量、间隔和尺寸等。

此外,在布置图上应注明各特征断面的桩号,以及墙顶、基础顶面、基底、冲刷线、冰冻线、常水位线或设计洪水位的高程等。

(三)横向布置

横向布置选择在墙高最大处、墙身断面或基础形式有变异处,以及其他必需桩号的横断面图上进行。根据墙型、墙高及地基与填料的物理力学指标等设计资料,进行挡土墙设计或套用标准图,确定墙身断面、基础形式和埋置深度,布置排水设施等,并绘制挡土墙横断面图。路肩式挡土墙的顶面宽度不应占据硬路肩、行车道及路缘带的路基宽度范围,并应设置护栏。高速公路和一级公路的护栏设计应符合《高速公路交通安全设施及施工技术规范》的有关规定。

(四)平面布置

对于个别复杂的挡土墙,如高、长的沿河挡土墙和曲线挡土墙,除了纵、横向布置外,还应进行平面布置,绘制平面图,标明挡土墙与路线的平面位置及附近地貌与地物等情况,特别是与挡土墙有干扰的建筑物的情况。沿河挡土墙还应绘出河道及水流方向,其他防护与加固工程等。

在以上设计图纸上,可标写简要说明。必要时可另编写设计说明书,说明选用挡土墙方案的理由、选用挡土墙结构类型和设计参数的依据、对材料和施工的要求、注意事项以及主要工程数量等,如采用标准图,应注明其编号。挡土墙墙背填料宜采用渗水性强的砂性土、砂砾、碎(砾)石、粉煤灰等材料,严禁采用淤泥、腐殖土、膨胀土,不宜采用黏土作为填料。在季节性冻土区,不应采用冻胀性材料做填料。

第二节　路基挡土墙土压力计算

一、作用在挡土墙上的力系

作用在挡土墙上的力系,按力的作用性质分为主要力系、附加力系和特殊力。

主要力系指经常作用于挡土墙上的各种力,如图 7-13 所示,它包括:①挡土墙自重 G 及位于墙上的恒载(如护栏等);②作用于墙背上的主动土压力 E_a(包括墙后填料破坏棱体上的荷载);③基底的法向反力 N 及摩擦力 T;④墙前土体的被动土压力 E_p。

在浸水地区,除上述几种力之外,还包括挡土墙及墙后填料的水浮力等。在浸水地区应采用渗水性土作填料,其动水压力可不予考虑。

附加力是季节性或规律性作用于墙的各种力,如洪水位时的静水压力和浮力、动水压力、波浪冲击力、冻胀压力及冰压力。

特殊力是偶然出现的力,如地震力、浮力、水面物撞击力等。

墙趾前的土体的被动土压力是存在的,但设计一般不

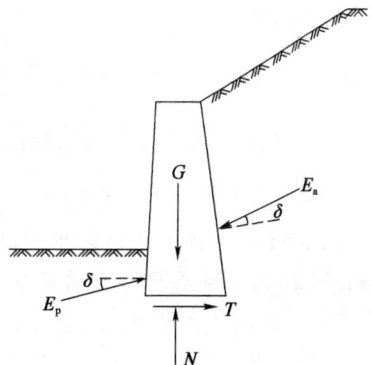

图 7-13　作用在挡土墙上的力系

133

予考虑,这是偏于安全的。

对于地震地区,还应考虑地震附加力对挡土墙的影响。

二、路基挡土墙土压力类别

土压力是挡土墙的主要设计荷载。根据挡土墙的位移情况,可以形成不同性质的土压力,如图7-14所示。在影响挡土墙土压力大小及其分布规律的诸多因素中,挡土墙的位移方向和位移量是计算中要考虑的特殊因素。根据挡土墙的位移和墙后土体所处的应力状态,土压力有:静止土压力、主动土压力和被动土压力三种类型。

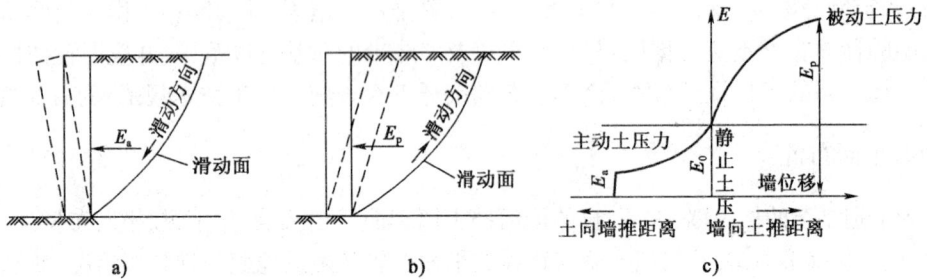

图7-14 土压力类别

a)主动土压力;b)被动土压力;c)位移与土压力关系

当挡土墙向外移动时(位移或倾覆),土压力随之减小,直到墙后土体沿破裂面下滑而处于极限平衡状态时,作用于墙背的土压力称为主动土压力;当墙向土体方向移动,土压力随之增大,土体被推移向上滑动处于极限平衡状态时,此时土体对墙的抗力称为被动土压力;墙处于原位不动时,土压力介于两者之间,称为静止土压力。采用哪种性质的土压力作为挡土墙的设计荷载,要根据挡土墙的具体条件而定。

在挡土墙设计中,应根据它在外力作用下可能的位移方向,来判断是主动土压力还是被动土压力。如拱桥桥台在荷载和自重作用下,有向土体移动的趋势,为台背土压力所阻止,故台背所受的土压力应为被动土压力。而对路基挡土墙,则墙身有被土体向外推移的趋势,墙背承受的是主动土压力。按主动土压力设计路基挡土墙,是考虑到挡土墙失稳或基底破坏前,墙身必定会产生相应的位移,于是墙后土体的应力状态趋近于主动极限状态。因此,以主动土压力作为路基挡土墙的设计荷载是合理的。

三、库仑主动土压力计算

库仑(Coulomb)理论用于计算主动土压力,具有计算简便、能适用于各种复杂边界条件、计算结果比较接近实际等优点。目前,公路路基挡土墙所承受的土压力,普遍采用库仑理论计算。

(一)库仑理论要点与适用范围

库仑土压力理论又称滑楔平衡法,是从研究墙后宏观土体的滑动出发的,当墙后破裂棱体产生滑动时,土体处于极限平衡状态,根据破裂棱体的静力平衡条件,求得墙背主动土压力和被动土压力。库仑理论在分析土压力时,基于下述基本假定:

(1)墙后土体为均质散粒体,粒间仅有内摩擦力而无黏聚力。

(2)当墙产生一定位移(移动或转动)时,墙后土体将形成破裂棱体,挡土墙及破裂棱体均视为刚体,在外力作用下不发生变形,并沿墙背和破裂面滑动(下滑或上移),破裂面为通过墙踵的一平面。

（3）当墙后土体开始滑动时，土体处于极限平衡状态，破裂棱体在其自重 W、墙背反力（它的反作用力即为土压力 E_a）和破裂面反力 R 的作用下维持静力平衡。由于破裂棱体与墙背及土体间具有摩擦阻力，故 E_a 与墙背法线呈 δ 角、R 与破裂面法线呈 φ 角，并均偏向阻止棱体滑动的一侧。

库仑理论概念清晰、计算简单、适应范围较广，可适用于不同墙背坡度和粗糙度、不同墙后填土表面形状和荷载作用情况下的主动土压力计算。而且一般情况下，计算结果均能满足工程要求。用库仑理论计算砂性土主动土压力值与实际情况比较接近。当应用于黏性土时，应考虑黏聚力的影响。

库仑理论不仅适用于墙背平面为平面或近似平面的挡土墙，也可用于 L 形墙背（如悬臂式和扶壁式挡土墙）。此时，可以墙背顶点和墙踵的连线为假想墙背来计算土压力，其中墙背摩擦角为填土的内摩擦角 φ。当俯斜墙背（包括 L 形墙背的假想墙背）的坡度较缓时，破裂棱体不一定沿着墙背（或假想墙背）滑动，而可能沿土体内某一破裂面滑动，即土体中出现第二破裂面，此时应按第二破裂面法计算。

库仑理论用于仰斜墙背时，墙背坡度不宜太缓，一般以不缓于 $1:0.3 \sim 1:0.35$ 为宜，不然将出现较大的误差，计算土压力偏小，如墙背倾角 $\alpha = \varphi$，理论上 $E_a = 0$，但实际上 $E_a \neq 0$。

库仑理论仅适用于刚性挡土墙。对于锚杆式、锚定板式、桩板式等柔性挡土墙的土压力只能按库仑理论近似计算。

采用库仑理论计算作用在墙背上的主动土压力时，应进行墙后填料的土质试验，确定填料的物理力学指标，当缺乏可靠试验数据时，填料内摩擦角 φ 可参照表 7-2 选用。

填料内摩擦角或综合内摩擦角（°）　　　　　　　表 7-2

填 料 种 类		综合内摩擦角 φ_0	内摩擦角 φ	重度（kN/m^3）
黏性土	墙高 $H \leq 6m$	$35 \sim 40$	—	$17 \sim 18$
	墙高 $H > 6m$	$30 \sim 35$	—	
碎石、不易风化的块石		—	$45 \sim 50$	$18 \sim 19$
大卵石、碎石类土、不易风化的岩石碎块		—	$40 \sim 45$	$18 \sim 19$
小卵石、砾石、粗砂、石屑		—	$35 \sim 40$	$18 \sim 19$
中砂、细砂、砂质土		—	$30 \sim 35$	$17 \sim 18$

注：填料重度可根据实测资料做适当修正，计算水位以下的填料重度采用浮重度。

（二）主动土压力计算公式

路基挡土墙因设置位置、路基形式和荷载分布的不同，土压力有多种计算图式。以路堤挡土墙为例，按破裂面交于路基面的位置不同，可分为五种图式：破裂面交于内边坡；破裂面交于荷载的内侧、中部和外侧；破裂面交于外侧边坡。

图 7-15 为破裂面交于内边坡的土压力计算图示。这一图示适用于路堤墙或路堑墙。图中 AB 为挡土墙背，BC 为破裂面，BC 与铅垂线的夹角 θ 为破裂面，ABC 为破裂棱体。棱体上作用着三个力，即破裂棱体自重 G、主动土压力的反力 E_a 和破裂面上的反力 R。E_a 的方向与墙背法线呈 δ 角，且偏于阻止棱体下滑的方向；R 的方向与破裂面法线成 φ 角，且偏于阻止棱体下滑的方向。取挡土墙长度为 1m 计算，从作用于棱体上的平衡力三角形 abc 可得：

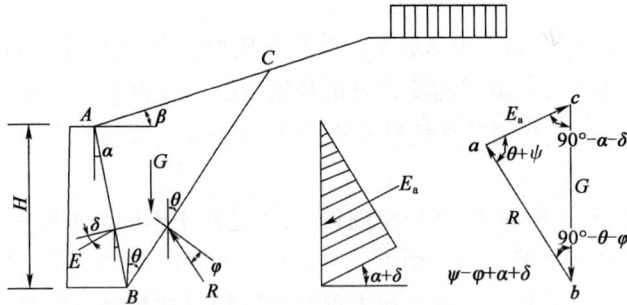

图 7-15　破裂面交于内边坡土压力计算图示

$$E_a = \frac{\sin(90° - \theta - \varphi)}{\sin(\theta + \psi)} \cdot G = \frac{\cos(\theta + \varphi)}{\sin(\theta + \psi)} \cdot G \qquad (7-1)$$

式中：$\psi = \varphi + \alpha + \delta$。

因

$$G = \frac{1}{2}\gamma \cdot AB \cdot BC \cdot \sin(\alpha + \theta)$$

而

$$AB = H \cdot \sec\alpha$$

$$BC = \frac{\sin(90° - \alpha + \beta)}{\sin(90° - \theta - \beta)} \cdot AB = H\sec\alpha \frac{\cos(\alpha - \beta)}{\cos(\theta + \beta)}$$

$\therefore$
$$G = \frac{1}{2}\gamma H^2 \sec^2\alpha \frac{\cos(\alpha - \beta)\sin(\theta + \alpha)}{\cos(\theta + \beta)} \qquad (7-2)$$

将式(7-2)代入式(7-1)，得：

$$E_a = \frac{1}{2}\gamma H^2 \sec^2\alpha \frac{\cos(\alpha - \beta)\sin(\theta + \alpha)}{\cos(\theta + \beta)} \cdot \frac{\cos(\theta + \varphi)}{\sin(\theta + \psi)} \qquad (7-3)$$

令

$$A = \frac{1}{2}H^2 \sec^2\alpha\cos(\alpha - \beta)$$

则

$$E_a = \gamma A \frac{\sin(\theta + \alpha)\cos(\theta + \varphi)}{\cos(\theta + \beta)\sin(\theta + \psi)} \qquad (7-4)$$

当参数 γ、φ、δ、α、β 一定时，E_a 随破裂面的位置而变化，即 E_a 是破裂角 θ 的函数。为求最大土压力 E_a，首先要求对应于最大土压力时的破裂角 θ。取 $\mathrm{d}E_a/\mathrm{d}\theta = 0$ 得：

$$\gamma A \left[\begin{matrix} \dfrac{\cos(\theta + \varphi)}{\sin(\theta + \psi)} \cdot \dfrac{\cos(\theta + \beta)\cos(\theta + \alpha) + \sin(\theta + \beta)\sin(\theta + \alpha)}{\cos^2(\theta + \beta)} - \dfrac{\sin(\theta + \alpha)}{\cos(\theta + \beta)} \cdot \\[3mm] \dfrac{\sin(\theta + \psi)\sin(\theta + \varphi) + \cos(\theta + \varphi)\cos(\theta + \psi)}{\sin^2(\theta + \psi)} \end{matrix} \right] = 0$$

整理化简后得：$P\tan^2\theta + Q\tan\theta + R = 0$

$$\tan\theta = \frac{-Q \pm \sqrt{Q^2 - 4PR}}{2P} \qquad (7-5)$$

136

式中：$P = \cos\alpha\sin\beta\cos(\Psi-\varphi) - \sin\varphi\cos\Psi\cos(\alpha-\beta)$

$\qquad Q = \cos(\alpha-\beta)\cos(\Psi-\varphi) - \cos(\Psi-\varphi)\cos(\alpha+\delta)$

$\qquad R = \cos\varphi\sin\Psi\cos(\alpha-\beta) - \sin\alpha\cos(\Psi-\varphi)\cos\beta$

将式(7-5)求得的 θ 值代入式(7-4)，即可求得最大主动土压力 E_a 值，E_a 也可用下式表示。

$$
\begin{aligned}
E_a &= \frac{1}{2}\gamma H^2 K_a \\
&= \frac{1}{2}\gamma H^2 \frac{\cos^2(\varphi-\alpha)}{\cos^2\alpha\cos(\alpha+\delta)\left[1+\sqrt{\dfrac{\sin(\varphi+\delta)\sin(\varphi-\beta)}{\cos(\alpha+\delta)\cos(\alpha-\beta)}}\right]^2}
\end{aligned} \tag{7-6}
$$

式中：E_a——库仑主动土压力（kN）；

$\qquad \gamma$——墙后填土的容重（kN/m³）；

$\qquad \varphi$——填土的内摩擦角（°）；

$\qquad \delta$——墙背与填土间的摩擦角（°）；

$\qquad \beta$——墙后填土表面的倾斜角（°）；

$\qquad \alpha$——墙背倾斜角（°），俯斜为正（$+\alpha$），仰斜为负（$-\alpha$）；

$\qquad H$——挡土墙高度（m）；

$\qquad K_a$——主动土压力系数。

土压力的水平和垂直分力为：

$$
\left.\begin{aligned}
E_x &= E_a\cos(\alpha+\delta) \\
E_y &= E_a\sin(\alpha+\delta)
\end{aligned}\right\} \tag{7-7}
$$

式中：E_x——土压力的水平分力（kN）；

$\qquad E_y$——土压力的垂直分力（kN）。

当破裂面交于路基面和外边坡的计算图式如图7-16所示时，求解土压力 E_a 的方法与上述过程类似。其计算公式可参见《公路设计手册》路基部分中挡土墙设计中的内容。

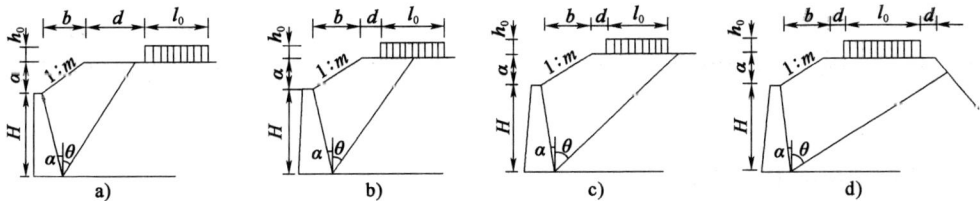

图7-16　破裂面交于路基面及外边坡
a)交于荷载内侧；b)交于荷载中部；c)交于荷载外侧；d)交于外侧边坡

四、不同情况下的土压力计算

(一)第二破裂面的土压力计算

在挡土墙设计中，当墙背俯斜坡度很缓时，如折线形挡土墙的上墙墙背或衡重式挡土墙的假想墙背，见图7-17，则墙后土体破裂的破裂棱体并不沿墙背或假想墙背 CA 滑动，而是沿土体的另一滑动面 CD 滑动，则 CD 称为第二破裂面，而远离墙的破裂面 CF 称第一破裂面，α_i 和 θ_i 为相应的破裂角。此时，挡土墙承受的第二破裂面的土压力 E_a 就不能用库仑理论的假定来计算。

第二破裂面出现的条件是：①墙背或假想墙背的倾斜 α 或 α' 必须大于第二破裂面的倾角 α_i，即墙背或假想墙背不妨碍第二破裂面的出现；②作用于墙背或假想墙背上的土压力对墙背法线的倾角 δ' 应小于或等于墙背摩擦角 δ，也就是不发生土楔体沿墙背或假想墙背的滑动。对于一般常用的俯斜墙背，上述条件不能满足，故不会出现第二破裂面。衡重式墙的上墙或悬臂式墙，因假想墙背的 $\delta = \varphi$，只要满足第一个条件，即出现第二破裂面。

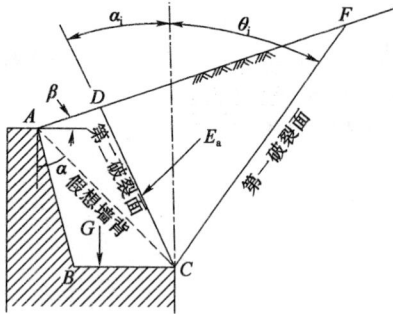

图 7-17　出现第二破裂面的情况

当出现第二破裂面时，其土压力计算是按上下墙分别计算。对于上墙土压力计算，首先假定破裂面出现的位置（即交于荷载内、荷载外、荷载边缘、路肩或边坡上等情况），然后按《路基设计手册》中相应的公式计算破裂角，并以此结果检验假定，如不符则重新假定计算，直到相符。当验证结果证明不会出现第二破裂面时，则应按一般库仑公式进行计算。根据算得的破裂角，最后计算最大主动土压力。各种边界条件下出现第二破裂面时土压力计算公式，可详见《公路设计手册》路基部分。

（二）黏性土土压力计算

库仑理论只考虑了不具有黏聚力的砂性土的土压力问题。所以，当填料为黏性土时，就应该考虑黏聚力 c 对土压力的影响。目前，由于黏聚力的数值难以恰当地确定，同时又缺乏黏聚力计算方法设计挡土墙的实践经验，通常都采用换算内摩擦角法来计算黏性土的主动土压力。即将内摩擦角 φ 与单位黏聚力 c，换算成较实有 φ 值为大的等效内摩擦角 φ_D，按砂性土的公式计算其主动土压力。

可以按换算前后土的抗剪强度相等的原则或土压力相等的原则来计算 φ_D 值。通常把黏性土的内摩擦角值增大 5° ～ 10°，或采用等效内摩擦角为 30° ～ 35°。但是，这种方法是近似的，对于矮墙偏于安全，对于高墙则偏于危险。因此，在设计高墙时，应按墙高酌情降低 φ_D 值。最好是按实际测定的 c、φ 值，采用力多边形法（数解法）来计算黏性土的主动土压力。有关力多边形法及用该法推出的各种边界条件下的黏性土土压力公式，可参见《公路设计手册》路基部分。

（三）不同土层的土压力计算

如图 7-18 所示，采用近似的计算方法。首先求得上一土层的土压力 E_{1a} 及其作用点高度 Z_{1x}。并近似地假定：上下两土层层面平行；计算下一土层时，将上一土层视为均布荷载，按地面为一平面时的库仑公式计算，然后截取下一土层的土压应力图形为其土压力。

在图 7-18 中土压力：

$$E_{2a} = \left(\gamma_1 H_1 H_2 + \frac{1}{2}\gamma_2 H_2{}^2\right)K_{2a} \tag{7-8}$$

式中：K_{2a}——下一土层的土压力系数。

土压力的作用点高度为：

$$Z_{2x} = \frac{H_2}{3}\left(1 + \frac{\gamma_1 H_1}{2\gamma_1 H_1 + \gamma_2 H_2}\right) \tag{7-9}$$

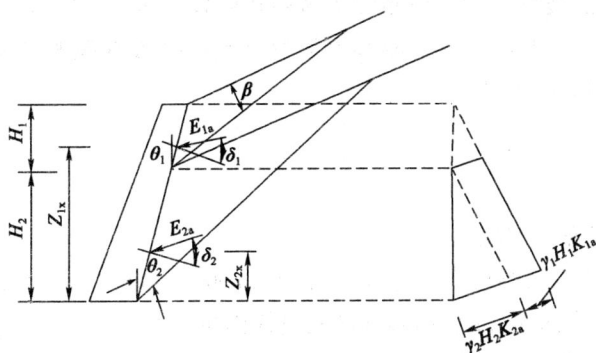

图 7-18　不同土层土压力计算

(四)有限范围填土的土压力计算

当墙后存在着已知破裂面或可能的滑动面(如陡山坡或山坡土体内有倾向路基的层面等),且其倾角比计算的破裂角陡时,墙后填料将沿此滑动面下滑,见图 7-19。此时,作用在墙上的主动土压力可按下式确定:

$$E_a = G \frac{\sin(\beta - \varphi)}{\cos(\psi - \beta)} \tag{7-10}$$

式中:G——滑动土楔及其上荷载重;

　　　β——滑动面的倾角,即原地面的横坡或层面倾角;

　　　ψ——参数;$\psi = \varphi + \alpha + \delta$;

　　　φ——土体与滑动面的摩擦角(°)。

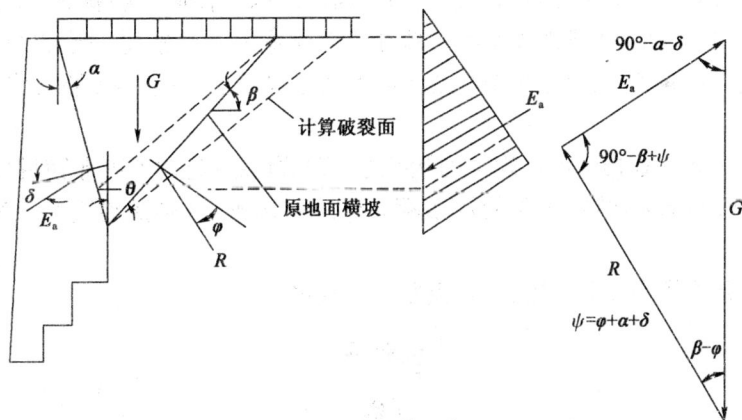

图 7-19　有限范围内填土的土压力计算

应当指出,被动极限状态的产生,要求土体产生较大的变形,而这对一般的建筑物来说常是不能允许的。因此,当建筑物的设计要求考虑土的被动抗力时,应对被动土压力的计算值进行大幅度的折减。

(五)车辆荷载作用下的土压力

作用于墙后破裂棱体上的车辆荷载,使土体中出现附加的竖直应力,从而产生附加的侧向压力。考虑到这种影响,可将车辆荷载近似地按均布荷载考虑,并将其换算成容重与墙后填料相同的均布土层。挡土墙设计中,换算均布土层厚度 h_0(m)可直接由挡土墙高度确定的附加荷载强度计算,如图 8-17 所示,即:

$$h_0 = \frac{q}{\gamma} \tag{7-11}$$

式中:γ——墙后填土的重度(kN/m^3);

q——附加荷载强度(kPa),墙高小于 2m,取 $20kN/m^2$;墙高大于 10m,取 $10kN/m^2$;墙高在 2~10m 之内时,附加荷载强度用直线内插法计算。

作用于墙顶或墙后填土上的人群荷载强度规定为 $3kN/m^2$;作用于挡墙栏杆顶的水平推力采用 0.75kN/m,作用于栏杆扶手上的竖向力采用 1kN/m。

第三节 路基挡土墙结构设计与验算

挡土墙是用来承受土压力的构造物,它应具有足够的强度和稳定性。挡土墙可能的破坏形式有:滑移、倾覆、不均匀沉陷和墙身断裂等。因此挡土墙的设计应保证在自重和外荷载作用下不发生全墙的滑动和倾覆,并保证墙身截面有足够的强度、基底应力小于地基承载能力和偏心矩不超过容许值。这就要求在拟定墙身断面形式及尺寸后,对上述几方面进行验算。

一、路基挡土墙结构设计原则

路基挡土墙结构设计按分项安全系数极限状态法进行。挡土墙结构设计分承载力极限状态和正常使用极限状态。承载力极限状态当挡土墙出现以下任何一种状态,即认为超过了承载力极限状态:①整个挡土墙或挡土墙的一部分作为刚体失去平衡;②挡土墙的构件或连接部件因材料强度超过而破坏,或因过度塑性变形而不适于继续承载;③挡土墙结构变为机动体系或局部失去平衡。

正常使用极限状态是挡土墙出现下列状态之一时,即认为超过了正常使用极限状态:①影响正常使用或外观变形;②影响正常使用或耐久性的局部破坏(包括裂缝);③影响正常使用的其他特定状态。

挡土墙构件承载能力极限状态,可采用如下表达式:

$$\gamma_0 S \leq R \tag{7-12}$$

$$R = R\left(\frac{R_k}{\gamma_f}, \alpha_d\right) \tag{7-13}$$

式中:γ_0——结构重要性系数,可按表 7-3 的规定采用;

S——作用(或荷载)效应的组合设计值,见式(7-14);

$R(\cdot)$——挡土墙结构抗力函数;

R_K——抗力材料的强度标准值;

γ_f——结构材料、岩土性能的分项系数,按表 7-4 规定采用;

α_d——结构或结构构件几何参数的设计值,当无可靠数据时,可采用几何参数标准值。

结构重要性系数 γ_0　　　　　　　　　　　　表 7-3

墙　高	公路等级	
	高速公路、一级公路	二级及以下公路
≤5.0m	1.0	0.95
>5.0m	1.05	1.0

圬工构件或材料的抗力分项系数 γ_f。

　　　　　　　　　　　　　　　　　　　　　　　　　表 7-4

圬工种类	受力情况	
	受压	受弯、剪、拉
石料	1.85	2.31
片石砌体片石混凝土砌体	2.31	2.31
块石、粗料石、混凝土预制块、砖砌体	1.92	2.31
混凝土	1.54	2.31

作用(或荷载)效应的组合设计值:

$$S = \psi_{ZL}(r_G \sum S_{Gik} + \sum r_{Qi}S_{Qik}) \qquad (7\text{-}14)$$

式中: r_G、r_{Qi}——荷载分项系数,按表 7-5 规定采用;

$\quad\quad S_{Gik}$——第 i 个垂直恒载的标准值效应;

$\quad\quad S_{Qik}$——土侧压力、水浮力、静水压力、其他可变荷载的标准值效应;

$\quad\quad \psi_{ZL}$——荷载效应组合系数,按表 7-6 规定采用。

承载能力极限状态作用分项系数　　　　　表 7-5

情　况	荷载增大对挡土墙结构起有利作用时		荷载增大对挡土墙结构起不利作用时	
组合	Ⅰ、Ⅱ	Ⅲ	Ⅰ、Ⅱ	Ⅲ
垂直恒载 r_G	0.9		1.2	
恒载或车辆荷载、人群荷载的主动土压力 r_{Q1}	1.00	0.95	1.40	1.30
被动土压力 r_{Q2}	0.30		0.50	
水浮力 r_{Q3}	0.95		1.10	
静水压力 r_{Q4}	0.95		1.05	
动水压力 r_{Q5}	0.95		1.20	

荷载效应组合系数 ψ_{ZL}　　　　　　表 7-6

荷载组合	ψ_{ZL}	荷载组合	ψ_{ZL}
Ⅰ、Ⅱ	1.0	Ⅲ	0.8
施工荷载	0.7		

二、挡土墙的荷载组合

(一)荷载分类

施加于挡土墙的作用(或荷载),按其性质划分,如表 7-7 所示。

作用(或荷载)分类		作用(或荷载)名称
永久作用(或荷载)		挡土墙结构重力
		填土(包括基础襟边以上土)重力
		填土侧压力
		墙顶上的有效永久荷载
		墙顶与第二破裂面之间的有效荷载
		计算水位的浮力及静水压力
		预加力
		混凝土收缩及徐变
		基础变位影响力
可变作用(或荷载)	基本可变作用(或荷载)	车辆荷载引起的土侧压力
		人群荷载、人群荷载引起的土侧压力
	其他可变作用(或荷载)	水位退落时的动水压力
		流水压力
		波浪压力
		冻胀压力和冰压力
		温度影响力
	施工荷载	与各类型挡土墙施工有关的临时荷载
偶然作用(或荷载)		地震作用力
		滑坡、泥石流作用力
		作用于墙顶护栏上的车辆碰撞力

(二)荷载效应组合

挡土墙设计时,应根据各种设计状态,对可能同时出现的作用(或荷载),取其最不利情况组合。作用在一般地区挡土墙上的力,可只计算永久作用(或荷载)和基本可变作用(或荷载),浸水地区、地震动峰值加速度值为 $0.2g$ 及以上的地区、产生冻胀力的地区,尚应计算其他可变作用(或荷载)和偶然作用(或荷载),作用(或荷载)组合可按表 7-8 进行。

常用作用(或荷载)组合 表 7-8

组 合	作用(或荷载)名称
I	挡土墙结构重力、墙顶上的有效永久荷载、填土重力、填土侧压力及其他永久荷载组合
II	组合 I 与基本可变荷载相组合
III	组合 II 与其他可变荷载、偶然荷载相组合

注:1.洪水与地震力不同时考虑。
　　2.冻胀力、冰压力与流水压力或波浪压力不同是考虑。
　　3.车辆荷载与地震力不同时考虑。

挡土墙上受地震力作用时,应符合现行《公路工程抗震设计规范》的规定。浸水挡土墙墙背为岩块和粗粒土(粉砂除外)时,可不计墙身两侧静水压力和墙背动水压力。

三、挡土墙稳定性验算

(一)抗滑稳定性验算

为保证挡土墙抗滑稳定性,应验算在土压力及其他外力作用下,基地摩阻力抵抗挡土墙滑移的能力,如图 7-20 所示。

1. 滑动稳定方程

挡土墙沿基底的滑动稳定方程如下式:

$$[1.1G + \gamma_{Q1}(E_y + E_x\tan\alpha_0) - \gamma_{Q2}E_p\tan\alpha_0]\mu +$$

$$(1.1G + \gamma_{Q1}E_y)\tan\alpha_0 - \gamma_{Q1}E_x + \gamma_{Q2}E_p > 0 \qquad (7\text{-}15)$$

图 7-20 挡土墙的抗滑动稳定

式中:G——作用于基底以上的重力(kN),浸水挡土墙的浸水部分应计入浮力;

E_x——墙后主动土压力的水平分量(kN);

E_y——墙后主动土压力的垂直分量(kN);

E_p——墙前被动土压力的水平分量(kN),当为浸水挡土墙时,$E_p = 0$;

α_0——基底倾斜角,(°);基底为水平时 $\alpha_0 = 0$;

γ_{Q1}、γ_{Q2}——主动土压力分项系数,墙前被动土压力分项系数,可按表 7-5 的规定选用;

μ——基底与地基间的摩擦系数,当缺乏可靠试验资料时,可按表 7-9 的规定选用。

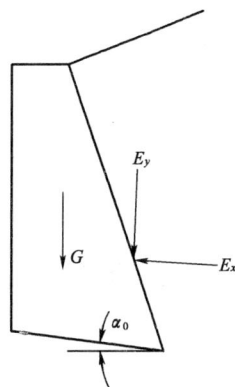

基底与基底土间摩擦系数 μ 参考值   表 7-9

地基土分类	摩擦系数 μ	地基土分类	摩擦系数 μ
软塑黏土	0.25	碎石类土	0.50
硬塑黏土	0.30	软质岩石	0.40 ~ 0.60
砂类土、粘砂土、半干硬的黏土	0.30 ~ 0.40	硬质岩石	0.60 ~ 0.70
砂类土	0.40		

2. 抗滑动稳定系数 K_c

挡土墙抗滑动稳定系数 K_c 按下式计算:

$$K_c = \frac{[N + (E_x - E_p')\tan\alpha_0]\mu + E_p'}{E_x - N\tan\alpha_0} \qquad (7\text{-}16)$$

式中:N——作用于基底上合力的竖向分力(kN),浸水挡土墙应计浸水部分的浮力;

E_p'——墙前被动土压力水平分量的 0.3 倍(kN);

其余符号意义同前。

(二)抗倾覆稳定性验算

为保证挡土墙抗倾覆稳定性,须验算它抵抗墙身绕墙趾向外转动倾覆的能力,如图 7-21 所示。

1. 抗倾覆稳定方程

$$0.8GZ_G + \gamma_{Q1}(E_yZ_x - E_xZ_y) + \gamma_{Q2}E_pZ_p > 0 \qquad (7\text{-}17)$$

式中：Z_G——墙身重力、基础重力、基础上填土的重力及作用于墙顶的其他荷载的竖向力合力重心到墙趾的距离(m)；

Z_x——墙后主动土压力的竖向分量到墙趾的距离(m)；

Z_y——墙后主动土压力的水平分量到墙趾的距离(m)；

Z_p——墙前被动土压力的水平分量到墙趾的距离(m)。

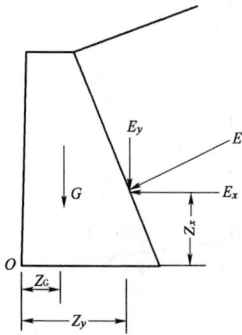

图 7-21 挡土墙的抗倾覆稳定

2. 抗倾覆稳定系数 K_0

抗倾覆稳定系数 K_0 按下式计算：

$$K_0 = \frac{GZ_G + E_yZ_x + E_p'Z_p}{E_xZ_y} \qquad (7\text{-}18)$$

在规定的墙高范围内，验算挡土墙的抗滑动和抗倾覆稳定时，稳定系数不宜小于表 7-10 的规定值。验算结果如不满足要求，则表明抗滑稳定性或抗倾覆稳定性不够，应改变墙身断面尺寸进行重新验算。

抗滑动和抗倾覆的稳定系数 表 7-10

荷载情况	验算项目		稳定系数
荷载组合 I、II	抗滑动	K_c	1.3
	抗倾覆	K_0	1.5
荷载组合 III	抗滑动	K_c	1.3
	抗倾覆	K_0	1.3
施工阶段验算	抗滑动	K_c	1.2
	抗倾覆	K_0	1.2

设置于不良土质地基、表土下为倾斜基岩地基及斜坡上的挡土墙，应对挡土墙地基及填土的整体稳定性进行验算，其稳定系数不应小于 1.25。

四、基底应力及合力偏心距验算

为了保证挡土墙的基底应力不超过地基承载力，应进行基底应力验算；同时，为了避免挡土墙不均匀沉陷，应控制作用于挡土墙基底的合力偏心矩。

（一）基底应力

轴心荷载作用时：

$$p = N_1/A \qquad (7\text{-}19)$$

式中：p——基底平面压应力(kPa)；

A——基础地面每延米的面积(m^2)，即基础宽度 $B \times 1.0$；

N_1——每延米作用于基底的总竖向力设计值(kN)，可按下式计算：

$$N_1 = (r_GG + r_{Q1}E_y - W)\cos\alpha_0 + r_{Q1}E_x\sin\alpha_0 \qquad (7\text{-}20)$$

式中：E_y——墙背主动土压力（含附加荷载引起）的垂直分力（kN）；

E_x——墙背主动土压力（含附加荷载引起）的水平分力（kN）；

W——低水位浮力（指常年淹没水位）（kN）。

偏心荷载作用时，如图7-22所示，作用于基底的合力偏心距 e 为：

$$e = \frac{M}{N_1} \qquad (7\text{-}21)$$

式中：M——作用于基底形心的弯矩，可按表7-11的规定采用。

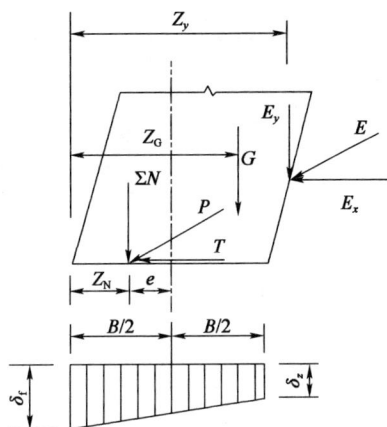

图7-22　基底应力及合力偏心距

基底弯矩值计算表

表7-11

荷 载 组 合	作用于基底形心的弯矩设计值
Ⅰ	$M = 1.4M_E + 1.2M_G$
Ⅱ	$M = 1.4M_{E1} + 1.2M_G$
Ⅲ	$M = 1.3M_E + 1.2M_G + 1.05M_W + 1.1M_f + 1.2M_p$

注：M_E 为由填土恒载土压力所引起的弯矩；M_G 为由墙身及基础自重和基础上的土重引起的弯矩；M_{E1} 为由填土及汽车活荷载引起的弯矩；M_W 为由静水压力引起的弯矩；M_p 为由地震土压力引起的弯矩；M_f 为由浮力引起的弯矩。

挡土墙地基计算时，各类作用（或荷载）组合下，作用效应组合设计值计算式中的作用分项系数，除被动土压力分项系数 $\gamma_{Q2} = 0.3$ 外，其余作用（或荷载）的分项系数规定均等于1。

基底压应力 σ 应按下列公式计算：

$|e| \leqslant \dfrac{B}{6}$ 时 $\qquad\qquad \sigma_{1,2} = \dfrac{N_1}{A}\left(1 \pm \dfrac{6e}{B}\right) \qquad (7\text{-}22)$

位于岩石地基上的挡土墙：

$e > \dfrac{B}{6}$ 时 $\qquad\qquad \sigma_1 = \dfrac{2N_1}{3\alpha_1}, \sigma_2 = 0 \qquad (7\text{-}23)$

$$\alpha_1 = \frac{B}{2} - e \qquad (7\text{-}24)$$

式中：σ_1——挡土墙趾部的压应力（kPa）；

σ_2——挡土墙踵部的压应力（kPa）；

B——基底宽度（m），倾斜基底为其斜宽；

A——基础底面每延米的面积（m²），矩形基础为基础宽度 $B \times 1.0$。

（二）基底合力偏心距

基底合力偏心距应满足表7-12的要求。

基底合力偏心距

表7-12

作用（或荷载）情况	地 基 条 件	合力偏心距
作用（或荷载）组合Ⅰ	非岩石地基	$e_0 \leqslant B/8$
作用（或荷载）组合Ⅱ、Ⅲ、施工荷载	非岩石地基	$e_0 \leqslant B/6$

作用(或荷载)情况	地 基 条 件	合力偏心距
作用(或荷载)组合Ⅱ、Ⅲ、施工荷载	较差的岩石地基	$e_0 \leqslant B/5$
作用(或荷载)组合Ⅱ、Ⅲ、施工荷载	坚密的岩石地基	$e_0 \leqslant B/4$

注:e_0为基底合力偏心距允许值。岩石地基上的挡土墙,在荷载组合Ⅰ作用下,当满足地基承载力特征值与稳定性要求时,合力的偏心距不受限制。

(三)地基承载力抗力值

地基应力的设计值应满足地基承载力的抗力值要求,即满足以下各式。

当轴向荷载作用时:

$$p \leqslant f \tag{7-25}$$

当偏心荷载作用时:

$$p \leqslant 1.2f \tag{7-26}$$

式中:f——地基承载力抗力值(kPa),其值的确定见有关设计手册。

五、墙身截面强度验算

为了保证墙身具有足够的强度,应根据经验选择 1~2 个控制断面进行验算,如墙身底部、1/2 墙高处、上下墙(凸形及衡重式墙)交界处。

挡土墙构件轴心或偏心受压时,正截面强度和稳定按下列公式计算。

计算强度时:

$$\gamma_0 N_d \leqslant a_k A R_a / \gamma_f \tag{7-27}$$

计算稳定时:

$$\gamma_0 N_d \leqslant \psi_k a_k A R_a / \gamma_f \tag{7-28}$$

式中:N_d——验算截面上的轴向力组合设计值(kN);

γ_0——结构重要性系数,按表 7-3 采用;

γ_f——结构材料、岩土性能的分项系数,按表 7-4 采用;

R_a——材料抗压极限强度(kN);

A——挡土墙构件的计算截面面积(m^2);

a_k——轴向力偏心影响系数,按式(7-29)计算;

ψ_k——偏心受压构件在弯曲平面内的纵向弯曲系数,按式(7-31)采用;轴心受压构件的纵向弯曲系数,可采用表 7-13 的规定。

$$a_k = \frac{1 - 256 \left(\dfrac{e_0}{B}\right)^8}{1 + 12 \left(\dfrac{e_0}{B}\right)^2} \tag{7-29}$$

式中:e_0——轴向力的偏心距(m),按式(7-30)采用;

B——挡土墙计算截面宽度(m)。

挡土墙墙身或基础为圬工截面时,其轴向力的偏心距 e_0 应符合表 7-14 的规定。

$$e_0 = \left| \frac{M_0}{N_0} \right| \tag{7-30}$$

式中:M_0——在某一类作用(或荷载)组合下,作用(或荷载)对计算截面形心的总力矩(kN·m);

N_0——某一类作用(或荷载)组合下,作用于计算截面上的轴向力的合力(kN)。

$$\psi_k = \frac{1}{1 + a_s \beta_s (\beta_s - 3) \left[1 + 16 \left(\dfrac{e_0}{B} \right)^2 \right]} \tag{7-31}$$

式中:$\beta_s = \dfrac{2H}{B}$;

H——墙高(m);

a_s——与材料有关的系数,按表7-13采用。

轴心受压构件纵向弯曲系数 Ψ_K 表7-13

2H/B	混凝土构件	砌体砂浆强度等级	
		M10、M7.5、M5	M2.5
≤3	1.00	1.00	1.00
4	0.99	0.99	0.99
6	0.96	0.96	0.96
8	0.93	0.93	0.91
10	0.88	0.88	0.85
12	0.82	0.82	0.79
14	0.76	0.76	0.72
16	0.71	0.71	0.66
18	0.65	0.65	0.60
20	0.60	0.60	0.54
22	0.54	0.54	0.49
24	0.50	0.50	0.44
26	0.46	0.46	0.40
28	0.42	0.42	0.36
30	0.38	0.38	0.33

偏心受压构件除验算弯曲平面内的纵向稳定外,还应按轴心受压构件验算非弯曲平面内的稳定。重力式挡土墙轴向力的偏心距 e_0 应符合表7-14的规定。

圬工结构轴向力合力的容许偏心距 e_0 表7-14

荷 载 组 合	容许偏心距	荷 载 组 合	容许偏心距
Ⅰ、Ⅱ	0.25B	施工荷载	0.33B
Ⅲ	0.3B		

注:B为沿力矩转动方向的矩形计算截面宽度。

混凝土截面在受拉一侧配有不小于截面面积0.05%的纵向钢筋时,表7-15中的容许规定值可增加0.05B;当截面配筋率大于表7-16的规定时,按钢筋混凝土构件计算,偏心距不受限制。

圬工名称	浆砌砌体采用以下砂浆强度等级			混 凝 土
	M10、M7.5、M5	M2.5	M1	
a_s 值	0.002	0.0025	0.004	0.002

按钢筋混凝土构件计算的受拉钢筋最小配筋率   表 7-16

钢筋牌号(种类)	钢筋最小配筋率(%)	
	截面一侧钢筋	全截面钢筋
Q235 钢筋(Ⅰ级)	0.20	0.50
HRB335、HRB400 钢筋(Ⅱ、Ⅲ级)	0.20	0.50

注:钢筋最小配筋率按构件的全截面计算。

六、增加挡土墙稳定性的措施

(一)增加抗滑稳定性的方法

(1)设置倾斜基底:将基底做成倾斜,如图 7-23 所示,在一定范围内,基底倾角愈大愈有利于抗滑稳定性,但考虑到挡土墙有连同地基土一起滑走的可能性,因此对基底倾角做以下控制:土质地基,不陡于 1:5($\alpha_0 \leqslant 11°19'$);岩石地基,不陡于 1:3($\alpha_0 \leqslant 16°42'$)。

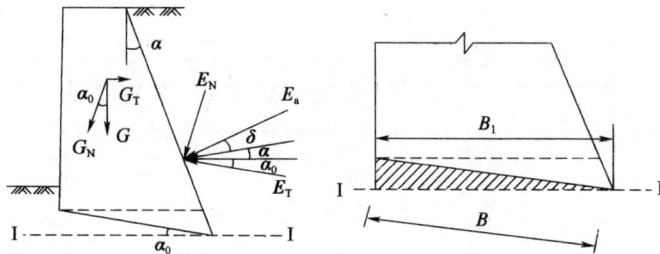

图 7-23   倾斜基底增加抗滑稳定性

此外,在验算沿基底的抗滑稳定性的同时,还应验算通过墙踵的地基水平面的滑动稳定性。

(2)采用凸榫基础:在基底设置凸榫,如图 7-24 所示,利用凸榫前的被动土压力,增加抗滑稳定性。

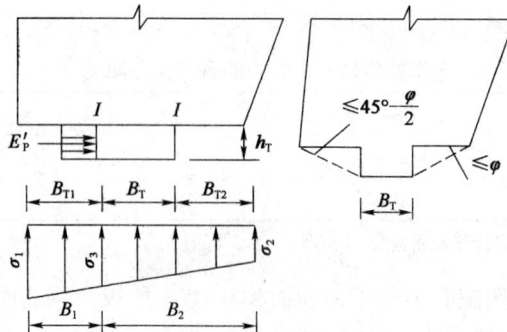

图 7-24   凸榫基础

(二)增加抗倾覆稳定性的方法

增加抗倾覆稳定性的方法有以下三种:①展宽墙趾,以增大稳定力臂;②改变墙背或墙面的坡度,以减小土压力或增大力臂;③改变墙身形式,如采用衡重式等。一般衡重式优于仰斜式,仰斜式优于俯斜式。

第四节　加筋土挡土墙

一、加筋土的作用机理

加筋土挡土墙是利用加筋土技术修建的路基支挡结构物。在加筋土结构中,由填土自重和外力产生的土压力作用于拉筋,企图将拉筋从土中拉(拔)出,而拉筋材料又被土压住,于是填土与拉筋之间的摩擦力阻止拉筋被拔出。因此,只要拉筋材料具有足够的强度,并与土产生足够的摩阻力,则加筋的土体就可保持稳定。拉筋与土体之间就不会产生相互滑动。这时拉筋与土体之间好像直接相连似地发挥着作用。如果每一根加筋都能满足这一要求,则整个加筋土结构的内部抗拔稳定性就能得到保证。

在加筋土结构物中拉筋常成水平状,相间、成层地铺设在需要加固的土体中。如果土体密实,拉筋布置的竖向间距较小,上下拉筋间的土体能因拉筋对土的法向反力和摩擦阻力在土颗粒中传递(即由拉筋直接接触的土颗粒传递给没有直接接触的土颗粒),而形成与土压力相平衡的承压拱。这时在上、下筋条之间的土体,除端部的土不稳定外,将与拉筋形成一个稳定的整体。同理,如左右拉筋的间距不大,左右拉筋间的土体也能在侧向力的作用,通过土拱作用,传递给上下拉筋间已形成的土拱,最后也由拉筋对土的摩擦阻力承受侧压力,于是,端除部的土体外,左右拉筋间的土体也将获得稳定。

加筋土结构可以看作是各向异性的复合材料,通常采用的拉筋,其弹性模量远大于填土。在这种情况下,拉筋与填土的共同作用,包括填土的抗剪力、填土与拉筋的摩擦阻力及拉筋的抗拔力,使得加筋土的强度明显提高,这可以从三轴试验中得到验证。

必须指出,上述分析是建立在拉筋不出现断裂和滑动,同时也不考虑拉筋受力作用后产生拉伸变形的条件下得出的。显然这只能适用于高抗强度和高模量的拉筋材料,如钢带、钢片和高强度高模量的加筋塑料带等。对于低模量、大延伸率的土工合成材料,因为它不能完全限制土体的侧向变形,所以对于这些材料的加筋作用机理,还应该考虑其变形的影响。

(一)内部稳定性

加筋土挡土墙内部稳定性受诸多因素的影响,如拉筋的数量、断面尺寸、强度、间距、长度,以及作用在墙面板上的土压力、填土的性质等,而且上述诸因素又是相互影响的。与加筋土挡土墙内部稳定性有关的破坏形式有以下两种:

(1)由于拉筋开裂造成的断裂:拉筋开裂造成的工程断裂,起因为拉筋强度不足,这种现象可能来源于拉筋或锚接点钢筋、螺栓的尺寸不够或荷载过大,也可能是因受力区段拉筋腐蚀,造成抗力减退。试验结果表明断裂渐渐地沿最大拉力线发展。

(2)由于拉筋与填土之间摩擦力不足造成的加筋体断裂:当拉筋与填土之间的摩擦力不足以平衡施加于拉筋的拉力时,就会因结合力不足而造成断裂。此时,拉筋与填土相对滑动,加筋体出现严重变形,直至断裂。

内部稳定性分析主要是用拉筋在拉力作用下的抗拉能力和抗拔能力来衡量的。故加筋土挡土墙内部稳定性分析主要是确定拉筋拉力和验算抗拉和抗拔稳定性,它与加筋体破裂面形状、拉筋与填土间的摩擦作用以及土压力等因素有关。

(二)外部稳定性

加筋土挡土墙的外部稳定性与工程的地基土(承载能力、沿基础地面滑动等)和工程相连的整体土层等有关,其破坏形式有:①加筋土挡土墙与地基间的摩阻力不足或墙后土体的侧向推力过大所引起的滑移;②加筋土挡土墙被墙后土体侧向推力所倾覆;③由于地基承载力不足或不均匀沉降而引起的倾斜;④加筋土挡土墙及墙后土体出现整体滑动。

二、加筋土挡土墙构造要求

加筋土挡土墙分为有墙面板加筋土挡土墙和无墙面板加筋土挡土墙。有墙面板加筋土挡土墙的墙面板宜采用钢筋混凝土预制件,其强度等级不宜低于C20,厚度不应小于80mm。加筋土墙面的平面线形可采用直线、折线和曲线。相邻墙面间的内夹角不宜小于70°。加筋体的墙面若不是砌筑在石砌圬工、混凝土构件上或地基为基岩时,均应设置宽度不小于0.40m,厚度不小于0.20m的混凝土基础。基础埋置深度,对于土质地基不应小于0.60m。加筋土挡土墙的基底不宜设置纵坡,可做成水平或结合地形做成台阶形。非浸水加筋土挡土墙,当基础埋深小于1.25m时,宜在墙面地表处设置宽度为1.0m,厚度大于0.25m的混凝土预制块或浆砌片石防护层,其表面宜做成向外倾斜3%~5%的排水横坡。

拉筋的材料性能在加筋土挡土墙中具有重要作用,拉筋的长期强度和变形性能关系到挡土墙的稳定,耐久性关系到挡土墙的使用年限,因此选材是拉筋设计的主要环节。为使拉筋在承受填土和压实施工中避免产生脆性断裂,拉筋要具有一定的韧性和柔性,同时拉筋也不能有过大的蠕变,蠕变易使拉筋产生应力松弛,导致加筋土挡土墙变形甚至破坏。

拉筋材料可采用高密聚乙烯(HDPE)、聚酯(PET)焊接土工格栅、复合土工带或钢筋混凝土板带。当采用土工格栅作拉筋时,需具有抗拉强度高、延伸率低、蠕变变形小、筋土界面之间有足够的摩擦力、耐腐蚀性和抗老化性能,并应符合现行《公路土工合成材料应用技术规范》(JTG/T D32)的有关规定。在满足抗拔稳定的前提下,采用的拉筋长度应符合下列规定:

(1)墙高大于3.0m时,拉筋长度不应小于0.8倍墙高,且不小于5m。当采用不等长的拉筋时,同等长度拉筋的墙段高度不应小于3.0m。相邻不等长拉筋的长度差不宜小于1.0m。

(2)墙高小于3.0m时,拉筋长度不应小于3.0m,且应采用等长拉筋。

(3)采用预制钢筋混凝土带时,每节长度不宜大于2.0m。

筋带与面板的连接必须坚固可靠,并与筋带有相同的耐腐蚀性能。双面加筋土挡土墙的筋带相互插入时,应错开铺设,避免重叠。

加筋土挡土墙宜采用渗水性良好的中粗砂、砂砾或碎石填筑,填料与筋材直接接触部分不应有尖锐棱角的块体,填料最大粒径不应大于100mm。对可能危害加筋土工程的地表水和地下水,应采取适当的排水或防水措施。设计水位以下宜做成石砌或混凝土实体墙。季节性冰冻地区的加筋体应采取防冻胀措施。斜坡上的加筋体应设宽度不小于1m的护脚,加筋体面板基础埋置深度从护脚顶面算起。加筋土挡土墙顶面,宜设置混凝土或钢筋混凝土帽石。

多级加筋土挡土墙的平台顶部应设不小于2%的排水横坡,并用厚度不小于0.15m的

C15 混凝土板防护;当采用细粒填料时,上级墙的面板基础下应设置宽度不小于1.0m,厚度不小于0.50m 的砂砾或灰土垫层,如图7-25 所示。

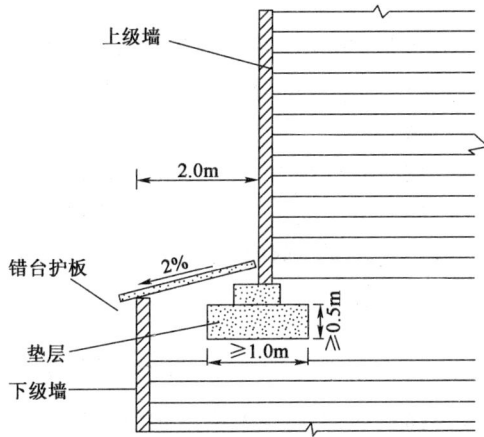

图 7-25 多级加筋土挡土墙平台与垫层横断面图

三、加筋土挡土墙设计计算

加筋土挡土墙的设计应进行内部稳定计算和外部稳定计算。

浸水加筋土挡土墙设计应按下列规定考虑水的浮力:①拉筋断面设计采用低水位浮力;②地基应力验算采用低水位浮力或不考虑浮力;加筋体的滑动稳定验算、倾覆稳定验算采用设计水位浮力;③其他情况采用最不利水位浮力。

筋带截面计算时,应考虑车辆、人群附加荷载引起的拉力。筋带锚固长度计算时,不计附加荷载引起的抗拔力。

(一)加筋土挡土墙内部稳定验算

加筋体内部稳定验算时,土压力系数按下式计算:

当 $z_i \leqslant 6m$ 时
$$K_i = K_j \left(1 - \frac{z_i}{6}\right) + K_a \frac{z_i}{6} \qquad (7-32)$$

当 $z_i > 6m$ 时
$$K_i = K_a \qquad (7-33)$$

$$K_j = 1 - \sin\varphi \qquad (7-34)$$

$$K_a = \tan^2\left(45° - \frac{\varphi}{2}\right) \qquad (7-35)$$

式中:K_i——加筋体内深度 z_i 处土压力系数;

　　K_j——静止土压力系数;

　　K_a——主动土压力系数;

　　z_i——第 i 单元筋带结点至加筋体顶面的垂直距离(m);

　　φ——填土的内摩擦角(°)。

作用于墙面板上的水平土压应力 $\sum\sigma_{Ei}$ 按下式计算:

$$\sum\sigma_{Ei} = \sigma_{zi} + \sigma_{ai} + \sigma_{bi} \qquad (7-36)$$

式中:σ_{zi}——加筋土填料作用于深度 z_i 处墙面板上的水平土压应力(kPa);

σ_{ai}——车辆(或人群)附加荷载作用于深度 z_i 处墙面板上的水平土压应力(kPa);

σ_{bi}——加筋体顶面以上填土重力换算均布土厚所引起的深度 z_i 处墙面板上的水平土压应力(kPa)。

加筋体活动区与稳定区的分界面可采用简化破裂面,简化破裂面的垂直部分与墙面板背面的距离 b_H 为 $0.3H$,倾斜部分与水平面的夹角 β 为 $45° + \varphi/2$,见图 7-26。

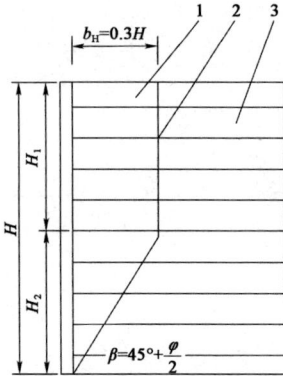

附加荷载作用下,可按沿深度以 $1:0.5$ 的扩散坡率计算扩散宽度。加筋体深度 z_i 处的附加竖直压应力 σ_{fi}(kPa),当扩散线的内边缘点未进入活动区时,$\sigma_{fi} = 0$;当扩散线的内边缘点进入活动区时,按下式计算。

$$\sigma_{fi} = \gamma h_0 \frac{L_c}{L_{ci}} \tag{7-37}$$

图 7-26 简化破裂面图
1-活动区;2-简化破裂面;3-稳定区

式中:h_0——车辆或人群附加荷载换算等代均布土层厚度(m);

L_c——加筋体计算时采用的荷载布置宽度(m),取路基全宽;

L_{ci}——加筋体深度 z_i 处的荷载扩散宽度(m);

γ——加筋体的重度(kN/m³),当为浸水挡土墙时,应按最不利水位上下的不同分别计入。

永久荷载重力作用下,拉筋所在位置的竖直压力,按下式计算。

$$\sigma_i = \gamma z_i + \gamma h_1 \tag{7-38}$$

式中:σ_i——在 z_i 层深度处,作用于筋带上的竖直压应力(kPa);

h_1——加筋体上坡面填土换算等代均布土厚度(m)。

一个筋带结点的抗拔稳定性,按如下公式验算。计算筋带抗拔力时,不计基本可变荷载的作用效应。

$$\left.\begin{array}{l} \gamma_0 T_{i0} \leqslant \dfrac{T_{pi}}{\gamma_{R1}} \\[2mm] T_{i0} = \gamma_{Q1} T_i \\[2mm] T_{pi} = 2f' \sigma_i b_i L_{ai} \\[2mm] T_i = (\sum \sigma_{Ei}) s_x s_y \end{array}\right\} \tag{7-39}$$

式中:γ_0——结构重要性系数,按表 7-3 采用;

T_{i0}——z_i 层深度处的筋带所承受的水平拉力设计值(kN);

T_i——z_i 层深度处的筋带所承受的水平拉力;

$\sum \sigma_{Ei}$——在 z_i 层深度处,面板上的水平土压应力(kPa);

γ_{Q1}——加筋体及墙顶填土主动土压力或附加荷载土压力的分项系数,按表 7-5 采用;

T_{pi}——永久荷载重力作用下,z_i 层深度处,筋带有效长度所提供的抗拔力(kN);

γ_{R1}——筋带抗拔力计算调节系数,按表 7-17 采用;

s_x——筋带结点水平间距(m);

s_y——筋带结点垂直间距(m);

f'——填料与筋带间的似摩擦系数,由试验确定,无可靠试验资料时,可参照表 7-18

采用；

b_i——结点上的**筋带**总宽度(m)；

L_{ai}——筋带在稳定区的有效锚固长度(m)。

筋带抗拔力计算调节系数 γ_{R1} 表　　　　　表7-17

荷载组合	Ⅰ、Ⅱ	Ⅲ	施工荷载
γ_{R1}	1.4	1.3	1.2

填料与筋带之间的似摩擦系数　　　　　表7-18

填料类型	黏性土	砂类土	砾碎石类土
似摩擦系数	0.25~0.40	0.35~0.45	0.40~0.50

注：1. 有肋钢带的似摩擦系数可提高0.1。

　　2. 墙高大于12m的高挡土墙似摩擦系数取低值。

筋带截面的抗拉强度验算,应符合下式的规定:

$$\gamma_0 T_{i0} \leqslant \frac{Af_k}{1000\gamma_f\gamma_{R2}} \tag{7-40}$$

式中:A——筋带截面的有效净截面面积(mm^2);

f_k——筋带材料强度标准值(MPa),按表7-19采用;

γ_f——筋带材料抗拉性能的分项系数,各类筋带均取1.25;

γ_{R2}——拉筋材料抗拉计算调节系数,可按表7-19采用。

筋带材料强度标准值 f_k 及抗拉计算调节系数 γ_{R2}　　　　　表7-19

材料类型	f_k(MPa)	γ_{R2}
Q235扁钢带	240	1.0
Ⅰ级钢筋混凝土板带	240	1.05
钢塑复合带	试验断裂拉力	1.55~2.0
土工格栅	试验断裂拉力	1.8~2.5
聚丙烯土工带	试验断裂拉力	2.7~3.4

注：1. 土工合成材料筋带的 γ_{R2},在施工条件差、材料蠕变大时,取大值;材料蠕变小或施工荷载验算时,可取较小值。

　　2. 当为钢筋混凝土带时,受拉钢筋的含筋率应小于2.0%。

　　3. 试验断裂拉力相应延伸率不得大于10%。

筋带有效净截面面积 A 的规定:①扁钢带。设计厚度为扣除预留腐蚀厚度并扣除螺栓孔后的计算净截面面积。②钢筋混凝土带。不计混凝土的抗拉强度,钢筋有效净面积为扣除钢筋直径预留腐蚀量后的主钢筋截面面积的总和。③钢塑复合带、塑料土工格栅、聚丙烯土工带。由供货厂家提供尺寸,经严格检验延伸率和断裂应力后,按统计原理确定其设计截面面积和极限强度,保证率为98%。

墙面板应按下列规定设计计算:①作用于单板上的土压力视为均匀分布;②面板作为两端外伸的简支板,沿竖直方向和水平方向分别计算内力;③墙面板与筋带的连接部分宜适当加强。

全墙抗拔稳定性验算,应符合下式的规定。计算公式中的分项系数均取1.0。

$$K_b = \frac{\sum T_{pi}}{\sum T_i} \geqslant 2 \tag{7-41}$$

式中：K_b——全墙抗拔稳定系数；

$\sum T_{pi}$——各层拉筋所产生的摩擦力总和；

$\sum T_i$——各层拉筋承担的水平拉力总和。

(二)无墙面板加筋土挡土墙设计

无墙面板加筋土挡土墙,是在工程实践中发展起来的新型加筋土支护结构,属于柔性结构体系,能很好地适应地基变形,通过反包式土工格栅的加筋锚固作用,约束土体的侧向变形,保持路基的稳定。无墙面板挡土墙与加筋路堤的区别在于:土工格栅加筋坡面与水平面夹角大于或等于70°时,属于加筋路堤的范畴,应按现行《公路土工合成材料应用技术规范》(JTG/T D32)的有关规定进行设计计算。

无墙面板加筋土挡土墙高度大于10m时,应设置多级加筋挡土墙;当挡土墙基础受水流影响可能产生冲刷时,洪水位以下浸水墙体应采用重力式挡土墙。当地基软弱、承载力不足时,应对地基土进行置换处理,并设置砂砾、碎石垫层。

土工格栅可采用高密聚乙烯(HDPE)土工格栅、聚酯(PET)焊接土工格栅。土工格栅加筋层间距、筋材长度、加筋坡面坡率等应通过外部稳定性和内部稳定性计算确定。

反包式土工格栅筋材应采用统一的水平回折反包长度,其长度应大于下式计算值,且不宜小于2m。坡面保护应采用抗老化的筋材。

$$L_0 = \frac{D\sigma_{hi}}{2(c + \gamma h_i \tan\delta)} \qquad (7\text{-}42)$$

式中：L_0——计算拉筋层的水平回折包裹长度(m)；

D——拉筋的上、下层间距(m)；

σ_{hi}——水平土压力(kPa)；

c——拉筋与填料之间的黏聚力(kPa)；

δ——拉筋与填料之间的内摩擦角(°),填料为砂性土时取$(0.5 \sim 0.8)\varphi$；

γ——加筋体的填料重度(kN/m³)；

h_i——墙顶(路肩挡土墙包括墙顶以上填土高度)距第i层墙面板的高度(m)。

(三)加筋土挡土墙的外部稳定性

加筋土挡土墙的外部稳定性分析时,把拉筋的末端与墙面板之间的填土视为一整体墙,即加筋体,验算方法与普通重力式挡土墙相似,视加筋体为刚体。根据破坏形式,外部稳定性分析的内容有抗滑稳定性与抗倾覆稳定性验算、地基承载力验算。建于软土地基上的加筋体应作地基沉降计算。地基下可能存在深层滑动时,应做加筋体与地基整体滑动稳定验算。

第五节 其他轻型挡土墙结构

轻型挡土墙常用钢筋混凝土构件组成,墙身断面较小,墙的稳定性不是或不完全是依靠墙身重量来维持,因而结构较轻巧,圬工量省,占地较少,有利于机械化施工。轻型挡土墙结构主要有:悬臂式和扶壁式挡土墙、锚杆式挡土墙及边坡锚固、锚定板挡土墙、桩板式挡土墙、土钉支护、抗滑桩等。

一、悬臂式和扶壁式挡土墙

(一)构造要求

悬臂式挡土墙是由立壁(墙面板)和墙底板(包括墙趾板和墙踵板)组成,呈倒 T 字形,具有三个悬臂,即立壁、墙趾板和墙踵板,如图 7-3 所示。扶壁式挡土墙由墙面板(立壁)、墙趾板、墙踵板及扶壁(肋)组成,如图 7-4 所示。当墙身较高时,在悬臂式挡土墙的基础上,沿墙长方向,每隔一定距离加设扶壁。扶壁把立壁同墙踵板连接起来,扶壁起加劲的作用,以改善立壁和墙踵板的受力条件,提高结构的刚度和整体性,减小立壁的变形。

悬臂式和扶壁式挡土墙的结构稳定性是依靠墙身自重和墙踵板上方填土的重力来保证,而且墙趾板也显著地增大了抗倾覆稳定性,并大大减小了基底应力。它们的主要特点是构造简单、施工方便,墙身断面较小,自身质量小,可以较好地发挥材料的强度性能,能适应承载能力较低的地基。

一般情况下,墙高6m以内采用悬臂式,6m以上采用扶壁式。它们适用于缺乏石料及地质条件较差的地区。由于墙踵板的施工条件,一般用于填方路段作路肩墙或路堤墙使用。

悬臂式挡土墙分段长度不应大于15m,段间设置沉降缝和伸缩缝。立壁的顶宽不宜小于0.2m,内侧(即墙背)宜做成竖直面,外侧(即墙面)坡度宜陡于1:0.1,一般为1:0.02 ~ 1:0.05。墙底板一般水平设置。墙趾板的顶面一般从与立壁连接处向趾端倾斜。墙踵板顶面水平,但也可以做成向踵端倾斜。墙底板厚度不应小于0.3m。

墙踵板宽度由全墙抗滑稳定性确定,并具有一定的刚度,其值宜为墙高的1/4 ~ 1/2,且不应小于0.5m。墙趾板的宽度应根据全墙的抗倾覆稳定、基底应力(即地基承载力)偏心矩等条件来确定,一般可取墙高的1/20 ~ 1/5。墙底板的总宽度 B 一般为墙高的0.5 ~ 0.7倍。当墙后地下水位较高,且地基为承载力很小的软弱地基时,B 值可增大1倍墙高或者更大。

扶壁式挡土墙分段长度不应大于20m。扶肋间距一般为1/4 ~ 1/2墙高。每一分段宜设置三个或三个以上扶壁,扶壁厚度一般为扶壁间距的1/10 ~ 1/4,但不应小于0.3m。采用随高度逐渐向后加厚的变截面,也可以采用等厚式以利于施工。

墙面板宽度和墙底板厚度与扶壁间距成正比,墙面板顶宽不得小于0.2m,可采用等厚的垂直面板。墙踵板宽一般为墙高的1/4 ~ 1/2,且不小于0.5m。墙趾板宽宜为墙高的1/20 ~ 1/5,墙底板板端厚度不小于0.3m。扶壁式挡土墙的混凝土强度等级不应低于C20;配置于墙中的主筋,直径不宜小于12mm。

(二)设计计算

悬臂、扶臂式挡土墙应满足基础设计要求的基底应力与合力偏心距计算的规定。挡土墙作用(或荷载)的计算应满足,采用以极限状态设计的分项系数法为主的设计方法的要求,计算挡土墙实际墙背和墙踵板的土压力时,可不计填料与板间的摩擦力。

计算挡土墙整体稳定和墙面板时,可不计墙前土的作用;计算墙趾板内力时,应计底板以上的填土重力。

悬臂式挡土墙各部分均应按悬臂梁计算,作用(或荷载)分项系数,应按表7-4、表7-5的规定采用,基底应力作为竖向荷载时,可采用竖向恒载的分项系数。

扶壁式挡土墙的前趾板可按悬臂梁计算,后踵板可按支承在扶壁上的连续板计算,不计立壁对底板的约束作用;扶壁可按悬臂的 T 形梁计算;顺路线方向立壁的弯矩,可按以扶壁为支点的连续梁计算。

作用于扶壁式挡土墙立壁上的作用(或荷载),可按沿墙高呈梯形分布,见图 7-27a),立壁竖向弯矩,沿墙高分布,见图 7-27b),竖向弯矩沿线路方向呈台阶形分布,见图 7-27c)。面板沿线路方向的弯矩,可按以扶壁为支点的连续梁计算。

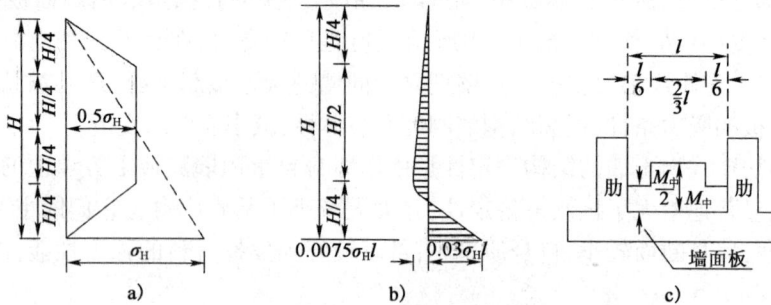

图 7-27　荷载及弯矩分布

$M_中$-板跨中弯矩;H-墙面板的高度;$\sigma_凶$-墙面板底端内填料引起的法向土压力;l-扶壁之间的净距

悬臂式、扶壁式挡土墙钢筋混凝土构件的承载能力极限状态计算、正常使用极限状态验算及构造要求等,还应按照现行《公路钢筋混凝土及预应力混凝土桥涵设计规范》的相关规定执行。

悬臂式与扶壁式挡土墙的验算内容包括抗滑稳性、抗倾覆稳定性、基底应力及合力偏心矩、墙身截面强度等,其中抗滑稳定性、抗倾覆稳定性、基底应力及合理偏心矩的验算方法与重力式挡土墙相同。

二、锚杆挡土墙

(一)构造与布置

锚杆挡土墙是由钢筋混凝土墙面和锚杆组成,如图 7-5 所示。靠锚固在稳定地层内的锚杆对墙面的水平拉力以保持墙身的稳定。按墙面的结构形式可分为柱板式锚杆挡土墙和壁板式锚杆挡土墙,柱板式锚杆挡土墙是由挡土板、肋柱和锚杆组成,肋柱是挡土板的支座,锚杆是肋柱的支座,墙后的侧向土压力作用于挡土板上,并通过挡土板传给肋柱,再由肋柱传给锚杆,由锚杆与周围地层之间的锚固力即锚杆抗拔力使之平衡,以维持墙身及墙后土体的稳定。壁板式锚杆挡土墙是由墙面板(壁面板)和锚杆组成。墙面板直接与锚杆连接,并以锚杆为支撑,土压力通过墙面板传给锚杆,后者则依靠锚杆与周围地层之间的锚固力(即抗拔力)抵抗土压力,以维持挡土墙的平衡与稳定。目前多用柱板式锚杆挡土墙。

锚杆挡土墙可根据地形设计为单级或多级,每级墙的高度不宜大于 8m,具体高度应视地质和施工条件而定。在多级墙的上、下两级墙之间应设置平台,平台宽度一般不小于 1.5m。为便于立柱及挡土板的安装,以竖直墙背为多。

决定立柱的间距时应考虑工地的起吊能力和锚杆的抗拔能力,一般可选用 2.5～3.5m。每根立柱视其高度可布置 2～3 根或更多的锚杆,锚杆的位置应尽可能使立柱的弯距均匀分布,方便钢筋布置。

肋柱和墙面板采用的混凝土强度等级不应低于 C20。肋柱式锚杆挡土墙的肋柱间距,宜为 2.0～3.0m。肋柱宜垂直布置或向填土一侧仰斜,但仰斜度不应大于 1:0.05。每级肋柱上的锚杆层数,可设计为双层或多层。锚杆可按弯矩相等或支点反力相等的原则布置,向下倾斜。每层锚杆与水平面的夹角宜控制在15°~20°之间,锚杆层间距不小于2.0m。肋柱受力方向的前后侧面内应配置通长受力钢筋,钢筋直径不应小于12mm。多级肋柱式锚杆挡土墙的平台,宜用厚度不小于0.15m的C15混凝土封闭,并设置向墙外倾斜2%的横坡度。

墙面板宜采用等厚度板,板厚不得小于0.3m。一般设计成矩形或槽形,长度比立柱间距短10cm左右,以便留出锚杆位置。预制墙面板应预留锚杆的锚锭孔。墙后应回填砂卵石等透水材料,由下部泄水孔将水排入边沟内。

(二)设计计算

土压力是作用于锚杆挡土墙的外荷载。由于墙后岩层中有锚杆的存在,造成比较复杂的手受力状态。目前设计中大多按库仑主动土压力理论进行近似计算。对于多级挡土墙,可按延长墙背法分别计算各级墙后的主动土压力。

作用于锚杆式挡土墙上的作用(或荷载),应满足采用以极限状态设计的分项系数法为主的设计方法的要求。当为多级墙时,可按延长墙背法分别计算各级墙后的主动土压力。

肋柱设计计算应符合下列规定:①作用于肋柱上的作用(或荷载),应取相邻两跨面板跨中至跨中长度上的作用(或荷载);②视肋柱基底地质构造、地基承载力大小和埋置深度,肋柱与基底连接可设计为自由端或铰支端,肋柱应按简支梁或连续梁计算其内力值及锚杆处的支承反力值;③肋柱截面强度验算和配置钢筋时应采用内力组合设计值,其作用(或荷载)分项系数应符合第5.4.2条的规定;④采用预制肋柱时,还应做运输、吊装及施工过程中锚杆不均匀受力等荷载下肋柱截面强度验算。

装配式挡土板可按以肋柱为支点的简支板计算,计算跨径为肋柱间的净距加板两端的搭接长度。现浇板壁式锚杆挡土墙,其墙面板的内力计算,可分别沿竖直方向和水平方向取单位宽度,按连续梁计算。竖直单宽梁的计算荷载为作用于墙面板上的土压力;水平单宽梁的计算荷载为该段墙面板所在位置土压力的最大值。

三、锚定板挡土墙

(一)构造要求

锚定板挡土墙是由钢筋混凝土墙面、拉杆、锚定板以及其间的填土共同形成的一种组合挡土结构,如图7-6所示。它借助于埋在填土内的锚定板的抗拔力,平衡挡土墙墙背水平土压力,从而改变挡土墙的受力状态,达到轻型的目的,并具有省料省工、能适应地基承载力较低的特点,常应用于路肩或路堤挡土墙和桥台。

锚定板挡土墙的结构形式和受力状态与锚杆挡土墙基本相同,都是依靠拉杆的抗拔力来保持墙身的稳定。它们的主要区别是:锚杆挡土墙的锚杆系插入稳定地层的钻孔中,抗拔力来源于灌浆锚杆与孔壁地层之间的黏结强度,而锚定板挡土墙的钢拉杆及其端部的锚定板都埋设在人工填土当中,抗拔力主要来源于锚定板前的填土的被动抗力。

锚定板挡土墙的墙面是由挡土板和肋柱组成。挡土板通常为钢筋混凝土矩形板或槽形板,有时也可为混凝土板。肋柱为钢筋混凝土矩形截面柱;当墙面采用拱板时,肋柱应具有六边形截面。肋柱长度可依据施工吊装能力决定。在墙高范围内,肋柱可设一级或多级。当采用多级肋柱时,相邻肋柱间可以顺接,也可以错台。肋柱间距多采用1~2m。根据肋柱的长度和土压力的大小,每根肋柱上可布置单根,双根或多根拉杆。为了施工安装的方便,锚定板挡土墙一般采用竖直墙面。钢拉杆采用普通圆钢,外设防锈保护层,每根拉杆端部的锚定板通常为单独的钢筋混凝土方形板。

肋柱、挡土板、墙面板、锚定板、肋柱分离式垫块基础及肋柱杯座式基础、板壁式锚定板挡土墙帽石的混凝土强度等级不应低于C20。肋柱条形基础的混凝土强度等级不应低于C15。肋柱式锚定板挡土墙的肋柱间距,宜为1.5～2.5m,每级肋柱高度宜采用3～5m。肋柱应采用垂直或向填土侧后仰布置,仰斜度宜为1:0.05,严禁肋柱前倾布置。肋柱须预留圆形或椭圆形拉杆孔道,孔道直径或短轴长度应大于拉杆直径。肋柱下端应设置混凝土条形基础、分离式垫块基础或杯座式基础,基础厚度不宜小于0.5m,襟边宽度不宜小于0.1m。肋柱受力方向的前后侧面内应配置通长受力钢筋,钢筋直径不应小于12mm。多级肋柱式锚定板挡土墙的平台,宜用厚度不小于0.15m的C15混凝土封闭,并设置向墙外倾斜的2%的横坡度。采用细粒土作填料时,路基顶面也宜设置封闭层。壁式挡土墙的每块墙面板至少连接一根拉杆,拉杆直径宜为22～32mm。锚定板宜采用钢筋混凝土板,肋柱式锚定板面积不应小于0.5m²,无肋柱式锚定板面积不应小于0.2m²。锚定板需双向配筋。拉杆、拉杆与肋柱及拉杆与锚定板连处,必须做好防锈处理。

(二)设计计算

锚定板挡土墙的设计计算包括组成构件的设计计算和整体稳定性验算两部分。关于锚定板挡土墙方案的选择、土压力计算、挡土板和肋柱等构件的设计,以及拉杆截面设计等方法,均与锚杆挡土墙的设计原理相同。但在锚定板挡土墙设计中,还须决定锚定板的极限抗拔力,选择锚定板的尺寸。在整体稳定性验算中,还要分析各个锚杆的稳定长度以及群锚的有效间距等。确定锚定板尺寸,首先要确定锚定板的容许抗拔力,即对于一定大小的拉杆拉力要用多大面积的锚定板去支撑。要解决这一问题,较好的办法是在现场做锚钉板抗拔试验,根据实测的拉力与位移关系曲线,确定锚定板的极限抗拔力。试验证明,极限抗拔力随着锚定板面积的加大而增大,两者近似地成比例关系。极限抗拔力除以一定的安全系数,便是所采用的容许抗拔力,也就是锚定板所能承受的拉杆拉力。实测的极限抗拔力只是单块锚定板在短时间所能承受的极限值。

锚定板挡土墙的钢筋混凝土构件设计计算时,作用(或荷载)效应组合中,应按表7-3的规定计入结构重要性系数 γ_0。作用于锚定板挡土墙挡土板或墙面板上的恒载土压力,按图7-28分布,其水平土压应力可按如下公式计算。

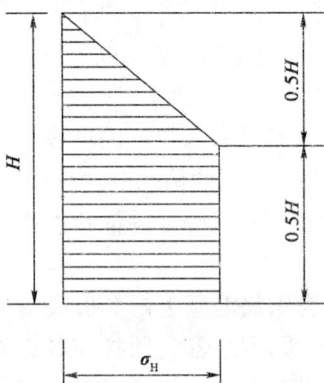

图7-28 恒载土压力分布图

$$\sigma_H = \frac{1.33E_x}{H}\beta \qquad (7-43)$$

式中:σ_H——恒载作用下墙底的水平土压应力(kPa);

E_x——按库仑理论计算的单位墙长上墙后主动土压力的水平分力(kN/m);

H——墙高,当为两级墙时,为上、下级墙高之和(m);

β——土压力增大系数,采用1.2～1.4。车辆荷载产生的土压力不计增大系数。

锚定板挡土墙整体滑动稳定性验算可采用折线滑面分析法或整体土墙法计算,滑动稳定系数不应小于1.8。稳定计算时,应按墙顶有、无附加荷载,土压力计入或不计入增大系数的最不利组合,作为计算采用值。

肋柱设计应符合下列规定:①作用于肋柱上的作用(或荷载),应取两侧挡土板跨中至跨中长度上的作用(或荷载);②肋柱承受由挡土板传递的土压力,根据肋柱上拉杆的层数及肋柱与肋柱基础的连接方式,可按简支梁或连续梁计算。

拉杆设计计算应符合下列规定:①最上一排拉杆至填料顶面的距离不得小于1m,当锚定板埋置深度不足时,可采用向下倾斜的拉杆,其水平倾角 β 宜为 $10° \sim 15°$;②拉杆长度应满足挡土墙整体滑动稳定性的要求,且最下一层拉杆在主动土压力计算破裂面之后的长度,不得小于锚定板高度的3.5倍;最上一层拉杆长度不应小于5m;③未计锈蚀留量的单根钢拉杆计算直径,可按下式计算。

$$d \geqslant 20 \sqrt{\frac{10\gamma_0 \cdot \gamma_{Q1} \cdot \gamma_f \cdot N_p}{\pi R_g}} \quad (7-44)$$

式中: d ——单根钢拉杆的直径(mm);

N_p ——拉杆的轴向拉力(kN);

R_g ——钢筋的设计强度(MPa);可按照《公路钢筋混凝土及预应力混凝土桥涵设计规范》的规定采用;

γ_0 ——结构重要性系数。应符合表7-3的规定;

γ_{Q1} ——主动土压力荷载分项系数,应符合表7-5的规定;

γ_f ——材料的分项系数, $\gamma_f = 1.4$。

锚定板面积应根据拉杆设计拉力及锚定板容许抗拔力,可按下式计算:

$$A = \frac{N_p}{[p]} \quad (7-45)$$

式中: A ——锚定板的设计面积(m²);

$[p]$ ——锚定板单位面积的容许抗拔力(kPa);应根据现场拉拔试验确定。当无条件进行现场拉拔试验时,可根据工点具体条件,参照经验数据确定。

墙面板按支承在拉杆上的受弯构件计算,如一块墙面板上连接一根拉杆时可按单支点双向悬臂板计算及配置钢筋。

四、桩板式挡土墙

桩板式挡土墙钢筋混凝土构件的承载能力极限状态计算、正常使用极限状态验算及构造要求等,除应按《公路路基设计规范》(JTG D30)的规定执行外,其他未列内容应按现行《公路钢筋混凝土及预应力混凝土桥涵设计规范》《公路桥涵地基与基础设计规范》的相关规定执行。

(一)构造要求

桩板式挡土墙如图7-9所示。桩板式挡土墙的锚固桩柱必须锚固在稳定的地基中,桩的悬臂长度不宜大于15m。锚固桩和挡土板的混凝土强度等级不应低于C20。

桩柱的构造可参照抗滑桩设计的相关规定执行。挡土板与桩柱搭接,其搭接长度每端不得小于1倍板厚。若为圆形桩柱,则应在桩柱后设置搭接用的凸形平台。平台宽度应比搭接长度宽20~30mm。加锚杆的锚固桩柱应保证桩与锚杆的变形协调。

挡土板外侧墙面的钢筋保护厚度应大于35mm,板内侧墙面保护厚度应大于50mm;桩的受力钢筋应沿桩长方向通长布置,直径不应小于12mm。桩的钢筋保护层净距不小于50mm。当采用拱型挡土板时,不宜用混凝土灌筑,而应当沿径向和环向配置一定数量的构造钢筋,钢筋直径不宜小于100mm。

(二)设计计算

桩板式挡土墙的钢筋混凝土构件设计计算时,荷载效应组合中,应按照表7-3规定计入结构重要性系数γ_0。滑坡路基上的桩板式挡土墙按滑坡推力和土压力的最不利者作为计算荷载,桩的重力可不计入。作用在桩上的荷载宽度可按其左右两相邻桩之间距离的一半计算,作用在挡土板的荷载宽度可按板的计算跨度计算。桩的内力可参照抗滑桩设计的相关规定,采用地基系数法计算。

桩柱前地基岩层结构面的产状、倾角为向坡外倾斜时,应按顺层滑坡验算地基的稳定性及整体稳定性。预制钢筋混凝土挡土板可按支承在桩上的简支板计算,其计算跨径 L 为:

圆形桩

$$L = L_c - 1.5t \tag{7-46}$$

矩形桩

$$L = L_0 + 1.5t \tag{7-47}$$

式中:L_c——圆形桩的桩中心距离(m);

$\quad L_0$——矩形桩间的净距(m);

$\quad t$——挡土板的板厚(m)。

路堤中的锚杆桩板式挡土墙,应避免填料下沉所产生的锚杆次应力。锚杆的设计应符合边坡锚固的相关规定。

五、边 坡 锚 固

(一)构造要求

边坡锚固是将受拉杆件打入岩土层中,以提高岩土边坡自身强度和自稳能力的边坡支挡与加固技术。边坡锚固技术是一种发展中的加固措施,工序比较复杂,种类繁多,制约因素多,属隐蔽工程。边坡锚固设计时,应根据边坡稳定性分析资料,鉴别边坡的破坏模式,确定边坡不稳定程度及范围,对锚固方案的合理性、安全性进行技术经济论证。锚固的形式应根据边坡岩土体类型、工程特征、锚承载力大小、锚材料和长度、施工工艺等条件确定。

边坡锚固设计应具备如下资料:①与锚固工程有关地形、地貌及边坡总体布置设计;②岩土体类别、主要构造的产状、各种结构面的组合关系及地下水发育程度;③锚固工程所涉及部位岩土体的抗压强度、岩土体的 c、φ 值,以及可能失稳的结构面的 c、φ 值和胶结材料与被锚固介质的黏结强度。

锚杆材料可根据锚固工程性质、锚固部位、工程规模选择高强度低松弛的钢绞线、精扎螺纹钢筋或普通预应力钢筋。有条件时,宜优先采用无黏结钢绞线。锚固边坡排水设计应设置完善的边坡地表和地下排水系统,及时引排地面水和地下水。

(二)锚固边坡稳定性设计

锚固边坡稳定性评价,应符合路基挖方高边坡稳定性分析与评价的相关规定。边坡锚固前后的稳定性计算方法应相对应。

对锚固边坡进行稳定性计算时,锚作用力可简化为作用于坡面上的一个集中力,也可简化为作用于滑面上的一个集中力,如图 7-29 所示,并取二者计算的锚固边坡稳定安全系数的小值作为锚固边坡的稳定安全系数。

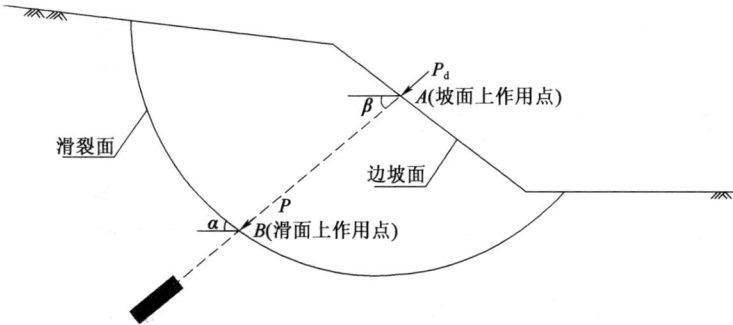

图 7-29 锚作用力的简化

设计锚固力应根据边坡不稳定力(下滑力)确定,可按下式计算。

$$P_d = \frac{E}{\sin(\alpha + \beta)\tan\varphi + \cos(\alpha + \beta)} \qquad (7\text{-}48)$$

式中:P_d——设计锚固力(kN);

E——下滑力(kN);

φ——滑动面内摩擦角(°);

α——锚杆与滑动面相交处滑动面倾角(°);

β——锚杆与水平面的夹角(°)。

(三)预应力锚杆设计

预应力锚杆设计应遵守下列规定:①预应力锚杆可用于土质、岩质边坡加固,其锚固段应置于稳定地层中;②硬质岩锚固宜采用拉力型锚杆,土质及软质岩锚固宜采用分散型锚杆。

锚杆体截面积可按下式计算。锚杆预应力筋的张拉控制应力 σ_{con} 应符合表 7-20 的规定。

锚杆预应力筋的张拉控制应力 σ_{con} 　　　　　　　　　　　表 7-20

锚杆类型	σ_{con}	
	钢绞线	预应力螺纹钢筋
永久	$\leq 0.50 F_{ptk}$	$\leq 0.70 F_{ptk}$
临时	$\leq 0.65 F_{ptk}$	$\leq 0.80 F_{ptk}$

$$A = \frac{K \cdot P_d}{F_{ptk}} \qquad (7\text{-}49)$$

式中:A——锚杆体截面面积(m^2);

K——安全系数,按表 7-21 选取;

F_{ptk}——锚杆体材料抗拉强度标准值(kPa)。

安全系数	公 路 等 级	安全系数	
		锚杆服务年限≤2年(临时性锚杆)	锚杆服务年限>2年(永久性锚杆)
K_1	高速公路、一级公路	1.8	2.0
	二级及以下公路	1.6	1.8
K_2	高速公路、一级公路	1.8~2.0	2.0~2.2
	二级及以下公路	1.5~1.8	1.7~2.0

注:1. 当二级及以下公路在锚固工程附近有重点保护对象时,可按高速公路安全系数取值。

2. 土体或全风化岩中锚固体,K_2应取表中较高值。

锚固体的承载能力由注浆体与锚孔壁的黏结强度、锚杆与注浆体的黏结强度及锚杆强度等三部分控制,设计时取其小值。

预应力锚杆宜采用黏结型锚固体,地层与注浆体间黏结长度,可按下式计算。

$$L_r = \frac{K \cdot P_d}{\xi \pi \cdot d \cdot f_{rd}} \tag{7-50}$$

式中 : L_r——地层与注浆体间黏结长度(m);

K——安全系数,按表7-21选取;

P_d——锚杆设计锚固力(kN);

ξ——锚固体与地层黏结工作条件系数,对永久性锚杆(锚杆服务年限>2年)取1.00,对临时性锚杆(锚杆服务年限≤2年)取1.33;

d——锚固段钻孔直径(m);

f_{rb}——地层与注浆体间黏结强度(kPa)。

黏结强度应通过试验确定,当不具备试验条件时可参考表7-22、表7-23选用。

岩体与注浆体界面黏结强度设计值 表7-22

岩 体 类 型	饱和单轴抗压强度 R_C(MPa)	黏结强度 f_{rb}(kPa)
极软岩	$R_C < 5$	150~250
软岩	$5 \leqslant R_C < 15$	250~550
较软岩	$15 \leqslant R_C < 30$	550~800
较硬岩	$30 \leqslant R_C < 60$	800~1200
坚硬岩	$R_C \leqslant 60$	1200~2400

注:1. 表中数据适用于注浆强度等级为M30。

2. 表中数据仅适用于初步设计,施工时应通过试验检验。

3. 岩体结构面发育时,取表中下限值。

4. 表中岩体类型根据天然单轴抗压强度 f_r 划分: $f_r < 5$MPa为极软岩,5MPa$\leqslant f_r < 15$MPa为软岩,15MPa$\leqslant f_r < 30$MPa为较软岩,30MPa$\leqslant f_r < 60$MPa为较硬岩, $f_r \geqslant 60$MPa为硬岩。

土体与锚固体黏结强度设计值 表7-23

土 体 类 型	土 的 状 态	黏结强度 f_{rb}(kPa)
黏性土	坚硬	60~80
	硬塑	50~60
	软塑	30~50

土体类型	土的状态	黏结强度f_{rb}(kPa)
砂土	松散	90~160
	稍密	160~220
	中密	220~270
	密实	270~350
碎石土	稍密	180~240
	中密	240~300
	密实	300~400

注:1. 表中数据适用于注浆强度等级为 M30。

  2. 表中数据仅适用于初步设计,施工时应通过试验检验。

注浆体与锚杆体间黏结长度应满足下式的要求。

$$L_g = \frac{K \cdot P_d}{\xi \cdot n \cdot \pi \cdot d_g \cdot f_b} \quad (7\text{-}51)$$

式中:L_g——注浆体与锚杆体间黏结长度(m);

  K——安全系数,按表 7-21 选取;

  ξ——锚杆体与砂浆黏结工作条件系数,对永久性锚杆(锚杆服务年限 > 2 年)取 0.60,对临时性锚杆(锚杆服务年限 ≤ 2 年)取 0.72;

  d_g——锚杆体材料直径(m);

  f_b——注浆体与锚杆体间黏结强度(kPa),应通过试验确定,当不具备试验条件时可参考表 7-24 选用;

  n——锚杆体根数(根)。

钢筋、钢绞线与砂浆之间的黏结强度设计值f_b(MPa)　　　　　　表 7-24

锚 类 型	水泥浆或水泥砂浆强度等级		
	M25	M30	M35
水泥砂浆与螺纹钢筋间	2.10	2.40	2.70
水泥砂浆与钢绞线、高强钢丝间	2.75	2.95	3.40

注:1. 当采用 2 根钢筋点焊成束的做法时,黏结强度应乘 0.85 折减系数。

  2. 当采用 3 根钢筋点焊成束的做法时,黏结强度应乘 0.7 折减系数。

锚杆总长度由锚固段长度、自由段长度及外露段长度组成,各部分长度确定应满足下列要求:①在确定锚杆锚固段长度时,应分别对锚杆黏结长度 L_r 和 L_g 进行计算,实际锚固段长度应取 L_r 和 L_g 中的大值,且不应小于 3m,也不宜大于 10m;②锚杆自由段长度受稳定地层界面控制,在设计中应考虑自由段伸入滑动面或潜在滑动面的长度不小于 1m,且自由段长度不得小于 5m。

锚杆设计时安全系数的取值应符合表 7-21 的规定。

预应力锚杆构造应符合下列要求:①预应力锚杆由锚固段、自由段和锚头构成,锚头由垫墩、钢垫板和锚具组成。②锚固段内的预应力筋每隔 1.5~2.0m 应设置隔离架。预应力筋的保护层厚度不应小于 20mm,临时性锚杆预应力筋的保护层厚度不应小于 10mm。③锚固材料可根据锚固工程性质、锚固部位、工程规模选择高强度低松弛的钢绞线、预应力用螺纹钢筋。

锚杆的防腐等级和措施,应根据锚杆得到设计使用年限和所处地层有无腐蚀性确定。根据对锚杆腐蚀环境的调查试验,选择适当的防腐方法。腐蚀环境中的永久性锚杆,应采用Ⅰ级双层防腐保护构造;腐蚀环境中的临时性锚杆和非腐蚀环境中的永久性锚杆,可采用Ⅱ级简单防腐保护构造。锚杆Ⅰ、Ⅱ级防腐构造应符合表7-25的要求。

锚杆Ⅰ、Ⅱ级防腐保护要求   表7-25

防腐保护等级	锚杆类型	预应力锚杆和锚具的防腐要求		
		锚头	自由端	锚固端
Ⅰ	拉力型、拉力分散型	采用过渡管,锚具用混凝土封闭或钢罩保护	采用注入油脂的护套,或无黏结钢绞线,或有外套保护管的无黏结钢绞线	采用注入水泥浆的波纹管
	压力型、压力分散型	采用过渡管,锚具用混凝土封闭或钢罩保护	采用无黏结钢绞线	采用无黏结钢绞线
Ⅱ	拉力型、拉力分散型	采用过渡管,锚具用混凝土封闭或钢罩保护	采用注入油脂的护套,或无黏结钢绞线	注浆

锚固段、自由段及锚头的防腐材料和构造,应在锚杆施工及使用期不发生损坏,且不影响锚杆的功能。锚杆在张拉作业完成后,应对锚头的有关部位进行防腐保护;需调整预应力的锚杆的锚头应安装钢质防护罩,其内应充满防腐油脂;不需调整拉力的锚杆的锚具、承压板即端头筋体可用混凝土防护,混凝土保护层厚度不应小于50mm。

(四)非预应力锚杆设计

非预应力的全长黏结型锚杆设计时,锚杆应按轴心受拉构件进行设计计算,其所需锚筋面积,可按下式计算:

$$A_s = K \frac{N_t}{f_y} \tag{7-52}$$

式中:A_s——普通钢筋的截面面积(m^2);

K——荷载安全系数,可采用2.0;

N_t——锚杆轴向拉力设计值(kN);

f_y——普通钢筋的抗拉设计强度(kPa)。

锚杆长度包括非锚固长度和有效锚固长度。非锚固长度应根据边坡滑裂面的实际距离确定。有效锚固长度应根据锚杆的拉力,可按公式(7-53)计算,对采用黏结料的黏结型锚杆,还应按公式(7-54)验算锚杆与黏结料间的容许黏结力。有效锚固长度不宜小于2.0m,也不宜大于10.0m。

$$L = \frac{K \cdot N_t}{\pi \cdot d \cdot f_{rb}} \tag{7-53}$$

式中:L——锚杆有效锚固长度(m);

N_t——锚杆轴向拉力设计值(kN);

d——锚孔直径(m);

f_{rb}——地层与注浆体间黏结强度(kPa);

K——安全系数,可采用2.5。

$$L = \frac{K \cdot N_t}{n \cdot \pi \cdot d_s \cdot \beta \cdot f_b} \tag{7-54}$$

式中:n——锚杆钢筋根数;

d_s——锚杆钢筋直径(m);

f_b——注浆体与锚杆间黏结强度(kPa);

β——考虑成束钢筋系数,对单根钢筋 $\beta=1.0$,两根一束 $\beta=0.85$,三根一束 $\beta=0.7$。

杆体材料应采用 HRB400 钢筋,杆体钢筋直径宜为 16～32mm。钻孔直径不宜小于 42mm,也不宜大于 100mm。杆体钢筋保护层厚度,采用水泥砂浆时不应小于 8mm,采用树脂时不应小于 4mm。长度大于 4m 或杆体直径大于 32mm 的锚杆,应采取杆体居中的构造措施。

(五)锚固边坡坡面结构设计

锚固边坡坡面结构形式应根据边坡工程地质水文地质条件、岩土性、边坡高度、施工方法,并结合岩体结构、结构面产状、风化程度和地貌形态以及自然稳定边坡和人工边坡的调查综合确定;坡面结构形式及其适用条件,可按表 7-26 的规定选用。

坡面结构常用类型及适用条件　　　　　　　　　　表 7-26

结构形式	适用条件	备注
格子(框架)梁	风化较严重、地下水丰富、软质岩、土质边坡	多雨地区梁宜作成截流沟式
地梁	软硬岩体相间、土质边坡	—
单锚墩	硬质岩、块状或整体性好的岩体	格子(框架)梁

锚固边坡坡面结构设计应符合下列要求:

框架梁、地梁与单锚墩截面可采用矩形或 T 形,截面宽度不得小于 0.30m;框架梁单元形状可采用矩形或菱形,矩形的梁单元尺寸不宜小于 3m×3m,菱形的梁单元尺寸不宜小于 5m×3m。

框架梁的设计宜分单元进行,梁内弯矩、剪力按框架梁或连续梁计算。作用于地梁与单锚墩的荷载,应按两地梁或两单锚墩中至中的距离计算。地梁弯短、剪力应根据梁上锚的根数,按简支梁或连续梁计算。梁结构应按现行国家标准《混凝土结构设计规范》(GB 50010)的有关规定进行计算,结构重要性系数为 1.0,永久荷载的分项系数为 1.35。

框架梁、地梁与单锚墩应采用钢筋混凝土,梁内主筋应分单元配置通长钢筋。梁底嵌入坡面岩体内深度不宜小于 0.20m;水泥混凝土强度等级不宜低于 C20。

(六)锚杆试验与监测设计

在锚固工程施工初期,应进行预应力锚杆锚固试验。锚杆试验包括基本试验和验收试验。施工前,应进行锚杆基本试验。基本试验数量取工作锚杆的 3%,且不少于 3 根。施工后,应进行锚杆验收试验。锚杆验收试验的数量可取工作锚杆的 5%,且不少于 3 根。当有特殊要求时,可适当增加。控制锚杆试验内容及要求应符合《锚杆喷射混凝土支护技术规范》(GB 50086)的规定。预应力锚固工程应根据对于边坡工程和滑坡整治工程的重要性和实际条件,对预应力锚杆的工作状况和锚固效果进行施工期和永久运行期的原位监测。

锚杆监测包括施工期监测和运营期监测,监测数量应取工作锚杆数量的 10%。施工期监测,以保证施工安全和施工质量为目的。可按表 6-21 选择监测项目,施工期监测的断面,应设置在锚固区的关键部位;有条件时,宜同永久监测相结合。

运营期的长期监测应以锚固区域的整体稳定和锚杆预应力保持为目的。可按表 6-21 选择监测项目,长期监测至少应设一个监测断面,一个监测断面上至少应设置三个监测部位,并设置在边坡锚固区的关键部位。运营期监测周期从锚杆施工期开始,应为公路建成营运后不少于一年。

六、土钉支护

(一)设计原则及适用条件

土钉支护是从隧道新奥法发展起来的边坡支护新技术,主要用于临时支护,近年来随技术的发展也用于边坡永久支护。土钉支护,亦称土钉墙。土钉墙由岩土体、土钉和护面板三部分组成,如图7-10所示。在护面板、土钉和岩土体相互作用下,依靠土钉与土体的界面黏结力或摩擦力,在岩土体发生变形的条件下被动受力,并主要承受拉力和其他荷载,从而使得开挖坡面稳定。土钉支护融合了锚杆挡土墙和加筋土挡土墙的特点,常用于基坑支护和挖方边坡稳定。

土钉支护对水的作用特别敏感。土的含水率增大不但会增大土体自重,更主要的是会降低土的抗剪强度和土钉与土体之间的界面黏结强度,土钉支护工程产生病害多与水的作用有关。因此,要加强土钉支护边坡的排水设计。

土钉支护适用于硬塑或坚硬的黏质土、胶结或弱胶结的粉土、砂土、砾石、软岩和风化岩层等挖方路堑边坡的临时支护和永久支护。但在腐蚀性地层、膨胀土地段、软黏土、土质松散、地下水较发育及存在不利结构面边坡,不宜采用土钉支护。下列土体中,不宜设置永久土钉支护:①标贯击数 $N<9$,相对密度 $D_r<0.3$ 的松散砂土;②液性指数大于0.5的软塑、流塑黏性土;③含有大量有机物或工业废料的低强度回填土,新填土以及强腐蚀性土。

在塑性指数大于20和液限大于50%且无侧限抗压强度 $<50kPa$ 的黏性土中修建土钉支护工程时,应通过现场的土钉抗拔试验,检验土体的蠕变性能。

土钉支护的设计应特别重视水的作用与影响,必须在地表和支护内部设置适宜的排水系统以疏导地表径流和地下水。对于永久性土钉支护的设计,应考虑长期使用过程中土体含水量的变化对土体抗剪强度的不利影响。边坡地下水较发育的挖方边坡不宜设置永久土钉支护。

土钉支护设计前必须进行充分的工程调查,收集场地周围已建工程及本项公路建设工程的工程地质与水文地质勘察资料,查明支护周围已有构造物、埋设物(管线等)和道路交通等周边环境条件与施工场地条件,当地气象条件,水文地质条件及与周围地表水体的供给与排泄关系,地层、地质、构造和岩土的物理力学特性及其潜在腐蚀性。

土钉支护工程应进行土钉的基本抗拔力试验,试验数为工作土钉总数的1%,且不少于3根。塑性指数 $I_p \geqslant 20$ 和液限 $W_L \geqslant 50\%$ 的黏土中的永久土钉支护应进行蠕变试验,试验数不少于3根。应根据边坡工程的重要性和实际条件,对土钉的工作状况和支护效果进行施工期和永久运行期的原位监测,监测项目可按表6-23选定。土钉支护边坡的水平位移不得超过 $0.3\% H$(边坡高度)。

(二)结构构造

土质边坡土钉支护总高度不宜大于10m,岩质边坡土钉支护总高度不宜大于18m。当土钉支护与预应力锚杆联合使用时,边坡高度可增加。边坡较高时宜设多级土钉支护,每级坡高不宜大于10m。多级边坡的上下级之间应设置平台,平台宽度不宜小于2.0m。

土钉长度包括非锚固长度和有效锚固长度,非锚固长度应根据墙面与土钉潜在破裂面的实际距离确定。有效锚固长度由土钉内部稳定检算确定。土钉长度宜为边坡坡面高度的

0.5~1.2倍。土钉间距宜为0.75~3m,与水平面夹角宜为5°~25°。

永久性土钉应采用钻孔注浆钉,钻孔直径宜为70~100mm。土钉钉材宜采用HRB400钢筋,钢筋直径宜为18~32mm,土钉钢筋应设定位支架。

喷射混凝土面层厚度:临时支护不宜小于60mm,永久支护不宜小于80mm;喷射混凝土强度等级不宜低于C20。喷射混凝土面层应配置钢筋网,钢筋直径不应小于6mm,间距宜为150~250mm。钻孔注浆材料宜采用低收缩水泥浆或水泥砂浆,其强度不宜低于20 MPa。注浆应采用孔底返浆法,注浆压力宜为0.4~1.0 MPa。土钉必须与面层有效连接,可采用外端设钢板或加强钢筋,通过螺丝端杆锚具或焊接。

喷射混凝土面层应设泄水孔,泄水孔后应设无砂混凝土板滤层。边坡渗水严重时应设置仰斜式排水孔,角度宜仰斜5°~10°,长度比土钉略长。混凝土面层在长度方向应设伸缩缝。永久支护的面层底端应插入地表以下200~400mm。如面层由预制混凝土件构筑,则需设置专门的基础。当土钉被用于腐蚀性土质、雨水较多的地区边坡支护,或土钉不可避免地要深入到地下水位以下时,应对土钉进行防锈处理。可根据情况选用聚乙烯、聚丙烯塑料波纹套管或环氧涂层钢筋。

(三)设计计算

土钉支护的结构计算包括支护的内部整体稳定性验算、外部整体稳定性验算和支护面层以及面层与土钉的连接计算。

土钉支护外部整体稳定性验算,可参照深路堑边坡稳定性分析的方法进行计算,对于土钉挡土结构,可参照重力式挡土墙以极限状态设计的分项系数法为主的设计方法要求,进行土钉加固土体的整体滑动、倾覆和基底土承载力的验算。

土钉支护内部整体稳定性验算可采用圆弧法,假定破坏面上所有的土钉只承受拉力且均分别达到最大设计拉力值。内部整体稳定性验算的安全系数可取1.25~1.30,考虑地震作用,安全系数可折减0.1。

混凝土面层可按以土钉为点支承的连续板进行抗弯强度与抗冲切强度验算。支护坡面构件为混凝土框架梁或梁板时,应按连续梁体系或梁板体系进行内力分析和计算。土钉钉头与混凝土坡面构件的连接处,应进行连接处混凝土的局部承压能力验算。

七、抗 滑 桩

抗滑桩是深入岩土层的柱状结构物,主要用来承受和支撑边坡体的水平荷载。通过桩身将上部承受的滑坡体的推力传给下部的侧向岩土体,并依靠下部的侧向阻力来边坡的下滑力,使边坡保持平衡和稳定。抗滑桩是利用桩周围的岩土体对桩形成嵌挤作用而稳定滑坡体的,所以不适用于软塑性滑坡体。抗滑桩埋入滑动面以下部分称为锚固段,埋置于滑动面以上部分称为受力段。受力段承受滑坡体推力作用,传递到锚固段,在滑动体的桩周围地层产生反力嵌住桩身。抗滑桩按制作材料分有钢筋混凝土桩、钢桩等,按成桩方法有打入桩、静压桩和钻孔灌注桩等。

抗滑桩的设计应解决群桩的平面布置、桩的锚固深度以及桩的截面形状与强度问题。设计之前,应对边坡进行详细的工程地质勘察,确定主滑方向、滑面位置、边界条件、岩土性质及水文地质条件。

抗滑桩的设置必须保证滑坡体不越过桩顶或从桩间滑动,不产生新的滑坡。抗滑桩宜设置在滑坡厚度较薄、推力较小、锚固段地基强度较高的地段,确定桩的平面布置、桩间距、桩长和截面尺寸时,应综合考虑,以达到经济合理,并与周围景观相协调。可采用预应力锚索抗滑桩,或抗滑桩与明洞、排桩等组合使用。

(一)结构构造

抗滑桩截面形状宜采用矩形,桩的截面尺寸应根据滑坡推力大小、桩间距、锚固段地基横向容许强度等因素确定,桩最小边宽度不应小于1.25m。在主滑方向不确定的情况下,可采用圆形截面。桩身混凝土的强度等级不应低于C20。

抗滑桩井口应设置锁口,桩井位于土和风化破碎的岩层时宜设置护壁,锁口和护壁混凝土强度等级不应低于C15。

抗滑桩纵向受力钢筋直径不应小于16mm。净距不宜小于120mm,困难情况下可适当减少,但不得小于80mm。当用束筋时,每束不宜多于3根。当配置单排钢筋有困难时,可设置2排或3排。受力钢筋混凝土保护不应小于60mm。

纵向受力钢筋的截断点应按现行《公路钢筋混凝土及预应力混凝土桥涵设计规范》计算。

抗滑桩内不宜设置斜筋,可采用调整箍筋的直径、间距和桩身截面尺寸等措施,满足斜截面的抗剪强度。箍筋宜采用封闭式,直径不宜小于14mm,间距不应大于500mm。

抗滑桩的两侧和受压边,应适当配置纵向构造钢筋,其间距宜为400~500mm,直径不宜小于12mm。桩的受压边两侧,应配置架立钢筋,其直径不宜小于16mm。当桩身较长时,纵向构造钢筋和架立筋的直径应加粗。

(二)设计计算

作用于抗滑桩的外力有滑坡推力、桩前滑体抗力和锚固段地层的抗力。桩侧摩阻力和黏聚力以及桩身重力和桩底反力可不计算。滑坡推力按本章第二节规定采用传递系数法计算确定。

桩前抗力可按桩前滑体处于极限平衡时的滑坡推力或桩前被动土压力确定,取小值。抗滑桩上滑坡推力可采用矩形分布或梯形分布,当滑体为极松散的土体,可采用三角形分布。桩底支承选用自由端,嵌入岩石较深可选用自由端或铰支。抗滑桩的锚固段长度应满足桩侧最大压应力不大于地基的横向容许承载力的要求。

滑动面以上的桩身内力,应根据滑坡推力和桩前滑体抗力计算。滑动面以下的桩身变位和内力,应根据滑动面处的弯矩和剪力,采用地基系数法进行计算,根据岩土条件可选用“K法”或“m法”。地基系数K、m可根据试验资料和地区经验、工程类比综合确定。

抗滑桩的混凝土结构应按现行国家标准《混凝土结构设计规范》(GBJ 10)进行计算,其荷载分项系数可取1.3。抗滑桩桩身按受弯构件设计,当无特殊要求时,可不做变形、抗裂、挠度等项验算。

本章小结

挡土墙是支挡路基土体承受土压力的墙式结构物。应根据墙址处的地形、地质条件和设计要求,合理选定挡土墙的位置、类型和构造(墙身、基础、排水和墙背填料等)。适用于不同边界条件下的库仑主动土压力理论和计算方法,是路基挡土墙受力分析和结构设计与验算的基础。挡土墙结构需做整体稳定性和结构强度等方面的验算,其中起控制作用的验算项目与挡土墙的类型、墙身断面形状和尺寸以及地基条件等有关。应了解轻型挡土墙及其他形式的支挡结构的构造。

复习思考题

1. 试述各类挡土墙的结构特点及其适用条件。
2. 作用于挡土墙上的主要力系包括哪些力?
3. 什么是主动土压力、被动土压力和静止土压力?
4. 库仑土压力理论的适用条件是什么? 说明在不同情况下土压力计算的基本方法。
5. 什么是承载力极限状态和正常使用极限状态?
6. 挡土墙设计时要进行哪些项目的验算? 当不能满足要求时需要采取哪些措施?
7. 挡土墙的设计与布置应包括哪些内容?
8. 轻型挡土墙有哪些主要类型? 其结构特点有哪些?
9. 加筋土挡土墙的结构性质及加筋作用原理是什么? 有哪几部分组成?

第八章 道路排水工程设计

第一节 概　述

一、道路排水的目的及要求

道路的强度和稳定性与水的关系十分密切。路基路面的病害有多种,形成病害的原因亦很多,但水的作用是主要因素之一,因此道路的设计、施工和养护中,必须十分重视排水工程的设计。影响路基路面的水可分为地表水和地下水两类,与此相适应的道路排水工程则分为,地表排水和地下排水。

地表水有两种来源,一是雨雪直接落至路面的大气降水;二是贯穿路基的沟、溪、河流水。地表水对路基产生冲刷和渗透,冲刷可能导致路基路面整体稳定性受损害,形成水毁现象。渗入路面结构层及路基土体的水分,使得结构体系内部潮湿并造成强度和刚度降低。

地下水主要来源:一是滞水,滞留于上层相对不透水层上的地下水;二是潜水,在地面以下第一个隔水层以上的含水层的水,距地面较近,在重力作用下可沿土层流动;三是层间水,在地面以下任何两个隔水层之间含水层中的地下水,当水源高于地面时,可以通过岩层裂缝冒出地面而成泉水。地下水主要对路基产生影响,其危害的程度因条件不同而异,轻者能使路基湿软,降低路基强度;重者会引起冻胀、翻浆或边坡滑坍,甚至整个路基沿倾斜基底滑动。

水对路面的危害可表现为:降低路面材料的强度和使用性能。水从水泥混凝土路面的接缝和路肩处渗入,使基层的强度和承载能力下降,甚至造成唧泥;沥青路面材料受水的长期浸泡,黏结性降低,使路面材料变得很松散;在季节性冰冻地区,春融季节水会引起路面承载能力的普遍下降。

道路排水的任务,就是将路基范围内的土基湿度降低到一定的范围内,保持路基路面常年处于干燥、中湿状态,确保结构的强度和稳定,以及避免积水,特别是路面积水,以延长和确保其正常使用寿命,避免公路结构受水的危害。

路基设计时,必须考虑将影响路基稳定性的地表水,排除和拦截于路基用地范围以外,并防止地表水漫流、滞积和下渗。对于影响路基稳定性的地下水,则应予以隔断、疏干、降低水位,并引导至路基范围以外的适当地点。

路界地表排水的目的是把降落在路界范围内的地表水有效地汇集并迅速排除出路界,同时把路界外可能流入的地表水拦截在路界范围外,以减少地表水对路基和路面的危害以及对行车安全的不利影响。

二、排水设计的一般原则

在进行公路排水设计时,应遵循如下原则:

(1)根据公路各路段平纵线形、断面形式以及构造物,详细调查、收集公路沿线各路段的气候环境、水文地质条件、农田水利规划以及自然水系、植被等资料,进行系统分析,分清排水系统的主次和重点,遵循先主后次、先重点后辅助、先地下后地面、先排水后防护等原则,拟定排水系统的总体思路。

(2)排水设施要因地制宜、全面规划、合理布局、综合治理、讲究时效、注意经济,并充分利用有利地形和自然水系。一般情况下,地面和地下设置的排水沟渠、宜短不宜长,以使水流不过于集中,做到及时疏散,就近分流。

(3)各种路基排水沟渠的设置,应注意与农田水利相配合,必要时可适当地增设涵管或加大涵管孔径,以防农业用水影响路基稳定。路基边沟一般不应用作农田灌溉渠到,两者必须合并使用时,边沟的断面应加大,并予以加固,以防水流危害路基。

(4)设计前必须进行调查研究,查明水源与地质条件,重点路段要进行排水系统的全面规划,考虑路基排水与桥涵布置相配合,地下排水与地面排水相配合,各种排水沟渠的平面布置与竖向布置相配合,做到路基路面综合设计分期修建。对于排水困难和地质不良的路段,还应与路基防护加固相配合,并进行特殊设计。

(5)路基排水要注意防止附近山坡的水土流失,尽量不破坏天然水系,不轻易合并自然沟溪和改变水流性质,尽量选择有利地质条件布设人工沟渠,减少排水沟渠的防护与加固工程。对于重点路段的主要排水设施,以及土质松软和纵坡较陡地段的排水沟渠,应注意必要的防护与加固。

(6)路基排水设计要结合当地水文条件和道路等级等具体情况,应遵循总体规划、合理布局、少占农田、环境保护、景观协调的原则,并与当地排灌系统协调,注意就地取材,以防为主,既要稳固适用,又必须讲究经济效益。

(7)公路路基排水设计应采取防、排、截、疏相结合的综合措施,并与路面排水,路基防护,地基处理,桥梁、涵洞、隧道等防排水系统以及特殊路基地区(段)的其他处治措施等相协调。

(8)为了减少水对路面的破坏作用,应尽量阻止水进入路面结构,并提供良好的排水措施,以便迅速排除路面结构内的水,亦可建筑具有能承受荷载和雨水共同作用的路面结构。

(9)低填、浅挖路基以及排水困难地段,可采取拦截有可能进入路界的地表水,排除路基内自由水、降低地下水位、设置隔离层等措施,使路基处于干燥或中湿状态。施工场地的临时性排水设施,应尽可能与永久性排水设施相结合。

(10)各类排水设施的设计应满足使用功能要求,结构安全可靠,便于施工、检查和养护维修。排水设施所用材料的强度应不低于表8-1的要求。

材料类型	最低强度要求		适用范围
	非冰冻区、轻冻区	中冻区、重冻区	
片石	MU30	MU30	沟底和沟壁铺砌
水泥砂浆	M7.5	M10	浆砌、抹面、勾缝
水泥混凝土	C20	C25	混凝土构件
	C15	C15	混凝土基础

注:1.轻冻区,冻结指数小于 800 的地区。

　2.中冻区,冻结指数为 800~2000 的地区。

　3.重冻区,冻结指数大于 2000 的地区。

第二节　路基排水设施设计

一、地表排水设施

常用的路基地表排水设施有边沟、截水沟、排水沟、跌水与急流槽、蒸发池、油水分离池、排水泵站等,必要时还有渡水槽、倒虹吸及积水池等。它们应结合地形和天然水系进行布设,分别设置在路基的不同部位,共同形成完整的路基地表排水系统。各排水设施应做好进出口的位置选择和处理,防止产生堵塞、溢流、渗漏、淤积、冲刷和冻结。

路基地表排水主要是排除路基范围内的地表径流、地表积水、边坡雨水及公路邻近地带影响路基稳定的地表水。各类地表排水设施的断面尺寸应满足设计排水流量的要求,沟顶应高出沟内设计水面 0.2m 以上。位于水环境敏感地段的路基地表排水设计,应采取必要措施,保护水环境。

(一)边沟

边沟分为路堑边沟和路堤边沟,位于土路肩或护坡道外侧,用于汇集和排除路面、路肩及边坡的水。边沟走向多与路中线平行,紧靠路基,通常不允许其他排水沟渠的水流引入,亦不能与其他人工沟渠合并使用。边沟不宜过长,尽量使边沟的水流就近排至路旁自然水沟或低洼地带,必要时增设涵洞,将边沟水经涵洞引至路基另一侧排出。

常用的边沟断面形式有:梯形、矩形、三角形、浅碟形、带盖板矩形、暗埋式边沟等,如图 8-1 所示,各断面形式适用范围参见表 8-2。

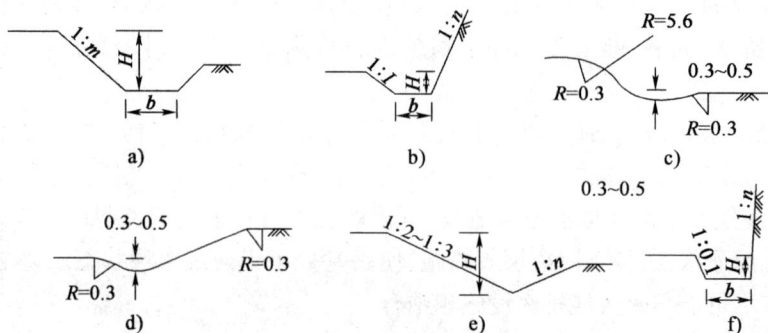

图 8-1　边沟横断面形式示意图(尺寸单位:m)

a)、b)梯形;c)、d)浅碟形;e)三角形;f)矩形

形式	特点及适用条件	沟壁边坡	主要尺寸	长度及纵坡
梯形边沟	排水量大,边坡稳定性好;适用于土质或软弱石质边沟	内侧沟壁为 1:1~1:1.5,外测与挖方边坡相同	底宽与深度为 0.4~0.6m,干旱地区或水流少的路段,取低限但不得小于 0.3m,降水量集中或地势低注路段取高限或更大值	长度一般小于 500m,多雨地区不宜超过 300m;纵坡与路线保持一致,最小纵坡为 0.25,沟壁铺砌后可为 0.12%,纵坡大于 3% 时需进行加固防护
矩形边沟	占地少,施工方便;适用于石质或铺砌式边沟	直立或稍有倾斜	底宽与深度为 0.4~0.6m,干旱地区或水流少的路段取低限但不得小于 0.3m,降水量集中或地势低注路段取高限或更大值	
浅碟形边沟	美观大方,与环境相协调;多用于积雪、积砂路段	曲线半径 R 多采用 30m	深度为 0.4~0.6m,降水量集中或地势低注路段取高限或更大值	
三角形边沟	便于机械化施工;适用于矮路堤或少雨浅挖地段土质边沟	宜采用 1:2~1:3 的边坡	深度为 0.4~0.6m,流量较大时沟深宜适当加大	长度不宜超过 200m

边沟断面形式应根据降雨强度、汇水面积、边坡高度、排水功能、地形地质条件以及对路侧安全与环境景观的影响程度等,因地制宜,合理选用。当路基边坡高度不大、汇水面积较小时,可采用三角形或浅碟形边沟。边沟断面尺寸需根据地形、地貌、降雨强度、汇水面积、路基填挖情况等,经过水文、水力计算,并结合当地的经验确定。

边沟的沟底纵坡(出水口附近除外)宜与路线纵坡一致,并不宜小于 0.3%。困难情况下,可减小至 0.1%。边沟出水口附近,以及排水困难路段(如回头曲线和路基超高较大的平曲线等处),边沟应进行特殊设计。

边沟的冲刷防护设计,需根据不同的情况选用不同的防护加固措施。在选用边沟防冲刷加固措施时,既要考虑加固措施的耐久性,也要考虑与环境协调性。在边沟水流最大允许流速范围,通常优先选用植物防护;当超过最大允许流速,可能产生冲刷时,可根据流速大小,因地制宜,选用换填砂砾、卵石、片碎石等间接加固方式,或干砌片石、浆砌片石(混凝土块)、现浇混凝土等直接加固方式。

高速公路、一级公路挖方路段矩形边沟宜增设带泄水孔的钢筋混凝土盖板或增设路侧护栏,钢筋混凝土盖板的强度和厚度应满足承载汽车荷载的要求。

季节冻土地区,浅碟形边沟的暗埋管(沟)应设置在最大路基冻深线以下,暗埋管(沟)出水口应采取保温防冻措施。

(二)截水沟

截水沟又称天沟,一般设置在挖方路基边坡坡顶以外,或深路堑高边坡分台碎落台上,或高填方分台碎落台(亦称护坡道)上,或山坡路堤上方的适当地点。截水沟走向与路中线基本平行,用以拦截路基上方流向路基的地面径流,减轻边沟的水流负担,保证挖方边坡和填方坡脚不受水流冲刷。降水量较少或坡面坚硬和边坡高度较低以及冲刷影响不大的地段,可以不设截水沟;反之,如果降水量较多,且暴雨频率较高,山坡覆盖层比较松软,坡面较高,水土流失比较严重的地段,必要时可设置两道或多道截水沟。

截水沟应根据地形条件及汇水面积等进行设置。挖方路基的堑顶截水沟应设置在坡口

5m 以外,并宜结合地形进行布设,如图 8-2 所示。填方路段斜坡上方的路堤截水沟距路堤坡脚的距离,应不小于 2m,并做成 2% 的向沟倾斜的横坡,确保路堤不受水害,如图 8-3 所示。截水沟下方一侧,可堆置挖沟的弃方,要求做成顶部向沟倾斜 2% 的土台。

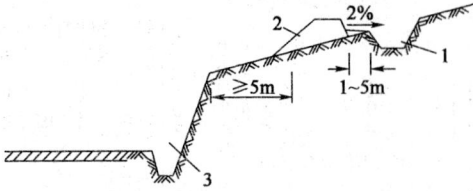

图 8-2　挖方路基截水沟示意图
1-截水沟;2-土台;3-边沟

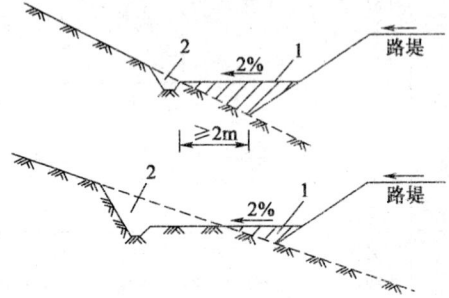

图 8-3　填方路段截水沟示意图
1-土台;2-截水沟

截水沟的横断面形式及尺寸应结合设置位置、排水量、地形及边坡情况确定,一般采用梯形断面,沟的边坡坡度,因岩土条件而定,一般采用 $1:1.0 \sim 1:1.5$。沟底宽度 b 不小于 0.5m,沟深 h 按设计流量而定,一般应不小于 0.5m。截水沟长度一般为 $200 \sim 500m$ 为宜。

截水沟沟底应具有不小于 0.3% 的纵坡,当条件允许时,纵坡应适当加大,亦不宜超过 3%,否则应进行加固和铺砌。沟底和沟壁要求平整密实,不渗水,不滞水,当边坡较高,且地质不良时予以加固。截水沟的纵坡一般与路线纵坡一致,当路线比较平时,路堑或路堤坡面截水沟的纵坡也就很小,这时应人为地把路堑或路堤坡面截水沟的纵坡加大,使之不产生淤积和积水。

截水沟的位置,应尽量与绝大多数地面水流方向垂直,以提高沟的拦截能力及缩短沟长。截水沟应保证水流通畅,排至路界之外并就近引入自然河沟内排出,不宜引入路堑边沟。必要时配以急流槽或涵洞等构造物,将路堑或路堤坡面截水沟汇集的雨水导入天然水沟或排水沟;同时,也应避免急流槽在坡面断开,以防止水流对截水沟下部边坡坡面的冲刷。

(三)排水沟

排水沟主要用于排除来自边沟、截水沟、取(弃)土场和路基附近低洼处汇集的水或其他水源的水流,并将其引至桥涵或路基范围以外的指定地点。当路线受到多段沟渠或水道影响时,为保证路基不受水害,可设置排水沟或改移河道,以调节水流,整治水道。

排水沟的横断面形式,一般采用梯形,尺寸大小应经水力水文计算确定。用于边沟、截水沟及取土坑出水口的排水沟,由于流量较小,不需特别计算,但深度与底宽不宜小于 0.5m,土沟的边坡坡度为 $1:1.0 \sim 1:1.5$,石质排水沟或加固排水沟,可采用矩形断面形式。

排水沟的位置,可根据需要并结合当地地形、地质条件确定。高速公路、一级公路通过耕地、居民区的填方路基宜设坡脚排水沟。路堤边坡设急流槽地段,排水沟距路基坡脚距离不宜小于 2.0m。边坡平台设排水沟时,平台应做成 $2\% \sim 5\%$ 向内侧倾斜的排水坡度。排水沟可采用三角形或梯形横断面,当水量大时,宜设置 $30cm \times 30cm$ 的矩形、三角形或 U 形排水沟,排水沟可用水泥混凝土预制构件拼装,沟壁厚度 $5 \sim 10cm$。

排水沟水流注入其他沟渠或水道时衔接应顺畅,使原水道不产生冲刷或淤积。通常应使排水沟与原水道两者呈锐角相交,即交角不大于 45°,有条件时可用半径 $R = 10b$(b 为沟顶宽)

的圆曲线朝向下游与其他水道相接,如图 8-4 所示。

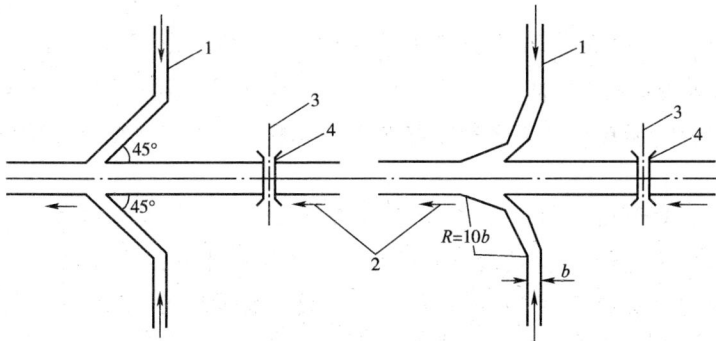

图 8-4 排水沟与其他沟渠衔接示意图
1-排水沟;2-其他沟渠;3-路基中心线;4-桥涵

排水沟应具有合适的纵坡,以保证水流畅通,但不致流速过大而产生冲刷,亦不可流速过小而产生淤积,因此宜通过水文水利计算而确定。一般情况下,可取 0.5% ~ 1.0%,不小于 0.3%,亦不宜大于 3%。如果大于 3%,应对排水沟进行加固处理。

路基排水沟渠的加固类型有多种,表 8-3 为土质沟渠各种加固类型。图 8-5 为沟渠加固横断面图,设计时可结合当地条件,根据沟渠土质、水流速度、沟底纵坡和使用要求等而定。

沟渠加固类型   表 8-3

形式	名 称	铺筑厚度(cm)	形式	名 称	铺筑厚度(cm)
简易式	平铺草皮	单层	干砌式	干砌片石	15 ~ 25
	竖铺草皮	叠层		干砌片石砂浆勾缝	15 ~ 25
	水泥砂浆抹平层	2 ~ 3	浆砌式	干砌片石砂浆抹平	20 ~ 25
	石灰三合土抹平层	3 ~ 5		浆砌片石	
	黏土碎(砾)石加固层	10 ~ 15		混凝土预制块	20 ~ 25
	石灰三合土碎(砾)抹平层	10 ~ 15		砖砌水槽	

注:沟底纵坡 <1% 时不加固;纵坡 1% ~3% 时土质好,不加固;土质不好,简易式加固;纵坡 3% ~5% 时简易式加固或干砌式加固;纵坡 5% ~7% 时干砌式或浆砌式加固;纵坡 >7% 时浆砌式加固或改用跌水。

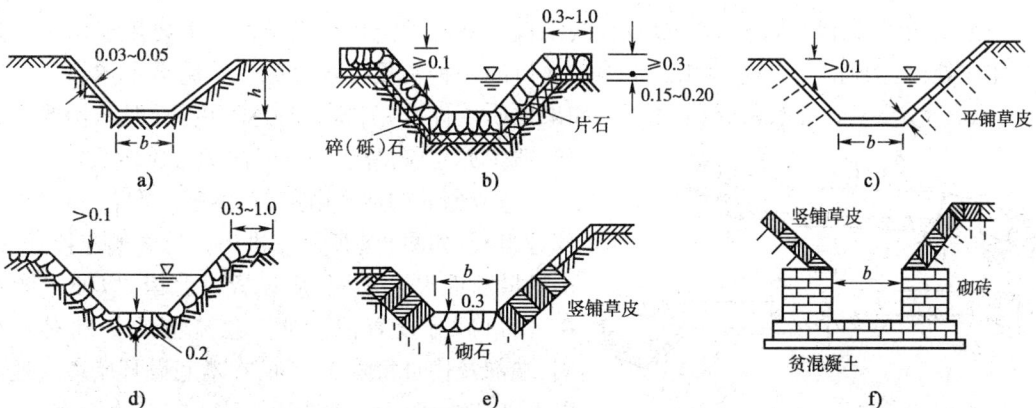

图 8-5 沟渠加固断面图(尺寸单位:m)
a)石灰三合土抹平层;b)干砌片石(碎石垫平);c)平铺草皮;d)浆砌片石(碎石垫平);e)竖铺草皮,砌石底;f)砖砌水槽

(四)跌水与急流槽

跌水与急流槽均为路基地面排水沟渠的特殊形式,用于纵坡大于10%,水头高差大于1.0m的陡坡地段或特殊陡坎地段。由于纵坡陡、水流速度快、冲刷力大,要求跌水与急流槽的结构物必须稳固耐久,通常应采用浆砌片石或水泥混凝土预制块砌筑,并具有相应的防护加固措施。

跌水的构造,有单级和多级之分,沟底有等宽和变宽之别。单级跌水一般用于沟渠连接处,此处水位落差较大,需要消能或改变水流流向。多级跌水如图8-6所示,多级跌水底宽和每级长度,依地形与需要而定,可以相等,也可以做成变宽或长度与高度不等的形式。

按照水力计算特点,跌水的基本构造可分为进水部分、消力池和出水部分三个组成部分,如图8-7所示。各个组成部分的尺寸,由计算而定。一般情况下,如果地质条件良好,地下水位较低,设计流量小于1.0~2.0m³/s,跌水台阶(护墙)高度最大不超过2.0m,墙基埋深不小于1m,在冻土地区要求伸入冻结线以下。石砌墙厚0.25~0.30m。消力池起消能作用,要求坚定稳固,不易毁坏,底部具有1%~2%纵坡,底板厚0.35~0.30m,沟槽及消力池的边墙高度应高于计算水深0.2m以上,壁厚与护墙厚度相仿。消力池末端设有消力槛,槛高依计算而定,要求低于池内水深,为护墙高度的1/5~1/4,一般取0.15~0.20m。消力槛顶部厚度为0.3~0.4m,底部预留孔径为5~10cm的泄水孔,以利水流中断时排泄池内的积水。

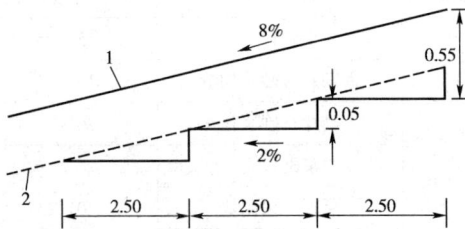

图8-6 多级跌水纵剖面图(尺寸单位:m)
1-沟顶线;2-沟底线

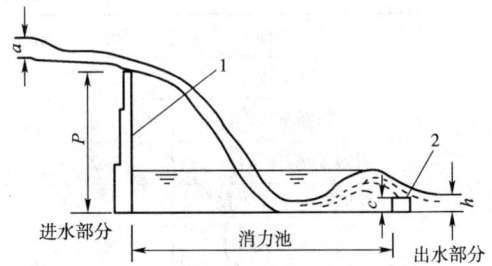

图8-7 跌水构造示意图
1-护墙;2-消力槛

跌水两端的土质沟渠,应注意加固,保持水流畅通,不致产生水流冲刷和淤积,以充分发挥跌水的排水效能。

急流槽的纵坡比跌水的平均纵坡更陡,结构的坚固稳定性要求更高。主要用于山区公路回头曲线处,是沟通上下路基排水及沟渠出水口的一种常见排水设施。急流槽主体部分的纵坡,依地形而定,一般可达67%(1:1.5),如果地质条件良好,需要时还可更陡,但结构要求更严,造价亦相应提高,设计时应通过比较而定。

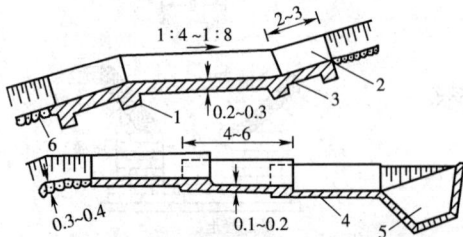

急流槽的构造亦由进口、主槽(槽身)和出口三部分组成,如图8-8所示。进出口与主槽连接处,因沟槽横断面尺寸不同,应设置过渡段,以便平顺衔接,出口部分设有消力池。急流槽的基础必须稳固,端部及槽身每隔2~5m,在槽底设耳墙埋入地面以下,以防止滑动。当槽身较长时,宜分段砌筑,每段长5~10m,预留伸缩缝,并用防水材料填塞。

图8-8 急流槽构造示意图(尺寸单位:m)
1-耳墙;2-消力池;3-混凝土槽底;4-钢筋混凝土槽底;
5-横向沟渠;6-砌石护底

急流槽多用砌石(抹面)和水泥混凝土结构,亦可利用岩石坡面挖槽。如临时急需时,可就地取材,采用竹木结构。

(五)倒虹吸与渡水槽

当水流需要横跨路基,而又受设计高程限制时,可以采用管道或沟槽从路基底部通过或上部架空跨越,前者为倒虹吸,后者为渡水槽。分别相当于涵洞和渡水桥。两者均属于路基地面排水的特殊结构物,常是配合农田水利、电站引水所需而采用的。

当路线跨越沟渠,而沟渠水位与路基高程相差不多,既不便设明涵,又不能修建架空渡水槽时,采用竖井式倒虹吸是一种可行的方案。倒虹吸布置如图8-9所示。

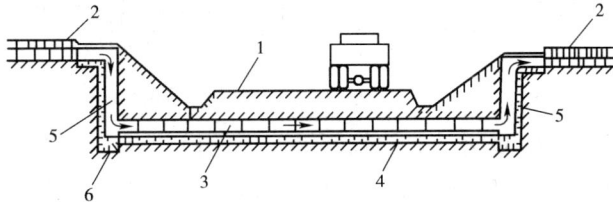

图8-9　竖井式倒虹吸布置图
1-路基;2-原沟渠;3-洞身;4-垫层;5-竖井;6-沉淀池

倒虹吸借助上下游水位差,采用势能使水流降落,经路基下部管道流向路基另一侧,再利用动能上升使水流入下游沟渠。由于所设管道为压管道,竖井式倒虹吸的水流多次垂直改变方向,水流条件差,结构要求高,容易漏水、淤塞,清理和修复困难,因此应尽量不用或少用。若用则需合理设计,为减少堵塞现象,设计时要求管道内的水流速度不小于1.5m/s,并在进水口前设置沉淤池和拦污栅,沉积泥沙和拦截污物。并进行水力计算,选择最佳设计方案,保证施工质量。

倒虹吸管有箱形和圆形两种。以水泥混凝土和钢筋混凝土结构为主,临时性简易管道可用砖石结构,永久性或急需时亦可用钢铁管道。管道孔径0.5～1.5m,管道顶部的路基填土厚度一般不小于1.0m,以免行车荷载压力过于集中,严寒地区亦可用以防冻。由于倒虹吸过水能力有限,为便于施工和养护,管道也不宜埋置过深,以填土高度不超过3.0m为宜。

倒虹吸两端设竖井,井底高程低于管道,起沉积泥沙和杂物的作用。亦可改用斜管式或缓坡式,以代替竖井式升降管,此时水流条件有所改善,但路基用地宽度增大,管道长度增加。倒虹吸进水口所设的沉沙池位于原沟渠与管道之间的过渡段,池底和池壁采用砌石抹面或混凝土,厚度0.3～0.4m(砌石)或0.25～0.3m(混凝土),池的容量以不溢水为度。水流经过沉沙池后,水中仍含有细粒泥沙或轻质漂浮物时,可设网状拦污栅予以清除。倒虹吸的出口,亦应设过渡段与下游沟渠平顺衔接,对原质沟渠应进行适当加固。

渡水槽相当于渡水桥,如图8-10所示。其作用是在路基上空将两侧沟渠连接起来,以保证水流畅通。当原水道与设计路基高程相差较大,路基两侧地形有利,且确有必要,可采用架设渡水槽或管道的方案,沟通路基两侧的水流。

渡水槽的受力特点与桥梁相似,故其设计方法亦与桥梁相近。但由于其主要作用是输水,所以除在结构上应具有足够的强度外,还必须考虑输水能力,进出水口的衔接,以及防止冲刷和渗漏等。此外,渡水槽的架设应满足道路对净空和美化的要求。

渡水槽由进出水口、槽身和下部支承等几部分组成,其中进(出)水口段构造如图8-11所示。

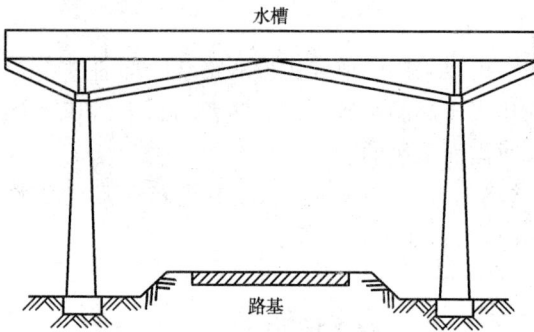

图 8-10 渡水槽

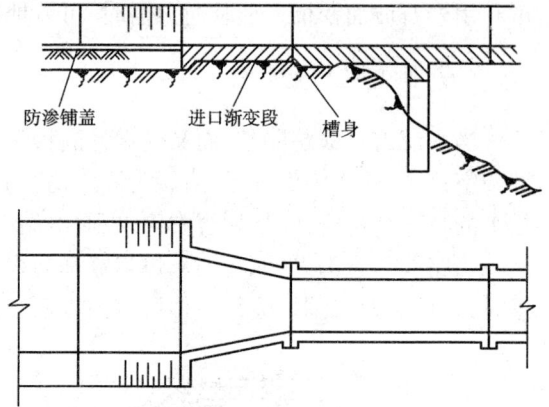

图 8-11 渡水槽进出口布置图

为节省工程造价,槽身横断面一般均较两端沟渠的横断面小,槽中水流速度相应有所提高,因此,进出口段应防止冲刷和渗漏等。进出水口设置过渡段,并根据土质情况,分别将槽身伸入路基两侧地面 2~5m,且出水口过渡宜长一些,以防淤积。如果主槽较短,可不设过渡段,取槽身和沟渠断面相同,沟槽直接衔接。水流断面不同时,过渡段的平面收缩角为 10°~15°,据此确定过渡段的有关尺寸,与槽身连接的土质沟渠,应予防护加固,其长度至少是沟渠水深的 4 倍。

(六)蒸发池和油水分离池

气候干旱区且路域范围排水困难地段,可利用沿线的集中取土坑或专门设置蒸发池排除地表水。水环境敏感地段路基排水沟出口宜设置油水分离池,用于处理公路路面排出的污水,排泄的水质应满足现行国家标准《污水综合排放标准》(GB 8978)的有关规定。

蒸发池与路基边沟(或排水沟)间应设排水沟连接。蒸发池边缘与路基边沟距离不应小于 5m,湿陷性黄土地区不得小于湿陷半径。面积较大的蒸发池不得小于 20m。池中水位应低于排水沟的沟底。

蒸发池的容量应以一个月内路基汇流入池中的雨水能及时完成渗透与蒸发作为设计依据,并经水力、水文计算后确定。每个蒸发池的容水量不宜超过 200~300m³,蓄水深度不应大于 1.5~2.0m。蒸发池的设置不应使附近地面形成盐渍化或沼泽化。

公路路面排出的污水一般以漂浮物和石油类为主,污水中含油量较低,油水分离可采用简易的沉淀法处理。污水进入油水分离池前,应先通过格栅和沉砂池。油水分离池的大小应根据所在路段排水沟汇入水量确定,并保证流入分离池的油水能有足够的时间分离或过滤净化。

(七)下挖式通道排水

解决下挖式通道的排水问题是保证下穿公路使用功能与安全运营的关键措施之一。下挖式通道排水设计的主要技术问题是地面径流量的控制标准、排水系统与排水方式的选择。下挖式通道应设置独立、完善的排水系统,排除汇水区域的地表径流水和影响道路功能的地下水。排水设施的布设应与周围其他排水设施相协调。地表排水径流量计算,设计重现期不宜小于 5 年。下挖式通道宜采用自流排水方式。当条件受限制时,可按表 8-4 确定排水方式。

排水方式	适用条件
自流排水方式	可用于通道底面高于河渠底面常水位
泵站排水方式	可用于降雨量大、地下水位较高且通道底面低于河渠底面而无法自排的通道
渗井排水方式	可用于年降雨量小于 600mm、地下水位低、含水层渗透性好且埋深不超过 10m 的通道排水。通道内水流进入渗井前,应经过油水分离池过滤处理,保护地下水质
蒸发池排水方式	可用于年降雨量小于 400mm、蒸发强度大、地下水位低的通道排水

此外,当路基汇水无法自流排出时,可设置排水泵站。排水泵站包括集水池和泵房,集水池的容积应根据汇水量、水泵能力和水泵工作情况等因素确定。水泵抽出的水应排至路界之外。在下挖段两端,应设置泄水口、排水沟等排水设施,拦截和引排上游方向的地表水。

二、地下排水设施

路基及边坡土体中的上层滞水、潜水、承压水称为地下水。地下排水设计时,应进行工程地质和水文地质调查、勘探和测试,查明水文地质条件,获取有关水文地质参数。地下水影响路基稳定或强度时,应根据地下水类型、含水层埋藏深度、地层的渗透性等条件对环境的影响,采取拦截、汇集、疏干、引排、降低或隔离等措施,地下排水设施应与地表排水设施相协调。

公路上常用的地下排水设施(或地下排水结构物)有:排水垫层、隔离层、暗沟(管)、渗沟、渗井、渗水隧洞、仰斜式排水孔、检查疏通井等。当地下水埋藏浅或无固定含水层时,可采用隔离层、排水垫层、暗沟、渗沟等。当地下水埋藏较深或存在固定含水层时,可采用仰斜式排水孔、渗井、排水隧洞等。

地下排水设施的特点是排水量不大,主要是以渗流的方式汇集水流,并就近排出路基范围以外。对于流量较大的地下水,应设置专用地下管道予以排除。埋置于地下的排水设施,经常性的养护维修比较困难,故要求其牢固有效。

(一)排水垫层和隔离层

当黏质土地段地下水埋深小于 0.5m 或粉质土地段地下水埋深小于 1.0m 时,细粒土填筑的低路堤底部应设置排水垫层和隔离层。排水垫层厚度不应小于 0.3m,垫层材料宜选用天然砂砾或中粗砂。采用复合防排水板作为隔离层时,可不设排水垫层。

隔离层可选用土工膜、复合土工膜、复合防排水板等土工合成材料,防渗材料的厚度、材质及类型应根据气候、地质条件确定,土工合成材料应符合现行行业标准《公路土工合成材料应用技术规范》(JTG/T D32)的规定。

(二)暗沟(管)

暗沟(管)又称盲沟,是设在地面以下用于排除泉水或集中的地下水流。当路基遇到泉眼,泉水外涌,路线不能绕行时,为将泉水引至填方坡脚以外或挖方边沟加以排出,可在泉眼与出水口之间开挖沟槽,修建暗沟或暗管。市区或穿过集、镇路段的街道污水管或雨水管,以及公路中央分隔带弯道处的排水设施,也有采用暗沟或暗管排除集积水。

图 8-12 为一侧边沟下面所设的暗沟,用以拦截流向路基的层间水,防止路基边坡滑坍和毛细水上升危及路基的强度和稳定性。图 8-13 是路基两侧边沟下均设暗沟,用以降低地下水

位,防止毛细水上升至路基工作区范围内,形成水分积聚而造成冻胀翻浆,或土基过湿而降低强度等。

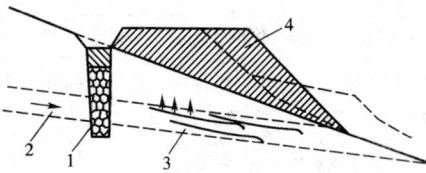

图 8-12　一侧边沟下设暗沟

1-暗沟;2-层间水;3-毛细水;4-滑坡体

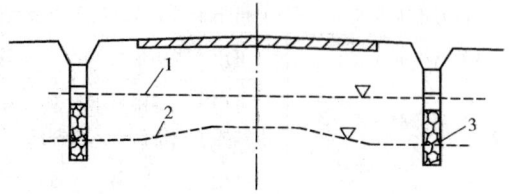

图 8-13　两侧边沟下设暗沟

1-原地下水位;2-降低后地下水位;3-暗沟

暗沟沟槽内全部填满(石)颗粒材料,其结构比较简单,可以看成简易暗沟。简易暗沟的横断面成矩形,亦可做成上宽下窄的梯形,沟壁倾斜度约 1:0.2,底宽 b 与深度 h 大致为 1:3,深为 1.0~1.5m,底宽为 0.3~0.5m。暗沟的底部中间填以粒径较大(3~5cm)的碎石,其空隙较大,水可以在空隙中流动。粗粒碎石两侧和上部按一定比例分层填以较细粒径的粒料,每层厚约为 10cm。盲沟的顶面和底面,一般设有厚 30cm 以上的不透水层,或顶部设有双层反铺草皮。

暗沟的排水能力较小,不宜过长,沟底应具有不小于 1% 的纵坡,出水口处应加大纵坡,并应高出地表排水沟常水位 0.2m 以上,以防水流倒渗。暗沟可采用浆砌片石或水泥混凝土预制块砌筑,沟顶应设置混凝土或石盖板,盖板顶面上的填土厚度不应小于 0.5m。季冻地区的暗沟,应做防冻保温处理或将暗沟设在冻结深度以下。

(三)渗沟

采用渗透方式将地下水汇集于沟内,并通过沟底通道将水排至指定地点,这种设施统称为渗沟。渗沟具有疏干表层土体、增加坡面稳定性、截断及引排地下水、降低地下水位、防止地下细颗粒土被冲移的作用。在有地下水出露的挖方路基、斜坡路堤、路基填挖交界结合部以及地下水埋深小于 0.5m 的低路堤等路段,应设置排水渗沟。保证路基处于干燥或中湿状态。

渗沟的位置与作用,同上述简易暗沟相仿,但尺寸更大、埋置更深。渗沟类型应根据地下水赋存条件、渗流量、使用部位及排水距离等,按表 8-5 确定,渗沟横断面尺寸应通过水力计算按地下水渗流量计算确定。

各种渗沟适用条件　　　　　　　　　　　　　表 8-5

渗沟类型	适用条件
填石渗沟、无砂混凝土渗沟	可用于地下水流量不大、排水距离较短的地段
管式渗沟	可用于地下水流量较大、地下水位埋藏浅、地下排水距离较长的地段
洞式渗沟	可用于地下水流量大、地下水位埋藏深的地段

渗沟根据材料和结构形式,可分为有填石渗沟、无砂混凝土渗沟、洞式渗沟、管式渗沟、边坡渗沟,支撑渗沟等。

填石渗沟也称盲沟式渗沟,与上述简易暗沟相仿,但构造更完善,使用中较易淤塞,一般适用于地下水流量不大、渗沟不长的地段,如图 8-14a)所示。当地下水流量较大,引水较长的地段,要求埋置更深时,可在沟底设洞或管,前者称为洞式渗沟,如图 8-14b)所示。后者称为管式渗沟,如图 8-14c)所示。条件允许时,应优先采用管式渗沟。洞式渗沟施工麻烦,质量不易保证。实际工程中多采用管式渗沟代替填石渗沟和洞式渗沟。

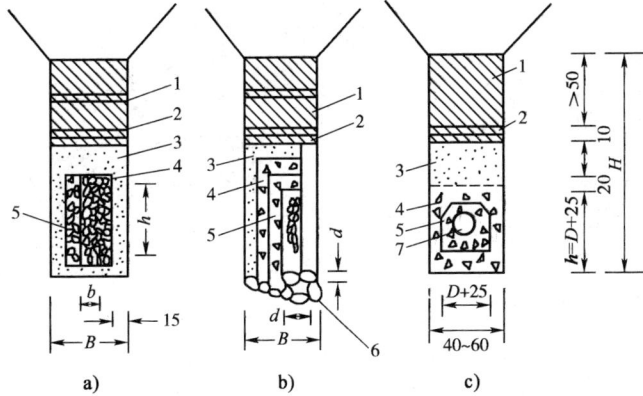

图 8-14　渗沟结构图式(尺寸单位:cm)

a) 盲沟式;b) 洞式;c) 管式

1-黏土夯实;2-双层反铺草皮;3-粗砂;4-石屑;5-碎石;6-浆砌片石沟洞;7-预制混凝土管

渗沟设洞或管,相当于沟底埋置可以渗水的涵洞。图 8-15 是涵洞式渗沟结构示意图,其洞宽 b 约20cm,高为 $20 \sim 30$cm;盖板用条石或混凝土预制板,板长约为 $2b$,板厚 $P > 15$cm,并预留渗水孔,以便将渗入沟内的水汇集于洞内排出。一般将洞身埋置于不透水层内,洞身埋在透水层中时,必要时在两侧和底部加设隔水层,以达到排水的目的;如果地基软弱,应铺设砂石基础;洞身应具有大于 0.5% 的纵坡,使集水通畅排出。

当排除地下水的流量更大,或排水距离长,可考虑采用管式渗沟。设于边沟下的管式渗沟如图 8-16 所示。

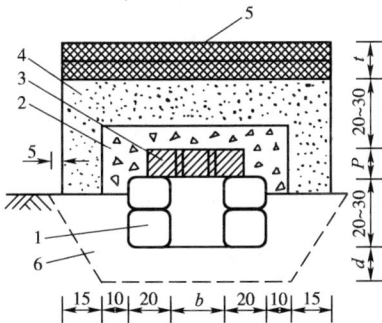

图 8-15　洞式渗沟结构示意图(尺寸单位:cm)

-浆砌块石;2-碎砾石;3-盖板;4-砂;5-双层反铺草皮;6-基础

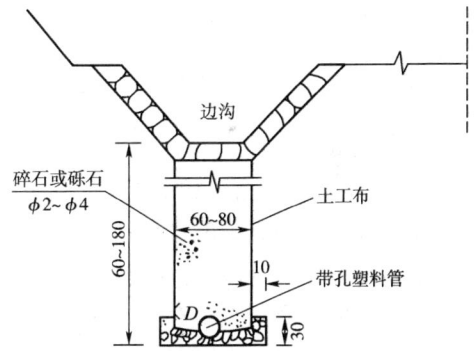

图 8-16　管式渗沟示意图(尺寸单位:cm)

用于疏干边坡坡体的边坡渗沟、支撑渗沟应垂直嵌入边坡坡体,根据边坡情况其结构形式可采用条带形结构;对于范围较大的潮湿坡体,应采用增设支沟的分岔形或拱形结构形式布设,间距宜为 $6 \sim 10$m,如图 8-17 所示。

无砂混凝土既可作为反滤层,也可作为渗沟,用无砂混凝土作为透水的井壁和沟壁以代替施工较复杂的反滤层和渗水孔设施,并可承受适当的荷载,具有透水性和过滤性好、施工简便、省料等优点。预制无砂混凝土板块作为反滤层,用在卵砾石、粗中砂含水层中效果良好;如用于细颗粒土地层,通常在无砂混凝土板块外侧铺设土工织物作为反滤层,用于防止细颗粒土堵塞无砂混凝土的孔隙。

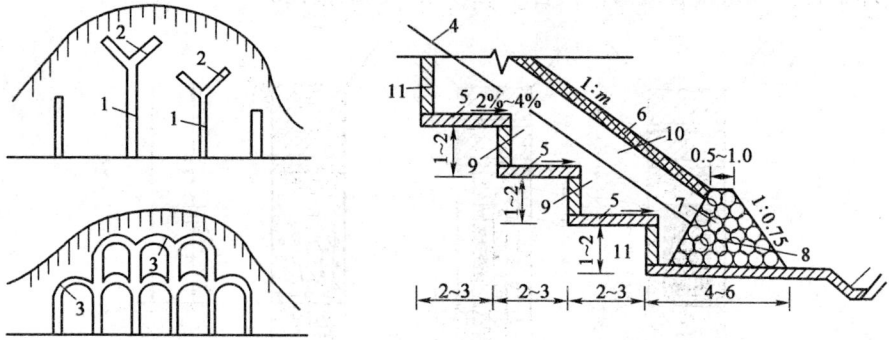

图 8-17　疏干边坡坡体的边坡(支撑)渗沟

1-主沟;2-叉沟;3-拱形沟;4-潮湿与干燥土层分界线;5-浆砌片石铺砌;6-干砌片石覆盖;7-干砌片石垛;8-边沟;9-底部回填粗粒料;10-上部回填细粒料;11-反滤层或反滤织物

　　渗沟的埋置深度按地下水位的高程、地下水位需下降的深度以及含水层介质的渗透系数等因素考虑确定。截水渗沟的基底埋入隔水层内不宜小于 0.5m。边坡渗沟、支撑渗沟的基底,宜设置在含水层以下较坚实的土层上。

　　填石渗沟、无砂混凝土渗沟最小纵坡不宜小于 1%,管式及洞式渗沟最小纵坡不宜小于 0.5%。渗沟出口段宜加大纵坡,出口处宜设置栅板或端墙,出水口应高出地表排水沟常水位 0.2m 以上。渗沟的排水孔(管),应设在冻结深度以下不小于 0.25m 处。截水渗沟的基底宜埋入隔水层内不小于 0.5m。寒冷地区的渗沟出口,应采取防冻措施。

　　渗沟材料应采用洁净的砂砾、粗砂、碎石、片石,其中小于 2.36mm 细颗粒含量不得大于5%。渗沟沟壁应设置透水土工织物或中粗砂反滤层,渗水管可选用带孔的 HPPE 管、PVC 管、PE 管、软式透水管、无砂混凝土管等。

(四)渗井

　　渗井是一种立式(竖向)排水设施,可用于拦截、汇集、引排有多层固定含水层的深层地下水,以及排除下挖式通道的地表水。在多层含水的地基上,当影响路基的地下含水层较薄,且平式排水渗沟不宜布置时,可考虑设置立式渗水井,向地下穿过不透水层,将上层地下水引入更深的含水层中,以降低上层的地下水位或全部予以排除疏干路基。因此,采用渗井排水措施前必须探明路基下层是否存在透水层,能否通过渗井汇集并排除地下水。

　　图 8-18 为路基内圆形渗井的结构与布置示意图。渗井上部结构为集水结构,下部为排水

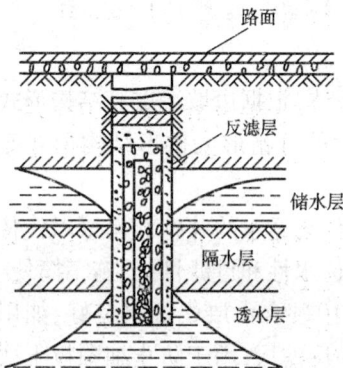

图 8-18　渗井结构与布置示意图

结构。用于拦截和引排地下水的渗井,宜成井群布设,并与排水隧洞等排水设施配合使用。渗井排列方向宜垂直于渗流方向,其深度宜穿过含水层,断面尺寸与间距应通过渗流计算确定。一般为直径为 1.0~1.5m 的圆柱形;亦可是边长为 1.0~1.5m 的正方形。井深视地层构造情况而定,井内由中心向四周按层次,渗井内部应分别采用由粗而细的洁净砂砾或碎石等填充,粗料渗水,细料过滤。井壁与填充料之间应设反滤层。

　　用于排除下挖式通道地表水的渗井,距离路堤坡脚不宜小于 10m,渗井尺寸应根据下挖式通道的排水量通过水力计

算确定。渗井宜采用钢筋混凝土管或波纹管,上部为集水井,下部为渗透井。渗透井应选择洁净砂砾、片碎石等填充,其中小于2.36mm颗粒含量不得大于5%,井壁四周应设反滤层。

由于渗井施工难度较大,单位渗水面积的造价高于渗沟,一般尽量少用。只有当路基含水量大,严重影响路基路面强度,其他地下排水设施不易布置时,渗井可作为方案之一进行技术经济必选后合理选用。路基附近的地面水或浅层地下水无法排出时,可以修建渗井穿过不透水层将水渗入到透水层中排出,不致影响路基稳定。高速公路或城市道路立交桥下的通道,如路线为凹形竖曲线时,当通道路基下层有良好的渗水性土层,可于凹形的最底部设置渗井,并将低洼处积水排走。

(五)仰斜式排水孔

仰斜式排水孔可用于引排边坡内的地下水,是采用小直径的排水管在边坡坡体内排除深层地下水的一种有效方法,一般用于排泄坡体内部有固定的含水层、坡面上有集中地下水出露的地下水,通常成群布置,疏干坡体内地下水的效果较好。

仰斜式排水孔的直径一般为75~150mm,仰角不小于6°,长度应伸至地下水富集部位或潜在滑动面,并应根据边坡渗水情况成群分布。仰斜式排水孔内透水管直径一般为50~100mm,进水口及透水管段应包裹1~2层渗水土工布,防止泥土将渗水孔堵塞。

(六)排水隧洞

排水隧洞适用于拦截和引排深层地下水,与渗井或渗管群联合使用,以排除具有多层含水层的复杂地层中的地下水。

排水隧洞埋设深度应根据主要含水层的埋藏深度确定,要埋入欲拦截和引排的主要含水层附近的稳定地层中。滑坡区的隧洞,其顶部需设置在滑动面或滑动带以下稳定地层中不小于0.5m。对滑动面以上的其他含水层,可采用在渗水隧洞顶上设置渗井或渗管等将水引入洞内。渗水隧洞以下为承压含水层时,应在洞底部设置渗水孔。隧洞结构设计应符合现行行业标准《公路隧道设计规范》(JTG D70)的有关规定。

排水隧洞的平面轴线应顺直,洞底纵坡要根据地下水埋藏深度及水力坡度、地层情况、出水口位置的高程等因素综合考虑决定,一般不应小于0.5%,不同坡段可采用折线坡或设台阶跌水等形式连接。排水隧洞的横断面尺寸应根据地下水涌水量计算确定,横断面净空高度不宜小于1.8m,净宽不宜小于1.0m。排水隧洞的横断面宽度,往往不取决于排水流量的要求,而是受施工需要的控制。人工施工时考虑在沟壁支撑加固后尚能保留一人在底部转身工作的最小宽度;对于较长的排水隧洞,尚要考虑施工通风的问题,需酌情加宽。

三、路基排水系统设计

路基排水的设计,必须区分情况,因地制宜。有些路段(如回头弯、地质不良或高填深挖等处)尚应对路基排水系统进行整体规划、综合设计。照顾当地农田水利规划是路基排水综合设计的一项重要原则。为此,必须事先摸清路基附近的农田排灌现状及其规划意图,以便在防范路基水害的同时,不致损害农田水利。

在综合设计中,对于地面水的排除可利用边沟、截水沟等排水设备,将流向路基的山坡水和路基表面水分段截留,引入自然沟谷、荒地、取土坑或低洼处,排出路基范围之外。自然沟谷及沟渠与涵洞等排水设备,既密切配合,又各自分工,充分发挥其效用,使排水顺畅,避免对路量基的冲刷,又不致形成淤积而危害路基。

道路勘测设计中在路线的在纵断面设计完成后，就需考虑该路线各路段排水系统的总体规划。在平原地区尤其是水田地区，如果路堤低矮，路基强度受毛细水影响时，边沟排水是影响路基稳定的一项主要因素，务必开挖边沟，将边沟水引出路基范围，以免渗入路堤降低路基承载能力，而导致道路破坏。

在丘陵及山岭地区除边沟排水外，还须注意挖方边坡上方水流下泄，影响路基边坡稳定造成边沟淤塞。这时就需根据流量大小来决定边坡上方是否设置截水沟，引导水流离开路基。

有关路段综合排水系统示例如图8-19所示。

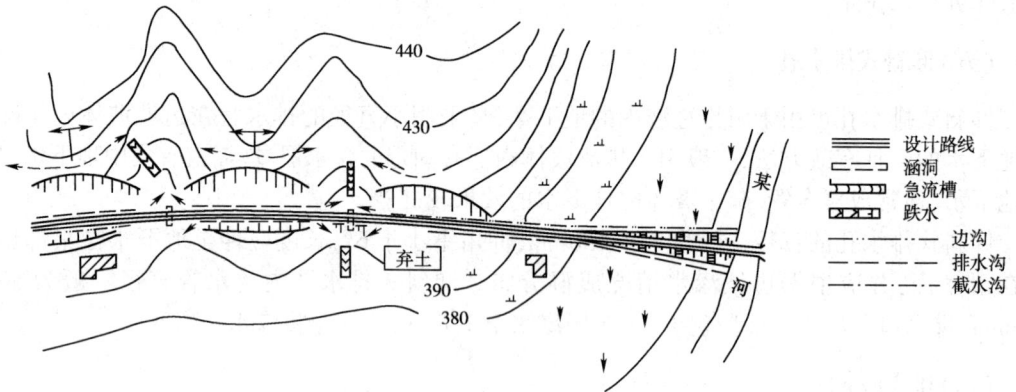

图8-19 路基综合排水系统示例(尺寸单位:m)

地下水的处理，应与地面水的排除统一考虑，因地制宜。设置必要的地下排水设备，充分利用地面排水沟渠，把危及路基的地下渗水、泉水予以排除。图8-20是路基排水综合设计的一个简例，其利用渗沟将路基上方出现的泉水汇集，经涵洞排至路基下方。

排水系统综合设计，应合理选定各种排水设备的类型和位置，恰当确定排水功能。此外，还应密切注意各种排水设备的衔接，使之构成统一的完整的排水系统。图8-20所示的实例中，纵横向的填石渗沟(盲沟)之间、渗沟与涵洞之间(涵洞进水口之前一段边沟，做成急流槽)均有较好的衔接，使各种排水设备形成一个完整的排水系统。

在路基排水设计中，农田用水宜自成系统。当农用灌溉沟渠穿过路基时，可设置渡水槽、倒虹吸或管道等灌溉设备。路基排水系统的布置，一般利用路线平面图按下列步骤进行：

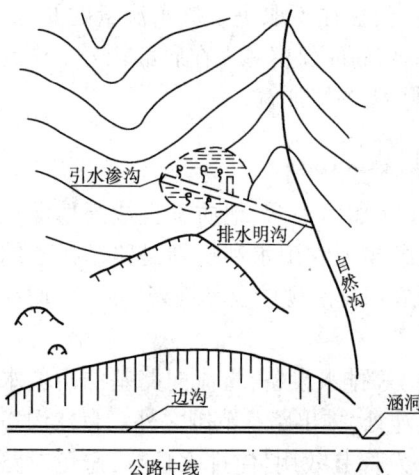

图8-20 路基排水综合设计示例

(1)在路线平面图上绘出必要的路堑坡顶线和路堤坡脚线，标明路侧弃土堆和取土坑的位置等。

(2)在路基的上侧山坡上可设置截水沟等拦截地表径流。为提高截流效果，截水沟宜大体沿等高线布置，与地面水流方向接近垂直。路堑上侧有弃土堆时，弃土堆应连续而不中断，并在其上方设置截水沟。下坡脚一侧的弃土堆，应每隔50~100m设不小于1m宽的缺口，以利排水。

(3)路基两侧按需要设置边沟或利用取土坑，必要时采用路肩排水系统和中央分隔带排水系统，汇集并排除道路表面的水。

(4)根据沿线地下水的情况，设置必要的地下排水设施。

(5)将拦截或汇集的水流,用排水沟、管引排到指定的河沟或桥涵等处。排水沟应力求短捷、远离路基,与其他水沟的连接应顺畅。

(6)选定桥涵的位置,使这些沟管同桥涵连成一个完整的排水系统。对穿过路基的河沟,一般均应设桥涵,不要轻易改沟并涵。考虑到路基排水或农田排灌的需要,也可增设涵洞。

路基综合排水系统设计,除在一般的路线平纵面图上分别标明排水设施的名称(类型)、地点、中心里程桩号、沟底纵坡、跨径或宽度、长度、流向、进出口、挡水结构等有关事项外,特殊复杂的排水地段应绘制细部设计图。

第三节 路基排水设施水文与水力计算

一、设计流量水文计算

路基排水设施几何尺寸(过水断面)设计,需考虑泄水量即排水设施的设计流量。设计流量可通过水文分析确定。水文分析是依据公路沿线汇水区域内的水文和气象资料,或是参考邻近既有排水构造物的相关资料,分析水文特性,确定路基排水设施在设计降雨重现期的设计流量。

(一)设计流量

设计流量是路基排水设计的基本依据,其大小与汇水面积和一定频率下的径流厚度,以及汇水区域内的地形、地貌及地表植被等因素有关。设计流量的计算方法有多种,在有流量记录时,可按历年流量资料推算;在仅有雨量记录时,可由雨量资料依据雨量与径流的关系间接推算;在无记录地区,则可参照经验公式推算。

在公路界内各类排水设施所需排泄的设计径流量,可按降雨强度由下列经验公式推算。

$$Q = 16.67\psi qF \tag{8-1}$$

式中:Q——设计流量(m^3/s);

ψ——径流系数;

q——设计重现期和降雨历时内的平均降雨强度(mm/min);

F——汇水面积(km^2)。

(二)径流系数

径流系数受降雨强度、降雨历时、地面(坡面)坡度、地表覆盖状况、土壤类型和湿度等多种因素的影响,可通过实地试验确定。也可按汇水区域内的地表种类参照表8-6确定。当汇水区域内有多种类型的地表时,应分别为每种类型选取径流系数后,按相应的面积大小取加权平均值。

径 流 系 数   表 8-6

地表种类	径流系数	地表种类	径流系数
沥青混凝土路面	0.95	细粒土坡面和路肩	0.40~0.65
水泥混凝土路面	0.90	硬质岩石坡面	0.70~0.85
透水性路面	0.60~0.80	软质岩石坡面	0.50~0.75
粒料路面	0.40~0.60	陡峻的山地	0.75~0.90
粗粒土坡面和路肩	0.10~0.30	起伏的山地	0.60~0.80

表8-6

地表种类	径流系数	地表种类	径流系数
起伏的草地	0.40~0.65	针叶林地	0.25~0.50
平坦的耕地	0.45~0.60	水田、水面	0.70~0.80
落叶林地	0.35~0.60		

(三)降雨强度

设计降雨重现期为某一强度的降雨预期重复出现的平均周期。例如,10年重现期即为平均10年出现一次该强度的降雨。设计频率为重现期的倒数。公路排水设施应以适当降雨重现期或频率的流量作为设计流量。

设计降雨重现期应根据公路等级、排水设施的重要性以及经济性和安全性等综合考虑选定。路基地表排水设施设计降雨的重现期,如表8-7所示。

设计降雨重现期(年) 表8-7

公 路 等 级	路界内坡面排水	路面和路肩表面排水
高速公路和一级公路	15	5
二级及二级以下公路	10	3

不同设计降雨重现期和降雨历时的降雨强度,可按照下述方法确定。

(1)公路沿线或附近区域有适当的降雨强度公式时,可选用相应的公式推算,我国一些城市和地区的降雨强度计算公式,参见《城市道路设计手册》等相关资料。

(2)当地气象站有10年以上的自记雨量计资料时,可由雨量记录中选取历年最大的连续雨量,采用如式(8-2)所示的降雨强度公式,推求降雨强度 q 与降雨历时 t 的关系。

$$q = \frac{a}{t+b} \tag{8-2}$$

式中:t——降雨历时(min);

a、b——与地区有关的系数。

(3)当地缺乏自记雨量计资料时,可利用标准降雨强度等值线图及重现期转换系数和降雨历时转换系数的方法,计算确定设计重现期和降雨历时内的降雨强度 q,公式如下:

$$q = c_p c_t q_{5,10} \tag{8-3}$$

式中:$q_{5,10}$——5年重现期和10min降雨历时的标准降雨强度(mm/min),按公路所在地区,可由《公路排水设计规范》(JTG/T D33)中标准降雨强度等值线图查取;

c_p——重现期转换系数,为设计重现期降雨强度 q_p 与标准重现期降雨强度 q_5 的比值(q_p/q_5),按公路所在地区由《公路排水设计规范》(JTG/T D33)查取;

c_t——降雨历时转换系数,为降雨历时 t 的降雨强度 q_t 与10min降雨历时的降雨强度 q_{10} 的比值(q_t/q_{10}),按公路所在地区的60min转换系数(c_{60}),由《公路排水设计规范》(JTG/T D33)查取。

当地缺乏自记雨量计资料时,也可由各重现期(频率)的日雨量,按时间雨量与日雨量的关系式推算:

$$q = \frac{q_{p,d}}{24}\left(\frac{24}{t}\right)^n \tag{8-4}$$

式中:q——在某设计重现期下,降雨历时为 t 小时的降雨强度(mm/h);

$\quad q_{p,d}$——设计重现期的日雨量(mm);

$\quad t$——降雨历时(h);

$\quad n$——指数。

(四)降雨历时

降雨历时可按设计控制点的汇流历时确定。汇流历时 t 为由汇水内最远点(按水流时间计)流达排水设施处所需的时间,它由坡面汇流(或地面汇流)历时 t_1 和沟渠(管)内由入口到控制点的沟渠(管)汇流历时 t_2 组成。

$$t = t_1 + t_2 \tag{8-5}$$

(1)坡面汇流(或地面汇流)历时 t_1,可参照下列经验公式计算确定。

$$t_1 = 1.445 \left(\frac{m_1 L_s}{\sqrt{i_s}} \right)^{0.467} \tag{8-6}$$

式中:t_1——坡面汇流历时(min);

$\quad L_s \, i_s$——坡面流的长度(m)和坡度(以小数计);

$\quad m_1$——地表粗度系数,按地表状况查表 8-8 确定。

地表粗度系数 表 8-8

地 表 状 况	粗度系数 m_1	地 表 状 况	粗度系数 m_1
沥青路面	0.013	稀疏草地、耕地	0.20
水泥混凝土路面		牧草地、草地	0.40
光滑的不透水地面	0.02	落叶树林	0.60
光滑的压实土地面	0.10	针叶树林	0.80

(2)沟渠(管)汇流历时 t_2 计算时,先在断面尺寸、坡度变化点或者有支沟(支管)汇入处分段,分别计算各段的汇流历时后再叠加而得,即:

$$t_2 = \sum_{i=1}^{n} \left(\frac{l_i}{60 v_i} \right) \tag{8-7}$$

式中:t_2——沟渠(管)汇流历时(min);

$\quad n \, i$——分段数和分段序号;

$\quad l_i$——第 i 段的长度(m);

$\quad v_i$——第 i 段的平均流速(m/s)。

沟渠(管)的平均流速可按下式近似估算:

$$v = 20 i_g^{0.6} \tag{8-8}$$

式中:i_g——该段排水沟渠(管)的平均坡度(以小数计)。

边沟内的平均流速一般为 0.5 ~ 1.0m/s,小口径管内的平均流速一般为 0.8 ~ 2.0m/s,大口径管内的平均流速一般为 0.6 ~ 1.0m/s。

在考虑路面表面排水时,可不计及沟渠(管)内汇流历时。

设计径流量的计算可参照图 8-21 所示的框图进行。

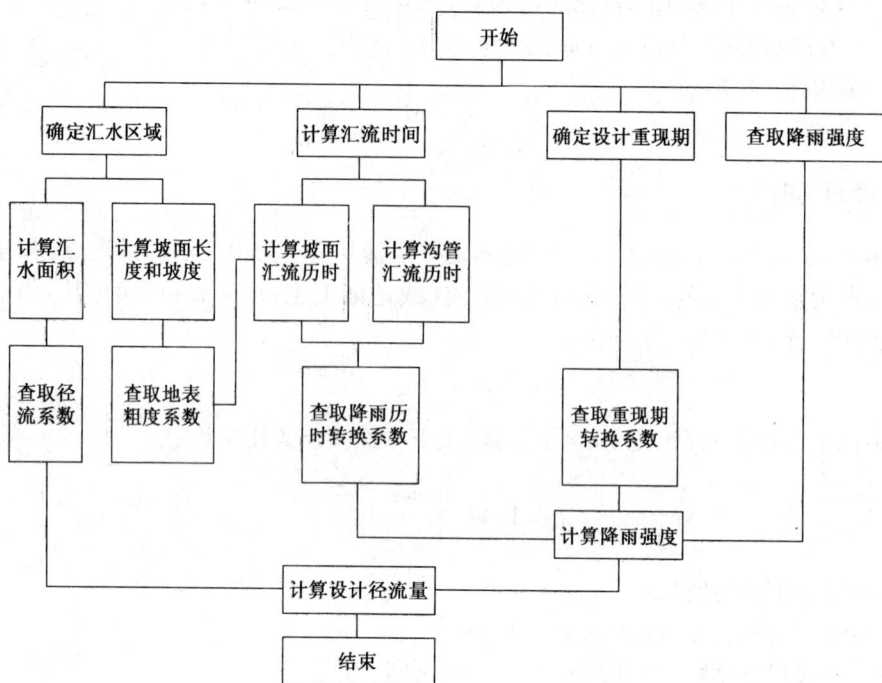

图 8-21　设计径流量计算过程框图

二、通过流量水力计算

(一)水力计算

各种断面形状的排水沟渠和不同材料的排水管,进行水力计算的目的是确定为排泄设计流量所需的沟渠(管)的断面形状和尺寸。与此同时,检验其流速是否会引起冲刷或造成淤堵。沟渠(管)的排水能力应大于设计流量。

对于具有规则断面形状的沟渠(管),沟管内的水流无回水影响,可假设为等流速,按如下公式计算流速和流量:

$$v = C\sqrt{Ri} \qquad\qquad (8-9)$$

$$Q = wv \qquad\qquad (8-10)$$

式中:v——水流的断面流速(m/s);

Q——通过一定断面的流量(m^3/s);

w——水流断面的面积(m^2);

R——水力半径(m),($R = w/x$),其中 x 为过水断面湿周(m);

i——水力坡度(%),无旁侧入流的明沟处于等速的条件下,可采用沟底坡度;有旁侧入流的明沟,水力坡度可采用沟段的平均水面坡降;

C——流速系数,主要取决于水流条件(如沟渠、管道或地表及其粗糙程度等),通常在试验的基础上建立计算公式,也可采用如下曼宁(Manning)公式计算:

$$C = \frac{1}{n}R^y \qquad\qquad (8-11)$$

n——沟渠表面(或管壁)的粗糙系数,如表 8-9 所示;

y——与 R 及 n 有关的指数,三者关系如下:

$$y = 2.5\sqrt{n} - 0.13 - 0.75\sqrt{R}(\sqrt{n} - 0.10) \qquad (8\text{-}12)$$

指数 y 值,可近似简化为:当 $R \leq 1.0$ 时,用 $1.5\sqrt{n}$;当 $R > 1.0$ 时,用 $1.3\sqrt{n}$;对于加固的沟渠,可取 $y = 1/6$;未加固的沟渠,可取 $y = 1/4$。

各种沟渠(管)的粗糙系数 n 表8-9

沟渠或管壁特征	n	沟渠或管壁特征	n
水泥混凝土管或陶管	0.013	干砌片石	0.032
铸铁管	0.015	土质明沟	0.022
波纹塑料管	0.010	砂砾质明沟	0.025
光面塑料管	0.020	岩石质明沟	0.035
现浇平整水泥混凝土(抹面)	0.015	植草皮明沟	0.040
预制水泥混凝土	0.012	沥青路面	0.013
浆砌片石	0.025	水泥混凝土路面	0.016

(二)冲淤检验

沟渠(管)内的平均流速应使水流在设计流量条件下不产生冲刷和淤积。为此,应保证设计流速控制在允许的最大和最小范围内。

为了使沟渠不致产生泥砂淤积,设计时应保证沟渠内的水流具有一定流速。明沟的最小允许流速为 0.4m/s,暗沟和管的最小允许流速为 0.75m/s。

沟渠的允许最小流速 v_{min}(m/s),与水中所含泥砂粒径有关,一般可按如下经验公式计算:

$$v_{min} = \alpha R^{1/2} \qquad (8\text{-}13)$$

式中:α——与水中含泥砂粒径有关的系数,粗砂取 0.65 ~ 0.77;中砂取 0.58 ~ 0.64;细砂取 0.41 ~ 0.45;极细砂取 0.37 ~ 0.41。

为了使沟渠不致产生冲刷,应限制设计流速。允许的最大流速 v_{max}(m/s),如表8-10所示。

明沟最大允许流速 v_{max} 表8-10

明 沟 类 别	最大允许流速(m/s)	明 沟 类 别	最大允许流速(m/s)
细粒土质砂	0.8	片碎石(卵砾石)加固	2.0
低液限粉土、低液限黏土	1.0	干砌片石	2.0
高液限黏土	1.2	浆砌片石	3.0
草皮护面	1.6	水泥混凝土	4.0

表中数值适用于水流深度 $h = 0.4 \sim 1.0$m 的情况,超出此范围应乘以下列系数进行修正。$h < 0.4$m 时,系数 0.85;$h > 1.0$m 时,系数 1.25;$h \geq 2.0$m,系数 1.40。

当边沟冲刷强度超过表8-10所列的明沟最大允许流速时,应采取必要的防护加固措施。

(三)常用沟渠断面的水力要素计算

常用沟渠(管)断面有矩形、三角形梯形和圆形等。其水力要素包括断面几何尺寸及面积、水力半径和过水断面湿周等。

过水断面湿周 x 是指水流与沟底及两侧在断面上的接触长度,而水力半径则为水流断面

面积 w 与湿周 x 之比。常用沟渠(管)断面的水力要素计算参见表8-11。

断面形状	断面示意图	断面面积	水力半径
矩形		$w = bh$	$R = \dfrac{bh}{b + 2h}$
三角形		$w = 0.5bh$	$R = \dfrac{0.5b}{\left(\sqrt{1 + m_1^2} + \sqrt{1 + m_2^2}\right)}$
梯形		$w = 0.5(b_1 + b_2)h$	$R = \dfrac{0.5(b_1 + b_2)h}{b_2 + h\left(\sqrt{1 + m_1^2} + \sqrt{1 + m_2^2}\right)}$
圆形		$w = \dfrac{\pi d^2}{4}$	$R = \dfrac{d}{4}$

第四节　路面结构排水设计

一、路面表面排水

路面表面排水的目的是通过排水设施将降落在公路用地范围内的表面水有效地汇集,并迅速排出路界外,同时将可能流入路界的地表水拦截在路界范围外(但不包括横穿路界的自然水道内的水流),以减少地表水对路基和路面的危害,以及对行车安全的威胁。

在汇水量不大,路堤不高(坡面水流路径不长、流速不大),路线纵坡不大(即合成坡度不大),坡面冲刷能力强(坡面采用防护措施或坡体为岩质填料)的情况下,优先采用横向漫流、分散排放的方式。在表面水有可能冲刷路堤坡面的情况下,则采用将路面表面水汇集在拦水带内或路肩排水沟内,通过泄水口和急流槽集中排放的方式。由于修筑拦水带、路肩排水沟和急流槽需增加工程投资,因而,须对投资的经济性进行分析和比较:即采用有效的坡面防护措施而不设拦水带和急流槽经济,还是修筑拦水带和急流槽而降低对坡面防护工程的要求合算。当然,这种经济分析和比较还要与公路的等级相结合。

(1)分散漫流式路表排水:分散漫流式路表排水,主要是依靠路面及路肩的横坡及时将降水排除路面。这种排水方式一般适用于路线纵坡平缓、汇水量不大,路堤较低且边坡坡面不会受到冲刷的路段,主要用于等级较低的公路。

通过在行车道和路肩上设置的横向坡度,使表面水流向路基边缘。无中间带或采用分离式路基的公路,在未设超高路段上,应沿行车道路面中心线设置向两侧倾斜的双向横坡;在设超高路段上应设置向曲线内侧倾斜的单向横坡。设中间带的公路,各个行车方向的行车道路面应设置单向横坡。在单向车道数超过 3 个的高速公路和一级公路上,为了避免汇水区过大、流量和流速太快,也可为每个行车方向设置双向横坡(但超高路段仍为单向横坡)。此时,中央分隔带将汇集和排除内倾车道的路面表面水。

路面横坡大,有利于迅速排水,但不利于行车安全。路肩的横坡值应较行车道横坡值大 1% ~2%。右侧硬路肩边缘设拦水带时,其横向坡度宜采用 5%;或者,也可在邻近拦水带内边缘 0.5~1m 宽度范围内将路肩铺面的横向坡度增加到 5% 或 5% 以上,六车道、八车道的高速公路宜采用较大的路面横坡。

(2)集中截流式路表排水:集中截流式路表排水是为避免路堤边坡坡面受排水冲刷,在硬路肩外侧边缘设置拦水带或路肩排水沟,将路面水拦在硬路肩范围内,通过一定距离设置的泄水口和急流槽排入边沟。这种排水方式一般适用于路堤较高,边坡坡面未做防护且易遭受路面表面水流冲刷,或虽已采取防护措施但仍有可能受冲刷的地段,主要应用在等级较高的公路上。

路表排水设施主要有路拱及路肩横坡、拦水带、三角形或矩形集水槽、泄水口和急流槽等。

(一)拦水带

拦水带一般由沥青混凝土、水泥混凝土或块石制作。其中,常用构造及断面尺寸见图 8-22。

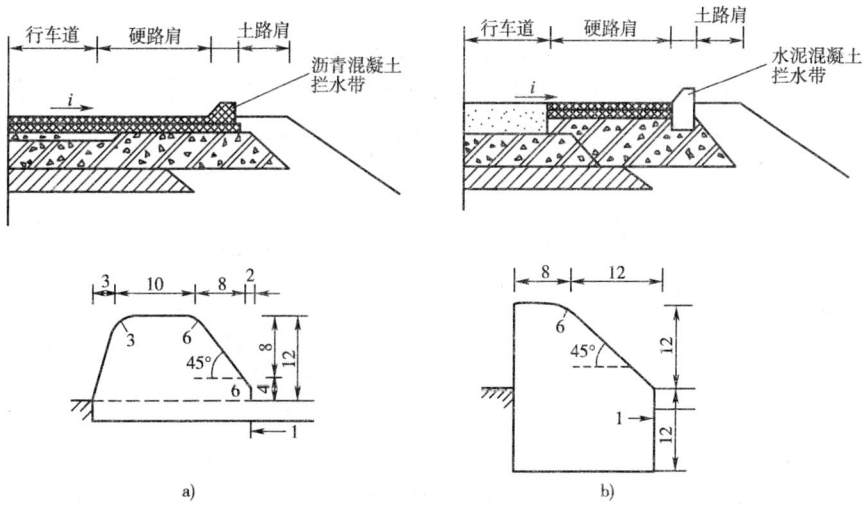

图 8-22 拦水带横断面参考尺寸(尺寸单位:m)
a)沥青混凝土拦水带;b)水泥混凝土拦水带
1-硬路肩边缘

沥青混凝土拦水带可用自动化缘石机或带有缘石成型附件的沥青混合料摊铺机制作。当需要修筑小半径的短节段时,可用自动缘石机。现浇拦水带采用与硬路肩相同的沥青混凝土材料,施工时与硬路肩面层同时做成。其整体性好,线形流畅,外形美观,多被采用。

水泥混凝土拦水带通常采用预制块,由人工铺砌而成。

块石拦水带主要应用在石料比较丰富的地区,施工方法同水泥混凝土预制块拦水带。

设置拦水带,路面表面水便会汇集在带内而形成积水。积水量大时,过水断面内的水面漫过路肩,侵入行车道路面,从而影响到行车的通畅和安全。因此,在设计降雨强度条件下,对于高速公路和一级公路,过水断面内的水面只能覆盖路肩宽度,以保证左侧行车道(即主车道)

无积水,对于二级及二级以下公路,由于路肩宽度较小,交通量相对较小,对行车道积水的控制可以适当放宽,因而规定过水断面内的水面不能漫过毗邻车道的一半宽度,即允许有半个车道出现积水。对于中央分隔带设缘石的高速公路和一级公路,超高段上侧半幅路面,以及未设路肩的道路(例如非机动车道分隔带的道路断面),由于前者的左侧路缘带较窄,后者没有路肩,也可采用过水断面内的水面不能漫过毗邻车道的一半宽度的要求。

按汇集路面表面水的要求,拦水带的顶面应略高于过水断面的设计水位高,后者的限值受制于水面不漫过右侧车道边缘或中心线的要求。拦水带的设计外露高度(即过水断面的水深),还取决于设计流量和路肩的横向坡度,可按设计流量计算确定。在高速公路和一级公路路堤边缘设防撞护栏时,拦水带的高度可以大些,但一般不超过15cm;而在低矮路堤不设防撞护栏时,为了保障偶尔驶出路肩的车辆的安全,拦水带的高度不应大于10cm,并且迎车面的斜坡坡度不宜陡于1:2(最好采用1:4),以便车轮能滚过拦水带。

(二)路肩排水沟

在硬路肩宽度较窄或爬车道占用了路肩过水断面,而路面的汇水宽度或汇水量都较大,拦水带的流水断面不足时,可在路肩上设置由浅碟形(U)形水泥混凝土预制件铺筑的路肩排水沟,沟底纵坡同路肩纵坡,并不小于0.3%。

宜采用汇集路面表面水集中排放的方式。但拦水带过水断面由于路肩较窄,汇水宽度或汇水量又较大而显不足时,可以考虑采用在土路肩上设置边沟的方式汇集表面水。为防止边沟内水流的渗漏冲刷及路堤稳定,边沟宜采用浅碟形水泥混凝土预制件铺筑而成。

(1)路堤边沟:当路堤较高,边坡坡面易遭受路面表面水冲刷的情况下,也可沿硬路肩外侧边缘设置三角形或浅碟形水泥混凝土边沟,以汇集路面表面水,见图8-23。

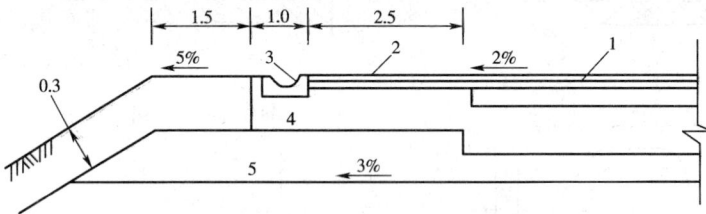

图8-23 路堤混凝土边沟尺寸(尺寸单位:m)
1-行车道;2-硬路肩;3-碟形混凝土边沟;4-基层;5-垫层

(2)路堑边沟:在挖方路段,可沿硬路肩边缘或者在无铺面路肩内或边缘设置边沟,以汇集路面表面水和路堑边坡坡面水,如图8-24和图8-25所示。

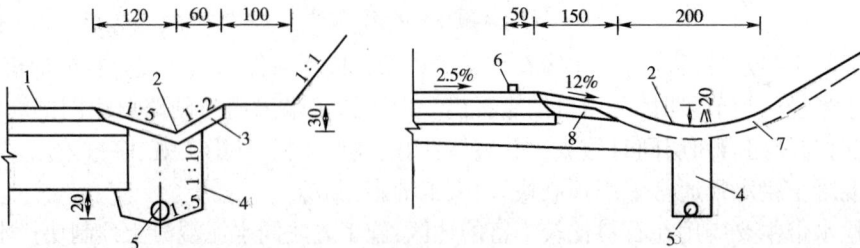

图8-24 路堑边沟尺寸(尺寸单位:m)
1-硬路肩;2-三角形或浅碟形边沟;3-沟底铺砌;4-排水沟透水性回填料;5-排水管;6-标线;7-沟底和坡面铺砌;8-砂砾

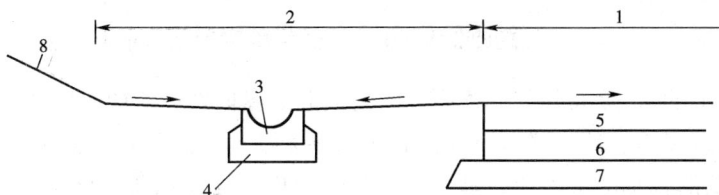

图 8-25　路堑混凝土边沟

1-硬路肩;2-无铺面路肩;3-碟形混凝土边沟;4-基层;5-面层;6-基层;7-底基层;8-边坡

边沟断面形式及尺寸应按公路等级、所需排泄的设计流量、设置位置和土质或岩质选定。高速公路和一级公路,宜采用三角形或浅碟形边沟。受条件限制 而需采用矩形横断面时,应在顶面加盖格栅或者带槽孔的混凝土盖板。二级及二级以下公路,可采用梯形横断面(土质)或矩形横断面(岩质)

(3)缘石边沟(街沟):行车道外侧设有人行道时,可沿其边缘设置路缘石(侧石),由它和平石组成 I 形边沟(或称街沟),以汇集路面和人行道铺面的表面水。

(三)泄水口

路面表面排水中,由拦水带或缘石所构成的过水断面的泄水口,包括开口式(在缘石或拦水带竖面上开口,让边沟内水流侧向流入)、格栅式泄水口(边沟底面开口,以格栅覆盖,使边沟内水流向下流入)和组合式(由缘石开口式和格栅式组合而成)。格栅式泄水口也用作中央分隔带内排水沟或其他沟渠的泄水口。

开口式泄水口的泄水能力低于格栅式,特别在道路纵坡大时,因而在设计流量相同的情况,开口式泄水口的结构断面尺寸要大于格栅式。然而,由于开口式泄水口位于缘石或拦水带竖面处,它对于道路交通的干扰较小,同时受漂浮垃圾堵塞的影响也较少。在路上车辆不靠近路缘石行驶,纵坡较大(3%以上),以及漂浮垃圾较少的情况下,可采用格栅式泄水口。复合式泄水口适用于设计流量较大的情况下,在路上漂浮垃圾较多时,它优于格栅式。

拦水带的泄水口可设置成开口(喇叭口)式。长度不得小于50cm。在纵坡路段上,考虑水流顺畅,泄水口宜做成不对称的喇叭口,为提高泄水口的泄水量,宜在硬路肩边缘的外侧设置逐渐变宽的低凹区,为便于施工,低凹区可设在拦水带内边缘的外测,以免受到水流的冲刷破坏;在平坡或缓坡上,泄水口可做成对称式。

泄水口的间距设置应以保证降雨时路面积水迅速排走,汇水不能进入行车道为原则,一般为20~50m,干旱少雨地区可达100m。泄水口长度一般为2~4m,泄水口宜设在凹曲线的底部、道路交叉口、匝道口、与桥梁等构造物连接处、超高路段与一般路段的横坡转换处。在凹形竖曲线底部,除在最低点设置泄水口外,还应在其前后相距3~5m处各增设一个泄水口,以备设在最低点的泄水口被杂物堵塞后,还有后备的泄水口可以排放汇集的表面水,防止雨水积聚在凹形竖曲线底部,影响路基稳定。

(四)路肩急流槽

排除路肩积水用的急流槽,其纵坡应与所在的路基边坡坡度一致,槽身的横断面为槽形,多由水泥混凝土预制构件拼装、砌筑而成。进水口为喇叭式的簸箕形,出水口设置消能设施,下端与路基下边坡的排水沟相接要顺适,防止水流冲出排水沟。

二、路面结构内部排水与排水系统

降落在路面上的水,除大部分沿路面表面的横向和纵向坡度流向路肩和路基外,还有相当一部分水可以通过裂缝、接缝、路面混合料的孔隙和无铺面的路肩渗入路面结构内部;通过高水位地下水、截断的含水层及当地的泉水进入路面结构。长期积滞在路面结构内的自由水会对路基路面产生各种有害影响。使粒料类材料和路基土的强度降低。使水泥混凝土路面产生唧泥,随之产生错台、开裂和路肩破坏。由于高速行驶的车流所产生的高压水流,使沥青路面基层的细颗粒产生唧浆,导致路面产生车辙、开裂,最后失去支撑。沥青路面面层底与水经常接触,将使沥青混合料剥落,影响混凝土路面的耐久性。

大量路面损坏情况调查和研究表明,无论是沥青混凝土路面还是水泥混凝土路面,造成和加速路面损坏的重要原因是进入路面结构内的水超过结构自身的排水能力。滞留在路面结构内部的水分,会侵蚀各结构层材料和路基土,使其强度降低变形增加,从而使路面的承载力降低。为此,我国《公路排水设计规范》(JTG/T D33—2012)中建议,在下述条件下,应设置路面结构内部排水系统:

(1)年降水量在600mm以上的湿润和多雨地区,路基由透水性差的细粒土(渗透系数不大于 10^{-5} cm/s)组成的高速公路、一级或重要的二级公路。

(2)路基两侧有滞水,可能渗入路面结构内。

(3)严重冰冻地区,路基为由粉性土组成的潮湿路段。

(4)既有路面改建或改善工程,需排除积滞在路面结构内的水分。

在进行路面结构内部排水系统的设计时,通常从泄水能力、渗流时间和渗流路径、耐久性三方面来综合考虑,只有同时满足了这三方面的要求,才能保证路面结构内部排水系统长期有效地发挥作用。

(一)路面结构内部排水要求

(1)各项排水设施应具有足够的泄水能力,以排除渗入路面结构内的自由水。由于渗入量的估计和透水材料系数的测定精度较低,因此对排水设施的设计泄水量通常采用两倍以上的安全系数,才能保证具有足够的泄水能力。同时系统中各项设施的泄水能力应从上游到下游逐渐增加。

(2)自由水在路面结构内的渗流时间不能太长,渗流路径不能太长。在非冰冻地区,自由水滞留时间长,会使路面结构处于饱水状态的时间久,会侵蚀各结构层材料和路基土,使其强度降低,变形增加,从而使路面的承载力降低,降低路面的使用寿命;而在冰冻地区,滞留时间过长还会使水分在基层内结冰,从而损坏路面结构,并使排水受阻。渗入水在路面结构中的最大渗流时间,季冻地区不应超过1h,其他地区不应超过2h(重交通时)~4h(轻交通时)。渗流水在路面结构内的渗流路径长度不应超过45~60m。

(3)排水设施应满足耐久性要求。路面结构内部排水系统中的各项排水设施很容易被从路面结构、路基或路肩中渗流水带来的细粒逐渐堵塞,从而使排水设施效率降低甚至丧失排水能力。为此,在设计时应考率采取反滤措施,以防止细粒随流水渗入。同时,为保证排水功能的持久性,各项设施要便于经常性的检查、清扫、疏通。

(4)渗入路面结构内的自由水可以通过水平(向两侧路肩)渗流方式和垂直(向下)渗流方逐渐排除,因此通常可采用两类排水设施:一类是在路肩结构内设置可使路面结构内的自由水横向排流出路基的设施,称为路面边缘排水系统;另一类是在路面结构内设置由透水性材料组成的排水层,根据排水层设置位置的不同又分为排水基层和排水垫层两种排水系统。

(二)路面边缘排水系统

路面边缘排水系统就是沿路面外侧边缘设置的纵向集水沟和集水、出水管。渗入路面结构内的水分,先沿路面结构层的层间空隙或某一透水层次横向流入由透水性材料组成的纵向集水沟,并汇流入沟中的带孔集水管内,再由间隔一定距离的横向出水管排出路基之外。

路面边缘排水系统可以将面层—基层—路肩界间滞留的自由水排离路面结构内,常用于基层透水性小的水泥混凝土路面,特别适用于改善排水状况不良的旧水泥混凝土路面,因为边缘排水系统可以在不扰动原路面结构的情况下改善排水状况,从而改善原路面的使用性能和增加其使用寿命。

(三)排水层系统设计

排水层排水系统是直接在路面内部设置透水性排水层,渗入路面结构中的水分,先通过竖向渗流进入透水层,然后横向渗流到路基边坡以外,或进入纵向集水沟和管,再由横向出水管排引出路基。排水层系统有全宽式排水层和组合式排水基层等形式。

(1)全宽式排水层:排水层可修筑成全宽式,渗入层内的水分横向直接排流到路基边坡坡面以外,见图8-26。这种形式便于施工,但存在一个主要缺点,排水层在坡面出口处易于生长杂草或被其他杂物堵塞,使用几年后排泄渗入水便出现困难,造成路面结构出现破坏,因此,如果使用这种形式的排水基层,就必须克服上述缺点。

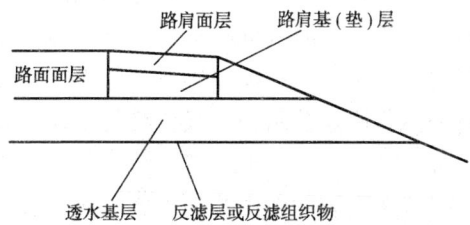

图8-26 全宽式透水基层

(2)组合式排水基层:这种方式的排水系统由排水层、纵向集水沟管和横向出水管等组成,是全宽式排水层与路面边缘排水系统的组合,在新建道路中常采用。排水层的设计施工要求同前。纵向集水沟管以及横向出水管的要求同路面边缘排水系统。纵向集水沟中的填料采用与排水基层相同的透水性材料。集水沟的下部设置带槽口或圆孔的纵向排水管,并间隔适当距离设置不带槽孔的横向出水管。集水沟、纵向排水管和出水管的尺寸和布设要求可按边缘排水系统设置,其具体布置方式见图8-27。

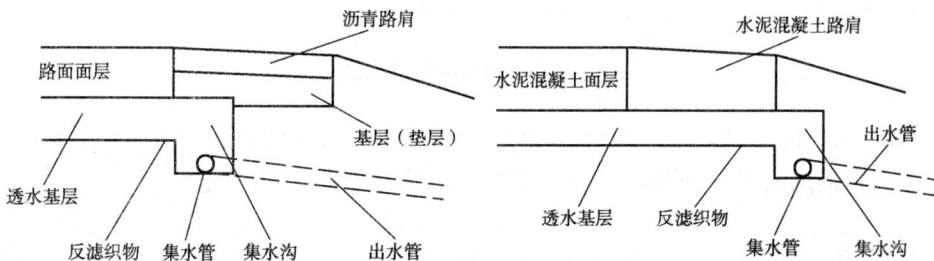

图8-27 设纵向集水沟和管的透水基层排水系统

(四)排水层材料选择

排水层的透水性材料可选用三类混合料:①透水性粒料类;②多孔隙沥青稳定碎石类;

③多孔隙水泥稳定碎石类等。

排水层由水泥或沥青稳定不含或含少量4.75mm以下粒径细集料的开级配碎石集料组成，或者由开级配碎石粒料组成。厚度按所需排水量和基层材料的渗透系数，通过水力计算确定，通常在8~15cm范围内选用，最小厚度不得小于6cm(沥青处治碎石)或8cm(水泥处治碎石)。

根据经验，开级配碎石粒料类，在施工过程中易出现离析，碾压时不易稳定，在使用过程中易出现推移变形，并且难以承担重载作用，因而在一般情况下不采用未经结合料稳定的碎石集料作排水基层。对水泥混凝土路面，宜采用水泥稳定开级配碎石集料，对沥青混凝土路面，宜采用沥青稳定碎石集料。集料的级配组成情况对基层的排水作用至关重要，目前我国大多是借鉴国外一些排水基层的集料级配情况及相应的渗透系数。

排水基层的集料应选用洁净、坚硬而耐久的碎石，其压碎值不应大于30%，最大粒径可为19~53mm，但不得超过层厚得2/3。粒径4.75mm以下得细料含量不应大于10%。集料级配应满足透水性要求，渗透系数不得小于300m/d。水泥稳定碎石集料的水泥用量不宜少于160kg/m³，其7d浸水抗压强度不得低于3~4MPa。沥青稳定碎石集料的沥青用量为集料干重的2.5%~4.5%，集料的孔隙率在15%~25%。

用于排水的开级配碎石应预先筛分成几组不同粒径的碎石及4.75mm以下的石屑组配而成。缺乏石屑时，可以添加细砂或粗砂。也可以用颗粒组成合适的含细集料较多的砂砾与未筛分碎石组配成级配碎砾石。开级配碎石排水层的最大粒径应控制在37.5mm以内；当级配碎石用作高速公路和一级公路的基层以及半刚性路面的中间层时，其最大粒径宜控制在31.5mm以下。

在多孔隙粒料中掺加少量水泥，也可以使排水层在施工时较易于压实平整，并提高其抗变形能力或强度。由于水泥细料占据少量空隙，经水泥稳定处治后的混合料的透水性略有下降，并低于沥青稳定碎石。用作排水层的多孔隙水泥稳定碎石混合料，应满足下述两方面的性质要求：必须具有足够的透水能力(以渗透系数表征)，以迅速排除渗入排水层内的自由水；应具有一定的承载能力(以抗压强度表征)，以支持面层承受行车荷载的作用。

用作排水基层的沥青稳定碎石基层混合料，应满足三方面的性能要求：必须具有足够的透水能力，(以渗透系数表征)，以迅速排除渗入排水层内的自由水；应具有一定的承载能力——抗变形能力(以抗压回弹模量表征)，以支持沥青面层承受行车荷载的作用；具有足够的水稳定性(耐久性)，以抵抗水浸湿作用下的沥青剥落损坏。

三、水文分析和水力计算

路面结构内部排水设计时，进行水文分析和水力计算的目的是确定排水设施的设计(渗入)流量和所需的结构尺寸，检验自由水在排水设施内的渗流时间和速度。

(一)设计渗入量

路表水渗入路面结构内部的数量与降雨条件：降雨强度和降雨历时；路面状况：接缝或裂缝的缝隙宽度和堵塞情况、结构层的孔隙率或透水程度等有关，且变化很大。不同路面结构的设计渗入量，可按下列公式计算。

水泥混凝土路面：

$$Q_i = I_c \left(n_z + n_h \frac{B}{L} \right) \tag{8-14}$$

沥青路面:

$$Q_i = I_a B \tag{8-15}$$

式中: Q_i——沿道路纵向每延米路面结构表面水的渗入量 $[\mathrm{m}^3/(\mathrm{d} \cdot \mathrm{m})]$;

I_c——每延米水泥混凝土路面接缝或裂缝的表面水设计渗入率 $[\mathrm{m}^3/(\mathrm{d} \cdot \mathrm{m})]$, 可取 0.36;

I_a——每平方米沥青路面的表面水设计渗入率 $[\mathrm{m}^3/(\mathrm{d} \cdot \mathrm{m}^2)]$, 可取 0.15;

B——单向坡度路面的宽度(m);

L——水泥混凝土路面的横缝间距(即板长)(m);

n_z—— B 宽度范围内纵向接缝和裂缝的条数(包括路面和路肩之间的接缝);

n_h—— L 长度范围内纵向接缝和裂缝的条数。

(二)排水基层的排水能力

排水基层排水系统的排水能力应大于表面水的设计渗入量。由于设计渗入量难以准确估计,透水材料渗透系数更难以准确测定和控制,并且在使用过程中易于堵塞,排水系统的排水能力要留有充足的余地,一般应采用 2 倍以上的安全系数。

自由水在排水基层在的渗流量,可近似按达西(Darcy)公式计算确定:

$$Q_0 = kiw \tag{8-16}$$

式中: Q_0——沿道路纵向每延米的排水量 $[\mathrm{m}^3/(\mathrm{d} \cdot \mathrm{m})]$;

k——透水材料的渗透系数(m/d);

i——渗透路径的平均坡度,在基层有纵横向坡度时,渗流的水力坡度为其合成坡度:

$$i = \sqrt{i_z^2 + i_h^2}$$

i_z、i_h——路线纵坡和路面横坡;

w——沿道路纵向每延米排水层的过水断面面积 (m^2), 无纵坡时 $w = h$, 有纵坡时, $w = h (i_h/i)$;

h——排水层厚度(m)。

设排水基层的排水量大于或等于路表面水的设计渗入量(考虑一定的安全系数), $Q_0 \geqslant Q_i$, 即可按式(8-14)、式(8-15)和式(8-16),由选定的透水材料(已知渗透系数)确定所需排水层厚度,或者由选定的排水层厚度确定透水材料所要求的渗透系数。

考虑到面层施工时,排水基层表面一定深度内的孔隙有可能在施工中被面层材料(如水泥浆等)或污泥所堵塞,实际采用的厚度要比计算厚度适当增大 1(沥青面层)~2cm(水泥混凝土面层)。

(三)排水层中的渗流时间

渗入路面结构层内的自由水,在排水层中的渗流时间(或称滞留时间),与渗流路径长度和渗流速度有关,可按下式计算:

$$t = \frac{L_s}{3600 v_s} \qquad (8\text{-}17)$$

$$L_s = B \sqrt{1 + \frac{i_z^2}{i_h^2}} \qquad (8\text{-}18)$$

$$v_s = \frac{1}{n_e} k \sqrt{i_z^2 + i_h^2} \qquad (8\text{-}19)$$

式中：t——渗流时间（h）；

$\quad L_s$——渗流路径长（m）；

$\quad v_s$——平均渗流速度（m/s）；

$\quad n_e$——透水材料的有效孔隙率；

式中其余符号意义同前。

如果渗流时间超过规定的最大容许值，需采用透水性更大的材料做排水层，或者增大排水坡度或缩短排水路径，如增设横向集水沟（管）等。

(四)排水管和出水管的排水能力

排水管和出水管中的排水量，可按曼宁公式计算确定。

$$Q_0 = vw \qquad (8\text{-}20)$$

$$v = \frac{1}{n} R^{2/3} i^{1/2} \qquad (8\text{-}21)$$

式中：Q_0——排水管和出水管中的排水能力（m^3/s）；

$\quad v$——管内水流的平均流速（m/s）；

$\quad w$——过水断面的面积（m^2）；

$\quad R$——水力半径（m），$R = w/x$，其中 x 为过水断面湿周（m）；

$\quad i$——水力坡度（%），可采用管底坡度；

$\quad n$——管壁的粗糙系数，参见表8-9。

排水管和出水管中的排水能力应大于或等于路表面水的设计渗入量，由此确定所需的管径大小。而表面水的渗入量随出水管间距的增大而增加。因此，所需管径大小与出水管间距布置应同步考虑，选择较长的出水管间距和较大的管径，或者选择较密的出水管间距和较小的管径。此外，为便于清理疏通，设计选用的管径不宜太小，一般不小于10cm。

本章小结

道路排水是一项简易而有效的保证路基路面稳定性的措施，在道路路线、路基、路面设计时应予以充分重视，设置必要的地表和地下排水设施，并与道路沿线的桥涵的配合，形成完善的排水系统。道路排水设施包括汇集或拦截、疏干或排除等类型。道路排水设计的任务是把这些设施构成排水系统，对各种排水设施进行水力、水文计算，沟（管）渠截面设计和验算。同时，还要注意各种排水设施的排水特点及与其他构筑物的衔接。

复习思考题

1. 简述道路排水设计的目的与意义。
2. 路基地表与地下排水的构造物有哪些?
3. 路基排水结构物设计时应注意哪些问题? 如何形成排水系统?
4. 路面排水设施的设置及要点有哪些?

第九章 沥青路面结构设计

第一节 概　　述

一、沥青路面的使用条件

沥青路面是用沥青材料做结合料黏结集料铺筑面层或基层所组成的路面结构。沥青结合料增强了集料之间的黏结力,提高了混合料的强度和稳定性,使路面的使用质量和耐久性都得到提高。与水泥混凝土路面相比,沥青路面具有优良的力学性能、良好的耐久性和抗滑性等特点,其表面平整、无接缝、行车舒适、耐磨、振动小、噪声低、施工期短、养护维修简便、适宜于分期修建及再生利用等,因而获得了广泛的应用。

沥青路面在使用中承受着各种车辆荷载和环境因素的直接作用。作用在路面上的行车荷载是比较复杂的。从荷载作用的方向来看,有垂直荷载和水平荷载;就荷载的动力性质而言,有静荷载与动荷载。从荷载作用的时间和频率来看,不仅有较长时间的作用,而且有瞬时间隙的多次反复作用等。

在环境因素方面,各种自然因素对沥青路面的物理、力学性质有直接的影响,尤其是温度和水,这两个因素对沥青路面具有重要的影响。

沥青路面的使用温度可分为冬季低温(大部分地区为 $-10 \sim 0℃$ 以下)、夏季高温($25 \sim 30℃$ 以上)以及中间温度域的常温季节。在高温季节,沥青路面"软化",并在车轮荷载的重复作用下,塑性变形逐步积累,导致产生永久变形或车辙,从而使路面的平整度降低。这对于渠化交通的高等级道路尤其重要。在低温季节,沥青混合料质地脆硬,抵抗变形的能力较差,沥青混合料的降温收缩成为主要问题,温度裂缝在许多地方发生。在常温季节,沥青路面在车轮垂直荷载的作用下,当基层的整体强度较低(这一季节常伴随着春融或多雨时),将产生较大的弯拉应力与弯拉应变,在车轮荷载的反复作用下,当应力或应变超过沥青混合料的疲劳极限时,就会产生裂缝。

沥青的性质受温度变化的影响极大,随着温度的升高,其劲度(或黏度)下降,由低温时的硬脆固体,到常温下的黏弹性体,以及高温时软化呈流动状态。同样,沥青混合料的强度及刚度受温度的影响也很大。当温度高于脆化点温度时,沥青混合料的强度随着温度的下降而急剧增大;当温度低于脆化点温度时,沥青混合料的强度随着温度的下降有所减小。虽然在低温时沥青混合料有较高的强度,但其抵抗变形的能力显著降低。因此,在冬季低温期间,沥青路面常由于面层本身的收缩量超过其极限拉应变而开裂。

水对沥青路面的影响主要表现在以下两方面:

(1)水的作用会使沥青路面的沥青与矿料剥离,还会将沥青中某些可溶性物质溶解并冲掉,尤其是当水中含有易溶盐时会发生乳化作用,从而加剧溶蚀作用。

(2)沥青路面长时间浸水后会因含水率增大而发生体积膨胀、强度降低。沥青路面受水影响的程度取决于矿料的品种与性质、表面粗糙度,当地的气候、水文情况,路表的排水能力,路面的渗水性,以及沥青路面本身的水稳定性。

此外,沥青路面在使用过程中,在阳光、温度、空气等大气因素的作用下,沥青中的轻质组分逐渐挥发,并不断发生氧化聚合反应,使沥青中的油分、树脂逐渐减少,沥青质相对增多,并且因为沥青质部分地转化为沥青碳,所以沥青混合料的黏塑性降低,路面干涩、裂缝、松散相继出现,即发生沥青路面的老化。随着老化现象的发展,沥青路面的抗变形能力降低,在行车荷载和冰冻的作用下,极易产生裂缝,最终形成龟裂而导致路面的破坏。

二、沥青路面和沥青混合料的类型

(一)沥青路面的类型

1. 按强度构成原理分类

按强度构成原理,可将沥青路面分为密实型和嵌挤型两大类。

(1)密实类沥青路面。密实类沥青路面要求矿料的级配按最大密实原则设计,其强度和稳定性主要取决于混合料的黏聚力和内摩阻力。密实类沥青路面按其空隙率的大小,又可分为闭式和开式两种。其中,闭式混合料中含有较多粒径小于 0.6mm 和 0.075mm 的矿料颗料,空隙率小于 6%,混合料致密而耐久,但热稳定性差;开式混合料中粒径小于 0.6mm 的矿料颗粒含量较少,空隙率大于 6%,其热稳定性较好。

(2)嵌挤类沥青路面。嵌挤类沥青路面要求采用颗粒尺寸较为单一的矿料,路面的强度和稳定性主要依靠骨料颗粒之间相互嵌挤所产生的内摩阻力,黏聚力则起次要的作用。按嵌挤原则修筑的沥青路面,其热稳定性较好,但由于空隙率较大、易渗水,因而耐久性较差。

2. 根据沥青路面的技术特性分类

根据沥青路面的技术特性,可将沥青面层分为热拌沥青混合料路面、温(冷)拌沥青混合料路面、沥青贯入式及上拌下贯式路面、沥青表面处治及稀浆封层路面等几种类型。

(1)热拌沥青混合料路面。热拌沥青混合料(Hot Mix Asphlat,HMA)路面适用于各级公路的沥青路面结构,常见的热拌沥青混合料路面包括密级配沥青混凝土(Asphlat Concrete,AC)路面、密级配沥青稳定碎石基层(Asphalt Treated Base,ATB)、沥青玛蹄脂碎石路面(Stone Mastic Asphalt,SMA)、开级配排水式沥青磨耗层(Open Graded Friction Courses,OGFC)、排水式沥青稳定碎石基层(Asphalt Treated Permeable Base,ATPB)和半开级配沥青碎石路面(Asphalt Macadam,AM)。

(2)沥青表面处治及封层路面。沥青表面处治及封层路面是指用沥青和集料,采用专用的拌和设备,经拌和铺筑而成的薄层沥青路面。沥青表面处治及封层的厚度一般为1.5～3.0cm,适用于旧沥青面层上加铺罩面或抗滑层、磨耗层等。沥青封层是指使用沥青和砂粒混合料稀浆对下卧层进行封层的沥青路面,分为上封层和下封层。上封层适用于沥青路面出现细密裂缝或抗滑能力下降的情况;下封层适用于多雨潮湿地区的沥青路面空隙率较大,有渗水的可能或基层铺筑后无法及时加铺面层的情况。

(3)温(冷)拌沥青混合料路面。温拌沥青混合料(Warm Mix Asphalt,WMA)是一类拌和温度介于热拌沥青混合料(拌和温度为150～180℃)和冷拌沥青混合料(拌和温度为10～40℃)之间,且性能达到(或接近)热拌沥青混合料的节能环保型沥青混合料。就目前的技术水平而言,温拌沥青混合料的拌和温度一般保持在110～120℃,摊铺和压实温度为80～110℃,相对于热拌沥青混合料,其温度降低了20～30℃以上。与其他沥青混合料相比,温拌沥青混合料具有高性能、低排放、低能耗的特点。

冷拌沥青(碎石)混合料一般是结合旧路面材料的再生利用,多用于公路路面结构大修或改扩建工程的柔性基层。冷拌的改性沥青混合料也可用于沥青路面的坑槽修补。冷拌沥青混合料的沥青宜采用乳化沥青或泡沫沥青,作为冷补料时,可采用改性乳化沥青,其集料级配宜采用密级配。

(二)沥青混合料的类型

热拌沥青混合料是由集料(包括碎石、石屑、砂等)和填料(矿粉)与沥青结合料经混合拌制而成的混合料的总称。其中,集料起骨架作用,填料与沥青起胶结填充作用。沥青混合料经摊铺、压实成型后成为沥青路面。

1. 按集料级配类型和设计空隙率分类

按集料级配类型和设计空隙率,可将沥青混合料分为连续密级配沥青混合料、间断级配沥青混合料、开级配沥青混合料和半开级配沥青混合料。

(1)连续密级配沥青混合料。连续密级配沥青混合料中的集料是按密实原则,从大到小各级粒径都有,并按比例互相搭配组成的混合料,其中包括:①密实型沥青混凝土混合料。其设计空隙率为3%～5%,以AC表示。②密级配沥青稳定碎石基层。其设计空隙率为3%～6%,以ATB表示。

(2)间断级配沥青混合料。间断级配沥青混合料是指集料级配中缺少一个或几个粒级而形成的级配不连续的沥青混合料。其空隙率控制在3%～4%,典型代表是沥青玛蹄脂碎石混合料,以SMA表示。

(3)开级配沥青混合料。集料级配主要由粗集料组成,细集料及填料较少,采用高黏度沥青结合料黏结形成混合料,剩余空隙率大于18%。混合料的典型代表是排水式沥青磨耗层混合料,以OGFC表示;排水式沥青稳定碎石基层,以ATPB表示。

(4)半开级配沥青混合料。半开级配沥青混合料又称为沥青碎石混合料,是由适当比例的粗集料、细集料及少量填料(或不加填料)与沥青拌和而成的,压实后剩余空隙率一般为6%～12%,以AM表示。

2. 按集料的公称最大粒径分类

按集料的公称最大粒径,可将沥青混合料分为如下几种:

（1）特粗式沥青混合料：集料的公称最大粒径为 37.5mm。

（2）粗粒式沥青混合料：集料的公称最大粒径分别为 26.5mm 和 31.5mm。

（3）中粒式沥青混合料：集料的公称最大粒径分别为 16mm 和 19mm。

（4）细粒式沥青混合料：集料的公称最大粒径分别为 9.5mm 和 13.2mm。

（5）砂粒式沥青混合料：集料的公称最大粒径为 4.75mm。

这些沥青混合料类型汇总于表 9-1。

热拌沥青混合料的种类 表 9-1

混合料类型及设计空隙率	密级配			开级配		半开级配	公称最大粒径（mm）	最大粒径（mm）
	连续级配		间断级配	间断级配				
	沥青混凝土	沥青稳定碎石	沥青玛蹄脂碎石	排水式沥青磨耗层	排水式沥青稳定碎石	沥青碎石		
特粗式	—	ATB-40	—	—	ATPB-40	—	37.5	53.0
粗粒式	—	ATB-30	—	—	ATPB-30	—	31.5	37.5
	AC-25	ATB-25	—	—	ATPB-25	—	26.5	31.5
中粒式	AC-20	—	SMA-20	—	—	AM-20	19.0	26.5
	AC-16	—	SMA-16	OGFC-16	—	AM-16	16.0	19.0
细粒式	AC-13	—	SMA-13	OGFC-13	—	AM-13	13.2	16.0
	AC-10	—	SMA-10	OGFC-10	—	AM-10	9.5	13.2
砂粒式	AC-5	—	—	—	—	AM-5	4.75	9.5
设计空隙率	3%~5%	3%~6%	3%~4%	>18%	>18%	6%~12%	—	—

三、沥青路面的结构特性与路用性能

（一）结构特性

在沥青混合料中，由适当比例的粗集料、细集料及适量填料组成一定类型的级配，其中粗集料分布在由细集料和沥青组成的沥青砂浆中，而细集料又分布在沥青与矿粉构成的沥青胶浆中，形成具有一定内摩阻力和黏聚力的多级空间网状结构。由于各组成材料用量比例的不同，压实后沥青混合料内部的集料颗粒分布状态、剩余空隙率也会呈现出不同的特点，形成不同的组成结构：①悬浮密实结构；②骨架空隙结构；③骨架密实结构，如图 9-1 所示。三种不同结构特点的沥青混合料在路用性能上呈现出不同的特点。

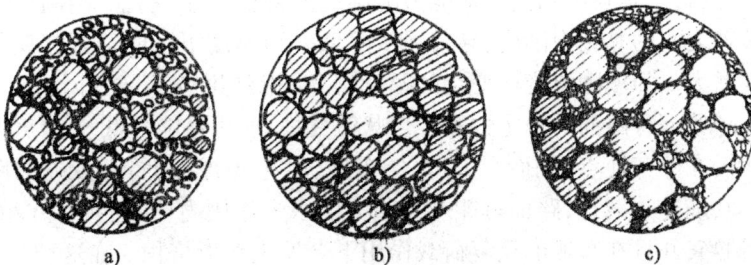

图 9-1 沥青混合料的三种典型结构

a）悬浮密实结构；b）骨架空隙结构；c）骨架密实结构

1. 悬浮密实结构

悬浮密实结构的沥青混合料密实程度高,空隙率低,从而能够有效地阻止使用期间水的侵入,降低不利环境因素的直接影响。因此,悬浮密实结构的沥青混合料具有水稳性好、低温抗裂性和耐久性好的特点。但由于该结构是一种悬浮状态的结构,整个混合料缺少粗集料颗粒的骨架支撑作用,所以在高温条件下,因沥青结合料黏度的降低而导致沥青混合料产生过多的变形,形成车辙,造成其高温稳定性的下降。

2. 骨架空隙结构

骨架空隙结构的特点与悬浮密实结构的特点正好相反。在骨架空隙结构中,粗集料之间形成的骨架结构对沥青混合料的强度和稳定性(特别是高温稳定性)起重要作用。依靠粗集料的骨架结构,能够有效地防止高温季节沥青混合料的变形,以减缓沥青路面车辙的形成,因而它具有较好的高温稳定性。但由于整个混合料缺少细颗粒部分,压实后留有较多的空隙,所以在使用过程中,水易于进入混合料中,引起沥青和集料的黏附性变差,不利的环境因素也会直接作用于混合料,引起沥青老化或将沥青从集料表面剥离,使沥青混合料的耐久性下降。

3. 骨架密实结构

骨架密实结构采用间断密级配,在沥青混合料中既有足够数量的粗集料形成骨架,对夏季高温防止沥青混合料变形、减缓车辙的形成起到积极的作用,又因具有数量合适的细集料和沥青胶浆填充骨架空隙,形成高密实度的内部结构。因此,它不仅很好地提高了沥青混合料的抗老化性,而且在一定程度上能减缓沥青混合料在冬季低温时的开裂现象。这种结构兼具上述两种结构的优点,是一种优良的路用结构类型。

(二)路用性能

沥青路面在使用过程中要承受行车荷载的反复作用,以及环境因素的长期影响。所以沥青混合料在具备一定的承载能力的同时,还必须具有良好的抵抗自然因素作用的耐久性,要能表现出足够的高温环境下的稳定性、低温状况下的抗裂性、良好的水稳性、持久的抗老化性、有利于行车舒适的平整度和行车安全的抗滑性等诸多技术特点,以保证沥青路面良好的路用性能。

1. 高温稳定性

沥青混合料的特点是强度和抗变形能力随温度升降而产生变化。当温度升高时,沥青的黏滞度降低,矿料之间的黏结力削弱,导致强度降低。当温度下降时恰好相反,沥青的黏滞度增高,因而强度增大。强度随温度而变化的幅度很大,相差几倍,甚至几十倍。沥青混合料强度的这种变化,导致沥青路面的稳定性和工作状况变坏、使用性能降低。

夏季高温时,在停车地点(平面交叉口、停车站、停车场等)和行车变速的路段上,由于行车的起动与制动、加速与减速,路面可能受到很大的水平作用力(可达到 0.6 ~ 0.8MPa),大体上与垂直应力相当,并且在车辆的重复荷载作用下会发生变形累积。在这种情况下,若沥青混合料的高温稳定性不足,路面就会产生较大的剪切变形。因此,提高沥青混合料在高温下的抗剪切能力就是提高其温度稳定性。影响沥青混合料的高温稳定性的因素主要是沥青和矿料的性质及其相互作用的特性、矿料的级配组成等。

为了提高沥青混合料的高温稳定性,可采用提高其内摩阻力和黏结力的方法。在混合料中增加粗集料含量,或限制剩余空隙率,使粗集料形成空间骨架结构,即可提高沥青混合料的内摩阻力。适当地提高沥青材料的黏稠度,控制沥青与矿粉的比值,严格控制沥青用量,采用具有活性的矿粉,以改善沥青与矿粉的相互作用,即可提高混合料的黏结力。此外,在沥青混合料中使用掺入聚合物改性的沥青也能取得比较满意效果。

目前,对沥青混合料的高温稳定性的分析大多借助于试验的方法,应用较广泛的有马歇尔稳定度试验、车辙动稳定度试验和单轴贯入强度试验等方法。

2. 低温抗裂性

沥青路面在低温时强度虽然增大,但其变形能力因刚性增大而降低。气温下降,特别是在急骤降温时,会在路面结构内部产生温度梯度,路面面层遇降温而收缩的趋势会受到其下部层次的约束,而在面层产生拉应力。开始时,由于沥青混合料的劲度相对较低,这个拉应力较小,但是随着温度的进一步下降,在低温状态下,沥青混合料的劲度增加,从而伴随了收缩趋势的进一步增强,导致拉应力超过沥青混凝土的强度,造成面层开裂。沥青路面的低温缩裂大致可分为两类:一类是温度下降而造成路面的开裂,它与沥青混合料的体积收缩有关,这类裂缝是由表面开始发裂而逐渐发展为裂缝;另一类是路基或基层收缩与冰冻共同作用而产生的裂缝,这类裂缝是从基层开始逐渐反射到沥青面层开裂。由于路面收缩的主轴是纵向的,因此,低温产生的裂缝大多是横向的。裂缝的出现往往就是沥青路面损坏的开始。随着低温循环的影响,裂缝将会进一步扩展,随后雨水由裂缝渗入路面结构,逐渐导致路面工作状况恶化。

影响低温开裂的因素很多,其中主要的因素是路面所用沥青的性质、当地的气温状况、沥青的老化程度、路基的种类和路面层次的厚度等。此外,路面面层与基层的黏着状况、基层所用材料的特性、行车的状况对开裂也有一定的影响。

使用稠度较低、温度敏感性低的沥青,可以减少或延缓路面的开裂。路面所在地区的气温越低,开裂越为严重。沥青材料的老化对低温更为敏感,使路面产生开裂的可能性增大。增加沥青面层的厚度可以减少或者延缓路面的开裂,但是不能根除。

3. 疲劳耐久性

沥青路面的疲劳耐久性是指其抵抗重复荷载作用与环境条件变化的能力,以及沥青在施工热拌时和使用过程中出现的老化或硬化,使其性质变脆而易出现开裂;集料在车轮作用下被压碎,或在冻融作用下崩解,出现磨损或级配退化;在水的作用下,沥青与集料之间的黏结力降低而出现剥落。

耐久性差的沥青混合料易于出现裂缝、松散(剥落)和磨损等损坏,从而降低路面的使用性能及缩短其寿命。为此,除要选择耐久性好的沥青和集料、控制沥青混合料的拌和温度以外,提高沥青混合料耐久性的途径主要是减少混合料的空隙率,使之不透或少透水、气和水汽。为此,可通过采用高沥青含量的密级配沥青混合料来减少空隙含量。尽量选择 SiO_2 含量低的碱性集料,或是采用添加外掺剂来改善沥青与集料的黏附性。

4. 防渗能力及水稳定性

沥青路面的防渗能力不仅影响沥青面层本身的水稳定性,而且会影响基层的稳定性。滞留在基层表面的水将使基层表面的半刚性基层材料产生冲刷、唧浆、软化,并导致基层的承载力降低。沥青路面的防渗能力主要取决于沥青混合料的水密性,沥青混合料的空隙越大,其抗渗能力就越差。

沥青混凝土的防渗能力采用渗水系数指标进行检验与评价。水稳定性指标通常采用沥青混合料冻融劈裂残留强度试验,浸水马歇尔试验以及沥青和矿料的黏附性试验,以检验沥青混合料受水损害时的抗剥落性能。

5. 抗滑性

抗滑性是保障道路交通安全的一个很重要的因素,特别是车辆行驶速度很高的高速公路及城市快速路,确保沥青路面的抗滑性要求显得尤为重要。

沥青路面的抗滑性主要取决于集料自身或级配形成的表面构造深度、颗粒形状与尺寸、抗磨光性等。因此,用于沥青路面表层的粗集料应选用表面粗糙、坚硬、耐磨、抗冲击性好、磨光值大的碎石或破碎的碎砾石集料。同时,沥青用量对抗滑性也有非常大的影响。如果沥青用量超过最佳用量的 0.5%,就会使沥青路面的抗滑性指标有明显的降低。因此,对沥青路面表层的沥青用量要严格控制。

6. 施工和易性

沥青混合料应具备良好的施工和易性,要求在整个施工的各道工序中尽可能使沥青混合料的集料颗粒以设计级配要求的状态分布,集料表面被沥青膜完整覆盖,并能被压实到规定的密度。这是保证沥青混合料实现上述路用性能的必要条件。

影响沥青混合料施工和易性的因素,首先是材料组成。当组成材料确定后,集料级配与沥青用量都会对施工和易性产生一定影响。例如,采用间断级配的集料,当粗细集料颗粒尺寸相差过大,缺乏中间尺寸的颗粒时,沥青混合料容易离析。又如,当沥青用量过少时,混合料疏松且不易压实;但当沥青用量过多时,容易使混合料黏结成团,不易摊铺。另一个影响施工和易性的因素是施工条件,如施工时的温度控制。如果温度偏低,沥青混合料就难以拌和充分,而且不易达到所需的压实度;但如果温度偏高,则会引起沥青老化,严重时将会明显影响沥青混合料的路用性能。

应该指出的是,上述这些技术特性和使用性能之间往往是相互矛盾或相互制约的,考虑了某一种性能,很可能就会降低另一方面的性能。其中,最为突出的有以下两对矛盾:

(1)高温稳定性和疲劳性能、低温抗裂性能的矛盾

为了提高高温抗变形能力,希望尽量采用粗级配、增大集料粒径、增加集料数量、减少沥青用量,但这种沥青混合料的低温劲度大、发脆,很容易开裂,抗疲劳性差,施工性能也差。为了提高耐久性和低温抗裂性能,希望使用针入度较大、用量较多的沥青,用较小的粒径和空隙率小的混合料,到夏天就很容易出现软化、泛油、车辙等病害。

(2)路面表面特性和耐久性的矛盾

高等级公路对表面性能要求较高,如抗滑性能好、不溅水、水雾小、噪声小。为了达到这个目的,必须提高表面粗糙度,采用构造深度大的开级配或半级配沥青混合料。但这时混合料空隙率必然较大,而空隙率大的混合料中沥青与空气的接触面大,老化快;水分滞留在空隙内部,逐步造成沥青膜与集料的黏结力丧失、剥离,集料颗粒产生剥落、松散,并出现坑槽等病害;在空隙率大的混合料中,沥青与集料的协同作用差,耐疲劳性能差,无论荷载疲劳还是温度疲

劳,其寿命都将受到严重影响。因此,为了提高耐久性、减缓沥青老化、减少混合料内部水分的滞留、提高沥青与集料的协同作用,就要求采用较小的空隙率。

为了解决这些矛盾,除了保证材料质量和提高施工质量外,主要应从改善集料级配和改善沥青结合料的性质两方面来考虑。

第二节 沥青路面结构设计理论与方法

一、概 述

沥青路面结构设计的任务是根据使用要求及气候、水文、土质等自然条件,密切结合当地实践经验,设计确定经济、合理的路面结构,使之能承受交通荷载和环境因素的作用,在预定的使用期限内满足各级公路相应的承载力和耐久性、舒适性、安全性的要求。

沥青路面设计应包括原材料的选择、混合料配合比设计和设计参数的测试与确定、路面结构层组合与厚度计算,以及路面结构的方案比选等内容。沥青路面设计时,除行车道部分的路面设计外,对高速公路、一级公路,还应包括路缘带、硬路肩、加减速车道、紧急停车带、收费站和服务区的路面设计以及路面排水系统的设计;对其他各级公路,应包括路肩加固、路缘石和路面排水设计。

当前,世界各国众多的沥青路面设计方法,可概括为两类:一类是以经验或试验为依据的经验法;另一类是以力学分析为基础,考虑环境、交通条件和材料特性为依据的理论法。目前,理论法对沥青路面的应力、应变和位移的分析,大多应用弹性层状体系理论。鉴于理论法有着广阔的发展前景,我国沥青路面设计是以弹性层状体系理论为基础。

由不同材料的结构层及路基组成的路面结构,在荷载作用下,其应力应变关系一般呈非线性特性,且应变随应力作用时间而变化,同时在应力卸除后,常有一部分变形不能恢复。因此,严格地说,沥青路面在力学性质上属于非线性的弹—黏—塑性体。但是,考虑到行驶车轮作用的瞬时性(百分之几秒),在路面结构中产生的黏—塑性变形数量很小,所以对于厚度较大、强度较高的沥青路面,将其视作线性弹性体,并应用弹性层状体系理论进行分析计算是适宜的。

二、弹性层状体系理论概述

弹性层状体系是由若干个弹性层组成的,上面各层具有一定厚度,最下面一层为弹性半空间体,如图 9-2 所示。

在应用弹性力学方法求解弹性层状体系的应力、应变和位移等分量时,引入如下一些假设:

(1)各层是连续的、完全弹性的、均匀的、各向同性的,位移和应变是微小的。

(2)最下面一层在水平方向和垂直向下方向上趋向于无限大,其上各层的厚度为有限值、在水平方向上趋向于无限大。

(3)各层在水平方向上的无限远处及最下面一层向下无限深处,其应力、应变和位移为零。

(4)层间接触情况。或者位移完全连续(称为连续体

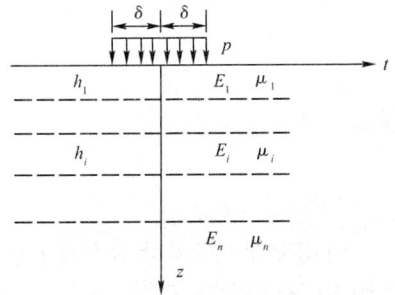

图 9-2 弹性层状体系示意图

系),或者层间仅竖向应力和位移连续而无摩擦力(称为滑动体系)。

表征轴对称荷载作用下,弹性层状体系内应力—应变的物理方程为:

$$\varepsilon_r = \frac{1}{E}\left[\sigma_r - \mu(\sigma_\theta + \sigma_z)\right]$$

$$\varepsilon_\theta = \frac{1}{E}\left[\sigma_\theta - \mu(\sigma_z + \sigma_r)\right] \qquad (9\text{-}1)$$

$$\varepsilon_z = \frac{1}{E}\left[\sigma_z - \mu(\sigma_r + \sigma_\theta)\right]$$

$$\gamma_{zr} = \frac{1}{G}\tau_{rz} = \frac{2(1+\mu)}{E}\tau_{zr}$$

式中:G——剪切模量,$G = \dfrac{E}{2(1+\mu)}$;

μ——弹性体的泊松比。

根据上述假设,采用苏斯威尔(Southwell)给出的轴对称课题的基本方程来求解:

$$\sigma_r + \sigma_\theta = \frac{1}{r}\frac{\partial}{\partial r}(\psi + \phi) + \frac{\mu}{r}\frac{\partial \phi}{\partial r}$$

$$\sigma_r - \sigma_\theta = \frac{1}{r}\frac{\partial}{\partial r}(\psi + \phi) - \frac{\mu}{r}\frac{\partial \phi}{\partial r} - \frac{2}{r^2}\left[\psi + (1-\mu)\phi\right]$$

$$\sigma_z = -\frac{1}{r}\frac{\partial \psi}{\partial r}$$

$$\tau_{zr} = -\frac{1}{r}\frac{\partial \psi}{\partial r} \qquad (9\text{-}2)$$

$$U = \frac{1+\mu}{E}\frac{1}{r}\left[\psi + (1-\mu)\phi\right]$$

$$\frac{\partial W}{\partial r} = \frac{1+\mu}{E}\frac{1}{r}\frac{\partial}{\partial z}\left[\psi - (1-\mu)\phi\right]$$

式中:σ_r、σ_θ、σ_z——垂直于 r、θ、z 轴平面上的正应力分量;

τ_{zr}——垂直于 z 轴之平面且与 r 轴方向平行的剪应力分量;

U、W——r 轴与 z 轴方向上的位移分量;

ϕ、ψ——应力函数,满足圆柱坐标系内的下列二阶偏微分方程:

$$\nabla^2 \phi = 0$$

$$\nabla^2 \psi = \frac{\partial^2 \phi}{\partial z^2} \qquad (9\text{-}3)$$

式中:

$$\nabla^2 = \frac{\partial^2}{\partial r^2} - \frac{1}{r}\frac{\partial}{\partial r} + \frac{\partial^2}{\partial z^2}$$

应用弹性力学及数学中有关特殊函数、积分变换及分离变量的方法,可求解圆形均布荷载作用下弹性层状体系的应力、应变和位移分量的解析解。

求得弹性层状体系内的各应力分量后,体系内任意点的主应力可按下列一元三次方程

求得:

$$\sigma^3 - I_1\sigma^2 + I_2\sigma - I_3 = 0 \tag{9-4}$$

式中: I_1——第一应力状态不变量,

$$I_1 = \sigma_r + \sigma_\theta + \sigma_z$$

$\quad I_2$——第二应力状态不变量,

$$I_2 = \sigma_r\sigma_\theta + \sigma_\theta\sigma_z + \sigma_z\sigma_r + \tau_{r\theta}^2 - \tau_{\theta z}^2 - \tau_{zr}^2$$

$\quad I_3$——第三应力状态不变量,

$$I_3 = \sigma_r\sigma_\theta\sigma_z - \sigma_r\tau_{\theta z}^2 - \sigma_\theta\tau_{zr}^2 - \sigma_z\tau_{r\theta}^2 + 2\tau_{\theta z}\tau_{zr}\tau_{r\theta}$$

由式(9-4)解出三个实根 σ_1、σ_2、σ_3,即所求三个主应力。若 $\sigma_1 > \sigma_2 > \sigma_3$,则 σ_1 为最大主应力,σ_3 为最小主应力,并按下式求得最大剪应力:

$$\tau_{\max} = \frac{1}{2}(\sigma_1 - \sigma_3) \tag{9-5}$$

上述公式的计算工作可由计算机来完成。国内外已编有若干种程序,既可用于应力、应变和位移量的计算,也可用于路面结构设计验算。

第三节　沥青路面损坏类型与设计标准

一、损坏类型

沥青路面由于环境因素的不断影响和行车荷载的反复作用,会产生破坏并降低使用性能。路面结构设计的目的是提供一种在预定使用期内与所处环境相适应并能承受预期交通荷载作用的路面结构。由于路面的使用性能会随环境和交通荷载的反复作用而逐渐衰变,所以路面结构设计的具体目标是控制或限制其使用性能在预定使用期内不低于某一规定的水平。为此,需要分析路面损坏的模式和产生的原因,并找到一些能预估荷载和环境作用下各种损坏的出现与使用性能衰变的方法。

由于环境、材料组成、结构层组合、荷载、施工和养护等条件不同,路面损坏的形态多种多样。常见的沥青路面损坏类型有如下四类:

(1)裂缝类,包括龟裂、网裂、块裂及各类纵向和横向裂缝等。

(2)变形类,包括车辙、沉陷、拥包、波浪等。

(3)松散类,包括松散、剥落、脱皮等引起的集料散失、坑槽等。

(4)其他,包括唧浆、泛油、磨光等。

(一)裂缝类

裂缝是沥青路面的主要损坏形式之一。沥青路面出现裂缝,其成因各种各样,从表现形式看,可分为横向裂缝、纵向裂缝和网状裂缝三种类型。

1. 横向裂缝

横向裂缝按其成因不同,可分为荷载型裂缝与非荷载型裂缝。

(1)荷载型裂缝。荷载型裂缝是路面承载力下降、强度不足以承担车辆荷载或者反复循环荷载作用引起的疲劳所产生的。路面结构设计不当、施工配合比不当、拌和不均匀或施工质量低劣,或者车辆严重超载,致使半刚性基层沥青路面在反复的交通荷载作用下,因沥青面层或半刚性基层内产生的拉应力超过其疲劳强度而断裂。荷载型裂缝首先在路面的底面发生,在车辆荷载的反复作用下,裂缝逐渐向上扩展至表面。此外,也可能因下层开裂造成顶面应力集中而引起开裂,或上下同时延伸而开裂。

(2)非荷载型裂缝。非荷载型裂缝也是横向裂缝的主要形式。非荷载型裂缝的形成原因复杂,它可以是温缩裂缝、反射性裂缝、不均匀沉降裂缝、冻胀裂缝、施工裂缝(接缝或发裂)、构造物接头(伸缩缝等)裂缝、老化裂缝等。其中,最主要的是温缩裂缝和半刚性基层开裂引起的反射性裂缝。

2. 纵向裂缝

纵向裂缝主要是荷载作用过大、承载力不足引起的。另外,纵向裂缝还有可能是由于沥青面层分路幅摊铺时施工纵向接缝没有做好产生的裂缝;路基压实度不均匀或路基边缘受水侵蚀产生不均匀沉陷而引起的裂缝;轮胎破坏后轮毂在路面上行走造成的轮毂压裂。纵向"车辙裂缝"是另一类荷载型裂缝,其特点是发生在高速公路行车道两侧轮迹带边缘,由沥青面层表面开始并向下延伸。

3. 网状裂缝

网状裂缝,简称网裂,一般是由纵向与横向裂缝发展而引起的,除了因路面的整体强度不足而产生外,还有路面开始出现裂缝后未及时封填,致使水分渗入下层,尤其是在春融期间,反复的冻融交替会加剧路面的破坏,促进网裂的形成。沥青在施工期间和长期使用过程中的老化也是导致沥青路面形成网裂的重要原因。

(二)变形类

车辙变形是渠化交通的高等级道路沥青路面的主要损坏形式之一。当车辙达到一定深度时,由于车辙内积水,极易发生汽车飘滑而导致交通事故。在正常情况下,沥青路面的车辙有以下三种类型(或三种机制):

第一种类型是由路面基层及路基变形引起的。由于荷载作用传播扩散后仍超过路面各层的强度,发生在沥青面层以下包括路基在内的各结构层的永久性变形称为结构性车辙。这种车辙的宽度较大,两侧没有隆起现象,横断面呈 V 形(凹形)。

第二种类型是在温度较高的季节,经车辆反复碾压产生永久变形和塑性流动而逐渐形成的沥青混凝土的侧向流动变形。这种车辙通常是伴随着沥青面层的压缩变形,出现侧向隆起,两者组合起来构成 W 形车辙。在弯道处还明显向外推挤,车道线及停车线因此可能成为变形的曲线。在高温条件下,由于车轮的反复作用,荷载应力超过沥青混合料所能承受的稳定性应力极限,发生流动变形不断累积形成的车辙叫作沥青路面的流动性车辙,或失稳性车辙。无疑,这部分车辙主要取决于沥青混合料的流动特性。这种车辙的特点是两侧伴随有隆起现象,内外侧呈非对称形状。它尤其容易发生在上坡路段、交叉口附近,即车速慢、轮胎接地产生的横向应力大的地方。

第三种类型是轮胎(冬季埋钉)形成的磨损性车辙,主要发生在冰雪严重的寒冷地区。在我国,由于基层多采用半刚性材料,有较大的刚度,路面永久变形主要发生在沥青面层中,车辙基本上都属于沥青混合料的流动性车辙。因此,为了延缓车辙的形成,应主要从提高沥青路面材料的高温稳定性着手。

(三)水损坏

水损坏是指沥青路面在水的作用下,沥青逐渐丧失与矿料的黏结力,从集料表面剥落,并在车辆的作用下,沥青面层呈现松散状态,以致集料从路面脱落形成坑槽。产生松散剥落的原因主要是沥青与集料之间的黏附性较差,在水或冰冻的作用下,沥青从集料表面剥落。产生松散剥落的另一种可能性是施工中混合料的加热温度过高,致使沥青老化而失去黏性。造成沥青路面的水损坏的原因是多方面的,其主要表现为以下几方面。

(1)沥青混合料的空隙率较大,施工时压实不足,更使空隙率变大。造成路面透水,从表面渗下去的水及基层毛细作用积聚的水都可能聚集在层间的空隙中,半刚性基层本身的透水性很差,路面中渗入的水滞留在基层表面不能继续向下渗,形成饱和状态。在车辆作用下形成动水压力,促使沥青与集料的黏结力被严重破坏。

(2)许多路面没有考虑设置完善的路面内部排水结构体系,尤其是路边缘大都设置混凝土路缘石、浆砌护坡等,水沿着基层顶面渗流到路边缘后无法排出。

(3)使用了与沥青黏附性不好,甚至很差的中性或者酸性石料,界面上容易被水浸入,降低黏附性。有的虽然使用了抗剥落剂,但效果不好,未达到目的。这些原因的综合作用导致目前我国许多沥青路面的水损害破坏严重。

(四)松散和坑槽

面层材料组合不当或施工质量差,结合料含量太少或黏结力不足,使面层混合料的集料之间失去黏结而成片散开,称为松散。产生松散剥落的原因主要是沥青与矿料之间的黏附性较差,在水或冰冻的作用下,沥青从矿料表面剥离。产生松散剥落的另一种可能性是施工中混合料的加热温度过高,致使沥青老化而失去黏性。在网裂的后期,碎块被行车荷载继续碾碎,并被带离路面,也会形成坑槽。

(五)表面功能下降

沥青路面在使用过程中,在车轮反复滚动摩擦的作用下,集料表面被逐渐磨光,有时还伴有沥青的不断上浮、泛油,导致沥青面层表面光滑,尤其在雨季常会因此而酿成车祸。这种现象与采用了敏感性较大的沥青混合料级配类型有关。表面磨光的内在原因是集料质地软弱、缺少棱角,或集料级配不当、粗集料尺寸偏小、细料偏多或沥青用量偏多等。在集料磨光的同时,路面噪声、水雾、溅水、眩光等一系列表面功能也随之下降。

二、设 计 标 准

鉴于损坏模式的多样化,各种损坏对路面的使用性能有不同性质和程度的影响,沥青路面设计不能像其他结构物的设计那样,仅选用一种损坏模式作为临界状态和选用单一的指标作为设计标准,而必须采用多种临界状态和多项设计标准。

(一)疲劳开裂

路面材料在出现疲劳开裂前所能承受的荷载重复作用次数称为疲劳寿命。疲劳寿命的长短与组成材料的特性、环境条件(温度)以及路面所受到的重复应变(或应力)级位的大小有关。疲劳开裂一般是先由细而短的纵向或横向开裂逐渐扩展成网裂,并且裂缝的宽度和开裂范围不断扩大。疲劳开裂是由于路面结构在荷载的重复弯曲作用下,在结构层底面产生的拉应变或拉应力超过了材料的疲劳强度(远小于一次荷载作用的极限强度),底面首先开裂,并逐渐向表面发展。

以疲劳开裂作为临界状态的设计,可以选用路面结构层底面的拉应变(或拉应力)作为设计指标,以层底拉应变(或拉应力)不大于该材料的容许疲劳拉应变或拉应力作为设计标准,即:

$$\varepsilon_r \leqslant \varepsilon_R \tag{9-6}$$

或

$$\sigma_r \leqslant \sigma_R \tag{9-7}$$

式中:ε_r、σ_r——按弹性层状体系理论计算的结构层底面的最大拉应变、最大拉应力;

ε_R、σ_R——由疲劳试验及疲劳方程确定的结构层材料容许拉应变、容许拉应力。

(二)沉陷变形

路表面在荷载作用下的沉陷变形量反映了路基路面结构的整体度。它与路基路面的整体受力状态及抗变形能力有关。当沉陷变形量超过了结构层材料的变形能力时,就会在受拉区产生裂缝,并逐渐发展成网裂。造成路面沉陷的主要原因是土基的压缩变形。当路基的承载力较低时,不能承受由路面传至路基表面的荷载压力,便产生了较大的竖向应变和变形,即沉陷。

为控制路基土压缩变形引起的路面沉陷,可选用路基顶面的竖向压应变或压应力作为设计标准,即:

$$\varepsilon_{z0} \leqslant [\varepsilon_{z0}] \tag{9-8}$$

或

$$\sigma_{z0} \leqslant [\sigma_{z0}] \tag{9-9}$$

式中:ε_{z0}、σ_{z0}——按弹性层状体系理论计算,由行车荷载引起的路基表面竖向压应变、压应力;

$[\varepsilon_{z0}]$、$[\sigma_{z0}]$——路基土的容许竖向压应变、压应力,与土的力学特性(刚度)和荷载作用次数有关。

(三)车辙变形

车辙是路面各结构层(主要是沥青面层)在荷载反复作用下产生的塑性变形的累积。车辙的深度与重复应力的大小、作用次数、各结构层材料的模量和温度状况有关。车辙的出现,一方面,使路面平整度变坏,从而影响行驶质量;另一方面,使高速行驶的车辆在雨天容易出现飘滑而造成交通事故。以车辙作为临界状态的设计方法,选用车辙深度或永久变形量作为指标,限定设计使用年限内的累积车辙深度或永久变形量不超出行驶质量和行车安全所容许的车辙深度或永久变形量,即:

$$R_{ai} \leqslant [R_{ai}] \tag{9-10}$$

式中:R_{ai}——按弹性层状体系理论计算,由行车荷载引起的路面各结构层总的永久变形(车辙)量;

$[R_{ai}]$——路面结构层容许永久变形(车辙)量。

(四)推移

沥青路面在水平荷载的作用下(如经常启动或制动的停车站、交叉口、弯道及坡度变化处等),其表面可能出现推移和拥包现象。为防止这种损坏现象的产生,可采用沥青面层抗剪强度标准来控制结构设计。在行车荷载的垂直力和水平力的共同作用下,面层中由弹性层状体系理论计算的最大剪应力不超过沥青面层材料容许抗剪强度,即

$$\tau_{max} \leqslant [\tau_R] \tag{9-11}$$

式中:τ_{max}——按弹性层状体系理论计算,面中层由行车荷载垂直力与水平力引起的最大剪应力;

$[\tau_R]$——沥青面层材料的容许抗剪强度,由试验确定。

(五) 低温开裂

在(季节性)冰冻地区,当整体性路面结构层处于低(负)温时,面层材料因收缩受到约束而产生较大的温度应力,当该应力超过结构层材料在相应温度条件下的抗拉强度时便会开裂。由于路面沿纵向的尺寸远大于横向,低温收缩时的侧向约束不大,所以这种开裂一般表现为沿路面纵向间隔性的横向裂缝,严重时也会发展为纵向裂缝或网裂。

低温开裂是一项与荷载因素无关的设计标准。采用低温时整体性路面结构层材料因收缩受阻而产生的温度应力 σ_{rt} 不大于该温度下材料的容许抗拉强度 σ_{tR},即

$$\sigma_{rt} \leqslant \sigma_{tR} \tag{9-12}$$

第四节　沥青路面结构组合设计

沥青路面是多层次组合结构,结构组合设计是沥青路面结构设计中的重要内容,不同路面结构组合的力学特点、功能特性、长期性能衰变规律和损坏形式存在较大差异,路面结构组合设计时需考虑这些特性。遵循路基路面综合设计的理念,要求路基具有足够的承载能力和适宜的干湿状态,使路面结构组合与路基承载能力、湿度条件和土质类型相适应。保证路面结构全寿命周期的安全性、耐久性和经济合理性。

路面结构可由面层、基层、底基层和必要的功能层组合而成。面层采用不同材料分层铺筑时,可分为表面层、中面层和下面层。

路面结构组合设计,应根据交通荷载等级和路基状况等因素,充分考虑各种结构组合的材料特性和结构特性、主要损坏类型及性能衰变规律。不同结构组合的沥青路面的主要损坏类型如表9-2所示。

不同结构组合的沥青路面的主要损坏类型　　　　　表 9-2

结构类型	粒料类基层沥青路面、底基层采用粒料的沥青结合料类基层沥青路面			无机结合料稳定类基层沥青路面、底基层采用无机结合料稳定材料的沥青结合料类基层沥青路面	
沥青面层厚度(mm)	≥150	50~150	≤50	≥150	<150
主要损坏类型	沥青混合料层永久变形、沥青混合料层疲劳开裂	沥青混合料层疲劳开裂、沥青混合料层永久变形	车辙	车辙、基层疲劳开裂、面层反射裂缝	基层疲劳开裂、面层反射裂缝
季冻地区	面层低温开裂				

沥青路面结构组合类型可按基层材料性质及类型分为四类：①无机结合料稳定类(也称半刚性)基层沥青路面；②粒料类基层沥青路面；③沥青结合料类基层沥青路面；④水泥混凝土基层沥青路面。

(1)无机结合料稳定类基层沥青路面承载能力高,适用于各种交通荷载等级。这类路面结构的主要病害是无机结合料稳定层疲劳开裂和面层反射裂缝,而反射裂缝处由于水的渗入容易出现唧泥和层底脱空等损坏。采用粒料底基层或设置粒料类路基改善层,可减轻反射裂缝处的唧泥和脱空现象。

(2)粒料类基层沥青路面适用于重及以下交通荷载等级。这类路面结构无反射裂缝问题,但沥青面层需承受较大的弯拉应力,沥青面层疲劳是主要损坏形式。此外,还需关注此类结构由于沥青面层、粒料基层和路基都可能产生永久变形而带来的车辙问题。

(3)沥青结合料类基层沥青路面适用于各种交通荷载等级。这类路面结构当底基层采用无机结合料稳定类材料时,性能类似于无机结合料稳定类基层沥青路面,由于沥青混合料层较厚,路面承载能力强,具备良好的使用性能和使用寿命,且具有更好的延缓反射裂缝能力。当底基层采用粒料类材料时,性能类似于粒料类基层沥青路面。

(4)水泥混凝土基层沥青路面具有较高的承载能力,适用于重及重以上交通荷载等级公路。除水泥混凝土路面常见损坏外,这类路面结构的主要病害是水泥混凝土板接缝处沥青面层反射裂缝和沥青面层永久变形。

不同的路面结构组合会产生在使用性能、寿命和经济上都不相同的效果。层次多和厚度大的路面结构,其使用效果不一定好,有时恰恰相反,会过早地出现损坏。根据实践经验和理论分析,沥青路面结构组合设计时宜考虑下述几方面的原则：

(1)按道路的等级及交通繁重程度选择面层的类型和厚度。

(2)满足对各结构层(面层、基层和垫层)的相关功能要求。

(3)适应各结构层的荷载应力分布特性。

(4)要顾及各结构层本身的结构特性。

(5)考虑当地水文状况的不利影响。

(6)选择适当的结构层数和层厚,以便于施工。

(7)协调行车道与路肩部分的铺面结构,考虑表面水和结构内部自由水的疏导与排放。

(8)顾及当地的使用经验、已有习惯和施工技术水平。

一、按各结构层功能及使用要求选择结构层

路面结构组合设计时,在面层结构类型与厚度的选择上,应综合考虑道路等级、交通量及其组成、沥青品种和质量等因素。基层、底基层的结构类型与厚度应根据交通量大小、材料力学性能和扩散应力的效果,以及发挥压实机具的功能有利于施工等因素选择各结构层。

(一)面层

面层是直接承受车轮荷载反复作用和各种自然因素影响,并将荷载传递到基层以下的结构层,因此,它应满足表面功能性和结构性的使用要求。

沥青路面的表面层应具有平整密实、抗滑耐磨、稳定耐久的功能性要求,同时还应具有抗高温车辙、抗剪切,抗低温开裂,抗水损坏,抗疲劳开裂、耐久等品质。旧路面可加设磨耗层,以改善表面服务功能。中面层和下面层应密实、不透水,并具有高温抗车辙、抗开裂、抗疲劳的结

构性能。

沥青面层材料主要包括沥青混合料、厂拌热再生沥青混合料、沥青表面处治与稀浆封层等几种类型。各种面层材料所适用的交通荷载等级和层位，可按表9-3选用。

面层材料适用的交通荷载等级和层位 表9-3

材料类型	适用交通荷载等级	适用层位
连续密级配沥青混合料	各级交通荷载等级	表面层、中面层和下面层
沥青玛蹄脂碎石混合料	极重、特重和重交通荷载等级	表面层及对抗滑有特殊要求的表面层
厂拌热再生沥青混合料	各级交通荷载等级	表面层、中面层和下面层
上拌下贯沥青碎石	中等、轻交通荷载等级	面层
沥青表面处治及稀浆封层	中等、轻交通荷载等级	表面层

注：对抗滑、排水或降噪有特殊要求的表面层可采用开级配沥青混合料，此类表面层下应设改性沥青或改性乳化沥青防水层。

(二)基层和底基层

基层是沥青路面面层下的主要承重层，底基层是在路面基层下铺筑的次要承重层。沥青路面面层下设置基层和底基层的主要作用有以下几方面：

(1)承受行车荷载的作用。基层和底基层作为道路的主要承重层，和面层一起将车轮荷载的反复作用传递到垫层和土基。

(2)增加道路整体强度和面层的疲劳抗力，防止或减轻面层裂缝的出现。

(3)缓解土基不均匀冻胀或不均匀体积变形对面层的不利影响。

(4)为面层施工机械提供稳定的行驶面和工作面。

基层和底基层应具有足够的承载能力、抗疲劳开裂性能、足够的耐久性和水稳定性，在季节性冰冻地区还应具有一定的抗冻性；沥青结合料类和粒料类基层应具有足够的抗永久变形能力。采用的无机结合料稳定类基层应具有较小的收缩(温缩和干缩)变形与较强的抗冲刷能力；表面平整、密实，拱度与面层一致，高程符合要求。底基层是设置在基层之下并与面层、基层一起承受车轮荷载反复作用的次要承重层，因此，对底基层材料的技术指标要求可比基层材料略低。

基层和底基层的选择应贯彻就地取材、就近取材的原则，认真做好当地材料的调查工作，根据交通量及其组成、气候条件、筑路材料和路基水文状况等因素，选择技术可靠、经济、合理的结构。此外，还要充分发挥压实机具的功能，以及有利于施工等因素选择基层的厚度。各结构层的材料变化不宜过于频繁，应有利于施工组织、管理与质量控制。

基层及底基层可选用无机结合料稳定类、沥青结合料类、粒料类、水泥混凝土等材料。冷再生沥青混合料可实现既有路面铣刨材料的回收利用(或就地再生利用)，其性能可满足各交通荷载等级的基层或底基层要求。厂拌热再生沥青混合料具有和新拌沥青混合料基本相同的路用性能，可用于重及重以上交通荷载等级公路的基层。

各种基层和底基层的材料类型和所适用的交通荷载等级及层位，可按表9-4选用。

一般来说，面层、基层和底基层是路面结构层的基本组成部分，各级道路应根据具体情况设置必要的结构层。

基层和底基层的材料类型适用的交通荷载等级和层位 表9-4

基层和底基层材料类型		适用的交通荷载等级	适用层位
无机结合料稳定类	水泥稳定级配碎石或砾石 水泥粉煤灰稳定级配碎石或砾石 石灰粉煤灰稳定级配碎石或砾石	各级交通荷载等级	基层和底基层
	水泥稳定未筛分碎石或砾石 石灰粉煤灰稳定未筛分碎石或砾石 石灰稳定未筛分碎石或砾石	轻交通荷载等级	基层
		各级交通荷载等级	底基层
	石灰稳定土、水泥稳定土、 石灰粉煤灰稳定土、	轻交通荷载等级	基层
		各级交通荷载等级	底基层
粒料类	级配碎石	重及重以下交通荷载等级	基层
		各级交通荷载等级	底基层
	级配砾石、未筛分碎石、 天然砂砾、填隙碎石	中等和轻交通荷载等级	基层
		各级交通荷载等级	底基层
沥青结合料类	密级配沥青碎石、开级配沥青碎石、 半开级配沥青碎石	极重、特重和重 交通荷载等级	基层
	沥青贯入碎石	重及重以下交通荷载等级	基层
水泥混凝土	水泥混凝土、碾压混凝土或贫混凝土	极重、特重交通荷载等级	基层
再生材料	再生沥青混合料、再生无机结合料稳定材料	各级交通荷载等级	基层和底基层
	厂拌热再生沥青混合料	极重、特重交通荷载等级	基层

(三)功能层

路面的功能层一般是指以下几方面：

(1)当季节性冻土地区的路面厚度不满足防冻要求时，应增设防冻层。防冻层宜采用粗砂、砂砾和碎石等粒料类材料。防冻层所用砂砾、碎石材料的最大粒径不应超过53mm。

(2)在地下水位高、排水不良的路段，有裂隙水、泉眼等水文条件不良岩石挖方路段，当基层和底基层为非粒料类材料时，可在基层或底基层与路床之间设置粒料排水层，用于排除路面、路基中滞留的自由水，避免潮湿路基影响路面的湿度状态，使路面处于干燥或中湿状态；同时可及时排除路面内部水，避免下渗影响路基。粒料层应与路基边缘或边沟下渗沟相连接，厚度不宜小于150mm。

(3)无机结合料稳定类或冷再生类材料对水损坏较为敏感，在这类结构层与沥青结合料类结构层之间宜设置封层，封层可采用单层沥青表面处治或稀浆封层等。当设置改性沥青应力吸收层时，可不再设置封层。

(4)极重、特重和重交通荷载等级路面对层间黏结强度具有更高的要求，宜采用改性乳化沥青、道路石油沥青或改性沥青黏层；中等和轻交通荷载等级路面的黏层可选用乳化沥青；水泥混凝土板与沥青面层之间的黏层宜采用改性沥青。

(5)单层表面处治封层的结合料可采用改性沥青、道路石油沥青或乳化沥青。改性沥青应力吸收层宜采用橡胶沥青，使其具有较好的延展能力和黏结强度。

(6)粒料层基层和无机结合料稳定类基层顶面宜设置透层。透层沥青应具有良好的渗透性，可采用乳化沥青和稀释沥青等。

(四)路基

路基特别是路床部分,是路面结构的支撑体。路面对路基的基本要求是稳定、密实、均匀和水温稳定性好,具有足够的承载能力。为此,应采取必要的技术措施,以减少路基顶面的不均匀变形。

多雨地区土质路堑和强风化岩石路段,应加强填挖交界处及路堑段的排水设计,改善路基水文状况。岩石或填石路基顶面应设置整平层,厚度宜为200~300mm。

路基路面综合设计时,要求路基具有足够的承载力和良好的干湿状态。新建公路路床应处于干燥或中湿状态,并应采取措施防止地表水或地下水的浸入,使路面结构组合与路基承载力、湿度条件和土质类型相适应。

二、使各结构层的强度和刚度与荷载产生的应力和应变沿深度的分布相适应

路面在垂直力作用下,结构体系内部产生的应力和应变随深度向下而递减。水平力作用产生的应力、应变随深度递减的速率更快。因此,对各层材料的强度和刚度的要求也可随深度的增大而相应降低。路面各结构层如按强度、刚度自上而下递减的方式组合,则既能充分发挥各结构层材料的能力,又能充分利用当地材料充当基层或底基层,从而降低造价,以使各结构层材料的效能得到充分发挥。

当采用递减规律组合路面结构层次时,还须注意相邻结构层之间的刚度不能相差过大。当上、下两层的相对刚度比过大时,上层底面将出现较大的弯拉应力(或弯拉应变)。此值一旦超过上层材料的抗拉强度(或抗拉应变),上层将产生开裂。根据应力分析和设计经验,沥青路面基层与面层之间的模量比不宜大于3;基层与底基层之间的模量比不宜大于2.5;底基层与路基之间的模量比不大于10。

三、选用适当的层厚和层数

各类结构层应按所用材料的规格(公称最大粒径)和施工工艺(摊铺、压实和整修)的要求,有最小厚度的规定,低于此厚度时将不能形成稳定、有效的结构层次。

对于各类基层结构的厚度,在满足结构设计强度和刚度要求的基础上,还应考虑施工的可操作性和材料规格对厚度的影响。一般来说,基层的厚度应大于混合料最大粒径的4倍,同时还要考虑摊铺和压实机械的功能,通常是取压实最佳厚度。若基层设计厚度超过最佳厚度,可分层铺筑。各类基层的最小压实厚度和适宜厚度如表9-5所示。

各类基层的最小压实厚度和适宜厚度　　　　　　　　　　　　　　　表9-5

结构类型		公称最大粒径(mm)	最小压实厚度(mm)	结构层适宜厚度(mm)
沥青类柔性基层	密级配沥青稳定碎石	19.0	50	50~80
	半开级配沥青碎石	26.5	80	80~120
	开级配沥青稳定碎石	31.5	100	100~140
	沥青贯入碎石	—	40	40~60
粒料类柔性基层	级配碎石、级配砾石	26.5、31.5、37.5	100	100~200
	未筛分碎石、天然砂砾	53	120	120~300
半刚性基层	无机结合料稳定类	19.0、26.5、31.5、37.5	150	150~400
		53.0	180	20~400

结 构 类 型		公称最大粒径（mm）	最小压实厚度（mm）	结构层适宜厚度（mm）
刚性基层	贫混凝土	31.5	200	200～300
	普通混凝土	31.5	220	220～240
	配筋混凝土	31.5	220	220～240
填隙碎石		37.5	75	75～150
		53.0	100	100～200
		63.0	120	120～240

沥青类各结构层的厚度应与集料的公称最大粒径相匹配。一般连续级配沥青混合料和沥青玛蹄脂混合料的结构层厚度不宜小于集料公称最大粒径的2.5倍，开级配或以粗集料为主的嵌挤型沥青混合料的结构层厚度不宜小于集料公称最大粒径的2.0倍，以利于辗压密实，提高其耐久性、水稳性。沥青混合料的最小压实厚度和适宜厚度应符合表9-6中的要求。

沥青混合料的最小压实厚度和适宜厚度　　　　　　表9-6

沥青混合料类型		最大粒径（mm）	公称最大粒径（mm）	类型符号	最小压实厚度（mm）	适宜厚度（mm）
连续密级配沥青混凝土（AC）	砂粒式	9.5	4.75	AC-5	15	15～30
	细粒式	13.2	9.5	AC-10	25	25～40
		16	13.2	AC-13	35	35～50
	中粒式	19	16	AC-16	40	40～60
		26.5	19	AC-20	50	50～70
	粗粒式	31.5	26.5	AC-25	75	75～100
连续密级配沥青稳定碎石基层（ATB）	粗粒式	31.5	26.5	ATB-25	70	80～120
		37.5	31.5	ATB-30	90	90～150
	特粗式	53	37.5	ATB-40	120	120～150
间断开级配沥青稳定碎石基层（ATPB）	粗粒式	31.5	26.5	ATPB-25	80	80～120
		37.5	31.5	ATPB-30	90	90～150
	特粗式	53	37.5	ATPB-40	120	120～150
间断密级配沥青玛蹄脂碎石（SMA）	细粒式	13.2	9.5	SMA-10	30	30～50
		16	13.2	SMA-13	40	40～60
	中粒式	19	16	SMA-16	50	50～70
		26.5	19	SMA-20	60	60～80
间断开级配排水式沥青磨耗层（OGFC）	细粒式	13.2	9.5	OGFC-10	20	20～40
		16	13.2	OGFC-13	25	25～50
	中粒式	19	16	OGFC-16	30	30～60
半开级配沥青碎石（AM）	砂粒式	9.5	4.75	AM-5	15	15～30
	细粒式	13.2	9.5	AM-10	20	25～40
		16	13.2	AM-13	35	40～60
	中粒式	19	16	AM-16	40	50～70
		26.5	19	AM-20	50	60～80

为便于施工,路面结构层的层数不宜过多。同时,各结构层的适宜厚度应按压实机具所能达到的效果选定。适宜的结构层厚度需结合材料供应、施工工艺并按表9-5和表9-6中的规定确定,从强度要求和造价上考虑,宜自上而下、由薄到厚。

四、考虑各类结构层的特点及其与相邻层次之间的互相影响

路面结构层通常是用密实级配、嵌挤以及形成板体等方式构成的,由于各类结构层材料具有不同的特性,因而如何构成满足强度、刚度要求且稳定的结构层是设计和施工都必须注意的问题。在组合时,应注意相邻层次的互相影响,采取措施限制或消除所产生的不利影响。例如,在无机结合料稳定材料基层上修建沥青面层时,基层材料因干缩或低温收缩而开裂,会导致面层也相应地出现反射裂缝。在潮湿的粉土或黏性土路基上,不宜直接铺筑碎(砾)石等颗粒类材料,以防止相互掺杂而污染基层,或导致过大变形而使面层损坏。

对无机结合料稳定类基层,宜采取以下措施减少低温缩裂、防止反射裂缝:①选用抗裂性好的无机结合料稳定类(骨架密实型结构)基层,并严格控制细料含量、水泥剂量、含水率等。②增加沥青混合料层厚度,或在无机结合料稳定类基层上设置沥青碎石或级配碎石层。③在无机结合料稳定类基层上设置改性沥青应力吸收膜或敷设土工合成材料。

各类结构层的层间结合应尽量紧密,避免产生滑移。为保证结构的整体性和应力分布的连续性,可采取以下措施:①各种基层上应撒布具有良好渗透性的透层沥青。②在无机结合料稳定类基层上设应力吸收层及封层。③在沥青层之间设黏层或防水封层。

五、考虑水温状况的影响

沥青路面所处的水温环境状况对路面的工作状态和稳定性有很大影响。在冻深较大的季节性冰冻地区,还要考虑冻胀和翻浆的危害。路面结构除要满足力学强度要求以外,其总厚度还要满足防冻层厚度的要求。防冻层厚度与路基干湿类型、路基土类、道路冻深和路面结构层材料的热物性有关。防冻层材料可选用砂砾、碎石、混渣等粒料,以及水泥或粉煤灰稳定类等。各级公路的防冻层的一般厚度为15～25cm。为防止路基污染粒料层或隔断地下水的影响,可在路基顶面设土工合成材料的隔离层。

冰冻区是以冻结指数为指标划分的。冻结指数是每年冬季负温度与天数的乘积的累积值(℃·d)。根据20年以上的冻结指数,将全国冰冻区划分为如表9-7所示的四个区域。

冰冻区划分 表9-7

冻区划分	重冻区	中冻区	轻冻区	非冻区
冻结指数(℃·d)	≥2000	800～2000	50～800	≤50

六、沥青路面结构方案

选定结构组合后,可根据交通荷载等级参考表9-8初选各结构层厚度,也可根据当地工程经验确定。

不同结构组合方案的路面厚度范围(mm) 表9-8

不同结构组合方案交通荷载等级		极重、特重	重	中等	轻
无机结合料稳定类基层 粒料类底基层	沥青面层	250～150	250～150	200～100	150～20
	基层	600～350	550～300	500～250	450～150
	底基层	200～150			

不同结构组合方案交通荷载等级		极重、特重	重	中等	轻
无机结合料稳定类基层 无机结合料稳定类底基层	沥青面层	250~120	250~100	200~100	150~20
	基层	500~250	450~200	400~150	500~200
	底基层	200~150			
粒料类基层 粒料类底基层	沥青面层	—	350~200	300~150	200~100
	基层	—	450~350	400~300	350~250
	底基层	200~150			
沥青结合料基层 粒料类底基层	沥青面层	—	150~120	120~100	80~40
	基层	—	250~200	220~180	200~120
	底基层	—	400~300	400~300	350~250
沥青结合料基层 无机结合料稳定类底基层	沥青面层	120~100	120~100	100~80	80~40
	基层	180~120	150~100	150~100	100~80
	底基层	600~300	600~300	550~250	450~200
沥青结合料基层 粒料类底基层 无机结合料稳定类底基层	沥青面层	120~100	120~100	100~80	80~40
	基层	240~160	180~120	160~100	100~80
	底基层	200~150	200~150	200~150	200~150
	底基层	400~200	400~200	350~200	250~150

不同结构组合方案的路面结构层厚度,应根据交通荷载等级、路基承载能力等因素选择。交通荷载等级高、路基承载能力弱时,应选取接近高限的厚度或参照高一个交通荷载等级的路面厚度范围,反之,可选取接近低限的厚度或参照低一个交通荷载等级的路面厚度范围。

第五节　沥青路面结构设计与验算

沥青路面结构设计与验算是在结构组合设计的基础上,通过论证分析确定各结构层所需的厚度,利用路面结构力学分析方法,对路面结构的应力、应变和位移状况进行验算,从而判断设计结构的类型及材料组合、各层厚度是否合理,或进行相应的调整。

一、设计使用年限与设计标准

(一)沥青路面结构的设计使用年限

新建公路路面结构的设计使用年限,应根据各地国民经济的实际情况和该公路在公路网中的地位,并考虑公路等级、交通荷载等级、工程经济等因素,经综合论证后确定,不应低于表9-9的规定。

路面结构设计使用年限(年)　　　　　　　　　　　表9-9

公 路 等 级	设计使用年限	公 路 等 级	设计使用年限
高速公路、一级公路	15	三级公路	10
二级公路	12	四级公路	8

改扩建路面结构设计可根据工程实际情况选取适宜的设计使用年限。

对运营期进行路面结构补强的改建公路项目,其路面结构设计使用年限的确定较为复杂,可考虑补强后路面达到既有路面的设计使用年限,此时改建路面结构的设计使用年限为既有路面剩余设计使用年限;也可考虑通过改建延长既有路面结构设计使用年限,此时改建路面结构的设计使用年限为既有路面剩余使用年限加上延长的年限。

扩建公路项目,通常要求加铺后路面与拓宽部分新建路面具有相同的设计使用年限。

(二)设计荷载参数

路面设计时使用累计当量轴次的概念,但在道路上行驶的车辆不会是同一种类型,因此,进行轴载累计作用次数计算时,须选定一种标准轴型,把各种不同类型的轴载换算成这种标准轴载。根据道路运输实际车辆的现状及发展趋势,我国路面设计采用轴重为100kN的单轴双轮组作为设计荷载标准。路面结构设计轴载的计算参数按表9-10确定。

路面结构设计轴载的计算参数　　　　表9-10

设计轴载(kN)	轮胎接地压强(MPa)	单轮接地当量圆直径(mm)	两轮中心距(mm)
100	0.70	213	319.5

对于专用公路和以特重或特种车辆为主的公路,可根据实际情况经论证后,采用适宜的设计轴载和参数。

路面结构设计时,应根据设计使用年限进行车辆当量设计轴载换算,确定当量设计轴载累计作用次数。路面结构在设计使用年限内承担交通荷载的繁重程度以设计交通荷载等级来划分,如表9-11所示。

设计交通荷载分级　　　　表9-11

设计交通荷载等级	极重	特重	重	中等	轻
设计使用年限内设计车道累计大型客车和货车交通量(×10⁶)	≥50	19~50	8~19	4~8	<4

注:大型客车和货车为表2-2所列的2~11类车。

(三)目标可靠度设计指标

目标可靠度是所设计路面结构应具有的可靠度水平,各级公路沥青路面结构的目标可靠度和目标可靠指标不应低于表9-12中的规定。

目标可靠度和目标可靠指标　　　　表9-12

公路等级	高速公路	一级公路	二级公路	三级公路	四级公路
目标可靠度	95%	90%	85%	80%	70%
目标可靠指标β	1.65	1.28	1.04	0.84	0.52

(四)路面使用性能设计指标

随着路面结构层数的增加和路面材料组合方案的变化,路面病害形式越发多样。由于路面结构类型的多样性和路面性能影响因素的复杂性,路面结构设计时需要多项设计指标,以涵盖及控制各种主要病害类型。我国现行《公路沥青路面设计规范》(JTG D50)规定采用5个单项设计指标分别控制相应路面损坏,即:沥青混合料层和无机结合料稳定层疲劳开裂;沥青混合料永久变形量;路基顶面竖向压应变和路面低温开裂指数。

沥青路面结构设计及验算时,首先应根据路面结构组合情况,按照表 9-13 选择设计控制指标。

不同结构组合路面的设计指标　　　　　　　　　　表 9-13

基 层 类 型	底基层类型	设 计 指 标
无机结合料稳定类	粒料类	无机结合料稳定层层底拉应力、沥青混合料层永久变形量
	无机结合料稳定类	
沥青结合料类	粒料类	沥青混合料层层底拉应变、沥青混合料层永久变形量、路基顶面竖向压应变
	无机结合料稳定类	沥青混合料层永久变形量、无机结合料稳定层层底拉应力
粒料类	粒料类	沥青混合料层层底拉应变、沥青混合料层永久变形量、路基顶面竖向压应变
	无机结合料稳定类	沥青混合料层层底拉应变、沥青混合料层永久变形量、无机结合料稳定层层底拉应力
水泥混凝土	—	沥青混合料层永久变形量

在沥青混合料与无机结合料稳定层之间设置粒料层时,应验算沥青混合料层疲劳开裂寿命;对于水泥混凝土基层,应按《公路水泥混凝土路面设计规范》(JTG D40)设计。

沥青混合料层永久变形量不应大于表 9-14 所列容许永久变形量。

沥青混合料层容许永久变形量　　　　　　　　　　表 9-14

基 层 类 型	沥青混合料层容许永久变形量(mm)	
	高速公路、一级公路	二级、三级公路
无机结合料稳定类基层、水泥混凝土基层和底基层为无机结合料稳定类的沥青混合料基层	15	20
其他基层	10	15

在季节性冻土地区,应增加沥青面层低温开裂验算和防冻层厚度验算;季节性冻土地区沥青路面的低温开裂可以通过验算其低温开裂指数 CI 进行控制。低温开裂指数要求如表 9-15 所示。

低温开裂指数要求　　　　　　　　　　表 9-15

公路等级	高速公路、一级公路	二级公路	三级、四级公路
低温开裂指数 CI(不大于)	3	5	7

低温开裂指数 CI 是指路面竣工时的验收标准,并且只计入路面低温缩裂产生的裂缝,不包含反射裂缝和纵向裂缝。竣工验收时以 100m 为调查统计单元,统计横向裂缝条数,贯穿全幅的裂缝按 1 条计,未贯穿且长度超过一个车道宽度的裂缝按 0.5 条计,不超过一个车道宽度的裂缝不计入。

上述设计标准反映了对路面结构性能方面的要求。路面的结构性能与路面的功能性能(如抗滑性和平整度等)有一定的联系,但没有确定的关系。因此,除了上述设计标准外,还应在抗滑性和平整度方面另外提出设计标准,这些设计标准主要与面层的材料和施工等因素有关。高速公路、一级公路以及山岭重丘区的二级和三级公路在交工验收时,其抗滑技术要求如表 9-16 所示。

年平均降雨量(mm)	交工检测指标值	
	横向力系数 SFC$_{60}$	构造深度 TD(mm)
<1000	≥54	≥0.55
500~1000	≥50	≥0.50
250~500	≥45	≥0.45

注:1. 横向力系数 SFC$_{60}$用横向力系数测试车,在(60±1)km/h 车速下测定。

　　2. 构造深度 TD 用铺砂法测定。

二、路基和路面材料设计参数

在按弹性层状体系理论进行设计路面结构分析及验算时,必须知道路基土和各层各类路面材料的弹性模量值。无论路基土还是路面材料,其应力—应变关系都或多或少地呈现出非线性状,因而表征其性状的弹性模量值都是应力状态(应力级位和作用时间)的函数,同时,它们又是材料组成、压实状态及环境(温度和温度)的函数。因此,路基路面材料应根据公路等级、交通荷载等级、气候条件、各结构层功能要求和当地材料特性等,在技术经济论证的基础上进行原材料的选择与材料组成设计,并确定材料的设计参数。

路面各结构层选择采用的原材料性质要求和混合料组成与性质要求,应符合现行《公路沥青路面施工技术规范》(JTG F40)和《公路路面基层施工技术细则》(JTG/T F20)的有关规定,并应结合工程特点和当地经验确定。

路面各结构层材料设计参数的确定可按下列三个水平进行:

水平一:通过室内试验实测确定。

水平二:利用已有经验关系式确定。

水平三:参照典型数值确定。

其中,在高速公路和一级公路的施工图设计阶段,宜采用水平一;在其他设计阶段,可采用水平二或水平三;对于二级及二级以下公路,可采用水平二或水平三。

(一)沥青混合料设计参数

在高速公路和一级公路的施工图设计阶段路面结构验算时,应采用水平一。通过沥青混合料动态压缩模量试验,实测确定其设计参数,沥青面层采用20℃温度、10Hz 加载频率条件下的动态压缩模量;沥青类基层采用20℃、5Hz 条件下的动态压缩模量。

在高速公路和一级公路的其他设计阶段,二级及二级以下公路路面结构验算,且采用道路石油沥青和常规级配的沥青混合料时,应采用水平二或水平三。可利用下列经验公式计算确定沥青混合料动态压缩模量,或是参照表 9-17 中所列的典型数值确定。

$$\lg E_a = 4.59 - 0.02f + 2.58G^* - 0.14P_a - 0.041V - 0.03VCA_{DRC} - 2.56 \times 1.1^{\lg f}G^* \cdot$$

$$f^{-0.06} - 0.05 \times 1.52^{\lg f}VCA_{DRC} \cdot f^{-0.21} + 0.0031f \cdot P_a + 0.0024V \qquad (9-13)$$

式中:E_a——沥青混合料回弹模量(MPa);

　　　f——试验频率(Hz);

　　　G^*——60℃、10rad/s 下沥青剪切模量(kPa);

　　　P_a——沥青混合料的油石比;

V——压实沥青混合料的空隙率；

VCA_{DRC}——捣实状态下粗集料的松装间隙率。

常用沥青混合料20℃条件下动态压缩模量取值范围(MPa)　　　　表9-17

沥青混合料类型	道路石油沥青种类			
	70 号	90 号	110 号	SBS 改性沥青
SMA-10、SMA-13、SMA-16	—	—	—	7500 ~ 12000
AC-10、AC-13	8000 ~ 12000	7500 ~ 11500	7000 ~ 10500	8500 ~ 12500
AC-16、AC-20、AC-25	9000 ~ 13500	8500 ~ 13000	7500 ~ 12000	9000 ~ 13500
ATB-25	7000 ~ 11000	—	—	—

注：1. ATB-25 为 5Hz 条件下的动态压缩模量，其他沥青混合料为 10 Hz 条件下的动态压缩模量。

2. 沥青黏度大，当级配好或空隙率小时，取高值；反之，取低值。

(二)无机结合料稳定类材料设计参数

无机结合料稳定类材料的结构层，应采用经调整系数修正后的弹性模量。高速公路和一级公路的施工图设计阶段路面结构验算时，应采用水平一。采用中间段法单轴压缩试验测定。弯拉强度和弹性模量的测定应符合现行《公路工程无机结合料稳定材料试验规程》(JTG E50)中 T 0851 的有关规定。测试时水泥稳定类、水泥粉煤灰稳定类材料试件的龄期为90d，石灰稳定类、石灰粉煤灰稳定类材料试件的龄期应为180d。弯拉强度和弹性模量应取用测试数据的平均值作为设计计算参数。

在高速公路和一级公路的其他设计阶段，二级及二级以下公路路面结构验算，应采用水平二或水平三。可参照表9-18 中所列的典型数值确定。

无机结合料稳定类材料的弯拉强度和弹性模量取值范围　　　　表9-18

无机结合料稳定类材料	弯拉强度(MPa)	弹性模量(MPa)
水泥稳定粒料、水泥粉煤灰稳定粒料、石灰粉煤灰稳定粒料	1.5 ~ 2.0	18000 ~ 28000
	0.9 ~ 1.5	14000 ~ 20000
水泥稳定土、水泥粉煤灰稳定土、石灰粉煤灰稳定土	0.6 ~ 1.0	5000 ~ 7000
石灰土	0.2 ~ 0.7	3000 ~ 5000

注：当无机结合料用量高、材料性能好、级配好或压实度大时，取高值；反之，取低值。

结构验算时，无机结合料稳定类材料的弹性模量应乘以结构层模量调整系数0.5。

(三)粒料类材料设计参数

粒料类材料结构层的回弹模量在结构验算时，应采用粒料回弹模量乘以湿度调整系数后得到，湿度调整系数在1.6 ~ 2.0 范围内选取。粒料回弹模量应取用最佳含水率和与压实度要求相应的干密度条件下的试验值。

在高速公路和一级公路的施工图设计阶段，应采用水平一。采用重复加载三轴压缩试验，取回弹性模量试验结果的均值作为设计计算参数。在高速公路和一级公路的其他设计阶段，二级及二级以下公路路面结构验算，应采用水平二或水平三。可根据粒料类型和层位参照表9-19 确定粒料回弹模量取值。

粒料类材料回弹模量取值范围(MPa)　　　　　　　　　　表 9-19

粒料类型和层位	最佳含水率和与压实要求相应的干密度条件下	经湿度调整后
级配碎石基层	200 ~ 400	300 ~ 700
级配碎石底基层	180 ~ 250	190 ~ 440
级配砾石基层	150 ~ 300	250 ~ 600
级配砾石底基层	150 ~ 220	160 ~ 380
未筛分碎石层	180 ~ 220	200 ~ 400
天然砂砾层	105 ~ 135	130 ~ 240

注:当材料性能好、级配好或压实度大时,取高值;反之,取低值。

(四)路基设计参数

路基回弹模量(E_0)是路面结构设计的重要参数,其取值对路面结构的厚度有较大影响,正确地确定 E_0 是十分重要的。路基回弹模量与土的性质、密实度、含水率、路基所处的干湿状态以及测试方法有密切关系。

路基顶面回弹模量的确定应符合现行《公路路基设计规范》(JTG D30)的有关规定,并按式(4-19)计算确定。路基顶面回弹模量应符合表 9-20 的规定。不满足要求时,应采取设置粒料类或无机结合料稳定类路基改善层,或采用石灰、水泥处理等措施提高路基顶面回弹模量。

路基顶面回弹模量　　　　　　　　　　表 9-20

交通荷载等级	极重	特重	重	中等、轻
回弹模量(MPa),不小于	70	60	50	40

路基填料的回弹模量,应对标准状态下的路基通过重复加载三轴压缩试验实测确定。在受条件限制或不具备土动三轴试验仪的情况下,设计时可按土组类别或粒料类型采用查表法或 CBR 换算法来确定路基回弹模量值作为参考值。标准状态下路基回弹模量参考值,可根据土组类别及粒料类型由表 9-21 查取。

标准状态下路基回弹模量参考值　　　　　　　　　　表 9-21

土组类别或粒料类型		路基回弹模量取值范围(MPa)
土组类别	砾(G)	110 ~ 135
	含细粒土砾(GF)	100 ~ 130
	粉土质砾(GM)	100 ~ 125
	黏土质砾(GC)	95 ~ 120
	砂(S)	90 ~ 125
	含细粒土砂(SF)	80 ~ 115
	粉土质砂(SM)	65 ~ 95
	黏土质砂(SC)	60 ~ 90
	低液限粉土(ML)	50 ~ 90
	低液限黏土(CL)	50 ~ 85
	高液限粉土(MH)	30 ~ 70
	高液限黏土(CH)	20 ~ 50

土组类别或粒料类型		路基回弹模量取值范围(MPa)
粒料类型	级配碎石	180 ~ 400
	未筛分碎石	180 ~ 220
	级配砂砾	150 ~ 300
	天然砂砾	100 ~ 400

注:1. 对砾和砂,D_{60}(通过率为60%时的颗粒粒径)大时,模量取高值,反之取低值。

2. 对其他含细粒的土组,小于0.075mm颗粒含量和塑性指数低时,模量取高值,反之取低值。

3. 同等条件下,极重、特重交通荷载时路基土回弹模量取较大值,轻、中等、重交通条件下取较小值。

在初步设计阶段,也可按式(9-14)和式(9-15),由填料的 CBR 值估算标准状态下填料的回弹模量值:

$$M_R = 17.6CBR^{0.64} \qquad (2 < CBR \leqslant 12) \tag{9-14}$$

$$M_R = 22.1CBR^{0.55} \qquad (12 < CBR < 80) \tag{9-15}$$

三、路面结构力学计算与验算流程

(一)沥青路面结构力学指标计算

沥青路面结构力学指标计算,采用双圆均布荷载作用下的弹性层状连续体系理论。对初拟的路面结构组合方案,进行结构验算,再结合工程经验和经济分析选定路面结构方案。对于二级及二级以下公路,当交通荷载等级为中等或轻水平时,可依据所在地区的经验(典型)结构合理地选择路面设计方案。

沥青路面结构简化为承受双圆均布竖向荷载作用的多层体系,采用层间连续接触的弹性层状体系理论分析各个特征计算点的力学响应量。弹性层状体系理论路面受力分析力学响应计算模式如图9-3所示。

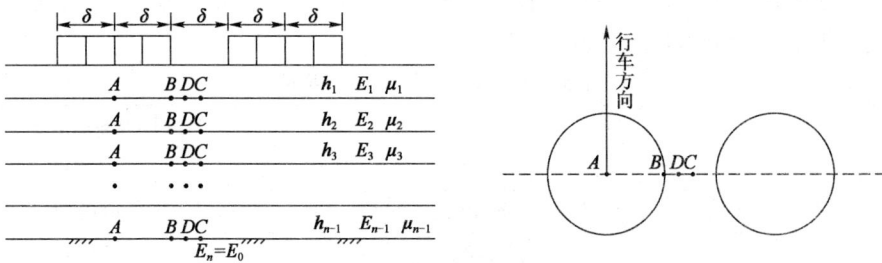

图9-3 设计计算图式及力学响应计算点位置示意图

各设计指标应按表9-22中规定的竖向位置处的力学响应,并按如图9-3所示的计算点位置,选取 A、B、C、D 四点计算的最大的力学响应量。

各设计指标对应的力学指标及竖向位置   表9-22

设计指标	力学响应	竖向位置
沥青混合料层层底拉应变	沿行车方向的水平拉应变	沥青混合料层层底
无机结合料稳定层层底拉应力	沿行车方向的水平拉应力	无机结合料稳定层层底
沥青混合料层永久变形量	竖向压应力	沥青混合料层各分层顶面
路基顶面竖向压应变	竖向压应变	路基顶面

(二)路面结构验算流程

沥青路面结构验算应按如图9-4所示的流程进行,通常按以下步骤进行路面结构设计:

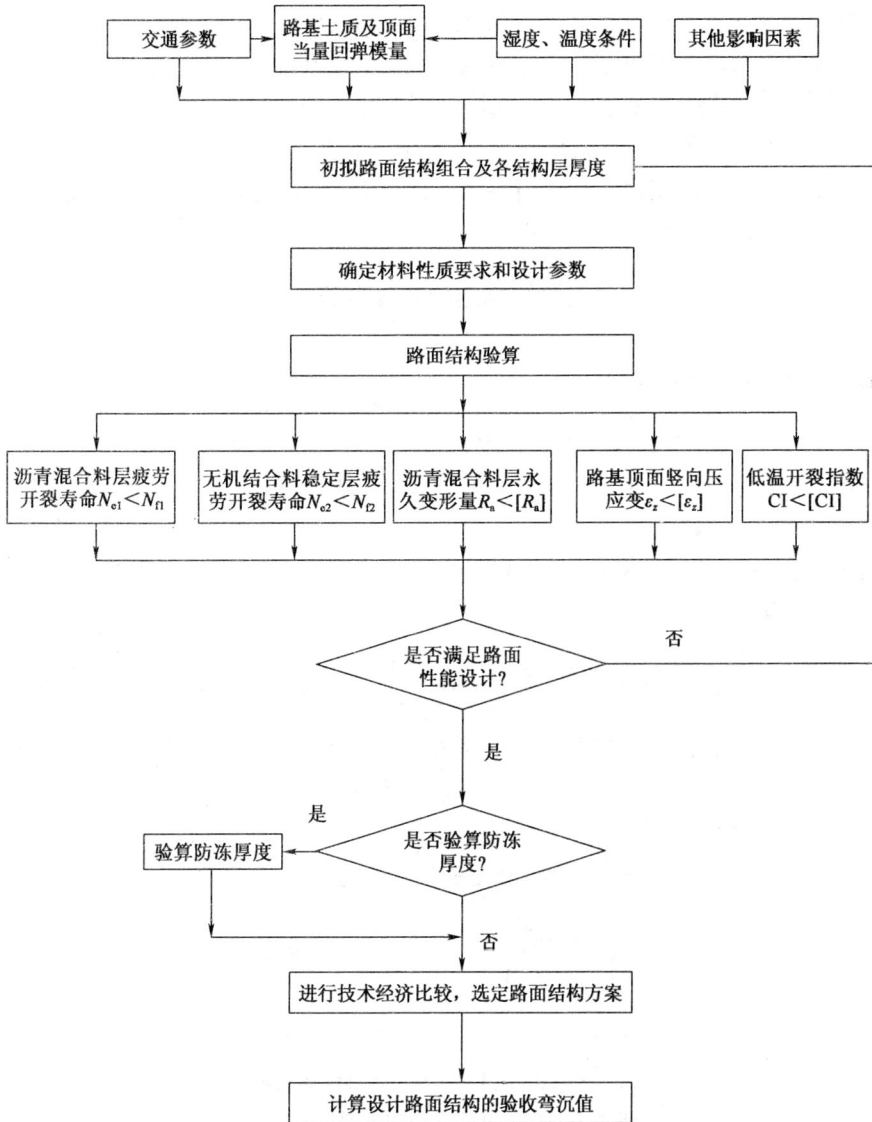

```
┌──────────┐   ┌─────────────┐   ┌──────────┐   ┌──────────┐
│ 交通参数  │→ │路基土质及顶面 │← │湿度、温度条件│   │其他影响因素│
└──────────┘   │当量回弹模量  │   └──────────┘   └──────────┘
               └─────────────┘
                      ↓
        ┌──────────────────────────┐
        │ 初拟路面结构组合及各结构层厚度 │
        └──────────────────────────┘
                      ↓
          ┌──────────────────────┐
          │ 确定材料性质要求和设计参数 │
          └──────────────────────┘
                      ↓
              ┌──────────────┐
              │  路面结构验算   │
              └──────────────┘
```

沥青混合料层疲劳开裂寿命 $N_{e1} < N_{f1}$ ｜ 无机结合料稳定层疲劳开裂寿命 $N_{e2} < N_{f2}$ ｜ 沥青混合料层永久变形量 $R_a < [R_a]$ ｜ 路基顶面竖向压应变 $\varepsilon_z < [\varepsilon_z]$ ｜ 低温开裂指数 $CI < [CI]$

是否满足路面性能设计? —— 否

是

是否验算防冻厚度? —— 是 → 验算防冻厚度

否

进行技术经济比较,选定路面结构方案

计算设计路面结构的验收弯沉值

图9-4　沥青路面结构验算流程

(1)根据设计任务书的要求,调查分析交通参数,进行当量设计轴换算和累计作用次数计算,确定交通荷载等级。

(2)按路基土质类型、地下水位高度确定路基干湿类型和湿度状况,将路基划分为若干路段,确定各路段的路基顶面回弹模量 E_0,并应满足表9-20中的要求。

(3)根据设计要求,参考本地区的常用路面结构组合和材料性质要求,分析影响路面结构设计的其他因素,拟定若干个路面结构组合与厚度方案,选取设计控制指标。

(4)根据选用的材料进行配合比设计,确定各结构层材料模量等设计参数,并检验粒料类材料的 CBR 值,无机结合料稳定类材料的无侧限抗压强度,沥青低温性能要求,沥青混合料低温破坏应变、动稳定度、贯入强度和水稳定性等。

(5)收集调查工程所在地区的气象资料,确定各设计指标对应的温度调整系数或等效温度。

(6)采用多层弹性体系理论程序,计算各设计指标的力学响应量。

(7)对沥青混合料层和无机结合料稳定层的疲劳开裂寿命、沥青混合料层永久变形量、路基顶面竖向压应变、季节性冻土地区沥青面层开裂指数等路面使用性能设计指标进行验算,当不能满足要求时,调整路面结构方案重新验算,直至满足要求。

(8)对通过结构验算的路面结构进行技术经济比较,选定最佳路面结构方案。

(9)计算设计路面结构的验收弯沉值。

四、路面结构验算方法

(一)沥青混合料疲劳开裂验算

沥青路面疲劳开裂的力学响应为沥青混合料层层底的拉应变和无机结合料稳定层层底的拉应力,分别计算平行于行车方向的力学响应量,确定力学响应的关键位置和方向,采用其中最大的力学响应量进行验算。

沥青混合料层的疲劳开裂寿命,应根据路面结构力学分析所得到的沥青混合料层层底的拉应变,按下式计算:

$$N_{f1} = 6.32 \times 10^{15.96 - 0.29\beta} k_a k_b k_{T1}^{-1} \left(\frac{1}{\varepsilon_a}\right)^{3.97} \left(\frac{1}{E_a}\right)^{1.58} (VFA)^{2.72} \qquad (9\text{-}16)$$

式中:　　N_{f1}——沥青混合料层的疲劳开裂寿命(轴次);

β——可靠度指标,根据公路等级,按表9-12取值;

k_a——季节性冻土地区调整系数,按表9-23采用内插法确定;

k_b——疲劳加载模式系数,可按式(9-17)计算:

$$k_b = \left[\frac{1 + 0.3 E_a^{0.43} (VFA)^{-0.85} e^{0.024 h_a - 5.41}}{1 + e^{0.024 h_a - 5.41}}\right]^{3.33} \qquad (9\text{-}17)$$

E_a——沥青混合料在20℃时的动态压缩模量(MPa);

VFA——沥青混合料的沥青饱和度(%),根据混合料设计结果或按现行《公路沥青路面施工技术规范》(JTG F40)的规定确定;

h_a——沥青混合料层的厚度(mm);

k_{T1}——温度调整系数,可按表9-30和式(9-42)~式(9-56)计算确定;

ε_a——沥青混合料层层底的拉应变($\times 10^{-6}$),根据弹性层状体系理论,按下式计算相应点位的应变值:

$$\varepsilon_a = p \bar{\varepsilon}_a \qquad (9\text{-}18)$$

$\bar{\varepsilon}_a$——理论拉应变系数:

$$\bar{\varepsilon}_a = f\left(\frac{h_1}{\delta}, \frac{h_2}{\delta}, \cdots, \frac{h_{n-1}}{\delta}; \frac{E_2}{E_1}, \frac{E_3}{E_2}, \cdots, \frac{E_0}{E_{n-1}}\right) \qquad (9\text{-}19)$$

p、δ——标准轴载的轮胎接地压强(MPa)和当量圆半径(mm);

E_0——路基顶面回弹模量(MPa);

h_1、h_2、$\cdots$、h_{n-1}——各结构层的厚度(mm);

E_1、E_2、$\cdots$、E_{n-1}——各结构层的模量(MPa)。

季节性冻土地区调整系数 k_a

表9-23

冻区划分	重冻区	中冻区	轻冻区	其 他 地 区
冻结指数 $F(℃·d)$	≥2000	2000 ~ 800	800 ~ 50	≤50
k_a	0.60 ~ 0.70	0.70 ~ 0.80	0.80 ~ 1.00	1.00

验算所得的沥青混合料层疲劳开裂寿命 N_{fl},应大于设计使用年限内设计车道的当量设计轴载累计作用次数 N_{el},即:$N_{el} < N_{fl}$。否则,应调整路面结构,重新检验,直至满足要求。

(二)无机结合料稳定层疲劳开裂验算

无机结合料稳定层的疲劳开裂寿命,应根据路面结构力学分析所得到的各无机结合料稳定层层底的拉应力,按下式计算:

$$N_{f2} = k_a k_{T2}^{-1} 10^{a - b\frac{\sigma_t}{R_s} + k_c - 0.57\beta} \tag{9-20}$$

式中:N_{f2}——无机结合料稳定层的疲劳开裂寿命(轴次);

k_a——季节性冻土地区调整系数,按表9-23确定;

k_{T2}——温度调整系数,可按表9-30和式(9-42)~式(9-56)计算确定;

a、b——疲劳试验回归参数,根据材料类型,按表9-24选取;

R_s——无机结合料稳定类材料的弯拉强度(MPa);

k_c——现场综合调整系数,按下式确定;

$$k_c = c_1 e^{c_2(h_a + h_b)} + c_3 \tag{9-21}$$

c_1、c_2、c_3——参数,按表9-25确定;

h_a、h_b——沥青混合料层与计算点以上无机结合料稳定层的厚度;

β——可靠度指标,根据公路等级,按表9-12取值;

σ_t——无机结合料稳定层的层底拉应力(MPa),根据弹性层状体系理论,按下式计算相应点位的应变值:

$$\sigma_t = p\,\overline{\sigma}_t \tag{9-22}$$

$\overline{\sigma}_t$——理论拉应力系数:

$$\overline{\sigma}_t = f\left(\frac{h_1}{\delta}, \frac{h_2}{\delta}, \cdots, \frac{h_{n-1}}{\delta}; \frac{E_2}{E_1}, \frac{E_3}{E_2}, \cdots, \frac{E_0}{E_{n-1}}\right)$$

其他符号意义同式(9-19)。

无机结合料稳定类材料层疲劳破坏模型参数

表9-24

材 料 类 型	a	b
无机结合料稳定粒料	13.24	12.52
无机结合料稳定土	12.18	12.79

材料类型	新建路面结构层或改建工程既有路面结构层		改建工程加铺层	
	无机结合料稳定粒料	无机结合料稳定土	无机结合料稳定粒料	无机结合料稳定土
c_1	14.0	35.0	18.5	21.0
c_2	-0.0076	-0.0156	-0.01	-0.0125
c_3	-1.47	-0.83	-1.32	-0.82

验算所得的无机结合料稳定类结构层的疲劳开裂寿命 N_{f2}，应大于设计使用年限内设计车道的当量设计轴载累计作用次数 N_{e2}，即：$N_{e2} < N_{f2}$。否则，应调整路面结构组合或厚度，重新验算，直至满足要求。

(三)沥青混合料永久变形量(车辙)验算

沥青混合料层永久变形量(车辙)验算，按下列规定对沥青混合料层分层，分别计算永久变形量：

(1)表面层采用 $10 \sim 20mm$ 为一分层。

(2)第二层沥青混合料层，每一分层的厚度不大于 $25mm$。

(3)第三层沥青混合料层，每一分层的厚度不大于 $100mm$。

(4)第四层及其以下沥青混合料层为一个分层。

根据标准条件下的车辙试验，得到各层沥青混合料的车辙试验永久变形量，按下式计算各分层的永久变形量和沥青混合料层总的永久变形量：

$$R_a = \sum_{i=1}^{n} R_{ai} \tag{9-23}$$

式中：R_a——沥青混合料层的永久变形量(mm)；

  n——分层数；

  R_{ai}——第 i 层的永久变形量(mm)，路面现场空隙率与车辙试验试件空隙率接近时：

$$R_{ai} = 2.31 \times 10^{-8} k_{Ri} T_{pef}^{2.93} p_i^{1.8} N_{e3}^{0.48} (h_i/h_0) R_{0i}$$

当路面现场空隙率与车辙试验试件空隙率差异较大时：

$$R_{ai} = 2.31 \times 10^{-8} k_{Ri} T_{pef}^{2.93} p_i^{1.8} N_{e3}^{0.48} \left(\frac{V}{V_0}\right)^{0.83} \left(\frac{h_i}{h_0}\right) R_{0i}$$

  T_{pef}——沥青混合料层永久变形等效温度(℃)，可按表 9-30 和式(9-57)计算确定；

  N_{e3}——设计使用年限内或通车至首次针对车辙维修的期限内，设计车道上当量设计轴载累计作用次数；

  h_i——第 i 分层的厚度(mm)；

  h_0——车辙试验试件的厚度(mm)；

  R_{0i}——第 i 分层沥青混合料在实验温度为 60℃、压强为 0.7MPa、加载次数为 2520 次时，车辙试验的永久变形量(mm)；

  V——沥青混合料层完工后的初始空隙率(%)；

  V_0——车辙试验试件空隙率(%)；

  k_{Ri}——综合修正系数，按式(9-24)~式(9-26)计算：

$$k_{Ri} = (d_1 + d_2 \cdot z_i) \cdot 0.9731^{z_i} \tag{9-24}$$

$$d_1 = -1.35 \times 10^{-4} h_a^2 + 8.18 \times 10^{-2} h_a - 14.50 \tag{9-25}$$

$$d_2 = 8.78 \times 10^{-7} h_a^2 - 1.50 \times 10^{-3} h_a + 0.90 \tag{9-26}$$

z_i——沥青混合料层第 i 分层的深度(mm),第一分层取 15mm,其他分层为路表距分层中点的深度;

h_a——沥青混合料层的厚度(mm),当大于 200mm 时,取 200mm;

p_i——沥青混合料层第 i 分层顶面竖向压应力(MPa),根据弹性层状体系理论,按下式计算相应点位的压应力值;

$$p_i = p \, \overline{p}_i \tag{9-27}$$

$\overline{p}_i$——理论压应力系数:

$$\overline{p}_i = f\left(\frac{h_1}{\delta}, \frac{h_2}{\delta}, \cdots, \frac{h_{n-1}}{\delta}; \frac{E_2}{E_1}, \frac{E_3}{E_2}, \cdots, \frac{E_0}{E_{n-1}}\right)$$

其他符号意义同式(9-19)。

验算所得的沥青混合料永久变形量 R_a,应满足表 9-14 的容许永久变形量 $[R_a]$ 要求,即: $R_a < [R_a]$。否则,应调整沥青混合料设计,直至满足要求。

除满足沥青混合料容许永久变形量要求外,还应满足沥青混合料配合比设计及标准车辙试验的动稳定度的要求,其永久变形量 R_0 所对应的稳定度可作为沥青混合料的质量要求和施工控制指标。标准车辙试验温度为 60℃、压强为 0.7MPa、试件厚度为 50mm、加载次数为 2520 次时沥青混合料的动稳定度 DS,可根据永久变形量 R_0 按下式计算:

$$DS = 9365 R_0^{-1.48} \tag{9-28}$$

式中:DS——沥青混合料的动稳定度(次/mm)。

(四)路基顶面竖向压应变验算

路基顶面的容许竖向压应变,应按下式计算确定:

$$[\varepsilon_z] = 1.25 \times 10^{4-0.1\beta} (k_{T3} N_{e4})^{-0.21} \tag{9-29}$$

式中:$[\varepsilon_z]$——路基顶面的容许竖向压应变($\times 10^{-6}$);

β——可靠度指标,根据公路等级,按表 9-12 取值;

N_{e4}——设计使用年限内设计车道上的当量设计轴载累计作用次数;

k_{T3}——温度调整系数,可按表 9-30 和式(9-42)~式(9-56)计算确定。

根据层状弹性体系理论,按下式计算规定点位的竖向压应变:

$$\varepsilon_z = p \, \overline{\varepsilon}_z \tag{9-30}$$

式中:$\overline{\varepsilon}_z$——理论竖向压应力系数:

$$\overline{\varepsilon}_z = f\left(\frac{h_1}{\delta}, \frac{h_2}{\delta}, \cdots, \frac{h_{n-1}}{\delta}; \frac{E_2}{E_1}, \frac{E_3}{E_2}, \cdots, \frac{E_0}{E_{n-1}}\right)$$

其他符号意义同式(9-19)。

计算路基顶面竖向压应变 ε_z,应小于容许压应变值 $[\varepsilon_z]$,即:$\varepsilon_z < [\varepsilon_z]$。当不满足要求时,应调整路面结构方案,重新检验,直至满足要求。

(五)沥青面层低温开裂指数验算

季节性冻土地区沥青面层,应按下式验算其低温开裂指数 CI:

$$CI = 1.95 \times 10^{-3}S_t \lg b - 0.075(T + 0.07h_a) \lg S_t + 0.15 \qquad (9-31)$$

式中:CI——沥青路面的开裂指数;

S_t——在路面低温设计温度加10℃试验温度条件下,表面层沥青弯曲梁流变试验,加载180s时的蠕变劲度(MPa);

b——路基类型参数,对于砂,$b = 5$;对于粉质黏土,$b = 3$;对于黏土,$b = 2$;

T——路面低温设计温度(℃),取连续10年的年最低气温平均值;

h_a——沥青结合料类材料层厚度(mm)。

沥青面层的低温开裂指数值 CI,应满足表9-15的低温开裂指数[CI]要求,即:CI < [CI]。否则,应改变所选用的沥青材料,直至满足要求。

(六)防冻厚度验算

当季节性冻土地区的路基为中湿或潮湿状态时,应按下式计算公路多年最大冻深:

$$Z_{max} = a \cdot b \cdot c \cdot Z_d \qquad (9-32)$$

式中:Z_d——大地多年最大冻深(mm),根据调查资料确定;

a——大地冻深范围内路基、路面各层材料热物性系数,由表9-26查得;

b——路基湿度系数,由表9-27查得;

c——路基断面形式系数,由表9-28查得。

路基、路面材料热物性系数 a 表9-26

路基材料	黏质土	粉质土	粉土质砂	细粒土质砾、黏土质砂	含细粒土质砾(砂)
热物性系数	1.05	1.10	1.20	1.30	1.35
路面材料	水泥混凝土	沥青混凝土	稳定细粒土	稳定中、粗粒土	级配碎石
热物性系数	1.40	1.35	1.35	1.40	1.45

路基湿度系数 b 表9-27

干湿类型	干燥	中湿	潮湿
湿度系数	1.00	0.95	0.90

路基断面形式系数 c 表9-28

填挖形式和高(深)度	路基填土高度(m)					路基挖方深度(m)			
	零填	<2	2~4	4~6	>6	<2	2~4	4~6	>6
系数	1.00	1.02	1.05	1.08	1.10	0.98	0.95	0.92	0.90

根据公路多年最大冻深,按表9-29中的规定验算路面防冻厚度。当路面结构总厚度小于规定的最小防冻层厚度时,应增设防冻层,使其满足最小防冻层的要求。

路基干湿类型和对应于以下公路多年最大冻深 Z_{max} (cm)		黏性土、细亚黏土			粉 性 土		
		粒料类基层	水泥或石灰稳定类、水泥混凝土类基层	水泥粉煤灰或石灰粉煤灰稳定类、沥青类基层	粒料类基层	水泥或石灰稳定类、水泥混凝土类基层	水泥粉煤灰或石灰粉煤灰稳定类、沥青类基层
中湿	50 ~ 100	40 ~ 45	35 ~ 40	30 ~ 35	45 ~ 50	40 ~ 45	30 ~ 40
	100 ~ 150	45 ~ 50	40 ~ 45	35 ~ 40	50 ~ 60	45 ~ 50	40 ~ 45
	150 ~ 200	50 ~ 60	45 ~ 55	40 ~ 50	60 ~ 70	50 ~ 60	45 ~ 50
	>200	60 ~ 70	55 ~ 65	50 ~ 55	70 ~ 75	60 ~ 70	50 ~ 65
潮湿	60 ~ 100	45 ~ 55	40 ~ 50	35 ~ 45	50 ~ 60	45 ~ 55	40 ~ 55
	100 ~ 150	55 ~ 60	50 ~ 60	45 ~ 50	60 ~ 70	55 ~ 65	50 ~ 60
	150 ~ 200	60 ~ 70	55 ~ 65	50 ~ 55	70 ~ 80	65 ~ 70	60 ~ 65
	>200	70 ~ 80	65 ~ 75	55 ~ 70	80 ~ 100	70 ~ 90	65 ~ 80

注:1. 对潮湿系数小于0.5的地区,Ⅱ、Ⅲ、Ⅳ等干旱地区的防冻厚度应比表中数值减少15% ~ 20%。

2. 对Ⅱ区砂性土路基防冻厚度应相应减少5% ~ 10%。

3. 当道路多年最大冻深大时,取上限;反之,取下限。

4. 当基层、底基层采用不同材料类型时,按厚度较大的材料类型确定。

(七)设计路面结构的验收弯沉值

1. 路基顶面验收弯沉

路基顶面的验收弯沉值 l_g,根据单圆均布荷载作用下弹性半无限空间体顶面竖向位移的理论,可得如下计算公式(式9-33)。该式适用于路基填料为未处治材料的情况。对采用粒料或无机结合料处治材料改善的路基,可根据路基分层情况采用弹性层状体系理论分析路基顶面竖向位移,结合分析结果和当地工程经验确定路基顶面验收弯沉值。

$$l_g = \frac{176pr}{E_0} \qquad (9-33)$$

式中: l_g ——路基顶面验收弯沉值(0.01mm);

p ——落锤式弯沉仪承载板施加荷载(MPa);

r ——落锤式弯沉仪承载板半径(mm);

E_0 ——平衡湿度状态下路基顶面回弹模量(MPa)。

计算路基顶面验收弯沉值时,采用路基平衡湿度状态下的顶面当量回弹模量,即只考虑湿度调整系数,不考虑干湿和冻融循环作用后的模量折减系数。当弯沉检测时路基湿度与平衡湿度存在差异时,需进行湿度调整。

在路基完工后,宜采用落锤式弯沉仪(Falling Weight Deflectometer,FWD)进行路基验收,落锤式弯沉仪荷载为50kN,荷载盘半径为150mm。路基顶面实测代表弯沉值 l_0 应符合下式的要求:

$$l_0 \leqslant l_g \qquad (9-34)$$

式中: l_g ——路基顶面验收弯沉值(0.01mm);

l_0 ——路段内实测的路基顶面弯沉代表值(0.01mm)。

在测定弯沉时,以 1~3km 为一个评定路段,路段内实测弯沉代表值按下式计算:

$$l_0 = (\bar{l}_0 + \beta \cdot s)K_1 \tag{9-35}$$

式中:$\bar{l}_0$——路段内实测路基顶面弯沉平均值(0.01mm);

    s——路段内实测路基顶面弯沉标准差(0.01mm);

    β——可靠度指标,根据公路等级,按表9-12取值;

    K_1——湿度影响系数,根据当地经验确定。

2. 路表验收弯沉

路表验收弯沉值 l_a,应根据设计的路面结构,采用弹性层状体系理论,按式(9-36)计算。计算时,路面结构层参数应与路面结构验算时相同,路基采用平衡湿度状态下顶面回弹模量乘以模量调整系数 k_1,用以协调理论弯沉与实测弯沉的差异。

计算改建路面结构的路表验收弯沉时,路基模量调整系数 k_1 需考虑不同的改建方案。对既有路面损坏不严重且结构性能良好的路段,当路基模量为采用弯沉盆分层反算的方法确定时,k_1 取 1.0;对既有路面损坏严重或结构强度明显不足的路段,按式(9-62)确定既有路面路表或铣刨至某一层的既有路面结构层顶面当量回弹模量,且当加铺层含有无机结合料稳定层或水泥混凝土层时,k_1 取 0.5;其他情况时,k_1 取 1.0。

$$l_a = p\,\bar{l}_a \tag{9-36}$$

式中:$\bar{l}_a$——理论弯沉系数:

$$\bar{l}_a = f\left(\frac{h_1}{\delta}, \frac{h_2}{\delta}, \cdots, \frac{h_{n-1}}{\delta}; \frac{E_2}{E_1}, \frac{E_3}{E_2}, \cdots, \frac{k_1 E_0}{E_{n-1}}\right)$$

    k_1——路基顶面回弹模量调整系数,无机结合料稳定类基层沥青路面和水泥混凝土基层沥青路面取0.5;粒料类基层沥青路面和沥青结合料类基层沥青路面,当采用无机结合料稳定底基层时,取0.5,否则取1.0;

    E_0——平衡湿度状态下的路基顶面回弹模量(MPa);

其他符号意义同前。

在路面交(竣)工时,应对路表弯沉进行检测,采用落锤式弯沉仪进行。落锤式弯沉仪中心点的弯沉代表值应符合下式的要求:

$$l_0 \leqslant l_a \tag{9-37}$$

式中:l_a——路表验收弯沉值(0.01mm);

    l_0——路段内实测的路表弯沉代表值(0.01mm),测定弯沉时,以 1~3km 为一个评定路段,路段内实测弯沉代表值按下式计算:

$$l_0 = (\bar{l}_0 + \beta \cdot s)K_1 K_3 \tag{9-38}$$

    $\bar{l}_0$——路段内实测的路表弯沉平均值(0.01mm);

    β——可靠度指标,根据公路等级,按表9-12取值;

    s——路段内实测路表弯沉标准差(0.01mm);

    K_1——路表弯沉湿度影响系数,根据实测弯沉值通过反算得到路基模量值,再对路基模量值进行修正得到结构模量值,然后得出测试状态下弯沉湿度修正系数 K_1,或者根据当地经验确定;

K_3——路表弯沉温度影响系数,由于沥青结合料类材料层采用20℃动态压缩模量,弯沉检测时需根据路面温度状况,按下式进行温度修正。

$$K_3 = e^{[9 \times 10^{-6}(\ln E_0 - 1)h_a + 4 \times 10^{-3}](20 - T)} \tag{9-39}$$

式中:E_0——平衡湿度状态下路基顶面回弹模量(MPa);

h_a——沥青结合料类材料层厚度(mm);

T——弯沉测定时沥青结合料类材料层中点的实测或预估温度(℃)。

五、温度调整系数和等效温度的确定

(一)温度调整系数

沥青路面结构设计,在验算沥青混合料层疲劳开裂、无机结合料稳定层疲劳开裂和路基顶面竖向压应变时,需要确定相应的温度调整系数 k_{T1}、k_{T2} 和 k_{T3}。在验算沥青混合料层永久变形量时,需要确定相应的等效温度 T_{pef}。

首先根据气温统计资料和表9-30确定基准路面结构温度调整系数和等效温度,然后进行结构层厚度和模量修正,得到不同结构路面的温度调整系数和等效温度。基准路面结构分为:粒料类基层沥青路面和无机结合料稳定类基层沥青路面两种结构形式。沥青面层厚度 $h_a = 180$mm,粒料基层或无机结合料稳定基层厚度 $h_b = 180$mm。沥青混合料动态模量 $E_a = 8000$MPa,粒料层回弹模量 $E_b = 400$MPa,无机结合料稳定层弹性模量 $E_b = 7000$MPa,路基回弹模量 $E_0 = 100$MPa。

路面结构沥青面层或基层(含底基层)由两层或两层以上不同材料结构层组成时,应按式(9-40)和式(9-41)分别换算成当量沥青面层和当量基层。对采用沥青结合料类基层的路面,将基层换算至当量沥青面层。超过2层时,重复利用式(9-40)和式(9-41)自上而下逐层换算,简化为由当量沥青面层、当量基层和路基构成的三层路面结构。

$$h_i^* = h_{i1} + h_{i2} \tag{9-40}$$

$$E_i^* = \frac{E_{i1}h_{i1}^3 + E_{i2}h_{i2}^3}{h_{i1} + h_{i2}} + \frac{3}{h_{i1} + h_{i2}}\left(\frac{1}{E_{i1}h_{i1}} + \frac{1}{E_{i2}h_{i2}}\right)^{-1} \tag{9-41}$$

式中:h_i^*、E_i^*——当量层厚度(mm)和模量(MPa),下标 $i = a$ 为沥青面层、$i = b$ 为基层。

不同气温状况下基准路面结构的损坏,转换成标准温度(20℃)条件下基准路面结构的等效损坏,得到基准路面结构温度调整系数。部分地区各类路面结构设计指标的基准结构温度调整系数,可参照表9-30取用。其他地区的基准结构温度调整系数,可按气温条件相近地区的系数值取用,气温资料宜取连续10年的平均值。

部分地区气温统计资料及相应的基准路面结构温度调整系数和等效温度 表9-30

地　区	最热月平均气温(℃)	最冷月平均气温(℃)	年平均气温(℃)	温度调整系数		基准等效温度 T_ξ(℃)
				沥青混合料层层底拉应变、无机结合料稳定层层底拉应力	路基顶面竖向压应变	
北京	26.9	˙ -2.7	13.1	1.23	1.09	20.1
天津	26.9	-3.4	12.8	1.22	1.08	20.0
上海	28.0	4.7	16.7	1.38	1.23	22.5

地　区	最热月平均气温（℃）	最冷月平均气温（℃）	年平均气温（℃）	温度调整系数		基准等效温度 T_ξ（℃）
				沥青混合料层层底拉应变、无机结合料稳定层层底拉应力	路基顶面竖向压应变	
重庆	28.3	7.8	18.4	1.46	1.31	23.6
辽宁沈阳	24.9	−11.2	8.4	1.06	0.94	16.9
吉林长春	23.6	−14.5	6.3	0.97	0.87	14.9
黑龙江漠河	18.6	−28.7	−3.9	0.67	0.73	6.4
内蒙古二连浩特	24.0	−17.7	4.8	0.92	0.84	14.2
河北石家庄	26.9	−2.4	13.3	1.24	1.10	20.3
山西太原	23.9	−5.2	10.5	1.12	0.98	17.3
山东济南	28.0	0.2	15.1	1.32	1.17	21.8
安徽合肥	28.5	2.9	16.3	1.37	1.22	22.6
江苏南京	28.1	2.6	15.9	1.35	1.20	22.1
江西南昌	28.8	5.5	18.0	1.45	1.30	23.8
浙江杭州	28.4	4.5	16.9	1.40	1.25	22.8
福建福州	28.9	11.3	20.2	1.55	1.40	24.9
河南郑州	27.4	0.6	14.7	1.30	1.15	21.2
湖北武汉	28.9	4.2	17.2	1.41	1.27	22.7
湖南长沙	28.5	5.0	17.2	1.41	1.26	23.1
广东广州	28.7	14.0	22.4	1.66	1.52	26.5
广西南宁	28.4	13.2	22.1	1.64	1.51	26.3
海南海口	28.9	18.4	24.6	1.77	1.65	27.9
四川成都	25.5	5.8	16.5	1.37	1.21	21.5
云南昆明	20.3	8.9	15.6	1.30	1.13	18.7
贵州贵阳	23.7	4.7	15.3	1.31	1.15	20.1
西藏拉萨	16.2	−0.9	8.4	1.01	0.88	18.0
陕西西安	27.5	0.1	14.3	1.28	1.13	20.9
甘肃兰州	22.9	−4.7	10.5	1.12	0.98	17.0
青海西宁	17.3	−7.8	6.1	0.94	0.84	11.9
宁夏银川	23.8	−7.5	9.5	1.08	0.95	16.8
新疆乌鲁木齐	23.9	−12.4	7.4	1.01	0.90	15.7

路面结构的温度调整系数,应根据式(9-42)～式(9-56)计算。

$$K_{Ti} = A_h A_E \hat{k}_{Ti}^{1+B_h+B_E} \tag{9-42}$$

式中：　　K_{Ti}——温度调整系数;下标 $i=1$ 对应沥青混合料层疲劳开裂分析, $i=2$ 对应无机结合料稳定层疲劳开裂分析, $i=3$ 对应路基顶面竖向压应变分析;

$\hat{k}_{Ti}$——基准路面结构温度调整系数,按项目所在地查表9-30取用;

A_h、B_h、A_E、B_E——与面层、基层厚度和模量有关的函数,按式(9-43)～式(9-54)计算:

沥青混合料层疲劳开裂：

$$A_E = 0.76\lambda_E^{0.09} \tag{9-43}$$

$$A_h = 1.14\lambda_h^{0.17} \tag{9-44}$$

$$B_E = 0.14\ln(\lambda_E/20) \tag{9-45}$$

$$B_h = 0.23\ln(\lambda_h/0.45) \tag{9-46}$$

无机结合料稳定层疲劳开裂：

$$A_E = 0.10\lambda_E + 0.89 \tag{9-47}$$

$$A_h = 0.73\lambda_h + 0.67 \tag{9-48}$$

$$B_E = 0.15\ln(\lambda_E/1.14) \tag{9-49}$$

$$B_h = 0.44\ln(\lambda_h/0.45) \tag{9-50}$$

路基顶面竖向压应变：

$$A_E = 0.006\lambda_E + 0.89 \tag{9-51}$$

$$A_h = 0.67\lambda_h + 0.70 \tag{9-52}$$

$$B_E = 0.12\ln(\lambda_E/20) \tag{9-53}$$

$$B_h = 0.38\ln(\lambda_h/0.45) \tag{9-54}$$

λ_E——面层与基层当量模量之比，按式(9-55)计算：

$$\lambda_E = \frac{E_a^*}{E_b^*} \tag{9-55}$$

λ_h——面层与基层当量厚度之比，按式(9-56)计算：

$$\lambda_h = \frac{h_a^*}{h_b^*} \tag{9-56}$$

(二)等效温度

分析沥青混合料层永久变形量时，沥青混料层的等效温度应按式(9-57)计算。

$$T_{pef} = T_\xi + 0.016h_a \tag{9-57}$$

式中：T_{pef}——沥青混合料层等效温度(℃)；

h_a——沥青混合料层厚度(mm)；

T_ξ——基准等效温度，按所在地查表9-30取用。

(三)根据本地区气象资料计算

不同地区基准路面结构温度调整系数和基准等效温度，可参照表9-30确定，也可从气象部门收集不少于连续10年的气温数据，计算最热月平均气温、最冷月平均气温和年平均气温，按式(9-58)~式(9-60)计算。

基准路面结构温度调整系数，可按式(9-58)和式(9-59)计算。

$$\hat{k}_{Ti} = a_i x^2 + b_i x + c \tag{9-58}$$

$$x = \mu T_a + d_i \Delta T_{a,mon} \tag{9-59}$$

式中：$\hat{k}_{Ti}$——基准路面结构温度调整系数，下标$i=1$对应沥青混合料层疲劳开裂分析、$i=2$对应无机结合料稳定层疲劳开裂分析、$i=3$对应路基顶面竖向压应变分析；

μT_a——项目所在地区年平均气温($^\circ$C);

$\Delta T_{a,mon}$——项目所在地区月均气温的年极差($^\circ$C),为最热月平均气温和最冷月平均气温之差;

a、b、c、d——与验算指标有关的回归系数,按表9-31取值。

回归系数取值

表9-31

设 计 指 标	a	b	c	d
沥青混合料层层底拉应变、无机结合料稳定层层底拉应力	0.0006	0.027	0.71	0.05
路基顶面竖向压应力	0.0013	0.003	0.73	0.08

基准等效温度,可按式(9-60)计算。

$$T_\xi = 1.04\mu T_a + 0.22\Delta T_{a,mon} \tag{9-60}$$

第六节　沥青路面结构改建设计

沥青路面随着使用时间的延续,其使用性能和承载力不断降低,超过设计使用年限后,不能满足正常行车交通的要求,而需补强或改建。当原有公路需要提高等级时,对不符合技术标准的路段,应先进行线形改善,改线路段应按新建路面设计。对于加宽路面、提高路基、调整纵坡的路段,应视具体情况按新建或改建路面设计。

沥青路面改建设计,是指除《公路沥青路面养护技术规范》(JTJ 073.2)规定的对公路路面日常养护和局部维修之外,针对路面结构性能不足的补强设计。

路面经过长期运营后,不同段落路况存在一定差异,改建设计时应充分调查并分段评价既有路面状况,分析路面损坏原因,提出针对性改建对策,经技术经济分析后,结合工程经验确定适应预期交通荷载等级和使用性能要求的改建设计方案。

由于路面改建工程影响因素多,尤其既有路面结构层性能评估和剩余寿命预估困难,改建设计除依据必要的计算分析外,尚需注意结合工程经验确定改建方案。既有路面的利用是改建设计的重要内容。为避免浪费,需详细论证和设计,充分发挥利用既有路面结构性能,减少不必要的开挖和铣刨;对开挖和铣刨的路面材料要积极、稳妥地再生利用既有路面材料,减少废弃材料,或采用就地再生技术。

改建设计应采用动态设计理念。由于既有路面状况复杂,设计阶段的调查难以准确掌握每个路段的实际路况。在工程实施阶段具备更好的路况调查条件时,应逐段调查并复核既有路面状况。根据现场路况与设计阶段调查时的偏差,动态调整相应段落的改建方案。

改建路面设计,要充分考虑施工期的交通组织设计和临时安全设施设计。

沥青路面结构改建设计工作包括既有路面结构状况调查、技术状况评定以及补强、改建方案设计与路面结构验算等。

一、路面结构状况调查与分析

对既有路面进行结构状况的调查与分析,其目的是评价既有路面的结构性能和材料性能,分析路面损坏产生的原因,提出消除病害或延缓病害发展的技术措施和方案。既有路面状况调查工作包括如下内容:

（1）收集既有路面及其排水设施的设计、施工及历史养护维修情况等技术资料。

（2）调查分析交通量、轴载组成和增长率等交通荷载参数。

（3）调查路面破损状况，包括路面病害类型、严重程度、范围和数量等。

（4）采用落锤式动态弯沉仪或其他弯沉仪检测评价既有路面结构的承载力。

（5）采用钻芯、探坑取样、路面雷达、切割等方式，调查分析既有路面厚度、层间结合及病害程度情况，并取样进行室内试验，测定试件模量、强度等，分析路面材料组成与退化情况。

（6）对因路基问题导致路面损坏的路段，取样调查路基土质类型、含水率和 CBR 值等，分析路基的稳定性和承载力等。

（7）调查沿线的气候条件、地下水位及路基路面的排水状况。

（8）调查沿线跨线桥、隧道净空要求以及其他影响路面改建设计的因素。

既有路面损坏状况的评定应符合现行《公路技术状况评定标准》（JTG H20）和《公路养护技术规范》（JTG H10）中的有关规定，可结合路面损坏特点，采用路面横向裂缝间距、纵向裂缝率、网裂面积率和补修面积率等指标进行补充评价。其中，纵向裂缝率为纵向裂缝长度与车道长度的比值，网裂面积率和补修面积率分别是指网裂和修补的外接矩形面积占车道面积的百分率。

路面病害的原因、层位、破坏程度、发展趋势和可利用程度是既有路面处治方案的重要依据。应根据既有路面调查结果，结合路面状况及相关影响因素，系统分析具体工程病害产生的原因和发展趋势，并根据病害产生的层位和严重程度，结合交通荷载状况、气候条件和拟采取的改建方案，判断既有路面结构层的可利用程度及如何利用。

二、改建设计方案

沥青路面改建设计，应根据不同路段的路面状况和损坏程度，对既有路面采用相应的处理方案。改建设计包括既有路面处治方案设计和加铺方案设计。

既有路面处理可采用：局部病害处治；整体性处理的方式；局部病害处治与整体性处理相结合的方式。

（1）既有路面破损不严重且结构性能较好，未发生结构性破坏且路表病害密度不大时，可参照现行《公路沥青路面养护技术规范》（JTJ 073.2）采用局部病害处治的方案，即只针对病害部位和类型采取局部处治，或是对局部病害处治后加铺。

（2）既有路面破损严重或结构性能不足的路段，路面病害密度较大，病害处治工程量大且处治后路面整体性下降较多，或当较长段落路面发生结构性损坏时，需采用整体性处理方式。整体性处理方式主要包括直接采用较厚的路面结构层加铺、整段铣刨至某一结构层后加铺或就地再生后再加铺等方式。处理深度和范围应根据路面破损程度、层位和处理工艺确定。当满足表 9-32 所列条件指标之一时，可选用整体性处理方案。

路面整体性处理方案适用条件　　表 9-32

指标	路面破损率 DR（%）	裂缝间距（m）	网裂面积率（%）	修补面积率（%）	路表弯沉
范围	≥10	≤15	≥10	≥10	大于弯沉临界值

弯沉临界值可用于判别路面是否发生结构性破坏。在实际工程中，可通过实测路表弯沉值并对应弯沉测点钻芯取样，根据芯样的完整性和强度与路表弯沉值的相关性，分析对应路面结构层破坏的弯沉临界值。由于弯沉影响因素多、路面结构状况复杂，弯沉临界值与路面结构层损坏状态之间往往只能得出大致的对应关系。因此，改建设计阶段只能大致确定出需整体

性处理的路段,施工过程中需加强对设计确定为整体性处理路段的再次判定。判定工作可采取现场取芯方式,根据芯样完整性或强度判断对应路段是否发生了结构性破坏。

改建方案应充分利用既有路面结构和材料,可视具体情况选择经局部病害处治后直接加铺一层或多层改建方案、将既有路面铣刨至某一结构层或将既有路面就地再生后再加铺一层或多层改建方案。

反射裂缝是改建工程中的常见问题。当既有路面存在较多裂缝时,应采取减缓反射裂缝的措施。为减少和延缓反射裂缝,可采取增加结构层厚度、增设橡胶沥青应力吸收层或土工合成材料夹层等防裂措施。

当既有路面排水系统失效或设置不当,可能导致路面内部排水不良并诱发水损坏,表现为唧泥、松散、坑槽等。为此,应改善或重置路面防排水系统,提高原排水系统的排水能力。此外,在加铺层与既有路面之间,由于加铺层与既有路面材料的差异和施工质量的影响,加铺层与既有路面间难以形成有效联结,需重视加铺层与既有路面间的黏结层和封层设计。

加铺层材料组成和技术要求应与新建路面结构设计的规定相同。再生材料技术要求应符合现行《公路沥青路面再生技术规范》(JTG F41)的有关规定。再生材料设计参数可按实测或工程经验确定。

三、改建路面结构验算

沥青路面改建设计比新建设计具有更好的条件进行交通参数调查分析,利用现在普遍采用的计重收费系统积累的交通数据和必要的现场观测,可获得更为准确的交通荷载参数数据,为路面结构设计验算提供更为充分的依据。加铺层以及经处治并改建后的路面在设计使用年限内需达到与新建路面相同的使用性能要求。

根据既有路面损坏状况和加铺方案,确定改建设计时是否需进行既有路面结构验算。

既有路面破损不严重且结构性能较好,改建设计需要利用既有路面结构性能,这就要求既有路面结构在设计使用年限内不发生因疲劳导致的结构性破坏。无论采用直接加铺方案或是铣刨至某一结构层再加铺方案,均需对既有路面结构层和加铺层进行结构验算。加铺层的设计参数应按新建路面结构确定。既有路面结构层的设计参数应按下列要求确定:

(1)将既有路面简化为由沥青结合料类材料层、无机结合料稳定层或粒料层和路基组成的三层体系,应用弯沉盆反演或芯样实测的方法确定各层结构模量。

(2)既有路面无机结合料稳定层弯拉强度,宜根据现场取芯实测的无侧限抗压强度按式(9-61)计算。无条件时,可根据既有路面整体强度、基层和面层损坏状况,结合当地经验确定。

$$R_s = 0.21 R_c \tag{9-61}$$

式中:R_s——无机结合料稳定类材料试件的弯拉强度(MPa);

R_c——无机结合料稳定类材料试件的无侧限抗压强度(MPa)。

由于无机结合料稳定层材料具有强度长期增长的特性,现场取芯实测既有路面结构层强度时,可能会出现芯样强度大于设计强度的情况。现行《公路沥青路面设计规范》(JTG D50)是以路面建成初期的状态参数为基础建立的相关性能模型,直接采用既有路面无机结合料层芯样强度进行结构验算存在一定的误差,需根据既有路面已承受的交通荷载作用次数及其损坏状况,对结构层强度适当折减,折减后强度以不超过无机结合料稳定类材料的7d无侧限抗压强度标准值为宜。也可采用行车道处与硬路肩处芯样的强度比作为强度折减系数。

既有路面破损严重或结构性能不足时,难以使既有路面结构在设计使用年限内处于结构良好状态,改建设计时,将既有路面结构连同路基视为半无限空间体,以其顶面的当量回弹模量进行加铺结构设计。无论采用直接加铺方案还是采用铣刨至某一结构层再加铺方案,均应对加铺层进行结构验算。加铺面层的设计参数应按新建路面结构确定。既有路面或铣刨后留用的路面结构层不再进行结构验算,其顶面当量回弹模量应按式(9-62)计算:

$$E_{\mathrm{d}} = \frac{176pr}{l_0} \tag{9-62}$$

式中:E_{d}——既有路面结构顶面当量回弹模量(MPa);

$\quad p$——落锤式弯沉仪承载板施加荷载(MPa);

$\quad r$——落锤式弯沉仪承载板的半径(mm);

$\quad l_0$——落锤式弯沉仪承载板中心点弯沉值(0.01mm)。

改建路面结构验算应按如图9-5所示的流程进行,包括下列主要内容:

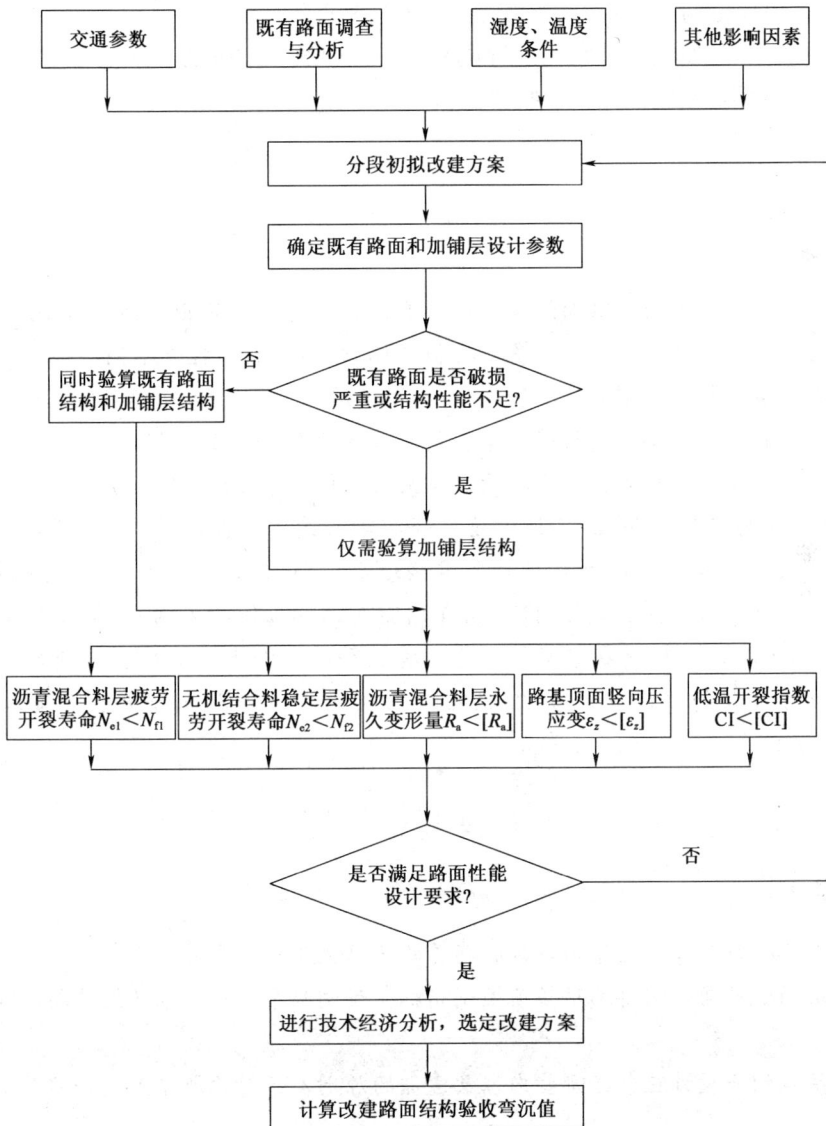

图9-5 改建路面结构验算流程

（1）调查分析交通参数，确定交通荷载等级。

（2）对既有路面技术状况进行调查和分析。

（3）根据路况调查结果，对既有路面进行分段。结合当地工程经验，分段初拟改建方案。

（4）确定需验算的结构层和设计指标，确定既有路面和加铺层的材料模量等设计参数，检验加铺层粒料的 CBR 值，无机结合料稳定类材料的无侧限抗压强度，沥青低温性能要求，沥青混合料的低温破坏应变、动稳定度、贯入强度和水稳定性等。

（5）收集工程所在地区的气温资料，确定各设计指标相应的温度调整系数或等效温度。

（6）采用弹性层状体系理论程序计算各设计指标的力学响应量。

（7）进行路面结构验算，包括沥青混合料层和无机结合料稳定层的疲劳开裂寿命、沥青混合料层永久变形量、路基顶面竖向压应变、季节性冻土地区的沥青面层开裂指数等。当不能满足要求时，调整路面结构方案并重新验算，直至满足要求。

（8）对通过结构验算的路面结构进行技术经济分析，选定路面改建方案。

（9）计算改建路面结构的路表验收弯沉值。

本章小结

弹性层状体系理论是沥青路面结构设计的基础。沥青路面的损坏现象、机理和原因十分复杂，因此，沥青路面结构设计要采用多项控制指标，分别代表和控制不同损坏模式的临界状态。根据对路面主要损坏现象的认识和分析，选用不同的设计指标，如沥青混合料层永久变形与疲劳开裂、路面车辙、无机结合料稳定类基层疲劳开裂与面层反射裂缝、面层低温开裂以及路基顶面竖向压应变等。路面结构层次的组合主要根据交通要求、当地材料供应情况和自然环境，以及当地的修建和使用经验，通过技术经济比较选定。各地区应有不同的、适用于本地区的结构层组合方案。路面结构设计要准确地反映材料、环境(温度、湿度)和荷载条件(应力级位、持续作用时间、重复作用次数)等因素对结构性能的影响，就必须收集足够的交通、土质、气候和水文资料，并在与实际工作环境相符的条件下对采用材料进行物理力学性质试验，以获得可靠的材料设计参数，使路面结构设计方法及内容更能满足工程实际的需要。

复习思考题

1. 简述以弹性层状体系理论为基础的沥青路面结构设计的计算要点。

2. 沥青路面设计为什么要选用多项控制指标？说明每个指标的意义及其与路面损坏现象的联系。

3. 路面结构组合设计应包括哪些内容及遵循的原则？试对你所了解的一些路面结构进行评述。

4. 分别拟定出柔性基层、半刚性基层、刚性基层和混合式基层沥青路面等结构形式，并对这几种结构组合路面的性能及特点进行评述与分析。

5. 试归纳新建沥青路面和改建路面设计方法,并说明其中的异同处。

6. 我国现行沥青混合料组成设计与沥青路面结构设计之间的关系如何? 是否合理?

7. 公路沥青路面设计中轴载换算依据什么原则? 如何进行换算?

第十章 水泥混凝土路面设计

第一节 概 述

水泥混凝土路面是以水泥混凝土作面层(配筋或不配筋)的路面。主要包括:普通混凝土路面,除接缝和局部范围外,面层内均不配筋的水泥混凝土路面,也称素混凝土路面;钢筋混凝土路面,面层内配置纵、横向钢筋或钢筋网并设接缝的水泥混凝土路面;连续钢筋混凝土路面,面层内配置纵向连续钢筋和横向钢筋,横向不设缩缝的水泥混凝土路面;钢纤维混凝土路面,在混凝土面层中掺入钢纤维的水泥混凝土路面;水泥混凝土预制块路面:面层由水泥混凝土预制块铺砌成的路面;复合式路面,面层由两层不同材料类型和力学性质的结构层复合而成的路面。

一、水泥混凝土路面的结构特征

水泥混凝土路面具有较高的力学强度,在行车荷载作用下变形很小,混凝土路面板通常工作在弹性阶段,也就是在设计标准荷载作用下,混凝土路面板内产生的最大应力不超过水泥混凝土的比例极限应力。当水泥混凝土路面板工作在弹性阶段时,基层和路基所承受的荷载及产生的变形也比较小,因此也可以认为其处于弹性工作阶段。从力学分析来看,水泥混凝土路面结构属于弹性体系。

水泥混凝土路面的结构特征还表现如下:混凝土路面板的弹性模量及力学强度明显高于基层和路基的相应弹性模量及力学强度;水泥混凝土的抗弯拉强度远小于抗压强度,因此,取水泥混凝土路面板的抗弯拉强度指标作为设计指标;又由于混凝土路面板与基层及路基之间的摩阻力一般较小,所以从力学模型来考虑,可把水泥混凝土路面结构看作弹性地基板,用弹性地基板理论进行分析计算。

由于水混凝土的抗弯拉强度比抗压强度小得多,在行车荷载作用下,当弯拉应力超过混凝土的极限抗弯拉强度时,水泥混凝土路面板便产生断裂破坏。在荷载的重复作用下,由于疲劳效应的影响,水泥混凝土路面板会在低于其极限抗弯拉强度时出现破坏。此外,由于板顶面和底面的温差会使板产生温度翘曲应力,板的平面尺寸越大,翘曲应力也越大。另外,水泥混凝土又是一种脆性材料,它在断裂时的相对拉伸变形很小。因此,在荷载作用下,路基和基层的变形情况对混凝土路面板的影响很大,不均匀的基础变形会使混凝土路面板与基层脱空。在车轮荷载作用下,水泥混凝土路面板将产生过大的弯拉应力而遭到破坏。

基于上述,为使路面能够经受行车荷载的多次重复作用、抵抗温度翘曲应力,并对地基变形有较强的适应能力,水泥混凝土路面板必须具有足够的抗弯拉强度和厚度。

二、设计内容和要求

水泥混凝土路面结构设计方案,应根据公路的功能和等级,结合当地气候、水文、地质、材料、建设和养护条件、工程实践经验及环境保护等,通过综合分析确定。水泥混凝土路面结构设计,应按规定的安全等级和目标可靠度要求,在设计基准期内,承受预期的交通荷载作用,适应所处的自然环境,满足预定的使用性能要求。水泥混凝土路面设计的主要内容和要求如下:

(1)路基和基层设计:路基必须密实、均匀、稳定;在路基为膨胀土或有冰冻作用时,应加强排水,并根据情况加设垫层,以保证路面具有足够的防冻厚度;基层应平整、坚固,其顶面的当量回弹模量不得小于规定数值。

(2)水泥混凝土材料组成设计:选择合造的组成材料和配合比,以获得强度高,耐久性、耐磨耗及抗冻性好的混凝土路面板。

(3)路面板几何尺寸设计:板厚和平面尺寸的确定,应使行车荷载应力和温度翘曲应力的综合作用控制在混凝土弯拉强度的容许范围内。

(4)接缝和配筋设计:合理选择接缝类型,布置接缝位置,确定接缝构造,以提高接缝的传荷能力,在混凝土板的自由边边缘和角隅等应力较大处,应配置补强钢筋,必要时,也可在板内布设钢筋网,以防止裂缝张开。

三、设　计　原　则

水泥混凝土路面设计原则如下:

(1)水泥混凝土路面结构设计应根据使用要求及气候、水文、土质等自然因素,密切结合本地区的实践经验,将混凝土路面板按重要工程结构的要求完成设计,首先应保证工程的质量与耐久性。基层、底基层、垫层设计在满足设计要求的前提下,尽可能使用当地材料修建。

(2)在满足交通量与使用要求的前提下,应遵循因地制宜、合理选材、方便施工、利于养护、节约投资的原则,进行混凝土路面设计方案的比较,选择技术先进、经济合理、安全可靠的方案。

(3)应结合当地的实践基础,积极推广成熟的科研成果,积极、慎重地运用行之有效的新材料、新工艺、新技术,以达到确保工程质量与耐久性的目的。

(4)路面设计方案应充分考虑沿线环境的保护和自然生态的平衡,有利于施工、养护工作人员的健康与安全。

(5)为确保工程质量,应尽可能选择有利于机械化、工厂化施工的设计方案。

(6)对于地处不良地基的路段,应采取有效措施,加快稳定路基沉降。当路基沉降速率达不到限定要求时,不能仓促施工,提前铺筑路面板。对于确实在短期内达不到限定沉降速率要求的路段,可以先铺简易路面,通车数年,待路基沉降速率满足稳定要求之后,再正式铺筑混凝土路面。总之,按设计使用年限标准设计的混凝土路面在施工时,必须创造条件,严格执行,一次完成。

第二节　损坏模式和设计标准

一、损 坏 模 式

对于水泥混凝土路面,由于混凝土板的刚度高、脆性大,又需设置接缝,在行车和环境因素的综合作用下出现的损坏现象常不同于沥青路面,可分为断裂、接缝损坏、变形和表面损坏四类。水泥混凝土路面的损坏现象主要有下列几种模式,如图10-1所示。

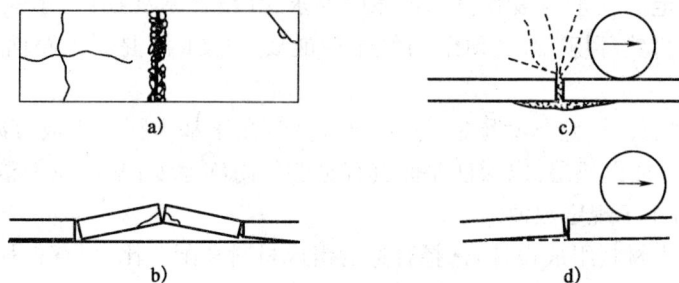

图 10-1　水泥混凝土路面的各种损坏现象
a)断裂和碎裂;b)拱起;c)唧泥;d)错台

(一)断裂

如果路面板内的应力超过混凝土强度,就会出现横向、纵向、斜向或板角的折断裂缝。严重时,裂缝交叉而使路面板破裂成碎块(称为破碎板)。其原因是多方面的,如板厚不足或荷载过重和作用次数过多;板的平面尺寸太大(使温度应力过大);地基过量或不均匀沉降使板底脱空,失去支承;施工养护期间的收缩应力过大或混凝土强度不足等等。断裂的出现破坏了板的结构整体性,使板丧失了应有的承载力。因此,断裂可被视为水泥混凝土路面结构破坏的临界状态。

(二)碎裂

在接缝(主要是胀缝)附近的板因受挤压而碎裂。胀缝内的滑动传力杆排列不正或不能正常滑动,缝隙内有混凝土搭连或落入坚硬的杂物等,使路面板的伸胀受到阻碍,在接缝处的边缘部分产生较高的压应力而挤裂成碎块。

(三)拱起

混凝土路面板在热膨胀受阻时,接缝两侧的板突然向上拱起。这主要是板收缩时接缝缝隙张开,填缝料失效,硬物嵌满缝隙,致使板受热膨胀时产生较大的热压应力,从而出现这种纵向屈曲失稳现象。采用膨胀性较大的石料(如硅质岩石等)作粗集料,容易引起板块拱起。

(四)唧泥

当车辆行驶经过接缝或裂缝时,由缝内喷溅出泥(灰)浆的现象称为唧泥。在轮载的频繁作用下,基层(地基)产生塑性变形累积而与混凝土面层板脱离接触,水分沿缝隙下渗而积聚在脱空的间隙内,又在轮载作用下积水变成承压水,并与基层内浸湿的细料混搅成泥(灰)浆,再沿缝隙喷溅出来。唧泥会使路面板的边缘和角隅部分逐步失去支承,导致断裂。

(五)错台

错台是指接缝或裂缝两侧路面板端部出现的竖向相对位移。横缝处传荷能力不足,车轮经过时相邻板端部会出现挠度差,使沿缝隙下渗的水带着基层被冲蚀的碎屑向后方板下运动,把该板抬起。胀缝下部填缝板与上部缝槽未能对齐,或胀缝两侧的混凝土壁面不垂直,使缝旁两板在伸胀挤压过程中会上下错位而形成错台。当交通量或地基承载力在横向各块板之间不一致时,纵缝处也会产生错台现象。错台的出现降低了行车的平稳性和舒适性。

二、设 计 标 准

水泥混凝土路面板的结构性损坏大都表现为断裂。从保证路面结构承载力的角度,混凝土路面结构设计应以防止面层板出现断裂作为主要的设计标准。然而,形成断裂的原因是多方面的。有的断裂是在施工期间形成的,这种断裂可以通过控制施工质量(如水灰比、水泥品质、缩缝锯切时间等)予以防止。有的断裂则是由地基不均匀沉降或基层受冲蚀而使面层板底面出现脱空,后板内应力增大而引起的。对于脱空现象,主要通过对路基、基层和底基层采取适当的结构措施,以提供足够的刚度、耐冲刷和排水条件而予以减轻或避免。有的断裂是由于板块尺寸过大,所产生的温度翘曲应力超过混凝土的抗弯拉强度而导致横向裂缝。通过设置纵向和横向接缝,缩小板块的尺寸,可以降低温度翘曲应力。当车辆荷载的重复疲劳作用积累到一定程度后,可引起面层板出现横向或纵向疲劳断裂。这类疲劳断裂被选作确定混凝土面层厚度时所需考虑的主要损坏模式。

水泥混凝土路面要经受行车荷载重复作用和自然因素周期性变化的影响,用于确定路面结构厚度的一些参数,如交通参数、路基刚度、结构层材料强度或模量等都不是一个定值。因此,需要在路面结构设计方法中引入统计及概率的观念,即考虑各个设计参数的变异性和概率分布,按预定概率设计一个较好的、较现实的路面结构。在结构设计中,既考虑交通参数的变异性,又考虑施工中各种因素造成的结构及材料参数的变异性对路面使用寿命的影响,因此得到的路面结构在其设计使用期间将具有规定的不发生破坏的概率。这种方法称为可靠度(或概率)设计方法。可靠度设计方法的核心是将原有的定值设计法改为概率极限状态法,在度量路面结构可靠性上,由经验方法转变为运用统计数学的方法,从而使路面结构更加符合实际情况。

路面结构可靠度是指:在规定的时间内,在规定的条件下,路面使用性能满足预定水平要求的概率。我国现行的水泥混凝土路面设计方法是考虑满足路面的结构性能要求,以水泥混凝土面层板的疲劳断裂作为路面损坏的主要模式。因此,水泥混凝土路面结构可靠度也可定义为:在规定的设计基准期内,在规定的交通和环境条件下,行车荷载疲劳应力与温度梯度疲劳应力的和不超过混凝土弯拉强度的概率。

第三节　水泥混凝土路面结构组合设计

一、水泥混凝土面层

水泥混凝土面层是路面结构的主要承重层,同时也是与车辆直接接触的表面层,因而,一方面要求具有足够的承载能力和耐久性,另一方面要求具有良好的行驶质量。一般采用设接缝、不配筋的普通水泥混凝土路面板。水泥混凝土面层板厚度的参考范围如表10-1所示。

水泥混凝土面层板厚度的参考范围(mm)　表10-1

交通等级	极重	特重			重		
公路等级	—	高速公路	一级公路	二级公路	高速公路	一级公路	二级公路
变异水平等级	低	低	中	低 　中	低	中	低 　中
面层厚度	≥320	280~320	260~300	240~280	230~270		220~260

交通等级	中等			轻		
公路等级	二级公路		三、四级公路	三、四级公路	三、四级公路	
变异水平等级	高	中	高	中	高	中
面层厚度	220~250		210~240	200~230	190~220	180~210

为保证行车安全,必须对路面表面进行刻槽、压槽、拉槽或拉毛等。构造深度在交工验收时应满足表10-2中的要求。

各级道路水泥混凝土面层的表面构造深度要求(mm)　表10-2

公路等级	高速公路、一级公路	二、三、四级公路
一般路段	0.70~1.10	0.50~1.0
特殊路段	0.80~1.20	0.60~1.10

注:特殊路段:对于高速公路和一级公路,是指立交、平交或变速车道等处;对于其他等级的公路,是指急弯、陡坡、交叉口或集镇附近。对于年降雨量在600mm以下的地区,表中所列的数值可适当降低。

当面层板的平面尺寸较大或形状不规则,路面结构下埋有地下设施,高填方、软土地基、填挖交界段的路基等有可能产生不均匀沉降时,应采用接缝设置传力杆的钢筋混凝土面层。连续配筋混凝土、碾压混凝土和钢纤维混凝土等其他面层类型可根据适用条件按表10-3选用。

其他水泥混凝土面层类型选择　表10-3

面层类型		适用条件
连续配筋混凝土面层		高速公路
复合式路面面层	密级配沥青混合料上面层	极重、特重交通的高速公路
	连续配筋混凝土下面层	
	设传力杆的普通混凝土下面层	
碾压混凝土面层		二级及二级以下公路服务区停车场
钢纤维混凝土面层		高程受限制路段、收费站、混凝土加铺层和桥面铺装
混凝土预制块面层		服务区停车场、二级及二级以下公路桥头引道沉降未稳定段

混凝土面层板一般采用矩形分仓,用纵横接缝分隔,纵向和横向接缝应垂直相交,纵缝两侧的横缝不得相互错位。纵缝间距按路面宽度在3.0~4.5m范围内确定。普通混凝土面层板的横缝间距一般为4.0~6.0m。面层板的长宽比不宜超过1.35,平面尺寸(面积)不宜大于25m²。碾压混凝土或钢纤维混凝土面层板的横缝间距一般为6.0~10.0m,钢筋混凝土面层板一般为6~15m,面层板的长宽比不宜超过2.5,面积不宜大于45m²。

钢纤维混凝土是指在混凝土内掺入钢纤维,形成均匀而多向配筋的混凝土面层。钢纤维掺入体积率宜为 0.6% ~1.0%,面层厚度宜为普通混凝土面层厚度的 0.75 ~0.65 倍,按钢纤维掺量确定。特重或重交通荷载时,其最小厚度应为 180mm;中等或轻交通荷载时,其最小厚度应为 160mm。

复合式路面的沥青混凝土上面层的厚度不宜小于 40mm。水泥混凝土下面层的计算厚度,应满足结构层厚度设计和验算标准的要求。水泥混凝土下面层与沥青混凝土上面层之间应设置黏层。

混凝土预制块路面是指由混凝土预制块铺砌而成的面层,依靠块料之间的嵌锁作用承受荷载。其结构设计方法接近柔性路面。混凝土预制块可采用矩形或异性块。矩形块的长度宜为 200 ~250mm,宽度宜为 100 ~150mm,厚度宜为 80 ~150mm。预制块下砂砾垫层的厚度宜为 30 ~50mm。

二、基层和底基层

水泥混凝土路面面层具有较大的刚性和承载能力,基层和底基层的设置与沥青路面结构的承重层性质有所不同。水泥混凝土面层下设置基层和底基层的首要目标是抗冲刷能力和适当的刚度。

不耐冲刷的基层表面,在渗入水和荷载的共同作用下,会产生冲刷、唧泥、板底脱空和错台等病害,导致路面不平整,并加速和加剧面层板的断裂。提高基层的刚度,有利于改善接缝传荷能力,其作用只有在基层未受冲刷的前提下才能保证。但是应特别值得注意的是,提高基层刚度虽然可以增加路面结构的弯曲刚度,降低面层板的荷载应力,但却会增大面层板的温度翘曲变形趋势(增大板底脱空区范围)和翘曲应力,对路面结构产生不利影响,并不一定能减薄面层板厚度。

基层和底基层其设置的目的主要有以下几个方面:

(1)防冲刷、防唧泥。水泥混凝土面层如果直接放在路基上,会由于路基土变形量大、细料含量多和抗冲刷能力低而极易产生唧泥现象。铺设基层后,可减轻甚至消除唧泥的产生。但未经处治的砂砾基层,其细料含量和塑性指数不能太高,否则仍会产生唧泥。

(2)防水、防冰冻。在湿软土基上,铺筑开级配粒料基层,可以排除从路表面渗入面层板下的水分以及隔断地下毛细水上升。在季节性冰冻地区,用对冰冻不敏感的粒状多孔材料铺筑基层,可以减小路基的冰冻深度,从而减轻冰冻的危害作用。

(3)减小路基顶面的压应力,并缓解路基不均匀变形对面层的影响,提高路面结构的整体承载力,延长路面的使用寿命。

(4)为面层施工(如立侧模、运送混凝土混合料等)提供方便。

因此,除非土基本身就是有良好级配的砂砾类土,而且是有良好排水条件的轻交通道路之外,都应设置基层和底基层。基层和底基层应具有足够的强度和稳定性,且表面平整。理论计算和实践都已证明,采用整体性好(具有较高的弹性模量,如贫混凝土、沥青混凝土、水泥稳定碎石、石灰粉煤灰稳定碎石、级配碎石等)的材料修筑基层和底基层,可以确保混凝土路面具有良好的使用特性和延长路面的使用寿命。因为,如果基层顶面出现较大的塑性变形累积(主要在接缝附近),面层板将与之脱空,支承条件恶化,从而增加板底的弯拉应力;同时,若基层材料中含有过多的细料,还将促使唧泥和错台等病害产生。图 10-2 所示为重复荷载作用下两种基层的累积变形量。

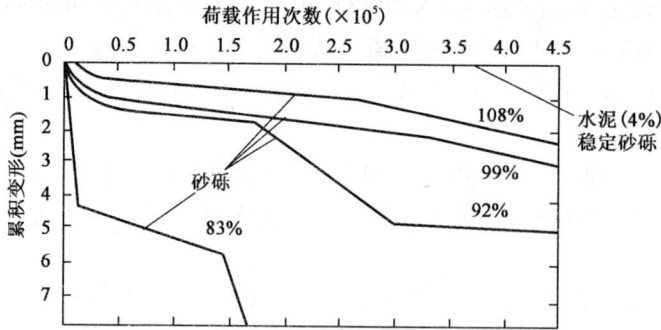

图 10-2 荷载重复作用下基层的累积变形量(曲线上的数字为压实度)

由图 10-2 可以看出,砂砾基层在荷载重复作用后的累积变形量很大,且原始压实度越低,形变累积量便越大;而用一定量水泥(4%)稳定砂砾的基层,在经受荷载重复作用 4.5×10^5 次后,并未出现可量测到的塑性变形(图 10-2 中的横坐标)。因此,无机结合料稳定类基层成为混凝土路面(特别在交通繁重的路段上)最适用的基层类型。当因条件限制而只能采用未经处治的粒料基层时,必须严格控制细料含量,并保证压实要求。

采用较厚的基层和底基层来提高土基的承载力,或者用以降低面层应力及减小面层厚度一般是不经济的。但随着结合料稳定类基层和底基层厚度的减小,基层底面的拉应力随之增大,因此,基层和底基层厚度不宜太小。各种基层和底基层的厚度,应按集料公称最大粒径和压实效果的要求,并结合结构层成型、施工方便(单层摊铺碾压)或排水要求等因素合理选定,适合各交通等级的基层和底基层类型及厚度的适宜范围如表 10-4 所示。

适合各交通等级的基层和底基层类型及厚度的适宜范围　　　　表 10-4

交通荷载等级	基层类型及厚度的适宜范围(mm)		底基层类型及厚度的适宜范围(mm)	
极重、特重	贫混凝土、碾压混凝土	120 ~ 200	水泥稳定碎石、石灰粉煤灰稳定碎石	150 ~ 250
	沥青混凝土	40 ~ 60		
重	水泥稳定碎石	150 ~ 200	水泥稳定碎石、石灰粉煤灰稳定碎石	150 ~ 250
	密级配沥青稳定碎石	80 ~ 100	级配碎石	150 ~ 200
中等、轻	级配碎石	150 ~ 200	未筛分碎石、级配砾石或不设	150 ~ 200
	水泥稳定碎石、石灰粉煤灰稳定碎石	150 ~ 250		

为增加路面结构的弯曲刚度,降低面层的荷载应力,承受极重、特重或重交通荷载时,需要选用刚度大的基层。这时,为了缓解由于基层与路床的刚度比过大而产生的不利受力状态问题,在基层下应设置底基层;承受中等或轻交通荷载的路面,可不设底基层。当基层为无机结合料稳定类材料,而上路床由细粒土组成时,基层与路床之间的刚度差也会过大,会引起基层拉应力过大而开裂,并且会产生水沿裂缝的下渗引起路床的冲刷和唧泥病害。因此,需在基层与路床之间设置粒料类底基层。

基层采用无机结合料稳定类材料时,会出现收缩裂缝,为水下渗和下卧层(底基层或路床)遭受冲刷提供条件。底基层选用粒料类材料时,为避免或减轻冲刷而产生的脱空和唧泥等病害,应控制粒料中小于 0.075mm 的细颗粒含量。与此同时,应在无机结合料稳定碎石基层上设置封层,封层材料可选择厚度不小于 6mm 的单层沥青表面处治或适宜的膜层材料(包括较厚的塑料薄膜、复合土工膜或复合塑料编织布等)。设置封层还可以降低面层与基层的黏结程度,减小摩阻力。

贫混凝土或碾压混凝土基层的刚度较大,同时也增大了路面结构的弯曲刚度,虽然这对降低面层板的荷载应力比较有利,但却会使面层板产生过大的温度和湿度翘曲变形趋势,从而增加板底脱空范围和板内的温度和湿度翘曲应力。为此,设置厚度不小于40mm的沥青混凝土夹层能够有效缓解这种不利状况。

多雨地区(年降雨量800~1000mm),通过接缝或裂缝渗入混凝土路面内的水量很大。对路基由低透水性细粒土组成的高速公路和一级公路或承受极重、特重交通荷载的二级公路,宜设置由开级配沥青稳定碎石或开级配水泥稳定碎石组成的排水基层,并由纵向边缘排水系统排出渗入水。为防止排水基层的水分下渗,在排水基层下应设置由密级配粒料或水泥稳定碎石组成的不透水底基层。底基层顶面还应铺设沥青类封层或防水土工织物。

基层宽度应比混凝土路面板每侧各宽出25~50cm,或与路基同宽,以供施工时安装模板,并防止路面边缘渗水至土基而导致路面被破坏。

三、防 冻 层

在冰冻深度大于0.5m的季节性冰冻地区,为防止路基可能产生的不均匀冻胀对混凝土面层的不利影响,路面结构应有足够的总厚度,以便将路基的冰冻深度约束在有限的范围内。水泥混凝土路面结构层的防冻最小厚度随冰冻线的深度、路基的潮湿状况和土质而异,其数值可参照表10-5选定。对于超出面层和基层厚度的总厚度部分,可用基层下的防冻层来补足;对于水文地质条件不良的土质路堑,当路床土湿度较大时,应设置排水垫层;当对路基可能产生不均匀沉降或不均匀变形时,可加设半刚性垫层。垫层的宽度应与路基同宽,其最小厚度为150mm。防冻和排水垫层应采用砂、砂砾等颗粒材料。半刚性垫层可采用低剂量无机结合料稳定粒料或土。

水泥混凝土路面结构层最小防冻厚度(cm)　　　　　　　表 10-5

路基干湿类型	路基土类别	当地最大冰冻冻深(cm)			
		50~100	101~150	151~200	>200
		最小防冻厚度(cm)			
中湿路基	易冻胀土	30~50	40~60	50~70	60~95
	很易冻胀土	40~60	50~70	60~85	70~110
潮湿路基	易冻胀土	40~60	50~70	60~90	75~120
	很易冻胀土	45~70	55~80	70~100	80~130

注:1. 易冻胀土:细粒土质砾(GM、GC)、除极细粉土质砂外的细粒土质砂(SM、SC)、塑性指数小于12的黏质土(CL、CH)。
2. 很易冻胀土:粉土质(ML、MH)、极细粉土质砂(SM)、塑性指数在12~22的黏质土(CL)。
3. 冻深小或填方段,或基、垫层采用隔温性能良好的材料,可采用低值;冻深大或挖方及地下水位高的路段,或基、垫层采用隔温性能稍差的材料,应采用高值。
4. 在冻深小于0.50m的地区,一般不考虑路面结构层的防冻厚度。

四、路 基

通过水泥混凝土路面结构传到路基顶面的荷载应力很小,因而对路基承载力的要求并不高。然而,如果路基的稳定性较差,在周围水温变化的影响下出现较大的变形,特别是不均匀变形时,会因不均匀支承而给面层带来损坏。水泥混凝土面层与下卧层之间会出现局部脱空,面层应力会由此增加,从而导致面层板的断裂。因此,对路基的基本要求是提供均匀的支承,在环境和荷载作用下产生的不均匀变形小。

路基产生不均匀变形,可能有以下三方面的原因:①不均匀沉陷——湿软地基未达到充分固结,填料土质不均匀,压实不均匀,新、老路基交接等都可能产生不均匀沉降;②不均匀冻胀——季节性冰冻地区土质不均匀(对冰冻敏感性不同的土类)和路基潮湿条件变化;③膨胀土——在过干或过湿(相对于最佳含水率)时压实或排水设施不良等,均会促使膨胀土产生不均匀变形。

为了保证路基支承条件的均匀性,遇有上述情况时,宜分别采取相应的处理措施。这些措施包括:

(1)选择低膨胀性土(塑性指数在 10 以下)或以冰冻不敏感的土作填料;将膨胀性高或对冰冻敏感的土放在路堤的下层,而在上层用好填料填筑。高液限黏土及含有机质细粒土,不能用作高速公路、一级公路的路床填料或二级、二级以下公路的上路床填料;高液限粉土及塑性指数大于 16 或膨胀率大于 3% 的低液限黏土,不能用作高速公路、一级公路的上路床填料。因条件限制而必须采用上述土做填料时,应掺加结合料进行改善处治。

(2)地下水位高时应尽可能提高路基设计高程或加深边沟底部深度,以增加路面同地下水位之间的距离。设置路基排水设施,以拦截透水层流向路基的渗透水或降低地下水位。在设计高程受限制,未能达到中湿状态的路基临界高度时,可选用粗粒土或石灰及水泥稳定细粒土做路床或上路床填料,除此之外,还应采取在边沟下设置排水渗沟等降低地下水位的措施。

(3)严格控制压实度和压实时的含水率。多雨潮湿地区,对于高液限土及塑性指数大于 16 或膨胀率大于 3% 的低液限黏土,宜采用由适用压实标准确定的压实度,并在含水率略大于其最佳含水率时压实。

(4)岩石或填石路床顶面应铺设整平层。整平层可采用未筛分碎石和石屑或水泥稳定粒料,其厚度视路床顶面不平整程度而定,一般为 100~150mm。

(5)在可能有不均匀变形产生的路基上,除采用上述有关措施外,还应加设垫层以缓和可能产生的不均匀变形对面层的不利影响。

五、路肩和排水

水泥混凝土路面的路肩结构应具有一定的承载力,其结构层组合和材料选用应与行车道路面相协调,并能保证排除进入路面结构中的水。路肩铺面可选用水泥混凝土面层或沥青面层。硬路肩水泥混凝土面层的厚度通常采用与行车道面层等厚,其基层应采用与行车道基层结构相同的材料类型和厚度。

水泥混凝土路面的排水应根据道路等级、地形、地质、气候、年降雨量、地下水等条件,结合路基排水进行设计,使之形成良好的排水系统,确保排水畅通、路基路面稳定和行车安全。

当行车道路面结构设置排水基层或垫层时,应在排水基层或垫层外侧边缘设置纵向集水沟和带孔集水管,并间隔 50~100m 设置横向排水管。对于排水基层的纵向边缘集水沟,当硬路肩采用水泥混凝土面层时,可设在路肩下或路肩外侧边缘内;当硬路肩采用沥青面层时,可设在路肩内侧边缘内。排水垫层的纵向边缘集水沟设在路床边缘。

第四节　水泥混凝土路面接缝设计

水泥混凝土路面是由一定厚度的混凝土板所组成的,具有热胀冷缩的性质。由于一年四季气温的变化,混凝土板会产生不同程度的膨胀和收缩。在一昼夜中,白天气温升高,混凝土板顶面温度较底面为高,这种温度坡差会形成板的中部隆起的趋势;夜间气温降低,混凝土板顶面温度较底面为低,会使板的周边和角隅形成翘曲趋势。

为避免这些缺陷,水泥混凝土面层需设置各种类型的接缝,把面层划分为较小尺寸的板,以减少伸缩变形和挠曲变形受到约束而产生的内应力,并满足施工的需要。接缝设计的主要内容是确定接缝的构造、布置和间距。

接缝设计要能实现以下三方面的要求:

(1)控制温度收缩应力和翘曲应力引起的裂缝出现位置。

(2)通过接缝能提供一定的荷载传递能力。

(3)防止坚硬的杂物落入接缝缝隙内和路表水的渗入。

为此,设计时要考虑接缝设置位置、构造和缝隙的填封。

水泥混凝土路面的接缝可分为横缝和纵缝两类,其中,横缝又可分为胀缝、横向缩缝和横向施工缝;纵缝又可分为纵向缩缝和纵向施工缝。

一、横缝的构造与布置

胀缝保证板在温度升高时能部分伸张,从而避免产生路面板在热天的拱胀和折断破坏,同时胀缝也能起到横向缩缝的作用。横向缩缝保证板因温度和湿度的降低而收缩时沿该薄弱断面缩裂,从而避免产生不规则的裂缝。另外,在混凝土路面每天完工以及因雨天或其他临时原因不能继续施工时,应做成横向施工缝的构造形式。

(一)胀缝的构造

胀缝的缝隙宽20~25mm。如施工时气温较高,或胀缝间距较小,则应采用低限;反之,应采用高限。在缝隙上部30~40mm深度内浇灌填缝料,下部则设置富有弹性的嵌缝板,它可由油浸或沥青浸制的软木板制成。

传力杆应采用光圆钢筋,其中的半段固定在混凝土内,另外半段涂沥青并裹覆聚乙烯膜再套上长80~100mm的铁皮或塑料套筒,筒底与杆端之间留出宽30~40mm的空隙,并用木屑与弹性材料填充,以利于板的自由伸缩,如图10-3所示。对于在同一条胀缝上的传力杆,设有套筒的活动端最好在缝的两边交错布置。最外侧传力杆距纵向接缝或自由边的距离宜为150~250mm。

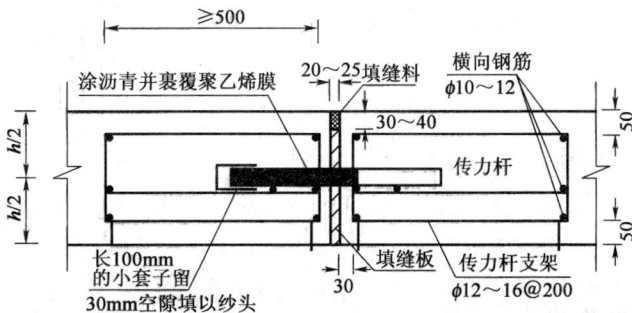

图10-3 胀缝构造(尺寸单位:mm)

对于交通繁重的道路,为保证混凝土板之间能有效地传递荷载,防止形成错台,应在胀缝处板厚中央设置传力杆。传力杆尺寸和间距可按表10-6选用。

面 层 厚 度	传力杆直径	传力杆最小长度	传力杆最大间距
220	28	400	300
240	30	400	300
260	32	450	300
280	32~34	450	300
≥300	34~36	500	300

(二)横向缩缝的构造

横向缩缝可等间距或变间距布置,应采用假缝形式。即只在板的上部设缝隙,当板收缩时,将沿此最薄弱断面有规则地自行断裂。极重、特重和重交通荷载等级公路的横向缩缝,中等和轻交通荷载等级公路邻近胀缝或自由端的 3 条横向缩缝,收费广场的横向缩缝,应采用设传力杆假缝形式,其构造如图 10-4a)所示。其他情况可采用不设传力杆假缝形式,其构造如图 10-4b)所示。传力杆的设置不应妨碍相邻混凝土板的自由伸缩,钢筋表面应做防锈处理。

横向缩缝顶部应锯切槽口,设置传力杆时槽口深度宜为面层厚度的 1/3~1/4,不设传力杆时槽口深度宜为面层厚度的 1/4~1/5,槽口(锯缝)宽度应根据施工条件、填缝料性能等因素而定,宽度宜为 3~8mm,近年来有减小假缝宽度与深度的趋势。假缝缝隙内应填塞填缝料,以防地面水下渗及石砂杂物进入缝内。二级及二级以下公路的槽口可一次锯切成型。高速公路和一级公路宜二次锯切成型,在第一次锯切缝的上部宜增设宽 7~10mm 的浅槽口,槽口下部应设置背衬垫条,上部应用填缝料灌填,其构造如图 10-5 所示。

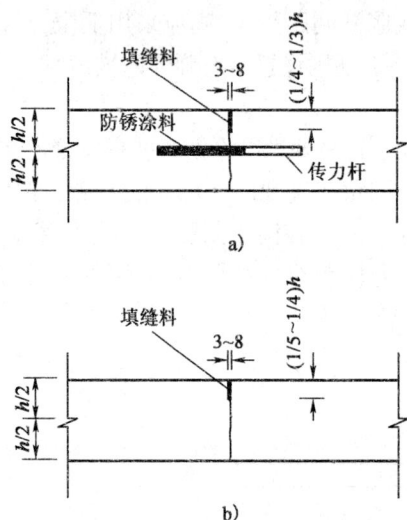

图 10-4　横向缩缝构造(尺寸单位:mm)
a)设传力杆假缝型;b)不设传力杆假缝型

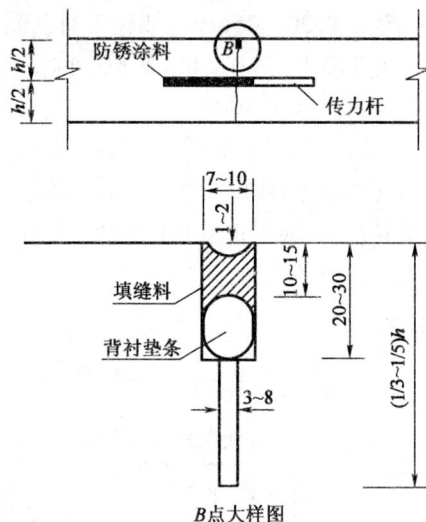

图 10-5　二次锯切槽口构造(尺寸单位:mm)

(三)横向施工缝的构造

每日施工结束或因临时原因中断施工时,必须设置横向施工缝,其位置宜选在缩缝或胀缝处。设在缩缝处的施工缝,应采用加传力杆的平缝形式,其构造如图 10-6 所示。设在胀缝处的施工缝,其构造应与胀缝相同,如图10-3所示。平缝上部应设置深度为面层厚度的1/4～1/5,宽度为3～8mm的沟槽,内浇灌填缝料。为利于板间传递荷载,在板厚的中央也应设置传力杆,传力杆半段锚固在混凝土中,另外半段涂防锈涂料,亦称为滑动传力杆。

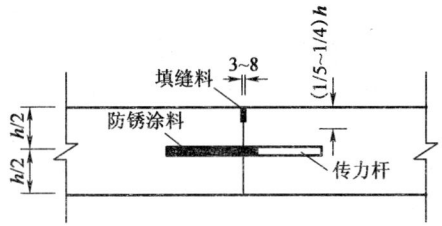

图10-6　横向施工缝构造(尺寸单位:mm)

(四)横缝的布置

横缝间距(即板长)大小直接影响板内温度应力、接缝缝隙宽度和接缝传荷能力,一般取4～6m,面层板的长宽比不宜超过1.35,平面面积不宜大于25m²。路面结构相对刚度半径大的,可取高值;反之,取低值。也就是说,板越厚、基层顶面的回弹模量越小,横缝间距可越大。在昼夜气温变化较大的地区或地质水文情况不良路段,应取低限值;反之,取高限值。

在邻近桥涵或其他固定构造物处,或者与其他道路相交处,小半径平、竖曲线处等,应设置胀缝。胀缝条数应根据膨胀量大小设置。胀缝是混凝土路面的薄弱环节,它不仅给施工带来不便,同时,由于施工时传力杆设置不当(未能正确定位),胀缝处的混凝土常出现碎裂等病害;当雨水通过胀缝渗入地基后,易使地基软化,引起唧泥、错台等破坏;当砂石进入胀缝后,易造成胀缝处板边挤碎、拱胀等破坏。同时,胀缩容易引起行车跳动,其中的填缝料又要经常补充或更换,增加了养护的麻烦。因此,近年来,国内外修筑的混凝土路面均有减少胀缝的趋势。但是,当采用长间距胀缝或无胀缝路面结构时,需注意采取一些相应的措施,如增大基层表面的摩阻力,以约束板在高温或潮湿时伸长的趋势;在气温较高时施工,以尽量减小水泥混凝土板的胀缩幅度;相对地缩短横向缩缝间距,以便减小板的温度翘曲应力,缩小横向缩缝缝隙的拉宽度,以提高传荷能力,并增进板对地基变形的适应性。

二、纵缝的构造与布置

纵缝间距(即板宽)宜在3.0～4.5m范围内选用,这对行车和施工都较方便。纵缝应与路线中线平行。纵向接缝的布置应视路面总宽度、行车道及硬路肩宽度及施工铺筑宽度而定。在路面等宽的路段内或路面变宽路段的等宽部分,纵缝的间距和形式应保持一致。路面变宽段的加宽部分与等宽部分之间,应以纵向施工缝隔开。加宽板在变宽段起终点处的宽度不应小于1m。当路面施工一次铺筑宽度小于路面宽度时,应设置纵向施工缝。纵向施工缝应采用设拉杆的平缝形式,上部应锯切槽口,深度宜为30～40mm,宽度宜为3～8mm,槽口内灌塞填缝料,其构造如图10-7a)所示。一次铺筑宽度大于4.5m时,应设置纵向缩缝。纵向缩缝应采

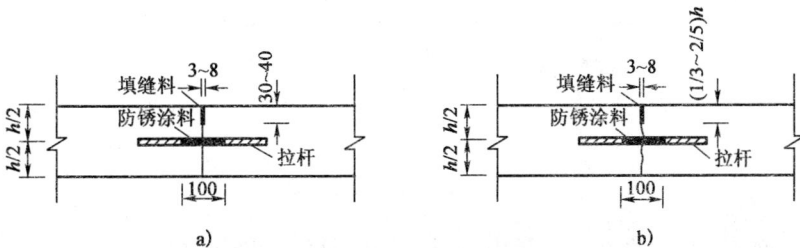

a)　　　　　　　　　　　　　b)

图10-7　纵缝的构造形式(尺寸单位:mm)

a)纵向施工缝;b)纵向缩缝

用设拉杆的假缝形式,锯切槽口的深度应大于施工缝的槽口深度。采用粒料基层时,槽口深度应为板厚的1/3;采用半刚性基层时,槽口深度应为板厚的2/5,其构造如图10-7b)所示。

为防止板沿两侧路拱横坡松动拉开和形成错台,在纵缝的板厚中央应设置拉杆,拉杆间距为0.8m左右,锚固在混凝土内,以保证两侧板不致被拉开而失掉缝下部的颗粒嵌锁作用,拉杆应采用螺纹钢筋,设在板厚中央,并对拉杆中部100mm范围内进行防锈处理。拉杆的直径、长度和间距可参照表10-7选用。施工布设时,拉杆间距应按横向接缝的实际位置予以调整,最外侧的拉杆与横向接缝之间的距离不得小于100mm。连续配筋混凝土面层的纵缝拉杆可由板内横向钢筋延伸穿过接缝代替。

拉杆的直径、长度和间距(mm)　　　　　　　表10-7

面层厚度	到自由边或未设拉杆纵缝的距离					
	3000	3500	3750	4500	6000	7500
200~250	14×700×900	14×700×800	14×700×700	14×700×600	14×700×500	14×700×400
≥260	16×800×900	16×800×800	16×800×700	16×800×600	16×800×500	16×800×400

注:表中的数字表示直径×长度×间距。

水泥混凝土路面板的平面布局宜采用矩形分块,其横缝与纵缝应垂直相交,以改善其受力状况。纵缝两侧的横缝不得相互错位,如果横缝在纵缝两旁错开,将导致板产生从横缝延伸出来的裂缝。

三、补强钢筋

(一)边缘钢筋

普通混凝土面层基础薄弱的自由边、接缝为未设传力杆的平缝、主线与匝道相接处或与其他类型路面相接处,可在面层边缘的下部配置边缘补强钢筋。边缘钢筋可选用两根直径为12~16mm的螺纹钢筋,设置于面层底面之上1/4厚度处,且距边缘和路面底面均不小于50mm,两根钢筋的间距不应小于100mm,如图10-8所示。

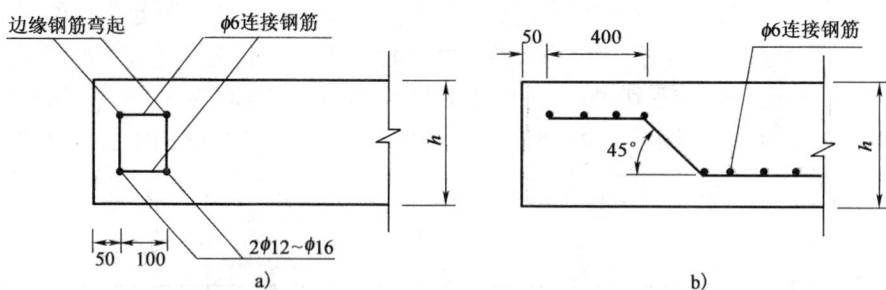

图10-8　边缘钢筋布置(尺寸单位:mm)
a)横向剖面;b)纵向剖面

纵向边缘钢筋一般只做在一块板内,不得穿过缩缝,以免妨碍板的翘曲;但有时亦可将其穿过缩缝,但不得穿过胀缝。为加强锚固能力,钢筋两端应向上弯起。在胀缝两侧板边缘和混凝土路面的起始终端处,为加强板的横向边缘,亦可设置横向边缘钢筋。

256

(二) 角隅钢筋

承受极重、特重和重交通的水泥混凝土面层的胀缝、施工缝和自由边的角隅以及承受极重交通的水泥混凝土面层缩缝的角隅,应配置角隅钢筋。角隅钢筋可选用两根直径为 12 ~ 16mm、长 2.4m 的螺纹钢筋弯成如图 10-9 所示的形状。角隅钢筋应设在板的上部,距板顶面不小于 50mm,距胀缝和板边缘各 100mm。

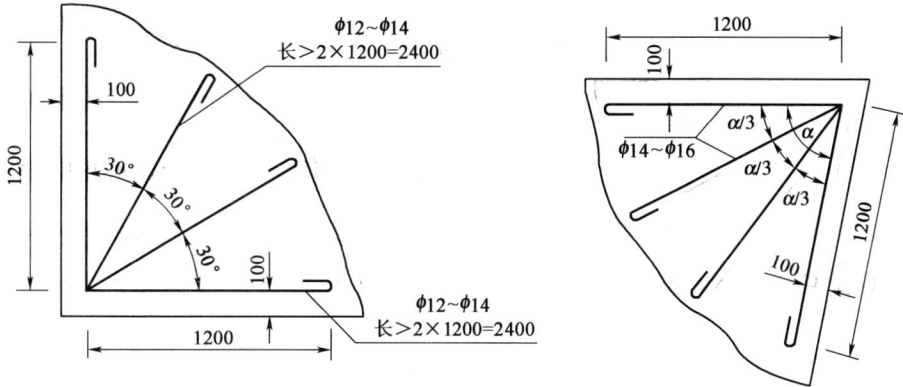

图 10-9　角隅钢筋布置(尺寸单位:mm)

四、交叉口接缝布置

在交叉口的接缝设计时,不能将交叉口孤立出来进行。应先分清相交道路的主次,保持主要道路的接缝位置和形式全线贯通,使次要道路的接缝布设与主要道路相协调,并适当地调整交叉口范围内主要道路的横缝位置。

当两条道路正交时,各条道路的直道部分均保持本身纵缝的连贯,而相交路段内各条道路的横缝位置应按相对道路的纵缝间距做相应变动,保证两条道路的横、纵缝垂直相交,互不错位。当两条道路斜交时,主要道路的直道部分保持纵缝的连贯,而相交路段内的横缝位置应按次要道路的纵缝间距做相应变动,保证与次要道路的纵缝相连接。对于相交道路弯道加宽部分的接缝布置,应不出现或少出现错缝和锐角板。当出现错缝、锐角板时,应加设防裂钢筋和角隅补强钢筋。

在次要道路弯道加宽段起终点断面处的横向接缝,应采用胀缝形式。当膨胀量大时,应在直线段连续布置 2 ~ 3 条胀缝,并将胀缝设置在次要道路上。

五、特殊部位混凝土路面的处理

当水泥混凝土路面与桥涵、通道及隧道等固定构造物相衔接的胀缝无法设置传力杆时,可在毗邻构造物的板端部内配置双层钢筋网;或在长度为 6 ~ 10 倍板厚的范围内逐渐将板厚增加 20% ,如图 10-10 所示。

水泥混凝土路面与桥梁相接,当桥头设有搭板时,应在搭板与混凝土面层板之间设置长 6 ~ 10m 的钢筋混凝土面层过渡板。过渡板与搭板之间的横缝采用设拉杆平缝形式,与混凝土面层之间的横缝采用设传力杆胀缝形式。当膨胀量大时,应连续设置 2 ~ 3 条设传力杆胀缝。当桥梁为斜交时,钢筋混凝土板的锐角部分应采用钢筋网补强。当桥头未设搭板时,宜在混凝土面层与桥台之间设置长 10 ~ 15m 的钢筋混凝土面层板,或设置由混凝土预制块面层或沥青

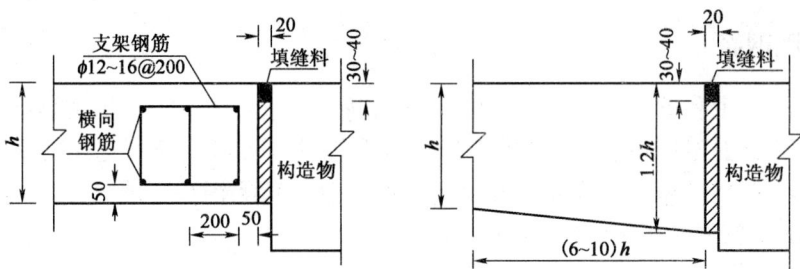

图 10-10 邻近构造物胀缝构造(尺寸单位:mm)

面层铺筑的过渡段,其长度不小于8m。

水泥混凝土路面与沥青路面相接,其间应设置至少3m长的过渡段。过渡段的路面采用两种路面呈阶梯状叠合布置,其下面铺设的变厚度混凝土过渡板的厚度不得小于200mm,如图10-11所示。过渡板顶面应设横向拉槽,沥青层与过渡板之间与黏结良好。过渡板与混凝土面层相接处的接缝内设置直径为25mm、长700mm、间距为400mm的拉杆。混凝土面层毗邻该接缝的1~2条横向接缝应设置胀缝。

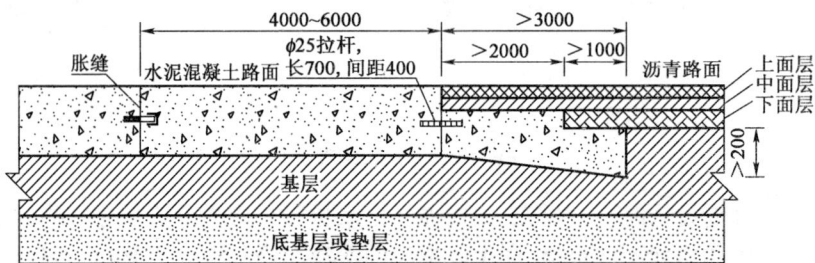

图 10-11 水泥混凝土路面与沥青路面相接段的构造布置(尺寸单位:mm)

六、接缝材料及技术要求

接缝材料按使用性能,分为胀缝板和填缝料两类。胀缝板要选用能适应混凝土面板的膨胀与收缩、施工时不易变形、复原率高和耐久性良好的材料。高速公路和一级公路可选用沥青纤维板、泡沫橡胶板等;其他等级公路也可选用木材类或纤维板类。

填缝料要求能与混凝土接缝槽壁黏结力强,且材料的回弹性好,能适应混凝土面板的膨胀与收缩,不溶于水、不渗水,高温时不流淌,低温时不脆裂,耐老化,有一定抵抗砂石嵌入的能力且便于施工操作。填缝料按施工温度,又分为加热施工式和常温施工式两类。高速公路和一级公路可选用硅酮类、聚氨酯类填缝料;其他等级公路也可选用橡胶沥青或改性沥青类、聚氨酯类等填缝料。

第五节 弹性地基板理论的应力分析

水泥混凝土面层为有限尺寸的板块,其刚度(弹性模量)远大于面层下的结构层。面层混凝土具有良好的板体性和扩散荷载的能力,所产生的弯曲变形(挠度)很小。在对水泥混凝土面层进行应力分析时,也可采用弹性层状体系理论。但鉴于混凝土面层的上述特性,可把它看作支承在弹性地基上的板,即把结构体系分为地基和板两部分,而采用弹性地基板理论分析其应力状况。

一、荷载应力分析

(一)弹性地基小挠度薄板理论

假设水泥混凝土面层为各向同性的等厚弹性板,其厚度范围为 20 ~ 50cm,而板的平面尺寸在一般情况下要比厚度大十几倍以上;荷载作用下的挠度通常小于 1mm,即比厚度小两个数量级。因此,可把混凝土面层看作小挠度弹性薄板。

水泥混凝土面层下的基(垫)层和路基可被看作弹性地基。它对面层板仅有竖向的支承反力,即假设弹性地基和面层板之间无摩擦力;同时,地基和板始终保持变形的连续性(完全接触、不脱空)。

在研究竖向荷载(板顶为局部范围内的轮载,板底为地基反力)作用下的薄板弯曲时,通常采用下述三个基本假设:

(1)竖向应变与其他应变分量相比很小,可以忽略不计。由此,竖向位移(挠度)仅是平面坐标的函数,即沿板厚各点具有相同的位移。

(2)垂直于板中面的法线在弯曲变形前后均保持为直线并垂直于板中面,因而无横向剪应变。

(3)中面上各点无平行于中面的位移。

根据上述假设,可将三维空间问题简化为二维平面问题。应用几何方程和物理方程得出应力、应变和位移的关系式如下:

$$\sigma_x = \frac{E_c}{1 - \mu_c^2}(\varepsilon_x + \mu_c \varepsilon_y) = -\frac{E_c Z}{1 - \mu_c^2}\left(\frac{\partial^2 w}{\partial x^2} + \mu_c \frac{\partial^2 w}{\partial y^2}\right)$$

$$\sigma_y = \frac{E_c}{1 - \mu_c^2}(\mu_c \varepsilon_x + \varepsilon_y) = -\frac{E_c Z}{1 - \mu_c^2}\left(\mu_c \frac{\partial^2 w}{\partial x^2} + \frac{\partial^2 w}{\partial y^2}\right) \tag{10-1}$$

$$\tau_{xy} = \frac{E_c}{2(1 + \mu_c)}\gamma_{xy} = -\frac{E_c Z}{1 + \mu_c}\frac{\partial^2 w}{\partial x \partial y}$$

式中:E_c——水泥混凝土的弹性模量(kPa);

μ_c——水泥混凝土的泊松比;

Z——距板中面的竖向距离。

板截面上的内力(弯矩和扭矩)可通过对式(10-1)积分得到,即

$$M_x = -D\left(\frac{\partial^2 w}{\partial x^2} + \mu_c \frac{\partial^2 w}{\partial y^2}\right)$$

$$M_y = -D\left(\mu_c \frac{\partial^2 w}{\partial x^2} + \frac{\partial^2 w}{\partial y^2}\right) \tag{10-2}$$

$$M_{xy} = -D(1 + \mu_c)\frac{\partial^2 w}{\partial x \partial y}$$

式中:D——板的刚度;

$$D = \frac{Eh^3}{12(1 - \mu_c)} \qquad (10\text{-}3)$$

h——板厚(cm)。

由式(10-1)和式(10-2)可以看出,无论应变还是应力或内力,均可表示为挠度 w 的函数。根据弹性地基小挠度薄板理论的基本假设及内力与荷载的平衡条件,可得:

$$\frac{\partial^2 M_x}{\partial x^2} + 2\frac{\partial^2 M_{xy}}{\partial x \partial y} + \frac{\partial^2 M_y}{\partial y^2} = -p(x,y) + q(x,y) \qquad (10\text{-}4)$$

把式(10-2)代入式(10-4),可得板的挠曲面微分方程(挠度和荷载的关系式)为:

$$D\left(\frac{\partial^4 w}{\partial x^4} + 2\frac{\partial^4 w}{\partial x^2 \partial y^2} + \frac{\partial^4 w}{\partial y^4}\right) = p(x,y) - q(x,y) \qquad (10\text{-}5)$$

式中:$q(x,y)$——地基反力函数,它随地基的特性和板的挠度量而异。

(二)弹性地基假设与模型

为了建立地基反力与挠度之间的关系,通常采用两种不同的地基假设,如图 10-12 所示。

1. 文克勒(Winkler)(K)地基

假设地基上任一点的反力仅与该点的挠度成正比,而与其他相邻点的挠度无关,即:

$$q(x,y) = kw(x,y) \qquad (10\text{-}6)$$

式中:k——地基反应模量(kN/m^3)。

2. 弹性半无限体(E)地基

假设地基为弹性半无限体,其顶面上任一点的挠度不仅与该点的压力有关,而且与其他各点的压力有关,即:

$$q(x,y) = f[w(x,y)] \qquad (10\text{-}7)$$

按各种边界条件,解四阶微分方程(10-5),得到挠度 $W(x,y)$。代入相应公式后,可分别获得应变、应力和内力值。

(三)文克勒地基板的荷载应力分析

威斯特卡德(Westergaard)采用文克勒地基假设,分析了三种轮载位置下(图 10-13)板的挠度和弯矩公式:

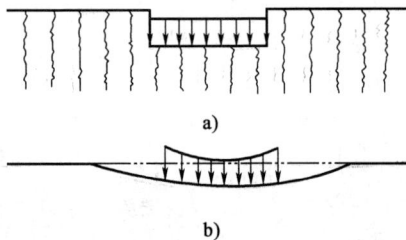

图 10-12　不同地基假设的表面变形图
a)文克勒(K)地基;b)弹性半无限体(E)地基

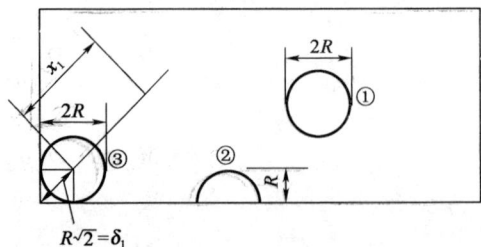

图 10-13　三种荷载位置

（1）轮载作用于无限大板的中央,压力均布于半径为 δ 的圆面积内。

（2）轮载作用于受一条直线边限制的半无限大板的边缘,压力均布于半径为 δ 的半圆内。

（3）轮载作用于受两条相互垂直的直线边限制的大板的角隅处,压力均布于半径为 δ 的圆面积内,其圆心距角隅点为 $\delta_1(\delta_1 = \sqrt{2}\delta)$。

1. 板中受荷情况

对于圆形均布荷载(总量为 P)作用于板中的情况,求解得到挠度和应力公式分别为:

$$W_i = \frac{P}{8kl^2}\left\{1 + \frac{\delta^2}{2\pi l^2}\left[\ln\left(\frac{\delta}{2l}\right) + 0.6728\right] - \frac{10.6666}{2048}\cdot\frac{\delta^4}{l^4}\right\} \qquad (10\text{-}8)$$

$$\sigma_i = \frac{3(1+\mu)}{2\pi}\left[\ln\left(\frac{2l}{\delta}\right) - 0.0772 + \frac{\pi\delta^2}{32l^2}\right]\frac{P}{h^2} \qquad (10\text{-}9)$$

当荷载作用面积较小时,压强可能很大。这时,如果仍采用薄板理论假设计算应力,就会得出偏大的结果。威斯特卡德分析了薄板与厚板理论计算结果的差异,提出了一种把小半径荷载面积放大成当量计算半径 b 的近似方法。b 和 δ 的关系按下式确定:

$$b = \sqrt{1.6\delta^2 + h^2} - 0.675h \qquad (10\text{-}10)$$

一般来说,当 $\delta \leqslant 0.5h$ 时,δ 必须按式(10-10)换算成 b 后,才能计算应力。

2. 板边缘中部受荷情况

当荷载作用于板边缘中部半圆面积内时,求解得到挠度和应力公式分别为:

$$W_e = \left(\frac{2+1.2\mu}{Eh^3k}\right)^{0.5}\left[1 - (0.76 + 0.4\mu)\frac{b_1}{l}\right]P \qquad (10\text{-}11)$$

$$\sigma_e = 2.116(1 + 0.54\mu_c)\left(\lg\frac{l}{\delta} + 0.08975\right)\frac{P}{h^2} \qquad (10\text{-}12)$$

在用试验路验证时发现,当板处于与地基保持完全接触的状态时,计算结果与实测值相符。但在板边缘由于板温度翘曲变形或地基塑性变形而与地基脱开时,实测应力值要比式(10-12)的计算结果偏高 10% 左右。为此,凯利(Kelley)根据试验结果提出了如下经验修正公式:

$$\sigma_e = 2.116(1 + 0.54\mu_c)\left(\lg\frac{l}{b} + \frac{1}{4}\lg\frac{b}{2.54}\right)\frac{P}{h^2} \qquad (10\text{-}13)$$

3. 板角隅受荷情况

根据最大位能原理导出了板角隅受荷时的挠度和应力计算公式。沿分角线的挠度曲线和板顶最大拉应力分别为:

$$W_{cx} = \left(1.1e^{-\frac{x}{l}} - \frac{\sqrt{2}\delta}{l} \times 0.88e^{\frac{2x}{l}}\right)\frac{P}{kl^2} \qquad (10\text{-}14)$$

$$\sigma_c = 3\left[1 - \left(\frac{\sqrt{2}\delta}{l}\right)^{0.6}\right]\frac{P}{h^2} \qquad (10\text{-}15)$$

而最大应力值出现的位置在距角隅点 $x_1 = 2.378\sqrt{\delta l}$ 处。

在温度梯度和地基塑性变形的影响下,板角隅也会发生与地基相脱空的现象。试验表明,当板角隅上翘时,实测应力值要比按式(10-15)算得的大 30% ~ 50%。对此,凯利也提出了经验修正公式,即:

$$\sigma_c = 3\left[1 - \left(\frac{\sqrt{2}\delta}{l}\right)^{1.2}\right]\frac{P}{h^2} \qquad (10\text{-}16)$$

对比式(10-9)~式(10-16)的计算结果,在同一轮载和路面结构情况下,板中受荷时产生的最大应力值低于板边和板角隅受荷时产生的最大值,为未翘曲的板边最大应力的2/3左右。角隅受荷时产生的最大应力,在板角未翘起的情况下低于板边受荷时产生的最大应力;而在板角翘起时,角隅受荷的最大应力超过未翘曲板边受荷的情况。

当多个轮载作用于板中时,可取其中一个轮载按均布荷载考虑,而其他轮载按集中荷载考虑,分别计算它们对均布荷载作用点所产生的挠度和应力值后,叠加得到总的挠度和应力值。当应力叠加时,需注意其作用方向,如统一取水平向为 x、竖直向为 y,则各轮载的切向和径向弯矩系数按下式转换为 x、y 方向的弯矩系数:

$$\begin{aligned}
\overline{M}_x &= \overline{M}_r\cos^2\alpha_1 + \overline{M}_t\sin^2\alpha_1 \\
\overline{M}_y &= \overline{M}_r\sin^2\alpha_1 + \overline{M}_t\cos^2\alpha_1
\end{aligned} \qquad (10\text{-}17)$$

式中:α_1——轮载作用位置与 x、y 坐标的夹角。

(四)弹性半无限体地基板的荷载应力分析

当半无限地基上无限大板受到集中或圆形均布荷载作用时,属于轴对称问题,可由板的挠曲面微分方程式(10-5)与地基假设模型及相应的关系式(10-7),解析得到板中最大挠度和应力计算公式为:

$$W_0 = \frac{Pl^2}{D}\,\overline{\omega}_0 \qquad (10\text{-}18)$$

$$\sigma_0 = \frac{6P}{h^2}\,\overline{M}_0 \qquad (10\text{-}19)$$

式中:$\overline{\omega}_0$、$\overline{M}_0$——板中挠度系数和弯矩系数,随 δ/l 而变,如表 10-8 所示。

δ——荷载作用面积的半径(m),当 $\delta < 0.5h$ 时,也应按式(10-10)以当量半径 b 代替;

l——半无限地基板的相对刚度半径,由下式计算:

$$l = \sqrt[3]{\frac{2D(1 - \mu_s^2)}{E_s}} = h\sqrt[3]{\frac{E_c(1 - \mu_s^2)}{6E_s(1 - \mu_0)}} \qquad (10\text{-}20)$$

式中:E_s——半无限地基的弹性模量(MPa);

μ_s——泊松比。

系数 δ/l	0.10	0.12	0.14	0.16	0.18	0.20	0.22	0.24	0.26	0.28	0.30
$\overline{\omega}_0$	0.383	0.383	0.382	0.382	0.381	0.380	0.379	0.379	0.378	0.377	0.376
$\overline{M}_0$	0.267	0.251	0.237	0.224	0.214	0.205	0.196	0.187	0.181	0.174	0.168

(五)有限尺寸板的有限元解

水泥混凝土面层是有限尺寸的矩形板,不同组合的轮载可在板上的任意位置驶过,板边缘按接缝类型的不同而有不同程度的相邻板之间的荷载传递能力,由于板温度翘曲变形和地基塑性变形的影响,在板边和角隅处,板底与地基有可能脱空。凡此种种,无论文克勒地基还是半无限地基上板的解析解,都不能考虑水泥混凝土面层的上述真实工作条件并给予解算。

对半无限地基上的有限尺寸矩形板(四边自由),将车轴一侧双轮组轮载简化成双方形荷载图式,借助于有限元法计算分析轴载在板上不同位置时板内的应力状况。

大量计算结果表明,在单轴荷载情况下,当轴载作用于纵向边缘(两侧双轮中有一侧靠贴纵边,另一侧在板内)中部时,应力最大,即以纵缝边缘中部作为临界荷位。

二、温度应力分析

水泥混凝土面层内不同深度处的温度随气温而发生周期性变化。这种变化使混凝土面层出现胀缩变形和翘曲变形。当胀缩变形和翘曲变形受阻时,面层内便会产生胀缩应力和翘曲应力。

(一)胀缩应力

设有一个长度和宽度均很大的板,在温差的影响下,板内任一点处的应变为:

$$\varepsilon_x = \frac{1}{E_c}(\sigma_x - \mu\sigma_y) + \alpha_c \Delta t$$

$$\varepsilon_y = \frac{1}{E_c}(-\mu\sigma_x + \sigma_y) + \alpha_c \Delta t \tag{10-21}$$

式中:α_c——混凝土的线膨胀系数,约为$1\times10^{-5}/℃$;

Δt——板顶面与底面的温度差(℃);

ε_x、ε_y——板的纵向应变和横向应变;

σ_x、σ_y——板纵向和横向的温度应力(MPa)。

在板中部,如果受到板和基层之间的摩阻力的完全约束,则当温度变化时,板不能移动,即:

$$\varepsilon_x = 0, \varepsilon_y = 0$$

代入式(10-21),可解得伸缩完全受阻时所产生的应力为:

$$\sigma_x = \sigma_y = -\frac{E_c \alpha_c \Delta t}{1-\mu} \tag{10-22}$$

对于板边缘中部或窄长板(长边平行于x轴),即:

$$\varepsilon_x = 0, \sigma_y = 0$$

则胀缩应力为:

$$\sigma_x = -E_c \alpha_c \Delta t \qquad (10\text{-}23)$$

在上述公式中,E_c 为混凝土的弹性模量(MPa)。E_c 的取值大小,应考虑应力作用的持续时间。当温度变化持续很久(如数天,甚至数月)时,由于混凝土的蠕变效应,其持久弹性模量仅为标准试验所得模量的 $1/3 \sim 2/3$。

为减小伸缩应力,设置各种接缝,把混凝土面层划分为短板。这时,约束板长变化的摩阻力随板的重量而变化,即与离板的距离成正比。最大的摩阻应力出现在板长的中央,其值可近似地按下式确定:

$$\sigma_t = \frac{\gamma f L}{2} \qquad (10\text{-}24)$$

式中:γ——混凝土的重度(kN/m^3);

$\quad$ L——板长(m);

$\quad$ f——板与基层之间的摩阻系数,与基层类型、板位移量和位移的反复情况等因素有关,
$\quad\quad\quad$ 一般采用 $1 \sim 2$。

将混凝土路面划分为有限尺寸板后,因胀缩而产生的应力很小,可不予考虑。

(二)翘曲应力

当板顶和板底出现温度差时,板产生翘曲变形。温度沿板的截面呈曲线分布。板的翘曲变形受到两方面的约束,如图 10-14 所示。

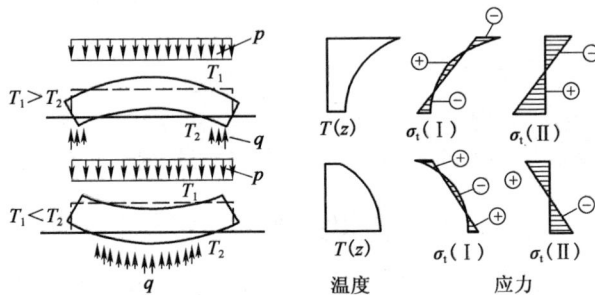

图 10-14 板内不同温度分布时产生的应力分布

p-板自重;q-地基反力;$+$-拉应力;$-$-压应力

第一方面是板的横截面在翘曲变形后仍保持为平面的倾向,它约束了由于温度呈曲线分布而产生的那部分超出平面状态的应变,由此而产生的应力称为内应力;第二方面是板的自重、地基的反力和相邻板的约束作用,使部分翘曲变形受阻,从而产生翘曲应力。由于薄板在温度梯度最大时的温度分布接近直线,由第一方面约束所产生的内应力值不太大,有时仅考虑第二方面约束,而假设温度沿截面呈直线分布。

当板顶的温度大于板底时,板的中部力图拱起,而在受约束后,板底面将出现拉应力;反之,当板顶的温度低于板底时,板的四周会翘曲,受到约束后,板顶面将出现拉应力。威斯特卡德首先采用文克勒地基假设,导出了仅受地基反力约束的翘曲应力计算公式。在推导过程中,他还假设温度沿板截面的变化为直线、板的自重忽略不计、板和地基始终保持接触。

布拉德伯利(Bradbury)综合考虑上述两方面,提出了长 L 和宽 B 均为有限尺寸的矩形板板中的翘曲应力计算公式:

$$\sigma_x = \frac{E_c \alpha_c \Delta t}{2}\left(\frac{C_x + \mu_c C_y}{1 - \mu_c^2}\right)$$

$$\sigma_y = \frac{E_c \alpha_c \Delta t}{2}\left(\frac{C_y + \mu_c C_x}{1 - \mu_c^2}\right) \qquad (10\text{-}25)$$

在纵缝板边缘中点的翘曲应力为：

$$\sigma_x = \frac{E_c \alpha_c \Delta t}{2} C_x \qquad (10\text{-}26)$$

式中：Δt——板顶与底面的温度差（℃）；

C_x、C_y——与 L/l 或 B/l 有关的系数：

$$C_x \text{ 或 } C_y = 1 - \frac{2\cos\lambda\,\text{ch}\lambda}{\sin2\lambda + \text{sh}2\lambda}(\tan\lambda + \text{th}\lambda) \qquad (10\text{-}27)$$

这里，计算 C_x 时，$\lambda = \dfrac{L}{l\sqrt{8}}$，计算 C_y 时，$\lambda = \dfrac{B}{l\sqrt{8}}$；$l$ 为相对刚度半径，见式（10-20）。

第六节　水泥混凝土路面应力分析及板厚设计

一、设计依据与设计参数

（一）设计依据

1. 设计安全等级和目标可靠度

水泥混凝土路面结构的设计安全等级及相应的设计基准期、目标可靠指标和目标可靠度应符合表10-9中的规定。

可靠度设计标准 表10-9

公路等级	高速公路	一级公路	二级公路	三级公路	四级公路
安全等级	一级		二级	三级	
设计基准期（a）	30		20	15	10
目标可靠度（%）	95	90	85	80	70
目标可靠指标	1.64	1.28	1.04	0.84	0.52

各安全等级路面的材料性能和结构尺寸参数的变异水平可分为低、中和高三个等级，应综合考虑公路等级及所采用的施工技术和能达到的施工质量控制与管理水平，结合实际，确定适宜的变异水平和相应的变异系数，其中，高速公路和一级公路的变异水平宜为低，二级公路的变异水平宜为中，确有困难时可按表10-10中规定的主要设计参数变异范围选择相应等变异系数。

变异系数 C_v 的变化范围 表10-10

变异水平等级	低	中	高
水泥混凝土的弯拉强度、弯拉弹性模量	$0.05 \leqslant C_v \leqslant 0.10$	$0.10 < C_v \leqslant 0.15$	$0.15 < C_v \leqslant 0.20$
基层顶面当量回弹模量	$0.15 \leqslant C_v \leqslant 0.25$	$0.25 < C_v \leqslant 0.35$	$0.35 < C_v \leqslant 0.55$
水泥混凝土面层厚度	$0.02 \leqslant C_v \leqslant 0.04$	$0.04 < C_v \leqslant 0.06$	$0.06 < C_v \leqslant 0.08$

2. 水泥混凝土路面板厚设计的极限状态

我国现行的水泥混凝土路面结构设计的极限状态,是以设计基准期内,在行车荷载和温度梯度综合作用下水泥混凝土面层板不产生疲劳断裂作为设计标准;并以最重轴载和最大温度梯度综合作用下,不产生极限断裂作为验算标准。其极限状态设计表达式可分别采用式(10-28)和式(10-29)。

$$\gamma_r(\sigma_{pr} + \sigma_{tr}) \leq f_r \qquad (10\text{-}28)$$

$$\gamma_r(\sigma_{p,max} + \sigma_{t,max}) \leq f_r \qquad (10\text{-}29)$$

式中:f_r——水泥混凝土弯拉强度标准值(MPa),按表10-14取值;

γ_r——可靠度系数,依据所选目标可靠度、变异水平等级及变异系数通过计算或按表10-11选择确定;

σ_{pr}——面层板在临界荷位处产生的行车荷载疲劳应力(MPa),计算方法参见式(10-39);

σ_{tr}——面层板在临界荷位处产生的温度梯度疲劳应力(MPa),计算方法参见式(10-53);

$\sigma_{p,max}$——最重的轴载在临界荷位处产生的最大荷载应力(MPa),计算方法参见式(10-68);

$\sigma_{t,max}$——所在地区最大温度梯度在临界荷位处产生的最大温度翘曲应力(MPa),计算方法参见式(10-54)。

可靠度系数 γ_r 表10-11

变异水平等级	目标可靠度			
	95%	90%	85%	70% ~ 80%
低	1.20 ~ 1.33	1.09 ~ 1.16	1.04 ~ 1.08	—
中	1.33 ~ 1.50	1.16 ~ 1.23	1.08 ~ 1.13	1.04 ~ 1.07
高	—	1.23 ~ 1.33	1.13 ~ 1.18	1.07 ~ 1.11

注:当变异系数在表10-11中变化范围的下限时,可靠度系数取低值;在上限时,取高值。

当设计采用贫混凝土或碾压混凝土基层时,由于此类基层具有比底基层大得多的刚度,因此会在基层层底产生较大的拉应力,需要对此进行应力分析,以确定合适的结构层厚度和所需的强度。贫混凝土或碾压混凝土基层应以设计基准期内行车荷载不产生疲劳断裂作为设计标准。其极限状态设计表达式可采用式(10-30)。

$$\gamma_r \sigma_{bpr} \leq f_{br} \qquad (10\text{-}30)$$

式中:σ_{bpr}——基层内产生的行车荷载疲劳应力(MPa),计算方法参见式(10-48);

f_{br}——基层材料的弯拉强度标准值(MPa)。

(二)设计计算参数

1. 设计荷载参数

水泥混凝土路面结构设计,按疲劳断裂设计标准进行结构分析时,以轴重为100kN的单轴双轮组荷载作为设计轴载。对于各种不同轴载的作用次数,按弯拉应力等效疲劳断裂原则换算成设计轴载的作用次数 N_s,参见式(2-12)。根据设计轴载累计作用次数判断道路的交通繁重程度。对极重交通等级的水泥混凝土路面,应选用货车中占主要份额特重车型的轴载作为设计轴载。

水泥混凝土路面的设计基准期为路面达到预定的极限状态时所能使用的年限,可根据国内外使用经验,并参照交通等级确定,一般为 20～30 年。若确定很长的使用年限,则远景交通量很难估计准确,而且会使初期建设投资过高。

设计基准期内设计轴载累计作用次数与路面建成通车后第一年的交通量、交通轴载组成和交通量的预期增长情况等因素有关。因此,应对道路交通状况进行详细调查、观测与预测。然后根据所得到的交通资料,按下式计算确定设计基准期内水泥混凝土路面设计车道临界荷位处所承受的设计轴载累计作用次数 N_e:

$$N_e = \frac{N_s \times \left[(1 + g_r)^t - 1 \right] \times 365}{g_r} \times \eta \qquad (10\text{-}31)$$

式中:N_s——使用初期设计车道的日标准轴载作用次数(轴次/车道),可由式(2-12)计算确定;

g_r——基准期内货车交通量的年平均增长率(以分数计);

t——设计基准期(a);

η——车轮轮迹横向分布系数,即路面横断面上某一宽度范围内实际受到的轴载作用次数占通过该车道断面总轴载作用次数的比例。

车辆轮迹仅具有一定的宽度(一侧轮迹通常为 50cm 左右,包括轮胎宽 2×20cm 和轮隙 10cm),车辆通过设计车道时只能覆盖一小部分的宽度,因此,车道横断面上各点所受到的轴载作用次数仅为通过该断面的总作用次数中的一部分。根据公路等级 η 的取值如表 10-12 所示。

车轮轮迹横向分布系数 η 的取值　　　　　　　表 10-12

公 路 等 级		纵缝边缘处
高速公路、一级公路、收费站		0.17～0.22
二级及二级以下公路	行车道宽>7m	0.34～0.39
	行车道宽≤7m	0.54～0.62

注:车道、行车道较窄或交通量较大时,取高值;反之,取低值。

水泥混凝土路面承受的交通,按设计车道在设计基准期内所承受的设计轴载累计作用次数 N_e 划分为 5 个等级,分级范围如表 10-13 所示。

交通荷载分级　　　　　　　　　表 10-13

交通荷载等级	极重	特重	重	中等	轻
设计基准期内设计车道承受设计轴载 (100kN)累计作用次数 $N_e(\times 10^4)$	>1×10⁶	2000～1×10⁶	100～2000	3～100	≤3

2. 板底地基当量回弹模量

(1)新建公路水泥混凝土板底地基当量回弹模量 E_t,应按下式计算确定:

$$E_t = \left(\frac{E_x}{E_0} \right)^\alpha E_0 \qquad (10\text{-}32)$$

式中:E_0——路床顶面的综合回弹模量(MPa);

α——与粒料层总厚度 h_x 有关的回归系数,按下式计算:

$$\alpha = 0.86 + 0.26\ln h_x \qquad (10\text{-}33)$$

h_x——粒料层的总厚度(m),按下式计算:

$$h_x = \sum_{i=1}^{n} h_i \qquad (10\text{-}34)$$

h_i——第 i 层结构层的厚度(m);

E_x——粒料层的当量回弹模量(MPa),按下式计算;

$$E_x = \sum_{i=1}^{n} (h_i^2 E_i) / \sum_{i=1}^{n} h_i^2 \qquad (10\text{-}35)$$

E_i——第 i 层结构层的回弹模量(MPa)。

(2)在旧沥青混凝土路面上加铺水泥混凝土面层时,原沥青混凝土路面顶面的地基综合当量回弹模量 E_t 可根据落锤式弯沉仪(荷载为 50kN、承载板半径为 150mm)中心点弯沉的测定结果,按式(10-36);或贝克曼梁(后轴重 100kN 的车辆)的弯沉测定结果,按式(10-37)确定。

$$E_t = 18621/w_0 \qquad (10\text{-}36)$$

$$E_t = 13739 w_0^{-1.04} \qquad (10\text{-}37)$$

式中:w_0——路段代表弯沉值(0.01mm),按下式计算:

$$w_0 = \bar{w} + 1.04 S_w \qquad (10\text{-}38)$$

$\bar{w}$——路段弯沉平均值(0.01mm);

S_w——路段弯沉的标准值(0.01mm)。

3. 水泥混凝土的设计弯拉强度与弯拉弹性模量

水泥混凝土路面以 28d 龄期的弯拉强度作为设计控制指标,当混凝土浇筑后 90d 内不开放交通时,可采用 90d 龄期的弯拉强度。各交通等级要求的混凝土弯拉强度标准值不得低于表 10-14 中的规定。

水泥混凝土的设计弯拉强度标准值与弹性模量　　　　　　　　　表 10-14

交 通 等 级		极重、特重、重交通	中 等 交 通	轻 交 通
普通混凝土	弯拉强度标准值 f_r(MPa)	5.0	4.5	4.0
	抗压强度(MPa)	41.8	35.8	29.7
	弯拉弹性模量 E_c(GPa)	31	29	27
钢纤维混凝土	弯拉强度标准值 f_r(MPa)	6.0	5.5	4.0

二、荷载疲劳应力分析

在我国现行《公路水泥混凝土路面设计规范》(JTG D40)中,以混凝土面层板的纵缝边缘中部作为产生最大荷载和温度梯度综合疲劳损坏的临界荷位。

设计轴载 P_s 在临界荷位处产生的荷载疲劳应力按下式确定:

$$\sigma_{pr} = k_r k_f k_c \sigma_{ps} \qquad (10\text{-}39)$$

式中:σ_{pr}——设计轴载在面层板临界荷位处产生的荷载疲劳应力(MPa);

σ_{ps}——设计轴载在不同类型的混凝土板临界荷位处产生的荷载应力(MPa);

k_r——考虑接缝传荷能力的应力折减系数,采用混凝土路肩时,$k_r = 0.87 \sim 0.92$(路肩面层与路面面层等厚时取低值,减薄时取高值);采用柔性路肩或土路肩时,$k_r = 1.0$;

k_f——考虑设计基准期内荷载应力累计疲劳作用次数的疲劳应力系数,按下式计算:

$$k_f = N_e^\lambda \qquad (10\text{-}40)$$

N_e——设计基准期内设计轴载累计作用次数,按式(10-31)计算;

λ——与材料性质有关的疲劳指数,普通混凝土、钢筋混凝土、连续配筋混凝土,$\lambda = 0.057$;碾压混凝土和贫混凝土,$\lambda = 0.065$;对于钢纤维混凝土,按下式计算:

$$\lambda = 0.053 - 0.017\rho_f \frac{l_f}{d_f} \qquad (10\text{-}41)$$

ρ_f——钢纤维的体积率(%);

l_f——钢纤维的长度(mm);

d_f——钢纤维的直径(mm);

k_c——考虑计算理论与实际差异以及动载等影响的综合系数,按公路等级查表10-15确定。

综 合 系 数 k_c　　　　　　　　表10-15

道路等级	高速公路	一级公路	二级公路	三级、四级公路
k_c	1.15	1.10	1.05	1.00

1. 力学计算模型

水泥混凝土板结构分析及厚度计算时,基层与面层板的平面尺寸可以不相等。荷载应力应用弹性半无限(E)地基小挠度薄板理论力学模型及有限元法求解,基层板与面层板采用立方体弹性单元,层间水平滑动、竖向受压连续但不承受拉力。温度翘曲应力用近似解析法求解,基层板与面层板采用文克勒(K)地基薄板假设,层间为竖向线性弹簧相连。

水泥混凝土面层板的临界荷载位置位于纵缝边缘中部。基层板的临界荷载位置与面层板相同。

按基层和面层类型结构组合的不同,路面结构分析及厚度计算时可分别采用:①弹性地基单层板;②弹性地基双层板;③复合板等三种模型。

由于碾压混凝土和贫混凝土基层的刚度接近于混凝土面层,与下卧的底基层和路床的刚度相差较大。如果将这两类基层与下卧结构层和路基组合成弹性地基,按其综合模量计算面层厚度,一方面会得到偏保守的计算结果,另一方面会忽视基层底面因弯拉应力超过其强度而出现开裂的可能性。因此,将这两种基层与面层组合在一起,按分离式双层板进行结构分析,可以反映这两种基层的力学特性,并通过调节上、下层的厚度,使上、下层板的板底弯拉应力和弯拉强度处于协调或平衡状态。

无机结合料稳定类基层和沥青结合料类基层的刚度,也要比底基层和路床的刚度大很多。将这两类基层与下卧结构层和路基组合成弹性地基,也会使地基综合模量和面层板的应力分析结果出现较大偏差。为此,也将这两类基层与面层组合在一起,按分离式双层板进行结构分析与厚度计算。路面结构的其他层次,即粒料类基层和各类底基层与路基一起组合成层状弹性地基,按层状体系理论综合成当量的均质体,以地基综合回弹模量进行表征,采用弹性地基单层板力学模型进行结构分析与厚度计算。

2. 弹性地基单层板荷载应力

弹性地基单层板荷载应力计算模型,适用于粒料基层上混凝土面层,旧沥青路面加铺混凝

269

土面层。面层板底面以下部分按弹性地基处理。设计轴载 P_s 在四边自由板临界荷位处(纵缝边缘中部)产生的荷载应力 σ_{ps},应按下式计算。

$$\sigma_{ps} = 1.47 \times 10^{-3} \gamma^{0.70} h_c^{-2} P_s^{0.94} \tag{10-42}$$

$$\gamma = 1.21 (D_c/E_t)^{1/3} \tag{10-43}$$

式中:γ——混凝土面层板的相对刚度半径(m),按式(10-43)计算;

h_c——混凝土面层板的厚度(m);

P_s——设计轴载的单轴重(kN);

D_c——混凝土面层板的截面弯曲刚度(MN·m),按下式计算:

$$D_c = \frac{E_c h_c^3}{12(1 - \mu_c^2)} \tag{10-44}$$

E_c——混凝土弯拉弹性模量(MPa);

μ_c——泊松比;

E_t——板底地基当量回弹模量(MPa),新建公路按式(10-32)计算,旧沥青路面上加铺混凝土面层按式(10-36)或式(10-37)计算。

3. 弹性地基双层板荷载应力

弹性地基双层板荷载应力计算模型,适用于无机结合料稳定类基层或沥青类基层上混凝土面层,旧混凝土路面上加铺分离式混凝土面层。面层和基层或者新旧面层作为双层板,基层底面以下或者旧面层底面以下部分按弹性地基处理。设计轴载 P_s 在上层板临界荷位处产生的荷载应力 σ_{ps},应按下式计算。

$$\sigma_{ps} = \frac{1.45 \times 10^{-3}}{1 + D_b/D_c} r_g^{0.65} h_c^{-2} P_s^{0.94} \tag{10-45}$$

$$D_b = \frac{E_b h_b^3}{12(1 - \mu_b^2)} \tag{10-46}$$

$$r_g = 1.21 [(D_c + D_b)/E_t]^{1/3} \tag{10-47}$$

式中: D_b——下层板的截面弯曲刚度(MN·m),按式(10-46)计算;

h_b、E_b、μ_b——下层板的厚度(m)、弯拉弹性模量(MPa)和泊松比;

r_g——双层板的总相对刚度半径(m),按式(10-47)计算;

h_c、D_c——上层板的厚度(m)和截面弯曲刚度(MN·m),按式(10-44)计算。

贫混凝土或碾压混凝土基层板或者下面层板的荷载疲劳应力 σ_{bpr},应按式(10-48)计算。设计轴载 P_s 在下层板临界荷位处产生的荷载应力 σ_{bps},应按式(10-49)计算。其中疲劳应力系数 k_f 和综合系数 k_c 的确定方法与单层板的确定方法相同。

$$\sigma_{bpr} = k_f k_c \sigma_{bps} \tag{10-48}$$

$$\sigma_{bps} = \frac{1.41 \times 10^{-3}}{1 + D_c/D_b} r_g^{0.68} h_b^{-2} P_s^{0.94} \tag{10-49}$$

4. 复合板荷载应力计算

复合板荷载应力计算模型,适用于两层不同性能材料组成的面层或基层复合板。旧混凝土路面上加铺结合式混凝土面层,两层不同性能材料组成的层间黏结的面层,作为弹性地基上单层板或者弹性地基上双层板的上层板;无机结合料稳定类基层或沥青类基层与无机结合料稳定类底基层组成的基层,作为弹性地基上双层板的下层板。混凝土面层复合板的荷载疲劳应力和最大荷载应力计算,与单层板或上层板完全相同,只需用面层复合板的截面弯曲刚度 $\widetilde{D}_c$ 和等效厚度 $\widetilde{h}_c$ 替代单层板或上层板的弯曲刚度 D_c 和厚度 h_c 即可,板相对刚度半径 r 或 r_g 应根据面层复合板弯曲刚度重新计算。面层复合板弯曲刚度 $\widetilde{D}_c$ 应按式(10-50)计算,等效厚度 $\widetilde{h}_c$ 应按式(10-51)计算。

$$\widetilde{D}_c = \frac{E_{c1}h_{c1}^3 + E_{c2}h_{c2}^3}{12(1-\mu_{c2}^2)} + \frac{(h_{c1}+h_{c2})^2}{4(1-\mu_{c2}^2)}\left(\frac{1}{E_{c1}h_{c1}} + \frac{1}{E_{c2}h_{c2}}\right)^{-1} \tag{10-50}$$

$$\widetilde{h}_c = 2.42\sqrt{\frac{\widetilde{D}_c}{E_{c2}d_x}} \tag{10-51}$$

$$d_x = \frac{1}{2}\left[h_{c2} + \frac{E_{c1}h_{c1}(h_{c1}+h_{c2})}{E_{c1}h_{c1}+E_{c2}h_{c2}}\right] \tag{10-52}$$

式中:E_{c1}、h_{c1}——面层复合板上层的弯拉弹性模量(MPa)和厚度(m);

E_{c2}、μ_{c2}、h_{c2}——面层复合板下层的弯拉弹性模量(MPa)、泊松比和厚度(m);

d_x——面层复合板中性轴至下层底部的距离(m),按式(10-52)计算。

三、温度疲劳应力分析

水泥混凝土面层板内的温度梯度经历着年变化和日变化,水泥混凝土面层板内温度梯度的日变化可近似地用半正弦曲线表征,并可以按各地的太阳辐射热年变化规律推演出温度梯度的变化,进而为不同的路面结构分析出相应的温度应力变化。

依据等效疲劳损伤的原则,可以寻求温度疲劳应力值,它所产生的疲劳损伤量与年变化的温度应力所产生的累计疲劳损伤量相等。经计算分析,临界荷位处的温度疲劳应力 σ_{tr} 可用下式表示:

$$\sigma_{tr} = k_t\sigma_{t,max} \tag{10-53}$$

式中:σ_{tr}——临界荷位处的温度疲劳应力(MPa);

$\sigma_{t,max}$——最大温度梯度时面层板产生的最大温度翘曲应力(MPa),按式(10-54)确定;

k_t——考虑温度翘曲应力累计疲劳作用的疲劳应力系数,按式(10-56)确定。

1. 弹性地基单层板温度应力

对于弹性地基单层板,采用温度沿板断面呈直线分布的假设,即按板顶和板底的温度差确定的温度梯度计算的温度翘曲应力会偏大。为此,应考虑由于温度的非线性分布而引起的内应力。按板底受约束的应变量,可以推导出内应力的计算公式。将它与翘曲应力叠加后,可以得到最大温度梯度时考虑内应力的温度翘曲应力的计算公式:

$$\sigma_{t,max} = \frac{E_c\alpha_c h_c T_g}{2}B_L \tag{10-54}$$

式中:α_c——混凝土的线膨胀系数,根据粗集料的岩性,按表10-16取用;

T_g——公路所在地50年一遇的最大温度梯度,查表10-17取用;

B_L——综合温度翘曲应力和内应力的温度应力系数,按式(10-55)计算:

$$B_L = 1.77e^{-4.48h_c}C_L - 0.131(1 - C_L) \tag{10-55}$$

$$C_L = 1 - \frac{\sinh t\cos t + \cosh t\sin t}{\cos t\sin t + \sinh t\cosh t} \tag{10-56}$$

其中,与双层板的总相对刚度半径$r(m)$和板长L,即横缝间距(m)有关的参数,按下式计算:

$$t = \frac{L}{3r} \tag{10-57}$$

水泥混凝土线膨胀系数经验参考值   表10-16

粗集料类型	石英岩	砂岩	砾岩	花岗岩	玄武岩	石灰岩
水泥混凝土线膨胀系数(10^{-6}/℃)	12	12	11	10	9	7

板顶面与板底面的温度差通常表示为板的温度梯度乘以板厚,即$\Delta t = T_g h$。水泥混凝土路面的最大温度梯度标准值T_g,可按照公路所在地的公路自然区划按表10-17选用。

最大温度梯度标准值 T_g 表10-17

公路自然区划	Ⅱ、Ⅴ	Ⅲ	Ⅳ、Ⅵ	Ⅶ
最大温度梯度(℃/m)	83～88	90～95	86～92	93～98

注:海拔高时取高值;湿度大时取低值。

温度疲劳应力系数k_t按下式计算确定:

$$k_t = \frac{f_r}{\sigma_{t,max}}\left[a_t\left(\frac{\sigma_{t,max}}{f_r}\right)^{b_t} - c_t\right] \tag{10-58}$$

式中:a_t、b_t、c_t——回归系数,按所在地区的公路自然区划查表10-18确定。

回归系数 a_t、b_t 和 c_t 表10-18

系数	公路自然区划					
	Ⅱ	Ⅲ	Ⅳ	Ⅴ	Ⅵ	Ⅶ
a_t	0.828	0.855	0.841	0.871	0.837	0.834
b_t	1.323	1.355	1.232	1.287	1.382	1.270
c_t	0.041	0.041	0.058	0.071	0.038	0.052

2. 弹性地基双层板温度应力

对于弹性地基双层板,上层板的温度疲劳应力σ_{tr}、最大温度翘曲应力$\sigma_{t,max}$、综合温度翘曲应力和内应力的温度应力系数B_L的计算式与单层板相同,应分别按式(10-53)、式(10-54)、式(10-55)计算,其中式(10-55)中的温度翘曲应力系数C_L,应对上层板按下式(10-59)计算,下层板的温度翘曲应力不需要计算分析。

$$C_L = 1 - \left(\frac{1}{1+\xi}\right)\frac{\sinh t\cos t + \cosh t\sin t}{\cos t\sin t + \sinh t\cosh t} \tag{10-59}$$

$$t = \frac{L}{3r_g} \tag{10-60}$$

$$\xi = -\frac{(k_n r_g^4 - D_c)r_\beta^3}{(k_n r_\beta^4 - D_c)r_g^3} \tag{10-61}$$

$$r_\beta = \left[\frac{D_c D_b}{(D_c + D_b) k_n} \right]^{\frac{1}{4}} \tag{10-62}$$

$$k_n = \frac{1}{2} \left(\frac{h_c}{E_c} + \frac{h_b}{E_b} \right)^{-1} \tag{10-63}$$

式中:ξ——与双层板结构有关的参数,按式(10-61)计算;

r_β——层间接触状况参数,按式(10-62)计算;

k_n——面层与基层之间竖向接触刚度,上下层之间不设沥青混凝土夹层或隔离层时按式(10-63)计算,设沥青混凝土夹层或隔离层时,k_n 取 3000MPa/m。

3. 复合板温度应力

水泥混凝土面层复合板的温度疲劳应力 σ_{tr} 计算和疲劳温度应力系数 B_L 与单层板相同。最大温度翘曲应力 $\sigma_{t,max}$ 应按式(10-64)计算。

$$\sigma_{t,max} = \frac{\alpha_c T_g E_{c2} (h_{c1} + h_{c2})}{2} B_L \zeta \tag{10-64}$$

$$\zeta = 1.77 - 0.27 \ln \left(\frac{h_{c1} E_{c1}}{h_{c2} E_{c2}} + 18 \frac{E_{c1}}{E_{c2}} - 2 \frac{h_{c1}}{h_{c2}} \right) \tag{10-65}$$

式中:B_L——面层复合板的温度应力系数,按式(10-55)计算,其中,面层板厚度 h_c 取面层复合板的总厚度($h_{c1} + h_{c2}$),式(10-55)中温度翘曲应力系数 C_L,单层板时按式(10-56)计算,双层板时按式(10-59)计算;

ζ——面层复合板的最大温度应力修正系数,按式(10-65)计算。

基层为复合板时,相当于有三层刚性路面结构层的情况,类似于贫混凝土或碾压混凝土基层用结合式双层板代替的情况。在利用弹性地基双层板模型前,要将基层复合板的弯曲刚度按式(10-66)予以修正。并以此弯曲刚度 D_{b0} 替代弹性地基双层板的下层板的截面弯曲刚度 D_b,参见式(10-46),用于计算双层板的荷载应力和温度应力。

$$D_{b0} = D_{b1} + D_{b2} \tag{10-66}$$

$$\sigma_{bpr} = \frac{\widetilde{\sigma}_{bpr}}{1 + D_{b2}/D_{b1}} \tag{10-67}$$

式中:D_{b0}——基层复合板的截面弯曲刚度(MN·m);

D_{b1}、D_{b2}——基层和底基层的弯曲刚度(MN·m),分别按基层和底基层的厚度 h_{b1} 和 h_{b2} 以及弹性模量 E_{b1} 和 E_{b2},由式(10-46)计算得到;

$\widetilde{\sigma}_{bpr}$——按式(10-49)计算得到的基层复合板的名义荷载应力,其中,以基层厚度 h_{b1} 及复合板弯曲刚度 D_{b0},分别替代式中基层厚度 h_b 及基层板的弯曲刚度 D_b。

基层为贫混凝土或碾压混凝土时,复合板中基层的荷载疲劳应力 σ_{bpr} 应按式(10-67)计算。其他类型基层不需进行荷载疲劳应力计算。

四、最大荷载应力分析

最重轴载在面层(单层)板临界荷位处产生的最大荷载应力 $\sigma_{p,max}$,应按下式计算:

$$\sigma_{p,max} = k_r k_c \sigma_{pm} \tag{10-68}$$

式中:$\sigma_{p,max}$——最重轴载 P_m 在面层板临界荷位处产生的最大荷载应力(MPa);

σ_{pm}——最重轴载 P_m 在四边自由板临界荷位处产生的最大荷载应力(MPa),可按弹性地基单层板荷载应力公式(10-42)计算,式中的设计轴载 P_s 改为最重轴载 P_m (以单轴计,kN)。

最重轴载在双层板的上层板临界荷位处产生的最大荷载应力,应按式(10-68)计算。其中,应力折减系数 k_r 综合系数 k_c 与式(10-39)中相同。最重轴载在四边自由板临界荷位处产生的最大荷载应力(MPa),可按弹性地基双层板荷载应力公式(10-45)计算,式中的设计轴载 P_s 改为最重轴载 P_m (以单轴计,kN)。

五、混凝土路面板厚度设计计算流程

1. 收集并分析交通荷载参数

收集日交通量和轴载组成数据,确定轮迹分布系数,计算设计车道设计轴载日作用次数;由此确定道路的交通荷载等级,进而选定设计基准期、预估设计基准期内交通量的年平均增长率,计算设计基准期内设计轴载累计作用次数。

2. 路面结构组合设计

根据公路及交通荷载等级和目标可靠度等初步选定路面结构中包括路床、垫层、基层、面层的材料类型和厚度;按表10-1所列的水泥混凝土面层厚度参考范围,初选混凝土板厚度,拟定板平面尺寸和接缝构造。

3. 确定路面材料设计参数

通过试验确定混凝土材料的设计弯拉强度和弹性模量,基层、底基层及垫层材料和路基土的回弹模量,确定混凝土板底地基顶面的当量回弹模量。

4. 选择应力分析力学模型

按照初拟路面结构的组合情况,选择相应的结构分析模型(单层板、双层板及复合板等)。

5. 厚度计算流程图

参照图10-15所示的混凝土路面板厚度计算流程图,分别计算混凝土面层板(单层板或双层板的面层板)的最重轴载产生的最大荷载应力、设计轴载产生的荷载疲劳应力、最大温度梯度产生的最大温度应力及温度疲劳应力。

6. 检验初拟路面结构并确定厚度

当荷载疲劳应力与温度疲劳应力之和与可靠度系数的乘积,小于且接近于混凝土弯拉强度标准值,同时,最大荷载应力与最大温度应力之和与可靠度系数的乘积,小于混凝土弯拉强度标准值,即满足式(10-28)和式(10-29)时,初选厚度可作为混凝土板的计算厚度。

贫混凝土或碾压混凝土基层或者双层板的下层板,需计算其荷载疲劳应力,并检算荷载疲劳应力与可靠度系数的乘积是否小于其材料的弯拉强度标准值,即满足式(10-30)。

7. 不满足设计及检验标准时的处理

若不能同时满足式(10-28)、式(10-29)及式(10-30),则应改变混凝土面层板厚度或(和)

调整基层类型或(和)厚度,重新计算,直到同时满足式(10-28)、式(10-29)及式(10-30)。

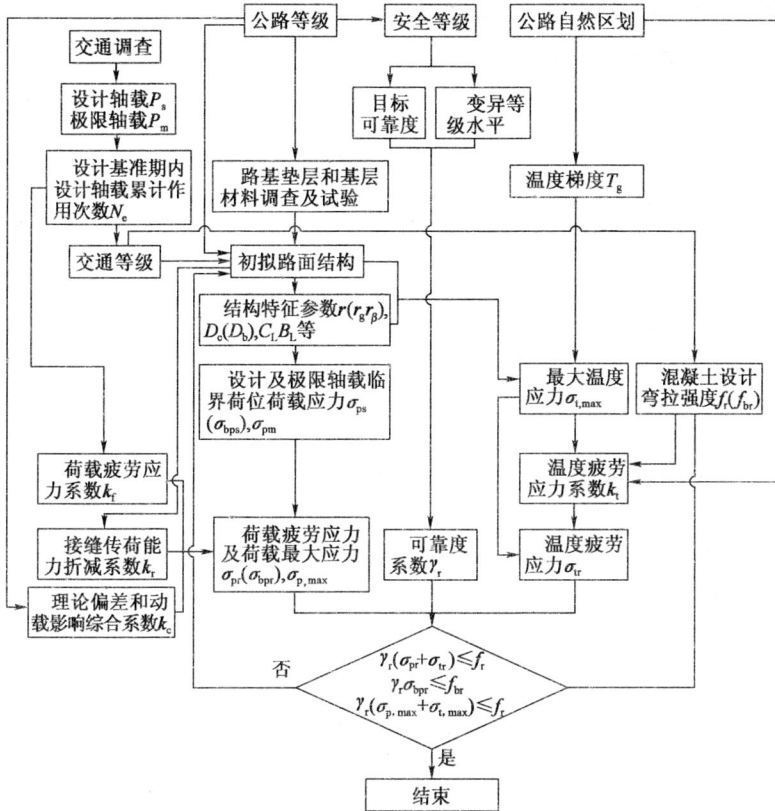

图 10-15   混凝土路面板厚度计算流程图

8. 确定混凝土面层设计厚度

计算厚度加 6mm 磨耗厚度后,应按 10mm 向上取整,作为混凝土面层的设计厚度。

第七节   水泥混凝土路面加铺层及改建设计

一、水泥混凝土路面的技术状况调查与强度评定

路面在使用过程中,由于行车荷载和环境因素的不断作用,其使用性能会逐渐衰变。当路面的结构状况或表面功能不能满足使用要求时,需采取修复措施,以恢复或提高其使用性能。在旧混凝土路面上铺设加铺层是一项充分利用旧路面剩余强度,可在较长时期内恢复或提高路面使用性能的有效技术措施。加铺层结构设计时,必须建立在对旧路面的结构性能进行全面调查和确切评价的基础上,它要比新建路面的设计更为复杂。为此,在旧混凝土路面上铺设加铺层设计之前,应对旧混凝土路面进行技术状况调查,主要内容包括以下几方面:

(1)公路修建和养护技术资料:路面结构和材料组成、接缝构造及养护历史等。

(2)路面损坏状况:损坏类型、轻重程度、范围及修补措施等。

(3)路面结构强度:路表弯沉、接缝传荷能力、板底脱空状况、面层厚度和混凝土强度等。

(4)已承受的交通荷载及预计的交通需求:交通量、轴载组成及增长率等。

(5)环境条件:沿线气候条件、地下水位以及路基和路面的排水状况等。

(6)桥隧净空:沿线跨线桥以及隧道的净空要求等。

此外,对地表或地下排水不良路段,应采取措施改善或增设地表或地下排水设施,旧混凝土路面结构排水不良路段,应增设路面边缘排水系统。加铺层设计应包括施工期间维持通车的设计方案与交通安全组织管理等。废旧路面材料应充分利用,减少对环境的不利影响。

(一)路面损坏状况调查与评定

路面损坏状况是路面结构的物理状况和承载力的表观反映。水泥混凝土路面的病害有面层断裂、变形、接缝损坏、表层损坏和修补损坏等多种损坏类型。其中,对混凝土路面结构性能与行车舒适性影响最大的是断裂类损坏和接缝错台两种,它们是决定加铺层结构形式及其厚度设计的主要因素。因此,在旧混凝土路面的损坏状况评定及加铺层设计中,以断板率和平均错台量两项指标来表征旧混凝土路面的损坏状况。

对于断板率的调查,将路面破损状况以病害类型、轻重程度和出现的范围或密度三个属性表征。各种病害和轻重程度出现的范围或密度,以调查路段内出现该种病害和轻重程度等级的混凝土板块数量占该路段板块总数的百分率计。当同一块板内存在多种病害或轻重程度等级时,以最显著的种类或最重的程度计入系数。

调查工作采用目测和仪具量测方法,每年或每两年进行一次,视破损状况的发展速度而定。为确定需采取养护措施的路段或为路面改建设计提供依据而进行的调查,应沿整个调查路段逐块板进行;为了解和评定路面现状对使用要求的适应程度,以制定养护政策、分配养护资金、规划养护工程项目、编制养护计划而进行的调查,可采用抽样调查方法。

对于平均错台量的调查,可采用错台仪或其他方法量测接缝两侧板边的高程差,量测点的位置在错台严重车道右侧边缘内 300mm 处,以调查路段内各条接缝高程差的平均值表示该路段的平均错台量。

为了有针对性地选择加铺层的结构形式,依据断板率和平均错台量两项指标,将路面损坏状况划分为优良、中、次、差四个等级,如表 10-19 所示。

路面损坏状况分级标准   表 10-19

等级	优良	中	次	差
断板率(%)	≤5	5 ~ 10	10 ~ 20	>20
平均错台量(mm)	≤3	3 ~ 7	7 ~ 12	>12

(二)接缝传荷能力和板底脱空状况调查评定

旧混凝土面层板的接缝传荷能力和板底脱空状况可采用弯沉测试法调查评定。弯沉测试宜采用落锤式弯沉仪,也可采用梁式弯沉仪,其支点不得落在弯沉盆内。路面表面在荷载作用下的弯沉量和弯沉曲线反映了路面结构的承载力。弯沉测试是一项无破损试验,具有测点数量多、对交通干扰少的优点,在旧混凝土路面的接缝传荷能力、板底脱空状况和基层顶面的当量回弹模量等的调查评定中得到了广泛的应用。水泥混凝土路面的整体刚度大,弯沉量小,弯沉盆大(弯沉曲线的曲率半径大)。落锤式弯沉仪产生的脉冲力可以较好地模拟行车荷载对路面的作用,可以方便地测定弯沉曲线,并进行多级加载测试,具有测试速度快、精度高的优点,是进行路面弯沉量测较为理想的设备。

测定接缝传荷能力的试验荷载应接近标准轴载的一侧轮载(50kN)。将荷载施加在邻近接缝的路面表面,实测接缝两侧边缘的弯沉值。按下式计算接缝的传荷系数:

$$k_j = \frac{w_u}{w_1} \times 100\% \qquad (10\text{-}69)$$

式中:k_j——接缝的传荷系数(%);

w_u——未受荷板接缝边缘处的弯沉值(0.01mm);

w_1——受荷板接缝边缘处的弯沉值(0.01mm)。

为了避免温度和温度梯度对接缝传荷能力量测结果的影响,接缝传荷能力的测定应选择在接缝缝隙张开而板角未出现向上翘曲变形的时刻,板角弯沉测定应选择在白天正温度梯度的时段,而板中弯沉的测定应选择在出现负温度梯度或正温度梯度很小的夜间至清晨时段进行。

接缝是混凝土路面结构最薄弱的部位,混凝土路面的绝大多数损坏都发生在接缝附近。对于加铺层设计而言,旧面层接缝(或裂缝)处的弯沉量和弯沉差值是引起加铺层出现反射裂缝的主要原因。因此,常以接缝或裂缝处的板边平均弯沉量和弯沉差作为沥青混凝土加铺层设计的控制指标。接缝传荷系数是反映接缝边缘处相邻板的传荷能力的指标。按传荷系数大小,将接缝的传荷能力划分为优良、中、次、差四个等级,如表10-20所示,可作为选择加铺层结构形式和采取反射裂缝防治措施的参考依据。

接缝的传荷能力分级标准

表10-20

等级	优良	中	次	差
接缝的传荷系数 k_j(%)	≥80	60~80	40~60	<40

由唧泥引起的板底脱空使板角隅和边缘失去部分支承,在行车荷载作用下,将产生较大的弯沉和应力,最终导致加铺层损坏。板底脱空可根据面层板角隅处的多级荷载弯沉测试结果,点绘出荷载—弯沉关系曲线。当关系曲线的后延线与坐标线的相截点偏离坐标原点时,板底便可能存在脱空。

(三)旧混凝土路面结构参数调查

旧混凝土路面结构参数调查内容包括面层厚度、面层弯拉强度和弯拉弹性模量、路面基层顶面的当量回弹模量等。

旧混凝土面层厚度的标准值可根据钻孔芯样的量测高度,按下式计算确定:

$$h_e = \overline{h_e} - 1.04s_h \qquad (10\text{-}70)$$

式中:h_e——旧混凝土面层量测厚度的标准值(mm);

$\overline{h_e}$——旧混凝土面层量测厚度的均值(mm);

s_h——旧混凝土面层厚度量测值的标准差(mm)。

旧混凝土面层弯拉强度的标准值可采用钻孔芯样的劈裂试验测定结果,按下式计算确定:

$$f_r = 1.87f_{sp}^{0.87} \qquad (10\text{-}71)$$

式中:f_r——旧混凝土弯拉强度的标准值(MPa);

f_{sp}——旧混凝土劈裂强度的标准值(MPa):

$$f_{sp} = \overline{f_{sp}} - 1.04s_{sp} \qquad (10\text{-}72)$$

$\overline{f_{sp}}$——旧混凝土劈裂强度测定值的均值(MPa);

s_{sp}——旧混凝土劈裂强度测定值的标准差(MPa)。

旧混凝土的弯拉弹性模量标准值可按下式计算确定：

$$E_c = \frac{10^4}{0.09 + \dfrac{0.96}{f_r}}$$ (10-73)

式中：E_c——旧混凝土的弯拉弹性模量标准值(MPa)；

  f_r——旧混凝土的弯拉强度标准值(MPa)。

旧混凝土路面基层顶面的当量回弹模量标准值，宜采用落锤式弯沉仪(设计荷载为100kN，承载板半径为150mm)量测板中荷载作用下的弯沉曲线，按下式计算确定：

$$E_t = 100e^{(3.60+24.03w_0^{0.057}-15.63SI^{0.222})}$$ (10-74)

式中： E_t——基层顶面的当量回弹模量标准值(MPa)；

  w_0——荷载中心处的弯沉值(μm)；

  SI——路面结构的荷载扩散系数：

$$SI = \frac{w_0 + w_{300} + w_{600} + w_{900}}{w_0}$$ (10-75)

w_{300}、w_{600}、w_{900}——荷载中心300mm、600mm和900mm处的弯沉值(μm)。

当采用落锤式弯沉仪的条件受限时，也可选择在清除断裂混凝土板后的基层顶面进行贝克曼梁式弯沉测量，而后按式(10-37)反算，或者根据基层钻芯的材料组成及性能情况依经验确定。

二、水泥混凝土路面加铺层结构设计

水泥混凝土路面加铺层及改建设计，根据使用要求及旧混凝土路面的综合评定结果，可选用分离式或结合式水泥混凝土加铺结构，或沥青混凝土加铺结构，并经技术经济比较后确定。加铺层及改建设计还应包括施工期间维持通车的设计方案。

对旧混凝土路面进行分段等级评定，若路面的断板和平均错台量评定等级不一致时，以指标中较低的评定等级作为该路段的损坏状况评定等级。按路段综合评定结果，参照表10-21选定采用何种加铺结构或改建方案。

旧水泥混凝土路面加铺改建方案　　　　　　　　　　　　表10-21

接缝传荷能力评价等级		优良		中		次	差
路面损坏状况评价等级		优良	其他	中等以上	其他		
加铺改建方案	结合式混凝土加铺	★					
	分离式混凝土加铺	★	★	☆			
	沥青混凝土加铺	★	★	★	★	☆	
	打裂压稳改建				★		
	碎石化改建					★	★
	挖除改建						★

注：★各级公路适用加铺改建方案；☆二级及二级以下公路适宜加铺改建方案，高速公路、一级公路不适用。

(1)当旧混凝土路面的损坏状况和接缝传荷能力评定等级为优良、面层板的平面尺寸及接缝布置合理、路拱横坡符合要求时，可采用结合式混凝土加铺方案、分离式混凝土加铺方案或沥青混凝土加铺方案。

（2）当旧混凝土路面的损坏状况和接缝传荷能力评定等级为中或次，或者新旧混凝土板的平面尺寸不同、接缝形式或位置不对应，或者路拱横坡不一致时，应采用分离式混凝土加铺方案或沥青混凝土加铺方案。

（3）当旧混凝土路面的损坏状况和接缝传荷能力评定等级为次等以上时，可采用沥青混凝土加铺层。

加铺层铺筑前，必须要对旧水泥混凝土路面进行处治，应更换破碎板，修补和填封裂缝，压浆填封板底脱空，磨平错台，清除旧混凝土面层表面的松散碎屑、油污或轮胎擦痕，剔除接缝中失效的填缝料和杂物，并重新封缝。对于检测有明显板底脱空的路段，应采用压浆材料填封板底脱空，浆体材料应具备流动性好、早期强度高、无离析、无泌水、无收缩等特性。

（4）当旧混凝土面层损坏严重，调查评定的旧混凝土路面断板率、平均错台量和接缝传荷能力均处于差级水平，尤其是当旧混凝土面层板下出现严重唧泥、脱空或地基沉降时，对旧混凝土路面进行大面积修复后再铺筑加铺层已经不是一种经济有效的技术措施。这时，应选用破碎、冲击碾压打裂压稳或碎石化等方案处治旧混凝土路面，根据公路等级和交通状况，将处治后的旧路面用做改建路面的基层或底基层。打裂压稳或碎石化处理既减少了大面积挖补所产生的废旧混凝土碎块对环境的不利影响，又保留了旧路面一定程度的结构完整性。

采用打裂压稳改建方案时，打裂后应使75%以上的旧混凝土板产生不规则开裂，相邻裂缝形成的块状面积为 $0.4 \sim 0.6 m^2$。打裂压稳后的旧混凝土能够较好地为改建路面面层提供足够的支撑，该层一般可直接作为改建路面的基层。打裂时应避免过度破坏，不宜使路面板产生过大位移及大量的碎屑，打裂后旧路顶面的回弹模量一般不小于300MPa。

采用碎石化改建方案时，破碎后应使75%以上的旧混凝土板破碎成最大尺寸小于400mm的颗粒，使旧路表面最大尺寸小于75mm，中间层小于225mm，底部小于375mm，可作为改建路面粒料基层或底基层，其碎石化后旧路顶面的回弹模量一般不小于200MPa。

(一)结合式混凝土加铺层结构设计

设置结合式混凝土加铺层的主要目的是，改善旧混凝土面层的表面功能，或者提高其承载力或延长其使用寿命。结合式混凝土加铺层的厚度较小，旧面层的接缝和发展性裂缝都会反射到加铺层上。因此，只有当旧混凝土路面结构性能良好，其损坏状况和接缝传荷能力均评定为优良时，才能采用结合式混凝土加铺层。

结合式混凝土加铺时，应采用铣刨、喷射高压水或钢珠、酸蚀等方法，打毛清理旧混凝土面层表面，并在清理后的表面涂敷黏结剂，使加铺层与旧混凝土面层结合成整体。

结合式混凝土加铺层的最小厚度为80mm，加铺层与旧混凝土面层的结合是这种加铺形式成功的关键。因此，一方面，需采取措施彻底清理旧混凝土面层表面的污垢和水泥砂浆体，并使表面粗糙；另一方面，需在清理后的表面上涂以乳胶和环氧树脂等高强的黏结剂，使加铺层与旧混凝土面层黏结为一个整体。由于加铺层薄，所以层内不设拉杆和传力杆，加铺层的接缝形式和位置必须与旧混凝土面层完全对齐，以防加铺层产生反射裂缝或与旧混凝土面层之间出现层间分离。

结合式混凝土加铺层与旧混凝土板黏结在一起，围绕一个共享的中和面弯曲。加铺层处于受压状态，旧混凝土板处于受拉状态。因此，旧混凝土板的应力和混凝土弯拉强度在设计中起控制作用。

加铺层和旧混凝土板的应力分析,应按结合式双层板进行,计算方法可采用复合板力学模型。旧混凝土板的厚度、混凝土的弯拉强度和弹性模量标准值以及基层顶面当量回弹模量标准值,应采用旧混凝土路面的实测值,按旧混凝土路面结构参数调查规定的方法确定。加铺层的设计厚度,应按旧混凝土板的应力满足式(10-28)和式(10-29)的要求确定。

(二)分离式混凝土加铺层结构设计

分离式混凝土加铺时,在旧混凝土面层与加铺层之间应设置隔离层。隔离层材料可选用沥青混凝土,厚度不宜小于40mm。由于加铺层与旧面层之间设置了隔离层,可隔断加铺层与旧面层的联结,使加铺层成为独立的结构受力层,旧面层的接缝和裂缝一般不会影响到加铺层而使之产生反射裂缝。隔离层既可以防止或延缓反射裂缝,需要时也可以起到调平层的作用。因而,分离式加铺层用于损坏较严重的混凝土路面时,必须先对旧面层进行处治后再铺设隔离层。为保证加铺层与旧混凝土面层之间完全隔离,选用沥青混合料隔离层必须具有一定的厚度;同时,也不能采用松散性粒料做隔离层。

分离式混凝土加铺层的接缝形式和位置,应按新建混凝土面层的要求布置。加铺层的接缝形式和位置不必与旧混凝土面层接缝相对应,如能与旧面层接缝相互错开1m以上,使作用在加铺层板边的荷载能下传到旧面层板的中部,则可以改善加铺层的受荷条件。

加铺层可采用普通混凝土、钢纤维混凝土、钢筋混凝土和连续配筋混凝土。普通混凝土、钢筋混凝土和连续配筋混凝土加铺层的厚度不宜小于180mm,钢纤维混凝土加铺层的厚度不宜小于140mm。

加铺层和旧混凝土板的应力分析,应按分离式双层板进行,计算方法可采用弹性地基双层板力学模型。由于分离式加铺层与旧混凝土面层之间设有隔离层,上下层板围绕各自的中性面弯曲,分别承担一部分弯矩。因此,加铺层和旧混凝土面层的应力和混凝土弯拉强度在设计中均起控制作用。在设计时,需协调上下层厚度(影响各自的应力值)和弯拉强度的比例关系,以获得优化的设计结果。旧混凝土板的厚度、混凝土的弯拉强度和弹性模量标准值以及基层顶面当量回弹模量标准值,应采用旧混凝土路面的实测值,按旧混凝土路面结构参数调查规定的方法确定。加铺层混凝土的弯拉强度标准值应符合表10-14的要求。加铺层的设计厚度,应按加铺层和旧混凝土板的应力均满足式(10-28)和式(10-29)的要求确定。

(三)沥青加铺层结构设计

防止和控制反射裂缝是沥青加铺层设计的重点。反射裂缝是由旧混凝土面层在接缝或裂缝附近的较大位移,引起其上方沥青加铺层内出现应力集中所造成的,它包括因温度和湿度变化而产生的水平位移,以及因交通荷载作用而产生的竖向剪切位移。当旧混凝土面层的接缝传荷能力评定等级为中时,沥青加铺层在接缝处产生的竖向剪切位移很大,会由此引起反射裂缝的出现。因沥青加铺层较薄,层间模量比大,应采取措施提高沥青混合料高温抗剪切强度和加强层间结合,防止沥青层剪切、推移与反射裂缝。

旧混凝土面层的接缝或发展性裂缝,往往在通车数年内会反射到沥青加铺层上。为防止和控制反射裂缝,对旧混凝土面层存在的发展性裂缝、错台和板底脱空等病害必须进行修复,并且要使旧混凝土面层的结构损坏状况和接缝传荷能力均恢复到中等以上状况。经综合处治后的旧混凝土路面应满足接缝或裂缝处的板边弯沉小于0.2mm,弯沉差小于0.06mm,错台小于5mm,方可进行沥青混凝土结构加铺。在正常的基础支撑状态下,弯沉差为0.06mm时所对应的传荷系数为75%。

沥青加铺层可设单层或双层沥青面层,至少有一层采用密级配沥青混合料,可根据需要设置调平层,在路面边缘宜设置内部排水系统。沥青加铺层与原水泥混凝土面板之间应撒布改性沥青,加强层间结合,避免层间滑动。应根据气温、荷载、旧混凝土路面的承载力、接缝处弯沉差及传荷能力等情况,选用下列减缓反射裂缝的措施:①增加沥青加铺层的厚度;②在旧混凝土板顶面或加铺层内设置应力吸收层、玻璃纤维格栅或者土工织物夹层;③沥青加铺层的下层采用由大粒径开级配沥青碎石组成的裂缝缓解层;④在加铺层沥青混合料中掺加纤维及橡胶等改性剂;⑤在沥青加铺层上,对应旧混凝土面层的横缝位置锯切横缝。

1. 沥青混凝土加铺层厚度设计原则

沥青混凝土加铺层在降低旧混凝土板荷载应力方面是很有限的,加铺层下的旧混凝土路面仍起关键的承载作用,旧混凝土板的应力和混凝土弯拉强度在设计中起控制作用,对于沥青混凝土上面层与旧混凝土板组成的复合式面层,沥青上面层的主要作用是提高路面的表面使用功能。当沥青加铺层厚度较大时,也可按新建沥青路面进行加铺层结构设计。

沥青加铺层的厚度,应兼顾混合料的公称最大粒径相匹配和减缓反射裂缝的要求确定。一般按减缓反射裂缝的要求确定。高速公路和一级公路的最小厚度宜为100mm,其他等级公路的最小厚度宜为80mm。

2. 有沥青上面层的混凝土板应力分析

有沥青上面层的混凝土板的荷载应力时,旧混凝土板的厚度、混凝土的弯拉强度和弹性模量标准值以及基层顶面当量回弹模量标准值,应采用旧混凝土路面的实测值,按旧混凝土路面结构参数调查规定的方法确定。旧混凝土板的应力满足式(10-28)和式(10-29)的要求确定。

(1)荷载应力分析

有沥青混凝土上面层的水泥混凝土板的临界荷位,为板的纵向边缘中部。标准轴载 P_s 在临界荷位处产生的荷载疲劳应力 σ_{pr},可按式(10-39)计算确定。其中,应力折减系数、荷载疲劳应力系数和综合系数的确定方法,与无沥青上面层时完全相同。

标准轴载 P_s 在有沥青混凝土上面层的水泥混凝土板,临界荷位处产生的荷载应力和最大荷载应力,应分别按式(10-76)和式(10-77)计算。

$$\sigma_{psa} = (1 - \zeta_a h_a)\sigma_{ps} \tag{10-76}$$

$$\sigma_{pma} = (1 - \zeta_a h_a)\sigma_{p,max} \tag{10-77}$$

式中:σ_{psa}——设计轴载 P_s 在有沥青上面层的混凝土板临界荷位处产生的荷载应力(MPa);

σ_{pma}——最重轴载 P_m 在有沥青上面层的混凝土板临界荷位处产生的最大荷载应力(MPa);

ζ_a——系数,可由图10-16查取;

h_a——沥青上面层厚度(m);

σ_{ps}——设计轴载 P_s 在无沥青上面层的混凝土板临界荷位产生处的荷载应力(MPa),按式(10-42)计算;

$\sigma_{p,max}$——最重轴载 P_m 在无沥青上面层的混凝土板临界荷位处产生的最大荷载应力(MPa),按式(10-68)计算。

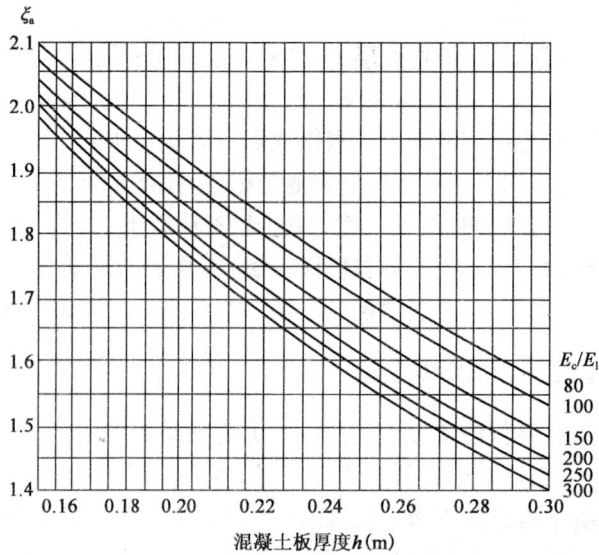

图 10-16 系数 ζ_a 图

(2)温度应力分析

有沥青混凝土上面层的混凝土板临界荷位处温度疲劳应力和最大温度梯度时混凝土板最大温度应力,可分别按式(10-78)和式(10-79)计算确定。

$$\sigma_{tra} = (1 + \zeta_a' h_a)\sigma_{tr} \qquad (10\text{-}78)$$

$$\sigma_{tma} = (1 + \zeta_a' h_a)\sigma_{t,max} \qquad (10\text{-}79)$$

式中:σ_{tra}——有沥青上面层的混凝土板临界荷位处温度疲劳应力(MPa);

  σ_{tma}——有沥青上面层的混凝土板临界荷位处在最大温度梯度时的温度应力(MPa);

  ζ_a'——系数,可由图 10-17 查取;

  σ_{tr}——无沥青上面层的混凝土板在临界荷位处的温度疲劳应力(MPa),可按公式(10-53)计算确定;其中,计算混凝土板最大温度翘曲应力 $\sigma_{t,max}$ 时,其最大温度梯度 T_g 值(表 10-17)乘以考虑沥青上面层厚度影响的修正系数 ξ_t,其数值见表 10-22;

  $\sigma_{t,max}$——最大温度梯度在无沥青上面层的混凝土板在临界荷位处的最大温度应力(MPa),可按公式(10-54)计算。

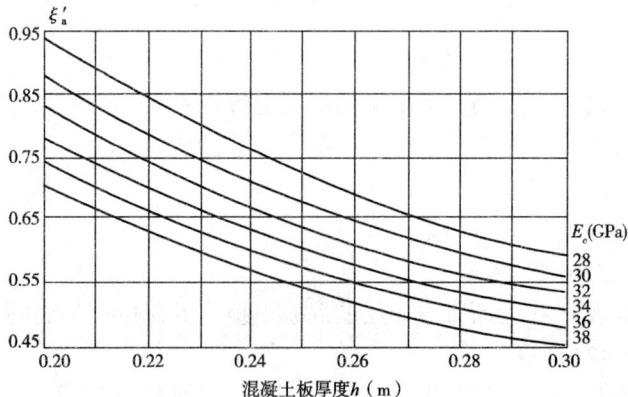

图 10-17 系数 ζ_a' 图

有沥青上面层的混凝土板温度梯度修正系数 ξ_t 表 10-22

$h_a(\text{m})$	0.02	0.04	0.06	0.08	0.10	0.12	0.14	0.16	0.18	0.20
温度梯度修正系数 ξ_t	1.13	0.96	0.82	0.70	0.59	0.51	0.43	0.37	0.31	0.27

本章小结

　　水泥混凝土路面面层的刚度远大于基层和路基,在荷载作用下,它具有良好的板体性和扩散荷载能力,所产生的弯曲变形(挠度)很小,故将其视作支承在弹性地基上的板,采用弹性地基板理论来分析其应力。由于地基假设的不同,出现了不同的计算方法和公式。我国现行的公路水泥混凝土路面设计规范采用弹性半无限体地基板理论和有限元法来计算板内荷载应力和温度翘曲应力,并按照等效疲劳损坏原则进行设计轴载换算。水泥混凝土的板厚和平面尺寸设计以疲劳开裂作为临界状态,以控制行车荷载反复作用在板内产生的荷载疲劳应力,与温度梯度反复作用在板内产生的温度翘曲疲劳应力之和,与可靠系数的乘积不大于混凝土的弯拉强度标准值,作为确定水泥混凝土路面的设计标准。各种接缝是混凝土路面的薄弱环节,对接缝的布置和构造设计以及边角加强等应予重视。

复习思考题

　　1.试比较小挠度弹性地基薄板理论和弹性层状体系理论的异同及适用性。

　　2.水泥混凝土路面的主要损坏现象有哪些?在设计中是如何考虑的?

　　3.计算水泥混凝土路面板的行车荷载应力有哪些方法?它们各适用于哪些场合?

　　4.如何分析计算路面板因温度变化而产生的胀缩应力和温度翘曲应力?

　　5.在设计水泥混凝土路面时,对交通荷载的考虑与设计沥青路面时相比有何异同?

　　6.水泥混凝土路面板下地基的回弹模量有哪些影响因素?

　　7.水泥混凝土路面板的厚度和平面尺寸是如何确定的?

　　8.水泥混凝土路面板应力分析和厚度计算有哪些力学模型?它们各适用于哪些场合?

　　9.荷载疲劳应力与最大荷载应力有何区别?如何进行分析计算?

　　10.温度疲劳应力与最大温度应力有何区别?如何进行分析计算?

　　11.如何对旧水泥混凝土路面进行调查与评定?加铺层结构设计应如何考虑?

　　12.水泥混凝土路面的结构组合特点如何?各层次的作用及应考虑的主要因素是什么?

　　13.水泥混凝土路面板为何要划分板块(设缝)?划分时依据的原则是什么?

　　14.水泥混凝土路面板的接缝按其位置、作用和构造,各分为哪几种?

　　15.水泥混凝土路面板配置钢筋的作用是什么?

第十一章 路基工程施工

第一节 概 述

一、路基工程施工的基本要求

路基工程施工,为实现质量、工期及投资等目标,顺利完成合同约定的施工任务,需达到下列基本要求:

(1)路基(包括路基基身及有关排水、防护、支挡与加固等设施)的位置、高程、断面尺寸、材料规格及压实或砌筑质量等应符合设计文件和有关规范的规定,以保证路基具有良好的使用品质。要做好施工放样,重视基底处理,合理选用路基填料,实行机械化施工,建立和健全施工技术操作规程及质量检查验收制度。

(2)根据填挖情况、土石类别、气候特点、施工期限和机械设备等条件,选择合适的施工方案,科学地制订进度计划并付诸实施。路基施工的各分部、分项工程要密切配合,路基工程同其他单位工程也要互相协调,以服从道路施工组织总设计的统一安排。

(3)合理调配人力、机具和土石方,尽量采用当地材料和工业废料,注意节约用地,充分利用现有设施,提高劳动生产率和降低建设成本。

(4)必须贯彻安全生产的方针,制定安全技术措施,加强安全教育,严格执行安全操作规程,做好施工安全管理工作,确保安全生产。

(5)还应遵守有关法规,注意工地整洁,防止污染环境,保护文物设施,做到文明施工。
总之,为实现优质、快速、低耗、安全、文明的要求,必须重视施工技术与组织管理。

二、施工前的准备

路基工程施工可分为施工前准备、施工过程、交工检查与验收等三部分工作,其中施工前的准备工作是保证工程顺利实施的基础,务必认真做好。施工前的准备工作内容广泛,主要包括一般准备、施工测量、场地清理和复查试验等。

（一）一般准备

施工单位接到任务后,应在全面熟悉设计文件和设计交底的基础上,进行现场核对和施工调查,发现问题应及时根据有关程序提出修改意见报请变更设计;根据批准的施工图、现场的施工条件、核实的工程数量,按工期要求、施工难易程度及人员、设备和材料的准备情况,编制实施性的施工组织设计,报监理工程师或业主批准,并提出开工报告。

开工前,应按照计划调集人员和物资进入现场,修建必要的临时设施。组织准备主要是建立施工队伍,健全管理机构,订立规章制度,进行人员培训,明确工作目标,责任落实到人。物资准备包括各种材料的采购、加工和储运,机具设备的购置、调运、安装、试车、校验和保修,以及生活后勤供应等。所谓临时设施,是指为施工服务的一切设施,包括生活和生产用房、交通和通信设施、水电供应系统、施工安全设施等。

（二）施工测量

路基开工前必做的路线复测和路基放样,都属于施工测量工作。

1. 路线复测

路线复测是在现场按设计图纸把决定路线位置的各桩点加以确认、恢复和核对,必要时可以增改,对主要控制桩点还应保护和固定。其内容有:导线、中线复测,水准点、中桩水准复测,横断面检查与补测等。

当道路中线由导线控制时,施工单位先要根据设计资料进行导线复测。原有导线点不能满足施工要求时,应进行加密,保证在道路施工的全过程中,相邻导线点间能互相通视。复测导线时,必须与相邻施工段的导线闭合,以免引起各施工段交接处路线错位。对有碍施工的导线点,施工前应采用交汇法(又称交点法)或其他方法予以固定。所设护桩应牢固可靠,常用带钉木桩、牢固岩石或永久性建筑物上的点,桩位要便于架设测量仪器和观测,并设在施工范围以外。

中线复测是全面恢复与补测路线中桩,并固定其中主要控制桩,如交点、转点、圆曲线和缓和曲线的起讫点等。恢复中线时,可按施工要求增加部分标桩。如发现原设计中线长度丈量错误或需局部改线时,应做断链处理,相应调整纵坡,并在设计图表的有关部位注明断链距离和桩号。中线复测时亦应注意与桥隧结构物中心、相邻施工段的中线闭合,发现问题应及时查明原因,并报告有关部门。

水准复测工作,分为校对及增设水准点、复核及补测中桩地面高程两部分。水准点是施工过程中控制高程的依据,使用前应仔细校核,并与国家水准点闭合。为满足施工需要,在水准点间距超过1km、高填深挖及地形复杂地段,应增设临时水准点。临时水准点必须符合精度要求,并与相邻水准点闭合。如发现个别水准点受施工影响时,应将其移出影响范围之外,其高程应与原水准点闭合。

路基横断面,应详细检查与核对,发现问题时应复测和更正。对缺少横断面图和增设的中桩处,应全部补测。横断面检查与补测时,应正确掌握其方向,否则将会引起较大的误差。

施工单位通过路线复测,可以结合当地具体条件熟悉设计文件,检查、复核、补充和完善工程设计。对原设计中不合理部分,应提出修改方案,编制变更设计文件并报有关部门批准后施工。

2. 路基放样

路基放样是根据路线中桩、设计图表、施工工艺和有关规定,在实地标出道路用地界线和路堤坡脚、路堑坡顶、边沟、截水沟、排水沟、取土坑、护坡道、弃土堆等的具体位置,并且定出路基轮廓,作为施工的依据。

路线复测之后,应按设计要求进行道路用地放样,订立界桩,由业主办理征用土地手续。施工单位还可根据施工需要提出增加临时用地计划,并对增加部分进行用地测量,绘制用地平面图及用地划界表,送交有关单位办理拆迁及临时占用土地手续。

路基边桩(填方坡脚桩或挖方坡顶桩)可根据横断面图所示(或按填挖高度等计算)至中桩的距离,在地上直接量得,用小木桩、铁杆或油漆标出。地面倾斜时,也可按图 11-1 所示,从中桩向左右分别量出图上注明的水平距离,求得坡线上的 a 和 a' 点(不一定在边桩处),再用边坡样板定出边坡和地面的交点(边桩)。将相邻横断面上的边桩,用拉绳打灰线或挖槽痕等方式连起来,即得路基基身的边线。另外,在距路中心一定安全距离处设立控制桩,其间隔不宜大于 50m,桩上标明桩号与路中心,填挖高,以便在施工期间随时复核路基的尺寸。

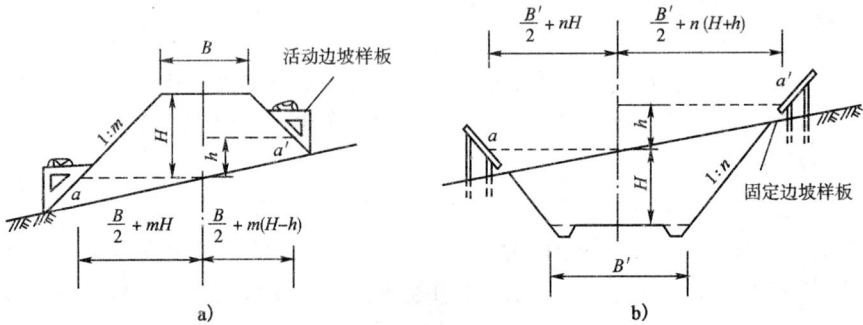

图 11-1 路基放样示意图
a)路堤;b)路堑

在放完路基边桩后,应进行边坡放样、设立填挖标志,以控制路基的外形尺寸。边坡放样应每隔 20~40m 设置一处样板,施工时用样板校正填挖情况。对高填深挖地段,每填挖 5m 应复测中线桩,测定其高程及填挖宽度,以控制路基边坡的大小。必须指出,路基的施工高程与路线纵断面图上设计高程不同,前者应计入铺筑路面的校正值和必要的抛高值(例如,软土路堤的预留沉降量、挖方路床压实的下沉量等)。放样时,考虑边坡整修和路基沉实等因素,每层填挖的宽度也要留有一定的余量。

边沟、截水沟和排水沟放样时,可每隔 10~20m 在沟内外边缘钉木桩并注明里程及挖深;在施工过程中;用水准仪和样板架;检查沟底高程和尺寸。

(三)场地清理

划定路界后,即可按照设计文件和有关规定进行施工场地的清理工作。路基施工范围内原有的房屋、道路、沟渠、通信电力设施、上下水道、坟基及其他建筑物,均应协助有关部门事先拆迁或改造;对沿线受路基施工影响的危险建筑应予以适当加固;对文物古迹应妥善处理和保护。凡妨碍路基施工和影响行车安全的树木、灌木丛等,均应在施工前砍伐、移植或清除,应将路堤范围内的树根全部挖除,并将坑穴填平夯实;路堑及取土坑等,也应将树根全部挖除。

在填方和借方地段的原地面,应根据表层土质情况进行清理。清出的种植土要集中堆放,作为种植草皮的备用土。填方地段在清理完地表面后,应整平压实到规定要求,才可进行填方作业。

路基施工前应切实做好场地排水工作,并注意维修排水设施,保证水流通畅,为施工提供方便。

(四)复查试验

路基施工前,施工单位应对路基工程范围内的地质、水文、材料情况进行详细调查,并了解当地有关的施工经验,以及必要时修建试验路段,如发现原设计有不符合实际的地方,可报请修改设计。

施工人员应根据设计文件提供的资料,对取自挖方、取土坑、料场的路基填料进行复查和取样试验,确定其性质和适用性。若填料不足时,可自行勘查寻找。使用新材料(如工业废渣等)填筑路堤时,除应按相关规范做有关试验外,还应做对环卫有害成分的试验,同时提出报告,经批准后方可使用。

高速公路、一级公路以及在特殊地区或采用新技术、新工艺、新材料进行路基施工时,应先做试验路段,从中找出合适的路基施工方案指导全线施工。试验路段的位置应选择在地质条件、断面形式均具有代表性的地段,其长度不宜小于100m。试验所用的材料和机具应当与将来全线施工时相同。试验路段施工中及完成以后,应加强对有关指标的检测,及时写出试验报告,并报有关部门审批。

三、路基施工的基本方法

路基施工可分为开挖、装运、铺填、压实、整修等工序。通常可以采用人工、机械、水力、爆破等基本方法进行路基工程施工。

1. 人工和简易机械化施工施工

主要依靠人力,使用手工工具和简易机械设备(以提高工效,减轻劳动强度),适用于缺乏筑路机械的工地和工程量小而分散的零星工点以及某些辅助性工作(如整修边坡等)。

2. 机械施工

使用筑路机械建造路基,可以极大地提高劳动生产率,加快施工进度,确保工程质量。常用的路基土方机械有松土机、平地机、推土机、铲运机、挖掘机(配以自卸汽车运土)和装载机以及压实机械等。对于劳动强度大、技术要求高和有危险性的工序,先要采用机械作业。为了充分发挥机械(特别是主要机械)的效能,应根据工程内容和施工条件等具体情况,对施工机械进行合理的选择和组合,以便协调、均衡地综合完成施工任务,机械施工方法也称综合机械化施工。机械的配备数量,应视须完成的工程量、工期和设备的能力而定,以最大限度地满足机械产量的要求。路基工程应推行机械化施工,逐步实现路基施工现代化。

3. 水力施工

运用水泵、水枪等水力机械,喷射强力水流,把土冲散并汇流到指定地点沉积。这种方法可用来挖掘比较松散的土层和堆填土方,或者进行软土地基加固的钻孔等工作,但需要有充足的水源和动力。对于砂砾填筑路堤或回填基坑,还可起到密实作用(称为水夯法)。

4. 爆破施工

依靠炸药的爆炸力量来压缩、破碎和抛掷岩土等。钻孔和清渣工作,可用手工工具或机械进行。爆破是开挖岩石路堑的基本方法,也可用来松动冻土(或硬土)、排除淤泥、挖掘树根、开采石料等。定向爆破可将挖方直接抛填到规定的地方。挤压和扩孔爆破可用来处理软土地基。为了不影响边坡稳定,土质路堑只有在距边坡 3m 以外,才可采用爆破法施工。

为保证路基施工质量和有利于施工组织与管理,便于选择施工方法和确定施工定额,通常是将土石按其施工的难易程度分级,我国公路工程将土石分为六级,见表 11-1。

路基土石工程分级 表 11-1

等级	类别	代表性土、岩石名称	钻 1m 所需时间			爆破 1m³ 所需炮眼深度(m)		开挖方法
			湿式凿岩机净钻时间(min)		双人打眼(工日)			
			一字合金钻头	普通淬火钻头		路堑	隧道导坑	
I	松土	砂类土,种植土,中密的砂性土及黏性土,松散的水分不大的黏土,含有 30mm 以下的树根或灌木根的泥炭土						用铁锹挖,蹬锹一下到底
II	普通土	水分较大的黏土,密实的砂性土及黏性土,半干硬的黄土,含有 30mm 以上的树根或灌木根的泥炭土,碎石类土						部分须用镐刨松再用锹挖,以脚连蹬数次才能松动
III	硬土	硬黏土,密实的硬黄土,含土较多的块石土及漂石土,各种风化成土块的岩石						必须全部用镐刨松才能用锹挖
IV	软石	各种松软岩石,胶结不紧砾岩,泥质页岩、砂岩,较坚实的泥灰岩、块石土及漂石土,软而节理多的石灰岩	<7	<0.2		<0.2	<0.2	部分用撬棍或十字镐及大锤开挖,部分用爆破法开挖
V	次坚石	硅质页岩,硅质砂岩,白云岩,石灰岩,坚实的泥灰岩,软玄武岩,片麻岩,正长石,花岗岩	<15	7~20	0.2~1.00	0.2~0.4	2.0~3.5	用爆破法开
VI	坚石	硬玄武岩,坚实的石灰岩,白云岩,大理岩,石英岩,闪长岩,未风化的正长石,花岗岩	>15	>20	>1.0	>0.4	>3.5	用爆破法开

第二节　路堤施工

一、填前基底处理

路堤是在天然地基上利用土、石材料做填料,按预定方案填筑而成的结构物。为保证路堤的填筑质量,保证路堤具有足够的强度和稳定性,必须注意对基底的处理和填料的选择。

路堤基底是指路堤所在的原地面表面及以下的部分。为使路堤填筑后不致产生过大的沉陷变形,并使路堤与原地面结合紧密,防止路堤沿基底发生滑动,应根据基底的土质、水文、坡度和植被情况及填土高度采取相应措施。

基底土密实稳定,地面横坡不陡于1∶10且路堤填高超过0.5m时,基底可不做处理,路堤直接填筑在天然地面上。路堤高度低于0.5m的地段,应清除原地面的草皮杂物;地面横坡为1∶10～1∶5时,应清除草皮杂物等再填筑;但当地面坡度较大,在1∶5～1∶2.5时,应将坡面做成台阶形,一般宽度不宜小于2m,高度最小为1.0m,而且台阶顶面应做成向堤内倾斜2%～4%的坡度。如果基底坡面超过1∶2.5时,则应采用护墙、护脚等措施对外坡脚进行支挡加固处理。

基底为耕地或松土时,应先将原地面压实后再填筑,若松土厚度较大,应翻挖至紧密的原状土层,并将土块打碎,然后分层回填、找平、压实。如其中有机质含量和其他杂质较多时,碾压时因弹性过大,不易压实,应换填干土。

对路线经过水田、池塘或洼地时,应根据具体情况采取排水疏干和软土地基处理后再行填筑。当路基稳定受到地下水影响时,应予拦截或排除,将地表积水及地下水引至路堤基底范围以外。

路堤填筑时,如果不清除结合面上的草木残株等有害于路堤稳定的杂物,路堤成形后一旦杂物腐烂变质,地基将发生松软和不均匀沉陷等现象。为了预防这种情况,就必须在填土之前做好伐树、除根和表层土壤处理工作,特别当路基填筑高度小于1.0m时,应注意将路基范围内的树根、草丛全部挖除。

如基底的表层土系腐殖土,须用挖掘机或人工将其表层土清除换填,厚度视具体情况而定,一般以不小于30cm为宜,并予以分层压实,压实度应符合规范要求。如发现草碳层、鼠洞、裂缝、溶洞等,都必须注意处理好,以防造成日后塌陷。有些清除物(如腐殖土),路堤修筑后,可取回作为植草护坡保护层使用,也可作为中央分隔带及绿化带的回填土。

二、路堤填筑方案

土质路堤(包括石质土),按填土顺序可分为分层平铺和竖向填筑两种方案。分层平铺是基本的方案如符合分层填平和压实的要求,则效果较好,且质量有保证,条件时应尽量采用。竖向填筑是在特定条件下,局部路堤采用的方案。

路堤分层平铺,有利于压实并可以保证路基整体强度与稳定性。当采用不同的土质分层填筑路堤时,应遵守以下规则:

(1)不同性质的填料应分层铺筑,不得混杂乱填(但可掺配后使用)以免形成水囊或滑动面。每种填料层累计总厚不宜小于0.5m。

(2)不同填料的层位安排,应考虑路基工作条件。良好的土料应填在路基上层;路堤浸水或受水位涨落影响的部分,应尽可能选用透水性好而不易被水冲蚀的材料,如漂(卵)石、砂砾、片(碎)石等;当路堤稳定受到地下水或地表长期积水影响时,路堤底部也应填以水稳性好、不易风化的砂石材料或采用无机结合料处治的土。

(3)透水性较小的土填筑路堤下层时,其顶面应做成4%的双向横坡,以保证上层透水性土有排水出路,如图11-2a)所示。当路堤两部分填料的颗粒尺寸相差较大时,应在其间加设反滤层,以防止两部分填料相互混入,而引起路堤下沉,如图11-2b)所示。反滤层可采用砂、砾及碎(卵)石等材料,并按两部分填料的粒径差别情况,分别做成一层或多层,每层厚度为0.10~0.15m。

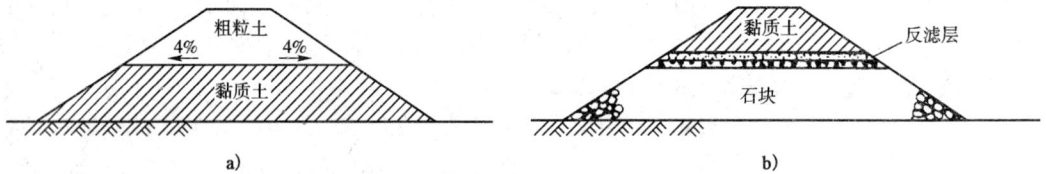

图11-2　不同类土的路堤断面
a)设排水横坡;b)设反滤层

(4)为了防止雨水浸蚀冲刷,可采用透水性较小的土包边,如图11-3所示,但包边部分的土应与中间部分一起分层压实,并设置盲沟,以利排水。

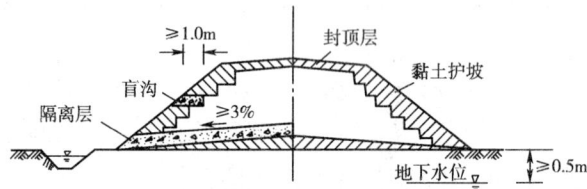

图11-3　吹(填)砂或粉煤灰路堤

(5)在稳定的斜坡上分层填筑路堤时,高速公路、一级公路,必须在山坡上从填方坡脚向上挖成向内倾斜的台阶,台阶宽度不小于1m。其中挖方一侧,在行车范围之内的宽度不足一个行车道宽度时,侧向应挖够一个行车道宽度。

(6)路基拓宽改建时,应采用分层填筑,逐层压实的方法。为使新旧路基紧密结合,加宽之前,沿旧路边坡须挖成阶梯形,然后分层填筑,层层夯实。阶梯宽一般为1m左右,阶高约0.5m,如图11-4所示。

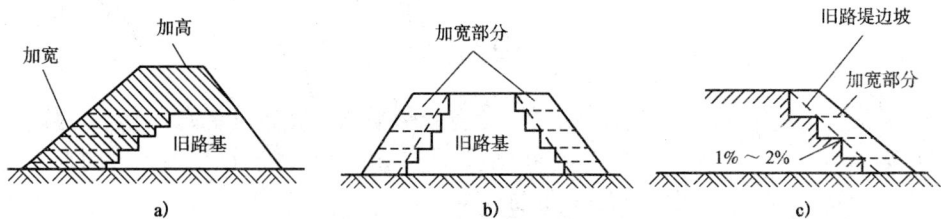

图11-4　路基拓宽改建填筑方法
a)旧路加宽加高;b)旧路双侧加宽;c)旧路单侧加宽

三、路 基 压 实

路基在施工过程中,土的原始天然结构被破坏,呈松散状态,为使路基具有足够的强度和稳定性,必须对路堤、路堑和路堤基底按规定的设计要求进行压实使其呈密实状态。压实是保证路基承载能力和整体稳定性的关键工序,也是路基施工中的一项繁重工作。为此,路基压实应根据试验路的试验结果及施工总结来组织施工,以确保质量、提高工效和降低成本。

路基压实的效果受多种因素的影响,主要包括土质类型和含水状况、压实的方法及下承层的支撑条件等。为使压实工作能经济有效地进行,应根据土种类、压实要求、机械性能和施工条件,合理选配压实机械,控制压实土层的湿度(含水率)和厚度,确定相应的压实遍数和操作规程,并分层做好压实质量的检查。

(一)影响压实效果的主要因素

1. 含水率对压实的影响

通过标准击实试验可以得到土的含水率与密实度关系曲线,如图 11-5 所示。从图中可以看出,以干密度作为表征路基土密实度 γ 的指标,在同等压实功作用下,一定含水率之前土的干密度随含水率增加而提高,这主要是因为水在土颗粒之间起润滑作用,土粒间阻力减小,压实时土粒易于移动挤紧,空隙减小,干密度得以提高。干密度达最大值后,含水率再继续增大,土中空隙被过多的水所占据,含水率愈大占的体积越多,压实时水不能压缩,更不易被挤出,而水的密度较土颗粒低,因而土的干密度随含水率增加而降低。通常,某种土在一定击实功条件下干密度的最大值称为最大干密度,相应的含水率称为最佳含水率。压实时如控制土的含水率为最佳含水率时,则压实效果最好。

试验表明,只有在最佳含水率时压实到最大干密度的土体,在遇水饱和后其密实度和强度下降的幅度最小,其水稳定性最好。这是由于在最佳含水率时压实到最大干密度的土体剩余空隙最小,当受到水的浸泡时吸水量最小,密实度下降也最少。

含水率是影响压实效果的决定性因素;在最佳含水率时,最容易获得最佳的压实效果;在最佳含水率条件下压实到最大干密度的土体,强度相对最高,水稳定性最好。

2. 土质对压实的影响

土质不同对压实效果影响也会大,不同的土质类型最佳含水率和最大干密度不同,如图 11-6 所示。分散性较高的土,其最佳含水率 w_0 值较高,γ 值较低;砂性土的压实效果,优于黏性土。其原因在于土粒越细,比面积越大,土粒表面水膜所需之湿度亦越多,加之黏土中含有亲水性较高胶体物质。砂土的颗粒粗,呈松散状态,水分极易散失,最佳含水率的概念没有多大的实际意义。

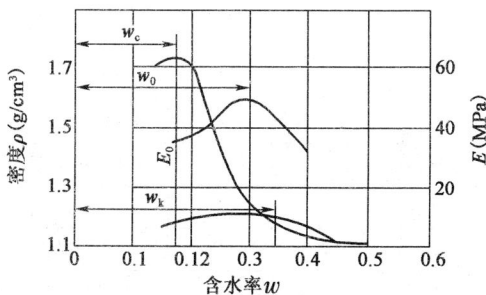

图 11-5 路基的 E、γ 与 w 关系示意图

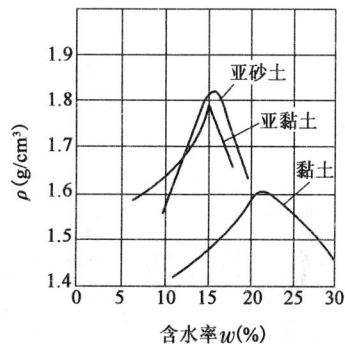

图 11-6 几种土质的压实曲线对照图

3. 击(压)实功能的影响

击(压)实功能指击(压)实工具的重量、碾压次数或锤落高度、作用时间等，其与压实效果的关系，如图 11-7 所示。曲线表明：同一种土的最佳含水率 w_0 随功能的增大而减小，最大干重度 γ_0 则随功能的增大而提高；在相同含水率条件下，功能愈高，路基密实度（即 γ）愈高。因此，工程中可以增加压实功能，以提高路基强度或降低最佳含水率。但功能增加到一定限度以上，效果提高愈缓慢，在经济效益和施工组织上，不尽合理，甚至功能过大，破坏土基结构，效果适得其反。相比之下，严格控制最佳含水率，要比增加压实功能收效大得多。

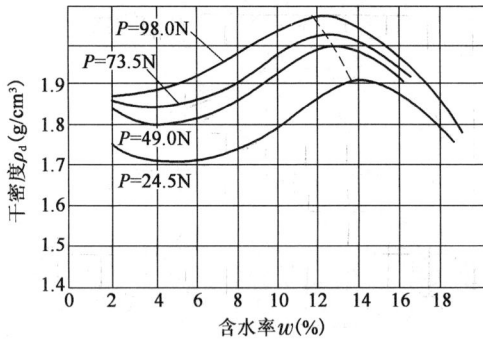

图 11-7 不同压实功能的压实曲线对照表

4. 压实厚度的影响

压实厚度对压实效果具有明显影响。相同条件下（土质类型、含水率与压实功能），实测土层不同深度的密实度随深度递减，表层 5cm 最高。不同压实工具的有效压实深度有所不同，一般情况下，压实厚度不宜超过 20~25cm，振动或冲击式压路机、夯击机宜以 50cm 为限。实际施工时的压实厚度应通过现场试验确定合适的虚铺厚度。

(二)压实机具的选择

压实机具的种类很多，按照压实作用原理可分为静碾压式、夯(冲)击式和振动式三类。此外，运土工具中的汽车等也可用于路基压实。选择压实机械时，应考虑机械的工作特性和使用场合。表 11-2 列出了各种压实机械的技术性能和适宜的土类，可供选配时参考。

压实机具的技术性能和适宜场合 表 11-2

机 具 名 称	最大有效压实厚度（实厚)(m)	碾压行程次数				适宜的土类
		砂性土	亚黏土	粉砂土	砂黏土	
人工夯实	0.10	3~4	3~4	2~3	2~3	黏性土与砂性土
牵引式光面碾	0.15	—	—	7	5	黏性土与砂性土
羊足碾	0.20	10	8	6	—	黏性土
自动式光面碾 5t	0.15	12	10	7	—	黏性土与砂性土
自动式光面碾 10t	0.25	10	8	6	—	黏性土与砂性土
气胎路碾 25t	0.45	5~6	4~5	3~4	2~3	黏性土与砂性土
气胎路碾 50t	0.70	5~6	4~5	3~4	2~3	黏性土与砂性土
夯击机 0.5t	0.40	4	3	2	1	砂性土
夯击机 1t	0.60	5	4	3	2	砂性土
夯板 1.5t 落高 2m	0.65	6	5	2	1	砂性土
履带式	0.25	6~8		6~8		黏性土与砂性土
振动式	0.40	—		2~3		砂性土

1. 静碾压

静碾压实机械,依靠路碾自重的静压作用和碾轮往复滚动的推移作用,将材料挤压密实。碾压作业需要有较宽而长的工作面,一般碾压段长度不小于 100m。

静碾又可分为牵引式(拖式)或自行式(自动)的光面碾、轮胎碾及羊足碾等。拖式路碾,一般由履带式拖拉机牵引。自动静碾,特别是光面碾,通常采用空心的光钢轮(滚筒)作碾轮,内部可注水或灌砂,以增加碾轮的线压力(单位为 kN/m)。在光钢轮的静力作用下,土体内的轮载应力沿深度衰减得较快,表层土(一般不超过 25cm)易被碾压成较密实的"硬壳",从而妨碍应力往深处传递,所以光面碾只宜压实较薄的土层或表层,可获得密实、平整的表面。

羊足(凸块、条式)碾,其碾轮(钢滚筒)表面为羊足(凸块、肋条)状的凸起物,端部的承压面积小、单位压力大,可伸入土内自下而上进行压实,并能捣碎土块,但拔出时会将上部土翻松。因此,羊足碾的压实效果比相同吨位的光面碾要好,压实深度大而密实度也较一致,不过表层土(其厚度视凸起物的形状和压入深度而定,一般为 4~6cm)仍是松的,在路基顶面及雨前或收工时,需要用光面碾进行整平压实。对于无黏性的土,碾压时凸起物下土体的侧压力,容易引起松动,压实效果就差。

轮胎碾,又称气胎碾,它利用充气轮胎的弹性及其悬架装置的可变性,使碾压时土体的承压面积大致不变,还受到轮胎揉压作用,气胎轮下的压应力分布又比光钢轮均匀,加之承压面积大,应力作用时间长,因而压实效果好。轮胎碾可借助附加荷载的增减来调节其总重,并能改变轮胎压力,以适合于压实各类土。

2. 夯(冲)击式

夯(冲)击压实机械,是利用夯具(或瓣状凸轮)多次下落时的冲击作用而将材料压实的,包括夯锤、夯板及冲击压实机等。夯具对地表产生的冲击力比其静压力大得多,并可传至较深处,压实效果也好,适用于各种性土。夯具一般较轻,底面积不大,使用方便,可不受施工场地大小的限制,但其生产率低,很少用于大面积压实。夯板和夯锤需用起重设备提升到一定高度,然后下落夯击土体,其压实能力,主要取决于它的质量和落距。

夯板常用 1~3t 的钢板(压实细粒土时,也可用钢筋混凝土板),底面积为 1m^2 左右,落距为 1~3m,夯实深度可达 60cm 以上。夯锤通常采取截头的圆锥体形状,底面需用钢板,可做成 2.5t 以上的重锤,以便夯实填石路堤和松软地基。夯实机有手扶操纵和自行式等,夯具(一般不超过 1t)能自行反复跳动,不断冲击土层。它可分为内燃式火力夯、气动夯和蛙式打夯机等,常用于桥头或涵洞台背填土、零星分散而狭长及边角地区填土的压实。

冲击压实机在土石方压实作业中,突破了传统的碾压方式,用三边形或五边形轮子来产生集中的冲击能量,从而达到压实土石填料的目的。冲击压实机可由配套的重型工业拖车在前方牵引,也可以自行。当其一角立于地面,向前碾压时,会产生巨大的冲击波,可使土体均匀密实。

3. 振动碾压

振动压实机械,是通过激震器(震源)的振动作用,使被压材料的颗粒产生相对位移而重新排列紧密。振动压实对粒大、级配良好、黏性很差的土特别有效。通常将激震器装在钢碾轮(包括光面、凸块、羊足等形状)上使用,就成为振动压路机,它兼有振动和静压作用,压实效能高。振动压路机大多设有调频调幅装置,可根据需要调节振动强度,以适应不同被压材料和各个阶段的压实工作。压实路基(包括土和填石)时,合适的频率为 25～35Hz,振幅为 1.5～2.0mm,手扶式轻便型振动压路机,特别适宜于压实路肩、沟槽及墙背填土。振动夯,多为手扶式,所用的激震器能发出较大振幅的振动,使夯具与地面周期地分离,而形成快速连续冲击作用,压实效果较好,常用来取代夯实机。振动平板夯,系将较大振幅的激震器装在夯板上,其机械质量可达 2t,适宜于压实非黏性土。

路基压实工作大多是由碾压机械(各种压路机)来完成,夯实机械(包括振动夯实机械)常用于压路机无法压实的地方。一般来说,重型压实机械,由于压实能力(自重、线压力、落距、振幅和频率等)大,压实效果好,生产率高、单位压实功小,费用亦低,应优先采用,但不得引起土体破坏或对邻近结构物产生危害。因而,压实机械常要配套使用,才能保证工程的质量和充分发挥机械的效力。

四、填石及土石混填路堤的施工

(一)填石路堤

在山岭地区,路基石方占有相当大的比例,石质路堤是一种最常见、最普遍的路基形式。填石路堤的施工,除应考虑填料性质、石块大小、填筑高度和边坡坡度等因素外,还应注意选择正确的填筑方法。正确的填筑方法对路堤达到应有的密实度与稳定性要求是一个重要的因素。

1. 填料要求

填石路基应采用不易风化的开山石料填筑。实际施工中,填石路堤的石料来源主要是路堑和隧道爆破后的石料,施工时要注意其强度和风化程度是否符合要求。石料强度是指饱水试件的极限抗压强度,填石路堤要求其强度值不小于 15MPa(用于护坡的不应低于 20MPa)。用于填石路堤的石料在粒径上也有要求。一般情况下,最大粒径不宜超过层厚的 2/3。高速公路及一级公路填石路堤路床顶面以下 50cm 范围内,填料最大粒径不得大于 10cm,其他等级公路填石路堤,路床顶面以下 30cm 范围内,填料最大粒径不应大于 15cm。

2. 填筑方法

填石路堤的填筑施工方式有倾填(含抛填)和逐层填筑、分层压实两种。倾填又可分为石块从岩面爆破后直接散落在准备填筑的路堤内和用推土机将爆破后推置在半路堑上的石块以及用自卸汽车从远处运来的爆破石块推入路堤两种情况。倾填法是将石料从高处自然落下,石料间难免犬牙交错,空隙较大,故倾填路堤的压实、稳定等问题较多。因此,二级及二级以下且铺设低级路面的公路在陡峻山坡段施工特别困难或大量爆破以挖作填时,可采用倾填方式将石料填筑于路堤下部,但倾填路堤在路床底面下不小于 1.0m 范围内仍应分层填筑压实。对于高速公路、一级公路和铺设高级路面的其他等级公路的填石路堤不宜采用倾填式施工,而应采用分层填筑、分层压实的方法。

分层填筑方式施工又可分为机械作业和人工作业两种方法。机械施工分层填筑时,高速公路及一级公路分层松铺厚度一般为 50cm;其他公路为 100cm。逐层填筑时,应安排好石料运行路线,专人指挥,按水平分层,先低后高、先两侧后中央卸料。由于每层填筑厚度较大,故摊铺平整工作必须采用大型推土机进行,个别不平处应配合人工用细石块、石屑找平。如果石块级配较差、粒径较大、填层较厚,石块间的空隙较大时,可于每层表面的空隙里扫入石渣、石屑、中砂、粗砂,再以压力水将砂冲入下部,反复数次,使空隙填满。人工摊铺、填筑填石路堤,当铺填粒径25cm以上石料时,应先铺填大块石料,大面向下,小面向上,摆平放稳,再用小石块找平,石屑塞填,最后压实。人工铺填粒径25cm以下石料时,可直接分层摊铺,分层碾压。

3. 施工注意事项

(1)填石路堤的填料,如其岩性相差较大,特别是岩石强度相差较大时,则应将不同岩性的填料分层或分段填筑。例如易风化软岩不得用于路堤上部,亦不得用于路堤浸水部分;有些挖方路段的爆破面石料是天然漂石土、块石土等,这些填料不得混填在一起,应分层或分段填筑。如果路堑或隧道基岩虽为不同岩种,但其石料强度均符合要求(大于15MPa),则允许使用挖出的混合料填筑路堤。

(2)用强风化石料或软质岩石填筑路堤时,用重型压路机或夯锤压实,可能会将其碾压或夯压成碎屑、碎粒,此时应按有关规定检验其CBR值,符合要求时才准许用于填筑路堤,否则不得使用。符合使用要求时,应按土质路堤技术要求施工。这样可以保证路堤填筑压实后的浸水整体强度和稳定性。

(3)填石路堤路床顶部至路床底部30~50cm(高速公路及一级公路为50cm,其他公路为30cm)范围内应用符合路床要求的土填筑,并分层压实,这可提高路床面的平整度,使其均匀受力并有利于与路面底层的连接。

(4)填石路堤倾填前,路堤边坡坡脚应用粒径大于30cm的硬质石料码砌。当设计无规定时,填石路堤高度小于或等于6m时,其码砌厚度应不小于1m;当高度大于6m时,码砌厚度不应小于2m。

4. 填石路堤压实

填石路堤密实程度的判定方法目前国内外尚无统一的规定。国外填石路堤曾采用在振动压路机的驾驶台上装置的压实计反映的计数值来判定是否达到要求的紧密程度,但无定量值的规定,且只限于设有此种装置的压路机。我国现行《公路工程质量检验评定标准》(JTG F80/1)规定:填石路基应分层填筑压实,每层表面平整,路拱合适,排水良好,上路床不得有碾压轮迹,不得亏坡。修筑填石路基时应进行地表清理,填筑层厚度应符合规范规定并满足设计要求,填石空隙用石渣、石屑嵌压稳定。

(二)土石混填路堤

1. 填料要求

一般情况下,石块强度大于20MPa时,就不易被压路机压碎,所以当土石混合料中石料强度大于20MPa时,其粒径不得超过压实层厚度的2/3,这有利于压实均匀,并在填筑时不致使上下层石块重叠;超过的应予清除,以避免碾压时不稳定。当土石混合料中所含石块为软质岩或极软岩(强度小于15MPa)时,易为压路机压碎,不存在不均匀压实问题,故其粒径可与压实层厚度相同,但不宜超过层厚,超过的应打碎。

2. 填筑方法

土石路堤应采用分层填筑,分层压实的方法施工。当土石混合料中石料含量超过70%

时,宜采用人工铺填,即先铺填大块石料,且大面向下,放置平稳,再铺小块石料、石渣或石屑嵌缝找平,然后碾压。当土石混合料中石料含量小于70%时,可用推土机将土石混合料铺填,每层铺填厚度应根据压实机械类型的规格确定,不宜超过40cm。用机械铺填时应注意避免硬质石块,特别是集中在一起的尺寸大的硬质石块。

3. 施工注意事项

(1)若将压实后渗水性差的细粒土填筑在路堤两侧,则雨后填筑于路堤中部渗水性好的土吸收的水分无法排除而降低路堤承载力,甚至在路堤中部形成水囊,使路面严重破坏。所以,压实后渗水性差异较大的土石混合填料应分层或分段填筑,不宜纵向分幅填筑。如确需纵向分幅填筑,应将压实后渗水性良好的土石混合料填筑于路堤两侧。

(2)土石混合填料来自不同的路段。若其岩性或土石混合比相差较大时,应分层或分段填筑。如分层成分段填筑有困难,则应将硬质石块的混合料铺于填筑层的下面,且石块不得过分集中或重叠,上面再铺软石质料混合料,然后整平碾压。

(3)由于填石路提空隙大,在行车作用之下易产生推移,为使路面稳定,并保持较好的平整度,以利舒适行车,在土石路堤的路床顶面以下30~50cm(高速公路一级公路为50cm,其他公路为30cm)内应填筑符合路床要求的土并分层压实,可保证在路床高程范围之内强度均匀一致,并有利于加强路面结构与土石路堤之间的结合。

4. 土石路堤压实

土石路堤的压实,应根据混合料中巨粒土的含量多少确定。当混合料中巨粒土(特别是粒径大于200mm的颗粒)含量多于70%时,其压实作业接近填石路堤,应按填石路堤的方法和要求进行。当混合料中巨粒土的含量低于50%时,其压实作业接近于填土路堤,应按前述填土路堤的方法和要求进行。

土石路堤的压实度可采用灌砂法或水袋法检测。其标准干重度应根据每一种填料的不同含石量的最大干密度作出标准干密度曲线,然后根据试坑挖取试样的含石量,从标准干密度曲线上查出对应的标准干密度。当采用灌砂法或水袋法检验有困难时,可根据填石路堤的方法进行检验,即通过12t以上振动压路机压实试验,当压实层顶面稳定,不再下沉(无轮迹)时,可判定为密实状态。

第三节 路堑施工

挖方路堑施工在山岭重丘区往往是控制工程进度的关键。由于路堑开挖后破坏了原地层的平衡状态,其稳定性主要取决于地质与水文条件,以及边坡深度和边坡坡度。一般情况下,地质条件较差主要表现为:岩层倾向边坡、岩层软弱极易风化、岩石破碎成碎块土状;水文状况不利主要表现为:地层含有地下水或渗水层,暴雨集中或地面排水不畅等。在这些地段,如果开挖较深路堑,则边坡稳定性差,路基的后遗病害较多,诸如滑坡、崩坍、落石、路基翻浆等。因此,在施工中要认真对待。路堑成巷道式,受排水、通风、日照影响,病害多于路堤,且行车视距较差、行车条件和道路景观均有所降低,施工亦困难。水文状况对路堑的影响较大,地质条件愈差,水的破坏作用愈明显,因此,路堑的排水极为重要。路堑必须设置边沟,以排除边坡和路基表面的降水。排水边沟应选择合适的纵坡,对于较长的路堑地段,边沟的纵坡不宜太小,以免造成淤积;也不宜太大,以免造成冲刷。

当挖方路基位于土层时,若地下水文状况不利,会产生水分积聚现象,可能导致路面的破坏。为保证路基的强度和稳定性,需对路堑以下的天然土基压实至规定的压实度;必要时,还应翻挖重新分层填筑或换土,或采取加铺隔离层如土工织物,设置必要的地下排水设施。

路堑开挖中,如遇土质变化需修改施工方案及边坡坡度时,应及时报批。挖方路基施工高程应考虑因压实而下沉的量,其值应由试验确定。路堑路床的表层下为有机质土、潮湿且难以晾干压实的土、CBR 值小于规定的土或不宜作路床的土,均应清除或换填符合规定的土。

一、土质路堑的开挖

(一)土质路堑开挖方法

土质路堑开挖,根据挖方数量大小及施工方法的不同,按掘进方向可分为横挖法和纵挖法两种,同时又可在高度上分单层或双层和纵混合横掘进等。

1. 横挖法

以路堑整个横断面的宽度和深度,从路线一端或两端逐渐向前开挖的方式称为横挖法,如图 11-8 所示。本法适用于开挖深度较小、长度较短的路堑。横挖法又可分为单层横挖法和多层横挖法。前者是单层掘进的高度即等于路堑设计深度。掘进时逐段成型向前推进,挖出的土由相反方向运出。单层横挖掘进的高度,受到人工操作安全及机械操作有效因素的限制,如果施工紧迫,对于较深路堑,可采用双层或多层横挖掘进法。上层在前,下层随后,下层施工面上留有上层操作的出土和排水通道。多层横挖法使得工作面纵向拉开,多层多向出土,可容纳较多的施工机械,若用挖掘机配合自卸汽车进行,台阶高度可采用 3 ~ 4m;用人力按横挖法挖路堑时每层台阶高度为 1.5 ~ 2.0m。

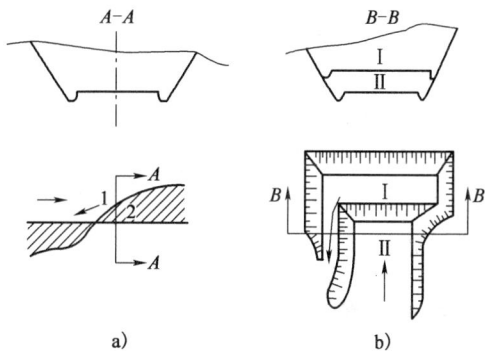

图 11-8 横挖法
a)全断面掘进;b)分台阶掘进

2. 纵挖法

纵挖法有分层纵挖法、通道纵挖法和分段纵挖法,如图 11-9 所示。

沿路堑全宽以深度不大的纵向分层挖掘前进称为分层纵挖法,本法适用于较长路堑的开挖。施工中,当挖掘的路堑长度较短(不超过 100m),开挖深度不大于 3m,地面坡度较陡时,易采用推土机作业。推土机作业时,每一铲挖地段的长度应能满足一次铲切达到满载的要求,一般为 5 ~ 10m,铲挖宜在下坡时进行;对普通土宜为 10% ~ 18%,不得大于 30%;对于松土不宜小于 10%,也不得大于 15%;傍山卸土的运行道路应设有向内稍低的横坡,但应同时留有向外排水的通道。当路堑的长度较长(超过 100m)时,宜采用铲运机作业,有条件时最好配备一台推土机配合铲运机(或使用铲运推土机)作业。对于拖式铲运和铲运推土机,其铲斗容积为 4 ~ 8m³ 的适宜运距为 100 ~ 400m,容积为 9 ~ 12m³ 的适宜远距为 100 ~ 700m。自行式铲运机运距可增加一倍。铲运机的运土道,单道宽度不应小于 4m,双道宽度不应小于 8m;其纵坡,重载

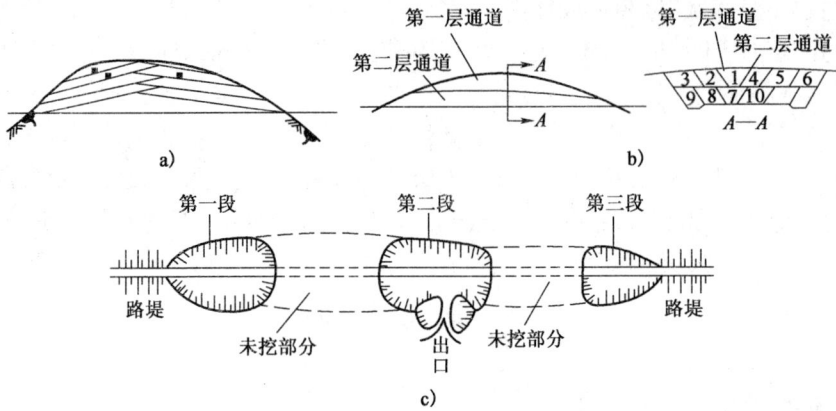

图 11-9　纵挖法 (图中数字为挖掘顺序)

a) 分层挖掘；b) 通道挖掘；c) 分段挖掘

上坡不宜大于 8%, 空驶上坡不得大于 50%；弯道应尽可能平缓, 避免急弯；路基表层应在回驶时刮平, 重载弯道处路基比保持平整。铲运机作业面的长度和宽度应能使铲量易于达到满载。在地形起伏的工地, 应充分利用下坡铲装；取土应沿其工作面有计划地均匀进行, 不得局部过度取土而造成坑洼积水。铲运机卸土场的大小应满足分层铺卸的需要, 并且有回转余地。填方卸土应边走边卸, 防止成堆, 行走路线外侧边缘的距离不宜小于 20cm。

先沿路堑纵向挖掘一通道, 然后将通道向两侧拓宽, 上层通道拓宽至路堑边坡后, 再开挖下层通道, 按此向纵深开挖至路基高程称为通道纵挖法。本法适用于在开挖长而深的路堑时用。

沿路堑纵向选择一个或几个适宜处, 将较薄一侧堑壁横向挖穿, 使路堑分成两段或数段, 各段再纵向开挖称为分段纵挖法。此法适用于路堑过长、弃土运距过远的伴山路堑, 其一侧堑壁不厚的路堑开挖。

3. 混合式开挖法

即将横挖法与通道纵挖法混合使用, 如图 11-10 所示。这种方法适用于路堑纵向长度和深度都很大时使用。先将路堑纵向挖通, 然后沿横向断面进行挖掘, 每一个断面应社一个机械

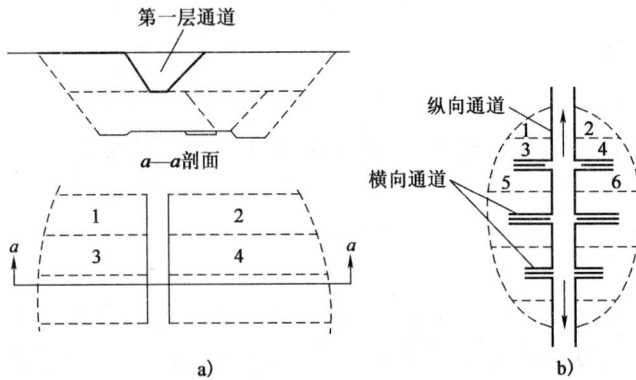

图 11-10　混合开挖法

(箭头表示运土与排水方向, 数字表示工作面号数)

施工班组进行作业。施工时可以分层和分段,层高和段长视施工方法而定。该法工作面多,但运土通道有限制,施工的干扰性增大,必须周密安排,以防在混乱中出现质量或安全事故。个别情况下,为了扩大施工面,加快施工进度,对土路堑的开挖,还可以考虑采用双层式纵横通道的混合掘进方案,同时沿纵横的正反方向,多施工面同时掘进。混合掘进方案的干扰性更大,一般仅限于人工施工,对于深路堑,如果挖方工程数量大及工期受到限制时可考虑采用。

(二)施工中应注意的问题

1. 一般土质开挖

路基开挖前应对沿线土质进行检测试验。适用于种植草皮和其他用途的表土应储存于指定地点;对开挖出的适用材料。应用于路基填筑,既可减少挖方弃土和弃土堆面积,又可减少填方借土和取土坑面积。但各类材料不应混杂,以保证路基的压实质量。对不适用的材料可做外弃处理。

土质路堑地段的边坡稳定极为重要。开挖时,不论开挖工程量和开挖深度大小,均应自上而下进行,不得乱挖超挖,防止因开挖顺序不当而引起边坡失稳崩塌。要注意选择合理的施工方法。严禁掏洞取土,以免造成土坍塌伤人。在不影响边坡稳定的情况下,可采用爆破施工,但应经过设计审批。施工中,如遇土质变化需修改施工方案及边坡坡度时,应及时报批。如因冬季或雨季影响,使挖出的土方不能及时用于填筑路堤时,应按路基季节性施工的有关方法进行处理;如路堑路床的表层下为有机土、难以晾干压实的土、CBR 值小于规范规定要求的土或不宜作路床的土,均应清除换填,必要时还应设置渗沟,以保证满足路基深度的需要。如遇到特殊土质(盐渍土、黄土、膨胀土等)以及易于坍滑的土时,应按特殊土的有关要求施工。挖方路基施工高程,应考虑因压实的下沉量。其值应由试验确定。不能将路基的施工高程与路基的设计高程混同,以免造成超挖或少挖。

2. 排水设施的开挖及设置

水是造成路堑各种病害的主要原因,在路堑开挖前应作好排水沟渠的开挖。施工期间可修建一些临时排水设施,并将临时排水设施与永久性排水设施相结合。水流不得排入农田、耕地、污染自然水源,也不得引起淤积或冲刷。

边沟、截水沟及其他引、截排水设施的位置、断面尺寸及有关要求应符合设计图纸的规定。应先做好这类排水设施,其出口应通至桥涵进、出水口处。截水沟不应在地面坑洼处通过,必须通过时,应按路堤填筑要求将洼处填平压实,然后开挖,并防止均匀沉陷和变形。平曲线外边沟沟底纵坡,应与曲线前后的沟底相衔接。曲线内侧不得有积水或外溢现象发生。路堑和路堤交接处的边沟应缓缓引向路堤两侧的天然沟或排水沟,不得冲刷路堤。路基坡脚附近不得积水。

排水沟渠应从下游出口向上游开挖。同时,应保证排水设施沟基稳固,严禁将排水沟挖筑在未加处理的弃土上;沟形整齐,沟坡、沟底平顺,沟内无浮土杂物,沟水排泄不得对路基产生危害;截水沟的弃土应用于路堑与截水沟间筑土台,并分层压(夯)实、台顶设 2% 倾向截水沟的横坡,土台边缘坡脚距路堑顶的距离不应小于设计规定。

挖方地段遇有地下含水层时应根据规范对地下水排除方法的规定进行处理。当路堑路床顶部以下位于含水率较多的土层时,应换填透水性良好的材料,换填深度应满足设计要求,并整平凹槽底面,设置渗沟,将地下水引出路外,再分层回填压实。

3. 边坡开挖

路堑挖土边坡施工的基本要求,基本上与填土边坡类似,除了边坡坡度符合设计规范外,也应做好放样、布设标准边坡等工作。但由于路堑边坡是由自然状态土、石开挖而形成。随线路经过地带不同,沿线土、石类别有较大的差异,其工程性质有时差别很大,施工作业难易程度也有一定的区别。

对于砂类上边坡,施工时,挖出的斜坡应留有足够的余量,然后打桩、定线,进行坡面整修。具体做法是,先用机械开挖,留有 20~30cm 的余量,以后用人工修整或用平地机修整,也可用小型反铲挖掘机作业。如果采用挖掘机修整边坡,要求操作人员应有较高的技术水平,否则,很容易造成超挖或欠挖。

对于砾类土边坡,由于影响砾类土挖方边坡的因素主要是土体结合的紧密程度,故其坡度要结合土壤、地质水文等条件确定。砾类土的潮湿程度及边坡高度,对边坡的稳定有较大影响,当湿度大,边坡高时,宜采用较缓坡度;对密实度差的土体,应避免深挖;但应注意,过缓的边坡受雨水作用面积增大,反而会影响到边坡的稳定性,故边坡不宜过缓,并应根据具体情况采取边坡防护和加固措施,切实做好排水工作,以免影响边坡稳定。

对于地质不良拟设挡土墙等防护设施的路堑边坡,应采用分段挖掘,分段修筑防护设施的方法,以保证安全和边坡的稳定。

4. 弃土处理

在开挖路堑弃土地段之前,应提出弃土的施工方案报有关单位批准后实施(该方案包括弃土方式、调运方案、弃土位置、弃土形式、坡脚加固处理方案、排水系统的布置及计划安排等)。方案改变时,应报批准单位复查。弃土堆的边坡不应陡于 1:1.5,顶面向外应设不小于 2% 的横坡,其高度不宜大于 3m;对于软湿土,不应小于路堑深度加 5m。在山坡上侧的弃土堆应连续而不中断,并在弃土前设截水沟;山坡下侧的弃土堆应每隔 50~100m 设不小于 1m 的缺口排水,弃土堆坡脚应进行防护加固。严禁在岩溶漏斗处、暗河口处、贴近桥墩台处弃土。因岩溶地区的漏斗处多已成为地面水排泄通道,暗河口则成为地下水的出口通道,如将弃土堆弃在这些地方,会造成地面水和地下水无法排走,形成水灾,影响路基安全。若在贴近桥墩、台处弃土,将会造成桥墩、台承受偏压,桥墩、台的安全会受到影响。

二、岩石路堑开挖

在路基工程中,当线路通过山区、丘陵及傍山沿溪地段时,往往会遇到集中的或分散的岩石区域,这就必须进行石方的破碎、挖掘作业。开挖石方应根据岩石的类别、风化程度和节理发育程度等确定开挖方式。对于软石和强风化岩石,能用机械直接开挖的均应采用机械开挖,也可人工开挖。凡不能用机械或人工直接开挖的石方均应采用爆破法开挖。

爆破作业法是利用炸药爆炸时所产生的热和高压,使岩石或周围的介质受到破坏或移位。其特点是:施工进度快,并可减轻繁重的体力劳动,提高劳动生产率。

机械作业法是利用大型、整体式松土器,耙松岩土后由铲运机械装运。其特点是:作业过程比较简单,具有较高的作业效率。

(一)机械施工作业

高等级公路施工中常用的机械是带松土器的推土机。其生产率除与自身的功率大小有关外,还与岩石的可松性有关,即与岩石的种类、岩石的风化程度及裂缝发展程度有关。通常砂岩、石灰岩、页岩以及砾岩等呈层状结构,且比较松软,适宜于松土器作业。片麻岩、石英岩等,当岩层较薄(小于15cm)时亦可采用松土器施工。花岗岩、玄武岩、安山岩等火成岩或较厚的片麻岩、石英岩,松开较为困难,一般需经预裂爆破后方可进行松土器施工作业。

用松土器进行岩石的破碎开挖,宜选用单齿式松土器,其贯入深度应尽可能大,但推土机必须有足够的牵引力,不致使履带打滑。作业时,每次的松土间隔视石料用途和搬运方法确定,一般可取1.0~1.5m。作业时一般应低速行驶,高速行驶进行松土作业容易因岩石硬度变化而引起发动机转速变化,造成机体跳动,增加操纵难度,加剧机具磨损。松土时机械行驶的方向,应与岩纹垂直,此时破碎效果较好。若顺着岩纹作业,可能出现松土器经过的地方劈成沟状,而其余部分仍没有松开或松开很少。另外,应尽可能利用下坡进行松土作业,可提高松土效果。松土机的作业方法可有以下几种:

(1)交叉松土,即以选定的间隔在互相垂直的方向上进行作业,在岩石破碎成沟状,而其余部分未被破碎时,采用这种方法较为有效。缺点是松土后的地面粗糙而不规则,因而降低了机械的工作效率。

(2)串联松土,即用另外一台推土机助推的方法,用于较硬岩石的破碎,虽成本有所增加,但行之有效。

(3)预裂爆破后松土,对特别坚硬的岩石,进行预裂爆破(如松动爆破、静态爆破)后,再用松土机作业,比单纯爆破工效高,且施工成本也低。

(二)爆破施工作业

山区高等级公路路基石方工程量大,而且集中,一般占土石方总量的45%~75%,目前爆破仍然是石方路基施工最有效的方法。

1.爆破作用原理

(1)爆破作用圈

药包在无限介质中爆炸时,炸药在瞬间内通过化学反应转化为气体状态的爆炸产物,由于膨胀作用,体积增加数千倍乃至上万倍,产生高温高压并以每秒千米以上的冲击波自药包中心按球面等量向外扩散,传递给周围介质,使介质产生各种不同程度的破坏和振动现象,这种现象随着距药包中心的距离增大而逐渐消失。按破坏程度的不同,大致可分为四个爆破作用圈,如图11-11所示。

压缩圈:在这个作用圈范围内,介质直接承受药包爆炸,产生巨大的作用力。如果介质是可塑性的土,便会遭到压缩形成空腔;如果是坚硬的脆性岩石会被粉碎。所以把这个球形区叫作压缩圈或破碎圈。

抛掷圈:在压缩圈范围以外的区间,所受的爆破作用力虽较压缩圈内小,但介质原有结构受到破坏,破裂

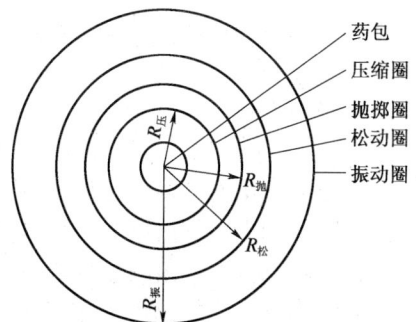

图11-11　爆破作用圈示意图

成为不同尺寸和形状的碎块,而且爆炸力尚有足以使这些碎块获得运动速度的余力。如果在有限介质内,这个区间的某一部分处在临空的自由条件下,破碎了的介质碎块便会产生抛掷现象,因而称为抛掷圈。在无限介质内不会产生任何抛掷现象。

松动圈:在抛掷圈以外的区间,爆炸作用力大为减弱,但亦能使介质结构受到不同程度的破坏,因而称为松动圈。

振动圈:在松动圈以外的区间,微弱的爆炸作用力不能使介质产生破坏,只能在应力波的传播下,发生振动现象,因而称为振动圈。振动圈以外,爆破作用的能量就完全消失了。

(2)爆破漏斗

药包在有限介质内爆破后,在临空一面的表面上会出现一个爆破坑,一部分炸碎的土石被抛至坑外,一部分仍落在坑底。由于爆破坑形状似漏斗,称为爆破漏斗,如图 11-12 所示。若在倾斜边界条件下,则会形成卧置的椭圆锥体。药包中心至临空面的最短距离,称为最小抵抗线,用 W 表示。药包爆炸时,爆破作用首先沿着临空面方向阻力最小的地方,使岩(土)产生破坏,隆起鼓包或抛掷出去,这就是作为爆破理论基础的"最小抵抗线原理"。

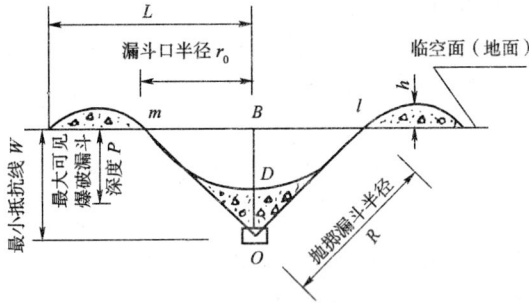

图 11-12 平坦地形爆破漏斗示意图

当地面坡度等于零时,爆破漏斗成为倒置的圆锥体。mDl 称为可见的爆破漏斗,其体积 V_{mDl} 与爆破漏斗与爆破漏斗 V_{mOl} 之比的百分数 E_0,称为平坦地形的抛掷率;r_0 与 W 的比值 n 称为平地爆破作用指数。当 $r_0 = W$ 时,$n = 1$,称为标准抛掷爆破。在水平边界条件下,其抛掷率 E 为 27%,标准抛掷漏斗的顶部夹角为直角。当 $r_0 > W$,则 $n > 1$,称为加强抛掷爆破,抛掷率 > 27%,漏斗顶部夹角大于90°。当 $r_0 < W$,则 $n < 1$,称为减弱抛掷爆破,抛掷率 < 27%,漏斗顶部夹角小于90°。

实践证明,当 $n < 0.75$ 时,不能形成显著的漏斗,不发生抛掷现象,岩石只能发生松动和隆起。通常将 $n = 0.75$ 时称为标准松动爆破,$n < 0.75$ 称为减弱松动爆破。

2. 炸药、起爆器材及起爆方法

(1)炸药

炸药是一种化学性质不稳定的物质,其成分中大都含有碳、氢、氮、氧等四种元素,在冲击、摩擦等外力作用下易发生爆炸,爆速高达每秒几千米,爆温高达 1500 ~ 4500℃,爆炸所产生的气体比原体积大一万倍以上,爆压超过十万个大气压,因而具有极大的破坏力。

在爆破工程中常用的炸药可分为起爆炸药和主要炸药两大类。

起爆炸药是一种爆炸速度极高的烈性炸药,爆速可达 2000 ~ 8000m/s,用以制造雷管。起爆炸药又可分为正起炸药和副起炸药。正起炸药对热能和机械冲击能均具有强烈的敏感性,如雷汞、叠氮铅、黑索金、泰安等;副起炸药须由正起炸药起爆,其爆速甚高,可加强雷管的起爆能量,如三硝基甲硝胺、四硝化戊四醇等。

用以对介质(岩石)进行爆炸的炸药称为主要炸药,它的敏感性较低,要在起爆炸药强力的冲击下才能爆炸。道路施工中常用的主要炸药有以下几种:

①黑色炸药。它是由硝酸钾(或硝酸钠)、硫磺及木炭所组成的混合物,其配合比以75:10:15为最佳。好的黑色炸药为深灰色的颗粒,不沾污手。对火星和碰击极敏感,易燃烧爆炸,怕潮湿,威力低,适用于开采石料。

②梯恩梯(三硝基甲苯)。它呈结晶粉末状,淡黄色,压制后呈黄色,熔铸块呈褐色,不吸湿,爆炸威力大。但本身含氧不足,爆炸时产生有毒的一氧化碳(CO)气体,不宜用于地下作业。

③胶质炸药。它是在硝化甘油和硝酸铵(有时用硝酸钾或硝酸钠)的混合物中另加入一些木屑和稳定剂制成的。它一般可分为耐冻与非耐冻两种。胶质炸药威力大,不吸湿,有较大密度和可塑性,适合在水下和坚石中使用。

④硝铵炸药。它是硝酸铵、梯恩梯和少量木粉的混合物。具有中等威力和一定的敏感性,在8号雷管作用下可以充分起爆,是安全的炸药。它的物理安定性较低,易吸湿和结块,受潮后敏感性和威力显著降低,爆炸时产生有毒气体。硝铵炸药需要用起爆药包和雷管来引爆。

⑤铵油炸药。它是硝酸铵和柴油(或再加木粉)的混合物。这是一种廉价、安全、制造简单、威力比硝铵炸药略低且敏感性低的炸药。主要缺点是易受潮和结块,使用时不能直接以8号雷管起爆,须同时用10%的硝铵炸药作为起爆体,才能使其充分起爆。

(2)起爆器材及起爆方法

雷管是常用的起爆器材,按引爆方式分为火雷管和电雷管两种。

火雷管也称普通雷管,它是用导火索来引爆的。火雷管的构造由雷管壳、正装药(起爆药,如雷汞等)副装药(辅助起爆药,如黑索金等)、加强帽等三部分组成。雷管壳一端开口,留有15mm长的空位,以便插入导火索,另一端呈窝槽状。雷管按起爆药雷汞的多少而编号,通常使用的6号雷管相当于1g雷汞的装药量,8号雷管相当于2g雷汞的装药量。

电雷管是用电流点火引爆炸药的。电雷管的构造与火雷管基本相同,不同的是在管口有一个电点火装置,通电时灼热的电桥丝就能点燃引燃剂,使正起爆药爆炸。电雷管分为即发电雷管和延发电雷管。即发电雷管用于同时点火同时起爆;迟发电雷管用于同时点火,但不同时爆炸的电点火线路中,其构造与即发电雷管基本相同,只是在引火药与起爆药之间,装有燃烧速度相当准确的缓燃剂,从而可以推迟起爆,按其迟发时间,分为2s、4s、6s、8s、10s、12s数种。

起爆方法包括以下几种:

①导火索起爆法。导火索用于起爆火雷管或黑火药,外形为圆形索线,索芯内有黑火药,中间有纱导线,芯外紧缠着纱包线,索外涂防潮剂。对导火索的要求是燃烧完全,燃速恒定。根据使用的要求,导火索的正常燃速为100~120s/m,缓燃导火索燃速为1180~210s/m。

②电力起爆法。通过电爆网路使电雷管的点火器通电实现起爆的方法称为电力起爆法。产生电流的电源可用干电池组、蓄电池或小型手摇发电机等。

③传爆线起爆法。传爆线又称导爆线,其索芯用高级烈性炸药制成,内有双层棉织物,一层为防潮层,一层为缠绕着的纱线。为与导火索区别,表面涂成红色或红黄色相间等色。爆速为6800~7200m/s。

3. 爆破法施工程序及要点

（1）施工程序

爆破法开挖石方应按以下程序进行：

施爆区管线调查→炮位设计与设计审批→配备专业施爆人员→用机械或人工清除施爆区覆盖层和强风化岩层→钻孔→爆破器材检查与试验→炮孔（或坑道、药室）检查与废渣清除→装药并安装引爆器材→布置安全岗和施爆区安全员→炮孔堵塞→撤离施爆区和飞石、强地震波影响区内的人、畜→起爆→清除瞎炮→解除警戒→测定爆破效果（包括飞石、地震波对施爆区外构造物造成的损伤及损失）。

（2）施工要点

石方需用爆破法开挖的路段，如空中有缆线，应查明其平面位置和高度；还应调查地下有无管线，如果有管线，应查明其平面位置和埋设深度。同时应调查开挖边界线外的建筑物结构类型、完好程度、距开挖界距离。在制定爆破方案时，应确保空中缆线、地下管线和施工区边界处建筑物的安全。

公路石方开挖，应充分重视挖方边坡稳定，宜选用中小炮爆破；开挖风化较严重、节理发育或岩层产状对边坡稳定不利的石方，宜用小型排炮微差爆破。小型排炮药室距设计边坡线的水平距离，不应小于炮孔间距的1/2。当岩层走向与路线走向基本一致，倾角大于15°，且倾向公路或者开挖边界线外有建筑物，施爆可能对建筑物地基造成影响时，应在开挖层边界，沿设计坡面打预裂孔，孔深同炮孔深度，孔内不装炸药和其他爆破材料，孔的间距不宜大于炮孔纵向间距的1/2。开挖层靠边坡的两列炮孔，特别是靠顺层边坡的一列炮孔，宜采用减弱松动爆破。开挖边坡外有必须保证安全的重要建筑物，即使采用减弱松动爆破也无法保证建筑物安全时，可采用人工开凿、化学爆破或控制爆破。

在石方开挖区应注意施工排水，在纵向和横向形成坡面开挖面，其坡度应满足排水要求，以确保爆破出的石料不受积水浸泡。

根据确定的爆破方案，进行炮位、炮孔深度和用药量设计，其设计图纸和资料应报送有关部门审批。进行爆破作业时，必须由经过专业培训并取得爆破证书的专业人员施爆。

根据设计的炮位和孔深打眼，当工程量小，工期允许时，可采用人工打眼；当工程量较大时，应采用机械钻孔。钻孔机械可采用风钻或潜孔钻。炮眼位置选择时应注意：①避免在两种岩石硬度相差很大的交界面处设置炮孔药室。炮位设计应充分考虑岩层的产状、类别、节理发育程度、溶蚀情况等，炮孔药室宜避开溶洞和大的裂隙。②非群炮的单炮或数炮施爆，炮孔宜选在抵抗线最小、临空面较多，且与各临空面大致距离相等的位置，同时应为下次布设炮孔创造更多的临空面。非群炮的单炮或数炮施爆，炮眼方向宜与岩石临空面大致平行，一般按岩石外形、节理、裂隙等情况，分别选用正眼炮、斜眼炮、平眼炮或吊眼炮。③群炮炮眼间距宜根据地形、岩石类别、炮型等确定，并根据炮眼间距、岩石类别、地形、炮眼深度计算确定每个炮眼的装药量和炸药种类。对于群炮，宜分排或分段采用微差爆破。

(三)中小型爆破

实施中小型爆破的方法有：裸露药包法、炮眼（孔）法、药壶法（葫芦炮）、猫洞炮、综合爆破方法等。

（1）裸露药包法

该法是将药包置于被炸物体表面或经清理的石缝中。药包表面用草皮或稀泥覆盖，然后进行爆破。这种方法限用于破碎孤石或大块岩石的二次爆破。

（2）炮眼（孔）法

根据炮眼的深浅不同，炮眼爆破法又可分浅眼爆破法和深眼爆破法。

浅眼爆破法又称浅孔爆破法，它是在被爆破的岩石内钻凿直径为 25～75mm、深度为 1～5m 的炮孔进行装药爆破，是应用最普遍的一种爆破方法。适用于工程量不大的路堑开挖、采石或大块岩石的再爆破。

（3）药壶法（葫芦炮）

药壶炮是将炮眼底部扩大成葫芦形，以便将炸药基本集中于炮眼底部的扩大部分，以提高爆破效果。葫芦炮炮眼较深，因此又称为深眼法。葫芦法适用于均匀致密黏土（硬土）、次坚石、坚石。对于炮眼深度小于 2.5m，节理发育的软石，地下水较发育或雨季施工时，不宜采用。葫芦炮炮眼深度一般为 5～7m，不宜靠近设计边坡布设，药室距设计边坡线的水平距离不宜小于最小抵抗线。

（4）猫洞炮

猫洞炮是将集中药包直接放入直径为 0.2～0.5m，炮眼深 2～6m 的水平或略有倾斜的炮洞中的一种炮型。它适用于硬土、胶结良好的古河床、冰渍层、软石和节理发育的次坚石。坚石可利用裂隙修成导洞或药室，这种炮型对大孤石、独岩包等爆破效果更佳。

猫洞炮的炮眼深度应与阶梯高度、自然地面横坡相配合，遇高阶梯时要布置多层药包。烘腔应根据岩石类别分别采用浅眼烘腔、深眼烘腔和内部扩眼等方法。

（5）综合爆破方法

综合爆破是根据石方的集中程度，地质、地形条件，公路路基断面的形状，结合各种爆破方法的最佳使用特性，因地制宜，综合配套使用的一种比较先进的爆破方法。一般包括小炮和洞室炮两大类。小炮主要包括钢钎炮（眼炮）、深孔爆破等钻孔爆破、药壶炮和猫洞炮；洞室炮则随药包性质、断面形状和微地形的变化而不同。用药量 1000kg 以上为大炮，1000kg 以下为中小炮。

为了充分发挥各种爆破方法的特点，利用微地形和地质的客观条件，在路基石方工程中，有计划有步骤地爆破拟开挖的石方，全面规划，综合组织炮群；利用有利地形，扩展工作面；综合利用小炮群，分段分批爆破，以达到最好的爆破效果。

（四）大爆破设计与施工

大爆破施工，是采用导洞和药室装药，用于药量在 1000kg 以上的爆破。大爆破的威力大、效率高，可以缩短工期、节约劳力，但使用不当则可能破坏山体平衡，造成路基后遗病害，因此，公路石方开挖一般不宜采用。只有当路线穿过孤独山丘，开挖后边坡不高于 6m，且根据岩石产状和风化程度，确认开挖后，边坡稳定，方可考虑大爆破方案。必须采用大爆破方案时，则应进行详细的现场调查和技术经济论证并做好技术设计，报主管部门审批后方可实施。

大爆破施工程序为：大爆破技术设计→施工前的准备→竖井、导洞和药空开挖→爆破前的准备→爆破→瞎炮处理和爆破效果测定。

(五)石质路堑边坡清刷及路床检验

爆破后对石质路堑边坡清刷及路床的检验应符合下列要求：

(1)石质挖方边坡应顺直、圆滑、大面平整。边坡上不得有松石、危石。凸出于设计边坡线的石块，其凸出尺寸不应大于20cm，起爆凹进部分尺寸也不应大于20cm。对于软质岩石，凸出及凹进尺寸均不应大于10cm，否则应进行清理。

(2)挖方边坡应从开挖面往下分级清刷边坡，下挖2～3m时，应对新开挖边坡刷坡，对于软质岩石边坡可用人工或机械清刷，对于坚石和次坚石，可使用炮眼法、裸露药包法爆破清刷边坡，同时清除危石、松石。清刷后的石质路堑边坡不应陡于设计规定。

(3)石质路堑边坡如因过量超挖而影响上部边坡岩体稳定时，应用浆砌片石补砌超挖的坑槽。如石质路堑边坡系易风化岩石，还应砌筑碎落台。

(4)石质路堑路床底高应符合设计要求，开挖后的路床基岩高程与设计高程之差应符合规范要求。如过高，应凿平；过低，应用开挖的石屑或灰土碎石填平并碾压密实。

(5)石质路堑路床顶面宜使用密集小型排炮施工，炮眼底高程宜低于设计高程10～15cm，装药时宜在孔底留5～10cm空眼，装药量按松动爆破计算。

(6)石质路床超挖大于10cm的坑洼有裂隙水时，应采用渗沟连通。渗沟宽不宜小于10cm，渗沟底略低于坑洼底，坡度不宜小于0.6%，使可能的裂隙水或地表渗水由浅坑洼渗入深坑洼，并与边沟连接。如渗沟底低于边沟底则应在路肩下设纵向渗沟，沟底应低于深坑洼底至少10cm，宽不宜小于60cm；纵向渗沟由填方路段引出。渗沟应填碎石，并与路床同时碾压到规定的要求。

第四节　路基施工质量检查与评定

一、工程质量检查

路基工程施工质量的检查与评定时，其实测项目技术指标的规定值或允许偏差按高速公路、一级公路和其他公路(指二级及以下公路)两档设定，其中土方路基压实度按高速公路和一级公路，二级公路，三、四级公路三档设定。按规定实测项目的检查频率，如果检查路段以延米计时，则为双车道公路每一检查段内的最低检查频率；多车道公路必须按车道数与双车道之比，相应增加检查数量。

路基压实度须分层检测，可只按上路床的检查数据计分，也可视情况按层合并计分。路基其他检查项目均在路基顶面进行检查测定。路肩工程可作为路面工程的一个分项工程进行检查评定。服务区停车场、收费广场的土方工程压实标准可按土方路基要求进行监控。

(一)土方路基

(1)基本要求：在路基用地和取土坑范围内，应清除地表植被、杂物、积水、淤泥和表土，处理坑塘，并按规范和设计要求对基底进行压实。路基填料应符合规范和设计的规定，经认真调查、试验后合理选用。填方路基须分层填筑压实，每层表面平整，路拱合适，排水良好。施工临时排水系统应与设计排水系统结合，避免冲刷边坡，勿使路基附近积水。在设定取土区内合理取土，不得滥开滥挖。完工后应按要求对取土坑和弃土场进行修整，保持合理的几何外形。

(2)实测项目：土方路基实测项目应符合表11-3的规定。

项次	检查项目			规定值或允许偏差			检查方法和频率
				高速公路一级公路	其他公路		
					二级公路	三、四级公路	
1Δ	压实度（%）	上路床	0~0.30m	≥96	≥95	≥94	按有关规定方法检查,密度法:每200m每压实层2处
		下路床 轻、中及重交通荷载等级	0.3m~0.80m	≥96	≥95	≥94	
		下路床 特重、极重交通荷载等级	0.3m~1.2m	≥96	≥95	—	
		上路堤 轻、中及重交通荷载等级	0.8m~1.5m	≥94	≥94	≥93	
		上路堤 特重、极重交通荷载等级	1.2m~1.9m	≥94	≥94	—	
		下路堤 轻、中及重交通荷载等级	1.5m	≥93	≥92	≥90	
		下路堤 特重、极重交通荷载等级	>1.50m				
2Δ	弯沉(0.01mm)			不大于设计验收弯沉值			采用落锤式或贝克曼梁式弯沉仪,按规定方法检查
3	纵断高程(mm)			+10,−15	+10,−20		水准仪,中线位置每200m测2点
4	中线偏位(mm)			50	100		全站仪,每200m测2点,弯道加HY、YH两点
5	宽度(mm)			满足设计要求			尺量,每200m测4点
6	平整度(mm)			≤15	≤20		3m直尺,每200m测2处×5尺
7	横坡(%)			±0.3	±0.5		水准仪,每200m测2个断面
8	边坡			满足设计要求			尺量,每200m测4点

注:1.表列压实度系按《公路土工试验规程》(JTG E40)重型击实试验所得最大干密度求得的压实度。评定路段内的压实度平均值下置信界限不小于规定标准,单个测定值不得小于极值(表列规定值减5个百分点)。按测定值不小于表列规定值减2个百分点的测点占总检查点的百分率计算合格率。

2.特殊干旱、特殊潮湿地区或过湿土路基,可按路基设计、施工规范所规定的压实度标准进行评定。

3.三、四级公路铺筑沥青混凝土或水泥混凝土路面时路基压实度应采用二级公路标准。

(3)外观质量:路基表面平整,路基边线与边坡不应出现单向累计长度超过50m的折弯。路基边坡、护坡道、碎落台不得有滑坡、塌方或深度超过100m的冲沟。

(二)填石路基

(1)基本要求:石方路基的开挖宜采用光面爆破法。爆破后应及时清理险石、松石,确保边坡安全、稳定。修筑填石路堤时应进行地表清理,逐层水平填筑石块,摆放平稳,码砌边部。填石路基应分层填筑压实,每层表面平整,路拱合适,排水良好,上路床不得有碾压轮迹,不得亏坡。修筑填石路基时应进行地表清理,填筑层厚度应符合规范规定并满足设计要求,填石空隙用石渣、石屑嵌压稳定。

(2)实测项目:填石路基实测项目应符合11-4的规定。

项次	检查项目		规定值或允许偏差		检查方法和频率
			高速公路一级公路	其他公路	
1△	压实		孔隙率满足设计要求		密度法:每 200m 每压实层测 1 处
			沉降差≤试验路确定的沉降差		精密水准仪:每 50m 测 1 个断面,每个断面测 5 个点
2△	弯沉(0.01mm)		不大于设计值		采用落锤式或贝克曼梁式弯沉仪,按规定方法检查
3	纵断高程(mm)		+10,−20	+10,−30	水准仪,每 200m 测 2 点
4	中线偏位(mm)		≤50	≤100	全站仪,每 200m 测 2 点,弯道加 HY、YH 两点
5	宽度(mm)		满足设计要求		尺量,每 200m 测 4 点
6	平整度(mm)		≤20	≤30	3m 直尺,每 200m 测 2 处×5 尺
7	横坡(%)		±0.3	±0.5	水准仪,每 200m 测 4 个断面
8	边坡	坡度	满足设计要求		尺量,每 200m 测 4 点
		平顺度	满足设计要求		

注:上下路床填土时压实度检验标准与土方路基相同。

(3)外观鉴定:路基上边坡不得有危石。路基边线与边坡不应出现单向累计长度超过 50m 的折弯。

二、压实度检测与评定方法

压实度是路基路面施工质量检测的关键指标之一,表征现场压实后的密实状况,压实度越高,密实度越大,材料整体性能越好。因此,路基路面施工中,碾压工艺成为施工质量控制的关键工序。

对于路基土、路面半刚性基层及粒料类柔性基层而言,压实度是指工地实际达到的干密度与室内标准击实试验所得的最大干密度的比值;对沥青面层、沥青(稳定)碎石基层而言,压实度是指现场实际达到的密度与室内标准密度的比值。因此,压实度的测定主要包括室内标准密度(最大干密度)确定和现场密度试验。

(一)标准密度(最大干密度)确定

室内试验得出的标准密度(最大干密度)是压实度评定的基准值,直接决定着评定结果的可靠性,因此,标准密度(最大干密度)的室内试验确定方法应原理科学、数据重视性高、操作简便,且试验条件应与实际压实条件相接近。

根据路基土类别与性质的不同,路基土最大干密度试验方法主要有击实法、振动台法和表面振动压实仪法。

击实试验是路基土及粒料类材料最大干密度确定的主要方法,通过试验得出的击实曲线,确定最佳含水率和最大干密度。根据击实功的不同,可分为重型和轻型击实,两个试验的原理和基本规律相似,但重型击实试验的击实功提高了 4.5 倍。按采集土样的含水率,又分湿土法和干土法;按土能否重复使用,也分为两种,即土能重复使用和不能重复使用。根据工程的具体要求,按击实试验方法的规定,选择轻型或重型试验方法;根据土的性质选用干土法或湿土法,对于高含水率土宜选用湿土法,对于非高含水率土则选用干土法;除易击碎的试样外,试样可以重复使用。

振动台法与表面振动压实仪法均是采用振动方法测定土的最大干密度。前者是整个土样同时受到垂直方向的振动作用,而后者是振动作用自土体表面垂直向下传递。研究结果表明,对于无黏聚性自由排水土,这两种方法最大干密度试验的测定结果基本一致,但前者试验设备及操作较复杂,后者相对容易,且更接近于现场振动碾压的实际状况。因此,应优先采用表面振动压实仪法。

(二)现场密度试验检测方法

路基施工现场密度主要检测方法及各方法的适用范围见表11-5。

现场密度检测方法及适用范围比较 表11-5

试验方法	适 用 范 围
灌砂法	适用于在现场测定基层(或底基层)、砂石路面及路基土的各种材料压实层的密度和压实度,但不适用于填石路堤等有大孔洞或大孔隙材料的压实度检测
环刀法	适用于细粒土及无机结合料稳定细控土的密度测试。但对无机结合料稳定细粒土,其龄期不宜超过2d,且宜用于施工过程中的压实度检验
核子法	适用于现场用核子密度仪以散射法或直接透射法测定路基或路面材料的密度和含水率,并计算施工压实度。适用于施工质量的现场快速评定,不宜用作仲裁试验或评定验收试验
钻芯法	适用于检验从压实的沥青路面上钻取的沥青混合料芯样试件的密度,以评定沥青面层的施工压实度,同时适用于龄期较长的无机结合料稳定类基层和底基层的密度检测

(1)灌砂法:灌砂法是利用均匀颗粒的砂去置换试洞的体积,它是当前最通用的方法,很多工程都把灌砂法列为现场测定密度的主要方法,是施工过程中最常用的试验方法之一。此方法表面上看起来较为简单,但实际操作时常常不好掌握,并会引起较大误差。因此,应严格遵循试验的每个细节,以提高试验精度。为使试验做得准确,应注意以下几个环节:①量砂要规则,量砂如果重复使用,一定要注意晾干,处理一致,否则影响量砂的松方密度。②每换一次量砂,都必须测定松方密度,漏斗中砂的数量也应该每次重做。③地表面处理要平整。④在挖坑时试坑周壁应竖直、规则。⑤灌砂时检测厚度应为整个碾压层厚,不能只取上部或者取到下一个碾压层中。

(2)环刀法:环刀法是测量现场密度的传统方法。国内习惯采用的环刀容积通常为$200cm^3$,坏刀高度通常约5cm。用环刀法测得的密度是环刀内土样所在深度范围内的平均密度。它不能代表整个碾压层的平均密度。由于碾压土层的密度一般是从上层大下层小,若环刀取在碾压层的上部,则得到的数值偏大,若环刀取的是碾压层的底部,则所得的数值将偏小。因此,在用环刀法测定土的密度时,要使所得密度能代表整个碾压层的平均密度,在实际检测中是比较困难的。另外,环刀法适用面较窄,对于含有粒料的稳定土及松散性材料无法使用。

(3)核子密度湿度仪法:该法是利用放射性元素(通常是γ射线和中子射线)测量土或路面材料的密度和含水率。这类仪器的特点是测量速度快,需要人员少。该类方法适用于测量各种土或路面材料的密度和含水率,有些进口仪器可贮存打印测试结果。它的缺点是,放射性物质对人体有害,另外需要打洞的仪器,在打洞过程中使洞壁附近的结构遭到破坏,影响测定的准确性。对于核子密度湿度仪法,可做施工控制使用,但需与常规方法比较,以验证其可靠性。

(4)钻芯法:对于沥青混合料,国内外均以钻芯取样测定作为标准试验方法,测定沥青结构层施工密度。

(三)路基压实度评定

路基压实度以 1~3km 长的路段为检验评定单元,按要求的检测频率及方法进行现场压实度抽样检查,求算每一测点的压实度 K_i。细粒土现场压实度检查可采用灌砂法或环刀法;粗粒土及路面结构层压实度检查可采用灌砂法、水袋法或钻孔取样蜡封法。用核子密度仪时,应经对比试验检验,确认其可靠性。

压实度评定要点是:①控制平均压实度的置信下限,以保证总体水平。②规定单点极值不得超出规定值,防止局部隐患。③计算合格率以区分质量优劣。检验评定段的压实度代表值 K(算术平均值的下置信界限)为:

$$K = \bar{k} - \frac{t_\alpha}{\sqrt{n}} S \geqslant K_o \qquad (11\text{-}1)$$

式中:$\bar{k}$——检验评定段内各测点压实度的平均值;

t_α——t 分布表中随测点数和保证率(或置信度 α)而变的系数。采用的保证率:高速、一级公路为 95%;其他公路为 90%;

S——检测值的标准差;

n——检测点数;

K_o——压实度标准值。

(1)$K \geqslant K_o$,且单点压实度 K_i 全部大于或等于规定值减 2 个百分点时,评定路段的压实度合格率为 100%;当 $K \geqslant K_o$,且单点压实度全部大于等于规定极值时,按测定值不低于规定值减 2 个百分点的测点数计算合格率。

(2)$K < K_o$ 或某一单点压实度 K_i 小于规定极值时,该评定路段压实度为不合格,相应分项工程评为不合格。

路基施工段落短时,分层压实度要每点都符合要求,且实际样本数不小于 6 个。

三、回弹弯沉检测与评定

目前常用的弯沉测定系统主要有贝克曼梁式弯沉仪、自动弯沉仪和落锤式弯沉仪等。前两种为静态测定,得到最大弯沉值。后一种为动态测定,可得到最大弯沉值和弯沉盆。

弯沉的测点沿路线方向可以 20~50m 的间距等距离布置,横向可在行车道中部和边缘各测一点。每一双车道评定路段(不超过 1km),采用落锤式弯沉仪时,检点数不少于 40 个点;采用贝克曼梁式或自动弯沉仪时,检点数不少于 80 个点。多车道公路应按车道数与双车道之比,相应增加测点。

弯沉代表值 L_o 为弯沉测量值并考虑各种影响系数后的上波动界限,用下式计算:

$$L_o = (L_p + \beta \cdot S) K_1 K_3 \qquad (11\text{-}2)$$

式中:L_o——路段的计算弯沉值,0.01mm;

L_p——路段内实测弯沉的平均值,0.01mm,$L_p = \sum_{i=1}^{n} L_i / n$; $\qquad (11\text{-}3)$

S——路段内实测弯沉的标准差,0.01mm;

$$S = \sqrt{\frac{\sum_{i=1}^{n} (L_i - L_p)^2}{n-1}} \qquad (11\text{-}4)$$

其中:n——该路段测点数;

β——目标可靠度指标,见表 11-6。

K_1——湿度影响系数路基顶面弯沉测定时,根据当地经验确定;路表弯沉测定时,根据实测弯沉值通过反算得到路基模量值,修正后得到结构模量值,然后得出测试状态下的弯沉值湿度修正系数,或根据当地经验确定;

K_3——温度影响系数,路基顶面弯沉测定时取 1;路表弯沉测定时根据下式确定:

$$K_3 = e^{[9\times10^{-6}(\ln E_0-1)H_a+4\times10^{-3}](20-T)}$$ (11-5)

T——弯沉测定时沥青结合料类材料层中点实测或预估温度(℃);

H_a——沥青结合料类材料层厚度(mm);

E_0——平均湿度状态下路基顶面回弹模量(MPa)。

目标可靠度指标 β 值   表 11-6

公 路 等 级	高速公路	一级公路	二级公路	三级公路	四级公路
目标可靠度(%)	95	90	85	80	70
目标可靠度指标 β	1.65	1.28	1.04	0.84	0.52

二级及二级以下公路,当路基弯沉代表值不符合要求时,可将超出 $L_p \pm (2 \sim 3)S$ 的弯沉特异值舍弃,重新计算平均值和标准差。对舍弃的弯沉值大于 $L_p + (2 \sim 3)S$ 的点,应找出其周围界限,进行局部处理。用两台弯沉仪同时进行左右轮弯沉值测定时,应按两个独立测点计,不能采用左右两点的平均值。

高速公路、一级公路不得舍弃特异值。

弯沉评定要求:弯沉代表值 $L_0 \leqslant$ 设计要求的弯沉值时,相应的分项工程可评定为合格;若弯沉代表值 $L_0 >$ 设计要求的弯沉值时,则相应的分项工程为不合格。

第五节 特殊路基

特殊路基包括特殊岩土路基、不良地质地段路基,以及受水、气候等自然因素影响强烈、需要做特殊(动态)设计及施工处理的路基。特殊岩土包括软土、膨胀土、黄土、盐渍土、红黏土、高液限土、多年冻土及季节性冻土等;不良地质包括滑坡、崩塌、岩堆、泥石流、岩溶等。不同的特殊岩土、不良地质及特殊气候条件,岩土的工程性质差异很大,影响路基长期性能的主要因素、路基病害类型及对公路危害程度也不同。同时,由于特殊岩土及不良地质受环境影响很大,尤其是对水环境影响敏感,室内试验很难反映其实际工程性质,进行特殊岩土及不良地质力学性质的原位测试工作尤为重要。

路线通过特殊路段,应采取综合地质勘察,查明特殊地质体的性质、成因类型、规模、稳定状况及发展趋势;特殊路基设计与施工所需要的物理力学参数,宜采用原位测试的数据,并结合室内试验资料综合分析确定。对特殊路基应统筹考虑地质和环境等因素对路基的影响,以及这些因素的发展变化规律,路基病害整治应遵循以防为主、防治结合、力求根治、不留隐患的原则,做好路基结构、填料选择、地基处理、防排水及防护等综合设计与施工,通过综合技术经济比较,因地制宜,采取合理的整治方案和有效的工程措施,控制环境(水、温度、湿度等)变化对路基的影响,防治路基病害。如果分期整治,应保证在各种因素的变化过程中不降低路基的安全度。存在多种特殊土(岩)或特殊地质条件路基的工点应结合施工进程进行综合动态设计。

一、软土地区路基

软土地区路基,应着重解决可能出现的路基的沉降、失稳、路与桥的沉降差等问题。因此,对软土地区路基必须重视路基稳定性分析,施工前应做好施工组织设计,修筑地基处理试验路段,并在路基施工中和施工后进行变形观测,严格控制施工期和工后沉降及路基稳定安全系数等指标。有关软土地基路基稳定性分析与沉降监测等内容在第六章中已有介绍。

(一)地基处理

软土地基应根据软土、淤泥的物理力学性质、埋置深度、路堤高度、材料场地条件、公路等级等因素分别采取换置土、抛石挤淤、超载顶压、反压护道、渗水及灰土垫层、土工织物、塑料排水板、碎石桩、轻质路堤、深层加固等措施进行处理。各项措施配合使用,效果更好。

(二)路堤填筑

(1)路堤填筑前应排除地表水,保持基底干燥,淹水部位填土应由路中心向两侧填筑,高出水面后,按要求分层填筑并压实。

(2)软土地区下层路堤,应采用渗水材料填筑。尤其路堤沉陷到软土泥沼中部分,应采用渗水材料填筑,其中用于砂砾垫层的最大粒径应不大于5cm,含泥量不大于5%。填筑路堤用土宜设置集中取土场,必须在两侧取土时,填高2m以内的路堤,取土坑内线距坡脚距离不得小于20m,填高5m以上的路堤,取土坑内缘距坡脚距离宜大于40m。

(3)在路桥衔接部位,路基与桥头锥坡填土应同步填筑。碾压不易到位的边角处,宜用专用夯实机械按要求夯压密实。填料宜采用透水性良好的土质;分层碾压厚度控制在15cm左右。

(4)软基填筑路堤,分层及接茬宜做成错台形状,台宽不宜少于2m。

(三)施工注意事项

(1)软土地段路基应提前安排施工。路堤完工后应留有设计规定的预压沉降期,沉降期内不应在路堤上进行任何后续工程。

(2)修筑路面结构之前,路基沉降应基本趋于稳定,地基固结度应达到设计规定值。

(3)软土段填筑路提要做好必要的沉降和稳定监测,并严格控制施工填料和加载速度。

二、盐渍土地区路基

盐渍土是一种含盐量较高的盐碱土,当地表1m内含有容易溶解的盐类超过0.55%时即属盐渍土。土中最常遇到的易溶盐类有:氯化钠、氯化镁、氯化钙、硫酸钠、硫酸镁、碳酸钠、碳酸氢钠,有时也含有不易溶解的硫酸钙、碳酸钙等。由于土中含有易溶盐,土的物理力学性质和工程性质发生变化,会引起许多路基病害。特别是在潮湿状态下,由于易溶盐的存在及其状态的转变,能使路基土的密度减小并失稳,造成道路泥泞,甚至坍陷、溶陷,还能使翻浆更为严重。当含有硫酸盐类时,对路基可产生有害的松胀作用。盐渍土的碱化作用,可使土的膨胀性增加。在路面底层附近有过量硫酸盐时,会造成路面鼓包、破裂;盐分体积变化,能使路基表层疏松、边坡呈蜂窝状。当含有碳酸盐类时,其密度随含盐量的增加而降低,塑性和黏附性增大,使遇水后泥泞不堪,且浸水后膨胀作用严重,渗透性降低;潮湿状况下,由于薄膜水和钠离子所引起的交换作用强烈,造成强度显著降低。

所以,盐渍土地区路基与一般地区路基在设计与施工中有较大的差别。首先,应调查收集沿线降水、蒸发、温度、地形地貌、工程地质、水文地质等资料,查明盐渍土的含盐类型、含盐程度及分布范围,评价盐渍土地基的承载力、盐胀性、溶陷性和表聚性。

盐渍土地区路基位置应选择在地势较高、地下水文较低、排水条件好、土中含盐量低、地下水矿化度低、盐渍土分布范围小的地段,并应以路堤的形式通过。

新建路基应根据当地积盐条件、土质性状、地表水和地下水的现状,做好盐渍土地基处理、填料选择与控制、路基防排水措施的综合设计,保证路基强度与稳定性符合要求。

既有路基改扩建时,应根据既有路基路面病害状况、路基填料的含盐类型及程度,以及水文地质条件,对既有路基的处理利用和重建方案进行技术经济比较,合理确定路基改建方案。

(一)盐渍土的分类

盐渍土按含盐性质分类见表11-7。盐渍土按盐渍化程度分类见表11-8。

盐渍土按含盐性质分类 表11-7

盐渍土名称	离子含量比值	
	Cl^-/SO_4^{2-}	$CO_3^{2-} + HCO_3^-/Cl^- + SO_4^{2-}$
氯盐渍土	>2	—
亚氯盐渍土	1~2	—
亚硫酸盐渍土	0.3~<1.0	—
硫酸盐渍土	<0.3	—
碳酸盐渍土	—	>0.3

注:离子含量以1kg土中离子的毫摩尔数计(mmol/kg)。

盐渍土按盐渍化程度分类 表11-8

盐渍土名称	细粒土 土层的平均含盐量(以质量百分数计)		粗粒土通过1.0mm筛孔土的 平均含盐量(以质量百分数计)	
	氯盐渍土及 亚氯盐渍土	硫酸盐渍土及 亚硫酸盐渍土	氯盐渍土及 亚氯盐渍土	硫酸盐渍土及 亚硫酸盐渍土
弱盐渍土	0.3~<1.0	0.3~<0.5	2.0~<5.0	0.5~<1.5
中盐渍土	1.0~<5.0	0.5~<2.0	5.0~<8.0	1.5~<3.0
强盐渍土	5.0~8.0	2.0~5.0	8.0~10.0	3.0~6.0
过盐渍土	>8.0	>5.0	>10.0	>6.0

注:离子含量以100g干土内的含盐总量计。

(1)盐土:以含有氯盐及硫酸盐为主的盐渍土称为盐土。盐土通常是在矿化了的地下水水位很高的低地层内形成的,由于毛细管作用,盐分经过蒸发而聚积在土的表层。在海滨由于海水浸渍也可形成盐土。在草原和荒漠中的洼地内,由于带有盐分的地表水流入,经过蒸发,也可形成盐土,干旱季节时,盐土表面常有盐霜或盐壳出现。

(2)碱土:其特点是在土表层中含有少量的碳酸钠和碳酸氢钠。通常具有明显的层次,表层为层状结构的淋溶层,下层为柱状结构的沉积层。在深度40~60cm的上层内含易溶盐最多,同时也聚积有碳酸钙和石膏。碱土可由盐土因地下水位降低而形成,或由地表水的渗入多于土中水的蒸发时形成。

(3)胶碱土(龟裂黏土):生成于荒漠或半荒漠地形低洼处,表面平坦,不长植物。大部分是黏性土或粉性土,干燥时非常坚硬,干裂成多角形;潮湿时立即膨胀,裂缝挤紧,成为不透水层,非常泥泞。胶碱土中易溶盐的含量较少,且被淋溶在至少0.5m以下的地层内。

(二)盐渍土路基填料

盐渍土路基填料应优先选择砂砾、风积砂等材料。当采用盐渍土填筑路基时,由于盐渍土含盐量决定了土的物理力学性质,所以含盐量的大小是填料选择的主要依据。盐渍土用作路基填料的可用性应根据公路等级、填筑部位以及当地气候特征、水文地质条件等,按表11-9确定。

盐渍土用作路基填料的可用性 表11-9

土类	盐类	盐渍化程度	高速公路、一级公路			二 级 公 路			三、四级公路	
			路床	上路堤	下路堤	路床	上路堤	下路堤	路床	上路堤
细粒土	氯盐渍土	弱盐渍土	×	○	○	○	○	○	○	○
		中盐渍土	×	×	○	×	△²	○	×	○
		强盐渍土	×	×	×	×	×	△³	×	△³
		过盐渍土	×	×	×	×	×	×	×	△³
	硫酸盐渍土	弱盐渍土	×	×	○	×	○	○	△²	○
		中盐渍土	×	×	×	×	×	×	×	△²
		强盐渍土	×	×	×	×	×	×	×	×
		过盐渍土	×	×	×	×	×	×	×	×
粗粒土	氯盐渍土	弱盐渍土	△¹	○	○	○	○	○	○	○
		中盐渍土	×	△¹△²	○	△¹	○	○	○	○
		强盐渍土	×	×	○	×	△³	○	×	△³
		过盐渍土	×	×	○	×	×	△³	×	△³
	硫酸盐渍土	弱盐渍土	△¹△²	○	○	○	△¹	○	○	○
		中盐渍土	×	×	×	×	×	×	△¹	
		强盐渍土	×	×	×	×	×	△¹	×	△³
		过盐渍土	×	×	×	×	×	×	×	×

注:1.表中○代表可用;×代表不可用。

2.△¹代表除细粒土质砂(砾)以外的粗粒土可用;△²代表地表无积水、地下水位在3m以下的路段可用;△³代表过干旱地区经论证可用。

盐渍土地区选择路堤填料时,还应注意如下几点:①盐渍土的含盐程度在容许范围时可用作路堤填料,但施工时必须注意含盐量的均匀性。对填料的含盐量及其均匀性应加强施工控制检测,路床以下每1000m³填料、路床部分每500m³填料至少应测试一组,每组取3个土样,取土不足上列数量时,亦应做一组试件。在施工时,如将上下两层盐土打碎拌和后含盐量不超过规定时,则表土不必铲除废弃。②在闭塞的积水洼地或常年潮湿的盐渍土地段填筑路堤时,应外运渗水土填筑。并考虑路堤沉陷问题。③内陆盆地干旱地区,如当地无其他适宜的填料,需用易溶盐含量超过规定值的土、含盐砂砾、盐岩等作用料时,应根据当地气候、水文地质情况,通过试验决定填筑措施。④用石膏土做填料时,应先破坏其蜂窝状结构。石膏含量一般不予限制,但应严格控制填筑密实度。路堤基底如为松散的石膏土时,应先予夯实。

(三)盐渍土地基评价与地基处理

盐渍土地基应进行盐胀性和溶陷性评价,并应符合下列要求:

(1)盐胀性应以1.0m范围土体的盐胀率为评价指标。当盐胀率的检测时间周期不足时,评价指标可采用硫酸钠含量。各级公路路基盐胀率或硫酸钠含量应符合表11-10的规定。

盐渍土地基盐胀率 　　　　　　　　表11-10

公路等级	路基高度 h(m)	盐胀率 η(%)	硫酸钠含量 Z(%)
高速公路、一级公路	≤2	≤1	≤0.5
	>2	≤2	≤1.2
二级及二级以下公路	≤2	≤2	≤1.2
	>2	≤4	≤2.0

(2)地下水埋深小于3.0m或存在经常性地表水浸湿的盐渍土路段,应按式(11-6)计算溶陷量,进行地基溶陷性评价。各级公路地基溶陷量应符合表11-11的规定。

$$\Delta S = \sum_{i}^{n}\delta_i h_i \qquad (11-6)$$

式中:ΔS——地基溶陷量(mm);

δ_i——地基中第 i 层土的溶陷系数(%);

h_i——地基中第 i 层土厚度(mm);

n——溶陷影响深度的计算土层数。

盐渍土地基溶陷性指标 　　　　　　　　表11-11

公路等级	高速公路、一级公路	二级公路	三、四级公路
溶陷量 ΔS(mm)	<70	<150	<400

地基盐胀率和溶陷量符合规定的盐渍土路段,还应对盐渍土路基基底进行必要的处理,基底处理应视含盐量、含水率及地下水位而定。从含盐量方面看,由于一般盐渍土地区土的含盐量往往表层最大,故当路堤底部表层盐渍土含有过量盐分(含盐量大于8%),或表土松软有盐壳时,应在填筑前,将路堤基底与取土坑范围内的表层聚积的盐霜、盐壳、生长的耐盐碱植被等进行清表处理,并换填砂砾,清除深度应根据土的试验资料决定,一般为0.3~0.5m。如路堤高度小于1.0m时,除将基底含盐量较重的表土挖除外,应换填渗水性土,其厚度对高速公路、一级公路不应小于1.0m,其他公路不应小于0.8m。从含水率及地下水位方面看,当含水率超过液限的土层在1.0m以内时,必须全部换填渗水性土;如含水率界于液限和塑限之间时,应铺0.1~0.3m的渗水性土后,再填黏性土;如含水率在塑限以下时,可直接填筑黏性土。当清除软弱土体达到地下水位以下时,则应铺填渗水性土,并应高出地下水位0.3m以上,再填黏性土。

地基盐胀率不满足规定的路段,可采取加大清理深度、换填非盐胀性土、适当提高路基高度等处理措施。

地基溶陷量不符合规定的盐渍土路段,可采取清表、冲击压实、浸水预溶、地基置换、强夯等处理措施,并做好路基排水设计。

盐渍化软弱地基,可采取换填、水泥稳定碎石层、强夯置换、砾(碎)石桩等地基处理措施。地基处理后的工后沉降量应符合规范要求。

盐渍土地区路基宜采用路堤。当受条件限制采用路堑或零填路基时,应对路床范围的盐渍土进行超挖换填水稳性良好的不含盐材料,还应在设置封闭性隔断(水)层(材料如沥青砂、防渗薄膜、聚丙烯薄膜编织布等)以隔断地下水的上升后患。

基底的换填作业还有一定的要求。清(铲)除表层后地表应做成由路基中心向两侧约2%的横坡,整平压实,沿横坡均匀铺平,以利排水,铲除的表层过盐渍土应堆置在较远处,最好堆置在低处,以免水流浸渍后,又流回路基范围内。铲除后的回填应按规定采用可用性的盐渍土。

盐渍土路堤高度应根据盐渍土类型、毛细水上升高度、冻胀深度、盐胀深度及采取的隔断形式等综合确定。不设隔断层时,路堤最小高度不应低于表11-12的规定。

盐渍土地区路基最小高度 表11-12

土 质 类 别	高出地面(m)		高出地下水位或地表长期积水位(m)	
	弱、中盐渍土	强、过盐渍土	弱、中盐渍土	强、过盐渍土
砾类土	0.4	0.6	1.0	1.1
砂类土	0.6	1.0	1.3	1.4
黏性土	1.0	1.3	1.8	2.0
粉性土	1.3	1.5	2.1	2.3

注:1.高速公路、一级公路应按表列数值乘以系数1.5～2.0;二级公路应乘以系数1.0～1.5;
2.氯盐渍土及亚氯盐渍土可取低值。

(四)盐渍土路基边坡

盐渍土地区路堤边坡坡率,应根据填筑材料的土质和盐渍化程度,按照表11-13确定。

盐渍土地区路堤边坡坡率 表11-13

土 质 类 别	填料盐渍化程度	
	弱、中盐渍土	强盐渍土
砾类土	1:1.5	1:1.5
砂类土	1:1.5	1:1.5～1:1.75
粉质土	1:1.5～1:1.75	1:1.75～1:2.00
黏质土	1:1.5～1:1.75	1:1.75～1:2.00

对于强盐渍土,无论其路基结构如何,边坡及路肩都必须进行加固。当路基容易遭受雨水冲刷、淋溶和松胀时,为保证路基有效宽度,对强盐渍土及过盐渍土的路基宽度,应较标准路基宽度增加0.5～1.0m。

对硫酸盐渍土路基的边坡,根据需要与可能、宜采用卵石、砾石、黏土或盐壳平铺在路堤边坡上,用以防止边坡疏松、风蚀等破坏。对长期浸水地段,还需在高水位以上0.5m做护坡道,并予以防护。在过盐渍土地区,对路肩的加固,可用粗粒渗水材料掺在当地土内封闭路肩表层,也可用沥青材料封闭路肩或用15cm厚的盐壳加固。

(五)盐渍土路基排水

盐渍土地区路基排水至关重要。如排水不畅,势必会因积水使土质发生不利的变化,造成路基病害。因此,在施工中应及时合理地布置好地表排水系统,防止路基及其附近范围积水。当路基一侧或两侧有取土坑时,可利用取土坑进行横向与纵向排水。取土坑的坑底离最高地下水位不应小于 15～20cm。底部应向路堤外有 2%～3%的排水横坡和不小于0.2%的纵坡。在排水困难地段或取土坑有被水掩没可能时,应在路基一侧或两侧取土坑外设置高 0.4～0.5m、顶宽 1m 的纵向护堤。当路基两侧无取土坑时,应设置纵向排水沟,并根据当地的地形、地势设置必要的横向排水沟,两排水沟的间距不宜大于 300～500m,长度不超过 2km。当地下水位高时,除引导表面水外,应加深两侧边沟或排水沟,以降低路基下的地下水位。

盐渍土地区的地下排水管与地面排水沟渠必须采取防渗措施。盐土地区一般不宜设置盲沟、渗沟排除地下水,因为盐分的沉淀易使盲沟失效。且地面排水系统不宜与地下排水系统合并设置,以免造成地下水位的升高,影响路基稳定。

在地表为过盐渍土的细粒土地区或有盐结皮和松散土层时,应将其铲除。铲除的深度应通过试验确定。如地表过盐渍土过厚,亦可铲除一部分,并设置封闭隔水层。隔水层设置深度宜在路床顶以下 0.8m 深度处。若有胀盐问题存在,隔水层应设在产生盐胀的深度以下。当采用土工合成材料做隔水层时,为防止合成材料被挤压破,宜在隔水层上、下分别铺一层 10～15cm 厚的砂或黏土保护层。

路基修筑在强盐渍化的细颗粒土(黏性土、粉性土)地区,路基边缘至地下水位高度不可能达到设计规定,可在路基边缘以下 0.4～0.6m 处(或路基底部)的整个路基宽度上设置厚度为 15～30cm 的毛细隔断层。隔断层的材料可选用卵石、碎石或其他粒径为 5～50mm 的砂砾;并在隔断层的上、下面各铺设一层 5～10cm 厚粗砂成石屑作为反滤层,以防止隔断层失效。

(六)盐渍土路基施工

为了防止盐分的转移和保证路基的稳定,盐渍土路基的压实度应尽可能地提高一些。要求达到重型压实标准。路基应分层压实,每层填土松铺厚度,对黏性土不得大于 20cm;对砂性土不得大于 30cm。碾压时应严格控制含水率,不应大于最佳含水率 1 个百分点。在干旱缺水地区,对路基填土叫采用加大压实功能的办法进行压实,并应设法(如远运)洒水,使路基表层20cm 厚的土层在碾压时为最佳含水率,至少应达到最佳含水率的 60%～70%以上。当填土含水率过大时,施工中除按设计挖好该地区排水沟外,可在取土坑附近挖临时排水沟,以截断地表水和降低地下水位。此外也可延长施工段落,在取土坑内分层挖土,分段填土暴晒,分段夯压。

在盐渍土地区筑路,应尽可能地考虑当地盐渍土的水盐状态特点,力求在土的含水率接近于最佳含水率、不发生冻结时期,或非积水季节进行施工。根据这一原则,一般认为,当地下水位高,对黏性土的盐土地区,以夏季施工为宜;对砂性土的盐土地区,以春季和夏初施工为宜;强盐渍地区,应在表层含盐量降低的春季施工为宜;对于不冻结的土,可以考虑冬季施工。

盐渍土路基要分段一次做完。自基底清除盐土开始,要连续施工,一次做到路堤的设计标高。在设置隔离层的地段,至少也要一次做到隔离层的顶部,以避免路基的再盐渍化和形成新的盐壳。

三、黄土地区路基

（一）黄土的特性

黄土是一种特殊的黏性土，主要分布在昆仑山、秦岭、山东半岛以北的干旱和半干旱地区。根据黄土沉积时代的不同，将黄土分为新黄土、老黄土及红色黄土三类。

黄土的颗粒组成以粉粒（0.005~0.05mm）为主，可达50%以上，其中粗粉粒（0.01~0.05mm）含量又大于细粉粒（0.005~0.01mm）含量。因此，黄土的结构是以粗粉粒为主体骨架的结构。较大的砂粒"浮"在结构体中，细粉粒、黏粒和腐殖质胶体则附在砂粒及粗粉粒的表面，或聚集在大颗粒间的接触点处，与易溶盐及沉积在该处的碳酸钙、硫酸钙一起形成了胶结性的联结。有了这种胶黏性联结后，黄土结构也就稳定了。

黄土结构中的孔隙可分为三类：①大孔隙，基本上肉眼可见，为直径0.5~1.5mm的孔道。②细孔隙，是架空结构中大颗粒的粒间孔隙。肉眼看不见，双目放大镜下可观察到。③毛细孔隙，由大颗粒与附在其表面上的小颗粒所形成的粒间孔隙，肉眼更看不见。这三种孔隙形成了黄土的高孔隙度，故又称黄土为大孔土。遇水易冲蚀、崩解、湿陷。

黄土的孔隙率变化在35%~60%，有沿深度逐渐减少的趋势，在地理分布上则有着自东向西、自南向北孔隙率增大的规律。黄土中的孔隙呈垂直或倾斜的管状，以垂直为主，上下贯通，其内壁附有白色的碳酸钙薄膜，碳酸钙的胶结对黄土起着加固的作用。

黄土节理以垂直节理为主。一般在干燥而固结的黄土层中比较发育，土层上部比下部发达。有时在黄土中发现有斜节理，这大都是由新构造运动造成的。

由于黄土具有大孔隙及垂直节理等特殊构造，故其垂直方向的透水性较水平方向为大。黄土经压实后大孔隙构造被破坏，其透水性也大大降低。此外，黏粒的含量也会影响黄土的渗透性。

黄土遇水膨胀，干燥后又收缩。经多次反复后，容易形成裂缝及剥落。由于土的自重作用使粉粒在垂直方向的粒间距离变小，所以具有天然湿度的黄土在干燥后，水平方向的收缩量比垂直方向的收缩大，一般大50%~100%。各类黄土的崩解性相差甚大。新黄土浸入水中后，很快就全部崩解。老黄土则要经过一段时间才全部崩解，红色黄土基本不崩解。

黄土又可分为两类。一类为湿陷性黄土，另一类为非湿陷性黄土。黄土浸水后在外荷载或自重的作用下发生的下沉现象称为湿陷。湿陷性黄土又可分为自重湿陷与非自重湿陷两类。自重湿陷是指土层浸水后仅仅由于土的自重发生的湿陷；非自重湿陷是指土层浸水后，由于土自重及附加压力的共同作用而发生的湿陷。

（二）黄土地区路基

黄土地区路基应查明黄土分布范围、厚度及其变化规律；公路沿线黄土的成因类型和地层特征；路线所处的地貌单元及地面水、地下水等情况；各种不同地层黄土的物理、力学性质、湿陷性类型和湿陷等级。黄土塬梁地区，路基应避开有滑坡、崩塌、陷穴群、冲沟发育、地下水出露的塬梁边缘和斜坡地段。如必须通过，应有充分依据和切实可行的工程措施。位于冲沟沟头和陷穴附近的路基，应分析评价其发展趋势及对路基的危害程度，并考虑冲沟和陷穴对路基稳定性影响。位于湿陷性黄土地段的路基，宜设在湿陷等级轻微、湿陷土层较薄、排水条件较好的地段。

黄土地区路基应特别注意加强排水，采取拦截、分散的处理原则，设置防冲刷、防渗漏和有利于水土保持的综合排水设施及防护工程,并妥善处理农田水利设施与路基的相互干扰。

1. 填方路基

在黄土地区修筑填方路基时,填料的强度、基底的压实和处理等应符合路床及路床顶面回弹模量和路堤填土高度的规定。当不满足要求时,应采取掺无机结合料等处治措施。高路堤的地基允许承载力低于车辆动力荷载和路基自重的压力时,还应按承载力要求对地基进行处理。

黄土路堤应根据公路等级、边坡高度和地基土的性质,结合稳定性验算确定路堤边坡形式及边坡坡度。当路堤地基情况良好或经过处理、边坡高度不大于30m时,路堤的断面形式及边坡坡率可按表11-14选用。阶梯形断面适用于年平均降水量大于500mm的地区,在边坡高20m处设宽为2.0~2.5m的边坡平台,边坡平台宜设截水沟,并做防渗加固处理。

路堤断面形式及边坡坡率   表11-14

断 面 形 式	路基以下边坡分段坡率		
	$0 < H \leqslant 10m$	$10m < H \leqslant 20m$	$20m < H \leqslant 30m$
折线形	1:1.5	1:1.75	1:2.0
阶梯形	1:1.5	1:1.75	1:1.75

当路堤边坡高度大于30m时,宜与桥梁方案相比较,并按照高路堤与陡坡路堤的相关规定,作为独立工点进行勘察设计。路堤边坡形式及边坡坡度应根据路堤本体及地基土的性质、边坡高度、公路等级,采用力学分析法经稳定性验算确定,并结合所处地形、地层及水文等不同条件论证采用。

边坡稳定检算宜采用圆弧法,其安全系数不得小于表6-16的规定。填土的抗剪强度指标值应按设计填筑压实度的要求制备试样,采用快剪试验测定。

对高度大于20m的路堤,应按工后沉降量预留路基顶面加宽值;工后沉降量可按路堤高度的0.7%~1.5%估算。路堤高度大于20m时,可进行增强补压。

2. 挖方路基

黄土路堑边坡形式,应根据黄土类别及其均匀性、边坡高度按表11-15确定。高速公路、一级公路黄土路堑边坡宜采用台阶形,边坡小平台宽度为2.0~2.5m;边坡大平台宜设置在边坡中部,平台宽度应根据稳定计算确定,宜为4~6m。年平均降水量大于250mm的地区,平台上应设排水沟,并应予以防护。

路堑边坡形式及适用条件   表11-15

边 坡 形 式		适 用 条 件
直线形(一坡到顶)		①均质土层,Q_4、Q_3黄土边坡高度 $H \leqslant 15m$;Q_2、Q_1黄土边坡高度 $H \leqslant 20m$; ②非均质土层,边坡高度 $H \leqslant 10m$
折线形(上缓下陡)		非均质土层,边坡高度 $H \leqslant 15m$
台阶形	小平台	①均质土层,Q_4、Q_3黄土边坡高度 $15m < H \leqslant 30m$;Q_2、Q_1黄土边坡高度 $20m < H \leqslant 30m$; ②非均质土层,边坡高度 $15m < H \leqslant 30m$
	宽平台	边坡高度 $H > 30m$

挖方边坡高度不超过30m时,边坡坡率应根据黄土的地貌单元、时代成因、构造节理、地下水分布、降雨量、边坡高度、施工方法,并结合自然或人工稳定边坡坡率根据表11-16确定。

分 区	分 类		边坡高度(m)			
			≤6	6~12	12~20	20~30
Ⅰ东南区	新黄土 Q_3Q_4	坡积	1:0.5	1:0.5~1:0.75	1:0.75~1:1.0	—
		洪积	1:0.2~1:0.3	1:0.3~1:0.5	1:0.5~1:0.75	1:0.75~1:1.0
	新黄土 Q_3		1:0.3~1:0.5	1:0.4~1:0.6	1:0.6~1:0.75	1:0.75~1:1.0
	老黄土 Q_2		1:0.1~1:0.3	1:0.2~1:0.4	1:0.3~1:0.5	1:0.5~1:0.75
Ⅱ中部区	新黄土 Q_3Q_4	坡积	1:0.5	1:0.5~1:0.75	1:0.75~1:1.0	—
		洪积、冲积	1:0.2~1:0.3	1:0.3~1:0.5	1:0.5~1:0.75	1:0.75~1:1.0
	新黄土 Q_3		1:0.3~1:0.4	1:0.4~1:0.5	1:0.5~1:0.75	1:0.75~1:1.0
	老黄土 Q_2		1:0.1~1:0.3	1:0.2~1:0.4	1:0.3~1:0.5	1:0.5~1:0.75
	红色黄土 Q_1		1:0.1~1:0.2	1:0.2~1:0.3	1:0.3~1:0.4	1:0.4~1:0.6
Ⅲ西部区	新黄土 Q_3Q_4	坡积	1:0.5~1:0.75	1:0.75~1:1.0	1:1.0~1:1.25	—
		洪积、冲积	1:0.2~1:0.4	1:0.4~1:0.6	1:0.6~1:0.75	1:0.75~1:1.0
	新黄土 Q_3		1:0.4~1:0.5	1:0.5~1:0.75	1:0.75~1:1.0	1:1.0~1:1.25
	老黄土 Q_2		1:0.1~1:0.3	1:0.2~1:0.4	1:0.3~1:0.5	1:0.5~1:0.75
Ⅳ北部区	新黄土 Q_3Q_4	坡积	1:0.5~1:0.75	1:0.75~1:1.0	1:1.0~1:1.25	—
		洪积、冲积	1:0.2~1:0.4	1:0.4~1:0.6	1:0.6~1:0.75	1:0.75~1:1.0
	新黄土 Q_3		1:0.3~1:0.5	1:0.5~1:0.75	1:0.6~1:0.75	1:0.75~1:1.0
	老黄土 Q_2		1:0.1~1:0.3	1:0.2~1:0.4	1:0.3~1:0.5	1:0.5~1:0.75
	红色黄土 Q_1		1:0.1~1:0.2	1:0.2~1:0.3	1:0.3~1:0.4	1:0.4~1:0.6

注:表内边坡值为设平台后的平均值。

黄土路堑边坡高度超过 30m 时,应与隧道方案进行比较。路堑高边坡应按照深路堑地段挖方边坡的规定,按独立工点进行勘察设计。

设有大平台的深路堑,除必须对路堑高边坡进行整天稳定性检算外,还应对大平台毗邻的上下分段边坡做局部稳定检算。

边坡防护类型应根据土质、降雨量、气候条件、边坡高度及坡度、防护材料来源等确定,路堑边坡宜采用骨架植物防护,稳定性差的边坡应设置必要的防护与支挡工程。在有地下水发育的挖方路段,应采取截、排地下水及防止地面水渗漏等措施,设置必要的防护工程。

(三)湿陷性黄土地基处理

湿陷性黄土地基首先应判别地基湿陷性类型,计算地基湿陷量,确定地基湿陷等级。黄土地区场地的湿陷类型应根据实测自重湿陷量或室内压缩试验累计的计算自重湿陷量判定。当实测或计算自重湿陷量不大于 70mm 时,应定为非自重湿陷性黄土场地;当实测或计算自重湿陷量大于 70mm 时,应定为自重湿陷性黄土场地。

湿陷性黄土场地自重湿陷量应按下式计算:

$$\Delta_{zs} = \beta_0 \sum_{i=1}^{n} \delta_{zsi} h_i \tag{11-7}$$

式中:Δ_{zs}——湿陷性黄土场地自重湿陷量(mm);

δ_{zsi}——第 i 层土的自重湿陷系数;

h_i——第 i 层土的厚度；

β_0——因地区土质而异的修正系数：当缺乏实测资料时，陇西地区取 1.50，陇东—陕北—晋西北地区取 1.20，关中地区取 0.90，其他地区可取 0.50。

湿陷性黄土的地基湿陷量应按下式计算：

$$\Delta_s = \sum_{i=1}^{n} \beta \delta_{si} h_i \qquad (11-8)$$

式中：Δ_s——地基的总湿陷量（mm）；

δ_{si}——第 i 层土的湿陷系数；

β——考虑地基土受水浸湿可能性和侧向挤出等因素的修正系数；当缺乏实测资料时，基底下 0~5m 深度内取 1.50，基底下 5~10m 深度内取 1.0。

湿陷性黄土地基的湿陷等级，应根据基底下各层累计的总湿陷量和计算自重湿陷量的大小等因素按表 11-17 判定。

湿陷性黄土地基的湿陷等级　　　　　　　表 11-17

湿陷类型		非自重湿陷性场地	自重湿陷性场地	
计算自重湿陷量 Δ_{zs}（mm）		$\Delta_{zs} \leqslant 70$	$70 < \Delta_{zs} \leqslant 350$	$\Delta_{zs} > 350$
总湿陷量 Δ_s（mm）	$\Delta_s \leqslant 300$	I（轻微）	II（中等）	—
	$300 < \Delta_s \leqslant 700$	II（中等）	II（中等）或 III（严重）	III（严重）
	$\Delta_s > 700$	II（中等）	III（严重）	IV（很严重）

注：当总湿陷量 $\Delta_s > 600$mm，计算自重湿陷量 $\Delta_{zs} > 300$mm 时，可判定为 III 级；其他情况可判定为 II 级。

高速公路和一级公路通过湿陷性黄土和压缩性较高的黄土地段时，可根据路堤填高、受水湿浸的可能性及湿陷后危害程度和修复的难易程度，按表 11-18 确定湿陷性黄土地基最小处理深度。

湿陷性黄土地基处理深度　　　　　　　表 11-18

路 堤 高 度	湿陷等级与特征							
	经常流水（或浸湿可能性大）				季节性流水（或浸湿可能性小）			
	I	II	III	IV	I	II	III	IV
高路堤（>4m）	2~3	3~5	4~6	6	0.8~1	1~2	2~3	5
零填、挖方、低路堤（≤4m）	0.8 1	1~1.5	1.5~2	3	0.5~1.0	0.8~1.2	1.2~2.0	2

注：1. 与桥台相邻路基、高挡土墙路基（墙高大于6m）、宜消除地基的全部湿陷量或穿透全部湿陷性土层。
　　2. 挖方路基湿陷性黄土地基最小处理深度，从路床顶面起计算。

湿陷性黄土地基的处理应根据公路等级、黄土湿陷等级、处理深度要求、施工条件、材料来源及对周围环境的影响等，按表 11-19 并经技术经济比较后确定处理措施。

湿陷性黄土地基常用的处理措施　　　　　　　表 11-19

处 理 措 施	适 用 范 围	有效加固深度（m）
换填垫层法	地下水位以上，局部或整片处理	1~3m
冲击碾压	饱和度 $S_r \leqslant 60\%$ 的 I~II 级非自重、I 级自重湿陷性黄土	0.5~1m，最大 1.5m
表面重夯		1~3m
强夯法	地下水位以上，饱和度 $S_r \leqslant 60\%$ 的湿陷性黄土	3~6m，最大 8m
挤密法（灰土、碎石挤密桩）	地下水位以上，饱和度 $S_r \leqslant 65\%$ 的湿陷性黄土	5~12m，最大 15m
桩基础	用于处理桥涵、挡土墙等构造物基础	≤30m

当农田灌溉可能造成黄土地基湿陷时,可对路堤两侧坡脚外 5～10m 做表层加固防渗处理或设侧向防渗墙。挡土墙路段非自重湿陷性黄土场地,应至基础底面外侧不小于 1.0m;对自重湿陷性黄土场地,应至基础底面外侧不小于 2.0m。路堤地段应至坡脚排水沟外侧不小于 1.0m,路堑地段为路基的整个开挖面。

(四)黄土地区路基施工

1. 路堤施工

在黄土地区填筑路堤时,路基基底处理应按设计要求进行施工并应符合以下要求:

(1)若基底为非湿陷性黄土,且无地下水活动时,可按一般黏性土地基进行基底处理,同时做好两侧的施工排水与防水措施。

(2)若地基为湿陷性黄土,应采取拦截、排除地表水的措施,防止地表水下渗,减少地基地层湿陷性下沉,其地下排水构造物与地面排水构造沟渠必须采取防渗措施。

(3)若地基土层具有强湿陷性或较高的压缩性,且容许承载力低于路堤自重压力时,应考虑地基在路堤自重和活载作用下所产生的压缩下沉,除采取防止地表水下渗的措施外,可考虑采用重锤夯实,石灰桩挤密加固,换填土措施。

虽然新、老黄土均可用来填筑路堤,但老黄土实用性差,干湿难以调节,大块土料不易粉碎,使用前应通过试验确定解决的办法。因此,路床填料不得使用老黄土。新黄土为良好填料,可用于填筑路床。黄土路堤应分层填筑,分层压实,大于 10cm 的块料,必须打碎,并应在接近土的压实最佳含水率时碾压密实。黄土含水率过小,应均匀加水再行碾压;如含水率过大,应翻松晾晒至需要的含水率再进行碾压,也可掺入适量石灰处理,降低含水率。掺灰后应将土、灰拌匀,其最大干密度应通过击实试验确定。黄土路堤的压实度要求与一般黏性土相同,黄土地区路床的土基强度应符合设计要求,当不能满足要求时,应对原土进行技术处治。

黄土路堤施工时,应做好填挖界面的结合(纵向),清除坡面杂草,挖好向内倾斜的台阶。如结合面陡立,无法挖成台阶时,可采用土工钉加强结合。不可使用黄土填筑浸水路堤。必须使用时,应采取措施,并报请批准。对于高度大于 20m 的高路堤,应按设计预留竣工后路堤自重压密固结产生的压缩下沉量。黄土路堤的边坡应刷顺,整平拍实,并应及时予以防护,防止路表水冲刷边坡。

2. 路堑的施工

黄土路堑边坡,应严格按设计坡度开挖,如设计为陡坡(如 1:0.1)时,施工中不得放缓,以免引起边坡冲刷。黄土路堑边坡受各种因素的影响,容易产生变形,因此,施工中应采取措施进行边坡的防护加固。

路堑施工,当挖到接近设计高程时,应对上路床部分的土基整体强度和压实度进行检测。如路堑路床的密实度不足,土质符合设计规定时,则视其含水率情况或经洒水或经翻松晾晒至要求含水率再进行整平碾压至规定压实度。土质不符合设计规定时,则应将其挖除,另行取土,分层摊铺、碾压至规定的压实度。挖除厚度根据道路等级对路床的要求而定。

3. 路基排水

黄土地区路基排水是保证路基稳定的一项重要工作。由于黄土地区水土流失及黄土的渗透、湿陷等特性,使得黄土地区的路基排水与一般地区有所不同。应特别注意防冲、防渗以及水土保持问题。对地表水应采取拦截、分散、防冲、防渗、远接远送的原则,根据设计及时做好综合排水设施,将水迅速引离路基。在填挖交界处引出边沟水时,应做好出水口的加固。

高路堤施工应在两侧或一侧(超高段)设临时排水、截水设施,以防雨水冲毁边坡。路堤填至设计高程后,应根据设计及时修筑外侧边缘的拦水、截水沟构造物和急流槽,将水引至坡脚以外。

湿陷性黄土路基的地下排水管道与地面排水设施,应根据设计进行加固和采取防渗措施。黄土路基水沟的加固类型,宜用浆砌片石或混凝土板。如用预制混凝土板拼砌时,其接缝处应牢固无渗漏。在路堑顶部及路堤的靠山侧要做好排水工程,将地表水、地下水引入有防渗层的水沟内排走。截水沟应没在离堑顶边缘以外小少于10m的地方,断面不宜过大,沟底纵坡宜在0.5%~2.0%。

4. 陷穴处理

黄土经水的冲蚀与溶蚀,形成的暗沟、暗洞、暗穴等统称陷穴。在地形起伏多变、表面径流容易汇集的地方,在土质松散、垂直节理较多的新黄土中,最容易形成陷穴。陷穴可分为四种类型:

(1)漏斗状陷穴。由于坡面径流汇集,水沿节理下渗、潜蚀而成,多产生在台地边缘及谷坡附近。

(2)竖井状陷穴。由于水流沿节理下渗,潜蚀而成,形如水井,口径不大,深可达20多米,产生在阶地的边缘径流汇集处。

(3)串珠状陷穴。水沿沟床下渗,潜蚀使管道不断扩大而成,多沿沟床分布,一般产生在沟床的变坡处。

(4)暗穴。地下陷穴逐渐发展形成通道,表面呈封闭状。

危害路基稳定的黄土陷穴应进行处理。黄土陷穴的处理方法应根据陷穴埋藏深度及大小确定,可采用开挖回填夯实及灌砂、灌浆等方法处理,处理宽度视公路等级而定。对流向陷穴的地面水,应采取拦截引排措施;对堑顶的裂缝和积水洼地,应填平夯实。黄土陷穴处理方法及适用条件见表11-20,其中的各种处理方法,也可综合采用。

黄土陷穴处理方法及适用条件　　　　　　　　　　　　　　表11-20

处 理 方 法	适 用 条 件	处 理 方 法	适 用 条 件
回填夯实	明陷穴	灌砂	暗穴小而直
明挖回填夯实	暗穴埋藏浅	灌浆或砂	暗穴深而大
支撑开挖回填夯实	暗穴埋藏较深	导洞和竖井	暗穴深而大

为防止陷穴再生,应将处理好的陷穴附近的地面水引离路基以外,并严防地面水流入处理好的陷穴。同时,为防止产生新的黄土陷穴,应切实加强地面排水措施,做好地表水的截流、防渗和堵漏工作,杜绝地表水渗入土层。防止形成地表积水及水流集中产生冲刷。

对通过路基路床的陷穴,要向上游追踪至发源地点。在发源地点把陷穴进口封填好,并引排周围地表水,使其不再向陷穴进口流入。

黄土陷穴的处理范围,应视具体情况而定,一段在路基填方或挖方边坡外上侧50m,下侧10~20m。若陷穴倾向路基,虽在50m以外,仍应做适当处理;对串珠状陷穴应彻底进行处理。

但应注意的是,在陷穴发育的路基及其附近,不得人工改变地下水位,否则应采用预防塌陷的措施。

四、膨胀土地区路基

(一)膨胀土的特性

膨胀土是指黏粒成分主要由强亲水性矿物组成,具有显著膨胀、软化、失水急剧收缩、开裂,强度可大幅衰减的高塑性黏土。在黄河流域及其以南地区分布较广泛。这种土有吸水膨胀、失水收缩并往复变形的性质,对路基及人工构造物等都有破坏作用并且不易修复。

膨胀土就其黏土矿物成分划分,可大致归纳为两大类,一类是以蒙脱石为主;另一类是以伊利石为主。蒙脱石类膨胀土的孔隙比接近1.0或大于1.0,含水率常在40%以上,膨胀性大。伊利石类膨胀土的孔隙比多在0.6~0.8,含水率在20%左右。

裂隙发育是膨胀土的一个重要特性,常见的裂隙有竖向、斜交与水平三种。竖向裂隙有时露出地表,裂缝宽度上大下小,并随深度而逐渐减小,有些水平裂隙充填有灰绿、灰白色黏土,裂顶光滑,有些裂面有擦痕,显示出土块间相对运动的痕迹。

膨胀土的含水率随季节变化,呈波动幅度,但含水率大体在塑限左右变动。在膨胀土层内,一般无地下水,上层滞水和裂隙水也变化无常,这就造成了在很小范围内土层含水率及重力密度很不均匀的状况,成为路基不均匀变形的一个内在因素。

膨胀土具有吸水膨胀、失水收缩、再吸水再膨胀、再失水再收缩的变形特性,这个特性称之为土的膨胀与收缩的可逆性,是膨胀土的一种重要属性。收缩是膨胀土的另一个属性。由于蒸发、渗透等,都可使土中水分减少,产生土体收缩。

膨胀土地基的变形除了土的膨胀与收缩特性这个内在内素外,压力与含水率的变化则是两个非常重要的外在因素,特别是含水率的变化还与当地的气候条件、场地地形复杂程度以及覆盖等密切相关。

土的膨胀是指在一定条件下土的体积因不断吸水而增大的过程,它是黏土矿物气、水相互作用的结果。反映土的膨胀性能的指标有自由膨胀率和不同压力下的膨胀率。膨胀率反映某种压力下单位厚度土体的膨胀变形,它与土的含水率有关,土的含水率越低,其膨胀率越高。在实际工程中应根据地貌、土体颜色、土体结构、土质情况、自然地质现象和土的自由膨胀率等特征,进行膨胀土初步判定;以标准吸湿含水率为详细分级指标,当标准吸湿含水率大于2.5%时,应判定为膨胀土。膨胀土判别及膨胀潜势分级可按表11-21进行,并应符合现行《公路工程地质勘察规范》(JTG C20)的有关规定。

膨胀土的膨胀潜势分类与分级   表11-21

分级指标	级别			
	非胀缩土	弱胀缩土	中等膨胀土	强膨胀土
自由膨胀率 δ_{ef}(%)	$\delta_{ef} < 40\%$	$40\% \leqslant \delta_{ef} < 65\%$	$65\% \leqslant \delta_{ef} < 90\%$	$\delta_{ef} \geqslant 90\%$
塑性指数 I_p	$I_p < 15$	$15 \leqslant I_p < 28$	$28 \leqslant I_p < 40$	$I_p \geqslant 40$
标准吸湿含水率 w_1	$w_1 < 2.5$	$2.5 \leqslant w_1 < 4.8$	$4.8 \leqslant w_1 < 6.8$	$w_1 \geqslant 6.8$

标准吸湿含水率是指在标准温度(25℃)和标准相对湿度(60%)下,膨胀土试样恒重后的含水率,与比表面积、阳离子交换量、蒙脱石含量之间存在线性相关的关系。

(二)膨胀土地基

膨胀土地基变形量计算是以膨胀土地基在没有建构造物的情况下,考虑极端的膨胀土地基地表含水率变化,以及含水率沿深度分布变化的情况下计算出来的参数,代表了膨胀土地基膨胀性强弱和相对气候的响应程度。

膨胀土地基变形预测的关键是确定大气影响下膨胀土活动区深度,可通过测定各个季节地温、土层含水率随深度的变化曲线,或采用静力触探试验比贯入阻力随深度变化曲线等方法探明膨胀土活动深度。

当路堤基底、挡土墙等构造物基础为膨胀土地基时,可分别按式(11-9)或(11-10)对膨胀土地基变形量进行计算。

基于固结试验的膨胀土地基变形量可按下式计算:

$$\rho = \sum_{i=1}^{n} \frac{C_s z_i}{(1+e_0)_i} \lg \left(\frac{\sigma'_f}{\sigma'_{sc}}\right)_i \tag{11-9}$$

式中:ρ——地基变形量(mm);

e_0——初始孔隙比;

σ'_{sc}——由恒体积试验中校正的膨胀压力(kPa);

σ'_f——最后有效压力(kPa);

C_s——膨胀指数;

z_i——第 i 层土的初始厚度(mm)。

基于收缩试验的膨胀土地基变形量可按下式计算:

$$\rho = \sum_{i=1}^{n} \Delta z_i = \sum_{i=1}^{n} \frac{C_w \Delta w_i}{(1+e_0)_i} z_i \tag{11-10}$$

$$C_w = \frac{\Delta e_i}{\Delta w_i} \tag{11-11}$$

式中:C_w——非饱和土体积收缩指数;

Δe_i——第 i 层土的孔隙比的变化;

Δw_i——第 i 层土的含水率变化。

膨胀土地基应以变形量作为分类指标,按表11-22进行分类,确定膨胀土地基处理措施和处理深度。

膨胀土地基分类 表 11-22

膨胀土地基分类等级	膨胀土地基变形量 ρ(mm)	地基处理措施
I	$\rho \geqslant 200$	小型构造物宜采用深基础。路堤高度小于1.5m时,地基置换非膨胀土或无机结合料处治土,其深度不宜小于2.0m
II	$100 \leqslant \rho < 200$	小型构造物可采用浅基础。埋置深度不宜小于1.5m,并采取保湿措施。路堤高度小于1.5m时,地基置换非膨胀土或无机结合料处治土,其深度不宜小于1.5m
III	$40 \leqslant \rho < 100$	小型构造物可采用浅基础。埋置深度不宜小于1.0m,并采取保湿措施。路堤高度小于1.5m时,地基置换非膨胀土或无机结合料处治土,其深度不宜小于1.0m
IV	$15 \leqslant \rho < 40$	小型构造物可采用浅基础。路堤高度小于1.5m时,地基置换非膨胀土或无机结合料处治土,其深度不宜小于0.5m
V	$\rho < 15$	可不处理

(三)膨胀土地区路基

膨胀土地区路基应采取多种勘探手段,查明膨胀土分布范围、成因类型、土体的结构层次、地下水分布及埋藏条件和膨胀土的矿物成分、物理、力学性质、膨胀特性及膨胀土活动深度等,确定膨胀土膨胀潜势等级及其对公路工程的危害程度。要综合考虑膨胀土类型、土体结构与工程特性、环境、地质、水文条件与风化深度等因素。应避免采用高路堤和深长路堑,以浅路堑、低路堤为宜。当路基填挖大、工程艰巨及稳定性差时,应与桥隧方案比选确定。以路基通过时,必须有保证路基稳定的措施。

公路通过膨胀土地段时,路基应以防水、控湿、防风化为主,结合路面结构与坡面防护,降低边坡高度。采取有效措施,减少湿度的变化对膨胀土路基的影响,保证路基满足变形和强度的要求。膨胀土路基应连续施工,并及时封闭路床和坡面。

1. 填方路基

高速公路及一、二级公路路基填土高度小于路面与路床的总厚度时,若基底为膨胀土,宜挖除地表 0.30~0.60m 的膨胀土,并将路床换填非膨胀土或掺灰处理。若为强膨胀土,挖除深度应达到大气影响深度。

膨胀土用作路基填料时,应以击实膨胀土的胀缩总率作为分类指标,按表 11-23 进行膨胀土分类,确定各类膨胀土的使用范围及处治措施。

膨胀土填料分类　　　　　　　　　　　　　　　　表 11-23

填料等级	有荷压力下胀缩总率(%)	使 用 范 围
非膨胀土	$e_{ps} < 0.7$	可直接利用
弱膨胀土	$0.7 \leq e_{ps} < 2.5$	采用包边、加筋、设置垫层等物理处理措施后可用于路堤范围的填料,采用无机结合料处治后可用于路床填料
中等膨胀土	$2.5 \leq e_{ps} < 5.0$	采用无机结合料处治后可用于路基填料
强膨胀土	$e_{ps} \geq 5.0$	不应用作路基填料

注:1. 路堤高度大于或等于 3.0m 时,应采用 50kPa 压力下膨胀率试验计算胀缩总率。
　　2. 路堤高度小于 3.0m 时,应采用 25kPa 压力下膨胀率试验计算胀缩总率。

膨胀土改性处理的掺灰最佳配比,以其掺灰后胀缩总率不超过 0.7% 为宜。路床应采用符合路基设计规定的材料填筑。若采用弱膨胀土及中等膨胀土作为路床填料时应经改性处理后方可填筑,改性后的胀缩总率不得超过 0.7%。

采用弱膨胀土及中膨胀土填筑路堤,其边坡坡率应根据路堤边坡的高度、填料重塑后的性质、区域气候特点,并参照既有路基的成熟经验综合确定。边坡高度不大于 10m 的路堤边坡坡率和边坡平台的设置,可按表 11-24 确定。

膨胀土路堤边坡坡率及平台宽度　　　　　　　　　　　表 11-24

边坡高度 (m)	边坡坡率		边坡平台宽度(m)	
	胀缩等级		胀缩等级	
	弱膨胀	中等膨胀	弱膨胀	中等膨胀
<6	1:1.5	1:1.5~1:1.75	可不设	
6~10	1:1.75	1:1.75~1:2.0	2.0	≥2.0

膨胀土填筑的路基,应及时碾压密实,路基压实度应符合表6-2规定。在确定路堤填筑的最佳含水率和最大干密度时,宜采用湿土法重型击实试验。

路堤边坡的防护根据填土的工程地质条件及高度可参照表11-25执行。

膨胀土路堤边坡防护措施

表11-25

边坡高度(m)	弱膨胀土	中膨胀土
≤6	植物	骨架植物
>6	植被防护,骨架植物	支撑渗沟加拱形骨架植物

2. 挖方路基

膨胀土路堑边坡坡率应根据土质的性质、软弱层和裂隙的组合关系、气候特点、水文地质条件,以及自然山坡、人工边坡的稳定坡度等综合确定。边坡设计应遵循:"缓坡率、宽平台、固坡脚"的原则。边坡坡率及平台宽度可按表11-26设计。边坡高度大于10m时应结合稳定性分析进行设计,必要时应与隧道方案进行比较。

膨胀土边坡坡率和平台宽度

表11-26

膨胀土类别	边坡高度(m)	边坡坡率	边坡平台宽度(m)	碎落台宽度(m)
弱膨胀土	<6	1:1.5	—	1.0
	6~10	1:1.5~1:2.0	1.5~2.0	1.5~2.0
中等膨胀土	<6	1:1.5~1:1.75	—	1.0~2.0
	6~10	1:1.75~1:2.0	2.0	2.0
强膨胀土	<6	1:1.75~1:2.0	—	2.0
	6~10	1:2.0~1:2.5	≥2.0	≥2.0

对零填和挖方路段路床范围内膨胀土进行超挖,换填处理,换填材料为符合表6-1规定的非膨胀土填料,或者进行土质改良或采取其他适宜的加固措施。换填渗水性材料时,底部应设置防渗层。对强膨胀土、地下水发育、运营中处理困难的路堑,路床的换填深度应加深至1.0~1.5m,并应采取地下排水措施。

边坡应设置完善排水系统,及时引排地面水(包括坡面积水)和地下水。根据地下水发育情况,可采用仰斜式排水孔、支撑渗沟和纵向渗沟排水。路堑边坡的防护和加固类型依据工程地质条件、环境因素和边坡高度可按表11-27及表11-28设计,边坡开挖后应及时防护封闭。边坡植物防护时,不应采用阔叶树种。圬工防护时,墙背应设置缓冲层。

膨胀土路堑边坡防护措施

表11-27

边坡高度(m)	弱膨胀土	中等膨胀土
≤6	植物	骨架植物
>6	骨架植物,植物防护,浆砌片石护坡	拱形骨架植物、支撑渗沟加拱形骨架植物

膨胀土路堑边坡支挡措施

表11-28

边坡高度(m)	弱膨胀土	中等膨胀土	强膨胀土
≤6	不设	坡脚墙	护墙、挡土墙
>6	护墙、挡土墙	挡土墙、抗滑桩	桩基承台挡土墙、抗滑桩

(四)膨胀土路基施工

1. 路堤填筑

膨胀土地区路堤施工前,应按规定做试验段,为路堤的正式施工提供数据资料及经验。膨胀土地区修建公路,特别是修建高速公路及一级公路时,在路堤填筑前,必须对原地面进行处理,并应满足如下要求:①填高不足 1m 的路堤,必须挖去地表 30~60cm 的膨胀土,换填非膨胀土,按规定压实;②地表为潮湿土时,必须挖去湿软土层,换填碎、砾石土、砂砾或挖方坚硬岩石碎渣或将土翻开掺石灰处理。

填筑材料及作业要求。强膨胀土稳定性差,不应作为路堤填料;中等膨胀土宜经过加工、改良处理后作为填料;弱膨胀土可根据当地气候、水文情况及道路等级加以应用。对于直接应用中、弱膨胀土,填筑路堤时,应及时对边坡及顶部进行防护。

高速公路、一级公路、二级公路采用中等膨胀土作为路床填料时,应掺灰(一般为石灰)进行改性处理,改性处理后要求胀缩总率不超过 0.7 为宜。限于条件,高速公路、一级公路用中等膨胀土填筑路堤时,路堤填成后,应立即作浆砌护坡封闭边坡。当填至路床底面时,应停止填筑,改用符合强度要求的非膨胀土或改性处理的膨胀土填至路床顶面设计高程,并严格压实。如当年不能铺筑路面,则应加做封层,封层的填筑厚度不宜小于 30cm,并设不小于 2% 的横坡。

使用膨胀土作填料时,为增加其稳定性,可采用石灰处治,石灰剂量可通过试验确定,要求掺灰处理后的膨胀土,共胀缩总率接近零为佳。在用接近最佳含水率的膨胀土填筑路堤时,两边边坡部分要用非膨胀土作为封层。路堤顶面也要用非膨胀土形成包心填方。

2. 路堑开挖

路堑施工前,应做好施工前的准备工作。如开挖截水沟并铺设浆砌圬工,其出口延伸至桥涵进出口。膨胀土地区路堑开挖应按下列要求处理:①挖方边坡不要一次挖到设计线,沿边坡预留厚度 30~50cm,待路堑挖完时再削去边坡预留部分,并立即以浆砌护坡封闭;②如路基与路面不连续施工时,二级及以下公路的挖方地段挖到距路床顶面以上 30cm 时,应停止向下开挖,并挖好临时排水沟,待做路面时,再挖至路床顶面以下 30cm,并用非膨胀土回填,按要求压实。如路基与路面连续施工时,对高速公路、一级公路应一次性超挖路床 30~50cm,并立即用粒料或非膨胀土分层回填或用改性土回填,按规定压实。

3. 路基碾压

先要根据膨胀土自由膨胀率的大小,选用工作质量适宜的碾压机具。一般来说,自由膨胀率越大的土应采用的压实机具越重。压实土层不宜过厚,一般不得大于 30cm。

由于膨胀土遇水易膨胀,因此压实时,应在最佳含水率时进行。土块应击碎至 5cm 粒径以下,使土块中水分易于蒸发,减少土块本身的膨胀率,有利于提高压实效率。

路堤与路堑分界处,即填挖交界处,两处土内的含水率不一定相同,原有土的密实程度也不相同,压实时应使其压实得均匀、紧密,避免发生不均匀沉陷。因此,填挖交界处 2m 范围内的挖方地基表面的土应挖成台阶,翻松,并检查其含水率是否与填土含水率相近,同时采用适宜的压实机具,将其压实到规定的压实度。膨胀土路基压实后的紧密程度比一般土填筑的路段更重要,因此,压实度的检验频率应增加一倍。

4. 施工注意事项

膨胀土地区的路基施工,应避开雨季作业,加强现场排水,保证地基和已填筑的路基不被水浸泡。施工开挖后各道工序要紧密衔接,连续施工,分段完成,特别是高速公路、一级公路更应如此,路基填筑后不应间隔太久或越冬后做路面。路堤、路堑边坡按设计修整后,应立即浆砌护墙、护坡,防止雨水直接侵蚀。膨胀土地区路床土的强度及压实标准应符合有关规定。

五、红黏土与高液限土地区路基

(一)基本特性

红黏土是指碳酸盐出露的岩石,经红土化作用形成的棕红色、褐黄色等的高塑性黏土,其液限一般大于50%。经再搬运后仍保留红黏土基本特征,其液限大于45%的土称为次生红黏土。红黏土是一种区域性的特殊土,主要为坡积、残积类型,其物理力学性质指标见表11-29。

红黏土物理力学性质指标 表11-29

含水率 (%)	孔隙比	液限 (%)	塑限 (%)	饱和度 (%)	含水比	压缩系数 (MPa^{-1})	渗透系数 (cm/s)	自由膨胀率 (%)
20～75	0.7～2.1	40～110	20～40	80～100	0.5～0.75	0.1～0.4	$i \times 10^{-8}$	25～69

红黏土与高液限土具有高液限、高塑限、高含水率、高孔隙比、较高强度和较低压缩性的特点。压实困难、干缩开裂和边坡稳定性差是路基工程的主要问题。红黏土的膨胀潜势较低,无荷载膨胀率均小于20%,膨胀压力一般小于30kPa,膨胀性弱;红黏土线缩率1%～10%,体缩率5%～28%,收缩系数0.1～0.8,具有弱至中等收缩性。

液限大于50%的土称为高液限土,其成因较为复杂,主要与母岩性质有关,其工程性质与红黏土有所区别,结合水含量较红黏土高,强度和密实度分离现象较红黏土明显。

公路通过红黏土或高液限土地区时,应查明红黏土或高液限土分布范围、成因类型、土体的结构层次特征、湿度状态及其垂直分带、土体中裂隙分布特征、地下水分布规律、物理力学性质及胀缩性等资料。

红黏土的结构可根据其裂隙发育特征按表11-30分类。

红黏土的结构分类 表11-30

土 体 结 构	裂隙发育特征	S_t
致密状结构	偶见裂隙(<1条/m)	>1.2
巨块状结构	较多裂隙(1～2条/m)	0.8～1.2
碎块状结构	富裂隙(>5条/m)	<0.8

注:表中S_t为红黏土的天然状态与保湿扰动状态土样的无侧限抗压强度之比。

红黏土可根据液塑比与界限液塑比之间关系,以及复浸水特性,按表11-31进行分类。液塑比、界限液塑比可按式(11-12)和式(11-13)计算。

$$I_r = \frac{w_L}{w_p} \tag{11-12}$$

$$I'_r = 1.4 + 0.0066w_L \qquad (11-13)$$

式中：I_r——液塑比；

　　　I'_r——界限液塑比；

　　　w_L——液限(%)；

　　　w_p——塑限(%)。

红黏土的复浸水特性分类　　　　　表11-31

类　　别	I_r与I'_r关系	复浸水特性
I	$I_r \geq I'_r$	收缩后复浸水膨胀，能恢复到原位
II	$I_r < I'_r$	收缩后复浸水膨胀，不能恢复到原位

红黏土和高液限土具有膨胀性时，应按膨胀土路基进行设计。路基断面形式应避免高路堤及深路堑，如不能避免，应与桥隧方案进行综合比选确定。红黏土和高液限土路基应充分考虑气候环境、水对路基性能的影响，做好路基结构防排水与支挡工程的综合设计，并与路面结构设计相协调，采取有效的湿度控制措施，减少路基过大变形或不均匀沉降而引起路面结构性破坏，并做到连续施工，及时封闭。

(二)填方路基

红黏土和高液限土直接填筑路基时，在气候环境(降雨、湿度和温度等)、地表水和地下水的影响下，其强度产生衰变，造成路基变形破坏。另外，采用压缩系数大于$0.5\mathrm{MPa}^{-1}$的红黏土填筑路基，在公路运营期路基将产生蠕变，增大路基不均匀变形。因此，红黏土和高液限土不应直接作为路基填料，其中压缩系数大于$0.5\mathrm{MPa}^{-1}$的红黏土不得用于填筑路堤。

红黏土和高液限土作为路基填料时，其最小强度(CBR)、回弹模量等应满足路基设计的规定。当不能满足时，应采取一定的工程措施进行处治，以保证其长期性能的稳定。常用的工程措施包括物理措施和化学处治措施。物理措施包括设置排水隔离垫层、包边封闭层，以及外掺砂砾、粉煤灰、碎石等；化学处治措施主要是外掺石灰、水泥等无机结合料进行改良处治。

石灰处治高液限土和红黏土，通常采用二次掺灰处治方法。第一次在取土场先掺入1/2～2/3设计掺灰量的石灰，掺灰后对土料进行翻拌，并在取土场中堆放1～3d，进行"焖灰"；然后，将经第一次掺石灰处治的土料运到路基施工作业现场，再进行第二次掺石灰处治，掺灰量为余下的1/3设计剂量。

高液限土的细粒含量高，其内部凝胶物质($Fe_2O_3 \cdot nH_2O$、$SiO_2 \cdot nH_2O$等)中包含结合水。结合水是物质颗粒的组成部分，不同于普通土的自由水，高液限土烘干后破坏了结合水与颗粒间的结合力与分子结构，失水后具有不可逆性，即失水后其胶凝作用不可恢复。因此，湿法制试件的强度与干法制试件得到的试验结果差距较大。同等条件下湿法所得试件的强度高于干法，原状土的强度大于扰动土的强度，击实试验最大干密度湿法小于干法，最佳含水率为湿法大于干法。施工现场高液限土填料天然含水率一般较大，须晾晒降低含水率后再进行分层碾压施工。在确定路堤填筑最佳含水率和最大干密度的标准击实试验和CBR试验时，应采用湿土法制作试件，更符合实际施工过程。CBR试验时，还应根据含水率调整其击实次数。路堤填筑宜选择在旱季连续施工，不能连续施工时应在路基顶面及时做封盖处理。

红黏土和高液限土地区应根据公路沿线气候和水文条件、路基高度、红黏土和高液限土性质及处治措施，做好路基结构设计。红黏土和高液限土不宜用于陡坡路堤填筑。经物理改性处治的红黏土填筑路堤高度不宜大于10m。其路堤基底应设置排水隔离垫层,厚度不宜小于0.5m,采用渗水性良好的砂砾或碎石填筑,其顶面应设置土工合成材料反滤层。

路基边坡高度不大于10m的路堤边坡坡率宜为1:1.5~1:2,当边坡高度大于6m时,宜设置边坡平台,其宽度不宜小于2m。当边坡高度超过10m时,应按高路堤与陡坡路堤的有关规定,通过路基稳定性分析计算确定路堤横断面形式、边坡坡度及路基防护加固措施。经无机结合料改性处治或用非红黏土和高液限土包边封闭的路堤边坡可按一般路基防护处理。

(三)挖方路基

红黏土和高液限土挖方路基,在湿热交替的气候条件影响下,土体中裂隙发育产生收缩开裂。收缩性强的红黏土,在地形突起、向阳、植被少的地段裂隙密度大、延伸深,一般为3~4m甚至可达10m左右。裂隙使土体完整性破坏,降低了土体的强度,增大了土体的透水性,构成土体稳定的不利因素。降雨时,雨水沿裂隙渗入,形成了土体的软弱结构面,即使坡率小于1:2仍可能出现坍塌、滑动破坏,滑动剪切出口多位于路基顶面以上。红黏土挖方路基边坡的破坏模式与一般土的圆弧滑动有明显区别。

针对红黏土和高液限土挖方路基边坡破坏特点,当路基边坡高度超过10m时,应进行路基稳定性检算,并考虑复浸水Ⅰ类红黏土的开挖面土体干缩导致裂隙发展及复浸水使土质产生变化的不利影响。边坡稳定性分析计算时,要考虑红黏土边坡裂隙发展及复浸水对边坡稳定性的不利影响,强度参数需采用饱水剪切试验和重复慢剪试验等强度指标,对于裂隙发育的土应采用三轴剪切试验或无侧限抗压强度试验指标;有条件时,先对土样进行干湿循环试验,然后再浸水饱和做剪切试验。必要时,可进行收缩试验和复浸水试验。

挖方边坡高度不宜超过20m,路堑边坡设计应遵循"放缓坡率、加宽平台、加固坡脚"的原则。边坡坡率及平台宽度可按表11-32确定。当边坡高度超过6m时,挖方路基宜采用台阶式断面,若地形允许,宜进一步放缓边坡。

路堑边坡坡率   表11-32

边坡高度(m)	边坡坡率	边坡平台宽度(m)
<6	1:1.25~1:1.5	——
6~10	1:1.5~1:1.75	2.0
10~20	1:1.75~1:1.2	≥2.0

红黏土挖方路基边坡的失稳主要是裂隙渗水引起的。因此,路堑边坡应设置完善的路基地表与地下排水系统,并注意路基边坡防护和排水系统的综合设计,及时引排地面水和地下水,抑制边坡土体湿度变化及其裂隙的发生与发展。根据地下水发育情况,因地制宜在路堑边坡坡面上设置支撑渗沟,在边沟下设置渗沟。当坡面有集中的地下水出露时,宜设置仰斜式排水孔。工程实践表明,边坡采用支撑渗沟和拱形护坡相结合,是保证红黏土边坡稳定的有效措施。应保留路堑坡顶之外的植被与覆盖层,并在坡顶设置挡水埝或截水沟。

应注意路堑边坡坡面防护与支挡加固的综合设计,坡面防护宜采用骨架植物防护,当边坡稳定性不足时应增设支挡工程。对于全封闭的圬工防护,应在墙背设置厚度为0.15~0.30m的排水垫层,圬工时应设置泄水孔,泄水孔间距宜为2.5~3.0m,并设反滤层。

根据红黏土或高液限土的工程性质、公路等级,对挖方路床范围的红黏土或高液限土进行超挖换填或掺无机结合料处治,换填材料宜选用渗水性良好的砂砾、碎石等。当挖方路段路床范围有石柱、石笋时,应予挖除;当石柱、石笋之间存在天然含水率超过其塑限5%的过湿土时,应挖除路床范围的过湿土,换填片石等材料。零填、路堑路段开挖至路床底部后,应及时进行路床的换填施工;当不能及时进行时,宜在路床底面高程以上预留厚度为0.3m的保护层。

六、多年冻土与季节冻土地区路基

(一)冻土基本特征

冻结状态持续两年或两年以上的土(岩)称为多年冻土。公路通过多年冻土地区时,应查明沿线多年冻土的分布、类型、冻土层上限、年平均地温及水文地质等情况。在冻土沼泽、冰丘、冰椎、热融湖(塘)地段修筑路基,还应详细调查其范围、规模、发生原因及发展趋势以及岛状多年冻土与季节冻土区的分界线、冻土下限等。

多年冻土可按表11-33进行分类。根据体积含冰率,多年冻土可分为少冰冻土、多冰冻土、富冰冻土、饱冰冻土、含土冰层等类型,其中富冰冻土、饱冰冻土和含土冰层又统称高含冰量冻土。

多年冻土分类及融沉性分级 表 11-33

多年冻土类型	土 的 类 别		总含水率 w_n（%）	体积含冰量 i	平均融沉系数 δ_0（%）	融沉等级	融沉类别
少冰冻土	粗颗粒土	粉黏粒含量≤15%	<10	<0.1	≤1	Ⅰ	不融沉
		粉黏粒含量>15%	<12				
	细砂、粉砂		<14				
	粉土		<17				
	黏性土		< w_p				
多冰冻土	粗颗粒土	粉黏粒含量≤15%	10～15	0.1～0.2	1< δ_0 ≤3	Ⅱ	弱融沉
		粉黏粒含量>15%	12～15				
	细砂、粉砂		14～18				
	粉土		17～21				
	黏性土		$W_p < W_n < W_p + 4$				
富冰冻土	粗颗粒土	粉黏粒含量≤15%	15～25	0.2～0.3	3< δ_0 ≤10	Ⅲ	融沉
		粉黏粒含量>15%	15～25				
	细砂、粉砂		18～28				
	粉土		21～32				
	黏性土		$W_p + 4 < W_n < W_p + 15$				
饱冰冻土	粗颗粒土	粉黏粒含量≤15%	25～44	0.3～0.5	10< δ_0 ≤25	Ⅳ	强融沉
		粉黏粒含量>15%	25～44				
	细砂、粉砂		28～44				
	粉土		32～44				
	黏性土		$W_p + 15 < W_n < W_p + 35$				

多年冻土类型	土 的 类 别		总含水率 w_n (%)	体积含冰量 i	平均融沉系数 δ_0(%)	融沉等级	融沉类别
含土冰层	粗颗粒土	粉黏粒含量≤15%	>44	>0.5	>25	V	融陷
		粉黏粒含量>15%					
	细砂、粉砂						
	粉土						
	黏性土		$> W_p + 35$				

注：1. 粗颗粒土包括碎(砾)石土、砾砂、粗砂、中砂。
　　2. 总含水率包括冰和未冻水。
　　3. W_p 为塑限含水率。
　　4. 盐渍化冻土、泥炭化冻土、腐殖土、高塑性黏土不在此列。

根据多年冻土年平均地温，多年冻土可分为低温冻土(年平均地温≤ −1.5℃)和高温冻土(年平均地温> −1.5℃)；根据冻土含冰量与年平均地温，可分为稳定型、基本稳定型和不稳定型冻土。冻土区稳定类型可按表11-34分类。

冻土区稳定类型分类　　　　　　　　　　表11-34

多年冻土类型	少冰冻土	多冰冻土		富冰冻土		饱冰冻土			含土冰层		
年平均地温(℃)	不考虑	0～ −1.0	< −1.0	0～ −1.5	< −1.5	0～ −1.0	−1.0～ −2.0	< −2.0	0～ −1.0	−1.0～ −2.0	< −2.0
稳定类型	稳定型	基本稳定型	稳定型	基本稳定型	稳定型	不稳定型	基本稳定型	稳定型	不稳定型	基本稳定型	稳定型

多年冻土类型	少冰冻土	多冰冻土	富冰冻土	含土冰层
年平均地温(℃)	≥ −0.5	−0.5～≤ −1.0	−1.0～≤ −2.0	< −2.0
冻土区稳定类型	高温极不稳定冻土区	高温不稳定冻土区	低温基本稳定冻土区	低温稳定冻土区

(二)多年冻土地区路基

多年冻土地区路基宜采用路堤。冻土沼泽(沼泽化湿地)、热融湖(塘)地段宜采用路堤或桥梁,路堤高度应不低于沼泽暖季积水水位加波浪壅水高、毛细水上升高度、有害冻胀高度和0.5m的安全高度之和,且满足保温厚度的要求。

路基填料设计应考虑冻结层上水的发育情况及填料的冻胀敏感性,有条件时应优先采用卵石土或碎石土、片块石作填料。严禁使用塑性指数大于12,液限大于32%的细粒土,富含腐殖质的土及冻土。保温护道填料,应就地取材,宜采用与路基本体相同填料,也可采用泥炭、草皮、塔头草或用细粒土。

多年冻土地区路基应按工程环境特点和工程建设不同阶段,采用区段设计和场地设计相结合的原则。根据冻土的类型及年平均地温,采用保护冻土、控制融化速率或允许融化的设计原则。

保护冻土设计原则,是指采取有效工程措施保护多年冻土的生存条件,保持其原有的冻土上限与稳定状态,低温冻土地段路基设计需采用保护冻土原则。

控制融化速率原则,是通过工程措施来控制多年冻土的融化速率,即允许其有一定程度的融化,但必须控制在可接受的范围内。对于沥青路面是指在路面设计使用年限内,路基下卧多年冻土的人为上限下降导致冻土路基产生融沉变形应在设计容许变形范围以内。高温冻土地段路基设计可以采用控制融化速率原则。

允许融化的设计原则是将位于少冰冻土、多冰冻土地段路基按一般路基对待,允许融化,甚至先期破坏其存在条件或加速其融化而成为一般建筑条件。

位于富冰冻土、饱冰冻土、含土冰层地段,以及冰丘、冰椎、多年冻土沼泽、热融湖(塘)、地下水路堑地段,往往由于突然的、剧烈的、持续的、不均匀的、较大的融沉或冰害而导致路基产生严重的病害,应根据冻土地温与冻土类型进行特殊设计。此外,路基设计还应与路面结构设计综合考虑,减少其路基过大变形或不均沉降而引起路面结构性破坏。

多年冻土地区二级及二级以上公路路基应进行地温与路基变形监测,监测断面应根据公路沿线地形地貌、冻土条件、地质岩性及路基结构等布设,各地貌单元不同路基结构的路段,监测断面不宜少于2个。必要时,可布设气象监测站,监测公路沿线的气象要素。

1. 多年冻土路堤

多年冻土路堤的设计应计算地基的融化沉降量和压缩沉降量,并按竣工后的沉降量确定路基预留加宽与加高值。路堤较高时,应采用土工格栅或土工格室等加强措施。

采用保护多年冻土的原则设计时,路堤最小填土高度应根据不同地区、填料种类、不同地温分区对综合确定,既要满足防止冻胀翻浆的要求,而且,必须保证冻土上限不下降。

采用控制融化速率和允许融化的原则设计时,路堤高度不宜小于1.5m,也不宜过高,以防止路堤产生不均匀变形开裂等次生病害。对多年冻土厚度小于或等于2.0m或多年冻土层下限小于等于4.0m的地段,宜采用允许融化的设计原则;对多年冻土厚度大于2.0m或多年冻土层下限大于4.0m的地段,宜采用保护冻土或控制融化速率的设计原则。

路堤高度不能满足保护冻土上限不变的最小高度时,可采用工业保温材料层、热棒、片块石及通风管等调控温度的工程措施。填挖过渡段、低填方地段应对地基进行换填,换填厚度与材料由热工计算确定,换填基底与挖方地段换填基底应顺接。

路堤基底为饱冰细粒土或含土冰层,且地下冰层较厚时,基底应设置保温层,边坡坡脚应设置保温护道,保温层可采用当地苔藓、泥炭、草皮、塔头草或黏质土等材料。

不稳定多年冻土区的路基应根据冻土的分布、填料、路基填挖及地温的情况,采用冷却地基、设置保温层等措施综合处理,保温层设置应根据热工计算确定。富冰冻土、饱冰冻土和含土冰层的厚度较、埋藏较浅时,经技术经济比较后,可采取清除冻土层的措施。不稳定多年冻土地段高含冰量冻土路基,宜采用设置工业保温材料层、热棒、片块石及通风管等调控温度的工程措施。调温措施仍不能保证路基稳定时,宜采用桥梁方案。

2. 多年冻土路堑

路床深度范围的冻土应部分或全部换填为隔热保温材料,换填厚度应通过热工计算确定。采用卵砾石作为换填材料时,应在地面上设置复合土工膜防渗层,防止地表水渗入,防渗层表面做成向外呈4%的横向排水坡。

路堑边坡坡率应根据冻土层的分布、坡面朝向、含冰量与地温等情况确定,边坡坡率不宜陡于1:1.75。路堑边坡宜采用黏性土夯填并在表层铺砌草皮或植物防护层。路堑堑顶应采用包角式断面形式,堑顶包角高程宜高出原地面0.8m,宽度不应小于1.0m,外侧边坡坡率1:1.75,内侧边坡坡率与路堑边坡一致。

多年冻土区天然上限一般条件下均小于5.0m,多年冻土区冻结层上水较为发育,且多年冻土开挖后,在太阳辐射及大气热量作用下将融化,是公路通车后产生病害的主要原因。低含冰量冻土地段路堑深度大于8.0m,高含冰量冻土地段路堑深度大于5.0m及不良冻土地质地段的挖方边坡,应作为独立工点进行勘察设计。

3. 高含冰量冻土路基

低温(年平均地温≤−1.5℃)高含冰量冻土(包括富冰冻土、饱冰冻土和含土冰层)地段路基宜采取保护冻土的设计原则,需保证多年冻土上限不下降,既要控制路堤最小填土高度满足防止冻土融化、冻胀和翻浆的要求,也要避免因路基过高、边坡吸热面增大,导致阳面边坡下冻土上限明显下降而引起路基不均匀变形。路基最小填土高度和路基设计临界高度需按照《多年冻土地区公路设计与施工技术细则》(JTG/T D31—04)的有关规定进行设计计算。路基设计高度应大于路基临界高度。当计算的最小填土高度小于1.5m时,路堤最小高度一般考虑不小于1.5m。当路线设计或地形限制,路基设计高度未能达到路基临界高度时,应在路基中设置隔热材料。

路基中设置隔热材料厚度应根据热阻等效按式(11-14)确定,但不宜小于60mm,宽度宜与路面面层相同。其埋置深度应由其强度与公路等级决定,宜埋设在路基顶面下0.30~0.35m深处。

$$d_{\mathrm{x}} = K \frac{d_{\mathrm{s}} \lambda_{\mathrm{e}}}{\lambda_{\mathrm{s}}} \tag{11-14}$$

式中:d_{x}、d_{s}——隔热材料板与等效土体的厚度(mm);

λ_e、λ_s——隔热材料板与等效土体的导热系数;

K——安全系数:隔热材料用于路基时,K取1.5~2.0;隔热材料用于路基边坡时,K取1.2~1.5。

路基中设置的隔热材料,应具有良好的阻热性能与足够的强度导热系数宜小于0.029W/(m·K),吸热率宜小于0.5%,抗压强度宜大于600kPa。

高温(年平均地温>−1.5℃)高含冰量冻土地段路基,宜采用控制融化速率的设计原则。路基临界高度不再是路基设计控制指标,但保持一定的路基设计高度是采取各种保护措施的先决条件,也是提高路基抗灾害能力、保护冻土环境的先决条件。

高温高含冰量冻土路基高度大于3.0m时,可采用片(块)石路基、路基中增设热棒或通风管,也可采用工业隔热材料与热棒复合式路基等特殊结构路基方案,保证路基稳定性,必要时设桥通过。特殊结构路基需按照《多年冻土地区公路设计与施工技术细则》(JTG/T D31—04)的有关规定进行设计计算。

当路线通过地下水发育、地表径流水较发育或冻土沼泽时,宜采用片(块)石路基。片(块)石厚度由多年冻土的含冰量确定,宜为1.2~1.8m,分两层设置,上层厚度宜为0.4m,规格为50~100mm,下层厚度宜为0.8~1.4m,规格为150~200mm;石料单轴抗压强度大于30MPa。片(块)石层下宜设置砂砾石垫层,厚度宜为0.3~0.5m。

路基中增设热棒时,应根据当地冻土条件与路线走向确定单侧或双侧采用热棒。热棒应设置在公路界限(路基边缘)0.10m以外,纵向设置间距宜为热棒有效半径的1.5~2.5倍,埋深宜为多年冻土上限以下1.0~2.5m。有效半径经热工计算确定。当路基宽度小于10m时,热棒宜垂直设置;当路基宽度为10~12m时,可倾斜设置,但倾斜角不得大于15°;当路基宽度大于12m时,热棒应倾斜设置或采用L形热棒。当路基在增设热棒不能有效控制冻土融化时,可在热棒路基中增设工业隔热材料。

当地自然风向与路线走向基本垂直时,可采用通风管路基。通风管宜采用钢筋混凝土预制管,管内径宜为 0.3~0.4m;通风管设置间距应小于冷却半径和两倍管外径,埋深应大于 3~5 倍管径,宜布设在地表以上 0.5~0.7m 处,通风管伸出路堤边坡长度应大于 0.3m。冷却半径经热工计算确定。

4. 不良冻土工程地质路段路基

位于冰椎、冻胀丘下方地段的路堤,在其上方设排水沟,以截排冰椎、冻胀丘附近涌出的水流。常年性融区有较大的地下水流时,应设保温渗沟,将地下水引到路堤以外,必要时设桥通过。

位于冰椎、冻胀丘上方地段的路线通过方案应慎重采用。必须通过时,应在路堤上方坡脚外不小于 20m,设置排水沟、冻结沟、保温渗沟等截排地下水设施。若积冰量很大,或有大量地下水横穿路基,且截排有困难时,宜设桥通过。

路基通过热融湖(塘),当湖塘面积不大时,可抽干积水,换填砂砾或抛石挤淤;若湖塘面积较大,可围堰抽干水,挖除基底松软土层,换填透水性材料。路堤宽度与高度应考虑预留沉落量,沉落量除考虑路基本体填土压实影响外,还需考虑基底土层压密沉降的影响。

沼泽地段的路堤,应根据沼泽特点、积水深度、多年冻土类型与冻土地温及冻土下限等,按照保护多年冻土或允许融化的原则设计,并应采取加强排水、预留沉降、消除冻害的综合措施,必要时设桥通过。

5. 多年冻土路基排水

多年冻土路基要考虑在地基中渗流的影响。由于排水不畅,坡脚积水会引起多年冻土上限下降,进而使路堤产生沉降,因此要采取措施排除地面水,以防止在路堤坡脚附近积水和产生地基渗流。排水沟、截水沟应采用宽浅的断面形式,并宜远离路基坡脚。排水困难地段应增设桥涵。

高含冰量冻土地段应避免修建排水沟、截水沟,宜修建挡水埝。挡水埝断面尺寸应通过计算确定,并采取防渗和保温措施,必要时应采取加固措施。富冰冻土、饱冰冻土地段,排水沟、截水沟、挡水埝内侧边缘,至保温护道坡脚或堑顶或路堤坡脚(无保温护道)的距离不得小于5m;含土冰层地段不得小于 10m。

排水沟的横断面尺寸要具有足够的过水能力,为防止淤塞和便于清理,一般底宽不宜小于0.6m,边坡不陡于 1:1。必要时可选用草皮或黏性土或干砌片石(设防水土工膜)进行加固。在厚层地下冰和冻土沼泽地段,要优先采用挡水埝代替排水沟,不破坏地表植被,以利于保护多年冻土。在纵向起伏又不宜挖排水沟的地段,可考虑排水沟和挡水埝结合使用,但排水沟的边缘至挡水埝的坡脚距离一般不小于 1.0m,以保证排水系统的完整和稳定。

路堑边坡有地下水出露时,必须将水引排,并应在边坡上采取保温措施。应根据地下水类型、水量、积水和地层情况,采用冻结沟、积冰坑、挡冰堤、挡冰墙或保温渗沟等措施,排除路基有危害的地下水。采用渗沟排除地下水时,渗沟及检查井均应采取保温措施。出水口的位置应选在地势开阔、高差较大、纵坡较陡、向阳、避风处,并采用掩埋式椎体或其他形式的保温措施。

6. 多年冻土取土坑和弃土堆

多年冻土取土坑(场)应远离路基,分段集中取土,并应符合多年冻土地区环境保护要求。

取土坑(场)的设置应考虑减少取土后取土坑对周围地层的热平衡影响,避免造成天然上限下降,引起热融沉陷与滑坍等新的不良地质病害,影响路基稳定。取土坑(场)应选择在路堤上侧植被稀疏的少冰、多冰冻土地段山坡或融区、河滩谷地,取土深度不宜大于多年冻土上限的3/4,取土后应平整场地或恢复植被。饱冰、富冰冻土及含土冰层地段不得取土。路堑挖方为高含冰冻土时,不得直接作为路基或保温护道填料。

弃土堆应远离路基,弃土后应平整场地或恢复植被。对水泥类或沥青类建筑垃圾应及时覆盖处理,并应符合多年冻土地区环境保护要求。

(三)季节冻土地区路基

季节冻土地区是指冻结指数 $F(℃ \cdot d)$ 在 800 以上的中、重冻区。季节冻土地区公路的病害主要是路基的冻胀和融沉,对冻胀影响程度较大的因素是:地下水、土质、温度。据相关调查,路基的冻胀量约占道路结构总冻胀量的 90% ,因此可以用路基的冻胀量表示道路的总冻胀量。

我国季节冻土地区的范围很广,青藏高原、西北和东北等地的地质差异明显,包括了高原、荒漠、戈壁、草地沼泽、高山平原等不同类型;在同一地区,也因路基填料、高度、地下水位、边沟设置等因素导致路基抗冰冻性能的差别。因此,季节冻土地区路基需根据地质条件,结合当地的具体情况和工程经验进行路基的抗冻融设计。

季节冻土地区路基设计,应调查收集年平均气温、年平均地温、冻结指数、标准冻深、当地公路路基路面冻害情况及其防治经验,查明季节冻土的分布特征、物理力学性质、地下水位、冻结水上升高度等,分析评价冻胀等级及对公路的危害程度。季节冻土地区的公路宜填不宜挖,路线宜布置于山坡阳面。应根据气候、地形地貌、地质状况、排水状况和路基填料等对路基路面冻害的影响,合理确定路基填筑高度,选用非冻胀填料,做好路基路面综合设计。

土的冻胀性各行业与规范略有差别,冻胀等级应根据平均冻胀率的大小按表 11-35 确定。

季节冻土的冻胀等级　　　　　　　　　　　　　　　　表 11-35

冻胀类别	冻胀等级	不同规范所规定的平均冻胀率 $\eta(\%)$	
		《公路工程抗冻设计与施工技术指南》及冻土区建筑基础规范	《公路桥涵地基与基础设计规范》
不冻胀	I	$\eta \leqslant 1.0$	$\eta \leqslant 1.0$
弱冻胀	II	$1.0 < \eta \leqslant 3.5$	$1.0 < \eta \leqslant 3.5$
冻胀	III	$3.5 < \eta \leqslant 6.0$	$3.5 < \eta \leqslant 6.0$
强冻胀	IV	$6.0 < \eta \leqslant 12.0$	$6.0 < \eta \leqslant 13.0$
特强冻胀	V	$\eta > 12.0$	$\eta > 13.0$

平均冻胀率 η ,可以按下式计算:

$$\eta = \frac{z}{H_d} \times 100\% \tag{11-15}$$

式中:z——土的冻胀值(mm);

H_d——土的冻结深度(mm),不包括冻胀量。

季节冻土的冻胀性分类应符合表 11-36 的规定。

季节冻土与季节融化层土的冻胀性分级　表 11-36

土 的 名 称	冻前天然含水率（%）	冻前地下水位距设计冻深的最小距离(m)	平均冻胀率（%）	冻 胀 等 级	冻 胀 类 别
碎（卵）石，砾、粗、中砂(粒径小于 0.075mm 的颗粒含量不大于15%），细砂（粒径小于 0.075mm 的颗粒含量不大于10%）	不饱水	不考虑	$\eta \leqslant 1.0$	I	不冻胀
	饱和含水	无隔水层	$1.0 < \eta \leqslant 3.5$	II	弱冻胀
	饱和含水	有隔水层	$\eta < 3.5$	III	冻胀
	$w \leqslant 12$	>1.0	$\eta \leqslant 1.0$	I	不冻胀
		≤1.0	$1.0 < \eta \leqslant 3.5$	II	弱冻胀
	$12 < w \leqslant 18$	>1.0			
		≤1.0	$3.5 < \eta \leqslant 6.0$	III	冻胀
	$w > 18$	>0.5			
		≤0.5	$6.0 < \eta \leqslant 12.0$	IV	强冻胀
粉砂	$w \leqslant 14$	>1.0	$\eta \leqslant 1.0$	I	不冻胀
		≤1.0	$1.0 < \eta \leqslant 3.5$	II	弱冻胀
	$14 < w \leqslant 19$	>1.0			
		≤1.0	$3.5 < \eta \leqslant 6.0$	III	冻胀
	$19 < w \leqslant 23$	>1.0			
		≤1.0	$6.0 < \eta \leqslant 12.0$	IV	强冻胀
	$w > 23$	不考虑	$\eta > 12.0$	V	特强冻胀
粉土	$w \leqslant 19$	>1.5	$\eta \leqslant 1.0$	I	不冻胀
		≤1.5	$1.0 < \eta \leqslant 3.5$	II	弱冻胀
	$19 < w \leqslant 22$	>1.5			
		≤1.5	$3.5 < \eta \leqslant 6.0$	III	冻胀
	$22 < w \leqslant 26$	>1.5			
		≤1.5	$6.0 < \eta \leqslant 12.0$	IV	强冻胀
	$26 < w \leqslant 30$	>1.5			
		≤1.5	$\eta > 12.0$	V	特强冻胀
	$w > 30$	不考虑			
黏质土	$w \leqslant w_p + 2$	>2.0	$\eta \leqslant 1.0$	I	不冻胀
		≤2.0	$1.0 < \eta \leqslant 3.5$	II	弱冻胀
	$w_p + 2 < w \leqslant w_p + 5$	>2.0			
		≤2.0	$3.5 < \eta \leqslant 6.0$	III	冻胀
	$w_p + 5 < w \leqslant w_p + 9$	>2.0			
		≤2.0	$6.0 < \eta \leqslant 12.0$	IV	强冻胀
	$w_p + 9 < w \leqslant w_p + 15$	>2.0			
		≤2.0	$\eta > 12.0$	V	特强冻胀

注：1. w_p 为土的塑限含水率（%）；w 为冻前天然含水率在冻层内的平均值。

2. 盐渍化冻土不在表列。

3. 塑性指数大于 22 时，冻胀性降低一级。

4. 粒径小于 0.005mm 粒径含量大于 60% 时为不冻胀土。

5. 碎石类土当填充物大于全部质量的 40% 时，其冻胀性按填充物土的类别判定。

6. 隔水层指季节冻结层底部及以上的隔水层。

路基总冻胀量应按式(11-16)计算,用于计算路基冻胀量的土层应为路基冻结深度。

$$z_j = \sum_{i=1}^{n} h_i \eta_i \qquad (11-16)$$

式中:z_j——路基冻胀量(mm);

h_j——路基冻深内土层厚度(mm);

η_i——路基不同土层的冻胀率(%);

n——不同土层数。

路基总冻胀量控制标准,应符合表 11-37 的规定。

季节冻土地区路基容许总冻胀量　　　　　　　　　　表 11-37

公 路 等 级	路基容许总冻胀量(mm)	
	水泥混凝土路面	沥青混凝土路面
高速公路、一级公路	≤20	≤40
二级公路	≤30	≤50

注:三、四级公路以二级公路的容许总冻胀量为基础,根据具体情况确定。

路基填料对减轻冻胀具有重要的作用,不同填料的冻胀系数差别较大,尤其是路基融化后的强度差别更明显,粗粒料即使产生冻胀,融化后仍能保持较高的强度,满足路面的要求。因此选用技术可靠、效果显著的好填料是确保路基质量的基本条件。应根据路基高度、地表水位、地下水位、容许总冻胀量及路面结构类型等,按表 11-38 确定路基填料。

季节冻土路基填料选择表　　　　　　　　　　表 11-38

路 基 形 式	冰冻分区	地下水位或地表常水位距路面距离(m)	土的冻胀等级			
			上路床	下路床	上路堤	下路堤
填方路基	重冻区	$h_w > 3$	Ⅰ	Ⅰ、Ⅱ、Ⅲ	—	—
		$h_w \leq 3$	Ⅰ	Ⅰ、Ⅱ	Ⅰ、Ⅱ、Ⅲ	—
	中冻区	$h_w > 3$	Ⅰ、Ⅱ	Ⅰ、Ⅱ、Ⅲ	—	—
		$h_w \leq 3$	Ⅰ	Ⅰ、Ⅱ	—	—
零填方或挖方路基	重冻区	$h_w > 3$	Ⅰ	Ⅰ	—	—
		$h_w \leq 3$	Ⅰ	Ⅰ、Ⅱ	—	—
	中冻区	$h_w > 3$	Ⅰ	Ⅰ、Ⅱ	—	—
		$h_w \leq 3$	Ⅰ	Ⅰ	—	—

注:1. 土的冻等级见表 11-34。

2. 重冻区、中冻区,高速公路、一级公路路床采用Ⅰ类土时,其细粒土(粒径小于 0.075mm 颗粒)含量宜小于 5%。

3. 缺少砂石料地区,采用无机结合料、矿渣、固化剂等进行处治时,填料可不受此表限制。

路床宜采用中粗砂、砂砾、碎石、高炉矿渣、钢渣等抗冻性好的材料,强风化软质岩石、遇水崩解软质岩石不得用作上路床填料。挖方路段的低地,高处的潜水会渗入路堑,因此路堑的冻胀病害远较填方严重。对挖方路段的换填土质要求也更高,以有效控制冻胀,减少冻害。

土的冻胀水分有气态水、地表渗水和毛细水,对于砂砾类材料的冻胀以气态水的凝结为主,这有些类似于锅盖效应或冬天窗户玻璃的结冰。采用砂砾料能阻断毛细水,虽不能完全避免冻结,但采用砂砾等粗粒料填筑路基的处理方式,可以减缓路基冻胀翻浆状况。

冻胀对道路的破坏作用主要是在春融期,春融引起路基土层的含水率增大,路基强度大幅下降,在汽车动荷载的作用下,路面出现裂缝、翻浆、沉陷、车辙、拥包等病害。因此保证春融期路基的强度是防止冻害的基础。砂砾类材料的透水性好,能够迅速排出融化水,即使在含水率较高的情况下仍能保持较高的强度。对于一些砂石料缺乏的地区,可以采用水泥、石灰、粉煤灰等固化剂稳定细粒土。

季节冻土地区路堤高度应符合填方路基的相关规定,路基总冻胀量应符合表11-36的规定。不能满足时,可采取下列措施:引排地表积水或降低地下水位;设置防冻垫层、毛细水隔断层、排水层等;在冻胀深度范围内,采用不冻胀或弱冻胀土作填料;采用聚苯乙烯泡沫塑料板隔温层。

季节冻土地区路基排水设施,应符合一般路基排水设计的规定,中、重冻区路基排水设施尚应符合下列要求:挖方边坡有地下水出露时,对潮湿的土质边坡可设置支撑渗沟,对集中的地下水出露处设置仰斜式排水孔。挖方路基宜采用宽浅型边沟,不宜采用带盖的矩形边沟。采用暗埋式边沟时,暗沟或暗管应埋设于当地最大冻深以下不小于 0.25m 处。挖方路基及全冻路堤应设排水渗沟,渗沟应设于两侧边下边沟下或边沟外,不宜设在路肩范围以内。排水管、集水井、渗沟等排水设施应设置在当地最大冻深以下不小于 0.25m 处,出水口的基础应设置在冻胀线以下,渗沟等出口应采取防冻保温措施。

七、不良地质地段路基

(一)滑坡地段路基

滑坡是指在一定地形地质条件下,因各种原因或人为因素的影响,斜坡上不稳定的岩土体在重力的作用下,沿着一定的软弱面或带滑动的地质现象,是山区公路的主要病害之一,对山区公路危害较大。因此,要高度重视滑坡的调查工作,通过综合勘察,查明滑坡分布范围、形成原因及其性质,判断滑坡的稳定程度及对公路的危害性,为滑坡防治提供可靠的地质参数。滑坡地段路基设计应查明滑坡性质及滑坡体附近的地形地貌、水文地质和工程地质条件以及滑坡的成因类型与滑坡规模特征等,分析评价滑坡稳定状况、发展趋势和对公路工程的危害程度,及时采取有效措施,保证路基施工和运营安全。

对规模大、性质复杂的滑坡,由于整治工程规模大,且因性质不明,工程可靠度低,需以绕避为主。对变形缓慢以及短期内难以查明其性质的滑坡,在保证路线安全的前提下,可采取全面规划、分期整治的原则,先修建有利于稳定滑坡的应急工程,建立必要的观测系统,以观测其效果,掌握滑坡的变化规律资料,逐步根治。

滑坡的形成与发展是多种因素的结果,水是诱发滑坡的首要因素,防止水进入滑动带和排除滑坡体的水,显得非常重要。滑坡防治应根据滑坡类型、规模、稳定性,并结合滑坡区工程地质条件、公路的重要程度、施工条件及其他要求,采取排水、减载、反压与支挡工程的综合治理措施。减载,对减缓滑坡的变形、保证施工期间安全、减少支挡工程十分有效。滑坡类型很多,同一类型的滑坡也有不同的情况,因此,需要根据滑坡具体情况做具体分析,要分清主次,灵活应用各种防治技术,综合治理。

在断裂破碎带、特殊岩土及松散土质深路堑、破碎软弱岩或具有不利软弱面的路堑高边坡,在斜坡软弱地基上填筑路段,以及地表水汇集或地下水发育的易产生滑坡的工程路段,应采取必要的预防措施,设置必要的预加固工程,避免产生工程滑坡。

1. 滑坡稳定性分析

滑坡稳定性分析应采用工程地质类比法和力学计算相结合的方法,并应符合以下三种工况:①边坡处于天然状态下的正常工况;②边坡处于暴雨或连续降雨状态下的非正常工况Ⅰ;③边坡处于地震等荷载作用状态下的非正常工况Ⅱ。

滑坡稳定系数不得小于表11-39所列稳定安全系数值。对非正常工况Ⅱ,路基稳定性分析方法及稳定安全系数应符合《公路工程抗震规范》(JTG B02)的规定。

滑坡稳定安全系数 表11-39

公 路 等 级	滑坡稳定安全系数	
	正常工况	非正常工况Ⅰ
高速公路、一级公路	1.20 ~ 1.30	1.10 ~ 1.20
二级公路	1.15 ~ 1.20	1.10 ~ 1.15
三、四级公路	1.10 ~ 1.15	1.05 ~ 1.10

滑坡稳定性分析可采用传递系数法,分析时应考虑的荷载:滑体重力、滑坡体上建筑物等产生的附加荷载、地下水产生的静水压力和动水压力、汽车荷载等永久荷载,以及地震水平作用力、作用在滑体上的施工临时荷载。滑面岩土抗剪强度取值,可根据滑面岩土室内试验资料、监测成果反分析、极限平衡反算值、工程地质类比和当地经验,结合滑坡可能出现的最不利情况进行综合分析确定。必要时,应进行现场试验确定。

2. 滑坡防治措施

滑坡防治工程应根据各种防治措施的适用条件及其对所要防治滑坡的适用性,通过多方案的技术经济比较,因地制宜,合理确定滑坡防治工程方案。可采取高压旋喷桩或注浆改良滑动带岩土的措施,提高滑动带岩土抗剪强度,增强滑坡稳定性。滑坡体前缘受河水冲刷时,应采取冲刷防护措施。

(1)排水工程

排水工程设计应在滑坡防治总体方案基础上,结合工程地质、地下水及降雨条件,制定排水方案。地表排水工程应在滑坡后缘的稳定地层上设置环形截水沟,滑坡范围较大时,应在滑坡体范围内设置树枝状排水沟。排水沟通过裂缝处应采取防裂措施,对有明显开裂变形的坡体应及时用黏土或水泥浆填实裂缝,整平积水坑、洼地,使地表的雨水能迅速向排水沟汇集排泄。

地下排水工程应视滑动面状况、滑坡所在山坡流域水文地质条件及地下水动态特征,选用渗沟、仰斜式排水孔或者排水隧洞等排水设施。对浅层地下水,常用各种形式的盲沟、渗沟;对深层地下水,常用仰斜式排水孔、排水隧洞等。截水渗沟平面布置应垂直地下水流的方向,并修建在滑坡体5m以外的稳定土体上。渗沟的迎水面应设反滤层,背水面应设防渗隔离层。

(2)减载与反压措施

减载与反压措施对减缓滑坡变形有明显作用。对中小型滑坡,可作为滑坡整治的主要手段之一,对大型滑坡,要与其他工程配合。减载增加了新的暴露面,设计要充分论证是否会引起次生滑坡或使滑坡的条件恶化,需慎重选择。对于反压处理措施,要注意其稳定性,防止产生新的滑坡。

推移式滑坡或由错落转化的滑坡,宜采用滑坡后缘减重,前缘反压措施。滑床具有上陡下缓形状,滑坡后缘及两侧的地层相当稳定,不致因减重开挖而引起滑坡向后及向两侧发展时,宜采用减重措施。滑坡前缘有较长的抗滑段,宜利用减重弃方反压;路基处于滑坡前缘时,应采用路堤通过。在滑体或滑带土具有卸载膨胀开裂的情况下,不应采用减重措施。

减载时,必须考虑清方后滑坡后部和两侧山体的稳定性,防止后缘产生新的滑动。填土反压时,应防止堵塞滑坡前缘地下水渗出通道,并且要考虑基底的稳定性,必要时,应进行地基处理。

(3)抗滑挡土墙

抗滑挡土墙是整治滑坡的有效措施之一,常作为排水、减载等综合措施的一部分,与支撑渗沟联合使用。抗滑挡土墙基坑开挖深度较大时,对滑坡稳定不利,施工中要采取不破坏滑坡稳定的措施,如短跳槽开挖、及时砌筑等。

抗滑挡土墙宜设置在滑坡前缘。必要时,可与排水、减重、锚固等措施联合使用。抗滑挡土墙应根据滑坡剩余下滑力和库仑土压力两者之中的大值设计,其高度和基础埋深应防止滑体从墙顶滑出或从基底以下土层滑移的可能。

抗滑挡土墙结构设计应符合路基挡土墙设计的有关规定。挡土墙基础埋深较大、土体稳定性较差时,应采取临时支挡措施,其施工必须分段进行,保证滑坡在施工期间的稳定和施工安全。

(4)抗滑桩

抗滑桩是广泛采用的稳定滑坡措施,具有布置灵活、施工简便、施工对滑坡稳定影响小等优点。预应力锚索与抗滑桩组成锚索抗滑桩,改善桩的受力,减少桩截面和锚固段长度,效果较好。抗滑桩施工时,要注意开挖桩基时对滑坡稳定性的影响,一般采用跳桩、分批开挖。

抗滑桩宜布置于滑坡体厚度较小、推力较小,且嵌岩段地基强度较高地段。必须防止滑体从桩顶滑出或从桩底产生新的深层滑动的可能。抗滑桩宜以单排布置为主,当滑坡推力较大时,可对滑坡进行分段阻滑。若弯矩过大,应采用预应力锚杆(索)抗滑桩。抗滑桩桩长宜小于35m。对于滑带埋深大于25m的滑坡,应充分论证抗滑桩阻滑的可行性。抗滑桩结构设计应符合抗滑桩设计的有关规定。

(5)预应力锚杆锚固

预应力锚杆技术已广泛应用于滑坡整治工程,但锚固段一般都置于稳定岩层中,锚固段为土层的实例较少。设计时要采取措施,防止锚索预应力松弛,框架、地梁、锚墩处的土层压密沉降、局部溜坍,常造成锚索预应力松弛,从而引起锚索失效,因此对土层坡面要采取防冲刷的措施。

预应力锚杆(索)锚固段必须置于滑面以下的稳定地层中;预应力锚杆(索)承压结构应根据滑坡体岩土性质和承载力确定,宜采用钢筋混凝土框架或地梁,其坡面应采取防止表土被雨水冲刷、局部溜坍的措施。预应力锚杆(索)设计应符合边坡锚固设计的有关规定。

3. 施工监测与动态控制

高速公路、一级公路的滑坡防治应进行滑坡监测与动态设计。滑坡防治监测包括施工安全监测、防治效果监测和营运期动态长期监测,以施工安全监测和防治效果监测为主。施工安全监测结果是判断滑坡稳定状态、指导施工、反馈设计和防治效果检验的重要依据。

施工安全监测内容包括地面变形监测、地表裂缝监测、滑体深部位移监测、地下水位监测、孔隙水压力监测、地应力监测等。防治效果监测要结合施工安全和长期监测进行，以了解工程实施后滑坡体的变化特征，为工程的竣工验收提供科学依据。

滑坡监测项目可按表 6-22、表 6-23 选定。监测点应布置在滑坡体稳定性差，或工程扰动大的部位，力求形成完整的剖面，采用多种手段互相验证和补充。

防治效果监测应结合施工安全和营运期监测进行，防治效果的监测时间应为整治工程完工后不少于一年，施工期监测数据采集时间宜为每天一次，营运期监测数据采集时间间隔宜为 7~15d，在外界扰动较大时，如暴雨期间，应加密观测次数。应及时分析滑坡监测资料，预测滑坡位移、变形的发展趋势和整治工程的效果，适时调整滑坡整治工程设计和施工方案，保证工程施工安全和路基稳定。

（二）崩塌与岩堆地段路基

崩塌一般是岩崩与坍塌的统称，山坡上经常发生的小块岩石的坠落称为碎落，本文所指的崩塌则为包含错落、坍塌、落石、危岩的总称。山区公路斜坡上常遇到程度不同的崩坍现象，崩坍对公路运营安全的危害是不容忽视的。因此，要通过综合勘察手段，查清崩塌危岩体分布范围、稳定状况及其危害范围，合理布设路线线位，尽量避开可能发生崩塌的地段。当不能绕避行时，在稳定性评价与预测分析的基础上，采取有效的防治措施，保证公路运营安全。

岩堆是陡峻山坡上岩体崩塌物质经重力搬运在山坡坡脚或平缓山坡上堆积的松散堆积体。确定岩堆堆积形态和堆积厚度存在一些困难。由于岩都比较松散，钻探成孔困难，物探信号传递也比较弱，因此，岩堆勘察要加强现场调绘工作。

当岩堆下伏岩土层界面斜坡较大或存在软弱结构面时，再加上路基荷载或开挖某一部分后，可能诱发岩堆下伏岩土界面或软弱结构面发生滑动。设计时应根据试验资料分析，考虑地表水和地下水的作用，采用最不利的物理力学指标，进行稳定性计算分析。岩堆地段修筑路基，因孔隙大、结构松散，在行车荷载或地震荷载作用下易发生较大沉降，引起路面结构破坏。因此，要加强路基面以下岩堆的处理，除满足稳定性要求外，还需满足沉降变形的要求。

崩坍与岩堆地段路基设计，应调查该地段的地形、地貌、地质、水文、气象等资料，查明已经发生的崩坍与岩堆的类型、范围、成因及对公路的危害程度，作出公路建成后崩坍与岩堆的发生或发展的预测与稳定评价，合理选择路线位置及综合防治措施。路基设计应避免高填、深挖并远离崩坍物堆积区。对于中、小型崩塌地段，采取遮蔽、拦截、清除、加固等工程措施进行综合治理。

在岩堆地段，应根据路基类型、岩堆规模和物质组成、下伏岩土的性质和坡度、地下水以及地表水的情况等，对岩堆的稳定性进行分析。岩堆地段路基应采用低路堤或浅路堑，并采取稳定加固措施。

1. 崩坍防治措施

边坡或自然坡面比较平整、岩石表面风化易形成小块岩石呈零星坠落时，宜设置封面或护面墙以阻止风化发展，防止零星坠落。山坡或边坡坡面崩坍岩块的体积及数量不大，岩石的破碎程度不严重，可采用全部清除并放缓边坡。

岩体严重破碎，经常发生落石路段，宜采用柔性防护系统或拦石墙与落石槽等拦截构造物。柔性防护系统包括主动式和被动式。主动式防护系统由系统锚杆和防护网组成，被动式防护系统由拦截网构成，一般情况下，优先采用主动式防护系统。拦石墙与落石槽宜配合使用,设置位置可根据地形合理布置。落石槽的槽深和底宽通过现场调查或试验确定。拦石墙墙背应设缓冲层,并按公路挡土墙设计,墙背压力应考虑崩坍冲击荷载的影响。对在边坡上局部悬空的岩石,但岩体仍较完整,有可能成为危岩石,可视具体情况采用钢筋混凝土立柱、浆砌片石支顶或柔性防护系统。

当边坡为软、硬相间的地层,软岩部分风化严重形成凹壁时,可采用内部干砌片石,表面采用浆砌片石嵌补。易引起崩坍的高边坡,宜采用边坡锚固。当崩坍体较大、发生频繁且距离路线较近而设拦截构造物有困难,可采用明洞、棚洞等遮挡构造物处理。遮挡构造物应有足够的长度,洞顶应有缓冲层,并应考虑堆积石块荷载和冲击荷载的影响。危岩落石拦截构造物的类型、结构尺寸、设置排数及位置,应根据落石的大小、数量、分布位置、冲击力和距路线的距离确定。

2. 岩堆防治措施

处于还在发展的岩堆地段路基,应尽量减少开挖,宜采取挡土墙、坡面封闭等防护措施。也可采用拦石墙与落石槽或修建明洞、棚洞等遮挡构造物。稳定的岩堆地段路基,应采取下列处治措施:①位于岩堆上部时,宜采用台口式路基,将路基上方的岩堆堆积物沿放缓的边坡开挖或沿基岩面全部清除。②位于岩堆中部时,挖方边坡应设置挡土墙等。③位于岩堆下部时,宜采用填方路基通过岩堆。

对活跃的岩堆补给区,应根据其面积、岩体类型和规模,采取拦截或加固工程措施。岩堆地段路基稳定性不足时,宜设置抗滑挡土墙或抗滑桩。

(三)泥石流地段路基

泥石流是挟带大量泥沙、石块的间歇性洪流,主要受降雨、冰雪融化而诱发,具有多发性。路线通过泥石流沟时,要加强沿沟的实地调查和居民访问工作,查明泥石流沟的沿线地貌特征,泥石流的规模、物质组成、发展趋势及危害程度等。对于活动频繁的泥石流,需采取治土、治水和排导等多种措施相结合的综合治理,才能有效地控制泥石流和消除泥石流的危害。对泥石流的综合治理,需要与当地其他部门的防治规划相协调,全面规划、共同治理。宜对泥石流沟流域的坡面采取乔木、灌木、草本植物相结合的植物防护措施

泥石流地段的路基设计,应结合当地气象、水文、地质条件、公路等级及使用要求,根据泥石流的分布范围、成因类型、规模、特征、活动规律、泛滥边界、冲淤情况、泥痕高度、堆积区物质组成及分布形态、流量等,分析预测泥石流的发展趋势及对公路的危害程度。

路线应绕避大型泥石流、泥石流群及淤积严重的泥石流沟,并远离泥石流堵河严重地段的河岸。当无法绕避中、小型泥石流时,应合理选择路线位置、路基断面形式及综合防治措施。泥石流治理应根据泥石流形成条件、类型、流动特点及活动规律,做好总体规划,全面考虑排导、拦截、坡面防护以及恢复植被、水土保持等综合治理措施。对路线无法绕避的大型泥石流,应进行施工安全和防护效果监测,监测内容包括泥石流的频率、流量、物质组成,以及泥石流流量的变化与河水流量、降雨量的关系等。

1. 跨越措施

跨越泥石流沟时,应选择在流通区或沟床稳定段设桥、隧等构造物跨越,并绕避沟床纵坡由陡变缓的变坡处和平面上急弯部位。

桥梁适用于跨越流通区的泥石流沟或者洪积扇区的稳定自然沟槽。设计时应结合地形、地质、沟床冲淤情况、河槽宽度，泥石流的泛滥边界、泥浪高度、流量、发展趋势等，采用合理的跨度、净空高度及结构形式。桥涵跨越泥石流沟的原则是：宁设桥勿设涵，宁用大跨度桥勿用小跨度桥或多孔涵，黏性泥石流及山区泥石流更应如此。确定桥梁孔径时，不能单凭流量计算确定，需结合地形条件、沟槽宽度、泥石流性质与趋势及其发展变化规律等因素综合考虑。

隧道适用于路线穿过规模大、危害严重的大型或多条泥石流沟。隧道方案应与其他方案做技术、经济比较确定。隧道洞身应设置在泥石流底部稳定的地层中，进出口应避开泥石流可能危害的范围。

涵洞与桥梁相比，有许多不利条件，主要是跨度小、净空低、泄流纵坡较缓、流程较长、周边阻力较大、排泄泥石流能力较差、易堵淤、难抢险；工程实践表明，涵洞的泥石流病害率远高于小桥，跨越泥石流的涵洞淤埋严重。因此，泥石流地区不宜采用涵洞，在活跃的泥石流洪积扇上禁止使用涵洞。对于三、四级公路，当泥石流规模不大、固体物质含量低、不含较大石块，并有顺直的沟槽时，方可采用涵洞。

泥石流沟雨季水量较大或有长流水时，后期养护工作量大，保通困难，一般不宜采用过水路面。过水路面仅适用于穿过小型坡面泥石流沟的三、四级公路。过水路面的路基横断面应为全封闭式，可与桥梁、涵洞等联合使用。路基坡脚应设抑水墙以防止冲刷。

2. 排导措施

路线通过泥石流堆积区时，应设置排导沟、导流堤、急流槽、渡槽等排导工程，约束泥石流，固定沟槽。

(1)排导沟：排导沟适用于有排沙的地形条件的路段。出口应与主河道衔接，出口高程应高出主河道 20 年一遇的洪水水位。排导沟纵坡宜与地面坡一致。排导沟的横断面应根据流量计算确定，排导沟应进行防护。排导沟是由人工开挖或填筑过流断面，或利用自然沟道，多修建在泥石流的堆积扇或堆积阶地上，使泥石流循一定路线排泄。排导沟可单独使用或与拦蓄工程结合使用。排导沟设计要求是，在多年使用中，不出现危害建筑物安全的累积性淤积和冲刷破坏。

(2)渡槽：渡槽适用于排泄流量小于 $30m^3/s$ 的泥石流，且地形条件应能满足渡槽设计纵坡及行车净空要求，路基下方有停淤场地。渡槽应与原沟顺直平滑衔接，纵坡以 8% ~ 15% 为宜并不得小于原沟纵坡，出口应满足排泄泥石流的需要。渡槽设计荷载按泥石流满载计算，并考虑冲击力，冲击系数可取 1.3。渡槽一般在特定的地形条件下采用，对于沟道迁徙无常，冲淤变化急剧，流量、重度和含固体物质粒径变化很大的高黏性泥石流和含巨大漂砾的水石流，则不宜采用或慎用。

(3)导流堤：当在堆积扇的某一区间内，需要控制泥石流的走向或限制其影响范围时，可设置导流堤以防止泥石流直接冲击路堤或壅塞桥涵。导流堤的高度应为设计使用年限内的淤积厚度与泥石流的沟深之和；在泥石流可能受阻的地方或弯道处，还应加上冲起高度和弯道高度。

3. 拦截措施

路线通过泥石流堆积区时，可在流通区泥石流沟中设置各种形式的拦挡坝、格栅坝等拦截工程，拦截泥石流中的石块，减轻泥石流的冲击、淤积作用。

（1）拦挡坝：拦挡坝适用于沟谷的中上游或下游没有排沙或停淤的地形条件，必须控制上游产砂的河道，以及流域来沙量大，沟内崩塌、滑坡较多的河段。拦挡坝坝体位置应根据设坝目的，结合沟谷地形及基础的地质条件综合考虑确定，并注意坝的两端与岸坡的衔接和基础埋置深度。坝体的最大高度不宜超过5m，坝顶宜采用平顶式。当两端岸坡有冲刷可能时，宜采用凹形。拦挡坝可设多道以形成梯级拦挡坝，也称谷坊坝群。拦挡坝宜与其他措施组合使用。拦挡坝属于半永久性工程，一旦固体物质堆满溢出坝顶时，尚有其他整治工程发挥作用。

拦挡坝是建在泥石流形成区或形成—流通区的一种横断沟床的人工建筑物，旨在控制泥石流发育，减小泥石流规模和发生频率。其主要功能是：①拦沙节流，减小泥石流流速、重度与规模；②抬高局部沟段的侵蚀基准，护床固坡；③减缓回淤段沟床纵坡，使泥石流冲刷和冲击力减小，减轻沟床侵蚀，抑制泥石流发育；④坝下游冲刷力增大有利于输沙，对泥沙淤积和沟道演变起调节作用。

（2）格栅坝：格栅坝是指具有横向或纵向格栅、平面或立体网格和整体格架结构等拦挡坝的总称，主要适用于防治稀性泥石流，拦截流量较小、大石块含量少的小型泥石流。不适用于防治黏性泥石流。格栅坝可用钢轨、钢筋、钢索等材料修筑，格栅的间隔大小应根据泥石流的情况，按拦截大石块、排除细颗粒的要求布置，其过水断面应满足下游安全泄洪的要求。坝的宽度应与沟槽同宽。坝基应设在坚实的地基上。

（四）岩溶地区路基

石灰岩等可溶性岩层，在流水的长期溶解和剥蚀作用下，产生特殊的地貌形态和水文地质现象，统称为岩溶。岩溶对路基的危害是：溶洞顶板坍塌引起的路基下沉和破坏；岩溶地面坍塌对路基稳定性的破坏；反复泉与间歇泉浸泡路基，引起路基沉陷、坍塌或冒浆；突然性的地下涌水冲毁路基等。首先要从地质条件上弄清岩溶的发展规律和分布规律，慎重确定路线的布局和位置。一般情况下，要尽量设法绕避危害严重的、大型的、不易查清的岩溶地段；对危害较轻的中、小型岩溶地段，路基宜布没在岩溶范围较窄、易于处理的地段。岩溶地区路基设计，应采用遥感、物探、钻探及其他有效方法进行勘察，取得岩溶地貌、岩溶发育程度、发展规律、溶洞围岩分级以及地面水、地下水活动规律等方面的资料。

岩溶地区路基设计，主要是对影响路基稳定的岩溶和岩溶水进行预防和处理。实践证明，如果不加处理或处理不当，不仅会产生各种路基病害，影响行为安全；而且将导致水资源的利用受限，影响当地生产及生活正常秩序。

位于岩溶地段路基，应采用遥感、物探、钻探及其他有效方法进行综合勘察，查明岩溶地貌形态、岩溶发育程度、岩溶围岩性质以及地表水、地下水活动等情况，分析地面致塌因素，综合评价场地稳定性。岩溶地段路堑开挖至路床顶面后，宜进行必要的补充勘察和评价。应结合工程实际判别岩溶对路基工程的危害程度，选择合理的方法进行处治。

路线应绕避大型、复杂的岩溶发育地区。绕避困难时，路基工程宜选择在岩溶发育范围小、易处理的地段通过。位于岩溶地段路基，应对路基稳定性及环境影响进行综合分析，确定岩溶对路基工程的危害程度，合理采取回填、跨越、注浆加固等处理措施。岩溶水发育地段，路基修筑不应切断岩溶（地下、地表）水的径流通道，不得造成阻水、滞水或农田缺水。采用注浆加固地基，应采用物探配合钻孔取芯等综合方法进行注浆效果检测与评价。

当溶洞顶板岩层未被节理裂隙切割或虽被切割但为胶结良好的完整顶板时，可按厚跨比法确定溶洞顶板的安全厚度。当顶板的厚度与路基跨越溶洞的长度之比大于0.8时，溶洞的顶板岩层可不做处理。

路线附近溶洞,距路基坡脚需有一定的距离,在洞穴坍塌呈漏斗形时,不致危及路基,该距离称为溶洞距路基的安全距离。对位于路基两侧的溶洞,应判定岩溶对路基的影响。对开口的溶洞,可参照自然边坡来判别其稳定性及其对路基的影响;对于地下溶洞,可按坍塌时的扩散角(图 11-13),按式(11-17)计算确定溶洞距路基的安全距离。

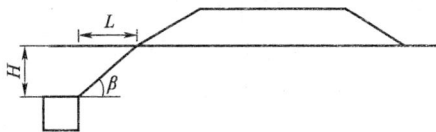

图 11-13 溶洞安全距离计算示意图

$$L = H\cot\beta \tag{11-17}$$

$$\beta = \frac{45° + \dfrac{\varphi}{2}}{K} \tag{11-18}$$

式中:L——溶洞距路基的安全距离(m);

   H——溶洞顶板厚度(m);

   β——坍塌扩散角(°);

   K——安全系数,取 1.10 ~ 1.25,高速公路、一级公路应取大值;

   φ——岩石内摩擦角(°)。

当溶洞顶板岩层上有覆盖土层时,岩土界面处用土体稳定坡率(综合内摩擦角)向上延长坍塌扩散线与地面相交,路基边坡坡脚应处于距交点不小于 5m 以外范围。路基坡脚处于溶洞坍塌扩散的影响范围之外,该溶洞可不做处理。

岩溶水是危及路基安全的主要因素之一,要以疏导为主。对岩溶上升泉,不宜堵塞,堵塞上升泉,易造成路基翻浆冒泥、边坡坍塌等病害。在岩溶地段,地表水和地下水具有强烈的侵蚀性,是岩层溶解与破坏的主要因素。因此,要注意调整地表水流,疏导洼地积水及地下水。对影响路基稳定的岩溶水应采取疏导、引排等措施。一般采用排水沟、渗水暗沟、涵洞、泄水隧洞等进行疏导,以防止地表水和地下水对路基造成危害。对路基上方的岩溶泉和冒水洞,宜采用排水沟将水截流至路基外。对于路基基底的岩溶泉和冒水洞宜设置集水明沟或集水盲沟汇集水流,并通过桥涵将水排出路基。堵塞溶洞岩溶水的出水口时,所留出水口应能满足该区域排水畅通的要求。对地表水,应做好排水设施集中引排。

路基位于封闭的岩溶洼地时,往往隔断原有地表水系,有的路堤是直接掩盖了落水洞,易造成路基病害。因此,排泄封闭的溶蚀洼地的地表水是很重要的,需在查清水情的基础上,做好疏导工程设计,设置完善的排水系统,保证将地表水引入邻近畅通的沟谷或对路基无害的落水洞中。对不可避免受雨季积水浸泡而不能排除的路堤,应采用渗水性良好的砂砾、碎石土等作为填料,并应高出积水位 0.5m。

溶洞、溶蚀裂隙发育带及覆盖层土洞,危及路基安全稳定时,需视具体情况,因地制宜采取回填、跨越、加固等处理措施。对路基范围的溶洞、落水洞,应根据溶洞大小、深度、充水情况、所处位置及施工条件采取相应措施。对有排泄要求的溶洞、落水洞,不得进行封堵处理,应采用设置钢筋混凝土盖板、桥涵跨越,保护岩溶地区地下水系。对于稳定路堑边坡上的干溶洞,洞内宜采用干砌片石填塞。

对位于路基基底的裸露和埋藏较浅的溶洞,当洞的体积不大时,可采取回填夯实封闭、钢筋混凝土盖板跨越、支撑加固或构造物跨越等处理措施。回填处理适用于埋藏较浅,且没有排泄要求的干溶洞,通常采用片石、碎石等填料。因溶洞充填物通常松散、软弱,溶洞表层溶蚀部分也较松散破碎,作为路基基底,其承载能力往往不能满足设计要求,需予以清除,并换填强度高、水稳定性好的填料。当路基以下溶洞顶板很薄时,一般是炸开溶洞顶板,清除洞内填充物及松散物,再回填片石、碎石等。

对于有充填物的溶洞,可采用注浆法、旋喷法等加固措施,不能满足设计要求时,宜采用构造物跨越。对狭小且深的溶洞,可根据其宽度的大小采用钢筋混凝土盖板跨越;对于跨度较大的溶洞,或需要保持排水功能的,一般采用桥梁或涵洞通过。桥梁适用于跨越流量较大的暗河、冒水洞或消水洞等。涵洞适用于跨越一般的岩溶泉。

当溶洞洞径大、顶板完整、洞内施工条件较好时,通常采用浆砌片石或片石混凝土支顶墙或支撑柱加固;洞内施工条件不好时,采用钻孔灌注桩支撑。对溶蚀裂隙发育带及埋藏较深的溶洞、土洞,一般采用注浆加固。

地表下土洞埋藏较浅时,可采取回填夯实、冲击碾压或强夯等处理措施,并做好地表水引排封闭处理;土洞埋藏较深时,宜采取注浆、复合地基等处理措施。

八、其他特殊路基

(一) 风沙地区路基

风沙地区路基设计,应调查、收集并掌握当地气象、地形地貌、工程地质和水文地质、筑路材料、生态环境等方面的资料,确定当地沙漠类型和自然区划分区。在风沙地区筑路,应调查当地治沙经验,结合不同的沙漠类型和公路工程的特点,确定有利于风沙流顺畅通过的路线线位和路基横断面形式及防止路基被风沙吹蚀和积沙掩埋的工程或生物防护措施。

风沙地区应根据不同区域沙漠地貌类型设防,在风沙流比较严重的过干沙漠地区,应按照就地取材、因地制宜、综合治理的原则,除对路基采取防护措施外,还应在路基两侧建立完善的综合防沙体系;对于干旱沙漠地区宜采用工程和生物相结合的防护措施;对于微湿和半干旱沙地区宜采用生物防治或生态恢复措施。

沙漠地区路基在重点做好综合防沙设计的同时,也应注意路基填料、整体强度和稳定性问题,同时还应考虑今后养护维修和管理方便等问题。干旱流动沙漠地区路基可不设置边沟等排水设施,但对于有浇灌要求的路段也应考虑排水设计,宜设置宽浅形边沟和大孔径桥涵。沙漠公路修筑不得随意破坏当地脆弱的生态,取弃土不得随意堆放,在防治形成沙害的同时,应注重环境保护。保护路基两侧地表原有植被和地表硬壳。

1. 填方路基

风沙地区路基应以低路堤为主,填土高度应根据路堤上的风向、风速变化等情况确定,一般路堤高度宜比路基两侧 50m 范围内沙丘的平均高度高出 0.5 ~ 1.0m。当路线通过高大复合型沙垄或复合型沙丘链地段,路基高度以填方略大于挖方或接近平衡为宜。

风沙地区填方路基应采用流线型横断面,高速公路、一级公路可采用分离式缓边坡路基形式,不宜采用凸型中央分隔带。路肩与边坡相交处宜设成圆弧形。风沙地区一般路堤边坡坡度应根据填料、填土高度、风向、路侧地形及防护情况,按表 11-40 选用。半湿润和半干旱沙地地区的高速公路和一级公路,路堤边坡坡率宜采用 1:3。

| 填方路基边坡坡率 | | 表 11-40 |
| | | |

路堤高度（m）		边坡坡率（1：m）	
		高速公路、一级公路	二、三级公路
平沙地		1:3~1:6	1:3~1:6
不同沙基高度	$h \leq 0.5$	1:3~1:6	1:3~1:6
	$0.5 < h \leq 2.0$	1:3~1:5	1:3~1:4
	$2.0 < h \leq 5.0$	1:3~1:4	1:3~1:3
	$h > 5.0$	1:2.5	1:2

风沙地区路基填料强度和压实度应满足表 6-1 和表 6-2 要求。纯风积沙填筑路基时，可采用铺设土工布等固沙措施，水源缺乏地区的沙基可采用振动干压实技术。

路基取土宜取自挖方断面，或取自上风侧阻风沙丘，以减少沙害。当纵向调运较远，采用路侧取土时，取土坑应设在背风侧坡脚 5m 以外，并设计成弧形的浅槽。必要时，对取土坑应采取防护措施。平沙地路段不宜取土，应加以保护。应根据公路等级、材料来源、风力、风向等对路肩及边坡进行防护。在气候条件容许的情况下，宜采用生物防护。各种工程防护设施应坚固可靠。

2. 挖方路基

风沙地区路基应避免采用长度大于 200m 和深度大于 6m 的路堑。路线与主导风向正交时，应使路堑顶宽与路堑深度的比值接近 20~30 的范围，以减少堑内的积沙。风沙地区路堑宜采用敞开式、缓边坡路基横断面，挖方边坡坡率应根据挖方深度、风力、风向、路侧地形及防护情况，按表 11-41 选用。半湿润和半干旱沙地地区的高速公路和一级公路，路堑边坡坡率宜采用 1:3。

| 挖方路基边坡坡率 | | 表 11-41 |
| | | |

路堑深度（m）	边坡坡率（1：n）	
	高速公路、一级公路	二、三级公路
$h \leq 0.5$	1:4~1:8	1:3~1:8
$0.5 < h \leq 2.0$	1:4~1:6	1:3~1:5
$2.0 < h \leq 5.0$	1:4~1:5	1:3~1:4
$h > 5.0$	1:4	1:3

深路堑边坡坡脚应设置积沙平台，以便于养护。挖方弃土宜用于填方路基，多余弃土应置于背风一侧的低洼处，距离路堑坡顶不应小于 10m，必要时，应采取防护措施。路堑应根据公路等级及筑路材料，路肩、边坡坡面和坡顶外 20~50m 范围进行防护。半填半挖路基应将挖方侧路基适当加宽，上下两侧宜采用缓边坡，边坡变坡点处宜设成圆弧形，同时对上下边坡进行加固。

3. 路侧防沙工程

防沙工程应根据公路等级采取固、阻、输、导等工程或生物措施，总体布置，并形成完善的综合防护系统。其设置范围和部位应根据风沙活动特征、风况、输沙量、地形、防护材料性质、当地气象、土壤地质、自然生态环境及公路等级和使用要求等确定。

在适宜植物生长的微湿和半干旱沙地地区,应优先选用灌、草等植物固沙。在干旱沙漠地区宜采用工程和植物相结合,先工程后植物的固沙方法。固沙植物应选用根系发达、耐旱、固沙能力强,适应当地生长条件的植物品种,固沙带宽度可参照工程固沙宽度适当减小。在无条件栽种植物的过干沙漠地区,可利用当地材料、土工格室平铺固沙。可利用柴草类等材料在路基迎风侧设置立式沙障固沙,有条件时可采用乔、灌结合的植物沙障。低立式沙障距离路基应大于20m,高立式沙障应大于50m。

在沙源极为丰富的风沙地区,应在路基迎风侧100m以外设置墙式、堤式、栅式、带式或植物等类型的阻沙障,以拦截风沙和限制积沙移动。在平坦的流动沙地和风沙流地区以及路线与主导风向交角为45°~90°的流动沙丘地段,可采取必要的输沙措施,如设置浅槽、聚风板等,以使流沙顺利越过路基而不产生堆积。路线与主导风向交角为25°~30°时,可采取改变风沙流或沙丘运动方向的导流方法,宜在路基迎风侧50~100m以外设置导沙墙、导沙板等措施。有条件时可种植乔灌结合的植物,形成导沙屏障。在流沙危害严重的路段,路基两侧20~30m范围内的地面应保持平顺,地上的突起物均应铲除,并予整平,形成平整带。

综合植物防护系统的设置应与当地治沙规划相结合。当采用防护林带时宜采用种草、灌木和乔木相结合,先期树种和后期树种相结合,以及乡土树种和引进树种相结合的原则进行栽植。设置宽度应根据沙源、风沙流活动强度和沙丘移动特征等因素确定。迎风侧不宜小于200m;背风侧如为单向风时,可不设。如有反向风时,则应设置宽度不小于50m的防护带。有条件时应在两侧防护林带之外,根据风沙严重程度设置植被保护带。植被保护带宽度一般在路基的迎风侧不应小于300m,在路基的背风侧不应小于100m。采用植物防沙措施时,应结合当地植物立地条件,选择适宜的植物种类,确定合适的植物结构和种植方式,同时建立完善的灌溉措施和管理组织。

在缺乏筑路或固沙材料的干旱沙漠地区,可在试验验证可行的前提下采用化学加固沙漠公路路基或进行防护。

(二)雪害地段路基

雪害地区路基设计,应调查收集当地自然地理、气象要素、灾害程度、积雪状况、风况、地质等资料,分析雪害成因,确定雪害类型,提出正确的处治方案和措施。在工程和水文地质调查中,应调查覆盖层的岩土性质、厚度、地质构造、地下水的分布情况以及植被情况。

雪崩调查应查清公路沿线地形地貌、雪崩类型和分布、数量和范围、雪崩的汇雪面积、雪崩的裂点位置、山体坡度、发生频率、危害程度。必要时测绘汇雪面积地形图和雪崩运动路径的纵断面图。

风吹雪路段应对汇雪长度(汇雪面积)、风雪流行程中的地形、地物、植被等情况进行调查,测定风雪流的移雪数量、冬季风力与风向及其频率和持续时间、年总降雪量、最大及平均积雪深度、冬季气温及冻融时间、风雪流的主导风向、风吹雪的类型及其危害程度等。

在修筑高路堤、开挖储雪场及整修山坡的地段,还应查明场地工程地质及水文地质情况。

在路线必须通过可能发生雪崩的路段时,可按照稳定山坡积雪,改变雪崩运动方向,减缓雪崩运动和清除积雪等原则,采用水平台阶、导雪堤(墙)、土丘、挡雪墙、防雪林带等设施;在雪崩较严重路段,高速公路、一级公路及有特殊要求的公路,也可采用防雪走廊、明洞、隧道等遮挡构造物。

在风吹雪地段,应根据当地风雪情况及地形条件,合理设计路基横断面形式,并宜采用填方,避免或少设路堑。必要时,在工程量增加不大的情况下,可适当加宽路基。在平坦开阔和稳定风吹雪路段,路基应采用流线型或缓边坡路堤形式,尽量避免挖方和采用路堑断面形式,路堤高度应比当地最大稳定积雪深度高出 $0.3 \sim 0.5m$,在风吹雪严重地段应高出 $0.5 \sim 1.0m$。

在草原、农牧区低填方风吹雪路段宜采用 1:3 的路堤边坡,在浅挖方、荒原戈壁低填方处应采用 1:4 的路堤边坡,有条件可放缓边坡或做成流线型边坡。单向风强烈时,路堤迎风面的边坡应尽量放缓,沿主导风向的边坡坡度等于或缓于 1:4。

对风吹雪路段路基两侧距路基边坡坡脚各 20m 范围内的障碍及构造物应清除,否则,应设置防雪设施。根据需要,在有条件的情况下,填方路堤的取土坑也可用作储雪场。风吹雪路段必须采用挖方时,应避免深路堑,宜敞开路基或以半填半挖的横断面形式通过,当挖方路基外侧剩余台地工程量不大时,宜全部挖除。雪害严重地段宜适当加宽路基,并设积雪平台。山区风吹雪挖方边坡宜缓于 1:4,并设置积雪平台,其横坡同路拱坡度,对无条件放缓边坡的路段,应加大积雪平台宽度。必要时,可在挖方路堑内采用路堤断面形式或设置储雪场。

风吹雪路段高速公路、一级公路的中央分隔带应与路面齐平,路肩、坡脚、坡顶等有棱角部位宜设成圆弧形,以利于风雪流顺滑通过。

防治雪害应以防为主,防治结合,遵循"因地制宜、就地取材、有效、易行、经济、持久"的原则,优先采用生物防治,工程治理应注意保护生态环境,防止水土流失,为生物防治创造条件。

1. 综合防治

雪害防治应采用工程治理与生物防治相结合的综合治理方案。雪害严重路段可结合公路的重要程度设防,采用多种工程和生物措施组合的稳、阻、导、排等措施,因地布设,互相配合。

2. 雪崩防治措施

(1)水平台阶:地面横坡小于 45°、土层较厚且透水性较好、不易产生滑坡或泥流的山坡上,为防止小型雪崩,可沿等高线开挖水平台阶。台阶间距应视山坡坡度而定,台阶宽度则依最大积雪厚度与山坡坡度而定。

(2)稳雪栅栏:坡度较陡、土层较薄、透水性差不宜开挖水平台阶的山坡,可沿等高线设置栅栏以稳定山坡上的积雪。稳雪栅栏宜设置多排,最高一排栅栏应尽可能在雪崩裂点附近及雪檐下方。

(3)防雪林:从雪崩源头开始到雪崩运动区,从上到下分期种植合适树种,防治雪崩发生,防雪林初期可配合工程措施。

(4)土丘及楔:土层较厚,坡度小于 30° 的雪崩沟内,可设置土丘,以降低雪崩速度;楔还有分割雪体的作用,设置地点宜选在雪崩途经的坡折处,布设一个或多个。土丘及楔的高度应大于最大雪崩锋面高度。

(5)导雪堤:在宽的雪崩槽中,可以设置导雪堤。导雪堤应自沟槽一侧下斜伸至沟中,与雪崩流的交角不应大于 30°。导雪堤的高度,应大于雪崩最大锋面高度。

(6)防雪走廊:雪崩严重的路段,可修筑防雪走廊。防雪走廊净空应满足隧道净空的技术标准的规定。

3. 风吹雪防治措施

(1)防雪林:当条件适宜时,可在路基的一侧或两侧种植防雪林带,防雪林带的宽度不宜小于 50m。宜采用多条林带,各林带间距为 20～50m,单条林带宽为 20m。

选择防雪林的类型、树种,应根据当地积雪深度、土质及气候条件等确定,宜采用乔、灌木混合林型,选用能早期和长期起到防护作用的树种。防雪林道到路基坡脚的净距可按防护林高度的 10 倍设置,但不应小于 25m。

(2)防雪栅:风雪量较小但持续时间较长、风向变化不大的路段,可采用固定式防雪栅。固定式防雪栅的高度应根据风力及雪量大小而定,但不宜小于 3m。从路基边缘到防雪栅的距离,应根据栅后积雪堤的长度确定,宜为 30～50m。风向多变、风力大、雪量多的路段,可采用移动式防雪栅,移动式防雪栅的高度宜为 1～2m。防雪栅的初设位置,距离路基边缘为 20～50m。防雪栅应布置在迎风一侧,并与冬季主导风向垂直,当地形开阔、积雪量过大时,可设置两排防雪栅,间距宜为 50～80m。

(3)导风板:下导风板适用于路线与主导风向的交角大于 30°及迎风山体坡度小于 40°的路段。否则,宜采用侧导风板。导风板的位置应根据当地主导风向、路基横断面形式及地形等条件而定,下导风板宜设在迎风侧的路肩附近,侧导风板宜设在迎风侧路基边缘以外不小于 15m 处。

(4)防雪堤(墙):积雪较少,且不宜设置防雪栅的路段,可在迎风侧设置挡雪墙或防雪堤。防雪堤(墙)高度可根据降雪量的大小确定。防雪堤(墙)距路基边缘应有一定的距离。

(三)涎流冰地段路基

涎流冰地段路基设计,应对当地地形、地质、气象、涎流冰的水源、类型及规模、危害情况及当地防治经验等进行调查,并经技术经济论证,确定合理的处治措施。所需资料可经有关部门实地观测或由涎流冰形成期间实地调查所得,其主要内容应包括:地形及水源类型、流量;土质类型及厚度;冻融周期和深度;涎流冰类型、规模大小及与可选路线方案的关系。对河谷涎流冰还应调查汇水面积、水位、流量等资料。

在冰冻或高寒的涎流冰地区,路基应尽量设在干燥的阳坡上,并以路堤或浅挖方形式通过为宜。涎流冰地段的路基设计,应以预防为主,防治结合。山坡涎流冰除将山坡水引离路基外,还可采用加宽、加深上边坡边沟、设置挡冰墙、聚冰坑或挡冰堤、聚冰沟等设施。当山坡地下水量较大时,可设置渗沟、暗沟等地下排水设施。聚冰沟或聚冰坑处应设净空较高的涵洞排除融冰水。

河谷涎流冰,应提高路基,并采用跨径较大的桥涵跨越,以避免涎流冰溢上路面。路基工程应避免干扰原有的自然排水状况,不宜切割含水层,当采取排、挡、截等防治措施进行处理时,应保留自然形成的疏水系统的畅通。

涎流冰的防治应因地制宜,统筹考虑,可采用下列措施。

(1)提高路基:聚冰量不太大的涎流冰,可采用提高路基的方式进行防治。路基高度应高于涎流冰最大壅冰高度加 0.5m,同时筑路材料应选用水稳性比较好的碎砾石土等材料。

(2)采用桥涵跨越涎流冰,桥涵净空应满足历年最高涎流冰冰位加壅冰高度,再加 0.5m 安全高度。

(3)聚冰沟和挡冰堤:对于冲积扇或缓山坡上的涎流冰,可在路基上边坡外设置聚冰沟。聚冰沟可设置多道。第一道聚冰沟应从水源起顺山坡或沟谷布设,将水导入附近的河沟或桥涵。聚冰沟横断面应根据地形、地质、水量、聚冰量确定,并做好排水设施的顺接。挡冰堤宜设置在聚冰沟的下方,其高度及宽度的确定应考虑淤冰的影响。

（4）挡冰墙和聚冰坑：挡冰墙应设在边沟外侧，并采用浆砌片、块石砌筑；当为干砌时，应采用大块石砌筑。挡冰墙高度由聚冰量确定。当聚冰量大时，可在挡冰墙外侧设置聚冰坑，并利用天然山坳或由超挖边坡筑成。聚冰坑的大小，由聚冰量确定。土质地段的聚冰坑，可根据坡面渗水和土质情况，在边坡坡脚设置干砌片石矮墙。边沟应采用浆砌片石防护。

（5）地下排水措施：当有地下水出露时，可采用渗沟、暗沟等地下排水设施，将地下水引离路基。地下排水设施应设在冻结深度以下，并做好反滤层、隔水层，以及出水口的保温。

（四）采空区路基

采空区的路基工程应调查收集沿线自然环境、矿产资源分布与开采、地基变形与移动等资料。采用调查、测绘、物探、钻探、地表变形监测等综合手段，查明采空区的分布、规模、变化特点、水文地质、工程地质和各有关地层岩土体物理、力学性质。路线应避让分布范围广、规模大且难以治理的采空区。难以避让时，宜采用路基方案，且路基与桥梁衔接部位应避让采空区沉降变形较大的区域。

采空区路基工程应根据采空区的分布和变形特点，结合当地环境特点、工程地质条件、筑路材料分布与供应、资源开采规划与公路建设工期要求等因素，进行多方案比选，并做好路基路面综合设计。采空区路基设计应根据汽车荷载和路基路面自重对下伏地基的作用影响，以及采空区地表变形与路基沉降的叠加影响，因地制宜采用轻质材料路堤、加筋路堤的路基结构，对不满足公路建设场地要求的采空区应进行处治，保证路基安全稳定。

采空区路基应进行地表稳定性评价。评价时应遵循定性评价与定量计算相结合的原则，根据采空区类型、规模、覆岩性质、采厚采深比、矿层倾角、开采时间及水文、地质条件等因素，采用开采条件判别法与地表变形预计法、地表变形监测法等相结合的方法，预测地表剩余变形量，评价采空区场地稳定性。

采空区场地稳定性控制标准应符合：①采空区地表倾斜大于 $10mm/m$、地表曲率大于 $0.6mm/m^2$ 或地表水平变形大于 $6mm/m$ 的地段，不宜作为公路路基建设场地。②公路采空区地表变形应符合表 11-42 的规定。当采空区地表变形不满足要求时，应对采空区进行处治设计。

公路采空区地表变形容许值   表 11-42

公 路 等 级	地表倾斜（mm/m）	水平变形（mm/m）	地表曲率（mm/m²）
高速公路、一级公路	≤3.0	≤2.0	≤0.2
二级及二级以下公路	≤6.0	≤4.0	≤0.3

公路压覆矿产时，应进行矿产压覆区设计。在尚未开采的矿层分布区，高速公路及一级公路、隧道、特大桥、大桥和中桥、地下开采会有严重滑坡危险而又难以处理的路段，应设保护矿柱。保护煤柱的外侧应设置围护带，围护带宽度，路堤部分以公路两侧路堤坡脚外 1m 为界；路堑部分以两侧堑顶边缘为界，两侧界线以内的范围为受保护对象。沿两侧界线向外留设围护带，高速公路围护带宽为 20m，一级公路围护带宽度为 15m。倾斜矿层保护矿柱的边界根据上山方向移动角、下山方向移动角及松散层移动角等，用垂直剖面法、垂线法或数字高程投影法确定。

1. 采空区处治范围

（1）浅采空区：开挖回填处理的浅采空区，其处治长度 L 为沿公路轴向采空区实际分布长度;处治宽度 B 为路基底面宽度或构造物的宽度,处治深度为底板风化岩位置。

(2)采空区的厚度较大时,处理长度 L 应增加覆岩移动角的影响宽度,沿公路轴向采空区处理长度可按式(11-19)计算确定:

$$L = L_0 + 2h\cot\alpha + H_{上}\cot\beta + H_{下}\cot\gamma \tag{11-19}$$

处理宽度 B 由路基底面宽度、围护带宽度、采空区覆岩影响宽度三部分组成,水平岩层可按式(11-20)计算;倾斜岩层且路线与岩层走向垂直,路线上每点的宽度可按水平岩层计算;倾斜岩层且路线与岩层走向平行时,可按式(11-21)计算;倾斜岩层且路线与岩层走向斜交时,可按式(11-22)计算:

$$B = D + 2d + 2(h\cot\alpha + H\cot\delta) \tag{11-20}$$

$$B = D + 2d + 2h\cot\alpha + H_{上}\cot\beta + H_{下}\cot\gamma \tag{11-21}$$

$$B = D + 2d + 2h\cot\alpha + H_{上}\cot\beta' + H_{下}\cot\gamma' \tag{11-22}$$

$$\cot\beta' = \sqrt{\cot^2\beta\cos^2\theta + \cot^2\delta\sin^2\theta} \tag{11-23}$$

$$\cot\gamma' = \sqrt{\cot^2\gamma\cos^2\theta + \cot^2\delta\sin^2\theta} \tag{11-24}$$

式中:L——沿公路轴向的采空区处理长度(m);

L_0——沿公路中线方向采空区长度(m);

$H_{上}$——上山方向采空区上覆岩层厚度(m);

$H_{下}$——下山方向采空区上覆岩层厚度(m);

B——垂直于公路轴线的水平方向宽度(m);

D——公路路基底面宽度(m);

d——路基围护带一侧的宽度(m),(一般取 10m);

H——采空区上覆岩层厚度(m);

h——松散层厚度(m);

α——松散层移动角(°);

δ——走向方向采空区上覆岩层移动角(°);

β——上山方向采空区上覆岩层移动角(°);

γ——下山方向采空区上覆岩层移动角(°);

β'——上山方向采空区上覆岩层斜交移动角(°);

γ'——下山方向采空区上覆岩层斜交移动角(°);

θ——围护带边界与矿层倾向线之间所夹的锐角(°)。

处治范围位于采空区边界以外时,其处治深度应为地面至采空区(或煤层)底板以下不应小于3m;处治范围位于采空区边界外侧至岩层移动影响范围以内时,其处治深度应按式(11-25)计算。

$$h_t = H - l\tan\delta_{外} + h' \tag{11-25}$$

式中:h_t——采空区边界外侧至岩层移动影响范围的处治深度(m);

H——采空区埋深,即上覆岩层厚度(m);

l——注浆孔距采空区边界的距离(m);

h'——影响裂隙带以下的处治深度,宜取20m;

$\delta_{外}$——采空区边界外侧上覆岩层移动影响角(°)。

2. 采空区处治措施

危及公路路基稳定的采空区,应根据采空区的分布位置、形成时间、埋深、采空厚度、开采方法、顶板岩性及其力学性质、水文地质、工程地质条件等选择治理方案。治理方案主要有开挖回填、充填、桥跨和注浆等四种。在实际工程中,应针对采空区的具体情况,可将这几种方案联合使用。

(1)开挖回填处理:对于埋藏较浅的采空区和路基挖方边坡上的采空区,宜采用开挖回填处理方案。

(2)充填处理:对于矿层开采后顶板尚未垮落的采空区,可采用非注浆充填方案,包括干砌片石、浆砌片石、井下回填、钻孔干湿料回填等方案。干砌(浆砌)片石适用于采空区未完全塌落、空间较大、埋深小、通风良好,并具备人工作业和材料运输条件的采空区治理。一般路段的路基用干砌片石回填,抗压强度不应低于10MPa,对有构造物的路段,应用浆砌片石,抗压强度不应低于15MPa。

(3)注浆:埋藏较深、巷道通畅的采空区,可采用片石回填、支顶、注浆等处理方案。其中,对于矿层开采规模较大、开采深度(埋深)小于250m的采空区,宜采用全充填注浆方法。对于埋深大于250m采空区,宜根据其开采特征、水文地质、工程地质条件及其对公路工程的危害程度等,经论证后确定处理方案。

(4)强夯处理:采空区埋深小于10m,上覆岩体完整性差、强度低的地段,可采用强夯法处理。

(5)桥跨:对于矿层开采规模及范围较小、不宜处理的采空区,可采用桥跨方案。

高速公路、一级公路采空区处理应进行施工监测。监测设计应根据采空区特征及其上覆岩体移动特点,结合公路工程的类型,进行采空区变形监测系统及监测点布置设计。监测内容包括水平位移监测、垂直位移监测、构造物倾斜监测和裂缝监测等。监测周期应从勘察阶段开始,至公路投入运营后不少于1年。

(五)滨海路基

滨海路基设计应根据路基所处的地理环境及特点,考虑地形、地貌、地质、水文、气象等因素,结合施工条件及材料供应情况,合理地确定路基设计高程,选择适宜的路基断面及防护形式,保证路基的整体稳定性、耐久性、耐腐蚀性。

路堤两侧有较大的水头差时,宜设置过水构造物。当堤身或地基可能发生管涌潜蚀时,应在低水位一侧边坡下部设置排水设施、放缓边坡或设护坡道以及在路堤中心设置防渗墙等防渗加固措施。路堤填料应选择渗水性好的材料,有困难时,可采用细粒土,并应采取适当的防护和加固措施。

滨海路基的设计高程应不低于高潮水位频率的设计潮水位加波浪侵袭高,以及0.5m的安全高度。各级公路路基设计高潮水位频率应符合表11-43规定。不能满足要求时,应设置防浪墙等。

路基设计高潮水位频率

表 11-43

公路等级	高速公路	一级公路	二级公路	三级公路	四级公路
路基设计高潮水位频率	1/100	1/100	1/50	1/25	按具体情况确定

设计波浪重现期标准,高速公路、一级公路、二级公路采用 50 年一遇,三级、四级公路采用 25 年一遇。计算滨海路基支挡和坡面防护工程的强度和稳定性时,设计波高的波列累积频率宜按表 11-44 确定。

波列累积频率标准

表 11-44

滨海路堤形式	部　　位	计 算 内 容	波列累积频率 $F(\%)$
斜坡式	胸墙、堤顶方块	强度和稳定性	1
	护坡块石、护坡块体	稳定性	13
	护底块石	稳定性	13
直墙式	上部结构、墙身、桩基	强度和稳定性	1
	基床、护底块石	稳定性	5

注:计算护坡块石(块体)的斜坡式路堤稳定性,平均波高与水深的比值小于 0.3 时,波列累积频率宜采用 5%。

滨海路基宜采用斜坡式,特殊情况下也可采用直墙式。滨海路堤边坡坡率应根据填料性质、路堤高度、浸水深度、防护形式及海洋水文条件等确定,边坡坡率不宜陡于 1∶1.75。

滨海路堤边坡坡面防护应根据水深、波浪特点、施工条件及材料情况等采用条石、块石、混凝土异型块体、土工合成材料等护坡;为减弱波浪对路堤的破坏作用,提高路堤边坡的稳定性,可在堤前采取防浪凌台、顺坝及潜坝等措施。各种防护工程应能抗海水及生物侵蚀,在寒冷地区还应具有耐冻和承受冰凌撞击的能力。

外海侧护坡底部应设抛石棱体,其顶面高程应高于施工水位,顶宽不应小于 1.0m。外海侧坡脚应根据最大冲刷深度、地形、基础形式等采取妥善的护底措施,护底石厚度不应小于 1.0m,宽度不应小于 5.0m。

(六)水库地区路基

应调查收集水库的水位设计资料、库区的气象资料,查明库岸的地形、地貌特点,组成库岸的地层岩性、产状、地质构造、地下水位变化情况;查明峡谷斜坡的稳定情况,有无滑坡、崩塌等不良地质现象,分析评价水库对斜坡稳定的影响;查明填料的来源及其物理力学性质。设计时应根据水库的特点和要求及水库对路基的影响,考虑库水浸泡、渗透、水位升降、波浪侵袭、水流冲刷、坍岸、淤积和地下水壅升而引起土的重度和强度的变化以及大孔隙性土的湿陷等因素,并采取相应的防护加固措施。

1. 路基断面形式及填料要求

路堤应按浸水路基的要求设计,当边坡高度较大时,宜采用台阶形断面,边坡坡度在设计水位以下不宜陡于 1∶1.75;当路堤边坡较高时,边坡坡度应经稳定性检算确定。路基应采用压缩变形小、水稳性好的渗水性材料作填料。当渗水性材料较为缺乏时,路堤受库水位浸泡的部位宜用渗水性材料填筑,库水位以上的部位可用细粒土填筑。

对于用细粒土填筑的路堤,当渗透速度和渗透压力较大而可能发生冲蚀时,除放缓边坡外,宜在低水位一侧设置排水设施。

2.路堤和库岸稳定性分析

路堤稳定性分析应考虑上下游水头差在堤内产生的稳定渗流及水位骤然下降在堤内产生的不稳定渗流对路堤边坡产生的渗透压力和冲蚀作用,土质路堤应按路堤内渗流的最不利情况进行检算,必要时应进行流网计算。

土的强度参数按地下水位高度(浸润曲线以上加地下水雍升高度)以上和以下分别采用夯后快剪和夯后饱和快剪试验值,物理参数也应按地下水位以上和以下分别取值。稳定安全系数不应小于1.25。当考虑水位升降变化并同时考虑地震的作用影响时,稳定安全系数不应小于1.05~1.15。

在封冰和流冰地区,应考虑冰荷载作用。在水库的上游地段,若流速较大,还需考虑水流的冲刷作用。

路基边坡防护类型应根据水库类型、波浪力大小、路基所处位置等因素,按照沿河路基防护的有关规定予以确定,并应做好防渗反滤层。由于浸水等原因而影响路基稳定时,可采用挡土墙、副堤等形式进行加固。各种防护工程应与周围环境景观相协调。

水库坍岸危及路基稳定时,应根据线路的位置、库岸土质、库岸高度和坡度、浸水深度、水库淤积等情况,对库岸采取适当的防护措施。水库坍岸的防护类型可根据波浪的破坏作用和地形地质等情况,合理选用。水库坍岸的防护长度范围应根据公路路基所在库岸边坡受波浪作用影响的地段而定,防护工程两端应有适当的安全距离,并应嵌入库岸或路基边坡内。

本章小结

路基施工包括施工前准备、施工过程和交工检查验收。路基施工时,必须充分准备,精心施工,加强检验,确保工程质量,加快施工速度,降低工程造价。路基施工的基本工作的是土石方填挖作业。路基土方作业要点是合理调配土方,按路基断面类型、填挖情况和运距等条件,选择合适的填筑方案以及填料的充分压实。影响路基施工压实的因素很多,包括压实机械、压实层厚与压实遍数、土质与土的含水率等,应结合填料的土质情况和要求通过试验选定适用的填筑及碾压方案。在路基压实过程中应严格控制含水率并逐层控制和检验施工质量。石方路基施工的关键是选择合适的爆破方法,合理布置药包和确定用药量。各种爆破方法在爆破效果、材料用量和对岩体的不利影响等方面有较大差异,应根据地形条件、岩体性质和体积、路基断面形状、爆破施工要求和施工机具等因素选用。特殊路基包括特殊岩土路基、不良地质地段路基,以及受水、气候等自然因素影响严重、需要做特殊设计及施工的路基。

复习思考题

1.路基施工前,应做哪些准备工作?

2.简述路基施工过程,并说明路基施工的重要性。

3. 简述路基压实时最佳含水率与施工要求干密度的关系。

4. 影响路基压实效果的因素有哪些？

5. 简述路基施工质量检查与评定要点。

6. 试分析影响爆破效果的因素。

7. 简述特殊路基可能产生的病害类型和影响路基性能的主要因素。

第十二章 路面基层施工

第一节 概 述

一、路面对基层的要求

基层是直接位于沥青路面面层下的承重层,它承受由沥青面层传来的车辆荷载的垂直力,并扩散到下面的底基层和路基中。因此,沥青路面的基层应具有足够的强度与刚度,并具有良好的扩散应力的能力。

水泥混凝土路面的基层是指直接位于路面板下的结构层,并能保证路面板具有均匀而稳定的支承,防止唧泥和错台,延长路面的使用寿命,同时也为面层水泥混凝土板施工提供方便。

基层受自然因素的影响虽然比面层小,但是仍然有可能受到地下水和通过面层渗入雨水的浸湿,同时也会产生一定幅度的温差变化和低温的作用。因此,路面的基层应具有足够的水稳性和良好的抗冻性以及良好的抗冲刷和抗裂性能。基层表面虽不直接供车辆行驶,但仍然要求有较好的平整度,这是保证沥青面层平整度及水泥混凝土路面板厚度的基本条件。

底基层是指在沥青路面基层下铺筑的次要承重层或在水泥混凝土路面基层下铺筑的辅助层。当采用不同材料修筑时,对底基层材料的要求可降低一些。

路面对基层的要求一般有以下几个方面。

1. 具有足够的强度和刚度

基层要能承受行车及路面结构层荷载的反复作用,在预定设计轴次的反复作用下,基层不应产生过大的残余变形,更不应产生剪切破坏(粒料基层)或疲劳弯拉破坏(半刚性基层)。因此,除要求基层具有必需的厚度外,还要求基层材料具有足够的强度。

沥青路面基层的刚度(回弹模量)必须与沥青面层的刚度相匹配。若面层和基层的刚度差别过大,则沥青面层底面将会产生过大的拉应力或拉应变。在重交通道路上,基层材料还应该具有较高的抗疲劳破坏能力。

水泥混凝土路面基层具有足够的刚度（当量回弹模量），可以避免产生塑性变形（板底脱空现象），又能提高接缝处相邻板的荷载传递能力及其耐久性，从而减少或消除错台和唧泥现象的出现。

2. 具有足够的水稳性和冰冻稳定性

路面面层往往是透水的，尤其在使用初期及路面的裂（接）缝处，其透水性较大。因此，在雨季表面水有可能透过面层进入基层和底基层中，表面水也可能从两侧路肩或路面与路肩的结合处以及中央分隔带缘石与路面结合处渗入路面结构层内部。在地下水位较高，而路基填土又不高时，地下水可通过毛细作用上升到路面结构层。在冰冻地区，由于冬季水分重分布的结果，路面结构层中也会聚集水分。路面面层虽不是完全不透水的，但却能阻碍水分蒸发。进入结构层的水能使基层和底基层材料的含水率增大、强度降低。在冰冻地区由于冻融的交替作用，水造成的这种危害更大。

3. 具有足够的抗冲刷能力

当面层渗下的水不能及时排除，而是停留在面层与基层的交界面上时，就会造成基层局部潮湿甚至接近饱和；特别是当路面面层和下面基层都存在裂（接）缝的情况下，基层裂缝中往往会充满自由水。在行车荷载作用下，路面结构层内或基层中的自由水会产生相当大的水压力，这种有压力的水会冲刷基层中的细料，在裂缝中形成细料浆。在行车荷载的反复作用下，细料浆被逐渐压挤出裂（接）缝，形成唧泥现象。

4. 具有较小的收缩性

无机结合料稳定类基层材料的收缩性包括两个方面：一是由于水分减少而收缩（干缩）；二是由于温度降低而收缩（温缩）。干缩性大的无机结合料稳定材料铺筑后，在铺筑面层之前就可能产生干缩裂缝。含细粒土较多的基层材料，如果不及时养护或养护结束后未及时铺筑面层或沥青封层，经暴晒后就可能出现干缩裂缝。随暴晒时间增长，裂缝越加严重，乃至形成网裂。铺筑沥青面层以后，在使用过程中，有时裂缝会逐渐向上扩展直至沥青面层表面；也有时基层的裂缝会促使沥青面层表面先开裂，并逐渐向下扩展与基层裂缝相连。由这两种方式形成的沥青面层的裂缝均称"反射裂缝"。在采用干缩性较大的无机结合料稳定类材料做沥青路面的基层时，如果沥青面层较薄而又处于较干旱地区，即使在铺筑面层时基层并未开裂，在使用过程中基层材料的含水率仍有可能明显减少并先于沥青面层产生干缩裂缝，继而导致面层的反射裂缝。在采用干缩性较小的无机结合料稳定类材料做沥青路面的基层时，如果碾压时的含水率适当，且能保护基层在铺筑面层前不开裂，则在铺筑较厚沥青面层后，一般情况下基层不会由于干缩而先于面层开裂。

无机结合料稳定类基层内部的温度变化和温度坡差会引起温度应力。在降温季节，无机结合料稳定类基层表面的温度低于底部，因而会在基层顶面产生拉应力；在升温季节，无机结合料稳定类基层表面的温度高于底部，因而会在基层底面产生拉应力。这两种拉应力与行车荷载引起的拉应力相结合，会促使基层开裂。

在冰冻地区，特别是在重冰冻地区，温缩性大的无机结合料稳定类基层材料上为较薄沥青面层时，由于这种基层材料的温缩系数明显大于沥青混合料的温缩系数，在冬季气温急骤降低时,无机结合料稳定类基层会先于沥青面层产生温缩裂缝。无机结合料稳定类基层一旦开裂,在持续低温或骤然降温的过程中,无机结合料稳定类基层裂缝的张开极易将沥青面层拉裂而形成反射裂缝。

5. 具有足够的平整度

基层的平整度对沥青面层的平整度有着重要影响。同时,较差的基层平整度会引起沥青及水泥混凝土面层的厚度不匀,从而导致沥青面层在使用过程中平整度很快降低及路面有效承载厚度的不足。

6. 与面层具有良好的结合性

面层与基层间的良好结合,对于沥青面层的使用质量极为重要。它可以减小面层底面由行车荷载引起的拉应力和拉应变,还可以明显减小由温度变化引起的沥青面层内的拉应力和拉应变。面层与基层的良好结合可以使薄沥青面层不产生滑移、推移等破坏。为此,基层表面应该稳定并且具有一定的粗糙度,表面应该结构均匀,无松散颗粒。

二、基层的基本类型及其适用范围

路面基层按路面结构组合设计可分为四种类型:第一类是柔性材料基层,它包括级配型集料、嵌锁型碎石以及沥青稳定碎石混合料基层等;第二类是无机结合料稳定类材料基层,它包括水泥稳定类、石灰稳定类、工业废渣稳定类和综合稳定类基层等;第三类是刚性材料基层,包括水泥混凝土、贫混凝土和碾压混凝土基层等;第四类是复(混)合式基层,即上部是柔性基层,下部是半刚性基层。

1. 柔性基层

用热拌或冷拌沥青混合料、沥青稳定碎石以及不加任何结合料的粒料类等材料铺筑的基层称为柔性基层。粒料类包括级配碎石、级配砾石、符合级配的天然砂砾、部分砾石经轧制掺配而成的级配碎、砾石,以及未筛分碎石、填隙碎石等。

沥青混合料或沥青稳定碎石可用于重交通及以上荷载等级道路的基层;也可以用于路面加铺或改建工程的调平层。

级配碎石可用于各级公路的基层和底基层以及沥青面层与半刚性基层之间的过渡层。级配砾(碎)石以及符合级配、塑性指数等技术要求的天然砂砾,可用作交通量较小的二级和二级以下公路的基层和各级公路的底基层。未筛分碎石、填隙碎石适用于三级、四级公路的基层和各级公路的底基层。

2. 无机结合料稳定类材料基层

用无机结合料稳定类材料铺筑一定厚度的基层、底基层,按其组成结构状态分为均匀密实结构、悬浮密实结构、骨架密实结构和骨架空隙结构四种类型。

均匀密实结构是指无机结合料稳定细粒材料(土),如石灰土、水泥土、二灰土等。

悬浮密实、骨架密实和骨架空隙结构均是指无机结合料稳定中、粗粒材料(碎石、砂砾等)。三种结构类型的区分主要是根据混合料压实后,集料中粗颗粒间空隙体积与压实后起填充作用的细料体积之间的关系来确定。其中,悬浮密实型混合料中细料的压实体积应大于粗集料形成的空隙体积,即粗集料在压实混合料中处于"悬浮状态";骨架密实型混合料中细料的压实体积应"临界"于粗集料形成的空隙体积,粗集料在压实混合料中起"骨架作用",恰当的细料含量填充骨架之间的空隙;骨架空隙型混合料中细料的压实体积则小于粗集料形成的空隙体积,压实后混合料中形成"骨架"的粗集料之间仍存有一定的空隙。无机结合料稳定类材料适用于以下范围:

(1)水泥稳定类适用于各级公路的基层、底基层。石灰粉煤灰稳定类,对季节冻土地区、多雨潮湿地区宜用于下基层或底基层。石灰稳定类适用于各级公路的底基层以及三级、四级公路的基层。

(2)高速公路、一级公路的基层和上基层骨架密实型的稳定集料。

(3)二级及二级以下公路的基层和各级公路的底基层均可采用悬浮密实型混合料。

(4)骨架空隙型混合料具有较高的空隙率,适用于考虑路面内部排水要求的基层。

3. 刚性基层

刚性基层是指用普通混凝土、低强度等级混凝土、贫混凝土、钢筋混凝土、连续配筋混凝土等材料做的基层。贫混凝土基层与其他基层相比具有较高的强度、刚度,较好的整体性和稳定性,良好的抗冲刷性和抗裂性,多孔透水贫混凝土还兼有内部排水功能。刚性基层适用于极重、特重交通荷载等级,运煤、矿石、建筑材料等公路以及改建、扩建工程。

三、无机结合料稳定类基层的基本特性

在粉碎的或天然松散的颗粒类材料(包括各种粗、中、细粒材料)中掺入适量的无机结合料(包括水泥、石灰或工业废渣等)和水,按照一定的技术要求,在最佳含水率下经拌和、摊铺、压实和养护后,可使其成为具有较高后期强度,整体性和稳定性均较好的路面结构层。这类用无机结合料稳定类修筑的路面基层也称为半刚性基层。

无机结合料稳定类基层具有强度高、刚度大、稳定性好、耐冻性能强、结构层成板体性的结构特点,但其耐磨性差、收缩性大,被广泛用于修筑路面基层和底基层。

(一)强度和刚度

无机结合料稳定类基层材料的重要特性是其强度和模量(刚度)随龄期的增长而不断增长,并逐渐具有一定的刚性性质。一般规定,水泥稳定类材料的路面结构设计强度龄期为90d,石灰或石灰粉煤灰稳定类材料的路面结构设计强度龄期为180d,水泥粉煤灰稳定类材料的路面结构设计强度龄期为120d。

无机结合料稳定类材料的7d无侧限抗压强度是施工过程中材料组成设计的主要依据,但由于这类材料的抗拉强度远小于其抗压强度,因此,路面结构设计是以抗弯拉(或劈裂)强度作为设计控制指标的。表12-1中列出了水泥稳定碎石的抗压强度、抗压回弹模量、劈裂强度和劈裂模量等力学特性指标与龄期的关系试验结果。

表12-2所示为石灰粉煤灰稳定碎石力学特性指标与龄期的关系试验结果。

无机结合料稳定类基层材料的力学特性与原材料的性质、结合料的性质和剂量、混合料的含水率和密实度、养护龄期和温度等有关。

水泥稳定碎石力学特性指标与龄期的关系试验结果 表 12-1

龄期(d) 力学指标	28	90	180	28/90	90/180
抗压强度(MPa)	4.49	5.57	6.33	0.71	0.88
抗压回弹模量(MPa)	2039	3097	3872	0.54	0.80
劈裂强度(MPa)	0.413	0.634	0.813	0.51	0.78
劈裂模量(MPa)	533	926	1287	0.41	0.72

石灰粉煤灰稳定碎石力学特性指标与龄期的关系试验结果 表 12-2

龄期(d) 力学指标	28	90	180	28/90	90/180
抗压强度(MPa)	3.10	5.75	8.36	0.37	0.69
抗压回弹模量(MPa)	1086	1993	2859	0.38	0.70
劈裂强度(MPa)	0.219	0.536	0.913	0.41	0.29
劈裂模量(MPa)	359	960	1720	0.37	0.56

(二)干缩和温缩

无机结合料稳定类基层材料经拌和、运输、摊铺和压实后,由于水分挥发和混合料内部的水化作用,混合料中的水分会不断减少。由此发生的毛细管作用,吸附作用,分子间引力作用,矿物成分的结晶、碳化和火山灰作用等会引起结构层材料的收缩变形。无机结合料稳定类材料的收缩变形包括干缩和温缩两方面。

无机结合料稳定类基层材料的干缩变形大小与结合料的类型和剂量、被稳定材料的类型、粒料及细颗粒的含量、混合料的含水率、养护龄期与养护条件等有关。

对稳定中、粗粒材料,以下三种无机结合料稳定类材料的干缩变形大小顺序为:石灰稳定类 > 水泥稳定类 > 石灰粉煤灰稳定类。

对稳定细粒土,以下三种半刚性材料的干缩变形大小顺序为:石灰土 > 水泥土和水泥石灰土 > 石灰粉煤灰土。

无机结合料稳定类基层材料是由构成空间骨架结构的粗颗粒和填充骨架空隙的细颗粒与胶结料、存在于颗粒表面和空隙中的水或水溶液,以及空隙中的气体所组成的。结构层材料的胀缩性是由固体、液体和气体三相随温度变化而产生胀缩变形的综合反映。一般来说,混合料中粒径较大的粗、中颗粒的温度收缩性较小,细、粉颗粒的温度收缩性较大。

无机结合料稳定类基层材料的温缩变形大小与结合料的类型和剂量、被稳定材料的类型和颗粒料含量、养护龄期与养护条件等有关。

以下三种材料的温缩变形大小顺序为:石灰土砂砾 > 悬浮密实型石灰粉煤灰粒料 > 骨架密实型石灰粉煤灰稳定粒料和水泥稳定粒料。

无机结合料稳定类基层一般要在温度较高的季节施工,由于压实成型初期的内部含水率较大,且尚未铺设沥青面层,所以基层内部的水分必然会蒸发,并产生由表及里的干燥收缩。同时,环境温度也存在周期性的温差变化。因此,施工过程中的半刚性基层要同时经受干缩与温缩的综合作用和影响,所以采取有效的保湿和保温养护非常重要。

经过一定龄期的养护,当无机结合料稳定类基层上铺筑沥青面层后,基层内部的湿度会有所增大,并使材料内部的含水率趋于稳定,此后基层的收缩变形以温缩为主。

第二节　基层材料与混合料组成设计

一、基层材料及要求

(一)集料

1. 粗集料

路面基层、底基层用作被稳定材料的粗集料,宜采用各种硬质岩石或砾石加工成的碎石,也可直接采用天然砾石。粗集料应符合表 12-3 中Ⅰ类规定,用作级配碎石的粗集料应符合表 12-3中Ⅱ类的规定。

粗集料技术要求

表 12-3

指　　标	层位	高速公路和一级公路				二级及二级以下公路		试验方法
		极重、特重交通		重、中、轻交通				
		Ⅰ类	Ⅱ类	Ⅰ类	Ⅱ类	Ⅰ类	Ⅱ类	
压碎值(%)	基层	≤22*	≤22	≤26	≤26	≤35	≤30	T 0316
	底基层	≤30	≤26	≤30	≤26	≤40	≤35	
针片状颗粒含量(%)	基层	≤18	≤18	≤22	≤18	—	≤20	T 0312
	底基层	—	≤20	—	≤18	—	≤20	
0.075mm 以下粉尘含量(%)	基层	≤1.2	≤1.2	≤2	≤2	—	—	T 0310
	底基层	—	—	—	—	—	—	
软石含量(%)	基层	≤3	≤3	≤5	≤5	—	—	T 0320
	底基层	—	—	—	—	—	—	

注:* 对花岗岩石料,压碎值可放宽至 25%。

高速公路和一级公路极重、特重交通荷载等级基层的 4.75mm 以上粗集料应采用单一粒径的规格料。作为高速公路、一级公路底基层和二级及二级以下公路基层、底基层被稳定材料的天然砾石材料宜满足表 12-3 的要求,并应级配稳定,塑性指数不大于 9。应选择适当的碎石加工工艺,用于破碎的原石粒径应为破碎后碎石公称最大粒径的 3 倍以上。高速公路基层用碎石,应采用反击破碎的加工工艺。碎石加工中,根据筛网放置的倾斜角度和工程经验,应选择合理的筛孔尺寸。粒径尺寸与筛孔尺寸对应关系宜符合表 12-4 的规定。根据破碎方式和石质 的不同,适当调整筛孔尺寸,整范围宜为 1~2mm。

粒径尺寸与筛孔尺寸对应表

表 12-4

粒径尺寸(mm)	4.75	9.5	13.2	16	19	26.5	31.5	37.5
筛孔尺寸(mm)	5.5	11	15	18	22	31	36	43

用作级配碎石或砾石的粗集料应采用具有一定级配的硬质石料,且不应含有黏土块和有机物等。级配碎石或砾石用作基层时,高速公路和一级公路公称最大粒径应不大于 26.5mm,

二级及二级以下公路公称最大粒径应不大于31.5mm;用作底基层时,公称最大粒径应不大于37.5mm。基层、底基层的粗集料规格要求宜符合表12-5的规定。

粗集料规格要求　　　　　　　　　　　　表12-5

规格名称	工程粒径（mm）	通过下列筛孔(mm)的质量百分率(%)									公称粒径（mm）
		53	37.5	31.5	26.5	19	13.2	9.5	4.75	2.36	
G1	20~40	100	90~100	—	—	0~10	0~5	—	—	—	19~37.5
G2	20~30	—	100	90~100	—	0~10	0~5	—	—	—	19~31.5
G3	20~25	—	—	100	90~100	0~10	0~5	—	—	—	19~26.5
G4	15~25	—	—	100	90~100		0~10	0~5	—	—	13.2~26.5
G5	15~20	—	—	—	100	90~100	0~10	0~5	—	—	13.2~19
G6	10~30	—	100	90~100	—			0~10	0~5	—	9.5~26.5
G7	10~25	—	—	100	90~100			0~10	0~5	—	9.5~13.2
G8	10~20	—	—	—	100	90~100		0~10	0~5	—	9.5~19
G9	10~15	—	—	—	—	100	90~100	0~10	0~5	—	9.5~13.2
G10	5~15	—	—	—	—	100	90~100	40~70	0~10	0~5	4.75~13.2
G11	5~10	—	—	—	—	—	100	90~100	0~10	0~5	4.75~9.5

2. 细集料

细集料应洁净、干燥、无风化、无杂质,并有适当的颗粒级配。高速公路和一级公路用细集料技术要求应符合表12-6的规定。

细集料技术要求　　　　　　　　　　　　表12-6

项　　目	水泥稳定[①]	石灰稳定	石灰粉煤灰综合稳定	水泥粉煤灰综合稳定	试验方法
颗粒分析	满足级配要求				T 0302/0303/0327
塑性指数[②]	≤17	适宜范围15~20	适宜范围10~20	—	T 0118
有机物含量(%)	<2	≤10	≤10	<2	T 0313/0336
硫酸盐含量(%)	≤0.25	≤0.8	—	≤0.25	T 0341

注:①水泥稳定包含水泥石灰综合稳定。
　　②应测定0.075mm以下材料的塑性指数。

细集料规格要求应符合表12-7的规定。

细集料规格要求　　　　　　　　　　　　表12-7

规格名称	工程粒径（mm）	通过下列筛孔(mm)的质量百分率(%)								公称粒径（mm）
		9.5	4.75	2.36	1.18	0.6	0.3	0.15	0.075	
XG1	3~5	100	90~100	0~15	0~5	—	—	—	—	2.36~4.75
XG2	0~3	—	100	90~100					0~15	0~2.36
XG3	0~5	100	90~100						0~20	0~4.75

其中,对于0~3mm和0~5mm的细集料应分别严格控制大于2.36mm和4.75mm的颗粒含量。对3~5mm的细集料应严格控制小于2.36mm的颗粒含量。高速公路和一级公路,细集料中小于0.075mm的颗粒含量应不大于15%;二级及二级以下公路,细集料中小于

0.075mm的颗粒含量应不大于 20%。控制细集料 0.075mm 的通过率主要是为了控制生产混合料中 0.075mm 以下的颗粒含量。

级配碎石或砾石中的细集料可使用细筛余料,或专门轧制的细碎石集料。天然砾石或粗砂作为细集料时,其颗粒尺寸应满足工程需要,且级配稳定,超尺寸颗粒含量超过实际工程的规定时应筛除。

3. 材料分档与掺配要求

路面基层材料分档是指在选择原材料时,应采用的不同粒径混合料的备料规格。材料分档应符合表 12-8 的规定。

材料分档要求　　　　表 12-8

层　位	高速公路和一级公路		二级及二级以下公路
	极重、特重交通	重、中、轻交通	
基层	≥5	≥4*	≥3 或 4*
底基层	≥4	≥3 或 4*	≥3

注:* 对一般工程可选择不少于 3 档备料,对极重、特重交通荷载等级且强度要求较高时,为了保证级配的稳定,宜选择不少于 4 档备料。

公称最大粒径为 19mm、26.5mm 和 31.5mm 的无机结合料稳定碎石或砾石的备料规格宜符合表 12-9 的规定。

不同粒径混合料的备料规格　　　　表 12-9

公称最大粒径(mm)	类　型	1 档	2 档	3 档	4 档	5 档	6 档
19	3 档备料	XG3	G11	G8	—	—	—
	4 档备料 I	XG2	XG1	G11	G8	—	—
	4 档备料 II	XG3	G11	G9	G5	—	—
	4 档备料 III*	XG3(1)	XG3(2)	G11	G8	—	—
	5 档备料 I	XG2	XG1	G11	G9	G5	—
	5 档备料 II*	XG3(1)	XG3(2)	G11	G9	G5	—
26.5	4 档备料	XG3	G11	G8	G3	—	—
	5 档备料 I	XG3	G11	G9	G5	G3	—
	5 档备料 II	XG2	XG1	G11	G8	G3	—
	5 档备料 III*	XG3(1)	XG3(2)	G11	G8	G3	—
	6 档备料 I	XG2	XG1	G11	G9	G5	G3
	6 档备料 II*	XG3(1)	XG3(2)	G11	G9	G5	—
31.5	4 档备料	XG3	G11	G8	G2	—	G3
	5 档备料 I	XG3	G11	G9	G5	G2	—
	5 档备料 II	XG3	G11	G9	G4	G2	—
	5 档备料 III*	XG3(1)	XG3(2)	G11	G8	G2	—
	6 档备料 I	XG2	XG1	G11	G9	G5	—
	6 档备料 II*	XG3(1)	XG3(2)	G11	G9	G5	G2

注:* 表中 XG3(1) 和 XG3(2) 为两种不同级配规律的 0～5mm 的细集料。

用于二级及二级以上公路基层和底基层的级配碎石或砾石,应由不少于 4 种规格的材料掺配而成。天然材料用于高速公路和一级公路的基层时,应筛分成表 12-5 中规定的粗集料规格,并按表 12-9 中的备料规格进行掺配。天然材料的规格不满足设计级配的要求时,可掺配一定比例的碎石或轧碎砾石。

级配碎石或砾石类材料中宜掺加石屑、粗砂等材料。级配碎石或砾石细集料的塑性指数应不大于 12。不满足要求时,可加石灰、无塑性的砂或石屑掺配处理。

(二)结合料

1. 水泥及添加剂

强度等级为 32.5 或 42.5,且满足相关技术要求的普通硅酸盐水泥、矿渣硅酸盐水泥、火山灰质硅酸盐水泥等均可使用。所用水泥初凝时间应大于 3h,终凝时间应大于 6h 且小于 10h。快硬水泥、早强水泥以及已受潮变质的水泥不得使用。在水泥稳定材料中掺加缓凝剂或早强剂时,应对混合料进行试验验证。缓凝剂和早强剂的技术要求应符合现行《公路水泥混凝土路面施工技术细则》(JTG/T F30)的规定。

2. 石灰

石灰技术要求应符合表 12-10 和表 12-11 的规定。

生石灰的技术要求 　　表 12-10

指　　标	钙质生石灰			镁质生石灰			试 验 方 法
	Ⅰ	Ⅱ	Ⅲ	Ⅰ	Ⅱ	Ⅲ	
有效钙加氧化镁含量(%)	≥85	≥80	≥70	≥80	≥75	≥65	T 0813
未消化残渣含量(%)	≤7	≤11	≤17	≤10	≤14	≤20	T 0815
钙镁石灰的分类界限,氧化镁含量(%)	≤5			>5			T 0812

消石灰的技术要求 　　表 12-11

指　　标		钙质消石灰			镁质消石灰			试 验 方 法
		Ⅰ	Ⅱ	Ⅲ	Ⅰ	Ⅱ	Ⅲ	
有效钙加氧化镁含量(%)		≥65	≥60	≥55	≥60	≥55	≥50	T 0813
含水率(%)		≤4	≤4	≤4	≤4	≤4	≤4	T 0801
细度	0.60mm 方孔筛的筛余(%)	0	≤1	≤1	0	≤1	≤1	T 0814
	0.15mm 方孔筛的筛余(%)	≤13	≤20	—	≤13	≤20	—	T 0814
钙镁石灰的分类界限,氧化镁含量(%)		≤5			>5			T 0812

高速公路和一级公路用石灰应不低于Ⅱ级技术要求,二级公路用石灰应不低于Ⅲ级技术要求,二级以下公路用石灰宜不低于Ⅲ级技术要求。高速公路和一级公路的基层,宜用磨细消石灰。二级以下公路使用等外石灰时,有效氧化钙含量应在 20% 以上,且混合料的强度应满

足要求。要尽量缩短石灰的存放时间,石灰在野外堆放时间较长时,应妥善覆盖保管,不应遭日晒雨淋。

3. 粉煤灰等工业废渣

粉煤灰是火力发电厂燃烧煤粉产生的粉状灰渣。干排或湿排硅铝粉煤灰和高钙粉煤灰等均可用于路面基层或底基层的结合料。粉煤灰技术要求应符合表 12-12 的规定。

粉煤灰技术要求 表 12-12

检 测 项 目	技 术 要 求	试 验 方 法
SiO_2、Al_2O_3 和 Fe_2O_3 总含量(%)	>70	T 0816
烧失量(%)	≤20	T 0817
比表面积(cm^2/g)	>2500	T 0820
0.3mm 筛孔通过率(%)	≥90	T 0818
0.075mm 筛孔通过率(%)	≥70	T 0818
湿粉煤灰含水率(%)	≤35	T 0801

绝大多数粉煤灰的主要成分是二氧化硅(SiO_2)和三氧化二铝(Al_2O_3),其含量常超过70%,氧化钙(CaO)含量一般在 2%~6%,这种粉煤灰可称作硅粉煤灰。个别地方的粉煤灰含有 10%~40% 的氧化钙,这种粉煤灰可称作高钙粉煤灰。

各等级公路的底基层、二级及二级以下公路的基层使用的粉煤灰,通过率指标不满足表12-12 要求时,应进行混合料强度试验,达到设计要求的强度指标时,方可使用。

煤矸石、煤渣、高炉矿渣、钢渣及其他冶金矿渣等工业废渣可用于修筑基层或底基层,使用前应崩解稳定,且宜通过不同龄期条件下的强度和模量试验以及温度收缩和干湿收缩试验等评价混合料性能。水泥稳定煤矸石不宜用于高速公路和一级公路。工业废渣类作为集料使用时,公称最大粒径应不大于 31.5mm,颗粒组成宜有一定级配,且不宜含杂质。

(三)水

符合现行《生活饮用水卫生标准》(GB 5749)的饮用水可直接作为基层、底基层材料拌和与养护用水。拌和使用的非饮用水应进行水质检验,技术要求应符合表 12-13 的规定。

非饮用水技术要求 表 12-13

项 次	项 目	技 术 要 求	试 验 方 法
1	pH 值	≥4.5	
2	Cl^- 含量(mg/L)	≤3500	
3	SO_4^{2-} 含量(mg/L)	≤2700	
4	碱含量(mg/L)	≤1500	JTJ 63
5	可溶物含量(mg/L)	≤1000	
6	不溶物含量(mg/L)	≤5000	
7	其他杂质	不应有漂浮的油脂和泡沫及明显的颜色和异味	

养护用水可不检验不溶物含量,其他指标应符合表 12-13 的规定。

二、混合料组成设计

(一)设计原则

无机结合料稳定类基层材料组成设计所要达到的目标是:所设计的混合料组成在强度上满足设计要求,抗冲刷及抗裂性能达到最优,且便于施工。应根据公路等级、交通荷载等级、结构形式、材料类型等因素确定材料技术要求。

混合料组成设计的基本原则是结合料剂量合理,尽可能采用综合稳定,集料应有一定级配。混合料组成中,结合料的剂量太低则不能成为半刚性材料,剂量太高则刚度太大,容易脆裂。实际上,限制低剂量是为了保证整体性材料具有基本的抗拉强度,以满足荷载作用的强度要求。限制高剂量可使模量不致过大,避免结构产生太大的拉应力,同时降低收缩系数,使结构层不会因温、湿度变化而引起拉伸破坏。

采用水泥、石灰及粉煤灰综合稳定时,混合料中有一定水泥可提高早期强度,有一定石灰可使刚度不会太大,掺入一定数量的粉煤灰可以降低收缩系数,必要时可根据材料性质和施工季节,加入早强剂或其他外掺剂。

集料应有一定的级配。集料数量以达到靠拢而不紧密为原则,其空隙让无机结合料填充,形成各自发挥优势的稳定结构。因此,较为理想的基层材料应是石灰、粉煤灰、水泥综合稳定粒料类半刚性材料。半刚性基层材料中结合料和集料种类繁多,应以就地取材为前提,并根据以上原则通过试验求得合理组成,以充分发挥其优势。

(二)混合料组成设计内容及流程

无机结合料稳定材料组成设计应包括:原材料检验、目标配合比设计、生产配合比设计、施工参数确定四部分内容。其设计内容及流程见图12-1。

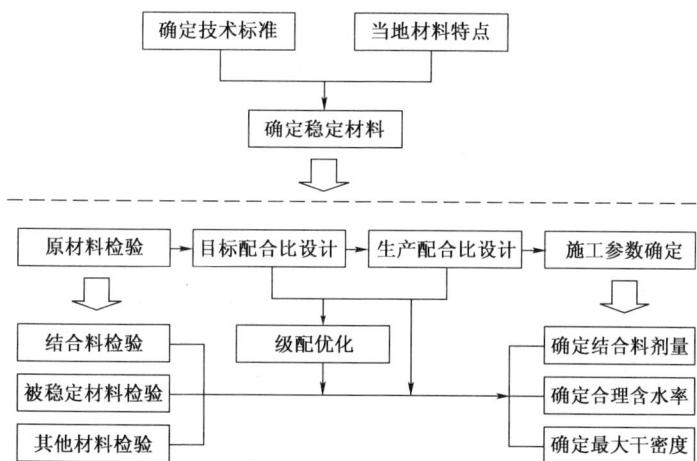

图12-1 无机结合料稳定材料组成设计流程

(1)原材料检验应包括:结合料、被稳定材料及其他相关材料的试验。所有检测指标均应满足相关设计标准或技术文件的要求。

(2)目标配合比设计应包括:选择级配范围;确定结合料类型及掺配比例;验证混合料相

关的设计及施工技术指标等内容。

(3)生产配合比设计应包括:确定料仓供料比例;确定水泥稳定材料的容许延迟时间;确定结合料剂量的标定曲线;确定混合料的最佳含水率、最大干密度等内容。

(4)施工参数确定应包括:确定施工中结合料的剂量;确定施工合理含水率及最大干密度;验证混合料强度技术指标等内容。

确定无机结合料稳定材料最大干密度指标时宜采用重型击实方法,也可采用振动压实方法。击实试验是我国路基土及路面材料最大干密度确定的基本方法,通过试验得出的击实曲线,确定最佳含水率和最大干密度。振动压实法是指按现行《公路工程无机结合料稳定材料试验规程》(JTG E51)中规定的,遵循压实功等效原则的试验方法。采用振动并压实的方法测定土的最大干密度。对于砂砾、碎石等无黏聚性自由排水基层材料,这种方法的最大干密度试验测定结果更接近于现场振动碾压的实际状况。因此,使用时可根据实际情况选择适宜的试验方法。试验室得出的标准密度(最大干密度)和最佳含水率,并以规定工地碾压时的合适含水率和应达到的最小干密度,确定制备强度试验和耐久性试验的试件所采用的含水率和干密度;确定制备承载比试件的材料含水率。同时,标准密度(最大干密度)是压实度评定的基准值,直接决定着评定结果的可靠性,因此,标准密度(最大干密度)的室内试验确定方法及试验条件应与实际施工压实条件相接近。

应根据当地材料的特点和混合料设计要求,通过配合比设计选择最优的工程级配。用于基层的无机结合料稳定材料,强度满足要求时,尚宜检验其抗冲刷和抗裂性能。强度是无机结合料稳定材料重要的技术指标,但并不意味着强度满足要求就可以用于基层。无机结合料稳定细粒材料,如水泥稳定土、水泥稳定石屑,强度可以满足技术要求,但是抗冲刷性和抗裂性不足,并不适用于基层。

在施工过程中,材料品质或规格发生变化、结合料品种发生变化时,应重新进行材料组成设计。

(三)设计强度和压实度要求

无机结合料稳定材料的强度和压实度要求如表12-14所示。强度和压实度也是无机结合料稳定类材料施工质量控制的主要指标。应将室内重型击实试验法确定的干密度作为压实度评价的标准密度。

无机结合料稳定类材料的7d龄期无侧限抗压强度标准 R_d 和压实度要求 表12-14

材料类型	结构层	公路等级	极重、特重交通 强度(MPa)	极重、特重交通 压实度(%)	重交通 强度(MPa)	重交通 压实度(%)	中等、轻交通 强度(MPa)	中等、轻交通 压实度(%)
水泥稳定类	基层	高速公路、一级公路	5.0~7.0	≥98	4.0~6.0	≥98	3.0~5.0	≥97
水泥稳定类	基层	二级及以下公路	4.0~6.0	≥97	3.0~5.0	≥97	2.0~4.0	≥96
水泥稳定类	底基层	高速公路、一级公路	3.0~5.0	≥97	2.5~4.5	≥97	2.0~4.0	≥96
水泥稳定类	底基层	二级及以下公路	2.5~4.5	≥96	2.0~4.0	≥96	1.0~3.0	≥95
水泥粉煤灰稳定类	基层	高速公路、一级公路	4.0~5.0	≥98	3.5~4.5	≥98	3.0~4.0	≥97
水泥粉煤灰稳定类	基层	二级及以下公路	3.5~4.5	≥97	3.0~4.0	≥97	2.5~3.5	≥96
水泥粉煤灰稳定类	底基层	高速公路、一级公路	2.5~3.5	≥97	2.0~3.0	≥97	1.5~2.5	≥96
水泥粉煤灰稳定类	底基层	二级及以下公路	2.0~3.0	≥96	1.5~2.5	≥96	1.0~2.0	≥95

材料类型	结构层	公 路 等 级	极重、特重交通		重 交 通		中等、轻交通	
			强度(MPa)	压实度(%)	强度(MPa)	压实度(%)	强度(MPa)	压实度(%)
石灰粉煤灰稳定类	基层	高速公路、一级公路	≥1.1	≥98	≥1.0	≥98	≥0.9	≥97
		二级及以下公路	≥0.9	≥97	≥0.8	≥97	≥0.7	≥96
	底基层	高速公路、一级公路	≥0.8	≥97	≥0.7	≥97	≥0.6	≥96
		二级及以下公路	≥0.7	≥96	≥0.6	≥96	≥0.5	≥95
石灰稳定类	基层	二级及以下公路	—	—	—	—	≥0.8①	≥97
	底基层	高速公路、一级公路					≥0.8	≥97
		二级及以下公路					0.5~0.7②	≥96

注:①在低塑性土(塑性指数小于7)地区,石灰稳定砾石土和碎石土的7d龄期无侧限抗压强度应大于0.5MPa(100g平衡锥测液限)。

②低限用于塑性指数小于7的黏性土,且低限值仅用于二级以下公路。高限用于塑性指数大于7的黏性土。

高速公路和一级公路还应检验所用材料的7d龄期无侧限抗压强度与90d或180d龄期弯拉强度的关系。

水泥稳定类材料强度要求较高时,宜采取控制原材料技术指标和优化级配设计等措施,不宜单纯通过增加水泥剂量来提高材料强度。石灰粉煤灰稳定材料强度不满足表12-14的要求时,可外加混合料质量1%~2%的水泥。石灰土强度达不到表12-14规定的抗压强度标准时,可添加部分水泥,或改用另一种土。塑性指数在10以下的亚砂土或砂性土不宜用石灰稳定,宜改用水泥稳定。石灰稳定砾石土和碎石土材料可仅对其中公称最大粒径小于4.75mm的石灰土进行7d龄期无侧限抗压强度验证,且无侧限抗压强度应不小于0.8MPa。

碾压贫混凝土作基层时,材料的7d龄期无侧限抗压强度应不低于7MPa(与水泥稳定材料的7d龄期无侧限抗压强度7MPa的上限相衔接),且不高于10MPa。水泥剂量宜不大于13%。需要提供材料强度时,应优化混合料级配,并验证混合料的收缩性能、弯拉强度和模量等指标。

(四)强度试验及计算

强度试验时应按现场压实度标准采用静压法成型试件。压实方法和压实度水平对混合料试验强度的大小有显著影响,需要规范这些条件。在强度试验的试件成型时,按现场压实度标准折算混合料的干密度,并计算强度试验的混合料质量,而不是直接采用击实试验确定的混合料最大干密度。

在压实度、含水率、密度都一样的条件下,采用静压法和振动法或旋转压实法成型的试件体积指标理论上应该一致,但是由于成型方法的变化导致材料颗粒排列规律差异,会对材料的强度水平产生影响。为保证材料强度水平评价的一致性和连续性,采用目前较为常用的静压法成型,便于工地试验室操作。

强度试验试件的径高比应为1:1。无机结合料稳定细粒材料的试件直径应为100mm,无机结合料稳定中、粗粒材料的试件直径应为150mm。包括各类水泥稳定材料在内的各种路面材料的无侧限抗压强度的大小都存在尺寸效应,也就是相同的材料不同的试件尺寸,其测定的强度水平是不同的。因此,在实际工程中应规范试件的尺寸要求。

强度试验时,作为平行试验的最少试件数量应符合表12-15中的规定。如试验结果的变异系数大于表中规定的值,则应重做试验,并找出原因,加以解决。如不能降低变异系数,则应增加试验数量。

平行试验的最少的试件数量　　　　　　　表 12-15

材 料 类 型	变异系数要求		
	<10%	10% ~15%	15% ~20%
公称最大粒径小于 16mm 的细颗粒材料	6	9	—
公称最大粒径不小于 16mm,且小于 26.5mm 的中颗粒材料	6	9	13
公称最大粒径不小于 26.5mm 的粗颗粒材料	—	9	13

试件在规定温度(季节冻土地区 20℃ ±2℃,非冰冻地区 25℃ ±2℃)下保湿养护 6d,浸水 1d,然后进行 7d 龄期无侧限抗压强度试验。

根据试验结果,应按下式计算强度代表值 R_d^0:

$$R_d^0 = \overline{R} \cdot (1 - Z_\alpha C_v) \tag{12-1}$$

式中: $\overline{R}$ ——一组试验的强度平均值;

C_v ——一组试验强度的变异系数;

Z_α ——标准正态分布表中随保证率 α(或置信度)而变的系数,高速公路和一级公路应取保证率 95%,即 $Z_\alpha = 1.645$,二级及二级以下公路应取保证率 90%,即 $Z_\alpha = 1.282$。

强度试验数据处理时,宜按 3 倍标准差的标准剔除异常数值,且同一组试验样本异常值剔除应不多于 2 个。

强度代表值 R_d^0 应不小于表 12-12 中强度标准值 R_d,即 $R_d^0 \geqslant R_d$。当 $R_d^0 < R_d$ 时,应重新进行配合比试验。

(五)无机结合料剂量的计算和推荐配合比例

水泥稳定材料的水泥剂量应以水泥质量占全部干燥被稳定材料质量的百分率表示。

石灰稳定材料的石灰剂量应以石灰质量占全部干燥被稳定材料质量的百分率表示。

石灰工业废渣混合料应采用质量配合比计算,以石灰:工业废渣:被稳定材料的质量比表示。石灰粉煤灰稳定材料和石灰煤渣稳定材料比例可采用表 12-16 中的推荐值。

石灰粉煤灰稳定材料和石灰煤渣稳定材料推荐比例　　　　　　　表 12-16

材料类型	材料名称	使用层位	结合料之间比例	结合料与被稳定材料之间比例
石灰粉煤灰	硅铝粉煤灰的石灰粉煤灰类[①]	基层或底基层	石灰:粉煤灰 = 1:2 ~1:9	
	石灰粉煤灰土	基层或底基层	石灰:粉煤灰 = 1:2 ~1:4[②]	石灰粉煤灰:细粒材料 = 30:70[③] ~10:90
	石灰粉煤灰稳定级配碎石或砾石	基层	石灰:粉煤灰 = 1:2 ~1:4	石灰粉煤灰:被稳定材料 = 20:80 ~15:85[④]

材料类型	材料名称	使用层位	结合料之间比例	结合料与被稳定材料之间比例
石灰煤渣	石灰煤渣稳定材料	基层或底基层	石灰：煤渣 = 20：80 ~ 15：85	—
	石灰煤渣土	基层或底基层	石灰：煤渣 = 1：1 ~ 1：4	石灰煤渣：细粒材料 = 1：1 ~ 1：4⑤
	石灰煤渣稳定材料	基层或底基层	石灰：煤渣：被稳定材料 = (7 ~ 9)：(26 ~ 33)：(67 ~ 58)	

注：①CaO 含量为 2% ~ 6% 的硅铝粉煤灰。
②粉土以 1：2 为宜。
③采用此比例时，石灰与粉煤灰之比宜为 1：2 ~ 1：3。
④石灰粉煤灰与粒料之比为 15：85 ~ 20：80 时，在混合料中，粒料形成骨架，石灰粉煤灰起填充孔隙和胶结作用。这种混合料称骨架密实式石灰粉煤灰粒料。
⑤混合料中石灰应不少于 10%，可通过试验选取强度较高的配合比。

水泥粉煤灰稳定材料应采用质量配合比计算，以水泥：粉煤灰：被稳定材料的质量比表示。水泥粉煤灰稳定材料和水泥煤渣稳定材料比例可采用表 12-17 中的推荐值。

水泥粉煤灰稳定材料和水泥煤渣稳定材料推荐比例 表 12-17

材料类型	材料名称	使用层位	结合料之间比例	结合料与被稳定材料之间比例
水泥粉煤灰	硅铝粉煤灰的水泥粉煤灰类①	基层或底基层	水泥：粉煤灰 = 1：3 ~ 1：9	—
	水泥粉煤灰土	基层或底基层	水泥：粉煤灰 = 1：3 ~ 1：5	水泥粉煤灰：细粒材料 = 30：70② ~ 10：90
	水泥粉煤灰稳定级配碎石或砾石	基层	水泥：粉煤灰 = 1：2 ~ 1：4	水泥粉煤灰：被稳定材料 = 20：80 ~ 15：85③
水泥煤渣	水泥煤渣稳定材料	基层或底基层	水泥：煤渣 = 5：95 ~ 15：85	—
	水泥煤渣土	基层或底基层	水泥：煤渣 = 1：2 ~ 1：5	水泥煤渣：细粒材料 = 1：2 ~ 1：5④
	水泥煤渣稳定材料	基层或底基层	水泥：煤渣：被稳定材料 = (3 ~ 5)：(26 ~ 33)：(71 ~ 62)	

注：①CaO 含量为 2% ~ 6% 的硅铝粉煤灰。
②采用此比例时，水泥与粉煤灰之比宜为 1：2 ~ 1：3。
③水泥粉煤灰与粒料之比为 15：85 ~ 20：80 时，在混合料中，粒料形成骨架，水泥粉煤灰起填充孔隙和胶结作用。
④混合料中水泥应不少于 10%，可通过试验选取强度较高的配合比。

水泥、石灰综合稳定时，水泥用量占结合料总量不小于 30% 时，应按水泥稳定材料的技术要求进行组成设计，水泥和石灰的比例宜取 60：40、50：50 或 40：60。水泥用量占结合料总量小于 30% 时，应按石灰稳定材料设计。

(六) 混合料级配范围及技术要求

1. 水泥稳定类

采用水泥稳定时，被稳定材料的液限应不大于 40%，塑性指数应不大于 17。塑性指数大于 17 时,宜采用石灰稳定,或用水泥和石灰综合稳定。采用水泥稳定,被稳定材料中含有一定量的碎石或砾石,且小于 0.6mm 的颗粒含量在 30% 以下时,塑性指数可大于 17,且土的均匀系数应大于 5。其级配可采用表 12-18 中推荐的级配范围。

用于高速公路和一级公路的底基层时,被稳定材料的公称最大粒径应不大于 31.5mm,级配宜符合表 12-18 中 C-A-1 或 C-A-2 的规定,被稳定材料中不宜含有黏性土或粉性土。用于二级公路的基层时,级配宜符合表 12-18 中 C-A-1 的规定,被稳定材料中不宜含有黏性土或粉性土。

用于二级以下公路的基层时,级配宜符合表 12-18 中 C-A-3 的规定,被稳定材料中的公称最大粒径应不大于 37.5mm。用于二级及二级以下公路的底基层时,级配宜符合表 12-18 中 C-A-4 的规定,被稳定材料中的公称最大粒径应不大于 37.5mm。

水泥稳定材料的推荐级配范围(%)　　　　　　　　　表 12-18

筛孔尺寸 (mm)	高速公路和一级公路的底基层或二级公路的基层	高速公路和一级公路的底基层	二级及二级以下公路的基层	二级及二级以下公路的底基层
	C-A-1	C-A-2	C-A-3	C-A-4
53	—	—	100	100
37.5	100	100	90 ~ 100	—
31.5	90 ~ 100	—	—	—
26.5	—	—	66 ~ 100	—
19	67 ~ 90	—	54 ~ 100	—
9.5	45 ~ 68	—	39 ~ 100	—
4.75	29 ~ 50	50 ~ 100	28 ~ 84	50 ~ 100
2.36	18 ~ 38	—	20 ~ 70	—
1.18			14 ~ 57	
0.6	8 ~ 22	17 ~ 100	8 ~ 47	17 ~ 100
0.075	0 ~ 7	0 ~ 30	0 ~ 30	0 ~ 50

注:表中水泥稳定材料不包括水泥稳定级配碎石或砾石。

采用水泥稳定,被稳定材料为粒径较均匀的砂时,宜在砂中添加适量塑性指数小于 10 的黏性土、石灰土或粉煤灰,加入比例应通过击实试验确定。添加粉煤灰的比例宜为 20% ~ 40%。

水泥稳定级配碎石或砾石的级配可采用表 12-19 中推荐的级配范围。

用于高速公路和一级公路时,级配宜符合表 12-19 中 C-B-1、C-B-2 的规定。混合料密实时也可采用 C-B-3 级配。C-B-1 级配宜用于基层和底基层,C-B-2 级配宜用于基层。碾压贫混凝土的级配宜采用表 12-19 中推荐的 C-B-1 和 C-B-2。

用于二级及二级以下公路时,级配宜符合表 12-19 中 C-C-1、C-C-2、C-C-3 的规定。C-C-1 级配宜用于基层和底基层,C-C-2 和 C-C-3 级配宜用于基层,C-B-3 级配宜用于极重、特重交通荷载等级下的基层。被稳定材料的液限宜不大于 28%。用于高速公路和二级公路时,被稳定材料的塑性指数宜不大于 5;用于二级及二级以下公路时,宜不大于 7。

筛孔尺寸 (mm)	高速公路和一级公路			二级及二级以下公路		
	C-B-1	C-B-2	C-B-3	C-C-1	C-C-2	C-C-3
37.5	—	—	—	100	—	—
31.5	—	—	100	100 ~ 90	100	—
26.5	100	—	—	94 ~ 81	100 ~ 90	100
19	86 ~ 82	100	68 ~ 86	83 ~ 67	87 ~ 73	100 ~ 90
16	79 ~ 73	93 ~ 88	—	78 ~ 61	82 ~ 65	92 ~ 79
13.2	72 ~ 65	86 ~ 76	—	73 ~ 54	75 ~ 58	83 ~ 67
9.5	62 ~ 53	72 ~ 59	38 ~ 58	64 ~ 45	66 ~ 47	72 ~ 52
4.75	45 ~ 35	45 ~ 35	22 ~ 32	50 ~ 30	50 ~ 30	50 ~ 30
2.36	31 ~ 22	31 ~ 22	16 ~ 28	36 ~ 19	36 ~ 19	36 ~ 19
1.18	22 ~ 13	22 ~ 13	—	26 ~ 12	26 ~ 12	26 ~ 12
0.6	15 ~ 8	15 ~ 8	8 ~ 15	19 ~ 8	19 ~ 8	19 ~ 8
0.3	10 ~ 5	10 ~ 5	—	14 ~ 5	14 ~ 5	14 ~ 5
0.15	7 ~ 3	7 ~ 3	—	10 ~ 3	10 ~ 3	10 ~ 3
0.075	5 ~ 2	5 ~ 2	0 ~ 3	7 ~ 2	7 ~ 2	7 ~ 2

为了保证混合料施工的和易性,需要有效控制被稳定材料的公称最大粒径及其含量。在实际工程中应尽量取消超粒径含量,以提高混合料的均匀性。当完全消除超粒径含量有一定的困难时,在不影响混合料性能的前提下,允许有 2% ~ 3% 的超粒径含量。为保证水泥稳定级配碎石或砾石,具有良好的抗疲劳及抗裂性能,其中 0.075mm 以下的含量宜控制在 2% ~ 5% 范围内。高速公路和一级公路的水泥稳定级配碎石或砾石的级配比二级及二级以下公路相应级配的容许波动范围要小,级配要求更严格。以 4.75mm 的通过率为例,前者容许的波动范围为 10%(即 35% ~ 45%),后者容许的波动范围为 20%(即 30% ~ 50%)。

2. 石灰粉煤灰稳定类

石灰粉煤灰稳定材料可采用表 12-20 中推荐的级配范围。用于高速公路和一级公路基层时,石灰粉煤灰总质量宜占 15%,应不大于 20%,被稳定材料公称最大粒径应不大于 26.5mm,级配宜符合表 12-20 中 LF-A-2L 和 LF-A-2S 的规定。用于高速公路和一级公路底基层时,各档被稳定材料总质量宜不小于 80%,级配宜符合表 12-20 中 LF-A01L 和 LF-A-1S 的规定。对极重、特重交通荷载等级,级配宜符合表,12-20 中 LF-A-2L 和 LF-A-2S 的规定。

用于二级及二级以下公路基层时,被稳定材料的公称最大粒径应不大于 31.5mm,其总质量宜不小于 80%,级配符合表 12-20 中 LF-B-2L 和 LF-B-2S 的规定。用于二级及二级以下公路底基层时,各档被稳定材料总质量宜不小于 70%,级配符合表 12-20 中 LF-B-1L 和 LF-B-1S 的规定。对极重、特重交通荷载等级,可选择符合表 12-20 中 LF-B-2L 和 LF-B-2S 的级配。

石灰粉煤灰稳定级配碎石或砾石的推荐级配范围(%) 表 12-20

筛孔尺寸 (mm)	高速公路和一级公路				二级及二级以下公路			
	稳定碎石		稳定砾石		稳定碎石		稳定砾石	
	LF-A-1S	LF-A-2S	LF-A-1L	LF-A-2L	LF-B-1S	LF-B-2S	LF-B-1L	LF-B-2L
37.5	—		—		100	—	100	
31.5	100	—	100	—	100~90	100	100~90	100
26.5	95~91	100	96~93	100	94~81	100~90	95~84	100~90
19	85~76	89~82	88~81	91~86	83~67	87~73	87~72	91~77
16	80~69	84~73	84~75	87~79	78~61	82~65	83~67	86~71
13.2	75~62	78~65	79~69	82~72	73~54	75~58	79~62	81~65
9.5	65~51	67~53	71~60	73~62	64~45	66~47	72~54	74~55
4.75	45~35	45~35	55~45	55~45	50~30	50~30	60~40	60~40
2.36	31~22	31~22	39~27	39~27	36~19	36~19	44~24	44~24
1.18	22~13	22~13	28~16	28~16	26~12	26~12	33~15	33~15
0.6	15~8	15~8	20~10	20~10	19~8	19~8	25~9	25~9
0.3	10~5	10~5	14~6	14~6	—	—	—	—
0.15	7~3	7~3	10~3	10~3	—	—	—	—
0.075	5~2	5~2	7~2	7~2	7~2	7~2	10~2	10~2

表 12-18 中限制混合料中被稳定材料最大公称粒径,一方面有利于工程实施,另一方面有利于改善混合料的疲劳性能。适用于高速公路和一级公路的石灰粉煤灰稳定级配碎石或砾石的级配相对二级及二级以下公路的混合料级配更加严格。以 4.75mm 通过率为例,前者的波动范围为 10%,后者为 20%。此外,表中 0.075mm 通过率规定了 2% 的下限。

3. 水泥粉煤灰稳定类

水泥粉煤灰稳定材料可采用表 12-21 中推荐的级配范围。

用于高速公路和一级公路基层时,水泥粉煤灰总质量宜为 12%,应不大于 18%,各档被稳定材料总质量宜不小于 85%,其公称最大粒径应不大于 26.5mm,级配宜符合表 12-21 中 CF-A-2L 和 CF-A-2S 的规定。用于高速公路和一级公路底基层时,各档被稳定材料总质量宜不小于 80%,级配宜符合表 12-21 中 CF-A-1L 和 CF-A-1S 的规定。对极重、特重交通荷载等级,级配宜符合表 12-21 中 CF-A-2L 和 CF-A-2S 的规定。

用于二级及二级以下公路基层时,被稳定材料的公称最大粒径应不大于 31.5mm,其总质量宜不小于 80%,级配宜符合表 12-21 中 CF-B-2L 和 CF-B-2S 的规定。用于二级及二级以下公路底基层时,各档被稳定材料总质量宜不小于 75%,级配宜符合表 12-21 中 CF-B-1L 和 CF-B-1S 的规定。对极重、特重交通荷载等级,级配宜符合表 12-21 中 CF-B-2L 和 CF-B-2S 的规定。

筛孔尺寸 (mm)	高速公路和一级公路				二级及二级以下公路			
	稳定碎石		稳定砾石		稳定碎石		稳定砾石	
	CF-A-1S	CF-A-2S	CF-A-1L	CF-A-2L	CF-B-1S	CF-B-2S	CF-B-1L	CF-B-2L
37.5	—	—	—	—	100	—	100	—
31.5	100	—	100	—	100~90	100	100~90	100
26.5	95~90	100	95~91	100	93~80	100~90	94~81	100~90
19	84~72	88~79	85~76	89~82	81~64	86~70	83~67	87~73
16	79~65	82~70	80~69	84~73	75~57	79~62	78~61	82~65
13.2	72~57	76~61	75~62	78~65	69~50	72~54	73~54	75~58
9.5	62~47	64~49	65~51	67~53	60~40	62~42	64~45	66~47
4.75	40~30	40~30	45~35	45~35	45~25	45~25	50~30	50~30
2.36	28~19	28~19	33~22	33~22	31~16	31~16	36~19	36~19
1.18	20~12	20~12	24~13	24~13	22~11	22~11	26~12	26~12
0.6	14~8	14~8	18~8	18~8	15~7	15~7	19~8	19~8
0.3	10~5	10~5	13~5	13~5	—	—	—	—
0.15	7~3	7~3	10~3	10~3	—	—	—	—
0.075	5~2	5~2	7~2	7~2	5~2	5~2	7~2	7~2

4. 粒料类

级配碎石或砾石的推荐级配范围见表 12-22。用于高速公路和一级公路基层时,级配宜符合表 12-22 中级配 C-A-4 或 G-A-5 的规定。用于高速公路和一级公路底基层时,级配宜符合表 12-22 中 C-A-3 或 G-A-4 的规定。用于二级及二级以下公路的基层、底基层时,级配可符合表 12-22 中 G-A-1 或 G-A-2 的规定。

筛孔尺寸(mm)	G-A-1	G-A-2	G-A-3	G-A-4	G-A-5
37.5	100	—	—	—	—
31.5	100~90	100	100	—	—
26.5	93~80	100~90	95~90	100	100
19	81~64	86~70	84~72	88~79	100~95
16	75~57	79~62	79~65	82~70	89~82
13.2	69~50	72~54	72~57	76~61	79~70
9.5	60~40	62~42	62~47	64~49	63~53
4.75	45~25~	45~25	40~30	40~30	40~30
2.36	31~16	31~16	28~19	28~19	28~19
1.18	22~11	22~11	20~12	20~12	20~12
0.6	15~7	15~7	14~8	14~8	14~8
0.3	—	—	10~5	10~5	10~5
0.15	—	—	7~3	7~3	7~3
0.075*	5~2	5~2	5~2	5~2	5~2

注:* 对无塑性的混合料,小于 0.075mm 的颗粒含量宜接近高限。

二级及二级以下公路底基层采用未筛分碎石、砾石时,宜采用表 12-23 中推荐的级配范围。

未筛分碎石、砾石的推荐级配范围(%)   表 12-23

筛孔尺寸(mm)	G-B-1	G-B-2	筛孔尺寸(mm)	G-B-1	G-B-2
53	100	—	4.75	10 ~ 30	17 ~ 45
37.5	85 ~ 100	100	2.36	8 ~ 25	11 ~ 35
31.5	69 ~ 88	83 ~ 100	0.6	6 ~ 18	6 ~ 21
19	40 ~ 65	54 ~ 84	0.075	0 ~ 10	0 ~ 10
9.5	19 ~ 43	29 ~ 59	—	—	—

用于底基层的天然砾石、砾石土宜采用表 12-24 中推荐的级配范围。

天然碎石、砾石土的推荐级配范围(%)   表 12-24

筛孔尺寸(mm)	53	37.5	9.5	4.75	0.6	0.075
通过质量百分率(%)	100	80 ~ 100	40 ~ 100	25 ~ 85	8 ~ 45	0 ~ 15

级配碎石或砾石、未筛分碎石、天然砾石和砾石土等材料液限宜不大于 28%。在潮湿多雨地区塑性指数宜小于 6,其他地区宜小于 9。

(七)目标配合比设计技术要求

无机结合料稳定类材料的目标配合比设计,应根据当地及可供选择筑路材料的特点,通过原材料技术性能的试验评定,选择适宜的结合料类型,确定混合料配合比设计的技术标准。

在目标配合比设计中,应选择不少于 5 个结合料剂量,分别确定各剂量条件下混合料的最佳含水率和最大干密度。在目标配合比设计过程中,选取多种不同结合料剂量的稳定材料进行试验,有助于掌握结合料剂量对混合料性能的影响。对于不同工程,由于被稳定材料存在差异,进行这方面试验是有必要的。同时,通过试验也有助于选择实际工程中结合料剂量的合理范围,为下一步生产配合比提供参考依据。

应根据试验确定的最佳含水率、最大干密度及压实度要求成型标准试件,验证不同结合料剂量条件下混合料的技术性能,确定满足设计要求的最佳剂量。验证的混合料性能主要指 90d 或 180d 龄期弯拉强度和抗压回弹模量、7d 龄期无侧限抗压强度。

水泥稳定材料配合比试验推荐水泥试验剂量可采用表 12-25 中的推荐值。

水泥稳定材料配合比试验推荐水泥试验剂量表   表 12-25

被稳定材料	条 件		推荐试验剂量(%)
有级配的碎石或砾石	基层	$R_d \geqslant 5.0MPa$	5、6、7、8、9
		$R_d < 5.0MPa$	3、4、5、6、7
土、砂、石屑等		塑性指数 < 12	5、7、9、11、13
		塑性指数 ≥ 12	8、10、12、14、16
有级配的碎石或砾石	底基层	—	3、4、5、6、7
土、砂、石屑等		塑性指数 < 12	4、5、6、7、8
		塑性指数 ≥ 12	6、8、10、12、14
碾压贫混凝土	基层	—	5、7、8.5、10、11、13

对水泥稳定材料，水泥的最小剂量还应考虑施工拌和均匀性的需要，应符合表 12-26 的规定。材料组成设计所得水泥剂量少于表中的最小剂量时，应按表 12-26 采用最小剂量。

水泥的最小剂量（％） 表 12-26

被稳定材料	拌 和 方 法	
	路拌法	集中厂拌法
中、粗粒材料	4	3
细粒材料	5	4

石灰粉煤灰稳定和水泥粉煤灰稳定材料设计属于多因素分析问题。必要时采用正交设计或均匀设计等科学的统计试验方法，确定的结合料剂量更合理。在具体工程实践中，宜分别按表 12-16 和表 12-17 的推荐比例进行配合比设计试验。

对无机结合料稳定级配碎石或砾石材料，应根据当地材料特点和技术要求，优化设计混合料级配，确定目标级配曲线和合理的变化范围。在目标级配曲线优化选择过程中，应选择不少于 4 条级配曲线，试验级配曲线可按表中推荐的级配范围和以往工程经验或按下述方法和原则构造。

无机结合料稳定中、粗粒材料，级配碎石或砾石材料的级配宜采用粗集料断级配的方式构成。粗集料级配宜以级配的公称最大粒径及其通过率、4.75mm 及其通过率和 0.075mm 及其通过率为三个控制点。粗集料断级配应由公称最大粒径到 4.75mm 的粗集料级配曲线和 4.75～0.075mm 的细集料级配曲线构成。

可采用下列数学模型分别构造粗、细集料级配曲线：

（1）幂函数模型

$$y = ax^b \tag{12-2}$$

（2）指数函数模型

$$y = a \cdot e^{bx} \tag{12-3}$$

（3）对数函数模型

$$y = a\ln x + b \tag{12-4}$$

式中：y——通过率（％）；

$\quad x$——集料粒径（mm）；

a、b——回归系数。

级配设计步骤如下：先按设定的混合料级配的公称最大粒径及其通过率和 4.75mm 及其通过率，计算粗集料级配曲线的 a、b 系数，构造粗集料级配曲线。再按设定的混合料级配的 4.75mm 及其通过率和 0.075mm 及其通过率，计算细集料级配曲线的 a、b 系数，构造细集料级配曲线。最后按两条级配曲线分别计算各筛孔通过率，完成级配设计。

对某一级配，使用不同类型的数学模型公式，会导致在相同碎石含量的条件下，粗集料各档颗粒之间比例关系的变化，从而影响混合料级配的性能。一般来说，使用指数函数时，级配偏粗；使用对数函数时，级配偏细；使用幂函数时，级配居中。在实际工程中，即使是相同粒径的材料（例如 19～26.5mm），由于岩性、破碎方式、筛孔尺寸及其几何形状的不同，也会影响各档集料颗粒间的搭配。

在配合比设计试验中，应将各档石料筛分成单一粒径的规格逐档配料，并按相关的试验规程操作，保证每组试验的样本量。选定目标级配曲线后，应对各档材料进行筛分，确定其平均筛分曲线及相应的变异系数。原材料的不均匀性是影响混合料性能稳定性的重要因素,为了全面掌握各档原材料的级配情况,需要从拌和场料堆的不同位置和每一批次进料中分别取料、筛分,然后分别统计各档料通过率的平均值和变异系数,并按2倍标准差计算出各档材料筛分级配的波动范围。应根据已确定的各档材料使用比例和各档材料级配的波动范围,计算实际生产中混合料的级配波动范围;并应针对这个波动范围的上、下限验证性能。

应按确定的目标级配,根据各档材料的平均筛分曲线,确定其使用比例,得到混合料的合成级配。根据合成级配进行混合料重型击实试验和7d龄期无侧限抗压强度试验,验证混合料性能。

(八)生产配合比设计技术要求

根据目标配合比确定的各档材料比例,应对拌和设备进行调试和标定,确定合理的生产参数。拌和设备的调试和标定应包括料斗称量精度的标定、结合料剂量的标定和拌和设备加水量的控制等内容。绘制不少于5个点的结合料剂量标定曲线。按各档材料的比例关系,设定相应的称量装置,调整拌和设备各个料仓的进料速度。按设定好的施工参数进行第一阶段试生产,验证生产级配。不满足要求时,应进一步调整施工参数。

对水泥稳定材料,根据工程使用的级配、水泥品种,按标准水泥剂量,以及标准水泥剂量±1%、±2%共5个点绘制EDTA(络合滴定)标准曲线。

对水泥稳定、水泥粉煤灰稳定材料,应分别进行不同成型时间条件下的混合料强度试验,绘制相应的延迟时间曲线,并根据设计要求确定容许延迟时间。

混合料在选定的级配、水泥剂量和最佳含水率的条件下拌和好以后,分别按立刻压实、闷料1h再压实、闷料2h再压实、闷料3h再压实等条件,成型标准试件,且每组的样本数量不少于规定的要求。经过标准养护后,检测混合料的7d无侧限抗压强度,从而得到不同延迟时间条件下,混合料强度代表值的变化曲线。根据这条曲线,得到混合料满足设计强度要求的容许延迟时间。

应在第一阶段试生产试验的基础上进行第二阶段试验。分别按不同结合料剂量和含水率进行混合料试拌,并取样、试验。通过混合料中实际含水率的测定,确定施工过程中水流量计的设定范围。通过混合料中实际结合料剂量的测定,确定施工过程中结合料掺加的相关技术参数。通过击实试验,确定结合料剂量变化、含水率变化对混合料最大干密度的影响。通过抗压强度试验,确定材料的实际强度水平和拌和工艺的变异水平。

配合比验证工作分为两个阶段,第一阶段是各个料仓生产剂量的标定和调整,使得最终的混合料级配能够与室内试验确定的级配曲线尽量吻合一致;第二阶段是对生产过程中水泥剂量和用水量的控制手段与标准的确认。水泥剂量和用水量的控制是水泥稳定材料生产过程中质量控制的关键,特别是加水量。因此,在正式生产前,需要通过试验,确定水泥剂量和含水率的变化影响曲线,为生产过程中的质量控制提供参照。击实试验和7d龄期无侧限抗压强度试验结果可为施工过程中的工程检验、质量控制与评价提供参考。

混合料生产参数的确定应包括结合料剂量、含水率和最大干密度等指标。对水泥稳定材料,工地实际采用的水泥剂量宜比室内试验确定的剂量多0.5~1.0个百分点。采用集中厂拌法施工时宜增加0.5个百分点;采用路拌法施工时宜增加1个百分点。以配合比设计的结果为依据,综合考虑施工过程的气候条件,对水泥稳定材料,含水率可增加0.5~1.5个百分点;对其他稳定材料,可增加1~2个百分点。最大干密度应以最终合成级配击实试验的结果为标准。

第三节 无机结合料稳定类基层施工

一、概 述

(一)石灰稳定材料

在粉碎的或原状松散的土(包括各种粗、中、细颗粒材料)中掺入适量的石灰和水,按照一定的技术要求,经拌和,在最佳含水率下摊铺、压实及养护的路面基层称为石灰稳定类基层。用石灰稳定细粒土得到的混合料简称石灰土,所做成的基层称石灰土基层。

1. 强度形成原理

土中掺入适量的石灰,在最佳含水率下拌和并压实后,石灰与土发生一系列的物理、化学作用,从而使土的性质发生好的变化,并使石灰稳定土具有一定的强度。石灰与土之间的物理化学作用一般包括以下几个方面。

(1)离子交换作用

土的微小颗粒具有一定的胶体性质,它们一般都带有负电荷,表面吸附着一定数量的钠(Na^+)、钾(K^+)等低价阳离子。石灰是一种强电解质,遇水后在溶液中电离出来的钙离子(Ca^{2+})就与土中的低价离子进行离子交换作用,从而减小了土颗粒表面吸附水膜的厚度,使土粒相互之间更为接近,分子引力随之增大,进而导致单个粒子凝聚成为小团粒,组成一个稳定结构。

(2)结晶硬化作用

在石灰土中只有一部分熟石灰 $Ca(OH)_2$ 进行离子交换作用,绝大部分饱和的 $Ca(OH)_2$ 自行结晶。$Ca(OH)_2$ 与水作用生成 $Ca(OH)_2$ 结晶网格,具有凝结硬化作用。

(3)火山灰作用

熟石灰中游离的 Ca^{2+} 与土中的活性氧化硅 SiO_2 和氧化铝 Al_2O_3 反应生成含水的硅酸钙和铝酸钙的化学反应就是火山灰作用。

上述结晶网格和火山灰作用所生成的产物都是胶凝物质,其具有水硬性并能在固体颗粒和水两相环境下发生硬化。这些胶凝物质在土粒周围形成一层稳定的保护膜,在颗粒间产生结合作用并填充颗粒空隙,将松散颗粒黏结在一起,减小颗粒间空隙与透水性,同时提高密实度,这是石灰稳定材料获得强度和稳定性的基本原因,但这种作用比较缓慢。

(4)碳酸化作用

土中的 $Ca(OH)_2$ 与空气中的二氧化碳 CO_2 作用生成碳酸钙 $CaCO_3$,$CaCO_3$ 是坚硬的结晶体,它把松散的被稳定材料胶结起来,从而大大提高了稳定类材料的强度和整体性。

由于石灰与土发生了一系列的相互作用,从而使土的性质发生根本的改变。在初期,主要表现为土的结团、塑性降低、最佳含水率增大和最大干重度降低等,后期主要表现为结晶结构的形成,从而提高其板体性、强度和稳定性。

2. 影响强度的因素

(1)土质

各种成因的土都可以用石灰来稳定,但实践表明,黏性土稳定效果较好。当采用高液限黏土时,施工过程中不易粉碎;采用粉性土时,早期强度较低;采用低液性粉土时,易拌和,但难以碾压成型。一般认为,采用塑性指数12~18的黏性土效果较好。塑性指数偏大的黏性土,要加强粉碎,粉碎后土中15~25mm的土块不宜超过5%。塑性指数小于10的土不宜用石灰稳定。硫酸盐含量超过0.8%,或腐殖质含量超过10%的土,对石灰土的强度有显著影响,不宜直接采用。

（2）灰质

石灰可采用消石灰或磨细生石灰粉。生石灰稳定土的效果优于消石灰,其原因是生石灰在土中消解过程中会放出大量水化热,促进了石灰与土之间的各种反应的进行。另外,刚刚消解的石灰具有更高的活性,有利于与土发生反应。应指出的是,当采用磨细生石灰稳定土时,石灰土的成型时间对其效果有着重要的影响。成型过早,会由于生成的水化热过多使土体胀松;成型过晚,则水化热不能得到充分的利用,亦会影响其效果。实践表明,在磨细生石灰与土拌匀后闷料3h左右成型可取得最佳效果。

（3）石灰剂量

石灰剂量（是指石灰质量占土的干质量的百分率）对石灰稳定土的强度影响显著。石灰剂量较低时,石灰主要起稳定作用,土的塑性、膨胀性和吸水量减小,水稳性提高;随着石灰剂量的增加,石灰稳定土的强度和水稳性不断提高;但当石灰剂量超过一定范围时,由于过量的自由石灰存在,强度和稳定性反而降低。施工中通常依据技术经济比较确定最佳剂量。最佳剂量应根据结构层技术要求通过混合料组成设计确定。

（4）含水率

水是石灰稳定类材料的重要组成部分。它促使石灰稳定土发生物理化学变化,便于土粉碎、拌和与压实,并有利于养护。不同的土质和石灰剂量,其最佳含水率不同,需通过标准击实试验确定,并用以控制施工时的实际加水量。

（5）密实度

石灰稳定土的强度随密实度的增加而增大。一般情况下,密实度每增减1%,其强度约增减4%。密实的石灰稳定材料,其抗冻性、水稳定性好,缩裂现象也轻。

（6）龄期

石灰稳定类材料的强度具有随龄期增长的特点,一般初期强度低,前期（1~2个月）增长速度较快,随后逐渐减慢。其强度与龄期关系大致符合指数规律,可用下式表示:

$$R_t = R_1 t^\beta \qquad\qquad (12\text{-}5)$$

式中:R_1——一个月龄期的强度（MPa）;

   t——龄期（月）;

  R_t——t个月龄期的强度（MPa）;

  β——系数,为0.1~0.5。

（7）养护条件

养护条件主要指温度和湿度。当温度高时,其物理化学反应迅速,强度增长快;反之强度增长慢,在负温条件下甚至不增长。因此,要求施工期的最低温度在5℃以上,并在第一次重冰冻（-5~-3℃）到来之前一个月完成。养护的湿度对石灰稳定土的强度增长有重要影响,一定的湿度对强度增长有利,因为石灰与土之间的各种反应都需要水分。

3.石灰稳定类基层防裂措施

（1）控制压实含水率。因含水率过多时产生的干缩裂缝显著,因而压实时含水率不宜过大,应略小于最佳含水率。

（2）严格控制压实标准。密实程度对石灰稳定材料的缩裂性具有显著的影响,密实度小时产生的干缩比密实度大时严重,施工时应尽可能达到最大密实度。

（3）当基层的含水率接近最佳含水率,且温度在0～-10℃时温缩最显著,因此,基层施工要在当地气温进入0℃前一个月完工,以防在不利季节产生严重的温缩开裂。

（4）石灰稳定类材料成型初期干缩最为显著,因此,要重视初期养护,保证其表面处于潮湿状态,避免干晒。

（5）石灰稳定材料结构层施工结束后要及时铺筑面层,使石灰稳定材料的含水率不发生较大变化,以减轻干缩和温缩裂缝。

（6）在石灰稳定细粒土中掺加粗集料（砂砾、碎石等）,使其集料含量达到70%～80%,并使混合料满足最佳级配组成要求,可具有良好的抗裂性能,而且其强度和稳定性也可提高。

（7）在石灰稳定材料和沥青层之间铺筑碎石隔离（过渡）层,或铺设玻纤格栅,可减轻反射裂缝;设置沥青碎石联结层,是防治反射裂缝的有效措施。

（二）水泥稳定材料

在粉碎的或原状松散的材料（包括各种粗、中、细颗粒材料）中,掺入适量水泥和水,按照技术要求,经拌和摊铺,在最佳含水率时压实及养护成型,其强度符合规定要求,以此铺筑的路面基层称水泥稳定类基层。当用水泥稳定细颗粒土（砂性土、粉性土或黏性土）时,简称水泥土。

水泥是水硬性结合料,绝大多数的土类（高液限黏土和有机质较多的土除外）都可以用水泥来稳定,以此来改善其物理力学性质,适应各种不同的气候条件与水文地质条件。水泥稳定类基层具有良好的整体（板体）性,足够的力学强度,良好的稳定性和耐冻性。其初期强度较高,且随龄期而增长较快,应用范围广泛。

1. 强度形成原理

水泥稳定材料中,水泥与被稳定材料和水之间发生多种物理化学作用,从而使土的性能发生了明显的变化。这些作用可以分为化学作用、物理作用、物理—化学作用。

化学作用:如水泥颗粒的水化、硬化作用,有机物的聚合作用以及水泥水化产物与黏土矿物之间的化学作用等。

物理作用:如土块的机械粉碎作用,混合料的拌和、压实作用等。

物理—化学作用:如黏土颗粒与水泥及水泥水化产物之间的吸附作用,微粒的凝聚作用,水泥水化产物的扩散、渗透作用,水化产物的溶解、结晶作用等。

（1）水化作用

水泥的水化作用在水泥稳定土中,首先发生的是水泥自身的水化反应,从而产生出具有胶结能力的水化产物:硅酸三钙、硅酸二钙、铝酸三钙、铁铝酸四钙等,这是水泥稳定材料强度的主要来源。

水泥水化生成的水化产物,在被稳定材料的空隙中相互交织搭接,将材料颗粒包覆连接起来,使松散性材料逐渐失去原有的塑性性质,并且随着水化产物的增加和硬化,混合料也逐渐坚固起来。但水泥稳定材料中水泥的水化与水泥混凝土中水泥的水化之间还有所不同。这是因为:①被稳定材料具有非常高的比表面积和亲水性;②水泥稳定材料中的水泥含量较少;

③被稳定材料对水泥的水化产物具有强烈的吸附性;④在一些被稳定材料中常存在酸性介质环境。由于这些特点,在水泥稳定材料中,水泥的水化硬化条件较混凝土中差得多;特别是由于黏土矿物对水化产物中 $Ca(OH)_2$ 具有极强的吸附和吸收作用,使溶液中的碱度降低,从而影响了水泥水化产物的稳定性;水化硅酸钙中的水化物会逐渐降低析出 $Ca(OH)_2$,从而使水化产物的结构和性能发生变化,进而影响到混合料的性能。因此在选用水泥时,在其他条件相同时,应优先选用硅酸盐水泥,必要时还应对水泥稳定土进行"补钙",以提高的混合料中的碱度。

(2)离子交换作用

被稳定材料中的黏土颗粒由于颗粒细小、比表面积大,因而具有较高的活性。当黏土颗粒与水接触时,颗粒表面通常带有一定量的负电荷,形成一个电场,这层带负电荷的离子就称为电位离子。带负电的黏土颗粒表面,吸引周围溶液中的正离子,如 K^+、Na^+ 等,而在颗粒表面形成了一个双电层结构,这些与电位离子电荷相反的离子称为反离子。在双电层中电位离子形成了内层,反离子形成外层。靠近颗粒的反离子与颗粒表面结合较紧密,当黏土颗粒运动时,结合较紧密的反离子将随颗粒一起运动,而其他反离子将不产生运动。由此在运动与不运动的反离子之间便出现了一个滑移面。由于在黏土颗粒表面存在着电场,因此也存在着电位。颗粒表面电位离子形成的电位称为热力学电位(ϕ)。滑动面上的电位称为电动电位(ξ)。由于反离子的存在,离开颗粒表面越远电位越低,经过一定的距离电位将降低为零,此距离称为双电层厚度。由于各个黏土颗粒表面都具有相同的双电层结构,因此黏土颗粒之间往往间隔着一定的距离。

在硅酸盐水泥中,硅酸三钙和硅酸二钙占主要部分,其水化后所生成的氢氧化钙所占的比例也较高,可达水化产物的25%。大量的氢氧化钙溶于水以后,在土中形成了一个富含 Ca^{2+} 的碱性溶液环境。当溶液中富含 Ca^{2+} 时,因为 Ca^{2+} 的电价高于 K^+、Na^+ 等离子,因此与电位离子的吸引力较强,从而取代了 K^+、Na^+,成为反离子,同时 Ca^{2+} 也随双电层电位的降低速度而加快。电动电位减小、双电层的厚度降低,使黏土颗粒之间的距离减小,相互靠拢,导致土体的凝聚,从而改变黏性土的塑性,使土具有一定的强度和稳定性。这种作用称为离子交换作用。

(3)化学激发作用

钙离子的存在不仅影响到了黏土颗粒表面双电层的结构,而且在这种碱性溶液环境下,土本身的化学性质也将发生变化。

被稳定材料的矿物组成基本都属于硅铝酸盐,其中含有大量的硅氧四面体和铝氧八面体。在通常情况下,这些矿物具有比较高的稳定性,但当黏土颗粒周围介质的 pH 值增加到一定程度时,黏土矿物中的部分 SiO_2 和 Al_2O_3 的活性将被激发出来,与溶液中的 Ca^{2+} 进行反应,生成新的矿物,这些矿物主要是硅酸钙和铝酸钙系列。这些矿物的组成和结构与水泥的水化产物有很多类似之处,并且同样具有胶凝能力。生成的这些胶结物质包裹着黏土颗粒表面,与水泥的水化产物一起,将黏土颗粒凝结成一个整体。因此,氢氧化钙对黏土矿物的激发作用,将进一步提高水泥稳定土的强度和水稳定性。

(4)碳酸化作用

水泥水化生成的 $Ca(OH)_2$,除了可与黏土矿物发生化学反应外,还可以进一步与空气中的 CO_2 发生碳化反应并生成碳酸钙晶体。碳酸钙生成过程中产生体积膨胀,也可以对土的基体起到填充和加固作用。只是这种作用相对来讲比较弱,并且反应过程缓慢。

2. 影响强度的因素

(1)土质

土的类别和性质是影响水泥稳定土强度的重要因素。各类砂砾土、砂性土、粉性土和黏性土均可用水泥稳定,但稳定效果不同。试验和生产实践证明,用水泥稳定级配良好的碎(砾)石和砂砾,效果最好,不但强度高,而且水泥用量少;其次是砂性土;再次是粉性土和黏性土。重黏土难于粉碎和拌和,不宜单独用水泥来稳定。因此,一般要求土的塑性指数不大于17。

(2)水泥的成分和剂量

各种类型的水泥都可以用于稳定材料。但试验研究证明,水泥的矿物成分和分散度对其稳定效果有明显影响。对于同一种被稳定材料,通常情况下硅酸盐水泥的稳定效果好,而铝酸盐水泥较差。在水泥硬化条件相似,矿物成分相同时,随着水泥分散度的增加,其活性程度和硬化能力也有所增大,从而水泥稳定材料的强度也大大提高。

水泥稳定材料的强度随水泥剂量的增加而增长,但过多的水泥用量,虽获得强度的增加,在经济上却不一定合理,在使用效果上也不一定显著,而且会因刚度过大而容易开裂。

(3)含水率

含水率对水泥稳定材料强度影响很大。当含水率不足时,水泥不能在混合料中完全水化和水解,发挥不了水泥对被稳定材料的稳定作用,影响强度形成。同时,含水率低,达不到最佳含水率也影响水泥稳定材料的压实效果。因此,使含水率达到最佳含水率的同时,也要满足水泥完全水化和水解作用的需要。

水泥正常水化所需的水量约为水泥重的20%,对于砂性土,完全水化达到最高强度的含水率较最佳压实密度所需的含水率要小;而对于黏性土则相反。

(4)施工工艺过程

水泥与被稳定材料和水拌和均匀,且在最佳含水率下充分压实,使之干密度最大,其强度和稳定性就高。水泥稳定材料从开始加水拌和到完成压实的延迟时间要尽可能缩短,一般要控制在6h以内。若时间过长,则水泥开始凝结,在碾压时,不但达不到压实度要求,而且也会破坏已结硬水泥的胶凝作用,反而使水泥稳定材料的强度下降。在水泥终凝时间达不到规定要求时,可以掺加一定剂量的缓凝剂,但缓凝剂的品种和具体数量应根据试验确定。

水泥稳定材料需湿法养护,以满足水泥水化形成强度的需要。养护温度愈高,强度增长的愈快,因此,要保证水泥稳定材料养护的温度和湿度条件。

(三)工业废渣稳定材料

道路上常用的工业废渣有火力发电厂的粉煤灰和煤渣、钢铁厂的高炉渣和钢渣、化肥厂的电石渣以及煤矿的煤矸石等。粉煤灰和煤渣中含有较多的二氧化硅、氧化钙或氧化铝等活性物质,具有结合料的作用。

用石灰稳定工业废渣时,石灰在水的作用下形成饱和的 $Ca(OH)_2$ 溶液,废渣的活性氧化硅、氧化钙和氧化铝等在 $Ca(OH)_2$ 溶液中产生火山灰反应,生成水化硅酸钙和铝酸钙凝胶,把颗粒胶凝在一起,随水化物不断产生结晶而硬化,具有水硬性。温度较高时施工,强度增长较快,但要加强保湿养护。

工业废渣稳定材料主要是用石灰或水泥与之综合稳定,即石灰或水泥工业废渣稳定材料,主要有石灰或水泥粉煤灰类及石灰或水泥其他废渣类。

石灰或水泥稳定工业废渣类基层具有水硬性、缓凝性、强度高(且强度随龄期不断增加)、稳定性好、成板体、抗水、抗冻、抗裂而且收缩性小，适应各种气候环境和水文地质条件等特点。但在施工过程中，粉煤灰易扬尘，且溶于水后污染地下水源，因此在施工时必须做好防范工作，避免环境污染。

二、施工工艺与试验路段

(一)施工工艺

在路面基层施工中，其施工工艺包括拌和工艺和摊铺工艺。根据公路等级的不同，可按表12-27选择基层、底基层材料施工工艺措施。对于边角部位施工，混合料拌和方式应与主线相同，可采用推土机摊铺、平地机整平的人工方式摊铺，并与主线同步碾压成型。

施工工艺选择表　　　　　　　　表 12-27

材料类型	公路等级	结构层位	拌 和 工 艺		摊 铺 工 艺	
			推荐	可选择	推荐	可选择
无机结合料稳定中、粗粒材料	二级及二级以上公路	基层	集中厂拌	—	摊铺机摊铺	—
无机结合料稳定细粒材料		底基层	集中厂拌	—	摊铺机摊铺	推土机摊铺，平地机整平
水泥稳定材料	二级以下公路	基层和底基层	集中厂拌	—	摊铺机摊铺	—
其他各种无机结合料稳定材料		基层和底基层	集中厂拌	人工路拌	摊铺机摊铺	推土机摊铺，平地机整平

基层或底基层宽 11 ~ 12m 时，每一流水作业段长度以 500m 为宜；宽大于 12m 时，作业段宜相应缩短。并应综合考虑下列因素，合理确定每日施工作业段长度：①施工机械和运输车辆的生产效率和数量；②施工人员数量及操作熟练程度；③施工季节和气候条件；④水泥的初凝时间和延迟时间；⑤减少施工接缝的数量。

对水泥稳定材料或水泥粉煤灰稳定材料，应在 2h 之内完成碾压成型，应取混合料的初凝时间与容许延迟时间较短的时间作为施工控制时间。石灰稳定材料或石灰粉煤灰稳定材料层宜在当天碾压完成，最长不应超过 4d。

无机结合料稳定材料，在湿度水平超过所用无机结合料稳定材料所适应的湿度水平的上限时，称为过分潮湿路段，过分潮湿路段上施工时应采取措施，降低潮湿程度、消除积水。

无机结合料稳定材料结构层施工应选择适宜的气候环境，针对当地气候变化制订相应的处置预案。尽可能选择在气温较高的季节组织施工。无机结合料稳定材料施工期的日最低气温应在 5℃以上，在有冰冻的地区，应在第一次重冰冻(指气温达到 -3 ~ -5℃)到来的 15 ~ 30d 之前完成施工。尽量避免在雨季施工，且不应在雨天施工。

(二)铺筑试验路段

在进行大面积施工之前，先铺筑一定长度的试验路段，制定标准施工方法后再进行正式施工是很有必要的。施工单位通过铺筑试验路段，进行施工优化组合，把施工中存在的主要问题找出来，并加以解决，由此提出标准施工方法用以指导大面积施工，使整个工程施工质量高、进度快、经济效益好。

试验段应设置在生产路段上,长度宜为 200~300m。试验段开工前,应符合下列规定:①提交完整的目标配合比报告和生产配合比报告;②正常施工时所配备的施工机械完全进场,且调试完毕;③全部施工人员到位。

在试验段施工期间,应及时检测施工所用原材料的全部技术指标,检测项目及频度应符合表 12-28 的要求。

铺筑试验段时应检测项目及频度要求   表 12-28

检 测 项 目		频 度
混合料击实试验干密度和含水率		不少于 3 个样本
7d 龄期无侧限抗压强度		样本量应符合要求
混合料拌和时	结合料剂量	不少于 4 个样本
	含水率	不少于 4 个样本
	级配	不少于 4 个样本
碾压工艺及压实时	不同松铺系数条件下的实际压实厚度	设定 2~3 个松铺系数
	碾压工艺	设定 2~3 种压实工艺
	压实后的含水率	不少于 6 个样本
	每种压实工艺的压实度	不少于 4 个样本
养护 7d 后	标准养护试件的 7d 无侧限抗压强度	样本量应符合要求
	水泥稳定材料钻芯取样评价芯样外观	取芯样本量不少于 9 个
	对完整芯样切割成标准试件测定强度	符合设计要求
	按车道,每 10m 一个点测定弯沉指标	符合设计要求
	按车道,每 50m 一个点测定承载比	符合设计要求

试验段铺筑阶段应对下列关键工序、工艺进行评价:①拌和设备各档材料的进料比例、速度及精度;②结合料的进料比例和精度;③含水率的控制精度;④松铺系数合理值;⑤拌和、运输、摊铺和碾压机械的协调和配合;⑥压实机械的选择和组合,压实的顺序、速度和遍数;⑦对于人工拌和工艺,应确定合适的拌和设备、方法、深度和遍数;⑧对于人工摊铺碾压工艺,应确定适宜的整平和整形机具和方法。

试验段施工后,应及时总结,总结报告应包括下列内容:①试验段检测报告;②试验段总体效果评价;③施工关键参数的推荐值,包括配合比、含水率、松铺系数、碾压工艺等;④确定每一作业段的合适长度。

试验段不满足技术要求时,应重新铺设试验段。试验段各项指标合格后,方可正式施工。

三、混合料拌和与运输

(一)集中厂拌

混合料的拌和能力与混合料摊铺能力应相匹配。拌和厂应安置在地势相对较高的位置,并做好排水设施。拌和场地应平整并具有足够的承载能力。高速公路和一级公路的拌和厂场地应采用混凝土硬化,混凝土强度等级应不低于 C15,厚度应不小于 200mm。

工程所需的原材料严禁混杂,应分档隔仓堆放,并有明显的标志。细集料,水泥,石灰,粉煤灰等原材料应有覆盖。对于高速公路和一级公路,上述材料严禁露天堆放,应放置于专门搭建的防雨棚内或库房内。

对于高速公路和一级公路,应采用专用稳定材料拌和设备拌制混合料。稳定细粒材料集中拌和时,土块应粉碎,最大尺寸应不大于15mm。

在选择无机结合料稳定中、粗粒材料的拌和生产设备时,对于高速公路和一级公路,混合料拌和设备的产量宜大于500t/h,保证混合料施工现场摊铺施工的连续。拌和设备的料仓数目应与规定的备料档数相匹配,宜较规定的备料档数增加1个。各个料仓之间的挡板高度应不小于1m,避免料仓在加料时各档料的掺混。每个料斗与料仓下面应安装称量精度达到±0.5%的电子秤。

装水泥的料仓应密闭干燥,同时内部应装有破拱装置。对于高速公路,水泥料仓应配备计重装置,不宜通过电机转速计量水泥的添加量。气温高于30℃时,水泥进入拌缸温度宜不高于50℃;高于50℃时应采取降温措施。气温低于15℃时,水泥进入拌缸温度应不低于10℃。

加水量的计量应采用流量计的方式。对于高速公路和一级公路,水的流量数值应在中央控制室的控制面板上显示。

在正式拌制混合料之前,应先调试所用的设备,使混合料的级配组成和含水率都达到配合比设计的规定要求。原材料的颗粒组成发生变化时,应重新调试设备。

采用连续式拌和设备拌和水泥混合料时,所得混合料的级配组成取决于喂料斗中原材料的最大粒径和颗粒组成。如原材料的最大粒径和颗粒组成不符合要求,则混合料的级配组成不可能符合要求。

在稳定中、粗粒材料生产过程中,应按配合比设计确定的材料规格及数量拌和,拌和时间应不少于15s。由于现有大多数连续式拌和设备的拌缸长度不大于5m,混合料在拌缸中的拌和时间不超过10s,有的仅有5~6s,难以保证混合料拌和的均匀性。为此,可采取两次拌和的生产工艺,也就是将两个拌缸串联起来,达到延长拌和时间的目的;也可采用间歇式拌和生产工艺或对设备进行改造,达到能够有效控制拌和时间的目的。

在拌和过程中,应实时监测各个料仓的生产计量,对于高速公路和一级公路,应每10min打印各档料仓(包括结合料的料仓和加水仓)的使用量。某档材料的实际掺加量与设计要求值相差超过10%时,应立即停机检查原因,正常后方可继续生产。

由于气候原因,在施工过程中允许对混合料的含水率进行适当调整,调整幅度为0.5~2个百分点。天气炎热或运距较远时,无机结合料稳定材料拌和时宜适当增加含水率。对稳定中、粗粒材料,混合料的含水率可高于最佳含水率0.5~1个百分点;对稳定细粒材料,含水率可高于最佳含水率1~2个百分点。但需注意:水泥稳定中、粗粒材料,对含水率的变化十分敏感,如控制不好,容易产生"弹簧"现象;同时,在后期的养护过程中容易产生干缩裂缝。因此,在施工期间需慎重调整含水率。对高速公路和一级公路,应从拌和厂取料,每隔2h测定一次含水率,每隔4h测定一次结合料的剂量,并做好记录。

应根据工程量的大小和运距的长短,配备足够数量的混合料运输车。混合料运输车装料前应清理干净车箱,不得存有杂物。混合料运输车装好料后,应用篷布将箱体覆盖严密,直到摊铺机前准备卸料时方可打开。有时由于运距较近,认为不必覆盖篷布也是不对的。实际上在现场施工时经常会遇到各种原因造成的排队等候,导致混合料水分散失,因此,不论运距多远都要覆盖。

对于高速公路和一级公路,水泥稳定材料从装车到运输至现场,时间宜不超过1h,超过2h

时应作为废料处置。如超过 2h,再加上摊铺碾压成型的时间,将会超过水泥稳定材料的初凝时间,导致混合料性能的衰减。对无机结合料稳定中、粗粒材料,在装料过程中应采取措施减小混合料的离析。

(二)人工拌和

混合料人工拌和工艺应包括现场准备、布料和拌和等流程,如图 12-2 所示。

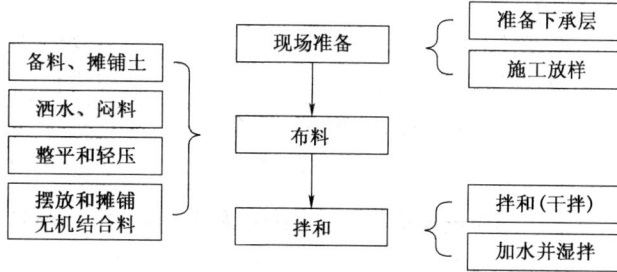

图 12-2 混合料人工路拌法施工的工艺流程

下承层表面应平整、坚实,具有规定的路拱,下承层的平整度和压实度应符合相关规定。下承层为路基时,宜用 12 ~ 15t 三轮压路机或等效的碾压机械碾压 3 ~ 4 遍,并应注意在碾压过程中,发现表层松散时,宜适当洒水。发现"弹簧"现象时,宜采用挖开晾晒、换土、掺石灰或水泥等措施处理。

下承层为粒料底基层时,应检测弯沉值。不符合设计要求时,应根据具体情况,采取措施,使之达到设计要求的标准。下承层为旧路面时,应检查其材料是否符合底基层材料的技术要求;不符合要求时,应翻松原有路面并采取必要的处理措施。底基层或原路面上存在低洼和坑洞时,应填补及压实;对搓板和辙槽,应刮除;对松散,应耙松洒水并重新碾压,达到平整密实。新完成的底基层或路基,应按相关标准的规定验收,验收合格后方可铺筑上层稳定材料层。

在槽式断面的路段,宜在两侧路肩上每隔 5 ~ 10m 交错开挖泄水沟。应在底基层或原有路面或路基上恢复中线,直线段应每 15 ~ 20m 设一桩,平曲线段应每 10 ~ 15m 设一桩,并应在两侧路肩边缘外设指示桩。在两侧指示桩上应用明显标记标出稳定材料层边缘的设计高程。

使用原路面或路基上部材料备料时,要清除原有路面上或路基表面的石块等杂物。每隔 10 ~ 20m 挖一小洞,使洞底高程与预定的无机结合料稳定材料层的底面高程相同,并在洞底做一标记,控制翻松及粉碎的深度。用犁、松土机或装有强固齿的平地机或推土机将原有路面或路基的上部翻松到预定的深度,土块应粉碎到符合要求。用犁将土向路中心翻松,使预定处治层的边部呈一个垂直面。用专用机械粉碎黏性土。无专用机械时,也可用旋转耕作机、圆盘耙等设备粉碎塑性指数不大的土。

使用料场的材料备料时,在采集材料前,应将树木、草皮和杂土清除干净。应筛除材料中的超尺寸颗粒。在预定的深度范围内采集材料,不宜分层采集,不应将不合格的材料与合格的材料一起采集。对塑性指数大于 12 的黏性土,可视土质和机械性能确定是否需要过筛。

在计算现场拌和的工程数量时,应根据各路段无机结合料稳定材料层的宽度、厚度及预定的干密度,计算各路段需要的干燥材料的数量。根据料场材料的含水率和所用运料车辆的吨位,计算每车料的堆放距离。根据无机结合料稳定材料层的厚度和预定的干密度及水泥剂量,计算每平方米无机结合料的用量,并确定摆放的纵横间距。

堆料前应用两轮压路机碾压 1~2 遍,整平表面,并在预定堆料的路段上洒水,使其表面湿润,但不宜过分潮湿。材料装车时,应控制每车料的质量基本相等。在同一料场供料的路段内,宜由远到近将料按规定计算距离卸置于下承层表面的中间或两侧。应严格掌握卸料距离。材料在下承层上的堆置时间不宜过长。材料运送宜比摊铺工序提前 1~2d。路肩用料与稳定材料层用料不同时,应先将两侧路肩培好。路肩料层的压实厚度应与稳定材料层的压实厚度相同。在两侧路肩上,宜每隔 5~10m 交错开挖临时泄水沟。

石灰稳定材料除应满足上述相关的规定外,还应做到分层采集材料时,应将不同层位材料混合装车运送到现场。对塑性指数小于 15 的黏性土,可视土质和机械性能确定是否需要过筛。石灰应选择邻近水源、地势较高且宽敞的场地集中覆盖封存堆放。生石灰块应在使用前 7~10d 充分消解,消解后的石灰应保持一定的湿度,不得产生扬尘,也不可过湿成团。消石灰宜过 9.5mm 筛,并尽快使用。材料组成设计与现场实际施工的时间间隔长时,应重新做材料组成设计。被稳定材料宜先摊平并用两轮压路机碾压 1~2 遍,再人工摊铺石灰。按计算的每车石灰的纵横间距,在被稳定材料层上做标记,并画出边线。用刮板将石灰均匀摊开,表面应没有空白位置。应量测石灰的松铺厚度,校核石灰用量。

石灰堆放时间长时,特别在没有覆盖的情况下,其有效氧化钙和氧化镁的含量会大幅度下降,原先质量符合等级要求的石灰在无覆盖情况下堆放几个月,其质量可降到不符合要求的等级甚至是等外石灰,影响混合料的强度和稳定性。石灰在使用前应充分消解。使用消解不充分的石灰稳定土,碾压完成后,在养护过程中会引起局部胀松鼓包,影响稳定土层的强度和平整度。如材料组成设计与现场实际施工的时间间隔长,石灰的质量可能明显降低。为保证石灰稳定材料具有规定的强度,需要重新做材料组成设计。石灰摊铺均匀是石灰在混合料中分布均匀的前提。只有在平整和具有一定密度的材料层上,人工摊铺石灰才能均匀。因此,材料需要摊平并碾压 1~2 遍,这对稳定细粒材料和人工摊铺粒料尤为重要。

石灰粉煤灰稳定材料除应满足上述相关的规定外,还应做到:粉煤灰在场地集中堆放时,应覆盖,避免雨淋。在堆放过程中粉煤灰凝结成块时,使用前应打碎。运到现场的粉煤灰应含有足够的水分,在干燥和多风季节,应采取措施保持表面湿润。采用石灰粉煤灰时,应先将粉煤灰运到现场。每种材料摊铺均匀后,宜先用两轮压路机碾 1~2 遍,再运送并摊铺下一种材料。

水泥稳定材料应做到:被稳定材料应在摊铺水泥的前一天摊铺,雨季施工期间,预计第二天有雨时,不宜提前摊铺材料。摊铺长度应按日进度的需要量控制。摊铺材料过程中,应将土块、超尺寸颗粒及其他杂物拣除。土中有较多土块时,应粉碎。按计算的每袋水泥摆放的纵横间距,在被稳定材料层上做标记,并将当日施工用水泥卸在做标记的地点,并检查有无遗漏和多余。用刮板将水泥均匀摊开,路段表面应没有空白位置,也没有水泥过分集中的区域,每袋水泥的摊铺面积应相等。

混合料松铺系数可采用表 12-29 中的推荐值,也可通过试验确定。

应检验松铺土层的厚度,其厚度应满足预定的要求。人工摊铺的土层整平后,应采用两轮压路机碾压 1~2 遍,使其表面平整,并有一定的压实度。已整平材料含水率过小时,应在土层上洒水闷料,且洒水应均匀。严禁洒水车在洒水段内停留和掉头。采用高效率的路拌机械时,闷料时宜一次将水洒够。采用普通路拌机械时,闷料时所洒水量宜较最佳含水率低 2~3 个百分点。细粒材料应经过一夜闷料,中、粗粒材料可视其中细粒材料的含量,缩短闷料时间。对综合稳定材料,应先将石灰和土拌和后一起闷料。对水泥稳定材料,应在摊铺水泥前闷料。

表 12-29

混合料松铺系数推荐值

混合料类型	材料名称	松铺系数	备注
水泥稳定材料	中、粗粒材料	1.30~1.35	—
	细粒材料	1.53~1.58	现场人工摊铺土和水泥,机械拌和,人工整平
石灰稳定材料	石灰土	1.53~1.58	现场人工摊铺土和石灰,机械拌和,人工整平
		1.65~1.70	路外集中拌和,运到现场人工摊铺
	石灰土砂砾	1.52~1.56	路外集中拌和,运到现场人工摊铺
石灰粉煤灰稳定材料	细粒材料	1.50~1.70	
	中、粗粒材料	1.30~1.50	—
	石灰煤渣土	1.60~1.80	人工铺筑
	石灰煤渣稳定材料	1.30~1.50	
		1.20~1.30	机械拌和及机械整形
级配碎石		1.40~1.50	人工摊铺混合料
		1.25~1.35	平地机摊铺混合料

严禁在拌和层底部留有素土夹层,当采用专用稳定材料拌和设备拌和时,设专人随时检查拌和深度,并配合拌和设备操作员调整拌和深度。拌和深度应达稳定层底并宜侵入下承层不小于 5~10mm。

二级以下公路在没有专用拌和设备时,可用农用旋转耕作机与多铧犁或平地机相配合拌和,拌和时间不可过长。

对石灰稳定碎石或砾石,在拌和时应先将石灰和需添加的黏性土拌和均匀,然后均匀地摊铺在碎石或砾石层上,再一起拌和。对石灰稳定塑性指数大的黏土,宜先加 70%~100% 预定剂量的石灰拌和,闷放 1~2d,再补足需用的石灰,进行第二次拌和。

对于石灰粉煤灰稳定中、粗粒材料,应先将石灰和粉煤灰拌和均匀,然后均匀地摊铺在材料层上,再一起拌和。拌和过程结束时,应及时检测含水率,含水率宜略大于最佳含水率。含水率不足时,宜用喷管式洒水车补充洒水。洒水车不应在正在拌和以及当天计划拌和的路段上掉头和停留。碾压时混合料的含水率可以略大于最佳含水率,是为了弥补碾压过程中水分的损失。洒水后,应及时再次拌和。混合料拌和均匀后应色泽一致,没有灰条、灰团和花面,以及无明显粗细集料离析现象。

四、摊铺与碾压

(一)摊铺机摊铺与碾压

混合料摊铺应保证足够的厚度,碾压成型后每层的摊铺厚度宜不小于 160mm,最大厚度宜不大于 200mm。具有足够的摊铺能力和压实功率时,可适当增加碾压厚度。碾压厚度的增加,可以减少结构层的数量,改善层间结合,提高路面结构的整体性。但是要实现大厚度摊铺碾压,需要具备相应的大功率摊铺设备和足够的碾压设备和碾压功率。同时,需要通过灌砂、钻芯等手段加强质量抽检,确保摊铺混合料的压实度、均匀性满足技术要求。具体的摊铺厚度应根据试验结果确定。大厚度的摊铺施工时,应增加相应的拌和能力。混合料拌和能力没有提高时,大厚度摊铺不能有效提高混合料的施工效率,反而出现严重的等料情况,影响混合料摊铺的均匀性,造成过多的施工缝,影响施工质量。因此,如混合料的摊铺厚度为240mm,比传统的200mm增加20%的厚度时,相应的混合料拌和能力也需要提高20%。

应在下承层施工质量检测合格后,开始摊铺上面结构层。采用两层连续摊铺时,下层质量出现问题时,上层应同时处理。上下两层连续摊铺可以有效改善层间结合状态,缩短养护周期及节约成本,缩短施工工期,因此被不少单位使用。但是,这种施工方法缺乏对下层质量的有效控制,因此两层连续摊铺的施工工艺需慎重使用。

下承层是稳定细粒材料时,宜先将下承层顶面拉毛或采用凸块式压路机碾压,再摊铺上层混合料;下承层是稳定中、粗粒材料时,应先将下承层清理干净,并洒铺水泥净浆,再摊铺上层混合料。

应采用摊铺功率不低于120kW的沥青混凝土摊铺机或稳定材料摊铺机摊铺混合料。采用两台摊铺机并排摊铺时,两台摊铺机的型号及磨损程度宜相同。在施工期间,两台摊铺机的前后间距宜不大于10m,且两个施工断面纵向应重叠300~400mm。对无法使用机械摊铺的超宽路段,应采用人工同步摊铺、修整,并同时碾压成型。摊铺机前宜增设橡胶挡板,橡胶挡板底部距下承层距离宜不大于100mm。在摊铺机后面应设专人消除粗细集料离析现象,及时铲除局部粗集料堆积或离析的部位,并用新拌混合料填补。

对高速公路和一级公路,在摊铺过程中宜设立纵向模板。二级以下公路没有摊铺机时,可采用摊铺箱摊铺混合料。

水泥稳定材料结构层施工时,应在混合料处于或略大于最佳含水率的状态下碾压。气候炎热干燥时,碾压时的含水率可比最佳含水率增加0.5~1.5个百分点。

石灰稳定材料和石灰粉煤灰稳定材料碾压时应处于最佳含水率或略大于最佳含水率状态,含水率宜增加1~2个百分点。

应根据施工情况配备足够的碾压设备。双向四车道高速公路或一级公路的半幅摊铺时,应配备不少于4台重型压路机。双向六车道的半幅摊铺时,应配备不少于5台重型压路机。

应安排专人负责指挥碾压,严禁漏压和产生轮迹。采用钢轮压路机初压时,宜采用双钢轮压路机稳压2~3遍,再用激振力大于35t的重型振动压路机、18~21t三轮压路机或25t以上的轮胎压路机继续碾压密实,最后采用双钢轮压路机碾压,消除轮迹。采用轮胎压路机初压时,应采用25t以上的重轮胎压路机稳压1~2遍,错轮不超过1/3的轮迹带宽度,再采用重型振动压路机碾压密实,最后采用双钢轮压路机碾压,消除轮迹。

工程实践证明,这种碾压方式对厚度较大的稳定中、粗粒材料结构层具有良好的碾压效果,可以有效减少碾压过程中造成的施工离析。但是在后续的碾压过程中要注意消除轮迹。

对稳定细粒材料,在采用上述碾压工艺时,最后的碾压收面可采用凸块式压路机碾压。采用凸块式压路机碾压时,需注意土质类型和碾压时机。

在碾压过程中出现软弹现象时,应及时将该路段混合料挖出,重新换填新料碾压。碾压成型后的表面应平整、无轮迹。碾压完成后,在保证压实度的前提下,路面表面没有轮迹是基本的施工要求。碾压过程中,压路机严禁随意停放,应停放在已碾压完成的路段。

混合料摊铺时,应保持连续。对水泥稳定材料,因故中断时间大于2h时,应设置横向接缝,并应人工将末端含水率合适的混合料整齐,紧靠混合料末端放两根方木,方木的高度应与混合料的压实厚度相同,整平紧靠方木的混合料。方木的另一侧用砾石或碎石回填约 3m 长,其高度应高出方木 2~3cm,并碾压密实。在重新开始摊铺混合料之前,应将砾石或碎石和方木除去,并将下承层顶面清扫干净。摊铺机应返回到已压实层的末端,重新开始摊铺混合料。摊铺中断大于 2h 且未按上述方法处理横向接缝时,应将摊铺机附近及其下面未经压实的混合料铲除,并将已碾压密实且高程和平整度符合要求的末端挖成与路中心线垂直并垂直向下的断面,再摊铺新的混合料。如不按规定做成垂直相接,接缝处就会成为一条薄弱带,该薄弱带上沥青面层会很快龟裂破坏。

摊铺时宜避免纵向接缝,分两幅摊铺时,纵向接缝处应加强碾压。存在纵向接缝时,纵缝应垂直相接,严禁斜接。在前一幅摊铺时,宜在靠中央的一侧用方木或钢模板做支撑,方木或钢模板的高度应与稳定材料层的压实厚度相同。应在摊铺另一幅之前拆除支撑。

碾压贫混凝土等强度较高的基层材料成型后可采用预切缝措施。预切缝的间距宜为 8~15m。宜在养护的 3~5d 内切缝。切缝深度宜为基层厚度的 1/3~1/2,切缝宽度约 5mm。切缝后应及时清理缝隙,并用热沥青填满。

(二)人工摊铺与碾压

混合料拌和均匀后,应及时用平地机初步整形。在直线段,平地机由两侧向路中心刮平;在平曲线段,平地机由内侧向外侧刮平。必要时,再返回刮一遍。在初平的路段上,应用拖拉机、平地机或轮胎压路机快速碾压一遍。整形前,对局部低洼处应用齿耙将其表层 50mm 以上的材料耙松,并用新拌的混合料找平,再碾压一遍。应用平地机再整形一次,应将高处料直接刮出路外,严禁形成薄层贴补现象。反复整形,直至满足技术要求,每次整形都应达到规定的坡度和路拱。

人工整形时,应用锹和耙先将混合料摊平,用路拱板整形。用拖拉机初压 1~2 遍后,应根据实测松铺系数,确定纵横断面高程,并设置标记和挂线。在整形过程中,严禁任何车辆通行,并应保持无明显的粗细集料离析现象。

平地机整形易将粗集料刮到表面,造成离析,而且平地机来回刮平的次数愈多,离析现象可能愈严重。需设一小组负责消除平地机整形后的离析现象,将粗集料铲除,换以新鲜的拌和均匀的混合料。

应根据路宽、压路机的轮宽和轮距的不同,制订碾压方案,使各部分碾压到的次数尽量相同,路面的两侧宜多压 2~3 遍。整形后,混合料的含水率满足要求时,应立即对结构层进行全宽碾压。在直线段和不设超高的平曲线段,宜从两侧路肩向路中心碾压,且轮迹应重叠 1/2 轮宽,后轮应超过两段的接缝处。碾压次数宜为 6~8 遍。压路机前两遍的碾压速度宜为 1.5~1.7km/h,以后宜为 2.0~2.5km/h。

采用人工摊铺和整形的稳定材料层,宜先用拖拉机或 6~8t 两轮压路机或轮胎压路机碾压 1~2 遍,再用重型压路机碾压。

严禁压路机在已完成的或正在碾压的路段上掉头或紧急制动。碾压过程中,无机结合料稳定材料的表面应始终保持湿润,水分蒸发过快时,宜及时补洒少量的水,严禁大量洒水。碾压过程中,有"弹簧"、松散、起皮等现象时,应及时翻开重新拌和或用其他方法处理。在碾压结束前,应用平地机终平一次,纵坡、路拱和超高应符合设计要求。终平时,应将局部高出部分刮除并扫出路外;对局部低洼之处,不再找补。碾压应达到要求的压实度,并没有明显的轮迹。

同日施工的两工作段的衔接时,前一段拌和整形后,留 5 ~ 8m 不碾压。后一段施工时,在前一段的未压部分再加部分水泥重新拌和,并与后一段一起碾压。

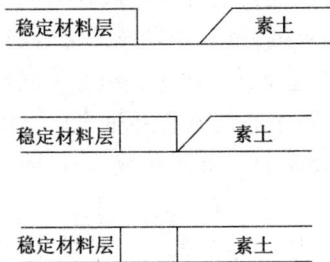

应做好每天最后一段的施工缝。在已碾压完成的无机结合料稳定材料层末端,挖一条横贯铺筑层全宽的宽约 300mm 的槽,直至下承层顶面,形成与路的中心线垂直并垂直向下的断面,并放两根与压实厚度等厚、长为全宽一半的方木紧贴垂直面,见图 12-3。用原挖出的材料回填槽内其余部分。第二天邻接作业段拌和后除去方木,用混合料回填。靠近方木未能拌和的一小段,应人工补充拌和。整平时,接缝处的稳定材料应较已完成断面高出约 50mm。新混合料碾压过程中,应将接缝修整平顺。

图 12-3 横向接缝处理示意图

施工机械需要掉头时,应在准备用于掉头的 8 ~ 10m 长的稳定材料层上,覆盖一张厚塑料布或油毡纸,再铺上约 100mm 厚的土、砂或砾石。整平时,宜用平地机将塑料布或油毡纸上大部分材料除去,再人工除去余下的材料,并收起塑料布或油毡纸。

水泥稳定材料层的施工应避免纵向接缝。分两幅施工时,纵缝应垂直相接。前一幅施工时,在靠中央一侧应用与稳定材料层的压实厚度相同的方木或钢模板作支撑。混合料拌和结束后,靠近支撑的部分,应人工补充拌和,再整形和碾压。应在铺筑后一幅之前拆除支撑。后一幅混合料拌和结束后,靠近前一幅的部分,宜人工补充拌和,再整形和碾压。

五、养护及层间处理

(一)养护及交通管制

无机结合料稳定材料层碾压完成并经压实度检查合格后,应及时养护,基层从摊铺碾压完成,到铺筑上层结构层之前都属于养护期。因此,施工单位需制订合理的施工组织设计,安排好工序。无机结合料稳定材料层养护期宜不少于 7d,7d 是无机结合料稳定材料施工质量控制的一个时间节点。在第 7d 需要开展一系列的质量评定检测,因此,一般情况下,无机结合料稳定材料施工后需要养护 7d。但这并不意味着仅需要养护 7d,其养护期可直至上承层铺设之前。由于在上承层施工之前,需要对现有施工断面进行清理并进行施工机械的调运、安装以及必要的层间处理。因此,养护期宜延长至上层结构开始施工前 2d。

养护可采取洒水养护、薄膜覆盖养护、土工布覆盖养护、铺设湿砂养护、草帘覆盖养护、洒铺乳化沥青养护等方式,宜结合工程实际情况选择适宜的方式。

无机结合料稳定材料结构层养护 7d 后,其结构强度仍无法承受施工期间各种运料车的荷载,极易导致各种裂缝的产生。因此,养护期间应封闭交通,除洒水车和小型通勤车辆外严禁其他车辆通行。

为了保证无机结合料稳定材料的质量,防止被冻坏,无机结合稳定材料层过冬时应采取必要的保护措施。如合理安排基层施工时间,对直接暴露过冬的水泥稳定材料,其上需覆盖 100 ~ 200mm 的砂土保护层等。根据结构层位的不同和施工工序的要求,应择机进行层间处理。

1. 养护方式

洒水养护宜作为水泥稳定材料的基本养护方式。每天洒水次数应视气候和气温条件而定。高温期施工,应上、下午各洒水 2 次。养护期间,稳定材料层表面应始终保持湿润。对于石灰稳定或石灰粉煤灰稳定材料层应注意表层情况,必要时,可用两轮压路机补充压实。

采用薄膜覆盖养护应时,混合料摊铺碾压成型后,可覆盖薄膜,薄膜厚度宜不小于 1mm。薄膜之间应搭接完整,避免漏缝,薄膜覆盖后应用砂土等材料呈网格状堆填,局部薄膜破损时,应及时更换。养护至上层结构层施工前 1~2d,方可将薄膜掀开。对蒸发量较大的地区或养护时间大于 15d 的工程,在养护过程中应适当补水。

采用土工布养护时,宜采用透水式土工布全断面覆盖,也可铺设防水土工布。铺设过程中应注意缝之间的搭接,不应留有间隙。铺设土工布后,应注意洒水,每天洒水次数应视气候和气温条件而定。高温期施工,上、下午宜各洒水一次。养护至上层结构层施工前 1~2d,方可将土工布掀开。在养护过程中应采取有效措施防止土工布破损。

采用铺设湿砂养护时,湿砂层厚宜为 70~100mm。砂铺匀后,宜立即洒水,并在整个养护期间保持砂的潮湿状态,不得用湿黏性土覆盖。养护结束后,应将覆盖物清除干净。

采用草帘覆盖养护时,要全断面铺设草帘。草帘铺设后应注意洒水,每天洒水的次数应视气候和气温条件而定。高温期施工,上、下午应各洒水一次,每次洒水应将草帘浸湿。必要时可采用土工布与草帘双层覆盖养护。

对沥青面层厚度大于 20cm 的结构或二级及二级以下公路的无机结合料稳定材料的基层可采用洒铺乳化沥青方式养护。当表面干燥时,宜先喷洒少量水,再喷洒沥青乳液。采用稀释沥青时,宜待表面略干时再喷洒沥青。在用乳液养护前,应将基层清扫干净。沥青乳液的沥青用量宜采用 $0.8~1.0kg/m^2$,分两次喷洒。第一次喷洒时,宜采用沥青含量约 35% 的慢裂沥青乳液,第二次宜喷洒浓度较大的沥青乳液。不能避免施工车辆通行时,应在乳液破乳后撒布粒径 4.75~9.5mm 的小碎石,做成下封层。

采用洒铺乳化沥青方式养护曾在我国不少工程中使用过,但实践表明,这种方法不利于基层与沥青面层的有效结合,特别是对于极重、特重交通荷载等级,或沥青面层厚度小于 180mm 的路面结构。因此,其使用条件需要限定。

2. 交通管制

正式施工前宜建好施工便道。对高速公路和一级公路,无施工便道,则不应施工。修建施工便道主要是为了施工期间便于大型施工车辆的通行,避免对强度尚未形成的无机结合料稳定材料结构层的碾压,干扰其养护以及造成早期损伤。无机结合料稳定材料养护期间,小型车辆和洒水车的行驶速度应小于 40km/h。行驶速度过快,容易造成养护路段覆盖材料的损坏。无机结合料稳定材料养护 7d 后,施工需要通行重型货车时,应有专人指挥,按规定的车道行驶,且车速应不大于 30km/h。

无法安排施工便道而需要车辆通行时,应合理安排施工工序,无机结合料稳定材料应适当提高早期强度,并保障 7~15d 的养护期。可在硬路肩或临时停车带的位置画出专门车道,专人指挥车辆通行。限定载重车辆的轴载,应不大于 13t。

(二)层间处理

1. 无机结合料稳定材料层之间的处理

在上层结构施工前,应将下层养护用材料彻底清理干净。应采用人工、小型清扫车以及洒水冲刷的方式将下层表面的浮浆清理干净。下承层局部存在松散现象时,也应彻底清理干净。下承层清理后应封闭交通。在上层施工前 1~2h,宜洒布水泥或洒铺水泥净浆。可采用上下结构层连续摊铺施工的方式,每层施工应配备独立的摊铺和碾压设备,不得采用一套设备在上下结构层来回施工。

有些工程采用上下结构层连续施工的方式保证层间结合,但这样施工需配备两套摊铺设备,以减少施工缝。同时也要求稳定土拌和设备具有足够的生产能力,才能保证上下结构层的连续施工。稳定细粒材料结构层施工时,根据土质情况,最后一道碾压工艺可采用凸块式压路机碾压。

2. 无机结合料稳定类基层与沥青面层之间的处理

在沥青面层施工前 1~2d 内,应清理基层顶面。应彻底清除基层顶面养护期间的覆盖物。应采用人工清扫、小型清扫车、空压机以及洒水冲刷等方式将基层表面的浮浆清理干净。基层表面达到无浮尘、无松动状态。清理出小坑槽时,不得用原有基层材料找补。清理出较大范围松散时,应重新评定基层质量,必要时宜返工处理。

在基层表面干燥的状态下,可洒铺透层油。透层油宜采用稀释沥青、煤沥青或乳化沥青,沥青洒铺量宜为 $0.3~0.6kg/m^2$。透层油施工后严禁一切车辆通行,直至上层施工。下封层或黏层应在透层油挥发、破乳完成后施工,并封闭交通。

对极重、特重交通荷载等级或较薄的沥青面层,基层顶面应采用热洒沥青的方式加强层间结合。根据工程情况,热洒沥青可采用普通沥青、改性沥青或橡胶沥青。对高速公路和一级公路的极重、特重交通荷载等级,或沥青面层厚度小于 150mm 时,宜选择 SBS 改性沥青或橡胶沥青。普通沥青的洒铺量宜为 $1.8~2.2kg/m^2$,SBS 改性沥青宜为 $2.0~2.4kg/m^2$,橡胶沥青宜为 $2.2~2.6kg/m^2$。沥青洒铺时应均匀,避免漏洒,纵向接缝应重叠 2/3 单一喷口的洒铺范围,横向接缝应齐整,不应重叠。撒布的碎石宜选择洁净、干燥、单一粒径的石灰岩石料,超粒径含量应不大于 10%,粒径范围宜为 13.2~19mm。碎石撒布前应通过拌和设备加热、除尘、筛分,碎石撒布到路面前的温度应不低于 80℃。碎石撒布量宜为满铺面积的 60%~70%,不得重叠。沥青洒铺量与沥青的黏度大小成正比,黏度越大,沥青洒铺量越多,工程效果越好。只有保障碎石的单一粒径,才能保证碎石撒布的均匀性,同时撒布碎石的粒径过小容易导致碎石的重叠,造成层间滑动。加热碎石是保障碎石与沥青有效黏结的必要措施。

高速公路和一级公路,应采用分离式的施工设备。沥青洒铺车的容量宜不少于 10t,1 台沥青洒铺车应配备 2 台碎石撒布车。为了保障连续施工、提高施工效率,这种设备组合是最合理的。同步碎石施工设备尽管可以同时洒铺沥青和撒布碎石,施工方便,但是施工效率低,存在质量控制的盲点,无法随时检测沥青洒铺量和碎石撒布量,因此不宜用于高速公路和一级公路的施工。

3. 基层收缩裂缝的处理

基层在养护过程中出现裂缝,经过弯沉检测,结构层的承载能力满足设计要求时,可继续铺筑上面的沥青面层,也可采取在裂缝位置灌缝;在裂缝位置铺设玻璃纤维格栅;洒铺热改性沥青等措施处理裂缝。灌缝时原则上不对裂缝扩缝。铺设玻璃纤维格栅与洒铺热改性沥青综合处治是当前处治裂缝向上反射的最佳措施,适用于基层裂缝比较严重的路段。

六、施工质量标准与控制

1. 基本要求

基层、底基层施工质量标准与控制应包括原材料检验、施工参数确定、施工过程中的质量检查验收等方面。要按相关要求备料,严把进料质量关。按施工需求合理布置建设场地,选择适宜的拌和、摊铺和碾压机械。将试验段确定的施工参数作为施工过程中质量控制的标准。健全工地试验室能力,试验、检验数据真实、完整、可靠。各个工序完结后,应检查验收;合格后,方可进行下一个工序。

施工过程中发现质量缺陷时,应加大检测频率;必要时应停工整顿,查找原因。施工关键工序宜拍摄照片或录像,作为现场记录保存。施工结束后,应清理现场,处理废弃物,恢复耕地或绿化,做到工完场清。高速公路和一级公路,应在拌和厂内或距离不超过 1km 的范围内设有功能完备的试验室。

工程质量的过程化控制,关键在于人。工地试验室的人员配置是保证生产过程中质量控制的必要措施之一。在施工过程中,应配备有相关试验资质的试验操作人员。每个工地试验室的试验操作人员宜不少于 8 人,同时应明确每个质量控制环节上的责任人。

2. 材料检验

在施工前以及在施工过程中,原材料或混合料发生变化时,应检验拟采用材料。用作基层和底基层的细颗粒土,应按表 12-30 所列试验项目和要求检测评定。

基层和底基层用土试验项目和要求 表 12-30

项 次	试验项目	试验目的	试验频度	试验方法
1	含水率	确定原始含水率	每天使用前测 2 个样品	T 0801/T 0803
2	液限、塑限	求塑性指数,审定是否符合规定	每种土使用前测 2 个样品,使用过程中每 2000m³ 测 2 个样品	T 0118/T 0119
3	颗粒分析	审定级配是否符合要求,确定材料配合比	每种土使用前测 2 个样品,使用过程中每 2000m³ 测 2 个样品	T 0115
4	有机质和硫酸盐含量	审定土质是否适宜用于石灰或水泥稳定	对土有怀疑时	T 0151/T 0153

用作基层和底基层的碎石、砾石等粗集料,应按表 12-31 所列试验项目和要求检测评定。

基层和底基层用碎石、砾石试验项目和要求 表 12-31

项 次	试验项目	试验目的	试验频度	试验方法
1	含水率	确定原始含水率	每天使用前测 2 个样品	T 0801/T 0803
2	液限、塑限	确定塑性指数,审定是否符合规定	每种材料使用前测 2 个样品,使用过程中每 2000m³ 测 2 个样品	T 0118/T 0119

项 次	试 验 项 目	试 验 目 的	试 验 频 度	试 验 方 法
3	级配	审定级配是否符合要求,确定材料配合比	每档碎石使用前测 2 个样品,使用过程中每 2000m³ 测 2 个样品	T 0303
4	毛体积相对密度、吸水率	评定粒料质量,计算固体体积率		T 0304/T 0308
5	压碎值	评定石料的抗压碎能力是否符合要求	使用前测 2 个样品,砾石使用过程中每 2000m³ 测 2 个样品,碎石种类变化重做 2 个样品	T 0316
6	粉尘含量	评定石料质量		T 0310
7	针片状颗粒含量	评定石料质量		T 0312
8	软石含量	评定石料质量		T 0320

注:只有级配砾石或级配碎石中 0.6mm 以下的细颗粒土需要进行液限、塑限试验。

用作基层和底基层的细集料,应按表 12-32 所列试验项目和要求检测评定。

基层和底基层用细集料试验项目和要求 表 12-32

项 次	试 验 项 目	试 验 目 的	试 验 频 度	试 验 方 法
1	含水率	确定原始含水率	每天使用前测 2 个样品	T 0801/T 0803
2	液限、塑限	确定塑性指数,审定是否符合规定	每种细集料使用前测 2 个样品,使用过程中每 2000m³ 测 2 个样品	T 0118/T 0119
3	级配	审定级配是否符合要求,确定材料配合比	每档材料使用前测 2 个样品,使用过程中每 2000m³ 测 2 个样品	T 0327
4	毛体积相对密度、吸水率	评定粒料质量,计算固体体积率	使用前测 2 个样品,使用过程中每 2000m³ 测 2 个样品	T 0328/T 0352
5	有机质和硫酸盐含量	审定土质是否适宜用于石灰或水泥稳定	对土有怀疑时	T 0336/T 0341

用作基层和底基层的水泥、粉煤灰和石灰等结合料,应按表 12-33 所列试验项目和要求检测评定。

基层和底基层用结合料试验项目和要求 表 12-33

结合料	试 验 项 目	试 验 目 的	试 验 频 度	试 验 方 法
水泥	水泥强度等级和初、终凝时间	确定水泥的质量是否适宜使用	做材料组成设计时测 1 个样品,料源或强度等级变化时重做	T 0505/T 0506
粉煤灰	含水率	确定原始含水率	每天使用前测 2 个样品	T 0801/T 0803
	烧失量	确定粉煤灰是否适用	做材料组成设计时测 2 个样品	T 0817
	细度	确定粉煤灰质量	做材料组成设计时测 2 个样品	T 0818
	二氧化硅等氧化物含量	确定粉煤灰质量	每天使用前测 2 个样品	T 0816

结合料	试验项目	试验目的	试验频度	试验方法
石灰	含水率	确定原始含水率	每天使用前测 2 个样品	T 0801/T 0803
	有效钙、镁含量	确定石灰质量	做材料组成设计和生产使用时分别测 2 个样品,以后每月测 2 个样品	T 0811/T 0812 /T 0813
	残渣含量	确定石灰质量	做材料组成设计和生产使用时分别测 2 个样品,以后每月测 2 个样品	T 0815

高速公路的基层施工时,各档粗集料的超粒径含量应不大于 15%,其中主粒径通过率的变异系数应不大于 10%。应根据至少连续 7d 在料堆不同位置取料的筛分结果确定其变异系数,样本量宜不少于 10 个。

在实际工程中生产混合料时,如粗集料备料规格为 4.75~9.5mm(俗称 5~10mm)、9.5~19mm(俗称 10~20mm)和 19~26.5mm(俗称 20~25mm)。所谓超粒径含量不大于 15%,是指对 4.75~9.5mm 档料,大于 9.5mm 和小于 4.75mm 的料的总含量不大于 15%;对 9.5~19mm 档料,大于 19mm 和小于 9.5mm 的料的总含量不大于 15%;对 19~26.5mm 档料,大于 26.5mm 和小于 19mm 的料的总含量不大于 15%。

主粒径通过率的变异系数不大于 10% 的含义指:对 4.75~9.5mm 档料,4.75mm 和 9.5mm 的通过率的变异系数不大于 10%;对 9.5~19mm 档料,9.5mm、13.2mm 和 19mm 的通过率的变异系数不大于 10%;对 19~26.5mm 档料,19mm 和 26.5mm 的通过率的变异系数不大于 10%。

初步确定使用的基层和底基层混合料,包括非整体性材料,应按表 12-34 所列试验项目和要求检测评定。

基层和底基层混合料试验项目和要求　　　　　表 12-34

项　次	试验项目	试验目的	试验频度	试验方法
1	重型击实试验	确定最佳含水率和最大干密度	材料发生变化时	T 0804
2	承载比(CBR)	确定非整体性材料是否适宜做基层或底基层	材料发生变化时	T 0134
3	抗压强度	确定非整体性材料是否适宜做基层或底基层	每次配合比试验	T 0805
4	延迟时间	确定延迟时间对混合料密度和抗压强度的影响,确定施工允许的延迟时间	水泥品种变化时	T 0805
5	绘制 EDTA 标准曲线	对施工过程中水泥、石灰剂量有效控制	水泥、石灰品种变化时	T 0809

3. 施工过程检测

施工过程中的质量控制应包括外形尺寸检查及内在质量检验两部分。外形尺寸检查项目、频度和质量标准应符合表 12-35 的规定。

外形尺寸检查项目、频度和质量标准 表 12-35

工程类别	项 目		频 度	质 量 标 准	
				高速公路和一级公路	二级及二级以下公路
基层	纵断高程(mm)		二级及二级以下公路每 20m 测 1 点;高速公路和一级公路每 20m 测 1 个断面,每个断面测 3~5 个点	+5~-10	+5~-15
	厚度(mm)	均值	每 1500~2000m² 测 6 点	≥-8	≥-10
		单个值		≥-10	≥-20
	宽度(mm)		每 40m 测 1 处	>0	>0
	横坡度(%)		每 100m 测 3 处	±0.3	±0.5
	平整度(mm)		每 200m 测 2 处,每处连续测 10 尺(3m 直尺)	≤8	≤12
			连续式平整度仪的标准差(mm)	≤3.0	—
底基层	纵断高程(mm)		二级及二级以下公路每 20m 测 1 点;高速公路和一级公路每 20m 测 1 个断面,每个断面测 3~5 个点	+5~-15	+5~-20
	厚度(mm)	均值	每 1500~2000m² 测 6 点	≥-10	≥-12
		单个值		≥-25	≥-30
	宽度(mm)		每 40m 测 1 处	>0	>0
	横坡度(%)		每 100m 测 3 处	±0.3	±0.5
	平整度(mm)		每 200m 测 2 处,每处连续测 10 尺(3m 直尺)	≤12	≤15

施工过程中的内在质量控制应分为原材料质量控制、拌和质量控制、摊铺及碾压质量控制等四部分。对集中厂拌、摊铺机摊铺的施工工艺,应在拌和(料)场与施工现场分别进行控制。质量控制的项目、内容应符合表 12-36 的规定,实际检测频率应不低于表中的要求,检测结果应满足设计或具体工程的技术要求。

施工过程中内在质量控制的关键内容 表 12-36

项 目		内 容	频 度
拌和(料)场	原材料抽检	结合料质量	每批次
		粗、细集料品质	异常时,随时试验
		级配、规格	异常时,随时试验
	混合料抽检	混合料级配	每 2000m² 测 1 次
		混合料剂量	每 2000m² 测 1 次
		混合料最大干密度	每个工日
		含水率	每 2000m² 测 1 次
施工现场	摊铺目测	是否离析	随时
		粗估含水率状态	随时
	碾压目测	压实机械是否满足	随时
		碾压组合、次数是否合理	随时
	压实度检测	含水率	每一作业段检查 6 次以上
		压实度	每一作业段检查 6 次以上

项 目		内 容	频 度
施工现场	强度检测	在施工现场取样成型试件	每一作业段不少于9个
	钻芯检测	—	每一作业段不少于9个
	弯沉检测	—	每一评定路段(不超过1km)每车道40~50个测点
	承载比检测	—	每2000m² 测1次,异常时,随时增加试验

施工过程的混合料质量检测,应在施工现场的摊铺机位置取样,且应分别来自不同的料车。应在现场碾压结束后及时检测压实度。压实度检测中,测定的含水率与规定含水率的绝对误差应不大于2%;不满足要求时,应分析原因并采取必要的措施。

施工过程的压实度检测,应以每天现场取样的击实结果确定的最大干密度为标准。每天取样的击实试验应不少于3次平行试验,且相互之间的最大干密度差值应不大于$0.02g/cm^3$;否则,应重新试验,并取平均值作为当天压实度的检测标准。该数值与设计阶段确定的最大干密度差值大于$0.02g/cm^3$时,应分析原因,及时处理。压实度检测应采用整层灌砂试验方法,灌砂深度应与现场摊铺厚度一致。

无机结合料稳定材料应钻取芯样检验其整体性。无机结合料稳定细粒材料的芯样直径宜为100mm,无机结合料稳定中、粗粒材料的芯样直径应为150mm。采用随机取样方式,不得在现场人为挑选位置;否则,评价结果无效。芯样顶面、四周应均匀、致密。芯样的高度应不小于实际摊铺厚度的90%。取不出完整芯样时,应找出实际路段相应的范围,返工处理。

无机结合料稳定材料应在表12-37规定的龄期内取芯。

无机结合料稳定材料取芯龄期 表12-37

结 构 层 位	材 料 类 型	取芯龄期(d)
基层	水泥稳定中、粗粒材料	7
	水泥粉煤灰稳定的中、粗粒材料	10~14
	石灰粉煤灰稳定材料	14~20
底基层	水泥稳定材料、水泥粉煤灰稳定材料	10~14
	石灰粉煤灰稳定材料	20~28

设计强度大于3MPa的水泥稳定材料的完整芯样应切割成标准试件,检测强度。标准试件的径高比应为1:1。要记录实际养护龄期。根据实际施工情况确定试件强度的评价标准。同一批次强度试验的变异系数应不大于15%。样本量宜不少于9个。

将钻芯试件切割成标准试件,进而测量其强度是一种后验性的无机结合科稳定材料质量检评方法,是对以往仅仅通过生产时成型标准试件进行强度评定的一种有效补充。由于钻芯、切割的影响和养护条件的差异,因此需根据实际情况确定试件强度的评定标准。

对高速公路和一级公路的基层、底基层,应在养护7~10d内检测弯沉;不满足要求时,应返工处理。弯沉作为路面结构承载能力的评价手段和指标,具有操作简单、检测客观、结果直观的特点。根据实际工程经验总结,高速公路和一级公路检测弯沉应符合表12-38的要求。

交通荷载等级	龄 期	代表弯沉值(0.01mm)
极重、特重	7～10d	≤15
重	7～10d	≤20
中等	7～10d	≤25

4. 质量检查要求

质量检查内容应包括工程完工后的外形和内在质量两方面,外形检查的要求应符合表 12-35 的规定。宜以 1km 长的路段为单位评定路面结构层质量;采用大流水作业法施工时,以每天完成的段落为评定单位。应检查施工原始记录,对检查内容初步评定。应随机抽样检查,不得带有任何主观性。压实度、厚度、水泥或石灰剂量检测样品和取芯等的现场随机取样位置的确定应按相关标准的要求执行。

厚度检查时,厚度平均值的下置信限 $\overline{X}$,应不小于设计厚度减去均值允许误差。厚度平均值的下置信限应按式(12-6)计算。

$$\overline{X}_L = \overline{X} - t_\alpha \frac{S}{\sqrt{n}} \tag{12-6}$$

式中:$\overline{X}$——厚度平均值;

S——厚度标准差;

n——样本数量;

t_α——t 分布表中随自由度和保证率(或置信度 α)而变的系数,对于高速公路和一级公路应取保证率99%,对于二级及二级以下公路可取保证率95%。

各项技术指标质量应符合表 12-39 的规定。

质量合格标准值 表 12-39

材 料 类 别	检查项目	检查数量	标准值	极限低值
水泥土、石灰土、石灰粉煤灰、石灰粉煤灰土	压实度(%)	6～10 处	93(95)	89(91)
	水泥或石灰剂量(%)	3～6 处	设计值	水泥1%,石灰2%
水泥稳定材料、石灰稳定材料、石灰粉煤灰稳定材料、水泥粉煤灰稳定材料	压实度(%)	6～10 处	基层98(97)	94(93)
			底基层96(95)	92(91)
	颗粒组成	2～3	规定级配范围	
	水泥或石灰剂量(%)	3～6 处	设计值	设计值 - 1%

弯沉检查时,应考虑一定保证率的测量值上波动界限,并按式(12-7)计算。

$$l_r = \overline{l} + Z_\alpha S \tag{12-7}$$

式中:l_r——测量值的上波动界限,即代表弯沉值;

$\overline{l}$——标准车测得的弯沉平均值;

Z_α——与要求保证率有关的系数,高速公路和一级公路可取 $Z_\alpha = 2.0$,二级公路取 $Z_\alpha = 1.645$,二级以下公路取 $Z_\alpha = 1.5$。

计算弯沉的平均值和标准差时,可将超出 $\overline{l} \pm 3S$ 的弯沉异常值舍弃。舍弃后,计算的代表弯沉值应不大于相关技术要求。对舍弃的弯沉值过大点,应找出其周围界限,并局部处理。

基层和底基层顶面回弹弯沉,可按规定龄期(7～10d),采用后轴重 P 为 100kN、单位压力

p 为 0.7MPa、荷载圆半径 δ 为 10.65cm 的单轴双轮组车辆进行检测,利用路基回弹模量计算值 E_0、底基层或基层材料的回弹模量计算值 E_1 和相应的厚度 h_1,按弹性层状体系模型,计算基层顶面的理论弯沉系数 α_L,并按下式计算弯沉综合修正系数。

$$F = 3.643\alpha_L^{1.8519}$$ (12-8)

基层或底基层顶面应有的回弹弯沉计算值 l_1,即标准值按下式计算:

$$l_1 = \frac{2p\delta}{E_0 K_1}\alpha_L F$$ (12-9)

式中:K_1——季节影响系数,不同地区取值范围为 1.2 ~ 1.4。

第四节　其他类型基层施工

一、粒料类基层

粒料类基层和底基层是由各档粒径的碎、砾石和石屑或砂按一定比例混合,级配满足一定技术要求,塑性指数和承载比均符合规定要求的混合料构成。粒料类基层和底基层属于柔性结构层。

(一)粒料类基层强度形成原理

粒料类基层按强度构成原理可分为嵌锁型与级配型。嵌锁型主要有填隙碎石;级配型包括级配碎石、级配砾石、符合级配的天然砂砾和粒径大小不一的碎石仅用一个与规定最大公称粒径相符的筛筛去超尺寸颗粒后得到的未筛分碎石混合料等。

1. 嵌锁型

嵌锁型强度主要依靠碎石颗粒之间的嵌锁和摩阻作用所形成的内摩阻力,而颗粒之间的黏结力是次要的,即这种结构层的抗剪强度主要取决于剪切面上的法向应力和材料内摩阻角。填隙碎石即属于嵌锁型粒料类基层。嵌锁型材料强度由三项因素构成:粒料表面的相互滑动摩擦;剪切时体积膨胀而需克服的阻力;粒料重新排列而受到的阻力。因此,嵌锁型结构强度主要取决于石料的强度、形状、尺寸、均匀性、表面粗糙度以及施工时的压实程度。当石料强度高、形状接近立方体、有棱角、尺寸均匀、表面粗糙、压实度高时,基层的强度就高。

2. 级配型

级配型粒料基层的强度和稳定性取决于内摩阻力和黏结力的大小。因此,其强度与稳定性在很大程度上取决于集料的类型(碎石、砾石或碎砾石)、集料的最大粒径和级配以及混合料中 0.6mm 以下细料的含量及塑性指数。同时,还与其密实度有很大关系。因此,对级配型,主要控制最大粒径与级配、细料含量及塑性指数和现场压实度。

无结合料处治级配型粒料,作为一种应用极为普遍的筑路材料,适用于沥青路面的基层和底基层。用于半刚性基层与沥青面层之间的优质级配碎石层,还可作为减少沥青路面反射裂缝的措施。优质级配碎石基层强度主要来源于碎石本身强度及碎石颗粒之间的嵌挤力。因此,对于碎石基层应保证高质量的碎石,获得高密度的良好级配和良好的施工压实手段。

级配是影响级配碎石强度与刚度的重要因素。一般来说,密实的级配易于获得高密度,从而使级配碎石获得高的 CBR 值和回弹模量。采用重型击实和振动成型方法对级配碎石的试验表明,振动成型可以使级配碎石获得更高的 CBR 值和回弹模量值。

回弹模量是表征级配碎石刚度的重要指标及设计参数。一般来说,级配碎石的回弹模量明显低于半刚性基层材料,然而与半刚性材料不同的是,级配碎石材料具有较显著的非线性。这种非线性使其在刚度较大的下卧层上,表现出较大的回弹模量,从而亦具有足够的抵抗应力和变形的能力。最终使得级配碎石作为上基层不仅具有减缓半刚性沥青路面反射裂缝的作用,同时也具有较好的抗疲劳能力。

(二)粒料类基层的使用要求

粒料类级配碎石材料可用于重及重以下交通荷载等级的基层、各级交通荷载等级的底基层,级配砾石、未筛分碎石、天然砂砾、填隙碎石等材料可用于中等和轻交通荷载等级的基层、各级交通荷载等级的底基层。级配碎石也可用作沥青面层与半刚性基层之间的联结层。

粒料类材料层除应具有足够的承载能力(CBR 值、模量)外,还需具有一定的疏水能力,并发挥其排水功能,为此要控制混合料中 0.075mm 以下颗粒含量,不宜大于 5%。当级配碎石细集料采用石料场的细筛余料(石屑)时,其中的 0.075mm 以下颗粒含量高且波动大,配制的级配碎石混合料中 0.075mm 以下颗粒含量难以保证,可掺入一定量的天然砂代替石屑,以降低 0.075mm 以下颗粒含量,使之满足要求。

用作基层和底基层的级配碎石,其 CBR 值应符合表 12-40 的要求。

级配碎石 CBR 值 表 12-40

结 构 层	公路等级	极重、特重交通	重 交 通	中等、轻交通
基层	高速公路、一级公路	≥200	≥180	≥160
	二级及二级以下公路	≥160	≥140	≥120
底基层	高速公路、一级公路	≥120	≥100	≥80
	二级及二级以下公路	≥100	≥80	≥60

级配砾石或天然砂砾用作基层时,CBR 值不应小于 80。用于底基层时,对极重、特重和重交通荷载等级,CBR 值不应小于 80;对中等交通荷载等级,CBR 值不应小于 60;对轻交通荷载等级,CBR 值不应小于 40。

高速公路和一级公路基层粒料公称最大粒径不宜大于 26.5mm;底基层采用级配碎石或级配砾石时,公称最大粒径不宜大于 31.5mm,采用天然砂砾时,公称最大粒径不宜大于 53mm。二级及二级以下公路的基层和底基层粒料公称最大粒径不宜大于 53mm。

(三)级配碎石基层的施工

在级配碎石基层施工中,其施工工艺包括拌和工艺和摊铺工艺。根据公路等级的不同,可按表 12-41 选择施工工艺措施。对于边角部位施工,混合料拌和方式应与主线相同,可采用推土机摊铺、平地机整平的人工方式摊铺,并与主线同步碾压成型。

级配碎石施工工艺选择表 表 12-41

公 路 等 级	结 构 层 位	拌 和 工 艺		摊 铺 工 艺	
		推荐	可选择	推荐	可选择
二级及二级以上公路	基层和底基层	集中厂拌	—	摊铺机摊铺	—
二级以下公路	基层和底基层	集中厂拌	路拌	摊铺机摊铺	推土机摊铺、平地机整平

1. 拌和与摊铺

二级及二级以上公路级配碎石施工应采用集中厂拌、摊铺机摊铺的施工工艺,对于高速公路和一级公路,应采用专用稳定材料拌和设备拌制混合料。拌和生产设备应保证混合料施工现场摊铺施工的连续。摊铺机摊铺施工应保证足够的厚度,碾压成型后每层的摊铺厚度宜不小于160mm,最大厚度宜不大于200mm。具有足够的摊铺能力和压实功率时,可适当增加碾压厚度。具体的摊铺厚度应根据试验结果确定。大厚度的摊铺施工时,应增加相应的拌和能力。

二级以下公路级配碎石施工可选择专用拌和设备路拌,并采用推土机摊铺、平地机整平的施工工艺。施工时用平地机或其他合适的机具将材料均匀地摊铺在预定的宽度上,表面应平整,并具有规定的路拱。采用不同粒级的碎石和石屑时,宜将大粒径碎石铺在下层,中粒径碎石铺在中层,小粒径碎石铺在上层,洒水使碎石湿润后,再摊铺石屑。检查材料层的松铺厚度,必要时,应进行减料或补料工作,同时摊铺路肩用料。拌和时应拌和两遍以上,设专人随时检查拌和深度,并配合拌和设备操作员调整拌和深度直到级配碎石层底。

对未筛分碎石,摊铺平整后,应在其较潮湿的情况下,将石屑卸置铺撒其上,避免石屑落到底部,用平地机并辅以人工将石屑均匀摊铺在碎石层上。

在没有专用拌和设备时,可采用农用旋转耕作机与多铧犁或平地机相配合拌和。采用平地机或多铧犁与缺口圆盘耙相配合拌和时,平地机宜翻拌5~6遍,使石屑均匀分布于碎石料中。平地机拌和的作业长度,每段宜为300~500m。用缺口圆盘耙与多铧犁相配合拌和级配碎石时,多铧犁在前面翻拌,圆盘耙紧跟在后面拌和,共翻耙4~6遍,应随时检查调整翻耙的深度。拌和结束时,混合料的含水率和均匀性应符合规定的要求。

使用在料场已拌和均匀的级配碎石或砾石混合料,摊铺后有粗细颗粒离析现象时,应用平地机补充拌和。

2. 整形与碾压

级配碎石拌和均匀后,应及时用平地机按规定的路拱整平和整形。在整形过程中,应消除粗细集料离析。用拖拉机、平地机或轮胎压路机在已初平的路段上快速碾压一遍,再用平地机整平和整形。应用平地机每整形一次,应将高处料直接刮出路外,严禁形成薄层贴补现象。反复整形,直至满足技术要求,每次整形都应达到规定的坡度和路拱。

应根据路宽、压路机的轮宽和轮距的不同,制订碾压方案,使各部分碾压到的次数尽量相同,路面的两侧宜多压2~3遍。整形后,混合料的含水率满足要求时,应立即对结构层进行全宽碾压。在直线段和不设超高的平曲线段,宜从两侧路肩向路中心碾压,且轮迹应重叠1/2轮宽,后轮应超过两段的接缝处。碾压次数宜为6~8遍。压路机前两遍的碾压速度宜为1.5~1.7km/h,以后宜为2.0~2.5km/h。

两作业段的衔接处应搭接拌和、整平和碾压。宜避免纵向接缝。在分两幅铺筑时,纵缝应搭接拌和、整平和碾压,搭接宽度宜不小于300mm。

级配碎石、级配砾石基层未做透层沥青或铺设封层前,严禁开放交通。

(四)填隙碎石基层

填隙碎石基层是用单一尺寸的粗碎石做主集料,形成嵌锁作用,用石屑填满碎石间的空隙,增加密实度和稳定性,这种结构称填隙碎石。填隙碎石可采用干法或湿法施工。干法施工的填隙碎石适宜于干旱缺水地区。

填隙碎石基层是用加工轧制的碎石按嵌挤原则构成的结构层,其强度主要依靠石料的嵌挤作用,强度的大小主要取决于石料自身的强度、尺寸、形状、表面粗糙度以及碾压嵌挤的紧密程度。主集料碎石坚硬、尺寸均匀、形状近于立方体、表面粗糙以及嵌压紧密者,其强度则高。

1. 材料要求

填隙碎石用作基层时,集料碎石的公称最大粒径不应超过53mm;用作底基层时,应不超过63mm。单层填隙碎石的压实厚度,宜为公称最大粒径的1.5~2.0倍。

用作基层时集料的压碎值应不大于26%,用作底基层时应不大于30%。集料中针片状颗粒和软弱颗粒的含量应不大于15%。集料可用具有一定强度的各种岩石或漂石轧制,宜采用石灰岩。为了增加碎石的破裂面,提高内摩擦角,采用漂石时,其粒径应大于集料公称最大粒径的3倍以上。集料也可以用稳定的矿渣轧制。矿渣的干密度和质量应均匀,且干密度应不小于960kg/m²。

填隙碎石用集料及填隙料的颗粒组成应符合表12-42的规定。填隙料宜采用石屑,缺乏石屑地区,可添加细砾砂或粗砂等细集料。

填隙碎石用集料及填隙料的颗粒组成(%)　　　　　　表12-42

项次	工程粒径（mm）	填隙碎石用集料的颗粒组成							
		筛孔尺寸(mm)							
		63	53	37.5	31.5	26.5	19	16	9.5
1	30~60	100	25~60	—	0~15	—	0~5	—	—
2	25~50	—	100	—	25~50	0~15	—	0~5	—
3	20~40	—	—	100	35~75	—	0~15	—	0~5

填隙料的颗粒组成						
筛孔尺寸(mm)	9.5	4.75	2.36	0.6	0.075	塑性指数
通过质量百分率(%)	100	85~100	50~70	30~50	0~10	<6

注:采用表中的1号集料时,填隙料的公称最大粒径宜为9.5mm,2、3号集料的填隙料可采用表中的级配。

2. 施工工法

填隙碎石施工前,应按有关规定准备下承层和施工放样。应根据各路段基层或底基层的宽度、厚度及松铺系数,计算各段需要的集料数量,并应根据运料车辆的车箱体积,计算每车料的堆放距离。填隙料的用量宜为集料质量的30%~40%。材料装车时,应控制每车料的数量基本相等。应由远到近将集料按计算的距离卸置于下承层上,并严格控制卸料距离。可用平地机或其他合适的机具将集料均匀地摊铺在预定的范围内,表面要平整,并有规定的路拱。还应同时摊铺路肩用料。应随时检验松铺材料层的厚度,不满足要求时应减料或补料。

填隙碎石施工时,填隙料应干燥。应采用振动压路机碾压,碾压后,表面集料间的空隙应填满,但表面应看得见集料。填隙碎石层上为薄沥青面层时,宜使集料的棱角外露3~5mm。碾压后基层的固体体积率宜不小于85%,底基层的固体体积率宜不小于83%。填隙碎石基层未洒透层沥青或未铺封层时,不得开放交通。

(1) 干法施工

填隙碎石的干法施工时,初压宜用两轮压路机碾压 3 ~ 4 遍,使集料稳定就位,初压结束时,表面应平整,并具有规定的路拱和纵坡。填隙料应采用石屑撒布机或类似的设备均匀地撒铺在已平稳的集料层上,松铺厚度宜为 25 ~ 30mm;必要时,可用人工或机械扫匀。

应采用振动压路机慢速碾压,将全部填隙料振入集料间的空隙中。无振动压路机时,可采用重型振动板。路面两侧宜多压 2 ~ 3 遍。再次撒布填隙料,松铺厚度宜为 20 ~ 25mm,应用人工或机械扫匀。再次振动碾压;局部多余的填隙料应扫除。

碾压后,应对局部填隙料不足之处进行人工找补,并用振动压路机继续碾压,直到全部空隙被填满,应将局部多余的填隙料扫除。填隙碎石表面空隙全部填满后,宜再用重型压路机碾压 1 ~ 2 遍。在碾压过程中,不应有任何蠕动现象。在碾压之前,宜在表面洒少量水,洒水量宜不少于 $3kg/m^2$。需分层铺筑时,为使上下层良好结合不产生分层现象,有利于提高整个填隙碎石的力学性能。应将已碾压成形的填隙碎石下层表面集料外露 5 ~ 10mm,然后在其上摊铺第二层集料。

(2) 湿法施工

填隙碎石湿法施工,开始工序应与干法施工要求相同。集料层表面空隙全部填满后,宜立即用洒水车洒水,直到饱和。宜采用重型压路机跟在洒水车后碾压。应将湿填隙料及时扫入出现的空隙中;必要时,宜再添加新的填隙料。应洒水碾压至填隙料和水形成粉浆,粉浆应填塞全部空隙,并在压路机轮前形成微波纹状。碾压完成的路段应让水分蒸发一段时间,结构层变干后,应将表面多余的细料以及细料覆盖层扫除干净。需分层铺筑时,宜待结构层变干后,将已碾压成型的填隙碎石层表面的填隙料扫除,使表面集料外露 5 ~ 10mm,然后在其上摊铺第二层集料。

(五) 粒料类基层施工质量要求

粒料类基层施工质量检查内容应包括工程完工后的外形和内在质量两方面,外形检查的要求应符合表 12-35 中的相关规定。施工过程中的内在质量控制应分为原材料质量控制、拌和质量控制、摊铺及碾压质量控制等四部分。对集中厂拌、摊铺机摊铺的施工工艺,应在拌和(料)场与施工现场分别进行控制。质量控制的项目、内容应符合表 12-36 中相关的规定要求。各项技术指标质量合格标准值应符合表 12-43 的规定。

质量合格标准值 表 12-43

材 料 类 别	检 查 项 目	检 查 数 量	标 准 值	极 限 低 值
无结合料底基层	压实度	6 ~ 10 处	96%	92%
	弯沉值	每车道 40 ~ 50 个测点	按式(12-9)计算的弯沉标准值	—
级配碎石 (或砾石)	压实度	6 ~ 10 处	基层 98%	94%
			底基层 96%	92%
	颗粒组成	2 ~ 3	规定级配范围	
	弯沉值	每车道 40 ~ 50 个测点	按式(12-9)计算的弯沉标准值	—

材料类别	检查项目	检查数量	标准值	极限低值
填隙碎石	压实度(固体体积率)	6～10处	基层98%	94%
			底基层96%	92%
	弯沉值	每车道40～50个测点	按式(12-9)计算的弯沉标准值	—

二、沥青结合料类基层

(一)沥青结合料类基层的类型

沥青结合料类基层是指由沥青结合料,粗、细集料和矿粉按一定配合比组成的沥青混合料,经拌和(热拌或冷拌)、摊铺、碾压成型,在路面结构中起基层作用的沥青结合料类结构层。

按集料级配类型及设计空隙率和用途的不同沥青结合料类基层主要有以下类型。

(1)密级配沥青稳定碎石混合料基层(Asphalt Treated Base,ATB),设计空隙率为3%～6%,可用作极重、特重和重交通荷载等级基层。

(2)开级配排水式沥青稳定碎石混合料基层(Asphalt Treated Permeable Base,ATPB),设计空隙率大于18%,可用作极重、特重和重交通荷载等级排水基层。

(3)半开级配沥青碎石混合料(Asphalt Macadam,AM),设计空隙率为6%～12%,可用作极重、特重和重交通荷载等级基层,也可用作低等级公路的面层。

沥青碎石混合料(AM)作基层时,因其设计空隙率较大,会造成结构层内水的滞留,表现出的物理力学性质和耐久性较差。开级配排水式沥青稳定碎石(ATPB),需采用高黏度的改性沥青,且施工难度大,表现出的抗疲劳性能较差。因此,目前在工程实际应用中以密级配沥青稳定碎石基层(ATB)为主。

密级配沥青稳定碎石基层与沥青混凝土面层,在物理力学性质方面非常相似,其配合比设计和施工工艺也基本相同。作为基层其公称最大粒径比沥青混凝土面层更大一些,常用的类型主要有:粗粒式ATB-25、ATB-30和特粗式ATB-40等,由于公称最大粒径较大时,施工难度加大,且不利于施工质量控制,因此,在实际工程中多采用ATB-25或ATB-30。

密级配沥青稳定碎石基层与级配碎石类柔性基层相比,由于沥青结合料的黏结作用,形成了在物理力学性质上更具有优势的结构层,并与沥青面层的联结效果和整体性更好。在使用性能方面,表现出更好的抗压、抗剪强度和一定的抗拉能力,并具有较高的模量和良好的抗变形能力。

(二)沥青类柔性基层的技术要求

沥青类柔性基层与沥青混凝土面层相比,因其公称最大粒径较大,在所处层位和主要功能上表现出具有更好的抗变形和抗剪能力,特别适用于高温重载条件下抗车辙性能要求高的路面。铺筑在无机结合料稳定类基层上,对反射裂缝具有较好的缓解作用。沥青类柔性基层的沥青用量较低,其抗拉强度和抗疲劳性能稍差。

在实际工程的应用中,沥青稳定碎石基层混合料矿料级配,应符合工程设计规定的级配范围要求,参见表13-23或表13-26。

沥青稳定碎石混合料配合比设计采用马歇尔设计方法。对公称最大粒径大于或等于26.5mm的沥青稳定碎石混合料，为消除试件因粒径过大而带来的尺寸效应，对特粗式ATB-30、ATB-40等应采用大型马歇尔试件进行试验，大型马歇尔试验与常规马歇尔试验方法相比，在试件尺寸、击实锤重及落距、击实次数等方面扩大约1.5倍。其试件尺寸为$\phi 152.4mm \times 95.3mm$。另外，试件成型方法还可选用振动压实成型或旋转压实仪成型。

配合比设计包括目标配合比设计、生产配合比设计及生产配合比验证阶段。通过配合比设计确定混合料的材料品种及配比、矿料级配、最佳沥青用量，并进行混合料的性能验证，以保证混合料的骨架结构的良好性能。

沥青稳定碎石混合料的配合比设计，采用马歇尔试验方法时，其技术指标应符合表12-44中的要求。

沥青稳定碎石混合料马歇尔试验配合比设计技术标准　　　　表12-44

试 验 指 标	密级配沥青稳定碎石基层		排水式开级配沥青稳定碎石基层（ATPB）	半开级配沥青碎石（AM）
	ATB-25	ATB-30、ATB-40		
公称最大粒径（mm）	≤26.5	≥31.5	所有尺寸	≤26.5
马歇尔试件尺寸（mm）	$\phi 101.6 \times 63.5$	$\phi 152.4 \times 95.3$	$\phi 152.4 \times 95.3$	$\phi 101.6 \times 63.5$
击实次数（双面）（次）	75	112	75	50
空隙率VV（%）	3～6		不小于18	6～10
稳定度（kN）	≥7.5	≥15	—	≥3.5
流值（mm）	1.5～4	实测	—	—
沥青饱和度VFA（%）	55～70		—	40～70
密级配沥青稳定碎石基层ATB的矿料间隙率VMA（%）	设计空隙率	ATB-40	ATB-30	ATB-25
	≥4	≥11	≥11.5	≥12
	≥5	≥12	≥12.5	≥13
	≥6	≥13	≥13.5	≥14

注：在干旱地区，可将密级配沥青稳定碎石基层的空隙率适当放宽到8%。

(三)沥青类柔性基层的施工要点

由于沥青稳定碎石用作基层，最大公称粒径一般大于26.5mm，应采用大型马歇尔试件，成型试件尺寸为$\phi 152.4mm \times 95.3mm$，有关试验路的取芯结果表明，室内标准试验时，试件成型采用标准马歇尔击实法，压实度易于达到规范所要求的98%，并都超过100%，大致波动范围为105%～110%；当压实标准采用振动压实时，压实度为97%～101%。另外，击实法易打碎石料，改变原有级配。有条件时可采用振动成型、旋转压实仪成型试验方法。

沥青稳定碎石基层的施工工艺、质量控制等与沥青混凝土类似，可参照执行。

三、水泥混凝土基层

(一)贫混凝土基层

贫混凝土(Lean Concrete, LC)是由具有一定级配的粗、细集料与一定剂量的水泥和水拌和而成的一种混凝土。这种混凝土的水泥用量较普通混凝土低，有时也称经济型混凝土。

贫混凝土基层(Lean Concrete Base,LCB),是指基层采用贫混凝土材料,面层为其他类型的路面结构形式。贫混凝土基层与水泥稳定碎石、二灰碎石等常用无机结合料稳定类半刚性基层材料相比,具有较高的强度、刚度和整体性,抗冲刷、抗冻性以及抗疲劳性能良好,属于刚性基层(Rigid Base)材料,从结构组成特征看,贫混凝土基层可分为密实贫混凝土,多孔贫混凝土,多孔透水贫混凝土指无砂或少砂透水贫混凝土,还兼有内部排水功能。适用于极重、特重及重交通荷载等级公路路面基层。

贫混凝土基层材料的配合比设计和结构的设计龄期均取 28d。材料配合比设计时应根据 28d 龄期的抗弯强度试验确定水泥剂量,贫混凝土强度应符合表 12-45 的要求,

贫混凝土基层材料的设计强度标准值和最大水灰比建议值　　　　　　表 12-45

交 通 等 级	极重、特重交通	重交通	中等、轻交通
7d 施工质检抗压强度(MPa)	10.0	7.0	5.0
28d 设计抗压强度标准值(MPa)	15.0	10.0	7.0
28d 设计弯拉强度标准值(MPa)	3.0	2.0	1.5
最大水灰(胶)比(%)	0.65	0.68	0.70
有抗冻要求的最大水灰(胶)比(%)	0.60	0.63	0.65

贫混凝土基层的水泥剂量一般为 8%~12%,最大粒径一般不应超过 31.5mm。在贫混凝土基层中,采用超量替代法掺入水泥质量 20%~40% 的粉煤灰,可以降低收缩性,提高混合料的工作性和后期强度,并有利于环境保护和降低造价。粉煤灰的超量替代系数为 k, Ⅰ 级灰 $k=1.4~1.8$、Ⅱ 级灰 $k=1.6~2.0$、Ⅲ 级灰 $k=1.8~2.2$。

掺入粉煤灰的贫混凝土基层,28d 龄期的抗弯拉强度要求与表 12-45 相同。但施工质量检验可采用 7d 的抗压强度进行评价,7d 的抗压强度合格值应符合表 12-45 的要求。

满足耐久性要求的贫混凝土最大水灰(胶)比;有抗冻要求的最大水灰(胶)比,应符合表 12-45 的规定。

有研究表明,不掺粉煤灰的贫混凝土的强度随龄期增长幅度较低,90d 的抗压强度是 28d 的 105%,180d 的为 119%;掺粉煤灰的贫混凝土的抗压和抗弯拉强度随龄期的增长幅度高于不掺灰的贫混凝土;掺粉煤灰对强度增长是有利的。采用 28d 龄期的设计标准,也是兼顾掺粉煤灰贫混凝土基层的强度发展特性。

贫混凝土基层可以看作是介于水泥稳定碎石和水泥混凝土之间的一种基层材料,其力学性能属刚性基层,在原材料选择、配合比设计和施工技术要求等方面,均与半刚性基层的差异较大,而更接近于水泥混凝土,收缩特性是其最主要的技术问题。

贫混凝土基层设计与施工时,可参考现行公路水泥混凝土设计与施工技术规范进行。施工过程中可采用水泥混凝土的原材料检验、配合比设计、施工设备、铺筑技术及所有的试验检测方法和手段。施工方法可选择与水泥混凝土路面板相同的机械铺筑,采用包括滑模摊铺机、三辊轴式摊铺机械和小型机具摊铺等三种施工工艺。

贫混凝土基层应设置纵、横向接缝,基层接缝应与面层板接缝位置和尺寸对齐,切缝深度不宜小于板厚的 1/4,最浅不宜小于 50mm,并灌入填缝料,也可以在接缝位置 80~100cm 范围内铺设粘贴土工织物、玻纤格栅等材料进行局部加强,其上再洒布热沥青或改性沥青、改性乳化沥青黏结层等。基层设封层时,混凝土面板的横向缩缝在行车前进方向可前错 30~50cm。贫混凝土基层纵、横向接缝中可不设拉杆和传力杆,胀缝中应设传力杆和胀缝板,胀缝位置应

与面层胀缝对齐。

(二)碾压混凝土基层

碾压混凝土基层(Roller Compacted Concrete Base, RCCB)是将单位用水量较少(低水灰比混合料)的干硬性混凝土摊铺、碾压成型的一种水泥混凝土基层。碾压混凝土采用的是沥青混合料摊铺机或路面基层材料摊铺机摊铺,碾压密实成型工艺是将干硬性混凝土技术与沥青路面摊铺技术结合起来的复合技术。由于目前该技术尚存在一些没有彻底解决的问题,如裂缝、离析与局部早期损坏成坑槽,板底密实度不易达到和动态平整度不佳等。因此,一般认为碾压混凝土仅适合做中、低等级道路水泥混凝土路面或复合式路面的基层。

碾压混凝土是由其施工成型工艺特征所决定的,其材料组成设计的目标除强度外,还包括保证属于干硬性混凝土,适合碾压成型的工作性。碾压混凝土作为路面基层的技术性能与贫混凝土基层基本一致。碾压混凝土的纵、横缝的设置基本上与普通混凝土相同。平面尺寸可以略大一些,但是不得超过 $6.0m \times 8.0m$。

由于采用碾压施工工艺和材料的干硬性特点,混合料中水的用量较少,这对于减少混凝土施工成型过程中的干缩具有显著的效果,同时采用振动压实工艺,可使集料形成彼此互相接触的骨架密实结构,提高抗压强度的同时其收缩性要优于贫混凝土基层。

碾压混凝土基层要求集料有良好的级配,最大公称粒径不大于 26.5mm。集料的合成级配范围应符合《公路路面基层施工技术细则》(JTG/T F20)关于水泥稳定粒料的级配要求。

碾压混凝土基层施工时,为了改善施工和易性、节省水泥,可以掺入部分粉煤灰。代替水泥的粉煤灰掺量按超量取代法确定,对于面层板超量取代系数 K,I 级粉煤灰,取 $K=1.4 \sim 1.8$;II 级粉煤灰,取 $K=1.6 \sim 2.0$。对于碾压混凝土基层和复合式路面下面层,可用 III 级粉煤灰,取 $K=1.8 \sim 2.2$。

根据其材料组成和工艺特点,碾压混凝土基层施工的技术难点是如何实现压实度与平整度的协调统一。大量试验研究表明,碾压混凝土基层施工的技术关键可概括为:稠度稳定、摊铺均匀、碾压密实、养护充分。为了实现这一目标,重点是在做好施工机械选型与配套的基础上,合理选择拌和、摊铺、碾压及养护等关键工序的工艺参数。

碾压混凝土拌和的关键是原材料质量稳定、保证拌和时间并有防离析措施等。由于碾压混凝土单位用水量少、干硬,所以拌和均匀所需的时间要比普通混凝土长。拌和效果以弯拉强度偏差率为指标,并进行混凝土拌和物拌和均匀性检验。

摊铺是碾压混凝土基层施工的关键工序,所选用的摊铺机应能保证达到以下两项要求:①保证较好的摊铺平整度,要求摊铺机必须具备工作性能良好的均衡供料系统和自动找平系统;②保证足够的预压密实度,超干硬的碾压混凝土材料经摊铺机摊铺后,必须经过大型振动压路机的碾压作用才能密实成型,如果摊铺后的混凝土过于松散,则在压路机的作用下势必会产生推挤,从而破坏路面的平整度。摊铺后的密实度越高,压实沉降量越小(即松铺系数越小),对摊铺平整度的破坏越小,压实后的平整度越好。

摊铺施工过程是将从运料车上接收的混凝土混合料按照规定的尺寸(摊铺宽度和厚度)和一定的预压密实度均匀的摊铺到基层上,只有保证了摊铺厚度才能保证路面的压实厚度,因此松铺系数是控制施工质量的重要参数。松铺系数是摊铺预压密实度的反映,与摊铺机性能、摊铺速度、摊铺工艺参数和混凝土配合比等因素有关,一般为 $1.05 \sim 1.15$,正式施工前应根据混凝土配合比、施工机械通过试铺确定。

摊铺前应洒水湿润基层。摊铺作业应均匀、连续,摊铺过程中不得随意变换速度或停顿。摊铺速度也是影响"拌和—运输—摊铺"系统运行性能的重要参数,选用适宜的摊铺速度,对加快施工进度、提高设备利用率和提高路面质量都具有重要意义。

碾压是碾压混凝土路面施工的重要工序,当混凝土的配合比确定之后,硬化混凝土的强度主要取决于混凝土的密实程度,压实度降低 1%,可使弯拉强度降低 0.25~0.30MPa,而压实质量的好坏主要取决于压路机的性能。因此,选择适宜的压路机是保证路面质量的关键因素之一。根据碾压混凝土路面施工的特点,压路机选型的总体原则为:①保证能达到预定的压实效果;②对平整度的破坏最小;③保证路面表面均匀致密。

碾压是使混合料充分密实、形成碾压混凝土结构层的重要环节。影响压实效果的主要是碾压工作段长度、碾压程序(不同压路机及不同参数的组合)、碾压速度、碾压遍数和环境条件等。

碾压混凝土拌和完成之后,随着水分蒸发、水化反应的进行,混凝土稠度越来越大,可碾压性越来越差,如碾压过迟则会造成压实度不足,影响硬化后混凝土的强度;另一方面,碾压混凝土也与水泥稳定碎石基层和普通混凝土一样,从加水拌和开始到成型的时间间隔越长,硬化混凝土的强度损失越大。碾压是混合料在摊铺工序已获得初步密实度之后进一步密实成型成为结构层的过程,因此碾压作业必须达到全厚密实和表面成形的目的。为了达到这种目的,从碾压程序上一般要经过稳压(初压)、复压和终压三个阶段。

摊铺之后的混合料虽然具有了一定的预压密实度,但要直接进行振动碾压一般还会产生推移等表面损坏,所以摊铺之后一般是先进行初(稳)压,提高表面的密实度,为振动压实整层路面提供基础。

复压是使混凝土路面全厚度密实、达到规定压实度的关键。复压须采用碾压效果好、作用深度大的振动压路机进行,并需在碾压过程中选用适宜的振动参数和达到足够的碾压遍数,保证路面达到规定的密实度。

摊铺或钢轮压路机碾压过程中,有时会使路面表面形成一些浅的表面裂缝,工程实践表明,气压式轮胎压路机碾压时的揉搓作用对封闭和消除这些细小裂缝是非常有效的。因此,终压一般应采用气压式轮胎压路机,终压遍数应以弥合表面微裂纹和消除轮迹为标准。

初压、复压和终压作业应密切衔接配合,中间不应停顿、等候和拖延,也不得相互干扰。并应尽量缩短全部碾压作业完成时间。如有局部晒干和风干迹象,应及时喷雾。压实后表面应及时覆盖,并洒水养护。

养护是水泥混凝土强度形成的必需环节,尤其是对超干硬的碾压混凝土,由于本身水分少,如不能很好地加以养护、及时保存和补充水分,将会造成水分损失,严重影响碾压混凝土的强度增长。碾压混凝土强度增长比普通混凝土要快,可以缩短养护时间、提早铺筑面层或开放交通。

普通混凝土路面的养护一般可分为表面修整完毕后立即进行的初期养护和表面泌水消失后的后期养护。对碾压混凝土路面来说,碾压成型之后立即可以覆盖养生材料进入后期养护。根据施工现场的具体情况可以选择一些保水性能较好的材料(如麻袋、复合土工膜等)预先洒水湿润。4~6h 后开始间隔一定时间(视蒸发情况确定,以混凝土表面保持湿润为准)洒水养护,直至达到规定的养护时间。

四、沥青路面再生基层

(一) 概述

路面结构在行车荷载和自然因素的影响下,随着交通量和轴载的不断增加,以及在设计、施工中存在的某些缺陷,会产生各种各样的破损,造成其使用性能逐渐下降,及时采取维修、罩面或旧路面材料的循环利用等方法,可以保持路面的质量并延长道路的使用寿命。

沥青路面再生与传统的路面维修方式相比,能够充分利用既有路面的沥青、砂石等原材料,节省工程投资,具有显著的经济和社会效益。随着人们对环保、社会效益的关注及技术的进步,旧路面的再生利用越来越受到重视。路面再生技术,可以提高旧路等级,缩短施工工期,对交通影响小,节省养护资金,同时循环利用旧路面材料,保护环境,能彻底消除原路面面层的拥包,车辙,裂缝和松散等病害,也可以对基层病害进行适当处理。

沥青路面再生基层按照施工场合和工艺的不同,可以分为厂拌冷再生和就地冷再生。

厂拌冷再生是采用专用设备对现有的旧沥青路面层或部分基层材料进行铣刨、粉碎后,将回收的旧路面材料(Reclaimed Asphalt Pavement,RAP)运至拌和厂(场、站),根据级配及配合比设计要求再加入一定比例的新集料,一定量的沥青类再生结合料(乳化沥青或泡沫沥青),活性填料(无机结合料水泥、石灰等)和水进行常温拌和,常温摊铺和碾压形成再生基层。厂拌冷再生,适用于对各等级公路的回收沥青路面材料进行冷(常温)拌再生利用,再生后的沥青混合料根据其性能和工程情况,可用于高速公路和一、二级公路沥青路面的下面层及基层、底基层,三、四级公路的面层,当用于三、四级公路的上面层时,应采用稀浆封层、微表处、碎石封层等做上封层。

就地冷再生是采用专用的就地冷再生设备,对沥青路面进行现场冷铣刨,破碎和筛分(必要时),掺入一定数量的新集料、再生结合料、活性填料(水泥、石灰等)、水,经过常温拌和、摊铺、碾压等工序,一次性实现旧沥青路面再生的技术,它包括仅对沥青材料层的就地冷再生和既包括沥青材料层又包括非沥青材料层的全深式就地冷再生两种方式。就地冷再生,适用于一级、二级、三级公路沥青路面的就地再生利用,用于高速公路时应进行论证。对于一级、二级公路,再生层可作为下面层、基层;对于三级公路,再生层可作为面层、基层,用作上面层时,应采用稀浆封层、微表处、碎石封层等做上封层。沥青层就地冷再生应使用乳化沥青、泡沫沥青作为再生结合料;全深式就地冷再生可使用乳化沥青、泡沫沥青等沥青类的再生结合料,也可使用水泥、石灰等无机结合料作为再生结合料。当使用水泥、石灰等作为再生结合料时,对于旧沥青混合料而言不是再生而是再利用,其中的沥青材料并没有发挥有效作用,甚至起到的是负面影响。旧沥青混合料中的沥青结合料具有一定的柔性,当其在无机结合料稳定材料中所占比例较大时,混合料的强度难以达到要求。因此,全深式就地冷再生沥青层厚度占再生厚度的比例不宜超过50%,且再生层只可作为基层或底基层。

(二) 再生混合料设计

再生基层混合料,必须在对回收沥青路面材料充分调查分析的基础上,根据工程要求、公路等级、使用层位、气候条件、交通状况,借鉴成功经验,选用符合要求的材料,进行再生混合料组成设计,以回收沥青路面材料(RAP)与新集料的合成级配作为级配设计依据。

1. 厂拌冷再生混合料

厂拌冷再生混合料配合比设计时,回收沥青路面材料应从处理后的回收沥青路面材料料堆取样,就地冷再生混合料配合比设计时,回收沥青路面材料应从原路面采用铣刨机铣刨取样,并通过试验路段检验。乳化沥青和泡沫沥青再生基层混合料级配范围,应符合表12-46的要求。

乳化沥青和泡沫沥青再生基层混合料级配范围 表12-46

筛孔尺寸 (mm)	乳化沥青再生混合料				泡沫沥青再生混合料		
	通过各筛孔的质量百分率(%)						
	粗粒式	中粒式	细粒式 A	细粒式 B	粗粒式	中粒式	细粒式
37.5	100	—	—	—	100	—	—
26.5	80~100	100	—	—	85~100	100	—
19	—	90~100	—	—	—	90~100	100
13.2	60~80	—	90~100	100	60~85	—	90~100
9.5	—	60~80	60~80	90~100	—	60~85	—
4.75	25~60	35~65	45~75	60~80	25~65	35~65	45~75
2.36	15~45	20~50	25~55	35~65	30~55	30~55	30~55
0.3	3~20	3~21	6~25	6~25	10~30	10~30	10~30
0.075	1~7	2~8	2~9	2~10	6~20	6~20	6~20

再生基层混合料配合比设计方法以马歇尔试验并结合强度和水稳定性等路用性能指标的评价进行,乳化沥青和泡沫沥青再生基层混合料设计指标应满足表12-47的要求。

乳化沥青和泡沫沥青再生混合料设计技术要求 表12-47

试 验 项 目		技 术 要 求	
		乳化沥青再生混合料	泡沫沥青再生混合料
空隙率(%)		9~14	—
劈裂试验(15℃)	劈裂强度(MPa)	≥0.4	≥0.4
	干湿劈裂强度比(%)	≥75	≥75
马歇尔稳定度试验(40℃)	马歇尔稳定度(kN)	≥5.0	≥5.0
	浸水马歇尔稳定度(%)	≥75	≥75
冻融劈裂强度比 TSR(%)		≥70	≥70

注:任选劈裂试验和马歇尔稳定度试验之一作为设计要求,推荐使用劈裂试验。

乳化沥青和泡沫沥青再生混合料中,乳化沥青或泡沫沥青添加量折合成沥青后占混合料其余部分干质量的百分比一般为1.5%~3.5%,水泥等活性填料剂量一般不超过1.5%。乳化沥青材料性能应满足表12-48的质量要求。通常情况下,厂拌冷再生宜采用慢裂型乳化沥青,就地冷再生宜采用中裂型或者慢裂型乳化沥青。乳化沥青应在常温下使用,使用温度不应高于60℃。

2. 就地冷再生混合料

就地冷再生基层,应按照无机结合料稳定类基层材料组成设计方法进行混合料设计。用于高速公路和一级公路基层时,再生混合料级配应满足表12-49中1号级配范围要求,用作底基层时,应满足表12-49中2号级配范围要求;用于二级和二级以下公路时,再生混合料级配应满足表12-49中3号级配范围要求。

冷再生用乳化沥青质量要求 表12-48

试 验 项 目		单 位	质 量 要 求	试 验 方 法
破乳速度			慢裂或中裂	T 0658
粒子电荷			阳离子(+)	T 0653
筛上残留物(1.18mm)筛		%	≤0.1	T 0652
黏度	恩格拉黏度 E_{25}		2~30	T 0622
	25℃赛波特黏度 V_s	s	7~100	T 0623
蒸发残留物	残留分含量	%	≥62	T 0651
	溶解度	%	≥97.5	T 0507
	针入度(25℃)	0.1mm	50~300	T 0604
	延度(15℃)	cm	≥40	T 0605
与粗集料的黏附性,裹覆面积			≥2/3	T 0654
与粗、细粒式集料拌和试验			均匀	T 0659
常温储存稳定性	1d	%	≤1	T 0655
	5d	%	≤5	

无机结合料稳定就地冷再生混合料级配范围 表12-49

筛孔尺寸 (mm)	通过各筛孔的质量百分率(%)		
	1号级配	2号级配	3号级配
37.5	—	100	90~100
31.5	100	—	—
26.5	90~100	—	66~100
19	72~89	—	54~100
9.5	47~67	—	39~100
4.75	29~49	50~100	28~84
2.36	17~35	—	20~70
1.18	—	—	14~57
0.6	8~22	17~100	8~47
0.075	0~7	0~30	0~30

经配合比设计确定的无机结合料稳定冷再生混合料性能应满足表12-50的技术要求。

无机结合料稳定就地冷再生混合料技术要求 表12-50

检 测 项 目	结 构 层 位	再生结合料类型			
		水泥		石灰	
		高速公路和 一级公路	二级及 以下公路	高速公路和 一级公路	二级及 以下公路
无侧限抗压强度 (MPa)	基层	3~5	2.5~3	—	0.8
	底基层	1.5~2.5	1.5~2.0	0.8	0.5~0.7

水泥作为再生结合料或者活性添加剂时,可以采用普通硅酸盐水泥、矿渣硅酸盐水泥、火山灰硅酸盐水泥。水泥的初凝时间应在3h以上,终凝时间宜在6h以上,不应使用快硬水泥、早强水泥。水泥应疏松、干燥,无聚团、结块、受潮变质。水泥强度等级可为32.5或42.5。石灰作为再生结合料或者活性添加剂时,可以采用消石灰或者生石灰粉,石灰技术指标应符合现行《公路路面基层施工技术细则》的规定。石灰在野外堆放时间较长时,应覆盖防潮。

(三)再生基层施工

1.厂拌冷再生

回收沥青路面材料(RAP)时,可选用冷铣刨、机械开挖等方式,应减少材料变异。不同的回收沥青路面材料应分别回收,分开堆放、不得混杂。在回收和存放时不得混入基层废料、水泥混凝土废料、杂物、土等杂质。使用推土机、装载机等机具将一个料堆的回收沥青路面材料充分混合,然后用破碎机或其他方式进行破碎,应使回收沥青路面材料的最大粒径小于再生混合料最大公称粒径,不应有超粒径材料。不允许直接使用未经预处理的回收路面材料。

厂拌冷再生宜采用专用拌和设备。拌和设备应设置乳化沥青(或泡沫沥青)和水的精确计量装置,通常可不设筛分装置,回收沥青路面材料和新集料的用量由料仓料门开度和冷料输送带速度调整来控制。拌和设备的生产能力应与摊铺设备生产能力匹配。拌和时间应以保证拌和均匀为准,并非越长越好,乳化沥青混合料若过度拌和,会使粗集料表面的乳化沥青剥落,也可导致乳化沥青提前破乳。拌和后的冷再生混合料应均匀一致,无结团成块现象。遵循"即拌即用"的原则,应尽快将再生混合料用于路面施工。否则,水泥的水化反应、乳化沥青的破乳等都会影响再生混合料的性能。

使用泡沫沥青作为再生结合料时,还必须配备泡沫沥青发生装置,将热沥青和水在专用的发泡装置内混合、膨胀,形成含有大量均匀分散气泡的泡沫沥青。为了使泡沫沥青与常温集料拌和均匀,泡沫沥青发泡状态下的最大体积与未发泡时沥青体积是比值(称泡沫沥青膨胀率),应不小于10;泡沫沥青从最大体积衰减到最大体积的50%所用时间(称泡沫沥青半衰期),应不小于8s。

厂拌冷再生层施工前,必须确认再生层的下承层密实、平整,结构性完好,并满足所处结构层的强度要求。铺筑长度不小于200m的试验段,从施工工艺、工程质量、施工管理、施工安全等方面验证施工配合比及施工方案和施工工艺的可行性,为正常施工提供技术依据。厂拌冷再生混合料应采用摊铺机摊铺,熨平板不需要加热。摊铺机必须缓慢、均匀、连续不断地摊铺,不得随意变换速度或者中途停顿。摊铺机速度宜控制在2~4m/min范围内。当发现摊铺后的混合料出现离析、波浪、裂缝、拖痕时应分析原因,予以消除。用于三级以下公路时也可以选择使用平地机摊铺。

冷再生混合料的压实非常关键。每层压实厚度不宜大于160mm,且不宜小于60mm。单层冷再生层压实厚度过大,不利于整层特别是下部混合料的压实。最大压实厚度应根据压实机具、压实工艺,在确保压实度满足要求的前提下由试验确定。满足压实度要求要求的再生层,除整层平均压实度应达到规定的要求外,表层50mm和底部50mm的密度差应不小于2%。由于冷再生混合料的最大粒径和级配变异性较大,当压实层厚度过薄(小于60mm)时,混合料容易产生离析,同样难以保证压实及施工质量。根据再生层厚度、压实度等的需要,配备足够数量、吨位的钢轮和轮胎式压路机,在压实过程中宜采用重型压实机具,在集料不破碎的情况下,尽量增大压实功,合理使用轮胎压路机对改善压实效果会有很大帮助。压路机应以慢而均匀的速度碾压,初压速度宜为1.5～3.0km/h,复压和终压速度宜为2.0～4.0km/h。按照试验段确定的压实工艺在混合料最佳含水率情况下进行碾压,要保证压实后的再生基层符合压实度和平整度的要求。严禁压路机在刚碾压或正在碾压的路段上掉头、紧急制动及停放。

冷再生混合料中含有乳化沥青(泡沫沥青)、水泥、水等,碾压完成后需要进行一定时间的养护,形成初期强度。在加铺上层结构前必须进行不少于7d的养护时间。实际需要的养护时间会由于温度、风力、湿度等天气条件的不同而有所不同。当需要尽快铺筑上层结构时,可以以再生层中的含水率降低至2%以下来控制养护时间;南方潮湿地区再生层含水率达到2%以下在短期内难以实现,可以以能够取出完整的芯样来控制养护时间。在封闭交通的情况下养护时,一般不需要采取措施可进行自然养护。在开放交通的条件下养护时,再生层在完成压实后至少1d后方可开放交通,但应严格限制重型车辆通行,行车速度应控制在40km/h以内,并严禁车辆在再生层上掉头和紧急制动。为避免车轮对表层的破坏,可在再生层上均匀喷洒慢裂乳化沥青(稀释至30%左右的有效含量),喷洒用量折合纯沥青后宜为0.05～0.2kg/m²。养护完成后,在铺筑上层沥青层前应喷洒黏层。

冷再生基层施工现场质量控制最关键的指标是压实度。乳化沥青冷再生基层,可采用钻芯法取样或者灌砂法测定密度,然后根据混合料的最大理论密度确定再生层的压实度。泡沫沥青冷再生基层,也可采用钻芯法取样或者灌砂法测定密度,但由于难以实测最大理论密度,因此可采用室内重型击实标准的试验室密度作为标准密度确定压实度。由于现场施工的压实功往往大于室内成型试件的击实功,现场的最佳含水率比试验室确定的最佳含水率要低一些,同样由试验室确定的标准密度也偏低,因此其压实度要求值比使用最大理论密度作为标准密度的乳化沥青冷再生层要高。厂拌冷再生基层施工质量管理及检查验收质量要求,见表12-51。

沥青路面厂拌冷再生基层质量检查验收项目、频度和要求　　　　　表12-51

检 查 项 目		质 量 要 求	检 验 频 率	检 验 方 法
压实度 (%)	乳化沥青	≥90(高速和一级公路) ≥88(二级及以下公路)	每车道每公里检查1次	基于最大理论密度 T 0924 或 T 0921
	泡沫沥青	≥98(高速和一级公路) ≥97(二级及以下公路)	每车道每公里检查1次	重型击实标准密度 T 0924 或 T 0921
厚度 (mm)	均值	-8	每200m 每车道1个点	插入测量
	单个值	-15	每200m 每车道1个点	
平整度最大间隙(mm)		8	每200m 2处,每处连续10尺	T 0931
纵断高程(mm)		±10	每200m 4个点	T 0911
宽度(mm)		不小于设计宽度,边缘线 整齐,顺适	每200m 4个断面	T 0911
横坡度(%)		±0.3	每200m 4个断面	T 0911
外观		表面平整密实,无浮石、弹 簧现象,无明显压路机轮迹	随时	目测

2. 就地冷再生

就地冷再生施工设备一般包括:水罐车、乳化沥青罐车(或热沥青罐车及泡沫沥青发泡装置)、水泥浆车、冷再生机、拾料机(必要时)、摊铺机(必要时)、压路机。就地冷再生应选用工作装置的切削深度可精确控制的就地冷再生机,其工作宽度应不小于2.0m。再生机的喷洒计量精确可调,并与切削深度、施工速度、材料密度等联动;喷嘴在工作宽度范围内均匀分布,各喷嘴可独立开启与关闭。使用泡沫沥青时,还应具备泡沫沥青装置。

就地冷再生正常施工前,要确认再生层的下承层完好,并满足所处结构层的强度和再生层的压实要求。铺筑长度不小于200m的试验段,从施工工艺、工程质量、施工管理、施工安全等方面进行检验,确定工艺参数。首先要清除原路面上的杂物,根据再生层厚度、宽度、干密度等计算每平方米新集料、水泥等用量,均匀撒(洒)布。有条件的情况下,集料撒布应尽量采用集料撒布车;水泥、石灰等的撒布尽量采用水泥制浆车。

就地冷再生基层施工应采用流水作业法,使各工序紧密衔接,尽量缩短从拌和到完成碾压之间的延迟时间。要综合考虑施工季节、气候条件、再生作业段宽度、施工机械和运输车辆的效率和数量、操作熟练程度、水泥终凝时间等因素,综合确定每个作业段的长度。在施工起点处将各种所需施工机具顺序首尾连接,连接相应管路。启动施工设备,按照设定再生深度对路面进行铣刨、拌和。再生机组必须缓慢、均匀、连续地进行再生作业,不得随意变更速度或者中途停顿,再生施工速度宜为4~10m/min。单幅再生至一个作业段终点后,将再生机和罐车等倒至施工起点,进行第二幅施工,直至完成全幅作业面的再生。施工纵向接缝的位置应避开快、慢车道上车辆行驶轮迹。纵向接缝处相邻两幅作业面间的重叠量不宜小于100mm。

采用摊铺机或者带有摊铺装置的再生机进行摊铺时,摊铺出的混合料不能出现离析、波浪、裂缝、拖痕。使用平地机进行摊铺时,先用轻型钢轮压路机紧跟再生机组初压2~3遍;完成一个作业段的初压后,用平地机整平;再次用轻型钢轮压路机在初平的路段碾压1遍,对发现的局部轮迹、凹陷进行人工修补;最后用平地机整形,达到规定的坡度和路拱,整形后的再生层表面应无明显的再生机轮迹和集料离析现象。

就地冷再生的压实厚度,使用乳化沥青、泡沫沥青等结合料时不宜大于160mm,且不宜小于80mm。使用水泥、石灰等无机结合料时不宜大于220mm,且不宜小于150mm。单层冷再生层压实厚度过大,不利于整层特别是下部混合料的压实。最大压实厚度应根据压实机具、压实工艺,在确保压实度满足要求的前提下由试验确定。需要增加施工厚度时,也可以选择双层再生,即首先将一定厚度内的表层材料铣刨,对下部路面结构进行就地冷再生,然后将铣刨的表层材料进行厂拌冷再生后摊铺。

就地冷再生基层的压实,应根据再生层厚度、压实度等的需要,配备足够数量、吨位的钢轮和轮胎式压路机,按照试验段确定的压实工艺进行碾压,保证压实后的再生层符合压实度和平整度的要求。初压时混合料的含水率应比最佳含水率大1%~2%。碾压过程中,再生层表面应始终保持湿润,如水分蒸发过快,应及时洒水。碾压过程中出现弹簧、松散、起皮等现象时,应及时翻开重新拌和,使其达到质量要求。可在碾压结束前用平地机再终平一次,使其纵向顺适,路拱和超高符合设计要求。

就地冷再生基层碾压完成并经过压实度检查合格的路段,应立即采取湿砂、覆盖、乳化沥青、洒水等方法进行养护。养护时间不宜少于7d,整个养护期内再生层表面应保持潮湿状态。养护期内禁止除洒水车以外的其他车辆通行。后续施工前应将再生层清扫干净。如果再生层上为无机结合料稳定材料层,应洒少量的水湿润表面;如果其上为沥青层,应立即实施透层和封层;如果其上是水泥混凝土层应尽快铺设,避免再生层暴晒开裂。就地冷再生基层施工质量管理及检查验收质量要求,见表12-52。

检查项目		质量要求	检验频率	检验方法
压实度 (%)	乳化沥青	≥90(高速和一级公路) ≥88(二级及以下公路)	每车道每公里检查一次	基于最大理论密度 T 0924 或 T 0921
	其他	≥98(高速和一级公路) ≥97(二级及以下公路)	每车道每公里检查一次	重型击实标准密度 T 0924 或 T 0921
厚度 (mm)	均值	-10	每车道每 10m 1 个点	插入测量
	单个值	-20		
平整度最大间隙(mm)		10	每 200m 2 处,每处连续 10 尺	T 0931
纵断高程(mm)		±10	每 20 延米 1 点	T 0911
宽度(mm)		不小于设计宽度,边缘线 整齐,顺适	每 40 延米 1 处	T 0911
横坡度(%)		±0.3	每 100 延米 3 处	T 0911
外观		表面平整密实,无浮石、弹 簧现象,无明显压路机轮迹	随时	目测

本章小结

路面基层是道路结构中的重要层次,不同类型的基层可以形成不同的路面结构组合形式与设计方案。粒料类基层通过机械压实,依靠嵌挤作用形成结构层。无机结合料稳定类(半刚性)基层,依靠结合料和集料之间的物理化学作用,胶结成结构强度高、刚度大、板体性强、收缩性明显的结构层,它也是目前使用最为广泛的基层类型。沥青稳定碎石(柔性)基层及水泥混凝土(刚性)基层在物理力学特性方面具有明显不同的结构特点。各种基层具有不同的技术性质和影响施工质量的关键工序,但保证压实质量及密实度对各种施工工艺方法来说都是最重要的。

复习思考题

1. 不同的路面结构对基层有哪些基本要求? 其影响因素有哪些?

2. 何谓柔性基层、半刚性基层、刚性基层和混合式基层? 分别采用哪些材料? 各类基层的适用范围如何?

3. 无机结合料稳定类基层对组成材料有哪些要求? 试述配合比设计的原则与方法。

4. 石灰、水泥及石灰粉煤灰稳定类材料在强度形成原理上有何区别?

5. 沥青稳定类基层的技术特性与适用场合如何?

6. 分析并比较影响各种基层施工质量的关键因素。

7. 碾压混凝土、贫混凝土和普通混凝土基层之间的区别有哪些?

8. 简述旧沥青路面再生技术。

第十三章 沥青路面施工

第一节 沥青路面材料

一、沥　青

沥青材料是由一些极其复杂的高分子碳氢化合物和这些碳氢化合物的非金属(氧、硫、氮)衍生物所组成的有机混合物,其中碳占 80% ~ 87%,氢占 10% ~ 15%,氧、硫、氮小于 0.3%,此外还自少量的金属元素。目前,路面工程中最主要的沥青品种是道路石油沥青,石油沥青是由地质开采的石油经加工后的产品,其具有产量大,可加工改性的程度高,并能够较好地满足现代道路交通运输的特点。

(一)石油沥青的技术性质

1.黏滞性

沥青的黏滞性是指沥青材料在外力作用下,沥青粒子产生相互位移时抵抗剪切变形的能力,它随沥青的组分和温度而变,沥青质含量高黏性大,随温度升高黏性降低。沥青的黏性与沥青路面的路用性能有密切的关系,在重轴载的交通条件下,为防止高温时路面出现车辙及过大的变形,沥青黏度是一个很重要的控制指标,该指标也是目前我国进行沥青标号划分的依据。

黏度的大小反映沥青抵抗流动的能力,黏度越大,沥青抵抗路面抗车辙的能力越强。在道路石油沥青技术标准中,将沥青 60℃ 黏度作为一个高温指标。为了满足沥青路面高温性能,要求沥青 60℃ 黏度不小于一定值。但为了保证沥青混合料的正常生产,便于沥青的泵送和沥青混合料的拌和、摊铺和碾压,沥青在施工温度下(135℃)黏度不能过大。

由于沥青是一种典型的感温性材料,不同的温度下表现出不同的黏滞性,通常以表观黏度表示其黏滞性。黏度的表达和测定方法分为绝对黏度和条件黏度两大类,实际工作中大多采用经验方法,通过测定沥青的相对条件黏度来表示沥青的黏滞性。

(1)绝对黏度

①沥青运动黏度试验(毛细管法):沥青的运动黏度是一些国家划分黏稠石油沥青

（135℃）及液体沥青（60℃）标号的一个指标。另外，还可通过试验绘制黏温曲线，按等黏温度决定施工温度，这时常以120℃、150℃、180℃作为试验温度。

②沥青动力黏度试验（真空减压毛细管法）：该法是沥青试样在严密控制的真空装置内，保持一定的温度（通常为60℃），通过规定型号的毛细管黏度计（通常采用的有美国沥青学会式，即AI式），流经规定的体积，测定所需要的时间（以s计）。

③沥青标准黏度试验（标准黏度计法）：液体状态的沥青材料，在标准黏度计中，在规定的温度条件下，通过规定的流孔，流出50mL体积，所需的时间（s）。试验条件以$C_{T,d}$表示，其中C为黏度，T为试验温度，d为流孔直径。试验温度和流孔直径根据液体沥青的黏度选择，常用的流孔有3mm、4mm、5mm和10mm等4种。按上述方法，在相同温度和相同流孔条件下，流出时间愈长，表示沥青黏度愈大。

④沥青恩格拉黏度试验（恩格拉黏度计法）：本方法适用于用恩格拉黏度计测定乳化沥青及煤沥青的恩格拉黏度，用恩格拉度表示。试验是沥青试样在规定的温度下，测定由恩格拉黏度计的规定尺寸的流孔，流出50mL所需时间（s）与流出同体积的水所需时间的比值。

⑤沥青赛波特黏度试验（赛波特重质油黏度计）：本方法采用赛波特重质油黏度计测定较高温度时的黏稠石油沥青、乳化沥青、液体石油沥青等的条件黏度，并可用于确定沥青的施工温度。试验是沥青试样在规定温度下，测定由赛波特重质油黏度计的规定尺寸的流孔流出60mL试样的时间，以s计。

⑥沥青布氏旋转黏度试验（布洛克菲尔德黏度计法）：本方法适用于布洛克菲尔德（Brookfield，简称布氏黏度计）旋转法测定道路沥青在45℃以上温度范围内的表观黏度，以Pa·s计。通过本法可测定沥青的温度—黏度曲线，用于确定各种沥青混合料的施工温度。试验是将少量的沥青样品盛于恒温控制的盛样筒中，转子在沥青试样中转动，测定相应的转动阻力所反映出的扭矩。扭矩计读数乘以仪器参数即可得出以Pa·s表示的沥青黏度。

（2）沥青的条件黏度——针入度

针入度是表征黏稠沥青条件黏度的一种指标。在表示沥青黏稠度大小的同时，针入度还用于沥青标号的划分。针入度值是在规定的温度条件下，以规定质量的标准针经过规定的时间贯入沥青试样的深度，以0.1mm计。通常，我国将这些试验条件规定为：温度25℃、标准针质量100g、贯入时间5s，所以计作$P_{25℃,100g,5s}$。

此外，针入度值的测定采用的温度还有5℃、15℃、30℃等。通过针入度试验测得的针入度值愈大，表示沥青愈软。实质上，针入度是测定沥青稠度的一种指标，也就是说，稠度高的沥青，其黏度也就愈高。

（3）沥青的软化点

沥青材料是一种非晶质有机高分子材料，它由液态凝结为固态，或由固态熔化为液态时，没有明确的固化点或液化点，通常采用条件的硬化点和滴落点来表示其状态的转变。沥青材料从硬化点到滴落点之间的温度阶段，是一种黏滞流动状态。在工程实际中为保证沥青不致因温度升高而产生流动的状态，取滴落点和硬化点之间温度间隔的87.21%当作软化点。由于软化点的高低反映了沥青在一定温度条件下的物理状态，所以软化点高的沥青，说明该沥青在温度较高的条件下，软化变形的程度低；而对于软化点低的沥青，表明这种沥青在温度升高时，易发生软化变形，所以将软化点当作沥青材料热稳定性的指标。

另一方面，试验研究表明，许多沥青在软化点时的针入度值一般为800（0.1mm）单位，因此可以认为软化点是沥青呈现相同黏度时所要达到的温度，即"等黏温度"，这样一来将表示沥青热稳定性的软化点指标与沥青的黏度指标产生联系。因此,软化点既是反映沥青材料热稳定性的一个指标,也是沥青条件黏度的一种表示方式。

2. 沥青的可塑性——延度

沥青的延度是指当其受到外力的拉伸作用时,所能承受的塑性变形的总能力,是表示沥青内部凝聚力——内聚力的一种量度。通常采用延度作为沥青的可塑性指标,并通过延度试验测定相应的延度值。延度在一定程度上反映了沥青在某一条件下的变形能力。研究发现,较低温度时的延度(10℃、5℃等)大小与沥青在低温时的抗裂性有一定关系。低温延度值大,低温环境下沥青的开裂性相对较小。

3. 沥青感温性

在不同温度条件下,沥青黏度随温度的改变而产生一定的改变,呈现出明显的状态变化,这种随温度的改变产生黏度变化的特点称为沥青的感温性。对于路用沥青,温度和黏度的关系是沥青的一项极其重要的性能。表示沥青这种感温性常用的指标是针入度指数(PI)。

针入度指数(PI)是应用针入度和软化点试验结果来表征沥青感温性的一种指标,它表示软化点之下的沥青感温性,可采用下式通过计算获得。

$$PI = \frac{30}{1 + 50A} - 10 \tag{13-1}$$

式中:PI——针入度指数;

　　A——针入度温度感应系数,由沥青的针入度和软化点按下式确定:

$$A = \frac{\lg 800 - \lg P_{25°C,100g,5s}}{T_{R\&B}} \tag{13-2}$$

式中:$P_{25℃,100g,5s}$——在25℃、100g、5s条件下的针入度(0.1mm);

　　$T_{R\&B}$——环球法测定的软化点(℃)。

针入度指数愈大,表明沥青对温度的敏感性愈小,也就是说在温度升高时,沥青状态改变的程度较小。表现为夏季高温时沥青不易变软,有一定的抗车辙变形能力;但另一方面冬季沥青较硬,开裂的可能性增加。所以沥青 PI < -2 时,沥青的温度敏感性大;PI > +2 时,温度敏感性较低。为了兼顾高低温要求,一般宜选用针入度指数 PI 为 -1 ~ +1 的沥青作为路用沥青。

需要说明的是,该针入度指数的计算依据的是软化点时的针入度值为 800 的假设,实际上很多沥青在软化点时的针入度值并非是 800。为求得真实的针入度指数,可通过测定数个(一般为三个以上)不同温度下的针入度,按针入度与温度的对数关系,采用线性回归的方法计算求得针入度温度指数 $A_{\lg Pen}$,并要求线性回归的相关系数必须在 0.997 以上。由此还可求得沥青的当量软化点 T_{800} 和当量脆点 $T_{1.2}$,其步骤如下:

$$\lg P = A_{\lg Pen} \times T + K \tag{13-3}$$

式中:$A_{\lg Pen}$——针入度温度指数,为不同温度条件下的针入度回归直线方程式的斜率;

　　$\lg P$——不同温度条件下测得的针入度值的对数;

　　T——试验温度(℃);

　　K——由回归直线方程式(13-3)得到的截距。

由回归求得的 $A_{\lg Pen}$ 计算针入度指数 PI,并记为 $PI_{\lg Pen}$。

$$PI_{\lg Pen} = \frac{20 - 500A_{\lg Pen}}{1 + 50A_{\lg Pen}} \tag{13-4}$$

沥青的当量软化点 T_{800}，可由下式计算：

$$T_{800} = \frac{\lg 800 - K}{A_{\lg Pen}} = \frac{2.9031 - K}{A_{\lg Pen}} \tag{13-5}$$

沥青的当量脆点 $T_{1.2}$，可由下式计算：

$$T_{1.2} = \frac{\lg 1.2 - K}{A_{\lg Pen}} = \frac{0.0792 - K}{A_{\lg Pen}} \tag{13-6}$$

根据 PI 要求值，以及沥青的实测 25℃ 针入度，可以求出所要求的当量软化点和当量脆点的极限要求值，其计算公式如下。

$$T_{800要求值} = \frac{50 \times (2.9031 - \lg P_{25}) \times (PI - 10)}{20 - PI} + 25 \tag{13-7}$$

$$T_{1.2要求值} = 25 - \frac{50 \times (\lg P_{25} - 0.0792) \times (PI - 10)}{20 - PI} \tag{13-8}$$

4. 黏附性

沥青克服外界不利影响因素（如环境对沥青的老化、水对沥青膜的剥离等）在集料表面的附着能力称为沥青的黏附性。黏附性直接影响沥青路面的使用质量和耐久性，是评价沥青技术性能的一项重要指标。

沥青的黏附性的好坏首先与沥青自身特点密切相关，随着沥青稠度的增加或沥青中一些类似沥青酸的活性物质的增加，其黏附性加大。同时，集料的亲水性程度也直接决定着沥青和集料之间黏附性的优劣，使用憎水碱性石料时的黏附性优于亲水酸性石料的黏附性，所以采用石灰岩集料拌制的沥青混合料，其黏附性明显好于花岗岩沥青混合料。

目前，沥青与集料之间黏附性好坏的常规评价方法是水煮法或水浸法，通过一定条件下考察集料表面的沥青膜抵御水的剥离能力来确定沥青黏附性的好坏。

5. 耐久性

道路沥青在储运、加热、拌和、摊铺、碾压、交通荷载和自然因素的作用下，会产生一系列的物理化学变化，从而使沥青逐渐改变其原有性能而变硬变脆，使沥青的路用性能明显变差，这种变化称为沥青的老化。修筑高等级沥青路面，其设计寿命要长达十年以上，因此要求沥青材料具有较好的抗老化性，即良好的耐久性是沥青路用性能的又一重要指标。

目前，评价沥青抗老化能力的试验方法大多是模拟沥青在拌和过程中加热条件下产生的老化效果。具体方法有：沥青薄膜烘箱加热试验（或旋转薄膜烘箱加热试验）。该试验的基本原理都是采用一定的加热试验条件，通过不同的评价指标考察经历加热后沥青性能状态的变化程度。

6. 与施工有关的性质

（1）沥青密度：沥青密度或相对密度与沥青道路性能并无直接关系。测定沥青密度的主要目的是为计算沥青混合料最大理论密度供配合比设计和沥青贮存中的体积与质量换算。

（2）沥青闪点：沥青材料在使用时必须加热，当加热至一定温度时，沥青材料中挥发的油分蒸气与周围空气组成混合气体，此混合气体遇火焰则易发生闪火。若继续加热，油分蒸气的饱和度增加，此种蒸气与空气组成的混合气体遇火极易燃烧，而引起溶油车间发生火灾或使沥青烧坏产生损失。因此为了保证生产施工安全，必须测定沥青闪点。闪点是保证沥青加热质量和施工安全的一项重要指标。

（3）沥青溶解度：沥青溶解度指标是为测试沥青产品的纯净程度，即含杂质情况。

（二）我国道路石油沥青的技术要求

我国道路石油沥青目前仍采用针入度指标对沥青进行等级划分，沥青等级划分除了根据针入度的大小以外，还要以沥青路面使用的气候条件为依据，在同一气候分区内根据道路等级和交通特点，并根据我国的沥青使用和生产水平再将沥青划分为 A、B、C 三个不同的等级。在技术指标中除针入度、延度、软化点、含蜡量、薄膜烘箱老化等传统技术指标外，还包括反映沥青感温性的指标——针入度指数 PI，并在软化点指标的基础上，对 A 级沥青增加 60℃的动力黏度作为高温性能的评价指标；沥青的低温性能指标，A、B 级沥青为 10℃延度，C 级沥青为 15℃延度。我国道路石油沥青的技术要求，详见表 13-1。

道路石油沥青的技术要求　　　　　　　　　　表 13-1

指标	等级	160号	130号	110号	90号					70号					50号	30号
适用的气候分区		—	—	2-1 2-2 3-2	1-1	1-2	1-3	2-2	2-3	1-3	1-4	2-2	2-3	2-4	1-4	—
针入度(0.1 mm)(25℃,100g,5s)		140~200	120~140	100~120	80~100					60~80					40~60	20~40
针入度指数(PI)	A				−1.5~1.0											
	B				−1.8~1.0											
软化点($T_{R\&B}$)(℃)	A	≥38	≥40	≥43	≥45			≥44		≥46		≥45			≥49	≥55
	B	≥36	≥39	≥42	≥43			≥42		≥44		≥43			≥46	≥53
	C	≥35	≥37	≥41	≥42					≥43					≥45	≥50
60℃动力黏度(Pa·s)	A	—	≥60	≥120	≥160			≥140		≥180		≥160			≥200	≥260
10℃延度(cm)	A	≥50	≥50	≥40	≥45	≥30	≥20	≥30	≥20	≥20	≥15	≥25	≥20	≥15	≥15	≥10
	B	≥30	≥30	≥30	≥30	≥20	≥15	≥20	≥15	≥15	≥10	≥20	≥15	≥10	≥10	≥8
15℃延度(cm)	A B				≥100										≥80	≥50
	C	≥80	≥80	≥60	≥50					≥40					≥30	≥20
闪点(℃)		≥230			≥245					≥260						
含蜡量(蒸馏法)	A	≤2.2%														
	B	≤3.0%														
	C	≤4.5%														
溶解度		≥99.5%														
15℃密度(g/cm³)		实测记录														
薄膜加热试验 TFOT(或旋转薄膜加热试验)RTFOT 后																
质量变化		≤±0.8%														
残留针入度比	A	≥48%	≥54%	≥55%	≥57%					≥61%					≥63%	≥65%
	B	≥45%	≥50%	≥52%	≥54%					≥58%					≥60%	≥62%
	C	≥40%	≥45%	≥48%	≥50%					≥54%					≥58%	≥60%
残留10℃延度(cm)	A	≥12	≥12	≥10	≥8					≥6					≥4	—
	B	≥10	≥10	≥8	≥6					≥4					≥2	—
残留15℃延度(cm)	C	≥40	≥35	≥30	≥20					≥15					≥10	—

在沥青技术标准中,不同等级沥青的适用范围,如表 13-2 所示。

道路石油沥青适用范围　　　　　　　　　　　　　　表 13-2

沥青等级	适用范围
A 级沥青	各个等级的公路,适用于任何场合和层次
B 级沥青	①高速公路、一级公路沥青层上部 80~100mm 以下的层次,二级及二级以下公路的各个层次; ②用作改性沥青、乳化沥青、改性乳化沥青、稀释沥青的基质沥青
C 级沥青	三级及三级以下公路的各个层次

(三)其他品种沥青的技术要求

1. 改性沥青

改性沥青是指掺加橡胶、树脂、高分子聚合物、磨细的橡胶粉或其他填料等外掺剂(改性剂),或采取对沥青轻度氧化加工等措施,使沥青或沥青混合料的性能得以改善而制成的沥青结合料。改性剂是指在沥青或沥青混合料中加入的天然的或人工的有机或无机材料,可熔融、分散在沥青中,改善或提高沥青路面使用性能(与沥青发生反应或裹覆在集料表面上)的材料。改性沥青可单独或复合采用高分子聚合物、天然沥青及其他改性材料制作。

根据不同目的所采取的道路改性沥青及改性沥青混合料技术一般是指聚合物改性沥青,用于改性的聚合物种类也很多,按照改性剂的不同,一般将其分为三类:

(1)热塑性弹性体:如苯乙烯—丁二烯—苯乙烯嵌段共聚物 SBS(Styrene-Butadiene-Styrene Block Copolymer)等。

(2)橡胶类,如苯乙烯—丁二烯橡胶(丁苯橡胶)SBR(Styrene-Butadiene-Rubber)等。

(3)树脂类:热塑性树脂,如乙烯—乙酸乙烯酯共聚物 EVA(Ethyl Vinyl Acetate)、聚乙烯 PE(Polyethylene)等。

根据我国的情况,提出的各类聚合物改性沥青的技术要求如表 13-3 所示。

聚合物改性沥青技术要求　　　　　　　　　　　　　表 13-3

指标	SBS 类(Ⅰ类)				SBR(Ⅱ类)			EVA、PE 类(Ⅲ类)			
	Ⅰ-A	Ⅰ-B	Ⅰ-C	Ⅰ-D	Ⅱ-A	Ⅱ-B	Ⅱ-C	Ⅲ-A	Ⅲ-B	Ⅲ-C	Ⅲ-D
针入度 (25℃,100g,5s) (0.1mm)	>100	80~100	60~80	30~60	>100	80~100	60~80	>80	60~80	40~60	30~40
针入度指数 PI	≥-1.2	≥-0.8	≥-0.4	≥0	≥-1.0	≥-0.8	≥-0.6	≥-1.0	≥-0.8	≥-0.6	≥-0.4
延度(5℃) (5cm/min)(cm)	≥50	≥40	≥30	≥20	≥60	≥50	≥40	—			
软化点 $T_{R.B}$ (℃)	≥45	≥50	≥55	≥60	≥45	≥48	≥50	≥48	≥52	≥56	≥60
运动黏度 135℃ (Pa·s)	≤3										
闪点(℃)	≥230				≥230			≥230			
溶解度(%)	≥99				≥99			—			

指　　标	SBS 类（Ⅰ类）				SBR（Ⅱ类）			EVA、PE 类（Ⅲ类）			
	Ⅰ-A	Ⅰ-B	Ⅰ-C	Ⅰ-D	Ⅱ-A	Ⅱ-B	Ⅱ-C	Ⅲ-A	Ⅲ-B	Ⅲ-C	Ⅲ-D
弹性恢复（25℃）（%）	≥55	≥60	≥65	≥75	—			—			
黏韧性（N·m）	—				≥5			—			
韧性（N·m）	—				≥2.5			—			
贮存稳定性离析，48h 软化点差	≤2.5				—			无改性剂明显析出、凝聚			
TFOT（或 RTFOT）后残留物											
质量变化（%）	≤±1.0										
针入度比 25℃（%）	≥50	≥55	≥60	≥65	≥50	≥55	≥60	≥50	≥55	≥58	≥60
延度 5℃（cm）	≥30	≥25	≥20	≥15	≥30	≥20	≥10	—			

注：1. 表中135℃运动黏度由布洛克菲尔德旋转黏度计进行测定，若在不改变改性沥青物理力学性质并符合安全条件的温度下易于泵送和拌和，或经试验证明适当提高泵送和拌和温度时能保证改性沥青的质量，容易施工，可不要求测定。有条件时应用毛细管法测定改性沥青在60℃时的动力黏度。

2. 贮存稳定性指标适用于工厂生产的成品改性沥青，在现场制作的改性沥青对后贮存稳定性指标可不做要求，但必须在制作后，保持不间断搅拌或泵送循环时，并保证在使用前没有明显的离析。

3. 对采用几种不同类型改性剂制备的复合改性沥青，根据不同改性剂的类型和剂量比例，按照工程上改性的目的和要求，可参照表中指标综合确定应该达到的技术要求。

　　沥青改性剂中，天然橡胶增加混合料的黏聚力，有较低的低温敏感性，与集料有较好的黏附性；氯丁胶乳和丁苯胶乳 SBR 将增加弹性、黏聚力、减小感温性；共聚物 SBS 将改善柔性，增强抵抗永久变形并减小温度敏感性；再生橡胶粉将增加柔性、黏附性，提高抗滑，抵抗疲劳和阻碍反射裂缝。用作改性剂的 SBR 胶乳中固体物含量不宜少于45%，使用中严禁长时间暴晒或冰冻。改性沥青的剂量以改性剂占改性沥青总量的百分率计算，胶乳改性沥青的剂量应以扣除水以后的固体物含量计算。树脂包括聚丙烯 PE、EVA 等增加稳定性和劲度模量，提高抵抗永久变形的能力，有较低的低温敏感性。

　　制造改性沥青的基质沥青应与改性剂有良好的配伍性，其质量宜符合表 13-1 中 A 级或 B 级道路石油沥青的技术要求。供应商在提供改性沥青的质量报告时应提供基质沥青的质量检验报告或沥青样品。天然沥青可以单独与石油沥青混合使用或与其他改性沥青混溶后使用。天然沥青的质量要求宜根据其品种参照相关标准和成功的经验执行。

　　改性沥青宜在固定式工厂或现场设厂集中制作，也可在拌和厂现场边制造边使用，改性沥青的加工温度不宜超过180℃。胶乳类改性剂和制成颗粒的改性剂可直接投入拌和缸中生产改性沥青混合料。现场制造的改性沥青宜随配随用，需做短时间保存或运送到附近工地时，使用前必须搅拌均匀，在不发生离析的状态下使用。改性沥青制作设备必须设随机采集样品的取样口，采集的试样宜立即在现场灌模。工厂制作的成品改性沥青达到施工现场后存贮在改性沥青罐中，改性沥青罐中必须加设搅拌设备并进行搅拌，使用前改性沥青必须搅拌均匀。在施工过程中应定期取样检验产品质量，发现离析等质量不符合要求的改性沥青不得使用。

2. 乳化沥青

乳化沥青适用于冷拌(常温)沥青混合料路面及沥青表面处治路面,也可用于洒布透层油、黏层及封层,并可用于对既有道路的养护与维修工程。乳化沥青使用时不需要加热,对减轻污染、保护环境很有利。

乳化沥青分为阳离子型、阴离子型以及非离子型三种,使用时应根据使用目的、矿料类别、气候条件等选用。阳离子乳化沥青适用于酸性、潮湿的石料和施工温度较低的环境。阴离子乳化沥青适用于碱性、干燥的石料,可与水泥、石灰或粉煤灰共同使用。用胶体磨或匀油机制备乳化沥青时,乳化剂用量(按有效含量计)宜为沥青质量的 0.3% ~ 0.8%。制备温度通过试验确定,一般情况下,乳化剂水溶液的温度为 40 ~ 70℃,石油沥青加热至 120 ~ 160℃。制成后的乳化沥青应及时使用,存放期以不离析、不冻结、不破乳为宜。若存放时间较长,使用前应抽样检查,质量不合格的不得使用。乳化沥青的质量应符合表 13-4 的规定。在高温条件下应采用黏度较大的乳化沥青,寒冷条件下应使用黏度较小的乳化沥青。

道路用乳化沥青技术要求 表 13-4

试 验 项 目		品种及代号									
		阳离子				阴离子				非离子	
		喷洒用			拌和用	喷洒用			拌和用	喷洒用	拌和用
		PC-1	PC-2	PC-3	BC-1	PA-1	PA-2	PA-3	BA-1	PN-2	BN-1
破乳速度		快裂	慢裂	快裂或中裂	慢裂或中裂	快裂	慢裂	快裂或中裂	慢裂或中裂	慢裂	慢裂
粒子电荷		阳离子带正电荷(+)				阴离子带负电荷(−)				非离子	
筛上残留物(1.18mm 筛)(%)		< 0.1				< 0.1				< 0.1	
黏度	恩格拉黏度计 E_{25}	2 ~ 10	1 ~ 6	1 ~ 6	2 ~ 30	2 ~ 10	1 ~ 6	1 ~ 6	2 ~ 30	1 ~ 6	2 ~ 30
	沥青标准黏度计 $C_{25,3}$(s)	10 ~ 25	8 ~ 20	8 ~ 20	10 ~ 60	10 ~ 25	8 ~ 20	8 ~ 20	10 ~ 60	8 ~ 20	10 ~ 60
蒸发残留物	残留分含量(%)	> 50	> 50	> 50	> 55	> 50	> 50	> 50	> 55	> 50	> 55
	溶解度(%)	> 97.5				> 97.5				> 97.5	
	针入度(25℃)(0.1mm)	50 ~ 200	50 ~ 300	45 ~ 150		50 ~ 200	50 ~ 300	45 ~ 150		50 ~ 300	60 ~ 300
	延度(15℃)(cm)	> 40				> 40				> 40	
与粗集料的黏附性(裹覆面积)		> 2/3			—	> 2/3			—	> 2/3	—
与粗、细粒式集料拌和试验		—			均匀	—			均匀	—	—
水泥拌和试验的筛上剩余量(%)		—				—				—	< 3
贮存稳定性	1d(%)	< 1				< 1				< 1	
	5d(%)	< 5				< 5				< 5	

试 验 项 目	品种及代号									
	阳离子				阴离子				非离子	
	喷洒用			拌和用	喷洒用			拌和用	喷洒用	拌和用
	PC-1	PC-2	PC-3	BC-1	PA-1	PA-2	PA-3	BA-1	PN-2	BN-1
适用范围	表处、贯入及下封层	透层油及基层养生	黏层油	稀浆封层或冷拌沥青混合料	表处、贯入及下封层	透层油及基层养护	黏层油	稀浆封层或冷拌沥青混合料	透层油	与水泥稳定集料同时使用(基层路拌或再生)

注:1. P 为喷布型,B 为拌和型,C、A、N 分别表示阳离子、阴离子、非离子乳化沥青。

2. 黏度可选沥青标准黏度计或恩格拉黏度计的一种测定,$C_{25,3}$ 表示测试温度 25℃、黏度计孔径 3mm,E_{25} 表示在 25℃时测定。

3. 表中的破乳速度与集料的黏附性、拌和试验的要求、所使用的石料品种有关,质量检验时应采用工程上实际的石料进行试验,仅进行乳化沥青产品质量评定时可不要求此三项。

4. 贮存稳定性根据施工实际情况选用试验时间,通常采用 5d,乳液生产后能在当天使用时也可用 1d 的稳定性。

5. 当乳化沥青需要在低温冰冻条件下贮存或使用时,尚需进行 -5℃ 低温贮存稳定性试验,要求没有粗颗粒、不结团。

6. 如果乳化沥青是将高浓度产品运到现场后使用时,表中的蒸发残留物等各项指标指稀释前乳化沥青的要求。

3. 改性乳化沥青

改性乳化沥青主要有用作黏层、下封层及桥面防水黏层的喷洒型改性乳化沥青,以及用于改性稀浆封层和微表处的拌和型改性乳化沥青,其质量应符合表 13-5 的技术要求。

改性乳化沥青技术要求　　　　　表 13-5

试 验 项 目		改性乳化沥青品种及代号		试 验 方 法
		喷洒型 PCR	拌和型 BCR	
破乳速度		快裂和中裂	慢裂	T 0658
粒子电荷		阳离子(+)	阳离子(+)	T 0653
筛上剩余量(1.18mm,%)		≤0.1	≤0.1	T 0652
黏度	恩格拉黏度 E_{25}	1~10	3~30	T 0622
	沥青标准黏度 $C_{25,3}$	8~25	12~60	T 0621
蒸发残留物	含量(%)	≥50	≥60	T 0651
	针入度(100g,25℃,5s)(0.1mm)	40~120	40~100	T 0604
	软化点(℃)	≥50	≥53	T 0606
	延度(5℃)(cm)	≥20	≥20	T 0605
	溶解度(三氯乙烯)(%)	≥97.5	≥97.5	T 0607
与集料的黏附性(覆盖面积)		≥2/3	—	T 0654

试 验 项 目	改性乳化沥青品种及代号		试 验 方 法
	喷洒型 PCR	拌和型 BCR	
贮存稳定性 1d（%）	≤1	≤1	T 0655
贮存稳定性 5d（%）	≤5	≤5	T 0655
适用范围	黏层、封层、桥面防水黏结层	改性稀浆封层和微表处	—

注:1. 破乳速度与集料黏附性、拌和试验所用石料有关。工程上施工质量检验时应采用实际的石料试验,仅进行产品质量评定时可不对这些指标提出要求。

2. 当用于填补车辙时,BCR 蒸发残留物的软化点宜提高到不低于 55℃。

3. 贮存稳定性根据施工实际情况选择试验天数,通常采用 5d,乳液生产后能在第 2d 使用完也可选用 1d。个别情况下改性乳化沥青 5d 的贮存稳定性难以满足要求,如果经搅拌后能够达到均匀一致并不影响正常使用,此时要求改性乳化沥青运至工地后存放在附有搅拌装置的贮存罐内,并不断地进行搅拌,否则不准使用。

4. 当改性乳化沥青或特种改性乳化沥青需要在低温冰冻条件下贮存或使用时,尚需按 T 0656 进行 -5℃ 低温贮存稳定性试验,要求没有粗颗粒、不结块。

二、集　料

沥青混合料的集料包括粗集料、细集料及填料(矿粉)等三种。粗、细集料形成沥青混合料的骨架,填料与沥青组成的沥青胶浆填充于粗、细集料间的骨架空隙中并将集料颗粒黏结在一起,使沥青混合料具有抵抗行车荷载和环境因素作用的能力。我国沥青路面规范是以 2.36mm 为粗、细集料的界限值。

(一)粗集料

粗集料形成沥青混合料的主骨架,对沥青混合料的强度和高温稳定性影响很大。沥青混合料的粗集料应洁净、干燥、表面粗糙、无风化、无杂质,具有足够的强度和耐磨耗能力,与沥青有良好的黏附性能,颗粒形状接近于立方体。碎石、破碎砾石、筛选砾石、钢渣、矿渣等均可作为沥青混合料的粗集料,但高速公路、一级公路不得使用筛选砾石和矿渣。粗集料必须由具有生产许可证的采石场生产或施工单位自行加工。各种规格粗集料的粒径规格和级配列于表 13-6。其质量应符合表 13-7 规定的技术要求。当单一规格集料的质量指标达不到表中要求,而按照集料配合比计算的质量指标符合要求时,工程上允许使用。对受热变质的集料,应采用经拌和机烘干后的集料进行检验。

沥青混合料用粗集料规格　　　　　　　　　表 13-6

规格	公称粒径（mm）	53	37.5	31.5	26.5	19.0	13.2	9.5	4.75	2.36	0.6
S5	20~40	100	90~100	—		0~15		0~5			
S6	15~30		100	90~100	—	—	0~15	—	0~5		
S7	10~30		100	90~100	—			0~15	0~5		
S8	15~25			100	90~100	—	0~15		0~5		
S9	10~20				100	90~100	—	0~15	0~5		
S10	10~15					100	90~100	0~15	0~5		
S11	5~15					100	90~100	40~70	0~15	0~5	

规格	公称粒径（mm）	53	37.5	31.5	26.5	19.0	13.2	9.5	4.75	2.36	0.6
S12	5~10						100	90~100	0~15	0~5	
S13	3~10						100	90~100	40~70	0~20	0~5
S14	3~5							100	90~100	0~15	0~3

沥青混合料用粗集料质量技术要求　　　　表 13-7

指　　标		高速公路、一级公路		其他等级公路	试验方法
		表面层	其他层次		
石料压碎值(%)		≤26	≤28	≤30	T 0316
洛杉矶磨耗损失(%)		≤28	≤30	≤35	T 0317
表观相对密度(t/m³)		≥2.60	≥2.50	≥2.45	T 0304
吸水率(%)		≤2.0	≤3.0	≤3.0	T 0304
坚固性(%)		≤12	≤12	—	T 0314
针片状颗粒含量	混合料(%)	≤15	≤18	≤20	T 0312
	其中粒径大于9.5mm(%)	≤12	≤15	—	
	其中粒径小于9.5mm(%)	≤18	≤20	—	
水洗法<0.075mm 颗粒含量(%)		≤1	≤1	≤1	T 0310
软石含量(%)		≤3	≤5	≤5	T 0320
破碎砾石不同破碎面颗粒的含量(%)	1个破碎面	≥100	≥90	≥80(70)	T 0361
	2个或2个以上破碎面	≥90	≥80	≥60(50)	
	SMA混合料 1~2个破碎面	≥100~90			
	贯入式路面 1~2个破碎面		≥80~60	≥80~60	

注：1. 坚固性试验可根据需要进行。

　　2. 用于高速公路、一级公路时，多孔玄武岩的视密度可放宽至 2.45t/m³，吸水率可放宽至 3%，但必须得到建设单位的批准，且不得用于 SMA 路面。

　　3. 对 S14 即 3~5 规格的粗集料，针片状颗粒含量可不予要求，小于 0.075mm 颗粒含量可放宽到 3%。

　　破碎砾石应采用粒径大于 50 mm、含泥量不大于 1% 的砾石轧制，破碎砾石的破碎面应符合表 13-7 的规定。筛选砾石仅适用于沥青表面处治路面。经过破碎且存放期超过 6 个月以上的钢渣，可作为粗集料使用。除吸水率允许适当放宽外，各项指标应符合表 13-7 的要求。钢渣在使用前应进行活性检验，要求钢渣中的游离氧化钙含量不大于 3%，浸水膨胀率不大于 2%。

　　粗集料与沥青的黏附性应符合表 13-8 的要求。当使用不符合要求的粗集料时，应掺加石灰、水泥或用饱和石灰水处理后使用，必要时可同时在沥青中掺加耐热、耐水、长期性能好的抗剥落剂，也可采用改性沥青的措施，使沥青混合料的水稳定性检验达到要求。掺加外加剂的剂量由沥青混合料的水稳定性检验确定。

　　高速公路、一级公路沥青路面的表面层（或磨耗层）的粗集料的磨光值应符合表 13-8 的要求。除 SMA、OGFC 路面外，允许在硬质粗集料中掺加部分较小粒径的磨光值达不到要求的粗集料，其最大掺加比例由磨光值试验确定。

粗集料与沥青的黏附性、磨光值的技术要求 表 13-8

雨量气候区名称		1(潮湿区)	2(湿润区)	3(半干区)	4(干旱区)	试验方法
年降雨量(mm)		>1000	1000~500	500~250	<250	—
高速公路和一级公路表面层,磨光值 PSV		≥42	≥40	≥38	≥36	T 0321
粗集料与沥青的黏附性	高速公路和一级公路表面层	≥5	≥4	≥4	≥3	T 0616
	高速公路和一级公路其他层次及其他等级道路的各个层次	≥4	≥4	≥3	≥3	T 0663

(二)细集料

细集料指粒径小于 2.36mm 的天然砂、机制砂、石屑。细集料必须由具有生产许可证的采石场、采砂场生产。天然砂包括河砂、山砂、海砂,其规格和细度模数应符合表 13-9 的技术要求。通常,宜采用粗、中砂,砂的含泥量超过规定时应水洗后使用,海砂中的贝壳类材料必须筛除。开采天然砂必须取得当地政府主管的许可,并符合水利及环境保护的要求。热拌密级配沥青混合料中天然砂的用量通常不宜超过集料总量的 20%,SMA 和 OGFC 混合料不宜使用天然砂。

沥青混合料用天然砂规格 表 13-9

方孔筛(mm)	圆孔筛(mm)	通过下列筛孔(方孔筛,mm)的质量百分率(%)		
		粗砂	中砂	细砂
9.5	10	100	100	100
4.75	5	90~100	90~100	90~100
2.36	2.5	65~95	75~90	85~100
1.18	1.2	35~65	50~90	75~100
0.6	0.6	15~30	30~60	60~84
0.3	0.3	5~20	8~30	15~45
0.15	0.15	0~10	0~10	0~10
0.075	0.075	0~5	0~5	0~5
细度模数 M_x		3.7~3.1	3.0~2.3	2.2~1.6

石屑是采石场碎石加工后粒径为 2.36~4.75mm 的筛下部分,其规格(S15、S16)应符合表 13-10 的要求。热拌沥青混合料的细集料宜采用天然砂或机制砂,在缺少天然砂的地区,也可使用石屑,但高等级的沥青混凝土面层及抗滑表层的石屑用量不宜超过天然砂及机制砂的用量,以确保沥青混凝土混合料的施工和易性和压实性。高等级道路的沥青混合料,应将 S14 与 S16 组合使用,S15 可在沥青稳定碎石基层或其他等级道路中使用。

沥青混合料用机制砂或石屑规格 表 13-10

规格	公称粒径(mm)	水洗法通过下列筛孔(方孔筛,mm)的质量百分率(%)							
		9.5	4.75	2.36	1.18	0.6	0.3	0.15	0.075
S15	0~5	100	90~100	60~90	40~75	20~55	7~40	2~20	0~10
S16	0~3		100	80~100	50~80	25~60	8~45	0~25	0~15

机制砂是采用专用制砂机制造,并选用优质石料生产,具有粗糙、洁净、棱角性好的特点,应予推广使用,机制砂的级配应符合 S16 的要求。而石屑则是石料破碎过程中表面剥落或撞下的棱角、细粉,它虽然棱角性好、与沥青的黏附性较好,但石屑中粉尘含量很多,强度很低、扁片含量及碎土比例很大,且施工性能较差,不易压实,路面残留空隙率大,在使用中还有继续细化的倾向。

细集料应洁净、干燥、无风化、无杂质,并有适当的颗粒级配,与沥青有良好的黏附能力,质量符合表 13-11 规定的技术要求。细集料的洁净程度,天然砂以小于 0.075mm 含量的百分率表示,石屑和机制砂以砂当量(适用于 0 ~ 4.75mm)或亚甲蓝值(适用于 0 ~ 2.36mm 或 0 ~ 0.15mm)表示。

沥青混合料用细集料质量技术要求 表 13-11

指　　标	高速公路、一级公路	其他等级公路	试 验 方 法
观相对密度(t/m³)	≥2.50	≥2.45	T 0328
坚固性(>0.3mm 部分)(%)	≤12	—	T 0340
含泥量(<0.075mm 含量)(%)	≤3	≤5	T 0333
砂当量(%)	≥60	≥50	T 0334
亚甲蓝值(g/kg)	≥25	—	T 0346
棱角性(流动时间)(s)	≤30	—	T 0345

注:坚固性检验根据需要进行。

(三)填料

在沥青混合料中,填料通常是指矿粉,其他填料如消石灰粉、水泥常作为抗剥落剂使用。矿粉在沥青混合料中起到重要的作用,矿粉要适量,少了不足以形成足够的比表面吸附沥青,矿粉过多又会使胶泥成团,致使路面胶泥离析,同样造成不良的后果。

通常采用强基性的石灰岩或岩浆岩等憎水性石料经磨细而得到的矿粉作填料。经试验确定为碱性、与沥青黏结良好的粉煤灰可作为填料的一部分,但应具有与矿粉同样的质量。由于填料的粒径很小,比表面积很大,使混合料中的结构沥青增加,从而提高沥青混合料的黏结力,因此填料是构成沥青混合料强度的重要组成部分。矿粉应干燥、洁净、无团粒,能自由地从矿粉仓流出,其质量应符合表 13-12 的技术要求。

沥青混合料用矿粉质量技术要求 表 13-12

指　　标		高速公路、一级公路	其他等级公路	试 验 方 法
表观相对密度(t/m³)		≥2.50	≥2.45	T 0352
含水量(%)		≤1	≤1	T 0103 烘干法
粒度范围	<0.6mm(%)	100	100	T 0351
	<0.15mm(%)	90 ~ 100	90 ~ 100	
	<0.075(%)	75 ~ 100	70 ~ 100	
外观		无团粒结块		—
亲水系数		<1		T 0353
塑性指数		<4		T 0354
加热安定性		实测记录		T 0355

拌和机的粉尘可作为矿粉的一部分回收使用,但每盘用量不得超过填料总量的25%,掺有粉尘填料的塑性指数不得大于4%。粉煤灰作填料时,用量不得超过填料总量的50%,粉煤灰的烧失量应小于12%,与矿粉混合后的塑性指数应小于4%,其余质量要求与矿粉相同,并应经试验确认与沥青有良好的黏附性,沥青混合料的水稳性能满足要求。高速公路、一级公路的沥青混合料不宜采用粉煤灰作填料。

(四)纤维稳定剂

在沥青混合料中掺加的纤维稳定剂宜选用木质素纤维、矿物纤维等。木质素纤维的质量应符合13-13的技术要求。

木质纤维素的质量技术要求　　　　　　表13-13

试 验 项 目	指　　标	试 验 方 法
纤维长度	<6mm	水溶液用显微镜观测
灰分含量	18%±5%,无挥发物	高温590~650℃燃烧后,测定残留物
pH值	7.5±1.0	水溶液用pH试纸或pH计测定
吸油率	不小于纤维质量的5倍	用煤油浸泡后,放在筛网上,经振敲后称量
含水率	<5%(以质量计)	105℃烘箱烘2h后,冷却称量

纤维应在250℃的干拌温度不变质、不发脆,使用纤维必须符合环保要求,不危害身体健康。纤维必须在混合料拌和过程中能充分分散均匀,可采用松散的絮状纤维或预先加工成含有低针入度沥青的纤维颗粒,在温度较高时拌和溶化,纤维即被释放出。

矿质纤维有玻璃纤维和石棉纤维,宜采用玄武岩等矿石制造,易影响环境及造成人体伤害的石棉纤维不宜直接使用。纤维应存放在室内或有棚盖的地方,松散纤维在运输及使用过程中应避免受潮,不结团。

纤维稳定剂的掺加比例以沥青混合料总量的质量百分率计算,通常情况下用于SMA路面的木质素纤维不宜低于0.3%,矿物纤维不宜低于0.4%,必要时可适当增加纤维用量。其合理的用量可通过两方面确定:一是通过流淌试验,建立纤维素用量与流淌损失量的关系;二是进行经济分析,由此两方面综合定出合理用量。纤维掺加量的允许误差宜不超过±5%。

三、沥青混合料

沥青混合料是由集料(包括碎石、石屑、砂等)和填料(矿粉)与沥青结合料经混合拌制而成的混合料的总称。其中,集料起骨架作用,沥青与填料起胶结填充作用。热拌沥青混合料(HMA)经摊铺、压实成型后成为沥青路面适用于各种等级的公路,是现代道路路面结构材料的主要形式之一,它具有优良的力学性能,良好的耐久性和抗滑性等特点,便于分期修筑及再生利用,并具有减振吸声、行车舒适等多方面的优点。

热拌沥青混合料的类型,按集料级配类型和设计空隙率分为:连续密级配沥青混合料(AC、ATB等);间断级配沥青混合料(SMA);开级配沥青混合料(OGFC、ATPB等)和半开级配沥青混合料(AM)等。按集料的公称最大粒径分为:特粗式、粗粒式、中粒式、细粒式和砂粒式沥青混合料等类型。这些沥青混合料类型参见表9-1。

各类沥青混合料的适用范围应遵循以下原则:①密级配沥青混凝土混合料(AC)适用于各级道路沥青面层的任何层次。②沥青玛蹄脂碎石混合料(SMA)适用于铺筑新建道路的表面层、中面层或旧路面加铺磨耗层使用。③设计空隙率为6%～12%的半开级配的沥青碎石混合料(AM)仅适用于低等级道路、乡村道路,且沥青混合料拌和设备缺乏添加矿粉的装置和人工炒拌的情况。④设计空隙率3%～6%粗粒式及特粗式的密级配沥青稳定碎石混合料(ATB)适用于基层。⑤设计空隙率大于18%的粗粒式及特粗式排水式沥青稳定碎石混合料(ATPB)适用于基层。⑥设计空隙率大于18%的中、细粒式排水式沥青稳定碎石混合料(OG-FC)适用于高速行车、多雨潮湿、不易被尘土污染、非冰冻地区铺筑排水式沥青路面磨耗层。

(一)热拌沥青混合料的体积参数

我国现行的热拌沥青混合料技术标准,对不同类型沥青混合料提出不同的技术指标。在这一技术标准里,除了马歇尔试验涉及的指标——稳定度、流值(包括残留稳定度)之外,还有空隙率、沥青饱和度及矿料间隙率等一些与混合料体积有关的指标。在工程实践中可将这些反映压实后沥青混合料材料之间质量与体积的内容,统称为沥青混合料的体积参数。这些参数取决于沥青混合料中沥青与矿料的性质、组成材料的比例、混合料成型条件等因素,并对沥青混合料的路用性能有显著影响,是沥青混合料配合比设计的重要参数。

1. 沥青混合料密度

沥青混合料的密度是指压实后沥青混合料单位体积的质量。针对密度指标中涉及的体积内容的不同,又有不同的密度表达形式。

(1)沥青混合料理论最大密度:该密度是假设沥青混合料被压实至完全密实,没有空隙的理想状态下的最大密度,即压实后沥青混合料试件全部被集料(包括矿料内部孔隙)和沥青所占有,且空隙率为零的密度。

(2)沥青混合料试件的表观相对密度(视密度):该密度是指在规定条件下,沥青混合料试件的单位表观体积(沥青混合料实体体积与不吸水的内部闭口孔隙体积之和)的干质量。

(3)沥青混合料试件的毛体积密度:是指沥青混合料单位毛体积(包括沥青混合料实体矿物成分体积,不吸水的闭口孔隙、能吸收水分的开口空隙所占体积之和)的干质量。

2. 沥青混合料的空隙率 VV

沥青混合料的空隙率指压实状态下沥青混合料内集料与沥青体积之外的空隙(不包括集料本身或表面已被沥青封闭的孔隙)的体积占试件总体积的百分率,相应计算公式为:

$$VV = \left(1 - \frac{\rho_s}{\rho_t}\right) \times 100\% \tag{13-9}$$

式中:ρ_s——沥青混合料试件的表观密度或毛体积密度(g/cm^3);

ρ_t——沥青混合料试件理论最大密度(g/cm^3)。

3. 沥青混合料的沥青体积百分率 VA

压实沥青混合料试件中沥青实体的体积占试件总体积的百分率称为沥青体积百分率。当采用油石比 P_a(沥青与矿料质量比的百分率,%)表示沥青混合料配合比时,可按式(13-10)计算;当采用沥青含量 P_b(沥青质量占沥青混合料总质量的百分率,%)表示沥青混合料的配合比时,可按式(13-11)计算。

采用油石比计算:

$$VA = \frac{P_a \cdot \rho_a}{(100 + P_a)\gamma_a \cdot \rho_w} \times 100\% \qquad (13-10)$$

采用沥青含量计算：

$$VA = \frac{P_b \cdot \rho_a}{\gamma_a \cdot \rho_w} \times 100\% \qquad (13-11)$$

式中：γ_a——沥青的相对密度；

ρ_w——常温水的密度（g/cm^3）；

ρ_a——沥青混合料试件的表观密度（g/cm^3）。

4. 沥青混合料的矿料间隙率 VMA

矿料间隙率是指压实沥青混合料试件中矿料实体以外的空间体积占试件总体积的百分率，它等于试件空隙率与沥青体积百分率之和，由式（13-12）表示：

$$VMA = VA + VV \qquad (13-12)$$

5. 沥青混合料的沥青饱和度 VFA

沥青饱和度是指压实沥青混合料试件中沥青实体体积占矿料骨架实体以外的空间体积的百分率，又称为沥青填隙率，按照式（13-13）计算。

$$VFA = \frac{VA}{VMA} \times 100\% \quad 或 \quad VFA = \frac{VA}{VA + VV} \times 100\% \qquad (13-13)$$

(二)热拌沥青混合料的技术标准

1. 热拌沥青混合料马歇尔试验技术标准

热拌沥青混合料马歇尔试验技术标准，应符合表13-14的规定，并具有良好的工作性。当采用其他方法设计沥青混合料时，应进行马歇尔试验及各项配合比设计检验，并给出不同设计方法的试验结果。二级公路宜参照一级公路的技术标准执行。表中重载交通是指设计交通量在1000万辆以上的路段，长大坡度的路段也按重载交通路段考虑。

密级配沥青混凝土混合料马歇尔试验技术标准

（本表适用于公称最大粒径≤26.5mm的密级配沥青混凝土混合料）　　表 13-14

试 验 指 标		高速公路、一级公路				其他等级公路	行人道路
		夏炎热区(1-1、1-2、1-3、1-4区)		夏热区及夏凉区(2-1、2-2、2-3、2-4、3-2区)			
		中轻交通	重载交通	中轻交通	重载交通		
击实次数(双面)(次)		75				50	50
试件尺寸(mm)		φ101.6×63.5					
空隙率 VV(%)	深约90mm以内	3~5	4~6	2~4	3~5	3~6	2~4
	深约90mm以下	3~6		2~4	3~6	3~6	
稳定度 MS(kN)		≥8				≥5	≥3
流值 FL(mm)		2~4	1.5~4	2~4.5	2~4	2~4.5	2~5

试验指标		高速公路、一级公路				其他等级公路	行人道路
		夏炎热区(1-1、1-2、1-3、1-4区)		夏热区及夏凉区(2-1、2-2、2-3、2-4、3-2区)			
		中轻交通	重载交通	中轻交通	重载交通		
矿料间隙率 VMA (%)	设计空隙率(%)	相应于以下公称最大粒径(mm)的最小 VMA 及 VFA 技术要求(%)					
		26.5	19	16	13.2	9.5	4.75
	2	≥10	≥11	≥11.5	≥12	≥13	≥15
	3	≥11	≥12	≥12.5	≥13	≥14	≥16
	4	≥12	≥13	≥13.5	≥14	≥15	≥17
	5	≥13	≥14	≥14.5	≥15	≥16	≥18
	6	≥14	≥15	≥15.5	≥16	≥17	≥19
沥青饱和度 VFA(%)		55~70		65~75		75~85	

注:1. 对空隙率大于5%的炎热区重载交通路段,施工时应至少提高1个百分点。

2. 当设计空隙率不是整数时,由内插确定要求的 VMA 最小值。

3. 对改性沥青混合料,马歇尔试验的流值可适当放宽。

SMA 和 OGFC 混合料马歇尔试验技术标准,应符合表 13-15 的规定。

SMA 和 OGFC 混合料马歇尔试验配合比设计技术要求 表 13-15

试验项目	SMA 混合料		OGFC 混合料	试验方法
	不使用改性沥青	使用改性沥青		
马歇尔试件尺寸(mm)	$\phi 101.6 \times 63.5$			T 0702
马歇尔试件击实次数	两面击实 50 次			T 0702
空隙率 VV(%)	3~4		18~25	T 0708
矿料间隙率 VMA(%)	≥17		—	T 0709
粗集料骨架间隙率 VCA_{mix}(%)	≤VCA_{DRC}			T 0709
沥青饱和度 VFA(%)	75~85			T 0708
稳定度(kN)	≥5.5	≥6.0		T 0708
流值(mm)	2~5	—		T 0708
谢伦堡沥青析漏试验的结合料损失(%)	≤0.2	≤0.1	≤0.3	T 0732
肯特堡飞散损失或浸水飞散试验(%)	≤20	≤15	≤20	T 0733

注:1. 对集料坚硬不易击碎,通行重载交通的路段,也可将击实次数增加为双面 75 次。

2. 对高温稳定性要求较高的重载交通路段或炎热地区,设计空隙率允许放宽到 4.5% ,VMA 允许放宽到 16.5% (SMA-16)或 16% (SMA-19),VFA 允许放宽到 70% 。

3. 试验粗集料骨架间隙率 VCA 的关键筛孔,对 SMA-19、SMA-16 是指 4.75mm,对 SMA-13、SMA-10 是指 2.36mm。

4. 稳定度难以达到要求时,容许放宽到 5.0kN(非改性沥青)或 5.5kN(改性沥青),但动稳定度检验必须合格。

2. 沥青混合料使用性能检验

对用于高速公路、一级公路的最大公称粒径小于或等于 19mm 的密级配沥青混合料 (AC),以及 SMA、OGFC 混合料,需在配合比设计的基础上进行各项使用性能指标检验,包括高温稳定性检验、水稳定性检验、低温性能检验和渗水系数检验等。不符合要求的沥青混合料,必须更换材料或重新进行配合比设计。二级公路宜参照此要求执行。

(1)高温稳定性指标

高速公路、一级公路沥青混合料必须在规定的试验条件下进行车辙试验。沥青混合料车辙试验动稳定度应符合表13-16的要求。二级公路可参照执行。

沥青混合料车辙试验动稳定度技术要求   表13-16

气候条件与技术指标	相应下列气候分区所要求的动稳定度(次/mm)					试验方法
七月平均最高温度及气候分区	>30		20～30		<20	
	1. 夏炎热区		2. 夏热区		3. 夏凉区	
	1-1、1-2	1-3、1-4	2-1	2-2、2-3、2-4	3-2	
普通沥青混合料	≥800	≥1000	≥600	≥800	≥600	T 0719
改性沥青混合料	≥2800	≥3200	≥2000	≥2400	≥1800	
SMA 混合料 非改性	≥1500					
改性	≥3000					
OGFC 混合料	1500(一般交通路段)、3000(重交通量路段)					

注:1. 如果其他月份的平均最高气温高于七月时,可使用该月平均最高气温。

2. 在特殊情况下,如钢桥面铺装、重载车特别多或纵坡较大的长距离上坡路段、厂矿专用道路,可酌情提高动稳固定度的要求。

3. 对因气候寒冷确需使用针入度很大的沥青(如大于100),动稳定度难以达到要求,或因采用石灰岩等不很坚的石料,改性沥青混合料的动稳定度难以达到要求等特殊情况,可酌情降低要求。

4. 为满足炎热地区及重载车要求,在配合比设计时采取减少最佳沥青用量的技术措施时,可适当提高试验温度或增加试验荷载进行试验,同时增加试件的碾压成型密度和施工压实度要求。

5. 车辙试验不得采用二次加热的混合料,试验必须检验其密度是否符合试验规程的要求。

6. 如需要对公称最大粒径大于或等于26.5mm的混合料进行车辙试验,可适当增加试件的厚度,但不宜作为评定合格与否的依据。

(2)水稳定性指标

沥青混合料应具有良好的水稳性,在进行沥青混合料配合比设计及性能评价时,除了对沥青与石料的黏附性等级进行检验外,还必须在规定条件下进行沥青混合料的浸水马歇尔试验和冻融劈裂试验。残留稳定度和冻融劈裂残留强度比应满足表13-17的要求。达不到要求时应掺加石灰、水泥或用饱和石灰水处理后使用,必要时可同时在沥青中掺加耐热、耐水、长期性能好的抗剥落剂,也可采用改性沥青的措施,并调整最佳沥青用量后经再次试验使水稳定性指标合格。

沥青混合料水稳定性检验技术要求   表13-17

气候条件与技术指标	相应于下列气候的技术要求(%)				试验方法
年降雨量(mm)及气候分区	>1000	500～1000	250～500	<250	
	1. 潮湿区	2. 湿润区	3. 半干区	4. 干旱区	
浸水马歇尔试验残留稳定度(%)					
普通沥青混合料	≥80		≥75		T 0709
改性沥青混合料	≥85		≥80		
SMA 混合料 普通沥青	≥75				
改性沥青	≥80				
冻融劈裂试验残留强度比(%)					

	普通沥青混合料	≥75	≥70	T 0729
	改性沥青混合料	≥80	≥75	
SMA 混合料	普通沥青	≥75		
	改性沥青	≥80		

（3）低温性能指标

为了提高沥青路面的低温抗裂性，二级及二级以上公路公称最大粒径不大于 19.0mm 的沥青混合料，宜在温度为 −10℃，加载速度为 50mm/min 条件下进行小梁弯曲试验。通过实测破坏强度、破坏应变、破坏劲度模量，并根据应力应变曲线的形状，综合评价沥青混合料的低温抗裂性。其中沥青混合料的破坏应变宜不小于表 13-18 的要求。

沥青混合料低温弯曲试验破坏应变（με）技术要求　　　　表 13-18

气候条件与技术指标	相应于下列气候分区所要求的破坏应变（με）				试验方法
年极端最低温度（℃）及气候分区	< −37.0	−21.5 ~ −37.0	−9.0 ~ −21.5	> −9	
	1.冬严寒区	2.冬寒区	3.冬冷区	4.冬温区	
	1 −1、2 −1	1 −2、2 −2、3 −2	1 −3、2 −3	1 −4、2 −4	
普通沥青混合料	≥2600	≥2300	≥2000		T 0715
改性沥青混合料	≥3000	≥2800	≥2500		

季节性冻土地区高速公路和一级公路表面层，还应对沥青低温性能提出要求。分析连续 10 年年最低气温平均值，作为路面低温设计温度。在路面低温设计温度提高 10℃ 的试验条件下，沥青弯曲梁试验蠕变劲度 S_t 不宜大于 300MPa，且蠕变曲线斜率 m 不宜大于 0.30。当蠕变劲度 S_t 在 300 ~ 600MPa，且蠕变曲线斜率 m 大于 0.30 时，增加沥青直接拉伸试验，其断裂应变不宜小于 1%。以上都不满足时，采用弯曲梁试验蠕变试验和直接拉伸试验确定沥青临界开裂温度，临界开裂温度不宜高于路面低温设计温度。

（4）渗水系数指标

沥青路面表面渗水系数要在路面成型后立即测定，渗水系数检验宜利用轮碾机成型的车辙试件，脱模架起进行渗水试验，并符合表 13-19 的要求。

沥青混合料试件渗水系数（mL/min）技术要求　　　　表 13-19

级配类型	密级配沥青混凝土	SMA 混合料	OGFC 混合料	试验方法
渗水系数要求	≤120	≤80	不小于实测	T 0730

3. 沥青混合料单轴贯入强度检验

为控制沥青路面车辙，宜结合气候条件、交通条件和路面结构状况，当行车速度与正常路段差异较大及长大纵坡路段，可测定并验算沥青混合料的贯入强度，供沥青混合料配合比设计或施工完成后检验沥青混合料的高温稳定性。

（1）沥青混合料单轴贯入强度试验，在标准温度 60℃ 条件下，采用室内成型或现场取芯的圆柱体（$\phi100mm \times 100mm$ 或 $\phi150mm \times 100mm$）试件，在刚性贯入压头分别为 $\phi28.5mm$ 或 $\phi42mm$ 作用下，以 1mm/min 为加载速率，记录压力和位移，当压力值降为应力极值点 90% 时，停止试验。取破坏极点强度作为试件贯入强度。同一种沥青混合料或同一路段的路面，一组试验的平行试件宜为 5 ~ 6 个,取其平均值作为试验结果。根据试验结果按下式计算标准高度沥青混合料的贯入强度。

$$R_\tau = f_\tau \sigma_p \qquad (13\text{-}14)$$

式中:R_τ——贯入强度(MPa);

σ_p——贯入应力(MPa),$\sigma_p = P/A$;

P——试件破坏时的极限荷载(N);

A——压头横截面面积(mm^2);

f_τ——贯入应力系数,对直径 150mm 试件,$f_\tau = 0.35$;对直径 100mm 试件,$f_\tau = 0.34$。

对高度不为 100mm 的试件,试件厚(高)度 h 应满足:$38mm \leqslant h < 100mm$,可根据下列情况对贯入应力系数进行修正:

①对直径为 100mm 的试件,按下式计算贯入应力系数:

$$f_\tau = 0.0012h + 0.22$$

②对直径为 150mm 的试件,按下式计算贯入应力系数:

$$f_\tau = 0.0023h + 0.12$$

对现场取芯的试件,其计算的贯入强度应乘以修正系数 1.15。

(2)无机结合料稳定类基层沥青路面、底基层采用无机结合料稳定类材料的沥青结合料类基层沥青路面和水泥混凝土基层沥青路面的沥青混合料贯入强度,宜满足下式的要求:

$$R_{\tau_s} \geqslant \left(\frac{0.31 \lg N_{e5} - 0.68}{\lg[R_a] - 13.1 \lg T_d - \lg\psi_s + 2.50}\right)^{1.68} \qquad (13\text{-}15)$$

式中:$[R_a]$——沥青混合料层容许永久变形量(mm),根据公路等级,参照表 9-14 确定;

N_{e5}——设计使用年限内或通车至首次针对车辙维修的期限内,月平均气温大于 0℃ 的月份,设计车道当量设计轴载累计作用次数;

T_d——设计气温(℃),为所在地区月平均气温大于 0℃ 的各月份气温平均值;

ψ_s——路面结构系数,根据下式计算:

$$\psi_s = (0.52 h_a^{-0.003} - 317.59 h_b^{-1.32}) E_b^{0.1} \qquad (13\text{-}16)$$

h_a——沥青混合料层的厚度(mm);

h_b——无机结合料稳定层或水泥混凝土层的厚度(mm);

E_b——无机结合料稳定层或水泥混凝土层的模量(MPa);

R_{τ_s}——各沥青混合料层的综合贯入强度,根据下式确定:

$$R_{\tau_s} = \sum_{i=1}^{n} \omega_{i_s} R_{\tau_i} \qquad (13\text{-}17)$$

R_{τ_i}——第 i 层沥青混合料的贯入强度(MPa),根据沥青混合料单轴贯入强度试验确定,普通沥青混合料一般为 0.4 ~ 0.7MPa,改性沥青混合料一般为 0.7 ~ 1.2MPa;

n——沥青混合料层的层数;

ω_{i_s}——第 i 层沥青混合料的权重,为第 i 层厚度中点剪应力与各层厚度中点剪应力之和的比值$\left(\omega_{i_s} = \dfrac{\tau_i}{\sum\limits_{i=1}^{n} \tau_i}\right)$。沥青混料层为 1 层时,$\omega_1$ 取 1.0;沥青混合料层 2 层时,

自上而下，ω_1 可取 0.48，ω_2 可取 0.52；沥青混合料层为 3 层时，自上而下，ω_1、ω_2 和 ω_3 可分别取 0.35、0.42 和 0.23。

（3）粒料类基层沥青路面和底基层采用粒料的沥青结合料类基层沥青路面，沥青混合料贯入强度宜满足式（13-18）的要求。

$$R_{\tau_g} \geqslant \left(\frac{0.35 \lg N_{e5} - 1.16}{\lg[R_a] - 1.62 \lg T_d - \lg \psi_g + 2.76} \right) \tag{13-18}$$

式中：ψ_g——路面结构系数，根据下式计算：

$$\psi_g = 20.16 h_a^{-0.642} + 820916 h_b^{-2.84} \tag{13-19}$$

R_{τ_g}——路面各层沥青混合料的综合贯入强度，根据下式确定：

$$R_{\tau_g} = \sum_{i=1}^{n} \omega_{i_g} R_{\tau_i} \tag{13-20}$$

ω_{i_g}——第 i 层沥青混合料的权重，为第 i 层厚度中点剪应力与各层厚度中点剪应力之和的比值$\left(\omega_{i_s} = \dfrac{\tau_i}{\sum\limits_{i=1}^{n} \tau_i} \right)$。沥青混料层为 1 层时，$\omega_1$ 取 1.0；沥青混合料层 2 层时，自上而下，ω_1 可取 0.44，ω_2 可取 0.56；沥青混合料层为 3 层时，自上而下，ω_1、ω_2 和 ω_3 可分别取 0.27、0.36 和 0.37。

第二节　沥青混合料配合比设计

沥青路面必须具有足够的力学强度、良好的温度稳定性、耐久性、耐磨性、抗滑性及良好的施工和易性，这是沥青混合料组成设计的总目标。沥青混合料的强度按嵌挤原理或密实原理形成，沥青与集料的性质及二者的配合比例对沥青混合料的强度、稳定性等路用性能有决定性的影响。因此，要铺筑高质量的沥青路面，除使用质量符合要求的沥青和集料外，必须进行混合料配合比设计，确定沥青混合料的最佳组成，设计结果作为控制沥青路面施工质量的依据。

一、沥青及沥青混合料类型的选择

（一）沥青的选择

沥青是沥青混合料中最重要的组成材料，其性能直接影响沥青混合料的各种技术性质。沥青路面采用的沥青标号，应按照公路等级、气候条件、交通条件、路面类型及在结构层中的层位及受力特点、施工方法等，结合当地的使用经验，经技术论证后确定。充分考虑气候因素选择沥青标号的原则是：在夏季温度高或高温持续时间较长的地区，应采用黏度高的沥青。而在冬季寒冷的地区，则宜采用稠度低、低温劲度较小的沥青。

道路石油沥青的质量应符合表 13-1 规定的技术要求。各个沥青等级的适用范围应符合表 13-2 的规定。对高速公路、一级公路，夏季温度高、高温持续时间长、气候条件严酷地区，极重、特重和重交通等级公路，山区及丘陵区连续长陡纵坡路段、服务区、停车场等行车速度慢的路段，尤其是汽车荷载应力大的层次，应采用稠度大、60℃黏度大的沥青，也可提高高温气候分区的温度水平选用沥青等级;对冬季寒冷的地区或交通量小的道路、旅游道路,应选用稠度小、低温延度大的沥青;对温度日温差、年温差大的地区可选用针入度指数较大的沥青。当高温要求与低温要求发生矛盾时应优先考虑满足高温性能的要求。当缺乏所需标号的沥青时,可采用不同标号掺配的调和沥青,其掺配比例由试验决定。掺配后的沥青质量应符合表13-1的要求。

(二)沥青混合料类型的选择

选择沥青混合料类型应在综合考虑道路所在地区的自然条件、道路等级、所处结构层位、路面性能要求、施工条件及工程投资等因素的基础上,从表9-1中选择适当的沥青混合料类型,也可参照表13-20根据道路等级、路面结构层位及最小压实厚度选择适当的混合料类型。

沥青路面混合料类型选择及最小压实厚度(mm)　　　　　表13-20

路面结构层类型	公路等级		高速公路、一级公路			其他等级公路		行人道路	
表面层磨耗层	沥青混合料类型		AC	SMA	OGFC	AC	SMA	AC	
	集料公称最大粒径(mm)	4.75	×	×	×	×	×	10	
		9.5	×	25	25	25	25	20	
		13.2	40	35	35	35	35	25	
		16	45	45	45	45	40	×	
中面层	沥青混合料类型		AC	SMA	AC	AC	SMA	AC	
	集料公称最大粒径(mm)	16	45	40	×	×	×	×	
		19	60	50	×	×	×	×	
下面层或基层	沥青混合料类型		AC	ATB	AC	AM	ATB	AC	AM
	集料公称最大粒径(mm)	13.2	×	×	35	35	×	35	35
		16	×	×	45	40	×	40	40
		19	60	×	60	50	×	55	×
		26.5	80	80	×	60	80	×	×
		31.5	×	90	×	×	90	×	×
		37.5	×	100	×	×	100	×	×

注:×表示不适用。

(1)沥青面层集料的最大粒径宜从上至下逐渐增大,并应与压实层厚度相匹配。原因在于随集料最大粒径的增加,沥青路面车辙形成的程度降低,但耐久性也随之降低。特别是当集料最大粒径(D)超过结构层厚度(h)的一半时,路面的疲劳耐久性急剧下降,加速路面的损坏。所以结构层厚度应是矿料最大粒径的二倍以上($h/D \geq 2$)。一般来说,对热拌密级配沥青混合料,沥青层单层的压实厚度不宜小于集料公称最大粒径的2.5~3倍,对SMA和OGFC等嵌挤型混合料不宜小于公称最大粒径的2~2.5倍,以减少离析,便于压实。

(2)沥青面层一般应采用双层或三层式结构,各层之间应联结成为整体,为此在沥青层下必须浇洒透层油,沥青层与沥青层之间必须喷洒黏层油。

(3)沥青路面应满足耐久性、抗车辙、抗裂、密水、抗滑等多方面性能要求,便于施工,并应根据施工机械、工程造价等实际情况选择沥青混合料的种类。

（4）对高速公路、一级公路，为提高沥青混合料的使用性能和延长沥青路面的使用寿命，或采用普通的道路沥青不能满足使用要求时，可对上面层或中面层沥青结合料采取改性措施，或采用 SMA 等特殊的集料级配。如果需要二级公路也应采用改性沥青。

（5）对沥青层较厚的高速公路、一级公路，在选择级配类型、确定矿料级配和最佳沥青用量时，应首先保证各层的组合不致发生早期破坏，并在此基础上优先或侧重考虑各层的服务功能作出选择：①表面层应具有良好的表面功能、密水、耐久、抗车辙、抗裂，潮湿区和湿润区的路面上面层应符合潮湿条件下的抗滑要求，抗滑性能不符合要求时，可铺筑抗滑磨耗层。在寒冷地区，表面层应考虑低温抗裂性能的要求；②三层式路面的中面层或双层式路面的下面层应重点满足混合料的高温抗车辙性能；③下面层应在满足高温抗车辙性能的基础上，重点考虑抗疲劳性能及抗裂性能的要求；④除排水式沥青混合料外，每一层都应该考虑密水性，当上层属渗水性结构层时，层间或下层应采取防渗水或排水措施。

（6）高速公路的紧急停车带（硬路肩）沥青面层应采用与行车道相同的结构，但表面层一般应采用密级配沥青混凝土混合料铺筑。

（7）各层沥青混合料应满足所在层位的功能性要求，便于施工，不离析。各层应连续施工并联结成为一个整体。当发现混合料结构组合及级配类型的设计不合理时，应进行修改、调整，以确保沥青路面的使用性能。

二、沥青混合料级配设计

热拌沥青混合料的级配设计，应按以下原则进行：①根据不同地区、道路等级及所处层位的功能性要求，选择适宜的沥青混合料类型；②综合考虑耐久性、抗车辙、抗裂、抗水损害、抗滑等多方面的性能要求；③沥青面层通常采用两层或三层结构，其中至少有一层是密级配沥青混凝土混合料；④沥青面层的集料最大粒径应从上到下逐渐增大，并应考虑到该层的厚度，过粗的混合料将影响压实效果；⑤由集料筛分结果计算几种集料的配合比例，使合成的级配符合规范中对应级配曲线的范围，通过试验确定一种最优的级配曲线。

（一）设计级配范围的确定

在实际工程的应用中，沥青混合料矿料级配应符合工程设计规定的级配范围。密级配沥青混合料应根据道路等级、气候及交通条件，按表 13-21 选择采用粗型（C 型）或细型（F 型）混合料，并在表 13-22 范围内确定工程设计级配范围。其他类型的混合料应直接以表 13-23 ～表 13-27 作为工程设计级配范围。

粗型和细型密级配沥青混凝土的关键性筛孔通过率　　　　　　　　表 13-21

混合料类型	公称最大粒径（mm）	用以分类的关键性筛孔（mm）	粗型密级配		细型密级配	
			名称	关键性筛孔通过率（%）	名称	关键性筛孔通过率（%）
AC-25	26.5	4.75	AC-25C	<40	AC-25F	>40
AC-20	19	4.75	AC-20C	<45	AC-20F	>45
AC-16	16	2.36	AC-16C	<38	AC-16F	>38
AC-13	13.2	2.36	AC-13C	<40	AC-13F	>40
AC-10	9.5	2.36	AC-10C	<45	AC-10F	>45

密级配沥青混凝土混合料集料级配范围　　　　　　　　　表 13-22

级配类型		通过下列筛孔(mm)的质量百分率(%)												
		31.5	26.5	19	16	13.2	9.5	4.75	2.36	1.18	0.6	0.3	0.15	0.075
粗粒式	AC-25	100	90~100	75~90	65~83	57~76	45~65	24~52	16~42	12~33	8~24	5~17	4~13	3~7
中粒式	AC-20		100	90~100	78~92	62~80	50~72	26~56	16~44	12~33	8~24	5~17	4~13	3~7
中粒式	AC-16			100	90~100	76~92	60~80	34~62	20~48	13~36	9~26	7~18	5~14	4~8
细粒式	AC-13				100	90~100	68~85	38~68	24~50	15~38	10~28	7~20	5~15	4~8
细粒式	AC-10					100	90~100	45~75	30~58	20~44	13~32	9~23	6~16	4~8
砂粒式	AC-5						100	90~100	55~75	35~55	20~40	12~28	7~18	5~10

密级配沥青稳定碎石混合料集料级配范围　　　　　　　表 13-23

级配类型		通过下列筛孔(mm)的质量百分率(%)														
		53	37.5	31.5	26.5	19	16	13.2	9.5	4.75	2.36	1.18	0.6	0.3	0.15	0.075
特粗式	ATB-40	100	90~100	75~92	66~85	49~71	43~63	37~57	30~50	20~40	15~32	10~25	8~18	5~14	3~10	2~6
粗粒式	ATB-30		100	90~100	70~90	53~72	44~66	39~60	31~51	20~40	15~32	10~25	8~18	5~14	3~10	2~6
粗粒式	ATB-25			100	90~100	60~80	48~68	42~62	32~52	20~40	15~32	10~25	8~18	5~14	3~10	2~6

间断级配沥青玛蹄脂碎石混合料集料级配范围　　　　表 13-24

级配类型		通过下列筛孔(mm)的质量百分率(%)											
		26.5	19	16	13.2	9.5	4.75	2.36	1.18	0.6	0.3	0.15	0.075
中粒式	SMA-20	100	90~100	72~92	62~82	40~55	18~30	13~22	12~20	10~16	9~14	8~13	8~12
中粒式	SMA-16		100	90~100	65~85	45~65	20~32	15~24	14~22	12~18	10~15	9~14	8~12
细粒式	SMA-13			100	90~100	50~75	20~34	15~26	14~24	12~20	10~16	9~15	8~12
细粒式	SMA-10				100	90~100	28~60	20~32	14~26	12~22	10~18	9~16	8~13

开级配排水式沥青磨耗层混合料集料级配范围　　　　　表 13-25

级配类型		通过下列筛孔(mm)的质量百分率(%)										
		19	16	13.2	9.5	4.75	2.36	1.18	0.6	0.3	0.15	0.075
中粒式	OGFC-16	100	90~100	70~90	45~70	12~30	10~22	6~18	4~15	3~12	3~8	2~6
细粒式	OGFC-13		100	90~100	60~80	12~30	10~22	6~18	4~15	3~12	3~8	2~6
	OGFC-10			100	90~100	50~70	10~22	6~18	4~15	3~12	3~8	2~6

开级配沥青稳定碎石混合料集料级配范围　　　　　表 13-26

级配类型		通过下列筛孔(mm)的质量百分率(%)														
		53	37.5	31.5	26.5	19	16	13.2	9.5	4.75	2.36	1.18	0.6	0.3	0.15	0.075
特粗式	ATPB-40	100	70~100	65~90	55~85	43~75	32~70	20~65	12~50	0~3	0~3	0~3	0~3	0~3	0~3	0~3
粗粒式	ATPB-30		100	80~100	70~95	53~85	36~80	26~75	14~60	0~3	0~3	0~3	0~3	0~3	0~3	0~3
	ATPB-25			100	80~100	60~100	45~90	30~82	16~70	0~3	0~3	0~3	0~3	0~3	0~3	0~3

半开级配沥青碎石混合料集料级配范围　　　　　表 13-27

级配类型		通过下列筛孔(mm)的质量百分率(%)											
		26.5	19	16	13.2	9.5	4.75	2.36	1.18	0.6	0.3	0.15	0.075
中粒式	AM-20	100	90~100	60~85	50~75	40~65	15~40	5~22	2~16	1~12	0~10	0~8	0~5
	AM-16		100	90~100	60~85	45~68	18~40	6~25	3~18	1~14	0~10	0~8	0~5
细粒式	AM-13			100	90~100	50~80	20~45	8~28	4~20	2~16	0~10	0~8	0~6
	AM-10				100	90~100	35~65	10~35	5~22	2~16	0~12	0~9	0~6

　　确定沥青混合料设计级配范围时应考虑不同层位的功能需要,对沥青层较厚的三层式面层,表面层应综合考虑满足高温抗车辙能力、低温抗裂性能、抗滑的需要,中面层应重点考虑高温抗车辙能力,底面层重点考虑抗疲劳开裂性能、密水性等。对沥青面层较薄时或双层式路面的上面层、底面层应在考虑满足密水性能的同时,提高高温抗车辙能力,并满足抗疲劳开裂性能。对交通量大、轴载重的道路,应偏向级配范围的下(粗)限。对中轻交通量或人行道路等应偏向级配范围的上(细)限。

　　沥青混合料的设计级配范围按工程设计文件或招标文件的规定执行,当无明确规定时,工程单位应根据工程所在地的气候条件、交通条件、道路等级、路面类型、混合料所处的层位,按下列的原则对规定的矿料级配范围进行调整,确定设计级配范围。当发现设计文件规定的级配范围明显不合理时,有责任提出修改建议。在经实践证明是合理且有成功把握的情况下,设计级配范围容许超出规范规定的级配范围。所确定的设计级配范围必须得到主管部门,包括工程设计单位、建设单位和监理工程师的认可和批准。设计级配范围一经确定,不得随意变更。确定设计级配范围时应特别重视实践经验,通过对条件大体相当的工程的使用情况进行调查研究,证明选择的级配范围能适用于使用需要。

(二)设计级配范围的调整

确定设计级配范围时一般应按下列原则和方法进行调整:

(1)根据道路等级和施工设备的控制水平确定设计级配范围上限和下限的差值,设计级配范围上下限差值必须小于规范级配范围的差值,通常情况下对 4.75mm 和 2.36mm 通过率的范围差值应小于 12%。

(2)首先按表 13-21 确定采用粗型(C 型)或细型(F 型)的混合料。①对气候炎热、夏季持续时间长,但冬季不太寒冷的地区,或重载路段,应重点考虑抗车辙能力的需要,减小 4.75mm 及 2.36mm 的通过率,选用粗型密级配沥青混合料(AC - C 型),并适当提高 VMA,选用较高的设计空隙率。②对温度寒冷、夏季高温持续时间短的地区,或者非重载路段,应在保证抗车辙能力的前提下,充分考虑提高低温抗裂性能,适当增大 4.75mm 及 2.36mm 的通过率,选用细型密级配沥青混合料(AC - F 型),并适当减小 VMA,选用较小的设计空隙率。

(3)对我国许多地区,夏季温度炎热、高温持续时间长,冬季又十分寒冷,年温差特别大,且属于重载路段的工程,高温要求和低温要求发生严重矛盾时,应以提高高温抗车辙能力为主,兼顾提高低温抗裂性能的需要,在减小 4.75mm 及 2.36mm 的通过率的同时,适当增加 0.075mm 通过率,使级配范围呈 S 型,并取中等或偏高水平的设计空隙率。

(4)在潮湿区和湿润区等雨水、冰雪融化水对路面有严重危险的地区,在考虑抗车辙能力的同时还应重视密水性的需要,防止水损害破坏,可适当减小设计空隙率,但应保持良好的雨天抗滑性能。对干旱地区的混合料,受水的影响很小,对密水性及抗滑性能的要求可放宽。

(5)对等级较高的道路,沥青层厚度较厚时,可采用较粗的级配范围;反之,对等级较低的道路,沥青层厚度较薄时,可采用较细的级配范围。

(6)对重点考虑抗车辙能力、设计空隙率较高的混合料,细集料可采用较多的机制砂;而对更需要低温抗裂性能、较小设计空隙率的混合料,可采用较多的天然砂作细集料。

(7)沥青混合料的配合比设计应充分考虑施工性能,使混合料容易摊铺和压实,避免造成严重的离析。

三、沥青混合料配合比设计方法

沥青混合料的配合比设计应通过目标配合比设计、生产配合比设计及生产配合比验证三个阶段,确定沥青混合料的材料品种及配合比、矿料级配、最佳沥青用量。

在我国现行的沥青路面施工技术规范中,沥青混合料的配合比设计是采用马歇尔试验配合比设计方法。如采用其他方法设计沥青混合料时,应按相应的规定进行马歇尔试验及各项配合比设计检验,并报告不同设计方法的试验结果。

(一)目标配合比设计流程

热拌沥青混合料的目标配合比设计可按图 13-1 的步骤进行。

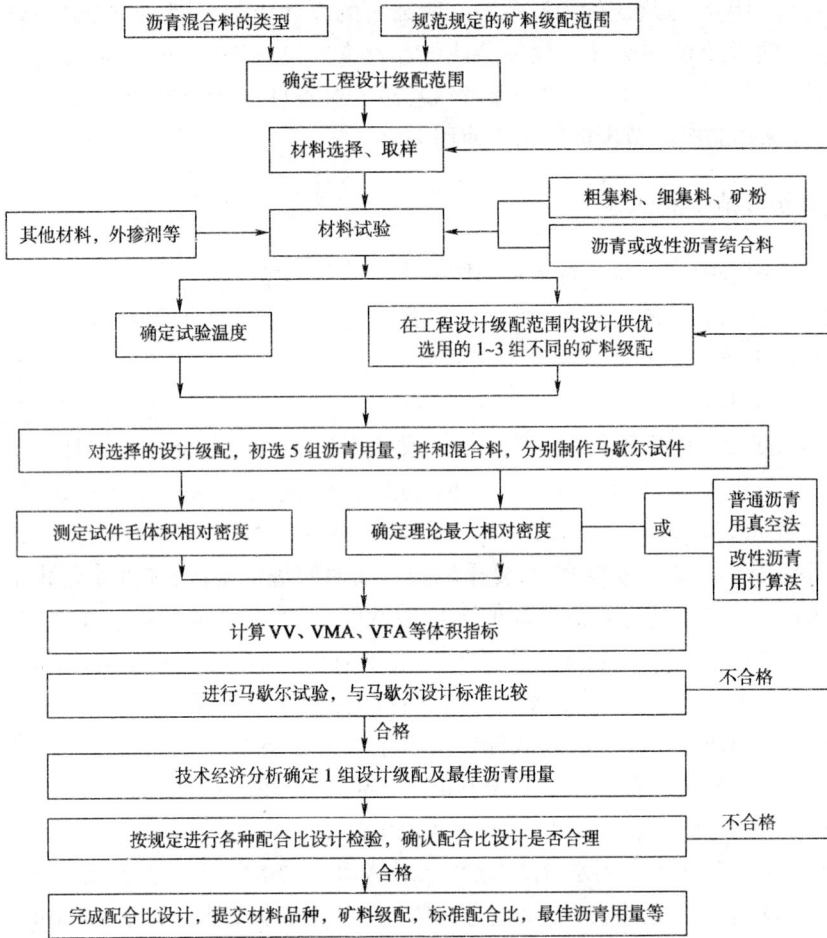

图 13-1　密级配沥青混合料的目标配合比设计流程图

配合比设计的试验方法必须遵照现行试验规程的方法执行。混合料拌和必须采用小型沥青混合料拌和机进行。混合料的拌和温度和试件制作成型温度应通过在 135℃ 及 175℃ 条件下测定的黏度—温度曲线按表 13-28 的规定确定。

确定沥青混合料拌和及压实成型温度的适宜黏度　　　　　　　　　表 13-28

黏　　　度	适宜于拌和的沥青结合料黏度	适宜于压实成型的沥青结合料黏度
表观黏度	$(0.17 + 0.02)\,\mathrm{Pa \cdot s}$	$(0.28 \pm 0.03)\,\mathrm{Pa \cdot s}$
运动黏度	$(170 \pm 20)\,\mathrm{mm^2/s}$	$(280 \pm 30)\,\mathrm{mm^2/s}$
赛波特黏度	$(85 \pm 10)\,\mathrm{s}$	$(140 \pm 15)\,\mathrm{s}$

(二)材料选择与准备

配合比设计的各种矿料必须按现行集料试验规程规定的方法,从工程实际使用的材料中取代表性样品。进行生产配合比设计时,取样至少应在干拌 5 次以后进行。

配合比设计所用的各种原材料必须符合气候和交通条件的需要。其质量应符合规定的技术要求。当单一规格的集料某项指标不合格,但不同粒径规格的材料按级配组成的集料混合料指标能符合要求时,允许使用。

(三) 集料配合比设计

高速公路、一级公路沥青路面集料配合比设计宜借助于电子计算机的电子表格用试配法进行。其他等级道路沥青路面也可参照进行。

矿料级配曲线按《沥青及沥青混合料试验规程》中 T 0725 的方法绘制图 13-2。以原点与通过集料最大粒径 100% 的连线作为沥青混合料的最大密度线，见表 13-29。

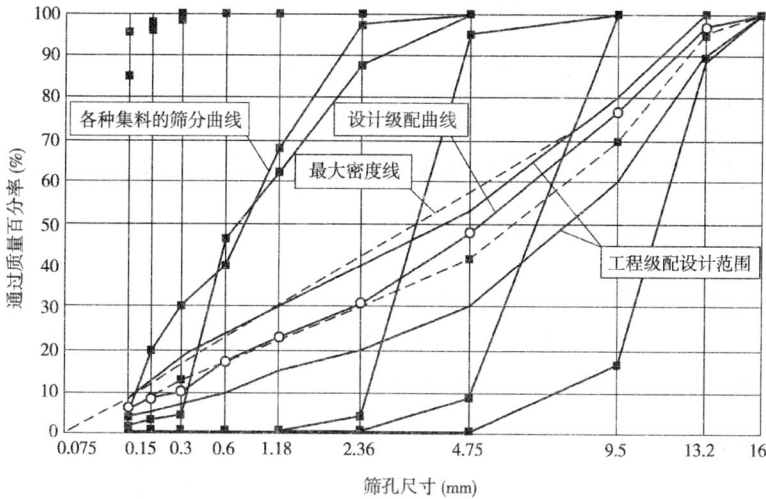

图 13-2　集料级配曲线示例

表 13-30 为按上述方法所做的集料级配设计计算示例，可供参考使用。

泰勒曲线的横坐标　　　　　　　　　　　　　　　　　　表 13-29

d_i	0.075	0.15	0.3	0.6	1.18	2.36	4.75	9.5
$x = d_i^{0.45}$	0.312	0.426	0.582	0.795	1.077	1.472	2.016	2.754
d_i	13.2	16	19	26.5	31.5	37.5	53	63
$x = d_i^{0.45}$	3.193	3.482	3.762	4.370	4.723	5.109	5.969	6.452

集料级配设计计算表示例　　　　　　　　　　　　　　　表 13-30

筛孔 （mm）	10~20 （%）	5~10 （%）	3~5 （%）	石屑 （%）	砂 （%）	矿粉 （%）	消石灰 （%）	合成 级配	工程设计级配范围		
									中值	下限	上限
16	100	100	100	100	100	100	100	100	100	100	100
13.2	88.6	100	100	100	100	100	100	96.7	95	90	100
9.5	16.6	99.7	100	100	100	100	100	76.6	70	60	80
4.75	0.4	8.7	94.9	100	100	100	100	47.7	41.5	30	53
2.36	0.3	0.7	3.7	97.2	87.9	100	100	30.6	30	20	40
1.18	0.3	0.7	0.5	67.8	62.2	100	100	22.8	22.5	15	30
0.6	0.3	0.7	0.5	40.5	46.4	100	100	17.2	16.5	10	23
0.3	0.3	0.7	0.5	30.2	3.7	99.8	99.2	9.5	12.5	7	18
0.15	0.3	0.7	0.5	20.6	3.1	96.2	97.6	8.1	8.5	5	12
0.075	0.2	0.6	0.3	4.2	1.9	84.7	95.6	5.5	6	4	8
配合比	28	26	14	12	15	3.3	1.7	100	—	—	—

对高速公路、一级公路,应在工程设计级配范围内计算 1~3 组粗细不同的配合比,绘制设计级配曲线,分别位于工程设计级配范围的上方、中值及下方。设计合成级配不得有太多的锯齿形交错,且在 0.3~0.6mm 范围内不出现"驼峰"。当反复调整不能满意时,宜更换材料设计。

根据当地的实践经验选择适宜的沥青用量,分别制做几组级配的马歇尔试件,测定 VMA,初选一组满足或接近设计要求的级配作为设计级配。

(四)马歇尔试验

1. 马歇尔试验技术标准

沥青混合料配合比设计马歇尔试验技术标准,按表 13-14 及表 13-15 的规定执行。

2. 沥青混合料试件的制作温度

沥青混合料试件的制作温度,一般应通过在 135℃ 及 175℃ 条件下测定的黏度—温度曲线按表 13-28 的规定确定,并与施工实际温度相一致,普通沥青混合料如缺乏黏温曲线时可参照表 13-31 执行,改性沥青混合料的成型温度在此基础上再提高 10~20℃。

热拌普通沥青混合料试件的制作温度(℃) 表 13-31

施工工序	石油沥青的标号				
	50 号	70 号	90 号	110 号	130 号
沥青加热温度	160~170	155~165	150~160	145~155	140~150
集料加热温度	集料加热温度比沥青温度高 10~30(填料不加热)				
沥青混合料拌和温度	150~170	145~165	140~160	135~155	130~150
试件击实成型温度	140~160	135~155	130~150	125~145	120~140

注:表中混合料温度,并非拌和机的油浴温度,应根据沥青的针入度、黏度选择,不宜都取中值。

3. 确定混合料体积参数

(1)集料混合料的合成毛体积相对密度

按下式计算集料混合料的合成毛体积相对密度 γ_{sb}:

$$\gamma_{sb} = \frac{100}{\dfrac{P_1}{\gamma_1} + \dfrac{P_2}{\gamma_2} + \cdots + \dfrac{P_n}{\gamma_n}} \tag{13-21}$$

式中:P_1、P_2、$\cdots$、P_n——各种集料成分的配合比,其和为 100;

γ_1、γ_2、$\cdots$、γ_n——各种集料相应的毛体积相对密度,粗集料按 T 0304 方法测定,机制砂及石屑可按 T 0330 方法测定,也可以用筛出的 2.36~4.75mm 部分的毛体积相对密度代替,矿粉(含消石灰、水泥)以表观相对密度代替。

沥青混合料配合比设计时,均采用毛体积相对密度(无量纲),不采用毛体积密度,故无需进行密度的水温修正。生产配合比设计时,当细料仓中的材料混杂各种材料而无法采用筛分替代法时,可将 0.075mm 部分筛除后以统料实测值计算。

(2)集料混合料的合成表观相对密度

按下式计算集料混合料的合成表观相对密度 γ_{sa}:

$$\gamma_{sa} = \frac{100}{\dfrac{P_1}{\gamma_1'} + \dfrac{P_2}{\gamma_2'} + \cdots + \dfrac{P_n}{\gamma_n'}} \tag{13-22}$$

式中：P_1、P_2、$\cdots$、P_n——各种集料成分的配合比,其和为100;

γ_1'、γ_2'、$\cdots$、γ_n'——各种集料按试验规程方法测定的表观相对密度。

(3)预估沥青混合料的适宜的油石比或沥青用量

分别按式(13-23)和式(13-24)预估沥青混合料的适宜的油石比 P_a 或沥青用量为 P_b。

$$P_a = \frac{P_{a1} \times \gamma_{sb1}}{\gamma_{sb}} \tag{13-23}$$

$$P_b = \frac{P_a}{100 + \gamma_{sb}} \times 100\% \tag{13-24}$$

式中：P_a——预估的最佳油石比(与集料总量的百分比)(%);

P_b——预估的最佳沥青用量(占混合料总量的百分数)(%);

P_{a1}——已建类似工程沥青混合料的标准油石比(%);

γ_{sb}——集料的合成毛体积相对密度;

γ_{sb1}——已建类似工程集料的合成毛体积密度。

(4)确定集料的有效相对密度

对非改性沥青混合料,宜以预估的最佳油石比拌和2组的混合料,采用真空法实测最大相对密度,取平均值,然后由下式反算矿料的有效相对密度 γ_{se}。

$$\gamma_{se} = \frac{100 - P_b}{\dfrac{100}{\gamma_t} - \dfrac{P_b}{\gamma_b}} \tag{13-25}$$

式中：γ_{se}——合成矿料的有效相对密度;

P_b——试验采用的沥青用量(占混合料总量的百分数)(%);

γ_t——试验沥青用量条件下实测得到的最大相对密度(无量纲);

γ_b——沥青的相对密度(25℃/25℃)(无量纲)。

对改性沥青及 SMA 等难以分散的混合料,有效相对密度宜直接由集料的合成毛体积相对密度与合成表观相对密度按式(13-26)计算确定,其中沥青吸收系数 C 值根据材料的吸水率由式(13-27)求得,材料的合成吸水率按式(13-28)计算:

$$\gamma_{se} = C \times \gamma_{sa} + (1 - C) \times \gamma_{sb} \tag{13-26}$$

$$C = 0.033 w_x^2 - 0.2936 w_x + 0.9339 \tag{13-27}$$

$$w_x = \left(\frac{1}{\gamma_{sb}} - \frac{1}{\gamma_{sa}}\right) \times 100\% \tag{13-28}$$

式中：γ_{se}——合成集料的有效相对密度;

C——合成集料的沥青吸收系数,可按集料的合成吸水率从式(13-27)求取;

w_x——合成矿料的吸水率,按式(13-28)求取(%);

γ_{sb}——材料的合成毛体积相对密度(无量纲),按式(13-21)求取;

γ_{sa}——材料的合成表观相对密度(无量纲),按式(13-22)求取。

4. 取不同的油石比分别成型马歇尔试件

以预估的油石比为中值,按一定间隔(对密级配沥青混合料通常为 0.5%,对沥青碎石混合料可适当缩小间隔为 0.3% ~0.4%),取 5 个或 5 个以上不同的油石比分别成型马歇尔试件。每一组试件的试样数按现行试验规程的要求确定,对粒径较大的沥青混合料,宜增加试件数量。在实际工程中,5 个不同油石比不一定选整数,例如预估油石比 4.8% ,可选 3.8% 、4.3% 、4.8% 、5.3% 、5.8% 等。实测最大相对密度通常与此同时进行。

5. 测定沥青混合料试件的毛体积相对密度和吸水率

测定成型的沥青混合料试件的毛体积相对密度 γ_f 和吸水率,取平均值。测试方法通常可采用表干法测定毛体积相对密度;对吸水率大于 2% 的试件,宜改用蜡封法测定的毛体积相对密度。对吸水率小于 0.5% 的特别致密的沥青混合料,在施工质量检验时,允许采用水中重法测定的表观相对密度作为标准密度,钻孔试件也采用相同方法。但配合比设计时不得采用水中重法。

6. 确定沥青混合料的最大理论相对密度

对非改性的普通沥青混合料,在成型马歇尔试件的同时,要用真空法实测各组沥青混合料的最大理论相对密度 γ_{ti} 。当只对其中一组油石比测定最大理论相对密度时,也可按式 (13-29)或式(13-30)计算其他不同油石比时的最大理论相对密度 γ_{ti} 。

对改性沥青或 SMA 混合料宜按式(13-29)或式(13-30)计算各个不同沥青用量混合料的最大理论相对密度。

$$\gamma_{ti} = \frac{100 + P_{ai}}{\dfrac{100}{\gamma_{se}} + \dfrac{P_{bi}}{\gamma_b}} \qquad (13\text{-}29)$$

$$\gamma_{ti} = \frac{100}{\dfrac{P_{si}}{\gamma_{se}} + \dfrac{P_{bi}}{\gamma_b}} \qquad (13\text{-}30)$$

式中: γ_{ti} ——相对于计算沥青用量 P_{bi} 时沥青混合料的最大理论相对密度(无量纲);

P_{ai} ——所计算的沥青混合料中的油石比(%);

P_{bi} ——所计算的沥青混合料的沥青用量, $P_{bi} = P_{ai}/(1 + P_{ai})$ (%);

P_{si} ——所计算的沥青混合料的集料含量, $P_{si} = 100 - P_{bi}$ (%);

γ_{se} ——集料的有效相对密度,按式(13-25)或式(13-26)计算(无量纲);

γ_b ——沥青的相对密度(25℃/25℃)(无量纲)。

7. 计算沥青混合料试件的体积指标

按式(13-31)~式(13-32)计算沥青混合料试件的空隙率 VV、矿料间隙率 VMA、有效沥青的饱和度 VFA 等体积指标,取 1 位小数,进行体积组成分析。

$$VV = \left(1 - \frac{\gamma_f}{\gamma_t}\right) \times 100\% \qquad (13\text{-}31)$$

$$VMA = \left(1 - \frac{\gamma_f}{\gamma_t} \times P_s\right) \times 100\% \qquad (13\text{-}32)$$

$$VFA = \frac{VMA - VV}{VMA} \times 100\% \qquad (13\text{-}33)$$

式中:VV——试件的空隙率(%);

VMA——试件的矿料间隙率(%);

VFA——试件的有效沥青饱和度(有效沥青含量占 VMA 的体积比例)(%);

γ_f——实际测定的试件的毛体积相对密度(无量纲);

γ_t——沥青混合料的最大理论相对密度,可按上述公式计算或实测得到(无量纲);

P_s——各种集料占沥青混合料总质量的百分率之和,即 $P_s = 100 - P_b$(%);

8. 进行马歇尔试验,测定马歇尔稳定度及流值

(五)确定最佳沥青用量(或油石比)

1. 绘制马歇尔试验结果图

按图 13-3 的方法,以油石比或沥青用量为横坐标,以马歇尔试验的各项指标为纵坐标,将试验结果点入图中,连成圆滑的曲线。确定均符合规定的沥青混合料技术标准的用量范围 $OAC_{min} \sim OAC_{max}$。选择的沥青用量范围必须涵盖设计空隙率的全部范围,尽可能涵盖沥青饱和度的要求范围,并使密度及稳定度曲线出现峰值。如果没有涵盖设计空隙率的全部范围,试验必须扩大沥青用量范围重新进行。在实际绘制曲线时含 VMA 指标,且应为下凹形曲线,但确定 $OAC_{min} \sim OAC_{max}$ 时不包括 VMA。

2. 初步确定最佳沥青用量 OAC

根据试验曲线的走势,按下列方法确定沥青混合料初步的最佳沥青用量 OAC_1。

(1)在曲线图 13-3 上求取相应于密度最大值、稳定度最大值、目标空隙率(或中值)、沥青饱和度范围的中值的沥青用量 a_1、a_2、a_3、a_4。按式(13-34)取平均值作为 OAC_1。

$$OAC_1 = \frac{a_1 + a_2 + a_3 + a_4}{4} \qquad (13\text{-}34)$$

(2)如果在所选择的沥青用量范围未能涵盖沥青饱和度的要求范围,按式(13-35)求取三者的平均值作为 OAC_1。

$$OAC_1 = \frac{a_1 + a_2 + a_3}{3} \qquad (13\text{-}35)$$

(3)对所选择试验的沥青用量范围,密度或稳定度没有出现峰值(最大值经常在曲线的两端)时,可直接以目标空隙率所对应的沥青用量 a_3 作为 OAC_1,但 OAC_1 必须介于 $OAC_{min} \sim OAC_{max}$ 的范围内,否则应重新进行配合比设计。

(4)以各项指标均符合技术标准(不含 VMA)的沥青用量范围 $OAC_{min} \sim OAC_{max}$ 的中值作为 OAC_2。

$$OAC_2 = \frac{OAC_{min} + OAC_{max}}{2} \qquad (13\text{-}36)$$

(5)通常情况下可取 OAC_1 及 OAC_2 的中值作为计算的最佳沥青用量 OAC。

$$OAC = \frac{OAC_1 + OAC_2}{2} \qquad (13\text{-}37)$$

（6）按式（13-30）计算的最佳油石比 OAC，从图 13-3 中得出所对应的空隙率和 VMA 值，检验是否能满足表 13-14 或表 13-15 关于最小 VMA 值的要求。OAC 宜位于 VMA 凹形曲线最小值的低沥青用量一侧。当空隙率不是整数时，最小 VMA 按内插法确定，并将其画入图 13-3 中。

（7）最后，检查图 13-3 中相应于此 OAC 的各项指标是否均符合马歇尔试验技术标准。

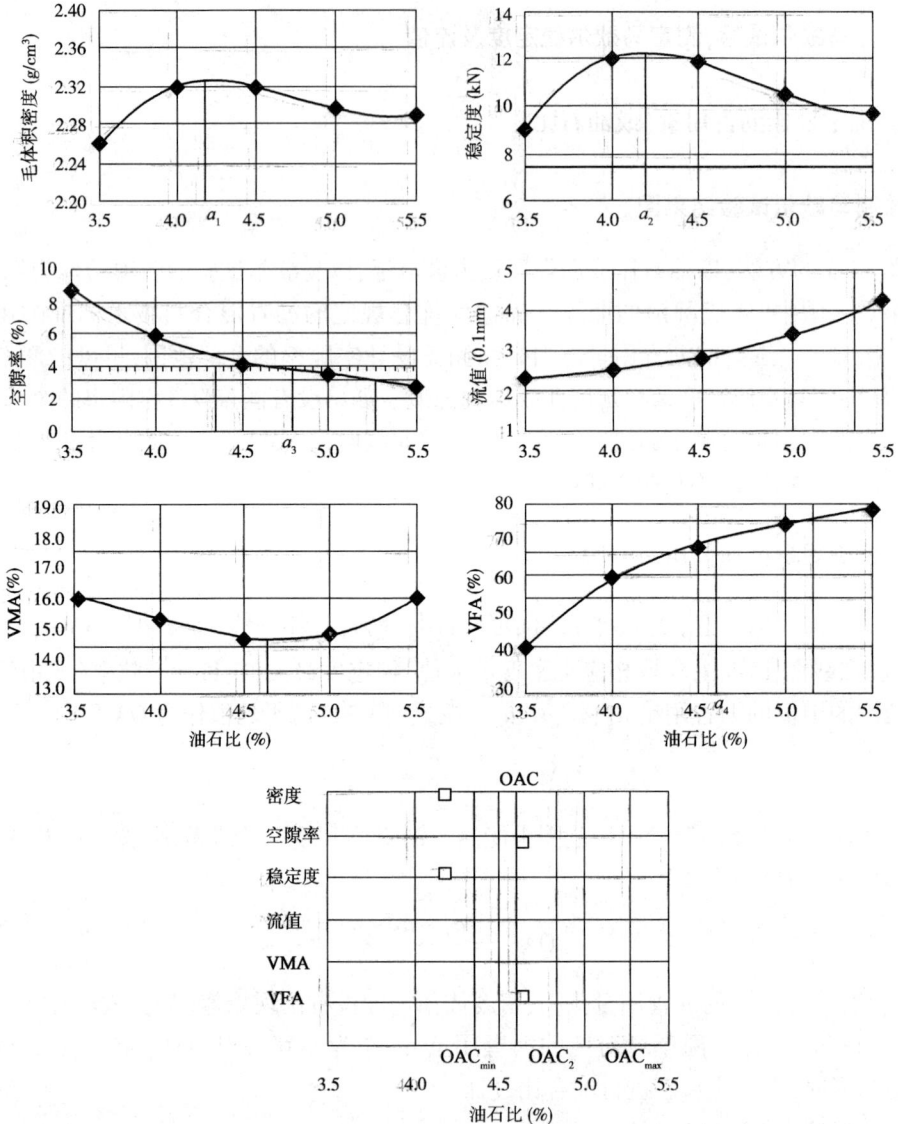

图 13-3　马歇尔试验结果示例

注:图中 $a_1 = 4.2\%$，$a_2 = 4.25\%$，$a_3 = 4.8\%$，$a_4 = 4.7\%$，$OAC_1 = 4.49\%$（由 4 个平均值确定），$OAC_{min} = 4.3\%$，$OAC_{max} = 5.3\%$，$OAC_2 = 4.8\%$，$OAC = 4.64\%$。此例中相对于空隙率 4% 的油石比为 4.6%。

3. 调整确定最佳沥青用量 OAC

根据实践经验和公路等级、气候条件、交通情况，调整确定最佳沥青用量 OAC。

（1）调查当地各项条件相接近的工程的沥青用量及使用效果，论证适宜的最佳沥青用量。检查计算得到的最佳沥青用量是否相近，如相差甚远，应查明原因，必要时重新调整级配，进行配合比设计。

（2）对炎热地区公路以及高速公路、一级公路的重载交通路段，山区公路的长大坡度路段，预计有可能产生较大车辙时，宜在空隙率符合要求的范围内将计算的最佳沥青用量减小0.1%～0.5%作为设计沥青用量。此时，除空隙率外的其他指标可能会超出马歇尔试验配合比设计技术标准，配合比设计报告或设计文件必须予以说明。但配合比设计报告必须要求采用重型轮胎压路机和振动压路机组合等方式加强碾压，以使施工后路面的空隙率达到未调整前的原最佳沥青用量时的水平，且渗水系数符合要求。如果试验段试拌试铺达不到此要求时，宜调整所减小的沥青用量的幅度。

（3）对寒区道路、旅游道路、交通量很少的公路，最佳沥青用量可以在 OAC 的基础上增加0.1%～0.3%，以适当减小设计空隙率，但不得降低压实度要求。

4. 检验最佳沥青用量

（1）按式（13-38）及式（13-39）计算沥青结合料被集料吸收的比例及有效沥青含量。

$$P_{ba} = \frac{\gamma_{se} - \gamma_{sb}}{\gamma_{se} \times \gamma_{sb}} \times \gamma_b \times 100\% \tag{13-38}$$

$$P_{be} = P_b - \frac{P_{ba}}{100} \times P_s \tag{13-39}$$

式中：P_{ba}——沥青混合料中被集料吸收的沥青结合料比例（%）；

P_{be}——沥青混合料中的有效沥青用量（%）；

γ_{se}——集料的有效相对密度（无量纲），按式（13-25）计算；

γ_{sb}——材料的合成毛体积相对密度（无量纲），按式（13-21）求取；

γ_b——沥青的相对密度（25℃/25℃）（无量纲）；

P_b——沥青含量（%）；

P_s——各种集料占沥青混合料总质量的百分率之和，即 $P_s = 100 - P_b$（%）。

如果需要，可按式（13-40）及式（13-41）计算有效沥青的体积百分率 V_b 及矿料的体积百分率 V_g。

$$V_b = \frac{\gamma_f \times P_{be}}{\gamma_b} \tag{13-40}$$

$$V_g = 100 - (V_{be} + VV) \tag{13-41}$$

（2）检验最佳沥青用量时的粉胶比和有效沥青膜厚度。

按式（13-42）计算沥青混合料的粉胶比，宜符合 0.6～1.6 的要求。对常用的公称最大粒径为 13.2～19mm 的密级配沥青混合料，粉胶比宜控制在 0.8～1.2 范围内。

$$FB = \frac{P_{0.075}}{P_{be}} \tag{13-42}$$

式中：FB——粉胶比（无量纲），沥青混合料的集料中 0.075mm 通过率与有效沥青含量的比值；

$P_{0.075}$——集料级配中 0.075mm 的通过率（水洗法）（%）；

P_{be}——有效沥青含量（%）。

按式（13-43）的方法计算集料的比表面积，按式（13-44）估算沥青混合料的沥青膜有效厚度。各种集料粒径的表面积系数按表 13-32 采用。

$$SA = \sum (P_i \times FA_i) \qquad (13\text{-}43)$$

$$DA = \frac{P_{be}}{\gamma_b \times SA} \times 10 \qquad (13\text{-}44)$$

式中:SA——集料的比表面积(m^2/kg);

$\quad P_i$——各种粒径的通过百分率(%);

$\quad FA_i$——相应于各种粒径的集料的表面积系数,如表 13-32 所示;

$\quad DA$——沥青膜有效厚度(μm);

$\quad P_{be}$——有效沥青含量(%);

$\quad \gamma_b$——沥青的相对密度(25℃/25℃)(无量纲)。

在计算集料的比表面积时,各种公称最大粒径混合料中大于 4.75mm 尺寸集料的表面积系数 FA 均取 0.0041,且只计算一次,4.75mm 以下部分的 FA_i 如表 13-32 所示。该例的 $SA = 6.60 m^2/kg$。若混合料的有效沥青含量为 4.65%,沥青的相对密度 1.03,则沥青膜厚度为:

$$DA = 4.65/(1.03 \times 6.60) \times 10 = 6.83 \mu m$$

集料的表面积系数计算示例 表 13-32

筛孔尺寸(mm)	19	16	13.2	9.5	4.75	2.36	1.18	0.6	0.3	0.15	0.075	集料比表面总 SA (m^2/kg)
表面积系数 FA_i	0.0041	—	—	—	0.0041	0.0082	0.0164	0.0287	0.0614	0.1229	0.3277	
通过百分率 P_i(%)	100	92	85	76	60	42	32	23	16	12	6	
比表面 $FA_i \times P_i$ (m^2/kg)	0.41	—	—	—	0.25	0.34	0.52	0.66	0.98	1.47	1.97	6.60

(六)配合比设计检验

对用于高速公路、一级公路的密级配沥青混合料,需在配合比设计的基础上按要求进行各种使用性能的检验,不符合要求的沥青混合料,必须更换材料或重新进行配合比设计。其他等级公路的沥青混合料也可参照执行。

配合比设计检验按计算确定的设计最佳沥青用量在标准条件下进行。如按照上述的方法将计算的设计沥青用量调整后作为最佳沥青用量,或者改变试验条件时,各项技术要求均应适当调整,不能照搬。

1. 高温稳定性检验

对公称最大粒径小于或等于 19mm 的混合料,按规定方法进行车辙试验,动稳定度应符合表 13-16 的要求。对公称最大粒径大于 19mm 的密级配沥青混凝土或沥青稳定碎石混合料,由于车辙试件尺寸不能适用,不能按现行方法进行车辙试验和弯曲试验。如需要检验可加厚试件厚度或采用大型马歇尔试件。

2. 单轴贯入强度检验

沥青混合料单轴贯入强度检验,旨在控制沥青路面车辙。按沥青混合料单轴贯入强度试验方法,测定沥青混合料的贯入强度 R_τ,根据当地的气候条件、交通条件和路面结构状况,按式(13-15)或式(13-18)检验沥青混合料的贯入强度。

3. 水稳定性检验

按规定的试验方法进行浸水马歇尔试验和冻融劈裂试验,残留稳定度及残留强度比均必须符合表13-17的规定。调整沥青用量后,马歇尔试件成型可能达不到要求的空隙率条件。当需要添加消石灰、水泥、抗剥落剂时,需重新确定最佳沥青用量后试验。

4. 低温抗裂性能检验

对公称最大粒径小于或等于19mm的混合料,按规定方法进行低温弯曲试验,其破坏应变应符合表13-18的要求。

5. 渗水系数检验

利用轮碾机成型的车辙试件进行渗水试验检验的渗水系数,应符合表13-19要求。

6. 钢渣活性检验

对使用钢渣的沥青混合料,应按规定的试验方法检验钢渣的活性及膨胀性试验,钢渣沥青混凝土的膨胀量不得超过1.5%。

7. 改变试验条件的检验

根据需要,可以改变试验条件进行配合比设计检验,如按调整后的最佳沥青用量、变化最佳沥青用量OAC ±0.3%、提高试验温度、加大试验荷载、采用现场压实密度进行车辙试验,在施工后的残余空隙率(如7% ~8%)的条件下进行水稳定性试验和渗水试验等,但不宜用规定的技术要求进行合格评定。

(七)配合比设计报告

配合比设计报告应包括工程设计级配范围选择说明、材料品种选择与原材料质量试验结果、矿料级配、最佳沥青用量,以及各项体积指标、配合比设计检验结果等。试验报告的矿料级配曲线应按规定的方法绘制。

当按调整沥青用量作为最佳沥青用量时,应报告不同沥青用量条件下的各项试验结果,并提出对施工压实工艺的技术要求。

四、沥青混合料生产配合比设计与检验

采用工程实际使用的材料通过试验室目标配合比设计,优选集料级配、确定最佳沥青用量,提出符合配合比设计技术标准和配合比设计检验要求的目标配合比,供拌和机确定冷料仓的供料比例、进料速度及试拌使用。在试验室目标配合比设计的基础上,拌和机的生产配合比设计和试拌试铺阶段的配合比检验,同样十分重要。

(一)生产配合比设计

对目前普遍采用的间歇式拌和机,应按规定方法取样测试各热料仓的材料级配,确定各热料仓的配合比,供拌和机控制室使用。同时选择适宜的筛孔尺寸和安装角度,尽量使各热料仓的供料大体平衡。并取目标配合比设计的最佳沥青用量CAC、OAC ±0.3%等3个沥青用量进

行马歇尔试验和试拌,通过室内试验及从拌和机取样试验综合确定生产配合比的最佳沥青用量,由此确定的最佳沥青用量与目标配合比设计的结果的差值不宜大于±0.2%。对连续式拌和机可省略生产配合比设计步骤。

(二)生产配合比检验

拌和机按生产配合比结果进行试拌、铺筑试验段,并取样进行马歇尔试验,同时从路上钻取芯样观察空隙率的大小,由此确定生产用的标准配合比。标准配合比的集料合成级配中,至少应包括0.075mm、2.36mm、4.75mm及公称最大粒径筛孔的通过率接近优选的工程设计级配范围的中值,并避免在0.3~0.6mm处出现"驼峰"。对确定的标准配合比,宜再次进行车辙试验和水稳定性检验。

经设计确定的标准配合比在施工过程中不得随意变更。根据标准配合比及施工质量管理要求中各筛孔的允许波动范围,制订施工用的级配控制范围,用以检查沥青混合料的生产质量。生产过程中应加强跟踪检测,严格控制进场材料的质量,如遇材料发生变化并经检测沥青混合料的集料级配、马歇尔技术指标不符合要求时,应及时调整配合比,使沥青混合料的质量符合要求并保持相对稳定,必要时重新进行配合比设计。

二级及以下等级公路热拌沥青混合料的配合比设计,可参照上述方法和步骤进行。当材料与同类道路完全相同时,也可直接引用成功的经验。

第三节　沥青混凝土面层施工

沥青混凝土面层施工必须有详细的施工组织设计,并保证合理工期。由于在寒冷的气候条件下施工,会严重影响沥青路面的施工质量,从而造成路面早期损坏。一般来说,沥青路面不得在气温低于10℃(高速公路、一级公路)或5℃(其他等级公路),以及雨天、路面潮湿的情况下施工。

沥青面层一般应连续施工,避免与可能污染沥青层的其他工序交叉干扰,以杜绝施工和运输污染。由于沥青路面的层间污染,使沥青层形不成整体是沥青路面早期损坏的重要原因。在没有特殊情况下,沥青面层和基层最好在一年内施工完毕。对不能保证连续施工,跨年度施工或是层间的铺筑间隔较长时,要特别强化黏层油的作用及洒布质量控制,确保沥青层能成为一个整体,改善路面内部的受力状态,从而达到提高路面的疲劳寿命的目的。

沥青路面试验检测的试验室应通过认证,取得相应的资质,试验人员持证上岗,仪器设备必须检定合格。在有条件的情况下,沥青路面工程应积极采用经试验和实践证明有效的新技术、新材料、新工艺。沥青路面施工应有良好的劳动保护,确保施工安全。

一、施工准备与施工温度控制

铺筑沥青层前,应检查基层或下卧沥青层的质量,不符要求的不得铺筑沥青面层。旧沥青路面或下卧层已被污染时,必须清洗或经铣刨处理后方可铺筑沥青混合料。

(一)铺筑试验路段

高速公路、一级公路的沥青路面在施工前应铺筑试验段。其他等级道路在缺乏施工经验或初次使用重大设备时,也应铺筑试验段。当同一施工单位在材料、机械设备及施工方法与其他工程完全相同时,也可利用其他工程的结果,不再铺筑新的试验路段。试验段的长度应根据试验目的确定,通常为 $100\sim200m$ 并应选在正线上铺筑。热拌热铺沥青混合料路面试验段铺筑分试拌及试铺两个阶段应包括下列试验内容:

(1)检验各种施工机械的类型、数量及组合方式是否匹配。

(2)通过试拌确定拌和机的操作工艺,考察计算机的控制及打印装置的可信度。

(3)通过试铺确定透层油的喷洒方式和效果、摊铺、压实工艺,确定松铺系数等。

(4)验证沥青混合料生产配合比设计,提出生产用的标准配合比和最佳沥青用量。

(5)建立用钻孔法与核子密度仪无破损检测路面密度的对比关系。确定压实度的标准检测方法。核子仪等无破损检测在碾压成型后热态测定,取 13 个测点的平均值为 1 组数据,一个试验段的不得少于 3 组。钻孔法在第 2d 或第 3d 以后测定,钻孔数不少于 12 个。

(6)检测试验段的渗水系数。

试验段铺筑应由有关各方共同参加,及时商定有关事项明确试验结论。铺筑结束后,施工单位应就各项试验内容提出完整的试验路施工、检测报告,取得业主或监理工程师的批复。

(二)施工温度控制

道路石油沥青加工及沥青混合料施工温度应根据沥青标号及黏度、气候条件、铺装层的厚度确定。普通沥青结合料的施工温度宜通过在 135℃ 及 175℃ 条件下测定的黏度—温度曲线按表 13-28 的规定确定。缺乏黏温曲线数据时,可参照表 13-33 的范围选择,并根据实际情况确定使用高值或低值。当表中温度不符实际情况时,应做适当调整。

热拌沥青混合料的施工温度(℃)   表 13-33

施工工序		道路石油沥青的标号				
		50 号	70 号	90 号	110 号	130 号
沥青加热温度		$160\sim170$	$155\sim165$	$150\sim160$	$145\sim155$	$140\sim150$
集料加热温度	间隙式拌和机	集料加热温度比沥青温度高度 $10\sim30$				
	连续式拌和机	集料加热温度比沥青温度高度 $5\sim10$				
沥青混合料出料温度		$150\sim170$	$145\sim165$	$140\sim160$	$135\sim155$	$130\sim150$
混合料贮料仓贮存温度		贮料过程中温度降低不超过 10				
混合废弃温度		≥200	≥195	≥190	≥185	≥180
运输到现场温度		≥150	≥145	≥140	≥135	≥130
混合料摊铺温度	正常施工	≥140	≥135	≥130	≥125	≥120
	低温施工	≥160	≥150	≥140	≥135	≥130
开始碾压的混合料内部温度	正常施工	≥135	≥130	≥125	≥120	≥115
	低温施工	≥150	≥145	≥135	≥130	≥125
碾压终了的表面温度	钢轮压路机	≥80	≥70	≥65	≥60	≥55
	轮胎压路机	≥85	≥80	≥75	≥70	≥65
	振动压路机	≥75	≥70	≥60	≥55	≥50
开放交通的路表温度		≤50	≤50	≤50	≤45	≤40

注:1. 沥青混合料的施工温度采用具有金属探测针的插入式数显温度计测量。表面温度可采用表面接触式温度计测定。当采用红外线温度计测量表面温度时,应进行标定。

  2. 表中未列入的 160 号及 30 号沥青的施工温度由试验确定。

SMA 路面应在较高的温度条件下施工,当气温或下卧层表面温度低于 10℃ 时不得铺筑 SMA 路面。施工温度应根据沥青标号、黏度、改性剂的品种及剂量、气候条件及铺装层的厚度确定。通常对非改性沥青混合料应通过沥青结合料在 135℃ 及 175℃ 条件下测定的黏度—温度曲线按表 13-28 的规定确定。非改性沥青结合料缺乏黏温曲线数据或采用改性沥青结合料时,可按表 13-34 规定的范围选择。但经试验段或施工实践证明表中规定温度不符合实际情况时,应做适当调整。较稠的沥青、改性剂剂量高、厚度较薄时,选用高值,反之选低值。气温或下卧层温度较低时,施工温度应适当提高。聚合物改性沥青混合料的施工温度,通常较普通沥青混合料的施工温度提高 10~20℃。对采用冷态胶乳直接喷入法制作的改性沥青混合料,集料烘干温度应进一步提高。

SMA 路面的正常施工温度范围(℃)　　　　　　　表 13-34

施工工序	不使用改性沥青	使用改性沥青			测量部位
		SBS 类	SBR 胶乳类	EVA、PE 类	
沥青加热温度	150~160	160~165			沥青加热罐
改性沥青现场制作温度	—	165~170	—	165~170	改性沥青车
成品改性沥青加热最高温度	—	175		175	改性沥青车或储油罐
集料加热温度	180~190	190~200	200~210	185~195	热料提升斗
SMA 混合料出厂温度	155~170	170~185	160~180	165~180	运料车
混合料最高温度(废弃温度)	190	195			运料车
混合料贮存温度	拌和出料后降低不超过 10				贮存罐及运料车
摊铺温度	≥150	≥160			摊铺机
初压开始温度	≥140	≥150			摊铺层内部
碾压终了的表面温度	≥80	≥90			碾压层内部
开放交通时的路表温度	≤50	≤50			路表面

SMA 混合料的施工温度还应结合纤维品种和数量、矿粉用量的不同,在改性沥青混合料的基础上做适当提高。

沥青结合料(含改性沥青)的加热温度或改性沥青的加工温度不得超过 175℃。沥青混合料的温度应采用具有金属探测针的插入式数显温度计测量,不得采用玻璃温度计测量。在运料车上测量时应在车箱侧板下方打一个小孔插入不少于 15cm 量取。碾压温度可借助于金属改锥在路面上打洞后迅速插入温度计测量得到(必要时应移动位置)。

二、沥青混合料拌和

沥青混合料必须在沥青拌和厂(场、站)采用拌和机械拌制。拌和厂的设置必须符合国家有关环境保护、消防、安全等规定。拌和厂与工地现场距离应充分考虑交通堵塞的可能,确保混合料的温度下降幅度不超过要求,且不致因颠簸造成混合料离析。拌和厂应具有完备的排水设施。各种集料必须分隔贮存,集料场应设防雨顶棚,料场及场内道路应做硬化处理,严禁泥土污染集料。

沥青混合料可采用间歇式拌和机或连续式拌和机拌制。由于我国目前使用的材料品种较杂,变异性大,材料含水率受天气影响较大,所以高速公路和一级公路应采用间歇式拌和机拌和。连续式拌和机使用的集料必须稳定不变,一个工程从多处进料、料源或质量不稳定时不得采用连续式拌和机。沥青混合料拌和设备的各种传感器必须定期检定,周期不少于每年一次。冷料供料装置需经标定得出集料供料曲线。拌和机的总拌和能力满足施工进度要求。拌和机除尘设备完好,能达到环保要求。冷料仓的数量满足配合比需要通常不宜少于 5 ~ 6 个。具有添加纤维、消石灰等外掺剂的设备。

集料与沥青混合料取样应符合现行试验规程的要求。从沥青混合料运料车上取样时必须在设置取样台分几处采集一定深度下的样品。集料进场应在料堆顶部平台卸料,经推土机推平后,铲运机从底部按顺序竖直装料,减小集料离析。

高速公路、一级公路施工及生产 SMA 沥青混合料用间歇式拌和机必须配备计算机设备,拌和过程中逐盘采集并打印各个传感器测定的材料用量和沥青混合料拌和量、拌和温度等各种参数。每个台班结束时打印出一个台班的统计量,按动态控制与管理的方法进行沥青混合料生产质量及铺筑厚度的总量检验。总量检验的数据有异常波动时,应立即停止生产,分析原因。

沥青混合料的生产温度应符合表 13-33 的要求。烘干集料的残余含水率不得大于 1%。每天开始的几盘集料应提高加热温度,并干拌几锅集料废弃后,再正式加沥青拌和混合料。

拌和机的矿粉仓应配备振动装置以防止矿粉起拱。添加消石灰、水泥等外掺剂时,应增加粉料仓,也可由专用管线和螺旋升送器直接加入拌和缸,若与矿粉混合使用时应注意二者因密度不同发生离析。拌和机必须有二级除尘装置,经一级除尘部分可直接回收使用,二级除尘部分可进入回收粉仓使用(或废弃)。对因除尘造成的粉料损失应补充等量的新矿粉。

沥青混合料拌和时间根据具体情况经试拌确定,以沥青均匀裹覆集料为度。间歇式拌和机每盘的生产周期不宜少于 45s(其中干拌时间不少于 5 ~ 10s)。改性沥青和 SMA 混合料的拌和时间应适当延长。

间歇式拌和机的振动筛规格应与矿料规格相匹配,最大筛孔应略大于混合料的最大粒径,其余筛的设置应考虑混合料的级配稳定,并尽量使热料仓大体均衡,不同级配混合料必须配置不同的筛孔组合。间歇式拌和机应备有保温性能好的成品储料仓,贮存过程中混合料温降不得大于 10℃,且不能有沥青滴漏。普通沥青混凝土的贮存时间不得超过 72h;改性沥青混合料的贮存时间不应超过 24h;SMA 混合料只限当天使用;OGFC 混合料应随拌随用。

SMA 沥青混合料拌和机应配备专用的纤维稳定剂投料装置,直接将纤维自动加入拌和机的拌和缸或称量斗中。纤维必须在混合料中充分分散,拌和均匀。根据纤维的品种和形状的不同,可采取不同的添加方式。添加纤维应与拌和机的拌和周期同步进行。松散的絮状纤维应采用风送设备自动打散上料,并在集料投入后干拌及喷入沥青的同时一次性喷入拌和机内。颗粒纤维应在集料投入后立即加入,经 5 ~ 10s 的干拌,再投入矿粉,总的干拌时间应比普通沥青混合料增加 5 ~ 10s。喷入沥青后的湿拌时间,应根据拌和情况适当增加,通常不得少于 5s,保证纤维能充分均匀地分散在混合料中。由于增加拌和时间,投放矿粉时间加长,废弃回收粉尘等原因而降低拌和机生产率,应在计算拌和能力时充分考虑到,以保证不影响摊铺速度,造成停顿。

使用改性沥青时应随时检查沥青泵、管道、计量器是否受堵,发现有堵塞现象时应及时清洗。沥青混合料出厂时应逐车检测沥青混合料的重量和温度,记录出厂时间,签发运料单。

三、沥青混合料运输

热拌沥青混合料宜采用较大吨位的运料车运输,但不得超载运输,或紧急制动、急弯掉头,以免使透层、封层造成损伤。运料车的运力应稍有富余,施工过程中摊铺机前方应有运料车等候。对高速公路、一级公路,宜待等候的运料车多于 5 辆后开始摊铺。

运料车每次使用前后必须清扫干净,在车箱板上涂一薄层防止沥青黏结的隔离剂或防黏剂,但不得有余液积聚在车箱底部。从拌和机向运料车上装料时,应多次挪动汽车位置,平衡装料,以减少混合料离析。运料车运输混合料应用苫布覆盖,以保温、防雨、防污染。

运料车进入摊铺现场时,轮胎上不得沾有泥土等可能污染路面的脏物,否则应设水池洗净轮胎后进入工程现场。沥青混合料在摊铺地点凭运料单接收,若混合料不符合施工温度要求,或已经结成团块、已遭雨淋时,不得铺筑。

摊铺过程中运料车应在摊铺机前 100~300mm 处停住,空挡等候,由摊铺机推动前进开始缓缓卸料,避免撞击摊铺机。在有条件时,运料车可将混合料卸入转运车经二次拌和后向摊铺机连续均匀地供料。运料车每次卸料必须倒净,尤其是对改性沥青或 SMA 混合料,如有剩余,应及时清除,防止硬结。SMA 及 OGFC 混合料在运输、等候过程中,如发现有沥青结合料沿车箱底板滴漏时,应采取措施予以避免。

近年来,一种称为转运机的装置出现在沥青路面施工中,它介于运料车与摊铺机之间,运料车将混合料卸在转运车上,转运车一边对混合料进行二次拌和,一边与摊铺机完全同步前进,向摊铺机供料。由于运料车的混合料不直接卸在摊铺机上,可有效地改善混合料的离析和温度不均的问题。同时,随着运转车的出现,对摊铺机也在改进,一些摊铺机加设了再次拌和的功能,这些都是减少离析、提高沥青路面综合质量的重要措施。

四、沥青混合料摊铺

热拌沥青混合料应采用沥青摊铺机摊铺,在喷洒有黏层油的路面上铺筑改性沥青混合料或 SMA 时,应使用履带式摊铺机。摊铺机的受料斗应涂刷薄层隔离剂或防黏结剂。

铺筑高速公路、一级公路沥青混合料时,一台摊铺机的铺筑宽度一般不宜超过 6m(双车道)~7.5m(3 车道以上),可采用两台或更多台数的摊铺机前后错开 10~20m,呈梯队方式同步摊铺,两幅之间应有 30~60mm 宽度的搭接,并躲开行车道轮迹带,上、下层的搭接位置宜错开 200mm 以上。

摊铺机开工前应提前 0.5~1h 预热熨平板不低于 100℃。铺筑过程中应选择熨平板振捣或保证夯锤压实装置具有适宜的振动频率和振幅,以提高路面的初始压实度。熨平板加宽连接应仔细调节至摊铺的混合料没有明显的离析痕迹。

为了提高重载路面的压实度,首要的因素是利用摊铺机进行初始压实。这就要求摊铺机的速度要慢,摊铺宽度要窄,这是铺筑重载路面的重要措施。摊铺机必须缓慢、均匀、连续不间断地摊铺,不得随意变换速度或中途停顿,以提高平整度,减少混合料的离析。摊铺速度应控制在 2~6m/min,当发现混合料出现明显的离析、波浪、裂缝、拖痕时,应分析原因,予以消除。提高铺筑时的平整度,首先要做到摊铺时的两个不要:一不要停下摊铺机;二不要碰撞摊铺机。

平整度是沥青路面的重要的指标之一。每铺筑一层能使平整度减小标准差 0.2~0.3mm,但分层多了将影响沥青层的整体性。因此,为提高平整度而增加分层是不可取的。

摊铺机应采用自动找平方式,下面层或基层可采用钢丝绳引导的高程控制方式,上面层应采用平衡梁或雪橇式摊铺厚度控制方式,中面层可根据情况选用找平方式。直接接触式平衡梁的轮子不得黏附沥青,特别是当采用很长的平衡梁且太重时会黏结沥青,形成压痕和凹陷。近年来,在高等级道路上越来越多地使用非接触式的平衡梁,这种非接触式的平衡梁是利用声呐系统检测路面高程、调整摊铺层厚度,实践证明其有良好的使用效果。

沥青路面施工的最低气温应不得低于 10℃（高速公路和一级公路）或 5℃（其他等级公路），寒冷季节遇大风降温，不能保证迅速压实时不得铺筑沥青混合料。热拌沥青混合料的最低摊铺温度根据铺筑层厚度、气温、风速及下卧层表面温度按表 13-35 执行，且不得低于表 13-33 的要求。每天施工开始阶段应采用较高温度的混合料。

沥青混合料的最低摊铺温度　　　　表 13-35

下卧层的表面温度 （℃）	相应于下列不同摊铺层厚度的最低摊铺温度（℃）					
	普通沥青混合料			改性沥青混合料或 SMA 沥青混合料		
	<50mm	50~80mm	>80mm	<50mm	50~80mm	>80mm
<5	不允许	不允许	140	不允许	不允许	不允许
5~10	不允许	140	135	不允许	不允许	不允许
10~15	145	138	132	165	155	150
15~20	140	135	130	158	150	145
20~25	138	132	128	153	147	143
25~30	132	130	126	147	145	141
>30	130	125	124	145	140	139

沥青混合料的松铺系数应根据混合料类型由试验段的试铺试压确定。摊铺过程中应随时检查摊铺层厚度及路拱、横坡，并按总量控制及动态质量管理的方法由使用的混合料总量与面积校验平均厚度。

摊铺机的螺旋布料器应相应于摊铺速度调整到保持一个稳定的速度均衡地转动，两侧应保持有不小于送料器 2/3 高度的混合料，以减少在摊铺过程中混合料的离析。用机械摊铺的混合料，不宜用人工反复修整。当不得不由人工做局部找补或更换混合料时，需仔细进行，特别严重的缺陷应整层铲除。在雨季铺筑沥青路面时，应加强与气象台（站）的联系，已摊铺的沥青层因遇雨未行压实的应予铲除。

在路面狭窄部分、平曲线半径过小的匝道或加宽部分，以及小规模工程不能采用摊铺机铺筑时可用人工摊铺混合料。人工摊铺沥青混合料应符合下列要求：①半幅施工时，路中一侧宜事先设置挡板。②沥青混合料应卸在铁板上，摊铺时应扣锹布料，不得扬锹远甩。铁锹等工具可沾防黏结剂或加热使用。③边摊铺边用刮板整平，刮平时应轻重一致，控制次数，严防集料离析。④摊铺不得中途停顿，并尽快碾压。如因故不能及时碾压时，应立即停止摊铺，并对已卸下的沥青混合料覆盖苫布保温。⑤低温施工时，每次卸下的混合料应覆盖苫布保温。

五、沥青路面的压实及成型

沥青路面发生早期损坏，经常是由于压实不足造成的。改善压实工艺，保证混合料充分压实是提高沥青路面建设质量的关键。尤其是当沥青层层厚较薄，采用的混合料中的粗集料含量较多时，混合料温度下降更快，可供碾压的时间更短，对压实的要求更高。

在沥青路面施工工序中，压实度、厚度和平整度是三个最重要的指标。需要特别摆正平整度和压实度的关系，一定要在确保压实度的前提下努力提高平整度。如果只是片面追求平整度，会造成压实不足，进而导致路面早期损坏。对高等级公路来说平整度是十分重要，提高路面平整度的关键及正确措施包括：①从基层做起，逐层提高平整度；②保证充分供料，摊铺机均匀、连续地摊铺，避免间隙和停顿；③采用比较长的平衡梁控制方式的自动找平装置，有条件时尽量采用非接触式平衡梁;④控制摊铺宽度,避免全幅摊铺,做好摊铺机接缝;⑤科学地安排压路机,均衡地跟在摊铺机后面及时碾压。碾压时保持直线方向、均衡慢速,折返时关闭振动,渐渐地改变方向,折返点错开,不得在同一个断面上。对轮胎压路机和振动压路机要采取合理的组合排序,通常是轮胎压路机在前,压实效果好,平整度通过振动压路机弥补;⑥对桥涵、通道等构造物的接头以及各种特殊部位碾压,特别要注意接缝的平整度,要仔细操作以避免造成跳车;⑦除了迫不得已的情况外,要避免摊铺后人工修正;⑧所有机械不能在未冷却结硬的路面上停留。

沥青路面压实成型的关键在于,保证满足压实度及平整度的技术要求。热拌沥青混合料压实层的最大厚度,与压路机的类型及吨位有密切的关系,最大厚度一般不应大于100mm,沥青稳定碎石混合料的压实层厚度不宜大于120mm,但当采用大功率压路机且经试验段证明能达到压实度时允许增大到150mm。

沥青路面施工应配备足够数量的压路机,选择合理的压路机组合方式及初压、复压、终压(包括成型)的碾压步骤,以达到最佳碾压效果。高速公路铺筑双车道沥青路面的压路机数量不宜少于5台。施工气温低、风大、碾压层薄时,压路机数量应适当增加。压路机应以慢而均匀的速度碾压,压路机的碾压速度应符合表13-36的规定。

压路机碾压速度(km/h)　　　　　　　　　　　表13-36

压路机类型	初 压		复 压		终 压	
	适宜	最大	适宜	最大	适宜	最大
钢筒式压路机	2~3	4	3~5	6	3~6	6
轮胎压路机	2~3	4	3~5	6	4~6	8
振动压路机	2~3 (静压或振动)	3 (静压或振动)	3~4.5 (振动)	5 (振动)	3~6 (静压)	6 (静压)

压路机的碾压路线及碾压方向不应突然改变以免导致混合料推移。碾压区的长度应大体稳定,两端的折返位置应随摊铺机前进而推进,横向不得在相同的断面上。压路机的碾压温度应符合表13-33的要求,并根据混合料种类、压路机、气温、层厚等情况经试验段试压确定。在不产生严重推移和裂缝的前提下,初压、复压、终压都应尽可能高的温度下进行。同时不得在低温状况下作反复碾压,使石料棱角磨损、压碎、破坏集料嵌挤。

1. 初压

沥青混合料的初压应符合下列要求:①初压应在紧跟摊铺机后碾压,并保持较短的初压区长度,以尽快使表面压实,减少热量散失。对摊铺后初始压实度较大,经实践证明采用振动压路机或轮胎压路机直接碾压无严重推移而有良好效果时,可免去初压,直接进入复压工序。②通常可采用钢轮压路机静压1~2遍。碾压时应将压路机的驱动轮面向摊铺机,由外侧向中心碾压,在超高路段则由低向高碾压,在坡道上应将驱动轮从低处向高处碾压。③初压后应检查平整度、路拱,有严重缺陷时进行修整乃至返工。

2. 复压

沥青混合料的复压应紧跟在初压后进行,并应符合下列要求:①复压应紧跟在初压后开

462

始,且不得随意停顿。压路机碾压段的总长度应尽量缩短,一般不超过 60~80m。采用不同型号的压路机组合碾压时应安排每一台压路机做全幅碾压,防止不同部位的压实度不均匀。②密级配沥青混凝土的复压应优先采用重型的轮胎压路机进行搓揉碾压,以增加密水性,其总质量一般不小于 25t,吨位不足时可附加重物,使每一个轮胎的压力不小于 15kN。冷态时的轮胎充气压力不小于 0.55MPa,轮胎发热后不小于 0.6MPa,且各个轮胎的气压大体相同,相邻碾压带应重叠 1/3~1/2 的碾压轮宽度,碾压至要求的压实度为止。③对粗集料为主的较大粒径的混合料,尤其是大粒径沥青稳定碎石基层,应优先采用振动压路机复压。厚度小于 30mm 的薄沥青层不宜采用振动压路机碾压。振动压路机自振动频率一般为 35~50Hz,振幅宜为 0.3~0.8mm,层厚较大时可选用高频率大振幅,以产生较大的激振力,厚度较薄时应采用高频率低振幅,以防止集料破碎。相邻碾压带重叠宽度为 100~200mm。振动压路机折返时应先停止振动。④当采用三轮钢筒式压路机时,总质量一般不小于 12t,相邻碾压带应重叠后轮 1/2 宽度,并不应少于 200mm。⑤对路面边缘、加宽及港湾式停车带等大型压路机难于碾压的部位,可采用小型振动压路机或振动夯板做补充碾压。

3. 终压

终压应紧接在复压后进行,如经复压后已无明显轮迹时可免去终压。终压可选用双轮钢筒式压路机或关闭振动的振动压路机碾压,终压一般不少于 2 遍,并至无明显轮迹为止。

通常情况下,SMA 宜采用振动压路机或钢轮式压路机,除沥青用量较低,经试验证明采用轮胎压路机碾压有良好效果外,不宜采用轮胎压路机碾压,以防搓揉过度造成沥青结合料挤压上浮到表面而达不到压实效果。在极易造成车辙变形的路段等特殊情况下,由于减少沥青用量必须使用轮胎压路机碾压时,必须通过试验论证,确定压实工艺,但不得发生沥青玛蹄脂上浮或挤出等现象。振动压路机碾压 SMA 应遵循"紧跟、慢压、高频(率)、低(振)幅"的原则。即压路机必须紧跟在摊铺机后面碾压,碾压速度要慢,要均匀,并采取高频率、低振幅的方式碾压。如发现 SMA 混合料高温有推拥现象,应复查其级配是否合适。OGFC 宜采用小于 12t 的钢轮式压路机碾压。

碾压轮在碾压过程中应保持清洁,有混合料沾轮应立即清除。对钢轮可涂刷隔离剂或防黏结剂,但严禁刷柴油。当采用向碾压轮喷水(可添加少量表面活性剂)的方式时,必须严格控制喷水量且成雾状,不得漫流,以防混合料降温过快。轮胎压路机开始碾压阶段,可适当烘烤、涂刷少量隔离剂或防黏结剂。也可少量喷水,并先到高温区碾压使轮胎尽快升温,之后停止喷水。轮胎压路机轮胎外围宜加设围裙保温。压路机不得在未碾压成型路段上转向、掉头、加水或停留。在当天成型的路面上,不得停放各种机械设备或车辆,不得散落集料、油料等杂物。

六、接缝处理及其他注意事项

(一)接缝处理

沥青路面的施工必须接缝紧密、连接平顺,不得产生明显的接缝离析。上、下层的纵缝应错开 150mm(热接缝)或 300~400mm(冷接缝)以上。相邻两幅及上、下层的横向接缝均应错位 1m 以上。接缝施工应用 3m 直尺检查,确保平整度符合要求。

1. 纵向接缝

纵向接缝部位的施工应符合下列要求：①摊铺时采用梯队作业的纵缝应采用热接缝，将已铺部分留下 100～200mm 宽暂不碾压，作为后续部分的基准面，然后做跨缝碾压以消除缝迹。②当半幅施工或因特殊原因而产生纵向冷接缝时，要加设挡板或加设切刀切齐，也可在混合料尚未完全冷却前用镐刨除边缘留下毛茬的方式，但不宜在冷却后采用切割机做纵向切缝。加铺另半幅前应涂洒少量沥青，重叠在已铺层上 50～100mm，再铲走铺在前半幅上面的混合料，碾压时由边向中碾压留下 100～150mm，再跨缝挤紧压实。或者先在已压实路面上行走碾压新铺层 150mm 左右，然后压实新铺部分。

2. 横向接缝

沥青路面的横向接缝是一个薄弱环节，接缝跳车或开裂是一种常见病。横向接缝常用平接缝与斜接缝两种形式。平接缝容易做好平整度，但连续性较差，易在此开裂；斜接缝则不易搭接得好，容易形成接头跳车。对高速公路、一级公路的表面层横向接缝可采用垂直的平接缝，以下各层应采用自然碾压的斜接缝，沥青层较厚时也可做阶梯形接缝。其他等级公路的各层均可采用斜接缝。斜接缝的搭接长度与层厚有关，一般为 0.4～0.8m。搭接处应洒少量沥青，混合料中的粗集料颗粒应予剔除，并补上细料，搭接平整，充分压实。阶梯形接缝的台阶经铣刨而成，并洒黏层沥青，搭接长度一般不应小于 3m。

平接缝应趁尚未冷透时用凿岩机或人工垂直刨除端部层厚不足的部分，使工作缝呈直角连接。当采用切割机制作平接缝时，应在铺设当天混合料冷却但尚未结硬时进行。刨除或切割不得损伤下层路面。切割时留下的泥水必须冲洗干净，待干燥后涂刷黏层油。铺筑新混合料接头应使接茬软化，压路机先进行横向碾压，再纵向碾压成为一体，充分压实，连接平顺。

(二)开放交通及其他

热拌沥青混合料路面应待摊铺层完全自然冷却，混合料表面温度低于 50℃后，方可开放交通。需要提早开放交通时，可洒水冷却降低混合料温度。

铺筑好的沥青层应严格控制交通，做好保护，保持整洁，不得造成污染，严禁在沥青层上堆放施工产生的土或杂物，严禁在已铺沥青层上制作水泥砂浆。

沥青路面雨季施工时，要注意气象预报，加强工地现场、沥青拌和厂及气象台(站)之间的联系，控制施工长度，各工序紧密衔接。运料车和工地应备有防雨设施，并做好基层及路肩排水。

第四节　其他沥青面层施工

一、热再生沥青路面

(一)概述

热再生沥青路面是采用专用设备对旧沥青路面或回收的沥青路面材料(RAP)进行处理，并掺加一定比例的新集料、新沥青、再生剂(必要时)等形成沥青路面结构层的技术。按照再生混合料拌制、施工场合和工艺的不同，沥青路面再生有厂拌热再生和就地热再生。

沥青路面再生工程实施前,应对原路面历史信息、原路面技术状况、交通量、工程经济等方面的内容进行调查和综合分析,为再生设计(再生方式选择、再生混合料设计、再生工艺的确定)提供依据。

厂拌热再生是将RAP运至沥青拌和厂(场、站),经破碎、筛分,以一定的比例与新集料、新沥青、再生剂(必要时)等拌制成热拌再生沥青混合料铺筑路面的技术。厂拌热再生,适用于对各等级公路回收沥青路面材料进行热拌再生利用,再生后的沥青混合料根据其性能和工程情况,可用于各等级公路沥青面层及柔性基层。

就地热再生是采用专用的就地热再生设备,对旧沥青路面进行加热、铣刨,就地掺入一定数量的新沥青、新沥青混合料、再生剂等,经热态拌和、摊铺、碾压等工序,一次性实现对表面一定深度范围内的旧沥青混凝土路面再生的技术。它可以分为复拌再生、加铺再生两种。复拌再生是将旧沥青路面加热、铣刨,就地掺加一定数量的再生剂、新沥青、新沥青混合料,经热态拌和、摊铺、压实成型,掺加的新沥青混合料比例一般控制在30%以内。加铺再生是将旧沥青路面加热、铣刨,就地掺入一定数量的新沥青混合料、再生剂,拌和形成再生混合料,利用再生复拌机的第一熨平板摊铺再生混合料,利用再生复拌机的第二熨平板同时将新沥青混合料摊铺于再生混合料之上,两层一起压实成型。

就地热再生适用于仅存在浅层轻微病害的高速及一级、二级公路沥青路面表面层的就地再生利用,再生层可用作上面层或中面层。沥青路面就地热再生是一种预防性养护技术,再生时原路面整体强度应满足设计要求,路面病害主要集中在表面层,通过再生施工可得到有效修复,原路面沥青的25℃针入度不低于20(0.1mm)。原路面上有稀浆封层、微表处、超薄罩面、碎石封层的,不宜直接进行就地热再生,就地热再生前,应先将其铣刨掉,或经充分试验分析后,作出针对性的材料组成设计和工艺设计。就地热再生深度一般为20~50mm。

(二)再生材料及再生混合料设计

1.再生材料

沥青路面再生混合料使用的各种材料运至现场后应进行质量检验,经评定合格后方可使用。不同的RAP应分开堆放,不得混杂,保证材料均匀一致;不同料源、品种、规格的新集料不得混杂堆放。各种材料均应堆放在预先经过硬化处理且排水畅通的场地里,多雨地区宜采用防雨棚遮盖。

回收的沥青路面材料必须经过预处理后方可使用。对RAP样品,应进行如下各项技术指标的检测。

(1)RAP:含水率;RAP级配;沥青含量;砂当量(>55%)。

(2)RAP中的沥青:60℃黏度;软化点;15℃延度;25℃针入度(0.1mm)(>20)。

(3)RAP中的粗集料:压碎值;针片状颗粒含量。

(4)RAP中的细集料:棱角性。

再生混合料使用的道路石油沥青,以及制作乳化沥青、泡沫沥青使用的道路石油沥青应符合现行《公路沥青路面施工技术规范》(JTG F40)的规定。沥青必须按照品种、标号分开存放,在储运、使用和存放过程中应采取良好的防水措施,避免雨水或者加热管道蒸气进入沥青。应根据回收沥青路面材料中沥青老化程度、沥青含量、回收沥青路面材料掺配比例、再生剂与沥青的配伍性,综合选择再生剂品种。沥青再生剂宜满足表13-37的要求。

试验项目	RA-1	RA-5	RA-25	RA-75	RA-250	RA-500	试验方法
60℃黏度	50~175	176~900	901~4500	4501~12500	12501~37500	37501~60000	T 0619
闪点(℃)	≥220	≥220	≥220	≥220	≥220	≥220	T 0633
饱和分含量(%)	≤30	≤30	≤30	≤30	≤30	≤30	T 0618
芳香分含量(%)	实测记录	实测记录	实测记录	实测记录	实测记录	实测记录	T 0618
薄膜烘箱试验前后黏度比	≤3	≤3	≤3	≤3	≤3	≤3	T 0619
薄膜烘箱试验前后质量变化(%)	≤4,≥-4	≤4,≥-4	≤3,≥-3	≤3,≥-3	≤3,≥-3	≤3,≥-3	T 0619 或 T 0610
15℃密度	实测记录	实测记录	实测记录	实测记录	实测记录	实测记录	T 0603

注:薄膜烘箱试验前后黏度比 = 试样薄膜烘箱试验后黏度/试样薄膜烘箱试验前黏度。

2.再生混合料配合比设计

再生混合料配合比设计,以回收沥青路面材料中的集料和新集料的合成级配为级配设计依据。无论是厂拌热再生还是就地热再生,其混合料级配工程级配范围的确定,以及对再生混合料技术要求和性能检测,均应符合现行《公路沥青路面施工技术规范》(JTG F40)对热拌沥青混合料的相关规定。

厂拌热再生混合料配合比设计应通过目标配合比设计、生产配合比设计、生产配合比验证三个阶段,确定回收沥青路面材料(RAP)的掺配比例、新材料的品种及配合比、集料级配、最佳沥青用量。就地热再生混合料配合比设计应通过试验路段进行检验。

根据公路等级、气候条件、交通特点,充分借鉴成功经验,确定工程设计级配范围。经确定的工程设计级配范围是配合比设计的依据,不得随意变更。根据旧沥青路面材料的集料级配和拟采用的设计级配范围,确定掺加的新集料或新沥青混合料的级配。当再生混合料配合比不能满足级配要求时,应综合考虑再生层厚度、新集料或新沥青混合料的掺配比例和级配、再生沥青性能、再生混合料性能等,调整级配范围。就地热再生混合料一般需掺加新沥青混合料,以改善原路面集料级配。

根据 RAP 的老化程度、含水率、回收材料的级配变异情况以及工程实际需要、沥青混合料类型、拌和设备的类型与加热干燥能力、新集料的性质等,确定新集料与回收沥青路面材料的掺配比例。RAP 掺配比例一般为 15%~30%。

厂拌热再生混合料、再生沥青目标标号的确定,应根据公路等级、混合料使用层位、工程的气候特点、交通量、设计车速等条件,选取与当地同等条件道路一致的沥青标号作为再生沥青目标标号。RAP 掺配比例较大时,也可以根据实际情况,适当降低沥青目标标号一个等级。根据回收沥青路面材料的性质、掺配比例,参照表 13-38 选择新沥青。

再生混合料新沥青选择　　　　表 13-38

回收沥青等级(25℃针入度 P,0.1mm)	$P \geq 30$	$P = 20~30$	$P = 10~20$
建议新沥青等级	RAP 含量(%)		
沥青选择不需要变化	<20	<15	<10
选择新沥青标号比正常高半个等级,即针入度 10(0.1mm)	20~30	15~25	10~15
根据新沥青混调和法则确定	>30	>25	>15

需要根据新沥青混合调和法则确定新沥青标号的,可按照下式确定新沥青(再生剂)的黏度。

$$\lg\lg\eta_{mix} = (1-\alpha)\lg\lg\eta_{old} + \alpha\lg\lg\eta_{new} \tag{13-45}$$

式中:η_{mix}——混合后沥青的 60℃ 黏度(Pa·s);

η_{old}——混合前旧沥青的 60℃ 黏度(Pa·s);

η_{new}——混合前新沥青或再生剂的 60℃ 黏度(Pa·s);

α——新沥青的比例,$\alpha = \dfrac{P_{nb}}{P_b}$。

当计算得到所需的新沥青标号过高,市场供应存在问题;回收沥青路面材料掺配比例较大或者回收沥青路面材料中旧沥青含量较高时,可根据黏度 η_{new} 确定新沥青标号,选择合适的新沥青,并按照式(13-45)计算新沥青与再生剂掺配比例来使用再生剂。根据计算得到的新旧沥青掺配和再生剂掺量,进行新旧沥青掺配试验,验证再生沥青标号。当测试 60℃ 黏度有困难时,可采用针入度指标。

当 RAP 掺量不超过 20% 时,热再生混合料的总沥青用量与没有掺加回收沥青路面材料的沥青混合料基本一致,可根据工程特性、气候特点、交通等条件,结合当地的工程经验进行预估。也可按下式估计沥青总用量 P_b:

$$P_b = 0.035a + 0.045b + Kc + F \tag{13-46}$$

式中:P_b——估计的混合料中总的沥青用量(%);

K——系数:当 0.075mm 筛孔通过率小于或等于 6%~10% 时,$K = 0.18$;当 0.075mm 筛孔通过率小于或等于 5% 时,$K = 0.20$;

a——2.36mm 筛孔以上集料的比例(%);

b——通过 2.36mm 筛孔且留在 0.075mm 筛孔上集料的比例(%);

c——通过 0.075mm 筛孔集料的比例(%);

F——常数,$F = 0~2.0$,取决于集料的吸水率,缺乏资料时采用 0.7。

按照下式估算再生混合料的新沥青用量 P_{nb}:

$$P_{nb} = P_b - P_{ob} \times n/100 \tag{13-47}$$

式中:P_b——热再生混合料的总沥青用量(%);

P_{nb}——RAP 中的沥青含量(%);

n——RAP 掺配比例(%)。

以估算的新沥青用量 P_{nb} 为中值,用 P_{nb}、$P_{nb} \pm 0.5$、$P_{nb} \pm 1.0$ 这 5 个沥青用量水平,按照现行《公路沥青路面施工技术规范》(JTG F40)的马歇尔方法确定最佳新沥青用量 OAC。按照热拌沥青混合料配合比设计方法的有关规定进行配合比设计检验。

就地热再生混合料的性能必须经试验路检验。试验路检验项目主要有:现场再生沥青的技术指标、马歇尔稳定度、再生混合料的级配、动稳定度、浸水马歇尔残留稳定度、冻融劈裂强度等、检验其是否满足设计和施工技术规范的要求。

(三)热再生沥青路面施工

1.厂拌热再生

厂拌热再生混合料可以选用间歇式拌和设备或连续式拌和设备进行拌制,拌和设备必须具备 RAP 的配料装置和计量装置。使用间歇式拌和设备,当回收沥青路面材料掺量大于10%时,宜增加回收沥青路面材料烘干加热系统。回收沥青路面材料料仓数量应不少于两个,料仓内的回收沥青路面材料含水率不应大于3%。厂拌热再生混合料的生产温度和拌和时间应根据拌和设备的加热干燥能力、回收沥青路面材料含水率、再生混合料的级配、新沥青的黏温曲线等综合确定,以不加剧回收沥青路面材料的再老化、提高生产能力、降低能耗,并生产出均匀稳定的沥青混合料为原则。回收沥青路面材料加热时不得直接与火焰接触。

使用间歇式拌和设备时,应适当提高新集料的加热温度,但最高不宜超过200℃。干拌时间一般要比普通热拌沥青混合料延长 5 ~ 10s,总拌和时间要比普通热拌沥青混合料延长15s左右。再生混合料出料温度应比普通热拌沥青混合料高 5 ~ 15℃。相应的摊铺和压实温度也宜比热拌沥青混合料高 5 ~ 15℃。

有关厂拌热再生混合料的拌制、摊铺、碾压、养护和开放交通、施工质量管理与检查验收等方面要求,均应符合现行《公路沥青路面施工技术规范》(JTG F40)对热拌沥青混合料的规定。

2. 就地热再生

就地热再生施工前,必须对就地热再生无法修复的路面病害进行预处理。当破损松散类病害的深度超过热再生深度时,应予挖补。裂缝类病害要分析病害成因,对影响热再生工程质量的裂缝应予处理。当车辙变形深度达到 30 ~ 50mm 时,再生前应进行铣刨处理。对原路面上的凸起路标应清除。对伸缩缝和井盖等特殊部位宜用铣刨机,沿行车方向将伸缩缝和井盖后端铣刨 2 ~ 5m,前端铣刨 1 ~ 2m,深度 30 ~ 50mm,再生施工时用新沥青混合料铺筑。

就地热再生正式施工前,应铺筑长度不小于200m 的试验路段,从施工工艺、质量控制、施工管理、施工安全等各个方面进行检验。

就地热再生必须对原路面进行充分加热。不得因加热温度不足造成铣刨时集料破损,影响再生质量,也不得因加热温度过高造成沥青过度老化。施工过程中应减小再生列车各设备间距,减少热量损失。原路面加热宽度比铣刨宽度每侧应至少宽出 200mm。路面铣刨深度要均匀,铣刨深度变化时应缓慢渐变。铣刨面温度应高于70℃,并应有较好的粗糙度。

再生剂喷洒装置应与再生复拌机行走速度联动并可自动控制,能准确按设计剂量喷洒。再生剂应加热至不影响再生剂质量的最高温度,提高再生剂的流动性和与旧沥青的融合性。再生剂应均匀喷入旧沥青混合料中,其用量应准确控制,施工过程中应根据铣刨深度变化适时调整再生剂的用量。要保证再生沥青混合料拌和均匀。

就地热再生混合料摊铺应匀速行进,施工速度宜为 1.5 ~ 5m/min。混合料摊铺应均匀,避免出现粗糙、拉毛、裂纹、离析现象。应根据再生层厚度调整摊铺机熨平板的振捣功率,提高混合料的初始密度,减少热量损失。就地热再生混合料的摊铺温度宜控制在 120 ~ 150℃。

就地热再生混合料的碾压应配备大吨位的振动双钢轮压路机、轮胎压路机等压实机具。碾压必须紧跟摊铺进行,使用双钢轮压路机时应减少喷水,使用轮胎压路机时不宜喷水。对压路机无法压实的局部,应选用小型振动压路机或振动夯板配合碾压。碾压完成后,再生层路表温度低于50℃后方可开放交通。

沥青路面就地热再生施工过程中的材料检查,需要添加的新沥青混合料及再生混合料的质量控制,均应符合现行《公路沥青路面施工技术规范》(JTG F40)有关对热拌沥青混合料的有关规定。沥青路面就地热再生施工质量管理及检查验收质量要求,见表13-39。

就地热再生施工质量检查和验收项目与频度要求　　　　　　表 13-39

检查项目		质量要求		检查频率	试验方法
压实度(%)		最大理论密度的94%		每1km检查5点	T 0924
厚度 (mm)	再生厚度	- 5		每1km检查5点	T 0912
	加铺厚度	±3		每1km检查5点	
平整度IRI(mm)		高速公路、一级公路	<3.0	全线连续	T 0933
		其他等级公路	<4.0		
平整度最大间隙(mm)		<3		随时	T 0931
宽度(mm)		大于设计宽度		每1km检查20个断面	T 0911
纵、横接缝高差(mm)		<3,必须压实		随时	3m 直尺间隙
外观		表面平整密实、无明显轮迹、裂痕、推挤、油包、离析等缺陷		随时	目测

二、冷拌沥青混合料路面

冷拌(常温)沥青混合料是用乳化沥青与一定级配的集料拌和而成的沥青混合料。适用于三级及三级以下的公路的沥青面层及罩面层施工,以及各级公路沥青路面的基层或整平层。冷拌改性沥青混合料可用于沥青路面的坑槽冷补。冷拌沥青混合料一般采用密级配沥青混合料,当采用半开级配的冷拌沥青碎石混合料路面时应铺筑上封层。

冷拌沥青混合料因乳化沥青所用乳化剂的不同而分为阳离子乳化沥青、阴离子乳化沥青和两性离子乳化沥青。由于阳离子乳化沥青在使用时能够与潮湿石料黏附结合,因而即使在阴湿天气或低温季节仍然可以照常施工,在性能上,阳离子乳化沥青比阴离子乳化沥青更有优越性。然而,乳化沥青混合料的应用也受到一定的限制,这主要是由于乳化沥青碎石混合料在路上铺筑后,需要经过一段时间的行车压实,才能逐渐成型,因此初期强度较低,故不适用于交通量较大的道路,通常在中、低交通量道路上应用较多。

1. 拌和

冷拌沥青混合料应采用拌和厂机械拌和及沥青摊铺机摊铺的方式。缺乏厂拌条件时也可采用现场路拌及人工摊铺方式。冷拌沥青混合料施工应注意防止混合料离析。当采用阳离子乳化沥青时,矿料在拌和前需先用水湿润,使其含水率达4% ~5%,气温较高时可多加水,低温潮湿时少加水。若湿润后仍难于与乳液拌和均匀时,应改用破乳速度更慢的乳液,或用1% ~3%浓度的氯化钙水溶液代替水润湿集料表面。矿料与乳液应充分拌和均匀,适宜的拌和时间应根据集料级配情况、乳液裂解速度、拌和机性能、气候条件等通过试拌确定。机械拌和时间不宜超过30s,人工拌和时间不宜超过60s。若在上述时间内不能拌和均匀,则应考虑使用性能更好的拌和机。拌和的混合料应具有良好的施工和易性以免在摊铺时出现离析。已拌好的混合料应立即运至现场进行摊铺。

2. 摊铺

冷拌沥青混合料拌和完毕,宜采用沥青混合料摊铺机摊铺。若采用人工摊铺,则应防止混合料离析。机械摊铺的松铺系数为1.15 ~1.20,人工摊铺时松铺系数为1.20 ~1.45。拌和、运输和摊铺应在乳液破乳前结束;摊铺前已破乳的混合料不得使用。

3. 碾压

混合料摊铺完毕,厚度、平整度、路拱横坡等符合设计和规范要求,即可进行碾压。通常先采用 6t 左右的轻型压路机匀速初压 1～2 遍,使混合料初步稳定,再用轮胎压路机或轻型钢筒式压路机碾压 1～2 遍。当乳化沥青开始破乳、混合料由褐色转变为黑色时,改用 12～15t 轮胎压路机碾压,将水分挤出,复压 2～3 遍后停止,待晾晒一段时间水分蒸发后,再补充复压至密实。压实过程中出现推移现象时,应立即停止碾压,待稳定后再碾压。碾压时若出现松散或开裂,应立即挖除并换新料,整平后继续碾压。当天不能完全压实时,可在较高气温状态下补充碾压。当缺乏轮胎压路机时,也可采用钢筒式压路机或较轻的振动压路机碾压。

乳化沥青混合料路面的上封层应在压实成型、路面水分完全蒸发后加铺。乳化沥青混合料路面施工结束后应封闭交通 2～6h 并注意做好早期养护。开放交通初期,应设专人指挥,车速不得超过 20km/h,不得制动或掉头。冷拌沥青混合料施工遇雨应立即停止铺筑,以防雨水将乳液冲走。

4. 冷补沥青混合料

用于修补沥青路面坑槽的冷补沥青混合料应采用适宜的改性沥青结合料制造,并具有良好的耐水性。用于冷补沥青混合料的集料必须符合热拌沥青混合料的质量要求。冷补沥青混合料应具有良好的低温操作和易性。用于寒冷地区冬季修补坑槽的混合料,应在松散状态下经 -10℃ 的冰箱保持 24h 无明显的凝聚结块现象,且能用铁铲方便地拌和操作。冷补沥青混合料要有良好的耐水性,混合料按水煮法或水浸法检验的抗水剥落性能(裹覆面积)不得小于 90%,要有足够的黏聚性,马歇尔试验稳定度宜不小于 3kN。

冷补沥青混合料的集料级配可参照表 13-40 的要求执行。沥青用量通过试验并根据实际使用效果确定,通常可为 4%～6%。其级配应符合补坑的需要,粗集料级配必须具有充分的嵌挤能力,以便在未经充分碾压的条件下可开放通车碾压而不松散。

冷补沥青混合料的集料级配 表 13-40

类　　型	通过下列筛孔(mm)的百分率(%)											
	26.5	19	16	13.2	9.5	4.75	2.36	1.18	0.6	0.3	0.15	0.075
细粒式 LB-10	—	—	100	80～100	30～60	10～40	5～20	0～15	0～12	0～8	0～5	
细粒式 LB-13	—	100	90～100	90～95	60～80	10～40	5～20	0～15	0～12	0～8	0～5	
中粒式 LB-10	100	90～100	50～90	40～75	30～60	5～20	0～15	0～12	0～8	0～5		
粗粒式 LB-10	100	90～100	80～100	70～90	60～90	30～70	5～40	5～20	0～15	0～12	0～8	0～5

注:1. 黏聚性试验方法:将冷补材料 800g 装入马歇尔试模中,放入 4℃ 恒温室中 2～3h,取出后双面各击实 5 次,制作试件,脱模后放在标准筛上,将其直立并使试件沿筛框来回滚动 20 次,破损率不得大于 40%。
　　2. 冷补沥青混合料马歇尔试验方法:称混合料 1180g 在常温下装入试模中,双面各击实 50 次,连同试模一起以侧面竖立方式置 110℃ 烘箱中养护 24h,取出后再双面各击实 25 次,再连同试模在室温中竖立放置 24h,脱模后在 60℃ 恒温水槽中养护 30min,进行马歇尔试验。

三、沥青表面处治与封层

沥青表面处治与封层用拌和法或层铺法施工的路面薄层,主要用于改善行车条件,厚度不大于3cm,适用于较低等级的沥青路面的面层,也可作为旧沥青路面的罩面和防滑磨耗层。采用拌和法施工时可热拌热铺,也可冷拌冷铺。热拌热铺施工时可按热拌沥青混合料路面的施工方法进行,冷拌冷铺时可按乳化沥青碎石混合料路面的施工方法进行。采用层铺法施工时,分为单层式、双层式及三层式三种。

各种封层适用于加铺薄层罩面、磨耗层、水泥混凝土路面上的应力缓冲层、各种防水和密水层、预防性养护罩面层等。

沥青表面处治与封层应选择在干燥和较热的季节施工,并在最高温度低于15℃时期到来之前半个月及雨季前结束。

(一)层铺法沥青表面处治

1.材料规格和用量

沥青表面处治面层可采用道路石油沥青、乳化沥青作结合料。沥青种类和用量可根据气温、层位等情况按表13-41确定。沥青表面处治路面所用集料的最大粒径与处治层厚度相等,这种"一石到顶"的结构表明沥青表面处治的受力特点,荷载主要由集料承担,沥青结合料只起对集料的稳定作用。集料规格和用量宜按表13-41确定。当采用乳化沥青时,为减少乳液流失,可在主层集料中掺加20%以上的细粒料。沥青表面处治层施工后,S12(5~10mm)碎石或S14(3~5mm)石屑、粗砂或小砾石(2~3m³/1000m²)作为初期养护用料。

沥青表面处治材料规格和用量(方孔筛)表　　　　表13-41

沥青种类	类型	厚度(mm)	集料(m³/1000m²)						沥青或乳液用量(kg/m²)			
			第一层		第二层		第三层		第一次	第二次	第三次	合计用量
			规格	用量	规格	用量	规格	用量				
石油沥青	单层	1.0	S12	7~9					1.0~1.2			1.0~1.2
		1.5	S10	12~14					1.4~1.6			1.4~1.6
	双层	1.5	S10	12~14	S12	7~8			1.4~1.6	1.0~1.2		2.4~2.8
		2.0	S9	16~18	S12	7~8			1.6~1.8	1.0~1.2		2.6~3.0
		2.5	S8	18~20	S12	7~8			1.8~2.0	1.0~1.2		2.8~3.2
	三层	2.5	S8	18~20	S11	12~14	S13	7~8	1.6~1.8	1.2~1.4	1.0~1.2	3.8~4.4
		3.0	S6	20~22	S11	12~14	S13	7~8	1.8~2.0	1.2~1.4	1.0~1.2	4.0~4.6
乳化沥青	单层	0.5	S14	7~9					0.9~1.0			0.9~1.0
	双层	1.0	S12	9~11	S14	4~6			1.8~2.0	1.0~1.2		2.8~3.2
	三层	3.0	S6	20~22	S10	9~11	S12 S14	4~6 3.5~4.5	2.0~2.2	1.8~2.0	1.0~1.2	4.8~5.4

注:1.表中乳化沥青的乳液用量适用于乳液中沥青用量约为60%的情况,如沥青含量不同应予折算。

2.在高寒地区及干旱、风沙大的地区,可超出高限,再增加5%~10%。

在寒冷地区、施工气温较低、沥青针入度较小、基层空隙较大时,沥青用量宜采用高限。

2.施工方法及要点

在清扫干净的碎(砾)石路面上铺筑沥青表面处治时,应喷洒透层油。在旧沥青路面、水泥混凝土路面、块石路面上铺筑沥青表面处治路面时,可在第一层沥青用量中增加10%~

20%，不再另洒透层油或黏层油。

层铺法沥青表面处治路面宜采用沥青洒布车及集料撒布机联合作业。沥青洒布车喷洒沥青时应保持稳定速度和喷洒量，并保持整个洒布宽度喷洒均匀。小规模工程可采用机动或手摇的手工沥青洒布机洒布沥青。洒布设备的喷嘴应适用于沥青的稠度，确保能成雾状，与洒油管呈 15°~25° 的夹角，洒油管的高度应使同一地点接受 2~3 个喷油嘴喷洒的沥青，不得出现花白条。喷洒沥青材料时应对道路人工构造物、路缘石等外露部分做防污染遮盖。

沥青表面处治施工应确保各工序紧密衔接，每个作业段长度应根据施工能力确定，并在当天完成。人工撒布集料时应等距离划分段落备料。三层式沥青表面处治的施工工艺应按下列步骤进行：

（1）清扫基层，洒布第一层沥青。沥青的洒布温度根据气温及沥青标号选择，石油沥青宜为 130~170℃，乳化沥青在常温下洒布，加温洒布的乳液温度不得超过 60℃。前后两车喷洒的接茬处用铁板或建筑纸铺 1~1.5m，使搭接良好。分几幅浇洒时，纵向搭接宽度宜为 100~150mm。洒布第二、三层沥青的搭接缝应错开。

（2）洒布主层沥青后应立即用集料撒布机或人工撒布一层主集料。撒布集料后应及时扫匀，达到全面覆盖、厚度一致、集料不重叠，也不露出沥青的要求。局部有缺料时适当找补，积料过多的将多余集料扫出。两幅搭接处，第一幅洒布沥青应暂留 100~150mm 宽度不撒布石料，待第二幅一起撒布。

（3）撒布主料后，不必等全段撒布完，立即用 6~8t 钢筒双轮压路机从路边向中心碾压 3~4 遍，每次轮迹重叠约 300mm。碾压速度开始不宜超过 2km/h，以后可适当增加。

（4）第二、三层的施工方法和要求应与第一层相同，但可以采用 8t 以上的压路机碾压。

双层式或单层式沥青表面处治喷洒沥青及撒布集料的次数相应减少，其施工程序和要求可参照三层式方法进行。

除乳化沥青表面处治应待破乳、水分蒸发并基本成型后方可通车外，沥青表面处治在碾压结束后即可开放交通，并通过开放交通补充压实，成型稳定。在通车初期应设专人指挥交通或设置障碍物控制行车，限制行车速度不超过 20km/h，严禁畜力车及铁轮车行驶，使路面全部宽度均匀压实。沥青表面处治应注意初期养护。当发现有泛油时，应在泛油处补撒与最后一层石料规格相同的嵌缝料并扫匀，过多的浮料应扫出路外。

（二）封层

封层实际上也属于沥青表面处治，均属于路面功能层。一般来说，沥青表面处治特指沥青层表面层的一种结构形式，而沥青封层可分为上封层、下封层等。

近年来各种碎石封层、雾封层、微表处、超薄磨耗层等层出不穷，是值得注意的。沥青路面的表面功能希望有较大的构造深度，对抗滑、减噪都有意义，但往往又与密水、耐久有矛盾。在缺乏优质的、高磨光值的硬质石料的地区，如果采用当地盛产的石灰岩铺筑上面层，上面只加铺一层 8~10mm 的微表处或者厚度仅仅 20mm 的超薄磨耗层，便可以解决表面功能的问题，又使成本大为降低。

1. 上封层

上封层是铺设在沥青层上面，起封闭水分及抵抗车轮磨耗作用的层次，实际上也是表面处治的一种。根据情况可选择乳化沥青稀浆封层、微表处、改性沥青碎石封层、超薄磨耗层或其他适宜的材料。

铺设上封层的下卧层必须彻底清扫干净,对车辙、坑槽、裂缝进行处理或挖补。上封层的类型宜根据使用目的、路面的破损程度选用。

(1)裂缝较细、较密的,可采用涂洒类密封剂、雾封层、软化再生剂等涂刷罩面。

(2)对二级及二级以下公路的旧沥青路面,可以采用普通的乳化沥青稀浆封层,也可在喷洒道路石油沥青后撒布石屑(砂)后碾压作封层。

(3)对高速公路、一级公路有轻微损坏的,宜铺筑微表处。

(4)对用于改善抗滑性能的上封层可采用稀浆封层、微表处或改性沥青碎石封层。

2. 下封层

首先要区分下封层与透层油的区别:下封层的目的在于封闭表面,不一定要求透下去;透层油要求渗透到一定深度。同时,其作用和目的也有很大的区别。有些工程因为在密实的无机结合料稳定类基层上喷洒透层油透不下去,便将透层油上撒集料和砂作为下封层,因此,它也许能够起到封闭的作用,但不能代替或称为透层油。

多雨潮湿地区的高速公路、一级公路的沥青面层空隙率较大,有严重渗水可能,或铺筑基层后不能及时铺筑沥青面层而需通行车辆时,可在喷洒透层油后铺筑下封层。

下封层应采用层铺法表面处治或稀浆封层法施工。稀浆封层可采用乳化沥青或改性乳化沥青作结合料。下封层的厚度不应小于6mm,且做到完全密水。

以层铺法沥青表面处治铺筑下封层时,通常采用单层式,表13-38中的矿料用量可为5~8m³/1000m²,沥青用量可采用要求范围的中高限。

(三)稀浆封层和微表处

1. 稀浆封层和微表处的适用范围

沥青稀浆封层是用适当级配的石屑或机制砂与填料(水泥、石灰、矿粉等)、乳化沥青、外加剂和水按一定比例拌和成流态的乳化沥青稀浆,然后用稀浆封层摊铺机均匀地摊铺在需设置封层的结构层上,经破乳、析水、蒸发、固化,形成一封层,其外观类似沥青砂或细粒式沥青混凝土,厚度一般为3~10mm,对路面能够起到改善和恢复表面功能的作用。稀浆封层和微表处有许多相似之处,但是两种完全不同的类型,必须严格区别。二者的差别主要在于施工机械、施工要求与质量。

预防性养护不同于通常的日常性维修养护,是以恢复路面使用功能为目的,防止进一步损坏的维修养护。它与已经具有大面积损坏需罩面或加铺的路面矫正性养护(抢救性养护、中修)、路面翻修(大修)、路面重建、改建的性质不同。对高速公路、一级公路需要及时进行预防性养护,防止病害的发展进一步恶化,改变工程"重建轻养"问题。

微表处主要用于高速公路及一级公路的预防性养护以及填补轻度车辙,也适用于新建公路的抗滑磨耗层。稀浆封层一般用于二级及二级以下公路的预防性养护,也适用于新建公路的下封层。

稀浆封层和微表处都必须使用专用的摊铺机进行摊铺。单层微表处适用于旧路面车辙深度不大于15mm的情况;超过15mm的必须分两层铺筑,或先用V字形车辙摊铺箱摊铺;深度大于40mm时不适宜微表处处理。

2. 稀浆封层和微表处的规格及材料要求

微表处必须采用改性乳化沥青,稀浆封层可采用普通乳化沥青或改性乳化沥青,其品种和质量应分别符合表 13-4 和表 13-5 的要求。对稀浆封层和微表处来说,乳化沥青和改性乳化沥青是最重要的材料。铺筑稀浆封层时,选择阳离子或阴离子乳化沥青,都能够满足要求。在石灰岩地区,阴离子乳化沥青同样得到了广泛的应用。微表处目前基本上都是采用 SBR 胶乳作改性剂,剂量一般在 3% 以上。

稀浆封层和微表处的关键是集料,集料的功能是制造一个封闭、粗糙的表面,所以石料的耐磨耗性特别重要。集料质量指标中最重要的是洁净程度(砂当量),含泥量高的石屑会在雨水作用下迅速破坏。因此,稀浆封层和微表处应选择坚硬、粗糙、耐磨、洁净的集料。各项性能应符合相应集料的要求。其中微表处用通过 4.75mm 筛的合成矿料的砂当量不得低于 65% ,稀浆封层用通过 4.75mm 筛的合成矿料的砂当量不得低于 50% 。当用于抗滑表层时,还应符合集料磨光值的要求。细集料应采用碱性石料生产的机制砂或洁净的石屑。对集料中的超粒径颗粒必须筛除。

根据铺筑厚度、处治目的、公路等级等条件,按照表 13-42 选用合适的矿料级配。

稀浆封层和微表处的矿料级配   表 13-42

筛孔尺寸 (mm)	不同类型通过各筛孔的百分率(%)					
	稀浆封层			微表处		
	ES-1 型	ES-2 型	ES-3 型	MS-1 型	MS-2 型	MS-3 型
9.5	—	100	100	—	100	100
4.75	100	95~100	70~90	100	95~100	70~90
2.36	90~100	65~90	45~70	90~100	65~90	45~70
1.18	60~90	45~70	28~50	60~90	45~70	28~50
0.6	40~65	30~50	19~34	40~65	30~50	19~34
0.3	25~42	18~30	12~25	25~42	18~30	12~25
0.15	15~30	10~21	7~18	15~30	10~21	7~18
0.075	10~20	5~15	5~15	10~20	5~15	5~15
一层的适宜厚度(mm)	2.5~3	4~7	8~10	2.5~3	4~7	8~10

ES-1 型和 MS-1 型称为细封层。由于集料的粒径很细,稀浆具有很好的渗透性,同时,由于沥青用量较多,又使稀浆具有较高的附着性,有利于治愈路面裂缝,还可以用作碎石基层的透层和保护层,也适合于外观要求较高的停车场、机场道面以及住宅区道路的封面。

ES-2 型和 MS-2 型称为一般封层或中粒式封层。这种封层应用最为广泛,它既有足够多的细集料和乳液,可渗透缝隙中封闭裂缝,又含有较大的颗粒,能够增加路面的抗滑性和耐磨性。它适用于交通量较大的公路,并且可以用作为热拌粗粒式沥青混合料底层上的面层。

ES-3 型和 MS-3 型称为粗封层。这类封层表面粗糙,适用于高速公路、一级公路的表层抗滑处理,铺筑高粗糙度的磨耗层。

稀浆封层和微表处的混合料中乳化沥青及改性乳化沥青的用量应通过配合比设计确定。混合料的质量应符合表 13-43 的技术要求。

项　　目		稀浆封层	微表处	试验方法
可拌和时间（s）		>120	手工拌和	
稠度（cm）		2～3	—	T 0751
黏聚力试验（仅适用于快开放交通的稀浆封层）	30min（初凝时间）（N·m）	≥1.2		T 0754
	60min（开放交通时间）（N·m）	≥2.0		
负荷轮碾压试验（仅适用于重交通道路表层时）	黏附砂量（g/m²）	<450		T 0755
	轮迹宽度变化率（%）	—	<5	
湿轮磨耗试验的磨耗值（WTAT）	浸水 1h（g/m²）	<800	<540	T 0752
	浸水 6d（g/m²）	—	<800	

注：负荷轮碾压试验（LWT）的宽度变化率适用于需要修补车辙的情况。

3. 稀浆封层和微表处的材料组成设计

稀浆封层和微表处混合料的配合比设计按下列步骤进行：

（1）根据选择的级配类型，按表 13-42 确定矿料的级配范围。计算各种集料的配合比例，使合成级配在要求的级配范围内。

（2）根据以往的经验初选乳化沥青、填料、水和外加剂用量，进行拌和试验和黏聚力试验。可拌和时间的试验温度应考虑最高施工温度，黏聚力试验的温度应考虑施工中可能遇到的最低温度。

（3）根据上述试验结果和稀浆混合料的外观状态，选择 1～3 个认为合理的混合料配方，按表 13-43 规定试验稀浆混合料的性能，如不符要求，适当调整各种材料的配合比例再试验，直至符合要求为止。

（4）当设计人员经验不足时，可将初选的 1～3 个混合料配方分别变化不同的沥青用量（沥青用量一般在 6.0%～8.5%），按照表 13-43 的要求重复试验，并分别将不同沥青用量的1h 湿轮磨耗值及砂黏附量绘制成图 13-4 所示的关系曲线。以磨耗值接近表 13-43 中要求的沥青用量作为最小沥青用量 P_{bmin}，砂黏附量接近表 13-43 中要求的沥青用量为最大沥青用量 P_{bmax}，得出沥青用量的可选择范围 $P_{bmin}～P_{bmax}$。

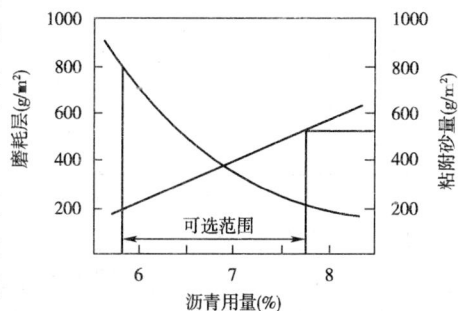

图 13-4　确定稀浆封层和微表处最佳
沥青用量的曲线

（5）根据经验在沥青用量的可选范围内选择适宜的沥青用量。对微表处混合料，以所选择的沥青用量检验混合料的浸水 6d 湿轮磨耗指标，用于车辙填充的增加检验负荷车轮试验的宽度变化率指标，不符要求时调整沥青用量重新试验，直至符合要求为止。

（6）根据以往经验及配合比设计试验结果，在充分考虑气候及交通特点的基础上综合确定混合料配方。

稀浆封层和微表处施工前，应彻底清除原路面的泥土、杂物，修补坑槽、凹陷，较宽的裂缝应清理灌缝。在水泥混凝土路面上铺筑微表处时应洒布黏层油，过于光滑的表面需拉毛处理。稀浆封层和微表处两幅纵缝搭接的宽度不宜超过 80mm，横向接缝宜做成对接缝。分两层摊铺时，第一层摊铺后至少应开放交通 24h 后方可进行第二层摊铺。稀浆封层和微表处的最低施工温度不得低于10℃,严禁在雨天施工,摊铺后尚未成型混合料遇雨时应予铲除。

稀浆封层和微表处铺筑后的表面不得有超粒径料拖拉的严重划痕,横向接缝和纵向接缝处不得出现余料堆积或缺料现象,用3m直尺测量接缝处的不平整度不得大于6mm,对微表处不得有横向波浪和深度超过6mm的纵向条纹。经养护和初期交通碾压稳定的稀浆封层和微表处,在行车作用下应不飞散且完全密水。

四、透层与黏层

(一)透层

透层是为了使路面沥青层与非沥青材料层结合良好而在非沥青材料层上浇洒乳化沥青、煤沥青或液体石油沥青后形成的透入基层表面的薄沥青层。沥青路面各类基层都必须喷洒透层油,沥青层必须在透层油完全渗透入基层后方可铺筑。透层油要渗透入基层并能起到固结、稳定、联结、防水等作用。基层上设置下封层时,透层油不能省略。气温低于10℃或大风天气,即将降雨时不得喷洒透层油。

根据基层类型选择渗透性好的液体沥青、乳化沥青、煤沥青作透层油,喷洒后通过钻孔或挖掘确认透层油渗透入基层的深度一般应不小于5mm(无机结合料稳定集料基层)~10mm(无结合料基层),并能与基层联结成为一体。透层油的质量应符合对相应材料规定的要求。

透层油的黏度通过调节稀释剂的用量或乳化沥青的浓度得到适宜的黏度,基质沥青的针入度通常应不小于100。透层用乳化沥青的蒸发残留物含量允许根据渗透情况适当调整,当使用成品乳化沥青时可通过稀释得到要求的黏度。透层用液体沥青的黏度通过调节煤油或轻柴油等稀释剂的品种和掺量经试验确定。

透层油的用量应根据基层类型,通过试洒确定,不得超出表13-44要求的范围。

沥青路面透层及黏层材料的规格与用量　　　　　　表13-44

用　途	乳化沥青		液体沥青		煤沥青	
	规格	用量(L/m²)	规格	用量(L/m²)	规格	用量(L/m²)
粒料类基层	PC-2	1.0~2.0	AL(M)-1、2或3	1.0~2.3	T-1	1.0~1.5
	PA-2		AL(S)-1、2或3		T-2	
无机结合料稳定类基层	PC-2	0.7~1.5	AL(M)-1或2	0.6~1.5	T-1	0.7~1.0
	PA-2		AL(S)-1或2		T-2	

注:表中用量是指包括稀释剂和水分在内的液体沥青、乳化沥青的总量。乳化沥青中的残留物含量以50%为基准。

用于无机结合料稳定类基层的透层油应紧接在基层碾压成型后表面稍变干燥,但尚未硬化的情况下喷洒。在粒料类基层上洒布透层油时,应在铺筑沥青层前1~2d洒布。

透层油可采用沥青洒布车一次喷洒均匀,使用的喷嘴可根据透层油的种类和黏度选择并保证均匀喷洒,沥青洒布车喷洒不均匀时可改用手工沥青洒布机喷洒。沥青洒布车喷洒沥青时应保持稳定速度和喷洒量,并保持整个洒布宽度喷洒均匀。小规模工程可采用机动或手摇的手工沥青洒布机洒布沥青。洒布设备的喷嘴应适用于沥青的稠度,确保能成雾状,与洒油管呈15°~25°的夹角,洒油管的高度应使同一地点接受2~3个喷油嘴喷洒的沥青,不得出现花白条。喷洒透层油前应清扫路面,遮挡防护路缘石及人工构造物避免污染,透层油必须洒布均匀,有花白遗漏应人工补洒,喷洒过量的立即撒布石屑或砂吸油,必要时做适当碾压。

透层油洒布后不得在表面形成能被运料车和摊铺机粘起的油皮,透层油达不到渗透深度要求时,应更换透层油稠度或品种。透层油洒布后的养护时间随透层油的品种和气候条件由试验确定,确保液体沥青中的稀释剂全部挥发,乳化沥青渗透且水分蒸发,然后尽早铺筑沥青面层,防止工程车辆损坏透层。

(二)黏层

黏层的作用在于使上、下沥青层或沥青层与构造物完全黏结成一体。因此一般规定层与层之间必须洒黏层沥青。沥青路面的结构设计以弹性层状体系理论为基础,结构层之间完全连续是一个整体,只有这样才能符合完全连续的界面条件。如果沥青层没有好的黏结,在使用过程中进入水分,则沥青层与沥青层之间的界面条件将变成不完全连续,甚至完全不连续,在使用过程中逐渐形成脱空现象,导致沥青路面的受力状态发生质的变化。沥青层施工不衔接,不洒黏层油时,虽然钻孔试件看起来是连在一起的,但并不是一个整体,因为两层之间是大量的点点接触。因此符合下列情况之一时,必须喷洒黏层油:

(1)双层式或三层式热拌热铺沥青混合料路面的沥青层之间。

(2)水泥混凝土路面、沥青稳定碎石基层或旧沥青路面层上加铺沥青层。

(3)路缘石、雨水口、检查井等构造物与新铺沥青混合料接触的侧面。

黏层油可采用快裂或中裂乳化沥青、改性乳化沥青,也可采用快、中凝液体石油沥青,其规格和质量应符合对相应材料的要求,所使用的基质沥青标号应与主层沥青混合料相同。黏层油品种和用量,应根据下卧层的类型通过试洒确定,并符合表13-45的要求。当黏层油上铺筑薄层大空隙排水路面时,黏层油的用量可增加到 $0.6 \sim 1.0 L/m^2$。在沥青层之间兼作封层而喷洒的黏层油,可采用改性沥青或改性乳化沥青,其用量一般不少于 $1.0 L/m^2$。

沥青路面黏层材料的规格与用量 　　　　　　　　　表13-45

用　途	乳化沥青		液体沥青		煤沥青	
	规格	用量(L/m^2)	规格	用量(L/m^2)	规格	用量(L/m^2)
新沥青层或旧沥青路面	PC-3	0.3~0.6	AL(R)-3 ~ AL(R)-6	0.3~0.5	T-3、T-4 T-5	0.3~0.6
	PA-3		AL(M)-3 ~ AL(M)-6			
水泥混凝土	PC-3	0.3~0.5	AL(M)-3 ~ AL(M)-6	0.2~0.4	T-3、T-4 T-5	0.3~0.5
	PA-3		AL(S)-3 ~ AL(S)-6			

注:表中用量是指包括稀释剂和水分在内的液体沥青、乳化沥青的总量。乳化沥青中的残留物含量以50%为基准。

黏层油应采用沥青洒布车喷洒,并选择适宜的喷嘴,洒布速度和喷洒量保持稳定。当采用机动或手摇的手工沥青洒布机喷洒时,必须由熟练的技术工人操作,均匀洒布。气温低于10℃时不得喷洒黏层油,寒冷季节施工不得不喷洒时可以分成两次喷洒。路面潮湿时不得喷洒黏层油,用水洗刷后需待表面干燥后喷洒。

喷洒的黏层油必须成均匀雾状,在路面全宽度内均匀分布成一薄层,不得有洒花漏空或成条状,也不得有堆积。喷洒不足的要补洒,喷洒过量处应予刮除。喷洒黏层油后,严禁运料车外的其他车辆和行人通过。黏层油宜在当天洒布,待乳化沥青破乳、水分蒸发完成,或稀释沥青中的稀释剂基本挥发完成后,紧跟着铺筑沥青层,确保黏层不受污染。

五、其他沥青铺装工程

其他沥青铺装工程是指行人及非机动车道路、重型车停车场、公共汽车站、桥面沥青铺装、隧道沥青路面、沥青拦水带等特殊的沥青路面铺筑工程,在这些特殊场合铺筑沥青铺装层时,应根据其使用部位及功能要求采取相应的措施。

(一)行人及非机动车道路

人行道、非机动车道、园林道路、行人广场等主要供行人、非机动车使用的沥青面层应平顺、舒适、排水良好。

行人及非机动车道路一般应选择针入度较大的石油沥青或乳化沥青,沥青混合料的沥青用量应比车行道用量增加0.3%左右。行人道路的表面层应采用细型的细粒式或砂粒式密级配沥青混凝土混合料。在无机动车通行的道路上也可铺筑透水路面。

行人道路设置路缘石、井孔盖座、消防栓、电杆等道路附属设施时应预先安装,喷洒沥青或铺筑混合料前应采取措施防止污染,并避免因压路机碾压受到损坏。对使用大型压路机有困难的部位,可采用小型振动压路机、振动夯板、夯锤压实。

(二)重型车停车场、公共汽车站

高速公路服务区、停车场、公共汽车站等的沥青面层应满足较长时间停驻重型车辆及承受车辆反复启动制动水平力的功能要求。沥青混合料应有较高的抗永久性流动变形的能力。

沥青混合料应选择集料最大粒径较粗、嵌挤性能好的矿料级配,适当增加4.75mm以上的粗集料部分,减少天然砂用量。沥青结合料一般应采用低针入度沥青或者改性沥青,沥青用量比标准配合比设计用量应减少0.3%~0.5%。

在大面积行人广场上铺筑沥青面层时,应充分注意平整度、坡度及排水符合设计要求,施工时可设置间距不大于5m方格形样桩,随时用3m直尺检查,不符要求的及时趁热整修。

(三)水泥混凝土桥面的沥青铺装层

近年来,我国建设了大量非常雄伟、美观的大跨径桥梁,许多桥梁是当地的标志性建筑。但是,无论水泥混凝土桥梁还是钢桥,其桥面铺装往往都不能令人满意。而且,至今仍然缺乏有效的措施来确保桥面铺装的使用年限。

水泥混凝土桥面的沥青铺装层病害主要是与水有关的水损坏。究其原因,首先是桥面水泥混凝土层(防水层、三角层、整平层等)的施工问题。桥面水泥混凝土与桥面铺装分开,由两个承包商施工,导致要求脱节,施工水泥混凝土层的单位,盲目要求表面光滑平整,整平时挤出很多浮浆,表面甚至洒水泥,低洼处也用水泥浆填补,交工时只看表面是否好看,不管与上部沥青铺装层的连接问题,由此造成的后患在铺筑桥面铺装时很难弥补。所以,现在有些工程已经改变承包方式,将水泥混凝土板的整平及铺筑防水层、三角层的任务交予沥青路面铺筑单位一起完成,这样就能综合考虑如何黏结成为一体的问题。

桥面水泥混凝土板施工的平整度差,使得本来厚度就不大的沥青层很不均匀一致,有的地方会很薄,混合料的离析也就更严重。桥面铺装施工时不按照正常方法碾压,压实度难以保证。桥面沥青混合料的空隙率过大,残余空隙率超过6%~8%,在汽车荷载作用下产生很强的动水压力,加速了铺装层的水损害破坏。混凝土表面的凹陷部分在使用过程中很容易成为积水的地方,渗入的水排不出去,在高温时化成水汽,使沥青层与混凝土板脱离。

沥青铺装层与桥面板的黏结不好是导致沥青铺装层早期损坏的最根本原因。在沥青铺装层与桥面板之间设置防水层的目的除防水外,更重要的是使沥青铺装层与水泥桥面板黏结成为一个总体。防水黏结层破损、漏空、脱离,水渗入防水黏结层与水泥混凝土板的界面上,影响与桥面板的黏结强度,甚至成为滑动的界面状态,桥面铺装成为一个单独受力的层次,就会出现很大的水平剪应力和底部的弯拉应力,桥面铺装就必然导致迅速破坏。因此,防水黏结层的损坏主要是施工质量问题。无论哪一种防水黏结层,如果不认真施工,都有可能造成损坏。

桥面铺装层内部的排水不畅,被侧面的栏杆路缘石阻挡。桥面的泄水孔不能排走沥青层内部的水。有相当一部分桥面在雨后有积水现象,导致沥青层长时间处于被水浸泡的状态下。铺筑前桥面混凝土没有处于完全干燥的状态,在潮湿和有水汽的情况下铺设防水黏结层和沥青混合料,可能在施工或使用过程中遇热变成水汽,使防水黏结层产生鼓包脱离。

桥梁的受力结构是水泥混凝土构件和桥面板,其局部变形本来是非常小的,沥青层不可能有大的应变,但是当沥青层与桥面板脱开成为滑动的界面条件时,沥青层的层底拉应力和剪应力大幅度增加,尤其在重载车的作用下将造成迅速破坏。

因此,桥面铺装要做好,首先要有一定的厚度,混凝土板的表面要平整但不要光滑,一定要除净浮浆,彻底干燥,要使沥青层与桥面板黏结得非常好,保证桥面铺装与混凝土桥面板协同变形,不成为独立的受力结构层。

桥面铺筑工程包括桥面板处理、防排水、铺筑结构层、路缘带和伸缩缝接触部位的填方等,应综合考虑桥梁类型、公路等级、交通荷载等级和气候条件等因素。大中型水泥混凝土桥桥面铺筑的沥青铺装层,应满足与混凝土桥面的黏结、防止渗水、抗滑及有较高抵抗振动变形的能力等功能性要求,并设置有效的桥面排水系统。

铺装沥青层的下卧层必须符合平整、粗糙、整洁的要求,桥面纵横坡符合要求。水泥混凝土桥面板表面应做铣刨或抛丸打毛处理,清除浮浆,除去过高的突出部位,处理后桥面板的构造深度宜为 0.4~0.8mm。设置水泥混凝土调平层的桥面,调平层厚度不宜小于 80mm,且应按要求设置钢筋网。调平层混凝土强度等级应与梁体一致,并与桥面板结合紧密。

铺设桥面铺装必须确保水泥混凝土完全干燥,严禁在潮湿条件下铺设防水黏结层及摊铺沥青混合料,防止混凝土中的水分在施工或使用过程中遇热变成水汽使防水黏结层产生鼓包。

水泥混凝土桥面防水层应具有足够的黏结强度、防水能力、抗施工损伤能力和耐久性,可采用热沥青、涂膜等。热沥青防水层宜采用橡胶沥青或 SBS 改性沥青,沥青膜厚度宜为 1.5~2.0mm,应洒布覆盖率为 60%~70% 的单粒径碎石。喷洒沥青或改性沥青类桥面防水黏结层的施工应符合下列要求:

(1)整个铺筑过程直至铺设石屑保护层前严禁包括行人在内的一切交通。

(2)不洒黏层油,直接分 2~3 层喷洒或人工涂刷热沥青、热融或溶剂稀释的改性沥青、改性乳化沥青的防水黏结层,必须均匀一致,且达到要求的厚度。

(3)喷洒防水层黏结后应立即撒布一层洁净的尺寸为 3~5mm 的石屑作保护层,并用 6~8t 轻型压路机以较慢的速度碾压。

防水卷材防水层的铺筑应符合下列要求:

(1)防水卷材应符合相关质量要求,无破洞、不漏水,内部有金属或聚合物纤维,表面有均匀的石屑撒布层。铺筑的防水黏结层不得有漏铺、破漏、脱开、翘起、皱折等现象。

(2)铺设前应喷洒黏层油和涂刷黏结剂,铺筑时边加热边滚压,黏结后必须检查确认任何部位都不能被人工或铁锹撕、揭开。

(3)铺设卷材后不得通行任何车辆或堆放杂物,防止卷材污染。

(4)防水卷材防水层不得在摊铺机或运料车作用下遭到损坏。

高速公路、一级公路水泥混凝土桥面沥青混合料铺装层厚度不宜小于 70mm,宜采用两层或两层以上的结构,沥青混合料铺装上层厚度不宜小于 30mm。二级及二级以下公路水泥混凝土桥面沥青混合料铺装层厚度不宜小于 50mm。特大桥桥面铺筑宜设置砂粒式沥青混合料层,砂粒式沥青混合料层应具有足够的高温稳定性、密水性和抗施工损伤性能,可选用沥青胶砂、浇注式沥青混凝土等。桥面沥青混凝土应具有较小的空隙率,并具有良好的高温稳定性和抗滑性能,宜选用连续级配沥青混合料或沥青玛蹄脂碎石等。

路缘带、护栏和伸缩缝与沥青混合料铺筑层的接触部位宜采用热沥青、贴缝条或封缝料进行封缝防水处理。桥面铺筑边缘带可在沥青混合料铺筑下层设置纵向盲沟,宽度宜为 100 ~ 200mm,可采用开级配沥青混合料或单粒径碎石等填充。盲沟应用桥梁泄水孔相连。

桥面铺装的复压应采用轮胎压路机或钢筒式压路机进行,经试验或经验证明不致损坏桥梁结构时,也可采用振动压路机碾压。沥青面层所用的沥青应符合规范要求,必要时采用改性沥青。

桥面铺装和土石方路基和桥头搭板上的路面应连接平顺,采取措施,预防桥头跳车。高速公路桥头跳车是路面使用质量不好的一个通病,主要原因是设计问题与路基、桥头搭板的问题等。从理论上讲,桥头填土的不均匀沉降是不可避免的,桥头应该有一个预留量,但沥青面层经常是连续施工,很难在沥青层施工时考虑。这些主要是在路基和桥头搭板施工过程中采取措施解决。

(四)钢桥面铺装

随着大跨径钢桥越来越多,钢桥面铺装的问题也受到了普遍关注。钢桥面铺装可采用浇注式沥青混凝土结构、环氧沥青混凝土结构、连续级配沥青混合料,沥青玛蹄脂碎石或多种混合料结构组合。对钢桥面沥青铺装层,要求必须具有以下功能性:

(1)能与钢板紧密结合成为整体,变形协调一致。

(2)防水性能良好,防止钢桥面生锈。

(3)具有足够的耐久性和有较小的温度敏感性,满足使用条件下的高温抗流动变形能力、低温抗裂性能、水稳定性、抗疲劳性能、表面抗滑的要求。

(4)与钢板黏结良好,具有足够的抗水平剪切重复荷载及蠕变变形的能力。

钢桥面铺装结构通常由防锈层、防水黏结层、沥青面层等组成。涂刷防水层前应对钢板焊缝和吊钩残留物仔细平整,应进行抛丸处理,除锈等级应不低于 Sa2.5 级,并清扫干燥。钢桥面铺装的防水黏结层必须紧跟防锈层后涂刷,防水黏结层一般应采用高黏度的改性沥青、环氧沥青、防水卷材。当采用浇注式沥青混凝土铺筑桥面铺装时,可不设防水黏结层。

钢桥面铺装使用的改性沥青,可单独提出相应的技术要求。沥青层的压实设备和压实工艺,应通过力学验算并经试验验证,防止钢桥面主体受损。铺设过程中必须保持桥面整洁,不得堆放与施工无关的材料、机械、杂物。钢桥面铺装应在无雨少雾季节、干燥状态下施工。

(五)隧道沥青路面

隧道沥青路面的技术关键是施工过程中地方狭窄、使用过程中维修困难、需要照明等,尤其是隧道开挖经常会使底部产生涌水而产生水损害破坏。但是隧道内的温度要比外部均匀,这是有利的一面。在隧道内铺筑沥青路面时,应充分考虑隧道沥青路面施工和维修养护工作的困难,隧道内外光线变化显著,有可能漏水、冒水,应注意隧道防火安全,并选择适宜的材料与结构。

隧道沥青路面施工前应对隧道底部的地下水采取疏导方式,设置完善的排水系统。施工过程中需确保通风良好,采取防火措施,制订有切实可行的消防和疏散预案。各种施工机械应符合隧道净空的要求,选用宽度较窄的摊铺机铺筑,运料车应能完全卸料,具有足够的行车通道。

(六)路缘石与拦水带

沥青路面外侧边缘应设置深度深入基层的纵向渗水沟,并留置横向的排水孔,渗水沟可采用多孔水泥混凝土或单粒径碎石,表面层铺筑沥青混凝土。

路缘石应有足够的强度和耐久性、表面平整,与路线线形一致。行车道与中央分隔带之间设置埋置式路缘石时,应防止中央分隔带的雨水进入路面结构层。

沥青混凝土拦水带应采用专用设备连续铺设,其矿料级配应符合表13-46的要求,沥青用量一般应在正常试验的基础上增加0.5% ~1.0%,双面击实50次的设计空隙率控制在1% ~3%。基底需洒布用量为0.25 ~0.5kg/m² 的黏层油。

沥青混凝土拦水带矿料级配范围　　　　　　　　　表13-46

筛孔(mm)	16	13.2	4.75	2.36	0.3	0.075
通过质量百分率(%)	100	85 ~100	65 ~80	50 ~65	18 ~30	5 ~15

埋置式路缘石一般应在沥青层施工全部结束后安装,严禁在两层沥青层施工间隙中因开挖、埋设路缘石导致沥青层污染。

第五节　施工质量管理与检查验收

一、概　述

沥青路面施工应根据全面质量管理的要求,建立健全有效的质量保证体系,对施工各工序的质量进行检查评定,达到规定的质量标准,确保施工质量的稳定性。高速公路、一级公路沥青路面应加强施工过程质量控制,实行动态质量管理。满足沥青路面设计及施工技术规范规定的技术要求是工程施工质量管理和交工验收的依据。所有与工程建设有关的原始记录、试验检测及计算数据、汇总表格,必须如实记录和保存。对已经采取措施进行返工和补救的项目,可在原记录和数据上注明,但不得销毁。

施工前必须检查各种材料的来源和质量。对经招标程序购进的沥青、集料等重要材料,供货单位必须提交最新检测的正式试验报告。从国外进口的材料应提供该批材料的船运单。对首次使用的集料,应检查生产单位的生产条件、加工机械、覆盖层的清理情况。所有材料都应按规定取样检测,经质量认可后方可订货。

各种材料都必须在施工前以“批”为单位进行检查,不符合技术要求的材料不得进场。对各种矿料是以同一料源、同一次购入并运至生产现场的相同规格材料为一“批”;对沥青是指从同一来源、同一次购入且储入同一沥青罐的同一规格的沥青为一“批”。材料试样的取样数量与频度按现行试验规程的规定进行。

二、施工过程中的质量管理与检查

沥青面层施工必须在得到监理工程师的开工令后方可开工。施工单位在施工过程中应随时对施工质量进行自检。监理工程师应按规定要求自主地(独立地)进行试验,并对承包商的试验结果进行认定,如实评定质量,计算合格率。当发现有质量低劣等异常情况时,应立即追加检查。施工过程中无论是否已经返工补救,所有数据均必须如实记录,不得丢弃。

(一)原材料检查的项目与频度

沥青混合料生产过程中,必须按表13-47规定的检查项目与频度,对各种原材料进行抽样试验,其质量应符合规定的技术要求。每个检查项目的平行试验次数或一次试验的试样数必须按相关试验规程的规定执行,并以平均值评价是否合格。未列入表中的材料的检查项目和频度按材料质量要求确定。

施工过程中材料质量检查的项目与频度　　　　　　表13-47

材料	检查项目	检查频度		试验规程规定的平行试验次数或一次试验的试样数
		高速公路、一级公路	其他等级公路	
粗集料	外观(石料品种、含泥量等)	随时	随时	—
	针片状颗粒含量	随时	随时	2~3
	颗粒组成(筛分)	随时	必要时	2
	压碎值	必要时	必要时	2
	磨光值	必要时	必要时	4
	洛杉矶磨耗值	必要时	必要时	2
	含水量	必要时	必要时	2
细集料	颗粒组成(筛分)	随时	必要时	2
	砂当量	必要时	必要时	2
	含水率	必要时	必要时	2
	松方单位重	必要时	必要时	2
矿粉	外观	随时	随时	—
	<0.075 mm 含量	必要时	必要时	2
	含水量	必要时	必要时	2
石油沥青	针入度	每2~3天1次	每周1次	3
	软化点	每2~3天1次	每周1次	2
	延度	每2~3天1次	每周1次	3
	含蜡量	必要时	必要时	2~3
改性沥青	针入度	每天1次	每天1次	3
	软化点	每天1次	每天1次	2
	离析试验(对成品改性沥青)	每周1次	每周1次	2
	低温延度	必要时	必要时	3
	弹性恢复	必要时	必要时	3
	显微镜观察(对现场改性沥青)	随时	随时	—
乳化沥青	蒸发残留物含量	每2~3天1次	每周1次	2
	蒸发残留物针入度	每2~3天1次	每周1次	2
改性乳化沥青	蒸发残留物含量	每2~3天1次	每周1次	2
	蒸发残留物针入度	每2~3天1次	每周1次	3
	蒸发残留物软化点	每2~3天1次	每周1次	2
	蒸发残留物延度	必要时	必要时	3

注:1. 表列内容是在材料进场时已按"批"进行了全面检查的基础上,日常施工过程中质量检查的项目与要求。

2. "随时"是指需要经常检查的项目,其检查频度可根据材料来源及质量波动情况由业主及监理确定;"必要时"是指施工各方任何一个部门对其质量发生怀疑,提出需要检查时,或是根据需要商定的检查频度。

(二)沥青混合料拌和质量的检查与要求

沥青拌和厂必须按下列步骤对沥青混合料生产过程进行质量控制,并按表13-48规定的项目和频度检查沥青混合料产品的质量,如实计算产品的合格率。单点检验评价方法应符合相关试验规程的试样平行试验的要求。

(1)随时目测料堆和皮带运输机上各种材料的质量和均匀性,检查泥块及超粒径碎石,检查冷料仓有无窜仓。目测混合料拌和是否均匀、有无花白料、油石比是否合理,检查集料和混合料的离析情况。

(2)检查控制室拌和机各项参数的设定值、控制屏的显示值,核对计算机采集和打印记录的数据与显示值是否一致。按"总量检验及过程控制"和"动态质量管理"的方法进行沥青混合料生产过程的在线监测和总量检验。

(3)检测沥青混合料的材料加热温度、混合料出厂温度,取样抽提、筛分检测混合料的矿料级配、油石比。抽提筛分应至少检查0.075mm、2.36mm、4.75mm、公称最大粒径及中间粒径等5个筛孔的通过率。

(4)取样成型试件进行马歇尔试验,测定空隙率、稳定度、流值,计算合格率。对 VMA、VFA 指标可只作记录,同时确定用于压实度检查的标准密度。

(5)沥青混合料的存放时间对体积指标有一定影响,施工质量检验的马歇尔试验以拌和厂取样后立即成型的试件为准,但成型温度和试件高度必须符合试验要求。

热拌沥青混合料的检查项目、频度和质量要求   表13-48

项　　目		检查频度及单点检验评价方法	质量要求或允许偏差		试 验 方 法
			高速公路、一级公路	其他等级公路	
外观		随时	观察集料粗细、均匀性、离析、油石比、色泽、冒烟、有无花白料、油团等各种现象		目测
拌和温度	沥青、集料的加热温度	逐盘检测评定	符合规范的规定		传感器自动检测、显示并打印
	混合料出厂温度	逐车检测评定	符合规范的规定		传感器自动检测、显示并打印,出厂时逐车按 T 0981 人工检测
		逐盘测量记录,每天取平均值评定	符合规范的规定		传感器自动检测、显示并打印
矿料级配（筛孔）	0.075mm	逐盘在线检测	±2%（2%）	—	计算机采集数据计算
	≤2.36mm		±5%（4%）	—	
	≥4.75mm		±6%（5%）	—	
	0.075mm	逐盘检查,每天汇总1次取平均值评定	±1%		按过程控制及总量检验法
	≤2.36mm		±2%		
	≥4.75mm		±2%		
	0.075mm	每台拌和机每天1~2次,以2个试样的平均值评定	±2%（2%）	±2%	T 0725 抽提筛分与标准级配比较的差
	≤2.36mm		±5%（3%）	±6%	
	≥4.75mm		±6%（4%）	±7%	

项　目	检查频度及单点 检验评价方法	质量要求或允许偏差		试验方法
		高速公路、 一级公路	其他等级公路	
沥青用量(油石比)	逐盘在线检测	±0.3%	—	计算机采集数据 计算
	逐盘检查,每天汇总 1 次取平均值评定	±0.1%	—	按动态管理方法总 量检验
	每台拌和机每天 1~2 次,以 2 个试样的平均 值评定	±0.3%	±0.4%	抽提 T 0722 T 0721
马歇尔试验:空隙率、稳定度、 流值	每台拌和机每天 1~ 2 次,以 4~6 个试样的 平均值评定	符合规范的规定		T 0702、T 0709 沥青 混合料配合比设计方法
浸水马歇尔试验	必要时(试件数同马歇 尔试验)	符合规范的规定		T 0702、T 0709
车辙试验	必要时(以 3 个试件 的平均值评定)	符合规范的规定		T 0719

注:1. 单点检验是指试验结果以一组试验结果的报告值为一个测点的评价依据,一组试验(如马歇尔试验、车辙试验)有
多个试样时,报告值的取用按《公路工程沥青与沥青混合料试验规程》的规定执行。

2. 对高速公路、一级公路,矿料级配和油石比必须进行总量检验和抽提筛分的双重检验控制,互相校核,表中括号内
的数字是对 SMA 的要求。油石比抽提试验应事先进行空白试验标定,提高测试数据的准确度。

(三)沥青混合料铺筑质量的检查与要求

沥青路面铺筑过程中必须随时对铺筑质量进行评定,质量检查的内容、频度、允许差应符合表 13-49 的规定。

公路热拌沥青混合料路面施工过程中工程质量的控制标准　　　　　表 13-49

项　目		检查频度及单点 检验评价方法		质量要求或允许偏差		试验方法
				高速公路、 一级公路	其他等级公路	
外观		随时		表面平整密实,不得有明显轮迹、 裂缝、推挤、油丁、油包等缺陷,且无 明显离析现象		目测
接缝		随时		紧密平整、顺直、无跳车		目测
		逐条缝检测评定		3mm	5mm	T 0931
施工温度	摊铺温度	逐盘检测评定		符合规范的规定		T 0981
	碾压温度	随时		符合规范的规定		插入式温度计实测
厚度	每一层次	随时	厚度 50mm 以下	设计值的 5%	设计值的 8%	施工时插入法量测 松铺厚度及压实厚度
			厚度 50mm 以上	设计值的 8%	设计值的 10%	
	每一层次	1 个台班区 段的平均值	厚度 50mm 以下	−3mm	—	按总量检验
			厚度 50mm 以上	−5mm	—	
	总厚度	每 2000m² 一点,单点评定		设计值的 −5%	设计值的 −8%	T 0912
	上面层	每 2000m² 一点,单点评定		设计值的 −10%	设计值的 −10%	

项 目		检查频度及单点检验评价方法	质量要求或允许偏差		试 验 方 法
			高速公路、一级公路	其他等级公路	
压实度		每2000m²检查1组逐个试件评定并计算平均值	试验室标准密度的97%(98%);最大理论密度的93%(94%);试验段密度的99%(99%)		T 0924、T 0922
平整度(最大间隙)	上面层	随时,接缝处单杆评定	3mm	5mm	T 0931
	中下面层	随时,接缝处单杆评定	5mm	7mm	
平整度(标准差)	上面层	连续测定	1.2mm	2.5mm	T 0932
	中面层	连续测定	1.5mm	2.8mm	
	下面层	连续测定	1.8mm	3.0mm	
	基层	连续测定	2.4mm	3.5mm	
宽度	有侧石	设计断面逐个检查	±20mm	±20mm	T 0911
	无侧石	设计断面逐个检查	不小于设计宽度	不小于设计宽度	
纵断面高程		设计断面逐个检查	±10mm	±15mm	T 0911
横坡度		设计断面逐个检查	±0.3%	±0.5%	T 0911
沥青层面层上的渗水系数		每1km不少于5点,每点3处取平均值	≤300mL/min(普通密级配沥青混合料)≤200mL/min(SMA混合料)		T 0971

注:1. 表中厚度检测频度指高速公路和一级公路的钻坑频度,其他等级公路可酌情减少状况,且通常采用压实度钻孔试件测定。上面层的允许误差不适用于磨耗层。
 2. 压实度检测及钻孔试件的数量按规范的规定执行。括号中的数值是对SMA路面的要求,对马歇尔成型试件采用50次或者35次击实的混合料,压实度应当适当提高要求。进行核子仪等无破损检测时,每13个测点的平均数作为一个测点进行评定是否符合要求。试验室密度是指与配合比设计相同方法成型的试件密度。以最大理论密度作标准密度时,对普通沥青混合料通过真空法实测确定,对改性沥青和SMA混合料,由每天的矿料级配和油石比计算得到。
 3. 渗水系数适用于公称最大粒径小于或等于19mm的沥青混合料,应在铺筑成型后未遭行车污染的情况下测定,且仅适用于要求密水的密级配沥青混合料、SMA混合料。不适用于OGFC混合料,表中渗水系数以平均值评定,计算的合格率不得小于90%。
 4. 3m直尺主要用于接缝检测,对正常生产路段,采用连续式平整度仪测定。

(四)沥青表面处治路面施工质量控制

沥青表面处治,施工过程中工程质量检查的内容、频度及质量标准应符合表13-50的要求。

公路沥青表面处治路面施工过程中工程质量的控制标准　　　　表13-50

路面类型	项 目	检查频度及单点检验评价方法	质量要求或允许偏差	试 验 方 法
沥青表面处治	外观	随时	集料嵌挤密实,沥青撒布均匀,无花白料,接头无油包	目测
	集料及沥青用量	每日1次,逐日评定	±10%	每日施工长度的实际用量与计划用量比较,T 0982
	沥青洒布温度	每车1次评定	符合规范规定	温度计测量

路面类型	项　　目	检查频度及单点 检验评价方法	质量要求或允许偏差	试　验　方　法
沥青表面 处治	厚度(路中及路侧各1点)	不少于每2000m² 一点,逐点评定	−5mm	T 0912
	平整度(最大间隙)	随时,以连续10尺的平均值评定	10mm	T 0931
	宽度	检测每个断面逐个评定	±30mm	T 0911
	横坡度	检测每个断面逐个评定	±0.5%	T 0911

(五)稀浆封层和微表处的施工质量控制与检查验收标准

稀浆封层和微表处的施工质量检查内容、频度及质量标准应符合表13-51的要求。

公路稀浆封层、微表处施工过程中工程质量的控制标准　　　　表13-51

项　　目		检查频度及单点 检验评价方法	质量要求或允许偏差	试　验　方　法
外观		随时	表面平整,均匀一致,无痕,无显著离析,接缝顺畅	目测
油石比		每日1次,总量评定	±0.3%	每日实际沥青用量与总集料数量,总量检验
厚度		每公里5个断面	±10%	钢尺测量,每幅中间及两侧各1点
矿料级配	0.075mm	每日1次,取2个试样筛分的平均值	±2%	T 0725
	0.15mm		±3%	
	0.3mm		±4%	
	0.6、1.18、2.36、4.75、9.5(mm)		±5%	
湿轮磨耗试验		每周1次	符合设计要求	从工程取样按T 0752进行

三、交工验收阶段的工程质量检查与验收

热拌沥青混合料路面,沥青表面处治和稀浆封层路面工程完工后,施工单位应将全线以1～3km作为一个评定路段;每一侧车行道分别按表13-52～表13-54的规定频度,随机选取测点;对沥青面层进行全线自检,将单个测定值与表中的质量要求或允许偏差进行比较,计算合格率;然后计算一个评定路段的平均值、极差、标准差及变异系数。施工单位应在规定时间内提交全线检测结果及施工总结报告,申请交工验收。

热拌沥青混合料路面交工检查与验收质量控制标准　　　　表13-52

检 查 项 目	检查频度 (每一侧车行道)	质量要求或允许偏差		试　验　方　法
		高速公路、一级公路	其他等级公路	
外观	随时	表面平整密实,不得有明显轮迹、裂缝、推挤、油丁、油包等缺陷,且无明显离析现象		目测

检 查 项 目		检查频度 (每一侧车行道)	质量要求或允许偏差		试 验 方 法
			高速公路、一级公路	其他等级公路	
面层总厚度	代表值	每1km检查5点	设计值的 −5%	设计值的 −8%	T 0912
	极值	每1km检查5点	设计值的 −10%	设计值的 −15%	T 0912
上面层厚度	代表值	每1km检查5点	设计值的 −10%	—	T 0912
	极值	每1km检查5点	设计值的 −20%		T 0912
压实度	代表值	每1km检查5点	试验室标准密度的96%(98%);最大理论密度的92%(94%);试验段密度的98%(99%)		T 0924
	极值 (最小值)	每1km检查5点	比代表值放宽1%(每km)或2%(全部)		T 0924
路表 平整度	标准差 σ	全线连续	1.2mm	2.5mm	T 0932
	ＩＲＩ	全线连续	2.0m/km	4.2 m/km	T 0933
	最大间隙	每1km检查10处, 各连续10杆	—	5mm	T 0931
路表渗水系数		每1km不少于5点, 每点3处取 平均值评定	(普通沥青路面) ≤300mL/min(SMA 路面)≤200mL/min	—	T 0971
宽度	有侧石	每1km检查20个断面	±20mm	±30mm	T 0911
	无侧石	每1km检查20个断面	不小于设计宽度	不小于设计宽度	T 0911
纵断面高程		每1km检查20个断面	±15mm	±20mm	T 0911
中线偏位		每1km检查20个断面	±20mm	±30mm	T 0911
横坡度		每1km检查20个断面	±0.3%	±0.5%	T 0911
弯沉值	回弹弯沉	全线每20m检查1点	符合设计对交 工验收的要求	符合设计对交 工验收的要求	T 0951
	总弯沉	全线每5m检查1点	符合设计对交 工验收的要求	—	T 0952
构造深度		每1km检查5点	符合设计对交 工验收的要求	—	T 0961/62/63
摩擦系数摆值		每1km检查5点	符合设计对交 工验收的要求	—	T 0964
横向力系数		全线连续	符合设计对交 工验收的要求	—	T 0965

公路沥青表面处治路面交工检查与验收质量标准　　　　　表 13-53

检 查 项 目		检查频度 (每一侧车行道)	质量要求或允许偏差	试 验 方 法
外观		全线	密实,不松散	目测
厚度	代表值	每200m每车道检查1点	−5mm	T 0921
	极值	每200m每车道检查1点	−10mm	T 0921

检 查 项 目		检查频度 (每一侧车行道)	质量要求或允许偏差	试 验 方 法
路表平整度	标准差	全线每车道连续	4.5mm	T 0932
	I R I	全线每车道连续	7.5m/km	T 0933
	最大间隙	每1km 10 处, 各连续 10 尺	10mm	T 0931
宽度	有侧石	每1km检查 20 个断面	±30mm	T 0911
	无侧石	每1km检查 20 个断面	不小于设计宽度	T 0911
纵断面高程		每1km检查 20 个断面	±20mm	T 0911
横坡度		每1km检查 20 个断面	±0.5%	T 0911
沥青用量		每1km检查 1 点	±0.5%	T 0722
矿料用量		每1km检查 1 点	±5%	T 0722

公路沥青路面稀浆封层交工检查与验收质量标准 表 13-54

项 目	检查频度 (每一幅车行道)	质量要求或允许偏差		试 验 方 法
		高速公路、一级公路	其他等级公路	
平均厚度	每 km 检查 3 点	−10%	−10%	挖试坑测量平均值
渗水系数	每1km 检查 3 处	10mL/min	10mL/min	T 0971
路表构造深度	每 km 检查 5 点	符合设计要求	—	T 0961 和 T 0962
路表摩擦系数摆值	每 km 检查 5 点	符合设计要求	—	T 0964
横向力系数	全线连续	符合设计要求	—	T 0965

沥青路面交工时应检查验收沥青面层的各项质量指标,包括路面的厚度、压实度、平整度、渗水系数、构造深度、摩擦系数等。

(1)需要作破损路面进行检测的指标,如厚度、压实度可利用施工过程中的钻孔数据,检查每一个测点与极值相比的合格率,同时计算代表值。厚度也可利用路面雷达连续测定路面剖面进行评定。压实度验收可选用其中的 1 个或 2 个标准,并以合格率低的作为评定结果。

(2)路表平整度可采用连续式平整度仪和颠簸累积仪进行测定,以每 100m 计算一个测值,计算合格率。

(3)路表渗水系数与构造深度应在施工过程中在路面成型后立即测定,但每一个点为 3 个测点的平均值,计算合格率。

(4)交工验收时可采用连续式摩擦系数测定车在行车道实测路表横向摩擦系数,如实记录测点数据。

(5)交工验收时可选择贝克曼梁或连续式弯沉仪实测路面的回弹弯沉或总弯沉,如实记录测点数据(含测定时的气候条件、测定车数据等),测定时间应在道路的最不利使用条件下(指一般在春融期或雨季)进行。

工程交工时应对全线宽度、纵断面高程、横坡度、中线偏位等进行实测,以每个桩号的测定结果评定合格率,最后提出实际的竣工图。

人行道沥青面层的质量检查及验收与车行道相同,其质量指标应符合表 13-55 的规定。

人行道沥青面层质量标准 表 13-55

检查项目		质量要求或允许偏差	检查频度	检查方法
厚度		±5mm	每100m检查1点	T 0912
路表平整度 (最大间隙)	沥青混凝土	5mm	每200m检查1点 各连续10尺	T 0931
	其他沥青面层	7mm		
宽度		−20mm	每100m检查2点	T 0911
横坡度		±0.3%	每100m检查2点	T 0911

大、中型桥梁桥面沥青铺装的质量检查与验收,以100m作为一个评定路段,其质量指标应符合表13-56的规定。

桥面沥青铺装工程质量标准 表 13-56

检查项目		检查频度	允许偏差		检查方法
			高速公路、一级公路	其他等级公路	
厚度		每100m检查2点	0 ~ +5mm	—	T 0912
表面 平整度	标准差	连续测定	1.8mm	2.5mm	T 0932
	最大间隙	连续测定	3mm	5mm	T 0931
宽度		每100m检查10点	0 ~ +5mm		T 0911
压实度		每100m检查2点	马歇尔密度的97%;最大相对密度的93%		T 0924
横坡		每100m检查10点	±0.3%		T 0911
其他			同其他热拌沥青混合料要求		

路缘石和拦水带的质量检查及验收与车行道相同,其质量指标应符合表13-57的规定。

路缘石及拦水带工程质量标准 表 13-57

检查项目	质量要求或允许偏差	检查频度	检查方法
直顺度	10mm	每100m检查2点	拉20m小线量取最大值
预制块相邻块高差	3mm	每100m检查5点	用钢板尺量
预制块相邻缝宽	±3mm	每100m检查5点	用钢板尺量
立式路缘石顶面高程	±10mm	每100m检查5点	T 0911
水泥混凝土路缘石的预制块强度	25MPa	每1km检查1点	留试块试验
沥青混凝土拦水带的压实度	95%	每1km检查1点	取样试验

四、沥青路面施工质量检查与控制要点

(一)厚度的检查与控制

沥青路面施工厚度的检测按以下方法执行,并相互校核,当差值较大时通常以总量检验为准。

(1)利用摊铺过程在线控制,即不断地用插尺或其他工具插入摊铺层测量松铺厚度。

(2)利用拌和厂沥青混合料总生产量与实际铺筑的面积计算平均厚度进行总量检验。

(3)当具有地质雷达等无破损检验设备时,可利用其连续检测路面厚度,但其测试精度需经标定认可。

(4)待路面完全冷却后,在钻孔检测压实度的同时测量沥青层的厚度。

(二)施工压实度的检查与控制

沥青路面的压实度采取重点对碾压工艺进行过程控制,适度钻孔抽检压实度的方法。

(1)碾压工艺的控制包括压路机的配置(台数、吨位及机型)、排列和碾压方式、压路机与摊铺机的距离、碾压温度、碾压速度、压路机洒水(雾化)情况、碾压段长度、掉头方式等。

(2)碾压过程中可采用核子密度仪等无破损检测设备进行压实密度过程控制,测点随机选择,一组不少于13点,取平均值,与标定值或试验段测定值比较评定。测定温度应与试验段测定时一致,检测精度通过试验路与钻孔试件标定。

(3)在路面完全冷却后,随机选点钻孔取样,如一次钻孔同时有多层沥青层时需用切割机切割,待试件充分干燥后(在第二天之后),分别测定密度。压实度计算及标准密度的确定方法应遵照压实度评定方法的规定,选用其中的1个或2个标准评定,并以合格率低的作为评定结果,但不得以配合比设计时的标准密度作为整个施工及验收过程中的标准密度使用。钻孔后应及时将孔中灰浆淘净,吸净余水,待干燥后以相同的沥青混合料分层填充夯实。为减少钻孔数量,有关施工、监理、监督各方应合作进行钻孔检测,以避免重复钻孔。

(4)测试压实度的一组数据最少为3个钻孔试件,当一组检测的合格率小于60%,或平均值小于要求的压实度时,可增加一倍检测点数。如6个测点的合格率小于60%,或平均值仍然达不到压实度要求时,允许再增加一倍检测点数,要求其合格率大于60%,且达到规定的压实度要求(注意记录所有数据不得遗弃)。如仍然不能满足要求的应核查标准密度的准确性,以确定是否需要返工以及返工的范围。当所有钻孔试件检测的压实度持续稳定并符合要求时,钻孔频度可减少至每公里不少于1个孔。施工过程中钻孔的试件应编号贴上标签予以保存,以备工程交工验收时使用。

(5)压实层厚度等于或小于3cm的超薄表面层或磨耗层、厚度小于4cm的SMA表面层、易发生温缩裂缝的严寒地区的表面层、桥面铺装沥青层,以及使用改性沥青后,钻孔试样表面形状改变,难以准确测定密度时,可免于钻孔取样,严格控制碾压。

(三)其他施工项目的检查与控制

(1)渗水系数检查

压实成型的路面应按《公路路基路面现场测试规程》规定的方法随机选点检测渗水情况,渗水系数的平均值应符合设计要求。对排水式沥青混合料,应要求水迅速排走。如需要测定构造深度时,应在测定渗水的同时在附近选点测定,记录实测结果。

(2)外观检查与评定

施工过程中应随时对路面进行外观(色泽、油膜厚度、表面空隙)评定,尤其特别注意防止粗、细集料的离析和混合料温度不均匀,造成路面局部渗水严重或压实不足,酿成隐患。如果确实该路段严重离析、渗水,且经2次补充钻孔仍不能达到压实度要求,确属施工质量差的,应予铣刨或局部挖补,返工重铺。

(3)平整度检测

施工过程中必须随时用3m直尺检测接缝及与构造物的连接处平整度的检测,正常路段的平整度采用连续式平整度仪或颠簸累积仪测定。

高速公路、一级公路沥青路面的施工应按动态质量管理的方法,利用计算机实行动态质量管理,并计算平均值、极差、标准差及变异系数以及各项指标的合格率。公路施工的关键工序或重要部位宜拍摄照片或进行录像,作为实态记录及保存资料的一部分。

本章小结

　　沥青路面材料和施工质量是保证路面使用性能和寿命的关键。不同类型的沥青混合料对材料组成的规格和性质以及混合料的配合比有不同的要求,并且在高温稳定性、低温抗裂性、抗滑、耐久及防渗等方面具有不同的使用品质。为了获得好的路面使用性能和长的使用寿命,要按环境、交通和使用要求进行面层混合料的组成设计,在施工中,要按设计要求严格控制组成材料的规格和质量以及混合料的正确配比。影响路面质量的主要环节是压实,在混合料组成不变的情况下,空隙率是影响路面疲劳寿命和耐久性的关键因素。为达到良好的密实度,要合理选择施工机械及施工组织,严格控制施工中各工序环节的混合料温度是极为重要的。

复习思考题

　　1.比较各类沥青面层的强度构成、施工方法、材料特点和适用场合。

　　2.沥青混合料的集料组成和沥青用量是根据什么来选择确定的?

　　3.为了提高沥青面层的高温稳定性,在沥青混合料的原材料性质和材料组成方面,可采取什么措施?

　　4.什么是沥青面层的低温缩裂? 试分析其产生的原因和减少的途径。

　　5.沥青混合料在技术性质方面有哪些相互矛盾与相互制约的情况? 应采取哪些措施予以解决?

　　6.为什么要控制沥青混合料拌制和铺筑时各个阶段的温度? 温度过高或过低有何不利影响?

　　7.简述沥青路面施工质量检查与评定要点。

第十四章 水泥混凝土路面施工

第一节 水泥混凝土路面材料

水泥混凝土路面是以水泥与水合成的水泥胶浆为结合料、碎(砾)石为集料、砂为填充料，经拌和、摊铺、振捣(碾压)密实并养护而成的路面结构层。水泥混凝土路面因受到车轮荷载和自然因素的综合作用，要求混凝土材料必须具有较高的强度(弯拉强度)和耐磨性，良好的耐(盐)冻性以及尽可能低的膨胀系数和弹性模量。为保证混凝土能拌和均匀，运输和摊铺时不发生离析，振捣后不出现麻面和蜂窝，混凝土拌合物还应有适当的施工和易性。为此，应对路面混凝土及其组成材料提出一定的要求，并确定合适的配合比例。

一、水 泥

水泥的质量和用量不仅对混凝土的弯拉强度有直接影响，而且对混凝土的其他性质，如凝结和硬化速率、混凝土的早期收缩开裂、耐磨耗、抗冲击振动性能、体积稳定性和耐久性等，也会带来一定的影响。

水泥品种及强度与强度等级的选择，必须根据公路等级、工期、铺筑时间、施工方法及经济性等因素考虑决定，原则上应采用抗折强度高、耐疲劳、干缩小、耐磨性和抗(盐)冻性好的水泥。

极重、特重、重交通荷载等级公路面层水泥混凝土应采用旋窑生产的质量稳定、性能可靠的道路硅酸盐水泥、硅酸盐水泥、普通硅酸盐水泥，中、轻交通荷载等级公路面层水泥混凝土可采用矿渣硅酸盐水泥。此外，在正常施工条件宜使用普通型水泥，由于 R 型早强水泥的水化放热量大，温峰值高而集中，凝结时间相对较短，不利于控制断板和温度裂缝，更不便于拌合物远距离运输，在夏季施工时，不宜使用早强型水泥。在低温季节施工、有快通要求的路段或快速修复工程中，可采用早强型水泥。

面层水泥混凝土所用水泥的技术要求除应满足现行《道路硅酸盐水泥》(GB 13693)或《通用硅酸盐水泥》(GB 175)的规定外，各龄期的实测抗折强度、抗压强度尚应符合表 14-1 的规定。

由于现行水泥强度等级是由抗压强度确定的，并不完全代表水泥的抗折强度，而水泥混凝

混凝土设计弯拉强度标准值 （MPa）	5.5		5.0		4.5		4.0		试验方法
龄期（d）	3	28	3	28	3	28	3	28	—
水泥实测抗折强度（MPa）（≥）	5.0	8.0	4.5	7.5	4.0	7.0	3.0	6.5	GB/T 176
水泥实测抗压强度（MPa）（≥）	23	52.5	17.0	42.5	17.0	42.5	10.0	32.5	GB/T 176

土路面的控制指标是弯拉强度，因此，应以水泥实测抗折强度 $f_s \geq 6.5 \sim 8.0$ MPa 为标准选择和使用道路水泥混凝土用水泥。在要求抗折强度的同时，对水泥的抗压强度也应提出相应的要求，水泥的采购和使用时必须要先明确其强度等级，水泥强度是抗压强度等级和抗折强度双指标要求，两者应同时满足。

　　各交通等级路面所使用水泥的化学成分、物理性能等路用品质要求应符合表 14-2 的规定。水泥进场时每批量应附有齐全的化学成分、矿物组成、物理、力学指标合格的检验证明。使用前应对水泥的安定性、凝结时间、标准稠度用水量、抗折强度、细度等主要技术指标检验合格后，方可使用。水泥的存放期不得超过三个月。

水 泥 性 能	极重、特重、重交通荷载等级	中、轻交通荷载等级	试验方法
铝酸三钙含量	≤7.0%	≤9.0%	GB/T 176
铁铝酸四钙含量	15.0% ~20.0%	12.0% ~20.0%	
熟料游离氧化钙含量	≤1.0%	≤1.8%	
氧化镁含量	≤5.0%	≤6.0%	
三氧化硫含量	≤3.5%	≤4.0%	
碱含量 $Na_2O + 0.658K_2O$	≤0.6%	怀疑有碱活性集料时，≤0.6% 无碱活性集料时，≤1.0%	
混合材种类	不得掺窑灰、煤矸石、火山灰、 烧黏土、煤渣，有抗盐冻要求时 不得掺石灰岩粉	不得掺窑灰、煤矸石、火山灰、 烧黏土、煤渣，有抗盐冻要求时 不得掺石灰岩粉	水泥厂提供
出磨时安定性	雷氏夹和蒸煮法检验必须合格	蒸煮法检验必须合格	
标准稠度需水量	≤28%	≤30%	T 0505
初凝时间（h）	≥1.5	≥0.75	
终凝时间（h）	≤10	≤10	
细度（80μm 筛余）	≤10%	≤10%	T 0502
比表面积（m²/kg）	300 ~450	300 ~450	T 0504
28d 干缩率	≤0.09%	≤0.10%	T 0511
耐磨性（kg/m²）	≤2.5	≤3.0	T 0510

注：＊28d 干缩率和耐磨性试验方法依据《道路硅酸盐水泥》（GB 13693）标准。

　　选用水泥时，除满足表 14-1、表 14-2 的各项规定外，还应对拟采用厂家水泥进行混凝土配合比对比试验，根据所配制混凝土的弯拉强度、耐久性和工作性优选适宜的水泥品种和强度等级。

　　采用滑模摊铺机铺筑时，宜选用散装水泥。高温期施工时，散装水泥的入灌最高温度不宜高于60℃;低温期施工时,水泥进入搅拌缸前的温度不宜低于10℃。

当贫混凝土和碾压混凝土用作下面层或基层时,可使用各种硅酸盐类水泥。不掺用粉煤灰时,宜使用强度等级32.5级以下的水泥。掺用粉煤灰时,只能使用道路硅酸盐水泥、硅酸盐水泥、普通硅酸盐水泥。水泥的抗压强度、抗折强度、安定性和凝结时间必须检验合格。

二、集　料

(一)粗集料与再生集料

集料是水泥混凝土中份量最大的组成材料,粒径4.75mm以上者,为粗集料;粒径4.75mm以下者为细集料。

集料的颗粒形状、级配、矿物成分、表面特征对所配制的混凝土抗折强度、用水量、工作性、界面黏结有较大的影响。水泥混凝土粗集料应质地坚硬、耐久、洁净的碎石、破碎卵石和卵石。极重、特重、重交通荷载等级公路面层用粗集料质量不应低于表14-3中Ⅱ级的要求;中、轻交通荷载等级公路面层可使用Ⅲ级粗集料。

碎石、破碎卵石和卵石质量标准　　　　　　　　表14-3

项　目	技术要求			试验方法
	Ⅰ级	Ⅱ级	Ⅲ级	
碎石压碎值(%)	≤18.0	≤25.0	≤30.0	JTG E42(T 0316)
卵石压碎值(%)	≤21.0	≤23.0	≤26.0	JTG E42(T 0316)
坚固性(按质量损失计)(%)	≤5.0	≤8.0	≤12.0	JTG E42(T 0314)
针片状颗粒含量(按质量计)(%)	≤8.0	≤15.0	≤20.0	JTG E42(T 0311)
含泥量(按质量计)(%)	≤0.5	≤1.0	≤2.0	JTG E42(T 0310)
泥块含量(按质量计)(%)	≤0.2	≤0.5	≤0.7	JTG E42(T 0310)
吸水率(按质量计)(%)	≤1.0	≤2.0	≤3.0	JTG E42(T 0307)
有机物含量(比色法)	合格	合格	合格	JTG E42(T 0313)
硫化物及硫酸盐含量(按SO₃质量计)(%)	≤0.5	≤1.0	≤1.0	GB/T 14658
洛杉矶磨耗损失(%)	≤28.0	≤32.0	≤35.0	JTG E42(T 0317)
岩石抗压强度(MPa)	岩浆岩≥100;变质岩≥80MPa;沉积岩≥60MPa			JTG E41(T 0221)
表观密度(kg/m³)	≥2500			JTG E42(T 0308)
松散堆积密度(kg/m³)	≥1350			JTG E42 T0309
空隙率(%)	≤47			JTG E42(T 0309)
磨光值(%)	≥35.5			JTG E42(T 0321)
碱集料反应	不得有碱集料反应或疑似碱集料反应			JTG E42(T 0325)

注:1.有抗冰冻、抗盐冻要求时,应检验粗集料吸水率。
　　2.硫化物及硫酸盐含量、碱活性反应、岩石抗压强度在粗集料使用前应至少检验一次。
　　3.洛杉矶磨耗损失、磨光值仅在做露石水泥混凝土面层时检验。

此外,混凝土强度等级大于C60时用Ⅰ级;强度等级C30～C60及有抗冻、抗渗或其他要求的混凝土用Ⅱ级;强度等级小于C30可用Ⅲ级。由于极重、特重及重交通荷载等级的混凝土路面抗弯拉强度4.5～6.0MPa,对应的强度等级C30～C50,因此使用的碎石、碎卵石和卵石级别不应低于Ⅱ级。中、轻交通荷载公路混凝土路面及贫混凝土基层可使用Ⅲ级粗集料(对应的强度等级 C15~C30)。

再生粗集料,由各种既有建筑中的混凝土为原料经破碎加工而成。中、轻交通荷载等级公路混凝土路面及贫混凝土基层可使用再生粗集料,其质量应符合表 14-4 的规定。

再生粗集料的质量标准 表 14-4

项 目	技 术 要 求			试 验 方 法
	Ⅰ级	Ⅱ级	Ⅲ级	
压碎值(%)	≤21.0	≤30.0	≤43.0	JTG E42(T 0316)
坚固性(按质量损失计)(%)	≤5.0	≤10.0	≤15.0	JTG E42(T 0314)
针片状颗粒含量(按质量计)(%)	≤10.0	≤10.0	≤10.0	JTG E42(T 0311)
微粉含量(按质量计)(%)	≤1.0	≤2.0	≤3.0	JTG E42(T 0310)
泥块含量(按质量计)(%)	≤0.5	≤0.7	≤1.0	JTG E42(T 0310)
吸水率(按质量计)(%)	≤3.0	≤5.0	≤8.0	JTG E42(T 0307)
氯化物含量(以氯离子质量计)(%)	≤0.06	≤0.06	≤0.06	GB/T 14658
硫化物及硫酸盐含量(按 SO_3 质量计)(%)	≤2.0	≤2.0	≤2.0	GB/T 14658
洛杉矶磨耗损失(%)	≤35.0	≤40.0	≤45.0	JTG E42(T 0317)
杂物含量(按质量计)(%)	≤1.0	≤1.0	≤1.0	JTG E42(T 0313)
表观密度(kg/m³)	≥2450	≥2350	≥2250	JTG E42(T 0308)
空隙率(%)	≤47	≤50	≤53	JTG E42(T 0309)

注:1. 当再生粗集料中碎石的岩石变化时,应重新检验上述指标。
    2. 硫化物及硫酸盐含量、氯化物含量、洛杉矶磨耗损失在再生粗集料使用前应至少检验一次。

再生粗集料可单独或掺配新集料后使用,但应通过配合比试验验证,确定混凝土性能满足设计要求。有抗冰冻、抗盐冻要求时,再生粗集料不应低于Ⅱ级;无抗冰冻、抗盐冻要求时,可使用Ⅲ级再生粗集料。再生粗集料不得用于裸露粗集料的水泥混凝土抗滑表层。不得使用出现碱活性反应的混凝土为原料破碎生产的再生粗集料。

用做路面和桥面混凝土的粗集料与再生粗集料不得使用不分级的统料,应按最大公称粒径的不同采用 2~4 个粒级的集料,并进行掺配使用,粗集料与再生粗集料的合成级配及单粒级级配范围应符合表 14-5 的要求。

粗集料级配范围 表 14-5

筛孔尺寸(mm)		2.36	4.75	9.50	16.0	19.0	26.5	31.5
级配类型		累计筛余(以质量计,%)						
合成级配	4.75~16	95~100	85~100	40~60	0~10	—	—	—
	4.75~19	95~100	85~95	60~75	30~45	0~5	0	—
	4.75~26.5	95~100	90~100	70~90	50~70	25~40	0~5	0
	4.75~31.5	95~100	90~100	75~90	60~75	40~60	20~35	0~5
单粒级级配	4.75~9.5	95~100	80~100	0~15	0	—	—	—
	9.5~16	—	95~100	80~100	0~15	0	—	—
	9.5~19	—	95~100	85~100	40~60	0~15	0	—
	16~26.5	—	—	95~100	55~70	25~40	0~10	0
	16~31.5	—	—	95~100	85~100	55~70	25~40	0~10

各种面层水泥混凝土配合比的不同种类粗集料与再生粗集料,公称最大粒径宜符合表14-6的规定。

粗集料与再生粗集料公称最大粒径(mm)　　　　　　　表14-6

交通荷载等级		极重、特重、重		中、轻		试 验 方 法
面层类型		水泥混凝土	纤维混凝土配筋混凝土	水泥混凝土	碾压混凝土砌块混凝土	
公称最大粒径	碎石	26.5	16.0	31.5	19.0	JTG E42(T 0302)
	破碎卵石	19.0	16.0	26.5	19.0	
	卵石	16.0	9.5	19.0	16.0	
	再生粗集料	—	—	26.5	16.0	

(二)细集料

路面用细集料可采用质地坚硬、耐久、洁净的天然砂或机制砂,不得使用再生细集料。极重、特重、重交通荷载等级公路面层用天然砂的质量不应低于表14-7规定的Ⅱ级;中、轻交通荷载等级公路面层可使用Ⅲ级天然砂。

天然砂的质量标准　　　　　　　　表14-7

项　　目	技术要求			试 验 方 法
	Ⅰ级	Ⅱ级	Ⅲ级	
坚固性(按质量损失计)(%)	≤6.0	≤8.0	≤10.0	JTG E42(T 0340)
氯离子含量(按质量计)(%)	≤0.02	≤0.03	≤0.06	GB/T 14684
云母含量(按质量计)(%)	≤1.0	≤1.0	≤2.0	JTG E42(T 0337)
含泥量(按质量计)(%)	≤1.0	≤2.0	≤3.0	JTG E42(T 0333)
泥块含量(按质量计)(%)	≤0	≤0.5	≤1.0	JTG E42(T 0335)
硫化物及硫酸盐含量(按SO_3质量计)(%)	≤0.5	≤0.5	≤0.5	JTG E42(T 0341)
海砂中的贝类物质含量(按质量计)(%)	≤3.0	≤5.0	≤8.0	JGJ 206
有机物含量(比色法)	合格			JTG E42(T 0336)
轻物质含量(按质量计)(%)	≤1.0			JTG E42(T 0338)
吸水率(%)	≤2.0			JTG E42(T 0330)
结晶态二氧化硅含量(%)	≥25.0			JTG E42(T 0324)
表观密度(kg/m³)	≥2500			JTG E42(T 0328)
松散堆积密度(kg/m³)	≥1400			JTG E42(T 0331)
空隙率(%)	≤47			JTG E42(T 0331)
碱活性反应	不得有碱活性反应或疑似碱活性反应			JTG E42(T 0325)

注:1.碱活性反应、硫化物及硫酸盐含量、氯离子含量在天然砂使用前应至少检验一次。
　　2.按岩相法测定除隐晶质、玻璃质二氧化硅以外的结晶态二氧化硅含量。

天然砂包括河砂、山砂、海砂。其中,河砂经长期水流冲洗,粒形较圆、较洁净,质量最好,特重、重交通道路水泥混凝土路面工程应优先采用河砂,砂的硅质含量不应低于25%。海砂的氯离子含量、含盐量和贝壳含量等较高,因此,不得用于配筋混凝土及钢纤维混凝土路面。山砂的含泥量和软弱颗粒不超标时,也可使用。

天然砂的技术要求分为 I、II、III 级。C60 以上的高强混凝土用 I 级高强砂;C30 ~ C60 的中强度及有抗冻、抗渗或其他要求的混凝土用 II 级中强砂;C30 以下的普通混凝土用 III 级低强砂。因此,高速公路、一级公路、二级公路及有抗(盐)冻要求的三级、四级公路混凝土路面使用的砂类别不应低于 II 级,无抗(盐)冻要求的三级、四级公路混凝土路面及贫混凝土基层可使用 III 级砂。

天然砂的级配要求应符合表 14-8 的规定,路面面层和桥面水泥混凝土用天然砂宜用细度模数在 2.0 ~ 3.7 的砂。砂的细度模数差值超过 0.3 时,应分别堆放,分别进行配合比设计并调整配合比中的砂率后再使用。

天然砂的推荐级配范围　　　　　　　　　　　　　　　表 14-8

砂分级	细度模数	方孔筛尺寸(mm)(试验方法 JTG E42(T 0327))							
		9.5	4.75	2.36	1.18	0.60	0.30	0.15	0.075
		通过各筛孔的质量百分率(%)							
粗砂	3.1 ~ 3.7	100	90 ~ 100	65 ~ 95	35 ~ 65	15 ~ 30	5 ~ 20	0 ~ 10	0 ~ 5
中砂	2.3 ~ 3.0	100	90 ~ 100	75 ~ 100	50 ~ 90	30 ~ 60	8 ~ 30	0 ~ 10	0 ~ 5
细砂	1.6 ~ 2.2	100	90 ~ 100	85 ~ 100	75 ~ 100	60 ~ 80	15 ~ 45	0 ~ 10	0 ~ 5

机制砂宜采用碎石作为原料,并用专用设备生产。极重、特重、重交通荷载等级公路面层水泥混凝土用机制砂的质量标准不应低于表 14-9 规定的 II 级;中、轻交通荷载等级公路面层水泥混凝土可使用 III 级机制砂。

机制砂的质量标准　　　　　　　　　　　　　　　表 14-9

项　　目		技 术 要 求			试 验 方 法
		I 级	II 级	III 级	
坚固性(按质量损失计)(%)		≤6.0	≤8.0	≤10.0	JTG E42(T 0340)
氯离子含量(按质量计)(%)		≤0.01	≤0.02	≤0.06	GB/T 14684
云母含量(按质量计)(%)		≤1.0	≤2.0	≤2.0	JTG E42(T 0337)
泥块含量(按质量计)(%)		≤0	≤0.5	≤1.0	JTG E42(T 0335)
硫化物及硫酸盐含量(按 SO₃ 质量计)(%)		≤0.5	≤0.5	≤0.5	JTG E42(T 0341)
机制砂母岩的抗压强度(MPa)		≥80.0	≥60.0	≥30.0	JTG E41(T 0221)
机制砂母岩的磨光值		≥38.0	≥35.0	≥30.0	JTG E42(T 0321)
机制砂单粒级最大压碎值(%)		≤20.0	≤25.0	≤30.0	JTG E42(T 0350)
石粉含量(%)	MB 值 <1.40 或合格	3.0	5.0	7.0	JTG E42(T 0349)
	MB 值 ≥1.40 或不合格	<1.0	<3.0	<5.0	
轻物质含量(按质量计)(%)		≤1.0			JTG E42(T 0338)
吸水率(%)		≤2.0			JTG E42(T 0330)
有机物含量(比色法)		合格			JTG E42(T 0336)
表观密度(kg/m³)		≥2500.0			JTG E42(T 0328)
松散堆积密度(kg/m³)		≥1400.0			JTG E42(T 0331)
空隙率(%)		≤45.0			JTG E42(T 0331)
碱活性反应		不得有碱活性反应或疑似碱活性反应			JTG E42(T 0325)

注:碱活性反应、硫化物及硫酸盐含量、氯离子含量在机制砂使用前应至少检验一次。

机制砂的级配要求应符合表 14-10 的规定,路面面层和桥面水泥混凝土用机制砂宜用细度模数在 2.3~3.1 的机制砂。采用机制砂时,外加剂宜采用引气高效减水剂或聚羧酸高性能减水剂。

机制砂的级配范围 表 14-10

机制砂分级	细度模数	方孔筛尺寸(mm)(试验方法 JTG E42(T 0327))						
		9.5	4.75	2.36	1.18	0.60	0.30	0.15
		通过各筛孔的质量百分率(%)						
I 级砂	3.1~3.7	100	90~100	80~95	50~85	30~60	10~20	0~10
II、III级砂	2.3~3.0	100	90~100	50~90	30~65	15~29	5~20	0~10

三、水

符合现行《生活饮用水卫生标准》(GB 5749)的饮用水可直接作为混凝土搅拌和养护用水。清洗集料、拌和混凝土及养生用水,不应含有影响混凝土质量的油、酸、碱、盐类、有机物等有害杂质。

非饮用水应进行水质检验,并应符合表 14-11 的规定。由于水质污染情况复杂,难以用指标完全概括,因此要求对存在轻微污染的拌和用水,还应与蒸馏水进行水泥凝结时间与水泥胶砂强度的对比试验;对比试验的水泥初凝与终凝时间差均不应大于 30min,水泥胶砂 3d 和 28d 强度不应低于蒸馏水配制的水泥胶砂 3d 和 28d 强度的 90%,确认其对混凝土凝结时间及强度无明显影响。

非饮用水质量标准 表 14-11

项次	项 目	钢筋混凝土及钢纤维混凝土	素混凝土	试验方法
1	pH 值	≥5.0	≥4.5	
2	Cl^- 含量(mg/L)	≤1000	≤3500	
3	SO_4^{2-} 含量(mg/L)	≤2000	≤2700	
4	碱含量(mg/L)	≤1500	≤1500	JTJ 63
5	可溶物含量(mg/L)	≤5000	≤10000	
6	不溶物含量(mg/L)	≤2000	≤5000	
7	其他杂质	不应有漂浮的油脂和泡沫及明显的颜色和异味		

养护用水可不检验不溶物含量和其他杂质,其他指标应符合表 14-11 的规定。

四、外 加 剂

在水泥混凝土路面材料中,外加剂成为制作优质混凝土路面的必需组分,在公路工程中主要使用减水剂、调整新拌混凝土施工性能的外加剂及引气剂等。使用减水剂等外加剂的目的是:①改善工作性:路面混凝土一般是低坍落度(摊铺时不大于 5cm)的混合料,对于路面在任何条件下的可施工性能即工作性(振动易密性、流动性、黏聚性和可滑性或可模性)的要求很高,这是保证施工质量的前提条件;②降低水灰比:使用减水剂可降低水灰比,减小单位用水量,保障和提高混凝土的抗弯拉强度。③节约水泥:在等强度及工作性不变条件下,可节约一定的水泥用量。因此,要修筑高弯拉强度、高耐疲劳极限、低变形性能和高耐久性的高性能路面混凝土离不开高效缓凝引气减水剂。

面层混凝土外加剂的产品质量除应符合国家和行业现行相关标准外,尚应符合表 14-12 的各项技术指标要求,各项性能的检验方法应符合《混凝土外加剂》(GB 8076)的规定。

面层水泥混凝土外加剂产品的质量标准　　　　　　表 14-12

项目		普通减水剂	高效减水剂	早强减水剂	缓凝高效减水剂	缓凝减水剂	引气减水剂	早强剂	缓凝剂	引气剂
减水率(%)		≥8	≥15	≥8	≥15	≥8	≥12	—	—	≥8
泌水率比(%)		≤100	≤90	≤95	≤100	≤100	≤80	≤100	≤100	≤80
含气量(%)		≤4.0	≤3.0	≤4.0	≤4.5	≤5.5	≥3.0	—	—	≥3.0
凝结时间 (min)	初凝	−90~	−90~	−90~	> +90	> +90	−90~	−90~	> +90	−90~
	终凝	+120	+120	+90	—	—	+120	+120	—	+120
抗压强度比 (%)	1d	—	≥140	≥135	—	—	—	≥135	—	—
	3d	≥115	≥130	≥130	—	—	≥115	≥130	≥100	≥95
	7d	≥115	≥125	≥110	≥125	≥115	≥110	≥110	≥110	≥95
	28d	≥110	≥120	≥100	≥120	≥110	≥100	≥100	≥110	≥90
弯拉强度比 (%)	1d	—	≥130	—	—	—	—	≥130	—	—
	3d	—	≥125	≥120	—	—	—	≥120	—	—
	28d	≥105	≥115	≥105	≥115	≥105	≥110	≥100	≥105	≥105
28d 收缩率比(%)		≤125	≤125	≤130	≤125	≤125	≤120	≤130	≤125	≤120
28d 磨耗量(km/m²)		≤2.5	≤2.0	≤2.5	≤2.5	≤2.5	≤2.5	≤2.5	≤2.5	≤2.5

注:1. 除含气量外,表中数据为掺外加剂混凝土与基准混凝土差值或比值。
　　2. 引气剂与各种引气型减水剂含气量 1h 最大经时损失应小于 1.5%。
　　3. 凝结时间指标"−"表示提前,"+"表示延缓。
　　4. 弯拉强度比仅用于路面混凝土时检验。
　　5. 磨耗量仅用于路面与桥面混凝土时检验。

(一)减水剂

减水剂按照其减水效率大于或小于 15% 分为高效减水剂和普通减水剂,还有早强减水剂、缓凝减水剂、缓凝高效减水剂、引气减水剂。各交通荷载等级公路路面混凝土宜选用减水率较高、坍落度损失较小、凝结时间可调控的复合型减水剂。高温施工宜使用引气缓凝减水剂或引气高效缓凝(保塑)减水剂,低温天施工宜使用引气早强高效减水剂。

(二)调整新拌混凝土施工性能的外加剂

调整新拌混凝土性能,满足施工要求的外加剂和品种有:调整凝结时间的缓凝剂;控制新拌混凝土坍落度损失的保塑剂;冬季施工使用的促凝剂、防冻剂和早强剂等。

除此之外,凡处在海水、海风和酸雨环境;被氯离子、硫酸根离子污染的河流;冬季撒除冰盐的路面、桥面钢筋混凝土和钢纤维混凝土面层中,宜掺阻锈剂。

(三)引气剂

引气剂主要有三大系列:松香树脂类;烷基磺酸盐类;脂肪醇类等。引气剂的主要作用是改善和易性、减少泌水、提供富浆平整的表面;提高抗弯拉强度、同时降低抗折弹性模量、改善荷载和温、湿度变形性能;提高抗渗性、抗冻性和耐候性。引气剂同时有减水作用。

引气剂的使用应选择表面张力降低值大、水泥稀浆中起泡容量多而细密、泡沫稳定时间长、不溶残渣少的产品。有抗冰(盐)冻要求地区,各交通荷载等级路面、桥面、路缘石、路肩及贫混凝土基层必须使用引气剂;无抗冰(盐)冻要求地区,二级及二级以上公路的路面混凝土中也应使用引气剂。

引气剂所引的气泡与振捣不密实和木钙等所引气泡有本质的不同。引气剂所引的气泡尺寸非常小,直径在微米量级,是肉眼不可见的微小气泡,只有在光学显微镜下才能看到。一般来讲,引气剂对抗压强度有降低作用,而当剂量合适、含气量适宜时,可提高弯拉强度,是建造高性能路面混凝土的不可缺少的重要外加剂。

滑模摊铺施工混凝土路面应使用引气高效减水剂。高温施工混凝土拌合物的初凝时间短于 3h 时,宜采用缓凝引气高效减水剂;低温施工混凝土拌合物的初凝时间长于 10h 时,宜采用早强引气高效减水剂。

引气剂不仅引气而且具有普通减水剂的减水率,它可增大新拌混凝土的黏聚性,防止泌水离析,提高混凝土的匀质性,增大混凝土中水泥浆的体积,使滑模摊铺出的路面光滑密实、平整度高、外观规则,适宜含气量的引气混凝土,抗弯拉强度可提高 10% ~ 15%,并可降低抗弯弹性模量,减小干缩和温缩变形,提高抗冻性和抗渗性,缓解碱集料反应和化学侵蚀膨胀。改善路面混凝土的耐候性,增强耐久性。

五、其他掺合料

(一)粉煤灰

粉煤灰是一种活性掺合料,各水泥厂生产的普通硅酸盐水泥中混合材的掺量已达 20% 左右,已不具备混凝土中再掺粉煤灰全部水化硬化贡献强度的条件,如再掺入粉煤灰,其掺量必定会超过可水化的最大掺量 28%,将严重降低混凝土早强强度、抗裂性、耐磨性等性能。因此,只允许在使用道路硅酸盐水泥或硅酸盐水泥时,可在路面混凝土中掺加适量的粉煤灰;在普通硅酸盐水泥、矿渣硅酸盐水泥和粉煤灰硅酸盐水泥所配制的面层混凝土中,不应掺入粉煤灰。

面层水泥混凝土可单独或复配掺用满足活性要求的粉状低钙粉煤灰、矿渣粉或硅灰等掺合料。不得掺用结块或潮湿的粉煤灰、矿渣粉和硅灰。掺用粉煤灰质量不应低于表 14-13 中的 Ⅱ 级低钙粉煤灰的要求。不得掺用高钙粉煤灰或 Ⅲ 级及 Ⅲ 级以下低钙粉煤灰。粉煤灰进货应有等级检验报告。

低钙粉煤灰分级和质量标准 表 14-13

粉煤灰等级	细度(45μm气流筛,筛余量)(%)	烧失量(%)	需水量(%)	含水率(%)	游离氧化钙含量(%)	SO₃(%)	混合砂浆强度活性指数	
							7d	28d
Ⅰ	≤12.0	≤5.0	≤95.0	≤1.0	<1.0	≤3	≥75	≥85(75)
Ⅱ	≤25.0	≤8.0	≤105.0	≤1.0	<1.0	≤3	≥70	≥80(62)
Ⅲ	≤45.0	≤15.0	≤115.0	≤1.0	<1.0	≤3	—	—
试验方法	GB/T 1596	GB/T 176	GB/T 1596		GB/T 176		GB/T 1596	

注:混合砂浆强度活性指数为掺粉煤灰的砂浆与水泥砂浆的抗压强度比的百分数,适用于所配制混凝土强度等级≥C40的混凝土;当配制的混凝土强度等级<C40,混合砂浆的活性指数要求满足 28d 括号中的数值。

在水泥混凝土路面和贫混凝土基层工程中使用粉煤灰的基本原则是：①必须证水泥混凝土路面的28d强度要求；②利用其后期强度高的特点增加抵抗超载的强度储备，以利延长路面使用寿命，并保证水泥混凝土路面的抗弯拉强度、耐疲劳性和耐久性。使用粉煤灰时，应确切了解所用水泥中已经加入的掺合料种类数量。并宜采用散装干（磨细）粉煤灰。粉煤灰的储存、运输等要求与水泥相同，使用粉煤灰的搅拌楼应增加1个水泥罐仓装粉煤灰。计量时，先称水泥，然后累计计量粉煤灰。混凝土路面或贫混凝土基层中不得使用湿排粉煤灰、潮湿粉煤灰或已结块的湿排干燥粉煤灰。

(二)硅灰、矿渣粉

硅灰和磨细矿渣粉多用于桥面或桥梁主要构件制作高强混凝土。而硅灰、磨细矿渣粉和高质量粉煤灰同样也是制作高性能路面混凝土的原材料。路面和桥面混凝土中均可使用硅灰、磨细矿渣粉。

掺加于面层水泥混凝土中的矿渣粉、硅灰，其质量应符合表14-14的规定。使用矿渣硅酸盐水泥不得再掺矿渣粉。在高温期施工时，不宜掺加硅灰。

矿渣粉、硅灰的质量标准   表14-14

质量标准		比表面积 (m²/kg)	密度 (g/cm³)	烧失量 (%)	流动度比 (%)	含水率 (%)	氯离子含量 (%)	玻璃体含量 (%)	游离氧化钙含量 (%)	SO₃ (%)	混合砂浆强度活性指数(%)	
种类	等级										7d	28d
磨细矿渣粉	S105	≥500	≥2.80	≤3.0	≥95.0	≤1.0	<0.06	≥85.0	<1.0	≤4.0	≥95	≥105
	S95	≥500									≥75	≥95
硅灰		≥1500	≥2.10	≤6.0	—	≤3.0	<0.06	≥90.0	<1.0	—		≥105
试验方法		GB/T 8074	GB/T 208	GB/T 18046			GB/T 176	GB/T 18046	GB/T 176		GB/T 18046	

磨细矿渣粉本身具有自硬化能力。但对矿渣硅酸盐水泥不得再掺矿渣粉。硅灰的细度极高，比水泥细1~2个数量级，硅灰中最细颗粒可达200nm。因此，硅灰在混凝土中的水化反应速度极快，凝结时间很短。在低温施工及有快速通车要求的场合，对混凝土有很强的促凝作用，可作为面层混凝土的促凝、早强组分使用。但在高温期施工时，掺加硅灰的混凝土水化硬化速度过快，运输、布料过程中工作性损失大而快，经常导致无法摊铺，所以规定不宜掺加。

各种掺合料在使用前，应进行混凝土配合比试配检验与掺量优化试验，确认面层水泥混凝土弯拉强度、工作性、耐磨性、抗冰冻性、抗盐冻性等指标满足设计要求。

(三)纤维

由纤维和水泥基质材料(水泥浆、砂浆或混凝土)组成的纤维混凝土复合材料，具有弯拉强度高、极限延伸率大、抗碱性好的优点。路面用纤维按其材料性质可分为：①金属纤维，如钢纤维(钢纤维混凝土)、不锈钢纤维(适用于耐热混凝土)；②无机纤维，主要有天然矿物纤维(如玄武岩纤维)和人造矿物纤维(如抗碱玻璃纤维及抗碱矿棉等碳纤维)；③有机纤维，主要有合成纤维(聚乙烯、聚丙烯、聚乙烯醇、尼龙等)和植物纤维等。在水泥混凝土中掺加适量钢纤维、玄武岩纤维或合成纤维，形成纤维水泥混凝土路面面层。

1. 钢纤维

用于路面和桥面水泥混凝土的钢纤维质量,应符合现行《纤维混凝土应用技术规程》(JTJ/T 221)等标准的要求。钢纤维抗拉强度等级不应低于 600 级,应进行有效的防锈处理。钢纤维的几何参数及形状精度应满足表 14-15 的要求。

钢纤维几何参数及形状精度要求 表 14-15

钢纤维几何参数及形状精度	长度(mm)	长度合格率(%)	直径(等效直径)(mm)	形状合格率(%)	弯折合格率(%)	平均根数与标称根数偏差(%)	杂质含量(%)	试验方法
技术要求	25 ~ 50	>90	0.3 ~ 0.9	>90	>90	± 10	< 1.0	JTJ/T 221

钢纤维表面不应沾染油污及妨碍水泥黏结及凝结硬化的物质,结团、黏结连片的钢纤维不得使用。由于钢丝切断型钢纤维裸露后尖端易导致行车不安全,波形、带倒钩的钢纤维搅拌易成团,无法保证施工质量,因此不应使用。

2. 玄武岩纤维

玄武岩纤维,是玄武岩石料在 1450 ~ 1500℃熔融后,通过合金拉丝漏板高速拉制而成的高强度连续纤维。由于玄武岩中含有黑色 Fe_2O_3,在抽丝过程中,表面的 Fe_2O_3 被氧化成含量为 9% ~ 14% 的金红色 Fe_3O_4,此表面的红色与内部黑色矿物混合,使外观呈现为金褐色。

用于面层水泥混凝土的玄武岩短切纤维应为金褐色、均质、表面无污染,二氧化硅(SiO_2)含量应在 48% ~ 60%。其表面浸润剂应为亲水型。玄武岩纤维质量应满足表 14-16 的要求;玄武岩短切纤维的规格、尺寸及其精度应符合表 14-17 的规定。

玄武岩纤维质量标准 表 14-16

项 目	抗拉强度($\geq$,MPa)	弹性模量($\geq$,MPa)	密度(g/cm³)	含水率($\leq$,%)	耐碱性(断裂强度保留率)($\geq$,%)
技术要求	1500	8.0×10^5	2.60 ~ 2.80	0.2	75
试验方法	JT/T 776.1				

注:1. 耐碱性的测试是在饱和 $Ca(OH)_2$ 溶液中煮沸 4h 的强度保留率。
   2. 除密度与含水率外,其他每项实测值的变异系数不应大于 10%。

玄武岩短切纤维的规格、尺寸及其精度 表 14-17

纤维类型	公称长度(mm)	长度合格率(%)	单丝公称直径(μm)	线密度(tex)	线密度合格率(%)	外观合格率(%)	试验方法
合股丝(S)	20 ~ 35	>90	9 ~ 25	50 ~ 900	>90	≥95	JT/T 776.1
加捻合股丝(T)	20 ~ 35	>90	7 ~ 13	30 ~ 800	>90	≥95	

注:1. 合股丝适用于有抗裂要求的玄武岩纤维混凝土。
   2. 加捻合股丝适用于提高弯拉强度的玄武岩纤维混凝土。

3. 合成纤维

合成纤维是用合成高分子化合物做原料而制得的化学纤维。它以小分子的有机化合物为原料,经加聚反应或缩聚反应合成的线型有机高分子化合物,如聚丙烯腈、聚酯、聚酰胺等。用于面层水泥混凝土的合成纤维可采用聚丙烯腈(PANF)、聚丙烯(PPE)、聚酰胺(PAF)、和聚乙烯醇(PVAF)等材料制成的单丝纤维或粗纤维,其质量应符合现行《水泥混凝土和砂浆用合成纤维》(GB/T 21120)的规定,且实测单丝抗拉强度最小值不得小于450MPa。

合成纤维的规格、加工精度及分散性应满足表 14-18 的要求。

合成纤维的规格、加工精度及分散性要求　　　　表 14-18

外形分类	长度 (mm)	当量直径 (μm)	长度合格率 (%)	形状合格率 (%)	混凝土中分散性 (%)	试验方法
单丝纤维	20 ~ 40	4 ~ 65	> 90	> 90	± 10	GB/T 21120
粗纤维	20 ~ 80	100 ~ 500				

第二节　水泥混凝土配合比设计

路面水泥混凝土的配合比设计和施工控制是路面施工质量中的重要环节。即使原材料相同,由于配合比不当或失控,也会造成路面磨损、断板等早期破损现象。与其他水泥混凝土相比,路面水泥混凝土与常规静载结构混凝土的受力状况不同,主要是承受弯拉、冲击、振动、疲劳、磨损等作用的动载结构,其关键性控制指标是弯拉强度、耐疲劳性、耐久性、工作性等。因此,在配合比设计上具有路面结构体系自身的特点与技术要求。

一、配合比设计要求

水泥混凝土路面的配合比设计应满足弯拉强度、工作性、耐久性要求,并兼顾经济性。应选择符合质量标准要求、性能稳定的原材料。不同的原材料组合应分别进行配合比设计。各级公路面层水泥混凝土配合比设计宜采用正交试验法;二级及二级以下公路可采用经验公式法。

(一)配合比设计阶段

混凝土配合比设计应包括目标配合比设计和施工配合比设计两个阶段。目标配合比设计应确定水泥用量、集料用量、水灰(胶)比、外加剂掺量,纤维混凝土还应确定纤维掺量。施工配合比设计应通过拌和楼试拌确定拌和参数。经批准的配合比在施工过程中不断擅自调整。

目标配合比设计应对混凝土性能进行全面检验,并规定施工配合比设计与目标配合比设计的允许偏差。目标配合比设计应按下列要求进行:

(1)根据原材料、路面结构及施工工艺要求,通过计算或正交试验拟定混凝土配合比的控制性参数。

(2)按拟定配合比进行试验室试拌,实测各项性能指标,选择混凝土的弯拉强度、工作性、耐久性满足要求,且经济合理的配合比作为目标配合比。

(3)根据拌和楼(机)试拌情况,对试拌配合比进行性能检验与调整,直至符合目标配合比设计。

施工配合比应符合目标配合比的实测数据,并按下列要求进行:

(1)施工配合比中的水泥用量可根据拌和过程中的损耗情况,较目标配合比适当增加 5 ~

$10kg/m^3$。

(2)根据目标配合比设计计算各种原材料用量,按实际生产要求进行试拌。

(3)进行混凝土的弯拉强度、工作性和耐久性检验,确定是否满足要求。

(4)总结试验数据,提出施工配合比,确定设备参数,明确施工中根据集料实际含水率调整拌和楼(机)上料参数和加水量的有关要求。

当原材料变化时,应重新进行目标配合比和施工配合比设计与检验。目标配合比设计中,进行混凝土试拌时,粗、细集料应处于饱和面干状态。

(二)弯拉强度

各交通荷载等级面层水泥混凝土的28d设计弯拉强度标准值f_r、弯拉弹性模量E_c应符合现行《公路水泥混凝土路面设计规范》(JTG D40)的规定(表10-14)。面层水泥混凝土配制28d弯拉强度的平均值f_c(MPa),可按式(14-1)计算确定。

$$f_c = \frac{f_r}{1 - 1.04C_v} + ts \qquad (14-1)$$

式中:f_c——配制28d弯拉强度的平均值(MPa);

f_r——设计弯拉强度标准值(MPa),按设计确定,且不应低于表10-14的规定;

s——弯拉强度试验样本的标准差(MPa),有试验数据时应使用试验样本的准差;无试验数据时可按公路等级及设计弯拉强度,参考表14-19规定的范围确定;

t——保证率系数,应按表14-20确定;

C_v——弯拉强度变异系数,应按统计数据取值,小于0.05时取0.05;无统计数据时,可在表14-19的规定范围内取值,其中高速公路、一级公路变异水平应为低,二级公路变异水平不应低于中。

各级公路水泥混凝土面层弯拉强度试验样本的标准差s和变异系数C_v的范围　　表14-19

公路等级	高速公路	一级公路	二级公路	三级公路	四级公路
目标可靠指标	1.64	1.28	1.04	0.84	0.52
目标可靠度(%)	95	90	85	80	70
样本的标准差s(MPa)	$0.25 \leqslant s \leqslant 0.50$		$0.10 \leqslant s \leqslant 0.67$	$0.40 \leqslant s \leqslant 0.80$	
弯拉强度变异水平等级	低		中	高	
弯拉强度变异系数C_v的范围	$0.05 \leqslant C_v \leqslant 0.10$		$0.10 \leqslant C_v \leqslant 0.15$	$0.15 \leqslant C_v \leqslant 0.20$	

保证率系数t　　表14-20

公路等级	判别概率p	样本数n(组)				
		3~6	6~8	9~14	15~19	≥20
高速公路	0.05	1.36	0.79	0.61	0.45	0.39
一级公路	0.10	0.95	0.59	0.46	0.35	0.30
二级公路	0.15	0.72	0.46	0.37	0.28	0.24
三级、四级公路	0.20	0.56	0.37	0.29	0.22	0.19

(三)工作性

路面水泥混凝土工作性要求,首先应满足施工工艺对混凝土的摊铺及振捣密实度的要求;

还要满足路表面平整度、抗滑构造、表面砂浆的厚度均匀和外观效果的要求。对不同施工工艺条件下混凝土拌合物的工作性应有不同的要求。

碎石混凝土滑模摊铺时混凝土拌合物坍落度宜为 10～30mm,卵石混凝土滑模摊铺时混凝土拌合物坍落度宜为 5～20mm,混凝土拌合物振动黏度系数宜为 200～500N·s/m²。混凝土拌合物振动黏度系数,是在特定振动能量作用下,混凝土拌合物内部阻碍粗细集料、气泡等质点相对运动,表征其摩阻能力的指标,用于测定最大粒径小于 31.5mm 的水泥混凝土拌合物的振捣易密性。也可用于测定坍落度小于 25cm、维勃时间不大于 15s 的新拌砂浆、纤维混凝土和贫混凝土拌合物的振动黏度系数。

三辊轴机组摊铺时,混凝土拌合物的现场坍落度宜为 20～40mm。小型机具摊铺时,混凝土拌合物的现场坍落度宜为 5～20mm。

拌和楼(机)出口拌合物坍落度,应根据不同工艺摊铺时的坍落度值加上运输过程中坍落度损失值确定。

(四)耐久性

路面混凝土的水灰比及水泥用量不仅要满足弯拉强度要求,还应充分考虑耐久性要求。耐久性所包含的内容包括:满足抗冰冻、抗盐冻、抗滑性、耐磨性、抗冲击、耐疲劳性等要求以及抗海水、海风、酸雨、硫酸盐等腐蚀环境介质化学侵蚀性的要求。为保证面层混凝土耐久性,各级公路路面混凝土一般要求掺引气剂。

各交通荷载等级路面混凝土满足耐久性要求的最大水灰(胶)比和最小单位水泥用量应符合表 14-21 的规定。最大单位水泥用量不宜大于 420kg/m³;使用掺合料时,最大单位胶材总量不宜大于 450kg/m³。

各级公路面层水泥混凝土最大水灰(胶)比和最小单位水泥用量　　表 14-21

公路等级		高速公路、一级公路	二级公路	三级、四级
最大水灰(胶)比		0.44	0.46	0.48
有抗冰冻要求最大水灰(胶)比		0.42	0.44	0.46
有抗盐冻最大水灰(胶)比		0.40	0.42	0.44
最小单位水泥用量(kg/m³)	52.5 级	300	300	290
	42.5 级	310	310	300
	32.5 级	—	—	315
有抗冰冻性、抗盐冻要求时最小单位水泥用量(kg/m³)	52.5 级	310	310	300
	42.5 级	320	320	315
	32.5 级	—	—	325
掺粉煤灰时最小单位水泥用量(kg/m³)	52.5 级	250	250	245
	42.5 级	260	260	255
	32.5 级	—	—	265
有抗冰冻性、抗盐冻要求时掺粉煤灰混凝土最小单位水泥用量(kg/m³)	52.5 级	265	260	255
	42.5 级	280	270	265

注:1. 掺粉煤灰,并有抗冰(盐)冻性要求时,面层不得使用 32.5 级水泥。

　　2. 处在除冰盐、海风、酸雨或硫酸盐等腐蚀性环境中或在大纵坡等加加减速车道上的混凝土,最大水灰(胶)比可比表中数值降低 0.01～0.02。

严寒与寒冷地区面层水泥混凝土的抗冻等级不应低于表 14-22 的要求。

表 14-22

严寒与寒冷地区面层水泥混凝土的抗冻等级要求

公路等级		高速公路、一级		二级、三级、四级		试验方法
试件		基准配合比	现场钻芯	基准配合比	现场钻芯	按 T 0565 或 T 0525
抗冻等级(F)	严寒地区	≥300	≥250	≥250	≥200	
	寒冷地区	≥250	≥200	≥200	≥150	

注:严寒指当地最冷月平均气温低于 -8℃的地区;寒冷指当地最冷月平均气温低于 -8 ~ -3℃的地区。

抗冻等级是采用龄期 28d 的试件在吸水饱和后,承受反复冻融循环,以抗压强度下降不超过 25%,且质量损失不超过 5% 时所能承受的最大冻融循环次数 F 来确定的。

面层混凝土应掺加引气剂,确保其抗冻性,提高工作性;拌和机出口拌合物含气量均值及允许偏差范围宜符合表 14-23 的规定。钻芯实测水泥混凝土面层最大气泡间距宜符合表 14-24 的要求。

表 14-23

拌和机出口拌合物含气量均值及允许偏差范围(%)

公称最大粒径(mm)	无抗冻要求	有抗冻要求	有抗盐冻要求	试验方法
9.5	4.5 ±1.0	5.0 ±0.5	6.0 ±0.5	混凝土拌合物含气量测定应符合 JTJ E30(T 0522)
16.0	4.0 ±1.0	4.5 ±0.5	5.5 ±0.5	
19.0	4.0 ±1.0	4.0 ±0.5	5.0 ±0.5	
26.5	3.5 ±1.0	3.5 ±0.5	4.5 ±0.5	
31.5	3.5 ±1.0	3.5 ±0.5	4.0 ±0.5	

表 14-24

水泥混凝土面层最大气泡间距系数(μm)

环境		公路等级		试验方法
		高速公路、一级	二级、三级、四级	
严寒地区	抗冰冻	275 ±25	300 ±35	气泡间距系数检测方法,应按取芯法测定混凝土气泡间距系数
	抗盐冻	225 ±25	250 ±35	
寒冷地区	抗冰冻	325 ±45	350 ±50	
	抗盐冻	275 ±45	300 ±50	

面层水泥混凝土中掺加优质引气剂,引入均匀、封闭的微小气泡,可以改善混凝土耐久性能,但如果引气剂质量差,引入气泡不均匀、尺寸大,则对混凝土性能反而有不利影响,因此要求钻芯实测混凝土的气泡间距系数,检测气泡的尺寸和均匀性。

各级公路面层水泥混凝土有抗盐冻要求时,应按混凝土抗盐冻试验方法,测定混凝土表面单位面积的盐冻剥落量,以评价混凝土表面撒除冰盐条件下抵抗盐冻剥蚀的能力,其中 5 块试件经受 30 次盐冻循环后,其平均剥落量小于 1.0kg/m² 为合格,大于或等于 1.0kg/m² 为不合格。

各级公路面层水泥混凝土磨耗损失量宜符合表 14-25 的规定。

表 14-25

各级公路面层水泥混凝土磨损量要求

公路等级	高速公路、一级	二级	三、四级	试验方法
磨损量(kg/m²)	≤3.0	≤3.5	≤4.0	JTG E30(T 0567)

处在海水、海风、酸雨、除冰盐或硫酸盐等腐蚀性环境中的面层水泥混凝土使用道路硅酸盐水泥或硅酸盐水泥时,宜掺加适量粉煤灰、矿渣粉、硅粉或复合矿物掺合料。桥面混凝土中

宜掺加矿渣粉与硅粉,不宜掺加粉煤灰。

(五)经济性

在满足上述技术要求的前提下,配合比应尽可能经济。各级公路混凝土路面的水泥用量宜控制在 $300 \sim 420 kg/m^3$;掺粉煤灰时,最大胶结材总量宜在 $340 \sim 450 kg/m^3$。此规定既满足了经济性要求,更重要的是如果最大水泥或胶结材总量超过太多,在有风条件下施工或养护不佳时,会产生塑性收缩裂缝,并产生早期断板现象。

二、配合比设计方法与步骤

各级公路面层水泥混凝土配合比设计方法宜采用正交试验法;二级及二级以下公路可采用经验公式法。

(一)正交试验法

面层水泥混凝土配合比设计使用正交试验法时,试验可变因素应根据混凝土的性能要求和材料变化情况根据经验确定。水泥混凝土可选水泥用量、用水量、砂率或粗集料填充体积率3个因素;掺粉煤灰的混凝土可选用水量、基准胶材总量、粉煤灰掺量、粗集料填充体积率4个因素。每个因素至少应选3个水平,并宜选用 $L_9(3^4)$ 正交表安排试验方案。

对正交试验结果进行直观及回归分析,回归分析的考察指标应包括坍落度、弯拉强度、磨损量。有抗冰冻、抗盐冻要求的地区,还应包括抗冻等级、抗盐冻性。

满足回归分析各项考察指标要求的正交配合比,可确定为目标配合比。

(二)经验公式法

1. 计算水灰比

无掺合料时,由面层水泥混凝土配制 28d 弯拉强度的平均值 f_c(MPa)、水泥实测 28d 抗折强度 f_s(MPa),根据粗集料类型,可按下列经验公式计算水灰比 W/C:

碎石或破碎卵石混凝土

$$\frac{W}{C} = \frac{1.5684}{f_c + 1.0097 - 0.3595 f_s} \tag{14-2}$$

卵石混凝土

$$\frac{W}{C} = \frac{1.2618}{f_c + 1.5492 - 0.4709 f_s} \tag{14-3}$$

2. 水灰(胶)比的取值规定

掺用粉煤灰、硅灰、矿渣粉等掺合料时,应计入超量取代法中代替水泥的那一部分掺合料用量(代替砂的超量部分不计入),用水胶比 $W/(C+F)$ 代替水灰比 W/C。计算水灰比(或水胶比)大于表 14-21 耐久性要求的规定时,应按表 14-21 取值。

3. 砂率 S_p 的选择和确定

水泥混凝土的砂率可根据砂的细度模数和粗集料种类,查表 14-26 选取。在软作抗滑槽时,砂率可在表 14-26 基础上增大 1% ~2%。

砂的细度模数与最优砂率关系   表 14-26

砂的细度模数		2.2 ~2.5	2.5 ~2.8	3.0 ~3.4	3.1 ~3.4	3.4 ~3.7
砂率 S_p (%)	碎石	30 ~34	32 ~36	34 ~38	36 ~40	38 ~42
	卵石	28 ~32	30 ~34	32 ~36	34 ~38	36 ~40

注:1. 相同细度模数时,机制砂的砂率宜偏低限取值。

    2. 破碎卵石可在碎石和卵石之间内插取值。

路面混凝土的砂率应按照其粗细程度或总表面积来选择。砂的粗细程度,即细度模数与吸附法测得的比表面积之间成反比线性关系。不同施工方式的路面混凝土的工作性与要求的包裹在砂石料表面的水泥浆厚度基本一致,则相同工作性要求保持混凝土集料的总表面积基本不变,粗集料的表面积差别远小于砂,砂粗时比表面积小,会出现表面细观构造过深和平整度不佳等问题,应采用大砂率,提高偏小的总表面积,保持水泥浆厚度不变,并能够防止泌水;砂过细时会造成水灰比过大,弯拉强度和抗磨性不足,应采用小砂率,降低偏大的总表面积。

4. 单位用水量的计算和确定

根据粗集料种类和坍落度 S_L 要求,由水灰比 W/C、砂率 S_p,可分别按经验公式(14-4)~公式(14-6)计算单位用水量(砂石料以自然风干状态计):

碎石

$$W_0 = 104.97 + 0.309S_L + 11.27\frac{C}{W} + 0.61S_p \qquad (14\text{-}4)$$

卵石

$$W_0 = 86.89 + 0.370S_L + 11.24\frac{C}{W} + 1.00S_p \qquad (14\text{-}5)$$

掺外加剂的混凝土单位用水量

$$W_{ow} = W_0\left(1 - \frac{\beta}{100}\right) \qquad (14\text{-}6)$$

式中:W_0——不掺外加剂与掺合料混凝土的单位用水量(kg/m³);

    S_L——坍落度(mm);

    S_p——砂率(%);

    C/W——灰水比,水灰比之倒数。

    W_{ow}——掺外加剂混凝土的单位用水量(kg/m³);

    β——所用外加剂剂量的实测减水率(%)。

计算单位用水量大于表 14-27 最大用水量的规定时,应通过采用减水率更高的外加剂降低单位用水量。最终选定的单位用水量是同时满足摊铺工作性、耐久性和计算单位用水量三项要求的用水量。

面层水泥混凝土最大单位用水量(kg/m³)   表 14-27

施工工艺	碎石混凝土	卵石混凝土	施工工艺	碎石混凝土	卵石混凝土
滑模摊铺机摊铺	160	155	小型机具摊铺	150	145
三辊轴机组摊铺	153	148	—	—	—

由于单位用水量是与砂石料含水状态有很大关系的相对数值,单位用水量计算和确定时,必须首先确定砂石料基准含水状态。砂石料的含水状态可分为烘干、自然风干、饱和面干、饱和等各种状态。砂石料的含水状态不同,需要外加的单位用水量是完全不同的。由于混凝土中的砂石料用量可达80%,接近2000kg/m³,数量极大,砂石料含水率的变化,会带来外加用水量的变化幅度达到1/3~1/2。因此,在路面混凝土配合比设计时,必须明确砂石料的含水状态。对于配制精细混凝土而言,砂石料的最佳含水状态应是饱和面干状态,此时砂石料既不吸水又不释放水分,对工作性、弯拉强度、耐久性等均无影响。

5. 单位水泥用量的计算和确定

单位水泥用量应由下式计算,并取计算值与表14-21耐久性规定值两者中的大值。

$$C_0 = \left(\frac{C}{W}\right)W_0 \qquad (14\text{-}7)$$

式中:C_0——单位水泥用量(kg/m³)。

6. 集料用量的计算和确定

集料用量可按密度法或体积法计算。按密度法计算时,混凝土的单位质量 γ_c,可取 2400~2450kg/m³,由下列两公式联立计算:

$$C_0 + W_0 + S_0 + G_0 = \gamma_c$$
$$S_p = \frac{S_0}{S_0 + G_0} \times 100\% \qquad (14\text{-}8)$$

式中:C_0、W_0、S_0、G_0——水泥、水、砂和粗集料的单位用量(kg/m³);

$\quad\quad\quad S_p$——砂率(%);

$\quad\quad\quad \gamma_c$——混凝土的单位质量(kg/m³),可取 2400~2580。

按体积法计算时,应计入含气量 α。可按式(14-9)与式(14-8)联立计算:

$$\frac{C_0}{\gamma_{cc}} + \frac{W_0}{\gamma_w} + \frac{S_0}{\gamma_s} + \frac{G_0}{\gamma_g} + 10\alpha = 1000 \qquad (14\text{-}9)$$

式中:γ_{cc}、γ_w、γ_s、γ_g——水泥、水、砂和粗集料表观密度(kg/m³);

$\quad\quad\quad \alpha$——含气量(%)。

7. 粗集料填充体积率验算

经计算得到的配合比,应验算粗集料填充体积率。粗集料填充体积率不宜小于70%。

(三)掺用掺合料时配合比设计

面层水泥混凝土拌合物中掺用粉煤灰时,配合比设计宜按超量取代法进行,取代水泥的部分应扣除等量水泥用量;超量部分应代替砂,并折减砂用量。Ⅰ、Ⅱ级粉煤灰的超量取代系数可按表14-28初选。

各级粉煤灰的超量取代系数

表14-28

粉煤灰等级	Ⅰ	Ⅱ	Ⅲ
超量取代系数 k	1.1~1.4	1.3~1.7	1.5~2.0

掺用粉煤灰掺量限制的基本原则是:要保证其全部水化并发挥强度及其他效果。粉煤灰能够全部水化的最大量约为硅酸盐水泥的 28%。因此,路面混凝土中粉煤灰代替水泥的最大掺量,Ⅰ型硅酸盐水泥不宜大于 30%;Ⅱ型硅酸盐水泥不宜大于 25%;道路硅酸盐水泥不宜大于 20%。粉煤灰总掺量应通过试验确定。

面层水泥混凝土拌合物中掺用矿渣粉或硅灰时,配合比设计应采用等量取代水泥法。掺量应通过试验确定,并应扣除水泥中相同数量的矿渣粉或硅灰。

(四)混凝土配合比检验与施工控制

各阶段混凝土的配合比应遵循现行《公路工程水泥及水泥混凝土试验规程》(JTG E30)规定的试验方法进行试配检验。

1. 工作性检验

首先应检验混凝土拌合物是否满足不同施工工艺的工作性要求。检验项目包括含气量、坍落度及经时损失、振动黏度系数、碾压混凝土改进 V/C 值、外加剂品种及其最佳掺量。在工作性和含气量不满足相应摊铺方式要求时,可保持水灰比不变调整单位用水量、外加剂掺量和砂率。但不得减小满足弯拉强度及耐久性要求计算得到的水泥用量。

2. 密度检验

采用密度法计算的配合比,应实测拌合物视密度,并应按视密度调整配合比,调整时水灰比不得增大,单位水泥用量、各种纤维掺量不得减小。调整后的拌合物视密度允许偏差应达到调整前的 ±2.0% 之内。

3. 强度检验

在满足混凝土拌合物工作性和含气量要求的前提下,按标准试验及养护方法,以选定水灰(胶)比为基准,按 0.02 增减变化幅度选定 2~4 个计算水灰(胶)比;也可保持计算水灰(胶)比不变,以选定的单位水泥用量为基准,按 15~20kg/m³ 变化幅度,增减 2~4 个单位水泥用量。制作弯拉强度、抗压强度(桥面和贫混凝土基层)等试件,检验各种混凝土 7d 和 28d 配制弯拉强度和/或抗压强度均值。掺粉煤灰水泥混凝土还应实测 56d 配制弯拉强度均值。实测弯拉强度后,宜利用其试件完好部分实测抗压强度与劈裂强度。强度实测结果应符合其质量标准。

4. 耐久性检验

各级公路面层与桥面混凝土设计配合比应实测耐磨性,并应符合表 14-25 的规定。有抗冰冻要求时,应实测拌合物含气量、硬化混凝土最大气泡间距系数和抗冻性,并应分别符合表 14-23、表 14-24 和表 14-22 的规定。有抗盐冻要求时,除应检验含气量和最大气泡间距系数外,尚应实测混凝土表面单位面积的盐冻剥落量,评价混凝土的抗盐冻性能。

5. 施工含水率控制

施工期间,料堆的实际含水率方式变化时,应实测粗、细集料的实际含水率,并按下列各式对粗、细集料的称量和加水量作出调整,以保持基准配合比不变。

$$S_w = S_0(1 \pm w_s) \tag{14-10}$$

$$G_w = G_0(1 \pm w_g) \tag{14-11}$$

$$W_w = W_0 - G_0 w_g - S_0 w_s \tag{14-12}$$

$$W_w = W_0 + G_0 w_g + S_0 w_s \tag{14-13}$$

式中:w_s——细集料中增加(+)或减少(−)的含水率(%);

w_g——粗集料中增加(+)或减少(−)的含水率(%);

S_0——原施工配合比细集料单位用量(kg/m^3);

G_0——原施工配合比粗集料单位用量(kg/m^3);

W_0——原施工配合比单位用水量(kg/m^3);

S_w——含水率调整后施工配合比中细集料单位用量(kg/m^3);

G_w——含水率调整后施工配合比中粗集料单位用量(kg/m^3);

W_w——粗、细集料含水率调整后施工配合比中单位用水量(kg/m^3)。

6. 施工外加剂控制

可根据施工季节、气温和运距的变化,微调高效减水剂、引气剂、缓凝剂或早强剂的掺量,保持摊铺现场的坍落度始终适宜铺筑,减小摊铺前混凝土拌合物的工作性波动。

三、其他混凝土配合比设计方法

(一)纤维混凝土配合比设计

1. 配制强度

钢纤维混凝土配制28d弯拉强度的平均值f_{cf}(MPa),可按式(14-14)计算确定。

$$f_{cf} = \frac{f_{rf}}{1 - 1.04 C_v} + ts \tag{14-14}$$

式中:f_{cf}——钢纤维混凝土配制28d弯拉强度的平均值(MPa);

f_{rf}——钢纤维混凝土设计弯拉强度标准值(MPa),按设计确定;

s——弯拉强度试验样本的标准差(MPa),可在表14-19规定的范围内取值。

t——保证率系数,可按表14-20确定;

C_v——弯拉强度变异系数,根据实测或参考表14-19确定。

2. 钢纤维体积率

钢纤维混凝土的钢纤维体积率应根据设计弯拉强度标准值确定,缺少经验时,可参考表14-29进行配制。

钢纤维混凝土钢纤维体积率参考值 表14-29

钢纤维混凝土设计弯拉强度标准值f_{rf}(MPa)	6.0	5.5	5.0
600MPa钢纤维掺量体积率(%)	0.8~1.0	0.6~0.8	<0.6

注:当所用钢纤维抗拉强度为1000MPa时,表中600MPa钢纤维掺量体积率可乘以0.9的系数。

钢纤维体积率是指纤维混凝土拌合物中纤维所占的体积百分率,即纤维体积率 V_{sf} ,按下式计算:

$$V_{sf} = \frac{m_{sf}}{\rho_{sf}V} \times 100\% \tag{14-15}$$

式中: V_{sf} ——纤维体积率(%);

$\quad\quad m_{sf}$ ——容量筒中纤维质量(g);

$\quad\quad V$ ——容量筒容积(L);

$\quad\quad \rho_{sf}$ ——纤维密度(kg/m³)。

由式(14-14)计算出配制28d弯拉强度的平均值 f_{cf} 、试验得到 f_c 后,可由式(14-16)计算钢纤维含量特征值。

$$\lambda = \frac{\dfrac{f_{cf}}{f_c} - 1}{\alpha} \tag{14-16}$$

式中: λ ——钢纤维含量特征值;

$\quad\quad f_c$ ——同强度等级水泥混凝土28d配制弯拉强度的平均值(MPa);

$\quad\quad \alpha$ ——钢纤维外形对弯拉强度影响系数,宜通过试验确定;当混凝土不掺加钢纤维强度等级为C20~C80时,可参考表14-30选用。

钢纤维外形对弯拉强度的影响系数参考值　　表14-30

钢纤维品种	高强钢丝切断型		钢板剪切型		钢锭铣削型		低合金钢熔抽异形	
钢纤维外形	端钩型		异形		端钩型		大头型	
混凝土强度等级(MPa)	20~45	50~80	20~45	50~80	20~45	50~80	20~45	50~80
影响系数 α	1.13	1.25	0.79	0.93	0.92	1.10	0.73	0.91

钢纤维体积率可根据式(14-16)计算出的钢纤维含量特征值 λ 、选定的钢纤维长度以及直径或等效直径,由式(14-17)计算得出。

$$\rho = \frac{\lambda d}{l} \times 100\% \tag{14-17}$$

式中: ρ ——钢纤维体积率(%);

$\quad\quad l$ ——钢纤维长度(mm);

$\quad\quad d$ ——钢纤维直径或等效直径(mm)。

3. 工作性

钢纤维体积率为0.6%~1.0%时,钢纤维混凝土的设计坍落度宜比普通水泥混凝土大20~30mm;钢纤维体积率小于0.6%时,钢纤维混凝土的坍落度与普通水泥混凝土相同。

4. 耐久性

钢纤维混凝土的水灰比及水泥用量不仅要满足弯拉强度要求,还应充分考虑耐久性要求。耐久性所包含的内容包括:满足抗冰冻性、抗盐冻、抗滑性、含气量及最大气泡间距系数的要求。

钢纤维混凝土满足耐久性要求的最大水灰(胶)比和最小单位水泥用量应符合表 14-31 的规定。

钢纤维混凝土最大水灰(胶)比和最小单位水泥用量　　　　　表 14-31

公路等级		高速公路、一级公路	二级公路
最大水灰(胶)比		0.47	0.49
有抗冰冻要求最大水灰(胶)比		0.45	0.46
有抗盐冻要求最大水灰(胶)比		0.42	0.43
最小单位水泥用量(kg/m³)	52.5 级	350	350
	42.5 级	360	360
有抗冰冻性、抗盐冻要求时最小单位水泥用量(kg/m³)	52.5 级	370	370
	42.5 级	380	380
掺粉煤灰时最小单位水泥用量(kg/m³)	52.5 级	310	310
	42.5 级	320	320
有抗冰冻性、抗盐冻要求时掺粉煤灰混凝土最小单位水泥用量(kg/m³)	52.5 级	320	320
	42.5 级	340	340

注:处在除冰盐、海风、酸雨或硫酸盐等腐蚀性环境中,或在大纵坡、加减速车道上时,宜采用较小的水灰(胶)比。

钢纤维混凝土不得采用海水、海砂,不得掺加氯盐及氯盐类早强剂、防冻剂等外加剂。处在海水、海风、酸雨、除冰盐或硫酸盐等腐蚀性环境中的钢纤维混凝土宜掺加适量Ⅰ、Ⅱ级粉煤灰或矿渣粉。桥面钢纤维混凝土中不宜掺加粉煤灰。

5. 配合比设计方法与步骤

钢纤维混凝土配合比设计采用正交试验法时,除应符合普通水泥混凝土配合比设计的相关规定外,在正交试验的因素中尚应有钢纤维掺量。

钢纤维混凝土配合比设计,采用经验公式计算时,可由式(14-14)计算钢纤维混凝土 28d 配制弯拉强度平均值 f_{cf};由式(14-15)、式(14-16)计算钢纤维体积率,由表 14-30 查得钢纤维外形弯拉强度的影响系数 α。

钢纤维混凝土单位用水量可按表 14-32 初选,再经试拌坍落度校正后确定。

钢纤维混凝土单位用水量初选表　　　　　表 14-32

拌合物条件	粗集料种类	粗集料公称最大粒径(mm)	单位用水量(kg/m³)
$l/d=50,\rho=0.6\%$ 坍落度20mm 中砂、细度模数2.5 水灰比0.42~0.50	碎石	9.5、16.0	215
		19.0、26.5	200
	卵石	9.5、16.0	208
		19.0、26.5	190

注:1. 钢纤维长径比 l/d 每增减 10,单位用水量相应增减 10kg/m³。

　　2. 钢纤维体积率 ρ 每增减 0.5%,单位用水量相应增减 8kg/m³。

　　3. 坍落度在 10~50mm 范围内,相对坍落度 20mm 每增减 10mm,单位用水量相应增减 7kg/m³。

　　4. 细度模数在 2.0~3.5 范围内,砂的细度模数每增减 0.1,单位用水量相应增减 1kg/m³。

钢纤维混凝土水灰比可由式(14-18)计算。钢纤维混凝土的水灰比应取计算值与表 14-31 规定值两者中的小值。

$$\frac{W}{C} = \frac{0.128}{\dfrac{f_{cf}}{f_s} - 0.301 - 0.325\lambda} \tag{14-18}$$

式中:f_{cf}——钢纤维混凝土配制 28d 弯拉强度的平均值(MPa);

f_s——水泥实测 28d 抗折强度(MPa);

W/C——钢纤维混凝土水灰比;

λ——钢纤维含量特征值,可由式(14-16)或式(14-17)计算。

钢纤维混凝土的单位水泥用量可按式(14-19)计算。钢纤维混凝土的单位水泥用量应取计算值与表 14-27 规定值两者中的大值。

$$C_{of} = \frac{W_{of}}{\dfrac{W}{C}} \tag{14-19}$$

式中:C_{of}——钢纤维混凝土的单位水泥用量(kg/m³);

W_{of}——钢纤维混凝土的单位用水量(kg/m³)。

钢纤维混凝土砂率可按式(14-20)计算,再经试拌坍落度校正后确定。砂率宜在 38% ~50%。

$$S_{pf} = S_p + 10\rho \tag{14-20}$$

式中:S_{pf}——钢纤维混凝土砂率(%);

S_p——水泥混凝土砂率(%)。

集料用量可采用密度法或体积法计算。按密度法计算时,钢纤维混凝土单位质量可取基体混凝土的单位质量加掺入钢纤维单位质量之和;按体积法计算时,应计入设计含气量。

6. 玄武岩纤维及合成纤维混凝土

玄武岩纤维及合成纤维混凝土的目标配合比设计,可按钢纤维有关规定执行。用于提高路面混凝土抗裂性能的玄武岩纤维及合成纤维,其掺量可参考表 14-33 初选后,经试拌确定。

玄武岩纤维及合成纤维的掺量范围   表 14-33

纤维品种	玄武岩纤维	聚丙烯腈纤维	聚丙烯粗纤维	聚酰胺纤维	聚乙烯醇纤维
体积率(%)	0.05 ~0.30	0.06 ~0.30	0.30 ~1.5	0.10 ~0.30	0.10 ~0.30
掺量(kg/m³)	1.3 ~8.0	0.50 ~2.7	2.7 ~14.0	1.1 ~3.5	1.3 ~4.0

注:桥面纤维混凝土体积率宜选上限。

玄武岩纤维及合成纤维混凝土的配合比设计应进行工作性和耐久性试验验证。掺入纤维的拌合物应与相同配合比基体混凝土做早期抗裂性对比试验。用于路面抗裂的纤维混凝土试验室实测早期裂缝降低率不应小于 30%,早期抗裂等级不应低于表 14-34 中等级。用于桥面抗裂的纤维混凝土试验室实测早期裂缝降低率不应小于 60%,早期抗裂等级不应低于表 14-34 中 L-Ⅳ 等级。

抗裂纤维混凝土早期抗裂等级及其裂缝降低率   表 14-34

抗裂等级	L-Ⅰ	L-Ⅱ	L-Ⅲ	L-Ⅳ	L-Ⅴ
单位面积上的总开裂面积 $C(\text{mm}^2/\text{m}^2)$	$C \geqslant 1000$	$700 \leqslant C < 1000$	$400 \leqslant C < 700$	$100 \leqslant C < 400$	$C < 100$
平均裂缝降低率 $\beta(\%)$	0	0 ~30	30 ~60	60 ~90	>90

注:混凝土早期抗裂性能试验结果满足 C 与 β 其中之一即可确定抗裂等级。

(二)碾压混凝土配合比设计

碾压混凝土适宜作高速公路、一级公路下面层,二级及二级以下公路面层。

1. 配制强度

碾压混凝土配制28d弯拉强度的平均值f_{cc}(MPa),可按式(14-21)计算确定。碾压混凝土压实安全弯拉强度f_{cy}有实测数据时,可按式(14-22)计算;无实测数据时,可在0.20~0.35MPa间选用。

$$f_{cc} = \frac{f_r + f_{cy}}{1 - 1.04C_v} + ts \tag{14-21}$$

$$f_{cy} = \frac{\delta}{2}(y_{c1} + y_{c2}) \tag{14-22}$$

式中:f_{cc}——碾压混凝土配制28d弯拉强度的平均值(MPa);

f_r——碾压混凝土设计弯拉强度标准值(MPa),由设计确定;

f_{cy}——碾压混凝土压实安全弯拉强度(MPa);

s——弯拉强度试验样本的标准差(MPa),可在表14-19规定的范围内取值。

t——保证率系数,可按表14-20确定;

C_v——弯拉强度变异系数,根据实测或参考表14-19确定。

δ——相应于压实度变化1.0%的弯拉强度波动值(通过试验得出);

y_{c1}——弯拉强度试件标准压实度(95%);

y_{c2}——路面芯样压实度下限值(由芯样压实度统计得出)。

2. 工作性

碾压混凝土改进VC值试验方法,应符合现行《公路工程水泥及水泥混凝土试验规程》(JTG E30)中T 0524的规定,搅拌机出口改进VC值宜为5~10s;碾压时的改进VC值宜控制在20~30s。试验中的试样表面出浆评分应为4~5分。

3. 耐久性

碾压混凝土最大水灰(胶)比和最小单位水泥用量应符合表14-35的规定。

碾压混凝土最大水灰(胶)比和最小单位水泥用量　　　　表14-35

公路等级		高速公路下面层、二级公路面层	一级公路下面层,三级、四级公路面层
最大水灰(胶)比		0.40	0.42
有抗冰冻要求最大水灰(胶)比		0.38	0.40
有抗盐冻最大水灰(胶)比		0.36	0.38
最小单位水泥用量(kg/m³)	42.5级	290	280
	32.5级	305	300
有抗冰冻性、抗盐冻要求时最小单位水泥用量(kg/m³)	42.5级	315	310
	32.5级	325	320

公路等级		高速公路下面层、二级公路面层	一级公路下面层、三级、四级公路面层
掺粉煤灰时最小单位水泥用量(kg/m³)	42.5级	255	250
	32.5级	265	260
有抗冰冻性、抗盐冻要求时掺粉煤灰混凝土最小单位水泥用量(kg/m³)	42.5级	260	265
	32.5级	275	270

碾压混凝土面层、下面层拌合楼出口含气量均值及允许偏差范围宜为 3.0% ±0.5% 。严寒与寒冷地区碾压混凝土面层含气量应符合表 14-23 中关于抗冰冻和抗盐冻要求,并满足相应的抗冻等级及抗盐冻要求。碾压混凝土面层的耐磨性,宜符合相应等级公路面层混凝土磨损量的规定,面层用粗集料的磨光值 PSV 不应小于 36.0。碾压混凝土下面层可不要求耐磨性与磨光值。

4. 集料级配

碾压混凝土粗、细集料合成级配范围宜符合表 14-36 的规定。

碾压混凝土粗、细集料合成级配范围 表 14-31

筛孔尺寸(mm)	19.0	9.5	4.75	2.36	1.18	0.6	0.3	0.15
通过百分率(%)	90~100	50~70	35~47	25~38	18~30	10~23	5~15	3~10

注:用作面层时,各筛孔的通过百分率允许误差为 ±3.0%。

5. 外加剂及掺合料

碾压混凝土中减水剂和引气剂的使用,除应满足普通混凝土的规定外,尚应预先通过碾压混凝土性能试验优先品种和掺量,确认满足各项质量标准后方可使用。

碾压混凝土中掺用粉煤灰时,粉煤灰质量标准应符合表 14-13 低钙粉煤灰的规定。面层与下面层应使用Ⅰ级或Ⅱ级粉煤灰。粉煤灰掺量应采用超量取代法。超量取代系数 k,对Ⅰ级粉煤灰可取 1.4~1.8、Ⅱ级粉煤灰可取 1.6~2.0。

6. 配合比设计方法

碾压混凝土配合比设计方法宜采用正交试验法或经验公式法。采用正交试验法时,试验可变因素应根据碾压混凝土的性能要求和材料变化情况根据经验确定。不掺粉煤灰碾压混凝土正交试验可选水泥用量、用水量、粗集料填充体积率 3 个因素;掺粉煤灰的碾压混凝土可选用水量、基准胶材总量、粉煤灰掺量、粗集料填充体积率 4 个因素。每个因素至少应选 3 个水平,并宜选用 $L_9(3^4)$ 正交表安排试验方案。

对正交试验结果进行直观及回归分析,回归分析的考察指标应包括 VC 值及抗离析性、弯拉强度或抗压强度、抗冰冻或耐磨性。根据分析结果并综合考虑拌合物工作性,确定满足 28d 弯拉强度或抗压强度、抗冰冻或耐磨性等设计要求的正交初步配合比。

7. 不掺粉煤灰碾压混凝土配合比设计经验公式法

不掺粉煤灰碾压混凝土配合比设计,采用经验公式法时,可按下列步骤进行:

（1）按式（14-23）计算单位用水量。

$$W_{0c} = 137.7 - 20.55 \lg VC \tag{14-23}$$

式中：W_{0c}——碾压混凝土的单位用水量（kg/m^3）；

　　　VC——碾压混凝土拌合物改进 VC 值（s）。

（2）按式（14-24）计算水灰比。水灰比应取计算值与表 14-35 中规定值两者中的小值。

$$\frac{W}{C} = \frac{0.2156 f_s}{f_{cc} - 0.172 f_s} \tag{14-24}$$

式中：f_{cc}——碾压混凝土配制 28d 弯拉强度均值（MPa）；

　　　f_s——水泥实测 28d 抗折强度（MPa）。

（3）按式（14-25）计算单位水泥用量。单位水泥用量应取计算值与表 14-35 中规定值两者中大值。

$$C_{0c} = \frac{W_{0c}}{\dfrac{W}{C}} \tag{14-25}$$

式中：C_{0c}——碾压混凝土的单位水泥用量（kg/m^3）；

　　　W_{0c}——碾压混凝土的单位用水量（kg/m^3）。

（4）按表 14-37 选定配合比中粗集料填充体积率。

粗集料填充体积率 V_g 表 14-37

砂细度模数 M_x	2.40	2.60	2.80	3.00
粗集料填充体积百分率 V_g（%）	75 ± 2	73 ± 2	71 ± 2	69 ± 2

（5）按式（14-26）计算粗集料用量。

$$G_{0c} = \gamma_{cc} \frac{V_g}{100} \tag{14-26}$$

式中：G_{0c}——碾压混凝土粗集料单位体积用量（kg/m^3）；

　　　γ_{cc}——碾压混凝土粗集料视密度（kg/m^3）；

　　　V_g——粗集料填充体积率（%）。

（6）根据 G_{0c}、C_{0c}、W_{0c} 及原材料密度，按体积法计算用砂量 S_{0c}，计算时计入设计含气量。

（7）按式（14-27）计算单位外加剂用量。

$$Y_{0c} = y C_{0c} \tag{14-27}$$

式中：Y_{0c}——碾压混凝土中单位外加剂用量（kg/m^3）；

　　　C_{0c}——碾压混凝土单位水泥用量（kg/m^3）；

　　　y——外加剂掺量。

8. 掺粉煤灰碾压混凝土配合比设计经验公式法

掺粉煤灰碾压混凝土配合比设计，采用经验公式法时，可按下列步骤进行：

（1）按表 14-37 选定配合比中粗集料填充体积率 V_g，由式（14-26）计算单位粗集料用量 G_{0c}。

（2）初选粉煤灰超量取代系数 k：对 Ⅰ 级粉煤灰可取 1.4～1.8、Ⅱ 级粉煤灰可取 1.6～2.0。按经验法或正交试验法分析结果选定代替水泥的粉煤灰掺量 F_{cc}。

（3）按式（14-28）计算单位用水量。

$$W_{0c} = 135.5 - 21.1 \lg VC + 0.32 F_{cc} \qquad (14\text{-}28)$$

式中:W_{0c}——碾压混凝土的单位用水量(kg/m^3);

VC——碾压混凝土拌合物改进 VC 值(s);

F_{cc}——代替水泥的粉煤灰掺量(%)。

(4)按式(14-29)计算基准胶结材总量。

$$J = 200(f_{cc} - 7.22 + 0.025 F_{cc} + 0.023 V_g) \qquad (14\text{-}29)$$

式中:J——碾压混凝土中单位体积基准胶结材总量(kg/m^3);

f_{cc}——碾压混凝土配制 28d 弯拉强度均值(MPa);

F_{cc}——代替水泥的粉煤灰掺量(%);

V_g——粗集料填充体积率(%)。

(5)按式(14-30)计算单位水泥用量。单位水泥用量应取计算值与表 14-35 中规定值两者中大值。

$$C_{0fc} = J\left(1 - \frac{F_c}{100}\right) \qquad (14\text{-}30)$$

式中:C_{0fc}——掺粉煤灰的碾压混凝土的单位水泥用量(kg/m^3);

F_c——单位粉煤灰用量(kg/m^3)。

(6)按式(14-31)计算单位粉煤灰用量。

$$F_c = C_{0fc} F_{cc} k \qquad (14\text{-}31)$$

式中:C_{0fc}——掺粉煤灰的碾压混凝土的单位水泥用量(kg/m^3);

F_c——单位粉煤灰用量(kg/m^3);

F_{cc}——代替水泥的粉煤灰掺量(%);

k——粉煤灰超量取代系数。

(7)按式(14-32)计算总水胶比。总水胶比应取计算值与表 14-35 中规定值两者中的小值。

$$\frac{W}{J_Z} = \frac{W_{0fc}}{C_{0fc} + F_c} \qquad (14\text{-}32)$$

式中:$\dfrac{W}{J_Z}$——碾压混凝土中总水胶比;

W_{0fc}——掺粉煤灰的碾压混凝土的单位用水量(kg/m^3);

C_{0fc}——掺粉煤灰的碾压混凝土的单位水泥用量(kg/m^3);

F_c——单位粉煤灰用量(kg/m^3)。

(8)根据 G_{0c}、C_{0c}、F_c、W_{0c} 及相应原材料密度,按体积法计算用砂量 S_{0c},计算时应计入设计含气量。

(9)按式(14-33)计算单位外加剂用量。

$$Y_{0fc} = y_f(C_{0fc} + F_c) \qquad (14\text{-}33)$$

式中:Y_{0fc}——碾压混凝土中单位外加剂用量(kg/m^3);

C_{0fc}——碾压混凝土单位水泥用量(kg/m^3);

y_f——外加剂掺量;

F_c——单位粉煤灰用量(kg/m^3)。

第三节 水泥混凝土面层施工

按水泥混凝土面层摊铺和压实所采用的施工机械和工艺方法的不同,水泥混凝土面层施工方法有:①小型机具;②三辊轴机组;③滑模式摊铺机;④碾压混凝土。

一、施工准备工作

水泥混凝土路面施工前的准备工作包括材料准备及质量检验、混合料配合比检验与调整、下承层及功能层的检验与整修、施工放样及机械准备、铺筑试验段等。

(一)原材料与设备检查

对各种原材料,应将相同料源、规格、品种原材料作为一个批次,按表14-38中的检测项目、检测频率和试验方法进行检验,检验合格并经配合比试验确认满足要求后,方可使用。不合格原材料不得进场。

混凝土原材料的检验项目及频率 表14-38

材料	检测项目	检测频率		试验方法
		高速公路、一级公路	其他等级公路	
水泥	抗折强度、抗压强度、安定性	机铺1500t一批	机铺1500t一批,小型机具500t一批	GB 175 GB 13693
	凝结时间、标稠需水量、细度	机铺2000t一批	机铺3000t一批,小型机具500t一批	
	F-CaO、MgO、SO₃含量,铝酸三钙、铁铝酸四钙含量,干缩率、耐磨性、碱度、混合材料种类及数量	每合同段不少于3次,进场前必测	每合同段不少于3次,进场前必测	
	温度	冬夏季施工随时检测	冬夏季施工随时检测	温度计
掺合料	活性指数、细度、烧失量	机铺1500t一批	机铺1500t一批,小型机具500t一批	GB/T 18736 GB/T 1596
	需水量、SO₃含量	每合同段不少于3次,进场前必测	每合同段不少于3次,进场前必测	
粗集料	级配、针片状、超粒径颗粒含量,表观密度、堆积密度、空隙率	机铺2500m³一批	机铺5000m³一批、小型机具1500m³一批	T 0320/T 0312/ T 0308/T 0309
	含泥量,泥块含量	机铺1000m³一批	机铺2000m³一批、小型机具1000m³一批	JTG E42 T 0310
	压碎值、岩石抗压强度	每种集料每合同段不少于2次	每种集料每合同段不少于2次	JTG E42/41 T 0316/T 0221
	碱集料反应	怀疑有碱活性集料进场前测	怀疑有碱活性集料进场前测	JTG E42 T 0325
	含水率	降雨或湿度变化随时测,且每日不少于2次	降雨或湿度变化随时测,且每日不少于2次	JTG E42 T 0307

材料	检测项目	检测频率		试验方法
		高速公路、一级公路	其他等级公路	
砂	细度模数、表观密度、堆积密度、空隙率、级配	机铺2000m³一批	机铺4000m³一批、小型机具1500m³一批	JTG E42 T 0331/T 0328
	含泥量,泥块、石粉含量	机铺1000m³一批	机铺2000m³一批、小型机具500m³一批	JTG E42 T 0333/T 0335
	坚固性	每种砂每合同段不少于3次	每种集料每合同段不少于3次	JTG E42 T 0340
	云母含量、轻物质与有机物含量	目测有云母或杂质时测	目测有云母或杂质时测	T 0337
	硫化物及硫酸盐、海砂中氯离子含量	必要时测,淡化海砂每合同段3次	必要时测,淡化海砂每合同段2次	JTG E42 T 0341
	含水率	降雨或湿度变化随时测,且每日不少于4次	降雨或湿度变化随时测,且每日不少于3次	JTG E42 T 0330
外加剂	减水率、缓凝时间,液体外加剂含固量和相对密度,粉状外加剂的不溶物含量	机铺5t一批	机铺5t一批,小型机具3t一批	GB 8076
	引气剂含量、气泡细密程度和稳定性	机铺2t一批	机铺3t一批,小型机具1t一批	
纤维	抗拉强度、弯折性能或延伸率、长度、长径比、形状	开工前或有变化时,每合同段3次	开工前或有变化时,每合同段3次	GB/T 228 JT/T 776.1 GB/T 21120
	杂质、质量及其偏差	机铺50t一批	机铺50t一批,小型机具30t一批	
养护材料	有效保水率、抗压强度比、耐磨性、耐热性、膜水溶性、含固量、成膜时间、薄膜或成膜连续不透水性	开工前或有变化时,每合同段不少于3次,每5t一批	开工前或有变化时,每合同段不少于3次,每5t一批	JT/T 522 JG/T 188
水	pH值、含盐量、硫酸根及杂质含量	开工前和水源有变化时	开工前和水源有变化时	JTJ 63

　　施工前应对机械设备、测量仪器、基准线或模板、机具工具及各种试验仪器等进行全面检查、调试、校核、标定,并适量储备主要施工机械易损零部件。

(二)施工机械选型和配套

　　由于不同施工机械设备和工艺方法铺筑的水泥混凝土路面质量差异较大,采用大型成套滑模摊铺机和新技术、新工艺施工,是保证水泥混凝土路面的内在质量、表面的行驶功能和耐久性技术指标要求的关键。但由于各地的情况、技术基础差别很大,对各种施工方法,可根据自身条件和拟建公路等级按照表14-39所示的机械装备要求选择合适的设备和工艺。

摊铺机械装备	高速公路	一级公路	二级公路	三级公路	四级公路
滑模摊铺机	★	★	★	▲	○
三辊轴机组	○	▲	★	★	★
小型机具	×	○	▲	★	★
碾压混凝土机械	×	○	★	★	▲
计算机自动控制强制搅拌机	★	★	★	▲	○
强制搅拌机	×	○	▲	★	★

注:1. 符号含义:★应使用,▲有条件使用,○不宜使用,×不得使用。
　 2. 各等级公路均不得使用体积计量、小型自落滚筒式搅拌机,严禁使用人工控制加水量。

(三)下承层及功能层的检验与整修

1. 路基沉降观测

水泥混凝土路面对路基稳定性要求很高,路基不均匀变形引起的板底局部脱空将导致断板等病害。因此,要求在施工前应对桥头、软基、高填方、填挖交界等可能出现不稳固的路基段,进行连续沉降观测,只有路基沉降曲线过拐点并确认路基沉降已经稳定后,方可进行面层施工。当发现局部路基段沉降尚未稳定时,不得进行该段面层施工。

2. 基层检查与整修

面层水泥混凝土施工前,应提供足够连续施工 7d 以上的合格基层,并严格控制表面高程和横坡度。对存在挤碎、隆起、空鼓等局部破损病害的基层,应清除病害部位,并使用相同的基层材料重新铺筑。当基层产生非扩展性温缩、干缩裂缝时,可先采用灌沥青密封防水后后,在采用土工合成材料进行防裂处理。局部开裂、破碎部位,应局部全厚挖除,并采用贫混凝土修复。

3. 功能层

水泥混凝土路面功能层是指位于面层板与基层之间的夹层或基层顶面的封层。其中沥青混凝土夹层、热拌沥青表面处治封层与乳化改性沥青稀浆封层的施工及质量标准应符合现行《公路沥青路面施工技术规范》(JTG F40)的相关规定。土工合成材料封层应符合现行《公路土工合成材料应用技术规范》(JTG/T D32)的相关规定。封层用薄膜材料的质量、规格与外观应符合表 14-40 的规定。

封层用薄膜材料的质量、规格与外观标准　　　　　　　表 14-40

类 别	项 目		技术要求	试验方法
复合土工膜 (一布一膜、二布一膜)	厚度(mm)	成品	≥0.30	GB/T 13761
		膜材	≥0.06	GB/T 17598
	纵、横向标称断裂强度(kN/m)		≥10	GB/T 17598
	纵、横向断裂伸长率(%)		≥30	
	CBR 顶破强力(kN)		≥1.9	GB/T 14800
	剥离强度(N/cm)		≥6.0	FZ/T 01010

类　别	项　目	技术要求	试验方法
复合塑料编织布	单位面积质量(g/m²)	≥125	QB/T 3808
	经、纬向拉断力(N)	≥570	GB/T 1040.1~1040.5
	剥离力(N)	≥2.5	GB 8808
薄膜规格、外观	公称宽度(mm)	≥4000	GB/T 6673、GB/T 4666、QB/T 3808
	宽度允许偏差(%)	≥+2.5,≥-1.0	
	外观质量	合格	薄膜各自的外观检测方法

薄膜封层施工前,应清除基层表面的浮土、碎石等杂物,然后铺薄膜。封层铺设应完全覆盖基层表面,不得漏铺,并应做到平整、设置、顺直,避免褶皱。一布一膜型复合土工膜或单面复合塑料编织布封层铺设应使膜面朝上,布面紧贴基层。封层搭接时,纵向搭接长度不应小于500mm,横向搭接宽度不应小于300mm。采用黏结方式连接时,纵向黏结长度不应小于200mm,横向黏结宽度不应小于150mm。重叠部分,沿纵坡或横坡下降方向高程较大一侧封层应在上方。纵坡大于0.5%路段和设超高的弯道封层采用二布一膜型复合土工膜,平曲线上宜采用折线形式铺设。薄膜封层应与基层表面粘贴固定。封层铺设应在面层施工模板或基准线安装前完成,并应对铺设好的封层进行保护,损坏的封层应及时进行修复。

薄膜封层铺设搭接偏差、宽度偏差不得超过规定值的20%。因施工产生最大破口长度不得超过60mm;每10m²范围内长度超过20mm的破口数量不得超过3个。所有破口均应贴补修复或更换新封层。

(四)试验段铺筑

二级及二级以上公路水泥混凝土面层施工前,应制订试验路段的施工方案和质量检测计划,并应铺筑试验路段。其他等级公路施工前宜铺筑试验路段。试验路段长度不应短于100m,高速公路、一级公路宜在主线路面以外进行试铺。

试验路段铺筑应达到下述目的:①确定拌合楼的拌和参数、实际生产能力和配料精度;②检验混凝土施工性能、技术参数和实测确定;③检验铺筑机械、工艺参数及拌和能力匹配情况;④检验施工组织方式、质量控制水平和人员配备。

拌合楼(机)应通过动、静态标定检验合格后方可试拌。试拌应确定下列内容:①每座拌合楼(机)的生产能力、施工配合比的配料精度,以及全部拌合楼(机)的总产量;②计算机拌和程序及粗细集料含水率的反馈控制系统满足要求;③合理投料顺序和时间、纯拌和与总拌和时间;④拌合物坍落度、VC值、含气量等工艺参数;⑤检验混凝土试件弯拉强度是否满足要求。

用于试验段的拌合楼(机)试拌合格后,方可进行试验路段铺筑。试验路段铺筑时,应确定下列内容:①主要铺筑设备的工艺性能、质量指标和生产能力满足要求;辅助设备的配备合理、适用;模板架设固定方式或基准线设置方式能够保证高程和厚度控制要求;②实测试验路段的松铺系数、摊铺速度、振捣时间与频率、滚压遍数、碾压遍数、压实度、拉杆与传力杆置入精度、抗滑构造深度、摩擦系数、接缝顺直度等;③验证施工各工艺环节操作要领,确定各关键岗位的作业指导书;④检验施工组织形式和人员编制;⑤通信联络、生产调度指挥及应急管理系统满足施工组织要求。

试验路段铺筑后,应按规定的面层质量检验项目、技术要求和检查方法进行全面质量评定,并应符合下列规定:①应提交试验路段的检查结果总结报告,报告中应包括试铺路段所采用的工艺参数、检验结果、存在的问题及改进措施,对正式施工时拟采用的施工参数提出明确的施工指导书;②水泥混凝土路面试验路段应经过建设单位组织的对各项施工质量指标的复检和验收,合格后,经批准,方可投入正式铺筑施工;③符合各项质量技术要求的施工工艺、流程和参数应固化为标准化的施工工艺模式,并贯穿施工全过程;④试验路段质量检验评定不合格,或未能达到预期目标时,应重新铺筑试验路段。

二、水泥混凝土拌合物搅拌与运输

水泥混凝土路面施工应根据工程规模、施工工艺和日进度要求合理配备拌和设备,并应在混凝土拌合物初凝时间之内运输到铺筑现场。拌合楼(机)出口拌合物的坍落度应根据铺筑最适宜的坍落度加上运输过程中坍落度的经时损失值确定,并根据运距长短、气温高低随时进行微调。当原材料、混凝土种类、混凝土强度等级等有变化时,应重新进行配合比设计及试拌,必要时应重新铺筑试验段,合格后方可搅拌生产。

(一)搅拌设备及运输车辆

1.搅拌设备

拌合站的拌和设备生产能力与容量必须与路面上的机械铺筑能力匹配,密切配合,形成具有计划摊铺能力的系统。拌和站配置的混凝土总设计标称生产能力可按式(14-34)计算,并按总拌和能力确定拟采用的拌合楼(机)数量和型号。

$$M = 60\mu \cdot b \cdot h \cdot v_t \tag{14-34}$$

式中:M——拌合楼(机)总设计标称搅拌能力(m^3/h);

b——摊铺宽度(m);

v_t——摊铺速度(m/min),不小于1m/min;

h——面层松铺厚度(m),普通与碾压混凝土分别取设计厚度1.10倍、1.15倍;

μ——拌合楼(机)可靠性系数,取值范围1.2~15,根据下列具体情况确定:拌合楼(机)可靠性高,μ可取较小值;反之,μ取较大值;搅拌钢纤维混凝土时,μ应取较大值;坍落度要求较低者,μ应取较大值。

拌合站最小生产能力应满足表14-41的规定。

拌合站最小生产能力配置(m^3/h)　　　　　　表14-41

摊铺宽度	滑模摊铺	三辊轴机组摊铺	小型机具摊铺	碾压混凝土
单车道3.75~4.5m	≥150	≥75	≥50	≥100
双车道7.5~9m	≥300	≥100	≥75	≥200
整幅宽≥12.5m	≥400	—	—	≥300

应根据需要和设备能力确定拌合楼(机)数量。同一拌合站的拌合楼(机)的规格宜统一,且宜采用同一厂家的设备。每座拌合楼(机)应根据粗集料级配数加细集料进行分仓,各级集料不得混仓。粗、细集料仓顶应设置过滤超粒径颗粒的钢筋筛。每座拌合楼(机)应配备不少于2个用于存储水泥的灌仓,每种掺合料应单独设置存储料仓。

水泥混凝土拌和应采用间歇强制式拌合楼(机),或配料计量精度满足要求的连续式拌合楼(机),不宜使用自落式滚筒搅拌机。高速公路、一级及二级公路水泥混凝土面层施工时,应采用配备计算机自动控制的强制式拌合楼(机)。

2. 运输车辆

运输车辆可按式(14-35)计算,且不应少于 3 辆,高速公路、一级公路不应少于 3 辆。

$$N = 2n\left(1 + \frac{S\rho_c m}{v_q g_q}\right) \tag{14-35}$$

式中:N——运输车辆数量(辆);

    n——相同产量拌合楼(机)台数;

    S——单程运输距离(km);

    ρ_c——混凝土拌合物视密度(t/m^3);

    m——一座拌合楼(机)生产能力(m^3/h);

    v_q——车辆的平均运输速度(km/h);

    g_q——汽车载重能力($t/辆$)。

(二)混凝土拌和

每台拌合楼(机)应配备齐全自动供料、称量、计量、砂石料含水率反馈控制设备,以及外加剂加入装置、计算机控制自动配料操作系统设备和打印设备。拌合楼(机)配料应满足表 14-42 的计量精度要求。

拌合楼(机)配料计量允许偏差(%) 表 14-42

材料名称	水泥	掺合料	纤维	细集料	粗集料	水	外加剂
高速公路、一级公路每盘	±1	±1	±2	±2	±2	±1	±1
高速公路、一级公路累计每车	±1	±1	±2	±2	±2	±1	±1
其他等级公路	±2	±2	±2	±3	±3	±2	±2

在标定有效期满或拌合楼(机)搬迁安装后,应重新标定。施工中应每 15d 校验一次拌合楼(机)计量精度。采用计算机自动控制的拌合楼(机),应使用自动配料方式控制生产,并按要求打印对应路面摊铺桩号的混凝土配料统计数据及偏差。

拌合楼(机)拌和第一盘拌合物之前,应润湿搅拌锅,并排净积水。拌合楼(机)生产时,每台班结束后均应对搅拌锅进行清洗,剔除结硬的混凝土块,并更换严重磨损的搅拌叶片。

拌和时间应根据拌合物的黏聚性、均质性及搅拌机类型,经试拌确定。一般情况下,单立轴式搅拌机总拌和时间可为 80 ~ 120s,全部原材料到齐后的最短纯拌和时间不应短于 40s;行星立轴和双卧轴式搅拌机总拌和时间为 60 ~ 90s,最短纯拌和时间应宜短于 35s;连续双卧轴搅拌楼的总拌和时间为 80 ~ 120s,最短纯拌和时间不应短于 40s。

可溶解的外加剂应充分溶解、搅拌均匀后加入搅拌锅,并扣除溶液中的加水量。有沉淀的外加剂溶液,应每天清除一次稀释池中的沉淀物。不可溶的粉末外加剂加入前应过 0.30mm 筛,可与集料同时加入,并适当延长纯搅拌时间。混凝土中掺有引气剂时,拌合楼(机)一次搅拌量不应大于额定搅拌量的 90%。粉煤灰或其他掺合料应采用与水泥相同的输送、计量方式加入。加入粉煤灰的水泥混凝土拌合物的纯搅拌时间比不掺的延长 15 ~ 25s。

拌合楼(机)卸料时,自卸车每装载一盘拌合物应挪动一次车位,搅拌锅出口与车箱底板之间的卸料落差不应大于 2.0m。混凝土拌合物的质量检测项目及频率应符合表 14-43 的规定。

混凝土拌合物的质量检测项目及频率　　　　　　　　表 14-43

检测项目	检测频率		试验方法
	高速公路、一级公路	其他等级公路	
水灰比及其稳定性	每 5000m³ 抽检 1 次,有变化随时测	每 5000m³ 抽检 1 次,有变化随时测	T 0529
坍落度及其损失率	每工班测 3 次,有变化随时测	每工班测 3 次,有变化随时测	T 0522
振动黏度系数	试拌、原材料和配合比变化时测	试拌、原材料和配合比变化时测	JTG/T F30 附录
纤维体积率	每工班测 2 次,有变化随时测	每工班测 1 次,有变化随时测	
含气量	每工班测 2 次,有抗冻要求不少于 3 次	每工班测 1 次,有抗冻要求不少于 3 次	T 0526
泌水率	每工班测 2 次	每工班测 2 次	T 0528
表观密度	每工班测 1 次	每工班测 1 次	T 0525
温度、凝结时间、水化发热量	冬、夏季施工,气温最高、最低时,每工班至少测 1～2 次	冬、夏季施工,气温最高、最低时,每工班至少测 1 次	T 0527
改进 VC 值	每工班测 3 次,有变化随时测	每工班测 3 次,有变化随时测	T 0524
离析	随时观察	随时观察	—
压实度、松铺系数	每工班测 3 次,有变化随时测	每工班测 3 次,有变化随时测	T 0525

拌合物出料温度宜控制在 10～35℃。拌合物应均匀一致。生料、干料、严重离析的拌合物,或有外加剂团块、粉煤灰团块的拌合物不得用于路面摊铺。一座拌合楼(机)每盘之间,各拌合楼(机)之间,拌合物的坍落度偏差应小于 10mm。

搅拌纤维混凝土时,拌合楼(机)一次搅拌量不宜大于额定容量的 90%。拌拌和掺量较多的纤维混凝土时,不宜大于 80%。纤维混凝土搅拌宜采用纤维分散机在搅拌过程中分散加入纤维。可采用先将钢纤维或其他纤维、水泥、粗细集料干拌,基本均匀后再加水湿拌的方法改善纤维的均匀性。出机拌合物中不得有纤维结团现象。纤维混凝土的纯搅拌时间应比水泥混凝土规定的纯搅拌时间延长 20～30s。应保证纤维在混凝土中的分散性及均匀性。按水洗法检测测的纤维体积率偏差不应大于设计掺量的 ±15%。

除拌合楼(机)应配备砂(石)含水率自动反馈控制系统外,每台班应至少监测 3 次粗细集料含水率。并根据集料含水率变化,快速反馈并严格控制加水量和粗、细集料用量。

在拌合楼(机)的搅拌锅内清理黏结混凝土时,无电视监控的拌合楼(机)应有两人以上方可进行,一人清理,一人值守操作台。有电视监控的拌合楼(机),应打开电视监控系统,关闭主电机电源,并在主开关上挂警示红牌。

拌合楼(机)的水泥、粉煤灰或矿渣粉罐仓除应防止拌和期间洒漏外,在水泥罐车输送水泥时,罐仓顶部应设置过滤布。不得使大量水泥粉或粉煤灰、矿渣粉从仓顶飞散入大气中。

当摊铺机械出现故障时,应及时通知拌合楼(机)停止搅拌,防止运输到摊铺机前的混凝土因超过初凝时间不能铺筑而废弃。

(三)混凝土运输

混凝土的运输应保证到现场的拌合物具有适宜摊铺的工作性。不掺加缓凝剂的混凝土拌合物从搅拌机出料到运抵现场的允许最长时间应符合表14-44的规定。不满足时,可采用通过试验调整缓凝剂的剂量等措施,保证到达现场的拌合物工作性满足要求。

混凝土拌合物出料到运抵现场允许最长时间 表14-44

施工气温(℃)	滑模摊铺(h)	三辊轴机组摊铺、小型机具摊铺(h)	碾压铺筑(h)
5~9	1.5	1.20	1.0
10~19	1.25	1.0	0.8
20~29	1.0	0.75	0.6
30~35	0.75	0.40	0.4

运送混凝土的车辆装料前,应清洁车厢或车罐,洒水润壁,排干积水。混凝土运输过程中应防止漏浆、漏料和污染,防止拌合物离析。车辆行驶和卸料过程中,当碰撞了模板或基准线时,应重新测量纠偏。

三、滑模摊铺机施工

滑模摊铺机施工工艺宜用于高速公路、一级公路、二级公路普通水泥混凝土面层、配筋混凝土面层、纤维混凝土面层、钢筋混凝土桥面、隧道混凝土面层、混凝土路缘石、路肩石及护栏等的滑模摊铺施工。

采用滑模摊铺机在基层上行走的铺筑方案时,基层侧边缘到滑模摊铺面层边缘的宽度不宜小于650mm。传力杆和纵缝拉杆钢筋宜采用前置支架法施工,也可用滑模摊铺机配备的自动插入装置(DBI)施工。

滑模铺筑施工应编制安全生产作业指导书。应加强混凝运输组织,保证供料速度与摊铺速度相适应,避免发生料多废弃或等料停机现象。上坡纵坡大于5%、下坡纵坡大于6%、半径小于50m或超高超过7%的路段,不宜采用滑模摊铺机进行摊铺。

(一)设备选择

滑模摊铺机的选择应根据路面结构形式、路面板块划分等因素,并参考滑模摊铺机的性能确定。选用的滑模摊铺机的技术指标宜符合表14-45规定的基本技术参数要求。

滑模摊铺机的基本技术参数表 表14-45

项目	发动机最小功率(kW)	摊铺宽度范围(m)	摊铺最大厚度(mm)	摊铺速度范围(m/min)	最大空驶速度(m/min)	最大行驶速度(m/min)	履带个数(个)
三车道滑模摊铺机	200	12.5~16.0	500	0.75~3.0	5.0	15.0	4
双车道滑模摊铺机	150	3.6~9.7	500	0.75~3.0	5.0	18.0	2~4
多功能单车道滑模摊铺机	70	2.5~6.0	400 护栏最大高度≤1900	0.75~3.0	9.0	15.0	2~4
小型路缘石滑模摊铺机	60	0.50~2.5	450	0.75~2.0	9.0	10.0	2~3

高速公路、一级公路宜选配能一次摊铺不少于2个车道宽度的滑模摊铺机。二级公路路面的最小摊铺宽度不得小于单个车道设计宽度。硬路肩宜选配可连体摊铺路缘石的中、小型

多功能滑模摊铺机。

滑模摊铺水泥混凝土路面时,摊铺机应配备自动抹平板装置。滑模摊铺机械系统应配套齐全,辅助设备的数量及生产能力应满足铺筑进度的要求,并按下列要求进行配备:①滑模摊铺机铺筑无传力杆水泥混凝土路面时,布料可使用轻型挖掘机或推土机。②滑模摊铺机铺筑连续配筋混凝土路面、钢筋混凝土路面、桥面和桥头搭板,路面中设传力杆钢筋支架、胀缝钢筋支架时,布料应采用侧向上料的布料机或供料机。③应采用刻槽机制作宏观抗滑构造。④面层切缝可使用软锯缝机、支架式硬锯缝机或普通锯缝机。

(二)摊铺前准备

摊铺前下承层及夹层或封层质量应检验合格,对于破损或缺失部位,应及时修复。表面应清扫干净并洒水润湿,并采取防止施工设备和车辆碾坏封层的措施。应检查并平整滑模摊铺机的履带行走区。行走区应坚实,不得存在湿陷等病害,并应清除砖、瓦、石块、废弃混凝土块等杂物。履带行走部位基层存在斜坡时,应提前整平。不允许滑模摊铺机的履带行走部位存在湿陷或存留块状硬质杂物,是为了防止摊铺过程陷机或块体压碎而瞬间跳机。陷机将导致滑模摊铺机无法行进摊铺;砖、瓦、石块等被履带压碎后将导致滑模摊铺机瞬间跳机,导致路表面出现棱槽。

摊铺前应检查并调试施工设备。滑模摊铺机首次作业前,应挂线对其铺筑位置、几何参数和机架水平度进行设置、调整和校准,满足要求后方可用于摊铺作业。

横向连接摊铺前,前次摊铺路面纵向施工缝处溜肩、胀宽部位应切割顺直;拉杆应校正扳直,缺少的拉杆应钻孔锚固植入。横向连接摊铺时,纵向施工缝的上半部缝壁应按设计涂覆隔离防水材料。

滑模摊铺面层前,应准确架设基准线。滑模摊铺高速公路、一级公路时,应采用单向坡双线基准线;横向连接摊铺时,连接一侧可依托已铺成的路面,另一侧设置单线基准线。滑模整体铺筑二级公路的双向坡路面时,应设置双线基准线,滑模摊铺机底板应设置为路拱形状。基准线桩纵向间距,直线段不宜大于10m,桥面铺装、隧道路面及竖曲线和平曲线路段宜为5~10m,大纵坡与急弯道可加密布置。基准线桩最小距离不宜小于2.5m。基层顶面到夹线臂的高度宜为450~750mm。基准线桩夹线臂夹口到桩的水平距离宜为300mm。基准线桩应固定牢固。单根基准线的最大长度不宜大于450m。架设长度不宜大于300m。基准线宜使用钢绞线。采用直径2.0mm的钢绞线时,张线拉力不宜小于1000N;采用直径3.0mm钢绞线时,不宜小于2000N。基准线设置后,应避免扰动、碰撞和振动。多风季节施工,宜缩小基准线桩间距。基准线设置精度应符合表14-46的规定。

基准线设置精度要求   表14-46

项目	中线平面偏位 （mm）	路面宽度偏差 （mm）	面层厚度偏差(mm)		纵断高程偏差 （mm）	横坡偏差 （%）	连接纵缝高差 （mm）
			平均值	极值			
规定值	≤10	≤ +15	≥ −3	≥ −8	±5	±0.10	±1.5

架设完成的基准线,不得存在眼睛可见的拐点及下垂,并应逐段校验其顺直度及张紧度。顺直度、张紧度或板厚不满足要求时,应重新测量架设基准线。

滑模摊铺前,应按对板厚进行校验。可采用垂直于两侧基准线横向拉线,用直尺或加垂头的方法,对预备摊铺路段的板厚进行复核测量。单车道铺筑时,一个横断面横向应实测不少于

3个点;双车道及全幅推铺时,应实测不少于5个点。纵向每200m应实测不少于10个断面。横断面板厚测量值的平均值不应小于设计板厚,极小值不应小于质量控制极值。纵向以200m为单元,全部板厚总平均值不应小于设计板厚。

当面层传力杆、胀缝钢筋采用前置支架法施工时,应在表面先准确安装固定支架,保证传力杆中部对中缩缝切割位置,且不会因布料、摊铺导致推移。支架可采用与锚固入基层的钢筋焊接等方法固定。

边缘补强钢筋的安装应符合下列规定:①应按设计图纸加工焊接边缘补强钢筋支架;②边缘补强中部底筋与封层表面距离宜为30~50mm;两端弯起筋与面层表面的距离不应小于50mm;外侧钢筋到板边距离宜为100~150mm;③可采用在封层或夹层上钻孔,钉入架立锚固钢筋,再将边缘补强钢筋支架与架立锚固钢筋焊接的方式固定边缘补强钢筋;④边缘补强钢筋两端弯起处应各有不少于2根锚固钢筋与支架相焊接,其他部位每延米不宜少于1根锚固钢筋。

角隅钢筋安装应符合下列规定:①钢筋混凝土搭板与桥面钝角角隅补强钢筋宜加工成网片状;②发针状角隅补强钢筋片宜采用焊接制成;③针状角隅补强钢筋安装位置应根据设计图纸确定,且距两锐角边距离不宜小于50mm;④钢筋片与基层锚固点不宜少于5个。

(三)水泥混凝土面层滑模摊铺机铺筑

滑模推铺机的施工参数包括:振捣棒间距及其位置、挤压底板前倾角、搓平梁高程及位置等,需进行认真设定及校准。符合铺筑精度要求的摊铺机施工参数设置应加以固定和保护。当基底高程等摊铺条件发生变化,铺筑精度超出范围时,可由操作手在行进中通过缓慢微调加以调整。

振捣棒应均匀排列,间距宜为300~450mm;混凝土摊铺厚度较大时,应采用较小间距。两侧最边缘振捣棒与摊铺边缘距离不宜大于200mm。振捣棒下缘位置应位于挤压底板最低点以上。滑模摊铺机振捣棒插入路面内部振捣,将导致表面形成砂浆条带,引起路面局部抗磨强度降低甚至导致早期塑性开裂。

挤压底板前倾角宜设置为3°。提浆夯板位置宜在挤压底板前缘以下5~10mm。挤压底板前倾角设置过大,会导致滑模摊铺机推进阻力增大,甚至将整机抬升起来,致使履带不着地,无法行进摊铺。边缘超铺高度应根据拌合物稠度确定,宜为3~8mm;板厚较厚、坍落度较小时,边缘超铺高度宜采用较小值。

搓平梁前沿宜调整到与挤压底板后沿高程相同的位置;搓平梁的后沿应比挤压底板后沿低1~2mm,并与路面高程相同。

滑模摊铺混凝土机前布料,应采用机械完成,布料高度应均匀一致,不得采用翻斗车直接卸料的方式。卸料、布料速度应与摊铺速度协调一致,不得局部或全断面缺料。发生缺料时应立即停止摊铺。采用布料机布料时,布料机与滑模摊铺机之间施工距离宜为5~10m;现场蒸发率较大时,宜采用较小值。当坍落度在10~30mm时,布料松铺系数宜在1.08~1.15。应保证滑模摊铺机前的料位高度位于螺旋布料器叶片最高点以下,最高料位高度不得高于松方控制板上缘。使用布料犁布料时,应按松方高度严格控制料位高度。当面层传力杆、胀缝与隔离缝钢筋采用前置支架法施工时,不得在支架顶面直接卸料。传力杆以下的混凝土宜在摊铺前采用手持振捣棒振实。

滑模摊铺机起步时,应先开启振捣棒,在2~3min内调整振捣到适宜振捣频率,使进入挤压底板前缘拌合物振捣密实,无大气泡冒出破灭,方可开动滑模机平稳推进摊铺。当天摊铺施工结束,推铺机脱离拌合物后,应立即关闭振捣棒组。在开始摊铺5～10m内,应在铺筑行进中对摊铺出的路面高程、边缘厚度、中线、横坡度等参数进行复核测量,必要时可缓慢微调摊铺参数,保证路面摊铺质量满足规定的要求。

摊铺过程中应随时调整松方高度板位置控制摊铺机进料,保证进料充足。起步时宜适当调高,正常摊铺时宜保持振捣仓内料位高于振捣棒顶面100mm左右,料位高低波动宜控制在±30mm之内。随时调整松方高度控制板的目的是,使挤压底板的料与振动仓内混凝土之间,始终维持相互间压力的均衡,防止挤压力忽大忽小而影响平整度。

滑模摊铺应缓慢、匀速、连续不间断地作业。滑模摊铺速度应根据板厚、混凝土工作性、布料能力、振捣排气效果等确定,可在0.75～2.5m/min之间选择,宜采用1m/min。严禁快速推进、随意停机与间歇摊铺。滑模摊铺推进应匀速、平稳,滑出挤压底板或搓平梁的拌合物表面应平整、无缺陷,两侧边角应为90°,光滑规则,无塌边溜肩,表层砂浆厚度不宜大于3mm。除露石混凝土路面外,滑模推铺水泥混凝土面层表面不应裸露粗集料。滑模摊铺时,应保证自动抹平板装置正常工作。局部麻面或少量缺料部位,可在搓平梁前补充适量拌合物,利用搓平梁与抹平板修平表面。

滑模摊铺振捣频率应根据板厚、摊铺速度和混凝土工作性确定,以保证拌合物不发生过振、欠振或漏振。振捣频率可在100～183Hz之间调整,宜为150Hz。可根据拌合物的稠度大小,采取调整摊铺的振捣频率或速度等措施,保证摊铺质量稳定。当拌合物稠度发生变化时,宜先采取调振捣频率的措施,后采取改变摊铺速度的措施。配备振动搓平梁时,摊铺过程中搓平梁前方砂浆卷直径宜控制在100mm±30mm,应避免砂浆卷中断、散开或推展。应通过控制抹平板压力的方法,使其底部不小于85%长度接触新铺混凝土表面。摊铺中应经常检查振捣棒的工作情况和位置。面层出现条带状麻面现象时,应停机检查振捣棒是否损坏;振捣棒损坏时,应更换振捣棒。摊铺面层上出现发亮的砂浆条带时,应检查振捣棒位置是否异常;振捣棒位置异常时,应将振捣棒调整到正常位置。

滑模摊铺采用传力杆插入装置(DBI)设置传力杆与拉杆时,应符合下列规定:①应安排专人负责对中横向缩缝位置,应一次振动插入整排全部传力杆;②插入传力杆时,应缓慢插入,防止快速插入导致阻力过大使滑模摊铺机整体抬升;③拉杆插入装置应根据一次摊铺的车道数和设计选用。与未摊铺水泥混凝土面层连接的拉杆应采用侧向拉杆插入装置插入;两个以上车道摊铺,在摊铺范围内的拉杆应采用拉杆压入装置压入;④中央拉杆可自动定位插入或手工操作在规定位置插入,应一次插入到位;⑤边缘拉杆应一次插入到位,不得在脱模后多次插入或手工反复打进。插入就位的拉杆应妥善保护,避免拉杆与混凝土黏结丧失。

滑模摊铺机配备传力杆自动插入装置(DBI)时,应通过试验路段采用非破损方法对传力杆插入深度进行校准,施工中应进行传力杆精度复核。检测可使用钢筋保护层厚度测试仪或专用传力杆位置检测仪进行。

摊铺上坡路段时,挤压底板前仰角宜适当调小,并适当调小抹平板压力;摊铺下坡路段时,前仰角宜适当调大,并适当调大抹平板压力。纵坡路段摊铺时,调整挤压底板前仰角是为了防止推铺机过载而伤害履带。由于滑模摊铺机前后距离较长,上坡会引起抹平板压力加大,甚至会抹不动;下坡时,抹平板压力会减小甚至悬空,而抹不上表面。所以要根据纵坡变化,调整抹平板的适宜抹平接触面积。在不影响路面总体耐久性的前提下,可采取调整拌合物稠度、挤压底板前仰角、起步及摊铺速度等措施,减少水泥混凝土面层横向拉裂现象。

摊铺小半径平曲线弯道时,弯道外侧的抹平板到摊铺边缘的距离应向内调整,两侧的加长侧模应采用可水平转动的铰连接,不得固接。弯道外侧的抹平板距离向内调整,目的是避免压垮外侧边缘,防止抹平板从路面上掉下来。加长侧模要求采用可水平转动的铰连接的目的是在摊铺急弯道路面时,避免内侧模板别坏边缘,并防止外侧模板悬空,不起作用。

当摊铺宽度大于 7.5m 时,应加强左右两侧拌合物工作性检查。发现不一致时,摊铺速度应按偏干一侧进行微调,并采取将偏稀一侧的振捣棒频率调小等措施,避免局部过振。当拌合物严重离析或离散时,应停止摊铺,废弃已拌和混合料,查找并解决问题后,再重新开始摊铺。

滑模摊铺的水泥混凝土面层纵缝边缘出现局部倒边、塌边、溜肩现象,或表面局部存在小缺陷时,可用人工进行局部修整。修整作业应符合下列规定:①局部修整后应精确整平,整平用抄平器长度不应短于 2m;②面层边缘应采用设置侧模或在上部支方形金属管、控制修整时的变形;③纵、横向施工接头处存在明显高差时,可整平后采用手持振捣棒振捣密实和水准仪测量,整平用的抄平器长度应不短于 3m;④表面修补作业需要补料时,可使用从摊铺拌合物中筛出的细料进行,不得洒水、撒水泥粉;⑤不得采用薄层贴补的办法进行表面修补。

横向施工缝可采用架设端模板的方法施作,并宜与胀缝或隔离缝合并设置,无法与胀缝合并设置时,应与缩缝合并设置。横向施缝部位应满足面层平整度、高程、横坡的质量要求。施工缝端部两侧可采取架设侧模的方法,使侧边向内收进 20~40mm,方便后续连续摊铺。侧边向内收进长度宜比滑模摊铺机侧模板略长。当滑模摊铺机停机等料时间预计会超过运至现场混凝土的初凝时间时,应将滑模摊铺机迅速开出摊铺工作面,制作横向施工缝。

施工结束时,采用两侧支撑模板向内收进一个摊铺机位的方法,可使第二天开工时,滑模摊铺机前沿能够后退到接头部位摊铺,减少人工加工接头的工作量。摊铺机开出后,应丢弃摊铺机振动仓内遗留下的纯砂浆,及时清洗、清除滑模摊铺机中的混凝土残留物。

抗滑纹理做毕,应立即开始保湿养护。养护龄期不应少于 5d,且混凝土强度满足要求后,方可连接摊铺相邻车道面板。履带在新铺面层上行走时,钢履带底部应铺橡胶垫或使用有橡胶垫履带的摊铺机。纵缝横向连接高差不应大于 2mm。

四、三辊轴机组与小型机具施工

三辊轴机组铺筑工艺可用于二级及二级以下公路的水泥混凝土路面面层、桥面和隧道混凝土面层的施工,也可用于高速、一级公路硬路肩、匝道、收费广场边板、封闭式中央分隔带、弯道超高加宽段硬路肩及局部异形面板等的施工。

小型机具铺筑工艺可用于三级、四级公路水泥混凝土面层的施工,不得用于隧道水泥混凝土面层与桥面铺装施工。三辊轴机组属于小型机具的改进形式,是将小型机具施工时的振动梁和滚杠合并安装在有驱动力轴的一台设备上。它具有横纵向整平、浅表层振实、压实和提浆功能,不具备将中、下层混凝土振捣密实的功能。为了保证该工艺铺筑出各种混凝土结构层的整体密实度,在一般施工场合,常同时配备振捣棒、密集排列振捣棒的振捣机或其他辅助设备。

三辊轴机组与小型机具两种铺筑工艺的混凝土应采用集中搅拌。铺筑长度不足 10m 时,可使用小型搅拌机现场搅拌,严禁人工拌和。三辊轴机组与小型机具铺筑时,混凝土拌合物的出机与摊铺坍落度应符合相应施工工艺的规定。三辊轴机组与小型机具铺筑时,应加强各工序之间的衔接,振捣密实与成型饰面所需时间不得超过拌合物初凝时间。

(一)模板及其架设与拆除

模板应采用钢材、槽钢或方木制成。模板高度应为面层设计厚度,直线段模板长度不宜小于3m,小半径弯道及竖曲线部位可配备长度为3m的短模板。纵向施工缝侧模板应按照设计的拉杆直径和间距钻拉杆插入孔,模板每米长度应设置不少于1处支撑固定装置。模板加工与矫正精度应符合表14-47的规定。

模板加工与矫正精度 表14-47

施工方式	高度偏差 (mm)	局部变形 (mm)	垂直边夹角 (°)	顶面平整度 (mm)	侧面平整度 (mm)	纵向变形 (mm)
三辊轴机组	±1	±2	90±2	±1	±2	±2
小型机具	±2	±3	90±3	±2	±3	±3

横向工作缝端模板应按设计规定的传力杆直径和间距设置传力杆插入孔和定位套管。两边缘传力杆到自由边距离不宜小于150mm。端模板每米长度应设置1个垂直固定孔套。

模板数量应根据施工进度和施工气温确定,并满足拆模周期周转需要。模板总量不宜少于两次周转的需要。模板安装前应进行测量放样,并核对路面高程、面板分块、胀缝和构造物位置。路面中心桩应每20m设一处,水准点宜每100m布设一处。安装水平曲线与纵曲线路面模板时,应将每块短模板中点安装在曲线的切点上。模板应采用三角形木块调整高度。厚度不足时,可会同设计调整设计线,不得在基层上挖槽,嵌入安装模板。模板应固定牢固,在振捣机、三辊轴整平机、滚杠等设备、机具往复作用下不得出现推移、变形、跑模等现象。模板固定后,底部空隙宜采用干硬性砂浆填堵,相邻模板接头应粘贴胶带密封,并不得漏浆。与混凝土拌合物接触的表面应涂脱模剂或隔离剂。模板的安装应平整、顺适、稳固,相邻模板连接应紧密平顺,不得错茬与错台。模板安装应在混凝土面层铺筑之前完成,并满足封模砂浆固化要求。模板测量放样的质量要求和允许偏差应符合相关规范的规定。模板安装精度应符合表14-48的规定。检验合格后,方可开始铺筑。

模板安装精度要求 表14-48

检 测 项 目		三辊轴机组摊铺	小型机具摊铺
平面偏位(mm)		≤10	≤15
纵断高程偏差(mm)		±5	±10
摊铺宽度偏差(mm)		≤10	≤15
面层厚度(mm)	代表值	≥-3	≥-4
	极值	≥-6	≥-8
横坡偏差(%)		±0.10	±0.20
相邻板高差(mm)		≤1	≤2
顶面接茬3m直尺平整度(mm)		≤2.0,合格率不低于90%	≤2.5,合格率不低于90%
模板接缝宽度(mm)		≤2	≤3
模板垂直度(mm)		≤3	≤4
纵向顺直度(mm)		≤3	≤4

注:模板安装精度采用尺测或20m拉线检测。

模板拆除时,面层混凝土抗压强度不应小于 8.0MPa。当缺乏强度实测数据时,边侧模板的最早允许拆模时间应符合表 14-49 的规定。

水泥混凝土面层的最早允许拆模时间(h)　　　　　　表 14-49

昼夜平均气温(℃)	−5	0	5	10	15	20	25	≥30
硅酸盐水泥、R 型水泥	240	120	60	36	34	28	24	18
道路、普通硅酸盐水泥	360	168	72	48	36	30	24	18
矿渣硅酸盐水泥	—	—	120	60	50	45	36	24

模板拆卸应使用专用工具。拆模不得损坏板边、板角,不得造成传力杆和拉杆松动或变形。拆下的模板应将黏附砂浆清除干净,并矫正变形。模板矫正精度应符合表 14-47 的规定。

(二)三辊轴机组铺筑

三辊轴机组铺筑水泥混凝土面层时,应按照支模、安装钢筋、布料、振捣、三辊轴整平、精平、养护、刻槽(拉毛)、切缝、填缝的工艺流程进行。三辊轴整平机应由振动辊、驱动辊和甩浆辊组成,材质应为三根等长度同直径无缝钢管,并具有足够的刚度和耐磨性。三辊轴整平机的技术参数应符合表 14-50 的要求,并应根据面层厚度、拌合物工作性和施工进度等合理选用。

三辊轴轴整平机的技术参数要求　　　　　　表 14-50

轴直径 (mm)	轴速 (r/min)	轴长 (m)	轴质量 (kg/m)	行走速度 (m/min)	整平轴距 (mm)	振动功率 (kW)	驱动功率 (kW)	适宜整平路面厚度(mm)
168	300	5～9	65±0.5	13.5	504	7.5	6	200～260
219	380	5～12	77±0.7	13.5	657	17	9	160～240

三辊轴整平辊为两根等长同心钢辊,一根为能高速转动的甩浆辊;另一根为能够匀速推进并挤压成型的驱动辊,并列安装在整平机的后侧,支承在钢模板上,由单独的动力驱动,可正反向转动,驱动整平机前、后移动或停机。三辊轴整平机辊轴长度应比实际铺筑的面层宽度至少长出 0.6m,两端应搭在两侧模板顶面。三辊轴整平机振动辊应有偏心振捣装置,偏心距应由密实成型所需振幅决定,宜为 3mm。振动辊应安装在整平机前侧,由单独的动力驱动。甩浆辊的转动方向应与铺筑前进方向相反,不振动时可提离模板顶面。

三辊轴机组铺筑水泥混凝土面层时,应配备振捣机。振捣机应由机架、行走机构和一排振捣棒组成,并配备螺旋布料器和松方控制刮板,具备自行或推行功能。振捣机是三辊轴机组的配套设备。振捣棒的振捣频率越高,越能移动和振实混凝土中细小的颗粒;频率越低,越能移动与振实较大的颗粒。连续式振捣机的振捣棒组宜水平或小角度布置,直径宜为 80～100mm,振动频率宜为 100～200Hz(6000～12000 次/min)高频及超高频振捣棒,工作长度宜为 400～500mm,振捣棒之间的间距宜为 350～500mm。振捣机的移动速度应可调整,调整范围宜为 0.5～2m/min。采用高频及超高频振捣棒,原因是混凝土在高频振捣过程中,振捣能量和频率均会衰减损失,越高的振捣频率,衰减后的频谱宽度越宽,宽振捣频谱方可使混凝土拌合物中所有大小的颗粒在振捣时全部运移就位,振捣后的混凝土才能密实。

间歇式振捣机的振捣棒可垂直或大角度布置,振捣棒的直径、振动频率、工作长度和间距要求应与连续式振捣机相同。振捣棒每次插入振动最短时间不应短于20s,振捣棒应缓慢抽出后,再移动振捣机,每次移动距离不应超过振捣棒有效作用半径的1.5倍,并不宜大于0.6m。

振捣机有连续拖行振实与间歇插入振实两种,前者适用于水泥混凝土面层,后者适用于缩缝传力杆支架部位、连续配筋或钢筋混凝土面层的振实。拖行振实要防止砂浆条带出现纵向塑性收缩开裂;间歇插入振实要确保前后的振捣叠加,保证振实效果的连续均质性。振实要领在于先使拌合物振捣为连续介质,并将其中的气泡排除。振捣棒之间及叠加部位的粗集料与振捣棒附近一样沉入砂浆表面,表明其振捣密实度达到要求,方可将振捣机向前推进。

振捣梁应设置在三辊轴整平机前方。当铺筑厚度不大于200mm时,其振动频率宜为50~60Hz,振动加速度宜为4~5g(g为重力加速度)。当一次铺筑宽度大于4.5m时,纵缝拉杆宜使用预设钢筋支架固定。横向连接纵缝处的拉杆应在边模板预留孔中插入,并振实粘牢。松动的拉杆应在连接摊铺前重新植牢固。横缝传力杆应采用预制钢筋支架法安装固定,不得手工设置传力杆。宜使用手持振捣棒专门振实传力杆支架范围内的混凝土。振捣机连续振捣时,振捣棒的深度应位于传力杆顶面以上。

应根据铺筑时拌合物的实测坍落度,按照表14-51初选松铺系数,并根据铺筑效果最终确定。弯道横坡与超高路段的松铺系数,高侧宜取表14-51中的高值,低侧宜取其低值。

不同铺筑坍落度时的拌合物松铺系数　　　　　　　　　　　表14-51

铺筑坍落度(mm)	10~30	30~50	50~70
拌合物松铺系数	1.20~1.25	1.15~1.20	1.10~1.15

纵坡路段宜向上坡方向铺筑。应全断面布料,松铺高度符合要求后,再使用振捣机开始振捣。振捣机应匀速缓慢、连续地振捣行进作业。振捣后的混凝土面层应成为连续均匀的整体,并达到所要求的密实度。振捣机振实后,料位应高于模板顶面5~15mm,局部坑洼不得低于模板顶面。过高时应铲除,过低应及时补料。

三辊轴整平机应按作业单元分段整平,作业单元长度宜为10~30m,施工开始或施工温度较高时,可缩短作业单元长度,最短不宜短于10m。振捣机振实与三辊轴整平两道工序之间的间隔时间不宜超过15min。在作业单元长度内,三辊轴整平机应采用前进振动、后退静滚方式作业。三辊轴整平机整平水泥混凝土面层不同料位高差的滚压遍数,可根据表14-52按拌合物坍落度初步设置,并根据试铺效果最终确定。

三辊轴整平机整平水泥混凝土面层不同料位高差的滚压遍数参考表　　表14-52

坍落度 (mm)	料位高差(mm)					
	2	4	6	2	4	6
	L=9m,d=168m,m=2095kg			L=12m,d=219m,m=3800kg		
	滚压遍数					
1.5	3	5	8	1	2	2
4.0	2	3	5	1	1	2
6.0	1	2	3	1	1	1

注:1.前进振动,后退静滚一次往返,为一遍。
　　2.L为三辊轴长度,d为三辊轴直径,m为三辊轴整机重量。

三辊轴整平作业时,应处理整平轴前料位的高低情况,过高时应铲除,轴下的间隙应采用混凝土补平。振动滚压完成后,应升起振动辊,用甩浆辊抛浆整平一遍,再用整平轴前、后静滚整平,直到平整度符合要求、表面砂浆厚度均匀为止。路面表层砂浆的厚度宜控制为4mm ± 1mm。过厚的稀砂浆应及时刮除丢弃,不得用于路面补平。三辊轴整平机整平后,应采用3 ~ 5m刮尺,纵、横两个方向精平饰面,纵向不少于3遍,横向不少于2遍。也可采用旋转抹面机密实精平饰面2遍,直到平整度符合要求。饰面完成后,应立即开始保湿养护。

在三辊轴整平机作业过程中作业单元、料位高差、滚压遍数、补料、静滚、表面质量控制的要求。其中关键是滚压遍数的控制,并非滚压遍数越多,平整度越好,过多的滚压遍数反而会使平整度变差。

(三)小型机具铺筑

小型机具铺筑混凝土拌合物摊铺前,应对模板的架设位置、精度、支撑稳固情况,传力杆拉杆的安设等进行全面检查,并洒水润湿板底。应采用厚度标尺板全面检测板厚,与设计值相符方可开始摊铺。

小型机具铺筑宽度不大于4.5m时,铺筑能力不宜小于20m/h。混凝土拌合物的坍落度宜控制在5 ~ 20mm。松铺系数宜控制在1.10 ~ 1.25,坍落度高时取低值,横坡高侧取高值。拌合物卸料应均匀,采用人工布料时,应用铁锹反扣,不得抛掷和搂耙。已铺筑好的面层端头应设置施工缝,不能被振实的拌合物应废弃。小型机具铺筑时,应依次使用振捣棒、振动板、振动梁三遍振捣密实。

1. 插入式振捣棒振实

在待振横断面上,每车道应配备不少于3根振捣棒,振捣棒的功率不应小于1.1kW,沿横断面连续振捣密实,板底、内部和边角不得欠振和漏振。振捣时,振捣棒应轻插慢提,不得在拌合物中平推或拖拉振捣。振捣棒移动距离不应大于有效作用半径的1.5倍,并不大于500mm,每处振动时间不宜短于30s。边角插入振捣离模板的距离不应大于150mm,并应避免碰撞模板。缩缝传力杆支架与胀缝钢筋笼应预先安装固定,再用振捣棒振捣密实。边缘拉杆振捣时,应由人工扶正拉杆。振捣时,应辅以人工补料,并随时检查振实效果,及时纠正模板、拉杆、传力杆和钢筋的移位、变形、松动、漏浆等情况。

2. 振动板振实

每车道应配备不少于2台振动板,振动板的功率不应小于2.2kW。每个振动板应由两名作业人员提拉振动,不得自由放置或长时间持续振动。振动板移位时,应重叠100 ~ 200mm,每处振动时间不应少于15s。振动板振动遍数应纵、横向交错两遍,不得过振或漏振,应控制振动板板底泛浆厚度为4mm ± 1mm。缺料的部位,应在振动的同时辅以人工补料找平。

3. 振动梁振实

应配备1根振动梁,长度应比路面宽度每侧宽出300 ~ 500mm。振动梁上应安装2台附着式表面振动器,振动器功率不应小于1.1kW。振动梁底部应焊接或安装深度4mm的粗集料压入齿。振动板振实长度达到10m后,可垂直路面中线纵向人工拖动振动梁,在模板顶面往复拖行2 ~ 3遍,使表面泛浆均匀平整。拖行过程中,振动梁下间隙应及时用混凝土补平,不得用纯砂浆填补;料位高出模板时应人工铲除,直到表面泛浆均匀,路面平整。

4.整平与饰面

小型机具应采用滚杠、整平尺或抹面机三遍整平,直至面层无任何缺陷,平整度符合要求。应在每个作业面配备2根整平滚杠,一根用于施工,另一根浸泡清洗备用。滚杠应使用直径为100mm或125mm的无缝钢管制成,刚度及顺直度应满足施工质量要求,两端设有把手与轴承,能够往复拖滚。滚杠应支承在模板顶面,用人工往返拖滚,拖滚遍数宜为2~3遍,第一遍应短距离缓慢拖滚或推滚,以后应较长距离匀速拖滚,并将水泥浆始终赶在滚杠前方。滚杠下有间隙的部位应及时找补,多余水泥浆应铲除。

整平饰面应待混凝土表面泌水基本完成后进行,采用3m刮尺收浆饰面,纵横各2~3遍抄平饰面,直到表面平整度符合要求,表面砂浆厚度均匀。整平饰面也可采用叶片式或圆盘式抹面机进行,抹面机应按每车道路面不少于1台配备。饰面遍数宜为往返1~2遍。在抹面机完成作业后,应使用抹刀进行精平饰面。精平饰面包括清边整缝,清除粘浆,修补缺边,掉角等工作。当烈日暴晒或风大时,应加快表面的修整速度,或在防雨篷下进行。精平饰面后的面层表面应致密均匀,无抹面印痕、无露骨,平整度应达到要求并应立即进行保湿养护。

五、碾压混凝土路面施工

(一)基本要求

碾压混凝土施工工艺可用于二级、三级、四级公路水泥混凝土面层与高速公路、一级公路复合式路面碾压混凝土下面层施工。

碾压混凝土铺筑应按:卸料进摊铺机→摊铺机摊铺→拉杆设置→钢轮压路机初压→振动压路机复压→轮胎压路机终压→抗滑表面处理→养护→切缝等工艺流程进行。

碾压混凝土面层摊铺,宜选用沥青混凝土摊铺机。摊铺机应具有振动压实功能,摊铺密实度不应小于85%。碾压混凝土面层铺筑可采用基准线法,基准线设置精度应符合表14-46的要求,并应对板厚进行校验。碾压混凝土面层铺筑时,边缘宜设置槽钢或方木模板,模板安装精度应符合表14-48的规定。模板固定应牢固,碾压时不得推移。碾压混凝土最早允许拆模时间宜符合表14-49中硅酸盐水泥的规定。碾压混凝土拆模时不得散落集料。

(二)碾压混凝土面层施工

摊铺前应洒水湿润基层。摊铺作业应均匀、连续,摊铺过程中不得随意变换速度或停顿。采用沥青混凝土摊铺机摊铺时,松铺系数宜控制在1.05~1.15。采基层摊铺机摊铺时,松铺系数宜控制在1.15~1.25。应通过试铺确定松铺系数。螺旋分料器转速应与摊铺速度相适应,摊铺过程中应保证两边缘供料充足。两台摊铺机前后紧随摊铺时,两幅摊铺间隔时间应控制在1h之内。弯及超高路段铺筑时,应及时调整左右两侧分料器的转速,保证两侧供料平衡、充足。

拉杆设置应与摊铺同步进行。采用打入法时,应根据设计间距设醒目的定位标记,准确打入拉杆。

摊铺后,应立即对所摊铺混凝土表面进行检查,局部缺料部位,应及时补料。局部粗集料聚集部位,应在碾压前挖除并用新混凝土填补。

碾压段长度宜控制在 30~40m。直线段碾压时,压路机应从外侧向路中心碾压;平曲线有超高路段,应由低侧向高侧、自内向外碾压。碾压应紧随摊铺机碾压。碾压宜分初压、复压和终压三个阶段进行。压路机应匀速稳定、连续行进,中间不应停顿、等候和拖延,也不得相互干扰。压路机起步、倒车和转向均应缓慢柔顺,碾压过程中不得中途急停、急拐、紧急起步及快速倒车。

初压宜采用钢轮压路机或振动压路机静碾压,重叠量宜为 1/3~1/4 钢轮宽度。复压宜采用 10~15t 振动压路机振动碾压,重叠量宜为 1/3~1/2 振动碾宽度。复压遍数应以实测满足规定压实度值为停止复压标准。终压应采用 15~25t 轮胎压路机静碾压,以弥合表面微裂纹和消除轮迹为停压标准。

碾压密实后的表面应及时喷雾、洒水,并尽早覆盖养护。施工过程中应采取措施控制碾压混凝土表面裂纹的产生。碾压终了后的面层,表面不应有可见微裂纹。碾压混凝土面层铺筑中,若拌合物稠度不合适、表面被风干或碾压作业不当等,碾压终了后的面层表面时有可见微裂纹,这对面层的抗磨、耐疲劳、抗冻等耐久性造成严重不利影响,在局部微裂纹部位有可能飞散成坑槽,应加以控制和消除。

碾压混凝土面层横向施工缝,在施工段终点处应设压路机可上、下面层的纵向斜坡。第二天摊铺开始前,应检测前一施工段终点厚度及平整度不合格段落,并应全厚度切除不合格段落的混凝土。纵向连接摊铺新路面时,施工缝侧壁应涂刷水泥浆。受设备限制,切缝深度不能达到混凝土面层全厚时,切缝深度不应小于 800mm,并应将施工缝下部凿顺直。

碾压混凝土面层胀缝应与下面层或基层中的胀缝对齐。纵、横向缩缝应采用硬切缝,硬切缝及填缝要求与水泥混凝土面层相同。

碾压混凝土面层抗滑构造采用表面露石构造时,粗集料的磨光值 PSV 不应小于 35,洛杉矶磨耗损失不宜大于 35%。在混凝土终凝之前,应扫除表面的砂浆。露石面积不少于 70%。

六、面层接缝、抗滑构造施工及养护

水泥混凝土面层缩缝应使用切缝机按设计位置、深度、形状切割而成。横向施工缝应与其他横向接缝合并设置。各种接缝均应填缝密封,填缝材料不得开裂、挤出或缺失。填缝材料开裂、挤出或缺失的接缝均应局部清除,重新填缝密封。

各级公路行车道与超车道面层表面应制作细观抗滑纹理和宏观抗滑构造,不得遗留光滑的表面。纹理和构造深度应均匀一致。

各种水泥混凝上面层、隧道路面、桥面铺筑完成后,均应立即开始保湿养护,养护龄期应满足强度增长的要求。

(一)接缝材料及接缝施工

当一次铺筑宽度小于面层加硬路肩总宽度时,应按设计设置纵向施工缝。纵向施工缝宜采用平缝加拉杆型。采用滑模摊铺机施工时,纵向施工缝的拉杆宜采用支架法安设,也可采用侧向拉杆液压装置一次推入。采用固定模板施工时,应从侧模预留孔中插入拉杆并振实。

插入的侧向拉杆应牢固,避免松动动和漏插。拉杆握裹强度应按混凝土与钢筋握裹力试验方法进行实测,不满足规定要求时应钻孔重新设置拉杆。

增强钢纤维混凝土面层纤维含量足够高,切割纵、横缝中的钢纤维或玄武岩纤维足以拉住面板并提供足够传荷能力。因此,增强钢纤维混凝土面层切割纵、横缝中可不设拉杆与传力杆;断开的纵、横施工缝中无钢纤维,应设拉杆与传力杆。各种抗裂纤维混凝土面层所配纤维数量极为有限,不足以代替拉杆及传力杆,应与水泥混凝土路面一样,其横向施工缝和纵向缩缝中应按设计要求设置传力杆与拉杆。

每天摊铺结束或摊铺中断时间超过 30min 时,应设置横向施工缝。横向施工缝在缩缝处可采用平缝加传力杆型。横向施工缝与胀缝重合时,应按胀缝施工,胀缝两侧补强钢筋笼宜分两次安装。在中、轻交通荷载等级水泥混凝土面层上,邻近胀缝、自由端、收费站广场等局部缩缝的传力杆设置,应使用前置钢筋支架法。不得采用设置精度不满足要求的方式设置传力杆。角隅部位的传力杆与拉杆交叉时,应取消交叉部位拉杆,保留传力杆。

高温期施工时,顺直路段中可根据设计要求减少胀缝的设置。春秋季施工时,两端构造物间距大于 500m 时,宜在顺直路段中间设一道或若干道胀缝。低温期施工时,两端构造物间距大于 350m 时,宜设置顺直路段胀缝。胀缝用于释放面层累积的膨胀隆起变形量。胀缝的膨胀量取决于面层混凝土粗集料温缩系数、施工当时气温与来年最高温度的温差值,以及面层底部摩擦约束阻力。高温期施工的混凝土面层,在高温期膨胀量很小,因此可减少胀缝的设置。

用于水泥混凝土面层的胀缝板高度、长度和厚度应符合设计要求,并按设计间距预留传力杆孔。孔径宜大于传力杆直径 2mm,高度和厚度尺寸偏差均应小于 1.5mm。高速公路、一级公路胀缝板宜采用塑料板、橡胶(泡沫)板或沥青纤维板;其他等级公路也可采用浸油木板。胀缝板的质量应符合表 14-53 的规定。

胀缝板的质量标准

表 14-53

项　目	胀缝板种类			试 验 方 法
	塑料板、橡胶(泡沫)板	沥青纤维板	浸油木板	
压缩应力(MPa)	0.2 ~ 0.6	2.0 ~ 10.0	5.0	JT/T 203
弹性恢复率(%)	≥90	≥65	≥55	
挤出量(mm)	<5.0	<3.0	<5.5	
弯曲荷载(N)	0 ~ 50	5 ~ 40	100 ~ 400	

胀缝板应与路中心线垂直,并连续贯通整个面板宽度,缝中完全不连浆。采用前置钢筋支架法施工时,应预先准确安装和固定胀缝钢筋支架,并使用手持振捣棒振实胀缝板两侧的混凝土后,再摊铺。也可采用预留两块面板的方法,在气温接近年平均气温时再封铺。应在混凝土未硬化时,剔除胀缝板上部的混凝土,嵌入(20 ~ 25mm)×20mm 的软木条,整平表面。填缝前,应剔除木条,再粘胀缝多孔橡胶条或填缝。胀缝板应连续完整,胀缝板两侧的混凝土不得相连。拉杆、胀缝板、传力杆及其套帽设置精度应符合表 14-54 的规定。

拉杆、胀缝板、传力杆及其套帽设置精度

表 14-54

项　目	允许偏差(mm)	测 量 位 置
传力杆端上下左右偏斜	10	在传力杆两端测量
传力杆深度及左右偏差	20	以板面为基线测量
传力杆沿路面纵向前后偏位	30	以缝中心线为准
拉杆端及在板中上下左右偏差	20	杆两端和板面测量
拉杆沿路面纵向前后偏位	30	纵向测量
胀缝传力杆套帽偏差(长度≥100mm)	10	从封堵帽端起测
胀缝板倾斜偏差	20	以板底为准
胀缝板的弯曲和位移偏差	10	以缝中心线为准

缩缝的切缝应根据当地昼夜温差,参照表14-55选用适宜的切缝方式、时间与深度,切缝时间应以切缝时不啃边为开始切缝的最佳时机,并以铺筑第二天及施工初期无断板为控制原则。

当地昼夜温差与缩缝适宜切缝方式、时间与深度参考表　　　　　　　　表14-55

昼夜温差(℃)	缩缝切缝方式与时间	缩缝切割深度
<10	硬切缝:切缝时机以切缝时不啃边即可开始,纵缝可略晚于横缝,所有纵、横缩缝最晚切缝时间均不得超过24h	缝中无拉杆、传力杆时,深度1/3～1/4板厚,最浅60mm;缝中有拉杆、传力杆时,深度1/3～2/5板厚,最浅80mm
10～15	软硬结合切缝:每隔1～2条提前软切缝,其余用硬切缝补切	硬切缝深度同上。软切深度不应小于60mm;不足者应硬切补深到1/3板厚,已断开的缝不补切
>15	软切缝:抗压强度为1～1.5MPa,人可行走时开始软切,软切缝时间不应超过6h	软切缝深度不应小于60mm,未断开的接缝,应硬切补深到≥2/5板厚

注:1.当降雨、刮风引起路面温度骤降时,应提早软切缝或硬切缝。
　　2.三种切缝方式均应冲洗干净切缝泥浆,并恢复表面养护覆盖。

纵、横缩缝切缝形状为台阶状时,宜使用磨圆角的台阶叠合锯片一次切成。设备受限制时,也可分两次切割,再磨出半径为6～8mm的圆角。纵、横缩缝切割顺直度应小于10mm。相邻板的纵、横缩缝切口应接顺。需调整异形板锐角时,可切成斜缝或小转角的折线缝。弯道与匝道面层的横缝应垂直于其设计中心线。分幅铺筑面层时,应在先摊铺的混凝土板已断开的横缩缝处做标记。后摊铺面层上应对齐已断开的横缩缝采用软切缝的工艺,提前切缝。钢筋混凝土面层的切缝不得切到钢筋。各种纤维混凝土面层软切缝时,不得抽出纤维,刮伤边角。

灌缝材料包括:聚氨酯类、硅酮类、石油沥青、橡胶及改性沥青等。硅酮类、聚氨酯类常温施工式填缝料可用于各等级公路水泥混凝土面层;橡胶沥青、改性沥青填缝料可用于二级及二级以下公路,不宜用于高速公路和一级公路,道路石油沥青类填缝料可用于三级、四级公路,不宜用于二级公路,不得用于高速公路和一级公路。

聚氨酯类常温施工式填缝料应符合表14-56的规定。聚氨酯类填缝料中不得掺入炭黑等无机充填物。

聚氨酯类常温施工式填缝料的质量标准　　　　　　　　表14-56

序号	项　　目		低 模 量 型	高 模 量 型	试 验 方 法
1	表干时间(h)		≤4	≤4	GB/T 13477.5
2	失黏～固化时间(h)		≤12	≤10	JT/T 203
3	拉伸模量(MPa)	23℃	0.20～0.40	>0.40	GB/T 13477.8
		-20℃	0.30～0.60	>0.60	
4	弹性恢复率(%)		≥75	≥90	JT/T 203
5	定伸黏结性(23℃干态)		定伸100%无破坏	定伸60%无破坏	GB/T 13477.10
6	(-10℃)拉伸量(mm)		≥25	≥15	JT/T 203
7	固化后针入度(0.1mm)		40～60	20～40	JTG E20(T 0604)
8	耐水性,水泡4d黏结性		定伸100%无破坏	定伸100%无破坏	GB/T 13477.10

序号	项 目	低 模 量 型	高 模 量 型	试 验 方 法
9	耐高温性	(60℃±2℃)×168h 倾斜45°表面不流淌、开裂、发黏	80℃±2℃)×168h 倾斜45°表面不流淌、开裂、发黏	JTG E20(T 0608)
10	负温抗裂性	(-40℃±2℃)×168h 弯曲90°不开裂	(-20℃±2℃)×168h 弯曲90°不开裂	JTG E20(T 0613)
11	耐油性	92号汽油浸泡48h后,在温度23℃±3℃、湿度50%±5%下静置72h,延伸率下降≤20%		GB/T 528
12	抗光、氧、热加速老化(采用氙弧光灯照射法)	180h照射后,外观无流淌、变色、脱落、开裂,-10℃拉伸量不小于未老化前的80%,与混凝土的定伸黏结试验无裂缝		JT/T 203 GB/T 13477.10

硅酮类常温施工式填缝料应符合表14-57的规定。

硅酮类常温施工式填缝料的质量标准 表14-57

序号	项 目		低 模 量 型	高 模 量 型	试 验 方 法
1	表干时间(h)		≤3		GB/T 13477.5
2	针入度(0.1mm)		≤80	≤50	JTG E20(T 0604)
3	伸长100%拉伸模量(MPa)	23℃	≤0.40	>0.40	GB/T 13477.8
		-20℃	≤0.60	>0.60	
4	定伸黏结性	定伸60%	无破坏	无破坏	GB/T 13477.10
5	弹性恢复率(%)		≥75	≥90	GB/T 13477.17
6	抗拉强度(MPa)	无处理	≥0.20	≥0.40	GB/T 528
		热老化(80℃,168h)	≥0.15	≥0.30	
		紫外线(300W,168h)	≥0.15	≥0.30	
		浸水(4d)	≥0.15	≥0.30	
7	延伸率(%)	无处理	≥600	≥500	JT/T 203
		热老化(80℃,168h)	≥500	≥400	
		紫外线(300W,168h)	≥500	≥400	
		浸水(4d)	≥600	≥500	
8	耐高温性		(90℃±2℃)×168h 倾斜45°表面不流淌、开裂、发黏		JTG E20(T 0608)
9	负温抗裂性		(-40℃±2℃)×168h 弯曲90°不开裂		JTG E20(T 0613)
10	耐油性		92号汽油浸泡48h前后质量损失率≤5%,且浸泡48h后试件表面不发黏		GB/T 528

聚氨酯类与硅酮类填缝料根据所用地区的气候差异区分为高模量与低模量两种型。分类的基本依据是一种填缝料不可能同时满足极端高温不流淌、不软化、不嵌入，极端负温不脆裂、不拉断这样两类矛盾的技术要求，分为高模量与低模量两个型，期望在一个型号内，其高、低温性能，即夏季与冬季能同时满足使用要求。

石油沥青与改性沥青类填缝料分为适用于高、低温的两类。橡胶沥青则按负温拉伸不断裂分为高温型、普通型、低温型和严寒型四类。选用时，要根据当地7月份极端最高温与1月份极端最低温选择适宜类型的填缝料。严寒及寒冷地区宜采用低模量型填缝料，其他地区宜采用高模量型填缝料。橡胶沥青应根据当地所处的气候区划选用适宜的一种类型。严寒、寒冷地区宜使用70号石油沥青和/或SBS类I-C；炎热、温暖地区宜使用50号石油沥青和/或SBS类I-D。

加热施工式橡胶沥青填缝料质量应符合表14-58的规定。

加热施工式橡胶沥青填缝料质量标准 表14-58

项 目	高温型	普通型	低温型	严寒型	试 验 方 法
低温拉伸	0℃/R. H25%/3循环，15mm，一组3个试件全部通过	−10℃/R. H50%/3循环，15mm，一组3个试件全部通过	−20℃/R. H75%/3循环，15mm，一组3个试件全部通过	−30℃/R. H100%/3循环，15mm，一组3个试件全部通过	JT/T 740
针入度(0.1mm)	≤70	50～90	70～110	90～150	
软化点(℃)	≥80	≥80	≥80	≥80	
流动值(mm)	≤3	≤5	≤5	≤5	
弹性恢复率(%)	30～70	30～70	30～70	30～70	

加热施工式道路石油沥青与改性沥青类填缝料质量应符合表14-59的规定。

加热施工式道路石油沥青与改性沥青类填缝料质量标准 表14-59

项 目	70号石油沥青	50号石油沥青	SBS类I-C	SBS类I-D	试验方法
针入(25℃,100g,5s)(0.1mm)	60～80	40～60	60～80	40～60	T 0604
软化点(R&B)(℃)	≥45	≥49	≥55	≥60	T 0606
10℃延度(cm)	≥15		—	—	T 0605
5℃延度(5cm/min)(cm)	—		≥30	≥20	T 0605
闪点(℃)	≥260		≥230		T 0611
25℃弹性恢复率(%)	≥40	≥60	≥65	≥75	T 0662
老化试验 TFOT 后					
质量变化(%)	≤±0.8		≤±1.0		T 0603
残留针入度比(25℃)(%)	≥61	≥63	≥60	≥65	T 0604
残留延度(25℃)(cm)	≥6	≥4	—	—	T 0605
残留延度(5℃)(cm)	—	—	≥20	≥15	T 0605

填缝背衬垫条应具有弹性良好、柔韧性好、不吸水、耐酸碱腐蚀及高温不软化等性能。背衬垫条可采用橡胶条、发泡聚氨酯、微孔泡沫塑料等制成，其形状宜为可压缩圆柱形，直径宜比接缝宽度大2～5mm。

灌缝前应清洁接缝。清洁接缝宜采用飞缝机清除接缝中夹杂的砂石、凝结的泥浆等杂物。灌缝前缝内及缝壁应清洁、干燥,以擦不出水、泥浆或灰尘为可灌缝标准。水泥混凝土路面缩缝的灌缝形状系数宜为1.5,钢筋混凝土、连连续配筋混凝土面层、过渡板、搭板与桥面的灌缝形状系数宜为1.0。

缩缝灌缝时,应先按设计嵌入直径9～12mm的多孔泡沫塑料背衬条或橡胶条。用双组分或多组分常温填缝料时,应准确按比例将几种原材料混拌均匀后灌缝,每次准备量不宜超过1h,且不应超过材料规定的操作时间。使用热石油沥青、改性沥青或橡胶沥青灌缝时,应加热融化至易于灌缝温度,搅拌均匀,并保温灌缝。灌缝应饱满、均匀、厚度一致并连续贯通,填缝料不得缺失、开裂和渗水。高温期灌缝时,顶面应与板面刮齐平;一般气温时,应填刮为凹液面形,中心宜低于板面3mm。

常温施工式填缝料的养生期,低温期宜为24h,高温期宜为10h。加热施工式填缝料的养生期,低温期宜为2h,高温期宜为6h。在灌缝料固化期间应封闭交通。

胀缝填缝前,应凿除胀缝板顶部临时嵌入的木条,并清理干净,涂黏结剂后,嵌入专用多孔橡胶条或灌进适宜填缝料。当胀缝宽度与多孔橡胶条宽度不一致或有啃边、掉角等现象时,应采用灌料填缝,不得采用多孔橡胶条填缝。

(二)抗滑构造施工

细观纹理的施工宜在精平后的湿软表面,使用钢支架拖挂1～3层叠合麻布、帆布等布片拖出。布片接触路面的长度宜为0.7～1.5m,细度模数较大的粗砂,接触长度宜取小值;细度模数较小的细砂,接触长度宜取大值。用抹面机修整过较干硬的光面,可采用较硬的竹扫帚扫出细观纹理。已经硬化后的光滑表面可采用钢刷刷毛、喷砂打毛、喷钢丸打毛、稀盐酸腐蚀、高压水射流等方式制作细观纹理。

极重、特重和重交通荷载等级公路水泥混凝土面层应采用刻槽法制作宏观抗滑构造。中、轻交通荷载等级公路水泥混凝土面层可使用拉槽法制作宏观抗滑构造。

在平曲线弯道路段、桥面、隧道路面宜使用纵向槽。当组合坡度小于3%时要求减噪的路段可使用纵向槽。组合坡度大于或等于3%的纵坡路段,应使用横向槽。纵向槽的侧向力系数较大,安全性较高,噪声较小;缺点是在大纵坡路段,摩擦系数略显不足,且明流排水速度较慢。横向槽反之。

采用刻槽法制作宏观抗滑构造时,刻槽机最小刻槽宽度不应小于500mm。衔接距离与槽间距相同。刻槽过程中应避免槽口边角损坏,不得中途抬起刻槽机或改变刻槽方向。刻槽不得刻穿纵、横向缩缝。刻槽后表面应随即冲洗干净,并恢复路面的养护。

软拉宏观抗滑构造时,待面层混凝土泌水后,应及时采用齿耙拉槽。衔接距离应与槽间距相同,并始终保持一致,不得局部缺失。软拉后的表面砂浆应清扫干净。

矩形槽槽深宜为3～4mm,槽宽宜为3～5mm,槽间距宜为12～25mm。采用变间距时,槽间距可在规定尺寸范围内随机调整。路面结冰地区,可采用上宽6mm、下宽3mm的梯形槽或上宽6mm的半圆形槽。

当面层粗集料的磨光值PSV大于42时,可使用露石抗滑构造,露石抗滑构造施工宜采用在饰面后的表面喷洒超缓凝剂,再用刷毛机洗刷出粗集料的方法。二级以下公路也可使用硬度适宜的秃竹扫帚在初凝到终凝时段内扫洗出粗集料的方法。由于水泥混凝土路面振捣密实采用插入振捣棒,滑模摊铺机上亦为间隔排列的纵向振捣棒组,振捣棒周围的粗集料沉入较

541

深,振捣棒之间粗集料沉入较浅,如果要求粗集料与碾压路面那样全部裸露,势必在表面形成沟槽或坑槽,从而丧失其高平整度。所以规定露石面积宜为 70% ±5%,不可将粗集料全部洗刷裸露,允许粗集料沉入较深处局部表面为砂浆。实测表面摩擦系数 SFC 和构造深度 TD 应达到水泥混凝土铺筑质量标准中特殊路段的抗滑要求。

制品厂生产公路预制混凝土砌块时,混凝土砌块路面砌筑前已经是强度与养护龄期均已达到的硬化制品,车行道砌块上表面不得缺失宏观抗滑构造,应在制品厂内在砌块上表面压制出宏观抗滑构造,并应满足水泥混凝土铺筑质量标准中,一般路段的抗滑构造深度要求。

(三)面层养护

1.养护材料

水泥混凝土面层用养护剂应采用由石蜡、适宜高分子聚合物与适量稳定剂、增白剂经胶体磨制成水乳液。养护剂宜为白色胶体乳液,不宜为无色透明的乳液。养护剂的质量应符合表 14-60 的规定。

养护剂的质量标准 表 14-60

项 目		一 级 品	合 格 品	试验方法
有效保水率(%)		≥90	≥75	
抗压强度比或弯拉强度比(%)	7d	≥95	≥90	
	28d	≥95	≥90	
磨损量(kg/m²)		≤3.0		
含固量(%)		≥20.4		JT/T 522
干燥时间(h)		≥4		
成膜后浸水溶解性		养护期内不溶解		
成膜耐热性		合格		

注:1.路面应检测弯拉强度比,其他结构应检测抗压强度比。

2.磨损量对有耐磨性要求的面层为必检项目。

3.当所使用的高分子养护剂的有效保水率大于 90% 时,含固量值可为 15.0。

高速公路、一级公路水泥混凝土面层应使用满足一级品要求的养护剂,其他等级公路可使用满足合格品要求的养护剂。由于水玻璃的有效保水率仅有 45% 左右,达不到养护剂合格品保水率 75% 的最低要求,因此,不得采用以水玻璃为主要成分生产的养护剂。

水泥混凝土面层用节水保湿养护膜应由高分子吸水保水树脂和不透水塑料面膜制成,其质量应符合表 14-61 的规定。高温期施工时,宜选用白色反光面膜的节水保湿养护膜;低温期施工宜选用黑色或蓝色吸热面膜的产品。

节水保湿养护膜的质量标准 表 14-61

节水保湿养护膜的性能		节水保湿养护膜养护水泥混凝土面层的性能			试验方法
软化温度(℃)	≥70	有效保水率(%)		≥95	
0.006~0.02mm 厚面膜的水蒸气透过量[g/(m²·d)]	≤47	一次性保水时间(d)		≥7	JT/T 188
拉伸强度(MPa)	双层膜 ≥14	用养护膜养护混凝土抗压强度比(%)(与标养比)	≥3d	≥95	
	单层膜 ≥12		≥7d	≥95	

节水保湿养护膜的性能		节水保湿养护膜养护水泥混凝土面层的性能			试验方法
纵、横向直角撕裂强度（kN/m）	55	用养护膜养护混凝土弯拉强度比（%）（与标养比）	≥3d	≥95	JT/T 188
芯膜厚度（mm）	0.08 ~ 0.10		≥7d	≥95	
面膜厚度（mm）	0.12 ~ 0.15				
长度允许偏差（%）	±1.5	保温性（膜内温度与外界环境温度之差）（℃）	≥4		
芯膜宽度	不允许负偏差	单位面积吸蒸馏水量（kg/m²）	≥0.5		
面膜、芯膜外观	干净整齐，无破损	养护膜养护混凝土磨耗量（kg/m²）	≤2.0		

注：当节水保湿养护膜用于水泥混凝土路面工程时，应检测磨耗量和弯拉强度比。

2. 养护

面层养护应合理选择养护方式，保证混凝土强度增长的需要，防止养护过程中产生微裂纹与裂缝。高速公路、一级公路混凝土面层宜采用养护剂加覆膜养护。现场养护用水充足的情况下，可采用节水保湿养护膜、土工毡、土工布、麻袋、草袋、草帘等养护，并及时洒水保湿养护。缺水条件下，宜采用覆盖节水保湿养护膜养生，并应洒透第一遍养护水。

养护剂的喷洒应应均匀，喷洒后的表面不得有颜色差异。成膜厚度应满足产品要求，并足以形成完全密闭水分的薄膜。养护剂的喷洒宜在表面抗滑纹理做完后即刻进行。刚铺筑的湿软混凝土面层遭遇刮风或暴晒天气，推铺现场水分蒸发率接近 0.50kg/(h·m²)，开裂风险较大时，可提前喷洒养护剂养护。喷洒高度宜控制在 0.10 ~ 0.30m。现场风大时，可采用全断面喷洒机贴近路面喷洒的方式喷洒。养护剂的现场平均喷洒剂量宜在试验室测试剂量基础上，一等品再增加不小于 40%，合格品增加不小于 60%。不得使用易被雨水冲刷掉的、阳光暴晒可融化的或引起表面开裂、卷起薄壳的养护剂。

做养护剂试验时，表面均为光滑平面，而路表面存在细观抗滑纹理，是粗糙表面，表面砂颗粒是裸露凸起状态，凸起砂粒尖端应有足够厚的养护剂薄膜才能将其彻底覆盖，而不蒸发丢失水蒸气。养护剂喷洒后，若被水冲刷掉、可融化或开裂、卷起，对混凝土表层强度、表面抗磨耐久性、耐疲劳性等有严重影响，有这类情况养护剂，不得使用。

覆盖保湿养护膜覆盖养护的初始时间，应为不压坏表面细观抗滑纹理的最短时间。养护膜材料的最窄幅宽不宜小于 2m。两条膜层对接时，纵向搭接宽度不宜小于 400mm，横向搭接长度不宜小于 200mm。养护期间应始终保持薄膜完整盖满。应有专人巡查养护膜覆盖完整情况。养护期间被掀起或撕破的养护膜、养护片材均应及时重新洒水，并完整覆盖。当现场瞬间风力大于 4 级时，宜在养护膜表面罩绳网或土工格栅，并压牢固，防止养护膜被大风吹破。

低温期或夏季夜间气温有可能低于零度的高原、山区施工水泥混凝土路面和桥面时，应采取保温保湿双重养护措施。保温养护材料可选用干燥的泡沫塑料垫、棉絮片、苇片、草帘等。养护期间遭遇降雨时，应在保温片材上、下表面采取包覆隔水膜层等防水措施。

实测混凝土强度大于设计强度的 80% 后，可停止养护。不同气温条件下混凝土面层的最短养护龄期可参照表 14-62 确定。

养护期间日平均气温 (℃)	隧道内水泥混凝土与 纤维混凝土面层	水泥混凝土、碾压混凝土、 配筋混凝土、纤维混凝土 面层及隔离式加铺层	钢筋混凝土、钢筋纤维混凝土 桥面、组合式加铺层
5～9	21	21	24
10～19	14	14	21
20～29	12	10	14
30～35	8	7	10

注:1. 各级公路水泥混凝土面层不得在日间零下气温大面积铺筑。

2. 当在各种面层混凝土中掺加粉煤灰时,最短养护龄期宜延长 7d。

3. 在日平均气温 5～9℃养护时,应同时采取保温保湿双重覆盖养护措施。

面层养护初期人、畜、车辆不得通行,达到设计弯拉强度40%后,可允许行人通行。平交道口应采取搭建临时便桥等措施保护养护期的混凝土面层。面层达到设计弯拉强度后,方可开放交通。

七、特殊天气条件施工

水泥混凝土面层铺筑期间,应收集当地月、旬、日天气预报资料。高速公路、一级公路宜在现场设置简易气象站。遭遇危害路面铺筑质量的灾害性天气和气象要素时,应进行及时观测与快速通报并制订特殊天气的专项施工组织方案和应急处理预案。施工过程中,铺筑现场发生影响铺筑面层质量的瞬间强风、下雷阵雨或冰雹时,应即刻停工。

水泥混凝土面层施工如遇下列天气条件之一者,必须停工,不得强行铺筑:①现场降雨或下雪;②风力达到6级及6级以上的强风天气;③现场气温高于40℃,或拌合物摊铺温度高于35℃;④摊铺现场连续5昼夜平均气温低于5℃或夜间最低气温低于-3℃。

(一)雨季施工

雨季施工开工前应排除现场、车箱内、设备内、拌合站、集料堆场内的积水或淤泥。运输便道应排除积水;陷车的运输道路与便道应进行修整。摊铺前应清扫干净基层、夹层、封层上的积水,并保持表面处于湿润状态。

雨季施工时,应准备足量的防雨篷、帆布和塑料布或塑料薄膜等防雨器材和材料。防雨篷支架宜采用可推行的焊接钢结构,其高度应满足人工饰面、拉槽的要求。摊铺过程中遭遇阵雨时,应立即停止混凝土拌和及铺筑工作,并使用防雨篷、塑料布或塑料薄膜覆盖尚未硬化的水泥混凝土面层。水泥混凝土面层因阵雨冲刷导致平整度与抗滑构造不满足要求时,应采用先磨平恢复平整度,再刻槽恢复抗滑构造措施处置。被暴雨冲刷后,路面与桥面局部成坑部位或边部冲毁的,应铲除重铺。

(二)刮风天气施工

刮风天气施工时,宜采用风速计在摊铺现场测风速,也可根据经验采用观测自然现象等方法,确定风级,并根据经验采取防止塑性收缩开裂的措施。经验不足时,可参考表 14-63 的规定进行。

风力	风速(m/s)	相应自然现象	防止路面塑性收缩开裂措施
1级软风	≤1.5	烟能表示风向,水面有鱼鳞	正常施工,喷洒一遍养护剂,原液剂量 0.40kg/m²
2级轻风	1.6~3.3	人面有风感,树叶沙沙响,风标转动,水面波峰破碎,产生飞沫	加厚喷洒一遍养护剂,剂量 0.50kg/m²
3级微风	3.4~5.6	树叶和细枝摇晃,旗帜飘动,水面波峰破碎,产生飞沫	路面摊铺完成后,立即喷洒第一遍养护剂,刻槽后,再喷洒第二遍养护剂,两遍剂量共 0.60kg/m²
4级和风	5.7~7.9	吹起尘土和纸片,小树枝摇动,水波出白浪	刻槽前后用喷洒机喷两遍养护剂,两遍剂量共 0.75kg/m²
5级清风	8.0~10.7	有叶小树开始摇动,大浪明显波峰起白沫	使用抹面机抹面或人工收浆后,用喷洒机加厚喷一遍剂量 1.0kg/m² 养护剂并覆盖节水保湿养护膜、土工毡、湿麻袋、湿草袋等
6级强风	10.8~13.8	大树枝摇动,电线呼呼响,水面出现长浪,波峰吹成条纹	停止施工

刮风天气应加强混凝土拌合站粗、细集料的覆盖及其含水率检测,并根据粗、细集料含水率的变化及时微调加水量。自卸车上的混凝土拌合物应加遮盖。持续刮 4~5 级风天施工水泥混凝土路面和桥面时,应采取防裂措施。尽快喷洒足量养护剂,喷洒机宜具有相对密闭的低矮喷洒空间,保证养护剂剂喷洒效果。当覆盖材料不压出折印时,应尽早覆盖节水保湿养生材料等保湿养护。养护膜表面宜罩绳网或土工格栅,并压牢,防止养护膜被大风吹破或掀起。养护过程中,应有专人负责巡视和检查覆盖养护情况,被大风掀起或吹破的养护膜材应重新洒水,及时恢复覆盖。

(三)高温期施工

水泥混凝土铺筑现场连续 4h 平均气温高于 30℃ 或日间最高气温高于 35℃ 时,应按高温期施工的技术要求进行水泥混凝土面层施工。

高温期宜选择在早晨、傍晚或夜间施工,避开中午高温时段施工。夜间施工应有良好的操作照明,并确保施工安全。集料堆应设遮阳篷。搅拌用水宜采用新抽地下冷水或在水中加冰屑降温。应选用中、低热普通型水泥,不宜使用 R 型高热水泥。高温期施工配合比可掺适量的粉煤灰,不得掺硅灰。可采用适当的缓凝剂延长混凝土凝结时间。

采用自卸车运输时,混凝土拌合物应加遮盖,避免阳光直射;采用罐车运输时,混凝土罐仓外应贴隔热层。应加快施工各环节的衔接,采取压缩运输、布料、摊铺、饰面等各工艺环节所耗费的时间等措施,缩短从拌和至抹面完成时间。

在每日气温最高和日照最强烈时段施工时,应采取防止阳光直射措施。可以利用防雨篷遮挡阳光。高温期施工时,应控制混凝土拌合物的出料温度低于 35℃。在施工中应随时检测气温,以及水泥、搅拌水和拌合物温度,监控水泥混凝土面层温度,温度过高时应及时采取措施。必要时,可增加对混凝土水化热的检测。

采用洒水覆盖保湿养护时,应控制养护水温与混凝土面层表面的温差不大于12℃、与混凝土桥面的温差不大于10℃。不得采用冰水或冷水养护造成骤冷而导致表面开裂。控制养护水温与混凝土表面温差的目的是避免造成冷冲击,引发面层施工期间开裂。

切缝应按不啃边或不超过250℃·h控制,高温期宜采用比常温施工提早切缝的措施,以减少断板。在夜间降温幅度较大时或风雨后,应提早切缝。

(四)低温期施工

当混凝土铺筑现场连续5昼夜平均气温低于5℃,夜间最低气温在 -3 ~ -5℃时,应按低温期施工的技术要求进行水泥混凝土面层施工。

混凝土拌合物中宜加入早强剂、防冻剂或促凝剂,并根据试验确定其适宜掺量。可选用R型水泥。配合比中可掺矿渣粉、硅灰,不宜掺粉煤灰。拌合物出搅拌机的温度不得低于10℃,摊铺混凝土温度不得低于5℃。可采用热水或加热集料搅拌混凝土,热水温度不得高于80℃集料温度不宜高于50℃。

施工过程中应随时监测气温,以及水泥、搅拌水和集料温度,每工班应至少实测3次拌合物及面层温度。养护期间,应采取保温保湿覆盖养护的方法进行养护。保温垫上、下表面均宜采取隔水措施。应始终保持混凝土板内最低温度不低于10℃。水泥混凝土面层弯拉强度未达到1.0MPa前,混凝土桥面抗压强度未达到5.0MPa前,应严防路面和桥面受冻。

低温期施工,各级公路水泥混凝土路面、桥面覆盖保温保湿最短养护龄期不得短于表14-62第一行的规定。低温期施工拆模时间应符合表14-49的规定。

第四节　块料及其他水泥混凝土路面

一、块 料 路 面

用块状石料或混凝土预制块铺筑的路面称为块料路面。根据其使用材料性质、形状、尺寸、修琢程度的不同,分为条石、小方石、拳石、粗琢石及混凝土砌块路面等。

块料路面的主要优点是坚固耐久、清洁少尘、养护修理方便。由于这种路面易于翻修,因而特别适用于土基不够稳定的桥头高填土路段、铁路交叉口以及有地下管线的城市道路上。又由于它的粗糙度较好,故可在山区急弯、陡坡路段上采用,以提高抗滑能力。块料路面的主要缺点是用手工铺筑,难以实现机械化施工,块料之间容易出现松动,铺筑进度慢。

块料路面的构造特点是必须设置整平层,块料之间还需用填缝料嵌填,使块料满足强度和稳定性的要求。整平层是用来垫平基础表面及块石底面,以保持块石顶面平整及缓和车辆行驶时的冲击、振动作用。整平层的厚度,视路面等级、块料规格、基层材料性质而异,一般路面整平层厚度为2~3cm。整平层材料一般采用级配良好、清洁的粗砂或中砂,它具有施工简便、成本低的优点,但稳定性较差。有时采用煤渣或石屑以及水泥砂或沥青砂作整平层。

块料路面的填缝料,主要用来填充块料间缝隙,嵌紧块料,加强路面的整体性,并起着保护块料边角与防止路面水下渗的作用。一般采用砂作填缝料,但有时应用水泥砂浆或沥青玛蹄脂。水泥砂浆具有良好防水和保护块料边角的作用,但翻修困难。有时每隔 15 ~ 20m 还需设置胀缩缝。

块料路面的强度,主要由基础的承载力和石块与石块之间的摩擦力所构成,当此两种力很小,不足以抵抗车轮垂直荷载作用时,就会出现沉陷变形。因此,欲使块料路面坚固,则块石料周界长与土基承载力和传布面积,均应尽可能地大。如果摩擦周界面上的摩擦力很小,或土基和基层承载力不足,则路面在车轮荷载作用下,将发生压缩变形。如果压缩变形不一致,则路面高低不平,最后导致块石松动而路面破坏。

(一)混凝土砌块

混凝土砌块路面用于中、轻交通荷载等级的公路、旅游区公路,也可用于极重特重、重交通荷载等级的公路路基欠稳固又要求快速通车的局部路段过渡面层。砂垫层是砌块垂直坐稳并形成纵横紧密嵌锁的必备条件,应均匀、密实,能保证砌块稳固,不得缺乏或局部缺失砂垫层,导致砌块路面直接铺筑在刚性或半刚性基层上,造成砌块不稳固。

混凝土砌块路面两侧应按设计设置路缘基座或缘石。与水泥混凝土路面连接时,可依托水泥混凝土路面进行约束。混凝土砌块路面宜采用机械化方式铺砌。

混凝土砌块形状宜为六边形或矩形。机械化砌筑的砌块平面尺寸可根据设备的砌筑能力确定。手工铺砌六边形砌块两对角线最大长度宜为 300mm;手工铺砌矩形砌块的平面尺寸宜为 200mm × 400mm。砌块顶面四周应设 3mm 的倒角。

用于极重、特重、重交通荷载等级路面时,混凝土砌块抗压强度等级不应低于 C50,弯拉强度不应低于 6.0MPa。用于中、轻交通荷载等级路面时,混凝土砌块抗压强度等级不应低于 C40,弯拉强度不应小于 5.0MPa。混凝土砌块的抗压、弯拉强度的试验方法应符合混凝土砌块试验方法的规定。有抗冰冻与抗盐冻要求时,砌块中混凝土中应掺引气剂,抗冻性应符合配合比设计的相关规定。不得使用无振动模压法压制成型的混凝土砌块。混凝土砌块的外观质量与尺寸精度应符合表 14-64 的要求。

混凝土砌块的外观质量与尺寸精度要求(mm)　　　　　　表 14-64

序号	项　目	质量标准	检测方法
1	长度、宽度、厚度	±2	游标卡尺测量
2	厚度差	1.5	
3	平整度	2.0	精度不低于 0.5mm 专用卡尺测量
4	垂直度	2.0	
5	缺损最大投影尺寸	5	
6	缺棱掉角的最大投影尺寸	5	
7	表面裂纹	不得有	目测

混凝土砌块进场后,应按每 2 万块为一批(不足 2 万块按一批计),随机抽取 50 块检验样品对其抗压强度、弯拉强度和外观质量的检验,不合格的砌块不得使用。

混凝土块路面用填缝砂质量,应符合细集料中 Ⅱ 级砂的规定,垫层砂应符合 Ⅲ 级砂规定。其中填缝砂 2.36mm 筛孔的累计筛余量不应大于 5%,含泥量不应大于 2.0%,泥块含量不应大于 0.5%。垫层砂 4.75mm 筛孔的累计筛余量不应大于 5%,含泥量不应大于 3.0%,泥块含量不应大于 1.0%。填缝砂与垫层砂的级配宜符合表 14-65 的规定。

用　　途	方筛孔尺寸（mm）						
	0.15	0.30	0.60	1.18	2.36	4.75	9.5
	累计筛余（以质量计）（%）						
填缝砂	90～100	90～60	75～15	0～20	0～5	—	—
垫层砂	90～100	70～90	40～75	15～50	0～15	0～5	0

填缝砂应按每 50m³ 为一批、垫层砂应按每 200m³ 为一批（数量不足者按一批检验），随机抽取 10kg 样品砂分别对其颗粒级配、含泥量、泥块含量进行质量检验，不合格的砂不得使用。

预制路缘基座制品应按每 2 万块为一批（不足 2 万块按一批计），随机抽取 50 块检验样品对其抗压强度、抗冻标号和外观质量进行检验，不合格的预制路缘基座制品不得使用。

（二）铺砌施工

1. 路缘基座施工

现场浇筑路缘基座可使用专用滑模摊铺机连续浇筑或现场立模浇筑施工，预制基座宜采用人工拼装施工。路缘基座滑模摊铺施工可采用基准线法进行高程与位置控制，基准线设置应满足滑模摊铺施工的要求。应使用符合基座外形要求的模具。现浇混凝土路缘基座时，宜设置拉线确定侧模位置与高程。连续浇筑的路缘基座每 5～8m 宜切一道缩缝，缝宽宜为 3mm ± 1mm，切缝深度不应小于 40mm。

人工拼装预制混凝土基座，应按设计图纸对路缘基座安装位置进行放样，并在基座顶面边角挂设拉线。应开挖基座至设计位置，并清理路缘基座底部。安设前应先按设计在基座底部铺设水泥砂浆垫层，砂浆强度等级不应低于 M15，厚度不应小于 15mm，然后安装路缘基座并按拉线调整高程和位置。安装完成后，两块路缘基座间间隙不宜大于 5.0mm。

2. 砂垫层施工

砂垫层铺设可采用刮板法、耙平法、机械摊铺法。砂垫层压实厚度应符合设计要求，松铺系数宜根据试铺确定。砂垫层摊铺后应刮平并压实，保证砌块路面的平整度、密实度符合要求。砂垫层铺设完成后应加以保护，不得行驶车辆、机械碾压与人员踩踏。

3. 砌块路面铺砌

铺砌前，应准确放样，并设置铺砌表面拉线。应按设计图纸确定的铺设方式铺砌混凝土路面砌块。人工铺砌时，不得站在砂垫层上作业，应采用前进铺砌方式施工。铺砌时，砌块应垂直放置，不得倾斜落地。砌块放置到位后，可采用橡胶锤敲击等方法，使砌块坐稳。

机械铺砌时，宜在预制厂将砌块拼装为铺砌单元，以夹紧状态运输至现场。铺砌单元面积宜为 0.5～1.5m²。可采用在每个铺砌单元内块体之间和铺砌单元之间夹 2～3mm 的接缝榫等方法，控制块体间接缝宽度均匀一致。铺砌时，应使用机械将每个铺砌单元垂直对中放置就位，避免倾斜落地，摆放后应逐块检查砌块是否稳固，不稳固的砌块应敲击稳定。

竖曲线路段，应将砌块路面铺砌成连续曲线，不得铺砌为折线。曲线处砌块接缝表面宽度应控制在 2～5mm。平曲线路段，可调整砌块纵向接缝宽度。弯道外侧砌块接缝宽度不应大于5mm。

砌块铺砌完成后,应按两条相互垂直的砌块拉线进行接缝调整。砌块接缝宽度应控制在2~4mm。砌块与基座间不大于20mm的间隙,可通过适当调整砌块之间接缝宽度的方法予以消除。大于20mm的间隙,可使用C40细石混凝土夯实填补并抹平。砌块拼砌边缘及端部不完整部分,当面积大于或等于砌块1/3时,宜切割砌块或使用断裂砌块填补;当面积小于砌块1/3时,宜使用C40细石混凝土夯实填补并抹平。

砌块路面应使用自重3~5t的胶轮或胶带振动压路机振压稳定,胶轮或胶带振动压路机的激振力宜为16~20kN,振动频率宜为75~100Hz。压实前路面的铺砌长度宜为30~50m。碾压时,振动压路机应由路边缘向中间碾压振实。距铺砌工作面1.0m前应停止。碾压振实应使垫层砂嵌入接缝底部25~50mm。

砌块路面应在第一遍振压后后,开始填灌填缝砂。填灌填缝砂应均匀撒布,并用笤帚或刮板等工具将路面上的砂扫入接缝中,再用振动压路机进行振动压实,使砂灌入缝槽。振压与灌砂宜反复进行,直至填缝砂灌满填实为止。最少灌砂遍数不应少于5遍。接缝灌实后,砌块表面残留的填缝砂与缝槽表面的松散砂应清扫干净。

二、钢筋混凝土、连续配筋混凝土面层施工

钢筋混凝土面层中配置钢筋的目的并非为增加板体的弯拉强度而减小面板的厚度,配筋的目的主要是控制混凝土面层板在产生裂缝之后保持裂缝紧密接触,裂缝宽度不会扩张。因此钢筋混凝土板主要适用于各种容易引起面层板裂缝的情况。如面层板的平面尺寸过大(板长大于10~20m)或形状不规则;地基软弱,虽经处理,但仍有可能产生明显的不均匀沉降,而导致面板支承不均匀(如半填半挖路基、局部路基位于塘边,在河边填筑路堤等);路面板下埋设地下设施,路面板上开设检查口等情况。

连续配筋混凝土面层在路面纵向配有足够数量的不间断连续钢筋,以抵制混凝土面层板因纵向收缩而产生横向裂缝。因此连续配筋混凝土面层不设横向胀缝和缩缝,形成一完整和平坦的行车表面,改善了行车平稳性,同时增加了路面的整体强度。连续配筋混凝土面层并非完全没有横向裂缝,只是由于混凝土的收缩变形被连续钢筋所约束,收缩应力为钢筋所承担,使横向裂缝分散在更多的部位,通常1.5~4.0m,即有一道微小裂缝,但是由于钢筋的紧束,使之仍然保持紧密接触,裂缝宽度极其微小,通常用肉眼无法看清,这种微小的裂缝不致破坏路面的整体连续性、行车平稳性,如同无缝路面一样,路面表面雨水也不易渗入。因此具有理想的使用效果。

纵向连续钢筋是根据混凝土的体积收缩与温度收缩而引起的钢筋受力状态进行布置的,在分析钢筋应力时,不考虑车轮荷载对钢筋应力的影响。纵向配筋率可按以下三项原则来确定:①最小配筋率足以保证混凝土在干缩时引起的内应力不超出混凝土最大的极限拉应力;②最小配筋率足以保证混凝土在温度下降时引起的收缩应力不超出混凝土的最大极限拉应力;③最小配筋率足以保证混凝土已有裂缝位置钢筋的最大拉应力不超过钢筋的屈服应力。

钢筋混凝土路面配筋后并不能够提高路面板的抗弯拉强度。连续配筋混凝土路面纵向连续钢筋的作用是约束变形,防止裂缝宽度增大,并不分担截面的弯拉应力。因此,路面板的厚度采用与不配筋的普通混凝土路面相同的设计厚度。

钢筋混凝土、连续配筋混凝土面层滑模摊铺机铺筑前,应按设计图纸准确放样,标示出路面钢筋、路面板块、地锚梁和接缝等位置。

钢筋混凝土面层宜采用集中预制的钢筋网,长度、宽度应符合设计的要求。现场宜采用焊接方法制作钢筋网,其钢筋直径、间距应符合设计图纸的要求。钢筋的质量及其焊接和绑扎加工应符合国家相关标准的规定。钢筋下料时,应严格控制钢筋尺寸,保证钢筋网的整体尺寸符合要求。

钢筋宜采用预先架设方式安装,安装高度应符合设计要求及现行《公路水泥混凝土路面设计规范》(JTG D40)的规定。设置双层钢筋时,应严格控制钢筋保护层厚度。钢筋混凝土面层缩缝传力杆与拉杆可借助钢筋网安装。应严格控制传力杆位置,其端部不得顶推钢筋。钢筋网应采用钢筋支架架设,不得使用垫块架设。支架钢筋应保证钢筋在布料、摊铺时不会因拌合物堆压而产生下陷、移位,数量宜为 $4 \sim 6$ 个/m^2。钢筋网宜采用焊接方式与支架钢筋连接。两端采用地锚梁的单、双层连续配筋混凝土面层,安装预制钢筋支架时,应采用钻孔锚固的方式与基层固定,支架钢筋锚入基层内的深度不宜小于70mm。面层钢筋及钢筋骨架焊接或绑扎的允许偏差应符合表 14-66 的规定。

面层钢筋及钢筋骨架焊接或绑扎的允许偏差(mm) 表 14-66

项　　目		焊接钢筋及骨架允许偏差	绑扎钢筋及骨架允许偏差
钢筋长度与宽度		±10	±10
钢筋眼尺寸		±10	±20
钢筋骨架宽度及高度		±5	±5
钢筋骨架长度		±10	±10
箍筋间距		±10	±20
受力钢筋	间距	±10	±10
	排距	±10	±5

钢筋焊接搭接长度,双面焊不应小于 $5d$(d 为钢筋直径),单面焊不应小于 $10d$。钢筋绑扎搭接长度不应小于 $35d$。同一垂直断面上焊接或绑扎钢筋的数量不宜超过断面钢筋总数的 25%,相邻钢筋焊接或绑扎接头应分别错开 500mm 或 1000m。纵向连续钢筋宜每隔 30m 设置一处绑扎接头。路面、桥面钢筋及钢筋骨架安装位置允许偏差应符合表 14-67 的规定。

路面、桥面钢筋及钢筋骨架安装位置允许偏差(mm) 表 14-67

项　　目		允许偏差
受力钢筋排距		±5
钢筋弯起点位置		20
箍筋、横向钢筋间距	绑扎钢筋及钢筋骨架	±20
	焊接钢筋及钢筋骨架	±10
钢筋预埋位置	中心线位置	±5
	水平高差	±3
钢筋保护层	距表面	±3
	距底面	±5

摊铺前应检验安装好的钢筋和钢筋骨架,确认钢筋加工合格,安设位置符合要求,架设牢固,无贴地、隆起、变形、移位、松脱和开焊等现象后,方可开始滑模摊铺施工。钢筋混凝土、连续配筋混凝土面层应采用布料机或上料机进行供料与布料,并保证安装完毕的钢筋不被混凝土或布料机压垮、变形或贴底。严禁任何机械在已安置好的钢筋上行走、碾压。单层配筋的钢

筋混凝土面层可采用两次布料的方式,在两次布料间隙安置钢筋网。连续配筋混凝土面层应采用钢筋支架预设安装,整体一次机械布料。拌合物应卸在布料机的料斗或上料机的料箱内,再由机械从侧边运送到位。钢筋上的拌合物堆应尽快布匀。

混凝土坍落度相相同时,钢筋混凝土的松铺厚度宜比普通水泥混凝土面层大 10mm,滑模摊铺机行走速度宜适当降低,并宜采取用人工振捣的方法,在摊铺前振实钢筋网以下的混凝土。滑模摊铺钢筋混凝土、连续配筋混凝土面层时,振捣棒的横向间距宜为 250 ~ 350mm,板厚大、料偏干,用较小值;反之,用较大值。振捣棒频率不宜低于 167Hz。应准确控制振捣棒位置,避免振捣棒碰撞或扰动钢筋。

钢筋混凝土或连续配筋混凝土的施工缝宜设置在横缝位置或连续钢筋端部处,不应在钢筋网内或连续铺筑的整条钢筋内中断摊铺。在摊铺钢筋混凝土面层时,应在缩缝位置处作出明显标记,保证纵、横缩缝切缝位置的准确性。连续配筋混凝土面层宜整体摊铺,按车道宽度切纵缝。不具备横向整幅摊铺条件时,宜进行设计变更,按等强互换原则设置纵缝拉杆。

连续配筋混凝土路面地锚梁的施工,应符合现行《公路桥涵施工技术规范》(JTG/T F50)的规定。除此之外,还应按设计位置、尺寸和数量开挖地锚梁槽,并避免超挖。超挖量较多时,应在混凝土浇筑前对超挖部位进行修补。地锚梁中伸出的钢筋应与面层钢筋相焊接,地锚梁混凝土应采用振捣棒分层振实,并与面层浇筑成整体。地锚梁与面层混凝土合拢温度宜为 20 ~ 25℃,或在年平均气温时合拢。

连续配筋混凝土路面宽翼缘工字钢梁的施工,应符合现行《公路桥涵施工技术规范》(JTG/T F50)的规定。并应按设计图纸枕垫板尺寸在基层上挖槽,安装钢筋骨架,浇筑钢筋混凝土枕垫。安装并焊接宽翼缘工字钢后,方可摊铺两侧的混凝土面层。面板端部与工字钢槽内连接部位应以胀缝填缝料填塞。

连续配筋混凝土路面伸缩缝的施工可使用软做、硬切、预留间隙等方法。采用软做法施工伸缩缝时,应在伸缩缝位置安装工作缝端模,端模应在每根纵向钢筋位置处钻孔,并将钢筋伸出端模。端模附近混凝土应采用振捣棒振捣密实,并抹平到平整度满足要求。拆端模时应避免造成边角损坏。

采用硬切法时,可先摊铺通过伸缩缝位置,待第二天摊铺前,切割并凿除伸缩缝位置的硬化混凝土,切割混凝土不得啃边和造成边角损坏,钢筋下部混凝土应凿除到底,切割顺直度与垂直偏斜均不应超过 10mm。

采用预留间隙法时,间隙两侧应架设两个工作缝端模,间隙宽度应满足设计型号伸缩缝安装预留宽度的要求,并宜在当地年平均气温时浇筑混凝土合拢。

三、纤维混凝土面层施工

纤维混凝土面层是一种性能优良的路面材料,它能显著提高混凝土的抗拉强度、抗弯拉强度、抗冻性、抗冲击、抗磨耗、抗疲劳等性能,在路面工程中应用,可以明显减小路面板厚度,改善路用性能。可用于公交停车站、收费站和行驶重型汽车的路面和旧路面的加铺层。我国近年来已逐步推广应用,特别适用于地面高程受限制地段的路面,如桥面铺装、城市道路旧混凝土路面的加铺层等。

采用滑模摊铺机铺筑纤维混凝土面层,纤维混凝土拌合物从出料至运到现场的允许最长时间应比表 14-44 的规定适当缩短。当纤维混凝土拌合物凝结时间不能满足施工作业时间要求时,可采取在配合比中掺加缓凝剂或调整现有配合比中缓凝剂掺量等措施延长凝结时间。

纤维混凝土面层布料与摊铺,应满足滑模摊铺水泥混凝土面层要求。除此之外,所采用的机械布料与摊铺方式,应能保证面层内纤维分布的均匀性、连续性。布料松铺高度应通过试铺确定。拌合物坍落度相同时,宜比相同机械施工方式的水泥混凝土面层松铺高度高10mm。在浇筑和摊铺过程中应严格控制混凝土的配合比,不得因拌合物工作性不足调整混凝土用水量。可采用表面喷雾措施减少表层蒸发的影响。在一块面板内的浇筑和摊铺不得中断。新摊铺混凝土中发现纤维结团应立即剔除,可采取调整纤维长度与外形、在拌合楼(机)的输料皮带上设置纤维撒布机均匀撒布纤维等有效措施加以消除。

滑模摊铺机铺筑纤维混凝土面层时,振捣频率不宜低于167Hz。每根振捣棒底缘应严格控制在面层表面位置以上,不得插入路面纤维混凝土内振捣。整平后的面层表面不得裸露直立、上翘的钢纤维,以确保钢纤维混凝土面层运营安全性,避免路面磨损后裸露的钢纤维扎轮胎。铺筑纤维混凝土面层时,应开启滑模摊铺机提浆夯实杆或搓平梁,以便将拌合物中纤维压入或揉搓进表面砂浆层之内。

纤维混凝土面层宏观抗滑构造应使用刻槽方式,微观抗滑纹理可使用拖麻袋等软拉方式制作。软拉制作微观抗滑纹理时不得拖出纤维或留下纤维拖行的棱槽。

四、其他部位水泥混凝土面层施工

(一)桥面水泥混凝土铺装

桥面混凝土采用滑模摊铺机摊铺时,应根据桥面铺装结构和对材料的要求,合理选择摊铺设备。宜采用与相邻路面水泥混凝土相同的滑模摊铺机,连续摊铺。必要时,应对滑模摊铺机在桥梁上铺筑时的结构安全性进行验算。滑模摊铺机履带上、下桥的台背阶梯部位应提前铺设混凝土坡道,长度不宜短于钢筋混凝土搭板。混凝土坡道应振捣密实,强度应满足摊铺机行走的需要。钢质履带的滑模摊铺机直接在梁顶或护栏底座表面行走时,应采用胶垫进行防护。桥梁护栏应在桥面滑模铺装前安装完毕。

桥面混凝土铺筑前,应按设计要求完成桥面铺装钢筋的安装。钢筋宜采用焊接连接,不宜采用绑扎连接。不得因摊铺宽度不足或设置施工缝而切断纵、横向钢筋。桥面铺装层中的钢筋应按设计与预留钢筋连接。用于支撑桥面铺装钢筋网的架立钢筋数量宜为 $4 \sim 8$ 根/m^2,在梁端或支座部位剪应力较大处宜取大值。

设置在路面、过渡板、搭板与桥面两侧的基准线应连续顺直,设置精度应满足表14-46的规定。桥面铺装时的基准线桩可与桥梁上的锚固钢筋临时焊接固定,外侧有护栏时,可依托护栏架设基准线。基准线桩间距,直桥不应大于10m,弯桥可缩短为5m。利用基准线复核校验桥铺装层厚度时,应按对板厚进行校验的方法进行复核校验。

待铺装的裸梁或防水找平层的表面应进行凿毛或进行表面缓凝露石粗糙处理。凿毛后表面采用铺砂法测定的平均构造深度不宜小于1.0mm;表面缓凝露石粗糙处理露石面积不宜小于70%。粗糙处理后的表面应清洗干净,洒水湿润,不得积水。

滑模摊铺机铺装桥面时,混凝土布料应符合钢筋混凝土面层的相关规定,运料车应在铺装区域以外行进,并应由专人指挥卸料。拌合物可利用挖掘机或输送机跨越护栏布料。

滑模摊铺机在连续摊铺过渡板、搭板、桥面和伸缩缝时,振捣频率应加大到167Hz以上,摊铺速度宜控制在 $0.75 \sim 1.0$ m/min。滑模摊铺机上、下桥桥面,应及时调整侧模高度,避免边缘漏料。桥面铺装层的铺装厚度应采用平均厚度与极限最薄厚度双控措施,厚度平均值偏差

应控制在 +20mm、−5mm 之内,局部极限最薄厚度偏差应控制在 −20mm 以内。滑模摊铺钢筋混凝土搭板厚度超过 300mm 时,应先浇筑并用手持振捣棒振实底部,再使用滑模摊铺机摊铺上部。

滑模摊铺机侧模底部的纵向施工缝位置应架设半模板,半模板上部应按横向钢筋直径和数量预留开口。铺装剩余桥面前,应拆除半模板,并不得损伤桥面边角。桥面与搭板相接时,在台背顶面应按设计要求设置胀缝、伸缩缝。铺装前,应安装稳固台背隔离缝与胀缝中接缝板,板高宜低于桥面高程 20mm。桥面铺装后,应剔除接缝板上部未硬化混凝土,并安装齐平接缝板上的木条,修整平表面并捣实接缝板两侧的混凝土。桥梁伸缩缝位置底部应设隔离层,应在桥面铺装硬化后,切出伸缩缝安装间隙,并剔除其中混凝土。桥面支座处负弯矩部位应切缝,并按设计要求对其进行加筋补强。每跨内横缝间距宜一致,最大长度不宜大于 6m,最短长度不宜小于板宽。桥面宜按车道宽度切纵缝。横向连接铺装桥面,施工纵缝应采用双重防水措施,先粘防水密封条或涂沥青再填充填缝料。

钢筋纤维混凝土桥面滑模铺装时,混凝土坍落度应较一般路段增大 20~30mm。振捣不密实时,不得强行摊铺或现场洒水再摊铺。铺装钢筋纤维混凝土桥面时,挤压底板前方宜配备压入纤维的夯实杆或搓平梁,滑模摊铺机振捣频率宜不低于 183Hz,铺筑速度宜控制在 0.75~1.0m/min,应缓慢匀速、不间断地推进。分幅桥梁桥面滑模铺装时,可采取将滑模摊铺机一侧履带延伸至另一幅桥面上行走铺装的方法,减少桥面纵缝。

(二)隧道水泥混凝土面层施工

隧道内水泥混凝土面层滑模摊铺施工应根据面层结构与材料类型,按相应的规定进行。隧道水泥混凝土面层宜采用全宽滑模摊铺机一次摊铺,路面宽度较大时,应采用宽幅滑模摊铺机摊铺,减少纵向接缝。隧道内施工应考虑空间限制条件,选择较小型的布料设备与适宜布料方式。隧道内连续配筋或钢筋混凝土面层宜分幅摊铺,可利用未摊铺部分进行拌合物运输及供料。

隧道水泥混凝土面层铺筑时应配备照明设施。灯具的设置应避免形成照明死角,并应避免妨碍面层摊铺。混凝土运输车宜在隧道外掉头,后退到摊铺位置卸料。长大隧道可在停车区掉头。隧道内基准线应设置在不阻碍滑模摊铺行进的位置。后幅连接摊铺时,宜将基准线桩固定在前幅路面横缝内。基准线设置精度应符合表 14-46 的规定。

隧道水泥混凝土面层滑模摊铺时,滑模摊铺机的一侧或双侧履带可行走在边沟盖板上。边沟墙及盖板应进行强度验算,必要时可加厚并配筋,保证结构安全。

滑模摊铺方式应根据隧道内两侧边沟条件选择。滑模摊铺机全宽铺筑,隧道路面表面与侧沟顶面处于同一高程时,应拆除两侧边模板或将其提升到顶,利用边沟侧墙控制混凝土铺筑范围。滑模摊铺机全宽铺筑,当隧道侧沟顶面高于路面表面时,应调整滑模摊铺机挤压底板与其他工作部件悬挂位置以满足摊铺需要,并应拆除两侧边模板。滑模摊铺机分两幅摊铺时,履带行走在基层上的一侧应保留边模板,履带行走在边沟盖板上一侧应拆除边模板,调整机架为水平状态。

(三)收费广场、服务区水泥混凝土面层施工

收费广场、服务区水泥混凝土路面采用滑模摊铺工艺施工时,应根据工程特点和规模,合理选择施工设备。工程规模较小且类型较多时,宜采用能够适应多种结构的施工设备。

收费广场滑模摊铺施工,应符合普通水泥混凝土面层滑模摊铺规定。收费广场路面宜根据路面板块划分情况分条,隔条施工。铺筑隔条时,应拆除或将两边侧模升到顶。铺筑后至滑模摊铺机行驶的最短时间间隔不宜少于7d。收费广场路面与主线路面等宽部分宜使用滑模摊铺机连续铺筑。收费墩内变宽与加宽边部可使用三辊轴机组铺筑。收费广场变宽段采用滑模定宽方式摊铺时,宜采用滑模摊铺机摊铺行车道与超车道,加宽段与硬路肩可使用小型滑模摊铺机或三辊轴机组摊铺。

收费广场面层纵缝、横缝、胀缝所用的接缝材料应符合耐油性与耐火性的要求。服务区及其连接线水泥混凝土面层宜采用滑模摊铺机铺筑。服务区水泥混凝土路面不宜低于二级公路的质量要求,连接线路面应符合相应等级公路水泥混凝土路面的质量要求。

(四)路缘石、护栏等混凝土施工

水泥混凝土路缘石、路肩石与排水沟拼装施工及滑模摊铺前,应设置基准线。基准线设置及精度等应符合表14-46的相关要求。水泥混凝土路缘石、路肩石与浅碟形排水沟可采用滑模摊铺机悬臂连体摊铺或专门滑模摊铺机摊铺。采用滑模摊铺机悬臂连体摊铺硬路肩及路缘石时,最大悬臂摊铺宽度不应大于2.75m。其模具外形应设置2°~3°前大后小的挤压喇叭口,并应配备专用振捣棒振捣密实。

滑模摊铺机推进前,应保证振动仓内料位充足。滑模摊铺时,应先振捣密实,再起步前进,保证混凝土挤压成型效果满足要求。凸起路缘石或浅碟形排水沟与边坡排水沟相连接部位,应在混凝土硬化前挖掉路缘石或浅碟形排水沟外侧,并抹成与泄水槽顺接的喇叭口。连接部位应排水通畅、接口圆滑,不得积水与阻水。

现场浇筑路缘石、路肩石与浅碟形排水沟时,应在浇筑段和起终点设置稳固的模板。滑模摊铺硬路肩横缝应与行车道面层横缝对齐。硬路肩与路缘石连体滑模铺筑时,路缘石横缝应与硬路肩一次连续切缝。滑模摊铺路缘石、路肩石与浅碟形排水沟时,应设置横向缩缝。浅碟形排水沟切缝形状、尺寸和填缝料宜与路面相同。路缘石紧贴硬路肩拼装的纵缝宜使用与路面相同的填缝料填缝。

护栏的基准线可设置在护栏内侧不阻碍滑模摊铺机行进的位置。桥梁护栏基准线桩可与梁顶预留锚固钢筋临时焊接。护栏的基准线设置精度应符合表14-46的规定。

滑模摊铺公路护栏时,应在护栏中上部配1根、底部两侧各配1根直径不小于14mm的连续光圆钢筋,钢筋接头应焊接并打磨平滑。3根钢筋应滑移穿进固定于护栏模具上的定位套筒内。滑模摊铺混凝土护栏过程中,应始终维持机前拌合物工作性稳定不变,并易于摊铺。拌合物工作性应满足下列三项要求之一:①摊铺时拌合物的坍落度应为零;出拌和楼(机)的坍落度视气温高低与运距远近,宜控制在15~30mm,运距长时,用大值;②摊铺时拌合物的振动黏度系数宜控制在700~900N·s/m²;③摊铺时拌合物的维勃时间宜为10~15s。

桥梁护栏应按设计要求配备钢筋笼,钢筋笼应与边板底部伸出的钢筋相焊接,底部应与边板混凝土连接牢固。护栏混凝土配制强度等级和配筋应符合现行《公路护栏安全性能评价标准》(JTG B05-01)和设计的要求,单位水泥用量不宜低于150kg/m³,砂率不宜小于36%,并应掺适量Ⅰ、Ⅱ级粉煤灰、矿粉等提高拌合物黏聚性及胶材总量。粉煤灰、矿粉的适宜掺量应通过试验和试铺确定。严寒和寒冷地区护栏混凝土中应掺引气剂,拌合物含气量宜控制在4%±1%。

滑模摊铺机振捣护栏混凝土时,拌合物的工作性应保证能够振动液化,并在推进持续时间内达到密实状态的要求。护栏的摊铺速度应根据供料快慢、振捣密实程度、推铺效果等控制，宜在 0.75 ~ 1.5m/min。摊铺过程中，振捣密实的混凝土脱出滑模模具时，护栏顶面塌落量不应大于 3mm，并应在摊铺过程中始终维持恒定，不得塌落后再贴补薄层砂浆局部加高。护栏表面气孔、局部麻面等缺陷可使用专用工具进行人工修整。

滑模摊铺公路护栏停止，需再纵向接铺时，应牢固架设刚度足够的端部垂直模板。铺筑桥梁护栏时，在设钢筋笼的一个连续节段内，滑模摊铺不得中断。摊铺开始和结束时，护栏端部应做成符合设计要求的圆滑纵向斜坡。公路护栏纵向宜切缝，长度宜为 5 ~ 10m；年温差较大地区宜取小值；反之，宜取大值。外周切缝最浅深度不宜小于 40mm。缝宽不宜大于 3mm。公路护栏与硬路肩相接时，其底部应按设计要求设置横向排水孔，排水孔可用木模制作并安装牢固。

第五节 施工质量标准与控制

水泥混凝土路面施工应建立健全的施工质量保证体系，对施工全过程进行全面的质量控制。应按铺筑工艺与进度要求，配备足量质检仪器设备和人员。对面层施工各工艺环节的各项质量标准应做到及时检测，根据检测结果对施工进行动态控制，保证施工各项质量指标合格、稳定。

水泥混凝土面层施工过程中应采取有效措施，严防出现质量缺陷。铺筑过程中发现质量缺陷时，应加大检测频率，必要时应停工整顿，查找原因，提出处置对策，恢复到正常铺筑工况和良好质量状态再继续施工。施工关键工序宜拍摄照片或进行录像，作为现场记录保存。施工结束后，应清理现场，处理废弃物，恢复耕地或等化，做到工完场清。

一、水泥混凝土路面质量标准

水泥混凝土路面施工质量标准与控制，应包括混凝土面层结构的内在质量与路面的使用功能、面层铺筑几何尺寸以及质量缺陷等方面。

(一)内在质量与使用功能

水泥混凝土路面铺筑内在质量标准和使用功能要求检查项目、频率和方法应符合见表 14-68 的规定。

水泥混凝土路面铺筑质量标准和功能要求检查项目、频率和方法　　表 14-68

检查项目		质量标准		检查频率		试验方法
		高速公路、一级公路	其他公路	高速公路、一级公路	其他公路	
弯拉强度（MPa）	标准小梁试件	弯拉强度质量评定方法		每班留 2 ~ 4 组试件，测算 f_{cs}，f_{min}，C_v	每班留 1 ~ 3 组试件，测算 f_{cs}，f_{min}，C_v	JTG E30（T 0552、T 0558、T 0561）
	路面钻芯劈裂强度换算弯拉强度			每车道每 3km 钻取一个芯样，测算 f_{cs}，f_{min}，C_v	每车道每 2km 钻取一个芯样，测算 f_{cs}，f_{min}，C_v	

检 查 项 目		质 量 标 准		检 查 频 率		试 验 方 法
		高速公路、一级公路	其他公路	高速公路、一级公路	其他公路	
板厚度(mm)		平均值≥ -5;极值≥ -15,C_v值符合设计规定		摊铺宽度内每100m左右各2处	摊铺宽度内每100m左右各1处	板边与岩芯尺测
纵向平整度	σ(mm)	≤1.32	≤2.00	所有车道连续检测		车载平整度仪
	IRI(m/km)	≤2.20	≤3.30			
	最大间隙 Δh(mm)(合格率应≥90%)	≤3.0	≤5.0	每半幅车道100m2处,每处10尺	每半幅车道200m2处,每处10尺	3m直尺
抗滑构造深度 TD(mm)	一般路段	0.70~1.10	0.50~0.90	每车道及硬路肩每200m测2处	每车道200m测1处	铺砂法
	特殊路段	0.80~1.20	0.60~1.00			
摩擦系数 SFC	一般路段	≥50	—	每车道每20m连续检测1个点	只检测特殊路段	JTG E60(T 0965)
	特殊路段	≥55	≥50			
取芯法测定抗冻等级	严寒地区	≥250	≥200	每车道每3km钻取一个芯样	每车道每5km钻取一个芯样	JTG E30(T 0552)
	寒冷地区	≥200	≥150			

注:1. 取芯法测定抗冻性仅在有抗冰冻要求的地区必检。
　　2. 严寒地区指当地最冷月平均气温低于 -8℃的地区,寒冷地区指当地最冷月平均气温在 -8 ~ -3℃的地区。

1. 弯拉强度

高速公路和一级公路应按混凝土弯拉强度评定方法,对各项主要质量指标的检测数据进行动态质量管理;其他等级公路宜按混凝土弯拉强度评定方法对各项主要质量指标的检测数据进行动态质量管理。

各级公路面层弯拉强度应采用标准小梁试件评定,采用钻芯取样圆柱体劈裂强度换算的弯拉强度验证。混凝土弯拉强度试验方法应使用标准小梁法或钻芯劈裂法,标准小梁弯拉强度用于评定施工配合比;钻芯劈裂强度用于评价实际面层施工密实度及弯拉强度。检测标准小梁弯拉强度后,宜用试件完好部分实测劈裂强度与抗压强度。每种弯拉强度应按混凝土弯拉强度评定方法进行评定,弯拉强度统计的变异系数应符合表 14-19 的规定。

试件使用标准方法制作,标准养护时间 28d,路面钻芯劈裂时间宜控制在 28~56d,不掺粉煤灰宜用 28d,掺粉煤灰宜用 28~56d,各等级公路面层混凝土弯拉强度应按表 14-68 所列检查频率取样,每组 3 个试件平均值为一个统计数据。

混凝土弯拉强度的合格标准应符合下列规定:

(1)试件组数大于 10 组时,平均弯拉强度合格判断式为:

$$f_{cs} \geq f_r + K\sigma \tag{14-36}$$

$$\sigma = C_v \bar{f_c} \tag{14-37}$$

式中:f_{cs}——合格判定平均弯拉强度(MPa);

f_r——设计弯拉强度标准值(MPa);

K——合格评定系数,按试件组数查表 14-69;

σ——弯拉强度统计均方差,可按式(14-37)计算;

C_v——实测弯拉强度统计变异系数;

$\overline{f_c}$——实测弯拉强度统计平均值(MPa)。

合格评定系数   表 14-69

试件组数 n	11 ~ 14	15 ~ 19	≥20
K	0.75	0.70	0.65

当试件组数为 11 ~ 19 组时,允许有 1 组最小弯拉强度 f_{min} 小于 $0.85f_r$,但不得小于 $0.80f_r$。

当试件组数大于或等于 20 组时,高速公路和一级公路最小弯拉强度 f_{min} 不得小于 $0.85f_r$,其他公路允许有一组最小弯拉强度 f_{min} 小于 $0.85f_r$,但不得小于 $0.80f_r$。实测弯拉强度统计变异系数 C_v 值不应超出表 14-19 规定的范围。

(2)当试件组数小于或等于 10 组时,可用非统计方法评定。此时,弯拉强度应符合下列规定:

弯拉强度平均值

$$f_{cs} \geq 1.15f_r \tag{14-38}$$

弯拉强度最小值

$$f_{min} \geq 0.85f_r \tag{14-39}$$

实测弯拉强度统计变异系数 C_v 值应符合设计要求。

当标准小梁合格判定平均弯拉强度 f_{cs}、最小弯拉强度 f_{min} 和统计变异系数 C_v 中有一个数据不符合上述要求时,应在不合格路段每车道每公里钻取 3 个以上 $\phi150mm$ 的钻芯,实测劈裂强度,通过各自工程的经验统计公式换算弯拉强度,其合格判定平均弯拉强度 f_{cs} 和最小值 f_{min} 必须合格。

路面板钻芯、圆柱体劈裂强度与标准小梁弯拉强度试验与强度换算可按下列规定进行:

(1)高速公路、一级公路应通过试验得到各自工程的统计公式,用于确定统计公式的试验组数不宜少于 15 组,足够统计的试验组数是提高统计关系曲线可靠性与可信度的关键。试验时,如果只使用施工配合比,试验点将聚集成一条垂直线,所反映的是试验误差的最大波动范围,不可能得到试验曲线。因此,要求试件水泥用量的变动范围宜为 $\pm50kg/m^3$,但必须包含施工配合比中的水泥用量;如强度离散性满足统计要求,可将 $\phi150m \times 150mm$ 钻芯圆柱体和浇筑圆柱体、150mm × 150mm × 150mm 立方体三者同龄期的劈裂强度视为等同。

(2)二级及二级以下公路混凝土面板钻芯劈裂强度与标准小梁弯拉强度可根据粗集料岩石品种和类型,分别按下列公式换算得出。

石灰岩、花岗岩碎石混凝土

$$f_c = 1.868f_{sp}^{0.871} \tag{14-40}$$

玄武岩碎石混凝土

$$f_c = 3.035f_{sp}^{0.423} \tag{14-41}$$

砾石混凝土

$$f_c = 1.607 + 1.035f_{sp} \tag{14-42}$$

式中:f_c——混凝土标准小梁弯拉强度(MPa);

f_{sp}——混凝土直径 150m 钻芯圆柱体的劈裂强度(MPa)。

水泥混凝土面层弯拉强度合格评判应符合下列规定:①当标准小梁与钻芯平均弯拉强度

合格值、最小值和统计变异系数均符合规定者,通过弯拉强度评定。②当局部路面标准小梁弯拉强度不足时,应每公里每车道加密钻取 3 个以上芯样,实测劈裂强度,重新换算弯拉强度,钻芯统计弯拉强度满足要求者,通过弯拉强度评定。③标准小梁与钻芯均不满足要求者,应返工重铺弯拉强度不符合要求的局部面板。

当弯拉强度或板厚不足、返工凿除面板时,应避免扰动邻近面层。损坏的上基层、夹层或封层应重新铺设。

2. 板厚

水泥混凝土路面板厚度应采用面层边缘的平均厚度、板中钻芯平均厚度及其变异系数三项指标综合判定,钻芯平均厚度应满足表 14-68 的规定,板厚统计变异系数 C_v 应符合表 10-10 及《公路水泥混凝土路面设计规范》(JTG D40)的规定。

当无损检测或单侧边缘检测发现局部板块厚度平均值不满足表 14-68 的规定时,应在该板中间钻芯,判明板厚不足区段。当局部面板平均板厚偏差超过表 14-68 规定的极值时,应返工重铺。

3. 抗滑性

高速公路、一级公路应对所有行车道与超车道连续检测摩擦系数,二级及二级以下公路应检测特殊路段的摩擦系数。各级公路硬路肩可免检摩擦系数。高速公路、一级公路硬路肩可仅检测构造深度,其他公路硬路肩可免检构造深度。高速公路、一级公路特殊路段指立交匝道、平交口、弯道、变速车道、组合坡度不小于 3%、桥面,路面及收费站广场等处。其他公路系指设超高路段、加宽弯道段、组合坡度大于或等于 4% 坡道段、交叉口路段、桥面及其上下坡段、隧道路面及集镇附近路段等处。

局部抗滑性能不足的路段,可重新打磨细观纹理和硬刻抗滑沟槽,进行行摩擦系数与抗滑构造的恢复。

4. 平整度

各级公路水泥混凝土面层在施工过程中宜用 3m 直尺检测与控制平整度指标。动态平整度 σ 与 IRI 可选测一项。

隧道内各级公路水泥混凝土路面的质量检测、评定和验收要求与普通公路水泥混凝土面层相同。当检测隧道内水泥混凝土路面摩擦系数不满足要求时,应采取措施恢复。

(二)几何尺寸

水泥混凝土面层铺筑几何尺寸质量标准及检查项目、频率和方法应符合表 14-70 的规定。

水泥混凝土面层铺筑几何尺寸质量标准及检查项目、频率和方法 表 14-70

检查项目	质量标准		检查频率		检查方法
	高速公路、一级公路	其他公路	高速公路、一级公路	其他公路	
相邻板高差(mm)	≤2	≤3	每200m纵缝2条,每条3处	每200m纵缝2条,每条2处	尺测

检 查 项 目	质 量 标 准		检 查 频 率		检 查 方 法
	高速公路、一级公路	其他公路	高速公路、一级公路	其他公路	
连接摊铺纵缝高差(mm) 平均值	≤3	≤5	每200m纵向工作缝每条3处,每处间隔2m测3尺	每200m纵向工作缝每条2处,每处间隔2m测3尺	尺测
连接摊铺纵缝高差(mm) 极值	≤5	≤7			
接缝顺直度(mm)	≤10		每200m测6条	每200m测4条	20m拉线
中线偏位(mm)	≤20		每200m测6条	每200m测4条	经纬仪
路面宽度(mm)	≤±20		每200m测6条	每200m测4条	尺测
纵断高程(mm) 平均值	平均值±5	平均值±10	每200m测6点	每200m测4点	水准仪
纵断高程(mm) 极值	极值±10	极值±15			
横坡度(%)	±0.15	±0.25	每200m测6个断面	每200m测4个断面	水准仪
路缘石顺直度和高度(mm)	≤20	≤20	每200m测4处	每200m测2处	20m拉线
灌缝饱满度(mm)	≤2	≤3	每200m接缝测6处	每200m接缝测4处	测针加尺测
最浅切缝深度(mm) 有拉杆或传力杆	≥80	≥80	每200m测6处	每200m测4处	尺测
最浅切缝深度(mm) 无拉杆或传力杆	≥60	≥60			

(三)质量缺陷

水泥混凝土面层铺筑的质量缺陷检查项目、标准、频率和方法应符合表14-71的规定。

水泥混凝土面层铺筑的质量缺陷检验项目、标标准、频率和方法　　　　表14-71

检 查 项 目	质 量 标 准		检 查 频 率		检 查 方 法
	高速公路、一级公路	其他公路	高速公路、一级公路	其他公路	
断板率(%)	≤0.2	≤0.4	数断板数占总块数比例	数断板数占总块数比例	数断板
断角率(%)	≤0.1	≤0.2	数断角板数占总块数比例	数断角板数占总块数比例	数断角
破损率(%)	≤0.2	≤0.3	破损面积占总面积百分率	破损面积占总面积百分率	尺测面积
路表面和接缝缺陷	不应有	不应有	每块面板坑穴、鼓包和每条接缝啃边、掉角及填缝料缺失、开裂	每块面板坑穴、鼓包和每条接缝啃边、掉角及填缝料缺失、开裂	目测
胀缝板倾斜(mm)	≤20	≤25	每块胀缝板两侧	每块胀缝板两侧	垂线加尺测
胀缝板弯曲和位移(mm)	≤10	≤15	每块胀缝板3处	每块胀缝板3处	拉线加尺测
胀缝板连浆(mm)	不允许	不允许	每块胀缝板	每块胀缝板	安装前检查
传力杆偏斜(mm)	≤10	≤13	每车道每公里测4条缩缝,每条测1根	测设传力杆缩缝1条,每条测3根	钢筋保护层仪

注:1.断板率中包含断角率,应统计行车道与超车道面板,不计硬路肩板,不计入修复前面板。
　　2.破损率指面层板施工期间发生的脱皮、印痕、露石、缺边、掉角、微裂纹等缺陷实测面积与总面积之比的百分率。

二、水泥混凝土桥面铺装质量标准

各级公路桥面混凝土,应进行抗压强度的检测与评定。桥面混凝土立方体抗压强度应采用室内标准试件(150mm×150mm×150m),并在标养室养护28d。单幅桥面每100m不应少于3组;单幅桥桥面每50m不应少于2组;单幅桥面小于50m不应少于1组。

桥面混凝土应实测28d标准立方体抗压强度,当组数不少于10组时,应按式(14-43)和式(14-44)计算平均抗压强度、最小抗压强度与标准差,评定抗压强度。

$$f_{cue} \geq f_{cuk} + \lambda_1 S_n \tag{14-43}$$

$$f_{min} \geq \lambda_2 f_{cue} \tag{14-44}$$

式中:f_{cue}——统计平均抗压强度(MPa);

$\quad f_{cuk}$——设计抗压强度标准值(MPa);

$\quad f_{min}$——统计最小抗压强度(MPa);

$\quad S_n$——抗压强度标准差(MPa),当$S_n < 2.5$MPa时,取2.5MPa;

$\quad \lambda_1 、\lambda_2$——合格评定系数,按表14-72取用。

混凝土抗压强度的合格评定系数 表14-67

试件组数 n	λ_1	λ_2
10 ~ 14	1.15	0.90
15 ~ 19	1.05	0.85
20 以上	0.95	0.85

当试件组数少于10组时,可采用非统计方法,按式(14-45)和式(14-46)评定抗压强度:

$$f_{cue} \geq 1.15 f_{cuk} \tag{14-45}$$

$$f_{min} \geq 0.95 f_{cue} \tag{14-46}$$

当桥面钻芯取样评定混凝土抗压强度时,每50m单幅桥面可钻取1组钻芯,不足50m应取1组钻芯,实测56d±5d芯样 ϕ150mm 钻芯圆柱体抗压强度。芯样实测抗压强度的统计与评定应符合标准立方体抗压强度的规定。钻芯抗压试验方法应符合现行《公路工程水泥及水泥混凝土试验规程》(JTG E30)中 T 0554 的规定。

标准立方体试件与钻芯芯样试件抗压强度均不满足要求者,应返工重铺抗压强度不符合要求的局部桥面。除抗压强度外,水泥混凝土桥面铺装层质量标准及检查项目、频率和方法应符合表14-73的规定。

水泥混凝土桥面铺装层质量标准及检查项目、频率和方法 表14-73

检查项目		质量标准		检查频率	检查方法
		高速公路、一级公路	其他公路		
平均厚度(mm)		+20, -5		每10m两边各测1处	尺侧
纵向平整度	σ(mm)	≤1.50	≤2.50	所有桥面车道连续检测,每100m测1次	平整度仪
	IRI(m/km)	≤2.50	≤4.20		
	最大间隙 Δh(mm)(合格率应≥90%)	≤3.0	≤5.0	每车道100m测2处,每处10尺	3m直尺

检查项目		质量标准		检查频率	检查方法
		高速公路、一级公路	其他公路		
抗滑构造深度（mm）		0.80~1.20	0.60~1.00	每车道桥面50m测1处	铺砂法
摩擦系数SFC		≥55	≥50	每车道桥面20m测1处	JTG E60（T 0965）
抗冻等级	严寒地区	≥250	≥200	每座桥预留1组抗冻试样	JTG E60（T 0565）
	寒冷地区	≥200	≥150		
伸缩缝与桥面、路面高差（mm）		≥2	≥3	跨每条伸缩缝测5尺	直尺测量
桥面表面及各种接缝		不得有坑洞、缺边、掉角等		每块桥面板与每条接缝	目测
横坡度（%）		±0.15		每100m单幅桥面	拉线尺测

注：1. 小桥涵铺装桥面者，应符合本表规定，小桥涵顶面有基层者，应符合路面的规定。

　　2. 动态 σ 与 IRI 可选测一项。

　　3. 抗冻等级仅在有抗冰冻要求的地区必检。

桥面的泄水孔槽附近不得积水、堵水。排水不畅，积水后将严重影响行车安全和桥面的抗冻耐久性，因此要求在半径150mm范围内应有顺畅的排水坡度。

三、其他水泥混凝土铺筑质量标准

（一）碾压混凝土面层的质量标准

碾压混凝土面层除应符合普通水泥混凝土路面中，其他等级公路的各项质量标准要求外，尚应符合表14-74的补充质量标准及检查项目、频率和方法的规定。碾压混凝土面层弯拉强度评定应符合普通水泥混凝土路面的相关规定。试件成型方法应符合现行《公路工程水泥及水泥混凝土试验规程》（JTG E30）中 T 0552 的要求。

碾压混凝土面层的补充质量标准及检查项目、频率和方法　　表14-74

检查项目		质量标准		检查频率	检查方法
		高速公路、公路一级公路下面层	其他公路面层		
压实度（%）	平均值	≥97.0		每台班检测3次	钻芯检测
	最小值	≥95.0			
纵向平整度（mm）	最大间隙	≤4.0	≤5.0	每车道200m测2处，每处10尺	3m直尺
	平均值合格率	≥85%	≥85%		
横向平整度（mm）	最大间隙	≤5.0	≤6.0	每车道200m测2处，每处5尺	3m直尺
	平均值合格率	≥85%	≥85%		
接缝缺边掉角（mm²/m）		≤20		每200m随机测4m接缝	尺测

（二）混凝土砌块路面质量标准

混凝土砌块路面铺砌质量标准及检查项目、频率和方法应符合表14-75的规定。

混凝土砌块路面铺砌质量标准及检查项目、频率和方法　　　表14-75

检查项目	质量标准	检查频率		检查方法
		范围	点数	
平整度 （最大间隙）（mm）	≤5.0	100m	路宽5m　　5 路宽5～15m　10 路宽≥15m　15	3m直尺
宽度（mm）	±20	100m	3	尺测
纵断高程（mm）	±10	100m	5	水准仪
纵、横坡度（%）	±0.25	100m	5	水准仪
接缝宽度（mm）	±1.0	100m	3	尺测
相邻板高差（mm）	≤2.0	100m	3	尺测
与井框高差（mm）	≤5.0	每个	每个	尺测

　　混凝土砌块路面路缘基座施工质量标准及检查项目、频率和方法应符合表14-76的规定。

混凝土砌块路面路缘基座施工质量标准及检查项目、频率和方法　　　表14-76

检查项目	质量标准	检查频率		检查方法
		范围	点数	
抗压强度（MPa）	符合设计要求	300m	1组3块	JTG E30（T 0533）
预制尺寸高宽长（mm）	±10	500块	1组3块	尺测
浇筑安装尺寸（mm）	±10	500m	两侧各1点	尺测
顺直度和高程（mm）	≤20	200m	两侧各20m,1处	尺测
勾缝饱满度（mm）	≤3	200m	两侧各20m,1处	尺测
中线偏位（mm）	≤20	500m	两侧各1点	尺测
缺边掉角（mm）	≤20	500m	两侧各1点	尺测
裂缝、断块率（%）	1.0	1000m	两侧各100m,1处	数块尺测

　　公路混凝土砌块路面铺砌质量应进行下列检验、修整与评定：①砌块路面铺成，用10t压路机碾压时，不得有明显轮迹，且砌块不应有裂缝、压断或压碎现象。凡压裂、压断或压碎的砌块均应替换为完整的合格砌块；②铺成的砌块路面与构造物边缘和两侧路缘基座相接等部位应在降雨后不积水，保持排水通畅。凡低洼积水部位，均应重新铺砌，并处理好排水；③修整后符合要求者，可通过评定。

(三)附属混凝土构造物的施工质量标准

　　路缘石、路肩石、护栏、浅碟形排水沟的混凝土抗压强度检测与评定应分别符合相应混凝土抗压强度质量标准的规定。

　　混凝土路缘石、路肩石、护栏、浅碟形排水沟施工外观质量标准及检查项目、频率和方法应符合表14-77的规定。

混凝土路缘石、路肩石、护栏、浅碟形排水沟施工质量标准（mm）　　　　表 14-77

检 查 项 目	滑模摊铺或现浇允许偏差	预制安装允许偏差	检 查 频 率	检 查 方 法
平整度	≤4	≤5	每 200m 测 4 处	3m 直尺
顺直度	≤5	≤10	每 200m 测 4 处	20m 拉线
宽度	≤±4	≤±5	每 200m 测 4 处	尺测
相接顶面高差	≤2	—	每 200m 测 4 处	水准仪
相接缝宽	≤±2	—	每 200m 测 4 处	尺测
相邻两块高差	—	≤3	每 200m 测 4 处	水平尺或直尺
相邻两块缝宽	—	≤±3	每 200m 测 4 处	尺测

本章小结

　　水泥混凝土路面板的刚度大、扩散荷载能力强，板下基础的模量大小对板内荷载应力值的影响不显著，但不能忽视对路基和基层的要求。采用稳定性好、刚度及强度大的材料铺筑基层有利于保证路面的整体强度，防止唧泥和错台等病害，延长路面的使用寿命。要保证水泥混凝土路面的施工质量，首先要确保达到设计规定的强度和厚度。为此，要严格控制材料规格和配合比，特别要控制好水灰比和用水量，并保证浇注混凝土的充分密实。早期裂缝是混凝土路面施工中的主要问题，对此，要关注气温及气候变化，掌握好合适的锯缝时间，并在混凝土浇注中控制好水灰比。提高对水泥混凝土路面的平整度要求，关键是要采用机械化的施工方法。

思考题与习题

　　1. 对水泥混凝土路面材料有哪些基本要求？

　　2. 对路面混凝土的性质要求是什么？应怎样选择组成材料及其配合比？

　　3. 混凝土中的外加剂及其他掺合料起什么作用？如何选择使用？

　　4. 简述路面混凝土配合比设计内容和流程。

　　5. 水泥混凝土面层施工机械和工艺方法有哪些？各有哪些优势？

　　6. 块料及其他水泥混凝土路面有哪些特点？适用于什么场合？

　　7. 在水泥混凝土面层的施工中，保证施工质量的关键是什么？

第十五章 路基路面工程管理

第一节 路基路面工程施工质量管理

一、概 述

为了加强公路工程质量管理,规范公路工程施工质量的检验评定,统一公路工程质量检验和评定标准,保证工程质量,公路建设必须符合公路工程技术标准。为此,交通运输部制定了《公路工程质量检验评定标准》(JTG F80),用于各等级公路新建与改扩建工程施工质量的检验评定。该标准是公路工程施工质量的最低限值标准,是强制性技术法规文件,在公路工程施工质量评定中要严格把握,必须认真贯彻执行。同时,也要注意与相关设计、施工规范的协调一致,对可能存在的某些不一致情况,一般应以本标准为准执行。对于特殊地区或因采用新材料、新工艺等缺乏适宜的技术规定时,可参照相关标准,在保证工程质量的前提下提出可行的解决办法,并按照相关规定报主管部门批准。

承担公路建设项目的设计单位、施工单位和工程监理单位,应按照国家有关规定建立健全质量保证体系,落实岗位责任制,并依照有关法律、法规、规章以及公路工程技术标准的要求和合同约定进行设计、施工和监理,保证公路工程质量。公路建设项目和公路修复项目竣工后,应按照国家有关规定进行验收;未经验收或验收不合格的,不得交付使用。

公路工程建设项目点多、面广、线长,有其自身的复杂性,需要统一检验评定的单元。同时,也为了加强对公路工程建设项目的管理,便于编制设计文件、概预算文件和施工组织设计文件,便于工程招投标工作和施工管理,必须对公路工程建设项目进行科学的分解和合理的划分。根据设计任务、施工管理和质量检验评定的需要,应在设计及施工阶段将建设项目划分为单位工程、分部工程和分项工程,并作为工程管理的一条主线,是工程建设、监理、施工单位等开展各项工作的基础,涉及工程质量、安全、进度、费用管理等各个方面。

公路工程建设项目,是指经批准在一个设计任务书范围内按同一总体设计进行建设的全部工程。在建设项目中,根据签订的合同,在合同段内具有独立施工条件和结构功能的工程为单位工程。在单位工程中,按路段长度、结构部位及施工特点或施工任务划分为若干个分部工程。在分部工程中,按施工工序、工艺或材料及路段长度等划分为若干个分项工程。路基和路面单位工程中分部工程和分项工程划分情况,见表15-1。

路基和路面单位工程中分部工程和分项工程划分　　　　表 15-1

单位工程	分 部 工 程	分 项 工 程
路基工程 (每10km或 每标段)	路基土石方工程(1～3km路段)*	土方路基,填石路基,软土地基处理,土工合成材料处治层等
	排水工程(1～3km路段)*	管节预制,混凝土排水管施工,检查(雨水)井砌筑,土沟,浆砌水沟,盲沟,跌水,急流槽,水簸箕,排水泵站沉井、沉淀池等
	小桥及符合小桥标准的通道,人行天桥,渡槽(每座)	钢筋加工及安装,砌体,混凝土扩大基础,钻孔灌注桩,混凝土墩、台,墩、台身安装,台背填土,就地浇注梁、板,预制安装梁、板,就地浇注拱圈,混凝土桥面板桥面防水层,支座垫石和挡块,支座安装,伸缩装置安装,栏杆安装,混凝土护栏,桥头搭板,砌体坡面护坡,混凝土构件表面防护,桥梁总体等
	涵洞、通道(1～3km路段)*	钢筋加工及安装,涵台,管节预制,管座及涵管安装,波形钢管涵安装,盖板预制,盖板安装,箱涵浇注,拱涵浇(砌)筑,倒虹吸竖、井集水井砌筑,一字墙和八字墙,涵洞填土,顶进施工的涵洞,砌体坡面防护,涵洞总体等
	防护支挡工程(1～3km路段)*	砌体挡土墙,墙背填土,边坡锚固防护,土钉支护,砌体坡面防护,石笼防护,导流工程等
	大型挡土墙、组合式挡土墙(每处)	钢筋加工及安装,砌体挡土墙,悬臂式挡土墙,扶壁式挡土墙,锚杆、锚定板和加筋土挡土墙,墙背填土等
路面工程 (每10km或 每标段)	路面工程(1～3km路段)*	垫层,底基层,基层,面层,路缘石,路肩等

注:* 按路段长度划分的分部工程,高速公路、一级公路宜取低值,二级及二级公路可取高值。

公路工程质量检验评定应按分项工程、分部工程、单位工程逐级进行。分项工程完工后,应根据《公路工程质量检验评定标准》(JTG F80)进行检验,对工程质量进行评定。隐蔽工程在隐蔽前应检查合格。分部工程、单位工程完工后,应汇总评定所属分项工程、分部工程质量资料,检查外观质量,对工程质量进行评定。公路工程质量检验评定的流程如图15-1所示。

根据有关法律法规的规定,施工单位对施工质量负责。因此,施工单位应按照《公路工程质量检验评定标准》(JTG F80)进行工程质量检验评定。建设单位、监理单位、质量监督部门和检测单位在公路工程质量检验评定中的作用和需完成的工作,按照《公路工程竣(交)工验收办法》等规定执行。

合同段

工程划分

单位工程

分部工程

分项工程

工程质量检验

原材料　半成品、成品　施工控制要点

不予检验　不满足要求　满足要求

整改　满足要求　实测项目检验外观质量保证资料　不合格　返工、整修、整改

满足要求　满足要求

工程质量等级评定

返工、加固补强、调测　不合格　分项工程质量评定

满足要求　合格　分项工程外观评定　不合格　返修

补充　不满足要求　分项工程质量保证资料　合格　符合规定

满足要求

满足要求　分项工程质量　不合格　返工、加固补强、调测

合格　满足要求

返修　不合格　单位工程外观质量　满足要求

符合规定

合格　单位工程质量保证资料　不满足要求　补充

满足要求

返工、加固补强、调测　不合格　单位工程质量　满足要求

合格

满足要求　合同段工程质量　合格　建设项目

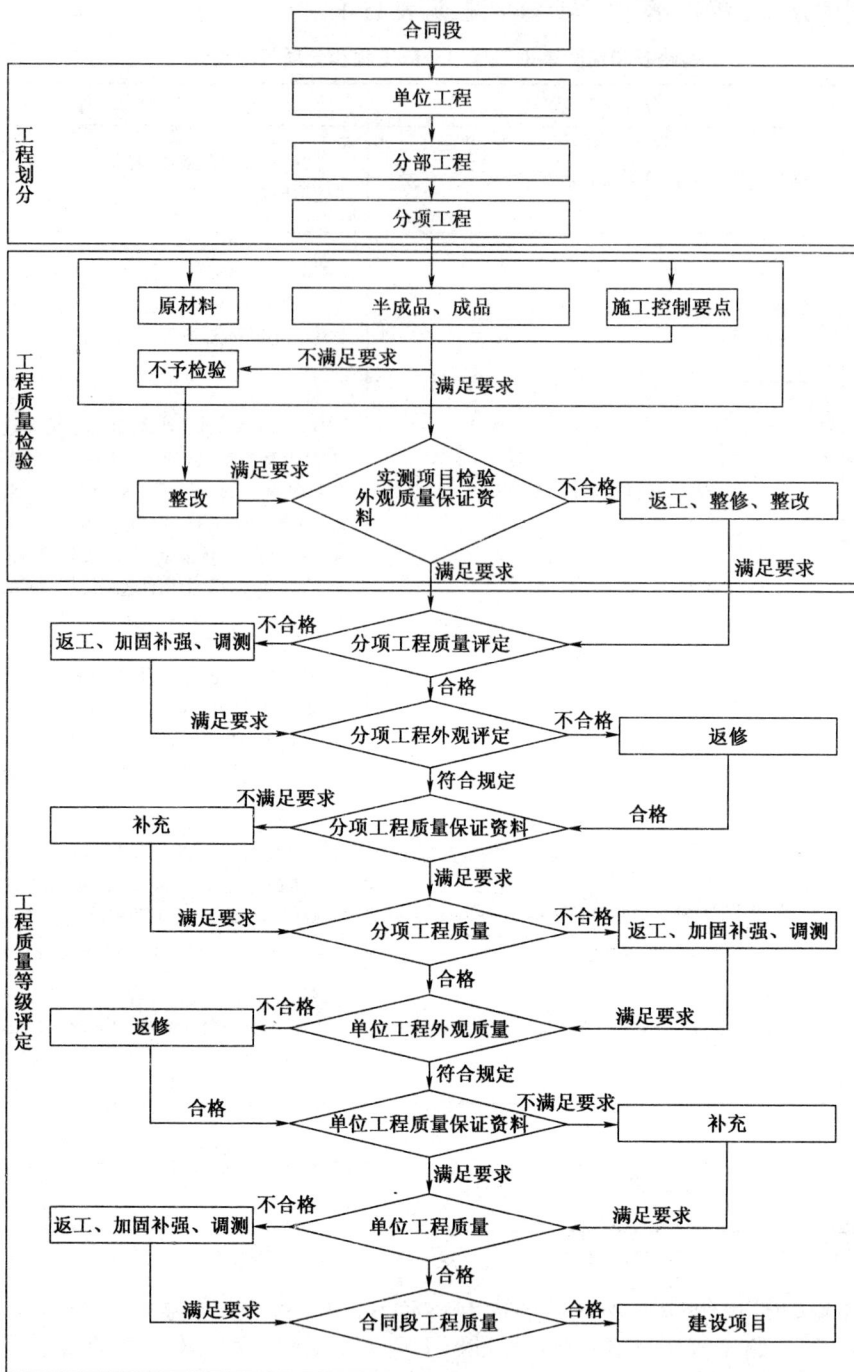

图 15-1　公路工程质量检验评定流程

二、工程质量检验

根据评价层次的划分和评价体系要求,在各分项工程完成后,应按基本要求、实测项目、外观质量和质量保证资料等检验项目分别检查。分项工程质量应在所使用的原材料、半成品、成品及施工控制要点等符合基本要求的规定,无严重外观质量缺陷且质量保证资料真实齐全时,

方可进行检验评定。

(一)基本要求

在路基路面每个分项工程中都有基本要求的内容,主要是从工程建设采用的原材料、半成品、成品及施工控制要点等方面进行规定,这是保证工程质量的基础条件。如果基本要求不能满足相关规定,其工程质量理论上就已经不合格了。因此,各分项工程均应对所列基本要求逐项检查,经检查不符合规定时,不得进行工程质量的检验评定。分项工程所用的各种原材料的品种、规格、质量及混合料配合比和半成品、成品应符合有关技术标准规定并满足设计要求。

(二)实测项目

实测项目是公路工程质量检验的核心内容,是检查项目和相关要求的综合。实测项目包括项目类别、检查项目名称、规定值或允许偏差、检查方法和频率等。

根据各分项工程检测项目的合格率是否满足规定的要求进行合格判定。对检查项目按规定的检查方法和频率进行随机抽样检验,按式(15-1)计算检查项目合格率。

$$检查项目合格率(\%) = \frac{合格的点(组)数}{该检查项目的全部检查点(组)数} \times 100\% \qquad (15\text{-}1)$$

在分项工程中,对结构安全、耐久性和主要使用功能起决定性作用的检查项目被称为"关键项目"(在评定标准中以"Δ"标识)。其中,路基工程的关键项目主要包括:路基压实度、弯沉,排水工程铺砌厚度和断面尺寸,支挡工程砂浆及混凝土强度、断面尺寸,小桥涵混凝土强度和主要结构尺寸等;路面工程的关键项目主要包括:压实度、强度、厚度、弯沉、车辙、平整度、抗滑、路面基础强度及厚度等。关键项目的合格率应不低于95%(机电工程为100%),否则该检查项目为不合格。

在分项工程中除关键项目以外的检查项目为一般项目。一般项目的检查项目多为几何尺寸方面的项目,如纵断高程、横坡度、中线偏位、宽度、边坡度等。这些项目与涉及结构安全、耐久性的关键项目相比,其重要性虽可以适当降低,但其合格率水平与公路工程施工工艺及管理水平密切相关。因此,规定一般项目的合格率应不低于80%,否则该检查项目为不合格。

实测项目的规定极值(主要是指压实度、混凝土路面板厚度等关键项目),是指任一单个检测值都不能突破的极限值。有规定极值的检查项目,任一单个检测值不应突破规定极值,否则该检查项目为不合格。明确对分项工程中关键实测项目合格率和规定极值的最低要求,主要目的是为了保证工程结构安全和使用功能,关键项目合格率不符合规定的95%或单点检测值超过规定极值时,必须进行返工。

对于路基路面压实度、验收弯沉值、路面结构层厚度、水泥混凝土抗压和抗弯拉强度、无机结合料稳定类材料强度等关键检查项目,要采用数理统计方法取其代表值和合格率同时进行评定,不满足要求时,该检查项目为不合格。

各分项工程中的检查项目,应以《公路工程质量检验评定标准》(JTG F80)中规定的检查方法为标准方法,采用其他高效检测方法应经比对确认。其中以路段长度规定的检查频率为双车道路段的最低检查频率,对多车道应按车道数与双车道之比相应增加检查数量。

(三)外观质量

外观质量是指通过观察和必要的测量所反映的工程外在质量及功能状态。在进行工程质量检验时,应全面检查工程外观质量状况,并满足规定要求,否则该检验项目为不合格。对检查合格但影响工程质量明显的较严重外观缺陷,如结构混凝土外观缺陷等,也应采取措施进行整修处理。

(四)质量保证资料

工程施工应有真实、准确、齐全、完整的施工原始记录、试验检测数据、质量检验结果等质量保证资料。质量保证资料包括以下几个方面:

(1)所用原材料、半成品和成品质量检验结果。

(2)材料配合比、拌和加工控制检验和试验数据。

(3)地基处理、隐蔽工程施工记录和施工监控资料。

(4)质量控制指标的试验记录和质量检验汇总图表。

(5)施工过程中遇到的非正常情况记录及其对工程质量影响分析评价资料。

(6)施工中如发生质量事故,经处理补救后达到设计要求的认可证明文件等。

检验项目评为不合格的,应进行整修或返工处理直至合格。随着公路工程建设发展理念的人本化、项目管理的专业化、工程施工的标准化、管理手段的信息化、日常管理的精细化等现代工程管理体系的推进,结合工程建设的实际,对公路工程施工质量的要求越来越高。

三、工程质量评定

工程质量评定等级划分为合格和不合格两档。分项工程、分部工程、单位工程质量评定,分别按照相应的标准要求,形成完整的质量检验评定资料。

(1)分项工程检验记录(表)完整、实测项目合格、外观质量满足要求,则该分项工程质量评定为合格。

(2)分部工程中所含分项工程及实测项目合格、外观质量满足要求、评定资料完整,则该分部工程质量评定为合格。

(3)单位工程中所含分部工程合格、外观质量满足要求、评定资料完整,则该单位工程质量评定为合格。

评定为不合格的分项工程、分部工程,经返工、加固、补强或调测,满足设计要求后,可重新进行检验评定。

(4)合同段中所含单位工程合格,则该合同段评定为合格;建设项目中所含合同段合格,则该建设项目评定为合格。

第二节 路基路面使用性能检测与评定

道路工程建成通车后,在行车荷载和自然因素的影响下,随着交通量和轴载的不断增加,以及在设计、施工中遗留的某些缺陷,会产生各种各样的破损,造成其使用性能将逐渐下降,并最终达到不能满足使用要求的状态。为了了解和掌握路基路面使用性能的衰变情况,以便及时采取各种养护和改建措施以延缓其衰变或恢复其性能,必须定期路基路面的使用性能及技术状况进行监测,对它满足使用要求的程度作出评定。

一、路基技术状况评定

路基和路面是道路工程的主要结构物,且共同承担车辆的荷载作用。而路基是路面的基础,其强度和稳定性是保证路面结构稳定、路用性能良好的基本条件。影响路基强度和稳定性的因素有两方面,一方面是自然因素与地质条件,其中最主要的影响因素是温度和湿度;另一方面是人为因素,包括设计、施工和养护。

常见的路基损坏可归纳为以下几种类型:路肩损坏、边沟不洁、边坡坍塌、水毁冲沟、路基构造物损坏、路缘石缺损、路基沉降、排水系统淤塞等。根据各类损坏的严重程度,进行分类并赋予不同的权重,如表15-2所示。

路基损坏扣分标准 表15-2

类型(i)	损坏名称	损坏程度	计量单位	单位扣分	权重(w_i)
1	路肩边沟不洁	—	按行车方向长度(m)	0.5	0.05
2	路肩损坏	轻	按损坏面积(m²)	1	0.10
		重		2	
3	边坡坍塌	轻	按处和行车方向长度(m)	20	0.25
		中		30	
		重		50	
4	水毁冲沟	轻	按处和冲刷深度(m)	20	0.25
		中		30	
		重		50	
5	路基构造物损坏	轻	按处和长度(m)	20	0.10
		中		30	
		重		50	
6	路缘石缺损	—	按行车方向长度(m)	4	0.05
7	路基沉降	轻	按处和长度(m)	20	0.10
		中		30	
		重		50	
8	排水系统淤塞	轻	按长度(m)	1	0.10
		重	处	20	

路基技术状况用路基技术状况指数(SCI)评价,可按式(15-2)计算。

$$SCI = \sum_{i=1}^{8} w_i(100 - GD_{iSCI}) \tag{15-2}$$

式中: GD_{iSCI} ——第i类路基损坏的总扣分(Global Deduction),最高分值为100,按表15-2的规定计算;

w_i ——第i类路基损坏的权重,按表15-2取值;

i ——路基损坏类型。

二、路面技术状况评定

路面使用性能可分为以下几个主要方面,它们分别从不同的侧面反映路面技术状况对行车要求的适应情况:①路面表面的行驶质量;②路面结构的损坏状况;③路面结构的承载能力;

④路面表面的抗滑性;⑤路面车辙深度。

(一)路面行驶质量评定

路面的基本功能是为车辆提供快速、安全、舒适和经济的行驶表面。路面的行驶质量反映了路面满足这一基本功能的能力。路面行驶质量及其舒适性与下述三方面因素有关:①路面表面的平整度状况;②车辆悬挂系统的振动及减震特性;③驾驶员及乘车人对振动颠簸的反应或接受程度。从路面状况的角度来看,影响路面行驶质量的主要因素是路面平整度。

1. 路面平整度

路面平整度可定义为路面表面诱使行驶车辆出现振动的高程变化。路面不平整所引起的车辆振动,会对车辆磨损、燃油消耗、行驶舒适、行车速度、路面损坏和交通安全等多方面产生直接影响。因此,平整度是度量路面行驶质量的重要指标。

平整度测定方法有多种路面平整度测定方法和仪器。它们可划分为两大类:①断面类平整度测定;②反应类平整度测定。

断面类平整度测定是直接沿行驶车辆的轮迹量测路面表面的高程,得到路表纵断面,通过数学分析后采用综合统计量作为其平整度指标。该类方法主要有:水准测量;梁式断面仪;惯性断面仪等。断面类平整度测定方法的主要优点是:可直接得到轮迹带路表面的实际断面,依据它可以对路面平整度的特性进行分析。其主要缺点是:对于前两种方法来说,测定速度慢,不宜用于大范围的平整度数据采集;对于惯性断面仪来说,仪器精密度高,操作和维修技术要求高,因而其广泛应用受到了限制。

反应类平整度测定系统是在主车或拖车上安装由传感器和显示器组成的仪器。可以传感和累积车辆以一定速度行驶在不平整路表面时悬架系统的竖向位移量。显示器记下的测定值,通常是一个计数数值,每计一个数相应于一定的悬架系位移量。

反应类平整度测定系统的优点是价格低廉、操作简便,可用于大范围内的路面平整度快速测定。由于这类测定系统是对路面平整度的一个间接度量,其测定结果同测试车辆的动态反应状况有关,也即随测试车辆机械系统的振动特性和车辆行驶的速度而变化。

2. 国际平整度指数(IRI)

反应类平整度仪测定的结果,通常以车辆行驶一段距离后的累积计数值表示(∑计数/km)。如果把每一种反应类平整度仪的计数以相应的悬架系竖向位移量表示,则测定结果可表示为m/km,它反映了单位行驶距离内悬架系的累积竖向行程,称作平均调整坡(ARS)。

以ARS作为指标表示测定结果时,不同反应类平整度仪测定之间可以建立良好的相关关系。但这种关系只能在测定速度相同的条件下才能成立,因而必须按速度分别建立回归方程。国际平整度指数(IRI)是一项标准化的平整度指标。它同反应类平整度测定系统类似,但它是采用数学模型模拟1/4车(即单轮,类似于拖车)以规定速度(80km/h)行驶在路面上,分析具有特定特征参数的悬架系在行驶距离内,由于动态反应而产生的累积竖向位移量。分析结果也以m/km表示。因而,这一指标与反应类仪器的ARS相似,称作参照平均调整坡。

3. 行驶质量评定

路面行驶质量同路表面的不平整度、车辆的动态响应和人的感受能力三方面因素有关。

因而不同的乘客乘坐同一辆车行驶在同一个路段上,由于各人对行驶舒适性的要求和对颠簸的接受能力不同,对该路段的行驶质量会作出不同的评价。

由于评价带有个人主观性,为了避免随意性,应采用主客观相结合的评价方法。一方面邀请具有不同代表性的乘客,分别按个人的主观意见进行评分,而后汇总大家的评价,以平均评分值代表众人的评价。另一方面对各评价路段进行平整度量测。通过回归分析建立起主观评分同客观量测结果相结合的相关关系。由此建立的评价模型,来对路面行驶质量进行统一的评价。

对行驶质量的评价一般采用百分评分制。评分小组的成员应能覆盖对行驶舒适性有不同反应的各类人员(不同职业、年龄、社会经济和文化背景等)。所选择的评分路段,其平整度和路面类型应能覆盖可能遇到的范围和情况。评分时所乘坐的车辆,应选择其振动特性具有代表性的试验车。整个评分过程中,采用相同的试验车和行驶速度。

整理各评分路段的主观评分和客观量测结果后,通过回归分析可建立线性或非线性的评价模型,其关系式如下:

$$RQI = \frac{100}{1 + \alpha_0 e^{\alpha_1 IRI}} \tag{15-3}$$

式中:RQI——行驶质量指数(百分制);其中,RQI 与 IRI 对应关系见表 15-3;

IRI——国际平整度指数(m/km);

α_0——高速公路和一级公路用 0.026,其他等级公路采用 0.0185;

α_1——高速公路和一级公路采用 0.65,其他等级公路采用 0.58。

RQI-IRI 对应关系　　　　　　　　　　　　　　　　表 15-3

RQI	90	80	70	60
IRI(高速一级公路)	2.3	3.5	4.3	5.0
IRI(其他等级公路)	3.0	4.5	5.4	6.2

路面平整度宜采用快速检测设备,可结合路面损坏和车辙一并检测。单独检测路面平整度时,宜采用高精度的断面类检测设备。路面平整度检测设备必须定期标定,每年至少标定一次,标定的相关系数应大于 0.95。条件不具备的三级、四级公路,路面平整度可采用 3m 直尺人工检测,检测结果按表 15-4 评定。

路面平整度人工评定标准　　　　　　　　　　　　　表 15-4

技术等级	优	良	中	次	差
RQI	≥90	≥80, <90	≥70, <80	≥60, <70	<60
3m 直尺	≤10	>10, ≤12	>12, ≤15	>15, ≤18	>18
颠簸程度	无颠簸,行车平稳	有轻微颠簸,行车尚平稳	有明显颠簸,行车不平稳	严重颠簸,行车很不平稳	非常颠簸,非常不平稳

注:路面平整度检测数据应以 100m(人工检测)或 20m(快速检测)为单位长期保存。

利用评价模型可以对路面行驶质量的好坏作出相对的评价,然而还需要建立行驶质量的标准,以衡量该评价对使用性能最低要求的满足程度。行驶质量标准的制定,一方面依赖于乘客对行驶舒适性的要求,另一方面在很大程度上受经济因素的制约。标准定得过高,会使网内许多路段的路面需采取改建措施,从而提高所需的投资额。表 15-5 所列为我国公路沥青路面和水泥混凝土路面养护技术规范中分别给出的行驶质量评价标准。

评价指标 \ 评价等级		优	良	中	次	差
行驶质量指数 RQI	沥青路面	≥8.5	[7.0,8.5)	[5.5,7.0)	[4.0,5.5)	<4.0
	水泥混凝土路面	≥8.5	8.4~7.0	6.9~4.5	4.4~2.0	<2.0

(二)路面损坏状况评定

路面结构的损坏状况,反映了路面结构在行车和自然因素作用下保持完整性或完好的程度。无论是新建或改建的路面,都需采取日常养护措施进行保养,以延缓路面损坏的出现。而在路面出现损坏后,应及时采取相应的维修措施,以减缓损坏的发展速度。当路面损坏状况恶化到一定程度后,便需采取改建或重建措施,以恢复或提高其结构完好程度。因而,路面结构损坏的发生和发展与路面养护管理和改建工作密切相关。路面结构出现损坏,会在不同程度上影响路面的平整度,因而可以通过平整度指标在一定程度上反映路面的损坏状况。然而,平整度的好坏还与路面施工质量等因素有关,并且主要反映使用者的要求和利益。因此,路面结构损坏状况是管理部门所关注的,据以鉴别需进行养护和改建的路段和选择相应的措施。路面结构的损坏状况,需从三方面进行描述:

(1)损坏类型:鉴别路面存在的各种损坏,应按损坏产生的原因进行分类。

(2)损坏分级:指出每一种损坏的严重程度,以评定其恶化程度。

(3)出现损坏的范围或密度:说明各种损坏和严重程度的相对面积(占路面总面积的百分率)。

1. 损坏类型

促使路面出现损坏的原因是多方面的(包括荷载、环境、施工、养护等),因而结构损坏所表现出的形态和特征也是多种多样的。各种损坏对路面结构完好程度和路面使用性能有不同程度的影响,须相应采取不同的养护或改建对策;因此,进行路面结构损坏状况调查前,要依据损坏的形态、特征和肇因,对损坏进行分类,并对每一类损坏规定明确的定义。路面常见的主要损坏类型,可按损坏模式和影响程度的不同而分为四大类(表 15-6),即:①裂缝或断裂类;②永久变形类;③表面损坏类;④接缝损坏类。

路面损坏分类   表 15-6

沥 青 路 面		水泥混凝土路面		砂 石 路 面	
损坏类型	损坏形式	损坏类型	损坏形式	损坏类型	损坏形式
裂缝或断裂	纵向裂缝 横向裂缝 龟裂 块裂	裂缝或断裂	破碎板 裂缝 板角断裂	路拱不适	平路拱 或倒路拱
变形	车辙 波浪拥包 沉陷	表面损坏	坑洞 边角剥落 露骨 修补	变形	车辙 沉陷 波浪搓板

沥　青　路　面		水泥混凝土路面		砂　石　路　面	
损坏类型	损坏形式	损坏类型	损坏形式	损坏类型	损坏形式
表面损坏	泛油 松散 坑槽 修补	接缝损坏	拱起 唧泥 错台 接缝料损坏	表面损坏	坑槽 露骨

2. 损坏分级

各种路面损坏都有一产生和发展的过程。在这过程中,处于不同阶段的损坏,对于路面使用性能有不同程度的影响。例如,裂缝初现时,缝隙细微,边缘处材料完整,因而对行车舒适性的影响极小,裂缝间也尚有较高的传荷能力;而发展到后期,缝隙变得很宽,边缘处严重碎裂,行车出现较大颠簸,而裂缝间已几乎无传荷能力。因而,为了区别同一种损坏对路面使用性能的不同影响程序,对各种损坏须按其影响的严重程度划分为几个等级(一般 2~3 个等级)。

对于断裂或裂缝类损坏,分级时主要考虑对结构整体性影响的程度,可采用缝隙宽度、边缘碎裂程度、裂缝发展情况等指标表征。对于变形类损坏,主要考虑对行车舒适性的影响程度,可采用平整度作为指标进行分级。对于表面损坏类,往往可以不分级。具体指标和分级标准,可根据各地区的特点和其他因素考虑,经过调查分析后确定。损坏严重程度分级的调查,往往通过目测进行。为了使不同调查人员得到大致相同的判别,对分级的标准要有明确的定义和规定。

各种损坏出现的范围,对于沥青路面和砂石路面,通常按面积、长度或条数量测,除以被调查子路段的面积或长度后,以损坏密度计(以 % 或 Σ 条数/子路段长表示)。而对于水泥混凝土路面,则调查出现该种损坏的板块数,以损坏板块数占该子路段总板块数的百分率计。

3. 损坏调查

路面损坏状况检测,宜采用自动化的快速检测方法,条件不具备时,可人工检测。采用快速检测设备检测路面损坏时,应纵向连续检测,横向检测宽度不得小于车道宽度的 70%。检测设备应能够分辨 1mm 以上的路面裂缝,检测结果宜采用计算机自动识别,识别准确率应达到 90% 以上。采用人工方法调查时,调查范围应包含所有行车道按表 15-16 规定的损坏类型实地调查。有条件的地区,可借助便携式路况数据采集仪进行现场调查、汇总、计算与评定。紧急停车带按路肩处理。

路面损坏检测数据应以 100m(人工检测)或 10m(快速检测)为单位长期保存。

4. 损坏状况评定

每个路段的路面可能出现各种不同类型、严重程度和范围的损坏。为了使各路段的损坏状况或程度可以进行定量比较,需采用一项综合评价指标,把这三方面的状况和影响综合起来。通常采用的是扣分法。选择一项损坏状况度量指标,例如称为路面状况指数 PCI,以百分制或十分制计量。对于不同的损坏类型、严重程序和范围规定不同的扣分值,按路段的损坏状况累计其扣分值后,以剩余的数值表征或评价路面结构的完好程度。

路面状况指数(PCI)是反映路面损坏状况的一个综合指数,是反映路面服务水平的最重要、最复杂的一个指数,由沥青路面破损率(DR)计算得出。根据路面破损对车辆行驶质量和维修处治及改扩建工作量的影响,确定路面破损类型和权重,见表 15-7 ~ 表 15-9。

沥青路面损坏类型和权重

表 15-7

类型(i)	损 坏 名 称	损 坏 程 度	权重(w_i)	计 量 单 位
1	龟裂	轻	0.6	损坏按面积计算(m^2)
2		中	0.8	
3		重	1.0	
4	块状裂缝	轻	0.6	损坏按面积计算(m^2)
5		重	0.8	
6	纵向裂缝	轻	0.6	长度(m)换算成面积(m^2),影响宽度:0.2m
7		重	1.0	
8	横向裂缝	轻	0.6	长度(m)换算成面积(m^2),影响宽度:0.2m
9		重	1.0	
10	坑槽	轻	0.8	损坏按面积计算(m^2)
11		重	1.0	
12	松散	轻	0.6	损坏按面积计算(m^2)
13		重	1.0	
14	沉陷	轻	0.6	损坏按面积计算(m^2)
15		重	1.0	
16	车辙	轻	0.6	长度(m)换算成面积(m^2),影响宽度:0.4m
17		重	1.0	
18	波浪拥包	轻	0.6	损坏按面积计算(m^2)
19		重	1.0	
20	泛油	—	0.2	损坏按面积计算(m^2)
21	修补	—	0.1	损坏按面积计算(m^2)

水泥混凝土路面损坏类型和权重

表 15-8

类型(i)	损 坏 名 称	损 坏 程 度	权重(w_i)	计 量 单 位
1	破碎板	轻	0.8	损坏按面积计算(m^2)
2		重	1.0	
3	裂缝	轻	0.6	长度(m)换算成面积(m^2),影响宽度:1.0m
4		中	0.8	
5		重	1.0	
6	板角断裂	轻	0.6	损坏按面积计算(m^2)
7		中	0.8	
8		重	1.0	

类型(i)	损坏名称	损坏程度	权重(w_i)	计量单位
9	错台	轻	0.6	长度(m)换算成面积(m²),影响宽度:1.0m
10		重	1.0	
11	唧泥	—	1.0	长度(m)换算成面积(m²),影响宽度:1.0m
12	边角剥落	轻	0.6	长度(m)换算成面积(m²),影响宽度:1.0m
13		中	0.8	
14		重	1.0	
15	接缝料损坏	轻	0.4	长度(m)换算成面积(m²),影响宽度:1.0m
16		重	0.6	
17	坑洞	—	1.0	损坏按面积计算(m²)
18	拱起	—	1.0	损坏按面积计算(m²)
19	露骨	—	0.3	损坏按面积计算(m²)
20	修补	—	0.1	损坏按面积计算(m²)

砂石路面损坏类型和权重　　　　　　　　　　　　　　　表15-9

类型(i)	损坏名称	权重(w_i)	计量单位
1	路拱不适	0.1	长度(m)换算成面积(m²),影响宽度:3.0m
2	沉陷	0.8	损坏按面积计算(m²)
3	波浪搓板	1.0	损坏按面积计算(m²)
4	车辙	1.0	长度(m)换算成面积(m²),影响宽度:0.4m
5	坑槽	1.0	损坏按面积计算(m²)
6	露骨	0.8	损坏按面积计算(m²)

路面综合破损率 DR 按下式计算:

$$DR = 100 \times \frac{\sum_{i=1}^{i_0} w_i A_i}{A} \qquad (15\text{-}4)$$

式中:DR——路面破损率,为各种损坏的折合面积之和与路面调查面积之百分比(%);

A_i——沥青路面损坏中,第 i 类路面损坏的面积(m²);

A——调查的路面面积(调查长度与有效路面宽度之积,m²);

w_i——第 i 类路面损坏的权重,沥青路面按表15-7取值,水泥路面按表15-8取值,砂石路面按表15-9取值;

i——考虑损坏程度(轻、中、重)的第 i 项路面损坏类型;

i_0——包含损坏程度(轻、中、重)的损坏类型总数,沥青路面取21,水泥路面取20,砂石路面取6。

路面状况指数 PCI 得数值范围为 0～100。其值越大,路况越好。PCI 的计算公式为:

$$PCI = 100 - a_0 DR^{a_1} \qquad (15\text{-}5)$$

式中：a_0——沥青路面采用15.00,水泥混凝土路面采用10.66,砂石路面采用10.10;

a_1——沥青路面采用0.412,水泥混凝土路面采用0.461,砂石路面采用0.487。

沥青路面、水泥混凝土路面和砂石路面评价模型(PCI)采用了相同的模型结构和变量(DR)。由于不同路面具有不同的损坏类型和权重,针对不同路面本标准给出了不同的模型参数。PCI与DR关系见表15-10。

PCI-DR 对应关系　　　　　　　　表 15-10

PCI	90	80	70	60
$DR_{沥青路面}$	0.4	2.0	5.5	11.0
$DR_{水泥路面}$	0.8	4.0	9.5	18.0
$DR_{砂石路面}$	1.0	4.0	9.5	17.0

根据路面的破损情况,可将路面质量按百分制分为优、良、中、次、差五个等级。评定标准及为每一等级规定相应的级差范围和相应的养护对策类型见表15-11。

路面破损评定标准　　　　　　　　表 15-11

PCI 值	评　级	判　别　依　据
90～100	优	平整、坚实;仅需日常维修
81～90	良	平整、无明显变形、少量龟裂;需日常保养及小修
71～80	中	有少量中等或中等以上龟裂,轻度其他损坏;需小修或中修
61～70	次	各种损坏较多,需中修或大修
0～60	差	各种损坏较多、破损严重;急需大修或改建

(三)路面结构强度评定

现有路面结构强度的测定,可分为破损类和无破损类两种。前者从路面各结构层内钻取芯样,试验确定其各项计算参数,通过与设计标准相比较,估算其结构承载能力。无破损类测定是通过路表的无破损弯沉测定,估算路面的结构承载能力。

路面结构表面在荷载作用下的弯沉值,可以反映路基路面结构整体的承载能力。路面的结构破坏可能是由于路基过量的竖向变形所造成,也可能是由于某一路面结构层的断裂破坏所造成。对于前者,采用最大弯沉值表征结构承载能力较合适;对于后者,可以采用路表弯沉盆的曲率半径表征其承载能力。因此,理想的弯沉测定应包含最大弯沉值和弯沉盆两方面。

以弯沉为指标的沥青路面结构强度评定,采用强度系数(SSI)作为评定指标,按下式计算。

$$SSI = \frac{L_d}{L_0} \tag{15-6}$$

$$PSSI = \frac{100}{1 + \alpha_0 e^{\alpha_1 SSI}} \tag{15-7}$$

式中：L_0——路面实测计算弯沉值(0.01mm);

L_d——路面设计弯沉值(0.01mm);

SSI——路面结构强度系数,为路面设计弯沉与实测代表弯沉之比;

α_0——模型参数,采用15.71;

α_1——模型参数,采用−5.19。

沥青路面结构承载能力评价标准见表15-12。

评价等级 评价指标	优	良	中	次	差
PSSI	≥90	[80,90)	[70,80)	[60,70)	<60
SSI	≥0.95	[0.80,0.95)	[0.69,0.80)	[0.61,0.69)	<0.61

(四)路面抗滑性能评价

路面抗滑性能是车辆轮胎受到制动时沿路表面滑移所产生的阻力,抗滑性能力是路面表面特性的反映。影响路面抗滑性能的因素有路面表面特性(细构造和粗构造)、路面潮湿程度和行车速度。路表面的细构造是指集料表面的粗糙度,它随车轮的反复磨耗作用而逐渐被磨光。通常采用石料磨光值(PSV)表征其抗磨光的性能。细构造在低速(30~50km/h 以下)时对路表抗滑性能起决定作用,高速时起主要作用的是粗构造。粗构造是指由路表外露集料间形成的构造,其功能是使车轮下的路表水迅速排除,以避免形成水膜。粗构造由构造深度表征其性能。

抗滑性能可采用多种方法进行测定:①制动距离法;②锁轮拖车法;③横向力系数测定法;④摆式仪法等。

路面抗滑性能的检测指标为横向力系数(SFC),路面抗滑性能用路面抗滑性能指数(SRI)评价,其计算公式为:

$$SRI = \frac{100 - SRI_{min}}{1 + \alpha_0 e^{\alpha_1 SFC}} + SRI_{min} \tag{15-8}$$

式中:SFC——横向力系数;

SRI_{min}——标定参数,采用 35.0;

α_0——模型参数,采用 28.6;

α_1——模型参数,采用 -0.105。

我国公路沥青路面和水泥混凝土路面养护技术规范,分别对现有路面抗滑性能采用构造深度、横向力系数(SFC)、摆式仪的摆值(BPN)或抗滑值(SRV)作为评价指标,评价标准见表 15-13 和表 15-14。

沥青路面抗滑能力评价标准 表 15-13

评价等级 评价指标	优	良	中	次	差
横向力系数(SFC)	≥50	[40,50)	[30,40)	[20,30)	<20
摆值(BPN)	≥42	[37,42)	[32,37)	[27,32)	<27

水泥混凝土路面抗滑能力评价标准 表 15-14

评价等级 评价指标	优	良	中	次	差
构造深度(mm)	≥0.80	0.70~0.60	0.50~0.40	0.30~0.20	<0.20
抗滑值(SRV)	≥65	64~55	54~45	44~35	<35
横向力系数(SFC)	≥0.55	0.54~0.45	0.44~0.38	0.37~0.30	<0.30

(五)路面车辙检测

路面车辙采用快速检测设备,可结合路面损坏和路面平整度一并检测,其检测设备必须定期标定,每年至少一次,根据断面数据计算车辙深度,计算结果应以10m为单位长期保存。多功能路况检测车的车辙检测系统采取激光线扫描技术按车道连续采集横断面高程数据,并实时计算左右轮迹带处的车辙深度(RDL、RDR)其横向检测宽度为4m,样本采集点数为5120点/断面,纵向采样间隔为1.5m。检测过程中,先现场采集路面车辙数据,再根据车辙检测数据统计各评定区间的平均值、最大值、车辙累计长度,用于路面车辙的分析与评定。

路面车辙的检测指标为车辙深度(RD),路面车辙用路面车辙深度指数进行评价,计算公式为:

$$RDI = \begin{cases} 100 - a_0 RD & (RD \leqslant RD_a) \\ 60 - a_1(RD - RD_a) & (RD_a < RD \leqslant RD_b) \\ 0 & (RD_a > RD_b) \end{cases} \tag{15-9}$$

式中:RD——车辙深度(mm);

RD$_a$——车辙深度参数,采用20mm;

RD$_b$——车辙深度限值,采用35mm;

a_0——模型参数,采用2.0;

a_1——模型参数,采用4.0。

车辙深度指数(RDI)与车辙深度(RD)的对应关系见表15-15。

车辙深度指数(RDI)与车辙深度(RD)的关系 表15-15

RDI	90	80	70	60	50
RD(mm)	5	10	15	20	35

三、沥青路面综合评价

在沥青路面使用性能评价中,不仅采用每个单项评价指标的评价结果,而且还应该对分析路段进行综合评价,即在给定上述五项评价指标的评价结果后,还应该给出被评价路段综合路面状况评价等级,如图15-2所示。

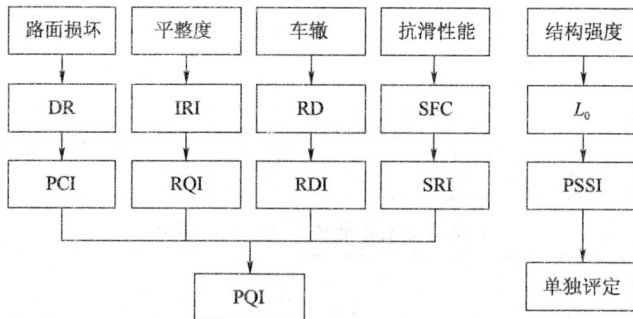

图15-2 沥青路面综合评价关系图

上述五项指标分别乘以相应的权重系数,得到路面的质量系数PQI,作为路面的综合评价指标。各指标加权值的大小表示该指标在综合评价中所占的重要程度,加权值越大,表示在日常养护工作中该指标的好坏对整体路况影响越大。PQI 分值为 0～100;分值越大,表示整体路况越好,反之则差。

PQI 的计算公式如下:

$$PQI = w_{PCI}PCI + w_{RQI}RQI + w_{RDI}RDI + w_{SRI}SRI \qquad (15\text{-}10)$$

式中: w_{PCI} ——PCI 在 PQI 中的权重,按表 15-16 取值;

w_{RQI} ——RQI 在 PQI 中的权重,按表 15-16 取值;

w_{RDI} ——RDI 在 PQI 中的权重,按表 15-16 取值;

w_{SRI} ——SRI 在 PQI 中的权重,按表 15-16 取值。

PQI 分项指标权重　　　　　　　　　　　　　　　　表 15-16

路 面 类 型	权　重	高速公路、一级公路	二级、三级、四级公路
沥青路面	w_{PCI}	0.35	0.60
	w_{RQI}	0.40	0.40
	w_{RDI}	0.15	—
	w_{SRI}	0.10	—
水泥混凝土路面	w_{PCI}	0.50	0.60
	w_{RQI}	0.40	0.40
	w_{SRI}	0.10	—

公路技术状况评定所需数据的最低检测与调查频率按表 15-17 的规定执行。

最低检测与调查频率　　　　　　　　　　　　　　　表 15-17

项　目			路面损坏 (PCI)	路面平整度 (RQI)	抗滑性能 (SRI)	路面车辙 (RDI)	结构强度 (PSSI)
路面 PQI	沥青路面	高速公路、一级公路	1 年 1 次	1 年 1 次	2 年 1 次	1 年 1 次	抽样检测
		二级、三级、四级公路	1 年 1 次	1 年 1 次	—	—	—
	水泥混凝土路面	高速公路、一级公路	1 年 1 次	1 年 1 次	2 年 1 次	—	—
		二级、三级、四级公路	1 年 1 次	1 年 1 次	—	—	—
	砂石路面		1 年 1 次	—	—	—	—
路基 SCI			1 年 1 次				

在上式中,评价指标的加权系数同当地的养护管理水平有很大关系。在不同地区、不同道路等级时各指标的加权系数也应有所不同。在路面状况综合评价时可根据本地区的实际情况在表中建议范围内做适当调整,但各权数之和必须等于 1。

此外,在沥青路面养护管理系统(PEMS)中,对于路网或部分路网的路面状况进行综合评价时,建议采用以下公式:

$$PQI = \sum \sum D_{ij} \cdot K_{ij}/n \qquad (15\text{-}11)$$

式中: D_{ij} ——第 j 类路况评价指标,第 i 类路况所占比例(%);

K_{ij} ——第 i 类路况的权重,对优、良、中、次、差分别为 1.0、0.8、0.6、0.4、0.2。

沥青路面状况综合评价的标准列于表 15-18 中。

路面综合评价标准
表 15-18

评价标准	优	良	中	次	差	说明
路面使用性能 PQI	≥90	≥80, <90	≥70, <80	≥60, <70	<60	《公路技术状况评定标准》

第三节 路面养护管理系统简介

一、路面管理系统的基本概念

路面在使用过程中,其使用性能会因行车荷载和环境因素的不断作用而逐渐变坏。因而,在路面使用期内,还需继续投入大量资金用以养护或改建,使之保持一定的使用性能。路面管理是应用系统分析的方法,综合考虑技术、经济、社会和政治等方面的因素,协调各项路面管理活动。从道路有关数据的采集、整理和分析,到根据具体情况建立相关的数学模型,最后提出和编制相应的道路维修,养护乃至改建计划,并使计划得以实施的整个过程。

路面管理系统则是以路面管理为目的,运用计算机和现代管理科学等先进技术来实现管理的目标。其中,道路工程学是道路管理系统的基础。但整个系统则是道路工程学、管理科学、计算机科学三者的有机结合。它综合考虑了技术、经济、政治、环境等多方面的因素,使得整个管理过程系统化、科学化和现代化,为管理部门的决策人员提供了分析的方法和工具,并为管理部门提供了可靠的依据、积累了管理经验。系统的核心在于研究如何在有限的资源(资金、劳动力、材料和能源等)下以最低的消耗,提供并维持路面在预定使用期内具有足够的服务水平,也即在预定的标准和约束条件下,选用费用—效果最佳的方案。

路面管理系统可划分为网级管理和项目级管理两个层次,以分别适应不同管理层次的需求,两者具有不同的结构和功能。网级管理系统的范围,适用于一个地区的公路网或一大批工程项目。主要任务是为管理部门在进行关键性的行政决策时提供相应的对策。网级管理的主要内容:

(1)分析路况,路网内路面使用性能的评价及未来路况的发展变化预估。

(2)规划路网,根据路况分析确定路网内要进行养护和维修、改建的项目。

(3)优化排序,根据预定标准、约束条件决定项目的优先排序,制订维修计划。

(4)经济分析,路网达到不同预定的服务水平时,各年度所需要的养护管理资金。

(5)计划实施,根据上述分析结果,将资源进行分配,并积累实施计划后反馈回来的信息。

网级管理系统对路网进行系统地优化决策后,将提出路面养护项目清单。对于养护项目还应进行更详细的设计分析,提出各种可能的设计方案,优化比较得到一个技术可行、经济合理的最优方案。这便是路面管理系统项目管理的主要工作。因此,项目级管理系统仅针对一个工程项目,它的主要任务是为管理部门,对某一工程进行技术决策时提供对策,以选择费用效益最佳的方案。项目级管理的主要内容:

(1)路面结构分析,对路面结构损坏情况进行分析和路面使用性能进行预估。

(2)寿命周期费用分析,针对各项目在路面寿命周期内所有费用(包括初建、养护、改建、用户费用等)进行分析。

(3)经济评价,根据实际需要,在现值法、年费用法、收益率法、效益—费用比法等诸多经济分析方法中选择合适的方法对各项目的分析结果进行评价。

（4）优化排序,把由网级管理系统得到的三方面目标:①行动目标(采取哪一类养护、改建措施);②费用目标(可分配到的最高投资额);③使用性能目标(预定期限内应具有的使用性能指标)作为约束条件,选择合适的优化模型,以费用最少为目标进行优化,并选择最佳的方案。

（5）方案实施,实施最佳方案,并利用使用性能监测系统收集方案实施后反馈的信息。

由上述分析可知,路面管理系统无论是网级还是项目级,均包含以下要素。

（1）道路使用性能状况日常检查和数据库管理系统:采集、存贮、处理、检索路面管理系统所需的各种数据。包括:路基、路面结构设计数据、施工数据、养护改建历史数据、使用性能状况数据、费用数据、交通环境数据等。数据的准确程度直接影响到路面管理系统的运行质量。因此,它是路面管理系统的核心。

（2）使用性能评价模型:依据采集来的数据,选择能反映道路设计结构特点、功能特点、服务特点、管理特点的指标,按照一定的标准进行评定,其结果是进行道路设施养护对策分析、需求分析以及项目优化排序的重要依据。

（3）养护对策模型:依据技术状况,综合考虑技术、材料、环境、经济等因素,选择技术上先进、经济上合理的对策方案。

（4）使用性能预估模型:从资源合理分配的角度出发,结合上述的各个模型考虑道路结构在寿命周期内的费用与效益情况,采用多目标决策和数学规划原理,将有限的道路养护维修资金合理分配到道路中去,以尽可能提供最好服务水平的道路设施。它是进行项目规划和排序的重要依据之一。

实施路面管理系统的重要意义在于它可以帮助管理部门改善所要作出的决策,扩大了决策范围,为决策的效果及时提供反馈信息,以积累管理经验,并保证管理部门内部的协调一致。需要强调的是,路面管理系统只是一种辅助决策工具,它是专门为相关管理部门的决策提供依据和进行项目分析的工具,其本身并不进行决策。它的功能主要体现在以下几个方面:

（1）可由通过检测手段采集到的客观资料来说明路面现状,以便能及时采取相应的措施来解决出现的和存在的问题。

（2）可迅速、及时地查询有关管理信息、数据、资料等,利用客观的数据来分析解决日常管理工作中所遇到的问题,提高决策的科学性和效率。

（3）可以利用具有一定可靠性的预估模型预测未来路面状况的发展变化及采取养护和改建措施的对策。

（4）申请投资时,可以用客观的数据作为依据,并可以论证不同投资水平对路段、路网状况和服务水平的影响。

（5）为合理、有效、科学地分配有限的资金和资源提供费用—效益最佳方案。

（6）可合理评价各种设计方案,为选择费用—效益最佳方案打下基础。

（7）利用采集到的数据,可考察、评价设计、施工乃至养护、改建工作的情况,为改善和更新不合理的设计、施工、养护方法提供客观、科学的依据。

（8）实施管理系统将带来管理方式和观念上更新。

二、路面管理系统的数据库

路面管理系统涉及路面的规划、设计、施工、评价和相关研究工作。因此,与上述工作相关的数据库就成为路面管理系统的核心。表 15-19 简要表示了数据库所包含的各类数据以及在养护和修复中的应用。

路面数据类型及其内容 表 15-19

	不平整度	R		断面尺寸	R
性能相关数据	表面破损	R + M	几何相关数据	曲率	R
	弯沉	R		横坡	R
	摩擦系数	R + M		坡度	R
	各层材料特性	R		路肩	R + M
历史相关数据	养护历史	R + M	环境相关数据	排水	R + M
	施工历史	R + M		气候(温度、降雨量、冰冻)	R
	交通量	R + M	费用相关数据	造价	—
	事故	R + M		养护费用	—
政策相关数据	财政预算	R + M		修复费用	—
	可供选择的养护修复方案	R + M		用户费用	—

注:R 表示修复需求数据,M 表示养护需求数据,R + M 表示修复和养护需求数据。

为了实现路面管理系统的目标,为路面养护和修复对策提供支持,施工和养护历史数据是非常重要的。不断收集起来的路面资料为开发、更新、评价在规划和设计中使用的路面模型提供了基础。施工和养护资料对于路面模型的开发至关重要。路面施工资料包括材料的质量信息,例如,混凝土的抗弯强度、沥青混凝土的密实度等等。路面养护资料包含所有影响使用的养护工作,例如封缝、补坑、表面剥落等等。高效的养护将使得使用周期大于设计周期成为可能。

使用性能评价的主要目的是确定路面结构现有状况。以下常用的四项关键测试可以用来确定路面状况:

(1)不平整度(与行车舒适性有关)。

(2)表面破损。

(3)弯沉(与结构承载能力有关)。

(4)表面摩擦(与安全有关)。

一个好的路面应该是行车舒适,结构可靠并且提供足够的摩擦以避免滑车事故。区别表面破损、不平整度、结构能力与表面摩擦是十分重要的。破损是路表的物理损坏,如坑洞、裂缝、和车辙等。不平整度是由路表外形变化引起的,并影响行车的舒适性。在主要考虑用户要求的前提下,不平整度是路面用户行车特性的主要影响因素。它限制了路面的可服务性或功能响应。结构能力是路面在不损坏的情况下承受荷载的能力,它也会受到严重的车辙或坑洞的影响。

上述四项指标和养护、用户费用一起可被看作为路面的输出参数,即它们是确定路面是否令人满意的变量。这些输出变量多数在设计阶段就应预测,并且在路面服务期间予以结束。如果有足够的资金进行修复,则一个新的服务周期又开始了。

三、路面损坏的预测模型

为了估计路网中某些路段的服务年限,有必要预测路面评价指标的变化率,进而进行维护

需求的分析和评价。为了建立路面损坏预测模型,必须具备以下基本条件:

(1)满足要求的数据库。

(2)包含影响路面损坏的所有重要因素。

(3)认真选择能代表实际情况的预测模型的形式。

(4)合理评价模型精度的标准。

路面预测模型可分为两种基本类型:确定型和概率型。确定型模型可以用于结构基本响应的确定等。根据不同的工作目的,常用的模型又可分为以下四类:

(1)纯力学模型,通常是结构响应类模型,如应力、应变和弯沉等。

(2)力学经验模型,如通过回归方程建立路面响应参数与实测的结构性或功能性损坏(如弯沉和不平整度)的关系。

(3)回归模型,由观察或实测得到的结构性或功能性的相关变量与一个或多个独立变量,如土基强度、轴载分布、路面厚度及其材料特性和环境因素以及它们之间的相互作用的关系。

(4)主观模型,用转移过程模型"捕捉"经验,如开发损坏预测模型。

式(15-12)是力学经验模型用于预测路面不平整度的一个示例。该方程研究了63个沥青路面试验段,把线弹性作为路面材料的一个基本的本构关系,计算了包括路表弯沉、沥青层底部的拉应力、应变,路基上部的承载压力和应变。通过回归分析建立了这些响应与路面开裂的关系。该方程的相关系数 $R^2 = 0.54$,标准误差为15.4。

$$CR = -8.70 - 0.258HST \cdot \lg N + 1.006 \cdot 10^{-7}HST \tag{15-12}$$

式中:CR——路面开裂的百分比;

　　HST——沥青结构层底面拉应力($10N/cm^2$);

　　　N——累积当量轴次。

直接回归模型适合于需要长期数据库的情况,如超过25年用于开发路面损坏模型的相关数据,如路面的不平整度、表面破损、交通、弯沉等其他因素。式(15-13)是美国有关部门利用直接回归方法,以常规粒料为研究对象得到的乘车舒适性指数(RCI)的回归方程。回归方程的相关系数是0.84,标准误差为0.38。

$$RCI = -5.998 + 6.870\ln(RCI_B) - 0.162 \cdot \ln(AGE^2 + 1) +$$
$$0.185 \cdot AGE - 0.084 \cdot AGE \cdot \ln(RCI_B) - 0.093 \cdot \Delta AGE \tag{15-13}$$

式中:RCI——某年的乘车舒适性指数;

　　RCI$_B$——先前的 RCI;

　　AGE——龄期(年);

　　ΔAGE——分段龄期,可分别取 1、2、3、4。

四、决定需求维修年和实施维修年

在拥有足够资金的前提下,改建已达到最大容许破坏程度的路段的年份就是实施维修年,此时维修需求年和实施维修年是一致的。但是如果资金不足,特别是路网中其他路段享有更高的优先权时,实施维修年将被推迟。相反,某些特殊路段,如交通荷载较重的路段,将需要提前实施维修年,这能产生显著的经济效益。

另一种改变需求维修年及可能的实施维修年的方法是改变最低容许路面损坏程度标准。目标是把实施维修年限制在一个比较实用和经济的范围内。例如,提前实施维修年对于已经

出现某些破坏的路面被认为仅仅是起到预防性养护的作用。另一方面,过分推迟实施维修年将可能耗费日益增长的过量的维修费用。同样,它也会限制原本可行的设加铺层或重建方案。

损坏预测模型的可靠性会影响到需求年和实施维修年的正确确定。因此,损坏预测模型应根据实际情况进行定期修正。预测年限也应控制在一定的时间范围内,以便预测模型能与交通量等相关变量保持较好的一致性。

第四节　路基路面工程养护与管理

公路工程养护与管理的任务就是运用先进的技术和科学的管理方法,合理地分配使用养护资金,通过养护维修使道路在设计使用年限内经常保持完好状态,并有计划地改善现有道路的技术网结构,保障畅通。路基路面养护技术是保持路网完好,并不断使其得到改善,延长其使用寿命的基本条件。建养并重、协调发展,是公路交通事业自身发展的客观要求。公路养护的目的和基本任务是:

(1)坚持日常保养,使公路及其沿线设施持续保持完好、整洁、美观状态,及时修复损坏部分,保障行车安全、舒适、畅通。

(2)采取正确的工程技术措施,周期性进行大、中修,提高养护工作质量,延长公路的使用年限,节约资金。

(3)防治结合,治理公路存在的病害和隐患,逐步提高公路的抗灾能力。

(4)对原有技术标准过低的路线、路基路面结构、构造物以及沿线设施进行改善和增建,逐步提高公路的使用质量和服务水平。

一、养护工程分类

公路养护工程应当以"决策科学、管理规范、技术先进、绿色高效"为原则。鼓励运用信息化手段加强养护工程管理。公路养护工程按照养护目的和公路设施差异,分为预防养护、修复养护、专项养护和应急养护。

(1)预防养护是指公路设施在结构强度充足、整体性能良好但有轻微病害的情况下,以预防性能过快衰减、延长使用寿命为目标,采取的主动防护工程。

(2)修复养护是指公路路基、路面、桥梁、隧道等主体结构物在出现明显病害或部分丧失服务功能的情况下,以恢复技术状况为目标,针对不同程度损坏而进行的功能性、结构性修复和定期更换,包括大修、中修、小修。

(3)专项养护是指以恢复、保持和完善公路设施服务能力为目标,集中实施的完善增设、加固改造或重建等工程,并配套完善公路附属设施。

(4)应急养护是指在突发情况下造成公路设施损毁,以最快速度恢复公路安全通行能力为目标,针对公路中断、严重影响公路安全通行、产生重大风险隐患的损害而实施的应急性抢通、保通、抢修及灾毁修复工程。

由于高速公路交通量大,运行车速高,为确保高速公路的交通舒适、快捷、安全,应对高速公路做好养护工作。按照养护技术规范,高速公路(路面)养护工作分为维修保养、专向工程和大修工程三类。

(1)路面维修保养:路面维修保养是为保持高速公路及其附属设施的正常使用功能,而安排的经常性保养和修补其轻微损坏部分的作业。维修保养工作的内容包括:清除路面上的一切杂物,排除积水、积雪、积冰,铺防滑、防冻材料,水泥混凝土路面的正常养护,处理沥青路面和水泥混凝土路面的局部、轻微病害,日常巡视与定期调查。

(2)专项工程:专项工程是对高速公路及其附属设施的一般性磨损和局部损坏,进行定期修理、加固、更新和完善的作业。专项工程的内容包括:处理路面严重病害、沥青路面整段罩面、处理桥头跳车。

(3)大修工程:大修工程是当高速公路及其附属设施已达到其服务周期时,必须进行的应急性、预防性、周期性的综合修理,使之全面恢复到原设计的状态,或由于水毁、地震、交通事故、风暴、冰雪等造成的高速公路及其附属设施的重大损坏,为保证其正常使用而及时进行的修复作业。大修工程的内容包括:周期性地或预防性地整段路面改善工程、黑色路面整段加铺、水泥混凝土路面板整段更换或改善、重大自然灾害造成的路面损坏的修复。

二、路基工程养护与维修

路基和路面是道路工程的主要结构物,且共同承担车辆的荷载作用。而路基是路面的基础,其强度和稳定性是保证路面结构稳定、路用性能良好的基本条件。影响路基强度和稳定性的因素有两方面,一方面是自然因素与地质条件,其中最主要的影响因素是温度和湿度;另一方面是人为因素,包括设计、施工和养护。

(一)路基养护工作的内容与要求

为使路基满足密实、稳定、均匀的基本要求,必须采取防止地面水和地下水浸入路基的措施,保持排水系统完好,路基各部尺寸和坡度符合规定,及时消除不稳定的因素。并尽可能地提高路基的技术状况。为此,应加强对现有道路路基的养护维修及管理工作,其工作的内容主要包括:

(1)维修、加固路肩和边坡。

(2)疏通、改善、铺砌排水系统。

(3)维护、修理各种防护构造物及透水路堤,管护两旁道路用地。

(4)清除明方、积雪,处理塌陷,检查险情,预防水毁。

(5)观察、预防、处理翻浆、滑坡、泥石流等病害。

(6)有计划地局部加宽、加高路基,改善急弯、陡坡和视距,使之逐步提高技术标准。

路基养护工作的基本要求是通过日常巡视和定期检查、发现问题,分析原因,及时采取维修措施,达到以下要求:

(1)路肩无车辙、坑洼、隆起、沉陷、缺口,横坡适度、边缘顺适,表面平整坚实、整洁。

(2)边坡稳定,平顺无冲沟,坡度合乎规定。

(3)边沟、截水沟、排水沟、路肩水簸箕(路面拦水缘石出水口)、跌水井等排水设施保持无杂草、无淤塞,纵坡适度,水流通畅,进出口良好。

(4)挡土墙、护坡及防雪、防沙等设施保持完整无损坏,砌体伸缩缝填料完好,泄水孔无堵塞。

(5)及时治理翻浆路段,使其尽快恢复到原有路况,对坍方、滑坡、泥石流等病害做好防护抢修,尽力缩短阻车时间。

在上述养护工作中,要特别注意保持路基排水系统处于完好状态,因为水是造成多种路基病害的重要因素。在各种养护维修工作中,要保证工程质量,还应及时总结治理路基失稳的成功或失败的经验,针对具体路段,制订出切合实际的有效的预防和维修措施,使日常养护、维修工作系统化、规范化,以逐步提高养管水平。

(二)路基的日常养护与维修

路基日常的养护工作包括:通过整理路肩、边坡及清除路肩杂物,以保持路容整洁;疏通边沟,保持排水系统通畅;清除挡土墙、护坡、护栏滋生的杂草,修理伸缩缝、泄水孔及松动的石块;对护栏、路缘石进行修理刷白工作,以保持其使用效果。

小修工程是通过开挖边沟、截水沟,以补充和改善排水能力,并分期铺砌边沟,以增强边沟的坚固性,减少淤塞与渗透;消除零星塌方,填补路基缺口及处理轻微沉陷,改善视距。对桥头、引道或桥头、涵顶跳车的情况进行处理;对挡土墙、护坡、护栏和防雪设施等出现的局部损坏及时进行修理;清除隧道口碎落岩石和修理圬工接缝、堵塞漏水;根据需要,用砂石或稳定材料局部加固路肩。

1. 路肩的养护与维修

路肩是路基基本构造中的一部分。其功能是可以从侧面给予路面必要的支承和保护;可以停置临时发生故障、事故的车辆;可以提供侧向余宽、显示行车道外侧边缘、引导视线、增加挖方弯道地段的视距、增加行车的安全感;可以为设置道路设施(标志、防护栅等)或埋设地下管线及养护作业提供场地。如果养护不当,路肩松软,往往使路面边缘发生毁坏,即所谓的"啃边"破坏。而路肩松软多是因水的作用。所以,路肩的养护与维修工作的重点就是减少或消除水对路肩的危害。

路面范围的地表水通过路肩排出。因此必须经常保持路肩的横坡平整顺适;硬路肩与路面横坡相同,土或植草的路肩应比路面横坡大 1% ~2% ,以利排水。

2. 路基边坡的养护与维修

路基边坡包括路堑边坡和路堤边坡,其主要作用是保证路基稳定、行车安全及景观的舒适。边坡坡度对边坡及路基整体的稳定十分重要,确保路基边坡坡度为一合理的角度是路基处于良好使用状况的重要前提。

边坡坡度的大小,取决于边坡的土质、岩石的性质及水文地质条件等自然因素和边坡的高度。在陡坡或填挖较大的路段,边坡稳定不仅影响到土石方工程量和施工的难易,而且是路基整体稳定性的关键。影响路堤边坡坡度有:填料种类、边坡高度以及路堤的类型。影响路堑边坡稳定的因素较为复杂,除了路堑深度和边坡体土石的性质之外,地质构造特征、岩石的风化和破碎程度、土层的成因类型、地面水和地下水的影响、坡面的朝向以及当地的气候条件等都会影响路堑边坡的稳定性。土质(包括粗粒土)路堑边坡,则应考虑边坡高度、土的密实程度、地下水和地面水的情况、土的成因及生成时代等因素。

对路基边坡的基本要求是保持稳定性,即边坡应经常保持平顺、坚实、无裂缝。影响路基边坡稳定的因素有工程地质、水文地质、地面排水条件、地貌和气候等因素。常见的边坡病害有崩塌、落石、滑坡、坡面冲刷、坍塌、剥落等。

对于石质路堑边坡,应经常注意边坡坡面岩石风化发展情况,以及边坡上的危岩、浮石的变化情况,并及时采取适当的处理措施,如抹面、喷浆、勾缝、灌浆、嵌补、锚固等;对于土质路堑边坡的碎落台、护坡道等出现缺口、冲沟、沉陷、塌落或受洪水、边沟流水冲刷及浸水时,应根据水流、土质等情况,选用种草、铺草皮、栽灌木丛、投放石片笼、干砌或浆砌片石护坡等措施,进行防护和加固处理。

边坡如发生坍塌需要修整时,不能仅在边坡表面上贴土修补,而应在破坏的地段上,从下到上先挖成台阶,再分层填土夯实。各种土工合成材料可用于边坡病害的防护。

3. 道路排水设施的养护与维修

排水设施的主要作用是将道路范围内的土基湿度降低到一定限度以内,保持路基常年处于较干燥的状态,确保路基路面具有足够的强度和稳定性。道路排水系统能否正常工作,直接影响到路基和路面的稳定性,因此,须对排水设施进行经常性的、预防性的养护和维护,确保其功能完好、排水顺畅。同时根据实际使用情况,要不断改善路基排水条件。

对边沟、截水沟、排水沟以及暗沟(管)等排水设施,在春融前,特别是汛前,应全面进行检查疏浚,及时排除堵塞,保持水流通畅,并防止水流集中冲毁路基。暴雨后应进行重点检查,如有冲刷、损坏,须及时修理加固,如有堵塞应立即清除。当路堤边坡出现冲沟或缺口时,宜选用与原路基相同的填料填筑夯实,路堑段应将截水沟内的积水引至边坡外。

在排水设施的使用中,还要针对现有排水系统不完善的部分逐步加以改进、完善、充分发挥各种排水设施的功能。例如,对有积水的边沟,应将水引至附近低洼处;对疏松土质或黏土路段的沟渠,需结合地形、地质、纵坡、流速等实际情况,综合考虑加固措施。

对有中央分隔带的路面,要确保中央分隔带的排水畅通无阻。对于设有集中排水设施的中央分隔带的集水井、横向排水管,应经常清淤及维护,保持排水畅通。

雨季前后应对拦水带、路缘石及泄水槽进行检查维护,保持其完好,联结处应平顺无裂缝。使用针刺无纺布作反滤层是一项在排水设施中常用的技术与材料。

(三)路基防护与支挡工程的养护与维修

1. 坡面防护

(1)植物防护:采用植物覆盖层对坡面进行防护,工序简单,可以减缓地面水流速度,调节表层水温状况,植物根系深入土层,在一定程度上对表层土起到固结作用。

(2)坡面处治:对易风化的软质岩石或破碎岩石路堑边坡,常受自然条件的影响剥落而破坏,用植物防护有困难时,可选用抹面、喷浆、勾缝、灌浆和嵌补等方法进行处治,以保证路基的稳定。

(3)护面墙:适用于边坡较陡(边坡坡度在1:0.3~1:1的情况),软质岩层节理裂缝较发育,易风化的路堑边坡。护面墙一般不承受墙后土体的侧压力,所防护的岩面边坡,应无滑动或滑坍现象,路堑边坡坡度应符合于边坡稳定的要求。

2. 冲刷防护

沿河路基和桥头引道,直接受到水流的冲刷和淘空,为了维护路基的坚固、稳定,必须采取措施予以防护。冲刷防护有两种类型:一是直接防护,以加固岸坡为主要措施;二是间接防护,以改变水流方向,降低流速为主要措施。直接防护,除植物防护、坡面防护外,还有砌石、抛石、石笼、浸水挡土墙等防护方法;间接防护,包括各种导流与调治构造物,如丁坝、顺坝及拦河坝等,也可以将河渠改道,引导水流排至路基范围以外。

3. 护岸

应在洪水期前后详细观察护岸设施,检查其作用和效果是否达到稳定完好,如发现损坏,应及时修理和加固。用土工模袋做护岸,是近几年出现的一项实用技术。施工时,将模袋平铺于岸坡上(也可按设计要求伸于水下),从袋口(可多处同时施工)连续灌注流动性良好的混凝土,则充满混凝土的模袋紧贴在岸坡上,形成一个稳固的连续的大面积混凝土壁,起到护岸的作用。

4. 挡土墙

挡土墙是用来支撑天然路堑边坡或填土路堤边坡以保持路基整体稳定的建筑物。对挡土墙除经常检查其有否损坏外,每年应在春秋两季各进行一次定期检查,北方冰冻严重地区,尤其应注意检查挡土墙在冰冻融化后墙身及基础的变化情况,以及冰冻前所采取的防护措施的效果。另外,在反常气候、地震或重型车辆通过等特殊情况后应进行及时检查,发现裂缝、倾覆、滑动、地基下沉或表面风化、泄水孔堵塞、墙后积水等情况,应查明原因,并观察其发展情况,采取相应的修复、加固等措施。并对检查和修复加固情况做好记录,设立技术档案备查。挡土墙发生裂缝、断裂并且属于非进展性时,可将缝隙凿毛清除碎渣和杂物然后用水泥砂浆填塞。水泥混凝土或钢筋混凝土挡土墙的裂缝也可用环氧树脂黏合。

挡土墙发生倾覆、滑动或下沉等结构性损坏时,可选用下列加固措施:

(1)锚固法:适用于水泥混凝土或钢筋混凝土挡墙。采用高强钢筋作锚杆,穿入预先钻好的孔内,用水泥砂浆灌满锚杆插入岩体部位,固定锚杆,待砂浆达到一定强度后,对锚杆进行张拉,然后用锚头固紧。

(2)套墙加固法:在原墙外侧加宽基础,加厚墙身。施工时,应挖除一部分墙后填土,以减小土压力,同时为使新旧基础和墙身的有较好结合,要凿毛旧基础和旧墙身,必要时设置钢筋锚栓以增强联结。墙后回填土必须分层填筑并夯实。

(3)增建支撑墙加固法:在挡土墙外侧,每隔一定的间距,增建支撑墙。支撑墙的基础埋置深度、尺寸和间距应通过计算确定。

原挡土墙损坏严重,采用以上加固方法不能达到设计强度要求时,则应考虑将损坏部分拆除重建。为防止不均匀沉降,新旧挡土墙之间应设置沉降缝,并应注意新旧挡土墙接茬的处理。

挡土墙的泄水孔应保持畅通。如有堵塞,应及时疏通,当无法疏通时,应另行选择适当位置增设泄水孔,或在墙背后沿挡土墙增做墙后排水设施,一般可增设盲沟将水引出路基以外,以防止墙后积水,引起土压力增加或冻胀。

砖、石、混凝土或钢筋混凝土挡土墙表面出现风化剥落时,应将风化表层凿除,喷涂水泥砂浆保护层。当风化剥落严重时,应将风化部分拆除重砌。锚杆式及加筋挡土墙,如发现墙身变形、倾斜或肋柱、挡板损坏、断裂等情况,应及时加固或修理、更换其部件,对暴露的锚头、螺母垫圈要定期涂刷防锈漆,锚头螺母如有松动,脱落应及时固紧或补充。

浸水挡土墙,除平时经常检查其有否损坏外,应在洪水期前后详细观察、检查。汛前检查的目的是确定其作用、效果和是否完整稳定,能否承受洪水的袭击和应采取的防护、加固措施;汛后检查的目的是观察其有无损坏,如有损坏,应及时修复和加固。当由与受洪水冲刷,出现基础被淘空,但未危及挡土墙本身时,可采取抛石加固或用石料将淘空部分塞实并灌浆。当挡土墙本身出现损坏时,应按原样修复。

(四)常见路基病害的防治与维修

1. 路基沉陷

填土路基由于施工和工程完工后在自然因素的影响和重复荷载的作用下,出现一些病害,造成路基的整体下沉、局部沉陷、不均匀沉陷,严重影响道路的正常使用,降低了道路的技术性能。因此,必须采取行之有效的处理办法,以下几种处治措施,可供参考。

(1)换土复填法

因填筑土质不符合要求,路基出现下沉但面积不大且深度不深,采用换土复填是一种简便快捷的方法。此法是将原路基出现病害部分的土挖去,更换新的、符合规范要求的土。一般应采用级配较好的砂砾土,塑性指数满足规范要求的亚黏土为宜。回填时,挖补面积要扩大,并逐层挖成台阶状,由下往上,逐层填筑,碾压密实,压实度要求高出原路基压实度 1% ~ 2% 为宜。如需要时,可结合土工合成材料进行施工。

(2)固化剂法

在处理高填土路基的下沉中,如果更换路基填料受到限制,且填筑料数量不大时,可在原填料中掺入一定品种与数量的固化剂处理路基病害。

(3)水泥搅拌桩法

对于处理 10m 以内路基下沉病害,采用水泥搅拌桩加固技术是较为理想的一种方法。这种方法处理软地基土是通过专门的机械将水泥浆体固化剂喷出后在地基深处就地与软土强制搅拌,利用固化剂(水泥)和软土之间产生的一系列物理、化学反应,在原地基中形成强度、刚度较大的桩体,同时也使桩体周围土体性质得到改善,桩体与桩间的土体形成复合地基共同承担外荷载。

(4)灌浆法

灌浆法是利用液压、气压或电化学原理,通过注浆管将浆液均匀地注入地层中,浆液以填充、渗透和挤密等方式占据土粒间或岩石裂缝中的空间,再经人工控制一定时间后,浆液将原来松散的土粒或裂隙胶结成一个结构新、强度大、防水性能高和化学稳定性良好的整体。灌浆法已在煤炭、水电、冶金、建筑、交通和铁道等部门被广泛使用,并取得了良好的使用效果。

2. 路基滑坡

路基山坡土体或岩体,由于长期受地面水、地下水活动的影响,使其结构破坏,逐渐失去支撑力,在自重力作用下,整体地沿着一定软弱面(或带)向下滑动,这种地质现象称之为滑坡。这种滑动一般是缓慢的,可延续相当长的时间。但坡度较陡时,也会突然下滑。

滑坡有多种类型,且成因复杂。因此,在防治和处理滑坡时,要针对各种不同情况采取不同的防治措施。滑坡多发生于路基上边坡,这是因为修筑道路破坏了地貌自然的平衡。防治滑坡的措施应以排水疏导为主,再配合抗滑支撑措施,或上部减重,维持边坡平衡。其主要方法有:地面排水;地下排水;减重;支挡工程等。

滑坡体以外的地面水,应予拦截引排;滑坡体上的地面水要注意防渗,并尽快汇集引出。各种地面排水措施的适用条件以及布置、设计与施工原则列于表 15-20。

名　称	适用条件	布置及设计施工原则
环形截水沟	滑体外	截水沟应设在滑坡可能发展的边界5m以外,根据需要可以设置数条,分段拦截地表水,向一侧或两侧的自然沟系排出。在坡度陡于1:1的山坡上,常采用陡坡排水槽来拦截山坡上方的坡面径流。沟槽断面以满足滑泄坡面径流为准,如土质渗水性强,应采用黏性土、石灰三合土或浆砌片石铺砌防渗层
树枝状排水系统	滑体内	结合地形条件,充分利用自然沟系,作为排水渠道,汇集并旁引坡面径流于滑坡体外排出,排水沟布置应尽量避免横切滑体,主沟宜与滑移方向一致。支沟与主沟斜交30°~45°。如土质松软,可就土夯成沟形,上铺黏性土或石灰三合土加固。通过裂缝处,可采用搭叠式木质水槽或陶管、混凝土槽、钢筋混凝土槽,以防山坡变形拉断水沟,使坡面水集中下渗
明沟与渗沟相配合的引水工程	滑体内的泉水或湿地	目的在于排除山坡上层滞水和疏干边坡土体含水,埋入地下部分类似集水渗沟,露出地面部分是排水明沟
平整夯实自然山坡坡面	滑体内	如山坡土质疏松,坡面水易于阻滞下渗,应对坡面整平夯实。填塞裂缝,防止坡面径流汇集下渗
绿化工程（植树、铺种草皮）	山坡滑体内	绿化工程是配合表面排水的一项有效措施,特别对渗水严重的黏性土滑坡和浅层滑坡,效果显著。在滑坡面种植灌木及阔叶果树,可疏干滑体水分,根系起加固坡面土层的作用。铺种草皮可滞缓坡面径流流速,防止冲刷,减少下渗,避免坡面泥土淤塞沟槽

3. 冻胀与翻浆

潮湿的路基在冰冻过程中,水分不断地向上移动聚集,引起路基冻胀。春融时,路基湿软,强度急剧降低,加上行车荷载的作用,道路发生弹簧、鼓包、冒浆、车辙等翻浆现象。翻浆的发生,会破坏路面,妨碍行车,严重的还会中断交通。

（1）翻浆的分类与分级

路基水的来源不同,并以不同形式存在于路基土中。为了针对各种来源的水分所引起的翻浆,采取相应的措施进行处治,有必要把翻浆按水分的存在形式进行分类,见表15-21。

道路翻浆分类　　　　　　　　　　　　　　　　表15-21

序号	翻浆类型	导致翻浆的水分来源
1	地下水类	受地下水的影响,土基经常潮湿,导致翻浆。地下水包括上层滞水、潜水、层间水、裂隙水、泉水、管道漏水等。潜水多见于平原区,层间水、裂隙水、泉水多见于山区
2	地面水类	受地面水的影响,使土基潮湿,导致翻浆。地面水主要指季节性积水,也包括路基、路面排水不良而造成路旁积水和路面渗水
3	土体水类	因施工遇雨或用过湿的土填筑路堤,造成土基原始含水率过大,在负温度作用下使上部含水率显著增加,导致翻浆
4	气态水类	在冬季强烈的温差作用下,土中水主要以气态形式向上运动聚积于土基顶部和路面结构层内,导致翻浆
5	混合水类	受地下水、地面水、土体水或气态水等两种以上水类综合作用产生的翻浆。此类翻浆需要根据水源主次定名,如地下水地面水类等

根据翻浆高峰时期路面变形破坏程度,将翻浆道路分为三级,见表15-22。

道路翻浆分级 表15-22

翻 浆 等 级	路面变形破坏程度
轻型	路面龟裂、湿润、车辆行驶时有轻微弹簧
中型	大片裂纹、路面松散、局部鼓包、车辙较浅
重型	严重变形、翻浆冒泥、车辙很深

(2)翻浆发生的过程

在秋季,由于降水或灌溉的影响,地面水下渗、地下水位升高,使路基水分增多,为冬季水分积聚提供了必要条件。

到冬季,气温下降,路基上部的土开始冻结,此时,土孔隙内的自由水在0℃时首先冻结,形成冰晶体。当温度继续下降时,与冰晶体接触的土颗粒表面的薄膜水(弱结合水在-0.1~-10℃时冻结)受冰的结晶力的作用,移动到冰晶体上面冻结。因此,该部分土粒表面的水膜变薄,破坏了原来的吸附平衡状态,产生剩余分子引力,将吸取邻近土粒的薄膜水。同时,当水膜变薄时,薄膜水内的离子浓度增加,产生渗透压力差。在土粒分子引力和渗透压力差的共同作用下,薄膜水就从水膜较厚处向水膜较薄处移动,并逐层向下传递。在温度为0~-3℃或(-5℃)的条件下,当未冻区有充足的水源供给时,水分发生连续移动,就使路基上部大量聚冰。

如果冻结线在某一深度停留时间较长,水分有充分的聚积时间,当水源供给充足时,便在冻结线附近形成聚冰层。它通常只出现在路基上部的某一深度范围内,一般有5~30cm厚。聚冰层可能有一层或多层。凡聚冰层所在之处即是路基土含水率最大之处。

冻胀是翻浆过程中的一个阶段。土基下部的水向上积聚并冻结成冰,体积膨胀就会形成冻胀,过大的冻胀会使路面产生鼓包、开裂、拱起、错台等病害。

待到来年春季化冻时,由于路面结构层的吸热和导温性较强,路面下的路基土先于路肩下的融化,于是路基下残余未化的冻土形成凹槽,化冻后的水分难以排出,路基上部处于过湿状态。当融化至聚冰层时,路基湿度更大,有时甚至超过液限。这样,路基在化冻过程中强度显著降低,以至丧失承载能力,在行车荷载作用下发生弹簧、开裂、鼓包、车辙,严重时泥浆外冒,路面大面积破坏,就形成了翻浆。

(3)影响翻浆的因素

影响道路翻浆的主要因素有:土质、温度、水、路面结构、行车荷载、人为因素等,其中土质、温度、水三者的共同作用是形成翻浆的三个自然因素。

①土质:粉性土是最容易翻浆的土,这种土的毛细水上升较高,在负温度作用下水分聚流严重,而且土中的水分增多时强度降低幅度大而快,容易丧失稳定。粉性土的毛细水上升虽高,但上升速度慢,因此,只有在水源供给充足,并且在土基冻结速度缓慢的情况下,才能形成比较严重的翻浆。粉性土和黏性土含有大量腐殖质和易溶盐时,则更易形成翻浆。砂土在一般情况下不会发生翻浆,这种土毛细水上升高度小,在冻结过程中水分聚流现象很轻,同时,这种土即使含有大量水分,也能保持一定的强度。

②温度:一定的冻结深度和一定的冷量(冬季各月负气温的总和)是形成翻浆的重要条件。在同样的冻结深度和冷量的条件下,冬季负气温作用的特点和冻结速度的大小对形成翻浆的影响也是很大的。当初冻的时候气温较高或冷暖交替出现,温度在0~-3℃或(-5℃)之间停留时间较长,冻结线长期停留在路面下较浅处,就会使大量水分聚流到距路面很近的地

方,产生严重翻浆。反之,如冬季一开始就很冷,冻结线很快下降到距路面较深的地方,则土基上部聚冰少就不易出现翻浆。除此之外,春天气温的特点和化冻速度对翻浆也有影响,当春季化冻时,天气骤暖,土基急速融化,则会加重翻浆的程度。

③水:浆的过程,就是水在路基土中转移、变化的过程。路基附近的地表积水及浅的地下水,能提供充足的水源,是形成翻浆的重要条件。秋雨及灌溉会使路基土的含水率增加,使地下水位升高,将会加剧翻浆的程度。

④路面结构:路面结构的类型、组合及厚度对翻浆也有一定的影响,在比较潮湿的土基上铺筑沥青路面后,由于沥青面层透气性较差,路基土中的水分不能通畅地从表面蒸发,使水分滞积于土基顶部与基层,导致路面失稳变形,以至出现翻浆。

⑤行车荷载:公路翻浆是通过行车荷载的作用,最后形成和暴露出来的,当其他条件相同时,在翻浆季节,交通量越大,车辆轴载越重,则翻浆越为严重。

⑥人为因素:设计时对翻浆的因素考虑不周,路基设计高度不够,特别是低洼地带,路线没有避开不利的水文地质地带,缺乏防治翻浆的措施,以及路面结构不当、厚度偏薄等;施工质量有问题,填筑方案不合理,不同土质填料混杂填筑,或采用大量的粉质土、腐殖土、盐渍土、大块冻土等劣质填料,或分层填筑时压实度不足;养护不当,排水设施堵塞,路拱有反向坡,路面、路肩积水,对翻浆估计不足,且无适当的处治措施。

(4)路基翻浆的防治措施

防治翻浆的基本途径是:防止地面水、地下水或其他水分在冻结前或冻结过程中进入路基上部;在化冻期,可将聚冰层中的水分及时排除或暂时蓄积在透水性好的路面结构层中;改善土基及路面结构;采用综合措施防治。各种防治翻浆的措施列于表15-23。

各种防治翻浆措施选择参考表　　　　　　　　　表15-23

编号	措施种类	适用翻浆类型	翻浆等级	适用地区或条件	使 用 说 明
1	路基排水	①②⑤	轻、中、重	平原、丘陵、山区	适用于一切新、旧道路
2	提高路基	①②⑤	轻、中、重	平原、洼地、盆地	新旧路均可用,必要时也可与3、4、5、6、7、9任一类组合应用
3	砂、(砾)垫层	①②③⑤	中、重	产砂、砾地区	新旧路均可用,主要做垫层或与2、4任一类组合应用
4	石灰土结构层	①②③④⑤	轻、中、重	缺少砂、石地区	新旧路均可用,做基层或垫层或与3、5类措施组合应用
5	煤渣石灰土结构层	①②③④⑤	中、重	缺少砂、石地区煤渣供应有保证	新旧路均可用,做基层或垫层或与4类措施组合应用
6	透水性隔离层	①⑤	中、重	产砂、石地区	适用于新建道路
7	不透水隔离层	①②④⑤	中、重	沥青、油毡纸、塑料薄膜供应有保证	多用于新建道路
8	盲沟	①⑤	轻、中、重	坡腰或横向地下水出露地段,地下水位高的地段	新、旧路均可使用
9	换土	①②③⑤	中、重	产砂砾或水稳性好的材料地区	新、旧路均可使用
10	无纺布或土工膜	①②④⑤	轻、中、重	平原、丘陵、山区	适用于新、旧路,可与1~9任一类组合应用

三、路面工程养护与维修

路面在使用过程中,由于行车荷载作用和自然因素的影响,将使路面逐渐产生各种破损。路面破损对车辆的行驶速度、载荷能力、燃料消耗、机械磨损、行车舒适,以及对交通安全、环境保护等都会造成有害影响。因此,对路面必须采取预防性、经常性的保养和维修措施,使路面保持良好的技术状况,以保证路面的服务水平,并有计划地对原有路面进行改善、提高,以适应交通发展的需要。

路面的损坏,可以分为两类:一类是结构性损坏,包括路面结构整体或其中某一个或几个组成部分的破坏,使路面达到不能支承预定的车辆荷载;另一类是功能性损坏,它也有可能并不伴随结构性损坏而发生,但由于平整性和抗滑能力等的下降,使其不再具有预定的功能,从而影响行车质量。对于功能性损坏,可以通过整修、养护或罩面使面层的功能得到恢复;对于结构性损坏,通常则需对路面进行彻底的翻修。

路面的养护与维修应符合以下要求:

(1)及时、经常地对路面进行保养和修理,防止路面松散、裂缝和拥包等各种病害的产生和发展。

(2)通过对路面的保养和修理,保持和提高路面的平整度和抗滑能力,确保路面安全、舒适的行驶性能。

(3)通过对路面的修理和改善,保持和提高路面的强度,确保路面的耐久性。

(4)防止因路面的破损和养护操作污染沿线环境。

在采取路面养护与维修措施时,应通过路面技术状况的调查,对现有路面使用质量进行评定,并结合道路的性质、等级、交通量和当地的技术经济条件,提出适宜的养护对策和优先顺序。

《公路沥青路面养护技术规范》将养护划分为四大类:即小修保养、中修、专修与改建。这四种养护方法虽然直观,但不能反映出具体的养护措施。它基本上属于控制性养护策略,对于高层次决策部门控制养护资金合理分配有一定作用,但对于具体项目的实施,显得较为粗略。由于在路面状况调查中,已经得到路面破损、不平整、强度不足和安全性小的具体路段和部位,所以,可以根据实际路况制定有具体的养护措施。标准对策模型是根据实际路况制订的最佳养护维修策略。为此,需要根据四项评价等级之间的不同组合,给出每一种组合的对策,加上交通量划分的三个等级,

《公路沥青路面养护技术规范》对沥青路面提出了如下的控制性养护对策。

(1)PCI 评价为优、良、中,RQI 评价也为优、良、中的路段,以日常养护为主,并对局部路面破损进行小修,对高速公路和一级公路中等路况的路段,应进行中修罩面。

(2)PCI 评价为次、差,或 RQI 评价为次、差,强度满足要求(高速公路、一级公路 SSI ≥ 0.8,其他公路 SSI ≥ 0.6)的路段,宜安排中修罩面,强度不满足要求时,则应进行大修补强。

(3)高速公路和一级公路的路面平整度、破损率和强度均满足要求,但抗滑能力 SFC < 0.4 或 BPN < 37 的路段,应加铺抗滑磨耗层,二级及二级以下公路抗滑能力 SFC < 0.2 ~ 0.3 或 BPN < 27 ~ 32 的事故多发路段,进行抗滑处理。

大、中修采用的路面结构类型与厚度,应根据公路等级、交通量、当地经济条件,结合已有经验通过改扩建工程设计确定。在具体的对策确定过程中,也可根据本地区路面破坏的主要类型作为对策选择的依据。

(一)沥青路面的养护与维修

1.预防性养护措施

沥青路面应加强经常性、预防性小修保养,对局部、轻微的初始破损必须及时进行修理。通常把清扫保洁,处理泛油、拥包、裂缝、松散等病害作为保养作业;修补坑槽、沉陷、处理波浪、啃边等病害作为小修作业。小修、保养是保持路面使用质量、延长路面使用周期的重要技术措施,分为初期保养、日常保养和预防性季节保养修理。

(1)初期保养:各种沥青路面的初期养护是十分重要的,它是保证路面稳定成型的关键,是不容忽视的养护环节。

(2)日常养护:保持路面平整、路拱适度、线形顺直、路况整洁、排水良好;加强巡路检查,随时排除有损路面的因素,发现路面初期病害必须及早处治。

(3)季节性(预防)保养修理:按照"预防为主、防治结合"的原则,结合成功经验,针对季节性病害根源,因地制宜地采取有效的技术措施,做好预防性保养修理。

①春季——应做好沥青路面温缩裂缝和其他裂缝的灌、封修理,采用低温春雨期养护材料和春融翻浆防治材料快速修补坑槽、松散和翻浆等病害。

②夏季——气温较高,是沥青路面养护工程施工的有利季节,应抓住高温期处治泛油、铲除拥包、波浪,及时修复冬寒春雨期临时修补的破损,恢复路面使用质量。

③秋季——气候逐步降温,东南沿海地区易遭台风暴雨袭击,东北、西北地区将受北方冷空气活动影响,沥青路面修理必须密切注意天气预报,抓紧完成养护工程年度所列计划项目,适时做好冬季病害的预防性保养修理,如裂缝灌封修理、冻胀松散的防治、及时修补坑槽和封层等。

④冬季——继续做好冬季病害的防治,做好防雪、防冰、防滑、疏阻抢险及养路材料储备等工作。

国内外在总结养护技术经验和材料开发的基础上,总结出了多种养护、大修与改建技术措施。参照我国沥青路面养护技术规范和美国的养护技术手册对不同的养护与维修技术措施的定义归纳如下。

(1)灌缝(Cracking Filling):向非工作型裂缝填充材料以尽可能减少水的渗入或加强裂缝两侧的结合。工作裂缝是指路面经受了显著的横向移动产生的裂缝,宽度一般大于2mm。应对灌缝和填缝有明确的区别。

(2)填缝(Cracking seals):采用规定的材料,将其填入工作裂缝内,以防止不可压缩物进入裂缝内和防止水渗入裂缝和下层结构内。

(3)洒铺沥青灌缝(Scrub Seal):在路面表面洒聚合物改性沥青,将洒铺的沥青扫进裂缝和空隙内,之后撒一层平整的砂或小粒径集料,最后用扫帚把沥青和集料拌和,再用轮胎压路机碾压。

(4)封层(Cape Seal):包含应用稀浆封层、新铺面层处治或石屑罩面等的表面处治技术,表面处治用来提供防水的表面并改善防滑性能。

(5)薄层封面(Fog Seal):使用少量用水稀释的慢凝乳化沥青,用于处治旧沥青面层灌入小裂缝和表面空隙。

(6)雾封层(Fog Seal):是将雾状的乳化沥青或专门的再生剂喷洒在老化的沥青路面上,

其目的是更新和还原表面已氧化的沥青胶体。

（7）石屑罩面（Chip Seal）：是一种表面处治技术，首先在面层表面喷洒沥青（通常使用乳化沥青），之后立即用集料覆盖和碾压。尽管石屑罩面经常用作低交通量路面的防滑磨耗层，但石屑罩面主要用来作为无荷载型裂缝的路面的封层或改善防滑阻力。

（8）砂封层（Sand Seal）：使用细集料制作的沥青混合料，可用于改善光滑路面的抗滑能力和防止空气与水侵入路面。

（9）稀浆封层（Slurry Seal）：使用慢凝乳化沥青、良好级配的细集料、矿粉和水拌制的混合料，用来填封裂缝和旧路面表面，以恢复均匀的表面纹理、防止水与空气侵入路面并提供抗滑阻力。

（10）改性沥青微表处（Micro Surfacing）：用聚合物改性乳化沥青作结合料，矿质集料、矿粉、水和其他添加剂按适当比例组成，拌和并撒铺在有沥青混凝土铺面的表面上。

（11）橡胶改性沥青石屑罩面（Rubberized Asphalt Chip Seal）：传统石屑罩面的一种改进形罩面技术，橡胶改性沥青表处使用废旧轮胎橡胶或胶乳橡胶改性沥青替代沥青作为结合料，目的在于增加沥青的韧性和黏结性。橡胶改性沥青石屑罩面通常作为防止反射裂缝的加铺层。

（12）层铺法表处（Sandwich Seal）：一种表面处治措施，先铺一层较大粒径的集料，之后在其上洒铺乳化沥青，再用小一级的集料撒铺封盖。层铺法表处常用来封住面层改善抗滑能力。

（13）密级配沥青混凝土加铺层（Dense-Grade Asphalt Overlay）：使用沥青作结合料的混合料铺筑的加铺层，混合料集料级配为密级配。加铺层应满幅铺筑在原路面上。

（14）沥青玛蹄脂碎石加铺层（Stone Mastic Asphalt Overlay）：一种使用沥青碎石玛蹄脂材料做的加铺层，沥青碎石玛蹄脂是用沥青结合料、稳定剂、矿粉、间断级配集料配制的沥青混合料。

（15）加热刮松再生（Heater Scarification）：一种现场热再生的工艺，既有沥青面层被加热，用刮刺刮松，与再生剂拌和，之后整平压实。

（16）现场热再生（Hot In-Place Recycling，HIR）：一种现场再生工艺流程，将既有沥青面层加热，之后用机械将松散的既有面层材料移开堆放，与再生剂拌和，拌和时加入必要的新集料，把拌和好的再生沥青混合料返运回路面摊铺碾压成形。

（17）现场冷再生（Cold In-Place Recycling，CIR）：是路面再生利用的一种方法，既有沥青路面的部分进行破碎回收，回收的材料与新结合料拌和，某些情况下，添加一些新集料。再生利用层一般作为新加铺层的基层（下层）。乳化沥青比较适用于现场冷再生，必要时可使用软化剂。

（18）冷铣刨（Cold Milling）：一种铲除面层全部或部分材料的工艺，其目的之一是为铲除车辙或表面不平整部分以整平，二是为恢复路面路拱或纵断面，整平并恢复路面防滑能力。

（19）大修（Pavement Rehabilitation）：为了延长既有路面的寿命而采取的措施，包括恢复、加铺或其他能恢复既有路面结构应具备的结构和使用功能的处治措施。

（20）改建（Pavement Reconstruction）：铺筑与新建路面结构等效的路面，通常包括使用新材料和（或）再生材料彻底清除或更换既有路面结构。

（21）路面功能维护（Pavement Preservation）：提供和维持道路使用功能的措施的总称，包括功能恢复性养护和预防性养护，以及小修复项目。

（22）功能恢复性养护（Corrective Maintenance）：当路面出现如防滑能力不足、中度到严重的车辙病害、严重的开裂或剥落等病害时进行的养护。

2. 病害维修处理方法

沥青路面常见破损的维修,应针对各种破损产生的原因、路面结构类型、龄期、维修季节的气候等实际情况,采取行之有效的维修方法。

(1)裂缝的维修

沥青路面裂缝的维修方法,见表15-24。

沥青路面裂缝维修处理方法   表15-24

裂缝类型及形态		维修处理方法
轻微裂缝	高温季节全部或大部分可愈合	可不做处理
	高温季节不能愈合	①将有裂缝的路段清扫干净并均匀喷洒少量沥青(在低温、潮湿季节宜喷洒乳化沥青),再匀撒一层2～5mm的干燥洁净石屑或粗砂,最后用轻型压路机将矿料碾压; ②沿裂缝涂刷少量稠度较低的沥青
纵向或横向裂缝	缝宽在5mm以内	①清除缝中杂物及尘土; ②将稠度较低的热沥青(缝内潮湿时应采用乳化沥青)灌入缝内,灌入深度约为缝深的2/3; ③填入干净石屑或粗砂,并捣实; ④将溢出缝外的沥青及石屑、砂清除
	缝宽在5mm以上	①除去已松动的裂缝边缘; ②用热拌沥青混合料填入缝中,捣实。缝内潮湿时应采用乳化沥青混合料
因沥青性能不好或路面设计使用年限较长、油层老化等原因出现的大面积裂缝(包括网裂)	基层强度尚好时	①乳化沥青稀浆封层,封层厚度宜为3～6mm; ②加铺沥青混合料上封层,或先铺设土工合成材料后,再在其上加铺沥青混合料上封层; ③改性沥青薄层罩面; ④单层沥青表处
	土基、基层强度不足或路基翻浆	应先处治好基层后再重做面层

(2)拥包的维修

沥青路面拥包的维修方法,见表15-25。

沥青路面拥包维修处理方法   表15-25

引起拥包的原因	维修处理方法
属于施工时操作不慎将沥青漏洒在路面上形成的拥包	将拥包除去即可
已趋于稳定的轻微拥包	应将拥包用机械刨削或人工挖除。如果除去拥包后,路表不够平整,应予以处治
因面层沥青用量过多或细料集中而产生较严重拥包,或路面连续多次出现拥包且面积较大,但路面基层仍属稳定	应用机械或人工将拥包全部除去,并低于路表面约10mm。扫尽碎屑、杂物及粉尘后用热沥青混合料重做面层
因基层局部含水率过大,便面层与基层间结合不良而被推移变形造成的拥包	应把拥包连同面层挖除,将水分晾晒干,或用水稳定性较好的材料更换已变形的基层,再重做面层

引起拥包的原因	维修处理方法
由于基层局部强度不足或水稳性不好,使基层松软而导致的拥包	应将面层和基层完全挖除。如土基中含有淤泥,还应将淤泥彻底挖除,换填新料并夯实。在地下水位较高的潮湿路段,应采取措施引出地下水并在基层下面加铺一层水稳性好的材料,最后重做面层

(3)沉陷的维修

沥青路面沉陷的维修方法,见表15-26。

沥青路面沉陷维修处理方法　　　　　　表 15-26

引起沉陷的原因	维修处理方法	
因路基不均匀沉降而引起的局部路面沉陷,若土基和基层已经密实稳定,不再继续下沉	可只修补面层,并根据路面的破损状况分别采取处治措施	路面略有下沉,无破损或仅有少量轻微裂缝,可在沉陷处喷洒或涂刷黏层沥青,再用沥青混合料将沉陷部分填补,并压实平整
		因路基沉陷导致路面破损严重,矿料已松动、脱落形成坑槽的,应按照坑槽的维修方法予以处治
因土基或基层结构遭到破坏而引起路面沉陷	应将面层和基层完全挖除。如土基中含有淤泥,还应将淤泥彻底挖除,换填新料并夯实。在地下水位较高的潮湿路段,应采取措施引出地下水并在基层下面加铺一层水稳性好的材料,最后重做面层	
桥涵台背因填土不实出现不均匀沉降的,可视情况选择处理方法	挖除沥青面层,在沉陷的部分加铺基层后重做面层	
	台背填土密实度不够的	应重新做压实处理,台背死角处的压实宜采用夯实机械
	含水率和孔隙比均较大的软基或含有有机物质的黏性土层	宜采取换土处理。换土深度应视软层厚度而定。换填材料首先应选择强度高、透水性好的材料,如碎石土、卵砾土、中粗砂及强度较高的工业废渣,且要求级配合理
	采用注浆加固处理	

(4)车辙的维修

沥青路面车辙的维修方法,见表15-27。

沥青路面车辙维修处理方法　　　　　　表 15-27

引起车辙的原因	维修处理方法
车道表面因车辆行驶推移而产生的车辙	应将出现车辙的面层切削或铣刨清除,然后重铺沥青面层。在高速公路及一级公路上可采用沥青玛蹄脂碎石混合料(SMA)或 SBS 改性沥青混合料或聚乙烯改性沥青混合料来修补车辙
路面受横向推挤形成的横向波形车辙,且已经稳定	可将凸出的部分削除,在波谷部分喷洒或涂刷黏结沥青并填补沥青混合料并找平、压实
因面层与基层间有软弱夹层而形成的车辙	应将面层挖除,清除夹层后,重做面层

引起车辙的原因	维修处理方法
由于基层强度不足、水稳性能不好,使基层局部下沉而造成的车辙	应将面层和基层完全挖除。如土基中含有淤泥,还应将淤泥彻底挖除,换填新料并夯实。在地下水位较高的潮湿路段,应采取措施引出地下水并在基层下面加铺一层水稳性好的材料,最后重做面层

(5)麻面、松散及脱皮的维修

沥青路面麻面与松散的维修方法,见表15-28。

沥青路面麻面、松散与脱皮维修处理方法 表15-28

引起麻面、松散与脱皮的原因	维修处理方法
因嵌缝料散失出现轻微麻面	在沥青面层不贫油时,可在高温季节撒适当的嵌缝料,并用扫帚扫匀,使嵌缝料填充到石料的空隙中
大面积麻面	喷洒稠度较高的沥青,并撒适当粒径的嵌缝料,应使麻面部分中部的嵌缝料稍厚,周围与原路面接口要稍薄,定型要整齐,并碾压成型
因沥青用量偏少或因低气温施工造成的沥青面层松散	先将路面上已松动了的矿料收集起来。待气温升至15℃以上时,按0.8~1.0kg/m² 的用量喷洒沥青,再均匀撒上3~6mn的石屑或粗砂(5~8m³/1000m²)。用轻型压路机压实。做稀浆封层处治,对松散路面的处理后,再做稀浆封层
对于因油温过高,沥青老化失去黏结性而造成的松散	应将松散部分全部挖除后,重做面层
因沥青与酸性石料间的黏附性不良而造成路面松散	应将松散部分全部挖除后重做面层。重做面层的矿料不应再使用酸性石料。在缺乏碱性石料的地区,应在沥青中掺入抗剥离剂、增黏剂或使用干燥的生石灰、消石灰、水泥等表面活性物质作为填料的一部分,或采用石灰浆处理粗集料等抗剥离措施,以提高沥青与矿料的黏附力,并增加混合料的水稳性
由于基层或土基软化变形而造成的路面松散	应将面层和基层完全挖除。如土基中含有淤泥,还应将淤泥彻底挖除,换填新料并夯实。在地下水位较高的潮湿路段,应采取措施引出地下水并在基层下面加铺一层水稳性好的材料,最后重做面层
由于沥青面层与上封层之间黏结不好,或初期养护不良引起的脱皮	应清除已脱落和已松动的部分,再重新做上封层,所做封层的沥青用量及矿料粒径规格应视封层的厚度而定。如沥青面层层间产生脱皮,应将脱落及松动部分清除,在下层沥青面上涂刷黏结沥青,并重做沥青层
面层与基层之间因黏结不良而产生的脱皮	应先清除掉脱落、松动的面层,分析黏结不良的原因。若面层与基层间所含水分较多,应晾晒或烘干若面层与基层之间夹有泥层,则应将泥砂清除干净,喷洒透层沥青后,重做面层

(6)坑槽与啃边的维修

沥青路面坑槽与啃边的维修方法,见表15-29。

坑槽与啃边类型及原因	维修处理方法
路面基层完好,仅面层有坑槽时	按照"圆洞方补、斜洞正补"的原则,划出所需修补坑槽的轮廓线。沿所划轮廓线开凿至坑底稳定部分,其深度不得小于原坑槽的最大深度。清除槽底、槽壁的松动部分及粉尘、杂物,并涂刷黏层沥青。填入沥青混合料(在潮湿或低温季节,宜采用乳化沥青拌制的混合料)并整平。用小型压实机具或铁制手夯将填补好的部分压(夯)实。新填补的部分应略高于原路面。如果坑槽较深(7cm 以上),应将沥青混合料分两次或三次摊铺和压实; 　　热补法修补:采用热修补养护车,将加热板加热坑槽处路面,翻松被加热软化铺装层,喷洒乳化沥青,加入新的沥青混合料,然后搅拌摊铺,压路机压实成型
	对交通量较小的路段在低温寒冷或阴雨连绵的季节,无法采用常规方法,也无条件采用合适的材料修补坑槽时,为防止坑槽面积的扩大,可采取临时性的措施对坑槽予以处治,待天气好转后再按规范要求重新修补
因基层局部强度不足等使基层破坏而形成坑槽	先处治基层,再修复面层
因路面边缘沥青面层破损而形成啃边	应将破损的沥青面层挖除,在接茬处涂刷适量的黏结沥青,用沥青混合料进行填补,再整平压实。修补啃边后的路面边缘应与原路面边缘齐顺
因基层松软、沉陷而形成的啃边	应先对路面边缘基层局部加强后再恢复面层
为防止路面出现啃边,宜采取以下措施	应加强路肩的养护工作,保持路肩稳定;随时注意填补路肩上的车辙、坑洼或沟槽;经常保持路肩与路面衔接平顺,并保持路肩应有的横坡,以利排水。用砂石、碎砖(瓦)、工业废渣等改善、加固路肩或设硬路肩,使路肩平整、坚实。可在路面边缘增设路缘石,或将路面基层加宽至其面层宽度外 20 ~ 25cm 处。在平交道口或曲线半径较小的路面内侧,可适当加宽路面

(7)泛油的维修

沥青路面泛油与磨光的维修方法,见表 15-30。

沥青路面泛油与磨光维修处理方法　　　　　表 15-30

泛油程度及类型	维修处理方法
只有轻微泛油的路段	可撒上 3 ~ 5mm 粒径的石屑或粗砂,并用压路机或控制行车碾压
泛油较重的路段	可先撒 5 ~ 10mm 粒径的碎石,用压路机碾压。待稳定后,再撒 3 ~ 5mm 粒径的石屑或粗砂,并用压路机或控制行车碾压
面层含油量高且已形成软层的严重泛油路段	先撒一层 10 ~ 15mm 粒径(或更大的)碎石,用压路机将其强行压入路面,待基本稳定后,再分次撒上 5 ~ 10mm 粒径的碎石,并碾压成型。将含油量过高的软层铣刨清除后,重做面层
处治泛油应注意事项	处治时间应选择在泛油路段已出现全面泛油的高温季节。撒料应顺行车方向撒,先粗后细;做到少撒、薄撒、匀撒、无堆积、无空白。禁止使用含有粉粒的细料。采用压路机或引导行车碾压,使所撒石料均匀压入路面。如采用行车碾压,应及时将飞散的粒料扫回,待泛油稳定后,将多余浮动的石料清扫并回收

泛油程度及类型	维修处理方法
高速公路、一级公路抗滑能力降低已磨光的沥青面层	可用路面铣刨机直接恢复其表面的粗糙度； 路面石料棱角被磨掉，路面光滑，抗滑性能低于要求值时，应加铺抗滑层
表面过于光滑，抗滑性能特别差的路段	应做罩面处理：可以采用拌和法或层铺法施工的单层表面处治，也可以采用乳化沥青稀浆封层。罩面前，应先处治好原路面上的各种病害，若原路表有沥青含量过多的薄层，应将其刮掉后洒黏层油。罩面及封层的技术要求应符合现行沥青路面施工技术规范的规定

(二)水泥混凝土路面的养护与维修

水泥混凝土路面在行车荷载与自然因素作用下，可以因混凝土板、接缝和基层、土基的缺陷产生各种类型的损坏，在正常使用的情况下其养护维修费用要比其他路面省，在养护良好的条件下，其使用年限要比其他路面长，但一旦开始损坏，则会引起破损的迅速发展，并且难以修复。因此，必须做好预防性、经常性的养护，通过日常的观察，及早发现缺陷，查明原因，及时采取相应的处治措施，使路面保持完好的状态。

1.日常养护

水泥混凝土路面必须经常清扫，保持路容整洁，清除路面泥土污物。如有小石块应随时扫除，以免车辆碾压而破坏路面表面。冬季应及时清除冰雪。路肩与路面衔接应保持平顺，以利排水，有条件时宜将其加固改善成硬路肩。

水泥混凝土路面日常保养的重点在接缝，使接缝保持完好，表面平顺，行车不致产生颠簸。当气温下降接缝扩大而有空隙时，应在当地气温最低时进行灌缝填隙；当气温上升填缝料挤出缝口时，应予铲除，并防止砂土、泥土压入接缝内，影响板的正常伸缩。填缝料一般每隔2~3年更换一次。

2.病害维修

(1)裂缝维修

①对宽度小于3mm的轻微裂缝，可采取扩缝灌浆。顺着裂缝扩宽成1.5~2.0cm的沟槽，槽深可根据裂缝深度确定，最大深度不得超过2/3板厚。清除混凝土碎屑，吹净灰尘后，填入粒径0.3~0.6cm的清洁石屑。根据选用的灌缝材料，按规定进行配比，混合均匀后，灌入扩缝内。灌缝材料固化后，达到通车强度，即可开放交通。

②对贯穿全厚的3~15mm的中等裂缝，可采取条带罩面进行补缝。在裂缝两侧切缝时，应平行于缩缝，且距裂缝距离不小于15cm。凿除两横缝内混凝土的深度以7cm为宜。每间隔50cm打一对钯钉孔，但钉孔的大小应略大于钯钉直径2~4mm。并在两个钯钉孔之间打一对与钯钉孔直径相一致的钯钉槽。钉宜采用$\phi16$螺纹钢筋，使用前应予以除锈。钯钉长度不小于20cm，弯钩长度为7cm。钯钉孔必须填满砂浆，方可将钯钉插入孔内安装。切割的缝内壁应凿毛，并清除松动的混凝土碎块及表面尘土、裸石。浇筑混凝土应及时振捣密实、抹平，并喷洒养护剂。修补块面板两侧，应加深缩缝，并灌注填缝料。

③对宽度大于15mm的严重裂缝可采用全深度补块。全深度补块分集料嵌锁法、刨挖法、

设置传力杆法。集料嵌锁法:在修补的混凝土路面位置上,平行于缩缝划线,沿划线位置进行全深度切割。在保留板块边部,沿内侧 4cm 位置,锯 5cm 深的缝。破碎、清除旧混凝土过程中不得伤及基层、相邻面板和路肩。若破除的旧混凝土面积当天完不成混凝土浇筑时,其补块位置应做临时补块。全深锯口和半深锯口之间的 4cm 宽条混凝土垂直面应凿成毛面。处理基层时,基层强度符合规范要求,应整平基层;基层松散,应按原设计基层材料重新做基层,其技术要求应符合路面基层施工技术规范的规定。混凝土的配合比应根据设计弯拉强度、耐久性、耐磨性、和易性等要求,先用原材料进行配比设计,各种材料的物理性能及化学成分应符合规范规定。用水量应控制在混合料运到工地最佳和易性所需的最小值,最大水灰比为 0.4。如采用 JK 系列混凝土快速修补材料,水灰比以 0.30～0.40 为宜,坍落度宜控制在 2cm 内。混凝土 24h 弯拉强度应不低于 3.0MPa。混凝土摊铺应在混凝土拌和后 30～40min 内卸到补块区内,并振捣密实。浇筑的混凝土面层应与相邻路面的横断面吻合,其表面平整度应符合质量检验评定标准的规定,补块的表面纹理应与原路面吻合。补块养护宜采用养护剂,其用量根据养护材料性能确定。做接缝时,将板中间的各缩缝锯切到 1/4 板厚处,将接缝材料填入缩缝内。混凝土达到通车强度后,即可开放交通。

刨挖法亦称倒 T 形法:在修补的混凝土路面位置上,平行于缩缝划线,沿划线位置进行全深度切割。在保留板块边部,沿内侧 4cm 位置,锯 5cm 深的缝。在相邻板块横边的下方暗挖 15cm × 15cm 的一块面积用于荷载传递。

设置传力杆法:在修补的混凝土路面位置上,平行于缩缝划线,沿划线位置进行全深度切割。处理基层后,应修复、安设传力杆和拉杆。原混凝土面板没有传力杆或拉杆折断时,应用与原规格相同的钢筋焊接或重新安设。安装时应在板厚 1/2 处钻出比传力杆直径大约 2～4mm 的孔,孔中心距 30cm,其误差不应超过 3mm。横向施工缝传力杆直径为 φ25mm,长度为 45cm,嵌入相邻保留板内深 22.5cm。拉杆孔直径宜比拉杆直径大 2～4mm 并应沿相邻板块间的纵向接缝板厚 1/2 处钻孔,中心距 80cm。拉杆采用 φ16 螺纹钢筋,长 80cm,40cm 嵌入相邻车道的板内。传力杆和拉杆宜用环氧砂浆牢牢地固定在规定位置,摊铺混凝土前,光圆传力杆的伸出端应涂少许润滑油。新补板块与沥青路肩相接时,应和现有路肩齐平。传力杆若安装倾斜或松动失效,应予以更换。

(2)板边、板角修补

①板边修补基本要求:当对水泥混凝土面板边轻度剥落进行修补时,应将剥落的表面清理干净,用沥青混合料或接缝材料修补平整。当板边严重剥落时,按中等裂缝修补方法采取条带罩面进行补缝。当板边全深度破碎,按严重裂缝采用全深度补块修补方法进行处理。

②板角修补基本要求:板角断裂应按破裂面的大小确定切割范围。切缝后,凿除破损部分时,应凿成规则的垂直面。对原有钢筋不应切断,如果钢筋难以全部保留,至少也要保留 20～30cm 长的钢筋头,且应长短交错。原有滑动传力杆,如果有缺陷应予以更换并在新老混凝土之间加设传力杆,传力杆间距控制在 30cm。基层不良时,可采用 C15 水泥混凝土浇筑基层。与原有路面板的接缝面,应涂刷沥青。如为胀缝,应设置接缝板。现浇混凝土,与老混凝土面板之间的接缝应切出宽 3mm、深 4mm 的接缝槽,并灌入填缝材料。待混凝土达到强度后,方可开放交通。

(3)板块脱空处治

水泥混凝土面板脱空位置的确定可采用弯沉测定法。须用 5.4m 长杆弯沉仪,及相当于 BZZ—100 重型标准汽车。弯沉仪的测点与支座不应放在相邻两块板上,待弯沉车驶离测试板块,方可读取百分表值。凡弯沉超过 0.2mm 的,应确定为面板脱空。

灌浆孔布设应根据路面板的尺寸、下沉量大小、裂缝状况以及灌浆机械确定。用凿岩机在路面上打孔,孔的大小应和灌注嘴的大小一致,一般为 50mm 左右。灌浆孔与面板边的距离不应小于 0.5m。在一块板上,灌浆孔一般应对称布置数量为 5 个,也可根据情况确定。水泥混凝土路面板和基层之间由于出现空隙而导致路面沉陷的,可采用沥青灌注、水泥浆、水泥粉煤灰浆和水泥砂浆灌浆等方法进行板下封堵。

沥青灌注方法:灌浆孔钻好后,应采用压缩空气将孔中的混凝土碎屑、杂物清除干净,并保持干燥。宜采用建筑沥青,沥青加热熔化温度一般为 180℃。沥青洒布车或专用设备的压力为 200 ~ 400kPa。灌注沥青压满后约 0.5min,应拔出喷嘴,用木模堵塞。沥青温度下降后,应拔出木模,填进水泥砂浆,即可开放交通。

水泥灌浆法:灌注机械可用压力灌浆机或压力泵,灌注压力为 15 ~ 2.0MPa。灌浆作业应先从沉陷量大的地方的灌浆孔开始,逐步由大到小。当相邻孔或接缝中冒浆,可停止泵送水泥浆,每灌完一孔应用木模堵孔。待砂浆抗压强度达到 3MPa 时,用水泥砂浆堵孔,即可开放交通。

(4)唧泥处理

水泥混凝土路面唧泥病害,应采取压浆处理,其要求应按板块脱空处治方法执行。在进行压浆处理后,应对接缝及时灌缝,并设置或完善排水设施。路面和路肩应保持设计横坡,铺设硬路肩。路面裂缝、接缝以及路面与硬路肩接缝应进行密封,并设置纵向积水管和横向出水管。

(5)错台处治

错台的处治方法有磨平法和填补法两种,可按错台的轻重程度选定。

高差小于或等于 10mm 的错台,可采用磨平机磨平,或人工凿平。应从错台最高点开始向四周扩展,边磨边用 3m 直尺找平,直至相邻两块板齐平为止。磨平后,接缝内应将杂物清除干净,并吹净灰尘,及时将嵌缝料填入。

高差大于 10mm 的严重错台,可采取沥青砂或水泥混凝土进行处治。①沥青砂填补基本要求:在沥青砂填补前应清除路面杂物和灰尘,并喷洒一层热沥青或乳化沥青,沥青用量为 0.40 ~ 0.60kg/m²。修补面纵坡变化应控制在 $i \leqslant 1\%$。沥青砂填补后,宜用轮胎压路机碾压。初期应控制车辆慢速通过。②水泥混凝土修补基本要求:应将错台下沉板凿除 2 ~ 3cm 深,修补长度按错台高度除以坡度(1%)计算。凿除面应清除杂物灰尘。浇筑聚合物细石混凝土,混凝土达到通车强度后,即可开放交通。

(6)沉陷处理

沉陷处理应首先设置排水设施。面板在顶升前,应用水准仪测量下沉板的下沉量,测站距下沉处应大于 50m,并绘出纵断面,求出升起值。在混凝土面板上钻孔,孔深应略大于板厚 2cm。板块顶升宜采用起重设备或千斤顶。灌注材料可用水泥砂浆。灌注材料压入后,每灌一孔应用木模堵塞,压浆全部完毕,应拔出木模,宜用高强水泥砂浆堵孔。压浆材料的抗压强度达到 6MPa 时,方可开放交通。当水泥混凝土整板沉陷并产生破碎时,应整块板翻修。

(7)拱起处理

拱起处理应根据具体情况,采取不同的方法进行处治。板端拱起但路面完好时,应根据板块拱起高低程度,计算要切除部分板块的长度。先将拱起板块两侧附近 1 ~ 2 条横缝切宽,待应力充分释放后切除拱起端,逐渐将板块恢复原位,在缝隙和其他接缝内应清缝,并灌接缝材料。拱起板端发生断裂或破损时,按严重裂缝采用全深度补块修补方法进行处理。拱起板两端间因硬物夹入发生拱起,应将硬物清除干净,使板块恢复原位,应清理接缝内杂物和灰尘,灌填缝料。胀缝间因传力杆部分或全部在施工时设置不当,使板受热时不能自由伸长而发生拱起,应重新设置胀缝。按水泥混凝土路面有关施工技术规范执行,使面板恢复原状。

(8)坑洞修补

坑洞修补应根据不同情况采取相应措施进行。对个别坑洞,应清除洞内杂物,用水泥砂浆等材料填充达到平整密实。对较多坑洞且连成一片的,应采取薄层修补方法进行修补。切割面积的图形边线,应与路中心线平行或垂直。切割的深度,应在6cm以上,并将切割面内的光滑面凿毛。应清除槽内的混凝土碎屑。混凝土拌合物填入槽内,振捣密实,并保持与原混凝土面板齐平。宜喷洒养护剂养护。待混凝土达到通车强度后,方可开放交通。

低等级道路对面积较大,深度在3cm以内,成片的坑洞,可用沥青混凝土进行修补。用风镐凿除一个处治区,其图形边线应与路中心线平行或垂直。凿除深度以2~3cm为宜,并清除混凝土碎屑。铺筑沥青混凝土前,应将凿除的槽底面和槽壁洒黏层沥青,其用量为0.4~0.6kg/m²。沥青混凝土应碾压密实平整。待沥青混凝土冷却后,控制车速通车。

(9)接缝维修

接缝填缝料损坏维修,应符合下列规定:接缝中的旧填缝料和杂物,应予清除,并将缝内灰尘吹净。在胀缝修理时,应先将热沥青涂刷缝壁,再将接缝板压入缝内。对接缝板接头及接缝板与传力杆之间的间隙,必须用沥青或其他填缝料填实抹平。上部用嵌缝条的应及时嵌入嵌缝条。用加热式填缝料修补时,必须将填缝料加热至灌入温度。宜用嵌缝机填灌,填缝料应与缝壁黏结良好和填灌饱满。在气温较低季节施工时,应先用喷灯将接缝预热。用常温式填缝料修补时,除无须加热外其施工方法与加热式填缝料相同。

纵向接缝张开维修,应符合下列规定:当相邻车道面板横向位移,纵向接缝张开宽度在10mm以下时,宜采取聚氯乙烯胶泥、焦油类填缝料和橡胶沥青等加热施工式填缝料。当相邻车道板横向位移,纵向接缝张口宽度在10mm以上时,宜采取聚氨酯类常温施工式填缝料进行维修。维修前应清除缝内杂物和灰尘,按材料配比配制填缝料,采用挤压枪注入填缝料。填缝料固化后,方可开放交通。当纵向接缝张口宽度在15mm以上时,采用沥青砂填缝。

接缝出现碎裂时,接缝维修应符合下列规定:在破碎部位外缘,应切割成规则图形,其周围切割面应垂直于面板,底面宜为平面。应清除混凝土碎块,吹净灰尘杂物.并保持干燥状态。宜用高模量补强材料,进行填充维修。修补材料达到通车强度后,方可开放交通。

(10)表面起皮(剥落、露骨)处治

表面起皮(剥落、露骨)处治,应根据道路等级和表面破损程度,采取不同的材料和施工方法进行,对局部板块的表面起皮应进行罩面。一般道路水泥混凝土板表面起皮(剥落、露骨)宜采用稀浆封层加以处治。高速公路及城市快速路水泥混凝土板表面起皮(剥落、露骨),宜采用改性沥青稀浆封层或沥青混凝土加以处治。对于较大面积的水泥混凝土面板表面起皮(剥落、露骨)宜采取稀浆封层及沥青混凝土罩面措施。

本章小结

路基路面工程管理是公路建设中一项重要内容,占有重要地位。路基路面工程质量检查与评定,是对道路工程交工(竣工)验收以及对公路工程质量的管理、监控和检验评定中的重要内容。道路使用过程中,在行车荷载和自然因素的影响下,其使用性能会逐渐下降,为掌握路基路面使用性能的衰变情况,及时采取各种养护和改建措施以延缓其衰变或恢复其性能,必须定期路基路面(行驶质量、损坏状况、承载能力、抗滑性、车辙等方面)的使用性能及技术状况进行监测,对它满足使用要求的程度做出评价。路面管理系统,运用系统分析的方法、计算机和现代管理科学等先进技术来路面管理是以路面管理为目的,应用系统分析的方法,综合考虑技术经济等方面的因素,协调各项路面管理活动。从道路工程数据的采集、整理和分析,再到建立数学模型,并提出和编制相应的道路养护维修及改扩建计划,实现科学管理的目标。

思考题与习题

1.路基路面单位工程、分部及分项工程是如何划分的?

2.路基、路面基层和面层是如何对施工质量进行检查与评定的?

3.压实度、强度等技术指标在实际工程中是如何进行检测与评定的?

4.路基路面工程使用性能包括哪些方面?如何进行检测与评价?

5.怎样对路面行驶质量、损坏状况、承载能力、抗滑性及车辙等技术状况进行评定?

6.简述路面管理系统的概念和使用前景。

7.简述路基技术状况评价方法,常见病害类型及养护维修方法。

8.沥青路面和水泥混凝土路面的主要病害有哪些?如何进行预防性养护?

参 考 文 献

[1] 中华人民共和国行业标准. JTG D30—2015　公路路基设计规范[S]. 北京:人民交通出版社股份有限公司,2015.

[2] 中华人民共和国行业标准. JTG D50—2017　公路沥青路面设计规范[S]. 北京:人民交通出版社股份有限公司,2017.

[3] 中华人民共和国行业标准. JTG D40—2011　公路水泥混凝土路面设计规范[S]. 北京:人民交通出版社,2011.

[4] 中华人民共和国行业标准. JTG/T D33—2012　公路排水设计规范[S]. 北京:人民交通出版社,2012.

[5] 中华人民共和国行业标准. JTG F10—2006　公路路基施工技术规范[S]. 北京:人民交通出版社,2006.

[6] 中华人民共和国行业标准. JTG/F 20—2015　公路路面基层施工技术细则[S]. 北京:人民交通出版社股份有限公司,2015.

[7] 中华人民共和国行业标准. JTG F30—2014　公路水泥混凝土路面施工技术细则[S]. 北京:人民交通出版社,2014.

[8] 中华人民共和国行业标准. JTG/F 31—2014　公路水泥混凝土路面再生利用技术细则[S]. 北京:人民交通出版社,2014.

[9] 中华人民共和国行业标准. JTG F40—2004　公路沥青路面施工技术规范[S]. 北京:人民交通出版社,2004.

[10] 中华人民共和国行业标准. JTG F41—2008　公路沥青路面再生技术规范[S]. 北京:人民交通出版社,2008.

[11] 中华人民共和国行业标准. JTG F80/1—2017　公路工程质量检验评定标准　第一册　土建工程[S]. 北京:人民交通出版社股份有限公司,2017.

[12] 中华人民共和国行业标准. JTG B01—2014　公路工程技术标准[S]. 北京:人民交通出版社,2014.

[13] 中华人民共和国行业标准. JTJ 002—87　公路工程名词术语[S]. 北京:人民交通出版社,1987.

[14] 中华人民共和国行业标准. JTJ 003—86　公路自然区划标准[S]. 北京:人民交通出版社,1986.

[15] 中华人民共和国行业标准. JTG G10—2016　公路工程施工监理规范[S]. 北京:人民交通出版社股份有限公司,2016.

[16] 中华人民共和国行业标准. JTG F90—2015　公路工程施工安全技术规范[S]. 北京:人民交通出版社股份有限公司,2015.

[17] 中华人民共和国行业标准. JTG E20—2011　公路工程沥青及沥青混合料试验规程[S]. 北京:人民交通出版社,2011.

[18] 中华人民共和国行业标准. JTG E30—2005　公路工程水泥及水泥混凝土试验规程[S]. 北京:人民交通出版社,2005.

[19] 中华人民共和国行业标准. JTG E40—2007　公路土工试验规程[S]. 北京,人民交通出

版社,2007.

[20] 中华人民共和国行业标准.JTG E41—2005　公路工程岩石试验规程[S].北京:人民交通出版社,2007.

[21] 中华人民共和国行业标准.JTG E42—2005　公路工程集料试验规程[S].北京:人民交通出版社,2005.

[22] 中华人民共和国行业标准.JTG E50—2006　公路工程土工合成材料试验规程[S].北京,人民交通出版社,2006.

[23] 中华人民共和国行业标准.JTG E51—2009　公路工程无机结合料稳定材料试验规程[S].北京,人民交通出版社,2009.

[24] 中华人民共和国行业标准.JTG E60—2008　公路路基路面现场测试规程[S].北京:人民交通出版社,2008.

[25] 中华人民共和国行业标准.JTG/T E61—2014　公路路面技术状况自动化检测规程[S].北京:人民交通出版社股份有限公司,2014.

[26] 中华人民共和国行业标准.JTG H10—2009　公路养护技术规范[S].北京:人民交通出版社,2009.

[27] 中华人民共和国行业标准.JTG H20—2007　公路技术状况评定标准[S].北京:人民交通出版社,2007.

[28] 中华人民共和国行业标准.JTJ 073.1—2001　公路水泥混凝土路面养护技术规范[S].北京:人民交通出版社,2001.

[29] 中华人民共和国行业标准.JTJ 073.2—2001　公路沥青路面养护技术规范[S].北京:人民交通出版社,2001.

[30] 中华人民共和国行业标准.JTG/T D32—2012　公路土工合成材料应用技术规范[S].北京:人民交通出版社,2012.

[31] 中华人民共和国行业标准.JTG/T L11—2014　高速公路改扩建设计细则[S].北京:人民交通出版社股份有限公司,2014.

[32] 中华人民共和国行业标准.JTG/T D31-02—2013　公路软土地基路堤设计与施工技术细则[S].北京:人民交通出版社,2013.

[33] 中华人民共和国行业标准.JTG/T D31-03—2011　采空区公路设计与施工技术细则[S].北京:人民交通出版社,2011.

[34] 中华人民共和国行业标准.JTG/T D31-04—2012　多年冻土地区公路设计与施工技术细则[S].北京:人民交通出版社,2012.

[35] 中华人民共和国行业标准.JTG/T D31—2008　沙漠地区公路设计与施工指南[S].北京:人民交通出版社,2008.

[36] 中华人民共和国行业标准.JTG B02—2013　公路工程抗震规范[S].北京:人民交通出版社,2013.

[37] 中华人民共和国行业标准.JTG B03—2006　公路建设项目环境影响评价规范[S].北京:人民交通出版社,2006.

[38] 中华人民共和国行业标准.JTG B04—2010　公路环境保护设计规范[S].北京:人民交通出版社,2010.

[39] 中华人民共和国行业标准.JTG B05—2015　公路项目安全性评价规范.北京:人民交通

出版社股份有限公司,2015.

[40] 中华人民共和国行业标准. JTG C20—2011 公路工程地质勘察规范[S]. 北京:人民交通出版社,2011.

[41] 中华人民共和国行业标准. JTG/T C21-01—2005 公路工程地质遥感勘察规范[S]. 北京:人民交通出版社,2005.

[42] 中华人民共和国行业标准. JTG C30—2015 公路工程水文勘测设计规范. 北京:人民交通出版社. 股份有限公司,2015.

[43] 中华人民共和国行业标准. JTG/T C22—2009 公路工程物探规程[S]. 北京:人民交通出版社,2009.

[44] 中华人民共和国国家标准. GB 175—2007 通用硅酸盐水泥[S]. 北京:中国标准出版社,2007.

[45] 中华人民共和国国家标准. GB/T 50145—2007 土的工程分类标准[S]. 北京:中国计划出版社,2007.

[46] 姚祖康. 道路路基和路面工程[M]. 上海:同济大学出版社,1994.

[47] 陆鼎中,程家驹. 路基路面工程[M]. 2版. 上海:同济大学出版社,1999.

[48] 邓学钧. 路基路面工程[M]. 3版. 北京:人民交通出版社,2007.

[49] 黄晓明. 路基路面工程[M]. 5版. 北京:人民交通出版社股份有限公司,2018.

[50] 张登良. 沥青路面[M]. 北京:人民交通出版社,1998.

[51] 张登良. 沥青路面工程手册[M]. 北京:人民交通出版社,2003.

[52] 交通部第二公路勘察设计院. 公路设计手册——路基[M]. 2版. 北京:人民交通出版社,2002.

[53] 交通部第二公路勘察设计院. 公路设计手册——路面[M]. 3版. 北京:人民交通出版社,2006.

[54] 刘伯莹,姚祖康. 公路设计工程师手册[M]. 北京:人民交通出版社,2002.

[55] 姚祖康. 公路排水设计手册[M]. 北京:人民交通出版社,2002.

[56] 张超,郑南翔,王建设. 路基路面试验检测技术[M]. 北京:人民交通出版社,2004.

[57] 宋金华. 高等级道路施工技术与管理[M]. 北京:中国建材工业出版社,2005.

[58] 于凤河,张永明,宋金华. 道路改扩建工程设计与施工技术[M]. 北京:人民交通出版社,2004.

[59] 杨春风. 道路工程[M]. 2版. 北京:国家开放大学出版社,2018.

[60] 潘玉利. 路面管理系统原理. 北京:人民交通出版社,1998.

[61] 宋金华,等. 路基路面工程. 北京:人民交通出版社,2006.